ENCYCLOPÉDIE MÉTHODIQUE,

OU

PAR ORDRE DE MATIERES;

PAR UNE SOCIÉTÉ DE GENS DE LETTRES,
DE SAVANS ET D'ARTISTES;

Précédée d'un Vocabulaire universel, servant de Table pour tout l'Ouvrage, ornée des Portraits de MM. DIDEROT & D'ALEMBERT, premiers Éditeurs de l'Encyclopédie.

ENCYCLOPÉDIE
MÉTHODIQUE.

DICTIONNAIRE
DE L'ARTILLERIE,

Par le colonel H. COTTY,

DIRECTEUR GÉNÉRAL DES MANUFACTURES ROYALES D'ARMES DE GUERRE, CHEVALIER DE SAINT-LOUIS ET OFFICIER DE LA LÉGION-D'HONNEUR.

A PARIS,

Chez Mme. veuve AGASSE, Imprimeur-Libraire, rue des Poitevins, n°. 6.

M. DCCCXXII.

INTRODUCTION.

L'artillerie est une des parties de l'Art militaire qui exige le plus de talens et de connoissances, car elle a des relations avec presque toutes les sciences, tous les arts et tous les métiers. En effet, l'artilleur a recours aux mathématiques, à la physique, à la chimie, aux arts graphiques, à l'art militaire, etc.; soit pour diriger les travaux des poudreries, des fonderies, des forges, des manufactures d'armes et des arsenaux de construction; soit pour détruire les remparts d'une ville, ou pour ruiner les attaques de l'ennemi devant une place; soit pour faire manœuvrer les bouches à feu qui jouent un rôle si important dans les armées modernes; soit pour jeter les ponts nécessaires au passage des fleuves, etc. Ainsi on trouvera dans ce Dictionnaire des termes communs à diverses sciences, à divers arts et métiers; mais ils n'y sont présentés que sous le rapport des travaux de l'artillerie : par exemple, en parlant des métaux employés pour la fabrication des armes, des projectiles, des voitures et des attirails de ce service, on a laissé aux ouvrages de minéralogie à expliquer les moyens de les extraire des entrailles de la terre, de les combiner, de les travailler et d'en rectifier les usages généraux.

J'ai tâché de faire connaître, dans les articles importans, le point de départ de cette science, le chemin qu'elle a parcouru et l'état où elle est maintenant en France.

J'ai consigné aux articles qui en étoient susceptibles, les découvertes qui se sont succédées si rapidement dans ces derniers temps, et qui sont relatives à l'artillerie; telles que la fabrication de la poudre ronde, la manipulation des poudres fulminantes, l'usage des armes à percussion, etc. Ceux qui viendront après nous, ajouteront leurs connais-

INTRODUCTION.

sances aux nôtres, rectifieront nos erreurs et légueront à leurs successeurs des matériaux pour faire un meilleur ouvrage : telle est la marche des connaissances humaines.

J'ai puisé dans un grand nombre de sources que j'ai indiquées à fur et à mesure que l'occasion s'en est présentée. Je me contenterai de dire ici que les autres Dictionnaires de l'*Encyclopédie méthodique* m'ont été fort utiles, la plupart des arts et des sciences étant liés et dépendant en quelque sorte les uns des autres. L'Aide-mémoire à l'usage des officiers d'artillerie m'a été aussi fort utile en raison des nombreux détails qu'il contient. Les articles concernant les armes portatives, anciennes et modernes, de guerre et de luxe, sont tirés d'un grand ouvrage que je me propose de publier incessamment, mon Mémoire sur la fabrication des armes portatives, imprimé en 1806, étant épuisé. Je n'ai rien donné sur la fortification et les mines ; ces connoissances, d'ailleurs si nécessaires aux officiers du corps royal de l'artillerie, sont particulièrement du domaine du génie militaire. On peut consulter pour ces articles le Dictionnaire de l'Art militaire de l'*Encyclopédie méthodique*.

La description des objets qui composent le matériel de l'artillerie, est généralement sèche, aride et minutieuse. La langue des diverses branches de ce matériel est, comme celle de tous les arts mécaniques, très-imparfaite, principalement à cause de la disette des mots propres et de l'abondance des synonymes et des homonymes : il y a des pièces et des outils qui ont plusieurs noms différens, tandis que d'autres n'ont au contraire que le nom générique, sans aucune addition qui les spécifie ; enfin il y en a qui sont désignés par ceux de pièces et d'outils avec lesquels ils n'ont aucune analogie. J'ai parlé d'une manière succincte des choses qui ne sont plus en usage, et de celles qui sont de peu d'utilité, afin de traiter plus en détail les articles importans et qui constituent l'artillerie moderne. J'ai employé à la fois

INTRODUCTION.

les dénominations nouvelles du système métrique et celles des anciennes mesures, parce qu'il est des objets que les artilleurs désignent encore par l'ancien système ; par exemple, on dira encore long-temps un obusier de 6 pouces, au lieu d'un obusier de 0 mèt. 1624 ; une pièce de 12, au lieu d'une pièce de 5 kilog. 8740.

M. de Pommereul, artilleur d'une grande réputation, avoit entrepris en 1784 de traiter l'artillerie pour l'*Encyclopédie méthodique*; mais les événemens ont obligé ce général à abandonner un travail qui, malgré les changemens survenus depuis cette époque, seroit encore aujourd'hui d'un grand intérêt pour le corps.

J'ai essayé de traiter cette partie de l'*Encyclopédie méthodique* : chargé successivement, à diverses époques, de la direction générale des manufactures royales d'armes, de celle des forges de l'artillerie, des fonctions de commissaire du Gouvernement près l'administration des poudres et salpêtres, de l'examen militaire des élèves d'artillerie à l'École d'application, nommé membre de différens comités d'artillerie, du conseil de perfectionnement de l'École polytechnique, etc., j'ai pris sur tous ces services des notions qui, indépendamment des connoissances pratiques que tout artilleur acquiert à la guerre, sont les élémens de ce Dictionnaire.

Je me suis borné à ne donner, autant que le comporte la nature de cet ouvrage, que des choses de principes, ou fondées sur l'expérience. Heureux si j'ai rempli la tâche que je m'étois imposée, et si mon travail est digne de figurer dans le plus beau et le plus grand monument que les hommes aient élevé aux sciences !

ERRATA.

Page 21, *colonne* 1, *ligne* 41, baguette, *lisez :* baguette des armes à feu portatives.

Page 23, *col.* 1, *lig.* 25, crevasses, *lisez :* crasses.

Page 37, *col.* 2, *lig.* 12, auparavant, *lisez après ce mot :* son nom paroît venir du mot grec *bombos*.

Page 59, *col.* 1, *lig.* 21, on n'en faude, *lisez :* en faude.

Page 61, *colonne* 2, *ligne* 43, sont : une hausse, *lisez :* sont : deux brancards, une hausse.

Page 62, *col.* 1, *lig.* 18, bouches, *lisez :* bombes.

Page 64, *col.* 2, *lig.* 13, dimensions, *lisez :* parties.

Page 71, *col.* 1, *lig.* 17, une tension, *lisez :* et une tension.

Page 88, *col.* 1, *ligne* 7, ÉCOTTAGE, *lisez :* ÉCOLTAGE.

Page 103, *col.* 1, *lig.* 36, proposition, *lisez :* proportion.

Page 159, *col.* 2, *lig.* 58, les ponts, *lisez :* les pontons.

Page 135, *col.* 1, *lig.* 28, l'an 11, *lisez :* 1816.

Page 465, *col.* 2, *lig.* 31, 45′, *lisez :* 45°.

Page 507, *col.* 1, *lig.* 25, YATAYAN, *lisez :* YATAYAN ou YATAGAN.

A

ACIER. L'artillerie, qui n'employoit dans ses nombreux travaux que de l'acier provenant d'Allemagne & d'Angleterre, ne fait plus usage maintenant que d'acier indigène : l'industrie française ayant créé de belles aciéries en divers lieux du royaume.

On sait que l'acier est du fer affiné & combiné avec du carbone; qu'il diffère de la fonte par l'absence de l'oxigène, & du fer par la présence du carbone : ainsi l'on peut tirer l'acier de la fonte ou du fer, en privant la première de son oxigène, en introduisant du carbone dans le second.

On distingue trois espèces d'acier : l'acier naturel, l'acier de cémentation & l'acier fondu.

On obtient l'acier naturel immédiatement de la fonte grise par sa fusion dans des foyers brasqués. C'est le produit des mines spathiques & de quelques mines hématiques, que par cette raison on appelle mines d'acier. La fabrication de l'acier naturel ne diffère de celle du fer forgé qu'en ce qu'on ne détruit du carbone, dans la gueule qu'on affine, que ce qu'il faut pour qu'il reste acier. L'acier naturel se nomme acier de fusion, de forge ou d'Allemagne, d'où il étoit principalement apporté autrefois.

L'acier de cémentation est celui qu'on obtient avec du fer épuré, bien corroyé & cémenté avec de la poussière de charbon de bois. Pour cette opération on place les fers qu'on veut convertir en acier dans une caisse de métal; on les met par lits en les recouvrant & les entourant de charbon, & on recouvre le tout d'une couche de sable humecté & bien battu pour empêcher le charbon de brûler. On expose cette caisse au feu d'un four à réverbère, aussi long-temps que l'exigent les échantillons de fer qu'on veut convertir en acier. Ces échantillons retirés du cément s'appellent acier poule; leur surface est boursoufflée & la fracture est lamelleuse. On les chauffe & on le forge de nouveau pour les convertir en acier propre à être employé. Cette espèce d'acier soude avec lui-même & entre deux fers; elle est propre à faire des outils tranchans, mais elle n'a pas assez de corps pour être employée à faire des ressorts de platines ni des lames de sabres.

L'acier fondu est le produit de la fonte de l'acier naturel, de l'acier de cémentation, & même du fer affiné, avec un flux; il se coule dans des moules carrés ou octogones en fer forgé ou coulé. On étend cet acier au marteau comme on le fait pour l'acier de cémentation; mais on le chauffe moins & avec plus de précaution, parce qu'on risqueroit de le brûler. La cassure de cet acier coulé ressemble beaucoup à celle de l'acier poule; il se trouve à sa surface de petites cavités qui paroissent dues au retrait de la matière. Plus il est étiré sous un mince échantillon, plus il devient doux & facile à travailler. C'est d'après cette observation que l'on fait de la tôle d'acier fondu.

On fabrique maintenant en France de l'acier fondu qui se soude bien, est très-flexible & assez facile à travailler. Cet acier est homogène dans toutes ses parties, exempt d'impureté, d'un grain très-fin, susceptible du plus beau poli.

ACIER ferreux. C'est celui qui conserve des veines de fer. Quoique le fer & l'acier doivent être distingués par des qualités bien tranchantes, il y a cependant un point de contact où ils se confondent : en effet, l'acier le plus tendre peut être regardé comme un fer très-dur, & le fer dur qui contient une forte dose de carbone se rapproche des propriétés de l'acier. De-là vient qu'on obtient quelquefois de la même fonte des espèces de fer qui sont très-différentes : il suffit pour cela de changer l'inclinaison de la tuyère.

ADENT. Entaille ou emboîture en forme de dent, faite sur les faces correspondantes de deux ou de plusieurs pièces de bois, pour assurer leur assemblage & leur liaison. Ces pièces se touchant par des faces qui présentent des angles rentrans & des angles saillans, sont de forme assortie, & *s'endentent* de manière à ne pouvoir glisser l'une sur l'autre. Les madriers qui composent les flasques des affûts de place & de côté sont assemblées à adent, ainsi que ceux des affûts marins.

ADOUCIR. C'est, dans la fabrication des armes à feu portatives, ôter avec la lime fine les traits de la grosse lime, pour pouvoir polir l'ouvrage plus aisément & plus exactement. Une pièce d'armes est adoucie & polie quand sa surface ne paroît avoir aucune inégalité. Le poli parfait n'existe pas dans la nature, car tous les corps ont des pores; leurs surfaces sont composées d'éminences qui sont leurs parties solides, séparées par des intervalles vides qui sont leurs pores.

ADOUCISSEUR ou POLISSEUR. Ouvrier qui, dans les manufactures d'armes, polit l'intérieur des canons de fusil, au moyen du banc de polisserie.

AFFINAGE. C'est la purification des métaux par la scorification & la séparation des matières étrangères qui leur étoient alliées. Voici la méthode employée à la manufacture de Klingenthal pour affiner l'acier brut destiné à la fabrication des lames de sabre. On étire les barreaux en lamelles de 0,mèt.

04 (18 lig.) de largeur, fur 0 mèt. 0045 à 0 mèt. 0067 (2 à 3 lig.) d'épaiffeur. On jette ces pièces dans l'eau, on les caffe en morceaux, & l'on fépare avec foin celles qui ont la nature de fer, de celles qui ont la nature de l'acier : on fépare encore les parties qui forment de l'acier tendre, de celles qui forment de l'acier dur ; on en fait des paquets ou trouffes pefant environ 23 kil. 50 (47 liv.) & compofés de 16 à 18 lamettes placées les unes fur les autres, en obfervant que les deux pièces qui fervent de couverture à la trouffe foient d'acier mou. On forge les trouffes dans un fourneau deftiné à cet ufage, & on les étire en barreaux de petits échantillons ; par-là l'acier prend une qualité uniforme.

AFFINAGE de la gueufe. C'eft la réduction en fer malléable, dans un creufet ou foyer particulier, de la fonte en gueufe obtenue par la fufion du minerai dans le haut fourneau.

Le fer affiné eft enfuite foumis à la percuffion du marteau, qui achève de le purifier par le rapprochement plus intime de fes molécules, & qui donne la première forme fous laquelle il doit être livré, ou réduit en plus petits échantillons.

AFFINERIE D'ACIER. C'eft l'ufine dans laquelle on transforme en acier la fonte ou le fer cémenté propres à cette opération.

AFFUTER. Aiguifer, faire couper un outil. Ce mot eft peu ufité dans l'artillerie. (*Voyez* les articles AIGUISER & EMOUDRE.)

AFFUTER. Ancien mot qui fignifie difpofer à tirer, mettre en mire, pointer une pièce de canon.

AFFUTS. C'eft, en général, un affemblage de pièces en bois & en fer fur lequel on monte une pièce d'artillerie pour pouvoir la manœuvrer & la tirer. Il y a des affûts à canons, à obufiers, à mortiers, à pierriers, &c.

AFFUTS à canons de campagne & de fiége. Ce font des voitures fur lefquelles on place le canon pour le tirer ; ceux de campagne fervent auffi pour le transporter. Les affûts font compofés de deux principales pièces de bois appelées *flafques* ; les flafques des affûts de fiége font affemblés par quatre pièces que l'on nomme *entretoifes*, & qui portent en même temps le nom de l'endroit où elles font placées : ceux de campagne n'en ont que trois. L'entretoife de volée eft celle qui eft à la tête de l'affût ; on lui donne ce nom à caufe de la volée du canon qui eft dans cette partie. L'entretoife de couche eft celle qui fe trouve fous le centre du canon : il n'y en a point aux affûts de campagne. L'entretoife de mire eft nommée ainfi parce que le canonnier fe place contre cette entretoife pour pointer (cette entretoife fe nomme de *support* dans les affûts de campagne, parce qu'elle fert à porter la culaffe du canon en route).

L'entretoife de croffe affemble les croffes de l'affût ; elle eft percée dans fon milieu d'un trou dans lequel paffe la cheville ouvrière de l'avant-train. On donne plus d'écartement aux croffes de l'affût qu'à la tête, parce que le canon a plus de diamètre à la culaffe qu'aux tourillons, & que les flafques doivent être affemblés de façon à être le plus près poffible du canon fans le gêner, étant effentiel qu'il ne puiffe fe déranger dans aucun fens, foit en tirant, foit dans la marche : on l'empêche de reculer & d'avancer fur l'affût, en creufant pour les tourillons fur le deffus des flafques un enfoncement circulaire dont la profondeur eft des deux tiers de leur diamètre. Il faut que le canon, quand fes tourillons font placés dans ce logement, puiffe fe mouvoir dans le fens vertical tant en deffus qu'en deffous de l'horizon, afin que l'on ait le moyen de pointer haut ou bas. On fe contente de laiffer au canon de fiége, dont l'affût eft fuppofé fur un plan de niveau, la liberté d'être pointé à fept à huit degrés au-deffous de la ligne horizontale & à treize ou quatorze degrés au-deffus : ceux de campagne peuvent, par la conftruction de leur affût, être pointés fous l'angle de quinze degrés au-deffous de l'horizon & de quinze à dix-fept au-deffus.

Les logemens des tourillons doivent être placés le plus près poffible de la tête des flafques, en y confervant cependant affez de bois pour que leur devant conferve de la folidité, & que l'effieu, dont ils déterminent la pofition, foit foutenu folidement contre le recul de l'affût. On place cet effieu près de la ligne verticale qui paffe par-derrière le logement des tourillons, pour que les croffes de l'affût ne foient ni trop légères ni trop pefantes. Au moyen de cet emplacement de l'effieu, les roues de l'affût portent prefque tout le poids du canon, quoiqu'il devienne une voiture à quatre roues quand il eft monté fur fon avant-train ; de forte que la pofition des tourillons qui, eu égard au tir de ce canon, doit être près de la tête, devroit, quand on confidère l'affût comme voiture, fe trouver dans le milieu de l'intervalle des grandes & des petites roues. Pour remplir cet objet, on fait pour les tourillons, vers le milieu de la longueur de l'affût, un fecond logement où l'on place le canon en route ; quoique la manœuvre de changer le canon du logement de tir au logement de tranfport puiffe fe faire promptement, on le laiffe cependant dans celui de tir quand on marche à l'ennemi ou que l'on en eft à portée de faire feu.

Il n'y a de logement de tranfport qu'aux affûts de 12 & de 8 ; on n'en a pas fait à celui de 4 : les canons de ce calibre étant trop légers pour fatiguer les roues. Ces logemens ne font pas néceffaires dans les affûts de fiége, parce qu'ils ne portent jamais leurs canons que du parc à la tranchée, & que l'on a des chariots particuliers pour les voiturer.

On met des fous-bandes en fer dans le logement

des tourillons pour résister à l'effort du recul qui ne tarderoit pas à le détruire : on fait celles des logemens de tir très-épaisses, mais celles des seconds logemens le font moins, parce qu'on ne s'en sert que pour le transport des canons. On arrondit & relève les crosses des affûts de campagne, pour pouvoir les laisser traîner en manœuvrant à la prolonge.

Les affûts de campagne & toutes les autres voitures à quatre roues ont des timons. Cette façon d'atteler, outre l'avantage qu'elle a de raccourcir la longueur des colonnes, répartit également l'effort du tirage & laisse aussi aux chevaux toute la liberté qu'ils peuvent avoir en marchant : tandis que les chevaux n'étant que sur une seule file avec la limonière, la longueur de l'attelage est double, les chevaux sont plus difficiles à conduire, & la voiture ne peut guère trotter.

Les pièces en bois qui composent les affûts de campagne sont : deux flasques, trois entretoises, deux roues, une semelle mobile. Les pièces principales en fer sont : un essieu, un anneau carré porte-levier, un crochet à tête plate & percée, un crochet à pointe droite, un crochet à fourche, deux clous rivés de crosse, un crochet porte-sceau, une vis de pointage & son écrou en cuivre, deux doubles crochets de retraite, deux crochets de retraite, deux bouts d'affût, deux recouvremens de talus des flasques, deux sous-bandes fortes, deux chevilles à tête ronde, quatre chevilles à tête plate, deux sous-bandes minces pour les seconds logemens des tourillons aux pièces de 12 & de 8, deux bandes de renfort, deux bandes d'essieu, deux têtes d'affût, quatre liens de flasque, une lunette, une contre-lunette, un anneau d'embrelage, deux grands anneaux de pointage, deux petits anneaux de pointage, un crochet porte-écouvillon, deux anneaux carrés de manœuvre, deux plaques de frottemens de saffoire, deux sus-bandes, une chaîne d'enrayage pour les pièces de 12 & de 8, quatre plaques de garniture pour l'encastrement des essieux, un bandeau de semelle, une calotte de semelle, une plaque de semelle, une charnière de semelle.

Les parties en bois des affûts de siège sont : deux flasques, quatre entretoises, une semelle, deux roues, un essieu. Les parties en fer sont : deux crochets de retraite, quatre plaques carrées de bandeaux d'entretoises, deux bandeaux d'entretoises, deux recouvremens de tête d'affûts, cinq boulons d'assemblage, deux bandes de recouvrement de talus des flasques, deux sous-bandes, deux bandes de renfort, six chevilles à tête ronde, deux chevilles à mentonnet, deux têtes d'affût, deux chevilles à tête plate, quatre liens de flasque, une lunette, une contre-lunette, un anneau d'embrelage, deux boulons, deux sus-bandes, deux chaînettes de sus-bande, deux clavettes, une vis de pointage & son écrou en cuivre, deux équignons, deux brabans d'équignon, deux anneaux à happes, deux heurtequins, deux étriers d'essieu.

Affûts des pièces légères, dites *à la Rostaing*. Ces affûts & leurs pièces sont supprimés depuis long-temps; mais comme on présente souvent des inventions de ce genre, on croit devoir en faire mention ici. Les pièces qui étoient en bronze tiroient des boulets d'une livre, & elles avoient à peu près vingt calibres de longueur. On donnoit beaucoup de cintre aux flasques, afin de relever les roues, sans quoi le service de ces petites pièces eût été incommode. Aux deux côtés des flasques on appliquoit deux bras de limonières par un boulon. Aux crosses, il y avoit deux anneaux pour y passer un levier en travers de l'affût. Ce levier servoit pour la retraite; il offroit aussi des points d'appui aux limonières, pour élever les crosses lorsqu'on y atteloit un cheval. Le pointement se faisoit avec un coin de mire, qui glissoit dans une coulisse entaillée sur l'entretoise de couche; le coin étoit mû par une vis dont l'écrou étoit arrêté au-devant de la coulisse. La sus-bande des tourillons étoit fixée par une charnière; vers la tête de l'affût, elle s'arrêtoit par une clavette fixée au boulon & tournant avec lui. Cet affût & sa pièce étoient d'une grande légèreté; un seul cheval les traînoit, & on pouvoit, en les démontant, les transporter facilement sur les montagnes; mais cette pièce étoit sans puissance à cause de la petitesse de son calibre. (*Voyez* l'article CANON DE TROUPES LÉGÈRES.)

Affûts de côtes. Ils ont la même forme que ceux de place, & les flasques sont assemblés de la même manière : ils sont montés sur des rouleaux à tête percée pour recevoir des leviers. Le canon se trouve encore plus élevé au-dessus du sol de la batterie qu'avec les affûts de place. Ainsi, au moyen de ces affûts on tire par-dessus l'épaulement, en présentant peu de prise aux boulets ennemis, & on les fait mouvoir circulairement, de manière à suivre les vaisseaux qui passent devant la batterie.

Les pièces en bois qui composent l'affût de côte, sont : deux flasques, chacun de trois pièces, assemblées par vingt goujons, quatre échantignolles, deux entretoises, un gros rouleau avec quatre mortaises, un petit rouleau, quatre recouvremens pour les rouleaux, quatre goujons pour les échantignolles. Les ferrures sont : dix boulons, quatre boulons d'assemblage, quatre bandes de renfort, quatre cordons pour le gros rouleau, deux frettes pour le petit rouleau, une vis de pointage & son écrou.

Affûts à échantignolles. Ces échantignolles étoient destinées à élever la pièce. Il y avoit une échantignolle au-dessus de la tête de chaque flasque, sur laquelle on pratiquoit le logement des tourillons. Il a été abandonné à caufe de fon peu de folidité.

Affuts à flèche. Ils étoient compofés de deux flafques accolés à une pièce de bois qui fervoit en effet de flèche quand on vouloit les manœuvrer. Ils n'ont été en ufage qu'à l'armée d'Egypte, où le dénuement de bois de longueur les avoit fait adopter. Ces affûts élevoient le canon de cinq pieds neuf pouces au-deffus de la plate-forme, ce qui les avoit fait appeler *affûts-chameaux*.

Affuts marins. Ils font deftinés à manœuvrer le canon à bord des vaiffeaux. On en fait ufage à défaut d'affûts de côtes pour les pièces en fer. Ils confiftent en deux flafques courts, affemblés par des goujons, le deffous dégagé en arc de cercle, & coupés carrément en quatre degrés en arrière pour les alléger. Ils font fupportés par quatre roulettes dont les effieux font en bois.

Ces fortes d'affûts fe conftruifent promptement & à peu de frais, mais ils font difficiles à manœuvrer & font peu élevés au-deffus de la plate-forme.

Affuts à mortiers. Ils font compofés de deux flafques en fer, affemblés par deux entretoifes & par des boulons ; ces flafques font coulés à maffelotte. On s'eft occupé, depuis que les mortiers exiftent, à chercher la matière la plus folide pour faire leurs affûts. On les a eus tantôt en fer coulé, tantôt en bois, enfuite en fer battu ; on en a fait auffi en bronze, ce qui étoit très-difpendieux.

Les premiers affûts ont été en bois ferré ; on a trouvé qu'ils duroient trop peu & que leurs ferrures coûtoient beaucoup de façon ; on a préféré dans la fuite les affûts de fer coulé, parce qu'ils font moins coûteux & qu'ils durent long-temps quand la fonte eft grife, douce & onctueule (fi l'on peut s'exprimer ainfi). Pour s'affurer que la fonte de ces affûts eft fuffifamment douce, on perce à froid les trous des boulons qui affemblent les flafques, parce que le fer coulé qu'on peut percer avec des forets n'eft pas caffant, & il doit réfifter aux efforts du recul. Toutefois, ces affûts font lourds, détruifent promptement les plates-formes, & font difficiles à remettre en batterie quand ils font d'un gros calibre.

On les éprouve en tirant trois fois de fuite avec leurs mortiers refpectifs chargés à chambre pleine, le mortier pointé à foixante degrés & l'affût placé fur une plate-forme horizontale. On reçoit ceux qui ont foutenu cette épreuve fans être dégradés ; mais ceux qui manifeftent des fentes ou des cavités font rebutés & caffés.

Les diverfes parties, tant en fer qu'en bois, qui compofent l'affût à mortier font : deux flafques en fer coulé, deux entretoifes en bois, deux douilles pour tenons de manœuvre, deux tenons de manœuvre, trois boulons d'affemblage & deux feulement pour le mortier de huit pouces, deux fus-bandes, quatre étriers de fus-bande, un couffinet à tourillons, une plaque de renfort au talus du couffinet, deux chevilles à double mentonnet.

Affuts d'obufier. Ils ont à peu près la même forme que ceux des canons. Il n'y a de différence effentielle que dans leur femelle, qu'il a fallu rendre mobile pour pouvoir tirer jufqu'à l'angle de quarante-cinq degrés. On n'a pas fait de feconds logemens des tourillons à ces affûts, parce que leur poids n'eft pas confidérable & que d'ailleurs ils font trop courts pour cela. On monte celui de huit pouces fur l'avant-train à canon de douze, & celui de fix pouces fur l'avant-train du canon de huit.

Le parties en bois qui compofent l'affût d'obufier font : deux flafques, quatre entretoifes, une femelle, un effieu, deux roues. Les ferrures principales font : deux clous rivés de croffe, un anneau carré porte-levier, un crochet porte-levier, un crochet à pointe droite porte-écouvillon, un crochet à fourche porte-écouvillon, deux doubles crochets de retraite, deux chaînes d'attelage, deux crochets de retraite, fix boulons d'affemblage, deux bouts d'affût, deux recouvremens de talus de flafques, deux fous-bandes, chevilles à tête ronde (6 pour l'obufier de 8 pouces & 4 pour celui de 6 pouces), deux chevilles à mentonnet, deux chevilles à tête plate, deux bandes de renfort, deux têtes d'affût, quatre liens de flafques, une lunette, une contre-lunette, un boulon de lunette, un anneau d'embrelage, deux anneaux de pointage, deux anneaux carrés de manœuvre, deux plaques d'appui de roues, deux plaques de frottement de faffoire, une vis de pointage & fon écrou en cuivre, deux fus-bandes, deux chaînettes de fus-bandes, deux clavettes de fus-bandes, deux équignons, deux brabans, deux happes à anneau, deux heurtequins, deux étriers d'effieu.

Affuts à pierriers. Ils font en fer coulé, ayant la même forme que ceux des mortiers de huit pouces. Ils étoient précédemment en bois. (*Voyez* l'article Affuts à mortiers.)

Affuts de place. Ils font compofés de deux flafques formés par trois madriers affemblés, à crémaillère ou *à adent*, & dont celui de deffous eft délardé en arc de cercle. Ils font montés fur deux grandes roues & une roulette placée fur le devant entre les flafques. Les affûts de place ont l'avantage de porter le canon à la hauteur de 1 mèt. 62 (5 pieds), au lieu que ceux de fiége ne l'élèvent qu'à environ 1 mèt. 13 (3 pieds 6 pouces) au-deffus du fol de la batterie. Cet objet eft effentiel dans une place affiégée, parce qu'il eft dangereux de trop ouvrir le parapet, le canon de l'affiégeant pouvant alors inquiéter, à travers les embrafures, les manœuvres qui fe font fur le rempart.

Cet affût eft placé fur un châffis mobile que

l'on fixe toutes les fois qu'on trouve une direction favorable; ce qui est commode pour tirer pendant la nuit. On reproche à ces affûts d'être trop massifs & trop en prise aux coups de canon de l'ennemi.

Les pièces en bois qui composent l'affût de place sont : deux flasques, deux entretoises, une semelle, deux supports, un essieu en bois, deux roues. Les ferrures sont : deux crochets de retraite, quatre plaques à oreilles, dix chevilles, quatre boulons d'assemblage, deux tenons de manœuvre, deux brides pour leviers de manœuvre, quatre boulons de support, deux bandes de renfort de semelle & de support, deux bandes de renfort sous la semelle, deux bandes d'essieu à oreilles, deux étriers d'essieu, deux bertiquins, deux viroles de bout d'essieu, une roulette en fer coulé, un essieu en fer battu pour la roulette, une vis de pointage & son écrou.

AFFUTS à roues excentriques. Ils ont été proposés pour remplacer ceux de place & de siége, dont ils diffèrent principalement par les roues. Le moyen des roues de cet affût n'est pas au centre de la roue, & la différence des rayons est de 0 mèt. 37 (14 pouces), le plus grand étant de 1 mèt. 10 (41 pouces), & le plus petit de 0 mèt. 72 (27 pouces); en sorte que, quand on veut tirer, on fait porter les roues sur leur plus grand rayon : par ce moyen le canon tire à barbette. Dans son recul les roues tombent sur le petit rayon, le canon s'abaisse & fait que les canonniers sont entièrement couverts par l'épaulement lorsqu'ils chargent : ce qui est un grand avantage.

On objecte contre cet affût, inventé par M. le colonel d'artillerie Lagrange, qu'on éprouve plus de peine pour le mettre en batterie, la difficulté de raccorder les roues en relevant l'affût afin que la pièce ne soit pas inclinée sur le côté, & la nécessité d'avoir des roues concentriques pour faire voyager l'affût.

AGRÈS POUR LES PONTS MILITAIRES. On nomme ainsi l'assemblage de toutes les pièces qui servent à la construction d'un pont militaire. (*Voyez* l'article ÉQUIPAGE DE PONTS.)

AIGREMORE. Nom donné autrefois, par les artificiers, au charbon de bois tendre écrasé & pulvérisé.

AIGUILLE. Petite verge de fer servant à pratiquer des trous ou des espaces vides dans les artifices de guerre.

AIGUISER. C'est faire un tranchant à une arme ou à un outil. On n'aiguise maintenant les lames de sabres qu'à meules humides, & l'on a entièrement abandonné l'usage des meules sèches, même pour faire les cannelures étroites de la lame de cavalerie de ligne. Les meules étant employées sèches, il s'en dégage, pendant l'ai-guisage, une poussière quartzeuse très-ténue, que l'ouvrier aspire, qui vicie ses poumons & le fait périr à la fleur de l'âge.

AIGUISERIE. Usine où l'on aiguise des pièces d'armes. Elle est ordinairement mûe par l'eau.

Les meules qu'on emploie pour émoudre les lames de sabres & de baïonnettes peuvent être rangées en trois classes :

1°. Les grandes meules en grès, d'une moyenne dureté, de 1 mèt. 94 à 2 mèt. 27 (7 à 8 pieds) de diamètre, de 0 mèt. 09 à 0 mèt. 11 (4 à 5 pouces) d'épaisseur à la circonférence & 0 mèt. 21 à 0 mèt. 24 (8 à 9 pouces) au centre. Ces meules sont démontées pour en faire de petites, lesquelles sont réduites au diamètre de 1 mèt. 29 (4 pieds).

2°. Les meules moyennes de 0 mèt. 82 à 0 mèt. 85 (2 pieds 7 à 8 pouces) de diamètre; ces meules sont très-tendres, cannelées comme il convient pour l'usage auquel on les destine.

3°. Les petites meules de différens diamètres, depuis 0 mèt. 16 à 0 mèt. 18 (6 à 7 pouces) jusqu'à 0 mèt. 27 (1 pouce) & au-dessous; ces meules sont de diverses espèces de grès, & proviennent assez souvent des débris des grandes meules.

Les grandes meules, qui servent particulièrement à dégrossir & à blanchir toutes les parties planes & saillantes des lames, sont toujours mouillées, en sorte qu'il ne s'en dégage aucune poussière pendant l'aiguisage; mais ces meules, à raison du défaut d'homogénéité dans toutes leurs parties, perdant assez leur forme circulaire à la circonférence, on est obligé de la leur rendre en les taillant à grands coups de *hachoir*.

La position habituelle des aiguiseurs, aux grandes meules, est d'être assis vis-à-vis de la circonférence, le corps penché vers la meule; ils tiennent des deux mains la lame soutenue, sur une de ses faces, par un morceau de bois nommé *support*, & ils appuient très-fortement l'autre face sur le champ de la meule, en s'aidant souvent des genoux, qui sont à cet effet garnis de genouillères en cuir. On sent que pour ce travail il est indispensable qu'ils prennent cette position; s'ils étoient placés de côté, ne tenant dans ce cas la lame que par une extrémité, ils ne pourroient pas l'appuyer assez fortement sur la meule, qui ne mordroit pas suffisamment & n'enleveroit pas assez de matière; d'ailleurs, dans cette posture, ils ne pourroient appuyer à volonté plus fortement, sur la meule, une partie déterminée de la lame, ce qui est absolument nécessaire. Enfin, dans cette position, la lame n'étant pas soutenue par son extrémité antérieure, elle éprouveroit sur la meule un sautillement continuel, qui rendroit l'aiguisage & la conservation des dimensions impossibles.

Il arrive encore que les aiguiseurs se placent debout contre le côté de la même meule quand, faute de place à une meule moyenne, ils veulent se servir de la grande pour mettre les lames à la longueur & en ébaucher le tranchant ; pour cela ils ne font pas usage du champ, mais de la partie plane du côté de la meule, contre laquelle ils appuient leurs lames des deux mains. Cette opération ou la précédente peuvent se faire simultanément avec la première qu'on a décrite, en sorte que deux aiguiseurs travaillent ensemble à la grande meule.

Les meules moyennes, en grès tendre, servent à aiguiser en long les pans creux des lames de sabres & de baïonnettes, au moyen des cannelures qu'on y pratique, d'une épaisseur analogue à la largeur des pans creux. Les aiguiseurs se placent sur le côté de la meule, & tenant d'une main la lame vers la soye ou vers la douille, & de l'autre vers la pointe, ils la promènent en long sur les cannelures, en avançant fortement le haut du corps au-dessus de la meule. Dans cette position ils courroient de grands dangers si la meule se rompoit ; mais celle-ci étant d'une grande épaisseur & d'un diamètre médiocre, elle a beaucoup de solidité.

AIGUISEUR. Ouvrier qui travaille à l'aiguiserie d'une manufacture d'armes, soit pour aiguiser les lames de sabres, soit pour émoudre les canons de fusils.

AIRAIN. Métal aigre, cassant & sonore. C'est improprement qu'on donne au bronze le nom d'*airain*. L'airain est le métal de cloche qui est composé, suivant Thomson, de 80 parties de cuivre, 10,1 d'étain, 5,6 de zinc & 4,2 de plomb ; tandis que le bronze est composé de 100 parties de cuivre & 11 d'étain.

L'airain & le bronze, exposés long-temps à l'humidité de l'air, se couvrent d'un vernis de couleur olivâtre très-dur, qu'on nomme *patine*.

AJUSTER. C'est diriger une arme à feu portative sur l'objet qu'on veut frapper.

AJUSTER une pièce d'arme. C'est la mettre en harmonie avec les autres pièces, de manière qu'elle produise l'effet auquel elle est destinée.

ALAISES. Languettes de bois minces qu'on mettoit précédemment dans les fourreaux de sabres pour les soutenir ; on y a ensuite substitué un fût qui a également été supprimé. (*Voyez* l'article FOURREAUX DE SABRES.)

ALCRET, ALECRET ou HALLECRET. Cuirasse légère, recouverte de lames de fer, destinée aux piétons sous François I*er*.

ALIDADE. C'est, dans une machine employée à rayer les carabines, une espèce d'aiguille qui sert à indiquer à l'ouvrier, lorsqu'il a fait une rayure, de combien il doit tourner le canon pour que la rayure qu'il va commencer soit éloignée de la précédente d'une quantité donnée, laquelle est la même pour toutes les spires.

ALLEZER. C'est diminuer l'intérieur de l'ame des canons pour les mettre au calibre.

ALLEZOIR. Outil destiné à allezer les canons. Ceux dont on fait usage pour les armes portatives s'appellent *foret*. (*Voyez* le mot FORET & l'article BOUCHES A FEU.)

ALLEZURES. On appelle ainsi de petits copeaux & des parcelles de fer ou de bronze que détache l'allezoir.

ALLIAGE. Mélange des métaux qui s'emploient pour former le bronze dont on coule les bouches à feu (*voyez* l'article BOUCHES A FEU). L'alliage pour garnitures des pièces en cuivre des armes portatives est composé de 80 parties de cuivre, 17 de zinc & 3 d'étain.

ALLONGNE. On appeloit ainsi un cordage qu'on employoit autrefois pour les ponts militaires. Elle servoit particulièrement à affermir les pontons. Sa longueur étoit d'environ trente-cinq toises, & sa grosseur ou diamètre d'un pouce.

ALLUMELLE. Nom que l'on donnoit anciennement aux épées longues & minces.

AMARRER. C'est attacher & lier fortement avec un cordage, un bateau, des agrès, une pièce de canon, &c. Amarrer un cordage à un piquet, c'est l'y fixer par un nœud quelconque.

AMARRES. On donne ce nom à quelques cordages employés dans la construction des ponts militaires. L'amarre du bateau d'équipage sert à fixer le premier & le dernier bateau aux piquets plantés vers les culées, & fait fonction de traversières pour les autres bateaux.

AMBOUTIR ou EMBLOUTIR. C'est façonner un métal à coups de marteau sur un moule ou dans une matrice. Les cuirasses sont embouties.

AME. C'est la partie vide & cylindrique des grandes & petites bouches à feu, par où l'on fait entrer leur charge & qui la contient dans celles qui n'ont pas de chambre.

AME des soufflets. Soupape qui se lève pour permettre l'entrée de l'air dans l'intérieur d'un soufflet.

AMORCE. Poudre qu'on met dans le bassinet d'une arme à feu portative pour enflammer la charge.

Amorce ou **Traînée**. Poudre que l'on sème sur un banc d'épreuve, dans la direction des lumières, pour communiquer le feu à tous les canons des armes portatives.

Amorce. Portion de fer qu'un forgeur amincit au bout d'une pièce qu'il doit souder à une autre pièce. Dans la lame à canon de fusil, c'est la partie amincie en biseau suivant la longueur; on l'appelle aussi *Zèvre*.

Amorçoir. C'est un outil en fer employé par les charrons & les charpentiers: il ressemble à la gouge & sert à commencer les trous.

Amour. Les ouvriers forgeurs appellent ainsi la masselotte de la baïonnette. (*Voyez* Masselotte de baïonnette.)

Amplitude de tir. C'est la ligne courbe que trace en l'air un projectile, depuis sa sortie de l'ame de la pièce jusqu'à l'endroit de sa chute.

Ampoulette. Nom qu'on donnoit autrefois au bois des fusées à bombes & à grenades. (*Voyez* l'article Fusées a bombes.)

Amusette. Petit canon en fer de 1 mèt. 62 (5 pieds) de long & de 0 mèt. 04 (18 lig.) de calibre, se chargeant par la culasse, porté par un affût composé d'une pièce de bois adaptée à l'essieu d'un rouage ayant 1 mèt. 10 (3 pieds 6 pouces) de hauteur: son boulet en plomb étoit 0 kil. 24 (8 onces). Ce canon a été proposé par le maréchal de Saxe; il estimoit sa portée de quinze à seize cents toises, & croyoit que trois hommes devoient pouvoir le mener partout, en portant mille coups, & tirer deux cents coups par heure. L'influence du maréchal de Saxe avoit fait adopter cette arme, qui a été abandonnée à sa mort: on n'en trouve plus dans les arsenaux, où il y en avoit un assez grand nombre.

Analyse des poudres, des bronzes, des artifices, &c. C'est l'art de déterminer la nature & les proportions des principes constituans de ces substances. Cet art, qui a fait d'immenses progrès depuis la fin du siècle dernier, donne aux officiers d'artillerie le moyen de reconnoître avec une grande exactitude le dosage de la poudre, l'alliage des bouches à feu, la composition des artifices, &c.

Analyse de la poudre. Le procédé dont on se sert ordinairement, consiste à lessiver la poudre avec de l'eau, pour séparer le nitre, & à traiter le résidu par la potasse qui dissout le soufre & laisse le charbon. Quoique ce procédé paroisse facile, il présente des difficultés qu'on n'apprécie bien qu'en l'exécutant; néanmoins on ne peut en condamner l'emploi, & il seroit même indispensable d'y avoir recours si l'on vouloit obtenir directement la quantité de charbon contenue dans la poudre. Dans le cas où on voudroit en faire usage, il conviendroit de prendre deux portions de poudre: l'une seroit lessivée pour avoir le nitre, on sécheroit le résidu & en prendroit le poids; l'autre portion seroit mêlée immédiatement avec une quantité égale de potasse & un peu d'eau, & on chaufferoit le mélange: le soufre se dissoudroit rapidement, & on laveroit ensuite jusqu'à ce que l'eau n'eût plus de saveur sulfureuse, ou mieux, ne précipitât plus en noir l'acétate de plomb. Le charbon seroit séché & pesé. Le soufre s'obtiendroit en retranchant du poids de la poudre employée & supposée bien sèche, celui du nitre & du charbon qu'on auroit obtenus; & les résultats de l'analyse pourroient être vérifiés, en comparant le poids du soufre & du charbon laissés par la première portion de poudre, avec celui donné par la seconde.

En suivant ce procédé, la détermination du charbon laisse de l'incertitude, qui se répète ensuite sur la proportion du soufre, &, par conséquent, si l'on pouvoit déterminer directement le poids du soufre, l'analyse de la poudre en deviendroit beaucoup plus exacte. C'est pour parvenir à ce but que l'on va décrire le procédé suivant, dont l'exactitude est déjà constatée par un grand nombre d'épreuves.

On commence par dessécher une certaine quantité de poudre, pour connoître le degré d'humidité qu'elle contient, & pouvoir déterminer avec plus de certitude la proportion du charbon, qu'on n'obtient dans ce procédé que par soustraction. On évalue le nitre en lessivant la poudre, évaporant l'eau de lavage, & faisant fondre le résidu salin.

Pour obtenir le soufre, on mêle cinq grammes de poudre avec un poids égal de sous-carbonate de potasse pur, ou au moins ne contenant pas d'acide sulfurique; on pulvérise exactement le mélange dans un mortier, & on ajoute ensuite cinq grammes de nitre & vingt de chlorure de sodium.

Le mélange étant rendu bien intime, on l'expose dans une capsule de platine sur des charbons ardens; la combustion du soufre se fait tranquillement, & bientôt la masse devient blanche. L'opération est alors terminée; on retire la capsule du feu, & quand elle est refroidie on dissout la masse saline dans l'eau, on sature la dissolution avec de l'acide nitrique ou de l'acide hydro-chlorique, & on précipite l'acide sulfurique qu'elle contient par le chlorure de barium.

Il y a deux manières de faire cette précipitation: la première, qui est généralement suivie, consiste à mettre dans la dissolution un léger excès de chlorure de barium, & à recueillir le sulfate de barite produit. Ce procédé exige de nombreux lavages qu'on ne peut faire qu'à de longs intervalles, parce que le sulfate de barite ne se dépose que lentement, surtout vers la fin de l'opération, époque à laquelle ce sel reste souvent en suspension, & passe même à travers les filtres le plus épais. Si on lave le sulfate de barite sur un filtre, nouvel inconvénient, il faut détacher le sulfate du filtre ou les peser ensemble, & dans l'un ou l'autre cas on peut commettre facilement une erreur, surtout si l'on n'est pas très-exercé.

L'autre manière de précipiter l'acide sulfurique, que l'on propose ici d'adopter, consiste à prendre une dissolution titrée de chlorure de barium, c'est-à-dire, dont on connoît la proportion exacte en poids de chlorure de barium & d'eau, & de verser cette dissolution dans celle qui contient l'acide sulfurique, jusqu'à ce qu'il ne se fasse plus de précipité. Quand la précipitation approche de son terme, on doit ajouter le chlorure de barium par gouttes seulement ; on attend que le liquide soit éclairci avant d'en ajouter une nouvelle quantité ; ou bien, si l'on veut accélérer l'opération, on filtre une portion de la liqueur dans une petite éprouvette très-nette, & l'on verse une goutte de chlorure de barium dans la liqueur filtrée. Le même filtre peut servir pendant toute l'opération. Il n'est pas à craindre ici que le sulfate de barite passe à travers le filtre ; cela n'a lieu que lorsque l'eau ne contient plus en dissolution, ou presque plus, de matières salines ; car les sels s'excluant, en général, les uns les autres de la même dissolution, le sulfate de barite se trouve exclus du liquide, & précipité, quand celui-ci contient une certaine quantité de substances salines. La plupart des sels peuvent servir pour cet objet ; mais quand on doit peser le sulfate de barite, il faut prendre un sel volatil qu'on puisse expulser par la chaleur, comme le nitrate ou l'hydro-chlorate d'ammoniaque.

La quantité d'acide sulfurique, & conséquemment celle du soufre, est donnée par le poids du chlorure de barium employé ; car le nombre équivalent, ou le poids de l'atome du soufre, étant 20,116, & celui du chlorure de barium cristallisé 152,44, il suffira de faire cette proportion 152,44 : 20,116 :: le poids du chlorure de barium employé est à un quatrième terme, qui sera le poids du soufre cherché. Ce procédé, qui peut être généralisé, & dont l'utilité se fera facilement sentir dans le cas où le sulfate de barite, ou tout autre précipité entraîne avec lui quelque substance étrangère, peut donner un résultat exact à un cinq centième près, & même à un millième ; mais comme on doit verser la dissolution de chlorure de barium goutte à goutte, & qu'avec un flacon cela est très-difficile, d'autant plus que les bords du goulot resteroient chaque fois mouillés de la dissolution, il est nécessaire de se servir d'une pipette formée par une petite boule portant deux tubes droits opposés, & dont l'un est effilé, pour qu'on puisse modérer plus facilement l'écoulement du liquide, en appliquant l'index sur l'ouverture de l'autre tube. Le tube effilé traverse un bouchon de liège destiné à fermer le petit flacon qui contient la dissolution, afin d'empêcher toute évaporation ; on remplit la pipette par aspiration, on applique aussitôt le doigt sur son extrémité supérieure, & on la retire avec la précaution de ne jamais lui faire toucher le goulot du flacon, pour ne pas y déposer du liquide : le flacon contenant la dissolution doit être léger, & ne contenir au plus que le double de la quantité de dissolution présumée nécessaire pour opérer la précipitation, afin de moins charger la balance qui doit en faire connoître le poids, & obtenir par conséquent plus de précision. On pèse le flacon avec sa pipette & son bouchon avant la précipitation, & on le pèse de nouveau après. On ne doit pas compter la dernière goutte, & on doit même prendre la moitié de celle ajoutée avant, & qui a terminé la précipitation. Pour faire cette correction, on fait tomber de la pipette cinquante gouttes, par exemple ; on en prend le poids, & on le divise par cinquante pour avoir celui d'une goutte.

Le nitre & le soufre étant déterminés l'un & l'autre avec précision, on obtient le charbon en retranchant leur poids de celui de la poudre fournie à l'analyse.

On a conseillé d'employer le carbonate de potasse, parce qu'il se pulvérise & se mêle mieux avec la poudre ; mais on peut aussi se servir de la potasse caustique. Dans ce cas, il est nécessaire d'ajouter un peu d'eau pour la dissoudre, & de chauffer doucement jusqu'à ce que cette eau soit évaporée, afin d'éviter les jets qui pourroient faire perdre un peu de matière. Enfin, on peut aussi employer, au lieu de capsule de platine, une capsule, un matras & même un tube de verre : à la vérité le verre se fend presque toujours par le refroidissement, mais il n'en résulte aucune perte. (Extrait des *Annales de Chimie & de Physique*, année 1821.)

ANALYSE du bronze. Comme on doit toujours faire précéder l'analyse d'un alliage de quelques essais, pour reconnoître la présence des métaux étrangers qui l'altèrent assez souvent, voici la marche qu'on pourra suivre à l'égard du bronze.

1°. On reconnoîtra la présence du cuivre par l'ammoniaque, qui a la propriété de colorer les dissolutions nitriques & sulfuriques du cuivre, en beau bleu céleste.

2°. Celle de l'étain, par l'acide nitrique, qui l'oxide avec rapidité. On distinguera l'étain de l'oxide d'antimoine, en ce que la dissolution muriatique du premier ne précipite pas par l'eau, pourvu qu'il y ait excès d'acide.

3°. Celle du zinc, par la propriété qu'il a d'être précipité en blanc par les alcalis de ses dissolutions sulfurique, nitrique & muriatique. Un excès d'alcali redissout ces précipités.

Les

Les prussiates & les hydrosulfures les précipitent également en blanc.

4°. Celle du plomb, par l'acide sulfurique, qui le précipite en poudre blanche, à l'état de sulfate de sa dissolution nitrique.

5°. Celle du fer par l'aiguille aimantée.

6°. Celle de l'arsenic, par l'acide nitrique, qui fera passer ce métal à l'état d'acide arsenique. On saturera avec la potasse, & on versera de l'acétate de plomb dans la liqueur, où il se formera un arséniate de plomb insoluble.

7°. Celle de l'antimoine, par l'acide nitrique, qui oxide également l'étain en poudre blanche; mais on distingue facilement ces deux oxides en les traitant au chalumeau: celui d'étain y est fixe, & celui d'antimoine, au contraire, se volatilise en répandant une forte odeur d'ail.

On ne peut confondre l'antimoine qu'avec le bismuth; mais il est aisé de reconnoître ce dernier par la rapidité avec laquelle il se dissout dans l'acide nitrique, tandis que l'antimoine ne fait que s'y oxider, & demande l'eau régale pour se dissoudre.

8°. Enfin, les dissolutions de bismuth & d'antimoine précipitent par l'eau, après avoir rapproché la liqueur & dégagé l'excès d'acide. Il n'y a que ces deux métaux & le tellure, qui aient cette propriété; mais le bismuth précipite en noir par l'hydrogène sulfuré, l'antimoine en jaune orangé, & le tellure en jaune doré.

Nota. On fera toutes les dissolutions à froid & à chaud dans de petits matras de verre à longs cols, & l'on se servira de capsules de porcelaine ou d'argent pour les évaporations, selon le cas. L'on n'emploira que des réactifs très-purs, & de l'eau distillée ou de pluie qui ne précipite pas par le nitrate d'argent ni par l'oxalate de potasse.

On sépare les précipités des dissolutions qui les contiennent, par la filtration. A cet effet, on se sert de deux filtres de papier non collé; ils doivent être exactement de même poids, afin que celui extérieur puisse servir de tare, & l'on doit laver à petites eaux le précipité que le filtre intérieur contient, jusqu'à ce que la liqueur qui passe soit insipide & incolore.

La dessiccation des précipités doit toujours se faire à une chaleur de 60 à 70 degrés centigrades. Avant de faire la dissolution d'un alliage, on doit le réduire, avec un ciseau ou un laminoir, en morceaux les plus minces possibles.

Procédé d'analyse. On considéra d'abord le cas le plus simple, c'est-à-dire, celui où l'alliage ne contient que du cuivre, de l'étain & du zinc.

A. On traitera 10 à 20 grammes de l'alliage, par l'acide nitrique à 22 degrés environ. Il se formera des nitrates de cuivre & de zinc solubles, & l'étain restera à l'état d'oxide dans le matras.

On filtre ensuite, on lave le précipité contenu dans le filtre, jusqu'à ce que la liqueur qui passe ne soit plus colorée par l'ammoniaque; on fait

ARTILLERIE.

séchei dans une étuve ou dans une capsule, & le poids de l'oxide fait connoître celui de l'étain, sachant que 140 d'oxide représentent 100 de métal.

B. Pour séparer le cuivre du zinc, on fera chauffer la dissolution dans une capsule de porcelaine, & l'on en précipitera le cuivre par une lame de zinc qu'on aura pesée avec soin. On filtre, on lave & l'on sèche, & le poids du cuivre sera connoître celui du zinc.

C. On peut aussi avoir le zinc en le précipitant des eaux de lavage (où il est resté à l'état de nitrate), par le carbonate de soude ou de potasse. On filtre, on lave & on sèche, & le poids du carbonate de zinc (déduction faite de celui qu'on a employé pour précipiter le cuivre) donnera celui du métal, sachant que 130 de ce sel représentent 100 de zinc métallique.

Cas dans lequel l'alliage contiendroit du plomb. — *Nota.* On reconnoît à la cassure les cuivres jaunes où il entre du plomb; celle de laiton, qui n'en contient pas, ne perd rien de son éclat métallique, au moins pendant quelques semaines; tandis que la cassure de celui qui en renferme même un ou deux centièmes, noircit bientôt après avoir été faite, & passe d'un jaune citrin assez beau, à celui d'un jaune sale.

D. Après avoir séparé l'étain, comme il a été dit en A, on versera la liqueur de l'acide sulfurique en excès, pour tout convertir en sulfate; le sulfate de plomb seul se précipitera, & son poids, après avoir été filtré, lavé & séché, fera connoitre celui du métal. (139,5 de sulfate de plomb bien séché, représentent 100 de plomb métallique.)

E. On séparera ensuite le cuivre du zinc, en se servant d'une lame de fer bien décapée & pesée avec soin, ou bien comme il a été dit B & C; mais on précipite plus facilement le cuivre des dissolutions sulfuriques que de celles nitriques, & ce dernier moyen est préférable quand on veut déduire de suite la quantité de zinc de celle du cuivre trouvé.

Cas dans lequel il y auroit, outre le cuivre, le zinc & l'étain, du plomb & du fer. On connoît la manière de séparer les cinq premiers métaux; on pourroit aussi obtenir le fer de la dissolution nitrique, comme on le verra plus bas; mais il paroît plus simple d'en déterminer les proportions par la méthode suivante.

F. On fera dissoudre une portion de l'alliage dans l'acide nitro-muriatique. Une grande partie du plomb se sépare, on précipite le reste par l'ammoniaque mis en excès, pour redissoudre le cuivre, le zinc & l'arsenic (s'il y en a); on obtient ainsi un précipité qui ne contient plus aucun de ces métaux. On le traite par acide nitrique à 22° mis en excès, pour empêcher l'oxidation du fer, & on filtre pour séparer l'étain. On fait bouillir ensuite la dissolution à plusieurs reprises, pour oxider fortement le fer, & le précipiter en poudre rouge. Quand tout le fer est ainsi séparé, on le

B

lave, on le sèche & on le pèse. (100 d'oxide de fer, par l'acide nitrique, donnent 55,75 de fer métallique.)

G. Comme il se rencontre quelquefois des alliages plus compliqués que ceux dont on vient d'indiquer l'analyse, on a cru devoir donner une méthode générale, au moyen de laquelle on pourra déterminer la composition de tous ceux en usage dans l'artillerie, quel que soit le nombre de métaux étrangers qu'ils contiennent.

Alliage contenant huit métaux, savoir : cuivre, zinc, étain, plomb, fer, antimoine, bismuth & arsenic. H. On traitera d'abord par l'acide nitrique à 22°, & lorsque cet acide n'aura plus d'action sur l'alliage, on trouvera au fond de la dissolution, l'étain & l'antimoine oxidés, & une portion de fer & de bismuth à l'état d'arséniate. (100 d'oxide d'antimoine par l'acide nitrique, représentent 62,8 de ce métal, & 100 d'oxide de bismuth, 89,88.)

I. On traitera par l'acide muriatique ce qui n'aura pas été dissous par l'acide nitrique.

K. La présence de l'arsenic oblige à reprendre une nouvelle quantité d'alliage, que l'on traite par la potasse nitratée dans un creuset d'argent. On filtre & on lave pour séparer l'arséniate de potasse; on sature l'excès de potasse par l'acide nitrique, afin de séparer une petite quantité d'oxide d'étain, d'antimoine, de zinc & de plomb, que cet excès de potasse auroit pu dissoudre. On versera de l'acétate de plomb dans la dissolution, & il se précipitera un arséniate de plomb, qui, lavé & séché, représente 19,15 d'arsenic pour 100.

Il faut prendre garde de ne pas mettre d'acide nitrique en excès, car il se formeroit du nitrate de plomb, & par suite de l'arséniate de ce métal.

L. Si l'on examine maintenant la dissolution muriatique I, on verra qu'elle contient l'antimoine, l'étain & le fer; on rapprochera la liqueur pour en dégager un peu d'acide, si elle en contenoit un trop grand excès, & l'on précipitera l'antimoine par l'eau; il précipitera aussi un peu d'étain avec, à cause de leur affinité.

M. Pour séparer le muriate d'étain de l'oxide d'antimoine, oxide qui retient un peu d'acide muriatique, on le fera passer au maximum par l'acide nitrique, & alors on sublimera. Le muriate d'antimoine seul se sublimera, parce que le muriate d'étain, au maximum, n'est pas volatil.

N. Quant au fer & à l'étain, qui sont dissous dans l'acide muriatique, on les précipite par l'ammoniaque & on les sépare par l'acide nitrique, ou mieux encore, par la potasse caustique qui dissout seulement l'étain.

O. Reste la dissolution nitrique H, qui contient le bismuth, le zinc, le cuivre, le fer & le plomb.

P. On précipitera le bismuth par l'eau; le plomb, par l'acide sulfurique, dont on mettra un excès pour faire passer à l'état de sulfate; on précipite le cuivre par une lame de fer bien décapée & bien pesée; & le zinc & le fer, par la potasse caustique, dont un excès redissout le zinc seulement; enfin, on précipite celui-ci par le carbonate de potasse, après avoir saturé la solution dans cet alcali.

Cette analyse a été extraite par M. Duffauffoy, chef de bataillon d'artillerie, des cours & expériences de MM. Vauquelin, Thenard, Gay-Lussac & d'Arcet. (*Voyez*, pour plus de détails, le beau *Traité de Chimie* par M. Thenard.)

ANCRE. Machine en fer qu'on jette au fond des fleuves pour fixer les ponts militaires; elle se compose d'une barre de fer nommée *verge*, de deux bras ou pièces courbes soudées au bout de la verge, formant un arc de cent vingt degrés, dont le centre est au tiers de la verge & dont les extrémités sont soudées avec une patte ou morceau de fer plat de forme à peu près triangulaire; la partie supérieure de la verge est percée d'un trou pour recevoir l'organeau ou anneau auquel on amarre le cordage. Deux jumelles en fer, nommées *jas*, embrassent le sommet de la verge. Elles sont réunies par six chevilles en quinconce & par deux frettes fixées par des caboches à trois pouces de chaque bout. La direction du jas est perpendiculaire à celle des bras. La longueur du cordage d'ancre doit être telle que la tension contre l'organeau agisse de haut en bas.

Pour éprouver une ancre, on l'arrête solidement dans le sens où elle doit faire effort, & l'on tire dessus avec un cabestan, au moyen d'un cordage ayant les mêmes dimensions que celui dont on doit faire usage pour l'emploi de l'ancre. On tend ce cordage autant qu'il est possible, sans le faire rompre; si l'ancre résiste à cet effort & qu'elle ait d'ailleurs les dimensions prescrites, elle est reçue pour le compte de l'artillerie.

ANGE ou BOULETS RAMÉS. Demi-boulets joints par une barre de fer, en usage dans la marine pour détruire les mâts, les cordages & les manœuvres des vaisseaux ennemis. (*Voyez* BOULETS A DEUX TÊTES, BOULETS BARRÉS OU RAMÉS, BOULETS COUPÉS OU SÉPARÉS, &c.)

ANGLE DE MIRE. C'est l'angle que fait la ligne de mire avec la ligne de tir, ou l'axe prolongé de la pièce. (*Voyez* l'article TIR DES ARMES A FEU.)

ANGON ou CORSÈQUE. Javelot à trois fers, l'un droit, les deux autres recourbés en dehors, unis sur la douille par une clavette.

ANGUILLES. Pièces de bois placées en avant & en arrière des radeaux, servant à maintenir leur écartement lorsqu'on en forme des ponts. (*Voyez* le mot TRAVERSIÈRE.)

ANIME. Sorte de cuirasse ancienne. (*Voyez* le mot BRIGANDINE.)

ANISOCYCLE. Machine de forme spirale comme le ressort d'une montre, qui, en se débandant, lançoit des flèches au loin.

ANNEAU. On donnoit ce nom à une figure de serpent que l'on passoit au fer de la lance pour le tournoi, & à la boucle fermant une courroie.

ANNEAUX de fil de fer. Ils servent à suspendre le sabre de cavalerie au ceinturon, & le mousqueton au porte-mousqueton. Il y en a deux à chacune de ces armes.

ANSES DES PIÈCES D'ARTILLERIE. Ce sont des anneaux en forme d'étrier, dans lesquels on passe des leviers ou des cordages pour manœuvrer les pièces. Les canons & les obusiers en bronze ont deux anses ; les mortiers du même métal n'en ont qu'une, & les pièces en fer n'en ont pas. Les bombes ont aussi des anses pour aider à les placer dans le mortier. (*Voyez* le mot BOMBE.)

ANSPET ou ANSPECT. Pince ou levier en fer, dont on se sert sur les côtes pour la manœuvre des bouches à feu.

APPELER. Se dit du son que rend la platine d'un fusil lorsqu'on la fait jouer.

APPROVISIONNEMENS D'ARTILLERIE. Ce sont les armes & les munitions de guerre que l'artillerie confectionne, soit pour son service, soit pour celui des autres corps de l'armée.

L'approvisionnement d'une place consiste dans la quantité de bouches à feu, d'armes portatives & de munitions qui sont nécessaires pour soutenir un siége.

Les approvisionnemens des places sont fixés, au commencement de la guerre, en défensive,

Sur les frontières continentales :
Première ligne, au pied complet de siége.
Seconde ligne, au demi, *idem*.
Troisième ligne, au tiers, *idem*.
Et sur les frontières maritimes :
Les places des îles adjacentes à la côte, au complet.
Les places de la côte, au tiers, à cause des ressources que les magasins de la marine & du commerce offrent en cas d'urgence.

En offensive, en avant de la frontière.
Première ligne, au pied complet de siége.
Seconde ligne, au tiers pour le plus grand nombre des objets, mais au complet pour ceux dont le rassemblement est long & difficile.
Les places de grand dépôt qui se trouveroient sur la seconde ligne, aux deux tiers.

Troisième ligne, aucun approvisionnement pour le cas de siége.
L'armement en artillerie sera :
Pour les places de premier ordre, de cent à cent cinquante bouches à feu.
Deuxième ordre, de soixante-dix à quatre-vingt-dix.
Troisième ordre, de quarante à soixante.
Pour les forts & postes, de douze à quarante.
L'armement d'un front d'hexagone régulier sans extension de dehors, est fixé à quarante-huit canons, dont moitié de gros calibre.
Si la place est susceptible de deux attaques simultanées, il y aura une augmentation de moitié en sus pour le canon de place.
Quel que soit le nombre des attaques présumées, il sera joint à cet armement douze pièces de bataille.

Bases des approvisionnemens d'artillerie dans une place, supposée hexagonale, sans extension de dehors, & attaquable sur un seul front.

Quarante-huit pièces de canon de place, dont moitié des gros calibres (un quart à un sixième en pièces de 24, le reste en pièces de 16), & l'autre moitié des trois petits calibres, à peu près en égal nombre de chacun.

Douze pièces de bataille, dont les deux tiers de 4, qui seront employées dans les sorties & dans les chemins couverts.

Mortiers, pierriers, obusiers, moitié du nombre de canons, dont un demi en mortiers de gros calibre ; un quart ou six pierriers, & un quart ou six obusiers.

Armes portatives, fusils de rempart, soixante.
Fusils d'infanterie, un par fantassin pour rechange.
Mousquetons, cent pour rechange.
Paires de pistolets, vingt-cinq pour rechange.
Sabres d'infanterie, deux de rechange pour cent hommes de la garnison.
Sabres de cavalerie, un cinquième du nombre des cavaliers.

Affûts & armemens, affûts à canon, quatre pour trois pièces.
Avant-trains, un cinquième du nombre des pièces.
Châssis de plate-forme, autant que d'affûts.
Châssis de transport, autant que d'avant-trains.
Affûts à mortiers de gros calibre, un & demi du nombre des mortiers.
Affûts de petits calibres & de pierriers, un & quart du nombre de ces bouches à feu.
Affûts d'obusiers, trois pour deux obusiers.
Plates-formes des bouches à feu, autant que d'affûts.
Armement & assortiment des bouches à feu, autant que d'affûts.
Projectiles, boulets, neuf cents par pièce de place, dont moitié en boulets creux par pièce de 24.

Projectiles, boulets, quatre cents par pièce de bataille.
Bombes, cinq cents par gros mortier.
Idem, six cents par petit mortier.
Obus, cinq cents par obusier.
Paniers & plateaux de pierriers, de chacun mille quarante par pierrier.
Pierres pour pierriers, huit toises cubes par pierrier.
Cartouches à balles pour canons, trente par pièce de 24 & de 16.
Id m, soixante-quinze par pièce de 8 & de 4 de place.
Idem, deux cents par pièce de bataille.
Idem, quinze par obusier.
Trois mille grenades de rempart.
Vingt mille grenades à main.
Fusées à projectiles creux, un quart en sus du nombre de ces projectiles.
Plomb pour balles de fusil, trente livres par arme à feu portative de rechange.
Pierres a fusil, cinquante par arme à feu portative de rechange.
Poudre pour canons, un tiers du poids des boulets & des cartouches.
Pour gros mortiers, cinq kil. par bombe.
Pour petits mortiers & obusiers, un kil. & demi par bombe, obus & cartouche.
Pour pierriers, six cent kil. pour chaque pierrier.
Pour grenades de rempart, un kil. & trois quarts par grenade.
Pour grenades à main, un quart de kil. par chacune.
Pour armes à feu portatives, sept kil. & demi par chacune.
Pour mines, artifices & déchet, un dixième de la somme des quantités précédentes.
Voitures, chariots à canon, un par dix pièces.
Caissons pour pièces de campagne, un par pièce.
Charrettes, une par quatre bouches à feu.
Camions, un par six mortiers de huit, pour pierriers & obusiers.
Tombereaux à bras, huit.
Traîneaux, quatre.
Triqueballe, un par seize pièces.
Forges approvisionnées, deux.
Brouettes ordinaires, vingt-quatre.
Brouettes à bombe, dix-huit.
Civières, vingt-quatre, des trois espèces également.
Engins à lever & à peser, chèvres, cinq.
Cics, quatre.
Cabestans, quatre.
Leviers, dix par pièce, outre l'armement.
Romaines, deux.
Cordages, câbles de chèvre, six pour cinq chèvres.

Prolonges doubles, deux par chèvre.
Prolonges simples, six par chèvre, & une de rechange par deux canons de bataille.
Traits à canon, six par chariot à canon.
Traits de manœuvre, huit par chèvre.
Traits de paysans, autant que des deux autres espèces ensemble.
Menus cordages, cinquante kil. par soixante-douze bouches à feu.
Bois de remontage, paires de flasques, une pour deux pièces.
Heurtoir de châssis, un pour quatre pièces.
Semelle de châssis, une par pièce.
Paires de roues en blanc, une pour deux pièces.
Paires de moyeux, une pour quatre pièces.
Rais, dix par pièce.
Jantes, cinq par pièce.
Semelles d'affûts, une par six pièces.
Essieux en bois, un par quatre pièces.
Bois pour chapiteaux, portières, &c., six cents mètres.
Manches d'outils, deux tiers du nombre de leurs outils respectifs.
Bois à sabots pour les obus & pour les boulets.
Fers, essieu de fer, un par trois pièces de bataille.
Vis de pointage d'affût de bataille, deux pour chacun des calibres qu'on a.
Idem, d'affût de place, une par six pièces.
Écrous pour vis, moitié du nombre des vis.
Roues ferrées, une par quatre affûts.
Hausses de pointage de rechange, une pour dix bouches à feu, de celles qui en ont.
Flasques de mortiers, un par six affûts.
Rechange des armes à feu portatives, bois d'armes à feu portatives, cent par mille de ces armes.
Platines pour *idem*, cent par *idem*.
Pièces assorties non limées, quatre mille, *idem*.
Matières d'artifices, salpêtre, huit cent kil. par soixante-douze bouches à feu.
Soufre, un tiers du salpêtre.
Poix noire, *idem*.
Poix blanche, *idem*.
Goudron, vingt tonnes par soixante-douze bouches à feu.
Cire, autant que de soufre.
Suif, un demi du poids du soufre.
Térébenthine, huiles de lin, d'aspic, dix kil. de chacune.
Borax, cinq kil.
Camphre, trois kil.
Ustensiles d'artifices, l'approvisionnement de deux caissons.
Ustensiles à boulets rouges, deux assortimens.
Artifices préparés, mèches, cinquante kil. par bouche à feu, & par trente jours de siége & d'investissement.
Balles à feu, trois cents.

APP

Tourteaux goudronnés, huit mille six cent quarante.
Fusées de signaux, cent.
Roche à feu, vingt-cinq kil.
Carcasses (six par pierrier), trente-six.
Torches, cent.
Assortiment d'outils, outils à pionniers, six cents, dont cinquante pics à roc, cent cinquante pics à hoyaux, & quatre cents pelles, tant rondes que carrées.
Niveaux, cent (un & un quart du nombre des bouches à feu).
Dames, deux cents.
Masses, deux cents.
Outils d'ouvriers d'artillerie, le double de l'assortiment nécessaire à une escouade d'ouvriers.
Outils d'armuriers, un assortiment pour huit platineurs & quatre monteurs.
Outils tranchans, un par canonnier, dont un tiers en haches & deux tiers en serpes.
Scies de différentes espèces, un dixième du nombre des canonniers.
Métaux, sei neuf, mille kil.
Ecrous, un sixième de fer neuf.
Clous, un sixième de fer neuf.
Acier, un tiers du poids des clous.
Tôle, vingt feuilles.
Fer-blanc, deux cent cinquante feuilles, & plus, si l'on tire à boulets ensabottés.
Ustensiles à couler les balles de plomb, chaudières pour fondre le plomb, deux ; & le double, s'il est en saumons.
Cuillers de fer, trois par chaudière.
Moules à faire une livre de balles, six par chaudière.
Cisailles pour ébarber, deux, *idem*.
Cribles pour les balles, dits *passe-balles*, deux dans tous les cas.
Barils pour rouler les balles, deux, *idem*.
Approvisionnemens divers, une machine à remettre les grains de lumière.
Une étoile mobile, & un chat pour la vérification des pièces.
Charbon de terre, cent quintaux par forge.
Sacs à terre, cinq cents par pièce.
Papier, une feuille par coup de canon, de mortier, d'obusier, de pierrier ; & pour cartouches à fusil, deux mains par cinquante cartouches.
Réchauds de rempart, deux par pièce.
Tour à tourner les sabots.
Menus achats, un assortiment comme pour un équipage de siége, dans les objets qu'on ne pourra au besoin trouver dans la place.
Saucissons, gabions, &c. Saucissons, dix par canon, s'ils sont sur affûts de place, quatorze, s'ils sont sur affûts de siége, dix par mortier, obusier & pierrier.
Gabions, trente-deux par traverse, dix traverses par quarante-huit canons.

ARB

Piquets, non compris ceux des gabions, cinq par saucisson, huit par bouche à feu pour plates-formes.
Claies, deux par saucisson, manquant au nombre nécessaire à l'artillerie.
(*Voyez* à l'article d'ÉQUIPAGES D'ARTILLERIE, les approvisionnemens nécessaires pour la guerre de campagne, de siége & de montagne, ainsi que pour les ponts militaires.)

ARBALÊTE, arme de trait. C'est en quelque sorte un arc composé, portant plus loin & plus juste qu'un arc simple. Elle étoit principalement composée d'un arc en acier, monté sur un fût en bois appelé *arbrier*, d'une corde, d'une noix & d'une détente. Il falloit un grand effort pour la bander : ce qui avoit lieu au moyen d'un levier en fer ou d'un tourniquet, &c.
Il y avoit différentes sortes d'arbalétes, par rapport à leur forme, à leurs proportions & à la manière de les bander. L'arc des arbalétes de main avoit depuis 0 mèt. 64 (2 pieds) jusqu'à 1 mèt. 15 (3 pieds 6 pouces) de longueur ; mais celles destinées à la défense des places avoient jusqu'à 4 mèt. 86 (15 pieds). (*Voyez* le mot RIBANDEQUIN.)
On en faisoit usage à la guerre & à la chasse. Il paroit qu'elles n'étoient pas connues des peuples de l'antiquité, quoiqu'ils en eussent le type dans la baliste, & l'on ne sait pas l'époque où l'on a commencé à en faire usage en France ; mais il est fait mention d'arbalétriers dans la vie de Louis-le-Gros, mort en 1137.
Les traits qu'on lançoit avec les arbalétes à main, ne différoient guère de ceux qui servoient pour les arcs. On lançoit aussi des cailloux, des balles en plomb & en fer, avec des arbalétes qu'on appeloit *à jalet*.
L'usage des arbalétes se conserva encore long-temps après l'invention des arquebuses, même lorsqu'elles eurent été perfectionnées & rendues plus maniables qu'elles ne l'étoient dans l'origine. Ce ne fut que vers la fin du seizième siècle que cette arme fut entièrement abandonnée en France. L'ignorance de ces temps, dans les arts mécaniques, fut cause qu'on ne reconnut pas alors la supériorité des armes à feu sur celles dont on faisoit usage. « Montaigne a dit que les armes à feu » sont de si peu d'effet, sauf l'étonnement des » oreilles, à quoi chacun est désormais apprivoisé, » qu'il espère qu'on en quittera l'usage. »

ARBALÉTRIER. On appeloit ainsi un fantassin ou un cavalier armé d'une arbalète. Il y avoit autrefois, dans chaque ville, des compagnies d'arbalétriers bourgeois patentés, s'exerçant au tir des arbalétes. Elles ont été remplacées par des compagnies d'arquebusiers, quoique dans quelques pays elles aient existé long-temps ensemble ; mais tous ces jeux ont insensiblement disparu, & il n'exiſte plus en France de compagnies d'arquebuſiers organiſées comme elles l'étoient anciennement.

ARBRE DE LA NOIX. C'eſt le pivot rond qui entre dans le corps de la platine ; ſon extrémité qui porte le chien eſt carrée.

ARBRE du noyau des projectiles creux. Il a trois parties diſtinctes, 1°. la partie ſupérieure ou la queue, qui eſt arrondie & d'une longueur indéterminée, portant, à une diſtance du bourrelet à peu près égale à la hauteur de la barette, une mortaiſe deſtinée à recevoir une clavette. Elle eſt aplatie à ſon extrémité, pour donner priſe au carré de la manivelle, qui ſert à lui imprimer le mouvement de rotation dans la formation du noyau ; 2°. le bourrelet pareil à celui de l'arbre du modèle ; 3°. la partie inférieure ou la tige, de forme carrée & d'une longueur égale à la diſtance de l'ouverture extérieure de l'œil au culot moins 0 mèt. 009 à 0 mèt. 011 (4 à 5 lig.), ſur laquelle ſera formé le noyau. Cette dernière partie a dans ſa longueur une ou deux mortaiſes, dans leſquelles on a introduit des morceaux de bois ou de petites plaques de fer minces, pour ſoutenir la terre de ce même noyau lorſqu'il doit être d'une certaine groſſeur. Elle conſerve à ſon extrémité l'enfoncement conique de la pointe du tour. Le bourrelet de l'arbre & une longueur de 0 mèt. 027 (1 pouce) environ du côté de la queue doivent être tournés. Il y a en outre, dans la longueur de cet arbre, une rainure aſſez profonde, d'une ligne & quelques points de largeur, qui paſſe ſous le bourrelet & ſe prolonge juſqu'au bout de la tige. Cette fente eſt deſtinée à contenir un fétu de paille, dont une partie ſe trouve enveloppée par la terre du noyau, & qui, conſumé lors du recuit, prépare entre le centre de ce noyau & l'air extérieur une communication dont le but eſt de favoriſer l'iſſue des vapeurs, & d'éviter par ce moyen les ſoufflures.

ARBRIER. Bois ſur lequel portoit le trait de la baliſte ou de l'arbalète.

ARC. C'eſt une des premières armes employées par les hommes, d'abord en bois élaſtique, puis en acier. Il eſt formé par une branche légèrement courbée, dont une corde, ordinairement à boyau, réunit les deux bouts.

Les Anciens fabriquoient leurs arcs avec du bois d'if ; & de tout temps ce bois a été préféré aux autres pour cet uſage, à cauſe de ſa roideur & de ſon élaſticité. A ſon défaut ils faiſoient uſage du cormier, de l'ormeau, du frêne, de l'érable & du mûrier. Il y en avoit de diverſes dimenſions, ſuivant la force & la taille des hommes. Homère parle d'arcs qui avoient en longueur ſeize largeurs de main, un peu plus de 1 mèt. 62 (5 pieds).

Le chanvre & la ſoie étoient les matières le plus ordinairement employées pour faire la corde ; cependant on ſe ſervoit auſſi de cordes à boyaux & de celles de crins de cheval. Quant aux flèches elles ſe faiſoient de toutes ſortes de bois, & quelquefois de roſeau. (*Voyez* le mot **FLÈCHE.**)

De tous les peuples de l'Europe, les Anglais ſont ceux qui ont fait le plus long-temps uſage de l'arc, comme arme de guerre & comme arme de chaſſe. Ils avoient encore des archers au ſiége de l'île de Ré, en 1627. Enfin, pendant la campagne de 1814, les baskirs de l'armée ruſſe ſe ſervoient d'arcs contre l'armée françaiſe.

ARCHET ou **PETIT ARÇON.** Inſtrument d'acier, de fer ou de baleine, ſervant, au moyen d'une corde qu'on attache à chaque bout, à faire tourner les forets lorſqu'on veut faire des trous.

ARCO. Cuivre jaune, ſynonyme de laiton dans les manufactures d'armes ; mais proprement l'arco eſt le métal qu'on extrait des cendres & des craſſes dans les fonderies de laiton.

ARÇON. Outil en acier ſervant aux armuriers à percer des trous au moyen de la boîte à foret.

ARÊTE DE LAME DE SABRE. Partie éminente de la lame du ſabre ſuivant ſa longueur.

ARÊTES vives. Pour ne pas déchirer les vêtemens des ſoldats dans le maniement des armes, on arrondit, à la lime, les têtes des vis qui ne ſont pas à tête noyée & les arêtes vives des pièces de garniture qui ne ſont pas encaſtrées dans le bois.

ARGILE. Subſtance terreuſe, très-réfractaire & la plus convenable pour ſervir de baſe à la pâte dont on fait le moule des bouches à feu : humide, elle a le liant néceſſaire pour recevoir les formes qu'on veut lui donner : miſe au feu, elle devient compacte & très-dure ; mais elle y prend trop de retrait & s'y gerce : on y mêle, 1°. du ſable pour diminuer ſon liant & ſon retrait, parce que le ſable ſe diviſe & eſt incoercible au feu ; 2°. du crotin de cheval ſervant à lier les couches d'argile & à diminuer par-là les gerçures ; 3°. de la bourre (ſubſtance animale) pour ſervir auſſi à la liaiſon des terres.

L'argile & le ſable n'ayant pas toujours au même degré leurs propriétés générales, à cauſe des ſubſtances qui s'y trouvent mêlées, il ne faut les combiner que d'après des expériences ; & dans leur choix, il convient de rejeter l'argile & le ſable qui contiennent des ſubſtances métalliques qui pourroient, en leur ſervant de fondant, opérer la fuſion des moules. Il faut auſſi rejeter les ſables limoneux, parce qu'ils ne diviſeroient pas aſſez l'argile.

ARGOULET. Ancien cavalier armé. On nomme ainsi, dans les fabriques du pays de Liége, des fusils de pacotille qu'on destinoit à la traite des nègres.

ARMEMENT. On nomme ainsi toutes les armes des soldats, prises collectivement, & ce qui sert à les contenir, comme fourreaux de sabres & de baïonnettes. (*Voyez* l'Encyclopédie méthodique, *Art militaire*.)

ARMEMENT des bouches à feu. On donne ce nom à l'ensemble de toutes les pièces nécessaires au service des bouches à feu. Ces armemens sont le boute-feu, le dégorgeoir, le doigtier, l'écouvillon, le refouloir, le tire-boure, la lanterne, les leviers, le porte-lance, le chasse-fusée, le crochet à bombes, la curette, les échasses, le quart de cercle, la spatule, le tire-fusée. (*Voy.* ces mots.)

ARMEMENT d'honneur. On donnoit, dans les quinzième & seizième siècles, le nom d'*armement d'honneur* aux pièces de l'armure d'un guerrier, à la perte desquelles le déshonneur étoit attaché. Celui qui perdoit par lâcheté dans un combat, ou son épée ou son bouclier, étoit noté d'infamie. Les pièces qui composoient l'armement d'honneur étoient données à celui qui les recevoit pour la première fois, avec beaucoup de pompe au milieu d'une cérémonie publique. Elles étoient de même arrachées, avec des cérémonies humiliantes, à celui qui avoit mérité d'être dégradé.

ARMES. Instrumens de différentes formes & de différentes espèces, dont on se sert, soit pour attaquer, soit pour se défendre. La nécessité où les hommes se sont trouvés de se défendre contre les animaux féroces, ou contre leurs semblables, a fait imaginer les armes. D'abord on s'est servi de bâtons, puis de massues; on a aiguisé les premiers pour percer, on a chargé l'extrémité des secondes pour assommer. Les pointes & les massues ont été formées de différentes substances, parmi lesquelles les métaux ont occupé le premier rang, & parmi ceux-ci on a donné au fer une préférence que ses propriétés & ses qualités lui ont méritée.

Rompre une branche pour s'en faire un bâton, frotter une pierre pour la rendre tranchante & s'en faire une hache, s'en servir pour couper & écorcer du bois, écorcher un animal, en prendre les nerfs, faire une corde de ces mêmes nerfs, l'attacher à un bois dur & flexible & se servir du tout comme d'un arc, sont des actes qu'un homme en solitude peut exécuter sans être aidé de ses semblables : mais l'origine des armes faites avec des métaux purs ou alliés est inconnue, & on ne pourroit donner, que pour les temps modernes, l'histoire des révolutions qu'elles ont éprouvées. En effet, plus de vingt siècles avant l'ère chrétienne, suivant la Polyorcétique de M. Dureau de la Malle, les Egyptiens avoient des armées de terre & de mer, régulièrement disciplinées & pourvues d'armes offensives & défensives. Sous Ozias, 810 ans avant Jésus-Christ, les machines de trait, balistes, catapultes, &c., sont décrites positivement, quoiqu'il soit probable que l'invention en soit plus ancienne.

Les historiens sacrés & profanes, en parlant des héros de l'antiquité la plus reculée, s'accordent assez sur la beauté de leurs armes & sur le soin qu'ils prenoient de les embellir. Les armes de luxe de nos jours sont enrichies de pierreries, de métaux précieux & d'ornemens de toute espèce. Les armes ordinaires des troupes sont faites de fer, d'acier, de cuivre, de bois pour fûts & de cuirs pour fourreaux.

ARMES d'hast. Armes offensives, composées d'un fer tranchant ou pointu, monté sur un hampe longue, en bois léger. La *pertuisane*, la *lance*, la *hallebarde*, &c., sont des armes d'hast.

ARMES blanches. On nomme ainsi toutes les armes dont les lames ont un tranchant ou une pointe. Le sabre & la baïonnette sont les seules armes blanches dont on fait maintenant usage à la guerre, indépendamment de l'épée. (*Voyez* ce mot.)

ARMES défensives. Elles servent à couvrir & à défendre des coups de l'ennemi. La cuirasse, le casque & le bouclier sont des armes défensives.

ARMES à feu portatives. Toute espèce d'armes composées principalement d'un tube, d'une platine & d'un fût, dont l'objet est, avec le concours de la poudre & d'une balle, de frapper un but à d'assez grandes distances, se nomme *arme à feu portative*.

ARMES des gardes du corps du Roi. Elles se composent d'un fusil, d'une paire de pistolets & d'un sabre.

Le fusil, modèle de 1816, est à canon tordu, long de 1 mèt. 28 (58 pouces); calibre de 0 mèt. 017 (7 lig. 9 points); épaisseur au tonnerre 0 mèt. 03 (13 lig. 9 points); platine du mousqueton, modèle de l'an 9, avec bassinet à cylindre & batterie ayant un léger retroussis; garniture en cuivre rouge (similor ou or de Manheim, composé de 92 parties de cuivre rosette, 7 de zinc & 1 d'étain); pièce de détente à ailette; pièce de pouce en cuivre, aux armes de France, portant l'inscription *Gardes du corps du Roi*; baïonnette ordinaire; longueur de l'arme, non compris celle la baïonnette, 1 mèt. 42 (52 pouc. 8 lig. 6 points); poids total 3 kil. 79 (7 liv. 12 onc. 4 gr.); prix total, 53 fr. 37 c., non compris la pièce de pouce qui est payée 0 fr. 60 c.

Le pistolet, modèle de 1816, est à canon tordu, long de 0 mèt. 207 (7 pouc. 5 lig.); calibre de 0 mèt. 016 (7 lig. 7 points); épaisseur au tonnerre 0 mèt. 025 (11 lig. 8 points); platine du pistolet de cavalerie, modèle de l'an 13; garniture en cuivre; fous-garde comme au modèle de 1763; la pièce de détente étant à ailette; calotte de forme elliptique, portant trois fleurs de lys en relief; longueur de l'arme 0 mêt. 41 (14 pouc.); poids total 1 kilog. 12 (2 liv. 5 onc.); prix total de la paire, 56 fr. 26 c.

Le fabre, modèle de 1816, eft à lame dite *à la Montmorenci*, mais de dimenfions moins fortes, longue de 0 mêt. 93 (34 pouc. 5 lig.), portant fur le plat extérieur l'infcription *Gardes du corps du Roi*; garde à quatre branches, portant les armes de France, avec poignée de peau de rouffette noircie, & d'un filigrane; fourreau en tôle d'acier, avec garniture en cuivre doré; longueur totale 1 mêt. 08 (41 pouc.); poids total 1 kilog. 65 (3 liv. 6 onc. 5 gr.); prix total, 76 fr. 84 c.

Armes de guerre. Ce font celles dont les troupes anciennes & modernes ont été ou font armées. Les armes actuelles des troupes françaifes font le fufil, le moufqueton, le piftolet, le fabre & la lance. (*Voyez* ces mots.)

Armes d'honneur. Armes des modèles de guerre, garnies en argent & données en récompenfe d'action d'éclat avant la création de la Légion-d'honneur.

Armes de luxe. Ce font celles dont les particuliers fe fervent pour leur défenfe & pour la chaffe. Ces armes font en général du même fyftème que celles de guerre, mais elles font beaucoup plus légères, n'étant pas deftinées à faire un fervice auffi long, auffi habituel, ni à réfifter à d'auffi grands efforts.

Les armes de luxe de nos jours font les *fufils de chaffe*, les *efpingoles*, les *carabines*, les *piftolets de poche*, *d'arçon* & *de combat*, les *épées* & les *couteaux de chaffe*. Elles varient de formes fuivant le goût des artiftes & des amateurs.

Armes offenfives. Elles fervent à attaquer l'ennemi : le fufil, le fabre, l'épée, font des armes offenfives.

Armes à percuffion. On entend par arme à percuffion celles de chaffe, dans lefquelles on fait ufage, pour poudre d'amorce, d'un compofé de muriate fur-oxigéné de potaffe ou d'argent fulminant, &c. Il y en a de divers mécanifmes, mais dans toutes l'amorce s'enflamme par le choc & communique rapidement le feu à la charge, ce qui eft un grand avantage.

On n'emploie qu'un grain de cette poudre pour amorcer, & on ne s'en fert jamais pour la charge à caufe de fes redoutables effets, fi la quantité étoit un peu confidérable. Cette charge eft donc toujours en poudre ordinaire.

L'arc & l'arbalète ont été remplacées en France par les fufils à mèche & à rouet. Ceux-ci l'ont été par les fufils à filex, & ces derniers le feront peut-être à leur tour par des fufils dits *percutans*. Il a été imaginé, dans ces derniers temps, plufieurs efpèces de ces fufils, très-ingénieux, & dont les formes font très-belles. On en a préfenté pour modèle de guerre; mais les conditions à remplir quant à la poudre d'amorce, font qu'elle n'oxide pas les armes, qu'elle ne foit pas d'une préparation difficile, qu'elle foit fans danger dans l'ufage & le tranfport, & qu'elle ne foit pas fufceptible de prendre facilement l'humidité. Le temps & le génie des artiftes pourront remédier à ces inconvéniens; il reftera encore celui d'être obligé d'employer deux efpèces de poudre pour la même arme. (*Voyez* Fusil a percussion.)

Armes pneumatiques. Les armes pneumatiques font celles dont le canon fe charge d'air, & dans lefquelles l'élafticité de ce fluide fait l'office de la poudre. Elles font dangereufes dans la fociété, ce qui en fait profcrire l'ufage. (*Voy.* Fusil a vent.)

Armes qui fe chargent par le tonnerre. Depuis l'origine des armes à feu portatives, il en a exifté de diverfes efpèces que l'on chargeoit ainfi : toutes les nations en ont fait ufage & les ont fucceffivement abandonnées, malgré les avantages que comporte cette conftruction; lefquels confiftent dans la fuppreffion de la baguette, dans une diminution de la charge, dans un recul moindre, & furtout dans la juftefle & une fupériorité de portée, attendu que l'on y fait ufage de balles qui, ayant un diamètre plus grand que le calibre, fortent forcées.

Les inconvéniens que préfentent ces armes confiftent principalement dans le défaut de folidité & dans un jet de feu nuifible à l'arrière du canon. (*Voyez* l'article Fusil de rempart.)

Armes tranchantes en cuivre. Les Grecs, les Romains, les Gaulois ont fait long-temps ufage de cuivre pour leurs armes tranchantes : ils lui donnoient, au rapport de Pline, une trempe femblable à celle que nous donnons maintenant à l'acier. M. d'Arcet, célèbre par fes belles découvertes en chimie appliquée, m'a montré une lame de couteau de ce métal, qui eft auffi dure & auffi élaftique qu'une lame d'acier. Ayant fait des recherches fur la trempe du cuivre, ce chimifte a trouvé que fi l'on fait rougir au feu du bronze en lame, & qu'on le jette dans l'eau froide, le métal devient mou & ductile; & qu'en le faifant enfuite rougir & le laiffant refroidir lentement, comme cela arrive après la couée dans les moules de fable, il prend une grande dureté. Ce phénomène eft précifément l'inverfe de ce qui fe paffe dans la trempe de l'acier.

Le même chimifte ayant analyfé des lames de fabres antiques, a trouvé, 1°. qu'elles ont été faites d'un alliage de 86 à 88 parties de cuivre de 14 à 12 parties d'étain; 2°. qu'elles ont la dureté, la pesanteur spécifique & toutes les autres propriétés du même alliage fait aujourd'hui; 3°. que les Anciens rendoient le tranchant de leurs armes de bronze encore plus dur en l'écrouissant au marteau, ainsi que le font les faucheurs à l'égard des faux d'acier, ce qui est prouvé par l'empreinte du martelage & par l'augmentation de pesanteur spécifique qu'ont les tranchans de ces lames. La trempe dont parlent Pline & d'autres auteurs anciens, ne peut donc s'entendre que de l'art de durcir le cuivre par l'alliage & le martelage.

M. de Humboldt dit dans son *Essai politique sur le royaume de la Nouvelle-Espagne*, tom. II, pag. 288 (en parlant du Mexique), que le cuivre étoit, de tous les métaux, celui qui étoit employé le plus communément dans les arts mécaniques. Il remplaçoit, jusqu'à un certain point, le fer & l'acier. Les armes, les haches, les ciseaux, tous les outils étoient faits avec le cuivre tiré des montagnes de Zacatollan & de Cohuixco. Un ciseau des anciens Péruviens a donné à l'analyse de M. Vauquelin 94 parties de cuivre, 6 d'étain. Sa pesanteur spécifique étoit de 8,815.

ARMET. Casque de fer, de la forme de celui appelé *heaume*, mais plus léger que celui-ci.

ARMONS. Ce sont, dans les avant-trains, deux pièces en bois encastrées dans le corps de l'essieu & dans la sellette qu'elles traversent, & qui vont en avant, en se rapprochant, jusqu'à ce qu'elles ne laissent entr'elles que l'espace nécessaire pour y loger la tête du timon ou le têtard de la limonière.

ARMURE, appelée quelquefois *harnais* par les anciens auteurs. C'est tout ce qui garantissoit le corps des coups de l'ennemi. Elle comprenoit le casque, le hausse-col, la cuirasse, les épaulières, les brassards, les goussets, les gantelets, les taffettes, les cuissards, les genouillères, les grèves. Le Musée de l'artillerie à Paris possède celles de François Ier., de Louis XIV, de Godefroi de Bouillon, de Jeanne d'Arc, &c.

ARMURIERS. Ouvriers qui fabriquoient autrefois les armures. On appelle ainsi quelquefois ceux qui fabriquent ou vendent des armes à feu portatives, c'est-à-dire, les arquebusiers. Enfin, on appelle *armuriers* les ouvriers qui entretiennent & réparent les armes dans les régimens. Ils sont ordinairement au nombre de trois dans un régiment d'infanterie, dont un maître & deux compagnons. Il n'y a qu'un maître & un compagnon dans un régiment de cavalerie.

La création des armuriers dans les régimens de l'armée française date de 1776. C'est une heureuse idée, car quand on fait chaque jour les réparations des armes, elles sont moins considérables & moins coûteuses; mais pour mieux remplir le but, il faudroit que les armuriers fussent eux-mêmes intéressés à bien faire ces réparations, & pour cela, il faudroit faire avec eux un abonnement, au moyen duquel les réparations seroient à leur compte, sauf celles qui proviendroient de défaut de soin & de la mauvaise volonté des soldats. Avant de les recevoir dans les corps, il faudroit exiger qu'ils fissent leurs chefs-d'œuvre de platine & de monteur-équipeur, qu'ils connussent l'art de tremper les pièces par cémentation & à la volée, &c.

ARQUEBUSE A CROC. C'est la plus ancienne des petites armes à feu. Il falloit deux hommes pour l'exécuter. C'étoit un canon de la forme de celui d'un fusil, mais plus long, plus renforcé & d'un plus grand calibre. Il étoit porté par un chevalet en bois & retenu par un croc. On y mettoit le feu avec un boute-feu. Il y en avoit de 1 mèt. 29 (4 pieds) & de 1 mèt. 71 (5 pieds 4 pouc.), pesant de 24 à 48 kilog. (de 50 à 100 liv.)

ARQUEBUSE à mèche. Cette arme étoit principalement composée d'un fût, d'un canon & d'une platine. La platine étoit d'un mécanisme très-simple; elle portoit, à son extrémité inférieure, un chien nommé *serpentin*, à cause de sa forme, entre les mâchoires duquel s'assujettissoit une mèche. En pressant avec la main une longue détente, on faisoit jouer une espèce de bascule intérieure qui abaissoit le serpentin, garni de sa mèche allumée, sur le bassinet où il mettoit le feu à l'amorce. Comme cette arquebuse étoit encore fort pesante, le soldat qui en étoit armé portoit en même temps un bâton ferré par le bas, pour le fixer en terre, & garni par le haut d'une fourchette ou béquille, sur laquelle il appuyoit son arme pour ajuster. Cette arquebuse, rendue plus portative, s'appela dans la suite *mousquet*.

ARQUEBUSE à rouet. Elle ne différoit de la précédente que par son poids, qui étoit moindre; & par la platine où l'on avoit adapté un chien tenant une pierre entre ses mâchoires. Cette pierre, lorsqu'on appuyoit sur la détente, frottoit sur un rouet d'acier cannelé, & produisoit des étincelles qui mettoient le feu à l'amorce. On avoit au Musée d'artillerie une superbe collection d'arquebuses de différentes espèces, parmi lesquelles un très-grand nombre étoient d'un travail précieux.

ARQUEBUSERIE. C'est l'art de fabriquer toutes sortes d'armes à feu portatives.

ARQUEBUSIERS, nommés autrefois *artillers*, fabricans d'armes à feu portatives. On donnoit aussi ce nom à des soldats armés d'arquebuses; il y en avoit à pied & à cheval. (*Voyez*, dans l'Encyclopédie méthodique, les *Statuts & Usages de l'ancienne communauté des arquebusiers*.)

ARTILLERIE.

ARRÊT. Pièce en fer, fixée autrefois perpendiculairement sur le côté droit de la cuirasse pour soutenir la lance dans une position horizontale.

ARRÊTOIR. C'est la partie de la virole de la baïonnette qui sert à borner le mouvement de cette pièce, en battant contre l'étouteau, lorsqu'on la tourne à gauche.

ARRÊTOIR. C'est, au bout des leviers de pointage des canons, une petite pièce en fer, prismatique, mince, longue & saillante sur le bois, servant à empêcher les leviers de sortir des anneaux de pointage. Les anneaux ont un soulèvement pour laisser passer l'arrêtoir.

ARRIÈRE-BEC DE BATEAU. C'est l'extrémité du bateau qui est en arrière lorsqu'on navigue, & où l'on place le gouvernail : le côté opposé est l'avant-bec; il doit être plus étroit & plus relevé.

ARROSAGE. C'est l'eau qu'on met dans les mortiers pour faire la poudre, soit la première fois, soit dans les rechanges; il est pour la première fois, dans la fabrication ordinaire, égal à un dixième du poids des matières.

ARSENAL. Lieux & bâtimens disposés & construits pour y fabriquer & conserver les machines dont on fait usage à la guerre. Ils doivent contenir des ateliers pour les ouvriers en fer & pour les ouvriers en bois, des magasins pour les matières premières, &c., suivant l'importance ou la destination de l'arsenal.

ARTIFICES DE GUERRE ET DE RÉJOUISSANCE. On donne ce nom, en général, à toutes les compositions qui se font avec de la poudre à canon, ou avec les trois matières qui entrent dans sa fabrication. Tous les artifices se conservent assez long-temps lorsqu'ils sont au sec. Il en est que l'on peut garder des années, & qui ne se dénaturent pas quand ils sont bien emballés & garantis de l'humidité. Le transport des artifices se fait dans des barils où on les arrange avec des étoupes, pour qu'ils ne se brisent pas dans le trajet qu'ils ont à faire, & que l'humidité ne les attaque point.

On lit dans Frezier, que long-temps avant la découverte de la poudre, on faisoit des feux d'artifice où il y avoit des serpenteaux, des girandoles & même des espèces de fusées volantes qu'on ne pourroit faire aujourd'hui sans le secours de la poudre.

Dans la description que Claudien fait des fêtes données au public sous le consulat de Théodose (qui vivoit au sixième siècle, c'est-à-dire, environ 800 ans avant que la poudre fût connue en Europe), après avoir parlé des machines & des décorations peintes qu'on avoit élevées dans le cirque, il dit

« qu'on y voyoit des feux qui couroient en serpen-
» tant par-dessus les planches, sans les brûler ni
» les offenser, & formoient, par des tours & dé-
» tours, différentes circonvolutions en forme de
» cercle ou globe de feu, par leur extrême vi-
» tesse. »

Il est difficile de concevoir comment on a pu faire de pareils feux d'artifice sans avoir eu connoissance des effets du mélange du salpêtre, du soufre & du charbon. (*Traité des feux d'artifices*, pag. 22 du *Discours sur l'origine des feux de joie*, édit. de 1747.)

ARTIFICES incendiaires. On entend par artifices incendiaires, les balles à feu, les carcasses, les tourteaux, les barils foudroyans, &c.

ARTIFICIER. On appelle ainsi tout ouvrier qui travaille aux feux d'artifices de guerre ou de réjouissance. Ce sont des canonniers qui chargent les bombes, les obus, les fusées de ces projectiles, &c.

ARTILLERIE. C'est l'art de construire toutes les machines de guerre, de les conserver & d'en faire usage. Son origine, si l'on prend ce terme dans son acception la plus étendue, remonte à la plus haute antiquité. L'usage des machines de guerre, telles que balistes, catapultes, arcs, &c., propres à lancer des pierres, des traits & des matières combustibles, prit naissance plusieurs siècles avant l'ère vulgaire, & se perpétua jusqu'à l'époque où la poudre à canon fut employée. Le mot *artillerie* a servi à désigner la suite des canons, les mortiers, les pierriers & les obusiers qui sont les armes actuellement en usage. Peu de temps après l'invention de la poudre (*voyez* son origine à l'article POUDRE), on imagina des pièces d'artillerie qu'on appeloit *bombardes* : l'on en construisit ensuite beaucoup d'autres qui portoient les noms d'animaux dangereux dont la figure étoit représentée sur les anses de la pièce ; comme ceux de *couleuvrine*, de *basilic*, de *serpentine*, de *scorpion*, à l'imitation des Anciens, dont les machines de guerre avoient de semblables noms : les Espagnols leur donnèrent dans la suite des noms de saints : Charles-Quint en fit fondre douze à Malaga pour son expédition de Tunis, qu'il fit nommer *les douze apôtres*. Louis XI appela du nom des douze pairs de France, douze pièces du calibre de 45. On a, dans la suite, rendu le mot *canon* commun à toutes les bouches à feu dont la forme est longue : ce nom avoit été celui d'une pièce dont le calibre étoit d'environ trente-trois livres de balles. L'on donne aussi, surtout en France, des noms particuliers aux canons, qui n'ont aucun rapport avec leur calibre ; comme le *tonnant*, le *terrible*, le *foudroyant*.

On n'est pas d'accord sur l'époque de l'usage du canon ; mais il paroît qu'on en tira pour la première fois au siége de Clodia Fossa, que les Vénitiens firent contre les Génois en 1366, où des Allemands leur apportèrent deux petites pièces d'artillerie avec des boulets en plomb : cependant le Père Daniel, dans sa Milice française, assure que l'on s'en servoit en France sous Philippe de Valois, en 1338.

Les premières pièces furent construites avec de la tôle que l'on entouroit de cercles de fer; mais leur défectuosité ayant été bientôt reconnue, on en fit successivement en fer battu & en fer coulé : celles-ci étant sujettes à d'autres inconvéniens, on imagina l'amalgame du cuivre & de l'étain, qui forme la composition des bouches à feu dont on se sert encore; mais comme le fer coulé est moins coûteux, on a conservé l'usage de pièces de ce métal pour le service de la marine, où l'on ne s'en sert ni aussi fréquemment ni aussi long-temps de suite que dans les combats sur terre.

L'on a varié pendant bien des années sur le calibre & la longueur des canons : les premiers ont d'abord été très-petits; mais comme on songea, dès le commencement, à produire avec le canon le même effet qu'avec les baliftes pour ruiner les édifices, & que de petits boulets ne remplissoient pas cet objet, on chercha à en augmenter le poids en leur donnant un plus grand diamètre.

Les boulets de pierre que l'on a trouvés en différens endroits du royaume, dont quelques-uns pesoient jusqu'à cent quatre-vingts livres, font une preuve de cette assertion. La grosseur des boulets a été augmentée au point que Louis XI, le premier des rois de France sous lequel l'artillerie a commencé à être un peu considérable, fit fondre un canon qui portoit un boulet de cinq cents livres depuis la Bastille jusqu'à Charenton (cette bombarde, qui fut fondue à Tours par Jean Mangné, creva au deuxième coup, & les éclats tuèrent le fondeur & plus de vingt personnes). La difficulté de manœuvrer de telles bouches à feu fit diminuer peu à peu leur grosseur : cependant, sous François Ier. l'on en avoit dont le boulet pesoit cinquante livres. Comme elles étoient encore trop pesantes, on les réduisit, sous Louis XIV, à de moindres dimensions, & on les fit différentes de longueur & de calibre, selon qu'elles étoient destinées pour la guerre de campagne ou pour la guerre de siége.

Livrée dans les premiers temps à une aveugle routine, on étoit loin de penser que l'artillerie moderne pût être guidée dans la pratique par des règles scientifiques : deux cents ans s'étoient écoulés depuis sa naissance, avant qu'on pût imaginer qu'elle pouvoit dépendre d'une théorie fondée sur la géométrie. On a à présent des données suffisantes pour résoudre le problème le plus important de la balistique; celui par lequel, connoissant la force de la poudre, on propose de diriger une pièce de canon de manière que le boulet aille frapper un but de position connue; & le savant Lombard a calculé des tables qui en présentent la solution dans tous les cas : mais c'est surtout au général Gribeauval qu'est due la supériorité de l'artillerie française sur celle de toutes les autres nations. Cet homme de génie, en créant un nouveau matériel, avoit presque tout calculé, tout prévu & tout pesé, en sorte qu'il ne reste plus guère qu'à l'améliorer par des corrections & des modifications que le temps & l'expérience de la guerre ont provoquées.

L'artillerie actuelle peut être divisée en trois parties; savoir : l'artillerie de campagne, l'artillerie de siége & de place, & l'artillerie de montagne. L'artillerie de campagne est composée de pièces de 12, de 8, de 4, & d'obusiers de 6 pouces. Elle est attachée aux divisions de l'armée, & elle a une réserve destinée pour les remplacemens & les consommations. La quantité de ces bouches à feu est proportionnée à la force des troupes & à la nature des pays dans lesquels on fait la guerre.

L'artillerie de siége est composée de pièces des calibres de 24 & de 16, d'obusiers de 8 pouces & de mortiers de 10 pouces & de 8 pouces. Le nombre de ces bouches à feu varie en raison de la force des places qu'on se propose d'assiéger. Les pièces servant à la défense des places sont des mêmes calibres que celles employées à l'attaque; mais on y joint des pièces de bataille, soit pour les sorties, soit pour la défense du chemin couvert & des ouvrages avancés. (*Voyez* l'article APPROVISIONNEMENT D'ARTILLERIE.)

L'artillerie de montagne se compose de pièces légères, pour le transport desquelles on fait ordinairement usage de traîneaux. Les affûts sont portés à dos de mulet, lorsqu'on ne se sert pas d'affûts-traîneaux. (*Voyez* l'article SYSTÈME D'ARTILLERIE.)

ARTILLEUR. La partie la plus importante de son art consiste à diriger, en présence de l'ennemi, le tir des bouches à feu, à jeter des ponts pour le passage des fleuves & à construire des batteries dans les siéges. Chacune de ces opérations ne peut être exécutée avec discernement qu'autant qu'elle est éclairée par la théorie; mais c'est surtout dans la construction de son matériel que l'artilleur doit réunir de grandes connoissances en mathématique, en chimie, en physique, en minéralogie & dans les arts graphiques. En effet, comment dirigera-t-il la fabrication de la poudre? s'il ne sait pas, à l'aide de la chimie & de la physique, assigner par de justes proportions à chacune des matières qui la composent, la part qu'elle peut avoir à ses effets, & le développement des ressorts qui constituent sa force. Comment dirigera-t-il les fonderies de bouches à feu? s'il ne connoît, à l'aide de ces sciences, le rapport entre la puissance & la résistance, la meilleure forme de fourneaux de fusion, l'alliage qui peut le mieux convenir à chaque calibre, & la justesse des procédés mécaniques par lesquels on parvient à la précision des dimensions. Comment dirigera-t-il dans une forge les travaux & les diverses opérations qui font passer le fer, depuis la mine où il prend naissance, jusqu'à la forme qui le rend propre aux divers usages de l'artillerie? s'il n'a fait une étude particulière de la minéralogie & des différens procédés en usage. Comment décidera-t-il que des fers remplissent leur destination ? s'il n'a pas acquis les moyens d'en connoitre les qualités particulières & relatives.

Pourra-t-il diriger la fabrication des armes portatives ? s'il ignore la nature & les qualités des matériaux à employer, l'art de les analyser, les épreuves que doivent subir les armes, quelles doivent être les propriétés de chacune des parties qui les composent, & s'il n'aperçoit pas les défauts qui doivent les faire rebuter.

Dirigera-t-il avec intelligence les travaux des arsenaux pour la construction des voitures & attirails ? s'il ne trouve dans la science des machines & du mouvement, & dans l'art du dessin, tout ce qui peut contribuer à simplifier les procédés & à vaincre les difficultés qui se présentent continuellement dans des travaux de ce genre.

L'artilleur s'occupe pendant la paix à acquérir des connoissances dans toutes les branches de son arme, à perfectionner son art, à se mettre en état de rendre pendant la guerre les services les plus signalés; soit à la tête de ses troupes, soit dans les travaux de siège, soit en approvisionnant les corps des armes & des munitions qui leur sont nécessaires.

Enfin la création de l'artillerie légère, destinée particulièrement à suivre les mouvemens rapides de la cavalerie, a répandu un nouvel éclat sur l'artilleur.

ARZEGAYE. Arme d'hast dont le fût, long d'environ douze pieds, étoit garni à ses extrémités d'un fer pointu. C'étoit l'arme des Estradiots. Ils s'en servoient très-adroitement contre la cavalerie, & frappoient avec l'une ou l'autre pointe lorsqu'elle n'étoit pas fichée en terre.

ASPIC. Nom qu'on donnoit autrefois aux pièces de 12 pesant 2081 kil. (4250 livres).

ASSAISONNÉ. Pour faire les arcs & les flèches, le bois devoit être affaissonné, c'est-à-dire, trempé dans l'eau pendant un certain temps & ensuite passé au feu.

ASSIETTE. Partie de la batterie, dans la platine, qui recouvre le bassinet : on l'appelle aussi *table*, *assise*, *entablement*.

ASTRAGALE du collet. C'est une moulure en demi-rond, avec un listel de chaque côté, placée sous la tulipe au bout de la volée des canons.

ATELIER de rhabillage. Lieu où, dans une manufacture d'armes, on met les pièces en harmonie. Les équipeurs-monteurs font ordinairement chargés de faire marcher la platine avant & après la trempe, & de coordonner convenablement les pièces entr'elles ; mais comme tous ces ouvriers ne sont pas en état de faire ce travail avec la perfection nécessaire, on a établi dans quelques manufactures un *atelier de rhabillage* où des ouvriers achèvent, sous la direction d'un contrôleur, l'ouvrage des équipeurs-monteurs. Ceux-ci se bornent à présenter, avant la trempe de la platine, les armes aux réceptions.

ATRE. Partie de la forge où l'on fait le feu. Il est contenu dans les forges des hauts fourneaux par des plaques en fonte.

ATTACHES. Bandelettes de fer, inégales en longueur, & un peu convexes en dehors, placées vis-à-vis l'une de l'autre dans la douille du fer de la lance, & dans le sabot, servant à les fixer à la hampe au moyen de quelques vis.

ATTIRAILS. Expression collective des objets composant le matériel de l'artillerie.

AUBES des roues. Bouts de planches attachés à angle droit sur les biais des roues, & qui reçoivent l'impulsion de l'eau qui fait mouvoir celle-ci.

AUBIER. C'est la partie blanche & molle d'un arbre, qui se trouve entre le bois fait & l'écorce. On doit avoir soin qu'il ne reste pas d'aubier dans les bois destinés aux constructions de l'artillerie, parce qu'il se pourrit facilement, à cause de son peu de consistance, & qu'il n'a pas toute la dureté nécessaire pour pouvoir résister à l'humidité. Il doit être surtout soigneusement retranché des madriers en noyer qui doivent servir à la monture des armes à feu portatives.

AUGE d'affinerie. Petit bassin de bois, plein d'eau, placé près des feux d'affinerie.

AUGET. Partie du châssis de l'affût de place, en arrière, qui supporte la roulette de l'affût & la dirige dans le recul.

AUTEL. Partie du fourneau des fonderies par où passe la flamme, sortant de la chauffe, pour s'introduire dans le fourneau.

AVALER. C'est brasser la fonte de fer, la ramener devant la tuyère.

AVANT-TRAIN. Espèce de chariot monté sur deux roues qui se joint à l'affût d'un canon, par exemple, au moyen de la cheville ouvrière que l'on fait entrer dans la lunette percée dans l'entretoife qui termine l'affût. Il fert à faciliter le tranfport du canon de campagne & porte un coffret. Les avant-trains des pièces de bataille & de toutes les voitures à quatre roues font à timon ; les autres font à limonière.

Les pièces en bois qui compofent un avant-train de campagne font : deux armons, une fellette, un corps d'eſſieu, un timon, une volée de derrière, une volée de bout de timons, une faſſoire, quatre palonniers, deux roues. Les parties en fer font : un eſſieu, deux boulons de fellette, deux heurtequins à patte, deux étriers d'eſſieu, une coiffe de fellette, une cheville ouvrière, deux trans de volée, un braban à fourche, une happe à virole, une happe à crochet, une chaîne d'attelage, deux boulons d'affemblage pour les armons, un étrier d'armons, un grand anneau de volée, deux boulons de volée, une chaîne d'embrelage, une bande de renfort de faſſoire, deux boulons de faſſoire, deux pitons pour la prolonge, deux équeries à tige.

Les pièces en bois de l'avant-train de fiège font : deux bras de limonière, une entretoife, une fellette, un eſſieu, deux roues. Les pièces en fer font : deux feyes, deux équignons, deux brabans d'équignons, deux happes à anneau, deux heurtequins, deux étriers d'eſſieu, une coiffe de fellette, une cheville ouvrière, un boulon ovale, une écharpe, une cravate, fix liens de bras de limonière, une chaîne d'embrelage, deux crochets d'attelage, deux ragots.

B

BACINET. Cafque léger, qui, comme le cabaſſet, la bourguignotte, &c., s'attachoit fous le menton avec une courroie & une boucle, ainfi que cela fe pratique encore aujourd'hui pour le cafque des dragons. Il fervoit aux piétons.

BADELAIRE ou BANDELAIRE. Ancienne épée courte, large, tranchante des deux côtés, & dont la pointe eft recourbée.

BAGUE DE BAIONNETTE. C'eſt la pièce qui fert au moyen du tenon à aſſujettir la baïonnette fur le canon du fufil. Elle eft formée d'une petite bandelette de fer dont les extrémités forment deux rofettes repliées en dehors & réunies par une vis. Celle du côté du coude (la virole ayant un pontet au-deſſus de la rainure pour le paſſage du tenon) eſt taraudée pour recevoir l'écrou de la vis qui les ferre l'une & l'autre. Cette bague s'appelle quelquefois *virole*. (*Voyez* le mot BAÏONNETTE.)

BAGUÉ. Un canon de fufil eſt bagué quand il a à fa furface fupérieure une efpèce de bourfouflure annulaire, & intérieurement une cavité correfpondante. Ce vice a lieu fi la charge eſt trop forte, fi le canon eſt mal chargé, fi le fer eſt mal réparti, fi le tube eſt trop foible en dimenfions.

BAGUETTE. Pièce des armes à feu portatives, fervant à enfoncer la balle dans le canon. On l'appeloit autrefois *pouſſe-balle*.

La baguette des fufils de guerre étoit très-anciennement en bois de chêne, de noyer, & quelquefois en baleine, ainfi que cela a encore lieu pour les fufils de chaſſe.

Elle étoit ronde dans toute fa longueur, un peu plus longue que l'ame du canon & garnie de fer aux deux extrémités, dont celle fupérieure, ou la tête, étoit du diamètre de l'ame.

La baguette du modèle actuel eſt en acier. Elle fe forge ordinairement en deux parties. L'ouvrier emploie, pour la tête, de l'acier du même échantillon que pour la lame de la baïonnette : c'eſt-à-dire, de 0 mèt. 014 (6 lig. 6 points) d'équariſſage, & pour le furplus de l'acier de 0 mèt. 011 (4 lig. 6 points) d'équariſſage.

Le forgeur commence, à l'aide de fon compagnon, à étirer carrément une extrémité de la barre dont il doit former la tête, en obfervant d'en diminuer la groſſeur uniformément : il étire également, d'une extrémité de l'autre barre, le corps de baguette, en diminuant auſſi la groſſeur juſqu'au petit bout. Au moyen de la tranche, il détache enfuite de chacune des barres les parties ainfi préparées ; il forme une amorce au petit bout de la tête, & une autre correſpondante au gros bout du corps de la baguette, pour fouder enſemble les deux pièces ; ce qui a lieu en donnant une chaude fuante. Les chaudes précédentes & celles fuivantes font au demi-blanc.

La foudure étant faite, le forgeur donne une chaude pour refouler avec fon marteau la tête de la baguette, dont il commence à en arrondir la longueur depuis le fommet jufqu'à 0 mèt. 812 (3 pouces) environ, en la plaçant pour cet eſſet, lorfqu'elle fort du feu, dans une étampe conique pratiquée fur le corps de l'enclume, & en frappant fucceſſivement fur toutes les faces. Il continue ainfi d'arrondir la baguette de 0 mèt. 812 en 0 mèt. 812 (3 pouces), en la chauffant & en la plaçant dans des étampes de largeur & de profondeur relatives aux différentes groſſeurs de fa tige.

On blanchit & on dégroſſit la baguette à la groſſe lime. On la trempe & on la recuit enfuite fuivant les procédés indiqués à l'article TREMPE; après quoi on finit la tête au tour sur une longueur de 0 mèt. 0676 (2 pouces 6 lignes), & on adoucit le surplus de la baguette à la lime douce. Enfin on en taraude le bout d'une longueur de 0 mèt. 009 (4 lig.), en recuisant à cet effet cette partie, & on s'assure avec un calibre si elle a les dimensions requises.

Lorsqu'au lieu de limer la baguette, on l'émond, ce qui se pratique dans presque toutes les manufactures royales, & abrège beaucoup le travail, voici le procédé qu'on suit : la première opération se fait en travers sur une meule plate à sa circonférence : on se sert ordinairement pour cela de meules à canons usées. L'ouvrier se place à côté de la meule, assis ou levé, tenant de la main gauche le gros bout de la baguette, & appuyant de la droite sur l'autre extrémité de cette pièce, au moyen d'un bout de planche qu'il y applique. Il aiguise ainsi la baguette sur toute sa longueur en commençant par le petit bout, & finissant environ à 0 mèt. 0676 (2 pouces 6 lig.) de la tête. Il pousse à cet effet la baguette & la fait tourner pour opérer sur toutes les faces. Il aiguise ensuite le gros bout en passant le petit bout de la baguette dans la main gauche, &c.

Cette opération terminée, l'ouvrier aiguise en long sur une meule plate ou cannelée. Il commence toujours par le petit bout, & il aiguise en allant & venant, & tournant la baguette.

Pour polir en long, l'ouvrier se place derrière la polissoire, qui est encore plate ou cannelée; il enduit la baguette d'émeri délayé dans de l'huile, & il la promène, en allant & venant, sur la meule, & la faisant tourner dans la main.

Le brunissage en long se donne sur la polissoire, employée pour le polissage, qu'on dessèche en la frottant de charbon pulvérisé. On finit par polir le gros bout en travers, en le balançant & le tournant dans la main.

On éprouve les baguettes de fusils à l'aide de machines proportionnées à chacun des modèles ; en appuyant fortement le poignet sur leur tête, on les oblige à décrire très-lentement & sur toutes les faces une courbe dont la flèche est de 0 mèt. 135 (5 pouces) pour le fusil d'infanterie, 0 mèt. 128 (4 pouces 9 lig.) pour celui de voltigeurs, & 0 mèt. 108 (4 pouces) pour celui d'artillerie. Les baguettes ne doivent pas rester pliées après cette épreuve, & ne doivent présenter ni criques ni doublures.

On s'assure si les baguettes sont trempées jusqu'à l'extrémité supérieure de la tête, en faisant passer cette extrémité supérieure dans une ouverture pratiquée sur la table de recette, ou dans une pièce de bois fixe, & en appuyant ensuite obliquement sur le fort de la tige : cette tête reste pliée si elle n'a pas été trempée. Dans ce cas les baguettes doivent être rebutées, parce qu'on ne peut remédier à ce vice, sans nuire plus ou moins à leur tige.

Si, en laissant tomber une baguette de fusil sur sa tête, le son n'en est pas éclatant, elle a des criques ou des doublures. Pour reconnoître ces criques dangereuses, on parcourt de l'œil toute la longueur de la baguette sur toutes ses faces, & on l'appuie, à la hauteur des endroits aperçus, ou présumés défectueux, sur une pièce de fer placée verticalement entre les mâchoires d'un étau, en la plaçant de façon que la crique soit à la partie supérieure ; alors on presse des deux mains & à une courte distance, de chaque côté du défaut, pour faire décrire à la baguette un arc qui la fait casser, pour peu que la crique soit profonde.

Les deux dernières de ces épreuves sont applicables à la baguette du mousqueton, modèle de 1816 ; mais la première ne peut lui convenir également, à cause de l'anneau qu'elle porte à l'une de ses extrémités, & de la roideur qu'on a été obligé de lui donner, en renforçant son épaisseur, cette baguette étant portée séparément par le cavalier. On a remplacé la machine destinée à faire décrire la courbe par une machine à mentonnet, semblable à celle servant à l'épreuve des lames de baïonnettes.

Les baguettes de pistolets de cavalerie & de gendarmerie ne sont soumises qu'à l'épreuve qui a pour objet de s'assurer de l'existence des criques.

BAGUETTES pour les artifices. Il y en a de plusieurs sortes : les unes courtes & massives, les autres percées suivant leur axe. Elles servent également à refouler les charges dans les fusées.

Les baguettes de direction sont longues & minces ; elles servent à diriger les fusées dans leur course. (*Voyez* les articles FUSÉES DE SIGNAUX & FUSÉES INCENDIAIRES.)

BAGUETTIER. Ouvrier qui fait les baguettes des armes à feu portatives.

BALANCIER. Machine dont on fait usage dans la fabrication des platines dites *identiques*. Il est semblable à celui qui sert à frapper les monnoies & les médailles.

BALISTE. C'est une machine de guerre dont on se servoit avant l'invention de la poudre, pour lancer de grosses pierres contre l'ennemi. On en faisoit particulièrement usage dans les siéges.

BALISTIQUE. C'est l'application de l'analyse de la mécanique au mouvement des projectiles. Son principal objet, dans l'artillerie, est de déterminer l'angle que doit faire l'axe d'une bouche à feu avec l'horizon, pour aller frapper un but de distance connue, avec une charge de poudre déterminée & un projectile dont les dimensions &

le poids font aussi déterminés. Lombard a calculé des tables pour toutes les circonstances du tir des bouches à feu. M. Poisson a aussi donné, dans son *Traité de mécanique*, plusieurs formules pour calculer les trajectoires décrites par les projectiles.

BALLES. Projectiles en plomb qu'on lance avec les armes à feu portatives.

Le plomb pèse en raison de son épuration : la pesanteur des balles influant sur l'étendue des portées & la justesse dans le tir d'une arme, on ne doit employer, pour les couler, que du plomb bien épuré. Il n'est pas moins important que les balles aient exactement le diamètre prescrit.

Toutes les balles qui ont des bavures doivent être rebutées; car leur diamètre est trop grand précisément de l'épaisseur de ces bavures, qui se trouvent à la jonction des deux coquilles du moule, lorsqu'il n'a pas été bien fermé. Cette ouverture plus ou moins grande donne d'ailleurs une forme ovale aux balles.

Toutes les balles qui ont des souffluies doivent également être rebutées.

On revivifie le plomb qui peut se trouver dans les crevasses, en ajoutant à la fonte, qu'on en fait séparément, un peu de poudre de charbon de bois, du suif ou de la résine. Par-là, ce métal éprouve bientôt sa réduction & reprend ses qualités.

Depuis 1792, les balles des armes à feu portatives ont 0 mèt. 016 (7 lig. 1 point) de diamètre. Les vingt pèsent 0 kil. 489 (1 liv.). Avant cette époque, elles avoient 0 mèt. 0166 (7 lig. 4 points) de diamètre, & les dix-huit pesoient 0 kil. 489 (1 liv.). On sent que ces dernières devoient donner plus d'étendue & plus d'exactitude dans les portées; mais, après avoir tiré une certaine quantité de coups, le canon étant encrassé & se chargeant moins facilement, on a préféré les autres; cependant tout porte à croire qu'on en viendra à des balles un peu au-dessus de celles de vingt, à 0 kil. 489 (à la livre), en faisant à cet effet les cartouches avec l'espèce de papier qui convient à cet objet, & en exigeant plus de soins de la part des soldats : en effet, le calibre exact du canon de fusil étant de 0 mèt. 0174 (7 lig. 9 points), & le diamètre de la balle actuellement en usage étant de 0 mèt. 016 (7 lig 1 point), la différence est au moins de 0 mèt. 0015 (8 points). Il doit résulter de cet état de choses des battemens considérables, & un tir très-incertain, car le papier de la cartouche qui enveloppe la balle, est ordinairement déchiré au premier choc, & laisse le projectile à nu.

Les balles servant à l'épreuve des canons de fusils, mousquetons & pistolets de cavalerie, sont du seizième de 0 kil. 489 (1 liv.), & celles pour les canons de pistolets de gendarmerie sont du vingt-sixième de 0 kil. 489 (1 liv.).

Des expériences faites en 1814, ont confirmé ce que l'on savoit déjà : 1°. qu'on obtenoit plus d'effet avec des balles de dix-huit à la livre, qu'avec celles de vingt; 2°. que la justesse du tir avec des balles de dix-huit à la livre étoit à la justesse du tir, avec celles de vingt, comme 36 est à 89, c'est-à-dire, qu'on obtenoit deux fois & demie plus de justesse avec les premières qu'avec les secondes; 3°. pour connoître combien la cartouche avec des balles de dix-huit permettoit de tirer de coups, sans se trouver dans l'obligation de nettoyer l'arme, on a fait tirer plusieurs fois cent cartouches de ce calibre avec le même fusil, & on n'a rien remarqué qui pût empêcher de se servir de ces munitions à la guerre, parce qu'on chargeoit presqu'aussi facilement au centième coup qu'au premier; mais on doit observer qu'on n'obtenoit ces avantages qu'avec des poudres fines, de trois mille à trois mille quatre cents grains au gramme, tandis qu'avec les poudres à canon, dites *de guerre*, de trois à quatre cents grains au gramme, l'on n'a jamais pu aller au-delà de quarante à cinquante coups, sans éprouver une grande difficulté pour charger l'arme.

Pour éviter les bavures, on a proposé de faire les balles de fusil à l'emporte-pièce, au lieu de les couler; mais le déchet du plomb pour réduire les saumons en planches destinées à être soumises au balancier, le second déchet résultant du débris des planches qu'il faudroit refondre pour en faire de nouvelles, &c., occasionneroient un déchet de plus de dix pour cent, & une plus forte dépense de main-d'œuvre.

Enfin, M. Clément, lieutenant-colonel d'artillerie, a proposé, dans des *Mémoires sur les armes portatives*, de substituer des balles en fer à celles en plomb; mais il résulteroit de cette innovation une prompte détérioration des canons, soit que ces balles proviennent de fer forgé, soit qu'elles proviennent immédiatement de la fonte.

BALLES à feu. Les balles à feu se font avec les mêmes matières & se construisent presque de la même manière que les carcasses. Leur différence consiste en ce que les carcasses ont des bandes & des cercles en fer qui les lient, au lieu que les balles à feu sont faites avec un sac de toile de forme ovale, & de même que les carcasses, elles sont cordelées avec du menu cordage, pour leur donner plus de solidité. Elles se chargent avec diverses compositions.

Composition grasse : poix noire 24 parties, poix blanche 12, suif de mouton 4, poudre grainée 40, camphre $\frac{1}{4}$.

Composition vive : pulvérin 10, salpêtre 9, charbon 1, sciure de bois 1, huile de lin 2 $\frac{1}{2}$.

Ces artifices se tirent dans les mortiers comme les bombes; ils sont destinés à éclairer les travaux d'une place assiégée ou à incendier les édifices. Dans le premier cas on les tire à petites charges;

dans le second, on augmente la charge & l'angle de projection.

BALLES à feu à jeter avec la main ou à tirer avec le canon. Elles sont faites comme les balles à feu destinées à être lancées avec les mortiers. On leur donne le diamètre des boulets de 24 & de 16. Pour qu'elles ne soient pas brisées par la force de la poudre, on ne met qu'une petite charge dans le canon, & on enfonce sans refouler.

BALLES de fer battu. Sorte de petits boulets en fonte de fer ou en fer battu. En France, on emploie pour les cartouches à canon des balles de fer battu, de préférence à celles de fer coulé, parce qu'elles sont moins cassantes, & qu'étant plus pesantes elles ont plus de portée. On a fixé un diamètre particulier pour chaque calibre, afin qu'un nombre déterminé de balles pût s'arranger exactement par couches dans les boîtes à cartouches. Les grosses balles font un bon effet à la distance d'environ six cents mètres, & les autres à quatre cents mètres. Le culot de fer battu qu'on met dans le fond des boîtes donne beaucoup de portée aux balles, parce qu'il leur communique toute l'action de la charge, qui, sans cela, s'échapperoit à travers les balles & les feroit écarter davantage.

Pour fabriquer une balle de fer battu, le maître forgeur saisissant de la main gauche un barreau de fer rond, d'un calibre convenable, dont une extrémité est chauffée à blanc, & plaçant le bout chaud sur *l'étampe fixe*, de la main droite il applique *l'étampe mobile* sur le barreau, en faisant coïncider les deux matrices; alors, son compagnon élevant la *masse*, qu'il tient à deux mains, frappe sur l'étampe, tandis qu'à chaque coup le maître retourne le barreau; lorsque celui-ci juge la balle à la grosseur requise, il la présente à la *lunette à chaud*; si elle est trop grosse, il la remet entre les étampes & fait frapper de nouveau; si elle est trop petite, il a soin, en la détachant du barreau par le moyen de la *tranche*, de laisser un peu de fer excédant, qu'il refoule d'un coup de masse dans la balle; puis remettant le barreau au feu, il prend la balle avec la *pince*, la place entre les étampes & la retourne encore en tous sens, pour l'arrondir, sous les coups précipités du frappeur. Cette balle, vérifiée de nouveau, est reconnue bonne si elle est sphérique & du diamètre moyen entre *la grande* & *la petite lunette*. (*Voyez* le mot ÉTAMPE.)

BANC D'ÉPREUVE. Assemblage de charpentes, sur lequel sont placées des plaques de fonte cannelées pour recevoir les canons de fusil à éprouver. Ils sont maintenus au moyen d'une forte traverse en bois, serrée avec des vis. Les dépendances du banc d'épreuve sont une salle d'épreuve & une salle pour sécher les canons. Voici les dispositions du banc d'épreuve & des bâtimens, calculées d'après une fabrication annuelle de vingt-quatre mille grandes armes:

La salle d'épreuve doit avoir 8 mèt. 16 (25 pieds) de longueur, sur 6 mèt. (18 pieds) de largeur & 5 mèt. (15 pieds) de hauteur. Derrière la longueur de cette salle, en dehors & sous un auvent en bois, on place le banc d'épreuve ayant 8 mèt. 16 (25 pieds 1 pouce) de longueur pour cent vingt-huit canons; il est élevé au-dessus du sol d'environ 0 mèt. 85 (2 pieds 8 pouces); il est formé par trois poutrelles de 0 mèt. 25 (9 pouces) chacune d'équarrissage, réunies par quatre bons boulons, & supporté par trois fortes chaises en charpente, dont les pieds en bois sont scellés dans des massifs de maçonnerie. Ces pièces de bois sont feuillées pour recevoir seize plaques de fonte douce ayant 0 mèt. 65 (2 pieds) de longueur, 0 mèt. 51 (19 pouces de largeur), 0 mèt. 041 (1 pouce 5 lig.) d'épaisseur en avant & 0 mèt. 045 (1 pouce 7 lig.) d'épaisseur en arrière. Chaque plaque a huit cannelures, distantes de milieu en milieu de 0 mèt. 062 (2 pouces 3 lig.), pour recevoir les canons à éprouver.

Derrière ces plaques, dans toute la longueur du banc, & fixée à ce banc par des vis, est une bande de fer de 0 mèt. 07 (2 pouces 7 lig.) de largeur, sur 0 mèt. 015 (7 lig.) d'épaisseur, sur laquelle on fait la traînée de poudre qui communique le feu à tous les canons. Le dessus de la bande est de niveau avec le fond des cannelures, & est évidé dans le milieu pour donner plus de facilité à faire la traînée.

Derrière cette bande est la pièce de recul, de 0 mèt. 19 (7 pouces 6 lig.) d'équarrissage, élevée au-dessus du banc de 0 mèt. 02 (8 lig.) pour pouvoir y loger la queue de la culasse. Cette élévation est formée par quatre linteaux en fer, disposés pour laisser l'espace nécessaire à recevoir la culasse des canons. La pièce de recul, du côté des plaques, a une bande de fer contre laquelle butent les culasses.

La barre de pression, pour contenir les canons, est en bois; elle a 0 mèt. 22 (8 pouces 6 lignes) d'équarrissage; la face exposée au feu est recouverte de tôle.

L'espace en avant du banc doit être clos de murs, dont celui qui fait face au banc doit en être éloigné de 7 mèt. 79 à 9 mèt. 74 (4 à 5 toises); contre ce mur on élève les terres où se logent les balles des épreuves.

Le banc d'épreuve pour canons de fusil d'infanterie, sert pour ceux de fusils de voltigeurs & de mousquetons; mais il faut, pour les canons de pistolets de cavalerie & de gendarmerie, un banc dont les dimensions soient proportionnées à celles de ces armes. Il peut être construit à côté du premier, sous le même appentis, & les balles se dirigeroient dans la même bute.

Les dépenses pour construire un banc d'épreuve montent à deux mille quatre cent cinquante fr., savoir:

favoir : fept cents francs pour la charpente, huit cents francs pour la ferrurerie, neuf cent cinquante francs pour les feize plaques.

Banc de forerie. Banc fur lequel on affujettit les canons du fufil pour les forer, & où ils avancent au-devant du foret fixé au centre de la lanterne qui lui imprime le mouvement de rotation. (*Voyez* le mot Foret.)

Banc de forerie dans les fonderies. C'eft une table de 4 mèt. 36 (13 pieds 6 pouces) de longueur, fur 0 mèt. 69 (2 pieds 2 pouces) de largeur, & 0 mèt. 29 (11 pouces) d'épaiffeur, formée de deux pièces de bois affemblées par quatre forts boulons; le bord extérieur des longs côtés eft garni d'une barre de fer. Cette table eft fixée fur trois fupports en chêne, par des boulons; ces fupports le font auffi, de même moyen, fur des blocs de chêne retenus par des boulons, fur un maffif en pierres de taille. Cette table fert à porter les couteaux & forets néceffaires au forage & tournage des bouches à feu; on place fur elle folidement une caiffe en bronze & à tourillons, où eft difpofée une roue dentée engrenant dans une vis fans fin, qui engrène elle-même dans la crémallière d'un clic qui pouffe les forets, & eft renfermée dans cette caiffe, fermée avec foin pour que rien ne faffe obftacle à fon mouvement.
Le banc de forerie a befoin d'une grande & invariable folidité, pour répondre exactement, & fans ofcillation, au cadre de forerie en métal porté fur un chevalet placé devant lui, auquel il eft joint par des barres de fer; c'eft dans un encaiftrement fait dans ce cadre, que tourne fur elle-même la volée du canon qu'on doit forer. Pour cette opération, le canon, porté par fa volée fur le cadre de forerie, eft foutenu à l'autre extrémité par un excédant de métal qu'on laiffe au bouton de culaffe, nommé *faux bouton*, auquel on fait deux oreilles ou tenons qu'on enchâffe folidement dans un mandrin de fer encaftré au centre d'un arbre difpofé horizontalement. Cet arbre porte une lanterne dont les fufeaux font engrenés par une roue dentée, unie à un arbre vertical & traverfée par lui; des timons partant de cet arbre, fervent à atteler les chevaux, qui, en le faifant tourner, impriment au canon un mouvement de rotation.
Pour tranfporter la bouche à feu commodément dans l'atelier de forerie, la mettre fur le cadre, l'en retirer, &c., on difpofe, relativement au banc & au cadre de forerie, à environ 4 mèt. (12 pieds) au-deffus, deux poutrelles parallèles, fur lefquelles on promène aifément un petit chariot nommé *cabriolet*, qui porte toutes les machines néceffaires pour foulever les plus lourds fardeaux. Ce banc de forerie eft compliqué, & il pourroit être fimplifié, comme l'a fait obferver l'auteur de l'Aide-mémoire de qui j'emprunte cet article.

Artillerie.

Banc à tailler les limes. Établi fur lequel on place les limes à retailler, & où elles font affujetties par des étriers en cuir. On a jufqu'ici préféré, dans les manufactures d'armes, les procédés ordinaires à l'ufage de ce banc.

BANDE. Partie en fer qui garnit & fortifie une roue de voiture. (*Voyez* l'article Roues des voitures d'artillerie.)

Bande de reffort. C'eft, dans la platine, la diftance de la griffe du grand reffort qui n'eft plus retenu par la noix au bord du bas du corps de platine; elle doit être de 0 mèt. 011 à 0 mèt. 013 (5 à 6 lignes) pour les platines des fufils d'infanterie.

BANDÉ. Un reffort de platine eft au bandé quand il eft tendu & que le chien eft armé.
S'il reftoit long-temps dans cette fituation, il fe détérioreroit ou il fe cafferoit, fuivant qu'il feroit plus ou moins reffort, & qu'il auroit plus ou moins de vivacité.

BANDEROLE ou PORTE-GIBERNE. C'eft une large bande en buffle, paffant de l'épaule gauche au côté droit.

BANDOLIÈRE ou BANDOULIÈRE. Bande de cuir recouverte quelquefois de foie & de galons, qui fe paffoit en écharpe pour porter l'arbalète, & enfuite le moufqueton, au moyen d'un crochet à reffort placé au bas.

BARBETTE. Batterie de canons à barbette. (*Voyez* l'article Batterie de canons.)

BARBOLE. Hache d'arme à marteau, en ufage du temps de la chevalerie.

BARDES. Armures en fer ou en cuir bouilli, qui fervoient à garantir le poitrail & les flancs d'un cheval de bataille. Un cheval étoit bardé quand il étoit revêtu de bardes.

Baril ardent. Artifice de guerre. Ce baril eft de même dimenfion que le baril à poudre, mais fans chape : on le remplit de copeaux imbibés dans la compofition des tourteaux; les copeaux étant à moitié froids, on les arrange par lits, fur lefquels on jette du pulvérin. Les premières & dernières couches fe font avec des étoupes bouillies dans la compofition des balles à feu; le baril rempli, on le referme, on l'amorce avec une fufée à bombes à chaque fond, & l'on fait des trous de diftance en diftance autour du baril, pour donner de l'air au feu & faire brûler la compofition.

Baril à ébarber. Petit tonneau mobile fur fon axe, dans lequel on fait tourner des balles de plomb, afin que le frottement en faffe difparoître les bavures qui reftent après avoir coupé le jet.

D

BARIL foudroyant. Ce baril ne diffère du baril ardent que parce que l'on met des grenades ou des petites bombes chargées sur chaque lit de copeaux, & qu'on larde quelquefois les fonds de bouts de canons de fusils fortement chargés.

BARIL à poudre. Artifice de guerre. L'on fait à chaque fond d'un baril revêtu de sa chape, contenant cinquante kilogrammes de poudre, un trou pour y fixer une fusée à bombes, qu'on coupe auparavant d'une grandeur telle qu'elle puisse communiquer le feu à la poudre à l'instant où le baril, roulé du haut de la brèche d'un rempart, peut être rencontré par les troupes qui montent à l'assaut. Il n'est plus en usage.

BARILS à poudre. La poudre est mise dans des barils qui en contiennent cent ou deux cents kilogrammes : ceux-ci sont renfermés dans de seconds barils appelés *chapes ;* les premiers sont garnis intérieurement de sacs de toile destinés à retenir la poudre si le baril venoit à se défoncer, & à diminuer le frottement des grains dans le transport. Les douves & les fonds des barils & des chapes doivent être en chêne ou en chataignier, refendu & non scié. Ces bois ainsi débités s'appellent *merrains*. Ils doivent être très-sains & sans aubier. Les cercles des barils & des chapes sont également en chêne ou en châtaignier, coupés en sève & dépouillés de leur écosse immédiatement après la coupe. Ces précautions sont nécessaires pour qu'ils puissent durer long-temps.

On renvoie des places & des ports, dans les poudreries, tous les barils & les chapes, à mesure qu'ils se trouvent vides.

BARILLETS. Ce sont des petits barils en bois, où l'on met les échantillons de poudre pour les épreuves. Ils en contiennent ordinairement 192 grammes (3 onces 5 gros ⅞).

BARRES. Parties de l'embouchoir qui enveloppe le canon. (*Voyez* le mot EMBOUCHOIR.)

BASSINET. C'est la pièce dont la direction de la fraisure correspond à la lumière du canon. Il contient la poudre d'amorce qui y est retenue par la table de la batterie. La queue est la partie qui sert à fixer cette pièce, au moyen d'une vis, au corps de la platine.

BASSINET de sûreté. C'est, dans la platine, un bassinet en cuivre qui se recouvre d'un cylindre de même métal, tournant, pour éviter les accidens si le chien venoit à s'abattre. Il est composé d'un noyau, d'un petit ressort, d'une rondelle, d'une petite clavette & d'une vis.

Le noyau est un cylindre rond, sur lequel est pratiqué l'évidement destiné à recevoir l'amorce.

Le petit ressort à cliquet, d'acier trempé, a la forme d'une paillette; il est encastré dans sa longueur, & de toute son épaisseur dans le corps du noyau, où il est retenu à son pied par une très-petite vis ; ce cliquet porte, à son extrémité supérieure, un petit bec arrondi, qui entre successivement dans deux petites encoches pratiquées aux parois intérieures du cylindre tournant, & servent à le maintenir dans le découvrement & le recouvrement de l'amorce.

La rondelle de laiton est la pièce sur laquelle est établi le cylindre tournant, par trois pieds rivés sur la face extérieure ; elle porte, sur sa circonférence, une dent arrondie & saillante, qui, par sa position, fait connoître si le bassinet est ouvert ou fermé, quand la batterie le recouvre, & qui sert aussi d'appui aux doigts pour faire tourner l'enveloppe.

La petite clavette d'acier est fixée dans l'épaisseur de la rondelle ; elle dépasse un peu le fond du cylindre tournant, pour rencontrer deux points d'arrêt taillés dans le sommet du noyau, qui, en l'arrêtant, déterminent le jeu du cylindre.

La vis est placée au centre de la rondelle, & retient extérieurement le cylindre ; on la retire pour séparer le noyau du cylindre, lorsqu'on veut les nettoyer & les graisser, ce qui a lieu avec du suif & de la cire fondus ensemble, pour rendre le mouvement plus haut & plus doux.

Malgré le défaut qu'on reproche à ce bassinet de s'encrasser trop promptement, c'est jusqu'ici le seul mécanisme à adapter aux fusils des troupes que la nature de leur service oblige à tenir constamment leurs armes chargées. Il a été adopté pour le fusil des gardes du corps du Roi.

BATAILLONS DU TRAIN. Corps destiné à conduire l'artillerie aux armées ; leur création, qui date de l'an 8, est une heureuse idée dont on a apprécié tous les avantages dès l'origine. (*Voyez* l'article NOTICE SUR LE CORPS ROYAL DE L'ARTILLERIE.

BATARDE. Lime plate ou demi-ronde, employée communément dans les travaux de l'artillerie. (*Voyez* le mot LIMES.)

BATARDE. Nom donné autrefois à la pièce de 8 qui pesoit 954 kilog. (1950 liv.)

BATEAU D'ARTILLERIE. Il sert à établir les ponts sur les fleuves & sur les rivières. Comme tout bateau, en général, il peut être chargé, sans couler à fond, d'un poids quelconque, pourvu que ce poids soit inférieur à celui du volume d'eau que le bateau pourroit contenir.

La longueur totale du fond du bateau d'artillerie est de 12 mèt. 01 (37 pieds) ; sa largeur extérieure est de 2 mèt. 17 (44 pouces 6 lig.) ; sa hauteur de 1 mèt. 13 (3 pieds 6 pouces) ; l'arête intérieure du plat bord est de 0 mèt. 013 (6 lig.) plus élevée que l'extérieure. Il se compose de trois planches ou fonds de bateau, seize semelles, six bordages, trente courbes, quatre poupées, deux nez, vingt montans de femelle, deux pièces de ceinture, feize prolongations de ceinture, deux plats-bords, deux traverfes mobiles.

Ses principales ferrures font : deux bandeaux de bec, quatre anneaux d'embrelage avec quatre écrous & huit rofettes, huit pitons de clameaux à pointe & à crochet avec huit rofettes & huit contre-rivures, quatre brides de poupées avec huit boulons & huit écrous.

Il faut, pour conftruire ce bateau, trois bateliers calfats pendant dix-huit jours, trois charpentiers pendant dix-huit jours, trois fcieurs de long pendant fix jours ; ce qui fait un total de cent vingt-fix journées.

BATEAU d'avant-garde. Sa longueur eft de 10 mèt. 88 (33 pieds), fa largeur au milieu du corps eft de 1 mèt. 78 (5 pieds 6 pouces), & fa hauteur de 0 mèt. 76 (28 pouces 6 lignes). Son fond eft formé de trois planches en fapin, & fon bordage de deux planches auffi en fapin. Les principales pièces qui le compofent font : neuf femelles, dix-huit courbes, quatre poupées, deux nez, feize fauffes courbes, deux pièces de ceinture, quatorze pièces de prolongation de ceinture, deux plats-bords, deux femelles extérieures.

Ses principales ferrures font : deux bandeaux de bec, quatre anneaux d'embrelage à piton, quatre pitons de clameaux à pointe & à crochet, un anneau & fon piton pour amarrer le bateau, quatre boulons pour l'affemblage des poupées.

BATON ferré. Ancienne arme offenfive dont fe fervoient les cavaliers ; il étoit garni à chaque bout d'une pointe en fer.

BATONNAGE. Opération par laquelle on conftate l'état des réparations à faire à une arme portative.

BATTAGE. C'eft l'action de battre, broyer, mélanger dans des mortiers en bois, avec des pilons de bois garnis d'une boîte en bronze, que l'eau fait mouvoir, les trois matières compofant la poudre. Le temps du battage duroit autrefois vingt-deux heures ; il a été fucceffivement de trois heures & demie, de fix heures & de quatorze heures. Cette dernière durée de temps eft celle actuellement exigée.

BATTANT DE SOUS-GARDE OU D'EN BAS. Pièce de la garniture du fufil, placée en avant du pontet, fervant à arrêter de ce côté de la bretelle du fufil, qui s'attache par l'autre bout au battant de la grenadière. C'eft une efpèce d'anneau carré de peu de largeur ; fes parties font : fes oreilles, fon pivot & la queue du pivot.

Ce battant eft retenu, dans le fufil modèle de 1816, par une goupille tronc-conique dont la tête arrondie eft placée dans l'encaftrement de la platine, de manière à être recouverte par cette pièce. (*Voyez* le mot SOUS-GARDE.)

BATTE. C'eft, aux fourneaux de fable en tôle, la partie de la cuvette qui fe loge dans les fourneaux.

BATTE. Petit outil en bois en ufage dans les forges : il y en a de plates & de rondes. Avec la batte plate on ferre le fable entre le modèle & les côtés intérieurs du châffis, & autour du jet ; avec la batte ronde on le comprime en le frappant fortement, pour achever de remplir le châffis.

BATTEMENS DU BOULET. Ce font des enfoncemens elliptiques que forme un projéctile dans l'ame d'une bouche à feu, par fon choc. Ces enfoncemens proviennent des chocs que le projectile opère dans fon logement, fous la preffion du fluide élaftique de la poudre, commençant à s'échapper par le vide que laiffe le vent du projectile au-deffus de lui. Les battemens fe rapprochent du fond de l'ame à mefure que le logement du boulet s'approfondit. A viteffe égale, les battemens font comme les poids des boulets ; ainfi ils font plus violens dans le 24 que dans le 16 ; ils font auffi plus précoces & plus fréquens, à raifon du plus de longueur des pièces.

BATTERIE. C'eft, dans les armes à feu portatives, la partie qui couvre le baffinet, contre laquelle frappe la pierre quand le chien s'abat, produit des étincelles & allume l'amorce. La partie frappée s'appelle *la face* ; elle eft recouverte d'une feuille d'acier : la partie qui couvre le baffinet s'appelle *la table*, *l'affiette*, *l'affife* ou *l'entablement*.

BATTERIE brifée ou à charnière. Cette pièce, qui porte une charnière comme fon nom l'indique, peut fe renverfer en avant fans que la partie qui couvre le baffinet laiffe l'amorce à découvert. Il en eft une autre dont l'entablement eft féparé horizontalement en deux parties qui fe réuniffent à volonté au moyen d'un verrou à reffort. Quand on ouvre le baffinet & que le verrou eft levé, la partie inférieure de l'entablement couvre le baffinet & empêche l'amorce de fe répandre.

BATTERIE tournante. Elle eft mobile fur un pivot, de manière que la face fe retourne dans une pofition diamétralement oppofée à fa fituation naturelle ; par conféquent, fi le chien part inopinément, il ne rencontre point la batterie, & l'arme ne fait point feu.

BATTERIE de canons. C'eft la réunion de plufieurs bouches à feu pour tirer fur des troupes ou fur les objets qui les couvrent & les protègent. Les batteries prennent les noms des bouches à feu dont elles font compofées ; ainfi il y a des batteries de canons, de mortiers, d'obufiers & de pierriers.

On donne fouvent aux batteries de canons le nom du tir qu'on emploie dans l'exécution de cette arme; ainfi on nomme *batterie de plein fouet*, celle qui tire de plein fouet, & *batterie à ricochet*, celle qui tire à ricochet. On donne aufli quelquefois aux batteries le nom de leurs feux, relativement à l'objet qu'elles battent; ainfi on appelle *batteries directes*, celles qui battent perpendiculairement le flanc ou la face d'un ouvrage, ou le front d'une troupe ; *batteries d'écharpe*, celles dont la direction du tir fait un angle de 20°, au plus, avec la longueur d'une pièce de fortification, ou avec une ligne de troupes ; *batteries de revers*, celles qui battent le derrière d'un ouvrage ou du front d'une troupe ; *batteries d'enfilades*, celles dont les projectiles parcourent la longueur de quelque partie d'ouvrage ou de tranchée, ou du front d'une troupe : une batterie, ainfi placée, bat une troupe en *flanc*, fi elle tire fur une troupe ; & fi elle tire fur une batterie, elle bat en *rouage*; *batteries croifées*, celles dont les feux fe croifent fur une face d'ouvrage ou fur le front d'une troupe.

Une batterie à *redans* eft celle dont l'épaulement eft dirigé fuivant plufieurs lignes droites, formant entr'elles des angles rentrans & faillans.

Une batterie à *barbette* eft celle dont la hauteur de l'épaulement, terminé à la genouillère, n'a point d'embrafures.

Les batteries, relativement à l'objet auquel on les emploie pour l'attaque & la défenfe, fe divifent encore en *batteries de fiége*, *batteries de place*, *batteries de côtes* & *batteries de campagne*.

BATTERIES de campagne. Ces batteries font compofées de pièces des trois calibres, 12, 8 & 4, & d'obufiers de fix pouces. Elles marchent, foit avec les divifions des corps d'armée, foit avec les parcs de ces corps ; & comme dans chaque pofition on n'en fait qu'un ufage momentané, elles ne font point couvertes d'un épaulement ; fi cependant elles occupoient une pofition qui pût avoir de la ftabilité dans une action, & qu'on eût le temps & les outils néceffaires, on pourroit les couvrir d'un épaulement jufqu'à la genouillère, ou élever en avant de la terre à 0 mèt. 72 ou 0 mèt. 98 (2 ou 3 pieds) ; mais il faut, dans toute pofition, profiter des accidens du terrain qui peuvent les mettre à couvert fans nuire à l'effet du tir. Il faut de plus éviter de s'établir fur un terrain marécageux, pierreux ou coupé, ne pas choifir des pofitions trop élevées, le maximum avantageux étant de 30 à 40 mètres jufqu'à 600, & de 16 fur 200; ménager à propos fes munitions pour tirer avec plus de viteffe dans un moment favorable ; battre, autant que poffible, une ligne de troupe en flanc ou d'écharpe, & de front une colonne ; enfin, ne point s'aventurer hors la protection des troupes.

BATTERIES de côtes. Elles fervent à protéger l'entrée des ports, les rades de fûreté, les principaux mouillages ; elles doivent être placées de manière à découvrir parfaitement l'efpace qu'elles doivent battre, & que les vaiffeaux ne puiffent point, ou que difficilement, fe mettre à portée de les faire taire ou de les détruire ; elles doivent être foutenues par des batteries mobiles, cachées derrière des rideaux ou des épaulemens, qui fe portent fur les points menacés & s'oppofent au débarquement de l'ennemi.

Le boulet ricochant très-bien lorfqu'il touche l'eau, fous un angle de 4 à 5°, les batteries de côtes devront toujours être placées à une hauteur convenable pour produire cet effet ; or, en leur donnant 14 à 18 mètres de hauteur, les boulets ricocheront à une diftance de 200 mètres, & pourront frapper les vaiffeaux qu'ils n'auront pas atteints de plein fouet ; tandis que les boulets de ces vaiffeaux, qui ne partent que d'une hauteur de 5 à 6 mètres, ne pourront monter par ricochet jufqu'à la batterie.

Le fervice des pièces, dans les batteries de côtes, fe fait à couvert du feu de l'ennemi ; & ce feu fera d'autant moins dangereux que la batterie fera plus élevée. Les pièces tirant à barbette, la hauteur de l'épaulement fera déterminée par l'élévation du bourlet du canon au-deffus de la plateforme.

Les affûts de côtes & leurs plates-formes font conftruits de manière que le canon peut faire avec l'épaulement un angle de 45°, & embraffer de fon feu le quart de la circonférence ; ce qui exige que les pièces foient efpacées entr'elles de 7 mètres, afin que les manœuvres fe faffent commodément. (*Voyez* les articles AFFUTS DE CÔTES & PLATE-FORME D'AFFUT DE CÔTES.)

BATTERIES de place. Elles font ordinairement à barbette, pour éviter les embrafures qui affoibliffent le rempart. La conftruction de ces batteries confifte uniquement dans celle de leur plateforme. (*Voyez* le mot PLATE-FORME D'AFFUT DE PLACE.) Les pièces font efpacées de 4 mètres, & leur directrice eft perpendiculaire à la face de l'ouvrage qu'elles défendent ; le champ de tir de ces pièces s'étendant, par ce moyen, à droite & à gauche de leur directrice, elles pourront battre fucceffivement divers points.

La genouillère, à compter du plan fupérieur des gîtes, vers le parapet, doit être de 1 mèt. 62 (5 pieds), parce que l'élévation de la pièce de place, au-deffus de fon châffis, eft de 1 mèt. 57 (4 pieds 10 pouc.) ; les madriers de la plate-forme, ayant 0 mèt. 05 (2 pouc.) d'épaiffeur, achèvent d'élever la pièce de place à 1 mèt. 62 (5 pieds), & l'épaiffeur du châffis fert à donner du jeu à la volée pour paffer par-deffus cette genouillère.

BATTERIES de fiége. Ce font celles que l'on

construit devant une place qu'on assiége ; ces batteries ont un épaulement, en avant duquel sont une berme & un fossé. Les terres du derrière & des extrémités de cet épaulement sont retenues par un revêtement en saucisson, en gabion ou en gazon, qu'on appelle *chemise de la batterie*.

Les batteries de siége sont de deux espèces : les premières ont pour objet d'éteindre le feu de la place, de détruire les parapets qui couvrent le canon & les autres moyens de défense, afin de s'approcher des remparts avec moins de danger. On établit les secondes batteries pour battre en brèche, ouvrir les remparts & entrer dans la place. Les pièces qui composent une batterie de siége sont montées sur des *plates-formes*.

Le tracé s'exécute sur une perpendiculaire au prolongement de la face à battre, ou sur une parallèle à cette face, suivant que l'on doit tirer à ricochet, ou de plein fouet pour battre en brèche.

Une de ces lignes & l'emplacement de la batterie étant donnés, on mesure la longueur de ce dernier en comptant 6 mèt. par pièce ; on élève à chaque extrémité de l'emplacement une perpendiculaire sur laquelle on marque, avec des piquets, l'épaisseur de la base de l'épaulement, la projection des deux crêtes supérieures, la largeur de la berme & du fossé, en menant des parallèles à la première ligne : on marque, avec des piquets, la directrice de chaque embrasure, en la prolongeant en arrière de l'épaulement. Connoissant la nature des terres, la hauteur des crêtes au-dessus du plan horizontal, il faut, à l'épaisseur du sommet, ajouter les talus intérieurs & extérieurs, pour avoir celle de la base.

Lorsque les terres sont légères, l'épaisseur du sommet doit être de 6 mèt., & de 5 mèt. au moins, lorsque ce sont des terres fortes. La hauteur de la crête, au-dessus du sol, doit être de 2 mèt. 30 (7 pieds). On donne au talus intérieur environ le tiers de la hauteur. La crête extérieure est de 0 mèt. 20 à 0 mèt. 25 (8 pouc.) de plongée. On marque le milieu de l'ouverture intérieure des embrasures, en partant d'une des extrémités de l'emplacement, prenant 3 mèt. pour la première & 6 mèt. pour chacune des autres. Le talus des extrémités de l'épaulement est le même que celui de l'intérieur. Lorsqu'on trace les embrasures sur le plan horizontal, on leur donne 0 mèt. 54 à 0 mèt. 55 (20 pouc.) d'ouverture intérieure, & 3 mèt. (9 pieds) d'ouverture extérieure.

On conserve aux embrasures, dans le relief, une ouverture intérieure qui est la même dans toute la hauteur ; l'ouverture extérieure s'élargit en s'élevant, jusqu'à ce que les extrémités supérieures des joues aient un écartement de 4 mèt. (12 pieds) ; ce qui donne une surface gauche pour chaque face, quelle que soit la direction de l'embrasure.

On donne 1 mèt. (3 pieds) de largeur à la berme, 4 mèt. (12 pieds) au fossé, & 2 mèt. 60 (8 pieds) de profondeur, lorsque la nature du terrain le permet. Lorsque la nature du terrain ne permet pas de s'enfoncer, on élargit davantage le fossé. La berme sert, pendant la construction, à recevoir les terres du fossé, & pendant le siége, celles des éboulemens occasionnés par le feu de la place.

Le revêtement d'un épaulement se fait ordinairement avec des saucissons, mais à leur défaut on fait usage de gabions, de claies, de sacs à terre, & même de gazons lorsqu'on manque de bois. (*Voyez* ces mots.)

Pour construire le revêtement de la batterie, on fait une rigole de 0 mèt. 32 (1 pied) de largeur, sur 0 mèt. 10 (4 pouc.) de profondeur, en dedans du tracé, qu'on met de niveau dans toute sa longueur. On place le premier saucisson dans la rigole, en tournant les nœuds des harts en dedans de l'épaulement ; on le fixe, dans cette position, par des piquets plantés à la distance de trois harts les uns des autres ; mais comme il entre plusieurs saucissons à la base du revêtement, on ne plante les deux derniers piquets du saucisson placé, qu'après en avoir uni un second au premier, en liant la tête de l'un dans celle de l'autre. On continue de planter ainsi des piquets dans les saucissons, sur toute la longueur de l'épaulement, & à ceux des côtés, qu'on place en même temps, en faisant croiser alternativement la tête de chacun de ces derniers, avec le rang correspondant de la face de la batterie, pour lier les saucissons entr'eux, & donner plus de solidité à la chemise.

On place un second rang de saucissons sur le premier, un troisième sur le second, & ainsi de suite jusqu'à la hauteur de la genouillère ; mais comme le revêtement doit avoir un talus du tiers de la hauteur, chaque rang de saucissons doit prendre sur le précédent un talus du tiers de son diamètre. En plantant les piquets, à partir du troisième rang, on les incline pour qu'ils s'engagent dans les saucissons des deux couches précédentes, sans cependant les faire sortir de la chemise.

Lorsque les saucissons ont 0 mèt. 32 (1 pied) de diamètre, le quatrième rang détermine la hauteur du plan de l'embrasure, qui est de 1 mèt. 13 (42 pouces).

Le revêtement étant élevé à cette hauteur, on trace les embrasures, que l'on revêt en même temps que le reste de l'épaulement, ayant l'attention de placer les têtes des saucissons à l'ouverture intérieure, verticalement les uns sur les autres ; & les queues de ceux de la base, à l'ouverture extérieure, en sorte que l'écartement des extrémités des derniers soit, comme on l'a dit précédemment, de 4 mèt. (12 pieds). On ôte le masque lorsque la batterie est finie.

Les épaulemens des batteries de canon de place, de côte & de mortiers, se construisent de même que ceux des batteries de siége, mais on n'y fait point d'embrasures.

L'embrasure de l'obusier de siége a une inclinaison de 0 mèt. 10 (4 pouc.) environ du derrière au dedans de la batterie, & l'ouverture intérieure est de 0 met. 81 (30 pouces), parce que la pièce est courte, & que son diamètre est plus grand que celui des canons.

Batteries flottantes. On fit usage, au siége de Gibraltar, en 1782, de prames, ou batteries flottantes, protégées contre les boulets ordinaires par un bordage de 1 mèt. 43 (54 pouces), contre les bombes par un blindage incliné, & contre les boulets rouges par une circulation d'eau entre les joints & les assemblages. Ces prames, inventées par le général Darçon, étoient lourdes, à cause de leur grande épaisseur, & elles marchoient irrégulièrement, parce qu'on ne les avoit renforcées que du côté exposé au feu de la place.

Batterie de fusées incendiaires. Les Prussiens, à la bataille de Leipsick, ont employé des fusées incendiaires. L'équipage qui porte la fusée a quelqu'analogie avec l'affût d'un canon ; il en diffère cependant en ce que les flasques, au lieu d'être courbes, sont droits & forment des boîtes qui servent de magasin pour les baguettes. Sur chacune de ces boîtes on en place une plus petite qui renferme les ustensiles : l'espace intermédiaire est occupé par la planche sur laquelle on pose les fusées, & dont l'une des extrémités est soutenue par un appui ; on l'incline à volonté. Cet affût est monté sur deux roues comme les affûts ordinaires.

L'affût se fixe sur un avant-train, lequel porte un petit caisson destiné à recevoir les fusées. Le tout est traîné par six chevaux & servi par autant de canonniers que les bouches à feu.

Batteries à vapeur. Les Américains ont fait, sur les plans de Fulton, des batteries flottantes qui sont mises en mouvement par une machine à vapeur. Elles sont entourées d'un bordage en parapet extrêmement épais, & elles sont armées de bouches à feu des plus gros calibres. Ces batteries n'ayant ni mâts ni voiles, & la roue motrice étant cachée dans un canal intérieur, la manœuvre du bâtiment ne peut être empêchée par l'ennemi ; mais cette machine à feu produit une telle chaleur qu'au bout de quelques minutes la batterie est inhabitable ; & l'on n'a trouvé de remède à cet inconvénient qu'en plaçant un navire portant la machine à feu, entre deux navires portant les batteries, ce qui complique la construction, rend la manœuvre lente, & ne permet pas d'exposer la batterie à l'effet des tempêtes. Elles ne peuvent donc être employées utilement, dans leur état actuel, que pour défendre l'entrée des ports, des détroits, des rivières ou des rades, pour appuyer une ligne d'embossage, & porter une masse défensive sur le front, les flancs ou les derrières d'une disposition navale quelconque, à proximité de la côte. (*Voyez* pag. 59 de la *nouvelle Force maritime*, par M. Paixhans, chef de bataillon d'artillerie.)

Batterie. Usine où l'on amincit le fer & où l'on fabrique la tôle.

Batterie. C'est, dans les moulins à poudre, la réunion d'un certain nombre de mortiers où l'on bat la poudre ; elle étoit ordinairement de 12 ou de 24 mortiers : on fait en sorte, aujourd'hui, qu'elle ne soit que de 10 ou 12, pour éviter le trop fort ébranlement. La pièce en bois de chêne dans laquelle on creuse le mortier, se nomme *pile*.

BATTITURE. Petites écailles très-minces de métal oxidé, que la percussion du marteau fait détacher d'une pièce que l'ouvrier forge.

BAUDRIER. Porte-sabre du fantassin. Il est en buffle, & passe de l'épaule droite au côté gauche.

BAVETTES. Parties supérieures de la chape ou de la bélière d'un fourreau d'armes blanches, redoublées en dedans sur le bois ou sur le cuir à l'entrée du fourreau.

BAVURES. Petites inégalités qui restent aux arêtes d'un métal qu'on coupe ou qu'on lime.

BAYONNETTE ou BAÏONNETTE. C'est la pièce qui s'adapte à l'extrémité du canon du fusil, & qui réunit en quelque sorte à cette arme l'avantage de la lance. Son nom vient de Bayonne, où ont été fabriquées les premières baïonnettes. Elle consistoit jadis en une lame d'acier, adaptée à un manche en bois, qu'on enfonçoit dans le canon. Il résultoit de cette construction, que, quand cette pièce étoit placée dans le canon, on ne pouvoit ni charger ni tirer le fusil. Sa forme actuelle donne la facilité de faire l'un & l'autre au moyen de la douille qui reçoit le bout du canon ; mais le tenon ne suffisant pas pour contenir la baïonnette, on remédia à cet inconvénient en l'assujettissant avec un ressort ; enfin, on substitua une virole fendue à ce ressort. C'est le modèle actuellement en usage. Son mécanisme consiste en ce que la virole a une échancrure qui, lorsqu'elle se rencontre avec l'entaille de la douille, permet au tenon de parcourir cette entaille jusqu'à ce que la virole se trouve au-dessous de lui. Si l'on tourne alors la virole, le tenon se trouve pris ; & pour le dégager, il faut remettre la virole dans la première situation.

La douille & la virole de la baïonnette sont en fer, & la lame est d'acier. Chacune de ces trois parties se forge séparément, & un même ouvrier n'en forge que d'une espèce ; mais il est nécessaire d'observer : 1°. que le forgeur des douilles & celui des lames sont, chacun, aidés par un compagnon; 2°. qu'on n'emploie que du charbon minéral pour forger la baïonnette; 3°. qu'on fait usage d'étampes de dessus & de dessous pour étamper la douille, son coude & la lame. Les étampes de dessous se fixent & s'assujettissent sur les enclumes, & celles de dessus, que les ouvriers appellent *chasses*, se tiennent d'une main par le manche de bois qui les traverse; 4°. enfin, que les forgeurs donnent des chaudes couleur cerise, rouge-blanc & blanc-soudant, selon que le cas le requiert; mais, en général, toutes les fois qu'il s'agit de souder, la chaude est blanc-soudant ou suante; & elle est rouge-cerise quand on veut disposer la pièce à la soudure, ou la repasser.

La première opération du forgeur de douilles est de faire chauffer l'extrémité d'une barre de fer d'échantillon, qu'il étire, à l'aide de son compagnon, sur l'enclume; il porte ensuite cette extrémité équarrie sur une étampe, pour l'arrondir suivant une longueur de 0 mèt. 054 (2 pouces) environ, en réservant un bout cubique de 0 mèt. 018 (8 lig.). La partie arrondie formera le coude de la baïonnette, & la partie cubique, nommée *massélotte*, est destinée à souder l'extrémité de ce coude avec la lame. Le forgeur sépare de la barre la portion qui est nécessaire pour former le corps de la douille. Il donne une chaude pour élargir & amincir ce fer, en observant de laisser de la matière en travers du milieu pour former le bourrelet, & aux deux angles de la partie opposée au coude, pour l'éminence du pontet. Il donne au coude la courbure qu'il doit avoir, en le plaçant dans un trou circulaire que forment les mâchoires rapprochées d'un étau fixé à cet effet sur le bloc de l'enclume. Il chanfreine les deux bords de droite & de gauche de la plaque, pour la préparer à être roulée, opération qui se fait en la pliant à coups de marteau, & en la roulant ensuite sur un mandrin, de façon que les lèvres ou les bords chanfreinés soient croisés l'un sur l'autre.

La douille se soude en trois chaudes; la première est pour l'extrémité supérieure, la deuxième est pour celle inférieure, & la troisième termine la soudure. A chacune de ces chaudes, on fait entrer dans la douille un mandrin adapté au *tas*.

La soudure ainsi achevée, l'ouvrier donne une chaude & fait entrer un mandrin dans la douille, qu'il pose alors dans une étampe pour l'arrondir, façonne le bourrelet & l'élévation du pontet. Il dégage le coude à sa naissance & perfectionne le pontet avec la panne de son marteau.

Pour forger la lame, le forgeur, aidé de son compagnon, étire un bout de la barre d'acier en l'équarrissant en pointe, après l'avoir chauffée : il coupe ensuite à une longueur convenable cette partie préparée, qu'on nomme alors *maquette*. Il chanfreine l'extrémité du gros bout de cette maquette, ainsi que celle de la massélotte, & il les soude ensemble, de façon que l'extrémité du coude soit en dessous, ou du côté de l'arête du dos. Cette soudure faite, il tord la maquette à sa naissance, de façon qu'il se trouve une des *carres* ou arêtes dans la direction du pontet de la douille, & une autre dans le sens opposé, pour former l'arête du dos (cette opération a lieu en plaçant le coude dans un *dressoir fixe*, & en tournant avec un *dressoir à main* qui s'applique sur la maquette). Il forme au marteau la partie inférieure de la lame, en frappant de biais sur les côtés; après quoi, il la chauffe pour la poser sur l'étampe, dont il fait prendre l'empreinte à un tiers environ de la longueur. Il procède de la même manière jusqu'à la pointe. Par cette opération, la carre de dessus se trouve entièrement aplatie, & le dessous de la lame est formé; il n'y a donc plus qu'à façonner la face intérieure. Cette face reste aplatie jusqu'à 0 mèt. 027 (1 pouce) de la base, & la cavité, qui se prolonge jusqu'à la pointe, se forme avec deux étampes de dessus.

Le forgeur examine si la lame n'a pas des criques ou des pailles, afin d'y remédier; & il s'assure, avec son calibre, si elle a les dimensions requises pour être *usinée*, ou limée & polie. (On suppose ici qu'on fait usage des machines mues à bras, pour forer la douille & aiguiser la lame : on exposera plus loin les procédés qui ont lieu par le moyen des machines hydrauliques.)

La baïonnette entièrement forgée passe au forage. La machine qui sert à forer les douilles est composée de deux jumelles, qui sont placées horizontalement & qui s'ajustent solidement par leurs extrémités, du côté opposé à la roue, sur deux montans, & des autres extrémités, sur le châssis qui porte l'axe de cette roue. Il y a entre ces jumelles un espace dans lequel s'adapte un *chariot*, enclavé de chaque côté dans une rainure formée sur toute leur longueur. Sur la surface supérieure du chariot, est pratiqué un encaissement pour y recevoir la douille & l'y fixer par une fermeture à charnière. La partie aplatie du foret s'emmanche exactement dans une ouverture faite dans le prolongement de l'axe de la roue, qu'on fait tourner au moyen d'une manivelle. Cette roue fait mouvoir le foret qu'on introduit dans la douille, laquelle avance d'une manière uniforme au-devant du foret, par l'effet d'une corde attachée par un bout au chariot, & de l'autre, à une planche chargée d'un poids proportionné à la résistance, & placée au-dessous du banc de forerie. Cette planche se relève, lorsque le foret a traversé la douille, par un petit clic adapté sur le côté de la jumelle de droite.

On passe successivement dans la douille cinq forets augmentant insensiblement d'épaisseur. Les trois premiers sont à quatre pans, le quatrième est à six & le cinquième à huit. Ce dernier sert à polir & à donner les dimensions à l'intérieur : ce dont on s'assure, en passant dans la douille un mandrin qui a les diamètres extérieurs du canon vers la bouche.

L'ouvrier doit avoir l'attention d'huiler de temps en temps les forets & de jeter de l'eau dessus la douille, pour qu'ils ne se détrempent pas par le frottement qu'ils éprouvent.

Après le forage, la baïonnette est remise au tourneur, qui arrondit la douille depuis environ 0 mèt. 0023 (1 lig.) de la racine du coude jusqu'au bourrelet, dont il coupe carrément, tout autour, le côté qui doit servir d'embase à la virole, & depuis la partie inférieure de cette embase jusqu'à la naissance du pontet.

On recuit ensuite la douille au feu de bois blanc pour adoucir le fer aigri par les opérations précédentes, & pour faciliter le travail de l'ouvrier qui achève de le dégrossir à la lime. Un autre ouvrier dégrossit la lame avec des limes nommées *rabots*, à cause de leur forme ; la baïonnette étant totalement limée, est ensuite repassée avec des limes bâtardes ; après quoi on enlève de dessous le pontet, avec un ciselet, la quantité de métal qui est nécessaire pour laisser passer le tenon du canon sans frottement, & on forme les trois fentes au moyen de *molettes* que fait tourner une machine à bras. On rend les fentes nettes avec le ciselet & des limes.

Dans le cours du travail, le limeur doit s'assurer souvent des dimensions des parties avec son calibre.

La virole n'offre rien de plus particulier pour ses procédés de fabrication, que ce qui se pratique pour toutes les pièces de garniture du fusil. On n'en parlera donc pas ici.

On trempe & on recuit la lame avec les précautions indiquées à l'article TREMPE ; après on adoucit toute la baïonnette avec des limes douces, de formes & de dimensions relatives à ces différentes parties. Enfin, on la polit sur des meules de bois nommées *polissoires*.

L'emploi des machines hydrauliques, pour forer la douille & aiguiser la lame, est bien préférable à celui des machines mûes à bras, sous le rapport de l'économie & du temps. Par cette méthode, la douille est forée au moyen d'un mécanisme semblable à celui d'une forerie à canons. Elle est fixée sur un chariot que l'on fait avancer, par un cric horizontal, au-devant du foret qui tourne au moyen de l'eau. Le travail de l'aiguisage & du polissage de la lame se fait dans une usine contenant des meules & des polissoires, qui toutes sont mises en mouvement par une grande roue à eau. Les meules sont en grès, celles qui servent à aiguiser les évidemens du dos de la lame & la face opposée sont taillées en cannelures. Les polissoires sont en bois de chêne ; leur diamètre & la forme de leur circonférence sont relatifs aux parties sur lesquelles elles doivent agir.

On éprouve la baïonnette au moyen d'une machine à mentonnet, sur laquelle on fait plier la lame dans les deux sens & d'une quantité déterminée. Si elles sont de bon acier & bien trempées, elles ne doivent pas rester pliées, & cette épreuve ne doit faire manifester ni criques ni doublures.

La baïonnette du fusil d'infanterie sert au fusil de voltigeur & à celui d'artillerie. Elle coûte environ 3 fr. 80 c., y compris le fourreau garni en cuivre laminé.

BAYONNETTIER. Ouvrier qui fait des baïonnettes.

BÉCASSE. Verge de fer courbée, dont on se sert dans les forges pour reconnoître à quel point la charge des hauts fourneaux est descendue, & déterminer le moment où il faut les charger de nouveau.

BEC-D'ANE ou BÉDANE. Ciseau peu large & très-épais, dont le biseau est fait sur l'épaisseur. Outil d'ouvrier en bois servant à faire des mortaises.

BEC-A-CORBIN. Ciseau d'acier, dont l'extrémité tranchante est recourbée, servant à faire les encastremens de quelques pièces dans les armes à feu. Il est dimensionné relativement à sa destination.

BEC de gachette. Extrémité de la gachette qui s'engage dans les crans de la noix.

BEDON. Foret qui, au lieu de ronger le fer par le côté, le ronge par le bas du foret & fait les trous bien unis & sans traits. Il faut, pour s'en servir, que le fer soit déjà percé, afin que la limaille s'échappe par le premier trou.

BÉLIER. Ancienne machine de guerre employée pour saper les murs. C'étoit une poutre longue, forte, ferrée & armée d'une tête de fer ou de bronze, qu'on mettoit en mouvement au moyen de courroies & à bras d'hommes, & qu'on poussoit avec violence contre les murailles des villes que l'on assiégeoit. On faisoit jouer le bélier sous une galerie appelée *tortue*, ou dans une tour de bois à laquelle il étoit suspendu par des cordages ou des chaînes de fer. On commençoit la brèche avec la *tarière*, qui étoit une espèce de bélier portant, au lieu d'une tête de bélier, une forte pointe en métal.

Les Grecs, les Carthaginois & les Romains faisoient usage du bélier, dont l'origine paroît remonter jusqu'aux Egyptiens.

BÉLIÈRE. C'est le nom qu'on donne plus particulièrement aux chapes des fourreaux de sabre qui sont garnies d'anneaux.

BESAGUE. Arme d'haft. (*Voyez* FAUCHART.)
BIDET.

BIDET. Broche carrée, en acier, destinée à former le carré du chien. L'ouvrier fait ordinairement usage de deux bidets pour cette opération. Le premier sert à ébaucher le carré, & le second à le terminer.

BIDON. Le fer destiné à forger les canons des armes portatives est du fer en barre, ayant des longueurs relatives aux différens modèles qu'on veut fabriquer, dont la largeur & l'épaisseur sont les mêmes pour tous, & dont chacune des parties, nommée *bidon*, représente la quantité nécessaire pour fabriquer un canon.

BIGORNE. Enclume terminée en pointe conique à chaque bout, ou au moins à un, pour courber les pièces qui doivent l'être. Il y a des bigornes dont l'un des bouts est en pyramide quadrangulaire.

BILBOQUET. On appelle ainsi un mortier n'ayant qu'un demi-calibre d'ame, coulé à semelle, & dont la lumière aboutit au tiers du fond de la chambre. Ce mortier, imaginé en 1797, par le général d'artillerie Lamartillière, a un tir sans battemens qui l'a fait essayer pour l'épreuve des poudres à canon.

BILLOT d'enclume. Bloc de bois qui porte l'enclume. Il est ordinairement tronc-conique.

Billot d'épreuve. Bloc de bois tronc-conique servant à éprouver les lames de sabres. (*Voyez* l'article LAMES DE SABRES.)

BISCAÏEN. Vieux mot désignant un petit boulet de fer, qu'on appelle maintenant *balle de fer battu*. (*Voyez* cet article.)

BISEAU ou FAUX-TRANCHANT. C'est, dans un sabre, la partie inférieure du dos de la lame qui est affilée.

Biseau. Diminution d'une pièce de bois ou de fer, de peu d'étendue, en largeur relativement au reste de la pièce. Les ciseaux pour couper le bois se terminent ordinairement en biseau.

BLANCHIR. Les armuriers appellent *blanchir*, limer une pièce forgée; & les fourbisseurs, mettre une pièce de cuivre dans l'eau seconde, pour en ôter les corps étrangers qui nuiroient à l'action de la lime.

BLÉMOMÈTRE. Instrument pour connoître & comparer la force relative des ressorts d'une platine de fusil, & déterminer le degré de force le plus convenable à chacun d'eux. Cet instrument, inventé par M. Regnier, décrit dans le 45e. numéro des Bulletins de la société d'encouragement,

n'a pas rempli le but désiré; cependant il seroit utile d'avoir, dans chaque manufacture d'armes, un instrument qui fit connoître la force des ressorts de la platine & qui pût, au besoin, servir de guide au contrôleur chargé des recettes. Tous les artistes n'ont pas la même opinion sur le degré de force qu'on doit exiger des ressorts de la platine : les uns veulent des ressorts très-forts, les autres préfèrent des ressorts foibles, & tel ressort qui seroit jugé trop foible & rejeté par un contrôleur, seroit peut-être admis ou préféré par un autre. Cet inconvénient cesseroit si l'on avoit, dans chaque manufacture, un instrument qui fît connoître l'action des ressorts & qui pût donner au contrôleur, dans toutes les manufactures, le même sentiment sur la force relative des ressorts de la platine.

Avant d'adopter cet instrument dans les manufactures royales, il faudra trouver quel est le degré de force relative que doivent avoir les ressorts, pour donner à la platine la plus grande perfection. Les expériences, qui auroient pour objet d'établir ce rapport, devroient être assez nombreuses pour ne laisser aucune indécision sur cette question importante.

Ce rapport une fois établi, l'instrument rendra le plus grand service aux manufactures d'armes, s'il indique avec précision le degré de force des ressorts, & s'il permet de tenir compte de toutes les causes qui peuvent influer sur l'action réciproque de ces ressorts.

La force du choc dépend en partie de l'élasticité du ressort, parce qu'un ressort plus élastique imprime au chien une plus grande vitesse, & produit beaucoup plus d'effet qu'un ressort plus fort qui pourroit, en se débandant, soulever un poids plus considérable. Les moindres variations dans la position du trou de la noix, la disposition de ses crans, la hauteur du chien, l'inclinaison de sa mâchoire, &c., la position du trou de la vis de batterie, la longueur de la table, l'élévation du plan incliné du bassinet, &c., influent beaucoup sur la longueur de l'espace parcouru par le chien, & sur l'angle que la pierre fait avec la face de batterie à l'instant du choc. Toutes ces circonstances produisent de grandes différences dans la force du choc, & doivent être évaluées dans chaque platine pour connoître l'action de ces ressorts. Ce problème embrasse beaucoup d'élémens qui en rendent la solution extrêmement difficile; cependant il ne sera pas résolu tant que ces conditions ne seront pas remplies.

BLUTOIR. Tamis servant à séparer le poussier du grain après que la poudre a été séchée. (*Voyez* EPOUSSETAGE.) Il est fait comme celui dont on fait usage pour bluter la farine.

BOCARD. Mécanisme destiné à écraser & à pulvériser un minerai, afin de le débarrasser des substances étrangères avec lesquelles il est mêlé. Il est formé par des pilons de bois, terminés par une masse en fer & armés de mentonnets, qui sont soulevés par les cannes de l'axe d'une roue, connue dans les batteries des moulins à poudre. Les mines de fer terreuses ne sont jamais grillées. On les lave pour les débarrasser en partie des terres argileuses ou calcaires qui les enveloppent; & quand elles sont en masses solides, on les bocarde en même temps qu'on les lave, en faisant passer un courant d'eau sous les pilons.

BOIS DES ARMES A FEU PORTATIVES. Partie des armes dans laquelle s'encastrent le canon, la platine, la garniture & la baguette (à l'exception de celle du mousqueton, modèle de 1816, qui est portée séparément). Il se compose, dans le fusil, du fût, de la poignée, du buse, de la crosse & de la joue.

Le bois de noyer offrant plus d'avantages que les autres pour le montage des armes à feu portatives, on n'en emploie que de cette espèce en France pour celles de guerre. Pour que ce bois ne soit plus susceptible de se travailler, étant mis en œuvre, il faut qu'il ait au moins trois ans de coupe, dont deux de séjour dans un magasin, étant débité. Si un bois n'est pas suffisamment sec, en lui faisant donner un coup de plane, le copeau encore humide n'en est pas cassant, & il a l'odeur du bois vert; exposé au soleil, le bois se fend ou se déjette. Pour mieux s'assurer si le bois est sec, on peut employer le moyen de l'étau, en serrant fortement un copeau qu'on aura enlevé; si le bois n'est pas sec, la partie pressée prendra de suite une couleur bleuâtre, parce que la pression fait ressortir la sève.

Ces bois doivent être gris ou demi-gris; ceux blancs provenant presque toujours de l'aubier, qui est une partie imparfaite, doivent être rebutés, ainsi que ceux qui ont des taches d'un jaune passé & des piqûres de vers, ou d'autres defauts, qui annoncent leur décomposition ou mauvaise qualité: enfin, ceux qui sont trop tranchans, c'est-à-dire, qui ne sont pas suffisamment de fil dans toute leur longueur, ou qui ont des nœuds qui peuvent les faire casser, doivent aussi être rebutés. En général, leur qualité dépend du terrain dans lequel ils ont crû, de leur âge & de la manière dont ils ont été traités après la coupe. On les conserve à l'infini, en les frottant de temps en temps avec un morceau de serge ou de drap imprégné d'huile.

Le bois qui paroit le plus propre à remplacer le noyer, est le hêtre, & ensuite l'orme, le frêne, le châtaignier, &c.

Bois pour les constructions de l'artillerie. Les établissemens de l'artillerie jouissent du privilége de s'approvisionner dans toutes les forêts du royaume, en bois propres aux constructions & à la fabrication de la poudre à canon. En conséquence l'artillerie fait rechercher, marquer & couper dans ces forêts les bois qui lui sont nécessaires, & elle les paie au prix & de la manière qui est réglée par la législation sur cet objet. (*Voyez* l'ouvrage de M. Herbin de Halle, ayant pour titre *Des bois propres au service des arsenaux de la marine & de la guerre*.)

Les bois employés dans les constructions de l'artillerie sont · en bois durs : le chêne, l'orme, le frêne, le hêtre, le charme, le noyer & le châtaignier · en bois blancs · le sapin, le pin, le tilleul, l'aune & le peuplier. Le bourdaine donne le charbon pour la fabrication de la poudre.

L'artillerie n'a besoin, en général, pour ses travaux, que d'arbres droits. On observe seulement que les flasques, à cause de leur ceintre, ont plus de durée quand on peut les obtenir sans contre-tailler le bois, c'est-à-dire, dans une pièce d'une courbure relative à celle de ce ceintre. Il faut que ces arbres fournissent des pièces qui présentent, après leur équarissage, des dimensions dans lesquelles on puisse tracer toutes les pièces en bois nécessaires aux constructions de l'artillerie, & il faut de plus des bois de brin & des courbes. Toutes ces arbres peuvent être tracés dans des bois équarris, qu'on a divisés en trois classes, relativement à leurs dimensions.

Première classe, pour flasques d'affûts de siége de 24 & de 16, pour gros rouleaux d'affûts de côte, pour moyeux d'affûts de siége & de place, pour entretoises de lunettes de siége.

Longueur 4 mèt. 87 à 2 mèt. 60 (15 à 8 pieds), largeur 0 mèt. 75 à 0 mèt. 60 (27 à 22 pouces), épaisseur 0 mèt. 65 à 0 mèt. 49 (24 à 18 pouces).

Deuxième classe, pour flasques d'affûts de siége de 12 & de 4, pour flasques d'affûts de côte, de place & de campagne, pour côtes de châssis & d'affûts de côte, pour petits rouleaux d'affûts de côte.

Longueur 4 mèt. 55 à 2 mèt. 60 (14 à 8 pieds), largeur 0 mèt. 60 à 0 mèt. 41 (22 à 15 pouces), épaisseur 0 mèt. 54 à 0 mèt. 32 (20 à 12 pouces).

Troisième classe, pour entretoises de châssis, pour semelles d'*idem*, pour brancards de caisson, pour palettes, armons, essieux de siége.

Longueur 4 mèt. 55 à 1 mèt. 95 (14 à 6 pieds), largeur 0 mèt. 42 à 0 mèt. 22 (16 à 8 pouces), épaisseur 0 mèt. 33 à 0 mèt. 22 (12 à 8 pouces).

Quatrième classe, bois de brin pour flèches, timons, bras de limonières.

Longueur 6 mèt. 50 à 3 mèt. 25 (20 à 10 pieds), diamètre 0 mèt. 27 à 0 mèt. 16 (10 à 6 pouces).

D'après le nombre & l'espèce des voitures mises en construction, chaque directeur d'artillerie envoie au ministre de la guerre l'état des bois dont il a besoin. Le ministre, dans le mois de juin, l'autorise à faire marquer cette quantité dans les coupes qui doivent avoir lieu en automne : il en fait part aussitôt aux conservateurs des forêts de son arrondissement. Ceux-ci lui adressent l'état des coupes royales, communales, & l'extrait des déclarations d'abattage des futaies que peuvent faire les propriétaires des bois particuliers, qui doivent avoir lieu dans cet arrondissement.

Le directeur d'artillerie envoie des ouvriers vétérans dans les coupes indiquées, pour y marquer les arbres propres à la bonne exécution de la commande ordonnée, jusqu'à concurrence des quantités fixées, & en choisissant les arbres les plus à proximité des routes & de l'arsenal. Les ouvriers dressent un procès-verbal exact du nombre d'arbres marqués dans chaque coupe. Le directeur transmet au conservateur le procès-verbal qui concerne son arrondissement, pour en faire mention dans le cahier des charges des adjudications.

Le directeur d'artillerie doit se concerter avec les agens chargés de la marque des bois pour la marine, & donner les instructions aux ouvriers vétérans d'artillerie, pour qu'ils agissent d'accord dans leurs opérations respectives, & laissent à la marine tous les arbres dont la courbure, ou autres formes, peuvent lui être précieuses, & être aisément remplacées pour l'artillerie.

Les agens de la marine doivent faire passer au directeur d'artillerie un état du nombre & des dimensions des arbres ou pièces qu'ils auront rebutés, pour qu'il puisse donner l'ordre de choisir ceux qui pourroient convenir à son service.

L'artillerie cube, & transporte les bois, en grume.

Chêne. Parmi les différentes espèces de bois durs, le chêne est le plus propre aux constructions de l'artillerie : l'espèce à préférer est le chêne blanc à longue queue; mais son aubier est très-épais, très-prompt à se corrompre, il faut en purger les bois. Ce bois sert à faire des flasques, des entretoises, des bras de limonière, des biancards, des burettes, des épars, des sassons, des plates-formes, &c.

Le chêne gras est préféré par les menuisiers; mais il est trop poreux, trop cassant pour l'artillerie. Il faut rebuter les chênes trop vieux qui n'ont pas l'écorce fine & unie.

Les meilleurs se trouvent dans les terrains secs & bons, à l'exposition du levant ou du couchant. Dans le même terrain, le chêne qui croit le plus vite est le plus fort. Le bois de chêne le plus dense vaut le mieux.

Pour les bois de charpente, il faut qu'ils aient essuyé deux ou trois printemps depuis leur abattage, & qu'ils aient été flottés un mois avant d'être employés. Pour la menuiserie, le bois doit être encore plus sec.

Pour dissoudre & emporter les liqueurs fermentescibles du bois, il faut le faire flotter six semaines au plus, ou le mettre dans une eau vive & pure pendant un mois, & le faire sécher six semaines avant de l'employer. Ces précautions le rendent moins sujet aux vers.

Les chênes écorcés dans le temps de la sève, & coupés l'hiver d'après, en deviennent plus forts dans le rapport de dix à onze; mais on ne peut les courber au feu.

Le chêne vert est au-dessus des autres, & peut servir à faire des moyeux, des jantes, des rais, &c.

Orme. Il est de moindre durée que le chêne : il est aussi plus léger. Il est liant & fort. On cherche pour lui les mêmes expositions que pour le chêne; mais tous les terrains lui sont bons. On le divise en *mâle* & *femelle* : le premier croit plus vite & à la feuille large; mais il est ordinairement blanc & de peu de valeur. L'orme femelle a la feuille petite & rude, le bois rouge, & sert à faire des moyeux, des jantes, des flasques pour les affûts de campagne. L'orme peut être considéré comme sans aubier; car le bois, immédiatement après l'écorce, est bon à employer, quoique blanchâtre. L'orme n'est point sujet à se gercer ni à se tourmenter.

L'orme *tortillard* ne court jamais droit; ses fibres sont entrelacées; il est beaucoup plus dur que les autres ormes; son écorce est galeuse & désagréable. Les moyeux qu'on en fait n'ont nul besoin de cordons, ni de frettes, & sont préférables à tous les autres, pourvu qu'on ne les ait pas tenus trop long-temps dans l'eau; car, dans ce cas, ils se décomposeront plus vite. Cet arbre vient très-lentement dans les terrains pierreux & arides.

Frêne. Ce bois est liant, ses fibres sont alongées, serrées, flexibles; mais il passe plus vite que l'orme. On choisit ceux qui ne sont pas à l'ombre, qui sont d'une écorce fine, jaunâtre, sans nœuds (les nœuds interrompent le fil, & le bois casse facilement dans cet endroit); ce bois est rare & cher, mais préférable aux autres pour les hampes des lances, les manches d'outils, biancards, rames, leviers, &c. On s'en sert pour les fusées à bombes, au défaut du tilleul.

Hêtre. Ce bois est de moindre qualité que les précédens. Il est préférable à l'orme mâle pour les jantes & les essieux. Il y a beaucoup de précautions à prendre pour le conserver. On peut l'employer utilement quoique vert, pourvu que les voitures servent aussitôt. On en fait des varlopes & autres outils, & des sabots à boulets & cartouches. Les clous, les boulons, &c., qu'on loge dans ce bois, s'y détériorent promptement, parce que sa sève, qui est très-corrosive, ne peut être entièrement détruite : on y remédie en faisant rougir légèrement le fer & en le plongeant dans l'huile de lin. Employé pour monture de fusil, il vaut beaucoup moins que le noyer, mais il est préférable à tous les autres bois.

Charme. Son bois est dur, roide, liant. Il ne vient jamais assez gros pour fournir à de grandes pièces dans les constructions de l'artillerie. On en fait de bons essieux, des flèches, des timons. Il est bon pour tout, principalement pour les dents de roues, les fuseaux de lanternes, les leviers. Ce bois dure long-temps, mais il est rare & cher.

Noyer. On se sert quelquefois du noyer, au défaut de l'orme, pour faire des moyeux. On emploie alors les parties qui approchent le plus de la racine. Son bois est liant & doux; il ne se gerce pas; il est d'une longue durée, & ne se tourmente pas. Il sert principalement à faire les bois de fusil. (*Voyez* l'article Bois pour armes a feu portatives.)

Châtaignier. Ce bois est sujet à se fendre & à se pourrir quand il est assis dans la maçonnerie. On en fait des caisses d'armes à la manufacture de Tulle.

Le *cormier,* l'*alisier,* le *sauvageon,* sont des bois très-durs & bons à tout; leur rareté fait qu'on ne les emploie que pour des roues dentées, des fuseaux de lanternes, des bois de rabots & de varlopes.

Sapin. Le rouge est préférable au blanc. Peut-être doit-on aussi quelquefois le préférer au chêne pour les madriers de plate-forme, comme moins pesant, moins sujet à se tourmenter; les leviers glissent moins dessus dans les manœuvres. On s'en sert pour les madriers & poutrelles de ponts, pour les mâts, &c.

Pin. Son bois est plus compacte que celui du sapin, mais il est rempli de nœuds; aussi, quand, au besoin, on se servira de planches de sapin ou de pin, il faudra rejeter celles dont les nœuds traversent l'épaisseur de façon à pouvoir être chassés dehors. En général, le pin n'est employé dans l'artillerie, ainsi que le sapin, qu'à faire des caisses d'armes: les planches, pour cet objet, doivent être dressées au cordeau, coupées carrément & sans nœuds aux bords.

Tilleul, aune. Ces bois ne servent, dans l'artillerie, qu'aux fusées de bombes; on les préfère aux autres bois, parce-qu'on les polit facilement, & qu'il ne trouve jamais de filandres dans le trou où l'on met la composition; ils ne se fendent pas aisément, & lorsqu'ils sont chassés dans l'œil de la bombe, ils cèdent & remplissent les irrégularités qui s'y trouvent. L'aune sert encore à faire les sabots à boulets & à cartouches; le tilleul s'amincit jusqu'à un quart de son épaisseur en se desséchant.

Peuplier. Ce bois est le plus propre & le plus ordinairement employé aux corps des caissons. On ne doit l'employer que bien sec & sans nœuds.

Bourdaine. Bois qui, jusqu'à présent, a paru donner le meilleur charbon pour fabriquer la poudre à canon.

Le bourdaine est un arbrisseau de cinq à six mètres de hauteur, l'écorce brune, le bois blanc, quelquefois jaunâtre. Dans les ventes, & au besoin, dans tous les temps, sans attendre ces ventes, l'administration des poudres avoit l'achat exclusif de tous les bois de bourdaine dans les forêts du Gouvernement, des communes, des hospices, & dans celles des particuliers non closes, attenantes aux habitations.

(*Voyez* l'article Défauts des bois.)

Bois à dresser. Pièce ordinairement en poirier sauvage, servant à dresser les canons de fusils. Il a 0 mèt. 379 (14 pouces) de longueur, & forme un ceintre de 0 mèt. 0012 (6 points) de flèche. L'équarrissage du milieu est de 0 mèt. 0445 (2 pouces), allant en diminuant jusqu'aux extrémités, qui sont arrondies, & où le bois n'a plus que 0 mèt. 0271 (1 pouce) d'épaisseur.

Bois à polir. Pour polir intérieurement les canons de fusils, on se sert de bourdaine, de châtaignier ou de bois blanc; pour les autres pièces on se sert de noyer avec de l'émeri.

BOISSEAUX. Ce sont de petits baquets en bois servant à porter les matières pour fabriquer la poudre, dans les mortiers des moulins à pilons. Ils doivent pouvoir contenir les matières nécessaires pour la charge d'un mortier, qui est de dix kilogrammes.

BOÎTE. Logement qu'on fait pour la culasse du canon de fusil, en l'alésant d'une grandeur déterminée & proportionnée au calibre.

Boîte à boulet rouge. Boîtes de tôle ou de ferblanc proposées pour tirer avec facilité, & sans risque, le canon à boulet rouge; ce mode n'a pas été adopté, parce qu'il ne met pas à l'abri d'accidens.

Boîtes de roues. Pièces en fer ou en bronze, rondes & évidées, dont on garnit le vide du moyeu, & dans lesquelles tournent les fusées de l'essieu; ce qui rend le frottement plus doux, & facilite le mouvement des roues.

Boîte à tournevis. Pour remédier aux inconvéniens graves qui résultent de l'emploi d'instrumens défectueux, dont les soldats ont jusqu'ici fait usage pour chasser les goupilles, repousser la noix, retirer les vis, &c., M. Manceaux a imaginé une boîte à tournevis, qui renferme tout ce qui est nécessaire pour ces opérations. Cette boîte a le grand avantage d'être d'un petit volume, de pouvoir se placer facilement dans la giberne, de n'être point sujette à dégrader le fourniment du soldat, & de réunir toutes les pièces nécessaires au démontage & à l'entretien du fusil, sauf le monte-ressort: les pièces peuvent d'ailleurs être remplacées isolément & à peu de frais. Elle coûte 1 fr. 75 cent.; elle renferme les objets suivans:

1°. Une lame de tournevis à deux bouts, dont l'un est destiné aux grandes vis, & l'autre aux petites.

2°. Un chasse-noix, dont la partie supérieure sert à tourner la vis du chien.

3°. Un bourre-noix, dont la tige sert à chasser les goupilles.

4°. Une spatule pour mettre de l'huile aux articulations de la platine.

5°. Un huilier fermé par un bouchon en fer garni d'une rondelle en cuir.

6°. Un fourreau en drap contenant, dans la boîte, le tournevis, le chasse-noix, le bourre-noix & la spatule.

La boîte porte, à chacune de ses extrémités, un fond qui présente une demi-baguette en saillie sur le corps de la boîte : l'un de ces fonds est destiné à servir de marteau pour chasser les goupilles & rafraîchir la pierre ; l'autre sert de couvercle à la boîte & de fond à l'huilier. Au milieu de la boîte est une virole destinée à recevoir la lame du tournevis ; la boîte entière sert de manche au tournevis. La boîte est en tôle, à l'exception du fond qui sert de marteau, qui est en acier, ainsi que tous les outils sus-mentionnés.

BOMBARDE. On appeloit ainsi, autrefois, des pièces d'artillerie grosses & courtes, ayant une embouchure très-large, & qu'on chargeoit avec un boulet de pierre. Ce mot vient du mot grec *bombos*, qui signifie le bruit que cette arme fait en la tirant. Dans l'origine des armes à feu, on nommoit *bombardes*, toutes les machines de jet qui agissoient par le moyen de la poudre ; on les nomma ensuite *canons*. (*Voyez* le mot ARTILLERIE.)

BOMBARDER UNE VILLE. C'est y jeter une grande quantité de bombes pour en détruire les principaux édifices, & forcer la garnison à capituler plutôt qu'elle ne feroit sans cette calamité.

BOMBARDIERS. Ce sont des canonniers qui chargent & pointent, à l'aide de servans, les mortiers & les obusiers. (*Voyez* l'article EXERCICE DES BOUCHES A FEU.) Il y avoit, autrefois, des compagnies de bombardiers par régiment d'artillerie. Cette organisation étoit vicieuse, la pratique du bombardier n'est pas assez étendue ni assez difficile pour y employer exclusivement des soldats : cela ne faisoit que compliquer les opérations & morceler les compagnies pour les détachemens qui ont lieu à la guerre.

BOMBE. C'est un globe creux, en fonte de fer, dans lequel on met une quantité déterminée de poudre destinée à le faire éclater en un nombre de morceaux capables de produire l'effet qu'on se propose d'obtenir. Elle est percée d'un trou tronc-conique, nommé *œil*, dans lequel on introduit une fusée remplie de composition assez lente pour donner à la bombe le temps d'arriver avant d'éclater. Elle a deux anses ou *mentonnets*, placés de chaque côté de l'œil, dans lesquelles passe un anneau en fer forgé pour aider à la placer dans le mortier ; la partie opposée à l'œil se nomme *culot* :

il est destiné à empêcher la bombe, dans sa chute, de tomber sur la fusée.

Il paroît que ce fut au siège de Rhodes, en 1522, que les bombes furent d'abord employées : le maréchal de la Force en fit usage au siège de la Mothe, en 1634, & tout porte à croire qu'on ne s'en étoit pas encore servi en France avant cette époque, quoiqu'elles y fussent connues depuis long-temps. C'est donc par erreur que l'on en a attribué l'invention à un habitant de Venlo, en 1588, puisqu'on les a employées soixante-six ans auparavant.

On projette les bombes dans des lieux où ne peuvent le plus souvent arriver les boulets. Elles enfoncent les voûtes, & présentent à leur chute l'effet d'un petit fourneau de mine : la poudre qu'elles renferment les brise en éclats qui deviennent autant de coups meurtriers.

Des circonstances peuvent exiger que la bombe s'éclate en un grand nombre de morceaux, comme quand elles doivent tomber au milieu d'une troupe, ou, au contraire, qu'elles n'éclatent qu'en sept ou huit morceaux, pour renverser des objets qui entouroient le lieu de sa chute, tel que dans un édifice : il faut alors varier les charges suivant l'effet que ces projectiles doivent produire.

On visite les bombes avant de les charger pour reconnoître si elles sont bien vidées, c'est-à-dire, s'il n'y est pas resté des terres du moulage, si elles sont exemptes d'humidité, &c. (*Voyez* l'article RÉCEPTION.) Ces précautions étant prises, on les charge en y introduisant la poudre par le moyen d'un entonnoir, & l'on enfonce dans l'œil une fusée préparée. (*Voyez* l'article FUSÉES A BOMBES.)

On fait usage en France de bombes de 12 pouces (le mortier pour ces bombes étant supprimé, on conforme seulement celles que l'on a), de 10 pouces & de 8 pouces.

La bombe de 12 pouces a 0 mèt. 32 (11 pouces 10 lig.) de diamètre, & pèse 71 à 73 kilog. (145 à 150 liv.) ; celle de 10 pouces a 0 mèt. 26 (9 pouces 11 lign.) de diamètre, & pèse 48 à 50 kilog. (98 à 102 liv.) ; celle de 8 pouces a 0 mèt. 22 (8 pouces 1 lign. 6 points) de diamètre, & pèse 21 à 22 kilog. (42 à 44 liv.)

Les dimensions de la première de ces bombes sont : diamètre extérieur de la lumière, 0 mèt. 056 (1 pouc. 4 lign.) ; diamètre extérieur 0 mèt. 034 (1 pouc. 3 lig.) ; épaisseur aux parois 0 mèt. 041 (1 pouc. 6 lig.) ; épaisseur au culot 0 mèt. 059 (2 pouc. 2 lig.). Celles de la deuxième sont : diamètre extérieur de la lumière, 0 mèt. 036 (1 pouc. 4 lig.) ; de diamètre intérieur 0 mèt. 054 (1 pouc. 3 lig.) ; épaisseur aux parois 0 mèt. 041 (1 pouc. 6 lig.) ; épaisseur au culot 0 mèt. 059 (2 pouc. 2 lig.). Celles de la troisième sont : diamètre extérieur de la lumière, 0 mèt. 027 (1 pouc.) ; diamètre intérieur 0 mèt. 025 (11 lig.) ;

épaisseur aux parois 0 mèt. 025 (11 lig.); épaisseur au culot 0 mèt. 034 (1 pouc. 3 lig.).

La bombe de 12 pouces contient 8 kilog. 322 (17 liv.) de poudre; celle de 10 pouc. en contient 4 kilog. 895 (10 liv.), & celle de 8 pouc., 1 kilog. 989 (4 liv. 1 onc.). On charge la première de 2 kilog. 447 à 2 kilog. 937 (5 à 6 liv.); la seconde de 1 kilog. 468 à 2 447 (3 à 5 liv.); la troisième de 0 kilog. 489 à 0 kilog. 612 (1 liv. à 1 liv. 4 onc.). La plus foible de chaque charge est suffisante pour faire éclater la bombe.

On ajoute à la poudre nécessaire pour faire éclater la bombe, des matières inflammables, quand on se propose d'incendier. Celles dont on se sert le plus communément sont la *roche à feu* & les *mèches incendiaires*.

BONDAX. Outil d'ouvrier en bois: c'est un bec d'âne de 0 mèt. 48 à 0 mèt. 52 (18 à 20 pouc.) de longueur, ayant une poignée en fer perpendiculaire à un bout.

BONNET DE MAILLE. Armure qui, du temps de la chevalerie, se mettoit sous le casque.

BORAX ou BORATE DE SOUDE. Il s'emploie pour faire les brasures & les soudures de métaux. Par exemple, pour souder deux pièces de cuivre, on les décape, on les met en contact avec de la soudure & du borax, & l'on chauffe le tout jusqu'à ce que la soudure commence à fondre. En fondant elle s'allie, au moyen du borax, avec les deux pièces de cuivre, & les unit d'une manière solide & durable. On l'emploie dans les feux d'artifices, où il colore en blanc.

Le borax bien purifié est blanc, transparent, & sa cassure a un aspect graisseux.

BORDAGES. Planches qui forment les côtés d'un bateau; elles se recourbent pour former les avant & arrière-becs qui font élevés, ce qui fait cintrer les fonds du bateau & empêche son assiette sur les haquets à brancard. Pour éviter cet inconvénient, on dégage le milieu des bordages inférieurs de 0 mèt. 027 (1 pouce) environ, en montant, à droite & à gauche. Le bordage supérieur recouvre l'intérieur de 0 mèt. 027 (1 pouce).

BOSSETTE. Petit renflement qu'on fait quelquefois aux ressorts de batterie des armes de luxe, pour tenir lieu de la roulette.

BOUCANIER. Fusil à canon renforcé & long, en usage parmi les chasseurs de l'Amérique, dont l'adresse avoit donné une forte de renom à cette arme.

BOUCANIÈRES. Nom donné aux pierres à feu de seconde qualité. Elles sont impropres au service des troupes françaises.

BOUCHE. C'est, au canon d'une arme à feu, l'orifice par où l'on introduit la charge.

BOUCHES À FEU. Les canons, les obusiers, les mortiers & les pierriers sont les bouches à feu dont on fait usage dans l'artillerie de terre.

Les bouches à feu se font en fer coulé ou en bronze. Celles en fonte de fer ne sont employées que pour la marine & pour la défense des côtes; elles sont sans anses, plus fortes en dimensions que celles en bronze, afin de présenter une résistance suffisante à la force de la poudre: on les fait en fonte grise, qui, comme on sait, est plus douce & plus tenace que la fonte blanche.

Les bouches à feu en bronze servent à l'artillerie de terre. Leur métal est composé de cent parties de cuivre rosette & de onze d'étain: cet alliage est dur, sonore, & d'une densité plus grande que la moyenne des deux métaux qui le constituent. Il est légèrement malléable lorsqu'il est refroidi lentement, & très-malléable, au contraire, lorsqu'après l'avoir fait rougir en lames, on le plonge dans l'eau froide. L'étain empêche le cuivre de s'oxider, & sa fusibilité aide à la réussite des pièces; mais trop d'étain rendroit l'alliage fragile, & il manqueroit de la solidité convenable s'il n'en avoit pas assez.

On a proposé de faire les pièces de l'artillerie de terre en fer forgé, qui, pouvant être fort légères, sans cesser d'être solides, sembleroient avantageuses; mais si elles sont légères, elles auront un recul qui brisera les affûts, & si elles sont fortes en dimensions, il n'y aura guère d'économie dans leur fabrication. Le fer forgé est d'ailleurs sujet à s'oxider bien plus promptement que le fer coulé, & surtout que le bronze, qui est, pour ainsi dire éternel. On a proposé de mettre treize pour cent d'étain dans le cuivre, pour composer le bronze des bouches à feu de siége & de place, & neuf pour cent seulement pour celui des pièces de bataille. On a aussi proposé d'ajouter du zinc au bronze pour lui donner plus de dureté, comme on l'y faisoit entrer autrefois (dans la proportion de dix pour cent). M. d'Arcet, déjà cité, a tenté l'alliage du fer & du cuivre pour la fabrication des bouches à feu; l'essai qu'il a fait en petit a réussi. M. Dussaussoy, chef de bataillon d'artillerie, qui s'est aussi occupé de cet objet, a trouvé qu'il seroit avantageux d'ajouter au bronze trois pour cent de zinc, ou un à un & demi de fer-blanc, le fer déjà cuit à l'étain se combinant plus facilement que le fer pur. (*Voyez* le *Traité de Chimie* de M. Thenard, tom. I, pag. 467.) Enfin, M. le chef de bataillon Ducros a proposé de faire en fer forgé l'ame des canons, en coulant, à cet effet, sur des cylindres de ce métal qui seroient étamés préalablement.

Le travail des bouches à feu se divise en sept opérations principales, savoir: le moulage, la fufion, le coulage, le forage, le tournage, le percement de la lumière & l'épreuve.

Comme les procédés de la fabrication des canons, obufiers, mortiers & pierriers font à peu près les mêmes, & qu'il n'y a guère de différence que fous le rapport des formes, ce que l'on dira relativement aux canons, s'appliquera à peu près aux autres bouches à feu. (*Voyez*, pour plus de détails, la *Fabrication des canons*, par Monge; *Recherches fur les meilleurs effets à produire dans l'artillerie*, par le général Lamartillière; *Traité élémentaire fur les procédés en ufage dans les fonderies pour la fabrication des bouches à feu d'artillerie*, par Dartein.)

Le moulage en terre confifte à tourner, fur un *trouffeau*, un modèle de canon du calibre prefcrit, à mettre de l'argile apprêtée fur ce trouffeau, jufqu'à ce que la forme foit exacte. Le modèle féché, on tamife de la cendre deffus, on met plufieurs couches fucceffives de nouvelle terre, on lie cette terre par des barres & des cercles de fer, & on laiffe fécher les moules dans cet état; on retire enfuite le trouffeau, on brife le modèle, & le moule refte : c'eft ce qui s'appelle *décharper*. On moule féparément le corps du canon & la culaffe, ainfi que les tourillons & les anfes; on ajufte la culaffe au corps du canon, & l'on tranfporte le moule dans la foffe où l'on doit couler.

Pour mouler en fable, on a un modèle de la pièce à couler, divifé par tronçons : chaque tronçon a un châffis en cuivre un peu plus large que le modèle; on pofe le tronçon au milieu du châffis; on met du fable dans l'efpace qui les fépare, on bat bien le fable, on retire le modèle, on pofe les châffis qui contiennent le fable, les uns au-deffus des autres, on les ajufte, on les defcend dans la foffe & on coule.

Le moulage en fable eft plus expéditif & plus économique que celui en terre, mais il paroît d'un réfultat moins fûr, à caufe des foufflures qui fe trouvent à l'extérieur des pièces : toutefois l'art de fondre les petits objets en bronze a fait de tels progrès, que l'art du fondeur en grand s'améliorera fans doute. (*Voyez* l'article MOULAGE DES CANONS.)

Le cuivre & l'étain fe mettent dans un fourneau à réverbère pour y être fondus. L'étain ne fe met dans le cuivre en fufion qu'une demi-heure avant la coulée, fi l'on emploie de vieux bronze, & une heure fi c'eft du cuivre neuf. On braffe dès ce moment jufqu'à la coulée de la matière en fufion.

Les fourneaux à réverbère font de deux fortes: fourneaux à bois, fourneaux à charbon de terre préparé. On emploie l'un ou l'autre en raifon de la facilité d'avoir chaque efpèce de combuftible dans le lieu où les pièces fe coulent. On dit que fi, au lieu d'avoir de grands fourneaux de quarante-cinq à cinquante milliers de bronze, on en employoit deux petits de dix à douze milliers chacun, accouplés, comme cela s'eft déjà pratiqué, il y auroit économie de temps & de combuftible.

Devant le fourneau, vis-à-vis le trou par où l'on coule le bronze fondu, eft une foffe pour defcendre le moule. Les moules en terre font enterrés dans cette foffe; les moules en fable y font pofés fimplement.

On fait une rigole du fourneau au moule. Lorfque l'alliage eft bien fondu & qu'il a la chaleur convenable, on perce l'ouverture avec la perrière, la matière fort, entre dans la rigole & tombe dans le moule. On laiffe la perrière à l'ouverture du trou, pour être maître de ne laiffer fortir que la quantité de fonte fuffifante.

Le canon étant refroidi, on le retire de la foffe & on le porte à la *forerie*, après avoir caffé le moule en terre, ou défait le moule en fable.

Il y a deux fortes de forerie, forerie verticale & forerie horizontale. Chaque forerie peut aller en faifant tourner le foret & avancer le canon, ou en faifant tourner le canon & avancer le foret. L'efpèce de forerie actuellement en ufage, eft la forerie horizontale, le canon tournant.

La machine qui fait tourner le canon peut être mûe par des chevaux, par l'eau ou par des machines à vapeur. Partout où l'on trouve un courant d'eau, on fe fert de ce moteur comme étant le plus économique. (*Voyez* l'article BANC DE FORERIE.)

Le tour fur lequel on tourne le canon à l'extérieur, eft un tour à deux pointes ordinaires, entre lefquelles le canon eft ordinairement mû par l'eau. Deux roues, l'une fixée fur le canon, l'autre tournée par une manivelle, font tourner le canon. Par cette manière de tourner & de forer, comme il a été dit ci-deffus, l'ame des canons eft toujours concentrique avec la furface extérieure.

On fait ufage d'un autre tour pour tourner les tourillons & leurs embafes, & cette machine fert auffi à les couper de la longueur prefcrite.

La lumière fe perce avec des forets, après avoir déterminé fon emplacement & fa direction.

On pofe à tous les canons des grains dans l'endroit où eft la lumière; c'eft une pièce en cuivre rouge écroui, qui fe met à vis dans l'emplacement de la lumière, taraudé à cet effet.

On coule les canons & les obufiers pleins, & les mortiers à noyau, excepté le mortier de huit pouces & l'éprouvette. On objecte contre le coulage plein, que l'étain fe réunit vers l'axe de la pièce, & altère l'alliage de la partie de la maffe qui refte après le forage; & on objecte contre le coulage à noyau des canons, que l'ame étoit fouvent courbée & l'épaiffeur du métal inégale, malgré les précautions que l'on prenoit pour fixer ce noyau avec exactitude; la chaleur & la chute du métal l'ébranlant & le courbant. On a effayé de couler les mortiers à fiphon, dans la vue d'éviter les foufflures, mais le métal n'étant plus preffé par une maffelotte, a moins de denfité. Si l'on vouloit couler des pièces longues par ce procédé, il feroit à craindre que le métal ne fe refroidît en montant dans le moule.

Le canon est éprouvé avant d'être reçu. L'épreuve consiste à examiner l'intérieur, à s'assurer qu'il ne contient pas de chambres ni de gerçures, à le tirer étant chargé, &c. (*Voy.* l'art. RÉCEPTION DES BOUCHES A FEU.) Les charges des coups d'épreuve ont été déterminées de la manière suivante: les canons de siége se tirent cinq coups de suite, avec une charge de la moitié du poids de leur boulet. Ceux de bataille se tirent aussi cinq coups de suite, celui de 12 à quatre livres quatre onces, celui de 8 à trois livres, & celui de 4 à deux livres. Les obusiers sont tirés cinq coups à chambre pleine. Tous les mortiers & les pierriers sont tirés quatre coups à chambre pleine, les deux premiers à 30° & les autres à 60°.

Les canons sont tirés sous un angle élevé jusqu'à 45°; leurs charges sont logées dans des gargousses en papier : on met un bouchon de paille ou de foin sur la poudre, & un sur le boulet, chacun refoulé à quatre coups.

La charge des mortiers est recouverte avec un culot de papier du diamètre de la chambre, & la bombe contenue avec quatre coins.

On charge l'ame des pierriers d'un panier de leur diamètre, rempli de gros cailloux & de terre, séparés par lits, & on le contient avec de la terre refoulée à la spatule.

On éprouve des canons de 3 de montagne, en les tirant quatre coups; les deux premiers avec la charge d'une livre, & les deux derniers avec une charge d'une livre quatre onces.

Enfin, les pièces de 6 de campagne se tiroient quatre coups de suite, à la charge de deux livres un tiers.

Lorsque les bouches à feu ont tiré le nombre de coups ci-dessus, on les fait élever verticalement à la volée, on en bouche la lumière, & on les remplit d'eau qui y reste pendant huit heures au moins, après quoi on en visite l'extérieur pour s'assurer que l'eau ne transpire point. On examine surtout attentivement les environs des anses & autour de la lumière.

Les bouches à feu qui ont résisté aux visites & épreuves, sont reçues pour le compte du Gouvernement. On casse les anses des canons & des obusiers rebutés, & un tourillon des mortiers & pierriers.

BOUCHON. Petit cône d'argile, ou tampon de crotin de cheval avec lequel les canonniers ferment l'orifice du canon de fusil, lorsqu'ils le chauffent près des extrémités. Il est destiné à empêcher la flamme de pénétrer dans l'intérieur du tube & de le brûler.

BOUCHON pour fermer les fourneaux des fonderies. C'est un tronc de cône en fer de 0 mèt. 081 (3 pouces) de diamètre à un bout, de 0 mèt. 108 (4 pouces) à l'autre, & de 0 mèt 16 à 0 mèt. 18 (6 à 7 pouces) de longueur; il est garanti du métal en fusion par une brique réfractaire mise en avant du petit bout, & on le chasse au moyen de la perrière, lorsqu'on veut couler.

BOUCHON de charge pour les bouches à feu. On appelle ainsi le foin, le gazon ou l'argile dont on recouvre la poudre & le boulet en chargeant le canon. Il est en foin dans le tir ordinaire, en gazon ou en argile dans le tir à boulet rouge; sur les vaisseaux, & pour quelques épreuves, on le met en vieux cordages; il s'appelle alors *valet*.

BOUCHON du globe d'éprouvette. C'est un boulon à vis en fer, avec lequel on ferme le trou du tisefond, lorsqu'on va tirer l'éprouvette. La tête du boulon a un cran qui aide à le visser & à le dévisser.

BOUCLES. L'embouchoir, la grenadière & la capucine d'un fusil, sont quelquefois appelés *boucles*.

BOUCLIERS. Anciennes armes défensives qu'on portoit au bras gauche. Ils étoient en métal, en cuir, en osier ou en bois, recouverts de matières dures; leur forme étoit très-variable, mais ordinairement ovale, convexe en dehors & concave en dedans. Ils étoient en général plus légers pour l'infanterie que pour la cavalerie.

Leur figure a beaucoup varié chez toutes les nations, ce qui leur a fait donner différens noms: tels que *pavois*, *rondache*, *targe*, *panier*, *parme*, *écu*. (*Voyez* ces mots.)

Il paroit que dans les premiers temps de la chevalerie, ceux qui commençoient le métier de la guerre ne portoient que de petits boucliers blancs, sans aucun ornement, jusqu'à ce qu'ils se fussent signalés par quelque belle action. Alors il leur étoit permis d'en prendre de plus grands & de les orner des marques de leurs glorieux exploits. C'est de-là qu'est venu l'usage des armoiries, qu'on appelle communément *écus* ou *écussons*.

BOUÉE. Corps flottant, fixé aux ancres par un cordage, & servant à les faire retrouver. C'est ordinairement un baril dont on fait usage pour cet objet.

BOUGE. Masse d'armes dont la tête ronde & creuse se remplissoit quelquefois de plomb.

BOUGE du moyeu. Partie du milieu du moyeu qui a le plus grand diamètre, & dans laquelle sont encastrés les rais.

BOULE DE CHIEN. Outil de platineur en forme de boule, ayant une tige portant un carré de même dimension que celui du chien qui doit recevoir le carré de la noix. Il sert à limer le chien; on fixe l'outil dans un étau, & on fait entrer son carré

carré dans le trou du chien. Il n'est pas généralement en usage.

BOULETS. Projectiles sphériques, en fonte de fer, dont on charge les canons. Il y en a de différens calibres, suivant le diamètre de l'ame des pièces. Les calibres en usage en France sont, pour l'artillerie de terre : *le quatre, le huit, le douze, le seize, le vingt-quatre*, dont les diamètres moyens sont : 0 mèt. 080 (2 pouc. 11 lig. 11 points), 0 mèt. 102 (3 pouc. 9 lig.), 0 mèt. 116 (4 pouc. 3 lig. 9 points), 0 mèt. 128 (4 pouc. 9 lig.), 0 mèt. 147 (5 pouc. 5 lig. 2 points); ils sont pleins ou creux. Les boulets massifs sont les plus propres à détruire les batteries & les remparts d'une ville assiégée.

L'artillerie de la marine lance contre l'ennemi des boulets de 36, 24, 18, 12, 8, 6 & 4, suivant la hauteur des étages de batterie, & suivant la grandeur des bâtimens.

BOULETS creux. Ce sont, en quelque sorte, des obus. On les ensabotte pour les tirer, afin d'éviter de casser leur fusée, & de les faire éclater en sortant du canon; ils ont été proposés principalement pour la défense des côtes & pour détruire plus promptement les revêtemens des remparts.

Le service des boulets creux est plus prompt que celui des boulets rouges, mais leur portée est moins considérable.

BOULETS incendiaires. On fait peu de ces sortes de boulets : leur usage le plus essentiel est de servir, dans les places assiégées, à éclairer les travaux de l'ennemi (*voyez* l'article BALLES A FEU à jeter avec la main ou à tirer avec le canon); mais les meilleurs boulets incendiaires pour tirer sur les vaisseaux ennemis, paroissent être les boulets rouges, ou les boulets creux chargés convenablement à l'effet qu'ils doivent produire.

BOULETS rouges. Ce sont des boulets ordinaires qu'on fait rougir dans un fourneau à réverbère ou sur un gril, & qu'on introduit dans une pièce de canon quand ils sont chauffés au rouge clair. Ils sont destinés à incendier des édifices & des vaisseaux ennemis. (*Voyez* l'article TIR A BOULETS ROUGES.)

BOULET roulant. On nomme ainsi un boulet qui n'est point ensabotté.

BOULETS à deux têtes. C'étoit deux moitiés de boulet jointes ensemble par une barre de fer, & dont le milieu étoit garni d'artifice; le tout étoit recouvert d'une toile soufrée & goudronnée; ils servoient à la marine. On les appeloit quelquefois *anges*.

BOULETS barrés ou ramés. C'étoit deux boulets joints par une barre de fer, destinés à couper les cordages & les manœuvres d'un vaisseau, à déchirer les voiles & à briser les mâts.

BOULETS coupés ou séparés. C'étoit deux demi-boulets percés d'un trou dans leur centre, pour y faire passer une chaine de deux pieds de longueur, laquelle se logeoit dans ces mêmes trous lorsque l'on introduisoit le projectile dans le canon. On croyoit que les deux demi-boulets, en sortant de la pièce, volant en tournoyant, causoient un dommage considérable aux endroits où ils frappoient.

BOULETS enchainés ou ramés. Ce sont deux boulets entiers attachés ensemble par une chaine de fer. Ils servoient aux mêmes usages que les *boulets barrés*.

BOULETS messagers. On appeloit ainsi anciennement des boulets creux & doublés en plomb, dont on faisoit usage pour donner des nouvelles dans une place assiégée ou dans un camp. On ne mettoit dans le canon qu'une foible charge de poudre, mais suffisante pour faire arriver les dépêches.

BOURDON. Grosse & forte lance dont les gendarmes étoient armés. Le fer avoit la forme d'un losange.

BOURGUIGNOTTE. C'étoit, dans l'origine, un casque de fer assez pesant & à visière, & ensuite (sous le règne de Louis XIV) une sorte de bonnet garni en dedans de plusieurs trous de mèche revêtus d'étoffe, que l'on portoit pour se garantir des coups de sabre. Il tire son nom des Bourguignons qui en faisoient usage.

BOURRE. Petit tampon, ordinairement en papier, que l'on met sur la poudre & sur la balle lorsqu'on charge un fusil. Le papier brouillard se roule, s'arrondit aisément sous les doigts, & se moule très-bien dans le canon. L'étoupe est aussi très-bonne pour charger les fusils de chasse; enfin on peut encore employer des tampons faits de feutre ou de buffle, à l'emporte-pièce, pour qu'ils soient justes au calibre. Le papier de la cartouche sert de bourre pour les fusils de guerre.

BOURRELET. Partie arrondie de la tulipe dans une pièce de canon.

BOURRE-NOIX. Prisme d'acier trempé, dans la base duquel est pratiqué un trou pour recevoir le pivot de la noix de la platine. Il sert à enfoncer l'arbre de la noix dans le trou du corps de la platine destiné à le recevoir.

BOURRER. C'est l'action d'enfoncer la charge dans un canon. Il faut rassembler la poudre au fond de l'ame, sans laisser de vide. Une trop grande pression peut produire du pulvérin, qui a moins de force que la poudre. *Bourrer* est synonyme de *refouler*, dans l'exercice du canon.

BOUT. C'est, au fourreau de sabre d'infanterie & à celui d'artillerie, la pièce en cuivre laminé qui est fixée à l'extrémité inférieure, pour la fortifier & la rendre plus ferme contre la pointe de la lame.

BOUTE-FEU. C'est un bâton d'environ 1 mèt. (3 pieds) de longueur, taillé en pointe d'un côté, & fendu de l'autre pour recevoir le bout allumé de la mèche qu'on entortille autour.

BOUTEROLLE. Renfort de métal dans les armes à feu portatives, où l'on creuse ordinairement un écrou : il y en a une à la pièce de détente, retenue sur le bois par la vis de la culasse; une en dedans de la platine, en arrière du bassinet, pour recevoir la grande vis du milieu, qui serre & fixe la platine contre le canon.

BOUTON de culasse. Partie taraudée de la culasse d'un fusil, qui se visse dans le canon.

Bouton de culasse. C'est la partie qui termine le cul-de-lampe d'un canon : elle est en ellipsoïde aplati dans le sens de l'axe du canon, & a un calibre de diamètre.

Bouton de mire. Petite élévation du métal formant une arête en dessus, & se terminant en pointe vers la culasse des canons, placée sur la partie la plus élevée de la tulipe, dont l'arête doit se trouver dans le plan vertical de l'axe de la pièce. Il sert à pointer.

BOUVETS. Outils d'ouvriers en bois; espèces de rabots coupés, dont l'un sert à faire les rainures, & l'autre les languettes correspondantes.

BRACELETS. Dans les fourreaux en tôle pour les troupes à cheval, ce sont deux bandelettes de fer placées sur le haut du fourreau, portant chacune un piton & un anneau, & remplaçant les bélières des fourreaux de sabre en cuir.

BRACONNIÈRES. Partie de l'armure attachée au bas de la cuirasse, en forme de jupon ou de panier évasé, à plusieurs lames, & couvrant moitié de la hauteur de la cuisse. C'est la même chose que les tassettes.

BRAGUE, Braguette, Brayer, Brayettes, Garde-brayes. Partie des armures au bas de la cuirasse, destinée à couvrir les génitoires; elle en avoit quelquefois la forme, & on la portoit même en vêtement de paix, ornée de pierreries & de broderies.

BRAGUE. Cordage qu'on fait passer au travers de l'affût d'un canon, qu'on amarre par les bouts à deux boucles de fer qui sont de chaque côté des sabords. Elles servent à arrêter le recul des canons de la marine.

BRANCARDS. Ce sont deux pièces en bois posées parallèlement sur deux trains de voitures, qui servent à les lier & à supporter les fardeaux dont on les charge; il y en a dans le chariot à canons, le chariot à munitions, les caissons à munitions, le caisson d'outils, le haquet à pontons & la forge de campagne.

BRANCHE de sabre. Partie de la garde des sabres qui sert à défendre la main; il y en a quatre au sabre de grosse cavalerie, trois à celui de cavalerie légère, & une seule au sabre d'infanterie. Celui d'artillerie n'en a pas.

BRAND. Épée tranchante & pesante qui se manioit à deux mains.

BRANLOIRE. Levier armé d'une chaîne de fer terminée par une poignée, qui sert à mettre en mouvement le soufflet d'une forge.

BRAQUEMART ou JACQUEMART. C'étoit une espèce d'épée, grosse, courte & à deux tranchans. On s'en servoit ordinairement d'une main.

BRAQUER. Pousser un affût à droite ou à gauche, en le faisant comme pirouetter sur ses roues, pour diriger le canon contre l'ennemi.

BRASER. C'est unir & lier ensemble, communément avec du cuivre & du borax, deux pièces de fer ajustées à cet effet.

BRASSARDS ou BRASSALS. Partie de l'ancienne armure, destinée à couvrir les bras en leur laissant la liberté des mouvemens.

BRASURE. C'est le point de réunion de deux pièces en fer brasées ensemble au moyen d'une soudure composée ordinairement de deux parties de cuivre-laiton & d'une de zinc : cette soudure est suffisamment coulante, & quand elle est bien appliquée, on ne distingue pas facilement l'endroit brasé. L'étain, que quelques fondeurs y ajoutent sans nécessité, la rend cassante.

BRETELLE. Courroie qui passe dans les battans de la grenadière & de la sous-garde, & qui sert à porter le fusil en bandoulière.

BRETELLES. Espèces de bricoles servant au halage des bateaux. Les parties qui les composent sont la sangle, les deux boucles, les deux cordons & les alonges.

BRETTE. Épée ou eftocade très-longue, autrefois en ufage.

BRICOLE. Sorte de grande fronde en cuir.

BRICOLES. Courroies en cuir employées à traîner le canon dans quelques manœuvres à la guerre: on n'en fait plus guère ufage, ces manœuvres ayant lieu à la prolonge. Elles font compofées de la courroie, ou banderolle en cuir, d'un trait, d'un anneau triangulaire & de la clef.

BRIDE. Arc de fer percé dans fon milieu, qui fert, dans un banc de forerie, à maintenir la clame.

BRIDE de baffinet. Partie du baffinet à l'extrémité de laquelle paffe la vis de batterie.

BRIDE de noix. Pièce de la platine qui fe place fur la noix pour la maintenir parallèlement au corps de la platine, fans la gêner dans fes mouvemens. Elle couvre l'œil de la gachette & en reçoit la vis; le pivot de la noix la traverfe, & fon pied eft fixé par une vis fur le corps de la platine. Ainfi, ces parties font: l'œil du pivot de la noix, le trou de la vis de bride, le trou de la vis de gachette, le pivot de la bride, qui entre dans un trou du corps de platine, & la vis de la bride de noix.

BRIDÉS (Canons). Ce font des canons doubles, dont les faces qui fe touchent ont été mal dreffées à la lime, & qu'on a fauffés en les rapprochant pour les fouder enfemble. Ce défaut eft fenfible à l'œil, & furtout dans le tir.

BRIGANDINE. Corfelet de petites lames métalliques pofées en recouvrement comme les écailles d'un poiffon, & réunies fur une étoffe folide ou fur du cuir, avec de petits clous rivés. On l'appeloit auffi anime ou hugue de brigandine.

BRIQUE POUR NETTOYER LES ARMES. La brique pilée, tamifée & humectée d'huile, fert à nettoyer les armes portatives quand elles ne font pas fortement incruftées de rouille. (Voyez l'article NETTOIEMENT DES ARMES PORTATIVES.)

BRIQUES réfractaires. Elles font employées dans les fourneaux à réverbère des fonderies; elles font formées d'argile pétrie, moulées dans une caiffe en bois ayant la forme d'un parallélipipède, féchées à l'ombre & cuites dans un four. Elles font d'autant plus réfractaires qu'elles produifent moins d'efferverfence, étant traitées par l'acide acéteux. Elles ne doivent pas contenir plus de 70 pour 100 de filice, & plus de 1 pour 100 de chaux.

BRIQUET. Sabre court deftiné a l'infanterie. (Voyez le mot SABRE.)

BROCHE. Long clou en fer, fervant, dans les ponts militaires, à fixer les traverfes fur les radeaux.

BROCHE carrée. Poinçon d'acier trempé, dont fe fervent les platineurs pour faire le trou carré du chien & celui du corps de platine qui doivent recevoir le carré de la noix.

BROCHES. Verges de fer coniques, fervant à ébaucher l'ame des canons de fufil: elles font d'une longueur relative aux diftances pour lefquelles elles doivent être employées, de manière à fervir toujours d'appui à la partie qu'il s'agit de fonder; leur plus grand diamètre eft o mèt. 0135 (6 lig.), afin que s'il y a des chambres ou autres défauts aux parois intérieures, le forage puiffe les enlever, fans qu'on foit obligé de battre le fer pour le refouler en dedans, ce qui feroit nuifible au canon. L'ouvrier fe fert ordinairement de trois broches.

BRONZE. Métal des bouches à feu. (Voyez l'article ALLIAGE.)

BRONZER. C'eft donner aux canons de fufil une couleur d'eau avec la fanguine (hématite), pour les garantir de la rouille. (Voyez l'article MISE EN COULEUR DES CANONS.)

BROSSE. Sert à nettoyer les platines & les pièces de garnitures des armes à feu portatives. On a employé auffi des tours à broffes pour le même objet.

BRUGNE. Chemife ou cotte de mailles plus ferrée que la chemife, nommée haubert Les nobles ne pouvoient la porter s'ils ne poffédoient un fief de haubert.

BRULOT. Bâtiment chargé de matières combuftibles, deftiné à brûler d'autres vaiffeaux. C'eft ordinairement un vieux bâtiment qu'on charge de poudre, de feux d'artifices & même de bombes & de canons furchargés. On le dirige vers un port ou on l'accroche à quelque vaiffeau ennemi, pour y mettre le feu & le détruire. Les brûlots étoient jadis fort employés dans la marine; on les plaçoit à l'arrière pour les faire avancer pendant le combat, & il y avoit des réglemens particuliers fur leur fervice. Ils peuvent être évités facilement en pleine mer, ou être coulés par une bordée; ils manquent d'ailleurs très-fouvent leur effet, ce qui eft caufe qu'on en a à peu près abandonné l'ufage.

On attribue l'invention des brûlots aux Modernes, & l'on croit que les flottes incendiées par les Anciens, ce dont l'hiftoire rapporte peu d'exemples, l'ont été au moyen de dards & de flèches enflammées, appelées *malléoles* ou *falariques*. (Voyez l'article MACHINE INFERNALE.)

BRUNIR. C'est donner un poli vif au fer, à l'acier & au cuivre, au moyen d'un outil en acier fin bien trempé, nommé *brunissou*, avec lequel on frotte fortement ces métaux. Ce procédé ne doit point s'employer dans les manufactures d'armes; il donne un éclat superflu & sert à cacher les défauts. Limer & polir doivent suffire.

BRUNISSOIR. Outil qui sert à brunir les métaux.

BUCHILLES. Petits copeaux de bronze détachés des bouches à feu par les forets ou les alésoirs. On les refond.

BUFFLE. Bande de peau de buffle collée sur un bois, servant à polir les pièces d'armes au moyen d'émeri ou de briques pilées.

BUFFLETERIE. On entend par ce mot, tout ce qui sert au soldat pour porter ses armes, son fourniment, & généralement toutes les courroies.

BURETTES. Pièces en bois du fond du chariot à munitions, des charrettes & du camion. C'est sur les burettes qu'on pose la charge de ces voitures.

BURIN. Outil d'acier tranchant, de forme triangulaire, servant à creuser les métaux. Dans la platine, on pique au burin l'intérieur des mâchoires du chien, pour mieux assurer la pierre.

BUSC ou BUSQUE. Coude de la crosse des fusils & des mousquetons; les pistolets n'ont pas de busc, parce que la poignée est courbe.

BUSE ou BUZE. Partie du soufflet qui sert de canal au vent.

BUT-EN-BLANC. Les deux points où la ligne de mire coupe la ligne de tir d'une bouche à feu, sont les deux but-en-blanc de cette bouche à feu. Le but-en-blanc primitif est le plus éloigné de ces points, dans la position où la ligne de mire se trouve horizontale, & la bouche à feu tirée à sa charge de guerre. Il n'y a point de but-en-blanc pour le fusil de guerre. (*Voyez* l'article TIR DES ARMES A FEU.)

BUTTE. Élévation de terre des polygones, contre laquelle on tire le canon. Il y a dans les manufactures d'armes une butte pour les épreuves des canons de fusil, où les balles se logent, & d'où elles sont retirées & ensuite refondues. On retire également les boulets des buttes des polygones.

C

CABAS. Grand bouclier de la forme de celui nommé *panier*.

CABASSET. Ancien casque petit & léger, affecté à l'infanterie. Il étoit sans *visière* ni *gorgerin*.

CABESTAN. Machine composée d'un châssis & d'un treuil sur lequel s'enveloppe un câble, & qu'on fait tourner avec des leviers. On s'en sert dans l'artillerie pour tendre les cinquenelles des ponts, &c. Le treuil, dont l'axe est vertical se nomme ordinairement *vindas*, & celui dans lequel il est horizontal prend le nom de *cabestan*.

Les pièces en bois d'un cabestan sont : deux flasques, deux épars, quatre clavettes, un treuil, ses tourillons, leurs embases, les quatre mortaises. Les ferrures sont : huit clous rivés, huit contre-rivures, quatre liens de flasques, quatre frettes de treuil, une plaque à oreilles, une cheville à la romaine, une clavette.

CABLE. Gros cordage servant aux manœuvres de chèvre, à l'établissement des ponts militaires, &c. Sa longueur & son diamètre varient comme les objets auxquels il est destiné.

CABOCHES. Espèces de clous plats & sans tête, servant à retenir en place les frettes, les cordons de roues, &c. Il y en a de trois numéros pour les travaux de l'artillerie. (*Voyez* l'Aide-mémoire.)

CABRIOLET. Petit chariot, servant dans les fonderies à transporter les bouches à feu sur le banc de forerie. Il est porté sur quatre roulettes ayant 0 mèt. 37 (14 pouces) de diamètre; leurs deux essieux sont encastrés de chaque côté entre deux semelles placées l'une sur l'autre, & fortement boulonnées; les deux semelles d'en bas débordent le plan des roulettes : par ce moyen, le cabriolet, portant par ses roulettes sur le bord des poutres parallèles disposées à cet effet, est contenu par les deux semelles saillantes du bas, & ne peut tomber; quatre petites roulettes en bronze, mises sur le côté des semelles, empêchent le frottement des femelles contre les poutres, & facilitent les mouvemens. Dans le milieu des femelles, s'élèvent deux montans de 1 mèt. 29 (4 pieds) de haut, retenus des deux côtés, sur les semelles, par des jambes de force, & contenus vers le haut par un épais madrier; au-dessus du madrier est un treuil roulant dans les montans; deux cordages arrêtés, l'un à l'essieu de devant, l'autre à celui de derrière, passant par des poulies de renvoi, fixées au mur supportant les poutres, & équipés à ce treuil, servent à faire avancer ou reculer le cabriolet. Au-dessous du madrier, un axe en fer porte, en dehors des montans, une roue en bois à poignées, & en dedans une lanterne à sept fuseaux, qui engrènent dans une roue dentée en métal, qui est en dessous & qui est traversée par un arbre de fer. Cet arbre traverse un treuil après la roue, & ses tourillons roulent dans les montans. Ainsi, par la roue en bois, le mouvement qu'on lui imprime fait tourner le treuil. Un cordage, fixé à l'essieu de roulette, passant dans la poulie haute d'un palan, puis dans une poulie simple fixée par sa chape à l'essieu de roulette, puis dans la poulie basse du palan, est équipée sur ce treuil, qui, par le mouvement qu'il reçoit de la roue en bois, soulève la bouche à feu & les fardeaux les plus lourds qu'on attache au palan, & qu'on transporte sur le banc de forerie.

CADOT ou CADEAU. Mandrin en fer sur lequel on lime & façonne les orifices des embouchoirs, des grenadières & des capucines.

CADRANURE. Vices des bois. Elle est formée de plusieurs gélivures partant du cœur d'un arbre. Comme ces fentes se croisent & semblent former les lignes horaires d'un cadran, cela a fait appeler ce vice *cadranure*. Elle ne se rencontre que dans les gros & vieux arbres, & elle annonce un commencement de pourriture dans le cœur du bois. La *cadranure* n'est quelquefois pas apparente dans les bois de fraîche coupe, & souvent on ne l'aperçoit que vers le gros bout de l'arbre.

CADRE. Espèce de châssis, servant au moulage en sable des pièces en cuivre de la garniture des armes portatives.

CADRE à sécher. Ustensile d'artifice. C'est un cadre en bois sur lequel on développe les mèches & cravates d'étoupilles qu'on veut faire sécher.

CADRE des bois pour voitures d'artillerie. On nomme *cadre*, dans l'artillerie, le plus petit morceau de bois d'où l'on puisse tirer une pièce de dimensions données pour affûts, voitures, &c. En général, il faut que le cadre bien dressé, non voilé, ait 0 mèt. 0067 (3 lig.) d'épaisseur de plus que la pièce qu'il doit fournir.

Il faut, pour débiter les bois & en faire des approvisionnemens pour les arsenaux, connoître les dimensions des cadres de toutes les pièces des affûts, voitures, &c. (*Voyez*, pour ces dimensions, page 277 de l'Aide-mémoire.)

Les cadres des flasques ont 0 mèt. 64 à 0 mèt. 81 (2 ou 3 pieds) de plus de longueur que les flasques mêmes, parce que les cadres se fendent souvent d'une longueur égale à cet excès de dimensions, surtout lorsqu'après le débit, on les laisse exposés aux injures de l'air; mais dans cet excédant on peut trouver des entretoises de mire, de couche & de support. Les cadres des flasques trop courts ou défectueux sont employés de même. Les cadres de petit calibre se fendent le plus.

Dans le débit des rais, on prend des arbres bien droits, sains, ayant peu d'aubier, venus dans des terrains secs. On débite ces arbres du pied aux premières branches seulement, en billes de 0 mèt. 80 (2 pieds 6 pouces) de longueur pour rais d'affûts; de 0 mèt. 64 (2 pieds) pour avant-train, & de 1 mèt. 19 (3 pieds 8 pouces) pour triquebale.

Le débit des jantes peut se faire par le sciage ou le fendage au coin.

CAFFUTER. C'est rebuter des projectiles & autres pièces en fonte de fer, en les brisant. On caffute les bombes en cassant une anse.

CAFFUTS. Nom donné aux différens fers coulés hors de service, ou réputés tels, par imperfections ou cassures.

CAILLOUTEURS. Ouvriers qui retirent des mines les silex, dont ils font ensuite les pierres à fusil. (*Voyez* l'article PIERRES A FUSIL.)

CAISSES A TASSEAUX pour le transport des armes portatives. La paille dont on enveloppoit les armes portatives pour les encaisser avoit l'inconvénient de contribuer à les rouiller, soit en enlevant les corps gras dont on les frotte, soit par l'humidité qu'elle est susceptible de conserver, & par celle qu'elle attire & conduit. Pour éviter ce vice, qui obligeoit souvent, lorsque les armes étoient restées long-temps encaissées, à limer les pièces pour enlever la rouille qui s'y trouvoit incrustée, on a adopté l'usage des caisses à tasseaux pour le transport des armes. Depuis quelques années on a imaginé, à la manufacture royale de Saint-Étienne, des moyens de fabriquer par mécanique des caisses à tasseaux, avec une grande perfection, beaucoup de célérité & d'économie. (*Voyez* l'article ENCAISSEMENT DES ARMES PORTATIVES.)

CAISSES à brouette. Caisses destinées à recevoir les *tines à poudre*, qu'on met sur des brouettes pour les transporter de la batterie au grenoir. (*Voyez* le mot TINES.)

CAISSE d'artifice de réjouissance. Coffret en bois blanc, servant à faire partir à la fois plusieurs fusées volantes. On place ces fusées dans la caisse, sur une planche percée de trous à égale distance les uns des autres, & proportionnés à la grosseur des baguettes, comme la caisse doit l'être à leur longueur, en sorte que les fusées y soient entièrement renfermées. On ferme cette caisse lorsqu'elle est garnie, & on l'ouvre pour la tirer.

La principale caisse d'un feu d'artifice se nomme la *grande*. (*Voyez* ce mot.)

CAISSONS. Espèces de chariots couverts en planches, dont on se sert pour voiturer des munitions ou des agrès. Il y a des caissons à munitions & des caissons de parc pour transporter des outils, des artifices, &c.

Les caissons à munitions sont de deux espèces : ceux de la première, nommés *caissons de 12 & de 8*, sont destinés à porter les cartouches à canon de ces calibres, les munitions d'obusier de 6 pouces & les cartouches à fusil. Ces caissons ne différent entr'eux que par leurs divisions intérieures. Les caissons de la deuxième espèce sont nommés *caissons de 4*; ils portent les munitions de ce calibre, & on emploie aussi pour porter les cartouches à fusil : ils sont moins hauts de 0 mèt. 04 (1 pouce 6 lig.) que les précédens.

Les caissons à munitions sont tous partagés en quatre grandes divisions transversales : ces divisions sont subdivisées chacune, savoir : pour le 12, en cinq cases transversales; pour le 8, en quatre cases longitudinales; pour le 4, en cinq cases longitudinales. Dans celui de l'obusier de 6 pouces, la troisième division a cinq cases longitudinales, & le fond du caisson, pour les trois autres, contient des petits carrés faits avec des liteaux, pour placer les obus & les empêcher de balloter en route.

Les parties en bois qui composent un caisson sont : deux brancards, deux échantignolles de derrière, six épars de fond, une hausse, un lisoir, un support de l'essieu porte-roue, le corps du caisson, trois principales séparations, des traverses dans les caissons de 12 pour former les cadres des obus, un essieu porte-roue, deux roues.

L'avant-train se compose de : une sellette, un corps d'essieu en bois, deux aiinons, une petite sassoire, un timon, une flèche, deux volées, deux roues.

Les ferrures du caisson sont : huit équerres, trois doubles équerres, quatorze boulons, deux boulons à tourniquet, cinq boulons à piton & à anneau, une plaque d'appui de roues, deux étriers portant le timon ou la flèche de rechange, une coffe de lisoir, un crochet d'embrelage, un crochet porte-pelle, un piton à patte, un crochet à patte, un crochet pour soutenir le bout de la chaîne à enrayer, un étrier porte-essieu de rechange, un étrier d'essieu porte-roue, deux charnières, deux morailloms, huit boulons de charnière, dix boulons de lisoir d'essieu & d'échantignolles, une chaîne d'enrayage, deux bandeaux de bouts de derrière des brancards, deux boulons à tête ronde, un équignon d'essieu porte-roue, deux boulons rivés pour le pignon du milieu, deux bandes de renfort pour le couvert, quatre boulons d'assemblage de charnière, huit feuilles de tôle pour le couvert, quatre bandes d'essieu ou de lisoir, deux rondelles d'épaulement d'essieu.

Il y a ordinairement trois caissons chargés par pièce de 12, deux pour la pièce de 8, un par pièce de 4, & trois pour l'obusier de 6 pouces.

On reproche à ces caissons d'être versans lorsque l'on tourne rapidement, de détruire les munitions par les cahots, de ne pas bien préserver ces mêmes munitions de l'humidité, &c. On a essayé des caissons suspendus, dont l'avant-train tournoit sous le corps de caisson; mais rien n'a été fixé à ce sujet : on a aussi proposé d'encaisser les munitions & de mettre les caisses dans les caissons : enfin, on a tenté de couvrir les caissons d'artillerie en feuilles de zinc : voici les observations faites à cet égard.

1°. Pour plier les feuilles sans produire de solution de continuité, il a paru nécessaire qu'elles fussent un peu chaudes à l'endroit du pli.

2°. Le zinc en feuilles se soude avec lui-même par l'interposition de l'étain & non du cuivre.

3°. La ténacité des feuilles de zinc paroît être à celle des feuilles de tôle comme 5 est à 8.

4°. Il paroît que l'oxidation de ces feuilles est très-limitée; les parties qui s'oxident à la surface servant, comme la patine des médailles antiques, à la conservation du reste du métal.

5°. Les clous destinés à fixer ces feuilles doivent être étamés, pour éviter l'oxidation aux endroits qu'ils occupent : mais, ainsi préparés, ces clous ne sont pas aussi fermes dans leurs trous que les clous ordinaires, qui sont rouillés.

6°. L'action du soleil fait bosseler les feuilles de zinc fixées par ces clous.

7°. Enfin, ces feuilles étant exposées aux intempéries de l'air, & surtout à l'action du soleil, se bossèlent comme celles fixées sur le couvert d'un caisson.

Les feuilles de zinc coûtent environ deux francs le kil. (2 liv. 5 gros), quelle qu'en soit l'épaisseur. 0 mèt. 105 carré (1 pied carré) de celles qui ont 0 mèt. 008 (4 points) d'épaisseur, pèse environ 0 kil. 55 (1 liv. 2 onces). Le vieux zinc en feuilles perd environ un quart de sa valeur pour être traité de nouveau. (*Voyez* l'Aide-mémoire, pour le chargement des caissons.)

CAISSON de parc. Il est destiné à porter les outils d'ouvriers nécessaires à la suite d'un équipage d'artillerie, ainsi que les artifices & les objets qu'on est obligé de tenir à couvert, pour les préserver de l'humidité & des accidens. Le caisson de parc &

celui à munitions font composés des mêmes parties ; seulement les divisions intérieures du premier dépendent des objets qu'on veut transporter. On trouvera dans l'Aide-mémoire les divers chargemens de ce caisson.

CALER les roues. C'est arrêter leur mouvement de rotation par un coin, une pierre, &c., qu'on met en avant ou en arrière, ou des deux côtés du lieu où elles portent dans l'exécution des bouches à feu, dans les manœuvres de force, &c.

CALFATS. Ouvriers qui remplissent de mousse goudronnée & recouvrent de nates les jonctions des planches des bateaux, ce qu'on appelle *calfater*.

CALIBRE. Modèle servant à débiter les bois des armes à feu portatives. C'est un gabari.

CALIBRE. Modèle en fer ou en acier, servant à vérifier différentes pièces des armes portatives.

CALIBRES des canons de fusil. C'est le diamètre des canons & de leurs projectiles. Un canon du calibre de 20 est celui dont la balle est de vingt à la livre. (*Voyez* au mot BALLES, des observations sur leur diamètre.)

CALIBRES des canons & mortiers. C'est, dans les bouches à feu, le diamètre du vide intérieur de l'ame. Celui des pièces de canon est désigné par le poids de leur boulet, & celui des mortiers, pierriers & obusiers, par le nombre de pouces, de lignes & de points que leur diamètre contient : de sorte que l'on dit *un canon de 24*, parce que le plus gros boulet qui peut y entrer pèse environ vingt-quatre livres, & un mortier de 10 *pouces*, parce que son diamètre à cette mesure. Cette dernière dénomination est plus exacte que celle des canons, par la raison qu'il n'est pas possible de faire tous les boulets du même calibre, égaux en pesanteur, à cause du rabattage qui n'est pas toujours égal, & des différences que présente la pesanteur spécifique des diverses fontes; tandis que l'on peut toujours donner une grandeur déterminée au diamètre des bouches à feu.

On nomme aussi *calibre*, le diamètre d'un projectile. Le vrai calibre des boulets, bombes & obus, est toujours égal à la moyenne arithmétique prise entre les diamètres de la grande & de la petite lunette de réception de ces projectiles.

CALOTTE DE PISTOLET. Pièce en fer ou en cuivre, placée à l'extrémité de la poignée de cette arme : elle est en fer au pistolet de gendarmerie, & en cuivre à ceux de cavalerie & de marine; elle a un trou pour le passage de la vis de calotte, & un autre pour recevoir la vis de poignée.

CALOTTE de sabre. Pièce de la monture la plus éloignée de la lame. Sa partie inférieure finit en bouton demi-olive, sur lequel on rive le bout de la soie pour faire la monture.

CALOTTE en fer. Sert à garantir la tête des coups de sabre ; elle a la forme du chapeau sur lequel on la fixe.

CALPIN. Morceau de peau ou d'étoffe, coupé en rond & enduit d'une substance grasse, lequel doit envelopper la balle dans un canon de carabine.

CAMAIL. Sorte de capuchon de mailles qui se portoit sous le casque.

CAMES. Espèces de courbes fixées sur un cylindre, & qui tournent avec lui, pour communiquer son mouvement à une autre pièce.

CAMION. Voiture à deux roues, qui sert, dans les arsenaux, à transporter les mortiers, leurs affûts & les bombes.

Les parties en bois qui le composent sont : deux limons, une hausse, quatre épais de fond, quatre burettes, un châssis, deux roues.

Les parties en fer sont : un essieu, deux ragots, deux crochets d'attelage, quatre boulons d'essieu, deux bandes d'essieu, deux rondelles ouvertes avec quatre boulons, quatre boulons de châssis, deux plaques pour la fermeture du châssis, deux bandelettes de mâle de charnière, une bandelette autour de la partie supérieure de la femelle de la charnière gauche du châssis, un boulon pour assembler la charnière, une cheville à piton & sa chainette pour la fermeture, quatre anneaux d'embrelage à piton, deux clous rivés.

CANAL DE LUMIÈRE. Petit canal servant à porter le feu aux charges, dans les bouches à feu & dans les pièces d'artifices. On l'appelle quelquefois *lumière* seulement.

On nomme aussi assez souvent *canal de lumière*, le champ de lumière. (*Voyez* cet article & le mot LUMIÈRE.)

CANARDIÈRE. C'est un fusil de chasse qui diffère de ceux ordinaires à un coup, par l'extrême longueur de son canon. On en faisoit, il y a soixante ans, dont le canon avoit jusqu'à 6 mèt. 48 (20 pieds); on la tiroit sur un chevalet semblable à celui dont on faisoit usage pour le fusil de rempart.

Celle des armes que l'on fabriquoit il y a trente ans, avoit un canon de 1 mèt. 96 (6 pieds) environ, fort de dimensions & d'un grand calibre, pesant à peu près 3 kil. 42 (7 liv.), & l'arme entière 5 kil. 86 (12 liv.). On la chargeoit, le calibre étant de 0 mèt. 02 (9 lig.), avec 0 kil. 011 (4 gros) de poudre & 0 kil. 03 (1 once) de plomb ou de petites chevrotines : circonstances auxquelles il faut attribuer l'étendue de la portée que l'on obtient avec cette arme, car on est tellement défabufé à l'égard des grandes longueurs des canons, que l'on ne fabrique presque plus de canardières.

CANDJIAR. Sabre turc dont le corps de la lame est recourbé en sens inverse de ce qui a lieu pour les autres lames, & dont la pointe est au contraire courbée à l'ordinaire; en sorte que cette lame est formée de deux courbes raccordées. La lame de cette arme est ordinairement en damas; le fourreau est comme ceux des autres sabres des peuples de l'Orient.

CANNE D'ARMES. Arme dont se servoient, dans les combats de jugement, les champions qui n'étoient pas nobles. (*Voyez* la *Panoplie*.)

CANNELER. Synonyme de *carabiner*. C'est former des rayures dans l'intérieur du canon d'une arme portative.

CANON. Tube en bronze ou en fer, de la forme d'un cône tronqué ayant des renforts, dont l'ame est cylindrique, qu'on charge de poudre & d'un boulet, & auquel on met le feu par la lumière. Son nom paroît venir de *canna*. (*Voyez* l'article ART DE LA FABRIQUE ET FONDERIE DES CANONS, MORTIERS, OBUSIERS, &c., *Encyclopédie méthodique*.) On a fait en France des canons de divers calibres, depuis une livre jusqu'à cinq cents. (*Voy.* l'article ARTILLERIE.) On ne fond maintenant, pour l'artillerie de terre, que des pièces de 24, 16, 12, 8 & 4. On a fait usage, dans la dernière guerre, de pièces de 6 qui étoient destinées à remplacer celles de 8 & de 4, mais on n'en coule plus.

On distingue les canons en pièces de campagne & en pièces de siége.

Les pièces de campagne sont des pièces légères du calibre de 1., de 8 & de 4; leur longueur est de dix-huit fois leur calibre; par ce moyen elles ont de longueur totale, y compris le bouton & le cul-de-lampe, qui n'ont pas tout-à-fait ensemble deux diamètres de boulet, savoir : la pièce de 12, 2 mèt. 289 (7 pieds 7 lig. 1 point), celle de 8, 1 mèt. 996 (6 pieds 1 pouc. 9 lig.), celle de 4, 1 mèt. 583 (4 pieds 10 pouc. 6 lig. 6 points). En général, chaque pièce de campagne doit avoir cent cinquante livres de matière par livre du poids de son boulet.

Le canon de bataille de 12 pèse 986 kilog. (1808 liv.), celui de 8, 584 kil. (1186 liv.), & celui de 4, 289 kil. (590 liv.).

Le diamètre de la pièce de 12 est de 0 mèt. 121 (4 pouc. 5 lig. 9 points), celui de 8, de 0 mèt. 106 (3 pouc. 11 lig.), celui de la pièce de 4, de 0 mèt. 084 (3 pouc. 1 lig. 4 points). Le diamètre des boulets desdites pièces est d'une ligne de moins pour le vent, afin qu'ils s'introduisent dans l'ame avec plus de facilité; mais moins il y a de vent, moins la pièce se dégrade & plus l'on tire juste.

La charge de poudre pour tirer à boulets est, savoir : pour la pièce de 12, de 1 kil. 95 (4 liv.), pour la pièce de 8, de 1 kil. 12 (2 liv. 8 onc.), pour la pièce de 4, de 0 kil. 73 (1 liv. 8 onc.). Lorsqu'on fait usage des cartouches à balles, il faut 0 kil. 122 (4 onces) de plus par livre de poudre, que pour la charge à boulet.

La plus grande distance à laquelle on doit tirer à boulet, avec le canon de bataille, est de 994 mèt. (500 toises) pour les pièces de 12 & de 8, & de 895 mèt. (450 toises) pour celles de 4; à cinquante toises moins loin, l'effet est encore plus certain, & l'on peut tirer plus vivement.

En campagne on fait usage de *gargousses* de serge pour charger les pièces. (*Voyez* le mot GARGOUSSE.)

Les pièces de siége font des calibres de 24 & de 16. La charge ordinaire de la première est de 3 kil. 91 (8 liv.) de poudre, & de 2 kil. 69 (5 liv. 8 onces) pour la seconde; mais ces charges varient en moins pour le ricochet.

Les dimensions du cul-de-lampe & du bouton des canons étoient anciennement de deux diamètres de boulet; mais on les a diminuées de quelque chose : ainsi le cul-de-lampe & le bouton compris, la pièce de 24 a de longueur totale, 3 mèt. 529 (10 pieds 10 pouces 5 lig. 8 points), & la pièce de 16 doit avoir 3 mèt. 365 (10 pieds 4 pouces 4 lig. 8 points).

Le calibre d'une pièce de 24 est de 0 mèt. 151 (5 pouces 7 lig. 7 points); celui d'une pièce de 16 est de 0 mèt. 133 (4 pouc. 11 lig. 3 points). Le calibre des boulets est d'une ligne & demie moindre que celui des pièces.

La portée d'une pièce de 24 sous l'angle de 45 degrés, & chargée de huit livres de poudre, est d'environ 4198 mèt. (2150 toises), & celle d'une pièce de 16 chargée avec cinq livres & demie de poudre, est de 4052 mèt. (2080 toises) à peu près.

On fait usage de gargousses en papier pour les pièces de siége.

M. le général Gassendi propose de donner au fond de l'ame, vers la charge, au logement du boulet, une forme tronc-conique, ce qui conserveroit plus long-temps la pièce, & éviteroit l'usage des sabots aux pièces de siége.

Les premiers canons étoient en fer forgé; on avoit éprouvé le peu de résistance de ceux en fer fondu; l'art de les fondre étant alors très-imparfait, ils étoient formés de barres de fer préparées & assemblées par des cercles, le tout soudé ensemble. On fait le canon en cône tronqué, parce que, pour résister à l'effort de la poudre, on est obligé de le renforcer vers la culasse.

L'épaisseur des canons des différens calibres est proportionnelle aux diamètres des boulets; mais il résulte de la comparaison faite dans les épreuves

sur

CAN

sur la durée des pièces de campagne & celles de siége, que la résistance diminue à mesure que le calibre augmente.

Les noms des diverses parties d'une pièce de canon sont : l'ame, la bouche, la tranche de la bouche, le collet & le bourrelet en tulipe (portant une saillie en grain d'orge qui ne doit pas le surmonter), la volée, le second renfort, le premier renfort, la plate-bande de culasse, le cul-de-lampe (qui comprend le bouton & le collet), la culasse, les tourillons, les embases des tourillons coupés parallèlement au second renfort, les anses, le grain de lumière, la lumière, le canal d'amorce (aux canons de siége & de place seulement).

CANON de troupes légères. Ce canon, adopté en 1765, n'est plus en usage; son calibre étoit de 0 mèt. 051 (1 pouc. 11 lig. 6 points), sa longueur, depuis l'extrémité de la culasse à la bouche, de 1 mèt. 143 (42 pouces 2 lig. 6 points), celle de l'ame de 1 mèt. 089 (40 pouc. 3 lig. 9 points), l'épaisseur du métal, a la culasse, de 0 mèt. 050 (1 pouc. 10 lig. 9 points). Le poids du canon étoit de 130 kil. 39 (266 liv.).

CANON de fusil. C'est la pièce la plus importante qui entre dans la composition du fusil : le moindre défaut peut le faire crever & occasionner par-là les plus grands malheurs. Un canon éprouvé & examiné comme il est prescrit, de bon service enfin, ne crève pas s'il est bien chargé, ou s'il ne l'est pas outre mesure; mais cet accident peut arriver si la communication de la colonne d'air entre la charge & la bouche est totalement interceptée avec l'air extérieur, c'est-à-dire, si le canon est hermétiquement fermé, ou s'il se trouve un espace entre la balle & la poudre, & qu'une partie du fluide ou de l'air raréfié par la poudre ne puisse s'échapper entre la balle & les parois du canon, ce qui, d'ailleurs, doit rarement avoir lieu aux armes de guerre, à cause de la différence du diamètre de la balle à celui du cylindre.

Les canons étoient généralement ronds autrefois : on les fit ensuite avec deux pans, l'un à droite, pour faciliter l'ajustage de la platine, & l'autre à gauche pour conserver la symétrie. On les fit enfin à cinq pans courts; ils étoient anciennement plus longs qu'au modèle actuel, parce qu'on croyoit alors que s'en diminuant leur longueur, on diminuoit leur portée dans la même proportion; mais Euler, Antoni, Robins, &c., ont prouvé par des expériences réitérées, que, dans ce cas, les portées diminuoient très-peu, à moins que les longueurs ne soient extrêmement disproportionnées.

L'explosion de la poudre faisant particulièrement son effet au tonnerre, le canon n'y résisteroit pas s'il n'étoit renforcé dans cette partie, ce qui lui donneroit presque, sans les pans, la forme d'un

ARTILLERIE.

CAN 49

cône tronqué, dont la cavité intérieure doit être parfaitement cylindrique.

Les dimensions des lames à canons sont relatives à celles des modèles qu'elles doivent produire.

La lame pour le fusil d'infanterie a 0 mèt. 974 (36 pouc.) de longueur; sa plus grande largeur, qui est à une des extrémités, est de 0 mèt. 189 (5 pouc.), & elle va en diminuant jusqu'à l'autre extrémité, qui n'a que 0 mèt. 088 (3 pouc. 3 lig); sa plus grande épaisseur, qui est au milieu de l'extrémité la plus large, est de 0 mèt. 011 (5 lig.), qui se réduisent à 0 mèt. 0056 (2 lig. 6 points) à l'autre extrémité. La partie la plus épaisse & la plus large est destinée à former le tonnerre; les deux grands côtés de la lame sont rabattus en biseau pour faciliter la soudure. Elle pèse au plus 4 kil. 589 (9 liv. 8 onc.).

Avant de détailler les procédés de la fabrication des canons, on observera qu'il faut deux ouvriers pour les forger; celui principal, nommé *canonnier*, chauffe le fer & lui donne le degré de chaleur convenable; ce qui exige beaucoup de précaution & d'expérience. L'autre souffle & tient la broche, prête à l'introduire dans le tube à l'instant qu'il sort du feu : tous deux frappent toujours ensemble à coups précipités.

La première opération du canonnier est de rouler la lame : pour cela il la fait chauffer couleur cerise, au feu de houille, depuis 0 mèt. 216 (8 pouc.) du devant, jusqu'à environ 0 mèt. 162 (6 pouc.) du derrière; & il se place sur une fourche de fer adaptée au billot qui porte l'enclume, où il lui fait prendre une forme concave à coups de panne de marteau. Il achève de rouler le milieu sur l'enclume; il fait ensuite chauffer le derrière qu'il roule de la même manière; enfin il finit de rouler entièrement la lame en suivant la même méthode pour le devant, dont il fait croiser les bords dans le sens contraire à l'autre bout; en sorte que la lèvre qui recouvre l'autre se trouve toujours au vent du soufflet, & à la droite du canonnier lorsqu'il forge. Cette manière de forger le canon s'appelle *forger par superposition :* elle se pratique dans presque toutes les manufactures d'armes. Quand les deux grands côtés de la lame ne sont pas rabattus en biseau, on soude l'un contre l'autre ces deux grands côtés, & cette méthode se nomme *forger par rapprochement.*

La lame étant ainsi roulée, le canonnier donne la première chaude au rouge-blanc, soudant sur le *pli*, qui est l'endroit où les deux bords chevauchent. Il en donne deux autres pour arrondir le tube en dessous & sur les côtés, dans une longueur de 0 mèt. 054 (2 pouces). Après une troisième chaude, il continue ainsi de souder jusque vers le tonnerre, qu'il achève sur une bigorne fixée à l'enclume, & qui fait le même office que la broche. Il a l'attention : 1°. de tenir l'extrémité du tube d'une main, & de soutenir l'autre avec le marteau, lorsqu'il le chauffe vers le milieu & qu'il le porte ensuite sur

G

l'enclume : fans quoi cette partie, qui eſt preſqu'en fuſion, ſe ſépareroit en deux ; 2°. de donner des chaudes de o mèt. 054 en o mèt. 054 (de 2 pouces en 2 pouces) au plus, & de boucher l'extrémité du tube avec de l'argile ou du crotin de cheval, pour éviter de brûler le fer en dedans, & empêcher qu'il ne s'y introduiſe quelque corps nuiſible (on ſe ſert d'argile ſeulement quand un des orifices doit entrer dans le foyer) : il fait tomber ce bouchon pour introduire la broche ; 3°. de frapper horizontalement l'extrémité qu'il ſoude ſur l'enclume, afin de réunir les molécules de la matière que la chaleur dilate en tous ſens : c'eſt ce qu'on appelle *eſtoquer* ; 4°. de placer toujours la partie qu'il frappe dans une des cavités coniques pratiquées ſur l'enclume pour la recevoir.

Quand le tonnerre eſt ſoudé & que le canonnier l'a laiſſé refroidir, on fouде le devant depuis le pli juſque vers la bouche, qu'il finit ſur la bigorne, comme au tonnerre, & avec les mêmes procédés & précautions.

Lorſque le canon eſt ſoudé dans toute ſa longueur, pour achever de reſſerrer les pores du fer & prevenir les défectuoſités, on le chauffe de nouveau preſque blanc, pour lui donner des chaudes douces, toujours de o mèt. 054 en o mèt. 054 (2 pouc. en 2 pouc.); il eſt alors battu par broche & à petits coups. C'eſt dans cet état, & quand il a été dreſſé à l'œil par le forgeur, qu'il doit être foré.

Le canon ſe fore dans une uſine qui a un nombre de lanternes proportionné à la puiſſance de l'eau, au diamètre de la roue motrice, &c. Ces lanternes, placées horizontalement & parallèlement entr'elles, portent chacune un foret : elles engrènent dans un pareil nombre de rouets verticaux portés ſur un ſeul arbre. A l'extrémité de cet arbre eſt une groſſe lanterne horizontale, qui reçoit le mouvement d'un grand hériſſon vertical porté par l'arbre de la roue qui fait tourner l'eau. Le foret eſt exactement fixé au centre de la lanterne qui lui donne ſon mouvement horizontal, & il paſſe dans le canon de façon que leurs axes ne ſont qu'une même ligne. Le canon eſt aſſujetti ſur le même banc de forerie, où il avance en devant du foret d'une manière uniforme.

Le foreur ſe ſert ſucceſſivement de vingt-deux forets, dont le plus foible a o mèt. 011 (5 lig.) d'épaiſſeur, & le plus fort o mèt. 916 (7 lig. 5 points) à ſa plus grande épaiſſeur. Le frottement qu'éprouve le canon au forage l'échauffe beaucoup, le tourmente & le courbe quelquefois ; c'eſt pourquoi l'ouvrier doit avoir l'attention de jeter ſouvent de l'eau deſſus ; ce qui empêche d'ailleurs les forets de ſe détremper. Il eſt auſſi néceſſaire de graiſſer de temps en temps les forets avec de l'huile.

Le fer ayant été aigri par l'opération précédente, on recuit le canon avec du bois blanc pour l'adoucir, & lorſqu'il a été dreſſé à l'œil, le foreur paſſe dedans trois ou quatre mèches ou mouches avec des étoiles, pour effacer les traits du foret, le polir intérieurement & lui donner ſon juſte calibre (les mèches ou mouches ne diffèrent des forets que par leur longueur, qui eſt environ de o mèt. 405 (15 pouces), tandis que celle des forets n'eſt guère que de o mèt. 216 (8 pouc.)). Le dreſſeur le dreſſe au cordeau pour l'émoudre.

Le canon prend ſa forme extérieure à la meule, qui eſt de grès & qui tourne dans une auge pleine d'eau qui la rafraîchit. Le prolongement de l'axe de cette meule s'ajuſte ſur le centre d'une lanterne, de laquelle elle reçoit ſon mouvement. Le mécaniſme eſt d'ailleurs ſemblable à celui qui fait mouvoir le foret. L'émouleur ſe place, dans toutes les manufactures du nord de la France, à côté de la meule, afin que ſi elle vient à ſe briſer, ce qui a lieu avec une violence extrême, il ſoit moins expoſé. Il commence à blanchir le canon à la bouche, & continue juſqu'à l'extrémité du tonnerre, où il réſerve & régulariſe les pans déjà formés à la forge. Lorſque le canon eſt blanchi d'un bout à l'autre & qu'il eſt bien dreſſé au cordeau, le compaſſeur le vérifie avec le compas d'épaiſſeur & les calibres, & il marque, par des coches ou traits de lime, les endroits où l'émouleur doit encore enlever de la matière.

Dans pluſieurs manufactures, telles que celles de Saint-Etienne & Tulle, on dreſſe maintenant les canons à l'œil. Voici en quoi conſiſte cette méthode : le dreſſeur dirige le canon déculaſſé au bord d'une fenêtre, de façon que la moitié de l'ame ſoit dans l'ombre, & l'autre moitié éclairée ; il promène le rayon de lumière ſur toute la paroi intérieure, & reconnoît par l'irrégularité des ſignes d'ombre, s'il y a des chambres ou autres défectuoſités dans l'ame. Il remédie à ces vices en refoulant le fer en dedans, & y faiſant repaſſer la mèche, &c. Après avoir dreſſé l'intérieur, il procède à l'extérieur du canon, ſur lequel il promène également un rayon de lumière qui lui indique les points où il eſt néceſſaire d'enlever du fer.

Pour qu'un canon ſoit bien dreſſé, il faut qu'il ſoit intérieurement & extérieurement en ligne droite, & que les cercles de chaque tranche ſoient concentriques. Il faut beaucoup d'habitude & d'attention pour dreſſer par cette méthode. (*Voyez*, pour plus de détails, le mot DRESSAGE.)

Le canon ainſi foré, émoulu & dreſſé, eſt remis au garniſſeur, qui en coupe carrément les deux extrémités, forme la boîte & la taraude, ajuſte la culaſſe, perce la lumière, place & braſe le tenon ; après quoi il eſt éprouvé horizontalement à deux charges conſécutives (*voyez* CHARGE D'ÉPREUVE), ſur un banc où il eſt aſſujetti, de façon que le talon de la culaſſe appuie contre une forte pièce de fer, &c. Cette épreuve terminée, on le déculaſſe, on le lave, & on l'adoucit extérieurement à la lime douce & à l'huile, juſqu'à ce qu'il ne préſente plus à l'œil, d'un bout à l'autre & dans tous les ſens, qu'une ſurface très-unie.

Le canon étant ainsi mis au calibre, à ses proportions & adouci, on le dégraisse à la paille de fer, & il est alors déposé dans une salle suffisamment humide, pour y séjourner pendant un mois, après lequel il en sort pour être soigneusement visité par les préposés du Gouvernement. S'il est reconnu de bon service, on le donne au monteur-équipeur, qui le met en bois, & il est encore une fois examiné à la recette des armes finies, où il doit être enfin présenté & poli.

Tels sont en raccourci les procédés suivis dans les manufactures royales pour fabriquer & amener à sa perfection le canon du fusil d'infanterie : & ils sont les mêmes pour les canons des autres modèles d'armes de guerre.

Canons des armes de luxe. Ces canons se font par divers procédés, suivant qu'ils sont simples, doubles, tordus, à ruban, damassés, rayés en spirale, &c.

Canon ordinaire. Pour fabriquer un canon ordinaire de fusil de chasse, l'ouvrier fait une lame semblable à celle destinée à forger un canon de fusil de guerre; mais au lieu de former cette lame de deux bidons, comme cela se pratique ordinairement pour les canons des fusils de guerre, il corroye avec soin une barre de fer plat du poids d'environ 5 kil. & il la façonne convenablement. Ce fer, qui doit être essentiellement nerveux & exempt de pailles, de doublures & de cendrures, provient ordinairement des meilleures forges du Berry; quelques canonniers font venir des forges les lames à canons toutes préparées.

Les procédés pour former le tube & le souder sont les mêmes que ceux en usage pour les canons de guerre. On les fore, on les dresse & on les émoud de la même manière, mais les ouvriers qui sont privés de meules les liment de la manière suivante: ils commencent, pour faire cette opération avec justesse, par former au tonnerre quatre pans dont ils abattent les arêtes, ce qui fait huit pans, puis ils en forment par le même procédé seize dont ils enlèvent les arêtes. Ils arrondissent ensuite le canon en dessous dans toute sa longueur, & ils forment ordinairement cinq pans en dessus, lesquels s'étendent à environ 0 mèt. 3247 (1 pied) du tonnerre. Il est bon de faire observer que l'ouvrier ne partage pas ordinairement à seize pans la partie qui forme le tonnerre ; il la laisse à huit pans, les plus fortes dimensions du canon en cet endroit ne rendant pas cette opération nécessaire.

La machine servant à forer les canons à Paris est un banc de forerie mû à bras au lieu d'être mis en mouvement par des roues hydrauliques & des engrenages, comme cela a lieu dans les manufactures d'armes.

Les canons étant dressés, émoulus ou limés extérieurement, on y perce les lumières, brase les tenons, ainsi que le guidon, ensuite on repasse la mèche & on les garnit de leur culasse, suivant ce qui se pratique pour les canons des fusils de guerre.

Les grains de lumière sont en or, ou plus généralement en platine, métal pour ainsi dire inaltérable par l'effet de la poudre ordinaire, car les poudres fulminantes paroissent l'attaquer. Pour les mettre & pour percer la lumière, on opère d'une manière analogue à ce qui a été dit à l'égard des grains des canons de fusils des troupes.

La culasse de ces canons est ordinairement brisée, ou à bascule. (*Voyez* le mot Culasse.)

Canon doublé. On appelle ainsi deux canons brasés ensemble, & assujettis en dessus & en dessous par deux plates-bandes qui règnent entre les deux canons. Les canons pour les fusils à deux coups sont entièrement arrondis au tonnerre, à l'exception des pans destinés à l'ajustage des platines, ce qui est favorable à la damasquinure.

On lime les deux canons destinés à être assemblés de façon que les deux épaisseurs du côté où ils s'appliquent l'un sur l'autre, n'aient ensemble que celle correspondante de chaque canon dans tout le reste de son contour. On les ajuste le plus exactement & le plus solidement possible. Ensuite on fait deux entailles correspondantes aux deux extrémités de chaque canon, dans lesquelles entrent deux petites clavettes en fer, afin de les maintenir, en sorte que les axes soient dans le même plan & les orifices parfaitement de niveau. Cela fait, on ajuste les plates-bandes, on les assujettit de distance en distance avec des liens de fil de fer & des petits coins également en fer, placés sous les fils. On soude ensuite, en même temps, les plates-bandes & les canons. On commence la soudure par le tonnerre & on la finit par la bouche. Afin d'empêcher les canons de se détériorer par le feu, & de maintenir la soudure lorsqu'elle entre en fusion, on enduit le tout d'argile en pâte délayée avec un peu de crotin de cheval & même un peu d'étoupe fort menue. On brase ensuite les tenons, les porte-baguettes & le guidon, qui est ordinairement en argent. Les plates-bandes sont en fer ou en damas, suivant la nature des canons; elles sont d'une forme propre à remplir le vide qui se trouve entre les canons & règnent dans toute leur longueur. L'une se place en dessus & porte le guidon ; l'autre, en dessous, porte à la tranche de la bouche un arrêt destiné à empêcher la baguette de sortir par l'explosion de la charge.

Si les canons n'ont pas été assez dégagés sur le derrière du côté où ils doivent être assemblés, il arrive que, pour les appliquer convenablement, l'ouvrier les force de céder dans le milieu de leur longueur, en sorte que lorsqu'il y repasse la mèche, après les avoir soudés, elle prend plus d'un côté que de l'autre, parce qu'ils ne sont plus droits, & par-là, le métal n'est plus également réparti ; on aperçoit ce défaut à l'œil. Les canons qui en sont affectés s'appellent *canons bridés*.

G 2

Les culasses des canons doubles sont exactement faites comme celles des canons simples, mais la partie qui forme la queue a deux ouvertures carrées au lieu d'une.

Quelques armuriers ont imaginé de braser plusieurs canons ensemble & d'en faire des fusils, surtout des pistolets à plusieurs coups; mais ces armes sont rares & peu recherchées, parce qu'elles sont chères, pesantes & d'un usage peu commode. (*Voyez* l'article FUSIL TOURNANT & celui FUSIL A QUATRE COUPS, non tournant.)

CANON tordu. On nomme *canon tordu*, un canon dont les fibres du fer & la soudure ont reçu une direction spirale. Les canons des fusils de chasse sont communément forgés de cette manière. Ce canon se forge d'abord à l'ordinaire, & lorsqu'il a été bien soudé dans toute sa longueur, l'ouvrier le chauffe par partie, en commençant par le milieu, avec précaution & presque blanc; il le serre ensuite par l'une des extrémités, ordinairement la bouche, dans les mâchoires d'un étau. Il fait entrer l'autre dans un tourne-à-gauche, & il le tourne de façon que le nerf qui étoit en long, se trouve en spirale dans la portion chauffée; après avoir ainsi tordu tout le canon, il donne de légères chaudes en frappant à petits coups de marteau pour réparer, redresser le canon & resserrer le nerf du fer. L'ouvrier doit avoir l'attention que la chaude ne soit pas trop vive, parce qu'alors il y auroit à craindre que la fibre du fer ne se rétablît dans sa forme ordinaire.

Lorsqu'un canon a été entièrement tordu, & que pendant l'opération il n'a pas monté de défauts, il doit résister plus que tout autre à l'action de la poudre; & s'il cédoit, soit par l'effet d'une charge trop forte, soit par d'autres causes, il en résulteroit bien moins de danger pour le tireur: en effet, le canon ayant été tordu, lorsque le fer étoit dans un état pâteux, les fibres ont conservé leur continuité; & leur forme spirale doit empêcher le tube de se briser en éclats.

Pour s'assurer si un canon est forgé tordu, il suffit de blanchir à la lime douce une petite place du dessous du canon, par exemple, & d'y porter ensuite avec un morceau de verre, ou avec les barbes d'une plume, une goutte d'acide nitrique étendue d'eau. Si le canon est tordu, on apercevra facilement la direction spirale de la fibre du fer. Cet essai doit avoir lieu particulièrement à l'extrémité de la bouche & à l'extrémité du tonnerre.

On fait quelquefois usage d'un procédé qui diminue la perte de matière, résultant de l'alongement qu'on est obligé de donner aux canons tordus, pour qu'ils le soient à leur extrémité, comme dans toute leur longueur. Ce procédé consiste à souder à l'extrémité de la lame qui répond au tonnerre, une portion de fer qui tient lieu de l'alongement qu'on est obligé de donner à cette partie du canon; on la coupe lorsque le canon est achevé, & on la soude de nouveau sous sa forme avec une autre lame, déjà roulée sous le marteau. Par ce moyen il n'y a de perte de matière que celle qui provient de la section faite à la bouche.

CANON à ruban. On appelle *canon à ruban*, un canon fait avec un ruban de fer bien corroyé & roulé sur une chemise, ou tube servant de moule. Si le ruban est d'*étoffe*, le canon est damassé. L'étoffe des canons qui ont le mieux résisté aux épreuves d'usage, est, suivant les essais de M. Lucas, conservateur du cabinet du Musée d'histoire naturelle, celle composée d'un tiers d'acier à ressort ou de vieilles faux, & de deux tiers de fer de bonne qualité. Ces sortes de canons qui se soudent par superposition ou par rapprochement, coûtent beaucoup plus cher que les autres, attendu qu'ils exigent beaucoup plus de travail & de soins. Ils se soudent ordinairement par superposition, parce que cette méthode est plus facile & que les canons ainsi soudés sont plus solides. On supposera donc ici qu'on forge de cette manière. L'autre méthode consiste principalement en ce que l'ouvrier refoule sans cesse le fer au tonnerre & à la bouche. Toutefois, par ce dernier procédé, les fleurs de damas sont plus belles & elles sont les mêmes dans toute la longueur du canon.

Pour faire les canons à ruban, l'ouvrier commence par forger une lame de fer, à laquelle il donne au plus 0 mèt. 0023 (1 lig.) d'épaisseur (il y a des canonniers qui font ces tubes avec de bonne tôle ayant cette dimension); il la ploie & il la soude dans toute sa longueur, comme pour les canons ordinaires. Il forme ensuite le ruban, qui est une lame d'environ 0 mèt. 0271 (1 pouce) de largeur, plus épaisse d'un côté de cette largeur que de l'autre. L'épaisseur de cette lame doit aller en diminuant insensiblement vers l'extrémité de sa longueur, pour que le derrière du canon & le devant puissent avoir les diamètres convenables. Lorsque cette lame est forgée, l'ouvrier la ploie de la forme d'un ressort à boudin, & il la tourne sur la chemise, en faisant croiser chaque tour l'un sur l'autre d'un quart de la largeur du ruban; ensuite il chauffe de 0 mèt. 0812 (3 pouces) en 0 mèt. 0812 (3 pouces) ce ruban, pour en souder les parties les unes sur les autres, & il emploie à cette soudure une broche telle que celle dont on se sert pour les autres canons. Lorsque ce ruban est bien soudé, une partie de la chemise se trouve faire corps avec le ruban, & le reste est presque tout emporté par le forage.

Le ruban en damas se fait en étirant, par exemple, quinze lamettes de fer nerveux, quatorze lamettes d'acier de fusion; on en compose une trousse en mettant alternativement une lame de chaque espèce, ayant l'attention que le dessus & le dessous soient en fer. On soude cette trousse, après quoi on l'étire & on la tord en spirales semblables au pas d'une vis, par une opération semblable à celle des canons tordus. On chauffe avec beaucoup de précaution cette pièce & on lui donne la forme du ruban. Si l'on forge ensemble deux baguettes préparées comme ci-dessus, contenant plus ou moins de lamettes, & qu'on les soude en les combinant en sens contraire, on aura diverses fleurs de damas.

Pour faire découvrir le damas, on met le canon dans un auget de bois contenant de l'acide nitrique étendu à grande eau; les fleurs se manifestent au bout de quelques minutes. Il est inutile de faire observer qu'avant cette opération il faut fermer les orifices du canon.

Les canons de cette espèce sont réputés très-solides, & ils sont préférés aux canons tordus : mais il est difficile de les faire sans défauts, & de bien souder les unes sur les autres toutes les spires qu'il faut faire sur un ruban. La moindre crasse empêche de souder les parties de fer où elles se trouvent, & cet accident, fort à craindre pour tous les canons, l'est beaucoup plus pour ceux où il y a plus à souder.

On prise ces canons, parce que le fer présente son nerf qui se trouve suivant la longueur du ruban dans le sens de l'effort de la charge; mais la multiplicité des soudures & le peu d'épaisseur du tube à la bouche, font cause qu'il y a quelquefois des défauts en cet endroit. Pour remédier à cet inconvénient, on a imaginé de ne rubaner que le tonnerre, & de faire le surplus en fer tordu.

Le poids d'un canon simple est de 0 kil. 91 (1 liv. 14 onc.), & celui d'un canon double de 1 kil. 468 (3 liv.).

Pour s'assurer qu'un canon est à ruban & damassé, on se sert, comme pour le canon tordu, d'acide nitrique étendu d'eau.

Canon à bascule. C'est un canon dont la culasse est brisée. La partie qui forme la queue a une ouverture carrée au talon; l'autre partie a un bouton taraudé, qui entre dans le canon comme à la culasse ordinaire, & un crochet à bascule qui s'encastre dans l'ouverture dont on vient de parler. Les canons à bascule offrent la facilité de pouvoir les enlever de dessus le bois sans démonter la culasse. On les a toujours faits ainsi par cette raison, soit pour les canons simples, soit pour les canons doubles.

Canon brisé. Il est composé de deux parties qui se réunissent au tonnerre. La partie supérieure est à écrou, & l'autre à vis. On le charge par le tonnerre, en le dévissant pour cet effet.

Canon de fusil en cuivre. On sait que le fer est, de tous les métaux, le plus convenable à la fabrication des canons des armes portatives. Sa supériorité sur le bronze est évidente, puisque la ténacité du fer est à celle du bronze comme quatre est à un : ainsi, pour obtenir à peu près la même résistance, il faudroit augmenter considérablement l'épaisseur, & par conséquent le poids de ces canons. Cependant on fait encore quelquefois des canons d'espingoles & de pistolets en cuivre.

Canons d'Espagne. Ils sont ordinairement faits de cinq ou six pièces, dont chacune est travaillée à part, & qui se soudent successivement l'une au bout de l'autre. Ils sont renommés à cause de la supériorité du fer qu'on emploie à leur fabrication. Toutefois les canons fabriqués en France par les maîtres canonniers Leclerc, Dombret, Reinute, &c., ne laissent rien à désirer sous aucun rapport. (*Voyez* l'article ART DE L'ARQUEBUSIER de l'*Encyclopédie méthodique*.)

Canon filé. C'est une chemise sur laquelle on a tourné & brasé un fil de fer recuit, qui couvre le tube jusqu'à environ 0 mèt. 324 (1 pied) du tonnerre, puis sur cette première couche, une seconde du même fil de fer, & qui garnit les deux tiers du canon, puis enfin une troisième couche qui garnit toute la longueur du canon. Il paroît avoir été abandonné dès sa naissance. (*Voyez*, pour plus de détails, l'article ART DE L'ARQUEBUSIER de l'*Encyclopédie méthodique*.)

Canon à main. C'étoit, dans l'origine des armes à feu portatives, un canon nu, qui différoit de celui de l'arquebuse à croc, en ce qu'il étoit plus long & plus lourd. Deux hommes le portoient dans les combats, & l'ajustoient sur une espèce de trépied ou de chevalet, lorsqu'ils vouloient s'en servir.

Canons qui se chargent par la culasse. On a souvent essayé de charger les armes à feu par la culasse, mais les vices d'exécution ont jusqu'ici surpassé les avantages résultant du principe, à cause de l'extrême violence de la poudre. (*Voyez* l'article ARMES QUI SE CHARGENT PAR LE TONNERRE.)

CANONNADE. C'est plusieurs coups de canon tirés à la fois ou successivement par quelques bouches à feu. Lorsqu'on tire à une distance où le tir n'est point assuré, la canonnade est un vain bruit.

CANONNIER. Ouvrier des manufactures d'armes, forgeant les canons des fusils, des mousquetons & des pistolets.

CANONNIERS. Soldats des régimens d'artillerie, servant les bouches à feu, faisant les travaux de l'artillerie dans les arsenaux & dans les camps. Ils doivent être forts, robustes, bien constitués & d'une taille d'environ 1 mèt. 73, pour exécuter convenablement les manœuvres de force des pièces de place & de siége, &c. Indépendamment de ces qualités, ils doivent être patiens, laborieux, adroits, & d'une bravoure telle qu'ils puissent toujours pointer sur l'ennemi avec le sang-froid & la précision nécessaire.

CANONNIERS d'État. On plaçoit autrefois deux

canonniers dans chaque place sans arsenal, pour aider le garde d'artillerie dans ses fonctions, pour tenir les magasins en bon état, & pour diriger les travailleurs. Cette institution servoit, indépendamment du but d'utilité, à donner des retraites à de bons & anciens canonniers, que le défaut de ne savoir lire & écrire avoit empêchés d'être avancés.

CANONNIERS gardes-côtes. Soldats chargés du service des batteries de côtes, sous les ordres des directeurs d'artillerie. Ils forment, pendant la guerre maritime, des compagnies qu'on licencie ordinairement à la paix.

CANONNIERS vétérans. Soldats qu'on récompense de leurs anciens services, & dont on assure l'existence en les plaçant dans des compagnies chargées du service des batteries de quelques forts maritimes.

CANONNIERS volontaires. Les canonniers de la ligue n'étant pas assez nombreux au commencement de la guerre en 1792, on créa un grand nombre de compagnies de canonniers volontaires pour servir les pièces de 4 qu'on attachoit alors à chaque bataillon d'infanterie. Ces compagnies ont été licenciées.

CAPELINE. Petit casque de fer, ayant à peu près la forme d'un chapeau rond.

CAPUCINE. Pièce en anneau & ovale, de la garniture du fusil, qui se place à l'endroit où le canal de la baguette est recouvert par le bois : son bec est coupé carrément; elle est en fer au fusil d'infanterie, & en cuivre à celui d'artillerie.

CAQUE DE POUDRE. On appeloit ainsi autrefois un baril à poudre.

CARABINE. C'est une arme dont le canon est rayé en lignes spirales, & dont le calibre est tel, par rapport à la balle, que celle-ci ne peut arriver sur la charge sans y être poussée avec violence par une baguette en fer & un maillet. On la tire toujours à balle forcée, à cause de la rayure. Sa longueur est de 0 mèt. 649 (24 pouc.); son calibre est de 0 mèt. 013 (6 lig.), pour la balle du vingt-huitième de 0 kil. 48 (de 28 à la livre). Sa charge est de 0 kil. 004 (1 gros 8 grains); elle est rayée de sept raies équidistantes & ayant 0 mèt. 0006 à 0 mèt. 0008 (13 à 14 points) de profondeur.

On éprouve la carabine : 1°. avant de rayer avec une charge de 0 kil. 015 (4 gros) de poudre, deux balles du vingt-sixième de 0 kil. 48 (26 à la livre), une bourre de papier sur la poudre, & une autre sur la balle; 2°. après la rayure, à la charge de 0 kil. 015 (4 gros) de poudre, une balle de 26 à la livre & des bourres.

Pour charger la carabine, on met la poudre, puis un calpin & la balle par-dessus. On chasse la balle jusqu'à ce qu'elle porte sur la poudre, sans être trop enfoncée.

La balle chassée reste sphérique du côté de la poudre, s'aplatit sous les coups qui la frappent en avant, & se raie sur les côtés. Elle sort dans le tir, en suivant les spires du canon, ce qui lui donne un mouvement de rotation suivant l'axe de cette pièce, mouvement auquel Robins attribue la justesse de son tir. D'après les expériences que j'ai faites sur cette arme, j'ai trouvé qu'à une distance peu considérable, la balle frappoit toujours le but par sa partie aplatie.

Cette carabine servoit à armer les officiers & les sous-officiers des compagnies de voltigeurs. Elle a été abandonnée à cause de la difficulté de la charger promptement (*voyez* l'article CHARGER UNE CARABINE), & de l'embarras qu'occasionnoient à l'armée les ustensiles nécessaires à cette opération : mais elle pourroit être employée avec avantage dans la défense des places. Elle coûtoit 42 fr. 78 cent.

On a fabriqué en 1794 des carabines dont le canon n'avoit que 0 mèt. 406 (15 pouc.) de longueur, & qui étoient destinées pour des troupes de cavalerie. Elles ont été abandonnées dès leur naissance, comme cela devoit arriver.

Les carabines de luxe sont rayées à étoile, à crémaillère, à colonne, à cheveux ou merveilleuse. Elles ont ordinairement trente-trois raies ou filets : deux ouvriers en raient trois par jour. Celles qu'on appelle *merveilleuses* ont jusqu'à cent trente-trois raies : deux ouvriers en raient une en trois ou quatre jours.

Les pièces qui composent la carabine de guerre ne diffèrent de celles du fusil de munition, qu'en ce que le canon est fixé sur le bois par des tiroirs qui tiennent lieu de l'embouchoir, de la grenadière & de la capucine de cette dernière arme. Il y a en outre une visière adaptée à la tonnerre du canon. (*Voyez*, pour plus de détails, mon Mémoire sur la fabrication des armes de guerre.)

CARCAS. Nom qu'on donne, en quelques pays, aux matières non fondues après une coulée dans les fours à réverbère. On donne aussi ce nom aux gâteaux de fonte qui se forment, lorsqu'en fondant de grosses pièces de fer dans un feu d'affinerie, on en fait couler sur terre la matière par le trou qui sert à évacuer le laitier.

CARCASSE. Composition d'artifice renfermée dans des cercles de fer & des liens de corde & de toile, qu'on lance avec des mortiers. (*Voyez* l'article BALLES A FEU.)

CARILLON. Nom qu'on donne, dans les manufactures d'armes, à du fer en barre de petites dimensions, & servant particulièrement à forger les vis.

CARONADE. Sorte d'obusier en usage dans la

marine, servant à lancer des projectiles pleins ou creux & des cartouches à balles; elles sont ordinairement du calibre de 36. Leurs charges sont petites; les boulets ont peu de vent; le bouton est en anneau, pour laisser passer une brague. Un boulon qui leur sert de tourillons, se loge dans deux crapaudines en fonte percées pour le recevoir. Il y a environ quarante ans que les caronades sont en usage.

CARRE ou CARREAU. Flèche peu différente de celle nommée *vireton*.

CARRÉ DE LA NOIX. Tige carrée, perpendiculaire aux faces planes de la noix, destinée à porter le chien. Il est taraudé pour recevoir la vis de la noix.

CARRÉ du chien. Trou dans lequel passe le carré de la noix.

CARREAU. Grosse lime servant, dans les travaux de l'artillerie, à ébaucher des pièces en fer.

CARREAU. La râpe à chaud, ou le carreau dont on se sert dans la fabrication des projectiles creux, est arrondie à son extrémité, qu'on introduit dans l'œil du projectile pour l'enlever de dedans le châssis & le poser sur le trépied, ce qui se fait très-facilement pour les obus ordinaires; mais pour les bombes & les obus de gros calibre, on se sert d'un levier sur lequel on appuie; pour enlever ces projectiles. Les dents des carreaux sont profondes & peu inclinées relativement à leur écartement. Un autre carreau à dents plus fines sert à découvrir l'œil avant de le fraiser.

CARTELAGE. Fer fendu, servant à forger les pièces de garnitures des armes à feu portatives. Il y en a de divers numéros.

CARTON POUR ARTIFICES. Le papier pour faire le carton des artifices doit être bien fort, bien collé & presque blanc. On colle trois ou quatre feuilles de papier les unes sur les autres, pour en faire une de carton, en faisant déborder les inférieures sur les supérieures de o mèt. 011 à o mèt. 013 (5 à 6 lig.). On met ensuite les cartons à la presse pour faire bien prendre la colle & pour les unir : on les fait sécher au grand air.

CARTOUCHES A FUSIL. Ce sont de petits cylindres creux en papier, renfermant la poudre & la balle qui composent la charge d'une arme à feu, & dont le diamètre est un peu moindre que celui de cette arme. On a commencé à faire usage de cartouches à fusil en 1690, mais seulement pour la charge, car on amorçoit avec de la poudre renfermée dans une poire ou corne d'amorce, & ce ne fut que pendant la guerre de 1744 qu'on fit servir la cartouche à la charge & à l'amorce.

Pour confectionner les cartouches à fusil, on se sert : 1°. de mandrins de o mèt. 189 (7 pouc.) de longueur & de o mèt. 152 (6 lig. 9 points) de diamètre, lesquels doivent être bien cylindriques & faits avec du bois dur & sec : l'un des bouts doit être arrondi, & l'autre creusé de manière à recevoir le tiers de la balle.

2°. D'une mesure en cuivre de la forme d'un cône tronqué ouvert par le haut : comble, elle doit contenir la quatre-vingtième partie de 1 kil. (2 liv.) de poudre.

3°. De papier bien collé, qui doit avoir du corps, sans cependant être trop épais (l'épaisseur d'une main de papier doit être d'environ o mèt. 006 (3 lig.), le papier étant bien pressé), dont la hauteur doit être de o mèt. 351 (13 pouc.), & la largeur de o mèt. 432 (16 pouc.). Pour le couper, on plie la feuille en trois dans la largeur, puis chaque tiers en deux dans la hauteur, & chaque moitié du tiers encore en deux par une diagonale qui prend depuis o mèt. 586 (2 pouc. 2 lig.) de l'angle supérieur de la gauche jusqu'à o mèt. 586 (2 pouc. 2 lig.) de l'angle inférieur opposé de la droite. De cette manière, chaque feuille se trouve coupée en douze parties, & chaque partie, avec laquelle on fait une cartouche, est un trapèze de o mèt. 144 (5 pouc. 4 lig.) de hauteur, & dont une des bases de o mèt. 115 (4 pouc. 3 lig.), & l'autre o mèt. 058 (2 pouc. 2 lig.).

On place la balle dans la cavité du mandrin, sur lequel on roule fortement le papier, en commençant par le côté qui fait angle droit avec la base de o mèt. 115 (4 pouc. 3 lig.), on observe d'en laisser passer o mèt. 013 (6 lig.) environ au-dessous, qu'on replie & qu'on arrondit sur la balle au moyen d'un petit trou pratiqué dans l'épaisseur de la table sur laquelle on travaille. Après avoir retiré le mandrin, on verse la quantité de poudre déterminée, & on plie le papier le plus près possible de la poudre.

Lorsque les cartouches doivent être sans balles, au lieu de plier le papier en trois, on le plie en quatre dans la longueur, & on en tire alors seize cartouches : dans ce cas la charge de poudre doit être de $\frac{1}{120}$ de kil. ($\frac{1}{60}$ de liv.) la mesure rase.

On s'assure de la justesse des cartouches en les faisant passer dans un bout de canon de calibre.

On en fait des paquets de dix, opposant alternativement les côtés des balles, & les enveloppant avec une feuille de papier qu'on replie des deux bouts, & qu'on lie avec de la ficelle passée en croix sur le milieu de la hauteur & de la largeur.

Les balles pour le fusil, le mousqueton & le pistolet de cavalerie, ayant le même diamètre, & les cartouches étant les mêmes, à l'exception de la quantité de poudre, qui est moindre pour ces deux dernières armes, il en résulte que ces cartouches entrent moins facilement dans ces armes dont le calibre est plus foible que celui des fusils; sans cela, la charge pourroit sortir du mousqueton & du pistolet que le cavalier porte renversés lorsqu'il est à cheval. La charge de poudre pour le mousqueton & le pistolet de cavalerie, est la même que celle des cartouches sans balles.

Afin de ne point multiplier les approvisionnemens, l'artillerie ne fabrique que deux espèces de cartouches, savoir : celle d'infanterie, qui sert pour le fusil; celle de mousqueton, qui sert en même temps pour le pistolet de cavalerie; mais comme la charge pour cette dernière arme est un peu forte, les corps pourront n'employer que $\frac{1}{160}$ de kil. ($\frac{1}{80}$ de liv.) pour les pistolets, lorsqu'ils feront eux-mêmes les cartouches pour les exercices.

CARTOUCHES à balles. Cylindres creux contenant des balles en fer battu, du calibre des pièces dans lesquelles ils doivent entrer, & qu'on fixe à un sabot. Ces cylindres ou boîtes sont en fer-blanc ordinaire, flexible, provenant de tôle bien laminée, un peu plus épais que celui pour ensaboter les boulets. Ils doivent avoir pour diamètre extérieur, celui des boulets; ils sont fermés dans le bas par un culot en fer, sur lequel sont rangées des balles de fer battu.

Il y a deux sortes de balles pour les cartouches; les unes à sept par couche pour tous les calibres, les autres à quatorze par couche pour les calibres de 12 & 8, & de soixante-trois en huit couches pour le calibre de 4. Ces balles sont de différens numéros, & ont des diamètres différens pour chaque calibre.

Pour faire une cartouche avec des balles de sept par couche du numéro dit *grand calibre*, on commence par arranger sur le culot six balles en cercles & une septième dans le milieu, qui toutes doivent se toucher, & les fix du tour à la boîte. La deuxième couche est aussi de sept balles, & les six autour sont posées chacune dans l'interstice de deux balles de la couche inférieure; la septième est placée sur celle du centre, où elle balotte un peu, parce que son grand diamètre se trouve plus élevé que celui des balles du tour, de la quantité dont les deux couches s'engrènent l'une dans l'autre. Les troisième, quatrième, cinquième & sixième couches se forment comme la deuxième; mais à cause de la balle du centre de chaque couche gagne en hauteur sur ses voisines, on ne peut pas en mettre au centre de la sixième couche, qui n'est, par conséquent, que de six balles, au moyen de quoi il n'entre que quarante-une balles dans la cartouche.

Les balles arrangées dans la boîte, on la ferme avec un couvercle de tôle, par-dessus lequel on replie la rature entaillée du fer-blanc.

Les cartouches à petites balles, pour les calibres de 12 & de 8, se remplissent de cent douze balles des numéros dits *petit calibre* & *arrière-petit calibre*, arrangées en huit couches de quatorze chacune, dont dix du numéro 2 autour, & quatre du numéro 3 au milieu.

La boîte à balles du calibre de 4 en contient soixante-trois, disposées en huit couches, savoir : les quatre premières couches, chacune de sept balles du numéro 2 autour, & une du numéro 1 au milieu. Les quatre autres couches sont entièrement faites de balles du numéro 2, & la dernière n'en contient que sept, à cause que celles du milieu ont gagné en hauteur.

L'on fait aussi des cartouches à balles pour les obusiers de six pouces : elles sont remplies de soixante balles du numéro de la grande cartouche du calibre de 12, disposées en cinq couches chacune de douze balles. La boîte de fer-blanc est clouée au haut d'un sabot de bois hémisphérique du calibre de l'obus, & fermée avec un couvercle de tôle comme celle des autres calibres; avant de clouer la boîte, on place sur le sabot un culot de fer battu de 0 mèt. 009 (4 lig.) d'épaisseur. (*Voyez* l'article BALLES DE FER BATTU.)

CARTOUCHES à boulet. Elle est composée d'un sachet contenant la charge de poudre, & d'un boulet fixé dans un sabot. Pour les faire, on remplit les sachets de la quantité de poudre fixée pour leur calibre; on entasse & l'on presse fortement cette poudre en frappant dessus latéralement avec le côté de la main, ensuite on pose le boulet saboté d'aplomb; le sabot posant sur la poudre; on lie fortement, par un nœud d'artificier, le sachet dans la rainure du sabot, puis ayant replié le haut du sachet sur la charge, on le lie une seconde fois sur la poudre, immédiatement au-dessous & contre le sabot : cette seconde ligature sert, non-seulement à empêcher le sachet de quitter le sabot, mais encore la poudre de se loger entre le sachet & le sabot, & d'y former un bourrelet qui empêcheroit la charge d'entrer dans le canon.

Chaque cartouche doit être présentée à la lunette de son calibre, dans laquelle elle doit passer avec facilité.

CARTOUCHE de fusée. Cylindre en carton ou en fer-blanc doublé de carton, qui contient la poudre des fusées de signaux ou celle des fusées à la congrève. (*Voyez* les articles FUSÉES DE SIGNAUX & FUSÉES INCENDIAIRES.)

CASQUE. Armure de la tête portant différens noms, tels que heaume, bourguignote, armet, capeline, cabasset, pot-en-tête, morion, salade, bacinet (*voyez* ces mots). Jadis, en France, les gens d'armes avoient tous le casque. Le roi le portoit doré, les ducs & les comtes, argenté; les gentilshommes d'anciennes races le portoient en acier poli, & les autres simplement en fer.

Les soldats romains portoient des casques d'airain ou de fer, à l'épreuve des coups de sabre.

Ceux

Ceux des principaux officiers étoient dorés, enrichis d'aigrettes & même de pierreries. (*Voyez* le *Dictionnaire militaire portatif*, imprimé en 1758.)

Casque. Ustensile servant à décrasser les boulets trop long-temps chauffés. Ce sont deux bandes de fer soudées ensemble & en croix par leur milieu, & recourbées en forme d'ellipsoïde.

CASSE-FER. Espèce de mouton en fer, pour couper de grosses barres qui servent à former les bidons & les doubles maquettes destinés à former les canons des armes portatives.

CASSE-TÊTE. Espèce de massue dont se servent encore les sauvages de l'Amérique. On la nomme aussi *patous, patous-patous*.

CASSURE. Son aspect sert à connoître la qualité du fer, de l'acier ou du cuivre; mais ce moyen est peu sûr, quelqu'habitude qu'on croie en avoir. Il faut essayer le fer & l'acier à la forge & à la trempe, & soumettre le cuivre à l'analyse chimique.

CASTINE. Pierre calcaire ou carbonate de chaux, qu'on mêle avec la mine de fer, pour la rendre fusible si elle est très-argileuse.

CATAMARANS. Les Anglais lancèrent, dans la dernière guerre, des brûlots qu'ils nommèrent ainsi, & qui s'échouèrent en partie à la côte, & produisirent peu d'effet.

CATAPULTE. Machine de guerre dont les Anciens faisoient usage pour lancer de gros traits, des torches enflammées, &c.

CATEIE. Grosse massue courte, qui se lançoit à une vingtaine de pas.

CEINTURE DE BATEAU. Ce sont deux pièces de bois qui posent sur les montans de femelle, & touchent au plat-bord.

CEINTURON. Bande de cuir ou d'étoffe servant à suspendre l'épée ou le sabre dont on est armé. Les sabres d'infanterie & d'artillerie sont suspendus par un baudrier en buffle : le ceinturon du cavalier est également en buffle.

CÉMENT. On nomme ainsi la suie où la matière charbonneuse dont on se sert pour tremper en paquet ou par cémentation. (*Voyez* l'art. TREMPE DES PIÈCES EN FER ET EN ACIER.)

CENDRES GRAVELÉES. Potasse très-pure qu'on retire des lies de vin, & qu'on emploie dans la fabrication de la poudre. On met ces lies en pains, ARTILLERIE.

qu'on fait sécher & ensuite brûler convenablement. Cinquante kilogrammes de lie fournissent deux à trois kilogrammes d'alcali. La bonne cendre gravelée doit être blanche, parsemée de taches vertes ou bleuâtres, en petites masses à demi fondues. Elle doit imprimer sur la langue une sensation vive & même brûlante.

CENDREUX. Métal qui a de petites parties non-âtres provenant de substances étrangères dont il n'a pas été suffisamment épuré. On met au rebut, dans l'artillerie, les fers, aciers & cuivres laminés qui sont trop cendreux.

CENDRIER. On nomme ainsi l'endroit d'un fourneau qui est immédiatement sous le foyer, & dont il est séparé par une grille. Il est destiné à recevoir les cendres qui tombent du foyer.

CENDRURES. Malpropetés qui se trouvent quelquefois sur les feuilles de tôle, de cuivre, &c. Elles nuisent à la solidité des pièces minces & les déparent, surtout celles des armes portatives.

CHAINETTE. Dans les fusils de chasse, c'est une petite pièce d'acier qui s'adapte à la fois à l'extrémité de la griffe de la noix & à l'extrémité de la griffe du grand ressort, afin de donner plus de liant & d'action à ce dernier.

CHAINONS EN BOIS. Ils servent à remplacer les cordages d'ancre dans l'ancrage des ponts stables. Ils se composent de plusieurs pièces en bois, portant à leurs extrémités une happe à anneau. Les pièces sont unies par des mailles.

CHAMBRE. Partie de l'ame dans quelques bouches à feu, où l'on place leur charge. Les canons en avoient autrefois (on les nommoit *canons encampannés*). Celle des mortiers a été successivement en cône, recevant la fois la lumière qui aboutissoit au sommet de ce cône; puis en cône tronqué, de forme sphérique, pyriforme, cylindrique, enfin tronc-conique. Celle des obusiers a toujours été cylindrique.

CHAMBRE. Défectuosités qui se trouvent dans l'intérieur des canons des armes portatives, & qui les font rebuter pour peu que ces chambres soient profondes; ce dont on s'assure à l'œil & au moyen de l'instrument nommé *chat*.

Les bouches à feu & leurs projectiles ont aussi des chambres qui les font rebuter lorsqu'elles passent les limites prescrites par les réglemens.

CHAMP D'ÉPREUVE. Lieu où l'on essaie la poudre qui sert à éprouver les canons de fusil dans les manufactures royales d'armes.

CHAMP de feu. Espace que peut parcourir un projectile.

H

CHAMP de lumière. Espace qui, dans les canons qu'on tire ordinairement sans étoupille, comme ceux de siége, de place & de côte, s'étend un peu de la lumière vers la bouche; il est destiné à recevoir une partie de la poudre qui sert à les amorcer. Le canonnier qui met le feu doit porter son boute-feu sur le bout du canal qui est vers la bouche, pour éviter l'explosion en jet que fait la lumière, qui, en frappant le boute-feu, l'emporte & donne une forte secousse au bras.

CHAMPIGNON. C'est une calotte en fer dont la convexité est limée ou tournée selon celle du projectile à fabriquer. Il sert, conjointement avec la cuiller & la feuille de sauge, à réparer les bords du moule en remettant du sable dans les brèches, & à boucher nettement le trou formé par la tige du support dans le sable du châssis inférieur. Le champignon a dans sa concavité une petite poignée qui sert à la manier. La queue de la cuiller & celle de la feuille de sauge sont l'une & l'autre terminées en pointe, pour servir à former des évents, en les enfonçant dans le sable du châssis supérieur jusqu'au modèle, tandis qu'il y est encore renfermé.

CHANDELLE ROMAINE. Artifice de joie qui se compose d'un cartouche, se moulant à sec sur un rouleau de 0 mèt. 015 (7 lig.) de diamètre, & d'environ 0 mèt. 406 (15 pouces) de long. On étrangle ce cartouche, on le lie, on y introduit une cuillerée de composition de fusée volante; on la bat légèrement de sept à huit coups; on verse dessus une pincée de poudre grainée; on enfonce jusqu'à cette poudre une étoile moulée cylindrique, du diamètre exact du cartouche, & percée à son milieu d'un petit trou pour communiquer le feu; on réitère une charge de composition, la même quantité de poudre & une étoile, & toujours de même jusqu'à ce que le cartouche soit entièrement rempli. Cette pièce étoit autrefois en usage dans les artifices de guerre.

CHANFREIN ou CHANFRIN. Armure en fer ou en cuir bouilli, dont on garnissoit autrefois la tête du cheval, vers la partie du front; on mettoit souvent un fer pyramidal, pour percer ce qu'il pouvoit rencontrer. Cette armure étoit souvent un objet de luxe : le comte de Saint-Pol, au siége de Harfleur, en 1449, en avoit une de trente mille écus à son cheval. (*Voyez* l'article ART DE L'ARMURIER, de l'*Encyclopédie méthodique*.)

CHANFRIN. Ce mot est, dans l'artillerie, synonyme de *biseau*.

CHANTEPLEURE. Robinet très-simple qu'on adapte au bas des cuviers de salpêtriers, versant dans une rigole, qui porte aussi ce nom, la lessive d'eaux salpêtrées des cuviers.

CHANTIER DE MANŒUVRE. Pièce de bois servant aux manœuvres de force.

CHANTIER à vider. Pour nettoyer avec facilité un projectile creux, il doit être établi solidement sur un chantier, qui est composé de deux forts madriers assemblés par des entretoises, & distans entr'eux de quelques pouces moins que le projectile à vider : des segmens sphériques sont enlevés intérieurement à chacun d'eux & sur des lignes correspondantes. C'est dans ces échancrures que le projectile est fixé momentanément par des coins de bois. De temps en temps, après avoir fait agir les ciseaux droits & courbes & les croissans, on le desserre & on le renverse en l'agitant, pour faire tomber la terre calcinée & réduite, partie en poudre, partie en petits morceaux moins grands que l'ouverture de l'œil.

CHAPEAU. Partie supérieure d'un chevalet, dans laquelle s'assemblent les pieds de ce chevalet.

CHAPELET. Espèce d'armature en fer, à trois branches, servant à fixer le noyau d'une bouche à feu, & qui reste noyé dans le métal qui la forme. Il est très-difficile à fixer. (*Voyez* le mot NOYAU.)

CHAPITEAU. Couvercle de bois en dos d'âne ou en demi-cercle, qu'on met sur les piles de madriers, composant les tables où l'on sèche la poudre, lorsqu'on les désassemble.

CHAPITEAU. Assemblage de deux bouts de planches sur deux autres bouts triangulaires, formant une espèce de toit. On le place sur la culasse du canon pour empêcher l'eau d'y entrer par la lumière.

CHAPPE. C'est la partie en cuivre laminé qui garnit le haut du fourreau de cuir d'un sabre, & sert à le tenir au baudrier ou au ceinturon. L'ancien sabre des dragons en avoit deux. Cette pièce s'appelle aussi *bélière*.

CHAPPE. Mélange de terre, de fiente de cheval & de bourre, qu'on met sur un moule de canon, & qui porte les formes que la bouche à feu doit avoir extérieurement.

CHAPPE. Second baril renfermant celui qui contient la poudre. On n'en met pas aux barils de cinquante kilogrammes; mais la poudre de ceux-ci est renfermée dans un sac.

CHARBON ARTIFICIEL ou DE BOIS. On emploie deux espèces de charbon dans les travaux de l'artillerie : le charbon artificiel ou de bois & le charbon minéral ou houille. Ces deux substances n'ont rien de commun que la couleur & l'action de la chaleur qu'elles donnent. Le charbon de bois de bonne qualité eſt d'une couleur noire-violette, brillant à ſa caſſure, léger, ſonore, & il doit caſſer net. (*Voyez* le mot CHAUFFERIE.)

CHARBON minéral ou houille. Subſtance terreuſe, bitumineuſe & ſulfureuſe, d'un noir foncé; ſon tiſſu eſt ordinairement feuilleté & quelquefois à grains très-fins; il chauſſe plus vivement que le charbon de bois, & conſerve la chaleur plus long-temps. On retire quelquefois du charbon minéral le ſoufre & le bitume ſurabondant qu'il contient, en le calcinant. Le réſultat de cette opération ſe nomme *coack*. (*Voyez* les mots CHAUFFERIE & COACK.)

CHARBONNERIE. Lieu où l'on fait le charbon dans les poudreries. Le charbon deſtiné à la fabrication de la poudre devant être récemment fait, & le plus pur poſſible, on le fabrique dans les poudreries mêmes, au fur & à meſure des conſommations. Cette carboniſation a lieu dans des fours ou dans des foſſes, & jamais on n'en *faude*, qui eſt la méthode uſitée dans les forêts.

Le charbon le plus convenable à la bonne compoſition de la poudre doit être friable, poreux, d'une combuſtion rapide & laiſſant peu de réſidu. Le charbon diſtillé paroît avoir de grands avantages ſur ceux qu'on obtient par les autres procédés.

CHARGE. Quantité de poudre que l'on met dans une bouche à feu pour chaſſer un projectile. On tiroit dans l'origine avec de charges conſidérables; elles ont été des trois quarts, puis de la moitié, & enfin du tiers du poids du boulet. maximum des charges actuelles pour les canons, ſauf les cas où l'on tire à balles, ce qui néceſſite une augmentation de poudre. (*Voy.* les mots CANON, OBUSIER, MORTIER & PIERRIER.)

CHARGE à bandolière. C'étoit autrefois des eſpèces d'étuis en cuir bouilli, fermant avec un bouchon, dans chacun deſquels les ſoldats mettoient une charge de poudre. La bandolière, qui paſſoit devant & derrière leur corps, en étoit garnie par étages.

CHARGE d'épreuve. Quantité de poudre que l'on met dans une bouche à feu pour l'éprouver. (*Voy.* l'article BOUCHES A FEU.) Afin d'ôter l'irrégularité qui exiſtoit dans les charges d'épreuve des canons des armes portatives, on a arrêté que la première charge ſeroit pour tous les calibres égale au double plus un cinquième de la charge de tir ordinaire, & que la ſeconde charge ſeroit égale à la première moins un cinquième. Ces charges diffèrent peu de celles qui étoient précédemment en uſage, à l'exception des ſecondes qui étoient égales aux premières pour le mouſqueton & le piſtolet de cavalerie, ce qui étoit mal calculé, car l'objet de la ſeconde charge d'épreuve eſt de faire manifeſter des défauts que la première ſeule n'auroit pu faire connoître. D'un autre côté, le calcul des charges d'épreuve baſé ſur le diamètre des balles n'a pu être admis, parce que la même balle ſert aux fuſils, aux mouſquetons & aux piſtolets de cavalerie & de marine.

La charge de tir ordinaire a été fixée dernièrement à un quatre-vingtième de kilogramme pour tous les modèles des fuſils de guerre, & à un cent vingtième de kilogramme pour le mouſqueton & le piſtolet de cavalerie.

CHARGEMENT DES VOITURES D'ARTILLERIE. C'eſt la quantité de munitions de guerre, d'artifices, d'outils & d'armes dont on charge les caiſſons, les chariots, les haquets & les charrettes. On ſuit, pour le chargement de ces voitures, un ordre & un arrangement qui ſont mentionnés avec beaucoup de détails dans l'Aide-mémoire.

Le caiſſon de 12 eſt chargé de ſoixante-douze coups, dont huit à balles; le caiſſon de 8, de quatre-vingt-douze coups, dont dix à balles; le caiſſon de 4, de cent ſoixante-huit coups, dont dix-huit à balles; le caiſſon d'obuſier de 6 pouces de cinquante-huit coups, dont trois à balles.

CHARGEOIR. Nom que l'on donnoit autrefois à la lanterne ſervant à charger les bouches à feu. (*Voyez* le mot LANTERNE.)

CHARGER UNE PIÈCE DE CANON DE SIÉGE, DE PLACE OU DE CÔTE. On bouche la lumière avec ſoin, pour éviter tout courant d'air, & par ſuite l'inflammation des débris de gargouſſes ou de bouchons qui auroient pu reſter dans la pièce; on enfonce l'écouvillon, on lui fait faire ſept à huit tours au fond de l'ame, on le rapporte ſur les chevalets où l'on prend le refouloir: on place la gargouſſe dans le canon & on enfonce un bouchon par-deſſus, on enfonce la charge & on la refoule de quatre coups égaux. On retire le refouloir pour introduire le boulet & un bouchon dans la pièce; ces derniers ne doivent être refoulés que de deux coups: la pièce eſt alors chargée, on la met en batterie & on la pointe; on dégorge la lumière au moyen du dégorgeoir qui perce la gargouſſe; on amorce, ſoit avec une étoupille, ſoit en verſant de la poudre dans la lumière & dans le canal d'amorce; enfin on fait feu en touchant légèrement l'amorce avec la mèche du boute-feu. (*Voyez*, pour plus de détails, l'article EXERCICE DES BOUCHES A FEU.)

CHARGER un mortier. On le dreſſe verticalement, on verſe la poudre dans la chambre, on met le papier de la gargouſſe par-deſſus, on le preſſe légèrement avec le refouloir; enſuite on introduit la bombe en la ſoutenant avec un crochet de fer poſé en travers ſur . levier, & la laiſſant deſcendre doucement; on l'arrange de manière que l'œil ſe trouve dans la direction de l'axe du mortier, & on l'assujettit avec quatre éclisses également éloignées les unes des autres, dont deux doivent être placées dans le plan vertical de la direction passant par le milieu du mortier qui se trouve alors chargé. on le baisse, on donne les degrés au moyen d'un quart de cercle qu'on applique sur la bouche, on le pointe avec un fil à plomb qu'on place dans le plan de deux fiches enfoncées sur l'épaulement & dans la direction du but qu'on veut atteindre; on dégorge, on amorce avec une étoupille, & on fait feu.

On a soin de décoiffer la fusée & de faire sortir un peu l'étoupille, afin que la flamme de la charge puisse s'y communiquer sans obstacle: cette flamme devance la bombe par sa vitesse & l'enveloppe avant qu'elle soit déplacée. Quand on tire les bombes à de petites distances & qu'on veut les faire éclater dès qu'elles tombent à terre, il faut diminuer la longueur de la fusée, en coupant le sifflet plus long. (*Voyez*, pour plus de détails, l'article EXERCICE DES BOUCHES A FEU. *Voyez* aussi l'article TIRER LE MORTIER A DEUX FEUX.)

CHARGER un pierrier. Les pierriers se chargent comme les mortiers jusqu'à l'introduction de la poudre inclusivement: alors on place un plateau de bois, & sur ce plateau un panier en osier; on remplit ce panier de pierres. Quand on n'a point de panier, on charge le mortier d'une couche de terre & d'une couche de pierres alternativement jusqu'à la bouche. (*Voyez* les articles PANIER A PIERRIER & PLATEAU A PIERRIER.)

CHARGER un obusier. On bouche la lumière avec le plus grand soin pendant tout le temps qu'on charge l'obusier. On place la poudre dans la chambre, en la refoulant légèrement, on décoiffe la fusée, on introduit l'obus par-dessus la poudre, on place l'œil exactement dans la direction de l'axe & on assujettit l'obus avec quatre éclisses dans l'obusier de 8 pouces seulement; cela fait, on pointe, on dégorge, on amorce & on fait feu comme aux pièces de siége.

CHARGER une pièce de canon de bataille. On bouche la lumière, on pointe & on écouvillonne; on introduit ensuite la charge, on l'enfonce avec le refouloir; on cesse alors de boucher la lumière; on dégorge & on place l'étoupille, on fait feu en approchant le lance à feu de l'étoupille: le coup parti, on remet la pièce en batterie & on la recharge de la même manière.

CHARGER une carabine. On fait tomber la poudre au fond du canon, on place un calpin sur la bouche & la balle par-dessus; on chasse ensuite cette balle avec effort, au moyen d'une forte baguette en acier & d'un maillet, jusqu'à ce qu'elle porte sur la charge de poudre. Le plomb cédant à la force avec laquelle il est poussé, la surface de la balle perd sa forme sphérique & prend celle de l'intérieur du canon.

CHARGER un fusil. On tient l'arme de la main gauche vers l'emplacement de la capucine & à hauteur du téton droit; on ouvre le bassinet avec le pouce de la main droite; on déchire la cartouche avec les dents jusqu'à la poudre, dont on verse une partie dans le bassinet; on abat la batterie avec les deux derniers doigts de la main droite; on passe l'arme à gauche en la laissant descendre jusqu'à terre; on met la cartouche dans le canon; on tire la baguette en alongeant le bras, on la ressaisit par le milieu, on la tourne rapidement pour introduire le gros bout dans le canon, on bourre deux fois; on retire la baguette; on engage le petit bout dans le canal de l'embouchoir, on l'enfonce vivement, & le fusil est chargé.

CHARIOT. C'est, dans un banc de soierie, un assemblage de fer en forme de double T, sur lequel on fixe les canons de fusil pour les faire marcher vers le foret.

CHARIOT à canon. C'est une voiture à quatre roues où les fardeaux se placent sur deux brancards très-près l'un de l'autre, parce que les canons & les mortiers dont on les charge n'y portent que par leurs tourillons. On peut rapprocher ou éloigner le train de derrière de ce chariot de celui de devant, selon la longueur du fardeau que l'on doit y mettre.

Les pièces en bois qui composent le chariot à canon sont: deux armons, une petite sellette, une petite saffoire, un lisoir, un timon, deux volées, quatre palonniers, deux essieux, deux empanons, une sellette de derrière, une flèche, deux brancards, quatre taquets, deux femelles, quatre roues.

Les pièces en fer sont: quatre équignons, quatre heurtequins d'essieu en bois, quatre étriers de siettes d'essieu, deux feyes, quatre brabans d'équignon, quatre happes de bout d'essieu, deux coiffes de sellette & de lisoir avec leurs quatre boulons, deux boulons de petite saffoire, un braban à patte, une coiffe d'armons, deux tirans de volée, deux boulons de volée, un boulon de timon, une pièce d'armons, une cheville à la romaine avec ses deux chaînettes & sa double clavette, onze lamettes, un grand anneau de volée de bout de timon, quatre anneaux plats de volée & de palonniers, un clou rivé pour la tête du timon, une happe à crochet fermé & à virole pour le dessous du bout de timon, une chaîne du timon, deux plaques carrées de têtard, une plaque de flèche, un bandeau de flèche, un lien de flèche & sa cheville, une virole de flèche, deux viroles de bouts de brancards, deux boulons de lisoir, deux étriers de support, deux rondelles de flèche, deux cffes de flèche, un étrier d'empanons, une plaque carrée pour soutenir la tête de la cheville ouvrière, deux ranchets, deux plaques d'appui de roue, une cheville ouvrière, une clavette double.

Chariot à munitions. C'est une voiture à quatre roues sur laquelle on met les outils d'artillerie, les caisses d'armes, les barils à poudre, les pièces de rechange des voitures. On peut l'employer aux mêmes usages que les grandes charrettes, excepté pour le transport des munitions aux batteries de siège, où celles-ci sont plus commodes, parce qu'on peut les faire basculer pour les décharger. Cette voiture est précieuse dans l'artillerie par sa légèreté.

Les pièces en bois qui composent le chariot à munitions sont : deux brancards, une entretoise, un hsoir, quatre épars de fond, une hausse, quatorze épars montans, quarante-huit roulons pour les côtés du chariot, deux ridelles, un hayon de devant, un hayon de derrière, quatre buiettes, deux roues.

Les pièces en fer sont : un essieu, une écharpe pour le dessous du devant du chariot, deux équerres de brancards & d'entretoise, neuf boulons d'écharpe, deux douilles porte-hayon de derrière, quatre esses de hayon, quatre chainettes de hayon, un crochet porte-chaine, une plaque d'appui de roue placée du côté droit, une coulisse de lisoir, un crochet pour soutenir le hayon sous le chariot, quatre ranchets, quatre boulons d'essieu, une rondelle à oreille sous la tête de la cheville ouvrière, deux bandes d'essieu, deux rondelles d'épaulement d'essieu.

Chariot dans les fonderies. Ce chariot est à roues égales, basses, pleines, en bois ou en métal, parce qu'elles fatiguent beaucoup; elles doivent pouvoir passer sous le chariot : le dessus du chariot ne doit pas être plus élevé que le seuil de la porrière; il est à timon; on y ajuste un cordage pour le faire tirer par dix ou douze manœuvres. Il sert à porter les matières au fourneau, & les bouches à feu d'un atelier à l'autre.

Chariot de forerie. Dans les fonderies, c'est une machine qui sert au forage des bouches à feu.

CHARRETTE. Voiture à deux roues, avec des ridelles & une limonière. On ne fait pas usage de la charrette en campagne, à cause de l'inconvénient qu'elle a d'écraser le limonier dans les descentes, & de faire la bascule dans les montées. Dans l'un & l'autre cas, la charge tend naturellement à produire ces deux effets par les différentes inclinaisons des plans. Le chariot, qui, par le moyen de ses deux roues de plus, divise la charge, lui est préférable, puisqu'il peut surmonter facilement les obstacles avec les mêmes forces Dans un siège, les charrettes sont préférables par la facilité que l'on a de décharger les munitions en leur faisant faire la bascule; au lieu qu'avec le chariot, il faut jeter pièce à pièce ce qui est dessus; la précipitation avec laquelle cela se fait, brise souvent les effets, & le bruit provoque le feu de la place.

On fait usage de charrettes à munitions & de charrettes à boulets.

Nomenclature des pièces qui composent la charrette à munitions . *pièces en bois :* deux limons, une hausse, six épars de fond, seize épars montans, quarante-deux roulons, deux ridelles, deux tréfailles, quatre buiettes, quatre ranchets, deux roues.

Les ferrures sont : un essieu en fer, deux boîtes de cuivre, deux ragots, deux crochets d'attelage, quatre boulons d'essieu, deux rondelles ouvertes pour contenir l'essieu & ses boulons, quatre porte-ranchets, quatre clous rivés de tréfaille, quatre pitons, quatre contre-rivures, quatre esses de tréfaille, six chainettes, deux crochets porte-tréfailles, deux clous rivés de limon, quatre clous rivés de ranchet.

Les pièces en bois de la charrette à boulets sont : deux limons, une hausse, quatre épars de fond, douze épars montans, vingt-six roulons, deux ridelles, deux hayons de devant & de derrière, quatre buiettes, deux roues.

Les ferrures sont · un essieu, deux boîtes en cuivre, deux ragots, deux crochets d'attelage, quatre boulons d'essieu, deux bandes d'essieu, deux rondelles ouvertes pour contenir l'essieu & ses boulons, quatre clous rivés de tréfailles, quatre pitons, quatre contre-rivures, quatre esses de tréfailles, quatre chainettes, deux douilles de hayon, un crochet de hayon, deux arrêtons pour le hayon de devant, deux clous rivés de limon.

Charrette à bras. Voiture à deux roues employée dans l'intérieur des arsenaux d'artillerie, pour transporter à bras des menus objets, des copeaux, &c.

Les pièces en bois qui composent cette voiture sont · une hausse, quatre épars de fond, huit épars montans, deux ridelles, vingt-un roulons de chaque côté de la charrette, trois buiettes, deux hayons (composés d'une tréfaille, une traverse, trois épars, quatre roulons), une flèche, un essieu, deux roues.

Les ferrures sont : deux équignons, deux brabans d'équignon, deux happes à anneau pour bout d'essieu, deux heurtequins, deux étriers d'essieu, un boulon de flèche, une virole pour le petit bout de la flèche, une esse de flèche & sa chainette, quatre clous rivés de tréfailles avec leurs quatre chainettes, quatre arrêtons de hayons.

CHASSE. Nom qu'on donne au moule de dessus avec lequel on étampe la lame de la baïonnette & la douille de cette pièce. Il en faut pour cet objet de différentes dimensions, ainsi que pour les lames de sabre, &c.

CHASSE-CALOTTE. Morceau de bois dur concave en dessous, servant à enfoncer la calotte sur la soie de la lame de sabre.

CHASSE-NOIX. Espèce de poinçon qui, placé dans le trou de la vis de noix, sert à faire sortir l'arbre de la noix du trou carré du corps de platine.

CHASSE-POIGNÉE. Morceau de bois dur qui sert à pousser la poignée du sabre sur la soie de la lame, jusqu'à ce qu'elle porte bien sur la coquille. Le chasse-poignée a un trou dans le milieu d'un de ses bouts, pour recevoir le haut de la poignée; & dans ce trou en est un autre pour recevoir la pointe de la soie, lorsque la poignée est entièrement chassée.

CHASSE-FUSÉE. Outil servant à enfoncer les fusées dans l'œil des bouches, obus & grenades. Il se compose d'un manche en bois de hêtre ou d'orme, arrondi en dessus & creusé en godet dans la partie inférieure, pour l'emboîture des fusées.

CHASSIS DE PONT. Pièces de bois destinées à empêcher l'écartement des côtés des bateaux peu solides. Elles sont entaillées à leurs extrémités pour le logement des plats-bords. On nomme aussi *châssis* d'autres pièces de bois servant à réunir des tonneaux, des caisses, des outres, &c., pour former des radeaux.

CHASSIS servant au moulage des projectiles creux. Il est composé de deux caisses carrées sans fond qui se placent l'une sur l'autre, & qui se réunissent ensemble d'une manière aussi exacte que solide par des goujons de repaire, des coulisses à queue d'hyronde & des crochets. A chaque côté du châssis, pour les bombes, sont clouées sur les côtés deux barres en bois arrondies aux extrémités, qui débordent de o mèt. 135 à o mèt. 162 (5 à 6 pouces), & au moyen desquelles on manœuvre facilement ces caisses, dont le poids devient considérable lorsqu'elles sont pleines de sable comprimé.

La caisse de dessous, qui est la plus haute, & à laquelle sont adaptées les coulisses, porte une traverse en fer coulé, nommée *barette*, posée de champ & à fleur de ses bords. Cette traverse a dans le milieu un renflement conique percé d'outre en outre d'un trou cylindrique destiné à recevoir, tantôt l'arbre du globe-modèle, tantôt celui du noyau; trois des angles intérieurs de cette caisse sont renforcés par des prismes triangulaires en bois; le quatrième reste vide pour l'emplacement du jet.

La hauteur de cette moitié du châssis est déterminée pour chaque calibre par la moitié du diamètre du globe, plus la hauteur du bourrelet de son arbre, plus celle de la barette. La hauteur de l'autre partie qui porte la queue d'hyronde est égale à celle du demi-globe, plus environ o mèt. 054 (2 pouces). Le côté intérieur de l'une & de l'autre est tel, dans tous les cas, qu'il ait o mèt. 040 à o mèt. 054 (1 pouce 6 lig. à 2 pouces) de sable autour du modèle.

La barette fixée au châssis supérieur est destinée à diriger le placement du noyau au centre de la sphère, & à la même place occupée précédemment dans le moulage par l'arbre du modèle. Pour l'ajuster on place le châssis sur la planche à mouler, le demi-globe étant au milieu, puis faisant entrer l'arbre dans le trou de la barette, on assujettit solidement cette dernière, de façon qu'elle porte sur le bourrelet, ce dont on s'assure en remuant le châssis, qui doit tourner facilement en frottant un peu sur la planche.

CHASSIS de transport. Ce châssis sert pour tous les calibres. On l'emploie à transporter les affûts de place au moyen de l'avant-train de siége. Il se compose de deux brancards, d'une entretoise de lunette, d'une bande pour contenir l'écartement des brancards. Une cheville à piton sert d'appui au châssis, dont le bout de derrière se loge dans l'intervalle des flasques.

CHAT. Instrument ayant ordinairement plusieurs griffes à l'un de ses bouts, & servant à s'assurer s'il existe des chambres dans un canon de fusil. On passe aussi un chat à une seule branche dans les fourreaux de sabre en tôle, pour connoître s'ils sont d'une seule pièce.

CHAT. Instrument à hampe & à trois branches élastiques, coudées à leur extrémité, qui servoit autrefois à reconnoître la position & la profondeur des chambres des bouches à feu. Cet instrument, insuffisant à cet objet, a été remplacé par *l'étoile mobile*.

CHAT. Pièce de bois percée d'un trou pour le passage du câble qui retient un pont-volant; elle est retenue dans deux rainures pratiquées dans deux traverses horizontales, & doit s'y mouvoir librement.

CHATRER UNE ROUE. C'est diminuer la longueur des jantes d'une roue, afin de pouvoir resserrer & concentrer le système de ses différentes parties sur le moyeu, & rendre leur assemblage plus exact & plus solide.

CHAUDE. Degré de feu qu'on donne à une pièce de fer ou d'acier mise au foyer d'une forge.

CHAUDE grasse. Degré de feu qu'on donne au fer pour le réparer, & qui est moins fort que celui de la chaude suante.

CHAUDE fuante, ou foudante. Degré de chaleur qu'on donne au fer pour le fouder ; il approche de celui de la fufion ; il eſt alors d'une couleur blanche, qu'on appelle en certains pays *blanc de lune*. Lorſqu'on ne veut que diſpoſer la pièce de fer à la foudure, ou la repaſſer, la chaude eſt de couleur *rouge-ceriſe*.

CHAUFFE. Partie du fourneau de fonderie où ſe fait le feu, pour mettre les métaux en fuſion.

CHAUFFERIE. Fourneau ou foyer dans lequel on affine la fonte pour la réduire en barres de fer. Il eſt compoſé d'un ſol élevé au-deſſus de celui de l'uſine, d'une cheminée en hotte qui le recouvre, d'une eſpèce de chemiſe ou garde-feu qui deſcend obliquement de la hotte vers un des jambages ; ce mur eſt deſtiné à garantir les ouvriers de la trop grande ardeur du feu. Une cavité rectangulaire, garnie de plaques de fonte, eſt pratiquée dans le ſol élevé du fourneau ; elle eſt deſtinée à contenir le creuſet de briaſque qu'on doit y former. La tuyère des foufflets s'appuie ſur une des plaques de côté, nommée *varme*.

On emploie deux eſpèces de charbons dans les chaufferies, le charbon naturel ou minéral, & le charbon artificiel ou de bois. Ces deux ſubſtances n'ont, comme on le ſait, preſque rien de commun que la couleur & l'action de la chaleur qu'elles donnent.

Les qualités de la houille varient ſuivant les mines d'où elle a été tirée ; mais on en diſtingue ordinairement deux eſpèces, ſuivant la propriété de l'une ou de l'autre de donner un feu & une chaleur plus ou moins nourris, & des degrés d'intenſité différens.

La houille graſſe eſt d'une couleur noir-mat ; elle eſt compacte, brûle avec une flamme vive, & ſoutient long-temps l'état d'embraſement ; elle ſe colle au feu en s'enflammant, à cauſe de l'abondance du bitume qu'elle contient ; elle ſe réduit, pour la plus grande partie, en pouſſière griſâtre comme la cendre de bois, mais moins pure.

La houille maigre eſt plus légère, plus ſèche, & d'une couleur plus luiſante : il s'en trouve qui donne une flamme vive & abondante, mais qui n'eſt pas capable d'un fort embraſement ; d'autre qui brûle difficilement avec peu de flamme, & qui, néanmoins, ſe conſume bientôt. L'action du feu réduit ces eſpèces de houille en maſſes poreuſes & ſpongieuſes qui reſſemblent à des ſcories.

On voit que la houille graſſe, que les ouvriers appellent *houille forte*, réunit plus d'avantages que l'autre, qu'ils appellent, par oppoſition, *houille foible* ; mais ſon feu eſt ſouvent trop ardent, ce qui oblige d'y mêler de la houille maigre, ou de l'argile qui lui donne en même temps plus de conſiſtance. Au ſurplus, il ſe trouve quelquefois de la houille qui participe des qualités de la graſſe & de la maigre.

La houille qui eſt trop ſulfureuſe doit être rejetée, parce que l'acide ſulfureux dégagé par le feu détériore le fer & empêche de le fouder. Il eſt facile de reconnoître cette qualité à la fumée épaiſſe & jaunâtre dont elle couvre le foyer.

Le charbon artificiel, ou de bois, de bonne qualité, eſt d'une couleur noire-violette ; brillant à ſa caſſure, léger, ſonore, ſec, & il doit caſſer net. Il provient ordinairement de jeune bois de o mèt. 027 (1 pouce) à o mèt 097 (1 pouce 6 lig.) environ de diamètre. Le moins poreux eſt le meilleur ; il ne doit avoir ni odeur, ni ſaveur.

On n'aperçoit ſur un braſier de bon charbon qu'une légère flamme bleue ou violette ; ce qui annonce qu'il eſt dépouillé de la plus grande partie de l'humidité, & de l'huile la plus groſſière que contenoit le bois.

Le charbon eſt au contraire de mauvaiſe qualité, 1°. s'il eſt trop conſumé : dans ce cas il a perdu une partie de ſon principe inflammable ; ſa couleur eſt comme celle de la braiſe, d'un noir terne ; 2°. s'il n'eſt pas aſſez cuit ; la couleur de cette eſpèce eſt griſâtre ; il caſſe difficilement, brûle & fume comme le bois ; c'eſt ce qui le fait nommer *fumeron* ; 3°. s'il provient de vieux bois ; cette qualité n'a pas de corps & donne peu de chaleur.

La chaleur du charbon de bois paroît être à celle du charbon minéral comme un eſt à quatre. Ces deux ſubſtances mêlées enſemble font une excellente chaufferie.

On diminue la conſommation du charbon de bois, en aſpergeant fréquemment & aſſez abondamment le foyer avec de l'eau chargée d'argile. Cette opération, analogue à celle qui ſe pratique dans l'emploi de la houille, concentre la chaleur, empêche le charbon de brûler inutilement à la ſurface, & donne plus de conſiſtance à la maſſe du combuſtible.

CHAUSSE-TRAPE. Sorte d'arme défenſive qui n'eſt plus guère en uſage. Elle eſt compoſée de la réunion de quatre pointes en fer, aſſemblées par un bout à un centre commun, & qui, portant ſur trois de ces pointes, préſente toujours la quatrième en l'air. on en parſemoit quelquefois les paſſages & avenues par leſquelles l'ennemi pouvoit arriver à des retranchemens, & les gués des rivières dont les eaux ſont tranquilles. Les chauſſe-trapes étoient ſurtout dangereuſes pour la cavalerie, en ſe fichant dans les pieds des chevaux & les enclouant. Il en falloit avoir à profuſion.

CHAUSSES DE MAILLES. Partie en écailles de l'ancienne armure, qui ſervoit à couvrir les cuiſſes & les jambes.

CHEMISE. Tube de fer ſur lequel le ruban doit être roulé & ſoudé pour former le canon à ruban. (*Voyez* l'article CANON A RUBAN.)

CHEMISE de batterie. Revêtement en faucissons, gabions ou claies de l'épaulement d'une batterie de canons. Elle sert à soutenir les terres.

CHEMISE de mailles. Ancienne arme défensive, composée de petits anneaux de fer ou de chaînettes, liés l'un à l'autre.

CHEVALET. Grosse fourchette dont on se servoit autrefois pour soutenir le canon à main.

CHEVALET de pont. Espèce de banc employé pour support dans les ponts. Il se compose d'une pièce de bois équarrie, nommée *chapeau*, dans laquelle s'assemblent quatre montans à queue d'hyronde; deux traverses unissent les pieds qui sont vers le même bout du chapeau. Lorsque les bateaux sont trop larges, on met un chevalet au milieu. Quand on doit construire un pont de chevalets, on trace sur le dessus du chapeau de chaque chevalet, des lignes perpendiculaires à sa longueur, marquant la place des poutrelles qui posent sur ce chapeau.

CHEVALETS servant à porter les armemens des bouches à feu. Ce sont quatre piquets plantés obliquement de deux en deux, se touchant & se croisant hors de terre, où on ne les enfonce que de o mèt. 32 (1 pied), & fixés ensemble à leur croisière avec de la mèche : cette croisière forme un angle droit.

CHEVAUCHER. C'est croiser les bords d'une lame à canon pour former le tube. (*Voyez* l'article CANON DE FUSIL.)

CHEVET. On donne ce nom à l'extrémité des caisses d'armes portatives, faite de deux planches mises à plat l'une contre l'autre.

CHEVET. Nom qu'on donnoit autrefois au coin de mire des mortiers.

CHEVILLE OUVRIÈRE. Tige tronc-conique en fer, fixée sur la sellette de l'avant-train, qu'on réunit à leur affût en introduisant la cheville dans la lunette. Aux avant-trains de siège & aux caissons, la cheville ouvrière est perpendiculaire sur le dessus de la sellette.

CHEVILLETTES. Petites pièces de fer servant à joindre & à serrer, par leur torsion, les différens liens des rais, des jantes, &c.

CHÈVRE. C'est une machine dont on se sert pour élever des fardeaux considérables, tels qu'une pièce de canon de gros calibre pour la placer sur son affût, sur un chariot, &c., ou pour l'ôter de dessus ces voitures.

Il y a dans l'artillerie deux espèces de chèvre: l'une brisée, qu'on peut démonter, & qui sert en campagne, & celle ordinaire, qui est toujours assemblée, & dont on se sert dans les places.

La chèvre ordinaire est composée de deux pièces de bois qu'on nomme *hanches*, assemblées par trois épars: les épars sont assujettis par des crochets ou des clavettes. Entre le grand & le moyen épars est un treuil. Les hanches ont trois dimensions, la *tête*, le *cintre* & le *bout*, qui est garni d'un piton; elles ont trois délardemens placés entre les épars & le treuil.

Le treuil a trois dimensions, le *corps*, les *mortaises* & les *tourillons*; la partie des mortaises est garnie de frettes.

Les hanches sont soutenues par un pied garni d'un piton fretté; elles sont unies à un bout par une bande de fer qu'on nomme *coiffe de chèvre*, qui sert aussi à recevoir la tête du pied. Deux boulons traversent la coiffe ainsi que les deux hanches, entre lesquelles sont deux poulies de cuivre séparées par une languette en fer, & traversées par un des boulons de la tête de chèvre qui leur sert d'axe.

La chèvre est équipée à l'ordinaire, lorsqu'elle est soutenue par son pied; à haubans, lorsqu'elle est soutenue par deux cordages; & en cabestan lorsqu'elle est couchée & fixée par des piquets.

Pour les manœuvres de la chèvre équipée à l'ordinaire, il faut au moins huit hommes quand on veut lever des pièces de 8, de 12, ou faire deux pareils; & douze à vingt hommes, quand ce sont des pièces de 16 ou de 24.

Les agrès nécessaires sont: un câble, deux écharpes simples, six leviers, deux traits à canon. Six hommes portent la chèvre, un septième son pied, & un huitième ses agrès.

La chèvre brisée se compose des mêmes pièces que la chèvre ordinaire; seulement les hanches sont réunies par un boulon au lieu d'une coiffe, & les épars sont fixés sur les hanches au moyen de boulons à tête longue & percée, & de six crochets, au lieu d'être assemblés à tenons & mortaises. Lorsqu'on veut transporter cette chèvre, on la démonte, & on se sert des boulons & des crochets pour assujettir les épars le long des hanches. Elle n'est propre qu'à des manœuvres lentes & visibles, ainsi que le fait observer le général Gassendi, ce qui est un inconvénient grave à la guerre.

Lorsqu'on n'a point de chèvre, on peut y suppléer en construisant une chèvre postiche: pour cela on prend deux pièces de bois de 4 mèt. 86 à 6 mèt. 48 (15 à 20 pieds) de longueur; on les établie en écartant les gros bouts d'un peu plus de la moitié de leur longueur; on réunit les petits bouts à o mèt. 32 (1 pied) de leur extrémité, en les entourant fortement avec une demi-prolonge, puis en formant quelques tours de haut en bas qui croisent sur les autres; on accroche à ces derniers

tours

CIM   CLA   65

tours une écharpe double. On équipe alors cette chèvre à haubans, en enfonçant les pieds pour qu'elle ne glisse pas.

CHEVRETTES SIMPLE & DOUBLE. Elles servent à soulever les voitures pour en changer les roues ou pour graisser les essieux; elles sont composées d'un ou deux madriers verticaux assemblés sur une base; elles sont armées d'un levier de 3 mèt. 89 à 4 mèt. 86 (12 à 15 pieds) de longueur, serré par son gros bout en forme de croc, jusqu'à une certaine distance du côté de son point d'appui. Dans la chevrette double, le point d'appui se trouve sur un boulon traversant les deux madriers, dont on peut, par le moyen des trous ménagés dans lesdits madriers, changer & varier la hauteur au besoin. Dans la chevrette simple, il est contenu dans le madrier par un boulon qui le traverse. Ces chevrettes, avec leur levier d'abattage, peuvent être remplacées dans les manœuvres de l'artillerie par un bout de madrier vertical, qu'on nomme *pointal*, & qui sert d'appui aux leviers ordinaires lorsqu'on veut ôter une roue, &c.

CHEVROTINE. Nom de petites balles de plomb dont on ne fait plus usage que pour la chasse. On en employoit autrefois dans l'artillerie qui étoient de la cent soixante-sixième partie d'une livre. (*Voyez* le mot DRAGÉE.)

CHIEN. Pièce d'une platine, entre les mâchoires de laquelle est retenue la pierre, au moyen d'une vis qui est percée au milieu de sa tête pour avoir la facilité de serrer ou de desserrer la pierre. Les pièces qui le composent sont : la mâchoire supérieure, la mâchoire inférieure, la crête, le cœur, la vis, le carré, l'épalet & les reins. On a donné le nom de *chien* à cette pièce présentant deux mâchoires, par une sorte de ressemblance avec la gueule de cet animal, qu'on imitoit d'ailleurs assez souvent dans l'origine des armes à feu.

CHIO. Plaque en fonte, percée d'une ouverture pour faire couler la fonte & les scories. On donne également le nom de *chio* à cette ouverture.

CIBLE. But en planche dans lequel on fait viser les soldats pour les exercer à tirer juste. (*Voyez* l'article TIR DES ARMES A FEU.)

CIMETERRE. Arme ancienne conservée & modifiée dans l'Orient. C'est un sabre lourd, composé d'une lame large & recourbée au bout opposé à la poignée, tranchant d'un seul côté, ayant une garde.

CIMIER. Ornement que les chevaliers mettoient au-dessus de leur casque. On sait que c'est de cet usage que le cimier des armoiries a pris son origine.

ARTILLERIE.

CINGLER LE RENARD OU LA LOUPE. C'est les porter sous le gros marteau pour les réduire en un barreau qu'on nomme *pièce*.

CINQUENELLE. Cordage de 0 mèt. 054 (2 pouc.) de diamètre & de 117 mèt. (60 toises) de longueur, tendu sur les becs de tous les bateaux d'un pont, & uni à ces bateaux pour consolider le pont. Les cinquenelles sont devenues inutiles depuis qu'on a remplacé les clameaux par des commandes de pontage.

La cinquenelle a quatre torons, deux cent seize fils; elle est terminée à chaque bout par une boucle.

CINTRE DE MIRE. Coude que font les flasques de l'affût de siége & de campagne, vers leur milieu, en dessus. Ce cintre a été donné pour diminuer le recul de l'affût : son vice est d'obliger à contre-tailler le bois, & par-là d'affoiblir le flasque, quand le madrier d'où on le tire n'est pas naturellement courbe.

CINTRE de crosse. Partie arrondie des flasques d'affûts, portant à terre quand la bouche à feu est en batterie, servant à faciliter ses mouvemens en avant.

CISEAU. Outil en acier fin & trempé, servant à couper le bois, le fer & l'acier. Les limes se retaillent au ciseau.

CISELET. Petit ciseau en acier trempé, dont les équipeurs-monteurs se servent pour mettre en bois des pièces d'armes.

CISELET dans les fonderies. Ciseau en acier à huit pans; il y en a de plats, en langue de carpe, en gouge, en bec d'âne; ils servent à enlever la matière que le tour ne peut enlever, telle que le superflu des anses, &c.

CIVIÈRES Il y en a à pieds & sans pieds, pour transporter les bombes, obus & toutes sortes d'objets; il y en a aussi à toiles, sans épais, qui servent pour le transport des barils de poudre.

CLAIES. Tissus de branchages entrelaçant des piquets placés en ligne droite. On s'en sert à défaut de fauchssons & de gabions, pour faire les revêtemens des batteries. Elles se construisent au moyen de sept ou neuf piquets également espacés, qu'on entrelace avec des branches sans feuilles, un peu plus fortes que celles dont on fait usage pour les gabions, en laissant alternativement un piquet en dedans & un en dehors; après quatre tours on serre l'entrelacement à coups de maillet, & on continue de la même manière jusqu'au sommet des piquets; alors on lie ensemble trois tours avec quatre petites harts, on dégage & on lève la claie, & on la lie de même de l'autre côté. Les claies

I

ont ordinairement 2 mèt. (6 pieds) de longueur, & 1 mèt. (3 pieds) de hauteur ou largeur.

CLAME. Petite verge de fer ployée en deux par fon milieu, qui, dans un banc de foterie, fert à retenir la tête des forets dans la mouflette.

CLAMEAU. Efpèce de crampon fervant à lier les poutrelles de ponts aux plats-bords des bateaux, aux corps-morts, &c. Il fe compofe d'une petite barre de fer terminée par deux pointes ou branches qui lui font perpendiculaires. On le nomme *clameau plat*, lorfque les deux pointes font dans le même plan, & *clameau à deux faces*, lorfque les deux pointes font dans deux plans perpendiculaires l'un à l'autre.

CLAVETTE. Pièce en fer, plate, plus large par un bout que par l'autre, que l'on infère dans l'ouverture d'un boulon ou d'une cheville en fer, pour retenir & fixer ces pièces. Vers l'an 1740 on a remplacé, dans les conftructions des affûts des pièces d'artillerie, les clavettes par des écrous qui font plus folides, plus commodes & plus durables; mais on a confervé des clavettes ou fusbandes des affûts que l'on eft dans le cas de déplacer dans les manœuvres pour changer d'encaftrement, &c.

CLEF À ÉCROU. Pièce de fer terminée à chaque bout par un anneau carré de la grandeur à recevoir le carré d'un écrou, & fervant à le ferrer. Elle a environ o mèt. 6495 (2 pieds) de longueur.

CLEF de moufquet. Inftrument en fer ayant un trou carré fait en efpèce de manivelle, & fervant à bander le reffort d'une platine à rouet. Il y en avoit de plus petits pour piftolets & pour carabines à rouet. Les arbalètes à jalet fe tendoient au moyen d'une clef.

CLEF de prolonge. Pièce de fer fixée, au moyen d'un anneau placé dans fon milieu, au bout de la prolonge. Elle fert à la raccourcir ou à la doubler.

CLOCHES. Dans les places conquifes, les cloches appartenoient autrefois au grand-maître de l'artillerie, & les villes les rachetoient. Les uftenfiles en cuivre des habitans étoient compris dans cette réferve des cloches. Le grand-maître ne gardoit ordinairement pour lui qu'une partie du rachat, qu'il déterminoit à fon gré, & cédoit l'autre à fon lieutenant & aux officiers d'artillerie. Il falloit que les places euffent été attaquées avec de l'artillerie pour qu'on eût droit fur les cloches. Cet ufage, tombé en défuétude, a été rétabli, en 1807, à la prife de Dantzick: les cloches ont été données à l'artillerie, & la ville les a rachetées. Les fapeurs & mineurs ont été compris dans les troupes d'artillerie. (*Voyez* l'Aide-mémoire d'artillerie.)

CLOU DU CHIEN. Pièce d'une platine. (*Voyez* VIS DE NOIX.)

CLOUS dans les fonderies. On s'en fert pour fixer les modèles des anfes en cire fur le moule des bouches à feu; il en faut trois par anfe; ils ont de longueur trois fois celle de l'anfe; leur tête eft à anneau, afin de pouvoir les retirer lorfque le moule eft fini.

On fait auffi ufage de clous pour fixer le modèle en plâtre des tourillons fur le moule de la bouche à feu; ils ont une longueur double de celle des tourillons, & font placés en dehors des modèles; on met des échiffes dans l'intervalle des clous au modèle, & on y coule du plâtre.

CLOUYÈRE. Efpèce d'étampe pour former la tête des clous & celle des vis. On l'appelle quelquefois *cloutière*.

COAK ou COAL. Charbon de terre privé, par la calcination, de la matière graffe & du foufre qu'il contient. La matière graffe rendroit les morceaux adhérens les uns aux autres, & le foufre, en s'uniffant au fer, le rendroit caffant.

COCHES. Entailles faites fur un corps, en général, pour en recevoir un autre. Les coches ou crans de la noix d'une platine font deftinés à recevoir le bec de gachette. On fait auffi des coches fur les canons, après avoir mefuré leur épaiffeur, pour indiquer à l'émouleur le fer à enlever.

CŒUR DU CHIEN. Vide formé par la fous-gorge & le dos ou les reins du chien d'une platine.

COFFRE. Nom qu'on donne à l'épaulement d'une batterie de fiége.

COFFRES de rempart. Ils fervent à tenir les gargouffes en fûreté, en temps de fiége: on les appelle auffi *caiffes à munitions*. Leurs dimenfions doivent être relatives aux calibres & à la facilité de leur tranfport.

COFFRET D'AFFUT. Il y a des occafions à la guerre, où l'on ne peut pas placer les caiffons qui portent l'approvifionnement des canons à portée des batteries, faute d'abri; on a fait, pour ces occafions, de petits coffres qui contiennent un certain nombre de coups, & qui fe logent en route dans l'intervalle des flafques: ces coffrets font montés fur deux petits brancards, qui fervent à les foutenir deffus l'affût, & à les tranfporter à bras d'hommes. Leur ufage effentiel eft de fournir des cartouches aux batteries trop expofées au feu de l'ennemi, parce qu'alors on tient les caiffons & les chevaux dans les ravins ou derrière les monticules les plus à portée de la batterie. Quand les hommes chargés d'approvifionner le canon avec ces coffrets ont à manœuvrer pour changer de position, ils les mettent fur l'avant-train, où l'on a réfervé une place pour cet ufage.

Les parties en bois du coffret, font : le fond, les côtés, les divifions, les pignons, le couvert, les bras.

Les ferrures font : la tôle du couvert, deux charnières, un moraillon & fa femelle, quatre équerres de tôle épaiffe, un tourniquet, deux étriers à bras de coffret, quatre boulons qui traverfent les bras, une double équerre pour le deffous du coffret.

Coffrets à graiffe. Ils font doublés d'une boîte de fer-blanc, & ils contiennent chacun 18 à 20 kil. (36 à 40 liv.) de graiffe pour les voitures.

COIFFER LA FUSÉE. Les fufées à bombes étant chargées, on replie la mèche dans le calice, & on ferme l'ouverture avec un morceau de toile ou de parchemin qu'on attache folidement au-deffous de la tête. Cette opération s'appelle *coiffer la fufée*.

Lorfqu'on veut conferver les fufées en magafins, ou les tranfporter en campagne, pour les garantir de l'humidité & du feu, on enduit la coiffe d'une compofition de feize parties de cire jaune & de quatre de fuif de mouton.

COIN. C'eft un prifme triangulaire, dont une des faces, qu'on appelle *la tête du coin*, eft ordinairement plus étroite que chacune des deux autres; celles-ci forment par leur rencontre une arête qui eft le *tranchant* du coin ; c'eft par cette arête que le coin pénètre dans le corps que l'on veut divifer.

On appelle quelquefois *coins* les écliffes dont on fe fert pour affujettir la bombe dans le mortier.

Coin de mire. Il fert à élever la culaffe d'une bouche à feu, fuivant la pofition de l'objet fur lequel on tire. Il a été remplacé par les vis de pointage, mais il eft employé pour les affûts de montagne & les mortiers.

Coin de recul ou d'arrêt. Coin portant une poignée en bois fur le côté, dont on fe fert pour arrêter l'affût de place fur fon châffis, lorfqu'il a fini fon recul, & qu'il tend à retourner en batterie.

COLISMARDE. Épée longue & déliée, mais élargie jufqu'à environ 0 mèt. 216 (8 pouc.) de la garde, pour mieux écarter, dans la parade, l'épée de l'adverfaire.

COLLECTION DE PIÈCES D'ARMES. Il feroit utile qu'il y eût dans chaque manufacture d'armes une collection préfentant la férie d'opérations, depuis la barre de fer jufqu'à la pièce finie : ces fortes de tableaux fynoptiques fe gravant & reftant mieux dans la mémoire que les defcriptions des procédés de fabrication. Il faudroit qu'il y eût, autant que poffible, de femblables collections dans les divers établiffemens de l'artillerie.

COLLET. Partie de la vis du chien qui eft la plus voifine de la tête.

COLLET du canon. C'eft l'extrémité d'une pièce de canon vers le bourrelet, après l'aftragale.

COLLIER A LA PRUSSIENNE. C'eft une branche de fer coudée en forme d'étrier, portant à une de fes extrémités une chaîne dont un de fes anneaux s'arrête au crochet qui eft à l'autre côté de l'étrier. Ces colliers remplacent, dans les ponts ftables, les commandes de guindage.

COMBLEAU. Cordage fervant à atteler les chevaux au baquet, quand on en met plus de fix.

COMITÉ D'ARTILLERIE. C'eft la réunion de plufieurs généraux & officiers fupérieurs d'artillerie, qui s'occupent des améliorations à faire tant dans le matériel que dans le perfonnel de ce fervice. Sa compofition a varié à diverfes époques; mais le comité d'artillerie actuel, créé par l'ordonnance du 31 mars 1820, eft compofé de trois lieutenans-généraux & de deux maréchaux-de-camp. Il s'occupe de l'examen & de la difcuffion des projets, propofitions, affaires générales ou particulières, dont le renvoi lui eft fait par le miniftre de la guerre ; il émet fur chacun d'eux un avis motivé, qu'il adreffe directement à Son Excellence. Ce comité fpécial & confultatif eft permanent.

L'ordonnance précitée porte : 1°. les officiers-généraux qui auront été chargés de l'infpection du matériel de l'artillerie, & qui ne feroient pas partie de ce comité, y feront appelés lors de la difcuffion des projets relatifs aux établiffemens de leur arrondiffement, & ils y auront voix déliberative.

2°. Pendant la durée des infpections générales, auxquelles pourront être appelés quelques-uns des officiers-généraux qui compofent le comité de l'artillerie, le nombre des membres de ce comité fera maintenu à cinq, en y ajoutant des officiers-généraux ou colonels, qui conferveront néanmoins les emplois dont ils font pourvus, & qu'ils reprendront au retour des infpecteurs-généraux.

COMMANDES D'ARMES. On fait au commencement de chaque année les commandes d'armes portatives aux entrepreneurs des manufactures royales; elles doivent s'exécuter du premier janvier de l'année à la même époque de l'année fuivante.

Les commandes de pièces d'armes doivent fe faire d'après les commandes générales d'armes, & de manière à en avoir un approvifionnement pour un mois d'avance, dans chaque degré de fabrication où elles sont reçues en magasin. Dans les manufactures où l'on a à redouter les temps de sécheresse, on s'approvisionne d'avance, pendant l'abondance des eaux, en lames à canons & en canons usinés, ainsi qu'en baguettes de fusils & en baïonnettes également usinées.

COMMANDES de pontage. Cordages qu'on emploie au lieu de clameaux, dans la construction des ponts. On fait passer ces commandes dans des crochets fixés en dedans des côtés du bateau; elles embrassent les poutrelles de quatre tours. & établissent une liaison solide entre les bateaux & le tablier du pont.

COMMANDES de guindage. Cordages servant à brêler les guindages.

COMMINGES. Gros mortiers de 0 mèt. 49 (18 ponc.) de calibre, pesant 2546 kilog. (5200 liv.), dont la chambre renfermoit 8 kilog. 8 (18 liv.) de poudre, & qu'on coula sous Louis XIV. Ce roi avoit pour aide-de-camp un comte de Comminges, d'une très-haute & forte stature; en voyant ces mortiers démesurés, il dit : Ah ! ce sont des comminges. Le nom leur en est resté. (*Voyez* la *Panoplie*.)

COMPAS A TÊTE. C'est un compas dont une des branches est terminée par une pointe, comme au compas ordinaire, & l'autre par une tête conique qui est destinée à entrer dans un trou quelconque, du centre duquel on veut prendre la distance à un autre point. Il sert aux platineurs pour décrire des cercles sur le corps de platine.

COMPAS d'épaisseur. C'est une verge d'acier pliée dans son milieu, de façon qu'elle forme deux branches suffisamment rapprochées l'une de l'autre. L'une de ces branches s'introduit dans le canon, où elle est assujettie au moyen d'un ressort dont elle est garnie par le bas; l'autre descend en dehors. le long du canon, & est traversée vers son extrémité par une vis horizontale. En faisant tourner le compas dans le canon, cette vis indique l'endroit où il faut ôter du fer. La longueur du compas est d'un peu plus de la moitié de celle du canon de fusil.

COMPASSEUR. Ouvrier qui vérifie l'épaisseur du canon au moyen du compas d'épaisseur.

COMPOSITIONS D'ARTIFICES. Substances qui entrent dans la fabrication des artifices. M. le général Gassendi fait observer qu'elles devroient être plus simples qu'elles ne sont. A quoi bon, par exemple, dit ce général, employer dans telle ou telle composition de la poudre & du pulvérin ? & puis les trois matières qui forment la poudre; jamais le mélange de ces trois matières ne sera aussi parfait que dans la poudre même : & il est clair qu'au moins une de ces trois matières doit être supprimée, en augmentant ou diminuant la quantité de la poudre.

COMPTEUR. Instrument au moyen duquel on compte les coups de pilon dans un moulin à poudre, pour régulariser le battage.

CONDUCTEURS D'ARTILLERIE. Employés d'artillerie pris parmi les sous-officiers de cette arme, & chargés particulièrement de la conduite des convois, soit aux armées, soit dans les places de guerre. Leurs fonctions exigent beaucoup d'activité & d'intelligence. Il y a ordinairement dans une armée des conducteurs ordinaires, des conducteurs principaux & un conducteur général : celui-ci commande les autres, & les dirige dans les diverses opérations dont ils peuvent être chargés.

CONTRE-BATTERIE. Batterie qu'on oppose à une batterie ennemie pour en démonter l'artillerie.

CONTRE-CŒUR. Partie en fer de la forge de campagne & de montagne : devant est le feu, derrière le soufflet.

CONTRE-LISOIR. C'est, en général, une pièce de bois sur laquelle s'appuie un lisoir. On en a adapté aux plates-formes de place & au châssis d'affût de côte, pour en faciliter les mouvemens.

CONTRE-LUNETTE. Ferrure qui, dans les affûts, entoure le trou de la lunette, en dessous de l'entretoise de lunette.

CONTRE-PLATINE, ESSE ou PORTE-VIS. Pièce en fer ou en cuivre, qui a la forme d'une S, & dont les bouts sont percés pour recevoir les grandes vis de platine.

CONTRE-RIVURE. Pièce, ordinairement en fer, sur laquelle on rabat & aplatit, en goutte de suif, les pointes des rivets qui traversent une pièce en bois. On n'en fait pas usage dans les armes de guerre portatives, mais il y en a dans les armes à percussion, &c.

CONTROLES. Ce sont des marques appliquées avec des poinçons sur les armes & sur les pièces d'armes. Ils servent à faire connoître qu'elles ont été examinées, visitées, éprouvées & reçues par les préposés du Gouvernement.

CONTROLEURS. Employés d'artillerie divisés en premiers contrôleurs, seconds contrôleurs & réviseurs, chargés, dans les manufactures, de la visite & réception des armes sous l'inspection des officiers. Les fonderies & les forges de l'artillerie ont aussi des contrôleurs, ainsi que les arsenaux, pour veiller dans ces derniers à l'entretien & à la réparation des armes portatives.

CONVOIS D'ARTILLERIE. Munitions, armes & attirails qu'on mène dans des places de guerre ou à l'armée pour les approvisionner. Les officiers & les employés d'artillerie mettent le plus grand soin à éviter les pertes, les avaries & les accidens qui peuvent arriver dans cette partie de leur service; mais ils apportent surtout les précautions les plus minutieuses pour les chargemens, transports & convois de poudres, par terre & par eau, dans l'intérieur du royaume, soit pour le service des arsenaux de terre & de mer, soit pour le commerce. Voici en quoi consistent ces précautions.

Les barils de poudre transportés par terre sont assujettis sur les voitures, de manière que le mouvement de ces voitures ne puisse jamais les faire frotter les uns contre les autres. Ils sont toujours bien bâchés en paille & recouverts en outre d'une toile très-serrée.

Les transports des poudres, quelles qu'elles soient, par terre ou par eau, ne peuvent jamais se faire qu'avec une escorte suffisante, qui est fournie par la gendarmerie.

Le commandant de l'escorte attache un homme de la troupe à chaque voiture, & visite fréquemment toutes les voitures, pour s'assurer si tout est en bon état; s'il n'y a aucun accident à craindre, & si on prend toutes les précautions nécessaires pour les éviter. Il fait marcher, autant que possible, le convoi sur la terre, jamais plus vite que le pas, & sur une seule file de voitures.

Il n'est souffert près du convoi aucun fumeur, soit de la troupe d'escorte, soit étranger.

Le commandant de l'escorte empêche que rien d'étranger aux poudres ne soit sur les voitures, particulièrement des métaux & des pierres, qui, par leur choc, peuvent produire du feu; que personne n'y monte qu'en cas de dérangement ou de réparations indispensables à faire à un baril (ce qui doit avoir lieu très-rarement & avec les plus grandes précautions, descendant à cet effet le baril de la voiture & se servant de maillet en bois, &c.); que toutes les voitures étrangères à celles du convoi n'approchent pas de celui-ci : il ne laisse, non plus, approcher personne du convoi, & veille à ce qu'il ne soit pas fait de feu dans les environs.

On fait passer les convois en dehors des communes, lorsqu'il y a possibilité, & quand on est forcé de les faire entrer dans les villes, bourgs ou villages, le commandant de l'escorte requiert la municipalité de faire fermer les ateliers & les boutiques d'ouvriers dont les travaux exigent du feu, & de faire arroser, si la route est sèche, les rues par où l'on doit passer.

Le convoi n'est jamais arrêté ni stationné dans les villes, bourgs ni villages, & on le fait parquer en dehors. dans un lieu isolé des habitations, sûr, convenable & reconnu d'avance.

Dans le cas où des événemens extraordinaires, tels qu'inondations, glaces & fermetures des canaux, empêcheroient des poudres de suivre leur destination, le commandant de l'escorte en préviendroit de suite le commandant de la place, ou, à son défaut, le maire, qui les fait emmagasiner dans un lieu sec & sûr, jusqu'à ce qu'elles puissent partir.

Les poudres emmagasinées, comme il a été dit ci-dessus, par suite de force majeure, sont gardées jour & nuit par la force armée, jusqu'à continuation de route.

L'entrepreneur se sert, pour le transport des poudres par eau, de bateaux en bon état, & construits assez solidement pour le cours de la navigation où ils sont employés. On laisse libres la proue & la poupe pour la manœuvre. On pratique dans le milieu du bateau & sur toute sa largeur, un chemin ou sentine, large d'environ deux pieds, pour recevoir les eaux & les égoutter; & si la longueur du bateau l'exige, il en est pratiqué un ou deux de plus. Les barils sont élevés au-dessus du fond de quatre à cinq pouces au moins, afin de les préserver de l'humidité; & si l'on ne peut y parvenir au moyen des courbes ou traverses du fond, on y supplée par des planches, des pièces de bois, ou fagotages bien serrés.

Les barils sont ensuite empilés & arrangés d'une manière solide sur ce plafond. On a soin qu'ils soient entièrement isolés de tout autre objet qu'on transporteroit à bord du même bateau.

On bâche en paille ou natte de paille le dessus des barils & tous les côtés des piles du haut en bas; on les recouvre partout d'une toile goudronnée.

Le commandant de l'escorte, dans les convois par eau, attache un ou plusieurs hommes de la troupe à chaque bateau, selon leur force; il ne souffre pas qu'on fasse du feu à leur bord, ni qu'on y fume.

Il veille à ce qu'on jette exactement l'eau que le bateau feroit dans le cas de faire, & même à ce que l'on bouche ou diminue la voie : s'il falloit travailler au bateau avec quelques outils, on ne se serviroit que de maillets de bois, comme il a été dit ci-dessus, pour réparer les barils, & on ôteroit avec précaution les barils de poudre des endroits où l'on travailleroit & des parties qui les environneroient.

Lorsqu'un convoi par eau traverse une ville, un bourg ou un village, le commandant de l'escorte requiert la municipalité de faire fermer les ateliers & les boutiques d'ouvriers dont les travaux exigent du feu, ainsi qu'il a été mentionné pour les convois par terre.

Les bateaux chargés de poudre sont toujours isolés, soit dans la marche, soit lorsqu'ils sont amarrés; en conséquence on fait éloigner tous les autres bateaux qui voudroient s'en approcher.

On ne laisse pas amarrer les bateaux chargés de poudre à d'autres bateaux, ni près des communes ou habitations, & on veille à ce qu'aucun étranger n'approche du convoi, & à ce qu'on ne fasse pas de feu dans les environs des endroits où il est amarré.

Lorsque le bateau est amarré, il reste, le jour & la nuit, au moins un gendarme à bord, & le commandant de l'escorte exige qu'il y reste un marinier pour parer aux événemens qui pourroient arriver.

COPEAU. On nomme ainsi l'éclat du silex cassé convenablement pour former des pierres à feu.

COQUILLE. Nom qu'on donne à la partie inférieure de la garde de la plupart des sabres & épées.

COQUILLE à mouler les anses. Moule servant à faire les anses des canons, qui sont d'abord coulées avec une composition d'un tiers de cire jaune & deux tiers de résine.

COQUILLE à mouler les tourillons. Moule en plâtre dont l'intérieur a la forme extérieure d'un tourillon de bouche à feu: il est de trois pièces assemblées par deux tenons, liées par des fils de fer: on enduit le moule avec de l'huile. Il en faut un pour chaque calibre de mortier & d'obusier, & deux par calibre de canon; l'un pour le tourillon droit, l'autre pour le tourillon gauche, la pièce étant conique.

COQUILLE à mouler les boulets. Pour mouler les boulets pleins, on se sert de coquilles en fonte; le vide est sphérique & du diamètre de la grande lunette de réception. Les boulets coulés dans ces coquilles ne sont pas ronds; ils se trouvent un peu plus forts à la couture; mais comme, avant de les soumettre au battage, on les râpe à chaud dans cette partie plus qu'ailleurs, afin de faire disparoître les traces de la jonction des coquilles, les boulets rebattus se trouvent à très-peu près sphériques.

Le jet est placé à la jonction des coquilles qui sont posées de champ sur l'encaîtret, & serrées l'une contre l'autre par des coins: dans cette situation l'emboîtement est vertical.

Si le vide intérieur du modèle en cuivre de la coquille étoit sphérique, celui de la coquille elle-même ne le seroit pas, à cause du retrait qui se fait sentir d'une manière très-forte dans le sens horizontal, tandis qu'il ne produit aucun mouvement sensible dans le sens vertical; c'est pourquoi, à chaque hémisphère du modèle, le diamètre horizontal est plus grand que deux fois le rayon vertical d'une quantité qui varie pour les différens calibres & les diverses espèces de fonte.

Le modèle de chaque partie de la coquille se moule dans un châssis ordinaire d'une seule pièce, & se coule à découvert pour éviter les soufflures.

On coule, autant que possible, les deux parties en même temps & de la même fonte; lorsqu'elles sont refroidies, on nettoie à vif l'emboîtement, au moyen de ciseaux à froid, jusqu'à ce qu'elles joignent l'une sur l'autre bien exactement; & l'on bat l'intérieur avec un marteau à tête ronde pour faire tomber le sable adhérent aux surfaces. Pour que la coquille soit bonne, il faut que la rondelle de vérification, posée à plat, entre de son épaisseur dans l'une & l'autre partie; que, placée de champ dans l'intérieur, elle y entre jusqu'au diamètre tracé sur la largeur, & qu'en même temps elle touche partout.

CORBEAU. Machine de guerre des Anciens: il y en avoit de diverses constructions servant à différens usages. Il paroît que le plus simple consistoit en une longue pièce de bois armée d'un harpon en fer, fixé pour un chariot & destiné à arracher les créneaux, les mantelets & les lacets avec lesquels l'assiégé cherchoit à saisir la tête des béliers. Le corbeau du consul Duillius, qui remporta la première victoire navale contre les Carthaginois, étoit, selon Polybe, une machine assez semblable à la grue dont nous nous servons pour élever des fardeaux; elle avoit des griffes de fer pour accrocher le bordage. Enfin, le corbeau d'Archimède servoit aussi à harponner & à enlever les vaisseaux. (*Voyez* les observations sur Polybe, par le chevalier Folard.)

CORCELET. Petite cuirasse que portoient les piquiers.

CORDAGES. Les cordages employés dans l'artillerie sont de deux espèces, les cordages de ponts & les cordages de chèvre: les premiers comprennent les cinquenelles, les cordages d'ancre, les amarres, les commandes, les combleaux, les grandes & petites mailles, les bretelles. (*Voyez* ces mots.)

Les cordages de chèvre sont: le câble, la prolonge double, la prolonge simple, le trait à canon, le trait de manœuvre, le trait de paysan, la ficelle. (*Voyez* ces mots.)

Les cordages doivent être faits avec du chanvre de bonne qualité. Sa couleur peut faire présumer sa bonté. Le plus estimé est de couleur argentine, comme gris de perle; ensuite le verdâtre, puis le jaune; s'il est trop foncé ou noir, il a été trop roui, il a trop fermenté, il a un commencement de pourriture; s'il est taché de brun, il a été mouillé, & les endroits bruns sont ordinairement pourris. Il doit avoir une odeur forte, mais il faut rejeter celui qui sent le pourri, le moisi, ou seulement l'échauffé.

Le chauvre doit être bien espadé & bien peigné, afin qu'il soit plus souple & privé de ses chénevottes.

On ne prend que le premier brin pour les cordages d'ancre & pour les lignes de halage : ils en sont plus forts. On mêle le second brin au premier pour les autres cordages ; le chauvre est filé fin & peu tordu ; la grosseur des fils est de 0 mèt. 0090 (4 lig.) au plus de circonférence avec le premier brin, & de 0 mèt. 0113 à 0 mèt. 0135 (5 à 6 lig.) avec le premier & le second mêlés. On commet les cordages au quart. Pour être bien faits, il faut qu'ils soient tordus également dans toute leur longueur ; que les fils & les torons aient une grosseur une tension uniformes.

Les cordages d'ancre, & les autres d'un moindre diamètre, sont à trois torons ; les cordages qui ont environ 0 mèt. 0541 (2 pouces) de diamètre sont à quatre torons. La mèche ou ame de ces cordages est composée d'un nombre de fils égal au sixième de celui d'un des torons : on les tortille dans le même sens que les torons, parce qu'en commettant le cordage, cette ame se détortille, reste lâche & molle au centre du cordage, & est susceptible de s'alonger.

On goudronne les cordages d'ancre, parce qu'ils sont destinés à être fréquemment plongés dans l'eau.

(Extrait du *Guide du Pontonnier*, par M. Drieu, capitaine d'artillerie.)

CORDEAU. C'est un fil de laiton tendu au moyen d'un arc d'acier ; il est fixé à une extrémité, il s'accroche à l'autre extrémité. L'ouvrier le passe dans le canon pour vérifier s'il pose sur les parois dans toute sa longueur & dans tous les sens. En présentant le canon du fusil au jour & en le retournant avec précaution, on voit par-dessous ce fil de laiton s'il s'applique exactement sur tous les points de l'ame. La longueur du cordeau est plus grande que celle du canon.

CORDONS DE ROUES. Petits cercles en fer fixés autour des moyeux avec des cabochés.

CORNE D'AMORCE. Corne de bœuf, fermée par le gros bout, & ayant un bouchon au petit bout, remplie de poudre : elle sert à amorcer les bouches à feu.

CORNES. Branches d'un arc, à l'extrémité desquelles tient la corde.

CORNET A HUILE. Petit vase conique servant à contenir l'huile qu'emploient les armuriers en travaillant.

CORPS DE PLATINE. C'est la pièce percée d'un nombre déterminé de trous pour recevoir les vis & les pivots de toutes les autres pièces. Le pivot, au milieu duquel passe la vis de la batterie, s'appelle *rempart de la batterie*, & celui opposé, au travers duquel passe la grande vis de platine, se nomme *la boutcrolle*. Le corps de platine a un encastrement pour recevoir le bassinet.

CORPS D'ESSIEUX en bois. Pièce de bois dans laquelle sont encastrés les essieux en fer des affûts de 12, de 8 & de 4, des caissons d'outils & à munitions, des chariots à munitions & des forges.

CORPS-MORT. Poutrelles de 5 mèt. 19 (16 pieds) environ de longueur, qu'on enterre sur le bord de la rivière où l'on construit un pont. Une extrémité des poutrelles de la première travée porte sur le corps-mort.

CORPS royal de l'artillerie. L'artillerie a composé dans tous les temps un corps très-considérable en France, même avant l'invention de la poudre : celui qui la commandoit avoit aussi le commandement sur tous les gens de pied, & l'autorité sur tous les travaux militaires ; tant pour les sièges que pour les marches & les campemens. Henri IV érigea le commandement de l'artillerie en charge de la couronne, sous le titre de *grand-maître de l'artillerie*, en faveur du duc de Sully. Un arrêté du Gouvernement, suivant l'Aide-mémoire, donne à ce corps le premier rang sur toutes les troupes, & cet arrêté n'a pas été rapporté.

Le corps de l'artillerie se compose maintenant d'un état-major général, de huit régimens d'artillerie à pied, de quatre régimens d'artillerie à cheval, d'un bataillon de pontonniers, de douze compagnies d'ouvriers d'artillerie, d'une compagnie d'artificiers, de huit escadrons du train d'artillerie, & des employés à la suite du corps.

Il y a en outre dans la garde royale un état-major d'artillerie, un régiment d'artillerie à pied, un régiment d'artillerie à cheval, un régiment du train d'artillerie, & une escouade d'ouvriers d'artillerie. (*Voyez* l'article NOTICE SUR LE CORPS ROYAL DE L'ARTILLERIE.)

CORROYER LE FER. C'est en pétrir, pour ainsi dire, toutes les parties par le moyen du feu & du marteau, pour l'épurer & en unir davantage les molécules.

CORSECQUE. Javelot à trois fers ; l'un droit, les deux autres recourbés en dehors, unis sur la douille par une clavette. Ce javelot s'appeloit aussi *angon*.

CORYTE. Carquois ou étui dont les Grecs & les Scythes faisoient usage pour garantir leurs arcs de la pluie.

COSTILLE, CONSTILLE, COUTILLE. Épée

longue & déliée, triangulaire ou carrée, dont quelques chevaliers étoient armés.

COTTE D'ARMES. Vêtement d'étoffe riche, fourrée d'hermine, & que les chevaliers portoient quelquefois sur leurs armes à la guerre & dans les tournois.

COTTE de mailles. Ancienne armure faite de fils de métal entrelacés, qui, dans l'origine, couvroit le corps depuis le cou jusqu'aux cuisses, & à laquelle on ajouta ensuite des manches, des chaussures & un bonnet pareils.

COUCHE DU FUSIL. Partie pentée du fût, prise depuis le tonnerre du canon jusqu'à l'arrière de la plaque de couche.

COUDE. Partie du chien. (*Voyez* le mot SUPPORT.)

COUIN. Espèce de chariot armé de lames tranchantes, dont les Gaulois & les anciens peuples de la Grande-Bretagne faisoient usage dans les combats.

COULÉE. Opération de verser le métal en fusion dans les moules des pièces d'armes.

COULER UNE PIÈCE D'ARTILLERIE. C'est introduire dans un moule le métal en fusion destiné à former une bouche à feu. Cette opération importante peut se faire de trois manières différentes : la première consiste à couler plein ou massif, en faisant entrer la matière par le haut du moule. C'est la méthode maintenant en usage pour les canons, les obusiers, les mortiers de 8 pouces & les éprouvettes-mortiers.

La seconde consiste à couler à noyau, c'est-à-dire, qu'on place dans le moule un noyau qui occupe la capacité de l'âme, & ne laisse de vide à remplir dans la coulée que celui de la forme que doit avoir la bouche à feu. Ce procédé a été en usage jusqu'en 1748. On ne coule plus ainsi que les gros mortiers.

La troisième, qui consiste à couler à siphon, est semblable à la méthode de couler à noyau; mais au lieu de faire entrer le métal par le haut du moule, on le fait entrer par le bas. Cette méthode a été essayée il y a quelques années, mais elle n'a pas été adoptée. (*Voyez* l'article BOUCHES A FEU.)

COULER les boulets. C'est introduire le métal en fusion dans le moule. (*Voyez* l'article COQUILLE A MOULER LES BOULETS.)

COULEVRINE. Pièce ancienne : d'abord la plus légère & la plus courte, elle devint ensuite la plus longue & la plus pesante; on la nommoit aussi *demi-canon*; elle étoit souvent de 8 kilog. (16 liv.) de balles; elle pesoit 2008 kilog.
(4100 liv.); elle avoit trente-un calibres de longueur. (*Voyez* à l'article CANARDIÈRE, des observations sur la longueur des canons.)

COUP D'ÉPREUVE. C'est ainsi que l'on appeloit autrefois la première bombe que l'on tiroit avec le mortier, pour savoir, connoissant la distance où la bombe a été portée, sous quel degré il falloit pointer, pour jeter, avec la même charge, des bombes à une distance plus ou moins grande.

COUPURE. Ouverture que l'on pratique aux ponts militaires dans le plus fort du courant, pour donner passage aux bateaux & radeaux qui naviguent sur la rivière. (*Voyez* le mot PORTIÈRE.)

COURANTIN. On appelle ainsi une fusée volante appliquée sur un tuyau enfilé par une corde tendue, & destinée à porter le feu d'un endroit à un autre. Dans les artifices de joie, on met quelquefois des *courantins* dans le corps d'une figure d'osier qui représente un dragon volant ou quelqu'autre animal.

COURBES DE BATEAUX. Bois à deux branches coupées en arc, dont on se sert dans l'artillerie pour la construction des bateaux. On les tire le plus ordinairement de la tête des aulnes, en faisant servir la plus forte branche & le corps de l'arbre, leur jonction faisant le collet de la courbe qu'ils forment. On tire souvent du même arbre plusieurs courbes de différentes forces, selon la grosseur de ses branches & leur disposition. Il en faut de diverses ouvertures pour les placer convenablement à la construction desdits bateaux.

Les arbres des lisières procurent de belles courbes du côté où les branches se sont étendues : l'air & un espace suffisant leur ont donné cette faculté. On trouve aussi d'assez fortes courbes sur les arbres que la neige & les vents ont rendus difformes. Les branches mortes qui forment des courbes ne sont pas bonnes & sont rejetées.

Les courbes sont unies aux semelles & soutiennent les bordages des bateaux. Les poupées sont les montans des quatre courbes extrêmes, prolongées & arrondies; elles servent à amarrer les cordages.

COURÇON. Pièce de fer longue qu'on applique le long des moules des canons, & qui sert à les serrer.

COURTOISE. On appeloit ainsi une lance ou une épée dont on avoit arrondi le tranchant & la pointe, & dont on faisoit usage dans les tournois. On y employoit aussi des lances sans fer.

COUSSINET A MOUSQUETAIRE. On le portoit autrefois sous la bandoulière pour y appuyer le mousqueton.

COUTEAU.

COUTEAU. Il sert aux monteurs de sabres à amincir l'extrémité supérieure du fourreau en cuir pour recevoir la chape. Il n'a d'ailleurs rien de particulier.

Couteau. Outil servant à ôter l'excédant de la terre autour du moule d'une bouche à feu, avant de le descendre dans la fosse, ce qu'on appelle *dérafer le moule*. Ce couteau est grand & ne se ferme pas.

Couteau de chasse. Espèce d'épée courte, dont la lame est pointue, à un ou deux tranchans. Il prend son nom de l'objet auquel il est destiné. Il y en a de différentes formes & de différentes dimensions.

Couteau de brèche. Arme forte, épaisse, tranchante d'une face & pointue; emmanchée d'un bois de 1 mèt. 949 (6 pieds).

COUTELAS. Espèce de cimeterre dont la lame est recourbée & tranchante d'un côté, ayant une coquille pour garantir la main. Il y a au Musée de l'artillerie des coutelas de différentes espèces, surtout par rapport à la forme de la monture.

COUTURE. Irrégularité qui se trouve à la surface d'un boulet, à l'endroit de la jointure des deux coquilles. On l'efface en faisant rougir le boulet & en le soumettant à l'action d'un marteau.

CRANS de la noix. (*Voyez* le mot Coches.)

CRAPAUD. Ancien nom de l'affût à mortier.

CRAPAUDINES. Dans l'artillerie, ce sont des petites boîtes en fer ou en cuivre, dans lesquelles roulent les axes en cuivre ou en fer qui ne les traversent pas en entier.

CRÊTE. Partie éminente du casque qu'on ornoit de panaches, de cimières & de cimiers.

Crête du chien. Partie droite dont la racine est à la mâchoire inférieure, l'extrémité est élevée au-dessus de celle supérieure; ses côtés sont à pans, & entrant dans l'échancrure équarie de la mâchoire supérieure, l'empêchent de tourner quand on serre la vis.

CREUSET. Cavité où se rassemble le métal en fusion dans un fourneau.

Creuset. Vase d'argile & de quartz : il sert, dans les manufactures d'armes, pour la fusion du cuivre, & contient environ 25 kilogrammes de fonte. Il peut être employé sans être rempli. Un fondeur peut mouler & couler par jour six creusets, & apprêter, pour être remis au limeur,

Artillerie.

12 kilogrammes de fonte, en pièces dégagées de sable.

CRIBLE a balles. Il sert à vérifier les calibres des balles des armes à feu portatives.

Cribles. Pour convertir la poudre en grains, ce sont des cribles en peau de cochon ou de veau, ayant 0 mèt 60 (22 pouc. 2 lig.) de diamètre intérieur; on les appelle *guillaumes, grenoirs, égalisoirs*, suivant le diamètre des trous dont ils sont percés, relativement à leurs fonctions. (*Voyez* le mot Grenage.) Ces trois espèces de cribles sont faits dans la même fabrique, par les mêmes ouvriers, avec les mêmes poinçons, & on les envoie aux divers établissemens pour fournir de la poudre de guerre à grains égaux, qu'on puisse plus exactement comparer. Des tamis en crin servent, après les cribles, à séparer la poudre en grain du poussier.

CRIC ou CHRYST. Espèce de poignard en usage dans l'Inde.

Cric. Machine composée d'une crémaillère, d'un pignon & d'une manivelle. Elle sert à soulever les fardeaux considérables. On en met dans les équipages de pont.

CRIQUES. Fentes transversales, qui se trouvent surtout aux arêtes des pièces de fer.

CROARD. Ringard servant à découvrir & nettoyer le bain de fonte; à placer & à retirer le bouchon, lorsqu'on doit couler à la poche; à détruire & à refaire le bouchage, quand on coule en gueuse.

CROC. Partie de l'arquebuse dite *à croc*.

CROCHET de la tuyère. Il sert à détacher les grumeaux de fonte & de laitier, qui s'accumulent à l'orifice de la tuyère, l'obstruent & font obstacle au vent des soufflets en dedans de l'ouvrage. Le fondeur s'aide souvent aussi, pour ce travail, d'un ringard dont la pointe est recourbée.

Crochet à bombe. Ce crochet sert à transporter les bombes de 12 & de 10 pouces. Il est en fer & a la forme d'une S dont le corps est en ligne droite.

Crochet de forgeron. Sert à attiser le feu.

Crochet à fonder les chambres des bouches à feu. On enduit le bout de cire.

Crochet à tordre. Double crochet de 0 mèt. 216 (8 pouc.) de longueur, en forme d'S, servant

K.

à tordre le fil de fer qui lie l'extrémité des ferrures des moules des bouches à feu.

CROISÉE DE SABRE. C'est, au sabre d'artillerie, par exemple, la partie qui en termine la monture, & qui forme la croix avec la poignée.

CROISETTE. Épée ou fleuret, dont la garde est une simple croix.

CROISSANT. C'est un instrument acéré, ayant un manche transversal en bois, servant à nettoyer la partie supérieure d'un projectile creux jusqu'au bas de l'œil.

CROSSE D'AFFUT. C'est la partie arrondie du flasque qui porte à terre dans le tir.

CROSSE de fusil. Partie du fût d'une arme à feu, que l'on tient avec la main, & qu'on appuie à l'épaule pour tirer l'arme : elle est droite, courbe, busquée ou en gigue, suivant les modèles.

CUBITIÈRE. Milieu du brassard qui enveloppe le coude, & s'élève au-devant du pli du bras pour le garantir & laisser les mouvemens libres.

CUILLER A BOULETS ROUGES. Zône de sphère ayant un manche en bois ou même deux, servant à transporter le boulet rouge du fourneau dans l'ame du canon.

CUIRASSE. Partie en fer de l'ancienne armure, qui couvroit le buste par-devant & par-derrière, & qui, avec le casque, est la seule arme défensive conservée par les Modernes. La cavalerie française a tour à tour pris & quitté l'usage de la cuirasse. Les sapeurs ont le pot-en-tête & le plastron ou devant de la cuirasse. Il y a au Musée de l'artillerie des cuirasses de toutes espèces.

Les cuirasses paroissent avoir été faites autrefois d'une étoffe composée de fer & d'acier corroyés ensemble. elles consistoient, pendant la guerre de sept ans, en un seul plastron pesant environ 7 kil. 33 (15 liv.), qui a été abandonné, parce qu'ayant peu de surface, & réunissant le poids, pour ainsi dire, sur un seul point, il devenoit insupportable à la cavalerie. On fait que les cuirasses actuellement en usage ne garantissent pas de la balle à la portée ordinaire du fusil, mais elles garantissent des coups de sabre, de baïonnette & des balles tirées de loin, qui, ayant perdu de leur force, blesseroient encore mortellement.

Il faudroit faire ces cuirasses entièrement en tôle d'acier, d'une qualité analogue à celle employée pour les fourneaux de sabre de cavalerie, mais plus épaisse, afin de mieux résister au choc & au polissage entre les mains des cavaliers. La cuirasse actuelle toute garnie coûte 45 francs, & pèse environ 7 kil. 33 (15 liv.). Celle en acier coûte roit environ 60 francs, & ne peseroit guère au-delà de 7 kil. 33 (15 liv.).

La cuirasse des carabiniers diffère de celle des cuirassiers, en ce qu'elle a le derrière fait en tôle de fer recouverte d'une feuille de cuivre laminé, & le devant en acier recouvert aussi d'une feuille en cuivre. Il ne peut résulter de la solidité de cette combinaison, parce que les surfaces à souder sont trop étendues, & que la dilatation inégale des métaux tend à désunir les feuilles. Elle pèse 7 kil. 838 (16 liv.) & coûte 63 francs.

On vérifie les cuirasses à leur réception, en s'assurant : 1°. qu'elles ont la grandeur convenable, au moyen d'une planchette dite *calibre*, où l'on a tracé le plan de la cuirasse, & fixé quatre petits tasseaux en bois aux quatre angles principaux du plan ; 2°. en les pesant l une après l'autre ; 3°. on examine si la tôle a des biasures, des pailles ou des cendrures profondes qui peuvent faire rebuter les cuirasses; si cette tôle a de l'élasticité & résiste sans se bossuer aux coups qu'on lui donne avec un poinçon, principalement sur le côté du revers du devant; 4°. enfin, on examine si le fer, quoiqu'embouti, n'a pas été aminci plus qu'il ne convenoit dans quelques parties de la cuirasse.

Le poinçon dont on fait usage est une pièce en fer arrondie, ayant o mèt. 13 à o mèt. 16 (5 à 6 pouc.) de longueur, o mèt. 022 (10 lig.) de diamètre au gros bout renflé en boule, o mèt. 015 (7 lig.) ensuite, allant en diminuant jusqu'à o mèt. 013 (6 lig.) au petit bout, qui est légèrement arrondi a la base. On saisit ce poinçon de la main droite, le gros bout contre la paume de la main & les doigts autour ; on frappe la cuirasse du petit bout avec une force convenable.

Les cuirasses sont de deux grandeurs, à cause de la différence de stature des hommes. Le plastron est busqué & porte une arête dans son milieu vertical ; il y a deux gouttières qui règnent dans toute la longueur des côtés & à l'échancrure du col pour arrêter les coups de pointe qui glisseroient sur la surface du plastron.

Les parties qui composent la cuirasse actuellement en usage, sont : le devant, le dos, soixante-huit boutons en cuivre, un coussinet de toile rembourrée pour mettre en dessous, deux épaulettes & leurs agrafes qui sont en buffle, recouvertes de chaînons de cuivre, &c.; la ceinture qui est en cuir de Hongrie, & sa boucle en cuivre; une bordure de drap écarlate garni de galon de fil blanc.

CUISSARD. Partie de l'ancienne armure couvrant les cuisses.

CUISSOT. Partie de l'ancienne armure défendant le haut de la cuisse & les hanches. Il étoit de peau en dessous & de fer en dessus, en usage seulement pour les armures légères. On l'appeloit aussi *demi-cuissard*.

CUIVRE. On emploie du cuivre rouge bien affiné pour faire le métal des bouches à feu. Sa cassure doit présenter un nerf court & soyeux; ce nerf existe beaucoup moins lorsque le cuivre est allié avec une petite quantité de métaux étrangers, principalement avec du plomb; & quand la quantité de ces métaux est un peu considérable, la cassure est entièrement grenue. C'est par les différens aspects que peut présenter la cassure, & surtout par l'analyse, qu'on juge de la pureté du cuivre. Lorsque ce métal n'a pas la pureté nécessaire, on lui fait subir l'affinage. Cette opération a pour l'ordinaire deux objets: le premier de purger le cuivre des autres métaux, tels que le fer, le plomb, l'étain, avec lesquels il peut être combiné; le second de lui enlever un reste d'oxigène qu'il pourroit contenir, & qui le rendroit moins propre à la fabrication des bouches à feu. Si l'on plonge une baguette d'acier dans un bain de ce métal élevé à un haut degré de chaleur, & qu'on en retire un essai, ou montre, son aspect, si le cuivre est de bonne qualité, devra être lisse, sans piqûre ni soufflure; sa cassure ne devra présenter aucune tache jaunâtre. Pour le succès de l'opération, il convient: 1°. de chauffer un peu la baguette avant de la plonger dans le bain, où elle ne doit rester que le temps de l'immersion; 2°. de plonger ensuite cette baguette dans l'eau froide, afin que la montre puisse se détacher facilement.

Le cuivre qu'on emploie pour couler quelques pièces des armes portatives, est composé, comme on l'a vu à l'article ALLIAGE, de 80 parties de cuivre rosette, 3 d'étain & 17 de zinc. Il est jaune, moins sujet à s'oxider, & il a plus de consistance que le cuivre rouge.

Les garnitures de sabres d'infanterie, d'artillerie & des fourreaux de baïonnette sont en cuivre laiton, laminé ou battu, d'une couleur uniforme à celle des montures. Il doit être composé de 75 parties de cuivre rosette & de 25 de zinc. On en trouve dans le commerce qui ne contient que 10 pour 100 de zinc, tandis qu'il y en a d'autre qui en contient jusqu'à 40 pour 100. Les cuivres provenant de proportions si différentes donnent d'ailleurs à la cassure une nuance de couleur presqu'égale.

CUL-DE-LAMPE. C'est la partie du canon comprenant le relief de la culasse & le bouton.

CUL-DE-POULE. Partie arrondie de la plaque de couche d'un fusil.

CULASSE DES CANONS. Partie renforcée pour mieux résister à l'action de la poudre. Son poids, relativement au surplus de la pièce, est d'un cent vingtième pour les canons en fer, & d'un cent trentième pour ceux en bronze.

CULASSE. C'est la pièce qui ferme l'orifice inférieur du canon de fusil, en se vissant dedans. Elle a une queue qui s'applique sur le bois du fusil, & qui est percée pour recevoir une vis destinée à assujettir le canon par le bas. Elle a aussi un talon échancré pour le passage de la grande vis de platine.

La culasse des canons de fusils de chasse est ordinairement brisée ou à bascule. La partie qui forme la queue a une ouverture carrée au talon; l'autre partie a un bouton taraudé qui entre dans le canon comme à la culasse ordinaire, & un crochet à bascule qui s'encastre dans l'ouverture dont on vient de parler. On fait de ces culasses dont la partie taraudée est coupée carrément, d'autres qui ont une échancrure du côté de la lumière, & d'autres enfin qui sont à dez, c'est-à-dire, qu'elles ont sur le bouton un évasement sphérique destiné à recevoir une partie de la charge de poudre ou même la charge entière. Ces dernières sont maintenant généralement en usage.

CULÉE. On donne ce nom à l'ensemble d'un corps de supports extrêmes d'un pont, & de la partie du tablier qui le réunit à la rive.

CULOT. Fond de la fronde pour recevoir la pierre destinée à être lancée.

CULOTS plats. Pièce ronde en fer, de quelques millimètres d'épaisseur, variable suivant le calibre qu'on met dans le fond de la cartouche à balles d'une bouche à feu, pour leur donner plus d'impulsion pour le tir.

CULOTS produits par le tir. Partie du papier ou des sachets des cartouches à canon, qui reste au fond de l'ame après le tir: quelquefois ce culot conserve le feu, ou, s'allumant aux coups suivans, produit des accidens. Dans les pièces de siége ou de place, dont le tir est lent, le sac de papier ne conserve que très-rarement le feu, & l'écouvillonnement l'éteint. Dans les pièces de campagne, la serge des sachets ne conserve pas le feu, mais elle laisse tamiser la poudre.

CURETTE. C'est une espèce de cuiller en fer, servant à nettoyer l'ame des mortiers, obusiers & pierriers. Elle se compose d'un manche portant à un bout une cuiller ronde & inclinée sur ce manche, & à l'autre bout un grattoir tranchant, concave & dans la direction du manche.

CUVETTE. Pièce des fourreaux de sabre de cavalerie garnissant l'entrée; la partie intérieure s'appelle *la batte*.

CYLINDRES VÉRIFICATEURS. Cylindres en

acier, qui sont parfaitement aux dimensions prescrites par les réglemens pour les diamètres des canons de fusil, & qui servent à en vérifier les calibres. (*Voyez* au mot RECETTE, les dimensions de ces instrumens.)

CYLINDRES de réception des projectiles. Ils sont en bronze, d'une longueur égale à cinq fois leur calibre ; on les fixe inclinés sur une table, en sorte qu'ils sont plus bas par l'orifice où les projectiles tombent, que par celui où on les fait entrer. Cette inclinaison est d'un pouce pour les obus & de deux pouces au plus pour les boulets. Ils sont encastrés par des bourrelets sur la table, de manière à pouvoir les tourner de temps en temps, afin que les projectiles ne suivent pas toujours la même trace, & ne les usent pas dans un sens plus que dans l'autre ; ce dont on s'assure au moyen de l'*étoile mobile*. Les projectiles qui ont passé par la grande lunette & qui n'ont pas passé par la petite, doivent ensuite passer par ces cylindres, dont le diamètre est le même que celui de la grande lunette. Ils doivent y rouler & non glisser, s'ils sont parfaitement sphériques.

D

DAGUE. Espèce de poignard composé d'un fer gros & court, triangulaire & cannelé, monté sur un manche. On s'en servoit dans les combats singuliers ; cette arme étoit aussi en usage parmi les Romains, comme on le voit dans plusieurs médailles ; ils la portoient suspendue à la ceinture.

La dague est quelquefois appelée *drague*.

DAMAS. Sabre dont la lame est renommée par la qualité de la trempe & de l'étoffe avec laquelle elle est forgée. La fabrication de ces lames est encore un secret que les Européens ont jusqu'ici vainement tenté de découvrir. Elles se tirent aujourd'hui de la Perse ; mais les plus estimées sont celles de Damas en Syrie, dont elles ont toutes emprunté le nom. MM. Coulaux frères, entrepreneurs de la manufacture de Klingenthal, sont parvenus à faire des damas semblables aux anciennes lames figurées & élastiques. Voici les procédés suivis dans cet établissement :

On n'emploie que de l'acier de la meilleure qualité. Plus les lamettes dont on se sert diffèrent en finesse, mieux elles se distinguent dans le dessin ; ainsi l'acier sec & l'acier nerveux donnent des figures très-apparentes, quand ils ne sont pas altérés par des chaudes trop vives.

Pour fabriquer les lames de sabres en damas, on prépare une maquette comme pour faire une lame de sabre de guerre. Voici les procédés employés pour obtenir cette maquette : on étire l'acier dont on veut la former en lames très-minces ; on en fait un faisceau ou trousse composé ordinairement de huit lames d'acier nerveux de 0 mèt. 32 (1 pied) de long, de 0 mèt. 027 (1 pouce) de large & de 0 mèt. 002 (1 lig.) d'épaisseur, & de sept lames d'acier fin ou sec, ayant les mêmes dimensions que celles ci-dessus : on place d'abord une lame d'acier nerveux, une d'acier fin sur-celle-ci, puis une d'acier nerveux, & ainsi de suite jusqu'à la dernière qui se trouve d'acier nerveux. On porte cette trousse au feu, on la soude & on l'étire en barreau, qu'on fait chauffer & qu'on tord, en lui donnant la forme d'une vis, comme pour les canons damassés. On aplatit cette pièce suivant 0 mèt. 022 (10 lig.) de largeur, sur 0 mèt. 002 (1 lig.) d'épaisseur, puis on la coupe en deux parties égales nommées *couvertures*.

On forge ensuite une lame d'acier fin d'environ 0 mèt. 002 (1 lig.) d'épaisseur, ayant la longueur & la largeur de l'une des deux couvertures. On place cette lame, destinée à faire le tranchant, entre les deux autres, on les soude ensemble avec toutes les précautions possibles, & on les étire pour en former la maquette.

On prépare la soie qui est en fer nerveux, on y soude la maquette, on distribue la matière de part & d'autre de la ligne du milieu de la lame, on forme les pans & le tranchant, on donne la courbure & on finit de forger la soie. On trempe, on aiguise & on polit ces lames comme celles des sabres des troupes ; enfin, on les soumet à des épreuves qui consistent à les fouetter sur un billot de bois dur & à leur faire décrire des courbes, dont les flèches sont relatives à leur longueur & à leur forme. (*Voyez* l'article LAMES DE SABRES.)

On a introduit quelquefois dans la fabrication des damas, du fer bien corroyé, à grains serrés, & même de l'acier fondu ; mais cet acier doit toujours être soudé entre les deux couvertures.

Les dessins ou fleurs des damas sont déterminés par la quantité de lamettes dont on compose la trousse, la forme de ces lamettes, les diverses espèces d'acier employé, & les torsions des petites barres ou baguettes. C'est au génie de l'artiste à combiner toutes ces données & à varier ses dessins.

On dispose ordinairement les soudures suivant la longueur des lamettes ; si elles avoient lieu dans l'autre sens, la lame ne seroit pas aussi solide, parce qu'il pourroit se trouver quelque solution de continuité. Par cette méthode, le travail seroit d'ailleurs plus long & plus difficile.

Suivant Perret (*Mémoires sur l'acier*, Paris, 1779), les damas de Syrie se font au creuset, où des grains d'acier sont fondus avec des grains de fer, de manière que chacun des élémens conserve à peu près sa consistance. C'est donc un composé de globules apparens, qui forment un tranchant de dureté irrégulière, ce qui n'a point lieu dans les damas qui se fabriquent en Europe.

DAME. C'est une pièce de bois, de forme tronc-conique ou pyramidale, garnie d'un manche dans le sens de son axe, & servant à raffermir la terre. On se servoit aussi, autrefois, d'une dame cylindrique pour tasser la terre qu'on employoit à charger les mortiers; mais celle-ci étoit moins pesante que l'autre.

DARD. Espèce de trait qu'on lançoit au moyen de l'arc. Les Anciens ont eu des dards qu'ils attachoient au poignet avec une courroie & qu'ils retiroient aussitôt qu'ils avoient frappé leurs ennemis.

DARD. C'est, au fourreau du sabre, la pièce en fer qui est brasée à l'extrémité inférieure, pour préserver cette extrémité du frottement sur le pavé, qui l'useroit promptement quand le cavalier laisse traîner son sabre.

DARD à feu. Sorte de dard ou de javelot entouré d'artifices, qu'on lançoit sur les vaisseaux ennemis pour y mettre le feu.

DARDELLE. Petit dard pour l'arbalète.

DAUPHIN. On donnoit autrefois, en France, aux anses des canons, la forme d'un dauphin.

DAVIER ou SERGENT. Outil d'ouvrier en bois, servant dans l'artillerie à ferrer les caisses d'armes, &c. (*Voyez* le mot SERGENT.)

DÉBITER LE BOIS. C'est couper de longueur convenable du bois abattu, pour en faire des pièces propres aux constructions de l'artillerie, & enlever à la hache ou par d'autres moyens l'aubier & tout ce qui est inutile. On partage à la scie ce qui doit fournir des madriers, des bordages, des planches, &c.

DÉBLAI. On entend par *déblai* les terres enlevées, & par *remblai* celles qui servent à exhausser certaines parties du terrain.

DÉCAPER. C'est ôter à la lime l'oxide qui se trouve sur les feuilles de fer ou de cuivre. On décape quelquefois le fer avec un acide étendu d'eau, comme pour transformer la tôle en fer-blanc.

DÉCHET DANS LES FONDERIES. Il résulte principalement des crasses qui se forment pendant la fonte des bouches à feu. On les pile, on les lave, on les refond dans un fourneau à manche, & on en retire du cuivre surchargé d'étain. Il est accordé aux entrepreneurs des fonderies un déchet de quatre pour cent sur les métaux neufs qu'ils emploient; & ce déchet se calcule sur les pièces entièrement finies. Il a été fixé ainsi depuis l'an dix; il étoit antérieurement de dix pour cent. Les officiers d'artillerie ayant régi eux-mêmes quelques fonderies, on a eu les renseignemens nécessaires pour rectifier les devis de fabrication des bouches à feu.

DÉCOIFFER LES FUSÉES. C'est ôter le mastic qui couvre le godet des fusées des projectiles creux, & développer la mèche qui y est renfermée. On décoiffe les fusées avant de tirer les bombes & les obus.

DÉCORDONNAGE. C'est, dans les moulins à poudre, l'opération qu'on fait pour enlever, à coups de maillet, la croûte de matières dures qui s'attachent à la boîte des pilons. Ce soin est nécessaire après cinq à six jours de travail; mais il vaut mieux faire tremper les boîtes pendant trente-six à quarante heures dans des baquets, que de se servir du maillet.

DÉCOUVRIR. On dit que l'acier découvre, lorsque, dans la trempe, il se débarrasse de la pellicule noirâtre dont il s'enveloppe quand on le fait rougir à la forge.

On dit, dans le même sens, qu'on *découvre* une étoffe de damas, lorsqu'on la plonge dans un acide étendu d'eau, pour faire paroître les différentes nuances des lames qui la composent.

Lorsque le chien de la platine frappe la batterie, on dit qu'elle *découvre* bien ou mal, suivant qu'elle se renverse plus ou moins facilement & complètement, en ouvrant le bassinet.

DÉCROTER UNE PIÈCE DE CANON. C'est, lorsqu'une bouche à feu est coulée & retirée de la fosse, en détacher la terre du moulage qui s'y trouve jointe, par fragmens.

DÉFAUT ALONGÉ. On nomme ainsi, en arquebuserie, un défaut du canon qui comprend une étendue de 0 mèt. 108 à 0 mèt. 135 (4 à 5 pouces), & même au-delà. On appelle, par opposition, *défaut court*, celui qui n'a qu'une petite étendue en longueur.

DÉFAUTS des bois. Il est nécessaire que les officiers d'artillerie connoissent les défauts & la nature des bois, & qu'ils aient étudié leurs propriétés sous le rapport des constructions des affûts, des voitures, & en général des attirails de cette arme. Il faut qu'ils sachent juger dans les forêts les arbres viciés qu'il ne faut pas prendre, & ceux qu'il convient de couper & de conduire dans les arsenaux, où on les ébauche & on les met aux proportions convenables pour être employés quand ils sont suffisamment secs.

Les terres humides & marécageuses ne produisent que des bois secs, légers & de mauvaise qualité; tandis que les arbres accrus dans des terres noires, mêlées de pierres & de graviers, sont au contraire bien nourris & vigoureux.

Dans chaque espèce, l'arbre d'une moyenne dimension est plus sain & préférable à celui de la plus forte dimension. Pour être meilleurs & plus durables, tous les bois doivent être coupés pendant l'hiver. On reconnoît leur âge au nombre des cercles dont le tronc est composé. En général, un arbre est de bonne qualité & vigoureux, quand sa tête n'est pas arrondie & qu'il pousse de longues branches, quand ses feuilles sont bien vertes, vives & ne tombent que tard, quand l'écorce de ceux qui sont jeunes est lisse, & qu'on aperçoit cette écorce au travers des gerces. Le bois de bonne qualité a ses fibres fortes, souples, bien filées, vigoureuses & rapprochées les unes des autres. Les copeaux qu'ils donnent, lorsqu'on les travaille, sont liants & se séparent par filandrures. La couleur indique la qualité du bois. Le jaune clair ou couleur de paille, ainsi qu'une teinte couleur de rose, annoncent une bonne qualité. Ces couleurs uniformes & qui deviennent plus foncées à mesure qu'elles approchent du cœur, indiquent des arbres bien sains. Si la différence n'est pas sensible, & la nuance non interrompue, le bois est de la meilleure qualité. Les changemens subits de couleur, les veines blanchâtres, vergetées, sont un indice de pourriture. Les veines rousses, plus humides que le reste du bois vergeté de cette teinte, annoncent un arbre sur le retour.

On rejette des travaux de l'artillerie, 1°. le bois rouge : cette couleur annonçant un arbre sur le retour, dégénérant & manquant de substance : ce vice se fait connoître par un amas de petites branches chargées de feuilles vertes qui sont le long de la tige; 2°. le bois *gras* ou *tendre*, qui a les pores grands & ouverts, les fibres sèches, la couleur terne, d'un roux fauve; les copeaux qui en proviennent sont cassans & ne forment pas de rubans lorsqu'on les froisse; l'humidité les pénètre facilement; 3°. les bois roux tirant sur la couleur fauve : ce qui est un signe d'altération & de retour; 4°. les bois *pouilleux*, c'est-à-dire, couverts d'ulcères, de chancres qui en altèrent l'écorce, & dont le bois vicié est piqueté de taches brunâtres; 5°. enfin, le bois mort sur pied. (*Voyez*, pour plus de détails, les mots AUBIER, GÉLIVURES, GOUTTIÈRES, REBOURS, RETOUR, RABOUGRI. Voy. aussi le volume de l'*Encyclopédie méthodique*, FORÊTS & BOIS.)

DÉFILER LE CABLE. C'est le dégager de tout obstacle pour lui faire suivre plus également le poids ou la force qui le tire.

DÉGAUCHIR UNE PIÈCE DE BOIS. C'est lui donner la première préparation pour les constructions de l'artillerie, en lui enlevant ce qu'elle a de plus irrégulier. Le mot *dégrossir* est plus usité.

DÉGORGEOIR. C'est une broche en fer, de 0 mèt. 004 (1 lig. 9 points) de diamètre, de 0 mèt. 24 à 0 mèt. 27 (9 à 10 pouces) de longueur & pointue à un des bouts : l'autre bout est garni d'un manche pour les pièces de bataille, & se termine en anneau pour les pièces de siège & de place.

DEGORGER. C'est enfoncer le dégorgeoir dans la lumière d'une bouche à feu pour la débarrasser de tout corps étranger, & percer la cartouche.

DÉGRADATION DES BOUCHES A FEU. C'est, dans le tir, le dépérissement des bouches à feu & leur mise hors de service par suite de *battemens*, d'*éraflement*, d'*égueulement* & de *traînement du boulet*. (*Voyez* ces mots. *Voyez* aussi FOUILLES, GERÇURES, SIFFLETS & SOUFFLURES.)

DÉGROSSIR. C'est ôter le plus gros de la matière d'une pièce en métal ou en bois, pour commencer à lui donner la forme qu'elle doit avoir. Dégrossir le bois, c'est, dans les arsenaux, le parer avec la hache pour le mettre en état d'être gabarié & travaillé par les ouvriers, qui y donnent la dernière main au moyen d'autres outils.

DÉJETER. Le bois se déjette lorsqu'il est employé vert. Il se tourmente, se courbe & se fend quelquefois en faisant effort pour se retirer sur lui-même.

DÉJOUR DES ROUES. Espace vide qu'on laisse entre les jantes des roues, pour que la voiture portant sur ces jantes & tendant à les serrer, ne les fasse pas éclater.

DÉLARDER. C'est amincir une pièce de bois dans une partie qui n'a pas besoin d'autant de force que les autres : ainsi les flasques sont délardés entre leur cintre & la crosse.

DEMI-BOMBE. On nommoit ainsi autrefois la bombe de 6 pouces, celle ordinaire étant de 12 pouces.

DEMI-CANONS. Nom donné autrefois aux couleuvrines qui n'avoient pas un aussi fort calibre que les canons. On les appeloit aussi *crepans*. Dans le seizième siècle, ils avoient seize calibres de longueur, pesoient 1665 kil. (3400 liv.), le boulet 9 kil. 8 (20 liv.); la charge étoit de 4 kil. 90 (10 liv.).

DEMI-CERCLE. Instrument de fer aciéré & trempé, ayant une poignée dans le milieu, & qui sert à vérifier les diamètres extérieurs des canons dans les fonderies. Il en faut un pour chaque variation du diamètre, à la naissance & à la fin de chaque partie du canon.

DEMI-CUISSARD. Partie des armures légères, destinée à défendre le haut de la cuisse & les hanches. (*Voyez* le mot Cuissot.)

DEMI-ESPADON. Épée de la forme de l'espadon, mais bien moins longue & plus étroite.

DEMI-PIQUE. C'étoit une espèce d'esponton d'environ 2 mèt. 27 (7 pieds) de longueur. Elle servoit à l'infanterie.

DÉMOLIR. On ne démolit que les objets reconnus hors de service par les inspecteurs d'artillerie, & après que le ministre l'a autorisé : les directeurs doivent utiliser les fers & les bois ; les bois qui ne peuvent l'être sont remis au domaine pour être vendus, & leur prix être versé à la caisse d'amortissement.

DÉMOLITION des ponts a la guerre. L'artillerie est quelquefois chargée, à la guerre, de démolir des ponts en maçonnerie ou en charpente, & elle est aussi quelquefois dans le cas de détruire des ponts de bateaux.

On démolit un pont en maçonnerie en faisant. au milieu des arches, une tranchée en croix dont les branches, longues de trois mètres, sont approfondies jusqu'à l'extrados des voûtes. On met dans chaque branche soixante-quinze kilogrammes de poudre pour une épaisseur de voûte d'un mètre. On recouvre la poudre de planches ou de madriers chargés de terre, & l'on y met le feu au moyen d'un saucisson rempli de poudre, auquel on donne une longueur suffisante pour laisser à celui qui l'allume le temps de se sauver. Ce saucisson est un petit cylindre de 0 mèt. 027 (1 pouce) de diamètre. A défaut de saucisson, on met le feu au moyen d'un morceau d'amadou, qui traverse une feuille de fort papier placée sur la poudre.

On peut encore faire sauter un pont en maçonnerie, en faisant, suivant la direction de la clef des voûtes, une seule tranchée de 0 mèt. 48 (18 pouces) de profondeur, dans laquelle on place cent cinquante à deux cents kilogrammes de poudre. Cette quantité de poudre a rompu des voûtes de 8 mèt. 12 (25 pieds) de portée & de 1 mèt. 29 (4 pieds) d'épaisseur a la clef.

Les ponts de charpente peuvent être détruits de trois manières : on peut les démolir, les brûler ou les faire sauter.

Lorsque l'on a le temps de les démolir, on commence par déclouer les planches, désassembler les bois, afin de pouvoir promptement les enlever au besoin. Il faut brûler ces bois ou les cacher de manière que l'ennemi ne puisse pas les trouver pour rétablir le pont.

Le meilleur moyen de brûler un pont est de le goudronner, de le charger & de l'envelopper de fascines & de bois secs goudronnés. Il suffira, dans beaucoup de cas, de brûler les travées qui se trouvent du côté de l'ennemi.

Pour faire sauter un pont en charpente, on suspend sous une travée un baril de cent kilogrammes de poudre, auquel on met le feu par les procédés indiqués ci-dessus.

On coule à fond un pont de bateaux, en perçant le fond des bateaux avec des tarières, ou à coups de hache. On coupe en même temps les cordages, & l'on jette à l'eau une partie du tablier. Des chevilles coniques & saillantes, chassées d'avance dans le fond des bateaux, donnent le moyen de couler le pont très-promptement : il suffit d'arracher les chevilles au moment de l'exécution.

Pour faire sauter un pont de bateaux, on place un baril de poudre, ou des bombes, ou des obus, sous le tablier ; on y met le feu au moyen d'un saucisson de fusées lentes, de lances, ou de longues traînées de poudre.

On rompt les ponts de bateaux de l'ennemi en envoyant contre ces ponts des machines flottantes. Les unes ne les détruisent que par choc ; d'autres sont destinées à les incendier ; les plus dangereuses les brûlent par explosion.

Les radeaux lancés contre ces ponts pour les entraîner, sont composés d'un ou de deux rangs d'arbres ; ils ont à leur milieu un mât ou montant fortement arc-bouté. Ce mât est assez haut pour ne pouvoir passer sous le tablier.

Les grands bateaux destinés à produire le même effet sont aussi chargés que le permettent leur capacité & la profondeur de la rivière. (*Voyez*, pour plus de détails sur la destruction des ponts de bateaux, le *Guide du Pontonnier* par M. Drieu, capitaine d'artillerie.)

DÉMONTER. On démonte un fusil en dépouillant le fût de toutes les pièces qui composent l'arme. (*Voyez* l'article Nettoiement des armes portatives.)

Démonter une bouche à feu. C'est la mettre hors de service ou hors des moyens de tirer, en brisant son affût, ses tourillons, &c.

DENSITÉ. Ce mot exprime la quantité de matière que contient une substance quelconque sous un volume déterminé. Un métal a d'autant plus de densité que son poids est plus considérable & son volume plus petit.

DENTS. Parties saillantes & entaillées sur la circonférence d'une roue, pour engrener dans une lanterne ou dans le pignon d'une autre roue, afin de leur communiquer son mouvement.

DÉPOUILLER une pièce de canon. C'est la débarrasser, au sortir de la fosse, des matières étrangères adhérentes au métal après la coulée.

DÉSENCLOUER une pièce de canon. C'est l'opération qui consiste à retirer de la lumière d'un canon, un clou qui la rendent inutile, en mettant la pièce hors d'état de faire feu. (*Voyez* à l'article ENCLOUER UN CANON EN BRONZE, les procédés au moyen desquels on fait partir ce clou.)

DESTRUCTION des armes portatives aux armées. Pour la destruction des fusils on peut faire le *jambon*, en frappant la crosse contre terre; mais ce moyen ne détruit pas la partie la plus essentielle de l'arme : il vaut mieux donner un coup de masse sur le canon pour l'aplatir, & brûler le tout si on a le temps.

DÉTENTE. Pièce de la garniture du fusil qui fait à faire partir la gachette, contre la grande branche de laquelle on la presse à cet effet lorsque le fusil est armé. Elle est percée d'un trou dans lequel passe une goupille qui la fixe sur le bois. On a substitué à cette goupille, dans le modèle de 1816, une vis qui fixe cette pièce sur l'écusson au moyen de deux ailettes.
On fait quelquefois usage de *double-détente* pour des pistolets de luxe. (*Voyez* l'article DOUBLE DÉTENTE.)

DÉTÉRIORATION de la poudre. Le dosage entre sans doute pour quelque chose dans la disposition plus ou moins prompte de la poudre à se convertir en pulvérin; mais la trituration plus ou moins parfaite & le séchage plus ou moins complets, contribuent peut-être davantage à produire la décomposition. Une dessiccation trop rapide empêche l'humidité du centre du grain de s'évaporer, & fait volatiliser le soufre, surtout celui de la surface des grains, où la plus grande portion de ce principe inflammable paroît nécessaire. La poudre desséchée trop rapidement & éprouvée de suite, donne d'ailleurs des résultats avantageux à l'épreuve du mortier, sans doute parce que l'eau qu'elle contient étant réduite en vapeur au moment de l'inflammation, a une expansion considérable; mais quand cette poudre est restée quelque temps en magasin, sa force diminue considérablement. Une trituration imparfaite donne une poudre que l'humidité & les transports doivent bientôt détériorer. Enfin, elle se détériore promptement dans les magasins qui ne sont pas suffisamment secs & aérés convenablement.

DÉTONATION de la poudre. La théorie de la détonation de la poudre n'est pas connue d'une manière positive; mais on fait, 1°. que lors de son explosion, il y a une formation de gaz acide sulfureux, de gaz hydrogène sulfuré, d'azote & d'eau, suivant des proportions qui ne sont pas encore déterminées; 2°. que les gaz qui se forment lors de la détonation acquièrent une force expansive d'autant plus considérable qu'il se dégage plus de calorique, & que c'est cette force qui sert à lancer avec tant de violence les projectiles hors du tube.

DEVERS de l'essieu. C'est l'inclinaison donnée aux fusées d'un essieu au-dessous de son axe horizontal.

DEVIS. État détaillé de ce que doivent coûter toutes les parties qui composent un ouvrage quelconque, pour en établir le prix total. Dans les manufactures d'armes, c'est ce qu'on paie aux diverses classes d'ouvriers pour les matières premières qu'ils emploient & pour les façons des pièces d'une arme. Pour établir les devis du prix coûtant des armes portatives de la manière la plus juste & la plus équitable, les différens articles de ces devis sont débattus entre les officiers d'artillerie & les entrepreneurs des manufactures, & l'on entend les réclamations des maîtres ouvriers.

Les locations d'usines & de bâtimens ne sont dans aucun cas comprises en tout ou en partie dans ces devis, non plus que les frais de bureau, ceux d'administration, ni l'entretien des gros outils, tels que soufflets & enclumes; enfin, les calibres & poinçons dont les contrôleurs font usage, sont également rejetés de ces devis, tous ces objets étant payés sur le bénéfice de vingt pour cent accordé aux entrepreneurs en sus du montant des devis.

DEZ. Petit cylindre de tôle qu'on brasoit dans l'intérieur des canons de fusil, à l'endroit qu'occupoit la charge. On donne encore ce nom à un évasement sphérique, pratiqué sur le bouton de culasse, & destiné à recevoir une partie de la charge de poudre.

DEZ. On nomme quelquefois ainsi le cylindre-calibre servant à vérifier le calibre des canons des armes à feu. (*Voyez* l'article CYLINDRES VÉRIFICATEURS.)

DIABLE. C'est une voiture composée de deux forts brancards, posés sur deux essieux en fer, & portés par quatre roulettes en fer coulé. A chaque extrémité, il y a un crochet d'attelage, afin de pouvoir le traîner indifféremment en avant ou en arrière. On se sert du diable pour transporter à de petites distances des mortiers, des affûts à mortiers & autres fardeaux, dans des chemins creux ou étroits.

DIAPHRAGMES. Cloisons qui séparent l'intérieur des soufflets en plusieurs parties.

DIRECTRICE d'embrasure. Ligne passant par le milieu des côtés parallèles d'une embrasure, & aboutissant au but sur lequel doit tirer la batterie.

L'embrasure

L'embrasure est directe quand la direction est perpendiculaire au côté intérieur de la batterie; dans le cas contraire, elle est oblique.

DOIGTIER. Petit coussinet en cuir, garni de crin ou de bourre, recouvert d'un côté d'une peau formant un petit sachet, dans lequel le canonnier met les deux doigts de la main qui lui sert à boucher la lumière, quand on charge les bouches à feu.

DOLOIRE. Espèce de hache d'armes ayant un manche gros & court, en usage autrefois.

DOS ou REIN. C'est, dans le chien de la platine, la partie opposée à la batterie.

DOSAGE. C'est la première opération qu'on fait pour la fabrication de la poudre; elle consiste à établir la proportion qu'il doit y avoir entre le salpêtre, le soufre & le charbon. Cette proportion est pour la poudre de guerre : salpêtre 75,0, charbon 12,5, soufre 12,5. (*Voyez*, pour les autres dosages, les articles POUDRE FINE & POUDRE DE MINE.) Le bâtiment où se fait cette opération s'appelle *bâtiment du dosage*. D'un côté sont les *mayes* ou caisses pour recevoir les trois matières pulvérisées; de l'autre côté sont les futailles ou sacs contenant un approvisionnement de ces matières. Sur la face du côté du jour, se fait le pesage, en trois balances, au-dessus des tables, à un mètre d'élévation; leurs bassins doivent être en cuivre ainsi que les poids. Une de ces balances, à-cause des différens dosages, doit pouvoir peser huit kil. de salpêtre, l'autre deux kil. de soufre, l'autre trois kil. de charbon. Les poids, pour éviter toute erreur, doivent être coulés en une seule masse, pesant exactement, sans fraction, la quantité pour laquelle chaque matière entre dans le dosage de dix kil. de composition. A la porte de ce bâtiment est ordinairement un hangar, pour servir à entreposer les tonneaux vides.

Pour former la composition, on commence par peser le salpêtre, qui, pour la poudre de guerre, doit être de 7 kilog. 50; puis le soufre, dont la quantité doit être de 1 kilog. 25 : on met ces deux quantités dans un boisseau bien net, en commençant par le salpêtre, parce que le soufre étant onctueux, s'attacheroit au fond; on pèse ensuite le charbon, qui doit être de 1 kilog. 25; mais on le met dans un boisseau séparé, qu'on place sur le précédent. Le chargement des autres mortiers se compose de même, & on les porte ensuite au *moulin à pilons*.

DOUBLE CANON. C'est l'un des noms qu'on donnoit anciennement à de gros canons.

DOUBLE détente. Mécanisme compliqué, mais fort ingénieux, avec lequel on obtient, au moyen de la plus légère pression du doigt, un départ très-prompt sans déranger l'arme. On n'en fait usage que pour les pistolets de combat ou de tir d'adresse, à cause du danger auquel il expose.

DOUBLURES. Ce sont des défauts qui proviennent de soudures manquées : elles ont lieu si les morceaux de fer à souder pour former une pièce, ne sont pas également portés au degré de chaleur nécessaire; si l'ouvrier ne saisit pas la chaude assez vite, c'est-à-dire, s'il laissoit refroidir le fer avant de la battre; si enfin il se trouvoit quelque substance étrangère entre les morceaux de fer à souder. Dans tous les cas, ces deux morceaux ne se pénètrent pas réciproquement & ne font pas corps ensemble.

DOUCINE. Moulure placée au-dessous des renforts d'un canon.

DOUILLE. C'est ordinairement une pièce en fer, creuse, qui en reçoit une autre le plus souvent en bois.

DOUILLE de baïonnette. Partie creuse & cylindrique, dans laquelle on engage le canon de fusil. (*Voyez* le mot BAYONNETTE ou BAIONNETTE.)

DOUILLE de lance. Fer creux dans lequel on engage le bout de la hampe d'une lance. La partie arrondie de la lance dans laquelle se loge l'autre bout du bois, se nomme aussi *douille*.

DRAGÉE. Petites balles de plomb servant à la chasse. Il se prépare de la manière suivante : on fait fondre le plomb avec un peu d'arsenic pour le rendre plus aigre; lorsqu'il est à un degré de chaleur tel qu'on puisse y plonger une carte sans la brûler, on le verse sur une cuiller percée de plusieurs trous, dans laquelle on entretient des charbons allumés; on tient cette cuiller au-dessus de l'eau; le plomb s'arrondit en tombant dans ce liquide.

On fabrique encore la dragée en faisant tomber l'alliage fondu d'une très-grande hauteur : le plomb arrive sur le sol à l'état de grenaille. Ce procédé est en usage à Paris, à la tour Saint-Jacques.

La dragée se distingue par des numéros qui sont relatifs à sa grosseur, & par conséquent à la quantité de grains qui entre dans un poids donné. On la fait passer dans des cribles dont les trous sont de différens calibres.

DRAGÉE de fer. Fer granulé à l'eau ou sur le sable. Dans le tyr, elle raye les canons de fusil.

DRAGON VOLANT. Nom qu'on donnoit autrefois à des pièces d'artillerie. Le dragon étoit de quarante livres de balles; le dragon volant de trente-deux livres de balles.

DRAGONE. Ornement de l'épée & du sabre, servant, dans le sabre, à assujettir cette arme au poignet.

DRAGUE. Sorte de poignard. (*Voyez* DAGUE.)

DRESSAGE. C'est l'opération qui consiste à rendre parfaitement cylindrique l'ame des canons de fusil, & à répartir uniformément le fer du tube. Le mode de dressage en usage à la manufacture de Saint-Etienne donnant la plus grande perfection à l'ouvrage, on va le décrire ici avec beaucoup de détails.

L'atelier du maître dresseur consiste en une boutique située le plus près possible du local de l'aiguiserie, pour faciliter les communications fréquentes qu'il y a de l'une à l'autre. Cette boutique contient une forge complète avec son enclume & ses marteaux, un banc de forerie à bras, dont on ne se sert que dans les momens de sécheresse, deux étaux, un compas d'épaisseur, une équerre, un bois à dresser, une vis d'expression placée sur un pied mobile (elle sert à fixer le canon dans son milieu quand on veut y passer à bras des forets ou mèches), quinze à dix-huit forets taillés, trois à quatre mèches, des limes & divers autres outils accessoires. Il faut de plus que la boutique soit bien éclairée, & que de la fenêtre on puisse apercevoir le ciel.

Chaque maître dresseur a un compagnon appelé *passeur de forets*, & chaque passeur de forets a son banc de forerie dans le même local que les meules, & mû par la même roue hydraulique.

Les canons de fusil sont remis au maître dresseur, forés à 0 mèt. 017 (7 lig. 6 points).

Il commence par les visiter intérieurement & extérieurement, pour ne pas entreprendre le dressage de ceux qui présenteroient des défauts, tels que criques, pailles ou évents que le forage auroit pu faire découvrir. Il a tout l'intérêt possible à apporter l'attention la plus scrupuleuse dans cette visite, car il perd sa main-d'œuvre sur tous les canons qui sont rebutés à la visite des contrôleurs après le dressage.

Après cette opération, le dresseur fait recuire les canons pour rendre du nerf & de la ténacité au fer que le forage a aigri : à cet effet, il en place cinq à six dans la forge, qu'il fait chauffer au rouge cerise, successivement depuis la bouche jusqu'au tonnerre, puis il les laisse refroidir lentement.

Le recuit ayant noirci le canon intérieurement, le compagnon y passe la *ramasse* en long pour le décrasser & l'éclaircir un peu intérieurement. Cette opération se fait à bras, en fixant le canon au moyen de la vis à pression.

Dans toutes les opérations que l'on va décrire, le maître dresseur n'a pour but que le dressage de l'intérieur du canon, celui de l'extérieur lui étant subordonné. Ce n'est que dans la dernière opération qu'il s'occupe du dressage de l'extérieur, comme il sera indiqué par la suite.

Le maître dresseur porte le gros bout de son canon à 0 mèt. 054 ou 0 mèt. 081 (2 ou 3 pouc.) de l'œil, dirige l'autre bout sur le milieu d'un des carreaux les plus élevés de la fenêtre, d'où l'on puisse apercevoir le ciel. Le canon se trouve alors être très-bien éclairé intérieurement, depuis la bouche jusqu'à l'extrémité du tonnerre. Il lève ensuite insensiblement la bouche, jusqu'à ce que le châssis supérieur de la fenêtre détermine une ombre dans la partie inférieure du canon, qui soit telle qu'elle ait la forme d'un cône émoussé ou d'un *cierge*. Ce *cierge* doit avoir sa base vers le tonnerre, & son sommet effleurant la bouche : dans cette position, si le canon est bien dressé, les lignes qui terminent l'ombre ne doivent présenter aucune interruption ni inflexion quelconque : la plus petite de ces inflexions dénote un défaut. Il faut tourner son canon dans les mains pour l'examiner dans tout son pourtour, en ayant bien soin de le maintenir dans la même position, afin que l'ombre ait toujours la même figure.

Les canons peuvent présenter des défauts de différentes espèces, dont la réparation doit être faite par le maître dresseur ou dirigée par lui; savoir : des *défauts de dressage*, des *défauts de paille* ou des *défauts de calibre*.

On appelle généralement *défaut de dressage*, le pli que fait un canon voilé; il présente intérieurement d'un côté, en dessus, par exemple, une partie saillante, & en dessous une partie rentrante. Le canon étant à l'œil, & le sommet du *cierge* effleurant la bouche, comme il a été indiqué ci-dessus, le dresseur le fait tourner dans les mains, de manière que tous les points du canon viennent successivement passer dans l'ombre; s'il existoit un défaut, l'inflexion des lignes qui terminent l'ombre peut être, ou concave, c'est-à-dire, formant une courbe rentrante dans l'ombre, ou convexe dans le sens opposé; si elle est concave, cela dénote que la partie rentrante du canon se trouve à la partie inférieure du canon; si elle est convexe, elle se trouve à la partie supérieure; mais alors on fait faire une demi-révolution au canon, jusqu'à ce que l'inflexion soit concave, pour ramener le rentrant à la partie inférieure. On a pour but d'observer tous les défauts dans une seule position, afin que l'œil puisse mieux s'exercer à juger de leur étendue, de leur profondeur & de la distance à laquelle ils se trouvent.

Il y a ici illusion d'optique; le défaut paroît toujours être plus loin qu'il n'est réellement : la pratique peut seule servir de guide dans cette occasion.

Il est encore un moyen que le dresseur emploie presque toujours pour confirmer sa première observation sur la nature du défaut; il consiste, quand le canon est à l'œil, & que l'ombre a la forme d'un *cierge*, à baisser un peu la bouche du canon ; de manière que le sommet du cierge descende jusque sur la place du défaut; il le fait promener sur cette place, & l'habitude lui fait bien reconnoître la profondeur & la distance du défaut.

Les défauts sont plus ou moins profonds ou *alongés*, suivant que l'inflexion des lignes qui terminent l'ombre est elle-même plus ou moins concave ou étendue.

Pour faire disparoître un défaut de dressage, le maître dresseur tenant son canon dans la position où le défaut a été observé, lui fait faire une demi-révolution pour ramener en dessous la partie du défaut qui est saillante à l'intérieur, pose cette partie du canon sur son enclume, qui doit toujours être placée devant lui, & frappe avec son marteau sur la partie rentrante pour la faire rendre. Il porte son canon à l'œil pour s'assurer que le défaut a été repris; dans le cas contraire, il continue par le même procédé jusqu'à ce qu'il ait entièrement fait disparoître l'inflexion de l'ombre. Il doit distribuer ses coups sur toute la longueur du défaut, & proportionner leur force à la profondeur de la partie rentrante. Il entreprend ainsi, l'un après l'autre, tous les défauts qui se trouvent depuis 0 mèt. 487 (18 pouces) du tonnerre jusqu'à la bouche du canon, en commençant toujours par ceux qui sont le plus rapprochés du tonnerre. Il retourne ensuite le canon pour l'observer au tonnerre, porte la bouche à la hauteur de l'œil, dirige l'autre extrémité contre la fenêtre, & reprend tous les défauts qui s'y trouvent, de la même manière qu'il vient d'être indiqué ci-dessus.

Le dessus de l'enclume des dresseurs n'est pas parfaitement plan; il présente une petite concavité dans son milieu, de 0 mèt. 0011 (5 à 6 points) de flèche, sur une surface de 0 mèt. 108 à 0 mèt. 135 (4 à 5 pouc.) de long; c'est sur cette partie de l'enclume que l'on place le défaut du canon quand on se dispose à le faire disparoître au marteau.

Le premier dressage terminé, le dresseur cherche à découvrir l'œil des défauts de paille qui pourroient se trouver à l'intérieur du canon. S'il croit en apercevoir un, pour s'en assurer, il frappe un ou deux petits coups avec le biseau de son marteau, sur la partie extérieure du canon correspondante au défaut qu'il soupçonne; ces coups de marteau refoulent le fer à l'intérieur & font un peu détacher la paille, s'il y en a une; alors il redouble ses coups jusqu'à ce que le fer soit suffisamment refoulé à l'intérieur, pour que le foret puisse enlever la paille & ne point laisser de chambre.

On entend par *défaut de calibre* les proportions du canon qui ont un calibre trop grand & toutes les cavités ou chambres intérieures; ces défauts sont traités de la même manière que les pailles, en ramenant à coups de marteau les parties rentrantes au calibre, pour que le foret puisse les atteindre. Les coups de marteau que l'on donne pour reprendre ces défauts, ne doivent pas déranger le dressage, si l'on a soin de placer le canon sur la partie la plus plane de l'enclume, de manière qu'il ne porte pas à faux.

Le compagnon dresseur vient prendre le canon après le premier dressage, le porte au banc de forerie & y passe six à huit forets taillés, & une mèche, ce qui porte le calibre de 0 mèt. 0169 (7 lig. 7 points ½) à 0 mèt. 0170 (7 lig. 8 points).

Le foret dont on se sert dans cette manufacture est une verge de fer de 1 mèt. 624 (5 pieds) de long, équarrie à une de ses extrémités sur une longueur de 0 mèt. 486 (18 pouc.) : les faces de l'équarrissage sont recouvertes de feuilles d'acier. Il doit être forgé de manière à passer dans une lunette de 0 mèt. 0168 (7 lig. 5 à 6 points); ses arêtes sont ensuite taillées, ce qui porte la diagonale de l'équarrissage, ou ce qu'on appelle vulgairement *le calibre du foret*, à 0 mèt. 071 (7 lig. 7 à 8 points); la partie équarrie est fendue par son milieu, à partir de 0 mèt. 027 (1 pouc.) de l'extrémité du foret, sur 0 mèt. 432 (16 pouc.) de longueur; cette fente sert à placer une ou plusieurs feuilles de papier pour augmenter à volonté le *calibre du foret*.

La mèche est un foret non taillé, qui n'est pas fendu, & dont la partie tranchante est en forme de pyramide quadrangulaire tronquée : cette mèche est employée toutes les fois qu'après avoir passé un certain nombre de forets taillés, le canon doit être remis au dresseur pour être redressé; elle sert à enlever les inégalités des forets & à polir le canon; on l'emploie avec des étèles.

Les six à huit forets étant passés ainsi que la mèche, le canon a perdu son dressage. Le compagnon le rapporte au maître, qui le redresse de la même manière qu'il a été indiqué pour le premier dressage; mais la mèche ayant bien poli l'intérieur du canon, ce deuxième dressage doit être plus exact que l'autre; il se fait également au marteau.

Le canon bien dressé est porté au tour à canon. Les canons tournés extérieurement sont rapportés au maître dresseur, qui les dresse de nouveau au marteau & sur l'enclume comme précédemment. Le compagnon les porte ensuite au banc de forerie, & leur passe trois forets taillés & une mèche. Le canon approche alors à un demi-point près du calibre de 0 mèt. 0177 (7 lig. 9 points).

Le maître dresseur redresse son canon au marteau pour la quatrième fois, après quoi il le *compasse*. Cette opération a pour but de diriger l'aiguiseur, en marquant, par des traits de lime, le côté où le canon a le plus de fer à enlever à la meule. Le dresseur indique alors, par la profondeur de ses traits de lime, la quantité de fer à enlever à la meule. Il répète cette opération de 0 mèt. 135 en 0 mèt. 135 (5 pouc. en 5 pouc.), en enfonçant son compas autant que la longueur de ses branches le permet; il retourne ensuite son canon & opère de la même manière au tonnerre.

Le canon ouché dans toute sa longueur, est porté à l'aiguiseur, qui fait disparoître toutes les ouches des dresseurs & fait les pans au canon.

Il est ensuite rapporté au maître dresseur. Ce cinquième dressage se fait au marteau ou *au bois à dresser*, suivant la nature des défauts; s'ils sont *courts* & faciles à faire disparoître par de petits coups de marteau, on se sert du marteau; s'ils sont au contraire *alongés*, on se sert du *bois à dresser*.

Pour reprendre un défaut du dressage avec le bois à dresser, un canon plié, par exemple, on applique le cintre du bois sur le canon, dans le sens de la longueur, le milieu du cintre correspondant au milieu de la partie du défaut qui saille à l'intérieur du canon; on porte ainsi le canon dans l'étau, de manière à ce que la mâchoire extérieure par rapport au banc, presse le dos du bois, & l'autre sur la partie du défaut qui forme un rentant dans l'intérieur, ou qui est bombé à l'extérieur. Le dresseur tient dans cet état le canon & le bois avec la main gauche, saisit avec la droite la clef de son étau, le serre par de petites pressions brusques, mais légères; il doit être très-habitué à proportionner ses pressions à la grandeur du défaut; il est même à propos qu'il connoisse son étau pour être certain de ses graduer à volonté; car si, dans la position où se trouve le canon, il le pressoit trop fort, il pourroit le forcer dans le sens opposé, & le défaut deviendroit alors bien plus difficile à réparer.

Le dressage au bois est plus difficile que celui au marteau, il demande plus d'exercice; mais aussi quand on en connoît bien la pratique, il est plus expéditif, & est susceptible de plus d'exactitude. Il y a même un inconvénient à se servir du marteau dans les dernières opérations du dressage, & surtout après le deuxième aiguisage, dont il sera fait mention plus loin, parce qu'alors le canon approchant beaucoup des dimensions qu'il doit avoir, le fer est réduit à son minimum d'épaisseur, & chaque coup de marteau forme une cavité extérieurement & une bosse intérieurement; si le calibre est déjà à o mèt. 0177 (7 lig. 9 points), les forets ou mèches que l'on passe dans le canon pour enlever la bosse, augmentent le calibre; c'est donc un vice, & souvent si la cavité extérieure est un peu profonde, on ne peut la faire disparoître sans mettre le canon au-dessous de ses proportions. Le bois à dresser n'offre pas ces inconvéniens; il peut reprendre tous les défauts de dressage, excepté les plus courts qui lui échappent, & pour lesquels il faut nécessairement faire usage du marteau; mais alors on doit l'employer avec beaucoup de ménagement.

Le cinquième dressage achevé, le compagnon porte ses canons à l'usine, leur passe deux ou trois forets taillés pour les mettre exactement au calibre de o mèt. 0177 (7 lig. 9 points), & il les polit ensuite avec la mèche.

Ainsi, quand un canon est bien forgé & bien sain, douze à quatorze forets suffisent pour l'amener au calibre de gueule; mais il arrive quelquefois qu'il en faut passer quinze à dix-huit, & même plus : cela a lieu quand, dans le courant des opérations, le dresseur aperçoit des *défauts de paille*; comme il doit frapper des coups de marteau sur la partie extérieure du canon qui correspond à la paille, pour faire refouler le fer à l'intérieur, il faut nécessairement passer un ou plusieurs forets taillés pour enlever ce fer. Cela nécessite aussi un dressage de plus; car il est de règle générale, que toutes les fois qu'un canon sort des usines après avoir subi une opération d'aiguisage, de forage ou du tour, le dressage doit être rectifié par le maître dresseur.

Quand le compagnon a mis son canon au calibre de 0 mèt. 0177 (7 lig. 9 points) & qu'il l'a poli avec la mèche, il le rapporte au maître dresseur qui le redresse de nouveau. Ce sixième dressage se fait uniquement au bois à dresser. L'ouvrier opère comme précédemment, en se ménageant dans l'intérieur de son canon une ombre en forme de *cierge*; mais les canons étant très-bien polis dans les derniers dressages, le moindre petit défaut doit être sensible à l'œil par l'inflexion des lignes qui terminent l'ombre. Si le canon est bien dressé, en levant ou baissant un peu l'extrémité la plus rapprochée de la fenêtre, le sommet *du cierge* doit se promener rapidement d'une extrémité du canon à l'autre, sans présenter la moindre interruption ni inflexion.

Le premier aiguisage n'a servi qu'à dégrossir le canon; le dresseur le compasse de nouveau pour lui faire subir un deuxième aiguisage, qui doit l'amener juste aux dimensions extérieures qu'il doit avoir. Il s'y prend de la même manière que pour le premier; il marque par des traits de lime le côté où il se trouve le plus de fer à enlever, & examine si les pans sont bien faits & bien d'équerre : il a une équerre qui lui sert à cet usage; il marque aussi par des traits de lime les pans défectueux à retoucher.

Dans ce deuxième aiguisage, l'ouvrier doit souvent faire usage de sa mesure de proportion pour s'assurer qu'il ne dépasse pas les dimensions extérieures de son canon.

Le canon est apporté après cet aiguisage au maître dresseur, qui le redresse pour la septième fois. Après s'être assuré qu'il est bien dressé intérieurement, il dirige son coup d'œil sur l'extérieur du canon, en le maintenant dans la même position qu'il avoit quand il regardoit dans l'intérieur. Il aperçoit alors sur la partie supérieure de son canon une ombre semblable à celle de l'intérieur, déterminée également par le châssis supérieur de la fenêtre : elle a la forme d'un cône très-effilé, dont la base est à l'œil & le sommet vient effleurer la bouche du canon. Les côtés de ce cône doivent être des lignes parfaitement droites; la moindre inflexion ou interruption dénote un défaut. En baissant un peu la bouche, puis la relevant ensuite, l'ombre doit se promener uniformément dans toute la longueur du canon, en conservant toujours sa forme de cône effilé. Elle ne doit présenter ni étranglement ni enflure du cône, ni laisser apercevoir de points lumineux au milieu de l'ombre.

Il fait tourner son canon dans les mains, afin que tous les points venant passer dans l'ombre, fassent reconnoître les défauts qui se trouvent à la surface extérieure.

Après avoir reconnu que l'épaisseur du fer à la bouche & au tonnerre est celle voulue par les réglemens, si le canon n'a présenté aucun défaut de dressage ni extérieurement ni intérieurement, on est assuré que le fer est réparti uniformément dans toute la longueur des canons, c'est-à-dire, qu'en coupant le canon par des plans perpendiculaires à son axe, chaque tranche doit présenter une égale épaisseur de fer dans tout son pourtour.

Si, au contraire, par l'inflexion des lignes qui terminent l'ombre, ou par l'étranglement ou l'enflure du cône, on a remarqué un défaut à l'extérieur & qu'il se trouve aussi-à-l'intérieur, ce n'est qu'un défaut de dressage; on peut y remédier avec le bois à dresser : si le défaut ne se trouve qu'extérieurement, c'est le fer qui est inégalement réparti; le dresseur s'assure par sa mesure de proportion s'il est encore possible d'y remédier par l'aiguisage, & alors il oche le canon dans les parties où il y a du fer à enlever, & l'envoie à l'aiguiseur. Dans le cas où l'on ne pourroit toucher au canon sans le mettre au-dessous des proportions, il est mis aux rebuts, ou à réparer, pour être ralongé s'il y a lieu.

Quand un canon se trouve ainsi être au-dessous des dimensions qu'il doit avoir, & que l'on aperçoit encore des taches de forge, la faute en est attribuée au forgeur & il en supporte la perte : de même qu'elle est au compte du dresseur, quand le canon se trouve être au-dessous des proportions après l'aiguisage, & que l'on aperçoit cependant encore des traits de lime du ouchage : quand ni l'un ni l'autre de ces cas ne se présente, la faute ne peut venir que de l'aiguiseur.

On voit que toute la méthode de ce dressage consiste à avoir surtout le coup d'œil bien exercé à juger par les lignes d'ombre de la place, de la grandeur & de la nature des défauts.

DRESSAGE du fer. Opération que subit une barre de fer, après avoir été étirée sur le travers de l'enclume. On la redresse en la martelant dans le sens de la longueur de la panne de l'enclume.

DRESSER LE MORTIER. C'est le placer de manière que son axe soit vertical pour le charger. (*Voyez* l'article EXERCICE DES BOUCHES A FEU.)

DRESSEUR. Ouvrier qui dresse les canons à l'œil ou au cordeau. (*Voyez* le mot DRESSAGE.)

DRILLE. Espèce de porte-forêt très-fort, que l'on ajuste au-dessus d'un étau, pour percer des trous dans de fortes pièces.

DROME. Longue & forte pièce de bois, fixée dans la partie supérieure des équipages d'une usine, & servant à maintenir les autres pièces.

DUCTILITÉ. Propriété qu'ont le fer & l'acier non trempé, le cuivre, &c., de s'aplatir par la pression & la percussion, & de prendre ainsi différentes formes sans qu'il se fasse de solution de continuité dans leurs molécules.

DURÉE DES ARMES PORTATIVES. La durée de service des armes à feu & blanches a été fixée en France à cinquante ans; & le remplacement des armes hors de service, doit avoir lieu en temps de paix par cinquantième. D'après un réglement, les corps ne peuvent recevoir d'armes qu'en raison de leur effectif en sous-officiers & soldats à l'époque de leur demande, & conformément à celles dont chaque individu doit être armé. Toutes les demandes d'armes faites par les chefs des corps doivent être transmises au ministre de la guerre, afin de s'assurer si le remplacement ou le complément demandé est justifié par le temps du service des armes, ou par des accidens inévitables, ou s'il provient de défaut de soin. Cet examen fait, Son Excellence autorise la délivrance des armes. L'artillerie les fournit & les expédie dans *des caisses à tasseaux*.

Un fusil supporte, sans être mis hors de service, le tir à balle de vingt-cinq mille coups. En temps de guerre, un fusil ne tire pas cinq cents coups par année.

Les principales causes qui déterminent à mettre une arme à feu hors de service, sont : le trop grand ou le trop petit diamètre de l'âme du canon, le défaut d'épaisseur au tonnerre, les évents & les travers du canon. Le diamètre de l'âme se mesure au moyen de deux cylindres, l'un de huit lignes deux points, l'autre de sept lignes neuf points pour les fusils; & pour les mousquetons & les pistolets de cavalerie, l'un de huit lignes, l'autre de sept lignes sept points. Lorsque le petit cylindre n'entre pas, ou que le gros cylindre entre dans le canon, l'arme est classée bois de service. L'épaisseur au tonnerre est vérifiée par un calibre-mesure, qu'on place à la hauteur de la lumière sur les deux pans de côté. Ce calibre a treize lignes d'ouverture pour les fusils, douze lignes pour les mousquetons, onze lignes six points pour les pistolets de cavalerie. Lorsque les canons peuvent entrer dans ce calibre à la hauteur de la lumière, ils sont réformés. Il est mis à la disposition de chaque corps un certain nombre de caisses à taffeaux pour le tranfport de fes armes, quand il change de garnifon. En conféquence de cette difpofition, les corps remettent à l'artillerie les caiffes d'armes renfermant celles qui leur font expédiées.

La durée des armes à feu portatives eft fixée en Angleterre à douze ans, fuivant M. Dupin (*Voyage dans la Grande-Bretagne, force militaire*, pag. 118), & le prix d'un fufil eft de deux guinées, qui valent maintenant 52 fr. 50 cent., tandis que notre fufil ne coûte au plus que 36 fr.

La fabrication des petites armes à feu a été, en Angleterre, de 1803 à 1816 inclufivement, de 3,227.715, dont 2,143,643 ont été fournies ou vendues aux alliés, & le furplus délivré aux troupes nationales. La fabrication de ces mêmes armes en France a été de 1803 à 1814 de 3,936,257. La différence en plus du côté de la France a donc été de 812.991. (*Voyez* l'ouvrage précité.)

On voit dans l'Aide-mémoire, pag. 640, que la France avoit, en 1771, un approvifionnement de 558,000 fufils; en 1789, cet approvifionnement s'élevoit à 700,000; en 1811, elle avoit une réferve de 5 à 600,000 fufils.

Nota. La paire de piftolets eft repréfentée dans ces quantités par un fufil : c'eft à peu près la même valeur; celle d'un moufqueton eft d'environ les deux tiers du prix du fufil. (*Voyez* les articles Fusil, Mousqueton & Pistolet de guerre.)

E

EAUX DE CUITE. Pour retirer le falpêtre des terres & plâtras qui en contiennent, on met ces terres dans des cuviers de 240 litres de contenance, à raifon de cent décimètres cubes par cuvier, & de 30 litres d'eau. On fait écouler ces eaux après neuf ou dix heures, & on remet dans les cuviers une demie de la quantité d'eau premièrement mife ; celle-ci étant écoulée, on en met une troifième fois une quantité égale à la feconde ; ces trois leffivages fuffifent, en général, pour que la troifième eau ne donne plus qu'à peu près un demi-degré au pèfe-liqueur pour le nitre. On appelle *eaux de lavage*, *leffirage* ou *foibles*, les eaux qui paffent fur les terres leffivées deux fois. On repaffe ces eaux de lavage fur les terres qui n'ont été leffivées qu'une fois, & elles s'appellent, quand elles fortent, *petites eaux*. En faifant paffer ces petites eaux dans des cuviers garnis de terres neuves, elles deviennent, en fortant, *eaux de cuite*, & font bonnes à évaporer. On voit que le nom de ces eaux eft relatif à la quantité de falpêtre qu'elles doivent contenir.

Un atelier, contenant trente-fix ouvriers divifés en trois bandes de douze chacune, l'une garnie en terres neuves, l'autre en terre leffivée une fois, & la troifième en terre leffivée deux fois, fe prête à un mode d'opération fans interruptions. Cet atelier, dont chaque tonneau reçoit cent décimètres cubes de matériaux, confomme par jour dix-huit cents litres d'eaux nouvelles, & donne quatre à cinq cents litres d'eau de cuite.

EAUX MÈRES. Eaux qui proviennent de l'égoutage du falpêtre, après les différentes cuites. Elles contiennent du nitrate de potaffe & du muriate de foude, tout ce qu'elles peuvent en diffoudre à froid. On traite ces eaux de plufieurs manières, pour en tirer le nitrate de potaffe. Les eaux mères s'appellent auffi *eaux amères*.

ÉBARBER. C'eft enlever aux pièces en métal, lorfqu'elles fortent du moule, les bavures qu'elles ont ordinairement, & qui proviennent des joints de ce moule. On ébarbe auffi les projectiles, c'eft-à-dire, qu'on leur enlève les bavures ou les inégalités du jet & de la couture.

ÉCAILLES DE FER. (*Voyez* BATTITURES.)

ECHANTIGNOLLE. C'eft, en général, une pièce en bois, fervant à en renforcer une autre ou à lui donner plus d'élévation.

ÉCHANTILLON. Un fer eft d'échantillon quand il a les dimenfions néceffaires aux pièces qu'il doit produire. On a foin, dans l'artillerie, de n'employer que des fers & des aciers d'échantillons, afin d'éviter une perte de temps & de matière en les forgeant.

ÉCHANTILLON dans les fonderies. C'eft une planche garnie fur un côté, & dans toute fa longueur, d'une plaque de fer taillée d'après le profil d'une bouche à feu, & fervant, en l'appliquant contre le moule qu'on fait tourner, à le façonner conformément au profil.

ÉCHELLES POUR LEVER LES PLANS DES BATIMENS D'ARTILLERIE. Lignes divifées en parties égales, qu'on trace fur un plan, pour exprimer le rapport des dimenfions de ce plan à celles de l'objet qu'il repréfente. Elles font :

Pour les plans généraux & d'enfemble des bâtimens, de 0 mèt. 002 pour un mètre;

Pour les plans de détails des bâtimens & profils, de 0 mèt. 01 pour un mètre;

Pour les plans généraux de polygone & autres terrains d'une grande étendue, de 0 mèt. 0005 pour un mètre;

Pour les plans de martinets, d'émoulerie, de forerie, des machines en général, de 0 mèt. 05 pour un mètre.

ÉCHENAUX ou ÉCHENOS. Nom qu'on donne aux différens compartimens du canal où passe la fonte d'un fourneau pour se rendre dans les moules des bouches à feu qu'on coule.

ÉCLATER. Les projectiles creux éclatent lorsqu'ils crèvent, & le brisent en morceaux qu'on nomme *éclats*.

ÉCLISSES. Petits morceaux de bois très-minces, que les équipeurs-monteurs placent quelquefois sous le canon pour le faire joindre au bois. On punit sévèrement les ouvriers qui font de telles infidélités. On s'aperçoit de cette ruse en serrant à pleine main le canon sur son fût, en plusieurs endroits; on le sent alors fléchir, & on dit qu'il *pompe*.

ÉCLISSES. Petits cônes en bois blanc, dont l'épaisseur vers la tête doit être égal à la moitié du vent d'une bombe. On en met quatre à égales distances autour de la bombe pour la maintenir dans l'axe du mortier. Il en faut une par conséquent dans la partie sur laquelle la bombe s'appuie quand le mortier est pointé. On ne s'en sert pas lorsqu'on tire la bombe avec de la terre autour, ni avec les mortiers à la Gomer.

ÉCLUSE. Plaque de fer forgé, de 0 mèt. 324 (1 pied) de longueur sur 0 mèt. 162 (6 pouces) de large & 0 mèt. 013 (6 lig.) d'épaisseur, ayant un trou qui peut recevoir un manche de fer lorsqu'on veut l'ôter. Dans une fonderie, l'écluse sert à diriger le métal du fourneau, coulant dans le canal, au gré du chef fondeur.

ÉCOINE ou ÉCOUENNE. Espèce de rabot ayant un manche coudé, & dont le fer est taillé à grosses dents. Il y en a un pour unir le logement du canon de fusil, & un pour celui de la baguette.

ÉCOLE D'ARTILLERIE. C'est la place où sont réunis le commandant, les officiers & employés de l'état-major, ainsi que les divers professeurs & les établissemens nécessaires à l'instruction du corps de l'artillerie; on l'appelle *école régimentaire*. Il y a huit écoles d'artillerie qu'on divise en quatre grandes & en quatre petites. Les grandes écoles, qui sont commandées par un maréchal de camp, sont établies à Metz, Strasbourg, Toulouse & Douay. Les petites écoles, qui sont commandées par le colonel du régiment qui s'y trouve,

sont établies à Auxonne, la Fère, Valence & Rennes. Il y a en outre à Vincennes une école pour l'artillerie de la garde royale.

Il est affecté à chaque école d'artillerie un bâtiment où sont réunis les salles & établissemens nécessaires pour l'instruction théorique des officiers, tels que salles de théorie & de dessin, bibliothèque, dépôt de cartes & plans, cabinet de physique & de métallurgie, laboratoire de chimie & salle de modèles.

La bibliothèque se compose de livres & manuscrits sur l'artillerie, la fortification, l'art militaire, les sciences mathématiques & physiques, les arts & métiers ayant rapport au service de l'armée, & d'une collection complète de réglemens & ordonnances militaires, ainsi que des meilleurs ouvrages d'histoire & de littérature ancienne & moderne. (*Voyez* l'article NOTICE SUR UNE BIBLIOTHÈQUE D'ARTILLERIE.)

Le dépôt des plans, cartes & dessins, contient une collection d'objets de ce genre, relatifs soit au service de l'artillerie & aux arts & métiers qui s'y rapportent, soit à la partie de la science des fortifications qui entrent dans les études de l'officier d'artillerie.

Dans la salle destinée à la collection des modèles, on réunit ceux: 1°. des bouches à feu, affûts, voitures, bateaux, attirails & objets quelconques tant d'artillerie que de l'équipage de ponts; 2°. des machines & instrumens de construction & de vérification; 3°. des machines d'arts dont la connoissance est jugée utile aux officiers d'artillerie; 4°. des diverses armes portatives adoptées pour l'armée; 5°. des principales pièces de charpente & de ce qu'il y a de plus essentiel dans la coupe des pierres.

Le cabinet de physique & de métallurgie renferme les machines & les objets propres à l'étude de la partie de ces sciences que doit embrasser l'instruction des officiers d'artillerie.

Le laboratoire de chimie est pourvu des instrumens, ustensiles & matières nécessaires au genre d'études & de travaux auxquels les officiers d'artillerie sont dans le cas de se livrer pour leur instruction.

ÉCOLE d'application. C'est celle des élèves. Elle est établie à Metz, sous la direction d'un maréchal de camp, d'officiers de différens grades, formant un état-major, de professeurs, &c. Elle est commune à l'artillerie & au génie. Tous les élèves sont sous-lieutenans. Leur nombre, pour l'artillerie, est, en 1820, de quarante-quatre.

Les élèves sortant de l'école polytechnique sont admis à cette application, après avoir subi des examens sur les mathématiques, la chimie, la physique, l'architecture civile, la topographie, la géodésie, le dessin linéaire, comprenant la géométrie descriptive, la coupe des pierres, la charpente, la perspective, &c. Ils restent ordinairement deux ans à l'école polytechnique, & deux ans à l'école d'application, où ils reçoivent de précieuses instructions sur toutes les branches de l'artillerie & de la fortification.

ÉCOPE. Pelle creuse en bois, servant à égoutter les bateaux.

ÉCOTTAGE du moyeu. Espèce de collet concave qui est de chaque côté du bouge, en allant vers les bouts.

ÉCOUVILLON. C'est une espèce de brosse servant à nettoyer l'ame d'une bouche à feu, lorsqu'elle a tiré. Il est composé d'une tête cylindrique garnie de soie de porc & d'une hampe en bois de frêne ou de chêne. La hampe de l'écouvillon des canons de campagne porte aussi le refouloir. Par ce moyen, la manœuvre s'exécute plus vite, & il en résulte une simplification dans les armemens.

L'écouvillon des pièces de 4 sert en même temps de refouloir, parce que la manœuvre doit en être très-vive dans certaines circonstances. L'extrémité de la hampe reçoit une pièce de fer recourbée, portant une poignée en bois ; c'est par cette poignée que le canonnier tient l'écouvillon ; & comme elle se trouve hors de la direction de l'ame du canon, il ne court aucun danger pour ses bras.

Les clous & viroles employés dans la construction des écouvillons sont en cuivre, parce que le frottement de ce métal contre du gravier, qui se trouveroit dans l'ame de la pièce, ne peut produire des étincelles.

ÉCOUVILLONNER. C'est enfoncer l'écouvillon dans l'ame d'une pièce de canon, au fond de laquelle on lui fait faire quatre à cinq tours, pour la nettoyer.

Écouvillonner le feu. C'est mouiller avec de l'eau le charbon extérieur d'un feu de forge, pour empêcher la flamme de se porter en dehors.

ÉCRAN de forgeron. Plaque en fer que les forgerons suspendent devant le foyer de la forge.

ÉCROU. Pièce percée & taraudée qui se monte sur une vis. Il y a dix espèces d'écrous en usage dans les constructions de l'artillerie ; mais il n'y en a que sept de différens équarrissages, & six dont les filets diffèrent successivement de trois points.

L'écartement & la profondeur du plus fort écrou sont de 0 mèt. 005 (2 lig. 3 points) ; l'écartement & la profondeur du plus petit sont de 0 mèt. 002 (1 lig.).

ÉCROUIR. C'est battre les métaux à froid pendant un certain temps : ils acquièrent par-là plus de roideur, de dureté & d'élasticité ; mais si on les fait chauffer jusqu'au rouge, ils perdent ces qualités. Les grains de lumière des canons sont écrouis au martinet. Les Anciens écrouissoient le tranchant des lames de sabre qui étoient en cuivre. (*Voyez* l'article ARMES TRANCHANTES EN CUIVRE.)

ÉCU. Petit bouclier de forme triangulaire ; on le portoit sur le dos pendant les marches, & au bras gauche pendant le combat.

ÉCUANTEUR. C'est, dans une roue, l'inclinaison des rais sur le moyeu : elle est mesurée par la distance qu'il y a du devant de la mortaise du rais à une règle appliquée sur les jantes.

ÉCUMOIR. C'est un outil en demi-cercle de 0 mèt. 53 (20 pouces) de diamètre, en bois sec, placé au bout d'une perche de 5 mèt. 847 à 6 mèt. 496 (18 à 20 pieds) de long : on s'en sert lorsque la matière est en bain dans un fourneau de fonderie, pour en faire sortir les scories.

ÉCUSSON ou PIÈCE DE DÉTENTE. C'est la partie de la sous-garde sur laquelle s'ajustent le pontet & la détente d'une arme à feu portative. Elle a, au fusil, un taquet à son extrémité supérieure pour recevoir le bout de la baguette, & elle est fendue à des distances prescrites, 1° pour le passage de la queue du battant ; 2° pour le passage de la détente ; 3° pour celui du crochet à bascule. Elle a aussi, vers la partie inférieure, deux élévations perpendiculaires à sa longueur, lesquelles, avec le nœud postérieur des pontets, servent à longer les doigts pour tenir l'arme solidement à l'épaule, & pour forcer à la baïonnette. Cette pièce est retenue sur le bois par la vis de culasse qui traverse une bouterolle en forme de pyramide quadrangulaire tronquée, placée au-dessous, & par une vis à bois.

ÉGALISOIR. (*Voyez* l'article CRIBLES POUR CONVERTIR LA POUDRE EN GRAINS.)

ÉGRENER (s'). C'est, dans une pièce trempée trop sec, le brisement en petits grains de ses arêtes ou de ses bords.

ÉGRUGEOIR. Ustensile d'artifice servant à réduire la poudre en pulvérin. (*Voyez* l'article ÉGRUGER LA POUDRE.)

ÉGRUGER LA POUDRE. C'est la briser, l'écraser & la passer par un tamis, pour l'employer aux compositions d'artifices.

Pour égruger la poudre, on fait usage d'une table en bois durs, tels que le chêne, l'orme, le noyer, &c. (les bois blancs ne valent rien, parce qu'ils sont trop poreux & qu'ils n'offrent pas assez de résistance), d'un égrugeoir & d'un tamis.

La table est posée sur un pied solide & de hauteur convenable ; elle a environ 0 mèt. 65 (2 pieds) de largeur, & 1 mèt. 299 (4 pieds) de longueur, pour que quatre hommes ensemble puissent égruger facilement.

facilement. On l'entoure d'un bord arrondi ayant o mèt. 054 (2 pouces) de hauteur. Les angles font coupés à pans, pour pouvoir ramasser aisément la composition. Il y a à l'un des côtés une ouverture avec une petite trappe qui s'y loge dans une feuillure, en sorte qu'on puisse la lever quand on veut faire passer la matière broyée. Pour éviter les accidens, l'assemblage de cette table doit être fait sans clous, avec des chevilles en bois.

L'égrugeoir est fait de bois dur, en forme de molette à broyer les couleurs, de o mèt. 162 (6 pouces) de diamètre, avec un manche de o mèt. 189 (9 pouces) de longueur, ayant une grosseur convenable pour être tenu en main.

Les tamis sont en soie; ils sont logés dans deux tambours, l'un en dessous pour recevoir la composition, l'autre en dessus pour empêcher l'évaporation de la matière. On peut les faire de différentes grandeurs; ceux ordinaires ont o mèt. 406 (15 pouces) de diamètre, & o mèt. 162 (6 pouces) de hauteur, y compris les tambours.

On emploie maintenant, pour égruger la poudre, un moyen plus expéditif, moins sujet aux accidens & plus commode à l'armée; le voici: on a un sac de cuir oblong, contenant 7 kil. 34 à 9 kil. 79 (15 à 20 liv.) de poudre, bien cousu & rétréci à l'ouverture, de manière à n'y pouvoir introduire la poudre qu'au moyen d'un grand entonnoir. On ferme le sac avec un cordon que l'on serre fortement; un artificier le pose sur un bloc en bois dur, & le tourne & retourne de temps en temps, tandis qu'un autre écrase la poudre en frappant avec une masse cylindrique. Par ce procédé, la poudre est bientôt écrasée, & propre à être passée au tamis.

ÉGUEULEMENT. C'est la forme elliptique que prend la bouche d'une pièce d'artillerie, lorsque les projectiles qu'elle lance font battement vers l'extrémité de l'ame: cette dégradation, que la continuité du tir augmente de plus en plus, refoule le métal sur la tranche de la bouche.

ÉLINGUE. Ancien cordage de quelques pieds, dont les deux bouts étoient épissés ensemble; on s'en servoit dans les manœuvres de force.

ELME. Ancien casque. (*Voyez* HEAUME.)

EMBARILLAGE DES POUDRES. Après éprouvé les poudres de guerre, on les enferme dans des barils, & cette opération s'appelle *embarillage*. (*Voyez* l'article BARILS A POUDRE.)

EMBARRER. C'est placer un levier sous un fardeau quelconque, dans la mortaise d'un treuil de chèvre, sous une pièce de canon, &c., pour opérer une manœuvre de force.

EMBASE DES TOURILLONS. C'est un renfort de

métal cylindrique & concentrique aux tourillons, à leur base, contre la bouche à feu, que l'on pratique dans les canons & dans quelques mortiers, pour empêcher le ploiement des tourillons, & le balotement de la bouche à feu entre les flasques, contre l'intérieur desquels s'appuie la coupe de ces embases. Cette coupe, dans les canons, est parallèle au deuxième renfort. Les mortiers à la Gomer n'ont point d'embase aux tourillons; mais ils ont en dessus des tourillons une masse en bronze, en forme de coin, qui va, en mourant, joindre le corps du mortier, & remplace l'embase: on l'appelle *renfort du tourillon*.

EMBATTAGE. C'est l'action d'appliquer les bandes en fer sur une roue de voiture d'artillerie.

EMBOUCHOIR. Pièce en fer ou en cuivre, qui embrasse l'extrémité du bois & du canon de fusil, & dont l'extrémité supérieure est affleurée par la douille de la baïonnette. Il y a un entonnoir pour le passage de la baguette, & deux *bandes* ou *barres*; sur le milieu de celle inférieure est brasé un *guidon* en cuivre, de la forme d'un grain d'orge, qui sert pour viser.

EMBRASSEUR. Pièce en fer qui embrasse les tourillons d'un canon, lorsqu'on l'élève dans les châssis de l'alésoir pour agrandir son calibre.

EMBRASSURES. Ce sont des vides ménagés dans l'épaisseur de l'épaulement d'une batterie, pour y faire entrer une partie de la volée des pièces quand on les tire. Ces vides ont la forme d'un prisme dont la base est un trapèze. La volée entre par le côté le plus étroit, ou l'ouverture intérieure.

Les canons de 24 & de 16, sur un affût de siége, entrent de 1 mèt. 24 (46 pouces) dans les embrasures; ceux de 12 de 1 mèt. 19 (44 pouces). (*Voyez* l'article BATTERIE DE CANONS.)

EMBRELAGE. C'est lier ou fixer une voiture sur une autre, ou un chargement sur une voiture.

EMBRÈVEMENT. C'est un logement fait dans une pièce de bois pour en recevoir une autre; les entretoises d'affût sont embrevées de o mèt. 0203 (9 lignes) dans les flasques.

ÉMERI. Oxide de fer disséminé dans une gangue très-dure de quartz ou de jaspe, dont on fait usage dans l'artillerie pour dérouiller des pièces d'armes fortement oxidées, ou pour user ou diminuer, par le frottement, des instrumens vérificateurs d'une grande précision.

ÉMERILLON. Nom qu'on donnoit autrefois aux canons d'une livre de balles.

EMMAGASINEMENT DES VOITURES D'ARTILLERIE. C'est l'arrangement de ces voitures dans les magasins. Voici, d'après l'Aide-mémoire, la méthode que l'on suit pour cet arrangement.

Affûts de siége. On ôte les avant-trains : on place le premier affût, sa longueur dans le sens de la longueur de l'espace à occuper, & la tête de l'affût tout-à-fait à une des extrémités de cet espace; on fait entrer le second affût, la crosse la première, en la soulevant, dans le rouage du premier, du côté de la crosse, jusqu'à ce que les roues touchent les essieux; on fait porter la crosse du second affût sur le haut des flasques du premier, & on rapproche les roues autant qu'on peut.

On fait entrer le troisième affût la crosse la première, en la soulevant, dans le rouage du second, & on applique roue contre roue, ainsi de suite, en faisant toujours porter la crosse sur la tête de l'affût précédent.

On observe de mettre alternativement, dans chaque côté, une roue en dedans & une roue en dehors; par exemple, si dans la file de droite, le premier affût a la roue en dehors, tous les affûts impairs l'auront de même, & tous les affûts pairs l'auront en dedans.

Pour les avant-trains, on ôte les roues; on place les bras de limonière à côté les uns des autres : on en place autant vis-à-vis, les bras de ceux-ci entrelacés avec les premiers : on fait ainsi trois ou quatre lits, & on place les roues debout, entre les bras de limonière, ou sur les côtés.

Affûts de campagne. Ces affûts s'emmagasinent comme ceux de siége.

Pour les avant-trains (en général, dans tous les avant-trains à timon, on ôte les volées des bouts de timon, & on les engerbe ensemble), on ôte les volées de bout de timon, les coffrets & les roues.

On place deux avant-trains à plat, vis-à-vis l'un de l'autre, les timons entrelacés, leurs bouts aboutissant contre la cheville ouvrière; on place à plat, sur chaque avant-train, derrière la sellette, une roue, le petit bout du moyeu en bas, la cheville ouvrière passant entre deux rais.

On fait à côté une disposition semblable, si le terrain le permet.

Sur ce premier lit d'avant-trains, on en fait un second de même, en observant de faire porter le dessus de la saffoire des avant-trains du second lit, sur le gros bout du moyeu de la roue, qu'on vient de placer derrière la sellette de chaque avant-train du premier lit.

On fera de même un troisième lit, & on n'engerbera pas plus haut, s'il est possible. On place sur les côtés le restant des roues.

Pour les *leviers*, on les place en treillage, alternant, dans chaque lit, le gros bout & le petit bout.

Pour les *coffrets*, on les place à côté les uns des autres, portant à terre par leurs bras.

Ce qu'on vient de lire pour les avant-trains convient parfaitement à l'avant-train de 4; mais celui de 12 n'ayant pas une saffoire semblable, cet engerbement n'est pas aussi solide, & on est obligé de mettre des calcs sous les roues pour l'affermir.

Affûts d'obusiers. Les affûts se disposent comme les affûts de campagne.

Les avant-trains d'obusiers de 8 pouces, comme les avant-trains de siége.

Les avant-trains d'obusiers de 6 pouces, comme les avant-trains des pièces de 12.

Affûts de place. On ôte les roues ; on place le devant de l'affût en bas, la roulette en haut & en dehors, les bouts d'essieu appuyant contre les flasques l'un de l'autre, & se touchant; on place debout une partie des roues appuyées contre les flasques, & soutenues par ces bouts d'essieu ; l'autre partie des roues se met à plat par-dessus les flasques ainsi rangés sur plusieurs lignes.

Pour les *châssis*, on fait un lit de châssis placés dans leur situation naturelle les uns contre les autres. On fait un second lit par-dessus en renversant les châssis de ce lit, l'auget en bas, portant entre deux châssis du premier lit. On soutient les semelles en plaçant tous celles les coussinets d'auget.

Affûts de côtes. Leur arrangement est semblable à celui des affûts de place ; il est même plus simple.

On engerbera séparément les grands & les petits châssis.

Chariots à canon. On les place ordinairement à côté & à la file les uns des autres, dans leur situation ordinaire. On pourroit cependant en ôter les roues qu'on mettroit ensemble, & engerber les corps de chariot trois ou quatre de hauteur.

Chariots à munitions. On ôte les avant-trains, qu'on dispose comme les avant-trains de siége.

On engerbe le corps des chariots dans leur sens naturel sur quatre de hauteur, mais pas au-delà.

On place les roues debout, les unes contre les autres.

Caissons à munitions. On ôte les avant-trains, qu'on engerbe comme les avant-trains d'affûts.

On ôte les grandes roues, on les place debout, appuyant l'une contre l'autre.

On adosse les caissons contre un mur, légèrement inclinés, & on les met sur plusieurs rangs, dont la première file sera de caissons montrant leur couvert, le derrière du caisson en bois; & la seconde file montrant le dessus des caissons, le devant du caisson en bas, l'essieu de derrière par conséquent en haut, appuyant sur le dessus des caissons voisins : on alternera ainsi les files.

Pontons & leurs haquets. On place un ponton sur deux chantiers ; puis un autre ponton renversé sur celui-ci, les plats-bords contre les plats-bords.

Pour les *haquets*, on ôte les avant-trains, on les engerbe comme les avant-trains d'affûts; on ôte aussi les grandes roues : on place les brancards dans leur sens naturel, l'un sur l'autre, & on ne les engerbe qu'à trois de hauteur : on place les roues dans les vides que laissent les brancards entr'eux, à cause de l'élévation des tasseaux.

Bateaux, nacelles, agrès & haquets. On engerbe dans leur sens naturel (quoique des officiers d'artillerie aient pensé qu'on devoit mettre le fond en dessus) les bateaux à deux de hauteur (peut-être qu'étant plus légers que ceux des premières tables, on pourroit engerber les nouveaux à trois de hauteur), & les nacelles à trois, en observant de placer entr'eux des chantiers pour les soutenir, & partager le poids sur le bateau ou la nacelle qui se trouve dessous.

On met les madriers en piles triangulaires ou quadrangulaires, en les faisant croiser à chaque angle d'environ 0 mèt. 32 (1 pied) par leur extrémité; on fait reposer ces piles sur des chantiers, pour garantir les madriers du bas. Le vide qui se trouvera par ce moyen entre les madriers, sera utile à leur conservation.

On empile les poutrelles, en les plaçant l'une près de l'autre par couches horizontales ; avec des cales ou des tringles, on pratique un vide entre deux couches successives.

On fait sécher les cordages, en les étendant, puis on les place à l'abri de l'humidité, après les avoir pliés en rond, s'ils ont une longueur & un diamètre considérables.

Les madriers & les poutrelles peuvent être dans des magasins ou sous des hangars : les autres agrès de ponts dans des locaux fermés.

Pour les haquets, on ôte les roues, on démonte l'assemblage du timon, de ses armons & de la sassoire : on ôte les esses de la flèche, pour la séparer de ses empanons.

On place le timon dans le sens de la longueur de l'espace à occuper. On pose le devant du haquet, auquel est uni la flèche, sur le timon, la flèche dans le même sens que ce timon, les ranchets en bas : on place en dessus la partie des empanons renversée, l'essieu parallèlement à la flèche. On fait à côté un arrangement tout semblable, en sorte que les essieux soient en dehors des flèches & des timons. On arrange de même, vis-à-vis, deux haquets, en faisant entrelacer les flèches & les timons de ceux-ci, avec ceux des deux premiers haquets placés : on met une partie des roues entre les flèches & les timons.

On fait un second lit composé de quatre haquets sur celui qu'on vient de faire, en suivant la même disposition, & on aura ainsi engerbé huit haquets.

Le reste des roues se met par-dessus ou sur les côtés.

Charrettes & camions. On les place ordinairement à côté & à la file les unes des autres; on en ôte les roues & on engerbe les corps à trois de hauteur.

Quand les voitures ne sont pas sur des planchers, il faut faire porter les roues sur des madriers, & les autres parties qui toucheroient le sol, sur des chantiers.

ÉMOUDRE. Diminuer, blanchir, polir une pièce de fer sur une meule.

ÉMOULEUR. Ouvrier qui donne au canon de fusil la forme extérieure sur une meule. On l'appelle quelquefois *aiguiseur*.

EMPILER des projectiles. (*Voyez* l'article PILES DE BOULETS, DE BOMBES, &c.)

EMPILER les bois des fusils. C'est les mettre en pile lorsqu'ils ont été ébauchés. Les piles sont en grillage & sont composées de mille ou de douze cents bois; ils doivent, avant d'être employés, rester un an dans un magasin de dépôt, & deux ans dans un autre magasin. Afin que l'on puisse voir dans tous les temps l'âge & la quantité desdits bois, & faire employer les plus anciens, on appose sur une des crosses de chaque pile, une carte qui indique le temps de la coupe, celui de l'entrée en magasin & celui de l'ébauchage. A chaque premier de l'an il est fait un inventaire de ces bois pour y mettre des numéros nouveaux, en commençant par le numéro 1, qui désigne les bois les plus anciennement entrés en magasin.

EMPLACEMENT DES PONTS A LA GUERRE. Les diverses circonstances dans lesquelles peut se trouver une armée, déterminent l'emplacement de ses ponts. Dans le siége d'une place située sur une rivière, les ponts servent à établir des communications entre les corps de l'armée de siége ; dans ce cas ils doivent être placés, autant que faire se peut, en amont de la ville, afin que les assiégés ne puissent pas se servir du courant pour les détruire, au moyen de troncs d'arbres, de bateaux chargés de pierres ou de brûlots. Il faut aussi, toutes les fois qu'on le peut, établir deux ponts à portée l'un de l'autre, pour pouvoir passer la rivière sur l'un & la repasser sur l'autre, & éviter ainsi toute espèce d'encombrement.

Dans la guerre de campagne, les ponts doivent être à portée des grands chemins, d'un abord facile, & placés de manière que la rive de départ domine la rive opposée. Il faut éviter de les établir au-dessous des tournans, dans les endroits couverts par des bois ou des rochers; mais si l'on y est absolument obligé, il faut établir en amont sur la rive une chaîne de postes, dont les sentinelles puissent avertir de l'arrivée des corps lancés sur le pont, afin d'avoir le temps de se prémunir contre leur choc. Les points rentrans des sinuosités des rivières sont favorables à l'établissement des ponts, parce qu'alors ils ne peuvent pas être pris en flanc par l'artillerie ennemie. On doit aussi chercher à profiter des îles lorsqu'il y en a, ce qui diminue l'étendue des ponts & abrège le travail ; enfin il faut encore, pour établir les rampes, que les rives ne soient pas trop élevées au-dessus du niveau des eaux.

EMPORTE-PIÈCE. Outil en fer aigu & tranchant, servant à percer d'un seul coup des plaques de métal, en emportant la matière qui occupoit l'espace du trou.

EMPOULE. Soufflure formée à la surface des fers cémentés.

ENCAISSEMENT des armes portatives. Cet encaissement a lieu dans des caisses à tasseaux. (*Voyez* l'article Caisses a tasseaux.)

Encaissement des fusils, mousquetons & pistolets. On emploie pour la construction des caisses de ces armes, des planches brutes de sapin ou de bois blanc de o mèt. 0203 (9 lig.) d'épaisseur, excepté pour les petits côtés, qui sont de o mèt. 027 (1 pouc.) & doublés, c'est-à-dire, qu'on y met deux planches de l'épaisseur susdite, l'une en dedans de la caisse contre laquelle sont fixés les longs côtés, & l'autre en dehors de la caisse, qui se fixe aux bords extérieurs des longs côtés. Le fond & le couvercle doivent recouvrir les petits côtés extérieurs. Le couvercle & l'une des têtes se ferment avec des vis à bois de o mèt. 0541 (2 pouc.) de longueur, afin de les ouvrir sans les endommager, & de diminuer leur volume quand on les fait voyager vides, de la manière indiquée aux observations générales à la suite de cet article; le reste se ferme avec des clous. Il y a cinquante-deux clous & vingt-cinq vis dans les caisses pour fusils & pistolets, trente-sept clous & quarante-une vis dans la caisse pour mousquetons.

Caisse pour les fusils d'infanterie, modèle de 1816. Les dimensions principales de cette caisse sont : longueur intérieure, 1 mèt. 525; largeur intérieure, o mèt. 370; hauteur intérieure, o mèt. 459; épaisseur des planches des côtés, du fond & du couvercle, o mèt. 020; épaisseur des planches des têtes, o mèt. 027.

Cette caisse contient vingt-quatre fusils divisés en trois couches de huit chacune.

Pour encaisser les armes, il faut deux hommes qui se placent de chaque côté, vis-à-vis l'un de l'autre. On renverse la batterie & l'on abat le chien. On ôte la baïonnette, on la passe aux huit premiers fusils formant la couche du fond, dans le battant de la grenadière, jusqu'à ce qu'elle soit arrêtée par le coude, la douille vers l'embouchoir & tournée du côté de la platine (sans cette disposition on ne pourroit placer la huitième baïonnette dans la caisse); on met le fourreau, que l'on attache du côté de la capucine avec un bout de ficelle graissée.

Pour les seize autres fusils, on attache le coude de la baïonnette (mise dans son fourreau), au-dessous de la capucine, & l'on fait entrer dans le battant de la grenadière à peu près o mèt. 027 du bout du fourreau que l'on attache aussi de manière que la lame se trouve le long du fût & de la douille pendante dans la même direction.

Cela fait, on met les deux tasseaux de fond, puis on place le premier fusil au fond de la caisse, le porte-vis contre le côté de ladite caisse & le canon en dessus; on place le second fusil à côté du premier, mais en sens inverse, c'est-à-dire, que le bout du canon de l'un se trouve à côté de la crosse de l'autre; on place les six autres de la même manière, en alternant ainsi leur position, de sorte que cette couche présente huit fusils ayant alternativement les crosses à l'une des extrémités, premier, troisième, cinquième & septième, les crosses à droite; deuxième, quatrième, sixième & huitième, les crosses à gauche & tous les canons en dessus.

Puis on pose les planchettes verticalement, savoir : quatre grosses & trois minces à chaque extrémité, contre les petits côtés, entre les quatre canons & les quatre crosses, en sorte que les première, troisième, cinquième & septième soient des grosses; les seconde, quatrième & sixième, des minces.

On place ensuite un tasseau intermédiaire de chaque bout dans les rainures, la pente en dessus & tournée vers les crosses des quatre fusils, dont les poignées entrent dans les entailles au-dessous du tasseau.

On met sur ces deux tasseaux la seconde couche de fusils semblablement disposés que ceux de la première, de manière que les fûts entre l'embouchoir & la grenadière entrent dans les entailles du dessus des tasseaux, & que les crosses & les canons se placent entre les planchettes. On arrête cette seconde couche par deux tasseaux semblables aux précédens, sur lesquels on dispose la troisième couche de fusils de la même manière que la seconde; enfin, on pose les deux tasseaux du haut, lesquels pourront dépasser de o mèt. 0022 les bords de la caisse, pour que le couvercle presse fortement dessus. Celui-ci peut avoir, pour plus de solidité, deux liteaux en travers en dedans de la caisse, à o mèt. 48 des extrémités.

Cette caisse étant remplie pèse 159 kil., & coûte environ 12 fr. 25 cent.

Caisse pour les fusils de voltigeurs, modèle de 1816. La caisse pour les fusils de voltigeurs ne diffère de la précédente que par sa longueur extérieure, qui est moindre de o mèt. 0108, différence de longueur des canons. Mais la caisse pour les fusils d'infanterie peut facilement servir pour ceux de voltigeurs, en plaçant dans l'intérieur un petit côté mobile qui la diminue de la même quantité : on l'adosse à deux liteaux de o mèt. 027 d'épaisseur, vissés ou cloués sur les longs côtés.

Cette caisse peut encore servir pour les fusils réparés qui se trouveroient plus courts que ceux du modèle de 1816, en employant le même moyen que pour les fusils de voltigeurs; mais pour cela, il faut que les vingt-quatre fusils de chaque caisse soient égaux en longueur.

Cette caisse étant remplie pèse 153 kil., & coûte environ 12 fr. 25 cent.

Caisse pour les fusils d'artillerie, modèle de

1816. Cette caisse est semblable à celle pour les fusils d'infanterie, mais elle est moins longue de o mèt. 216, différence des canons. Les planchettes ont o mèt. 0024 de plus d'épaisseur que celles pour fusils d'infanterie. Les grandes entailles seulement ont en diamètre & profondeur o mèt. 0048 de moins que celles pour les fusils d'infanterie.

Elle se charge avec les mêmes précautions & absolument de la même manière.

Cette caisse pèse, étant remplie, 140 kil., contient, comme celle des autres modèles de fusils, vingt-quatre armes, & coûte 11 fr. 25 cent.

Caisse pour les mousquetons, modèle de 1816. Cette caisse contient quarante mousquetons, divisés en cinq lits de huit chacun.

Les lits se forment en plaçant alternativement les crosses contre l'un & l'autre bout de la caisse, les canons se croisant. Le chargement se fait d'ailleurs comme celui des fusils & avec les mêmes précautions. Les tasseaux supérieurs sont entaillés pour recevoir les baguettes, que l'on y assujettit en deux paquets avec de la ficelle graissée.

Les dimensions principales de cette caisse sont : longueur intérieure, 1 mèt. 350 ; largeur intérieure, o mèt. 562 ; hauteur intérieure, o mèt. 587 ; épaisseur des planches du côté du fond & du couvercle, o mèt. 020 ; épaisseur des planches des têtes, o mèt. 027.

La caisse contenant trente-deux mousquetons est plus maniable & d'un service plus sûr que celle qui en contient quarante, c'est-à-dire, dont le chargement est composé de quatre rangs au lieu de cinq ; mais cette dernière caisse ne présente pas de difficultés pour le placement des mousquetons, & elle offre une économie qui a milité en sa faveur ; en outre, son poids n'excède pas celui d'une caisse renfermant vingt-quatre fusils d'infanterie. Enfin, le seul inconvénient que présente la caisse de quarante mousquetons, est d'être plus élevée de o mèt. 108 à o mèt. 135 que celle des fusils, & de pouvoir peut-être donner lieu à une méprise sur la manière de la placer, quoique, comme dans l'autre, on ne puisse confondre le couvercle avec les côtés, & que l'on puisse par conséquent exiger qu'elle soit toujours chargée d'une manière convenable sur les voitures de roulage ou sur les chariots à munitions.

Cette caisse pèse, étant remplie, 155 kil., & coûte 14 fr.

Caisse pour les pistolets de cavalerie, modèle de 1816. Les dimensions principales sont : longueur intérieure, 1 mèt. 525 ; largeur intérieure, o mèt. 570 ; hauteur intérieure, o mèt. 499 ; épaisseur des planches des côtés, du fond & du couvercle, o mèt. 020 ; épaisseur des planches des têtes, o mèt. 027.

Cette caisse contient cent pistolets divisés en cinq lits de dix paires chacun. Un seul homme suffit pour charger cette caisse. Il commence par placer les deux tasseaux de fond, ensuite il place les pistolets à côté les uns des autres, parallèlement aux petits côtés de la caisse, le bout des canons dans les entailles carrées. Il place les planchettes touchant le fond & le tasseau arrondi, puis les deux tasseaux intermédiaires, & ainsi de suite, jusqu'à ce qu'il ait placé le tasseau supérieur.

Cette caisse pèse, étant remplie, 214 kil., & coûte 12 fr.

Caisse pour les pistolets de gendarmerie, modèle de 1816. Cette caisse n'est point à tasseaux ; les motifs pour lesquels on n'a point adopté les caisses à tasseaux pour l'emballage des pistolets de gendarmerie, sont : 1°. que le prix des caisses pour ces sortes d'armes est plus élevé que pour les autres, parce qu'étant plus petites, les façons intérieures sont plus compliquées & exigent plus de bois ; 2°. que les expéditions de ces pistolets ayant rarement lieu, les caisses à tasseaux qui auraient servi à leur transport seroient abandonnées ensuite comme étant impropres à l'encaissement des autres modèles d'armes, si l'on n'y changeoit les tasseaux & les liteaux ; 3°. qu'en conservant pour ces caisses les dimensions de celles en usage pour les autres armes, elles contiendroient un nombre de pistolets tel que le poids excéderoit nécessairement 150 kil., qui est le plus convenable pour les caisses remplies d'armes.

On continue donc cet encaissage au moyen d'une feuille de papier huilé dont on enveloppe le pistolet. On tortille de la paille par-dessus cette couverture selon l'ancienne méthode, & on remplit la caisse en garnissant les interstices de chaque arme & de chaque lit avec de la paille.

Cette caisse contient 90 pistolets, pèse, étant remplie, 92 kil., & coûte 11 fr. 46 cent.

Nota. Dans toutes les caisses, les tire-balles se placent en paquets entre les longs côtés & les crosses, excepté dans la caisse pour pistolets de cavalerie, où on les met aux deux extrémités du côté des calottes, & où ils doivent être assujettis de manière à ne pouvoir bouger.

Avant d'encaisser les armes, on doit soigneusement les passer à la pierre grasse.

Quand on fait transporter des caisses à tasseaux par le roulage, il faut les faire cercler avec deux cercles. On doit toujours exiger qu'elles soient chargées le couvercle étant en dessus, & menées au pas ordinaire des chevaux.

Lorsque les caisses à tasseaux sont vides, on peut les démonter de la manière suivante, afin de rendre leur transport plus facile & plus économique. On réunit trois caisses en une. On démonte entièrement une caisse d'armes. On ôte ensuite le couvercle & une des têtes à deux autres caisses. On réunit dans l'une de ces dernières les deux têtes & les deux couvercles qu'on leur a ôtés, ainsi que leurs tasseaux & planchettes, & toutes les pièces de la première caisse, qui a été entièrement démontée. Les têtes, tasseaux & planchettes, se logent debout dans les interstices que laissent les côtés, le fond & le couvercle. On place sur cette caisse, ainsi remplie, la troisième caisse restante, de manière que le fond de cette dernière soit en dessus, & que la tête qui lui reste soit placée à l'opposé de celle qui reste à l'autre. On fait emboîter ces deux caisses en faisant entrer leurs côtés, l'un en dedans, l'autre en dehors. Par ce moyen, toutes les petites pièces se trouvent renfermées, & les trois caisses n'en forment qu'une, qu'on brêle & qu'on entoure de deux bons cercles cloués. On réunit dans une caisse toutes les vis à bois. On marque toutes les pièces d'une même caisse du même numéro, pour les reconnoître plus facilement.

Il ne faut pas laisser les caisses en plein air, & on exigera que les voitures qui les transportent soient bien bachées.

La largeur des caisses est la même pour toutes les espèces d'armes, par la raison que deux de ces caisses doivent tenir dans la largeur du chariot à munitions de l'artillerie, qui ne permet pas d'en donner une plus grande.

ENCAISSEMENT des sabres, de la lance & de la hache de campement, modèle de 1816, & de la cuirasse. L'encaissement des sabres de cavalerie de ligne & de cavalerie légère se fait avec des caisses à tasseaux; celui des sabres d'infanterie & d'artillerie, de la lance & de la hache de campement, a lieu en faisant usage à la fois de tasseaux & de paille. On se sert de sapin pour la confection de ces caisses, ainsi que pour les tasseaux, les liteaux & les éclisses. Les cercles sont en bois flexibles, tels que le saule, le bouleau, le noisetier, l'aune, &c. On ne doit employer, pour encaisser les armes blanches, que la paille qui réunisse les mêmes qualités que celles prescrites pour l'encaissement des armes à feu, suivant l'ancienne méthode. Le foin contracte plus aisément l'humidité que la paille.

Caisse pour les sabres de cavalerie de ligne. Cette caisse contient quarante sabres en cinq lits de huit chacun, placés alternativement la monture contre le bout.

Les sabres placés parallèlement entr'eux, le sont obliquement par rapport à la caisse, pour que la largeur soit aussi réduite qu'il est possible; les tasseaux d'un côté, quoiqu'absolument les mêmes que ceux du côté opposé, sont placés en sens inverse.

On commence par introduire à chaque bout un tasseau inférieur, en le faisant passer dans les coulisses que forment les liteaux verticaux cloués contre les parois intérieures des grands côtés, & de manière à ce qu'ils soient placés l'un par rapport à l'autre, comme il vient d'être dit (pour ne pas intervertir l'ordre dans lequel chaque tasseau doit se succéder dans l'assemblage, on a soin de crayonner cet assemblage par deux traits faisant angle). Les deux tasseaux inférieurs correspondans étant placés & joignant bien le fond, on pose d'abord quatre sabres de manière à ce que les gros bouts des fourreaux entrent dans les grandes entailles, & les petits dans les petites correspondantes du tasseau opposé, le tranchant étant dessous. On dispose ensuite de même les quatre autres, & dans un sens inverse. On place sur ces huit sabres les deux premiers tasseaux intermédiaires, l'un dans le sens inverse de l'autre. On place de même un deuxième lit de huit sabres, & sur celui-ci les tasseaux correspondans. On continue ainsi jusqu'au dernier lit, qui est fermé & arrêté par les deux tasseaux supérieurs. On les frappe avec force pour que les sabres soient placés dans les entailles, que le système soit solide, & que par conséquent il n'y ait aucun balotement. Comme les fourreaux de sabres doivent être un peu forcés dans ces entailles, les tasseaux de chaque assemblage ne se joignent pas parfaitement; les deux supérieurs dépassent toujours les bords de la caisse, de manière qu'il est nécessaire de les rogner à fleur de ces mêmes bords, pour pouvoir la fermer bien hermétiquement; par ce moyen on est toujours sûr de faire poser le couvercle sur les tasseaux, de façon à les presser.

La distance des tasseaux aux bouts de la caisse a été déterminée pour que d'un côté les anneaux des bracelets supérieurs appuient contre eux, & que de l'autre, les extrémités des branches des dards appuient contre ceux opposés. Par ce moyen il ne peut y avoir de balotement longitudinal, mais il faut avoir soin que les entailles soient bien justes en largeur & en hauteur; autrement, comme il y a toujours un jeu de 0 mèt. 004 ou 0 mèt. 050 des bouts, & qui se croisent d'une petite quantité. Chacun de ces cercles est cloué par seize petits clous; enfin les arêtes de la caisse sont arrondies aux endroits de leur passage. Cette caisse pèse, étant remplie, 160 kilog., & coûte 6 fr. 90 cent.

Caisse pour les sabres de cavalerie légère. Le système d'encaissement du sabre de cavalerie légère est le même que celui du sabre de cavalerie de ligne.

Cette caisse pèse, étant remplie, 137 kilog., coûte 6 fr. 02 cent., & contient comme celle des sabres de cavalerie de ligne, quarante sabres.

Caisse pour les sabres d'infanterie. Cette caisse contient cent sabres en treize lits, dont douze de huit, & le dernier, supérieur, de quatre seulement. Les sabres sont placés à plat, alternativement la monture contre le bout dans chaque lit, les tranchans tournés du même côté, de manière que quatre pontets soient en dessus & quatre en dessous, excepté dans le dernier lit, où ils sont disposés de façon à ce que tous leurs pontets soient dessous. On se sert, pour cet emballage, de vingt cinq liteaux horizontaux & de huit verticaux cloués contre les parois intérieures des grands côtés, servant à déterminer quatre rainures verticales, dans lesquelles entrent ces liteaux horizontaux. On commence par introduire & placer au fond de la caisse un de ces derniers liteaux du côté où les quatre pontets doivent être en dessous. On garnit le fond d'une couche de paille pour préserver les fourreaux du frottement contre le bois ; les liteaux horizontaux garantissent les quatre pontets qui sont en dessous ; on enveloppe les bouts de sabre avec de la paille tressée, pour empêcher que ces sabres ne bougent dans le sens horizontal. Dès que la tresse a parcouru le lit, on en reploie le bout restant par-dessus ; on place ensuite un liteau horizontal à chaque bout ; on recouvre le tout d'une nouvelle couche de paille, & on dispose le deuxième lit de sabres que l'on fait comme le premier ; on opère de même à l'égard des dix autres. Arrivé au dernier lit, on dispose les quatre sabres comme il est dit ci-dessus, & les quatre pontets en dessous, de telle sorte qu'ils présentent leur courbure en sens opposé ; on recouvre le tout de paille ; on pose le couvercle dessus un peu forcé ; on le fixe par quatorze grandes vis à bois. Le fond & les côtés sont cloués ; on cercle à chaque bout la caisse, ayant eu soin d'avoir préalablement arrondi les arêtes au passage de ces cercles, comme il a été dit à l'égard des encaissemens des sabres de cavalerie. Chaque cercle est cloué de quatorze à seize petits clous.

Cette caisse pèse, étant remplie, 160 kilog., & coûte 4 fr. 50 cent.

Caisse pour les sabres d'artillerie. L'encaissement des sabres d'artillerie est le même que celui des sabres d'infanterie ; on met les pontets du premier lit tous en dessus & sans mettre de liteau sous ce lit, de manière qu'il n'y a que vingt-quatre liteaux horizontaux dans cette caisse ; le dernier lit de quatre se place de même, mais les pontets en dessous comme pour les sabres d'infanterie. Il faut avoir soin, dans l'encaissement de ces deux espèces de sabres, de bien répartir le lit de paille sur chaque rang, pour éviter que les pontets n'éprouvent quelque frottement.

Cette caisse pèse, étant remplie, 158 kil., & coûte 4 fr. 50 cent.

Caisse pour les lances. Cette caisse contient cinquante lances, par lits de dix lances chacun ; les dix d'un même lit ont la pointe tournée d'un même côté, & d'un lit à l'autre elles sont placées sabots sur lames. On commence par garnir transversalement d'une couche de paille coupée, d'une longueur égale à la largeur de la caisse, le fond dans l'espace compris entre les trois tasseaux ; on n'en met point entre les tasseaux extrêmes & les bouts, pour que les fers soient préservés de la rouille qu'occasionneroit l'humidité de cette paille. La lance est placée, les vis à boucles en dessus ; trois tasseaux se placent sur chaque lit, un dans le milieu, & les deux autres vers les bouts de la caisse. Ils sont encastrés dans les rainures que forment douze liteaux verticaux cloués chacun par deux clous contre les parois intérieures des grands côtés. Ces tasseaux ou liteaux horizontaux sont d'une épaisseur suffisante pour préserver les vis à boucles de tout choc. On place aussi transversalement trois tresses de paille à la hauteur de chaque tasseau. Le lit de lances se place dessus : on étire en hauteur cette tresse dans l'intervalle des hampes, pour fixer chaque lance de manière à ce qu'elle n'ait aucun balotement latéral ; pour préserver de celui vertical, on pose les trois tasseaux dessus, on garnit de nouveau d'une couche de paille transversale, & on opère pour le second lit & le suivant comme il vient d'être dit pour le premier. Le couvercle est vissé par-dessus de manière à assujettir le tout. La caisse, ainsi fermée, est enveloppée de trois cercles, deux à chaque bout, & un au milieu. Chaque cercle est fixé par seize clous.

Cette caisse pèse, étant remplie, 171 kil., & coûte 6 fr. 7 cent.

Caisse pour les haches de campement. Cette caisse contient cent haches sur cinq lits horizontaux. On place d'abord une hache couchée à plat, le manche parallèlement au bout de la caisse, son derrière touchant à plat la paroi intérieure de ce bout ; on place la seconde d'une manière inverse, le fer contre le bout ; de sorte que le bout de son manche entre dans la courbe concave que fait le dessous de cette hache & soit appuyé contre ; ces deux premières haches ainsi placées, on pose sur chaque partie métallique un bout d'éclisse de la même longueur que cette partie, & destiné à supporter les deux haches suivantes ; après quoi on place la troisième hache, le manche parallèlement à ceux des premières, de façon que son tranchant pose près du derrière de la première, & qu'elles soient ainsi dans une situation opposée ; la quatrième hache se place par rapport à la troisième comme la seconde par rapport à la première, & de plus elle est posée sur cette seconde de même dans une situation opposée. On place de nouveau deux bouts d'éclisse sur ces deux haches ; les deux suivantes sont placées dos à dos des troisième & quatrième, & ainsi de suite, en observant que chaque système de quatre, disposées entr'elles, comme il vient d'être dit pour les quatre premières, s'appuie dos à dos l'un contre l'autre.

Le premier lit formé, on place dessus & le long de chaque grand côté de la caisse, des éclisses, pour isoler entièrement ce lit de celui qu'on établit par-dessus. Ce second lit, ainsi que les suivans, se fait de la même manière que le premier, ayant soin de faire reposer la première hache sur la première du premier lit, & de façon à se correspondre. On termine en appliquant deux grandes lattes, d'une longueur égale à celle de la caisse, sur ce système pour l'assujettir. On cloue à chaque extrémité ces lattes contre les parois des bouts de la caisse par quatre grands clous chassés obliquement; on place le couvercle que l'on fixe par quatorze à seize clous, ainsi que le fond l'a été; on cercle ensuite & on cloue les deux cercles, comme il a été dit pour les autres caisses.

Cette caisse pèse, étant remplie, 115 kil., & coûte 4 fr. 70 cent.

Caisse pour les cuirasses. Elle a 1 mèt. 83 de longueur, 0 mèt. 41 de largeur & 0 mèt. 487 de hauteur. Elle contient trente cuirasses, & pèse, étant remplie, environ 268 kil.

ENCARNET. C'est, dans les forges, une pièce très-massive en fonte, ayant à ses extrémités deux forts mentonnets, entre lesquels on place de champ les coquilles assemblées & serrées les unes contre les autres avec des coins de fer.

ENCASTREMENT DU BASSINET. (*Voyez* CORPS DE PLATINE.)

ENCASTREMENT des tourillons. On nomme ainsi un logement circulaire pratiqué dans les flasques pour recevoir les tourillons d'une bouche à feu. Les tourillons des pièces de siége sont engagés des deux tiers de leur diamètre dans les flasques, & des trois quarts dans les affûts de place & de côte.

ENCLOUER UNE PIÈCE DE CANON. C'est en boucher la lumière & rendre la pièce inutile, au moins passagèrement. Cette opération a lieu, soit au champ de bataille, soit dans les sorties d'une place assiégée. Lorsqu'on en a le loisir, au lieu d'enclouer la pièce, on la met entièrement hors de service. Voici les procédés pour enclouer une pièce.

On peut se servir d'un clou carré, ayant la tête & le corps faits de bon acier bien trempé, mais la partie inférieure bien recuite: on enfonce ce clou dans la lumière jusqu'à refus; on le casse net au niveau de la surface extérieure de la pièce, & on rive en dedans la queue du clou au moyen de l'écouvillon. La partie du clou qui paroît à l'extérieur étant d'acier trempé, ne peut pas être attaquée au foret ni par les acides: la partie inférieure étant recourbée, s'oppose au désenclouage par le moyen de la poudre.

Après avoir encloué la pièce comme on vient de le dire, on pourra envelopper un boulet de feutre, & l'enfoncer par force jusqu'au fond de l'ame de la pièce; alors il n'est plus guère possible de l'en retirer. On pourra encore introduire au fond de la pièce du plâtre fin délayé dans l'eau, puis un boulet ou un cylindre en bois dur, ayant le moins de vent possible. Le plâtre, en se prenant & en augmentant de volume, scellera le boulet dans l'ame de la pièce d'une manière d'autant plus solide, que l'humidité du plâtre fera gonfler le boulet en oxidant sa surface.

On peut encore, si l'on en a le temps & les moyens, enclouer la pièce comme on l'a vu plus haut, la dresser verticalement après y avoir enfoncé un boulet ayant le moins de vent possible, y couler une livre ou deux d'acide nitrique à quarante degrés, & laisser le tout en repos. L'acide nitrique attaquera le cuivre & la fonte; le fer du boulet précipitera le cuivre qui sera dissous: le cuivre précipité, l'oxide de fer formé & le nitrate de fer avec excès d'oxide scelleront le boulet dans l'ame de la pièce.

Le boulet enveloppé de feutre est un des plus forts obstacles qu'on puisse opposer, & les clous rivés sont le meilleur moyen d'enclouage; mais ce moyen est trop long pour être pratiqué à l'armée.

Lorsqu'un canon est encloué avec un clou de fer, on peut le désenclouer facilement & sans altérer la lumière de la pièce, en faisant tremper la culasse dans de l'acide sulfurique foible, marquant de 6 à 8 degrés au pèse-liqueur. Il faudra mettre du même acide dans l'ame de la pièce, & changer cet acide lorsqu'il n'agira plus sur le clou de fer, ce qu'indiquera la cessation de l'effervescence & du dégagement de gaz hydrogène.

Ce moyen est long, mais il ne coûte rien & ne fatigue ni la pièce ni la lumière. Il ne réussiroit point si la pièce étoit enclouée avec un clou d'acier, parce que le carbone de l'acier, mis à nu, s'opposeroit bientôt à l'action ultérieure de l'acide sulfurique sur le fer.

On désencloue encore la pièce en chargeant au tiers du poids du boulet ou un peu plus, & en mettant sur la poudre un bouchon mêlé de poudre & d'étoupilles, qu'on refoule bien; puis un ou deux boulets avec un bouchon semblable au premier, qu'on refoule également. On met le feu par la volée. On peut, au lieu d'un second boulet, faire usage d'un cylindre en bois ayant environ trois calibres de longueur. Il convient d'observer : 1º. qu'il faut avoir l'attention de bien nettoyer le refouloir avant de s'en servir, crainte qu'il ne s'y trouve quelques particules de quartz; 2º. qu'il faut quelquefois tirer plusieurs coups avant de faire sauter le clou; 3º. que le feu ne le communique pas toujours à la charge, & qu'il est très-dangereux de remédier à cet inconvénient. Il faut donc, avant d'user de ce moyen, essayer si le clou pourroit partir avec une charge de poudre & un cylindre en bois percé pour recevoir une mèche dont l'un des bouts communique à la charge & l'autre sort de la pièce.

Quand le clou est vissé, il faut percer une nouvelle lumière à côté de la première, & introduire de la poudre dans la pièce par cette lumière pour
se

se débarrasser des obstacles qui pourroient exister dans l'ame.

Enfin, quand le clou résiste à l'explosion d'une forte charge, il faut le cerner en enlevant le métal tout autour, y mettre de l'acide nitrique, l'y laisser quelques heures pour qu'il fasse son effet, & tirer. L'enclouage résiste rarement à ce procédé.

Lorsqu'on a le temps nécessaire pour mettre une pièce hors de service, le moyen le plus sûr est d'en briser les anses & d'en scier les tourillons, ou de les endommager de manière à ce qu'elle ne puisse plus servir. Enfin, on la met entièrement hors de service en la chauffant fortement dans son milieu; la pièce, portant à cet effet par ses deux extrémités sur des appuis qui l'élèvent convenablement, se plie, parce que l'étain qui est dans le bronze entre en fusion.

ENCLUME. Masse de fer trop connue pour qu'il soit nécessaire de la décrire : celles dont on fait usage dans les manufactures d'armes sont faites comme celles des serruriers; elles ont des entailles dans le haut pour mouler la plupart des pièces qu'on y forge.

ENCLUME du forgeur de balles. Cette enclume est très-simple; ce n'est qu'un bloc solide de fonte, dont la table, le dessous, ainsi que les faces latérales, sont des parallélogrammes, & les deux petits côtés des trapèzes : à l'un des bouts de la table il y a un trou carré dans lequel on fixe la queue de l'étampe immobile.

ENCLUME & marteau à rebattre les boulets. Ces instrumens sont en fonte : il y a ordinairement deux marteaux mûs ensemble par un seul arbre dont les cames alternées soulèvent l'un tandis que l'autre retombe, & *vice versâ*.

Le poids des marteaux est proportionné à chaque calibre, & l'on ne cesse de battre le projectile que lorsque sa surface est bien unie. Le réglement veut qu'il reçoive au moins cent vingt coups.

ENCRENÉE. Quand, dans les forges, on a formé la *loupe* ou le *renard*, on les divise en parties, qu'on appelle *lopins* ou *pièces*, qui sont remises au feu pour être forgées peu à peu, en commençant par leur milieu; la pièce qui a subi cette première opération s'appelle *encrenée*.

ENFONÇAGE. Ce mot exprime à la fois l'action de peser la poudre, celle de la mettre en barils, & de fermer ces barils. On doit embariller par un temps sec & serein, afin d'éviter la détérioration de la poudre.

ENGERBER. C'est ranger les barils de poudre sur des chevalets dans les magasins : on ne devroit jamais engerber à plus de trois tonnes de hauteur, afin de ne pas trop fatiguer les barils.

ARTILLERIE.

Engerber se dit aussi de la disposition des affûts, châssis, &c., dans les magasins de l'artillerie. (*Voyez* l'article EMMAGASINEMENT DES VOITURES D'ARTILLERIE.)

ENRAYÉ. C'est arrêter le mouvement des roues d'une voiture, dans une manœuvre, ou dans les descentes & autres passages difficiles des routes. On le fait au moyen d'une chaîne en fer ou d'une enrainure en cordage.

ENRAYURE. Cordage à deux boucles, formées par le cordier, & muni d'un billot courbe, qui a la forme d'un piquet de tente.

Elles tiennent lieu de chaîne à enrayer aux affûts & aux voitures à quatre roues, où il n'y en a pas; & on en fait usage pour les voitures où il y en a, lorsque ces chaînes viennent à casser.

ENSABOTER. C'est fixer un projectile dans un sabot en bois d'aune ou de hêtre, au moyen de deux bandelettes en fer-blanc, qui se croisent perpendiculairement sur le projectile, & dont l'une est fendue pour recevoir l'autre : elles sont fixées par des clous d'applicage dans une rainure pratiquée sur le sabot.

ENSEIGNE. On la portoit au bout d'une lance, pour que les troupes pussent se reconnoître dans les combats & se rallier autour. (*Voyez* le *Dictionnaire d'Art militaire de l'Encyclopédie méthodique*.)

ENTABLEMENT. C'est la partie de la batterie qui recouvre le bassinet.

ENTONNOIR. Partie de l'embouchoir pour le passage de la baguette.

ENTONNOIR. Cône creux en fer-blanc ou en cuivre, pour verser la composition dans les pièces d'artifices.

ENTRÉE. On entend par ce mot un léger évasement que l'on donne à l'ouverture extérieure d'une pièce qui doit en recevoir une autre. Il ne peut y avoir de bon ajustage sans entrée : par exemple, une culasse qui n'est pas un peu conique, ne remplit pas parfaitement la partie du canon qui la reçoit, parce que, quelque précaution qu'on prenne dans le taraudage, l'effort des tarauds évase toujours un peu l'ouverture de la boite, & la culasse étant cylindrique, il n'y a que les filets de l'extrémité du bouton qui serrent lorsqu'elle est à fond.

Cette observation s'applique également à l'ajustage du chien sur le carré de la noix; ainsi ce carré doit être légèrement pyramidal, au lieu d'être prismatique.

ENTRETIEN DES ARMES. Il consiste à les nettoyer & à les graisser quand elles sont en bon état,

N

& à faire remplacer les pièces qui peuvent se casser d'elles-mêmes ou par accident, tels que les ressorts de platine & de garniture. On a employé jusqu'ici divers moyens pour l'entretien des armes dans les arsenaux. En 1762 on mit l'entretien des armes à l'entreprise, & on la donna aux gardes d'artillerie. En 1778 on introduisit des armuriers payés aux pièces, qui, ayant intérêt à faire beaucoup de réparations, rendirent leur emploi abusif. On revint en 1789 à la méthode de l'entretien par les gardes d'artillerie; mais elle dura peu, & fut remplacée à l'époque de la révolution par une entreprise qui étoit chargée des réparations, & surveillée par des contrôleurs ambulans. Ces employés, peu intéressés à assurer le service, étoient eux-mêmes des entrepreneurs directs ou indirects. L'idée vint en l'an 9 de faire exécuter les réparations par des armuriers militaires, & on les organisés en compagnies; mais ce moyen parut très-dispendieux, & en attendant, on remit l'entretien des armes aux gardes, qui l'ont conservé jusqu'en 1816 : enfin on leur a retiré cette entreprise dont on a de nouveau reconnu les abus, & l'on a nommé des contrôleurs d'armes, près les arsenaux, pour surveiller & diriger les petites réparations; car on envoie maintenant dans les manufactures royales les armes qui exigent de grandes réparations, où elles se font mieux & plus économiquement que dans des ateliers particuliers. (*Voyez* l'article NETTOIEMENT DES ARMES PORTATIVES.)

ENTRETOISE. C'est, en général, une pièce en bois, qui en assemble deux autres. Les flasques d'affût sont réunis par plusieurs entretoises, embrevées dans chaque flasque. (*Voyez* l'article AFFUTS.)

ENTURES. Pièces en bois de noyer qu'on adapte aux fûts des armes à feu portatives, lorsque cette partie est cassée ou usée dans le service. On met aux fusils de guerre une grande ou une petite enture, selon que le bois en a besoin.

La grande enture doit descendre à 0 mèt. 0677 (2 pouces 6 lig.) au moins au-dessous de l'emplacement du bord inférieur de la capucine, & le fût du bois doit être coupé un peu au-dessous du bord supérieur de l'anneau de cette pièce, de façon que la jonction soit recouverte en cet endroit par la capucine. Les deux parties jointes doivent être amincies des bouts, s'appliquer parfaitement dans toute leur étendue (ce dont on s'assure avant le collage, au moyen de blanc d'Espagne ou d'autre substance, qu'on a soin d'enlever ensuite), être bien collées, bien unies dans le logement du canon, & le bois doit être assorti pour la nuance.

Quand les deux parties sont collées l'une sur l'autre, on fait chauffer un peu & séparément le bois & le canon à la hauteur de la jonction; le canon étant en place, on serre fortement le tout avec de la ficelle, on laisse sécher pendant environ vingt-quatre heures, après quoi on finit le bois qui n'étoit que préparé à l'extérieur, & la grande enture est solidement fixée.

La petite enture doit descendre à 0 mèt. 0541 (2 pouces) au moins au-dessous de l'emplacement du bord inférieur de la grenadière, & le fût du bois doit être coupé un peu au-dessous de l'anneau supérieur de cette pièce.

On suit, pour appliquer la petite enture, les mêmes procédés que pour la grande.

ÉPARS. Ce sont des pièces de bois, servant à en assembler deux autres, au moyen de tenons qui passent dans des mortaises : ainsi les hanches de la chèvre sont assemblées par trois épars.

ÉPAULE DE MOUTON. Espèce de hache dont le fer est fort large, le devant arrondi, & le manche court; elle sert à équarrir les bois.

ÉPAULEMENT DE BATTERIE. Élévation de terre servant à mettre les pièces & les canonniers à l'abri du feu de l'ennemi. On l'appelle aussi *coffre*.

ÉPAULIÈRE. Partie de l'ancienne armure destinée à garantir les épaules.

ÉPÉE. Arme offensive, composée d'une lame en acier, longue & pointue, plate ou triangulaire; d'un fourreau ordinairement en cuir; d'une poignée, d'une garde & d'un pommeau sur lequel la soie est rivée. Elle est en usage chez presque tous les peuples de la terre; on la porte suspendue au côté gauche par le moyen d'un ceinturon ou d'un baudrier. Le mot *épée* est quelquefois employé d'une manière générique pour désigner les sabres, coutelas, espadons, &c. Balsac observe qu'on trouve encore des privilèges accordés par Charlemagne, scellés du pommeau de son épée, lequel lui servoit de sceau & de cachet, & il promet de les garantir avec cette même épée.

ÉPÉE fourrée à deux mains. Epée ancienne, très-forte, très-longue & très-pesante. C'étoit une lame fort pointue, à deux tranchans, montée sur une forte poignée en bois; on s'en servoit à deux mains. Il y a au Musée de l'artillerie des épées à deux mains de différentes façons.

ÉPÉE fourrée ou en bâton. Epée qui avoit peu ou point de garde à la poignée.

ÉPÉE des officiers-généraux & d'état-major. Les lames de ces épées sont en acier à trois marques; leur soie est en fer; les montures sont de différentes matières; savoir : la garde, le pommeau & la virole de la poignée, en cuivre ciselé & doré; le bouton & le ressort de la coquille, les pivots de la branche & du quillon, & les clavettes de ces pivots, en acier.

La poignée est en bois dur entouré d'écailles en feuilles, pour l'épée des officiers-généraux : elle est recouverte de peau de chagrin, noircie & garnie de filigrane en argent doré, pour les officiers d'état-major. Les fourreaux sont en cuir de vache noirci ; leur garniture est en cuivre ciselé & doré.

La coquille de ces épées est ployante à volonté au moyen d'un mécanisme ingénieux inventé par M. Manceau, maître fourbisseur à Paris. Par ce moyen l'épée peut se porter appliquée au corps avec une demi-coquille ployée, & se trouver à volonté garnie de sa coquille entière pour la défense : ce procédé peut s'appliquer à toutes sortes d'épées.

L'épée des généraux coûte 77 fr., pèse 0 kil. 87 (28 onces 4 gros); sa longueur totale est de 1 mèt. 04 (38 pouces 6 lignes); la longueur de la lame est de 0 mèt. 87 (32 pouces). L'épée d'état-major a même poids & même longueur; elle coûte 64 francs.

L'épée d'état-major est affectée à MM. les officiers supérieurs des corps royaux de l'état-major, de l'artillerie & du génie, de l'état-major des places, & aux officiers supérieurs des autres corps, lorsqu'ils portent l'épée.

ÉPÉE des officiers de troupe. La lame de cette épée est en acier à trois marques; sa soie est en fer; la poignée est en bois dur entouré de filigrane en argent doré : les autres parties de la monture sont en cuivre doré; le fourreau est en cuir de vache noirci; ses garnitures sont en cuivre doré.

Cette épée pèse 0 kil. 83 (27 onces 1 gros); sa longueur totale est de 0 mèt. 98 (36 pouc. 4 lig.); la longueur de la lame est de 0 mèt. 81 (30 pou.); elle coûte 32 francs : quand sa poignée est garnie de filigrane en cuivre doré, elle ne coûte que 27 francs.

Cette épée, qui étoit affectée à l'armement des officiers d'infanterie de ligne & d'infanterie légère, va être remplacée par un sabre, dont ces officiers devront être pourvus en 1822.

Elle est maintenant affectée à MM. les capitaines, lieutenans & sous-lieutenans des corps royaux d'état-major, de l'artillerie & du génie, & aux officiers des mêmes grades de l'état-major des places : aux capitaines, lieutenans & sous-lieutenans des corps de cavalerie, qui, ayant le sabre pour armement, porteront l'épée avec le petit uniforme.

ÉPÉE des maréchaux de France. La lame, longue de 0 mèt. 73 (27 pouces), à deux tranchans, à gouttière & à vive arête, est enrichie de dorures & de gravures, sur une partie pleine jusqu'à 0 mèt. 16 (6 pouces) du talon.

La garde, de forme dite *à la chevalière*, est de bronze doré; le pommeau, fait en ellipse, est richement ciselé : des palmes, palmettes, torses de laurier, fleurs de lys, en forment les principaux ornemens. La croix, également riche de ciselures, est décorée à son milieu des armes de France. Chacun des quillons porte un foudre ailé. La poignée, de nacre de perle, est ornée de montans en bronze doré.

Le fourreau, où se mêlent le bronze doré, l'or émaillé & l'acier poli, est enrichi à sa partie supérieure ou chape, d'un sautoir en or émaillé, représentant deux bâtons de maréchal. Cette partie se termine par un bracelet qui porte, entr'autres ornemens, une tête de lion. Les anneaux sont tenus de chaque côté par un serpent. L'espace qui se trouve entre la chape & le bout du glaive, est rempli par un semis de fleurs de lys en bronze doré, sur un champ d'acier poli.

Le bout porte un panneau richement encadré, sur lequel on voit un trophée de guerre soutenu par la victoire.

Cette belle épée coûte 500 francs & pèse environ 0 kil. 97 (2 livres). Elle a été faite en 1816 sur les dessins de M. Manceau, déjà cité.

ÉPIEU. Arme ancienne, conservée pour la chasse au sanglier. C'est une hampe portant à un bout une lame forte, large, pointue & tranchante, & à l'autre bout une virole. Il y en avoit dont la lame étoit très-longue.

ÉPINGLETTE. Aiguille en fer ou en cuivre, terminée en pointe d'un côté, & en anneaux de l'autre, servant à dégorger la lumière des fusils. Chaque fantassin porte à l'armée une épinglette fixée à une boutonnière de son habit, au moyen d'une chaînette de fil de fer ou de laiton.

ÉPOUSSETAGE. On ôte le poussier de la poudre, en l'agitant dans un tamis de toile de crin ou dans un blutoir : ce dernier instrument est moins propre à nettoyer la poudre que le tamis; mais il est plus économique. L'époussetage est la dernière opération que l'on pratique dans la confection de la poudre de guerre.

ÉPREUVE. Essai que l'on fait, dans l'artillerie, des armes & des munitions, afin de s'assurer que ces objets sont de bonne qualité & propres au service.

On a donné à chaque article de ce Dictionnaire l'épreuve dont il est susceptible, d'après les réglemens, sauf l'épreuve des poudres, qui fait un article à part. On peut consulter pour plus de détails la collection des lois, arrêtés & réglemens sur les différens services de l'artillerie, recueillis & annotés en 1808 par M. le général Evain : toutefois, l'épreuve des canons des armes portatives de commerce, déterminée par le décret du 14 décembre 1810, n'étant pas comprise dans cette collection, on croit devoir donner ici la teneur de ce décret.

ART. 1er. Toutes les armes à feu des manufactures du royaume, & destinées pour le commerce, de quelque calibre & dimension qu'elles soient, seront assujetties, si elles ne le sont déjà, ou continueront à être assujetties à des épreuves proportionnées à leur calibre.

2. Les armes du commerce n'auront jamais le calibre de guerre, & pourront être regardées comme appartenant au Gouvernement, & être faisissables par lui, si leur calibre n'est pas au moins à deux millimètres au-dessus ou au-dessous de ce calibre, qui est 0 mèt. 177 (7 lig. 9 points), excepté les armes de traite, qui ne doivent jamais circuler en France, mais dont les dépôts doivent être faits dans les ports de mer.

3. Il sera nommé un éprouveur dans chacune des villes où l'on fabrique des armes de commerce : le maire présentera, pour occuper cette place, trois sujets qui lui auront été désignés par les principaux fabricans d'armes à feu ; le préfet choisira celui des trois qu'il jugera le plus capable de faire les épreuves, & lui délivrera, à cet effet, une commission qui sera enregistrée à la mairie.

4. L'éprouveur sera obligé de tenir la mesure de la poudre, & de la verser lui-même dans les canons, comme aussi d'y placer les balles. La poudre & les balles seront bourrées séparément, avec une baguette de fer de 0 mèt. 011 (5 lig.) de diamètre dans toute la longueur ; les bourres faites avec un carré de fort papier gris, de huit centimètres pour les grands calibres, & de cinq centimètres pour les autres calibres.

L'éprouveur veillera soigneusement à ce que, pendant la charge, le trou de la lumière soit bien bouché avec une cheville de bois.

5. Les canons seront éprouvés horizontalement sur un banc, dans lequel ils se trouveront assujettis, de manière que le talon de la culasse soit appuyé contre une forte bande de fer, capable de résister au recul.

6. Les canons qui auront supporté l'épreuve, seront examinés par l'éprouveur. Ceux qu'il jugera bons, seront marqués du poinçon d'acceptation ; ceux qu'il reconnoîtra défectueux, seront rendus au fabricant pour être raccommodés & pour subir une nouvelle épreuve, après laquelle la marque du poinçon sera apposée à ceux qui seront jugés bons ; & ceux qui n'auront pas résisté à cette seconde épreuve, seront brisés avant d'être rendus au fabricant.

7. Le poinçon d'acceptation portera une empreinte particulière pour chaque ville de fabrication ; cette empreinte sera déterminée par le préfet, sur la proposition du maire & du conseil municipal. Quand la ville aura des armes, & que le conseil municipal y consentira, le poinçon pourra porter l'empreinte des armes de la ville.

Il sera gravé trois poinçons pour chaque calibre : le premier sera déposé à la préfecture du département ; le second à l'hôtel de la mairie, où l'un & l'autre serviront de matrice au besoin ; le troisième restera entre les mains de l'éprouveur, qui ne pourra le faire rectifier si l'empreinte s'altère ou se déforme, qu'après vérification de l'esquisse sur une des deux matrices originales. L'empreinte sera appliquée sur le tonnerre des canons, de manière à être facilement reconnue lorsque le fusil sera monté.

8. Les fabricans, marchands & ouvriers canonniers ne pourront vendre aucun canon sans qu'il ait été éprouvé & marqué du poinçon d'acceptation, à peine de trois cents francs d'amende pour la première fois, d'une amende double en cas de récidive, & de confiscation des canons ainsi mis en vente.

9. La charge des fusils de chasse, du calibre de trente-deux balles au kilogramme, sera de vingt grammes & d'une balle de calibre ;

La charge des canons de trente-six sera de dix-huit grammes ;

La charge du calibre de quarante sera de dix-sept grammes ;

La charge du calibre de quarante-quatre sera de seize grammes ;

Celle du calibre de quarante-huit sera de quinze grammes ;

Celle du calibre de cinquante-deux sera de quatorze grammes ;

Celles du calibre de cinquante-six sera de treize grammes ;

Celles de chaque paire de pistolets d'arçon ou de demi-arçon seront conformes aux charges ci-dessus, suivant les différens calibres, en telle sorte que la paire de canons de pistolets au calibre de cinquante-six, supportera la charge de poudre de treize grammes, ou six grammes & demi pour chaque pistolet, & ainsi des autres calibres ;

Et quant à la charge de chaque pistolet de poche, elle sera de quatre grammes.

Toutes ces charges devront être faites avec de la poudre de chasse ordinaire, délivrée & attestée telle par la régie des poudres.

10. Dans le cas où il seroit demandé par des fabricans d'armes ou autres, une plus forte épreuve que celles ci-dessus prescrites, l'éprouveur sera tenu de charger les canons du calibre de trente-deux, à une quantité de poudre de la pesanteur de la balle de quarante-quatre ; ceux du calibre de trente-six, à la pesanteur de la balle du calibre de quarante-huit ; & ainsi des autres. Les canons qui auront subi cette épreuve extraordinaire, seront marqués deux fois du poinçon désigné par l'article 7.

11. L'éprouveur se pourvoira, à ses frais, d'un local commode ; le choix en sera approuvé par le maire : ce local sera uniquement destiné aux épreuves. L'éprouveur devra se pourvoir, également à ses frais, de mesures vérifiées & poinçonnées, analogues à chacun des calibres, & fournir les poudres & les balles.

Les jours d'épreuves demeurent fixés aux mercredi & samedi de chaque semaine, depuis une heure après midi jusqu'à la nuit, sauf à devancer les épreuves d'un jour, si le mercredi ou le samedi étoient un jour de férie.

- Aux jours & aux heures qui viennent d'être désignés, l'éprouveur se trouvera assidûment au lieu des épreuves pour y recevoir les canons & les épreuves de suite, dans l'ordre & le rang où on les lui présentera.

12. Il sera payé à l'éprouveur :

Pour chaque charge d'un canon de calibre de trente-six grammes............... 34 cent.

Idem, du calibre de quarante & de quarante-quatre grammes............ 26

Idem, du calibre de quarante-huit, cinquante-deux & cinquante-six grammes............................... 23

Pour chaque paire de pistolets d'arçon, le même prix que ci-dessus, suivant les calibres...................... »

Pour chaque paire de pistolets, depuis quatre-vingt-un jusqu'à cent vingt-trois millimètres de longueur............ 23

Pour chaque canon double de fusil ou de pistolet, le double du prix fixé pour chaque calibre............... »

13. Le maire présentera chaque année au préfet, dans les premiers jours de décembre, six marchands armuriers ou maîtres arquebusiers que le préfet nommera ; savoir : les trois premiers sous le titre de *syndics*, & les trois autres sous celui d'*adjoints*, pour assister aux épreuves. Leurs nominations feront faites dans les formes prescrites par l'article 3, pour celle de l'éprouveur. Ils entreront en exercice au 1er. janvier, & ne pourront exercer de suite que pendant un an.

L'un des syndics & l'un des adjoints devront toujours être présens aux épreuves ; les syndics & les adjoints y assisteront à tour de rôle. En cas d'absence ou d'empêchement, l'absent sera remplacé par celui dont le tour vient immédiatement après le sien.

14. Les fonctions des syndics & adjoints consisteront à veiller à ce que l'éprouveur se conforme aux dispositions du présent règlement, qui déterminent ses obligations & ses devoirs, &, en cas de contravention, à en informer le préfet du département, lequel prononcera, suivant les circonstances, une amende qui ne pourra excéder trois cents francs, ni être au-dessous de cinquante francs, &, en outre, la destitution s'il y a lieu.

Elles consisteront aussi à veiller à ce qu'il ne soit admis à l'épreuve que des canons dégrossis aux trois quarts ; à ce que le poinçon d'acceptation désigne exactement le calibre sous lequel chaque canon aura été éprouvé.

15. Tout canon vendu ou livré sous un calibre différent de celui désigné par le poinçon dont il porteroit l'empreinte, sera saisi ; & celui qui l'aura vendu ou livré sera condamné à une amende qui ne pourra être au-dessous de cinquante francs, ni excéder cent francs.

ÉPRUUVE des poudres. La poudre de guerre doit être essayée avant d'être versée dans les magasins de l'artillerie. On en détermine la force dans un mortier nommé *éprouvette*. (*Voyez* l'article ÉPROUVETTE POUR LA POUDRE DE GUERRE.)

La poudre de guerre, ainsi que la poudre fine, doit être d'un grain égal, dur, & bien dépouillé de poussier. L'égalité du grain se juge à la vue : pour en vérifier la dureté, on en prend plusieurs pincées dans les échantillons choisis pour les épreuves, & on les frotte fortement avec le doigt dans le creux de la main ; ils ne doivent s'écraser qu'avec difficulté. Enfin, on s'assure que le grain est bien épousseté, lorsqu'en en faisant couler sur le dos de la main, il ne laisse aucune trace sur la peau. Ce n'est qu'en réunissant ces trois qualités préalables que la poudre est jugée propre à être éprouvée.

La portée de la poudre de guerre & de celle fine destinée aux épreuves des canons de fusil, doit être de 225 mèt. (115 toises 3 pieds), avec une charge de 92 grammes (3 onces 5 gros $\frac{2}{9}$). Elles sont rebutées si elles ne portent le globe qu'à 200 mètres. Il sembleroit que la portée de la poudre fine, dans le mortier-éprouvette, dût être plus considérable que celle de la poudre à gros grains ; mais à poids égal son volume est bien moindre, à cause de la finesse du grain & de sa densité, en sorte que la chambre de ce mortier est loin d'être remplie avec la charge d'épreuve, ce qui apporte une grande différence dans les résultats.

ÉPROUVETTE POUR LA POUDRE DE GUERRE. Petit mortier en bronze servant à éprouver la poudre de guerre, coulé a plaque & fixé sur un madrier appelé *semelle*. Il est pointé à quarante-cinq degrés ; son calibre est de 0 mèt. 191 (7 pouc. 9 points) ; son globe qui, comme le mortier, est en bronze, pèse 29 kilog. 37 (60 liv.), & a 0 mèt. 189 (7 pouc.) de diamètre.

Le grain de lumière est en cuivre rosette comme celui des autres bouches à feu. On avoit proposé de le faire en platine, mais ce luxe a paru superflu. On a aussi proposé de couler ces mortiers avec l'ame tronc-conique, au lieu de la sane cylindrique, comme elle est maintenant.

La plate-forme de l'éprouvette est établie sur un massif de maçonnerie très-solide : elle est horizontale, & faite de lambourdes de 0 mèt. 16 (6 pouc.) de largeur, sur 0 mèt. 10 (4 pouc.) d'épaisseur, assemblées par deux traverses. La longueur des lambourdes est suivant la ligne de tir, afin de ne pas gêner l'éprouvette dans le recul.

On a imaginé plusieurs autres éprouvettes ; mais celle-ci, qui est en usage depuis 1686, a toujours été préférée pour la réception des poudres de guerre, parce que ses effets sont simples & naturels : cependant elle est sujette à des variations occasionnées par les différens états de l'atmosphère,

& elle exige un grand emplacement pour les épreuves. Enfin, avec cette éprouvette, dont l'ame est courte, on éprouve des poudres qui doivent être employées en grande partie dans des canons dont l'ame est au contraire fort longue, & où elles doivent agir différemment, ce qui est une imperfection.

Éprouvette de comparaison. C'est la même que celle fus-mentionnée; mais de l'exactitude la plus rigoureuse dans ses dimensions, qu'on emploie seulement dans les discussions que les portées peuvent faire élever entre les officiers d'artillerie chargés du service des poudres & ceux employés à d'autres branches de l'arme, ou sur la demande des commissaires des poudreries.

Éprouvette pour la poudre de chasse. L'éprouvette la plus anciennement connue, est celle à roue dentée, montée en forme de pistolet: c'est, suivant MM. Bottée & Riffaut, anciens membres de l'administration des poudres & salpêtres (*Traité de l'art de fabriquer la poudre à canon*, publié en 1811), la plus commode & la plus durable des petites éprouvettes; mais ayant une chambre dont la capacité est constante pour éprouver des poudres à grains & densités variables, les effets ne sont pas toujours exactement comparatifs, soit qu'on charge au poids, soit qu'on charge au volume: d'un autre côté, une ame courte est peu propre à constater le degré de force d'une poudre qui, à raison de la finesse & de la densité de son grain, a besoin, pour l'entier développement de son effet, d'accompagner pendant un certain temps le projectile ou l'obturateur de l'éprouvette: enfin, ces éprouvettes n'ont entr'elles qu'une graduation arbitraire, & leurs frottemens varient suivant la force du ressort & l'état de propreté ou d'oxidation de leur mécanisme. Pour parer à ces inconvéniens, M. Regnier a imaginé d'adapter un petit canon en cuivre au ressort des pesons ordinaires, afin de peser l'effet de l'inflammation de la poudre, & d'avoir un moyen comparable d'estimer son action, en supprimant autant que possible les frottemens. Quoique cette éprouvette, dite *à peson*, ait, quant à la chambre, les inconvéniens de celle *dentée*, qu'elle ne donne point des résultats rigoureux, & que généralement le nombre des degrés augmente avec le nombre des coups tirés de suite, cependant elle est encore la meilleure de toutes les éprouvettes inventées jusqu'à ce jour pour les poudres de chasse, & pour ainsi dire la seule qui soit maintenant en usage pour ces poudres.

Cette éprouvette est composée d'un petit canon en cuivre, devant contenir un gramme de poudre fine, d'un ressort ployé & bridé par une traverse en arc de cercle, dont une des extrémités est fixée à une branche du ressort, & l'autre, passant par une ouverture pratiquée à la branche opposée & terminée par un obturateur, va s'appliquer sur la bouche du petit canon, où elle exerce une pression de trois kilogrammes. A la culasse du canon est adaptée une seconde traverse, aussi en arc de cercle & parallèle à la première; elle a son passage libre dans une ouverture pratiquée au bas de la branche du ressort opposée au canon: sur une de ses faces est tracée une division en trente parties, représentant autant de kilogrammes, au moyen desquels s'est faite la graduation, en ajoutant un crochet & un anneau, l'un à l'œil de l'obturateur, l'autre à l'extrémité de l'arc de division. Un fil de laiton écroui, pris d'un bout dans une vis & traversant librement de l'autre la branche du ressort opposée au canon, traverse en même temps une petite pièce ronde en maroquin huilé, qui est un index destiné à marquer les différens degrés de compression du ressort.

Pour charger cette éprouvette, on presse le ressort par les deux extrémités, pour que l'obturateur puisse découvrir l'embouchure du canon; on les maintient dans cette position par une petite broche en fer à rosette, que l'on place dans un trou pratiqué sur l'arc de l'obturateur. Alors, au moyen d'un petit instrument en fer-blanc, on verse la poudre dans le canon qu'on remplit exactement, & après avoir égalisé la poudre à l'embouchure avec une petite réglette, on y laisse retomber avec précaution l'obturateur. On replace l'index contre la branche du ressort opposée au canon, on met une amorce dans le bassinet, & on y met le feu avec une étoupille ou une languette d'amadou.

L'éprouvette doit être suspendue librement par un fort ruban passé dans la coude du ressort.

La poudre, en s'enflammant dans le canon de cette éprouvette, repousse l'obturateur, la branche opposée au canon se rapproche de l'autre branche & pousse devant elle l'index, qui indique, sur l'arc de division, la quantité de mouvement imprimé à l'obturateur, & par conséquent l'effort de charge de poudre.

Éprouvettes de cémentation. Barres de fer placées dans le fourneau de cémentation pour juger de l'aciération du fer.

ÉQUARRIR. C'est dresser du bois, & le rendre égal de côté & d'autre, en le laissant à angles droits. L'*équarrissage* est l'état du bois équarri: on dit qu'une pièce de bois a trois décimètres d'équarrissage, par exemple, pour exprimer ses deux plus courtes dimensions. L'*équarrissement* est la réduction d'un bois en grume à la forme équarrie. L'équarrissage d'un arbre est à peu près le cinquième de sa circonférence: un arbre de 1 mèt. 60 (5 pieds) de pourtour donne une pièce de bois de 0 mèt. 32 (1 pied) de grosseur.

ÉQUARRISSOIRS. Outils d'acier trempé, à

quatre, cinq ou huit pans, servant à aléser les trous dans les pièces en fer des armes portatives. On s'en sert aussi pour unir & rendre régulier l'œil des projectiles creux.

ÉQUERRE DOUBLE pour calibrer l'éprouvette. Ce sont deux règles en cuivre de o mèt. 011 (4 lig. 6 points) de largeur, pouvant glisser l'une sur l'autre, & contenues par deux grands anneaux carrés, portant chacune une vis de pression pour les fixer à la distance que l'on veut. Les extrémités opposées des deux règles portent sur le milieu de plaques cylindriques d'acier, relatives au calibre de l'éprouvette; sur une des branches, est une échelle de Nonius, pour apprécier les plus petites différences.

ÉQUIGNON. Bande de fer qu'on met sous les essieux en bois pour les fortifier.

ÉQUIPAGES D'ARTILLERIE. On entend par équipages d'artillerie, le matériel & le personnel qui servent à la suite d'une armée, soit pour la guerre de campagne, soit pour celle de siége. Il y a des équipages de campagne, de siége, de montagne & de ponts.

Équipages de campagne. Ils se forment relativement au pays où l'on doit porter la guerre, à l'espèce de guerre que l'on doit faire, & à sa durée présumée. La quantité de bouches à feu employées dans une armée a été quelquefois de trois pièces par mille hommes; en sorte que pour une armée de cinquante mille combattans, il y avoit cent cinquante bouches à feu de différens calibres; mais cet approvisionnement a été souvent réduit à deux & même à une seule pièce par mille hommes, en augmentant cependant l'approvisionnement.

La proportion à établir entre les espèces de bouches à feu qui suivent une armée, varie selon la nature du pays où l'on fait la guerre : dans tous les cas, il y a à peu près trois quarts des pièces qui sont servies par l'artillerie à pied; l'artillerie à cheval fait le service de l'autre quart.

On met ordinairement une compagnie d'artillerie à pied dans chaque division de à huit mille hommes, & une d'artillerie à cheval pour l'avant-garde : chacune exécutant six bouches à feu. Une autre compagnie reste au parc de ce corps avec une réserve de six bouches à feu.

Chaque compagnie avec ses six bouches à feu forme une *division d'artillerie* : elle est commandée par un capitaine en premier, ayant sous ses ordres deux lieutenans, qui prennent chacun le commandement d'une section, si la division doit être morcelée. Un capitaine en second commande le parc de cette division : il a sous ses ordres un caporal-fourrier pour faire les fonctions de garde d'artillerie, deux ouvriers en bois & deux en fer pour l'atelier de réparation, quatre artificiers & une escouade de canonniers.

Il faut, pour servir une division d'artillerie, une compagnie de soldats du train.

Les bouches à feu sur leurs affûts & avant-trains sont attelées à six chevaux, ainsi qu'un caisson par pièce & les forges; le reste n'est attelé qu'à quatre chevaux.

Les divisions d'artillerie sont subdivisées en trois sections, chacune de deux pièces. Chaque division peut être composée de plusieurs calibres; mais la composition ordinaire est de quatre pièces de canon & de deux obusiers. Chaque pièce de 12 & chaque obusier sont accompagnés de trois caissons à munitions : les autres pièces de campagne n'ont que deux caissons. Ces caissons portent un approvisionnement suffisant pour fournir à la bataille la plus longue & la plus meurtrière. Un deuxième approvisionnement suit le premier, toujours à portée de le remplacer de suite. Le nombre des caissons de cartouches d'infanterie ne peut être exactement déterminé; cependant il paroît qu'un approvisionnement de deux cents coups par homme est suffisant : dans ce cas il faudroit neuf caissons par mille hommes, chaque caisson contenant vingt-deux mille cartouches.

Le parc de chaque corps d'armée est formé : du restant des quatre divisions d'artillerie, dont les bouches à feu avec leurs caissons suivent les divisions de ces corps d'armée, & de la cinquième division d'artillerie en réserve.

Le grand parc doit avoir : un dixième du nombre des bouches à feu des divisions & un nombre égal d'affûts de rechange;

Un cinquième du nombre des caissons des pièces;

Deux cinquièmes du nombre des caissons d'infanterie qu'ont les divisions;

Quatre caissons de parc, quinze chariots de division & quatre forges par compagnie d'ouvriers.

Équipages d'artillerie de siége. Ils ne peuvent être exactement déterminés que d'après la connoissance de la place qu'on vent assiéger : cependant, pour les places importantes & régulièrement fortifiées, ces approvisionnemens ont des bases à peu près constantes, ainsi que la force du personnel : les voici d'après l'Aide-mémoire.

État-major. Un général, un colonel directeur du parc, deux chefs de bataillon, quatre capitaines, un garde de première classe, deux gardes de deuxième classe, un conducteur principal, un conducteur ordinaire par cent chevaux, un chef d'ouvriers vétérans, quatre ouvriers vétérans, un maître artificier & deux artificiers de première classe.

Troupes. Un régiment d'artillerie à pied par cent cinquante bouches à feu, & deux compagnies d'ouvriers.

Matériel. Quatre-vingt-deux affûts de 24.
Quarante-huit affûts de 16.

Trente-deux affûts d'obufiers.
Soixante-huit pièces de 24.
Trente-deux pièces de 16.
Vingt-quatre obufiers.
Vingt-quatre mortiers.
Douze pierriers.
Vingt-fept affûts à mortiers.
Quatorze affûts à pierriers.
Cent dix chariots à canon.
Quatre-vingt-douze camions.
Cent cinquante charrettes à boulets.
Cinquante charrettes à munitions.
Trente-un caissons d'outils affortis, dont quinze de haches, dix de ferpes & fix d'autres outils.
Quatre caissons d'artifices.
Cinq cent trente-un chariots à munitions.
Quatre forges.
Huit triqueballes.
On voit par cet état, que fur cent pièces de gros calibres, il y en a foixante-huit de 24 & trente-deux de 16; ou les deux tiers en 24 & le tiers en 16 : & que fur foixante autres bouches à feu, deux cinquièmes font en obufiers, deux cinquièmes en mortiers & un cinquième en pierriers.

Approvifionnemens des bouches à feu. Boulets de 24, mille par pièce.
Boulets de 16, douze cents par pièce.
Bombes de 10 pouces, huit cents par pièce.
Obus de 8 pouces, huit cents par pièce.
Plateaux à pierriers, huit cents par pièce.
Paniers à pierriers, huit cents par pièce.
Armemens pour canons, autant que d'affûts.
Idem pour obufiers.
Idem pour mortiers.
Idem pour pierriers.
Plates-formes à canons, deux tiers des canons.
Idem d'obufiers, quatre tiers.
Idem à mortiers, neuf huitièmes.
Idem à pierriers, fept fixièmes.
Quarante mille gargouffes faites.
Deux cent foixante-trois rames de papier à gargouffes.
Portières d'embrafures, une pour deux pièces.
Fufées à bombes, autant que de bombes, avec un quart de rechange.
Idem à obus, *idem*.
Tonnes de cent kilog. de poudre, cinq mille cinq cents.
Idem de fept mille pierres à fufil, trente.
Plomb en balles, cent mille kilog.
Charbon de terre, vingt-cinq mille kilog.
Sacs à terre, cent mille.
Lanternes en corne, cent foixante.
Feuilles de corne, cent foixante.
Réchauds de rempart, quatre-vingt.
Meules à émoudre, quatre.
Toiles cirées pour couvrir les poudres, cent.
Vingt-cinq couronnes de cerceaux, à vingt-quatre cerceaux par couronne.
Artifices. Salpêtre, mille kilog.

Soufre, cent kilog.
Poix noire, cent kilog.
Poix blanche, cent kilog.
Suif, cent cinquante kilog.
Charbon, cinquante kilog.
Cire jaune, cent cinquante kilog.
Camphre, vingt-cinq kilog.
Térébenthine, vingt-cinq kilog.
Pots d'huile de lin & de poiffon, douze.
Torches ou flambeaux, cent.
Etoupes, douze kilog.
Ficelle ordinaire, vingt-cinq kilog.
Ficelle goudronnée, cent kilog.
Fil d'archal, cinq kilog.
Coton filé, dix kilog.
Colle forte, deux kilog. & demi.
Rames de papier commun, dix.
Tonnes de goudron, deux.
Tonnes de pulvérin, une.
Tonnes d'étoupilles, une.
Mèches, deux mille trois cents kilog.
Uftenfiles à boulets rouges. Crochets à attifer, huit.
Fourches à prendre les boulets, huit.
Grils, quatre.
Tenailles, huit.
Cuillers, huit.
Soufflets, dix.
Engins à lever & pefer. Chèvres avec poulies & câbles, dix.
Moufles, dix.
Crics, vingt.
Chevrettes avec leviers d'abattage, cinquante.
Traîneaux, cinq.
Civières, dix.
Brouettes, dont un cinquième à bombes, trente.
Romaines, deux.
Cordages. Câbles de chèvre pour rechanges, dix.
Prolonges doubles, foixante-quinze.
Prolonges fimples, foixante-quinze.
Paires de traits à canon, trois cents.
Idem de manœuvre, deux cents.
Idem de payfan, quatre cents.
Menus cordages, cent kilog.
Ficelles de différentes groffeurs, cinquante kil.
Outils emmanchés. Bêches ou pelles carrées, feize mille.
Pelles rondes, trois mille.
Pioches ou pics-hoyaux, vingt mille.
Pics à roc, douze cents.
Haches, trois mille.
Serpes, quatre mille.
Scies pour fcier de long, dix.
Scies paffe-partout, vingt.
Manches d'outils de rechange, deux mille.
Outils pour faire les plates-formes. Règles, cent foixante.
Niveaux de maçon, cent foixante.
Dames, quatre cent quatre-vingt.

Maffes,

Maffes, quatre cent quatre-vingt.
Piquets, seize cents.

Nota. On ne comprend pas ici les rechanges de toutes espèces, les bois & les fers bruts ou façonnés, ainsi que nombre d'objets nécessaires aux travaux, renvoyant à l'Aide-mémoire pour de plus amples détails.

Équipage d'artillerie de montagne. On n'a pas encore déterminé le système d'artillerie de montagne qu'il convient d'adopter en France ; ainsi l'on ne pourroit donner que d'une manière vague les bases d'un équipage propre aux pays de montagne. (*Voy.* à l'article Système d'artillerie, quelques détails sur l'artillerie de montagne.)

Équipage de pont. C'est la réunion des bateaux, agrès & voitures d'artillerie marchant avec une armée, & destinés à établir promptement les ponts dont elle peut avoir besoin.

On ne doit traîner aux armées, dit M. Drieu, dans le *Guide du Pontonnier*, qu'un seul équipage de pont : c'est celui de bateaux légers, capable de donner passage à une armée & aux plus lourds fardeaux dont elle est suivie. Les pontonniers ont leurs caissons d'outils pour construire les autres sortes de ponts avec les matériaux qu'ils se procureront dans le pays du théâtre de la guerre.

On a abandonné les pontons pendant la dernière guerre, parce qu'ils ne peuvent servir à faire des ponts sur les rivières rapides, & qu'ils ne peuvent porter que de légers fardeaux.

Les grands bateaux qui étoient en usage dans l'artillerie du temps du général Gribeauval, ont été conservés pour les ponts stables. C'est de ces bateaux dont est composé l'équipage qui suit, & qui est extrait de l'Aide-mémoire. Il renferme tous les articles dont on aura besoin pour faire les équipages de pont avec les bateaux légers de trente-six pieds de longueur qu'on doit construire pour remplacer les pontons. Les modifications à faire aux nombres que présente l'équipage sus-mentionné sont faciles à opérer : voici les principales, d'où l'on déduira aisément les autres.

Pour soixante bateaux & six nacelles de trente-six pieds, il faudra cent deux haquets qui porteront les bateaux, les nacelles & les poutrelles ; quarante-deux chariots pour les madriers & les approvisionnemens ; sept poutrelles & vingt-six madriers par bateau. Les charrettes seroient inutiles.

Le nombre d'hommes nécessaires pour la construction d'un pont de bateaux est de soixante ; savoir :

Quatorze hommes pour porter sept poutrelles.
Vingt *idem* pour porter vingt madriers.
Deux *idem* pour placer les madriers.
Deux *idem* pour égaliser les madriers avec des masses.

Artillerie.

Huit *idem* pour aider les bateliers, dont quatre par bateau.
Six *idem* pour fixer les poutrelles avec les clameaux, &c.
Quatre *idem* pour aider à jeter les ancres.
Un sergent au dépôt des bateaux.
Un *idem* au dépôt des poutrelles & des madriers.
Un *idem* à la culée du pont.
Un *idem* à la travée qu'on couvre.
Non compris les bateliers qui jetteront les ancres, &c., & les hommes de secours tirés des bataillons.

Matériel. Bateaux, soixante.
Haquets, soixante-six, dont six de rechange.
Nacelles, six.
Haquets à nacelles, sept, dont un de rechange.
Chariots de division, trente.
Caissons d'outils, deux.
Caissons de parc pour menus achats, quatre.
Charrettes à munitions, cent quatre-vingt-dix.
Forges, deux.

Agrès & autres objets. Poutrelles (sept par travée & douze par bateau), sept cent vingt.
Madriers (dix-neuf par travée & vingt-quatre par bateau), mille quatre cent quarante.
Fausses poutrelles, vingt.
Mâts (un par quatre bateaux, le reste en rechange), vingt.
Gouvernails (un par quatre bateaux, le reste en rechange), vingt.
Grandes rames (deux par bateau, le reste en rechange), quatre-vingt-dix.
Petites rames (deux par bateau, le reste en rechange), cent quatre-vingt.
Petites rames pour nacelles, vingt-quatre.
Crocs à deux pointes droites (trois par bateau, le reste en rechange), deux cent quarante.
Crocs à pointe droite & à crochet (un par bateau, le reste en rechange), quatre-vingt-dix.
Clameaux, dont cinq cents crampons, deux mille.
Grandes écopes, soixante.
Petites écopes, quinze.
Grapius, six.
Grandes ancres, trente-six.
Petites ancres, dix-huit.
Pompes, quinze.
Seaux, trente.
Grandes nayes, deux mille.
Moyennes nayes, quatre mille cinq cents.
Petites nayes, trois mille cinq cents.
Balais, trente.

Cordages. Cinquenelles de cinquante toises, douze.
Cordages d'ancre, soixante.
Amarres, dites *traversières* ou *croisières*, trois cent soixante.
Combleaux, cent vingt.
Grandes mailles, trente.
Petites mailles, trente.

O

Bretelle avec ses cordons, & deux cent quarante toises de cordages pour ses alonges, trois cent soixante.

Engins. Cabestans, trois.
Vindas, trois.
Leviers, cent.
Piquets ferrés & armés, cent.
Masses en fer, six.
Masses en bois, vingt-quatre.
Rouleaux de dix pieds de longueur & de six pouces de diamètre, douze.
Moutons à bras, quatre.
Grands crics, six.
Moyens crics, six.
Petits crics, six.
Chèvres brisées, deux.
Chevrettes, dix.

Nota. Lorsqu'on fait les ponts avec les bateaux pris sur les rivières des pays où l'on fait la guerre, comme ces bateaux ont des bords inégalement élevés entr'eux, il faut de plus des chevalets, qu'on met vers le milieu de chaque bateau, pour supporter le tablier du pont. (*Voyez* l'ouvrage précité de M. Dieu.)

Menus achats. Sondes, ayant dix brasses de cordages, quatre.
Lanternes en fer-blanc, quinze.
Lanternes sourdes, dix.
Réchauds, vingt-quatre.
Tourteaux goudronnés, six cents.
Tonnes de mèches à canon, deux.
Chaudières en fer coulé pour faire fondre le goudron, quatre.
Trépieds pour chaudières, quatre.
Brosses pour goudronner, quinze.
Paniers de mousse de chêne pour calfater, vingt.
Poix liquide, kilog. deux cents.
Goudron en baril, kilog. cinq cents.
Flambeaux de poix blanche, cent cinquante.
Chandelles, kilog. soixante.
Huile pour mêler avec le goudron, kilog. cent cinquante.
Cuillers pour prendre le goudron, six.
Briquets, douze.
Amadou, kilog. deux.
Paquets de crayons, douze.
Pierres noires ou rouges, kilog. cinq.
Sacs à terre, trois cents.
Charbon pour un approvisionnement de deux forges pendant un mois, si l'on prévoyoit n'en pas trouver dans le pays, kilog. deux mille cinq cents.

Outils à pionniers & tranchans. Pioches ou pics-boyaux, cinquante.
Pics à roc, vingt-cinq.
Pelles rondes, soixante.
Pelles carrées, soixante.
Serpes, cinquante.
Haches, vingt.

Rechanges. Roues de haquet à bateau, six.
Roues de haquet à nacelle, deux.
Roues de forge de campagne, quatre.
Roues de charrettes, huit.
Roues d'avant-train de chariot à munitions, quatre.
Roues d'avant-train de haquet à bateau, six.
Roues d'avant-train de haquet à nacelle, deux.
Essieux de haquet à bateau, quatre.
Essieux de haquet à nacelle, deux.
Essieux de charrette, quatre.

Nota. Suivant l'état des voitures, on portera des ferrures & des jantes, des rais, des timons, des flèches, des volées, des ridelles, des buvettes, des épars, &c.

ÉQUIPER UNE FUSÉE. C'est fixer la baguette de direction au corps de la fusée. (*Voyez* les articles FUSÉES A LA CONGRÈVE & FUSÉES DE SIGNAUX.)

ÉQUIPEUR-MONTEUR. Ouvrier qui met en bois les pièces d'une arme à feu portative & les ajuste. Dans quelques manufactures, ce travail se divise : le monteur met en bois la plaque de couche, le canon, la platine, le porte-vis, la capucine, la grenadière & l'embouchoir ; il arrondit le bois, perce tous les trous de vis & fait le canal de la baguette. L'équipeur met en bois la sous-garde, la détente, les quatre ressorts de garniture & de baguette, perce les trous des goupilles, rase les têtes des vis, & fait jouer l'ame en mettant toutes les pièces en harmonie.

ÉRAFLEMENT. C'est le déchirement que le boulet produit dans l'ame du canon, lorsque, brisé dans sa battement par la violence du choc, il creuse & relève le métal à vive arête. Cette dégradation met souvent le canon hors de service par l'impossibilité de pouvoir y introduire le boulet.

ESCOPETTE. C'étoit une espèce de petite arquebuse qu'on a ensuite nommée *carabine*. Elle étoit en usage sous le règne de Henri IV.

ESPADON. C'étoit une grande & longue épée, dont on servoit à deux mains & en tous sens, ce qu'on appeloit *espadonner*. La lame de l'espadon étoit large & tranchante des deux côtés. Il y avoit une garde pour préserver la main des coups de l'adversaire. Plusieurs auteurs rapportent qu'il y avoit de si forts espadons, qu'ils pourfendoient un homme en deux. Tel fut celui de l'empereur Conrad au siége de Damas, & celui de Godefroy de Bouillon, mentionnée dans l'*Histoire des croisades*.

ESPALET. Partie du chien d'une platine de fusil. (*Voyez* SUPPORT.)

ESPINGARD. Nom qu'on donnoit autrefois aux petits canons au-dessous d'une livre de balles.

ESPINGOLE ou SPINGOLE. Arme à feu portative. (*Voyez* le mot TROMBLON.)

ESPONTON ou SPONTON. Demi-pique de 2 mèt. 25 à 2 mèt. 59 (7 à 8 pieds) de longueur, garnie d'un fer d'environ 0 mèt. 32 (1 pied), servant autrefois d'arme aux officiers d'infanterie. Le maréchal de Puységur prétend que les officiers d'infanterie devroient être armés de la même manière que les soldats, parce qu'il n'y a aucune bonne raison, dit-il, de les armer différemment, dès qu'il est prouvé que le fusil avec sa baïonnette est l'arme la meilleure & la plus utile pour toutes sortes d'actions. (Voyez *Art de la guerre* par cet ancien général.)

ESSE ou PORTE-VIS. Pièce d'armes à feu portatives. (*Voyez* CONTRE-PLATINE.)

ESSE d'essieu. Pièce de fer traversant l'extrémité de l'essieu, & servant à retenir la roue.

ESSETTE. Espèce de hache à tête, ayant un manche court, dont la largeur du fer regarde le manche, & se courbe vers lui.

ESSIEU. Pièce en bois ou en fer traversant à angle droit les roues d'une voiture, qui y sont retenues par une esse. Il est en bois ferré aux affûts de siège, de place, d'obusiers, &c., & en fer aux affûts des canons des pièces de bataille. Il y a quatre numéros d'essieux en fer: 1°. de 12 ; 2°. de 8 ; 3°. de 4, pour les chariots à munitions, les caissons, les forges & tous les avant-trains, montés en essieux de fer ; 4°. de charrettes & de camions. Voici la méthode suivie dans les forges de l'artillerie pour fabriquer un essieu en fer :

Après avoir formé la *trousse*, qui est composée de deux *mises* minces entre deux *mises* fortes, serrées exactement les unes contre les autres par des coins de fer dans un étrier du même métal, placé au tiers de la longueur de la trousse, le chauffeur la saisit par le bout court avec la *première tenaille*, & avance l'autre bout dans le feu, en face & un peu au-dessus de la tuyère ; lorsqu'elle est suffisamment chaude, le soudeur la transporte vivement sous le gros marteau, à l'aide d'une crémaillère, & soude d'abord cette partie qu'il forge carrée pour donner prise à la *deuxième tenaille*, beaucoup plus petite de pince & plus maniable que la première ; ensuite, saisissant la trousse par le bout forgé, il jette bas l'étrier & les coins, fait frapper quelques coups de marteau sur les mises pour les faire joindre plus intimement, puis il les reporte au feu. De cette seconde chaude il soude l'autre extrémité de la trousse, & après l'avoir aplatie dans le travers des mises & forgé carrément le milieu de la masse sur une longueur de 0 mèt. 135 à 0 mèt. 162 (5 à 6 pouces), il réserve la saillie d'un des talons au moyen de la *plaque creuse* posée entre le corps d'essieu placé de champ & l'enclume, puis il forge & pare cette moitié de l'essieu en suivant le *calibre à chaud*.

Il reprend alors son ébauche par le bout paré, & remet l'autre à la chaufferie ; par une troisième chaude, & par le procédé décrit ci-dessus, il ménage la saillie du deuxième talon ; ensuite il emploie la *plaque unie* chanfreinée sur les bords, qu'il place contre l'essieu & le marteau, pour dresser le carré entre les deux saillies & préciser leur écartement ; puis il forge une certaine longueur du corps ; enfin, dans une quatrième & dernière chaude douce, il achève, pare & dresse son ébauche, qui est alors livrée au releveur des talons.

Celui-ci est guidé dans son travail par un calibre de fer profilé sur le modèle ou sur le *gabari de réception*, & il l'exécute avec le marteau à main, les *chasses*, droite & courbe, la *tranche* & la *râpe*.

Des mains du releveur, l'essieu passe dans celles de l'arrondisseur, qui se sert d'abord du calibre de la longueur du corps, pour marquer à froid d'un coup de ciseau, & à retour d'équerre sur les quatre angles, la naissance des fusées ; puis en deux chaudes il arrondit sous le marteau cannelé & pare chacune d'elles, qui est aussitôt vérifiée avec la *lunette à chaud*, dont la grande doit tourner jusque contre le carré, & la petite jusqu'à une certaine distance fixée par une *mesure de longueur de la fusée*, prise elle-même sur le modèle.

Le perceur s'en saisit ensuite, & il commence par marquer à froid sur les fusées, au moyen du gabari, la place des trous d'esse & la longueur des bouts au-delà de ces trous, puis il reporte en dessous toutes ces marques avec le secours de la lunette destinée à cet usage. En trois chaudes il perce le trou d'esse, & le régularise avec le *poinçon* & les divers *mandrins*, coupe le bout superflu avec la *tranche*, enlève, au moyen de la grosse râpe, les renflemens occasionnés par le perçage, & efface enfin les traces de celle-ci avec une râpe plus fine, qu'il traîne obliquement sur la fusée, en faisant tourner l'essieu jusqu'à ce que le bout soit à la grosseur exigée.

Ce dernier travail étant exécuté sur les deux fusées, le limeur s'en empare pour dresser les carrés de l'essieu à l'épaulement, limer le gros bout de chaque fusée, jusqu'à ce que la grande lunette de réception tourne librement dans cette partie, limer également le petit bout, jusqu'à ce que la petite lunette de réception aille derrière le trou d'esse, & enlever les bavures de ce trou. Alors l'essieu est terminé, & peut être soumis aux épreuves qui consistent : 1°. à s'assurer qu'il n'y a pas de défauts dans le fer ; 2°. qu'il a les dimensions prescrites, ce que l'on vérifie au moyen d'instrumens convenables, et d'une boîte de roue en cuivre, qui doit tourner facilement autour des fusées; 3°. le soumettre à l'action d'un mouton en fonte de fer du poids d'environ 147 kil. (300 liv.), garni à sa base d'une plaque en bronze dont le milieu soit plus saillant que les bords; il doit tomber de 1 mèt. 62 (5 pieds) de hauteur sur le corps de l'essieu; 4°. élever l'essieu horizontalement de 2 mèt. 11 (6 pieds 6 pouces), & le laisser tomber de manière que, dans sa chute, il porte par les fusées sur deux petits cylindres en fer disposés à cet effet; 5°. constater le poids de l'essieu. (*Voyez* le détail des épreuves dans l'Aide-mémoire.)

ESSIEU porte-roue. C'est en quelque sorte un demi-essieu en bois, placé derrière les caissons, & portant une roue de rechange.

ESSORAGE. Opération qui a pour objet de laisser la poudre, au sortir des mortiers à pilons, deux ou trois jours dans le bâtiment du grenoir & dans des tines, pour faire évaporer l'eau surabondante qu'elle contient & pouvoir la grener. Si on la grenoit avant cette opération, on obtiendroit plus de grains; mais ils seroient sans consistance.

ESTACADE. C'est une barrière destinée à préserver les ponts du premier choc des corps flottans charriés par la rivière. Elle se compose de pilotis plantés en amont du pont, sur un ou deux rangs, réunis par des chapeaux.

ESTOC. Bâton ferré. Ce mot s'applique aussi à la pointe des armes blanches: *frapper d'estoc*.

ESTOCADE. Épée de longueur destinée à pointer & à frapper d'estoc. L'épée de Henri IV, qu'on voit au Musée de l'artillerie, est une estocade.

ESTOQUER. C'est l'action par laquelle le canonnier frappe horizontalement contre l'enclume l'extrémité du canon, lorsqu'il le retire du foyer, afin de refouler la matière & de prévenir les évents & les travers.

ESTROPE. Couronne de cordage qui embrasse la rame & le *tollet* fixé au plat-bord d'un bateau lorsqu'on rame.

ÉTABLAGE. On appelle ainsi l'entre-deux des bras de limonière & des limons que doit occuper le cheval.

ÉTABLI. Table de travail des armuriers & fourbisseurs, ouvriers en bois des arsenaux, &c. Cette table est longue, étroite & pesante pour avoir de la stabilité. Elle est ordinairement percée de quelques trous pour recevoir le *valet*, & elle a un arrêtoir en fer & à dents.

ÉTAIN. L'artillerie emploie ce métal dans la fonte des bouches à feu & dans celle des pièces de garniture des armes (*voyez* ALLIAGE). Il doit être de la plus grande pureté, n'être altéré par l'alliage d'aucune autre substance métallique, être très-flexible, en sorte qu'il faille le plier long-temps en sens contraire pour le rompre.

Il y a deux méthodes pour essayer ce métal, mais elles sont également fautives : 1°. *l'essai à la pierre*, qui consiste à le couler dans une cavité hémisphérique creusée dans une pierre calcaire, & terminée par une rigole. Le fondeur observe attentivement les phénomènes du refroidissement, & il juge par-là de la pureté du métal, ou par le cri que fait la queue de l'essai lorsqu'il la plie; 2°. *l'essai à la balle*, dont l'objet est la comparaison des poids de l'étain pur & de l'étain allié, coulés dans le même moule. Il faut donc faire l'analyse de l'étain destiné aux fontes de l'artillerie, en en prenant à cet effet plusieurs échantillons qu'on traite séparément.

ÉTALAGES. Partie supérieure du grand foyer d'un haut fourneau formant le vide qui est immédiatement avant le creuset. (*Voyez* la *Sydérotechnie*, par M. Hassenfratz.)

ÉTAMPER. C'est donner à une pièce de fer la forme requise, au moyen d'une *étampe*, qui est un morceau de fer acéré ou d'acier, ayant la figure ou partie de la figure de la pièce qu'on façonne. On étampe les balles de fer battu : voici le procédé qu'on suit. Des deux moitiés de l'étampe à balles, l'une, qui doit être immobile, est pourvue d'une queue carrée au moyen de laquelle on la fixe dans un trou correspondant, pratiqué à la table de l'enclume; l'autre, que l'ouvrier doit tenir à la main, est percée d'un œil pour recevoir un manche de bois. Elles sont d'acier, & leurs faces portent l'empreinte hémisphérique de la balle, enfoncée seulement jusqu'au tiers du diamètre, afin de laisser entre les deux parties du jeu à la pince. Parallèlement au manche de l'étampe mobile, & dans le même sens de l'étampe fixe, les bords de cette empreinte sont rendus vifs & coupans par le retranchement des parties excédantes, & même d'un petit segment de chaque côté, pour que la balle formée au bout du barreau y tienne encore par un point, & ne s'en détache qu'à la volonté de l'ouvrier (*Voyez* l'article BALLES DE FER BATTU.)

ÉTAU. Machine à l'usage des ouvriers en fer & en bois, servant à serrer les pièces qu'on veut tailler, limer, polir, &c. On fait usage, dans les travaux de l'artillerie, d'étaux de diverses grosseurs; mais les étaux de forge sont communément du poids de 33 à 50 kil., & ceux d'établi de 25 à 55 kil. Ils sont, en général, de la forme de ceux dont les serruriers & les mécaniciens font usage. Les étaux dont se servent les forgeurs de douilles de baïonnettes ont les mâchoires plus aplaties que les autres, & il est pratiqué dans ces mâchoires une entaille demi-circulaire pour recevoir le coude, au moment où l'on a séparé de la barre le fer destiné à faire une douille, & où on l'étend sur l'aplatissement des mâchoires, pour le rouler ensuite & le souder.

Il faut, dans une manufacture d'armes qui fabriqueroit annuellement 14,400 fusils, 226 étaux assortis; & 71 étaux également assortis dans une manufacture qui fabriqueroit, pendant le même temps, 20,000 sabres, dont moitié de cavalerie avec fourreaux en tôle d'acier, & l'autre moitié d'infanterie & d'artillerie.

Les étaux se vendent au poids, à raison de 1 fr. 75 cent. le kil., pour ceux de foibles dimensions, car les autres coûtent un peu moins.

ÉTAU à main. Petit étau dont se servent quelques ouvriers dans les travaux de l'artillerie, principalement ceux qui travaillent aux armes portatives. Ils sont, comme les autres, composés de deux mâchoires en fer garnies d'acier, d'un ressort, d'une vis à tête percée, & d'un boulon servant de levier.

ÉTELLES. Pièces de bois qu'on applique sur une des cannes de la mèche avec laquelle on adoucit intérieurement les canons de fusil. Elles se font de bois de châtaignier ou de bourdaine.

ÉTINCELLES POUR FUSÉES DE SIGNAUX. C'est une espèce de pluie de feu. Cette pluie se fait en mêlant ensemble huit parties de salpêtre, huit parties de pulvérin, & seize parties de camphre; on en fait une pâte fort liquide avec de l'eau-de-vie, & on y ajoute huit parties d'étoupes hachées, qu'on roule en petites pelottes grosses comme des pois : on les arrose de pulvérin & on les laisse sécher à l'ombre.

ÉTIRER. C'est étendre une pièce de métal en la chauffant, & la martelant ou comprimant pour l'employer à des travaux quelconques.

ÉTOFFE. On appelle ainsi un alliage de fer & d'acier, dont on forge & dont on soude ensemble plusieurs lames, pour avoir une substance qui participe des propriétés de celles qui ont servi à la composer. C'est particulièrement dans l'art de bien corroyer ainsi des lames de diverses espèces d'aciers, & de les bien contourner ensemble, que doit consister la perfection des damas. L'acier de fusion est une espèce d'étoffe. (*Voyez* le mot DAMAS.)

Comme il est utile de pouvoir se servir d'une épreuve qui fasse reconnoître d'une manière évidente, & sans les altérer, si des pièces ont été fabriquées avec du fer ou de l'acier, ou avec ces deux matières amalgamées ensemble, voici le procédé que l'on suit, & qui a été publié par Vandermonde.

Si l'on porte une goutte d'acide nitreux sur une lame de fer poli, & qu'après l'y avoir laissé deux minutes, on y projette de l'eau, elle emportera l'acide & tout ce qu'il tient en dissolution : de sorte qu'il ne restera qu'une tache blanche ou de couleur de fer nouvellement décapé.

Si l'on fait la même expérience sur une lame d'acier poli, l'acide entame également la partie ferrugineuse, mais il n'agit pas sur la matière charbonneuse : celle-ci se dépose donc pendant la dissolution, & forme une tache noire que la projection de l'eau n'enlève pas, & qui reste même assez long-temps, parce qu'il y a adhérence.

Pour le succès de l'opération, il faut employer un acide affoibli ou étendu d'eau, parce que le précipité charbonneux n'adhère qu'autant que la dissolution se fait lentement & sans une trop vive effervescence.

A défaut d'acide nitreux pur ou rectifié, on peut se servir d'eau-forte du commerce, toujours en l'affoiblissant à un certain degré.

Il faut avoir l'attention de porter la goutte d'acide avec du verre ou autre matière qui ne se laisse pas attaquer, & ne porte rien qui puisse changer le résultat.

On n'aura pas fait deux ou trois fois cette épreuve comparativement sur du fer ou de l'acier, ou sur une étoffe, que l'on aura acquis le tact nécessaire pour prononcer sûrement, d'après des différences : dans l'étoffe, les veines de fer & d'acier deviennent très-apparentes.

ÉTOILE MOBILE. C'est un instrument qui sert à vérifier les calibres des canons; il se compose d'un plateau de cuivre de 0 mèt. 0056 (2 lig. 6 points) d'épaisseur pour tous les calibres, & de 0 mèt. 135 (5 pouces) de diamètre pour le canon de 24, de 0 mèt. 108 (4 pouces) pour le canon de 16, de 0 mèt. 094 (3 pouc 6 lig.) pour le canon de 12, de 0 mèt. 081 (3 pouces) pour le canon de 8, & de 0 mèt. 067 (2 pouces 6 lig.) pour les canons de 4.

Quatre pointes d'acier sont placées dans des trous carrés pratiqués dans l'épaisseur du plateau, suivant deux diamètres perpendiculaires entr'eux : trois de ces pointes sont fixes; la quatrième est mobile & obéit au mouvement d'un plan incliné qui la fait avancer : un trou percé au centre du plateau est destiné à recevoir une verge de fer, qui porte ce plan sur une de ses faces; la verge est elle-même logée dans une cannelure pratiquée dans une hampe en bois : cette hampe est composée de plusieurs parties, qui se logent l'une dans l'autre au moyen de douilles à vis; sa poignée porte une échelle graduée en pouces & lignes; elle est entourée par un anneau nommé *curseur*, qui, au moyen d'une vis de pression, peut à volonté être fixé à la verge, ou se mouvoir sur la poignée de la hampe.

L'usage de cet instrument est fondé sur la saillie

que prend succeſſivement la pointe contre le bout de laquelle gliſſe le plan incliné : cette ſaillie eſt au mouvement progreſſif de la verge comme la hauteur du plan eſt à ſa baſe. Ici, ce rapport eſt comme un à douze ; de ſorte que quand le plan incliné & le curſeur, qui ſont mûs en même temps par la verge à laquelle ils ſont unis, avancent d'une ligne, la pointe doit avancer d'un point.

Lorſqu'on veut ſe ſervir de cette étoile, il faut réunir les parties de la hampe, en obſervant que celle du milieu n'eſt qu'une alonge qui ſert pour les gros calibres ; placer dans leur trou les quatre pointes du calibre du canon que l'on a à vérifier, & les arrêter avec leur vis ; préſenter l'étoile armée de ſes pointes au carré qui leur correſpond, pour faire toucher la pointe mobile au côté intérieur de ce carré (les carrés ſont formés de règles de cuivre garnies d'acier dans la partie intérieure : il y en a un pour chaque calibre), faire gliſſer le curſeur juſqu'à ce que ſon bord ſe trouve ſur le zéro des diviſions, & le fixer à la verge avec la vis de preſſion.

L'étoile étant ainſi préparée, on l'introduit dans l'ame du canon, on pouſſe doucement la verge, & ſi, lorſque la pointe mobile ne peut plus avancer, le bord du curſeur eſt ſur le zéro, l'ame eſt exactement de calibre. Si le bord du curſeur eſt au-delà du zéro de deux ou trois lignes, le calibre eſt trop fort de deux ou trois points : enfin, ſi le bord du curſeur étoit au-deſſus du zéro, le calibre ſeroit trop foible.

Étoiles pour fuſées de ſignaux. On fait les étoiles avec la compoſition des ſerpenteaux ordinaires, qu'on met en pâte épaiſſe en l'humectant avec de l'eau-de-vie gommée. On étend cette pâte ſur une table bien unie, ſaupoudrée de pulvérin ; on en forme un gâteau carré d'un doigt au plus d'épaiſſeur, qu'on arroſe de pulvérin ; on le coupe en long & en large pour avoir les étoiles en petits cubes, & on les laiſſe ſécher à l'ombre.

ÉTOUPEMENT des caissons. Les caiſſons chargés doivent être garnis d'étoupe, pour conſerver les ſachets pleins de poudre & prévenir les accidens.

Il faut 22 kil. 02 à 29 kil. 37 (45 à 60 liv.) d'étoupes par caiſſon : elles doivent être bien ſèches & blanches.

Il faut bourrer fortement d'étoupe le pourtour du boulet, & légèrement le pourtour des ſachets, en faiſant enſorte de maintenir d'aplomb ceux liés aux cartouches, pour qu'ils ne ballottent pas & ne frottent pas contre les planches des ſéparations.

Quand les caiſſons d'obuſiers ſont exactement conſtruits, les tringles ou traverſes contiennent ſuffiſamment les obus ; il n'eſt pas beſoin de les étouper en entier, on met ſeulement un peu d'étoupe dans le bas, ſous les obus du premier lit.

Quand une partie des cartouches d'une caiſſe eſt conſommée, & qu'on doit le mettre en marche, il faut remplir d'étoupe la partie vide, pour empêcher les cartouches reſtantes de ſe renverſer & de ſe crever.

Le boulet ou la boîte doit toujours être mis en bas & le ſachet en haut.

Il faut avoir ſoin, en chargeant & en déchargeant un caiſſon, de ne pas mettre les étoupes par terre, parce qu'en les ramaſſant on peut y mêler du gravier, qui, mis dans le caiſſon, pourroit occaſionner un grand accident. Cette précaution eſt, comme on le voit, fort eſſentielle.

ÉTOUPILLE ou MÈCHE destinée a mettre le feu aux fusées. On garnit le haut des fuſées de toutes eſpèces, ainſi que les roſeaux ſervant de fuſées d'amorce & preſque tous les artifices, avec des mèches ou étoupilles deſtinées à faciliter la communication du feu. Pour faire ces étoupilles, on joint enſemble cinq ou ſix brins de coton filé, ſuivant la groſſeur du coton. On fait tremper ces mèches pendant vingt-quatre heures dans du vinaigre, puis on les paſſe dans du pulvérin mis en pâte liquide avec de l'eau-de-vie, & on les pétrit avec la main juſqu'à ce qu'elles ſoient bien imbibées ; alors on les retire en les paſſant entre les doigts pour en exprimer le ſuperflu de la compoſition ; enſuite on les roule autour du cadre, & les ayant ſaupoudrées avec du pulvérin ſec, on les met ſécher. Cette ſorte d'étoupille eſt très-vive.

Afin de donner de la conſiſtance aux étoupilles & empêcher la compoſition de ſe ſéparer des mèches, on peut faire diſſoudre un peu de gomme arabique dans l'eau-de-vie qui ſert à mettre le pulvérin en pâte. (*Voyez* l'article FUSÉES D'AMORCE.)

ÉTOUTEAU. Pivot qui eſt implanté dans la douille de la baïonnette & qui borne le mouvement de la virole. (*Voyez* le mot BAYONNETTE.)

ÉTRANGLER une fusée. C'eſt rétrécir l'orifice de la cartouche en le ſerrant avec de la ficelle. Le carton doit être encore un peu humide pour que cette opération ſoit bien faite.

ÉTUI a lances. Étui rond en cuir où l'on renferme les lances à feu pour éviter qu'elles ne ſoient mouillées : le canonnier le porte en bandoulière. Il contient douze lances, & pèſe environ douze onces.

ÉVASEMENT de la lumière. C'eſt l'agrandiſſement du diamètre de la lumière, cauſé par la fréquente exploſion de la poudre contre les parois intérieures des bouches à feu. Quand il eſt trop conſidérable, il faut leur remettre un grain.

ÉVENT. On appeloit ainſi autrefois le vent du boulet. (*Voyez* le mot VENT.)

Évents. Vides, chambres, fentes, dans le sens de la longueur, qu'on rencontre dans le métal des bouches à feu & des armes portatives, & qui proviennent du manque de métal & de soudures mal faites.

On nomme aussi *évents* des canaux pratiqués dans la partie supérieure des moules des fondeurs, pour faciliter la sortie de l'air, de l'humidité & des gaz.

ÉVENTURES. Synonyme d'évents. Ce terme n'est usité que dans quelques manufactures d'armes.

EXÉCUTER LES BOUCHES A FEU. C'est les charger, les pointer & les tirer, soit dans les exercices, soit sur l'ennemi.

EXERCICE DES BOUCHES A FEU. C'est l'action de charger, de diriger, de pointer & de tirer des bouches à feu de campagne, de siège, de place & de côte, lorsqu'elles sont placées sur leurs affûts & qu'elles sont munies des armemens & attirails convenables. L'exécution des bouches à feu doit se faire dans le plus grand ordre & dans le silence. Les commandemens doivent être précis & laconiques. On doit surtout s'appliquer à la connoissance des principes sur lesquels est fondé l'art du pointement. (*Voyez*, pour cette théorie, l'article TIR DES ARMES A FEU.)

Le général Gribeauval ayant voulu établir l'uniformité dans les exercices des bouches à feu, a fait rédiger en 1786 une instruction sur cet objet important. Cette instruction est encore à peu près suivie, sauf les modifications que le temps & l'expérience ont provoquées.

Il a été fait depuis diverses instructions, desquelles il résulte qu'il faudroit refaire la première & la rendre réglementaire pour toutes les écoles d'artillerie. *Voyez* l'Instruction sur la manœuvre & le tir du canon de bataille, par Lombard; le Manuel de l'artilleur, par le vicomte d'Urtubie; l'Aide-mémoire des officiers d'artillerie; les Exercices & manœuvres rédigées à l'armée françaises du midi de l'Espagne, par M. le comte Ruty, pair de France; l'Instruction à l'usage des compagnies de canonniers garde-côtes, attribuée au général Sénarmont; l'Essai sur les manœuvres de l'artillerie, par les officiers du régiment de Douai; le Projet d'instruction sur le service des bouches à feu, par des officiers de l'arme; l'Instruction sur le service de l'artillerie à l'usage des écoles militaires, par M. Hulot, chef de bataillon d'artillerie. On a transcrit ici en partie cette instruction comme étant assez généralement en usage. Quoiqu'on ne se serve plus de bricoles, on a cru devoir les conserver dans les exercices où elles étoient employées, parce que rien n'est encore prescrit à cet égard. Enfin, quoique la pièce de 6 paroisse supprimée, on a cru devoir en faire mention dans ces exercices, ainsi que du pierrier, qui ne se trouve pas dans l'instruction précitée.

Exercice des pièces de bataille.

Pièce de 4. Il faut huit hommes pour le service d'une pièce de ce calibre, savoir: deux canonniers, deux premiers servans, deux seconds servans, deux troisièmes servans.

Les armemens nécessaires sont: un écouvillon à hampe recourbée, deux leviers de pointage, un seau d'affût, un coffret, une prolonge, quatre bricoles, deux sacs à munitions, un étui à lances, un porte-lances, un sac à étoupilles, un dégorgeoir, un doigtier.

Position des hommes lorsque la pièce est chargée sur l'avant-train, & répartition des armemens.

Les canonniers & servans sont placés à droite & à gauche, sur deux lignes parallèles à la pièce, dans l'ordre ci-après:

A gauche. Premier servant, à la hauteur de la bouche de la pièce, dix-huit pouces hors de l'alignement des roues, faisant face à la pièce, chargé d'un sac à munitions & d'une bricole. Deuxième servant, chargé d'un sac à étoupilles, du dégorgeoir & d'une bricole, à hauteur de la fusée de l'essieu. Canonnier chargé du doigtier, à hauteur du bouton de la pièce. Troisième servant chargé d'un sac à munitions, à hauteur du bout du timon.

A droite. Premier servant, à hauteur de la bouche de la pièce, dix-huit pouces hors de l'alignement des roues, chargé d'une bricole. Deuxième servant, chargé de l'étui à lance, du porte-lance & d'une bricole, placé à la hauteur de la fusée de l'essieu. Canonnier à hauteur du bouton de la pièce. Troisième servant à hauteur du bout du timon.

Les sacs à munitions & l'étui à lances sont placés en dessous des bricoles & pendans à gauche; le sac à étoupilles est porté en ceinture; toutes les bricoles sont pendantes à droite.

Les canonniers & servans se placent, & se munissent des armemens au commandement: *à vos postes.*

Pour conduire une pièce de 4 chargée sur son avant-train d'un lieu à un autre par les hommes qui la servent, on fera le commandement:

En avant. Le canonnier de gauche détache un levier & le porte au bout du timon; le canonnier de droite s'y porte de son côté, dispose les chaînes d'attelage, avec lesquelles il forme deux boucles en dessus; celui de gauche y introduit son levier par le petit bout jusqu'à son milieu, le dispose en galère, & s'y place, ainsi que celui de droite, contre le timon. Les troisièmes servans se portent au secours des canonniers aux extrémités du levier; les premiers servans accrochent leurs bricoles à la flotte à crochet, & les seconds servans au double crochet de la crosse, ceux de droite de la main droite, ceux de gauche de la main gauche, & tendent sur leurs bricoles.

Marche. Les canonniers & servans font effort & prennent la direction qui leur est indiquée par le commandant de la pièce, les premiers & seconds servans ayant la main qui est du côté de la pièce sur leurs bricoles.

Halte. Les canonniers & servans s'arrêtent : les premiers & seconds servans tendent sur leurs bricoles.

A vos postes. Les premiers & seconds servans de droite tournent par la gauche, & décrochent leurs bricoles de la main gauche; ceux de gauche font l'inverse; le canonnier de gauche reporte le levier à sa place, & chacun reprend son poste.

Si la pièce est arrivée sur le terrain par-devant la ligne qu'elle doit occuper en batterie, on fera le commandement :

Otez l'avant-train. Le troisième servant de droite soulève le bout du timon; le canonnier de droite décroche la chaîne d'embrelage & soulève la crosse à l'aide du canonnier de gauche, placé, ainsi que lui, contre le flasque. Dès que la cheville ouvrière est hors de la lunette, on fait avancer l'avant-train quatre pas en avant pour pouvoir poser la crosse à terre : alors les canonniers enlèvent le coffret & le placent sur l'avant-train, que l'on conduit aussitôt à vingt pas en arrière; le second servant de gauche détache les leviers de pointage, en passe un au second de droite, & les place aux anneaux de pointage; le premier de droite prend l'écouvillon à l'aide du second, qui ôte la clef du crochet à fourche.

L'avant-train étant parvenu à la distance indiquée, on le tourne par la gauche pour placer le timon du côté & dans la direction de la pièce.

Si la pièce est arrivée sur le terrain par-derrière la ligne qu'elle doit occuper en batterie, on fera le commandement :

En batterie. On ôte l'avant-train comme il a été dit ci-dessus; dès qu'il a reçu le coffret, on le tourne par la gauche pour passer dans l'intervalle, & à la droite de la pièce, on le conduit à vingt pas en arrière; aussitôt qu'il a dépassé la pièce, les canonniers se portent aux leviers de pointage; les premiers & seconds servans aux roues; on tourne la crosse par la gauche pour lui faire faire une demi-conversion; chacun alors prend son poste dans l'ordre ci-après :

Position des canonniers & servans en batterie.

A gauche. Premier servant, à hauteur de la bouche de la pièce, dix-huit pouces hors de l'alignement des roues, faisant face à la pièce. Deuxième servant, à hauteur du bouton de culasse, faisant face à la pièce, aligné sur le premier servant, & tenant le dégorgeoir de la main droite. Canonnier à hauteur du milieu des leviers de pointage, aligné sur les premier & second servans, faisant face à la pièce, & ayant le doigtier au second doigt de la main gauche. Troisième servant, à hauteur du bout du timon dans le prolongement de la ligne formée par les trois précédens, faisant face en avant.

A droite. Premier servant, à hauteur de la bouche de la pièce, dix-huit pouces hors de l'alignement des roues, faisant face à la pièce & tenant l'écouvillon des deux mains horizontalement. Deuxième servant, à hauteur du bouton de culasse, faisant face à la pièce, aligné sur le premier servant & tenant le boute-feu de la main droite. Canonnier à hauteur du milieu des leviers de pointage, aligné sur les premier & second servans, faisant face à la pièce. Troisième servant, à la hauteur du bout du timon dans le prolongement de la ligne formée par les trois précédens, faisant face en avant.

Le commandement *à vos postes* indique aux canonniers & servans qu'ils doivent respectivement prendre la position ci-dessus.

Pour faire feu, on commandera :

En action. Le second servant de droite décroche le seau, le pose sous la fusée de l'essieu, allume sa lance & se place en demi à gauche; les premiers servans écartent vivement, celui de droite la jambe gauche, celui de gauche la jambe droite, se fendent de dix-huit à vingt pouces environ, plient sur cette jambe, & tendent le jarret opposé; les troisièmes servans se portent au coffret; celui de droite distribue les munitions au troisième de gauche, qui, après en avoir pourvu le premier servant de ce côté, se place dans le prolongement de la file de gauche, à moitié de la distance de l'avant-train de la pièce, faisant face en avant; le canonnier de droite, partant du pied droit, se porte entre les leviers de pointage, dirige la pièce, se retire à son poste par un mouvement contraire, & fait le commandement :

Chargez. Le canonnier de gauche, partant du pied droit, se porte à la culasse en se fendant de la jambe gauche, bouche la lumière de la main gauche, donne les degrés d'élévation de la droite; les premiers servans se portent à la volée pour charger la pièce; celui de droite en partant du pied gauche & celui de gauche du pied droit, se retirent, ainsi que le canonnier, lorsque la pièce est chargée, par un mouvement contraire; le second servant de gauche, partant du pied gauche, se porte à la culasse, dégorge de la main droite, place l'étoupille de la gauche, se retire en partant du pied droit & fait signe au second servant de droite de mettre le feu. Le coup parti, on recharge la pièce de la même manière, & on continue le feu jusqu'au *roulement* ou au commandement *à vos postes*, auquel le second servant de droite éteint sa lance, accroche le seau, & chacun reprend son poste.

Pendant l'action, le troisième servant de droite reste à la garde du coffret; le troisième de gauche remplace, du caisson au coffret, les munitions

qui

qui auront été retirées de ce dernier pour le service de la pièce.

Détails des fonctions du premier servant de droite pour écouvillonner & charger la pièce.

Etant en action parallèlement à la pièce, le corps fortement incliné & appuyé sur la partie gauche, le pied gauche vis-à-vis de la fusée de l'essieu, le pied droit vis-à-vis de l'estragale de la pièce, le jarret droit tendu, le gauche ployé, la pointe du pied droit en dehors & les talons sur la même ligne, tenant l'écouvillon horizontalement des deux mains, les bras pendant naturellement.

Au commandement *chargez*, il se relève sur la jambe droite, en élevant l'écouvillon à hauteur de poitrine, étendant le bras droit de sa longueur pour passer l'écouvillon sur le côté de la roue; fait un grand pas du pied gauche, le pose à la hauteur de l'estragale; se fend de la jambe droite en portant le pied, la pointe en dehors à environ dix-huit pouces du talon gauche & sur la même ligne, le corps incliné sur la partie droite; introduit son écouvillon avec la main gauche dans l'ame de la pièce, l'enfonce de la main droite, en reportant le corps d'à plomb sur la gauche & parallèlement à la pièce; porte l'œil à la lumière pour voir si on la bouche bien; écouvillonne la pièce de deux tours d'écouvillon, tant en dessus qu'en dessous, le fort de la pièce pour laisser placer la charge, en reportant le corps & l'inclinant sur la partie droite, en alongeant le bras droit de sa longueur; enfonce la charge d'un seul coup, en appuyant fortement pour la faire arriver au fond de l'ame; retire son écouvillon par le même mouvement, retourne à la position d'en action en rompant en arrière d'un grand pas du pied droit, & reportant le gauche à hauteur de la fusée de l'essieu.

On opère de même avec les écouvillons à hampe droite, mais après avoir écouvillonné, on change l'écouvillon en refouloir pour enfoncer la charge en le refoulant d'un seul coup.

Ce qui vient d'être dit pour le premier servant de droite, pour les mouvemens de la charge, s'applique, par des mouvemens inverses, au premier de gauche qui doit aider celui de droite à charger avec l'écouvillon à hampe droite.

En parade. Les premiers servans font à droite & à gauche pour faire face en avant, celui de droite portant l'écouvillon de la main droite horizontalement la brosse en avant : les seconds se mettent en file derrière les premiers à hauteur de la fusée de l'essieu; les canonniers derrière les seconds servans à hauteur du bouton de culasse; les troisièmes servans à hauteur du bouton de timon.

En avant. Les canonniers se portent aux leviers de pointage qu'ils saisissent des deux mains; les premiers servans accrochent leurs bricoles au crochet de la tête d'affût, & les seconds à la flotte à crochet, ceux de droite de la main gauche, ceux de gauche de la main droite, le premier de droite portant l'écouvillon de la main droite horizontalement la brosse en avant : les troisièmes servans se disposent pour faire faire à l'avant-train le même mouvement que celui de la pièce.

Marche. Les canonniers soulèvent la crosse; les premiers & seconds servans tendent sur leurs bricoles qu'ils tiennent de la main du côté de la pièce; on marche suivant la direction indiquée par le commandant de la batterie, les troisièmes servans conduisent l'avant-train, & le maintiennent toujours à la même distance de la pièce.

Halte. Les canonniers posent la crosse à terre, & chacun reste en place en tendant sur les bricoles.

A vos postes. Les premiers & seconds servans tournent en dehors, se décrochent, ceux de droite de la main droite, ceux de gauche de la gauche, & chacun reprend son poste.

En retraite. Les canonniers se portent aux leviers de pointage qu'ils saisissent d'une main seulement; les premiers servans s'accrochent à la flotte à crochet; les seconds au double crochet de la crosse, ceux de droite de la main droite, ceux de gauche de la gauche, le premier de droite portant l'écouvillon de la main gauche horizontalement la brosse en avant; les troisièmes servans tournent l'avant-train par la gauche pour lui faire faire le même mouvement que celui de la pièce.

Marche & halte. Comme ci-dessus après le commandement *en avant.*

A vos postes. Comme ci-dessus, les premier & second servans de droite se décrochent de la main gauche; ceux de gauche de la droite; les troisièmes servans tournent l'avant-train par la gauche pour placer les timons vis-à-vis & dans la direction de la pièce.

Pour remettre la pièce sur l'avant-train, on fera le commandement :

Amenez l'avant-train. Le premier servant de droite remet l'écouvillon à sa place, à l'aide du second, qui remet la clef du crochet à fourche; le troisième de droite, aidé par le troisième de gauche, amène l'avant-train vers la pièce en obliquant à droite, de manière qu'en le tournant par la gauche, il se trouve à quatre pas en arrière de la crosse; aussitôt les canonniers ôtent les leviers de pointage, les passent au second servant de gauche, qui les remet à leur place, à l'aide du premier servant; les canonniers enlèvent le coffret, le placent dans le délardement des flasques, & soulèvent la crosse; on fait reculer l'avant-train pour pouvoir introduire la cheville ouvrière dans la lunette; le canonnier de droite accroche la chaîne d'embrelage, & chacun prend son poste à droite & à gauche de la pièce.

Si la pièce doit marcher en avant de la ligne sur laquelle elle étoit en batterie, on fera le commandement :

Amenez l'avant-train en avant. Les troisièmes

fervans conduifent l'avant-train quatre pas en avant de la bouche de la pièce, en paffant par la droite; les canonniers & les fervans fe ferrent contre les flafques pour laiffer paffer l'avant-train. Dès qu'il a dépaffé la pièce, les canonniers fe portent aux leviers de pointage, les premiers & feconds fervans aux roues; on tourne la croffe par la gauche, & on charge l'affût fur l'avant-train, comme il a été dit ci-deffus.

Pièce de 6. Il faut, pour le fervice d'une pièce de canon de ce calibre, dix hommes ; favoir :

Comme à la pièce de 4, tant pour les hommes que pour les armemens néceffaires, excepté qu'il faut de plus deux quatrièmes fervans ; celui de droite, chargé de la furveillance de l'avant-train & du coffret; celui de gauche eft muni d'un fac à charge pour porter des munitions à la pièce; ce dernier, marchant en avant, fe porte aux leviers de pointage, & aide les canonniers à foulever la croffe; marchant en retraite, il fe porte au côté gauche de la volée de la pièce pour aider à pouffer.

Les deux troifièmes fervans portent chacun une bricole raccourcie; celui de gauche a, en outre, un fac à charge; marchant en avant ou en retraite, ils accrochent en dehors avec les feconds fervans, foit aux crochets de flotte ou aux doubles crochets de la croffe.

Le refte de la manœuvre eft comme à la pièce de 4.

Pièces de 8 & de 12. Il faut pour le fervice d'une pièce de canon de 8, treize hommes, & pour celui d'une pièce de 12, quinze; favoir :

Dénomination des hommes : deux canonniers, deux premiers fervans, deux feconds fervans, deux troifièmes fervans, deux quatrièmes fervans, deux cinquièmes fervans, deux fixièmes fervans, à la pièce de douze feulement, un onzième fervant à la pièce de 8, un treizième à la pièce de 12.

Les armemens font : un écouvillon à hampe droite & à refouloir, quatre leviers de pointage, un feau d'affût, un coffret, une prolonge, huit bricoles (quatre longues, quatre courtes), trois facs à munitions, un étui à lances, un fac à étoupilles, un porte-lance, un dégorgeoir, un doigtier.

Pofition des hommes lorfque la pièce eft chargée fur l'avant-train, & répartition des armemens.

Les canonniers & fervans font placés fur deux lignes parallèles à la pièce, y faifant face & dans l'ordre fuivant :

A gauche. Premier fervant, à la hauteur de la bouche de la pièce, dix-huit pouces hors de l'alignement des roues, faifant face à la pièce, chargé d'une bricole longue. Deuxième fervant, chargé d'un fac à étoupilles & du dégorgeoir, à hauteur de la fufée de l'effieu. Canonnier chargé d'un doigtier, à hauteur du bouton de culaffe. Troifième fervant, chargé d'un fac à munitions & d'une bricole courte, à hauteur de l'effieu de l'avant-train. Quatrième fervant, chargé d'un fac à munitions & d'une bricole longue, à un pas de diftance du troifième, du côté du timon. Cinquième fervant, chargé d'un fac à munitions & d'une bricole courte, à un pas du quatrième. Sixième fervant (à la pièce de 12), à un pas du cinquième.

A droite. Premier fervant, à la hauteur de la bouche de la pièce, dix-huit pouces hors de l'alignement des roues, faifant face à la pièce, chargé d'une bricole longue. Deuxième fervant, chargé de l'étui à lances & du porte-lances, à hauteur de la fufée de l'effieu. Canonnier à hauteur du bouton de culaffe. Troifième fervant, chargé d'une bricole courte, à hauteur de l'effieu de l'avant-train. Quatrième fervant, chargé d'une bricole longue, à un pas de diftance du troifième. Cinquième fervant, chargé d'une bricole courte, à un pas du quatrième. Sixième fervant (à la pièce de 12), à un pas du cinquième. Onzième fervant (à la pièce de 8). Treizième fervant (à la pièce de 12), à hauteur du bout du timon.

Les facs à munitions font placés en deffous des bricoles & pendans à gauche, ainfi que l'étui à lances ; le fac à étoupilles eft porté en ceinture ; toutes les bricoles font pendantes à droite.

Les hommes fe placent dans l'ordre ci-deffus, & fe muniffent des armemens au commandement *à vos poftes.*

Pour conduire une pièce de canon de 8 ou de 12, chargée fur fon avant-train par les hommes qui la fervent, on fera le commandement :

En avant. Le canonnier de gauche détache un levier, & le porte en galère au bout du timon; le canonnier de droite s'y porte & fixe le levier au moyen des chaînes d'attelage; tous deux fe placent à ce levier contre le timon; les feconds fervans fe portent à leur fecours en dehors; les premiers fervans accrochent leurs bricoles à la flotte à crochet; les troifièmes doublent fur les premiers; les cinquièmes s'accrochent au double crochet de la croffe; les quatrièmes doublent fur les cinquièmes. A la pièce de 8, le onzième fe porte à la volée & à droite ; à la pièce de 12, les deux fixièmes font à la volée, & le treizième où fa préfence eft néceffaire.

Les commandemens de *marche, halte, à vos poftes*, s'exécuteront comme il a été dit pour le fervice de la pièce de 4.

Pour faire paffer la pièce de l'encaftrement de route dans celui du tir, on fera le commandement :

Préparez-vous à changer l'encaftrement. Les feconds fervans lèvent les fus-bandes, celui de droite enraye la roue à un rais fupérieur; le canonnier & le premier fervant de gauche détachent les leviers, en paffent un au premier fervant de droite, un au canonnier du même côté, & en gardent chacun un.

Changez d'encaftrement. Le premier fervant de gauche introduit fon levier par le gros bout dans l'ame de la pièce, & l'enfonce jusqu'à son milieu ; le premier servant de droite embarre sous le bouton de culasse, le canonnier de gauche sous le premier renfort, soulèvent la culasse à l'aide des seconds servans qui se portent à leur secours ; le canonnier de droite, tournant le dos à l'avant-train, place son levier en rouleau sous le premier renfort, & le fait avancer jusqu'au cintre de mire, de manière que l'arrêtoir dépasse le flasque de gauche ; le premier servant de droite porte son levier sous celui qui est dans la volée, le canonnier de gauche introduit le petit bout du sien dans l'anse droite de la pièce ; les seconds & troisièmes servans se portent au secours des premiers, les seconds & le troisième de gauche au levier qui est en croix, le troisième de droite à celui qui est dans la volée. Au commandement *ferme*, que fait le canonnier de droite, les servans agissent ensemble avec force, précaution, & sans secousses, pour faire descendre la pièce dans l'encastrement de tir. Lorsqu'elle y est parvenue, les troisièmes servans retournent à leurs postes ; les seconds placent les fus-bandes, celui de droite désenraye la roue ; les premiers servans pèsent sur la volée ; les canonniers dégagent leurs leviers, les posent debout contre les bras du coffret ; celui de droite soutient la semelle ; celui de gauche relève la vis de pointage ; les premiers servans reprennent leurs postes, conservant leurs leviers ; les canonniers passent les leurs par le petit bout dans les anneaux carrés de support.

Pour décharger l'affût de dessus l'avant-train, & mettre la pièce en batterie, on fera le commandement :

Otez l'avant-train. Le servant garde du coffret (onzième à la pièce de 8, treizième à la pièce de 12) soulève le bout du timon, le canonnier de droite décroche la chaîne d'embrelage, soulève la crosse à l'aide du canonnier de gauche, placé, ainsi que lui, contre le flasque ; les seconds servans se portent au secours des canonniers, & se placent aux leviers de support entre le flasque & la roue. Dès que la cheville ouvrière est hors de la lunette, on fait avancer l'avant-train quatre pas pour pouvoir poser la crosse à terre ; les canonniers enlèvent le coffret & le mettent sur l'avant-train, que l'on conduit aussitôt à vingt pas en arrière ; en même temps les seconds servans reçoivent les leviers des premiers servans, & les placent dans les anneaux de pointage ; le premier servant de droite prend l'écouvillon à l'aide du second ; chacun prend son poste à droite & à gauche de la pièce dans l'ordre ci-après, prêt à manœuvrer.

Position des hommes en batterie.

A gauche. Premier servant, à hauteur de la bouche de la pièce, dix-huit pouces hors de l'alignement des roues, faisant face à la pièce. Deuxième servant, à hauteur du bouton de culasse, sur l'alignement du premier servant, faisant face à la pièce, & tenant son dégorgeoir de la main droite. Canonnier à hauteur du milieu des leviers de pointage sur l'alignement des premier & second servans, faisant face en servant, ayant le doigtier au second doigt de la main gauche. Troisième servant, à hauteur du bout du timon, dans le prolongement de la ligne formée par les trois précédens, faisant face en avant. Quatrième servant, à un pas en arrière du troisième, & dans le même prolongement. Cinquième servant, à un pas en arrière du quatrième, & dans le même prolongement. Sixième servant (à la pièce de 12), à un pas en arrière du cinquième, & dans le même prolongement.

A droite. Premier servant, à hauteur de la bouche de la pièce, dix-huit pouces hors de l'alignement des roues, faisant face à la pièce, tenant son écouvillon horizontalement des deux mains. Deuxième servant, à hauteur du bouton de la culasse, sur l'alignement du premier servant, faisant face à la pièce, & tenant le porte-lance de la main droite. Canonnier à hauteur du milieu des leviers de pointage, sur l'alignement des premier & second servans, faisant face à la pièce. Troisième servant, à hauteur du bout du timon, dans le prolongement de la ligne formée par les trois précédens, faisant face en avant. Quatrième servant, à un pas en arrière du troisième, & dans le même prolongement. Cinquième servant, à un pas en arrière du quatrième, & dans le même prolongement. Sixième servant (à la pièce de 12), à un pas en arrière du cinquième, & dans le même prolongement.

Le servant garde du coffret (onzième à la pièce de 8, treizième à la pièce de 12) est placé à droite, à hauteur & près du bout du timon.

Pour faire feu, on fera le commandement :

En action. Le second servant de droite décroche le seau, le pose sous la fusée de l'essieu, allume sa lance & se place en demi-à-gauche ; le second servant de gauche pousse les leviers de support vers la droite de l'affût, pour se donner la facilité de se porter à la culasse ; le canonnier de droite, partant du pied droit, se porte entre les leviers de pointage, dirige la pièce, se retire à son poste par un mouvement contraire, & fait le commandement :

Chargez. Le canonnier de gauche, partant du pied droit, se porte à la culasse, se fend de la jambe gauche, saisit la manivelle de la main droite pour donner les degrés d'élévation, & bouche la lumière de la gauche ; les premiers servans se portent à la volée, celui de droite, partant du pied gauche, & celui de gauche du pied droit, chargent la pièce, & se retirent à leurs postes, ainsi que le canonnier, lorsque la pièce est chargée, par un mouvement contraire

P 2

Alors le fecond fervant de gauche, partant du pied gauche, fe porte à la culaffe, dégorge de la main droite, place l'étoupille de la gauche, fe retire à fon pofte par le mouvement contraire, & fait au fecond fervant de droite le fignal du feu. Le coup parti, on recharge la pièce de la même manière, & le feu continue jufqu'au *roulement* ou au commandement *à vos poftes*.

Auffitôt que l'action commence, le fervant garde du coffret va diftribuer les munitions aux pourvoyeurs; l'un d'eux, le troifième fervant d'abord, fe porte rapidement derrière le premier fervant de gauche, à portée de lui donner la charge; lorfque fes munitions font épuifées, il eft remplacé par le quatrième, celui-ci par le cinquième, & ainfi alternativement jufqu'à ce que le feu ceffe; alors le fecond fervant de droite éteint fa lance, accroche le feau, & chacun reprend fon pofte.

Pendant l'action, les pourvoyeurs font encore chargés de remplacer, du caiffon au coffret, les munitions qu'on a tirées de ce dernier pour le fervice de la pièce.

En parade. Les canonniers & fervans font difpofés comme à la pièce de 4, excepté que le premier fervant de droite porte l'écouvillon fur l'épaule droite, la broffe en bas.

En avant. Les canonniers fe portent aux leviers de pointage, les feconds fervans aux leviers de fupport; les premiers fervans accrochent leurs bricoles à la tête d'afflût; les troifièmes doublent fur les premiers, les quatrièmes fervans à la flotte à crochet, les cinquièmes doublent fur les quatrièmes; les fixièmes (à la pièce de 12) fe portent au fecours des feconds fervans, en fe plaçant aux leviers de fupport près du flafque; le fervant garde du coffret fe difpofe à faire faire à l'avant-train le même mouvement que celui de la pièce.

En retraite. Les canonniers fe portent aux leviers de pointage; les feconds fervans fe placent aux leviers de fupport en dehors des bricoles; les troifièmes fervans accrochent leurs bricoles à la flotte à crochet; les premiers doublent fur les troifièmes; les quatrièmes fervans au double crochet de la croffe; les cinquièmes doublent fur les quatrièmes; les fixièmes (à la pièce de 12) fe portent à la volée; le fervant garde du coffret tourne l'avant-train par la gauche, & fe difpofe à lui faire faire le même mouvement que celui de la pièce.

Les commandemens de *marche*, *halte*, *à vos poftes*, s'exécutent comme il a été dit pour le fervice de la pièce de 4.

Amenez l'avant-train. Le premier fervant de droite remet l'écouvillon à fa place, à l'aide du fecond; les canonniers ôtent les leviers de pointage, les paffent aux feconds; celui de gauche les remet dans l'anneau carré, à l'aide du premier fervant; le fervant garde du coffret amène l'avant-train vers la pièce, en obliquant un peu à droite, de manière qu'en le tournant par la gauche, il fe trouve vis-à-vis & à quatre pas en arrière de la croffe; les canonniers enlèvent le coffret, le placent dans le délardement des flafques, foulèvent la croffe à l'aide des feconds fervans, placés aux leviers de fupport entre le flafque & la roue, & on fait reculer l'avant-train pour pouvoir introduire la cheville ouvrière dans la lunette; le canonnier de droite accroche la chaîne d'embrelage; le fecond fervant de gauche ôte les leviers de fupport, les remet à leur place, & chacun reprend fon pofte à droite & à gauche de la pièce.

Amenez l'avant-train & changez l'encaftrement. Au lieu de remettre les leviers de pointage dans l'anneau carré, les feconds fervans, après les avoir reçus des canonniers, les paffent aux premiers; on amène l'avant-train, on charge la pièce deffus comme il vient d'être dit; auffitôt les feconds fervans ôtent les fus-bandes, celui de droite enraye la roue aux rais d'en bas; les canonniers prennent chacun un levier par le gros bout, dans les anneaux de fupport, les pofent debout contre les bras du coffret; le premier fervant de gauche introduit le fien dans l'ame de la pièce; le premier fervant de droite ayant la main droite fur le bourrelet, appuie en même temps que celui de gauche fur la volée pour lever la culaffe; le canonnier de droite foulève la femelle; celui de gauche abat la vis de pointage, & l'appuie contre l'entretoife de fupport; le canonnier de droite, tournant le dos à l'avant-train, place fon levier en rouleau fous le premier renfort, & le fait avancer jufqu'au-delà du cintre de mire, de manière que l'arrêtoir dépaffe le flafque de gauche; le canonnier de gauche introduit le petit bout du fien dans l'anfe droite de la pièce; le premier fervant de droite place fon levier en croix fous celui qui eft dans la volée; les feconds & troifièmes fervans fe portent au fecours des premiers, les feconds & le troifième de gauche au levier qui eft en croix; le troifième de droite à celui qui eft dans la volée. Au commandement *ferme*, que fait le canonnier de droite, tous les fervans agiffent enfemble pour faire remonter la pièce dans l'encaftrement de route. Les tourillons parvenus à hauteur de leur encaftrement, les troifièmes fervans retournent à leurs poftes; le canonnier de gauche embrafe fous le premier renfort, & le premier fervant de droite fous le bouton; ils foulèvent la culaffe à l'aide des feconds fervans qui fe portent à leur fecours; le canonnier de droite dégage fon levier, & l'on defcend la pièce dans fes encaftremens; les feconds fervans placent les fus-bandes, celui de droite défenraye la roue; le canonnier & le premier fervant de droite paffent leurs leviers au canonnier & au premier fervant de gauche qui les placent, avec les leurs, dans l'anneau carré porte-armement.

Obufier de 6 pouces. Il faut, pour le fervice de cette bouche à feu, treize hommes; favoir:

Les hommes, les armemens & les détails de l'inſtruction comme à la pièce de 8, excepté que les deux canonniers prennent ici la dénomination de bombardiers; que les troiſième, quatrième & cinquième ſervans de gauche alternent entr'eux, pour porter au premier, l'un la charge de poudre, l'autre l'obus; que le ſecond ſervant de gauche aide au bombardier à donner les degrés d'élévation, avec le quart de cercle ou la hauſſe mobile; & que le premier ſervant de gauche a l'attention, en chargeant l'obus, de placer la fuſée en dehors & ſuivant l'axe de l'ame de l'obuſier.

Manœuvrer à la prolonge. Pour attacher & diſpoſer la prolonge, on meſure vingt-huit pieds à partir du billot; avec le bout qui reſte, on enveloppe l'armon de gauche, on le paſſe dans les anneaux à piton placés au derrière de ſellette, on enveloppe l'armon de droite, on le ramène ſous le milieu de la grande ſaſſoire, & on fait le nœud ſuivant.

Entre les deux armons, on forme deux boucles en faiſant paſſer les brins de droite & de gauche ſur la partie qui paſſe dans les anneaux; on paſſe la boucle de gauche dans celle de droite en deſſus, on fait paſſer le brin de la boucle de droite en deſſus dans la partie de la boucle de gauche qu'on vient de paſſer, on ſerre, & la ganſe ſe trouve faite.

A huit pieds du nœud qu'on vient de faire, on faiſit le cordage de la main gauche, de la droite on forme une boucle que l'on maintient de la gauche; avec la droite, on forme une ſeconde boucle de laquelle on coiffe la première, on paſſe le billot dans cette première boucle en deſſous, on ſerre, & la ganſe eſt faite.

La prolonge ainſi diſpoſée ſert pour le paſſage d'un foſſé ou d'un ravin, pour protéger les manœuvres d'une retraite devant l'ennemi, & pour faire des mouvemens rapides & à petite diſtance pendant une action. Dans toute autre circonſtance elle eſt repliée autour des équerres à pattes placées à l'extrémité des armons.

Pour l'exécution des manœuvres de la prolonge, on fera les commandemens ſuivans:

Amenez la prolonge pour le paſſage du foſſé ou du ravin. On conduit l'avant-train vers la pièce, en obliquant à droite, & on le retourne par la gauche; le troiſième ſervant de droite à la pièce de 4, le quatrième à la pièce de 6, le cinquième à la pièce de 8 & à l'obuſier, le ſixième à la pièce de 12, développe la prolonge; le canonnier de droite paſſe le billot dans l'anneau d'embrelage; les canonniers ôtent les leviers de pointage, & ſe diſpoſent à ſoulever la croſſe ſi elle vient à s'engager dans le paſſage; les ſeconds ſervans à l'obuſier, à la pièce de 8 & à celle de 12, ôtent les leviers de ſupport pour embarrer à la roue, chacun de ſon côté, ſi cela eſt néceſſaire.

Amenez la prolonge pour le feu de retraite. On conduit l'avant-train & on développe la prolonge; le canonnier de droite, après avoir paſſé le billot dans l'anneau d'embrelage, va le fixer à la ganſe de la ſaſſoire. La prolonge étant diſpoſée, on fait feu de pied ferme juſqu'au commandement *marche*, auquel les canonniers & ſervans font à droite & à gauche pour ſuivre le mouvement de la pièce. Au commandement *halte*, le feu recommence.

Amenez la prolonge pour le feu de flanc. L'avant-train conduit & la prolonge développée, le canonnier de droite, après avoir paſſé le billot dans l'anneau d'embrelage, va le fixer à la ganſe ou à l'anneau qui eſt à huit pieds de la ſaſſoire, les canonniers ſe portent aux leviers de pointage, & les ſeconds ſervans aux roues pour placer la pièce en avant du flanc de la colonne. Lorſqu'elle eſt aſſez avancée, & que les canonniers & les ſervans ont pris leurs poſtes, on fait feu juſqu'au commandement *marche*, auquel les canonniers & ſervans font à droite & à gauche pour ſuivre le mouvement de la pièce.

Pendant l'exécution du feu de flanc, la prolonge ne doit point être trop tendue, pour que le canonnier de droite ne ſoit pas gêné en donnant la direction à la pièce.

Si, après l'exécution du feu de retraite, on avoit à exécuter le feu de flanc ou le paſſage du foſſé, on feroit le commandement:

Alongez la prolonge pour, &c. Si, au contraire, après le paſſage du foſſé, on doit exécuter le feu de flanc ou de retraite, on fera le commandement: *raccourciſſez la prolonge pour, &c.* Lorſqu'il ne ſera plus néceſſaire de manœuvrer à la prolonge, on fera le commandement:

Otez la prolonge. Le canonnier de droite dégage le billot, le ſervant qui a développé la prolonge la replie comme auparavant, & l'on reconduit l'avant-train à ſa place.

Ordre de remplacement des hommes tués en bataille.

Pièce de 4. Le premier homme tué ſera remplacé par le ſecond ſervant de gauche que ſuppléera le canonnier de gauche; le ſecond tué ſera remplacé par le canonnier de droite, que ſuppléera celui de gauche, chargé alors de trois fonctions; le troiſième tué ſera remplacé par le ſecond ſervant de droite que ſuppléera le premier ſervant de droite.

Pièces de 6, de 8, de 12 & obuſier. Les canonniers & ſervans tués au ſervice de ces bouches à feu, ſeront remplacés ſur-le-champ par les hommes employés à l'avant-train. Tous les ſecours que peuvent fournir les hommes de l'avant-train étant épuiſés, on ſuivra l'ordre établi pour la pièce de 4.

Si les trois hommes d'un des côtés de la pièce venoient à être tués d'un ſeul coup, le ſecond ſervant reſtant remplaceroit le premier manquant, & par ce mouvement, les remplacemens ſeroient effectués.

Exercice des pièces de siége, de place & de côte.

Pièce de siége. Il faut, pour le service d'une pièce de canon du calibre de 24 ou de 16, montée sur un affût de siége, huit hommes; savoir :

Dénomination des hommes : deux canonniers, deux premiers servans, deux seconds servans, deux troisièmes servans.

En assemblant la troupe au quartier, on place les hommes de chaque pièce sur deux rangs, de manière qu'en arrivant à la batterie, les canonniers & servans se placent sur l'alignement pratiqué à vingt pas en arrière, parallèlement à l'épaulement, dans l'ordre ci-après : les canonniers vis-à-vis des flasques; les troisièmes servans à côté des canonniers; les seconds servans à côté des troisièmes; les premiers servans à côté des seconds, tous faisant face à l'épaulement.

L'intervalle qui se trouve entre les canonniers est occupé par le sous-officier, lorsqu'il y en a un attaché au service de la pièce.

Les armemens & attirails nécessaires sont :

A gauche. Trois leviers de manœuvre, une masse, un écouvillon, un refouloir, un doigtier ou coussinet, un dégorgeoir, une corne d'amorce, un boute-feu, des boulets.

A droite. Trois leviers de manœuvre, une masse, un gargoussier, un balai, des bouchons, un chapiteau couvre-lumière.

Observation. Les mouvemens qui devront avoir lieu de la part des canonniers & servans, pour l'exécution des commandemens ci-après, se feront avec célérité; ceux qui exigeront un déplacement se feront au pas accéléré.

Commandemens.

Canonniers & servans à vos postes; marche. Les deux premiers servans marchent droit, chacun devant soi; les seconds & troisièmes servans & les canonniers se mettent en file derrière eux, à un pas de distance l'un de l'autre, se portent à droite & à gauche de la pièce, & s'arrêtent sans commandement lorsque les premiers servans sont arrivés à un pas du heurtoir.

Front. Les canonniers & servans font face à la pièce.

Approvisionnez la batterie. Le canonnier de droite ôte le chapiteau de dessus la lumière, & le pose contre l'épaulement; le canonnier de gauche se munit de la corne d'amorce, du dégorgeoir & du doigtier; les servans rangent les leviers sur la plate-forme, le gros bout tourné vers la crosse. Les autres attirails & armemens doivent être disposés comme il suit :

L'écouvillon & le refouloir sur les chevalets.

Les boulets & les bouchons près de l'épaulement.

Les masses appuyées contre l'épaulement à l'extrémité du heurtoir.

Le balai contre l'épaulement.

Le boute-feu placé dans un sabot à dix pas en arrière.

Le gargoussier en dehors & près de l'alignement pratiqué à vingt pas en arrière, & dans le prolongement de la file de droite.

Tout étant ainsi disposé, on fera les commandemens suivans :

Aux leviers. Les servans se baissent vivement, se saisissent chacun de leur levier; ceux de droite de la main gauche, ceux de gauche de la main droite, & se relèvent ensemble & sans bruit.

Embarrez. Tournant le dos à l'épaulement, les premiers servans embarrent sous le devant des roues; les seconds dans les rais, appuyant leurs leviers contre la jante; les troisièmes aux flasques, près de la crosse; les canonniers se portent au secours des seconds servans en dehors.

Hors de batterie. Les canonniers & servans agissent ensemble & font reculer la pièce autant qu'il est nécessaire pour pouvoir la charger; les troisièmes servans maintiennent la crosse au milieu de la plate-forme pour que la pièce, en sortant de l'embrasure, n'en dégrade point les joues.

Au bouton — à la masse. Les premiers servans calent les roues avec les masses, & reprennent la position qu'ils avoient avant le recul de la pièce, les seconds servans embarrent sous le premier renfort, les troisièmes restent embarrés aux flasques; le canonnier de gauche reprend son poste, celui de droite entre dans les flasques, & ayant la jambe gauche en avant, il dispose la pièce horizontalement pour qu'on puisse la charger; il indique, à cet effet, aux seconds & troisièmes servans les mouvemens qu'ils doivent exécuter, & leur fait un signal auquel ils reprennent, ainsi que lui, la position qu'ils avoient au commandement : *aux leviers.*

Posez vos leviers. Les servans se baissent vivement, posent leurs leviers sur la plate-forme, sans bruit, & se relèvent ensemble.

A l'écouvillon, bouchez la lumière — à la poudre. Le canonnier de gauche bouche la lumière de la main droite, observant de s'éloigner le plus possible de la direction de l'embrasure; le premier servant de gauche prend l'écouvillon, le porte dans l'embrasure, l'introduit & l'enfonce dans la pièce, à l'aide du premier servant de droite; le troisième servant de droite se porte à l'extrémité de la plate-forme, & au signal fait par le servant de la pièce gauche de la batterie, qui, comme lui, doit aller chercher la poudre, il se porte au gargoussier, le saisit de la main droite & fait face à l'épaulement.

Ecouvillonnez. Les premiers servans tournent l'écouvillon cinq à six fois au fond de l'ame de la pièce, le retirent & le posent dans l'embrasure; le troisième servant de droite se porte à la batterie, remet la gargousse au premier servant de droite & de suite un bouchon, retourne à son poste & place le gargoussier derrière lui.

L'écouvillon à sa place — au refouloir. Le premier servant de gauche remet l'écouvillon à sa place, prend le refouloir & le porte dans l'embrasure.

La poudre — dans le canon. Le premier servant de droite place la gargousse dans le canon & le bouchon par-dessus, saisit le refouloir pour aider le premier servant de gauche à enfoncer la charge.

Refoulez. Les premiers servans refoulent quatre coups bien égaux, retirent le refouloir & le posent dans l'embrasure; les seconds se saisissent, celui de gauche d'un boulet & celui de droite d'un bouchon.

Le boulet — dans le canon. Les premiers servans reçoivent le boulet & le bouchon, qu'ils placent dans la pièce & qu'ils enfoncent avec le refouloir.

Refoulez. Les premiers servans refoulent deux coups bien égaux, retirent le refouloir, le posent dans l'embrasure; les seconds servans rentrent à leurs postes.

Le refouloir — à sa place. Le canonnier de gauche reprend son poste; le premier servant de gauche reporte le refouloir sur les chevalets; le premier de droite se saisit du balai, balaye la plate-forme, & tous deux reprennent leurs postes.

Aux — leviers. Les servans exécutent ce commandement comme ci-dessus; les deux premiers décalent en même temps les roues, & remettent les masses à leurs places.

Embarrez. Faisant face à l'épaulement, les premiers servans embarrent dans les rais, appuyant leurs leviers contre la jante; les seconds servans derrière les roues; les troisièmes aux flasques, le canonnier de droite se porte en arrière de la crosse vis-à-vis de l'embrasure.

En batterie. Les servans agissent ensemble pour mettre la pièce en batterie; le canonnier de droite veille à ce que la volée soit introduite au milieu de l'embrasure.

Pointez. Les premiers servans débarrent & rempiennent leur poste; les troisièmes servans tournent autour de leurs leviers, ces derniers restent embarrés à la crosse; les seconds embarrent sous le premier renfort, le canonnier de droite entre dans les flasques, pointe la pièce & fait un signal auquel les servans, ainsi que lui, reprennent leurs postes.

Posez — vos leviers. Comme il a été dit ci-dessus.

Dégorgez — amorcez. Le canonnier de gauche se porte à la culasse, dégorge de la main droite & amorce de la gauche. Après avoir rempli la lumière de poudre, il fait une traînée dans le canal de lumière, dont il écrase les grains, à l'extrémité, avec la corne d'amorce, & reprend son poste; le troisième servant de droite saisit le gargoussier de la main droite.

Au boute-feu — à la masse. Les premiers servans font face à l'épaulement, les canonniers & les autres servans font face en dehors & se mettent en file de chaque côté, à l'extrémité de la plate-forme, à un pas l'un de l'autre.

Marche. Les canonniers, les seconds & troisièmes servans sortent de la batterie; le second servant de gauche s'arrête au boute-feu, le saisit de la main droite & l'appuie à la saignée du bras gauche; les autres continuent de marcher. Lorsque les canonniers sont parvenus sur l'alignement, ils font à droite & à gauche pour marcher l'un vers l'autre & s'arrêtent sans commandement à la distance de deux pieds; les servans se placent de même que les canonniers, à mesure qu'ils arrivent sur l'alignement.

Front. Les canonniers, les seconds & troisièmes servans font face à l'épaulement; le troisième servant de droite porte le gargoussier à sa place, & rentre aussitôt dans sa file.

Boute-feu — marche. Le second servant de gauche se porte à droite ou à gauche de la pièce, selon le côté d'où vient le vent; à droite, il tourne le dos à l'épaulement, & à gauche il y fait face; le canonnier de droite se porte à droite ou à gauche de la batterie pour observer le coup.

Haut — le bras. Le second servant de gauche frappe de son boute-feu pour le bras gauche pour faire tomber la cendre, le porte bras tendu, & les ongles en dessus, à quatre pouces & à hauteur de l'extrémité de la traînée de poudre; les premiers servans se saisissent des masses.

Feu. Le second servant de gauche touche de son boute-feu l'extrémité de la traînée de poudre, & le retire promptement dès que le feu prend, le reporte aussitôt à sa place, & rentre dans sa file; les premiers servans calent les roues & restent à leurs postes, en faisant face à l'épaulement.

La salve finie, on fait un roulement qui sert de signal aux canonniers-pointeurs de rentrer sur l'alignement; dès qu'ils sont revenus, on fait le commandement:

Canonniers & servans à vos postes — marche. Les seconds servans marchent droit chacun devant soi; les troisièmes servans & les canonniers se mettent en file derrière eux; en arrivant à la batterie, chaque file s'arrête sans commandement & fait face à la pièce & celui de *front.*

Après l'exercice, on fera les commandemens ordinaires pour rentrer en batterie, prendre les leviers & embarrer pour remettre les pièces en batterie, après quoi on fera les commandemens suivans:

1°. *La pièce hors d'eau;* 2°. *placez le chapiteau, dressez les leviers;* 3°. *par le flanc gauche & par le flanc droit — à gauche & à droite;* 4°. *marche;* 5°. *halte;* 6°. *par le flanc gauche ou le flanc droit — à gauche* ou *à droite* (fuivant le côté où l'on doit partir pour ramener la troupe); 7°. *ferrez en maffe — marche*; 8°. *en avant — marche.*

Au premier commandement, les feconds fervans embarrent fous la culaffe; le canonnier-pointeur entre dans les flafques & met la pièce hors d'eau, c'eft-à-dire, qu'il élève la culaffe & baiffe la volée; il fait enfuite un fignal auquel tous les fervans reprennent leurs poftes.

Au fecond commandement, les fervans, chacun de fon côté, dreffent leurs leviers contre l'effieu en dedans des roues; le canonnier qui a ôté le chapiteau le replace fur la lumière, & tous reprennent leurs pofitions.

Au troifième, ils font à gauche & à droite.
Au quatrième, ils fortent de batterie.
Au cinquième, ils s'arrêtent.
Au fixième, ils font par le flanc indiqué.
Au feptième, ils ferrent en maffe.
Au huitième, ils prennent le pas accéléré pour reprendre les armes au faifceau, ou pour rentrer au quartier.

Pièce de place. Il faut, pour le fervice d'une pièce de canon montée fur un affût de place, cinq hommes; favoir :

Un canonnier, placé à gauche de la pièce; deux premiers fervans, un de chaque côté; deux feconds fervans, un de chaque côté.

Avant d'entrer en batterie, la place de fous-officier eft entre le canonnier & le fecond fervant de droite. (*Voyez* la manœuvre des pièces de fiége pour les armemens, les commandemens & l'exécution, excepté ce qui fuit.)

1°. Il ne faut que quatre leviers employés par les quatre fervans.
2°. Au lieu de maffes, ce font des coins d'arrêts.
3°. Le fecond fervant de droite ôte & replace le chapiteau, & va chercher la poudre, aux commandemens convenables.
4°. Le canonnier bouche la lumière, dégorge & pointe la pièce.
5°. Pour pointer, les premiers fervans embarrent fous le premier renfort, & les feconds à la queue de l'auget du châffis.

Pièce de côte. Il faut, pour le fervice d'une pièce de canon montée fur fon affût de côte, cinq hommes; favoir :

Un canonnier; deux premiers fervans; deux feconds fervans.

En arrivant à la batterie, les canonniers & fervans fe placent à droite & à gauche de la pièce, les premiers fervans à deux pas de l'épaulement, les feconds à un pas des premiers, le canonnier à un pas du fecond fervant de gauche, faifant face à la pièce.

Les armemens & attirails néceffaires font :

A gauche. Un levier de manœuvre; un coin de recul; un écouvillon; un refouloir; un doigtier ou couffinet; un dégorgeoir; une corne d'amorce; un boute-feu; des boulets; un levier-directeur placé au derrière du grand châffis.

A droite. Un levier de manœuvre; un coin de recul; un gargouffier; un balai; des bouchons; un chapiteau couvre-lumière.

Les leviers de manœuvre font appuyés debout contre l'épaulement.

Les coins de recul fur le devant du grand châffis.

L'écouvillon & le refouloir fur les chevalets.
Les boulets & les bouchons près de l'épaulement.
Le boute-feu dans un fabot, placé à gauche à hauteur du derrière du grand châffis & à un pas en arrière de l'alignement du fecond fervant de gauche.

Le gargouffier derrière le fecond fervant de droite.

Le chapiteau qui couvre la lumière eft ôté par le fecond fervant de droite & placé contre l'épaulement.

Le canonnier fe munit de la corne d'amorce, du dégorgeoir & du doigtier.

Tout étant ainfi difpofé & les hommes placés, on commandera :

Aux leviers. Les premiers fervans fe faififfent chacun d'un levier.

Embarrez. Les premiers fervans embarrent, chacun de fon côté, dans la mortaife du grand treuil la plus élevée du côté de la culaffe; les feconds fervans fe portent à leur fecours.

Hors — de batterie. Les quatre fervans abattent enfemble jufqu'à ce que le petit bout des leviers fe trouve à un pied de terre; les fervans de gauche maintiennent la pièce, tandis que le premier de droite débarre en bas pour embarrer en haut, & auffitôt celui de gauche en fait autant de fon côté; les quatre fervans abattent leurs leviers & répètent le même mouvement jufqu'à ce que la pièce foit affez reculée; alors les premiers fervans fe faififfent des coins de recul & les placent fous le devant du grand treuil pour le caler, les feconds fervans appuyant fur leurs leviers pour contenir la pièce; les premiers fervans débarrent enfuite, & chacun reprend fon pofte.

Au bouton — à la maffe. Les premiers fervans paffent leurs leviers aux feconds, qui, en tournant le dos à l'épaulement, embarrent fous le premier renfort; le canonnier monte fur le derrière du grand châffis, difpofe la pièce horizontalement pour qu'on puiffe la charger, les feconds fervans foulevant la culaffe pour faciliter le mouvement de la vis de pointage; le canonnier fait enfuite un fignal des deux mains, auquel les feconds fervans débarrent, remettent les leviers aux premiers fervans, & chacun reprend fon pofte.

Pofez vos leviers. Les premiers fervans pofent les leviers contre l'épaulement.

A l'écouvillon; bouchez la lumière — à la poudre. Le canonnier monte fur le derrière du grand

grand châssis, bouche la lumière de la main droite; le premier servant de gauche va chercher l'écouvillon, l'apporte sur l'épaulement, & a l'aide du premier servant de droite, il l'introduit dans la pièce; le second servant de droite, tenant le gargoussier de la main droite, se porte à l'extrémité de la plate-forme, & au signal du servant de la pièce de gauche, qui doit aller, comme lui, chercher la poudre, il va au magasin prendre la gargousse.

Écouvillonnez. Les premiers servans tournent plusieurs fois l'écouvillon dans la pièce, le retirent & le posent sur l'épaulement; le second servant de droite se porte à la batterie, remet la charge au premier servant de droite, & reste placé derrière lui; le second servant de gauche se porte à l'épaulement.

L'écouvillon à sa place — au refouloir. Le second servant de gauche reçoit l'écouvillon des mains du premier, le reporte à sa place, reprend le refouloir & le donne au premier servant, qui le pose sur l'épaulement; le second de droite se saisit d'un bouchon.

La poudre — dans le canon. Le premier servant de droite met la poudre dans le canon, & un bouchon par-dessus, qu'il reçoit du second servant, saisit le refouloir pour aider le premier servant de gauche à enfoncer la charge.

Refoulez. Les premiers servans refoulent quatre coups bien égaux, retirent le refouloir & le posent sur l'épaulement; le second servant de gauche se saisit d'un boulet, le second de droite d'un bouchon.

Le boulet — dans le canon. Les premiers servans reçoivent le boulet & le bouchon, les placent & les enfoncent dans la pièce.

Refoulez. Les premiers servans refoulent deux coups bien égaux, retirent le refouloir & le posent sur l'épaulement; les seconds servans reprennent leurs postes, celui de droite après avoir remis le gargoussier à sa place.

Refouloir — à sa place. Le canonnier descend de dessus le châssis; le premier servant de gauche reporte le refouloir sur les chevalets; le premier servant de droite prend le balai, balaye la plate-forme, remet le balai à sa place, & chacun reprend son poste.

Aux leviers. Comme ci-dessus, les premiers servans ôtent en même temps les coins qui calent le grand treuil.

Embarrez. Les premiers servans embarrent dans la mortaise du grand treuil, la plus basse du côté de la culasse.

En batterie. Les premiers servans font effort avec leurs leviers pour donner le mouvement à la pièce; dès que leurs leviers se trouvent verticaux, ils débarrent, embarrent de nouveau, & continuent ce mouvement jusqu'à ce que la pièce soit en batterie; alors ils reprennent leurs postes, en conservant leurs leviers.

ARTILLERIE.

Pointez. Le premier servant de droite, tournant le dos à l'épaulement, embarre sous le premier renfort; celui de gauche pose son levier contre l'épaulement, se saisit du boute-feu & le place à droite ou à gauche, selon le côté d'où vient le vent; les seconds servans se portent au levier-directeur; le canonnier monte sur le derrière du grand châssis, dégorge de la main droite, amorce de la gauche, & pointe la pièce. Aussitôt qu'elle est pointée, il descend promptement de dessus le châssis & commande *feu;* le premier servant de droite débarre, remet son levier à sa place, se saisit du coin de recul, & se met à portée de caler le grand treuil; le premier servant de gauche met le feu à la pièce, remet son boute-feu dans le sabot, & chacun reprend son poste.

Après l'exercice, on fera mettre la pièce hors d'eau, placer le chapiteau sur la lumière, ranger les armemens & sortir le détachement de la batterie, comme il a été dit à l'article de l'EXERCICE D'UNE PIÈCE DE SIÉGE.

Obusier de siége. Il faut pour le service d'un obusier de 8 pouces, cinq hommes; savoir:

Un bombardier à gauche de l'obusier; deux premiers servans, un de chaque côté; deux seconds servans, un de chaque côté.

En arrivant à la batterie, le bombardier & les servans se placent sur l'alignement pratiqué en arrière des boute-feux dans l'ordre ci-après: le bombardier vis-à-vis le flasque de gauche; à sa gauche, le second & le premier servant de gauche; à sa droite, à un grand pas de distance, le second & le premier servant de droite, tous faisant face à la batterie.

L'intervalle que laissent entr'eux le bombardier & le second servant de droite, est occupé par le sous-officier, lorsqu'il y en a un employé au service de l'obusier.

Les armemens & attirails nécessaires sont :

A gauche. Deux leviers de manœuvre; un écouvillon avec refouloir; un doigtier ou coussinet; un dégorgeoir; un sac à étoupilles; un quart de cercle; un boute-feu; des obus placés en arrière, à vingt-cinq à trente pas de l'épaulement.

A droite. Deux leviers de manœuvre; un panier contenant une curette, un sac à terre, une spatule, des éclisses & une paire de manchettes; un gargoussier; un balai; un chapiteau; un tampon.

Commandemens.

Bombardier & servans à vos postes — marche. Les premiers servans marchent droit chacun devant soi; les seconds se mettent en file derrière eux, à un pas de distance; le bombardier suit la file de gauche & à un pas du second servant; tous, au pas accéléré, se portent à droite & à gauche de l'obusier & s'arrêtent, sans commandement, lorsque les premiers servans sont arrivés à deux pas de l'épaulement.

Q

Front. Le bombardier & les servans font face à l'obusier.

Approvisionnez la batterie. Le premier servant de droite ôte le tampon ; le second, du même côté, ôte le chapiteau, qu'ils posent contre l'épaulement ; les quatre servans disposent les leviers sur la plate-forme ; ceux des premiers servans en dedans, la pince des leviers tournée vers la crosse ; le premier servant de droite se munit de manchettes, & le bombardier du sac à étoupilles, du dégorgeoir & du doigtier.

Les autres attirails sont placés comme il suit :
L'écouvillon sur les chevalets.
Le panier derrière le premier servant de droite.
Le quart de cercle contre l'épaulement à portée du premier servant de gauche.
Le balai contre l'épaulement.
Le boute-feu dans le sabot, à dix pas en arrière.
Le gargoussier à vingt pas en arrière.

Tout étant ainsi disposé, on commandera :

Aux — leviers. Les quatre servans se baissent vivement, se saisissent chacun de leur levier & se relèvent ensemble.

Embarrez. Tournant le dos à l'épaulement, les premiers servans embarrent dans les rais, appuyant leurs leviers contre la jante ; les seconds embarrent aux flasques, près de la crosse ; le bombardier se porte vis-à-vis le milieu de l'embrasure.

Hors de batterie. Les servans agissent ensemble & reculent l'obusier autant qu'il est nécessaire pour pouvoir le charger aisément ; le bombardier veille à ce que les seconds servans maintiennent l'obusier au milieu de la plate-forme.

Au bouton — à la masse. Les premiers servans, ainsi que les seconds de gauche, reprennent la position qu'ils avoient avant le recul de l'obusier ; le second servant de droite embarre sous le bouton & soulève la culasse ; le bombardier entre dans les flasques & dispose l'obusier à être chargé, fait ensuite un signal au deuxième servant de droite, qui débarre, & tous deux reprennent leurs postes.

Posez vos leviers. Les quatre servans se baissent vivement, posent leurs leviers sur la plate-forme, sans bruit, & se relèvent ensemble.

Nettoyez — l'obusier. Le bombardier se porte à la culasse, & bouche la lumière de la main droite ; le premier servant de gauche prend l'écouvillon & le pose dans l'embrasure ; le premier servant de droite prend la cuiette & le sac à terre, nettoie l'obusier & les remet dans le panier après qu'il s'en est servi, prend l'écouvillon, l'introduit dans la chambre, le retire après avoir écouvillonné, le recharge en refouloir & le pose dans l'embrasure.

A la poudre — à l'obus. Les seconds servans se portent à l'extrémité de la plate-forme ; de suite, & marchant alignés entre eux, ils vont chercher, celui de droite la poudre, celui de gauche l'obus, & viennent se placer vingt pas en arrière dans le prolongement de leurs files respectives.

La poudre — dans l'obusier. Les seconds ser-

vans se portent à la batterie, remettent la poudre & l'obus aux premiers servans & rentrent à leurs postes, celui de droite, après avoir posé le gargoussier derrière lui ; le premier de droite place la charge, la refoule légèrement, & remet le refouloir au second servant de gauche, qui le replace sur les chevalets.

L'obus — dans l'obusier. Le premier servant de gauche donne l'obus au premier de droite & reprend son poste ; celui-ci introduit l'obus dans l'obusier, ayant attention que la fusée se trouve en dehors & dans la direction de l'axe de l'obusier ; il l'assujettit dans cette position au moyen de quatre éclisses qu'il reçoit, avec la spatule, du second servant ; il repasse la spatule, après s'en être servi, au second servant, qui la remet dans le panier ; tous deux, ainsi que le bombardier, reprennent leur poste. le premier de droite après avoir balayé la plate-forme.

Aux — leviers. Comme ci-dessus.

Embarrez. Faisant face à l'épaulement, les premiers servans embarrent dans les rais, les seconds aux flasques ; le bombardier se porte en arrière de la crosse, vis-à-vis le milieu de l'embrasure.

En batterie. Les quatre servans agissent ensemble pour mettre l'obusier en batterie ; le bombardier veille à ce que la volée de l'obusier soit conduite vis-à-vis le milieu de l'embrasure.

Donnez les degrés — pointez. Le premier servant de gauche débarre & pose son levier sur la plate-forme ; les trois autres servans tournent autour de leurs leviers ; le premier de droite embarre sous le bouton de culasse ; le bombardier entre dans les flasques & dirige l'obusier ; il lui donne ensuite les degrés d'inclinaison avec la vis de pointage, & à l'aide du premier servant de gauche qui, muni du quart de cercle, le place à cet effet entre les deux anses, le premier servant de droite soulevant la culasse pour faciliter le mouvement de la vis de pointage. L'obusier pointé, le bombardier fait un signal des deux mains, auquel le premier servant de gauche reporte le quart de cercle à sa place ; les trois autres servans débarrent, & chacun reprend son poste.

Posez — vos leviers. Comme ci-dessus. Le bombardier faisit son dégorgeoir de la main droite & une étoupille de la gauche.

Dégorgez — amorcez. Le bombardier se porte à la culasse, dégorge, place l'étoupille & se retire à son poste ; le second servant de droite prend le gargoussier de la main droite.

Au — boute-feu. Le bombardier & les servans, tournant le dos à l'épaulement, se portent à l'extrémité de la plate-forme, en file & à un pas de distance les uns des autres.

Marche. Le bombardier & les servans sortent ensemble de la batterie ; le premier servant de gauche s'arrête au boute-feu, le saisit de la main droite, & appuie à la saignée du bras gauche ;

les autres continuent de marcher. Lorfque le bombardier & le fecond fervant de droite font arrivés fur l'alignement pratiqué à vingt pas en arrière, ils font à droite & à gauche pour marcher à la rencontre l'un de l'autre; ils s'arrêtent fans commandement, lorfqu'ils font parvenus à la diftance indiquée ci-deffus.

Front. Le bombardier & les fervans font face à l'épaulement; le fecond fervant de droite remet le gargouffier à fa place.

Boute-feu — marche. Le premier fervant de gauche fe porte, felon le côté d'où vient le vent, à la droite ou à la gauche de l'obufier; à droite il tourne le dos à l'épaulement, à gauche il y fait face. Le bombardier fe porte à la droite ou à la gauche de la batterie pour obferver fon coup.

Haut — le bras. Le premier fervant de gauche frappe du boute-feu fur le bras gauche & le porte, le bras tendu & les ongles en deffus, à quatre doigts au-deffus de la mèche de l'étoupille.

Feu. Le premier fervant de gauche touche de fon boute-feu la mèche de l'étoupille & le retire promptement dès que le feu prend, le reporte auffitôt à fa place & rentre dans fa file.

Après l'exercice, on fe conformera, pour ranger les leviers, placer le tampon & le chapiteau, & pour fortir de la batterie, à ce qui eft prefcrit à ce fujet à la fin de la manœuvre de la pièce de fiége.

Mortiers de 12 & de 10 pouces. Il faut, pour le fervice d'un mortier de 12 ou de 10 pouces, cinq hommes; favoir :

Un bombardier; deux premiers fervans; deux feconds fervans.

En arrivant à la batterie, le bombardier & les fervans fe placent fur l'alignement pratiqué en arrière des boute-feux, dans l'ordre fuivant : le bombardier vis-à-vis du mortier; les feconds fervans à fa droite & à fa gauche; les premiers fervans à côté des feconds, tous faifant face à l'épaulement.

Les armemens & attirails néceffaires font : quatre leviers de manœuvre, un écouvillon avec refouloir, un fac à étoupilles, un dégorgeoir, une paire de manchettes, deux coins de mire, un quart de cercle, un double crochet de fer, un balai, deux fiches, un boute-feu, une curette, un fac à terre, un fil à plomb, une fpatule, un maillet, un chaffe-fufée, des échiffes, des bombes placées en arrière de la batterie, au-delà de l'alignement des boute-feux.

Le bombardier & les fervans placés & difpofés comme il eft dit ci-deffus, on fera le commandement :

Bombardier & fervans à vos poftes — marche. Les premiers fervans marchent droit chacun devant foi; les feconds fe mettent en file derrière eux, & le bombardier derrière le fecond fervant de gauche, tous à un peu de diftance l'un de l'autre, fe portent à la batterie par le pas de manœuvre, fe placent à droite & à gauche du mortier, & s'arrêtent fans commandement :

Les premiers fervans à la hauteur du boulon de la tête d'affût;

Les feconds à la hauteur du boulon de la queue;

Le bombardier à un pas du fecond fervant de gauche.

Front. Le bombardier & les fervans font face au mortier.

Approvifionnez la batterie — ôtez le tampon. Le fecond fervant de droite ôte le tampon & le pofe contre l'épaulement; les fervans rangent les leviers fur la plate-forme, le gros bout tourné vers l'épaulement, ceux deftinés pour les feconds fervans en dedans; le bombardier va chercher le panier au magafin, vient le placer derrière le fecond fervant de droite & diftribue enfuite les armemens dans l'ordre fuivant :

L'écouvillon fur les chevalets.

Le double crochet derrière le premier fervant de gauche.

Le quart de cercle à gauche & près de l'épaulement.

Le bombardier fe munit de manchettes, du fac à étoupilles qu'il place en ceinture, & du dégorgeoir.

Les autres attirails reftent dans le panier.

On procède enfuite à l'alignement des fiches. A cet effet, le bombardier défigne un des fervans pour monter fur l'épaulement & placer les fiches; le bombardier étant en arrière de l'affût, détermine la ligne de tir avec le fil à plomb.

Si le mortier eft hors d'eau, c'eft-à-dire, s'il eft renverfé en arrière, le bombardier & les fervans le placeront fur le couffinet de devant, en fe conformant pour cette manœuvre à ce qui fera prefcrit ci-après au commandement, *le mortier hors d'eau.*

Cette difpofition faite, on exécutera la manœuvre ainfi qu'il fuit.

Obfervation. Les mouvemens qui, pendant l'exercice, exigent un déplacement de la part du bombardier & des fervans, feront exécutés avec célérité & au pas de manœuvre.

Aux — leviers. Les quatre fervans fe baiffent vivement, fe faififfent chacun d'un levier; ceux de droite de la main droite, & ceux de gauche de la main gauche, & fe relèvent enfemble.

Embarrez. Le bombardier fe porte derrière la queue de l'affût & y fait face; les premiers fervans embarrent au boulon de la tête, les feconds au boulon de la queue de l'affût.

En batterie. Les quatre fervans agiffent enfemble, le bombardier dirige leur mouvement pour faire arriver l'affût au milieu de la plate-forme. Le mortier en batterie, il fait un fignal des deux mains, auquel les fervans débarrent & reprennent leurs poftes ainfi qu'il fuit :

Pofez vos leviers. Le premier fervant de gauche & les deux feconds fervans pofent leurs leniers fur la plate-forme, fans bruit, & fe relèvent enfemble.

Nettoyez le mortier. Le bombardier fe porte devant la bouche du mortier en paffant derrière le fecond fervant de gauche, & fe fend de la partie gauche en avant; le premier fervant de gauche prend l'écouvillon, le fecond fervant de droite la curette & le fac à terre, les paffent au bombardier à mefure qu'il en a befoin pour le nettoiement du mortier, & les remettent à leurs places lorfqu'il s'en eft fervi. Le mortier nettoyé, les deux fervans reprennent leur pofte, le bombardier fe porte à la gauche du mortier, à la hauteur des tourillons, & lui fait face.

Dreffez le mortier. Le premier fervant de droite place fon levier en travers fous la volée du mortier; le premier fervant de gauche fe porte à ce même levier ainfi que les feconds fervans; ces derniers en dehors, tous tournant le dos à l'épaulement; le bombardier écarte la jambe droite en arrière du bouton de la queue d'affût, faifit le haut du mortier de la main gauche & l'anfe de la main droite, les ongles en deffous; ils dreffent le mortier perpendiculairement fur fon affût. Le mortier dreffé, le premier fervant de droite cale le devant, & le bombardier le derrière; les fervans abandonnent le levier au premier fervant de droite; le bombardier fe relève fur la partie droite, faifant face à l'épaulement, & fait un fignal auquel les fervans ainfi que lui reprennent leurs poftes, le premier fervant de droite fans quitter fon levier.

A la poudre — à la bombe. Le bombardier fait à droite & fe porte à hauteur de la dernière lambourde; le premier fervant de droite faifit fon levier vers le milieu & le porte horizontalement le petit bout en avant; le premier fervant de gauche faifit le crochet de fer de la même main, & tous deux fe portant fur l'alignement du bombardier, tournent, ainfi que lui, le dos à l'épaulement, & s'alignent avec ceux des autres mortiers, au fignal fait par le fervant de gauche de la batterie; tous les pourvoyeurs fortent enfemble de batterie, ayant la tête à droite pour marcher alignés; les premiers fervans s'arrêtent à la bombe, celui de gauche la faifit avec le crochet, celui de droite tourne autour de la bombe, vient fe placer en avant, tenant fon levier par le petit bout; celui de gauche accroche la bombe fur le milieu du levier & le faifit par le gros bout; ils viennent enfuite fe placer fur l'alignement pratiqué en arrière des boutefeux, vis-à-vis la gauche du mortier, le bombardier va au magafin, prend la gargouffe, & vient fe placer un pas en avant du premier fervant de droite.

La poudre — dans le mortier. Les pourvoyeurs fe portent à la batterie, ayant la tête à droite pour marcher alignés avec ceux des autres mortiers; le bombardier monte fur le derrière de l'affût, verfe la poudre dans la chambre du mortier, & place le papier par-deffus; le fecond fervant de gauche prend le refouloir, le donne au bombardier, le remet fur les chevalets lorfqu'il s'en eft fervi; les premiers fervans fe portent devant le mortier en paffant derrière le fecond fervant de gauche, & pofent la bombe fur le couffinet.

La bombe — dans le mortier. Les premiers fervans foulèvent la bombe à l'aide des feconds, qui fe portent à leur fecours & fe placent de manière à leur faire face; la bombe levée, le bombardier faifit le crochet de la main droite & l'anfe de la main gauche, introduit doucement la bombe dans le mortier, détache le crochet & le paffe au premier fervant de gauche, qui le remet à fa place fans abandonner le levier; le bombardier arrange la bombe dans le mortier, de manière que les anfes fe trouvent dans le plan vertical paffant par l'axe des tourillons & l'œil fuivant l'axe du mortier; le fecond fervant de droite fournit au bombardier quatre écliffes & la fpatule, qu'il remet dans le panier après que ce dernier s'en eft fervi. Le mortier complétement chargé, le bombardier fait un fignal auquel les feconds fervans tournent autour du levier & le faififfent aux extrémités, & lui defcend à la gauche du mortier à hauteur du tourillon & lui fait face.

Baiffez — le mortier. Les quatre fervans préfentent leur levier en travers devant la volée du mortier; le premier fervant de droite décale le devant du mortier & pofe le coin de mire fur le couffinet; le bombardier fe fend de la jambe droite en arrière du boulon de la queue d'affût, faifit le haut du mortier de la main gauche, décale le derrière de la main droite & faifit l'anfe de la même main, les ongles en deffous; il pouffe alors avec force de la main gauche, & retient enfuite pour foulager les fervans & faire arriver très-doucement le mortier fur le couffinet. Le mortier baiffé, les fervans abandonnent le levier au premier fervant de droite; le bombardier fe relève fur la partie gauche, faifant face à l'épaulement; les quatre fervans reprennent leur pofte, le premier de droite, fans quitter fon levier, au fignal que fait le bombardier, qui fe porte en même temps près du quart de cercle.

Aux — leviers. Le premier fervant de gauche & les deux feconds fervans fe baiffent vivement, fe faififfent chacun d'un levier & fe relèvent enfemble; le bombardier fe faifit du quart de cercle de la main droite & fe porte un pas en avant de la bouche du mortier.

Donnez les degrés — pointez. Les quatre fervans tournant le dos à l'épaulement, embarrent, les premiers fous le ventre du mortier, les feconds aux entailles de la queue d'affût; le bombardier fe fend de la jambe gauche en avant, applique le quart de cercle fur la bouche du mortier, le tenant de la main droite par la branche traverfière, donne au mortier les degrés d'inclinaifon à l'aide des premiers fervans qui foulèvent & baiffent le mortier felon le befoin. Les degrés donnés, le bombardier fait un fignal, auquel les premiers fervans débarrent pour embarrer aux entailles de la tête d'affût; le bombardier ayant attention de maintenir le quart de cercle, porte le pied gauche à hauteur du tourillon de gauche, enjambe l'affût de la partie droite & dirige le mortier dans cette situation. Le mortier pointé, le bombardier se relève sur la partie gauche, faisant face à l'épaulement & tenant son quart de cercle de la main droite, fait un signal auquel les servans débarrent & reprennent leur poste; il reporte le quart de cercle à sa place & reprend son poste en passant entre les servans de gauche & le mortier.

Posez vos leviers. Les quatre servans se baissent vivement, posent leurs leviers sur la plate-forme, sans bruit, & se relèvent ensemble; le bombardier se munit de son dégorgeoir.

Dégorgez — amorcez. Le bombardier fait un pas du pied droit, qu'il porte vis-à-vis du boulon de la queue, & se fend du gauche en avant, inclinant le corps sur cette partie, dégorge de la main droite, place l'étoupille de la gauche, se relève sur la partie droite & reprend son poste. Le second servant de droite prend le sac à terre & couvre la lumière; le premier servant, du même côté, balaie la plate-forme, & tous deux reprennent leurs postes.

Au — boute-feu. Le bombardier & les servans tournant à l'épaulement, se portent à l'extrémité de la plate-forme, en file de chaque côté, & à un pas de distance l'un de l'autre.

Marche. Le bombardier & les servans sortent ensemble de la batterie, ayant la tête à droite pour marcher alignés; le premier servant de gauche s'arrête au boute-feu, le saisit de la main droite & l'appuie sur la saignée du bras gauche; les autres continuent de marcher; parvenus sur l'alignement, ils font à droite & à gauche, marchent l'un vers l'autre; le bombardier & le second servant de droite s'arrêtent lorsqu'ils sont à la distance d'un pas, les autres s'arrêtent de même sur l'alignement, & à un pas les uns des autres.

Front. Le bombardier & les servans font face à la batterie; le bombardier se porte ensuite à droite ou à gauche, selon le côté d'où vient le vent, pour observer la chute de la bombe.

Boute-feu — marche. Le premier servant de gauche se porte à droite ou à gauche du mortier, selon le côté d'où vient le vent, & s'arrête à la hauteur du boulon de la queue de l'affût; à droite, il tourne le dos à l'épaulement; à gauche il y fait face, découvre la lumière & remet, sans se déplacer, le sac à terre dans le panier.

Haut — le bras. Le premier servant de droite frappe de son boute-feu sur le bras gauche, se fend de la jambe gauche en arrière, tend cette partie & plie la droite, présente son boute-feu à quatre doigts de la mèche de l'étoupille, le bras droit alongé dans toute sa longueur, les ongles en dessus & le poignet bas.

Feu. Le premier servant de gauche touche de son boute-feu la mèche de l'étoupille, attend, pour se relever, que le feu y prenne & que le coup soit parti, se relève ensuite sur la partie droite, reporte le boute-feu à sa place & rentre dans sa file.

La salve finie, on fait un roulement qui sert d'avertissement au bombardier pour rentrer dans sa file.

Le bombardier & les servans parfaitement alignés, on commandera:

Bombardier & servans à vos postes — marche — front. Ces deux commandemens s'exécuteront comme il a été détaillé ci-devant.

L'exercice fini, on fera les commandemens: *aux leviers, embarrez, en batterie,* qui seront exécutés de même qu'il a été dit ci-dessus.

Le mortier hors d'eau. Le premier servant de gauche & les seconds servans posent leurs leviers sur la plate-forme; le premier servant de droite place le sien en travers sous la volée du mortier; le premier de gauche & les seconds servans le portent à son secours, ces derniers placés à l'extrémité du levier, tous quatre tournant le dos à l'épaulement; le bombardier saisit le haut du mortier de la main gauche & l'anse de la droite, les ongles en dessous; tous font effort pour dresser le mortier perpendiculairement sur son affût. Le mortier dressé, le premier servant de droite passe son levier de l'autre côté de la volée; le premier servant de gauche & les seconds servans se portent à son secours, placés comme ci-dessus, & faisant face à l'épaulement; le bombardier fait effort pour baisser le mortier en arrière; les servans soutiennent & le laissent descendre jusqu'à ce que l'anse soit appuyée sur l'entretoise de la queue de l'affût; aussitôt le bombardier & les servans reprennent leurs postes.

Rangez les leviers — placez le tampon. Les servans placent les leviers sur les boulons de manœuvre; le second de droite place le tampon; le premier du même côté balaie la plate-forme; le bombardier remet tous les attirails & armemens dans le panier, qu'il reporte au magasin; en même temps on fait le commandement:

A gauche, à droite. Les quatre servans se portent à l'extrémité de la plate-forme, en file de chaque côté; les premiers à un pas des seconds, tous faisant face en dehors.

Marche. Les quatre servans vident la batterie, ayant attention de marcher alignés.

Halte. Les servans s'arrêtent; le bombardier, revenu du magasin, se place à la tête de la file de gauche.

On commandera ensuite par le flanc gauche ou par le flanc droit, selon le côté par lequel on doit sortir de la batterie. Après l'exécution de ce commandement, on fera serrer en masse & on sortira de la batterie en ordre & au pas accéléré.

Mortier de 8 pouc. Il faut, pour le service d'un mortier de 8 pouces, trois hommes, dont un sousla dénomination de *bombardier*, & les deux autres fous celle de *fervant*.

Les armemens & uftenfiles, les commandemens & l'exécution de la manœuvre, comme au mortier de 12 pouces, excepté ce qui fuit:

1°. Deux fervans, par conféquent deux leviers feulement.

2°. Ces deux fervans fourniffent au bombardier les objets néceffaires, chacun en ce qui le concerne.

3°. On dreffe & on baiffe le mortier en le faififfant au collet fans levier.

4°. Le fervant de droite va chercher la bombe.

5°. Pour pointer le mortier, ce même fervant embarre à l'entaille de la queue de l'affût; celui de gauche embarre fous le ventre du mortier pour donner les degrés, & à l'entaille de la tête de l'affût pour donner la direction.

Pierrier. Les hommes néceffaires pour le fervice d'un pierrier, ainfi que les armemens & attirails pour le mouvoir & le charger, font les mêmes que pour le mortier de 10 & 12 pouces, à l'exception du crochet de fer, de la fpatule, du maillet, du chaffe-fufée, des bombes & des échelles: on fubftitue à ces derniers objets des plateaux de bois pour mettre fur la poudre, & des paniers remplis de pierres.

Les commandemens de l'exercice du mortier ferviront pour celui du pierrier, en y faifant feulement les changemens que la différence dans la manière de charger ces deux armes rendra indifpenfables. (*Voyez* l'article CHARGER UN PIERRIER.)

EXPÉRIENCES D'ARTILLERIE. Epreuve que l'on fait fubir à une pièce de canon, par exemple, pour connoître fa portée, la juftelle de fon tir, &c.

Dans les épreuves comparées des bouches à feu, il faut reconnoître leur état dans l'ame, celui de la lumière, leur calibre, leur longueur, leur inclinaifon, l'état des projectiles fous le rapport des formes & de la pefanteur, l'état des plates-formes, la facilité du recul des pièces, la hauteur du terrain du champ d'épreuve, &c.

Dans les épreuves comparatives des poudres, il faut avoir égard à l'état de l'atmofphère, en faifant ufage du thermomètre, du baromètre & de l'hygromètre; examiner la dureté & la forme des grains, leur pefanteur fpécifique, leur ficcité, &c.; obferver fi la chaleur du tir n'a pas dégradé le mortier ni dilaté le globe.

Pour diminuer, autant que poffible, les chances de hafard dans les expériences qu'on peut être dans le cas de faire fur les armes à feu portatives, il convient:

1°. De faire fabriquer toutes les armes deftinées aux expériences dans une même manufacture, à moins qu'on ne veuille comparer entr'eux les produits de ces établiffemens.

2°. Il faut s'affurer de l'exactitude des dimenfions des armes mifes en expérience; vérifier le calibre, s'affurer de l'exactitude du percement de la lumière, par rapport au bouton de culaffe & à la fraifure du baffinet, &c.

3°. Faire forger les platines & les pièces de rechange par le même ouvrier, & les faire finir par le même limeur.

4°. N'employer que des matières de première qualité & provenant des mêmes lieux. L'acier pour faces de batterie doit furtout être d'un grain fin, bien égal & de fufion.

5°. Tremper enfemble, & dans le même paquet, les platines & les pièces de rechange de cette partie de l'arme, & n'employer que de la fuie dure à cette opération.

6°. La poudre doit être prife dans le même baril, bien mélangée avant d'en faire ufage; pefée exactement & non mefurée. Il faut mettre chaque charge dans un barillet. La poudre d'amorce ne doit pas être comprife avec celle de la charge; & il convient, pour plus d'exactitude, de n'employer que de la poudre fine aux expériences des armes à feu portatives.

7°. Il faut introduire la poudre dans le canon de ces armes au moyen d'un entonnoir en ferblanc, ayant un tuyau auffi long que le canon, pour que la poudre foit toute réunie au fond de l'ame.

8°. Les balles doivent être coulées dans le même moule; & il faut en ôter à la lime le jet & les coutures: le plomb, pour toutes, doit être de la même pefanteur fpécifique.

9°. Les bourres doivent être en papier dit *jofeph* & de mêmes dimenfions, dont une fur la poudre & une fur la balle.

10°. Afin que toutes les charges foient également bourrées, il faut laiffer tomber fur elles, deux fois de fuite, une baguette en fer, pefante & faite exprès, en l'élevant à une hauteur déterminée, celle que le foldat d'élève pour bourrer fon fufil.

11°. Les pierres doivent être toutes choifies, tant pour la qualité que pour les dimenfions. Il feroit d'ailleurs bon qu'elles fuffent toutes brunes ou toutes blondes. Il convient de les changer après trente coups tirés, ou trente amorces brûlées, fans en rafraîchir la mèche.

12°. Il faut laver chaque canon après avoir tiré trente coups.

13°. Il faut également nettoyer à fond chaque platine & mettre de l'huile fraîche aux articulations des pièces, après avoir brûlé trois cents amorces.

14°. On doit conftater, au moyen d'un tableau, combien il y aura d'amorces enflammées, de ratés, de pierres brifées, &c.

15°. Il feroit bon de brifer, après les épreuves,

toutes les faces de batteries & tous les ressorts, afin de reconnoître si l'acier dont ils sont faits n'a pas été détérioré à la forge.

16°. Lorsqu'on veut faire des expériences sur le percement de la lumière du canon, à différentes distances de l'arrière du tonnerre, & que l'on veut conserver les mêmes armes, il faut faire usage d'un bassinet postiche, & mettre des grains aux lumières précédemment percées. On peut mettre le feu à la poudre d'amorce au moyen d'une étoupille, principalement lorsqu'on a pour objet de déterminer la force du recul.

F

FACE DE BATTERIE. C'est, dans la platine, la partie de la batterie contre laquelle le chien, en s'abattant, fait frapper la pierre, & d'où jaillissent les étincelles qui mettent le feu à la poudre d'amorce.

FAIRE L'ÉCOLE. C'est tirer au blanc les diverses bouches à feu d'un polygone. Les habitans sont prévenus de ce tir par un coup d'avertissement tiré à pleine charge avec une pièce de 24, une demi-heure avant l'école. Un second coup se tire au moment où la troupe arrive au polygone.

FALARIQUE. Trait plus ou moins gros, mais ayant ordinairement 0 mèt. 9745 (5 pieds) de longueur, portant après le fer, dans une cavité elliptique, des matières incendiaires qu'on allumoit en lançant le trait. On la projettoit avec l'arc ou la catapulte, suivant sa grosseur. Les Anciens en faisoient usage pour incendier des vaisseaux ennemis ou des édifices.

FANON ou FANION. On nomme ainsi le guidon fixé sur la lance, au moyen de deux vis à boucles, dans le modèle de 1816, & de deux vis à tête percée dans l'ancien modèle.

FASCINE. C'est un fagot cylindrique de 1 mèt. 949 (6 pieds) de longueur, sur 0 mèt. 216 (8 pouces) de diamètre, & lié avec quatre harts. Il se construit avec des branchages dépouillés de feuilles, & sert dans l'artillerie pour faire des saucissons.

FASCINES goudronnées. Artifice de guerre. Elles se font avec des brins de bois sec : on leur donne 0 mèt. 108 à 0 mèt. 135 (4 à 5 pouces de diamètre), 0 mèt. 38 à 0 mèt. 43 (14 à 16 pouces) de longueur; on les lie dans le milieu; on les fait bouillir dans le goudron comme les tourteaux, & on les jette dans l'eau pour les refroidir : elles servent principalement à éclairer les travaux d'une place assiégée. (*Voyez*, pour la composition du goudron, le mot TOURTEAU.)

FAUCHARD ou FAUCHON. Arme d'hast, garnie à son extrémité d'une lance recourbée & tranchante des deux côtés. On en voit de simples & de composées au Musée de l'artillerie. On appeloit aussi *fauchon* un sabre recourbé vers le tranchant, en forme de faucille.

FAUCONNEAU. Nom qu'on donnoit autrefois aux canons d'une livre à une livre & demie de balles.

FAUCRE. Arrêt de lance. (*Voyez* le mot ARRÊT.)

FAUSSE ÉQUERRE. Instrument en forme d'équerre, dont les deux branches se meuvent autour d'un point pour prendre la mesure des angles qui ne sont pas droits.

FAUSSER UNE LAME DE SABRE. Cette lame se fausse en lui faisant décrire sa courbe d'épreuve, ou en la fouettant sur le billot, si elle n'est pas trempée convenablement, ou si elle n'a pas été forgée avec de bonnes matières. (*Voyez* l'article LAMES DE SABRES.)

FAUX. La faux pour la guerre étoit une arme d'hast, dont la lame étoit semblable à celle des faux ordinaires : celle dont on se servoit pour la défense des places avoit une lame droite : on la nommoit *faux à revers*. Les peuples de l'Asie & de l'Afrique armoient quelquefois de faux des chariots que l'on poussoit dans les rangs ennemis.

FAUX-CUL ou CULOT. Masse de matière qui se tasse sous les pilons des moulins à poudre, qui adhère fortement au fond du mortier, & arrête le mélange des autres matières : il peut même s'échauffer & causer des accidens ; on y remédie par les rechanges : les pilons pyriformes rendent cet inconvénient plus rare; lorsque cette masse est considérable, on l'appelle *gâteau*.

FAUX-FOURREAU. C'est en quelque sorte un second fourreau en cuir qu'on adaptoit sur le premier, au sabre de cavalerie, pour le garantir des coups d'éperon. Cette précaution est maintenant inutile, tous les fourreaux de sabre pour cette arme étant en tôle d'acier.

FAUX-TRANCHANT. Partie d'une lame de sabre. (*Voyez* Biseau.)

FER. Le fer pur est d'une couleur blanche, tirant sur le gris, attirable à l'aimant, donnant du feu au choc des quartz & des silex. Il est très-dur, très-élastique, très-difficile à fondre, & susceptible d'un beau poli. Il s'étire en fils très-fins, s'écroûtit à froid sous le marteau, & prend toutes les formes à l'aide de la chaleur. C'est le métal le plus utile & le plus répandu sur ce globe, dont toutes les substances en sont colorées.

La nature ne présente que rarement le fer à l'état de pureté, & l'on rencontre rarement du fer natif.

Les métaux ont la faculté de se combiner avec l'oxigène, lorsque leurs molécules sont séparées par quelque moyen que ce soit, ou rendues moins adhérentes les unes aux autres par la chaleur. Alors ils perdent l'éclat & la plupart des autres propriétés métalliques. Ils augmentent de poids, ils ont une forme terreuse, ce sont des oxides.

Les oxides se trouvent dans le sein de la terre; ils n'y sont jamais purs; ils sont combinés avec d'autres oxides, ou avec des matières combustibles comme le soufre, ou avec des matières terreuses auxquelles ils sont adhérens; & lorsqu'ils y sont en assez grande quantité pour en être extraits, on les appelle *mines métalliques*. Ainsi la mine de fer est un oxide de fer ordinairement combiné avec des matières terreuses, telles que l'argile, le sable fin & la pierre calcaire, ou avec d'autres métaux, tels que l'arsenic, le manganèse, ou enfin avec des matières combustibles, telles que le soufre, le phosphore, &c.

Les mines de fer se trouvent dans les terrains primitifs ou dans les terrains d'alluvion.

Les premières donnent presque toujours du fer de bonne qualité; elles sont ou sans mélange de matières terreuses, comme la mine de l'île d'Elbe, de Danemora en Suède, &c., ou combinées avec des matières terreuses, comme la mine spathique, qui peut être ou blanche, ou grise, ou brune. Les unes & les autres peuvent être cristallisées. Elles composent ce qu'on appelle en général *mines en roches*.

Les mines que l'on trouve dans les terrains d'alluvion sont communément mêlées avec du phosphore, qui rend le fer cassant à froid.

Elles sont ou de formation ancienne, ou de formation nouvelle.

Dans le premier cas, on les trouve ou en masses ou en grains épais dans la terre, arrondis, quelquefois anguleux.

Dans le second cas, l'oxide libre, résultant de la décomposition des pyrites, & entraîné par les eaux pluviales, se dépose dans le fond des marais, comme dans la Dalécarlie, d'où on le retire par l'exploitation, & où il s'en rassemble ensuite d'autres. On sépare le fer des matières terreuses & de l'oxigène, avec lesquels il est combiné dans la mine, en faisant laver, bocarder, griller & fondre le minerai dans un haut-fourneau, où le feu est mis en activité par des soufflets, des pompes soufflantes, ou par des trompes qui chassent le vent dans le fourneau par un canal qu'on nomme *tuyère*. On charge le fourneau par le gueulard. Le minerai se fond en passant à travers les charbons. Les matières terreuses forment avec les fondans un verre grossier qu'on nomme *laitier*, & qui surnage. Le fer, comme étant plus pesant, tombe au fond du creuset, & on le fait couler dans un moule, comme il sera expliqué ci-après.

Le combustible employé pour fondre le minerai est du charbon de bois ou de la houille carbonisée. Les proportions des matières formant les charges du fourneau sont variables comme la nature des mines.

A mesure que les charges descendent en se fondant, on les remplace par de nouvelles; lorsque, par leur nombre & l'abondance du laitier qui s'écoule, on juge que le creuset est plein de fonte, on arrête les soufflets, on débouche le trou fermé avec de l'argile (ce trou est au fond du creuset), & on fait couler la fonte dans un canal creusé dans du sable sec. Cette opération s'appelle *coulée*.

Le charbon incandescent a la faculté de se combiner avec l'oxigène; il s'y attache même avec plus de force, & il l'enlève à presque toutes les autres substances. Ainsi, dans le haut-fourneau, le charbon enlève à l'oxide de fer une portion de son oxigène; mais il n'y reste pas assez long-temps en contact pour l'enlever en entier. Le fer reprend son éclat métallique; l'oxigène qu'il retient encore le rend fusible & cassant : c'est la matière du fer coulé ou la fonte. Sa cassure est blanche & brillante.

Le canal dans lequel on la coule est pratiqué près du fourneau, & il a la forme d'un prisme triangulaire. La fonte sous cette forme s'appelle *gueuse*.

Le charbon incandescent s'allie aussi avec le fer, & lorsque, dans la charge du fourneau, on en met plus qu'il n'en faut pour échauffer & fondre la mine, une partie se combine avec le fer. Alors la fonte refroidie est plus ou moins grise, selon qu'elle contient plus ou moins de carbone. La fonte grise, contenant moins d'oxigène, est moins cassante; c'est cette substance qu'on emploie à la fabrication des canons en fer, des affûts à mortiers, &c.

La fonte qu'on emploie pour les fers destinés à la fabrication des armes portatives, participe des

des propriétés de la fonte blanche & de la fonte grise; on la nomme *fonte mêlée*. Elle contient moins de carbone que la fonte grise.

Pour affiner le fer, c'est-à-dire, pour lui donner toute la ductilité dont il est susceptible, il faut enlever à la fonte tout l'oxigène qu'elle retient. Pour cela, on la fait refondre à la forge, au milieu de charbons allumés; elle perd sa fusibilité, elle devient susceptible de s'alonger sous le marteau, & de prendre la forme de barres: c'est alors le fer forgé. (*Voyez* les articles HAUT-FOURNEAU & MÉTHODE CATALANNE.)

On fait usage, dans la construction des voitures & attirails d'artillerie, de fers forgés, qui sont plats ou carrés; de fers platinés, qui sont carrés, ronds ou plats; de fers laminés, qui sont plats, & de fers fendus en verges. Ces diverses espèces de fers sont classées par numéros, suivant leurs dimensions & l'usage auquel elles sont destinées. Les fers employés à la fabrication des armes portatives sont connus sous les dénominations de *fer carillon*, *fer fenton*, *fer côte-de-vache*.

Les mines de fer étant très-variées dans la nature, & les procédés que l'on suit pour en extraire le métal, différant presque partout, le fer forgé qui résulte de leur fonte présente lui-même tant de variétés, qu'on ne peut établir aucune règle certaine pour distinguer la qualité à l'œil. En effet, un fer qui a toutes les apparences de la meilleure qualité, ne peut donner quelquefois que de mauvais ouvrage, malgré tous les soins que l'ouvrier peut y apporter.

Les différentes espèces de substances étrangères que peut contenir le fer forgé, & dont on ne peut dépouiller entièrement la fonte par les opérations qu'on lui fait subir dans les forges, le rendent cassant à froid ou à chaud, suivant la nature de ces substances; il est cassant à froid s'il contient du phosphore, à chaud s'il contient de l'arsenic; & s'il réunit à la fois ces deux vices, il est cassant à chaud & à froid. Le fer cassant à froid est facile à traiter à chaud; il se soude aisément: cassé sous un mince échantillon, sa couleur est d'un blanc argentin, & il ne présente que des facettes, & peu ou point de nerf. Le fer cassant à chaud est caractérisé par l'impossibilité de souder; mais à froid il est flexible & capable de résistance. Les *criques* qui sont ordinairement aux arêtes des barres de fer, sont le seul indice extérieur auquel on puisse le reconnoître, & cet indice n'est pas sûr, car un fer mal affiné présente les mêmes effets.

Indépendamment de ces vices principaux, le fer forgé est encore de mauvaise qualité, si son tissu est formé de gros grains ou de grains mêlés, c'est-à-dire, de gros & de petits grains; s'il est brillant à sa cassure, noirâtre, sulfureux. Le fer à gros grains ou à grains mêlés est très-ductile, & il est facilement porté à l'état pâteux; mais la quantité d'oxigène qu'il a retenue de la fonte, le rend aigre & fragile, en sorte qu'il est sujet à se

ARTILLERIE.

criquer à chaud & à se casser à froid. Le fer noirâtre est moins doux & moins flexible que l'autre; sa couleur provient du carbone dont il n'a pas été suffisamment privé à l'affinage; enfin, le fer sulfureux soude mal, parce que l'acide qui s'en dégage par la chaleur en fait oxider les surfaces.

Aucune des qualités de fer dont on vient de parler ne doit être employée dans les travaux de l'artillerie; mais il est surtout de la plus haute importance que celui pour les canons des armes portatives soit de la meilleure espèce.

Pour s'assurer de la qualité du fer, on en prend une barre que l'on fait plier en deux par le milieu, & dont on fait souder les deux parties l'une sur l'autre pour les équarrir en barreau de dimension un peu moindre que celle de la barre ainsi préparée. Lorsque le barreau est froid, on le fait casser en lui donnant un coup de tranche, & on le rompt en le pliant plusieurs fois en sens contraire. Le fer sera bon, si, n'étant cassant ni à froid ni à chaud, sa cassure présente intérieurement une couleur plombée & un grain fibreux, qu'on appelle le *nerf* du fer. Il importe encore qu'il soit bien soudant & qu'il supporte le taraudage. On observera qu'il ne faut pas juger de la bonté du fer par son nerf seul. Pour s'en convaincre, il suffit d'en faire aplatir sous une épaisseur de 0 mèt. 013 (6 lig.), par exemple, une barre d'une épaisseur environ triple, dont le grain aura été reconnu gros & brillant: après l'avoir laissé refroidir, si on le casse, on trouvera un fer nerveux; mais la cassure sera blanche comme celle de la fonte, & en le retravaillant ou le refoulant sur lui-même, il reprendra nécessairement son premier grain. Il est bon, pour le succès de l'opération, de battre le fer avec la panne du marteau, mouillée lors de la dernière chaude.

On peut encore éprouver le fer forgé en le trempant à la volée, parce qu'il n'y a que celui de première qualité que cette opération ne détériore pas plus ou moins sensiblement. Le fer de médiocre qualité s'aigrit; le fer aciéreux prend tellement cette trempe, que la lime n'a plus d'action sur lui. Le fer à gros grains prend une épidémie d'un grain beaucoup moins gros; enfin, les différentes espèces de mauvais fers changent d'aspect à la cassure par la trempe à la volée. La trempe en paquet fait également connoître la qualité du fer; mais comme elle en convertit les surfaces en acier, ce procédé ne permet pas de faire usage de la lime: au reste il est bon d'éprouver le fer destiné pour les platines par cette dernière méthode, parce qu'elle a lieu pour les pièces en fer de cette partie de l'arme.

Les fers de bandage n'ont pas besoin de montrer du nerf; le grain fin & blanc annonce de la dureté, & c'est une qualité à rechercher pour cette espèce de fer. On l'éprouve en y perçant des trous.

Les fers ébauchés ayant tous de fortes dimen-

R

fions, se fabriquent ordinairement dans les forges. On fournit des modèles pour chaque espèce, qui est ensuite mise à ses justes dimensions & finie dans les arsenaux de l'artillerie.

FER affiné. C'est le métal aussi pur que les moyens employés dans les forges peuvent le permettre. Cette qualité est particulièrement exigée dans les fers destinés à la fabrication des armes portatives.

FER-BLANC pour cartouches à balles & bandelettes, servant à ensaboter les boulets. On sait que le fer-blanc est de la tôle laminée dont les surfaces sont recouvertes d'étain, & que pour être de bonne qualité, il doit être uni & pliant. Pour le faire, on décape la tôle en la plongeant à froid dans de l'acide sulfurique étendu d'eau, & en la récurant avec du grès; on la lave ensuite avec de l'eau, on l'essuie & on la plonge dans un bain d'étain couvert de suif fondu; quand elle a pris ce qu'elle peut prendre d'étain, on la retire, on la laisse refroidir, & l'opération est terminée.

Les feuilles de fer-blanc doivent avoir des dimensions relatives aux calibres pour lesquels elles sont destinées, ainsi que celles pour former les bandelettes à ensaboter les boulets. (*Voyez*, pour ces dimensions, les prix & les poids des feuilles de ferblanc, le *Traité d'artifice de guerre* par M. Bigot, chef de bataillon d'artillerie.)

FERS de cartelage, ou fers fendus, fers en barre. C'est le nom qu'on donne aux fers employés dans les manufactures d'armes pour les fusils, mousquetons, &c., & qui sont divisés en trois espèces: fer carillon, fer fenton, fer côte-de-vache. Le fer en barres sert ordinairement pour les lames à canons, les culasses & les douilles de baïonnettes: les autres fers s'emploient pour forger les pièces de la platine & celles de la garniture.

FER de lance. Ce mot est synonyme de lame de la lance.

FERMOIR. C'est un ciseau dont le fer va en s'élargissant & en s'amincissant pour former un tranchant. Il est terminé en biseau de deux côtés de ce tranchant. Cet outil sert aux ouvriers d'artillerie pour des ouvrages en bois.

FERRURES. On entend par ce mot toutes les pièces en fer qui entrent dans la composition des voitures & machines de l'artillerie. Une ferrure est dite *brute* en sortant d'être forgée; *grattée*, lorsqu'on en a enlevé cette espèce de croûte noire qu'elle a en sortant du feu; *limée*, lorsqu'on lui a donné une sorte de poli avec la lime. (*Voyez* page 149 de l'Aide-mémoire, pour l'usage, l'emplacement & les dimensions des principales ferrures.)

FEUILLE DE PLOMB. Pour fixer la pierre à feu entre les mâchoires du chien, & empêcher qu'elle ne se brise par leur pression, on l'enveloppe d'une feuille de plomb, qui, étant en place, excède un peu les bords desdites mâchoires, afin d'enchatonner les pierres & de les mieux maintenir. Ces feuilles sont en plomb laminé, & on se sert d'emporte-pièce pour les mieux découper: un maillet en bois & une pièce de bois debout suffisent pour cet objet. Le contre-coup fait sortir la pièce découpée, & pour faciliter cette sortie, on graisse de temps en temps les emporte-pièces. Dans les fusils de chasse on fait usage de cuir pour retenir la pierre entre les mâchoires du chien.

FEUILLE de sauge dans les armes à feu portatives. Ressort qui a la forme d'une feuille de sauge à l'une de ses extrémités, & qui sert à maintenir la baguette du fusil dans son canal, lorsque l'arme est renversée. Les baguettes des pistolets de guerre étant un peu forcées dans leur logement, on ne met pas de ressort pour les assujettir.

FEUILLE de sauge dans les forges. Lame de fer d'environ 0 mèt. 033 (15 lignes) de largeur, un peu relevée par un bout, servant au moulage en sable des projectiles. (*Voyez* le mot CHAMPIGNON.)

FEUX. Coups que l'on tire avec des armes à feu, soit canons, soit mortiers, fusils, pistolets, &c. Faire feu sur l'ennemi, c'est donc tirer sur lui avec ces armes.

Les feux de l'infanterie consistent dans des décharges successives du fusil & ceux de la cavalerie dans le tir du mousqueton & du pistolet. On nomme les feux de l'infanterie, *feux de deux rangs, de trois rangs, à volonté, de pelotons, de divisions, de bataillons*, &c. (*Voyez* le *Dictionnaire d'Art militaire de l'Encyclopédie méthodique*.)

Les feux de l'artillerie sont *directs* ou *fichans, rasans* ou *plongeans, droits* ou *courbes*, &c. On appelle *feux directs* ceux dont la direction est perpendiculaire au front de la batterie; *feux fichans*, ceux qui vont de plein, font frapper un front de troupes, de fortification, &c.; *feux rasans*, ceux dont le projectile, dans sa trajectoire, parcourt une ligne parallèle au terrain qu'il doit défendre, & peu élevée au-dessus de ce terrain; *feux plongeans*, ceux dont les batteries sont plus élevées que les objets sur lesquels elles tirent; *feux droits*, ceux tirés par des pièces de canon, à charge entière; *feux courbes*, ceux dont les projectiles sont creux & tirés par des mortiers, pierriers, obusiers: on nomme aussi ces derniers feux, *feux verticaux*. (*Voyez* l'article TIR DES ARMES A FEU.)

FEUX chinois. On nomme ainsi une composition d'artifice qui vient de la Chine, & dans laquelle on emploie de la fonte de fer pulvérisée & tamisée. Les cartouches en feux chinois s'emploient ordinairement pour garnir le pourtour d'une décorations, ou pour former des pyramides, des cascades, &c. (*Voyez* l'*Art de l'Artificier de l'Encyclopédie méthodique.*)

Feux d'artifices. On désigne sous ce nom des collections de différentes sortes d'artifices combinés de manière à produire de grands & beaux effets, imités soit des objets d'arts, soit de la nature, tels que des façades de palais, des cascades, des éruptions de volcans, &c. De tous les spectacles qui ont été inventés pour servir aux réjouissances publiques, il n'en est pas de plus beaux que les feux d'artifices, à cause de la propriété qu'ils ont de s'élever à de très-grandes hauteurs, & de s'offrir avec éclat à la vue des populations entières. On faisoit des feux d'artifices long-temps avant l'invention de la poudre. (*Voyez* l'article Artifices de guerre et de réjouissance; *voyez* aussi aux mots Fusées, pour les feux d'air employés à la guerre.)

Feux du Bengale ou Flammes du Bengale. Artifices de réjouissance remarquables par la blancheur & l'éclat de leur lumière. Ils se composent de salpêtre, de soufre & d'antimoine.

Feux grégeois. Artifice dont on se servoit anciennement à la guerre & qui brûloit dans l'eau. On prétend que les Grecs s'en sont servis les premiers. Les compositions incendiaires des Anciens & celles du moyen âge étoient probablement moins puissantes que celles de nos jours, & tout porte à croire que l'on a exagéré les propriétés du feu grégeois. On pense qu'il entroit dans sa composition du soufre, du bitume, de la naphte, du camphre & du pétrole.

FICELLE. Petite corde employée dans divers travaux de l'artillerie, & particulièrement dans les artifices de guerre.

FICHES. Baguettes minces en fer : on en plante deux sur l'épaulement d'une batterie, dans la direction de l'objet qu'on veut atteindre; elles servent à pointer le mortier au moyen d'un fil-à-plomb.

FIL de laiton. Il est étiré à la filière, & sert dans l'artillerie pour fixer la chape & le bout des fourreaux de sabre d'infanterie & d'artillerie, ainsi que le bout en cuivre du fourreau de baïonnette. Il est préférable au fil de fer, parce qu'il s'oxide moins que celui-ci, & qu'il y a plus d'uniformité en ce que les garnitures sont en cuivre : étant d'ailleurs plus flexible que le fil de fer, il se rabat plus facilement contre les parois intérieures du fourreau. Son diamètre doit être d'environ 0 mèt. 001 (6 points).

Fil des lames de sabre, tranchant de ces lames. Les sabres sortent des manufactures sans que les lames aient été affilées; cette opération se fait ensuite dans les régimens d'une manière qui dégrade assez ordinairement l'arme. Les fantassins dégradoient leur fusil pour obtenir la résonnance; on la donne maintenant dans les manufactures royales en évitant les dégradations. Il sembleroit, par un principe analogue, que les sabres devroient être distribués aux soldats dans un état où il n'y auroit rien à y faire, du moins pour quelques années. On pourroit donc donner le fil à ces lames dans les manufactures. Cette opération auroit lieu lorsque les sabres seroient montés & reçus, & l'on poliroit ensuite le tranchant, afin d'empêcher les lames de se rouiller dans les magasins de l'artillerie. La dépense nécessitée par cette opération seroit bien peu considérable, en comparaison de l'économie qu'elle procureroit par une plus longue durée des armes. Enfin, si cette mesure présente des inconvéniens, il faudroit que les chefs de corps fissent eux-mêmes donner le fil aux sabres, lorsque les troupes sont dans le cas d'entrer en campagne.

FILAGORE. Nom que les artificiers donnoient autrefois à la ficelle avec laquelle ils étrangloient les cartouches des fusées.

FILETS de vis. C'est le cordon saillant & en spirale autour de la tige de la vis. Les filets de vis sont ordinairement carrés ou triangulaires.

FILIÈRE. Instrument percé de plusieurs trous de diamètres différens, par lesquels on fait successivement passer un fil de métal pour l'alonger & le réduire à une grosseur convenable.

Filière à coussinets. Les coussinets sont des pièces en acier trempé & recuit, glissant dans la partie plate de la filière qu'on ouvre à cet effet. Ils se serrent l'un contre l'autre à volonté, par le moyen d'une ou deux vis de pression. Chacun d'eux est entaillé suivant un segment, en sorte qu'on peut, par leur moyen, tarauder des vis de différens diamètres.

Filières. Outils servant à faire les filets des vis.

FLAMARD ou FLAMBARD. Epée dont la lame avoit la forme d'une flamme.

FLAMBEAUX. Sortes de torches, servant à éclairer des troupes pendant les marches de nuit : ils doivent brûler pendant la pluie. On les fait avec dix ou douze brins d'étoupes filées & liées avec une ficelle, qu'on laisse tremper pendant deux minutes dans une composition de 6 parties de poix noire, 6 de poix blanche & de 1 térébenthine; on les laisse ensuite égoutter au-dessus de la chaudière, on les tord, on les façonne & on les laisse sécher. o mèt. 32 (1 pied) de ces flambeaux doit durer une heure dans un temps calme, & la moitié lorsqu'il fait du vent.

FLAMBER. C'est tirer à poudre & à petite charge une bouche à feu pour en enlever l'humidité, qui pourroit affoiblir son tir.

FLAMBERGE. Grosse & forte épée ancienne, en usage du temps de la chevalerie.

FLAMBOYANTE. Espèce de fusée dont le cartouche est couvert de matières inflammables. On n'en fait pas usage dans les artifices de guerre.

FLANÇOIS. Partie des bardes destinée à couvrir les flancs & la croupe du cheval jusqu'aux jarrets.

FLASQUES D'AFFUT. Ce sont les deux principales parties en bois d'un affût : elles sont semblables, & placées à côté l'une de l'autre, presque parallèlement. Sur leur dessus & dans leur épaisseur, est le logement des tourillons de la pièce qui est portée par elles. Le flasque, dans l'affût des pièces de siége & de campagne, est d'une seule pièce ; on la coupe dans un madrier, en sorte qu'il fasse une espèce de coude qu'on appelle *cintre de mire* : la partie qui porte par terre est arrondie & s'appelle *crosse* ; l'autre bout, qui est élevé & soutenu par l'essieu, s'appelle *tête*. Les flasques d'affût de canon de bataille n'ont pas la même épaisseur partout ; la partie la plus mince s'appelle *délardement de flasque*. Ce délardement sert à alléger l'affût & à placer le coffret, qui, par ce moyen, a plus de capacité.

Les quatre faces des flasques des affûts de siège & de campagne sont d'équerre l'une sur l'autre, avant qu'ils soient délardés. On fait un délardement extérieurement avant de les assembler, en ôtant 0 mèt. 009 (4 lig.) de bois en dessus, & finissant à rien en dessous.

Lorsque les affûts sont ferrés, on fait un second délardement de 0 mèt 002 (1 lig.) de chaque côté, pour que l'épaisseur du bois n'excède pas la largeur des ferrures ; de manière que les flasques étant ferrés, ils ont 0 mèt. 015 (6 lig.) de moins en dessus qu'en dessous.

Les flasques d'affût de place & de côte sont faits de deux ou trois pièces de bois réunies par des goujons & par des chevilles en fer. Les flasques d'affût de côte ont de plus une échantignolle dans leur partie inférieure.

Dans l'affût de place, les flasques sont entaillés de quatre degrés, pour servir d'appui aux leviers, quand on soulève la culasse. Dans le bout de derrière de chaque flasque est une entaille pour y loger deux leviers, dont les bouts se croisent de toute la largeur de l'affût, & perpendiculairement à sa longueur. On passe deux autres leviers sous ceux-ci dans la direction des flasques & contre leur côté extérieur ; leur bout prend son point d'appui sur les deux tenons de manœuvre destinés à cet usage. Ces quatre leviers servent, dans le besoin, à porter & à soulever le derrière de l'affût.

Dans l'affût de place, on délarde intérieurement le dessus des flasques en talus, jusqu'à l'alignement de l'entretoise de mire.

Dans l'affût de côte, on délarde de 0 mèt. 006 (3 lig.) le renflement du flasque, finissant à rien au bas de ce renflement ; on donne par-là 0 mèt. 013 (6 lig.) de jeu à la pièce. (*Voyez* le mot AFFUTS.)

FLÉAU. Arme ancienne, semblable au fléau pour battre le blé. La partie destinée à frapper étoit armée de pointes de fer.

FLÉAU des soufflets. Tringle de bois ou de fer, qui, en faisant bascule, imprime au châssis inférieur un mouvement de va-&-vient, dans les soufflets de forge ordinaires.

FLÈCHES. Traits qui se décochent avec un arc ou une arbalète. Elles prennent différens noms suivant leur forme & leurs dimensions. C'est ordinairement une baguette de bois ou de roseau, armée d'un fer aigu à un bout, & garnie de pennes à l'autre bout. (*Voyez* le mot TRAIT.)

FLÈCHE. Pièce en bois, qui, passant par le milieu des deux trains d'une voiture d'artillerie, sert à les unir. Le petit bout de la flèche est quelquefois percé de plusieurs trous d'esse, comme dans le chariot à canon, afin de rapprocher ou d'éloigner à volonté ces deux trains, suivant les fardeaux à transporter. Il y a une flèche dans le chariot à canon, dans le caisson à munition, le haquet à bateau & à nacelle, & dans le pont-roulant.

FLEURET. Espèce d'épée à lame carrée, terminée à son extrémité par un bouton garni de cuir, & dont on se sert pour apprendre à faire des armes. Ceux qu'on employoit précédemment venoient en grande partie de Solingen dans le duché de Berg. On les fabrique maintenant à St.-Etienne, département de la Loire.

FLOTTES A CROCHET. Plaque de fer circulaire servant de rondelle de bout d'essieu, se terminant en crochet à un point de leur circonférence. On suspend le seau à ce crochet lorsqu'on manœuvre à la prolonge.

FOND. C'est, aux fourneaux de fabre en tôle, la partie en fer forgé de la cuvette sur laquelle s'appuie la coquille.

FOND d'un bateau. Il est composé de trois

planches dont le dessous ne doit pas cintrer, pour bien poser sur le haquet à brancards.

FONDERIE. C'est le lieu où l'on moule, où l'on coule, où l'on fore, alèse, &c., les bouches à feu. Il y en a trois en France; elles sont à Strasbourg, à Douai & à Touloufe.

Une fonderie bien montée doit avoir : une halle aux fontes de trente-sept mètres de longueur, sur seize mètres de largeur, avec trois fourneaux; un grand d'environ vingt-cinq mille kilogrammes, un moyen de sept mille cinq cents kilogrammes, & un petit de quatre mille kilogrammes;

Deux magasins au bois de seize mètres de côté, derrière les fourneaux;

Une forerie de vingt-six mètres sur treize, pour deux tours & deux forets;

Une ciselerie & forges, de vingt-six mètres sur treize;

Un atelier de moulage, aussi de vingt-six mètres sur treize;

Un bureau, de treize mètres sur huit;

Un magasin aux outils, de treize mètres sur huit;

Un magasin à terre, de six mètres sur quatre;

Un magasin au charbon, de six mètres sur quatre;

Un logement du contrôleur.

Tous ces bâtimens peuvent être disposés d'une manière très-commode sur un terrain en carré-long, de soixante-sept mètres sur quarante-deux, en conservant au milieu une cour de seize mètres sur quatorze.

FONTE. Quand ce mot est seul & qu'on parle de bouches à feu, il est synonyme de *bronze* : on dit aussi *fonte verte*, pour désigner le bronze; *fonte noire*, pour désigner la fonte de fer.

FONTE du canon. C'est l'opération par laquelle on met en fusion le métal destiné à faire un canon. (*Voyez* l'article BOUCHES A FEU.)

FONTE de fer. C'est l'oxide de fer qui a cédé au charbon la plus grande partie de son oxigène, & qui en retient encore une partie qui la rend fusible & cassante.

On distingue deux espèces de fonte, la fonte blanche & la fonte grise.

La fonte blanche a une cassure lamelleuse d'un gris blanc; elle contient moins de carbone & est moins pesante, plus dure, plus cassante & plus fusible que la fonte grise.

La fonte grise est d'un gris tirant sur le noir. Il y en a de deux variétés : la fonte grise aigre, qui donne du mauvais fer; & la fonte grise douce, qui est la plus recherchée.

Indépendamment de ces deux espèces de fonte, on distingue encore la fonte noire, la fonte truitée & la fonte mêlée.

La fonte noire contient une trop grande dose de carbone, ce qui lui donne une couleur plus sombre que celle de la fonte grise, la rend douce, sans ténacité ni fluidité. On n'en fait pas usage dans les travaux de l'artillerie.

La fonte truitée est appelée ainsi, parce qu'elle est remplie de petites taches rousses & brunes.

La fonte mêlée est celle qui participe des propriétés de la fonte blanche & de la fonte grise. Ce n'est qu'une variété de cette dernière, ainsi que la fonte noire & la fonte truitée. (*Voy.* le mot FER.)

FONTES pour les pistolets. Etuis en cuir fort, placés de chaque côté de la selle, destinés à recevoir les pistolets dont les cavaliers sont armés.

FORAGE. Autrefois on couloit les canons à noyau, & on en ôtoit avec l'aléfoir le métal nécessaire pour les mettre à leur juste calibre. Vers le milieu du dernier siècle, on imagina de les couler plein & de les forer. (*Voyez* l'article BOUCHES A FEU.)

FORET. C'est, dans les manufactures d'armes, une pièce d'acier trempé de la forme d'une pyramide quadrangulaire tronquée, servant à forer les canons des armes portatives, coupant par ses quatre arêtes, soudée à une verge en fer aplatie à son extrémité, pour la loger dans la cavité pratiquée au centre d'une lanterne horizontale que fait tourner un rouet vertical dans lequel elle s'engrène; plusieurs rouets semblables sont portés par un seul arbre, à l'extrémité duquel une grande lanterne horizontale reçoit le mouvement d'un hérisson vertical porté par l'arbre de la roue motrice de tous ces engrenages, mise en rotation par l'eau : la force du courant détermine le nombre des forets que doit faire mouvoir la roue. L'épaisseur du plus foible foret est de o mèt. 011 (5 lig.) & du plus fort, o mèt. 0158 (7 lig. 5 points). L'eau qu'on jette sur le canon, en le forant, refroidit le foret & l'empêche de se détremper; il faut aussi le graisser de temps en temps avec de l'huile. Le foret doit être exactement fixé au centre de la lanterne, & son axe horizontal doit être celui du canon.

FORETS pour mettre les grains de lumière aux pièces d'artillerie. Ces outils sont de deux grandeurs; la plus forte sert pour les canons de 24 & de 16, & l'autre pour le 12 & le 8.

Le premier foret est à couteaux & à teton. Les couteaux du bout sont inclinés de o mèt. 004 (2 lig.), & placés en opposition de chaque côté du teton.

Le deuxième foret est à couteaux & à teton arrondi, fraisé par le bout. Ce bout, taillé en fraise d'un coup de tiers-point, sert à emporter le conique qu'a laissé le premier foret. Les couteaux du bout sont placés comme au premier foret.

Les pièces de 12 & de 8 ayant moins d'épaisseur de métal, on peut du premier foret passer au troisième.

Le troisième foret sert à ôter le conique & les bavures laissées par le second foret. Son bout est taillé d'un coup de tiers-point de dix-sept dents pour les pièces de 24 & de 16, & de quinze dents pour les pièces de 12 & de 8.

Le quatrième foret est à couteaux & à teton arrondi; le bout se termine en pointe émoussée; la position des couteaux est la même qu'aux autres forets.

Le cinquième foret est à dent de loup; la partie arrondie du bout est percée de deux trous, l'un pour recevoir la dent de loup, & l'autre pour la goupille qui tient ladite dent.

On forme sur l'une des extrémités de la longueur de la dent de loup, deux couteaux qui ont 0 mèt. 004 (2 lig.) de saillie; leur inclinaison est de 0 mèt. 004 (2 lig.). Le milieu est percé d'un trou de goupille qui répond à celui du foret.

Le sixième foret, qui est méplat, sert à arrondir le fond du trou qui doit être taraudé : le couteau est plat d'un côté & arrondi de l'autre : le côté plat est dans la direction de l'axe du foret. Le bout taillé en aile de mouche, est dégorgé d'un coup de demi-ronde sur la partie gauche, afin de donner de l'élévation à la partie droite pour former son couteau.

Le septième foret est en fraise; il sert à aléser le trou qui doit recevoir le teton de la lumière. La fraise est taillée à huit côtés en couteau. L'angle du renfort du côté de la fraise est arrondi de 0 mèt. 002 (1 ligne).

FOREUR. Ouvrier qui fore les canons de fusil. Ce sont les enfans qui sont employés à cette opération, sous la direction d'un maître foreur.

FORGE DE CAMPAGNE. C'est une voiture à quatre roues que l'on mène à l'armée. Elle a un soufflet, une caisse à charbon, un coffret d'outils de forgeur, un coffret d'outils de serrurier, un étau, une enclume, &c. Son avant-train est le même que celui du chariot à munitions. On a essayé pour cette forge un soufflet à double courant d'air, qu'on a abandonné, parce qu'il n'a point assez de puissance, & qu'il n'est pas propre à donner, au besoin, un coup de feu assez violent. On en essaie un autre qui paroît préférable & qui consiste en deux poches qui communiquent avec l'air extérieur, chacune, au moyen de deux soupapes pratiquées dans l'épaisseur des planches qui séparent ces poches. Il y a deux diaphragmes, l'un fixe & l'autre mobile, de sorte que ce dernier étant mis en mouvement, l'air est comprimé dans l'une des poches tandis qu'il s'introduit dans l'autre. Une troisième poche, placée en dessus, reçoit l'air des deux premières, & sert de réservoir pour fournir le vent à la tuyère; le fût supérieur de ce réservoir est mobile comme dans les soufflets ordinaires. Ce soufflet, inventé par M. Rabier, mécanicien, & pour lequel il a demandé un brevet d'invention, est supérieur au soufflet à double courant d'air sous le rapport de l'entretien, de la facilité du service & de l'effet produit.

Les pièces en bois qui composent la forge de campagne sont : deux brancards; trois entretoises; un lien d'entretoise de derrière; un épais; un lisoir; une caisse à charbon; un coffret d'outils de forgeur; un coffret d'outils de serrurier; un soufflet; un seau; deux roues de derrière.

Les principales ferrures sont : un essieu en fer; une écharpe de brancard; neuf boulons; deux équerres de brancard & d'entretoises avec quatre boulons; une chaîne à enrayer & ses deux boulons; une plaque d'appui de roues; une coiffe de lisoir & ses deux boulons; une cheville ouvrière avec sa double clavette; une calotte à deux oreilles, pour couvrir la tête de la cheville ouvrière; un crochet porte-seau; le contre-cœur; le renfort du contre-cœur; deux pattes à tige; une bande de support; l'âtre & ses trois plaques; six brides en équerre pour contenir le fond de l'âtre avec douze boulons; un garde-brasier; une plaque de tuyère de fer coulé & cinq boulons; une tuyère de fer coulé; un porte-tuyère; deux arcs-boutans de contre-cœur avec deux boulons; deux montans pour la branloire avec deux boulons; une traverse de montans; deux arcs-boutans de montans à patte avec deux boulons; deux supports de tourillons de soufflets avec deux équerres à pattes pour les soutenir & deux boulons; deux brides pour le dessus des supports; un piton pour le crochet qui sert à bander le soufflet; deux crochets pour la branloire; trois lamettes; un tiran de branloire; une tringle pour la manœuvre du soufflet; deux bandes d'essieu avec quatre boulons; deux rondelles ouvertes servant de heurtequins; quatre bandes pour la caisse à charbon; deux plaques carrées pour l'étrier du muffle.

FORGES stables. Elles sont, comme celles des serruriers, en maçonnerie & en briques; on les construit dans les parcs d'artillerie de siége.

FORGER. C'est donner à un métal une forme nécessaire par le moyen du feu & du marteau. On comprime le fer avec des marteaux ou des cylindres. Il est avantageux de ne pas forger les canons de fusil trop massifs, parce qu'il y a trop à faire pour les émoudre; & comme la partie extérieure du fer est celle qui a été le mieux purgée par le travail du canonnier, il ne faut pas forger trop loin de la lime. Il en résulteroit d'ailleurs une perte de temps, de fer & de combustible, ainsi qu'un user plus considérable de meule.

FORGEUR. Ouvrier qui forge le fer ou qui ébauche les pièces. Il y a deux forgeurs pour fabriquer un canon de fufil : le principal fe nomme *canonnier*, le fecond *frappeur*.

FORQUINE. Synonyme de fourchette. (*Voyez* le mot FOURCHETTE.)

FOSSE aux fontes. Foffe pratiquée devant le fourneau d'une fonderie, où l'on place les moules des bouches à feu qu'on doit couler. Leur fond doit être au-deffus de toute crûe d'eau. On dit qu'on enterre les moules, lorfqu'on les y defcend.

FOUDROYANTE. On appelle ainfi, dans les artifices de réjouiffance, une forte de fufée qui imite la foudre.

FOUET d'armes. Arme à manche court, terminé par les chaînettes ou par des cordes qui foutiennent des globes de fer garnis quelquefois de pointes. On le nommoit quelquefois *fcorpion*.

FOUILLES. Vides que laiffe la fufion de l'étain dans l'ame d'une bouche à feu. Ils font ordinairement vers le fond, en avant du logement des projectiles, & font produits par le tir, qui, échauffant la pièce, fait fondre l'étain furabondant, lorfque l'alliage n'eft pas homogène. Les fouilles s'agrandiffent à chaque coup, jufqu'à ce que le métal furabondant foit confommé.

FOURBIR. C'eft nettoyer, rendre polie & luifante une lame de fabre, d'épée, &c.

FOURBISSEUR. Fabricant d'épées, de fabres, de couteaux de chaffe, &c. (*Voyez* les anciens ftatuts des maîtres fourbiffeurs, à l'article ART DU FOURBISSEUR de l'*Encyclopédie méthodique*.)

FOURCHE A BOULET ROUGE. Outil fait en double crochet, fervant à retirer les boulets rouges des fours. Il faut toujours en avoir deux, pour fe fervir du deuxième quand le premier devient trop chaud.

FOURCHETTE. C'eft un bâton armé d'une fourche en fer, en forme d'un double crochet, fur lequel on appuyoit les arquebufes & les moufquets pour mieux ajufter. L'autre bout, qui étoit ferré, s'enfonçoit en terre. Ce bâton avoit ordinairement 1 mèt. 29 (4 pieds) de long.

FOURNEAU A MANCHE. C'eft un petit fourneau conftruit dans un cylindre de fonte ou dans une enveloppe formée par fix plaques de ce métal. L'intérieur, qui eft en cône tronqué ou cylindrique, eft revêtu en briques réfractaires ou en terre auffi réfractaire : il y a deux ouvertures dans la partie inférieure, l'une au-deffus du creufet pour placer la tuyère, & l'autre dans le fond du creufet pour couler. La fonte acquiert beaucoup de fluidité dans cette efpèce de fourneau. On s'en fert dans les fonderies de l'artillerie pour épurer les fcories. On donne alors à ce fourneau un *gueulard* en entonnoir de 0 mèt. 216 (8 pouc.) de longueur, dont le plus grand diamètre a 0 mèt. 32 (1 pied), & le plus petit 0 mèt. 216 (8 pouc.) ; il communique avec une partie cylindrique nommée *récipient*, de 0 mèt. 32 (1 pied) de diamètre, & 0 mèt. 81 (30 pouc.) de longueur, portant à fon fond un trou carré par où le métal tombe dans une cavité nommée *godet*.

Un fondeur a propofé de refondre au champ de bataille des caffuts ou des projectiles provenant de l'ennemi, & qui ne feroient pas des calibres français, au moyen d'un fourneau à manche modifié, & de charbon de bois. Il a été fait des effais defquels il réfulte, 1°. qu'on peut avec ce charbon, fondre des caffuts & des boulets de petit calibre, mais qu'on ne peut fondre des boulets des calibres de 16 & de 24 fans les brifer préalablement, ce qui a lieu en les faifant rougir & en les jetant dans l'eau ; ils fe caffent d'eux-mêmes ou fe fendillent de façon à être caffés enfuite fans effort ; 2°. qu'en employant du charbon de terre à l'état de coak, on peut fondre tous ces projectiles ; 3°. que ce fourneau eft très-facile à conftruire partout, & qu'il n'exige que de la tôle.

Comme ce fourneau à manche peut fervir dans quelques circonftances à la guerre, je crois devoir le décrire en détail.

Il eft compofé, 1°. d'une plaque de fond où l'on a pratiqué des rainures qui reçoivent les plaques du pourtour. Elle eft portée fur un maffif de maçonnerie de 0 mèt. 5414 (20 pouc.) environ de hauteur. Un dé en pierre ferviroit fort bien pour porter le fourneau.

2°. D'une enveloppe en tôle formée de huit feuilles ou plaques de 1 mèt. 2994 (4 pieds) de haut & 0 mèt. 0023 (1 lig.) environ d'épaiffeur, & d'une largeur telle que lorfqu'elles font affemblées, le diamètre intérieur foit de 0 mèt. 8121 (2 pieds 6 pouc.) (plus la forme approche d'être cylindrique, moins il faut de fable pour faire les parois intérieures du fourneau) : ces plaques font retenues par quatre ceintures en fer. La plaque de devant eft percée au bas d'un trou de 0 mèt. 1895 (7 pouces) de hauteur fur 0 mèt. 1624 (6 pouc.) de largeur, qui fert pour la coulée. La plaque oppofée eft auffi percée pour la tuyère d'un trou elliptique (on pratique ordinairement deux trous pour la tuyère, placés l'un au-deffous de l'autre, ayant le centre de leur orifice extérieur éloigné de 0 mèt. 1083 ou 0 mèt. 1354 (4 ou 5 pouc.) : on fait ufage du trou fupérieur quand on veut couler à la fois une plus grande quantité de fonte ; on bouche alors le trou inférieur ; dans le cas contraire, c'eft le trou fupérieur qui eft bouché), qui a 0 mèt. 1083 (4 pouc.) de largeur sur o mèt. 0812 (3 pouc.) de hauteur; il est à o mèt. 5007 (18 pouc. 6 lig.) de la plaque de fond.

3°. D'une rondelle ayant de diamètre intérieur o mèt. 4331 (1 pied 4 pouc.).

4°. De sable qui forme l'intérieur de l'ouvrage.

5°. D'un modèle destiné à donner la forme au vide intérieur. C'est un bloc de bois en cône tronqué de o mèt. 5414 (20 pouc.) environ de hauteur, & de o mèt. 3248 (12 pouc.) de diamètre à la base supérieure, & o mèt. 2707 (10 pouc.) à celle inférieure. Il est garni dans sa partie supérieure d'un anneau de fer, pour pouvoir le remonter, lorsqu'on moule l'intérieur du fourneau.

6°. D'une plaque pour recouvrir l'orifice supérieur.

Le fondeur donne le vent à ce fourneau par le moyen de deux soufflets de forge ordinaires.

Pour construire le fourneau, on commence par assembler les plaques de tôle qui en composent la chemise, à l'exception de la plaque supérieure. On met sur la plaque de fond, du sable jusqu'à o mèt. 1083 (4 pouc.) au-dessous du trou de la tuyère. On serre le sable autour du modèle, puis on remonte un peu ce dernier, & ainsi de suite jusqu'en haut: alors on retire le modèle & on place la plaque supérieure. On répare ensuite les inégalités du sable; on perce la coulée & la tuyère, dont le plan est incliné de o mèt. 0271 (1 pouc.) environ vers le vide intérieur. L'épaisseur de la couche de sable qui forme le fond doit être de o mèt. 1083 (4 pouc.) à la coulée, & de o mèt. 3248 (12 pouc.) à la tuyère; la pente du fond est donc de o mèt. 2165 (8 pouc.).

Le modèle a été placé au milieu du vide dans le fourneau du fondeur sus-mentionné; mais il paroîtroit préférable que la paroi du côté de la coulée fût un peu moins épaisse que celle du côté de la tuyère.

Le fourneau fait, on le chauffe d'abord avec du menu bois, & ensuite avec du charbon de bois pour le sécher entièrement. Il faut au plus quatre heures pour l'ouvrage intérieur, & autant pour le sécher.

Lorsqu'on veut mettre le fourneau à feu, on l'emplit de charbon de terre préparé & on ferme l'ouverture supérieure. Quand le charbon est allumé, on fait jouer les soufflets, & toute la flamme est obligée de passer par la coulée pour échauffer le fond. Au bout d'une heure, le fourneau est suffisamment échauffé: alors on ôte la plaque de fonte qui recouvre l'ouverture supérieure; on remplit de nouveau le fourneau de charbon, sur lequel on met une couche de caffuts, & on bouche la coulée avec du sable. A mesure que la charge descend, on ajoute de nouveau charbon & de nouveaux caffuts; de temps en temps le fondeur donne quelques coups de ringard par le haut du fourneau pour que la charge descende uniformément. Quand on a la quantité de fonte en fusion, on arrête les soufflets, on débouche la coulée, & la fonte tombe dans la cuiller ou poche que l'on a placée sous la coulée, & au moyen de laquelle on la porte sur les moules. La quantité de fonte que l'on coule à la fois est ordinairement de 150 à 200 kilogrammes. Elle peut aller à 300. Elle pourroit même aller à 400, en plaçant la tuyère dans le trou supérieur, & donnant 1 mèt. 6242 (5 pieds) de hauteur à la chemise.

Après la coulée, & avant de recharger le fourneau & de faire jouer les soufflets, le fondeur fait sortir avec un ringard les scories qui sont tombées dans le creuset, nettoie bien ce dernier, puis rebouche la coulée.

Il faut environ une heure pour fondre 100 kilogrammes de caffuts.

Un même ouvrage peut fondre au moins 1300 kilogrammes.

Le déchet de la fonte est d'environ cinq pour cent.

Il faut, en commençant, un hectolitre de charbon épuré pour cent kilogrammes de fonte, & un quart de moins quand le fourneau est chauffé.

On peut refondre des boulets avec du charbon de terre dans les fourneaux à manche; mais on n'y fond pas du minerai, & la fonte d'une seconde fusion blanchit & devient caffante.

FOURNEAU d'affinage. C'est un fourneau bas ou un simple creuset composé de quatre plaques en fer, dans lesquelles on traite & on affine les métaux. (*Voyez* l'article AFFINAGE DE LA GUEUSE.)

FOURNEAU de fonderie ou à réverbère. C'est celui dans lequel la flamme, en sortant du foyer, parcourt un canal plus ou moins long avant de s'élever & de sortir par la cheminée. La flamme, dans son mouvement, touche les substances qui sont dans le canal; elle touche également toute la surface du canal, l'échauffe, le rougit; & cette surface imprégnée de chaleur la réfléchit sur les matières que le fourneau renferme: c'est cette réflexion qui la fait nommer *fourneau à réverbère*.

On emploie les fourneaux à réverbère pour la fonte des canons de bronze. Ils sont établis sur des voûtes & contre des murs très-solides. On les construit en briques réfractaires. Dans l'hypothèse d'un fourneau pour vingt-cinq mille kilogrammes de matières, le sol circulaire, où s'opère le bain de métal, a 3 mèt. 24 (10 pieds) de diamètre; il est couvert d'une voûte surbaissée en anse de panier: elle a deux portes diamétralement opposées, servant à examiner l'état de la fonte & à l'épurer au besoin: aux extrémités d'un diamètre perpendiculaire à celui des deux portes, sont l'*autel* & le *tampon*. L'autel est une ouverture pratiquée dans le mur qui entoure le fourneau, à o mèt. 32 (1 pieds) du sol de ce fourneau, aboutissant à un canal vertical divisé en deux parties par des barres de fer formant un gril: la partie au-dessus s'appelle *chauffe*; celle au-dessous, *cendrier*. C'est

sur

fur ce gril qu'on place le bois pour chauffer le fourneau : les barres carrées portent, par leur angle, fur trois grands barreaux qui les foutiennent; elles ont o mèt. 022 (10 lig.) d'intervalle entr'elles, & o mèt. 081 (3 pouc.) d'épaiffeur de l'autel à la grille de la chauffe; il y a 1 mèt. 35 (4 pieds 2 pouc.) de profondeur; la voûte qui couvre l'autel va, en s'élevant un peu, couvrir le haut de la chauffe; & l'efpèce de canal coudé que forment la chauffe & l'autel, va en diminuant toujours jufqu'au fourneau, pour accélérer la flamme. Cette voûte, dans la partie au-deffous de la chauffe, a un trou carré de o mèt. 216 (8 pouc.), par lequel on jette le bois pour alimenter le feu, & qu'on ferme de fer : fix foupiraux, dont deux font entre l'autel & les portes, & quatre entre les mêmes portes & le tampon, fervent de paffage à la flamme dans la voûte. La hauteur de la grande voûte, au-deffus du fol du fourneau, eft de 1 mèt. 29 (4 pieds); la pente de ce fol de l'autel au tampon, eft de o mèt. 175 (6 pouc. 6 lig.). Les portes fervent auffi à faciliter le chargement du fourneau; de leur feuil, à o mèt. 81 (30 pouces) de terre, eft une pente vers l'intérieur du fourneau, en pierres de taille ferrées. On fait arriver fur le feuil d'une porte les matières trop pefantes pour être portées, au moyen d'un plan incliné, de rouleaux & d'un cordage qu'on y amarre, & qui, traverfant enfuite le fourneau, eft équipé à l'autre porte fur un treuil ou cabeftan qu'on y manœuvre.

Les matières à fondre fe dépofent fur le fol ou pavé du fourneau, contre l'autel, laiffant un efpace de o mèt. 016 (6 pouc.) environ entr'elles & les murs, pour les mieux expofer à la chaleur; les plus difficiles à fondre font les plus rapprochées de l'autel; fi elles font en grand nombre, on les met fur deux rangs : fi ces deux rangs ne fuffifent pas, on les place vis-à-vis des foupiraux placés à droite & à gauche du tampon. Des plaques de fer forgé ferment à volonté ces portes, au moyen de chaînes & de leviers de fer qui les foulèvent & les baiffent, dans une cheminée pratiquée au-deffus de chacune d'elles. Le cuivre neuf, le bronze en buchilles, l'étain, ne font mis dans le fourneau que lorfque les autres matières font en fufion, même vers la fin du travail, fuivant leur degré de fufibilité.

Lorfqu'on veut couler, on ouvre le tampon au moyen de la *pérère*, & le métal en fufion coule par des rigoles dans les moules placés & enterrés dans la foffe, en avant du fourneau. Des ouvriers, en tenant des *quenouillettes* un peu plongées dans le haut de la rigole, près du trou où le métal entre dans les moules, empêchent les craffes qui flottent en deffus de s'y jeter.

FOURNEAU pour le fer, ou HAUT-FOURNEAU. (*Voyez* ce mot.)

FOURNIMENT. Étui en bois, en corne ou en *ARTILLERIE*.

cuivre, dans lequel les foldats portoient autrefois la poudre deftinée à charger leurs armes. (*Voyez* le *Dictionnaire de l'Art militaire de l'Encyclopédie méthodique.*)

FOURRAGÈRE. Châffis en bois, à claire-voie, qu'on fixe en campagne à l'arrière des brancards des voitures, au moyen d'un boulon autour duquel ce châffis tourne, & peut s'ouvrir à volonté, pour recevoir & foutenir le fourrage que viennent manger les chevaux de l'attelage.

FOURREAU. C'eft la pièce dans laquelle on loge la lame des armes blanches, & qui la garantit des chocs & des frottemens. Les fourreaux des fabres de cavalerie font maintenant faits en tôle d'acier : ceux des fabres d'infanterie d'artillerie & de baïonnette font en cuir.

La tôle deftinée à la fabrication des fourreaux doit avoir, étant limée & polie, o mèt. 0014 (8 points) d'épaiffeur dans toute l'étendue de la feuille. En roulant la *lame* pour former le fourreau, elle fe crique fi elle n'a pas l'élafticité néceffaire : & fi l'acier eft trop aigre ou brûlé, elle fe caffe. La tôle pailleufe eft auffi de mauvaife qualité, & les cendrures qui peuvent s'y trouver nuifent à la folidité de l'ouvrage & le déparent. Pour éprouver les feuilles de tôle, on les plie légèrement pour s'affurer qu'elles font élaftiques : on plie fortement l'un des angles de quelques-unes, pour voir fi elles n'éclatent pas; & on caffe un angle de quelques autres, pour reconnoître fi l'acier en eft doux & nerveux. Dans le cas où on auroit quelque doute fur la nature de la tôle employée, on feroit ufage d'acide nitrique pour reconnoître fi elle eft d'acier ou de fer. (*Voyez* au mot ETOFFE, le procédé à fuivre pour cette opération.)

On éprouve les fourreaux en tôle d'acier au moyen d'une machine à déclic, dont la pièce principale eft un poids en fer, tombant verticalement & uniformément fur le plat des fourreaux d'une hauteur de o mèt. 541 (20 pouces) au-deffus de la furface fupérieure du plateau. On les éprouve ainfi en différens endroits de leur longueur, en deffus & en deffous. S'ils réfiftent à la chute de ce poids, on les marque du poinçon de réception.

Le cuir employé à la fabrication des fourreaux de fabres & de baïonnettes a fubi l'opération du tannage; cependant, comme ces fourreaux doivent être plutôt flexibles que durs, l'une des qualités effentielles que donne le tannage, on préfère le cuir où le tannage n'a pas été entièrement terminé. Voici comment on le reconnoît :

A mefure que le tan pénètre, la peau change de couleur; le tannage gagne du dehors au dedans; & quand la combinaifon eft complète, la tranche de cuir eft d'une couleur de mufcade; mais le travail n'eft pas terminé, on aperçoit dans le milieu de la tranche une petite ligne blanchâtre; c'eft ce

S

qu'on appelle *cuir vert*. Le cuir des fourreaux de sabres & de baïonnettes ne doit être qu'un peu *vert*.

Le cuir de bœuf est plus épais que celui de vache; mais il est moins compacte. On le reconnoît à son grain qui est plus gros, & à sa porosité. On préfère en conséquence celui de vache, & même des grosses vaches plutôt que des petites; enfin, on préfère à Paris le cuir des vaches de Bourgogne à ceux des autres pays.

On introduisoit autrefois dans les fourreaux de sabre en tôle une espèce de fourreau en bois, nommé *fût*, pour les soutenir & les fortifier contre les chocs. On l'avoit substitué aux alaises, qui n'étoient que deux échisses en bois, réunies seulement par le haut & ne tapissant pas tout l'intérieur des fourreaux, tandis que le fût régnoit dans toute leur longueur. On l'a supprimé aux fourreaux des sabres de cavalerie, modèle de 1816, dans la vue d'alléger ces fourreaux & de prévenir l'humidité que le bois peut attirer & conserver; mais, ainsi que le fait observer l'auteur de l'Aide-mémoire, page 614, l'air humide rouillera aussi les lames dans les fourreaux, si l'on oublie de les graisser, comme le prescrit le réglement d'entretien, avant de les mettre en magasin, & si les soldats ne les essuient pas lorsque le sabre fait partie de leur armement; enfin, le fourreau sans fût sera plus aisément bossué, le tranchant & la pointe plus vite émoussés en frottant contre la tôle.

On met ordinairement un vernis sur les fourreaux de sabres de luxe. Ce vernis s'obtient au moyen de la gomme-laque, que l'on étend sur la fleur du cuir (le dessus de la peau); pour lui donner son luisant, on passe les fourreaux dans une étuve, dont la chaleur est très-modérée.

FRAISE. Espèce de foret dont on se sert pour élargir des cavités; la fraisure du bassinet, par exemple, la naissance des trous de certaines vis, pour les rendre propres à en recevoir les têtes, &c. Il y en a de diverses espèces; elles sont toujours cannelées ou dentelées.

FRAISE pour l'œil des projectiles creux. Cet instrument est destiné à donner à l'œil des projectiles creux ses dimensions exactes, à l'arrondir & à bien unir son intérieur. La fraise est conique selon la forme de l'œil dont elle a le plus grand diamètre proche du bourrelet, ce qui empêche qu'on ne l'enfonce trop.

FRAISER. C'est préparer la tête d'un clou ou d'une vis & l'entrée de l'ouverture qui doit les recevoir, en sorte que la tête du clou ou de la vis s'y noie exactement sans y ballotter.

FRAISURE du bassinet. C'est le creu cylindrique dans lequel on verse la poudre d'amorce d'une arme à feu portative.

FRANCISQUE. Arme ancienne faite en forme de hache. On la lançoit contre l'ennemi. Elle étoit principalement en usage chez les Francs.

FRAPPEUR. On appelle ainsi le compagnon qui aide le maître canonnier à forger un canon de fusil.

FRETTE. C'est, en général, une bande de fer qui entoure les extrémités d'une pièce de bois pour l'empêcher de se fendre.

FRONDE. C'est une des plus anciennes armes offensives. Elle est formée de deux ou trois cordes, portant dans leur milieu un culot sur lequel on place une pierre qu'on lance avec force, après avoir fait décrire à la fronde plusieurs mouvemens circulaires. Les Romains employoient la fronde en trois occasions; aux escarmouches qui précédoient les batailles; pour écraser les ennemis placés sur les murailles, tandis qu'on avançoit les travaux & qu'on se disposoit à donner l'assaut; & du haut des murailles des villes assiégées, pour répondre aux frondeurs ennemis & pour incommoder les travailleurs.

FRONTEAU de mire. Pièce en bois de chêne, servant jadis à pointer une pièce de canon. Elle étoit façonnée suivant le contour extérieur du canon; on la plaçoit sur la volée, vers le bourrelet, & sa hauteur répondoit à l'épaisseur du métal vers la culasse, en sorte que la ligne, qui passoit par l'extrémité supérieure de la culasse & par celle du fronteau de mire, devoit être parallèle à l'axe du canon. On mit ensuite un guidon volumineux, tenant à la pièce, qu'on supprima & qu'on remplaça ensuite par un petit guidon à grain d'orge, qui est encore en usage.

FROTTEMENT. C'est la résistance qu'on éprouve à faire glisser un corps sur un autre. Cette résistance provient de la nature des corps, dont la surface est toujours composée de parties saillantes & rentrantes. Lorsqu'un corps appuie sur un autre, les parties saillantes d'une des deux surfaces s'engagent plus ou moins dans les cavités de l'autre, ou, si l'on veut faire glisser un des deux corps sur l'autre, il faut le dégager des aspérités, les fléchir ou les rompre, & par conséquent employer à cet effet une certaine force qu'on appelle *frottement*.

Le frottement, dépendant de la nature & de l'état des substances en contact, ne peut être déterminé exactement par des règles générales. On sait, par expérience, qu'on diminue le frottement en polissant les surfaces & en bouchant les pores avec des matières grasses; que le frottement de deux corps de même matière est plus considérable que quand ils sont de matières différentes; qu'on éprouve la même résistance à faire mouvoir un corps sur sa plus grande ou sur sa plus petite face, pourvu que celle-ci n'approche pas trop d'être une arête ou un point ; enfin, que le frottement est proportionnel à la pression jusqu'à certaines limites.

Lorsqu'on veut déterminer, pour deux substances, le rapport du frottement à la pression, on place un des deux corps sur un plan de même matière que le second ; on incline le plan jusqu'à ce que le corps placé sur ce plan soit prêt à glisser ; alors le rapport de la hauteur du plan à sa base est le rapport du frottement à la pression pour les deux substances.

Le frottement entravant la plupart des opérations de l'artillerie, on doit en tenir compte dans tous les calculs qui leur sont relatifs ; ainsi, dans le tir des bouches à feu, le boulet, en frottant contre les parois de l'âme d'un canon, perd une partie de la vitesse initiale que lui imprime l'explosion de la poudre ; dans les manœuvres de force ou de chèvre, la résistance augmente par le frottement des fardeaux sur les plans inclinés, ou des cordages dans les poulies & sur les treuils ; mais c'est surtout dans les machines qu'il faut tenir compte du frottement, & ne rien négliger à cet égard.

FUSÉES. On nomme ainsi les grands & les petits artifices renfermés dans un cartouche dont la forme est ordinairement cylindrique, & auquel on adapte une baguette qui sert de contre-poids & de directrice dans l'ascension des fusées. Ce qui est remarquable dans les fusées, c'est la propriété de porter elles-mêmes le principe de leur mouvement. La composition dont elles sont chargées s'enflamme avec vivacité, produit une colonne de feu qui frappe sur une pareille colonne d'air, laquelle force, par la réaction de la compression, le corps de fusée à s'élever suivant une direction convenable à l'objet qu'on se propose.

On fait usage à la guerre de *fusées volantes* ou *de signaux*, & de *fusées incendiaires* dites *à la Congrève*. (*Voyez* ces fusées à leur article.)

Fusées d'amorce, dites *étoupilles*. Elles servent à porter le feu avec promptitude à la poudre, dans l'âme des bouches à feu.

Autrefois on les faisoit en fer-blanc ; des étrangers avoient même imaginé de les faire en cuivre laminé, coupées en sifflet dans le bas, & assez longues pour que le bout pût percer la cartouche ; ils évitoient par-là la manœuvre du dégorgeoir, mais ils éprouvoient l'inconvénient de voir leurs pièces encloûées par le porte-feu qui restoit dans la lumière, & se trouvoit souvent comme rivé intérieurement par le refoulement occasionné par l'inflammation de la poudre. Le fer-blanc avoit l'inconvénient de se rouiller facilement, & de gâter en peu de temps la composition que l'on mettoit dans les fusées.

Actuellement on les fait avec des roseaux, qu'on coupe droit à un bout & en sifflet de l'autre, de 0 mèt. 081 (3 pouces) de longueur, & de grosseur proportionnée aux lumières des bouches à feu. Pour ne pas employer de trop gros roseaux, on les passe, après les avoir coupés, dans un calibre ; on rejette ceux qui sont trop gros, ainsi que ceux qui sont trop foibles & qui ne résistent pas à la pression des doigts lorsqu'on les prépare. On les gratte intérieurement en y passant, à plusieurs reprises, une petite lime ronde ou *queue de rat*, pour en ôter la pellicule qui, si elle y restoit, empêcheroit la composition d'entrer & de s'attacher au roseau.

On remplit les roseaux, ainsi préparés, avec la composition convenable, mise en pâte assez liquide pour pouvoir y entrer ; on la perce dans le milieu & dans le sens de la longueur avec une fine aiguille à tricoter : on les met sécher. Lorsqu'ils sont secs, on les perce de nouveau avec la même aiguille & on attache la *cravate*. Composition : pulvérin 12, salpêtre 8, soufre 2, charbon 3.

L'étoupille, préparée & placée dans la lumière de la pièce, reçoit de la lance à feu ou du boutefeu, le feu qu'elle communique avec promptitude à la charge.

Fusées à bombes, à obus & à grenades. L'objet de ces fusées est de communiquer le feu à la poudre que renferment ces projectiles, pour les faire éclater dans les lieux où ils sont lancés. Elles doivent être faites avec du bois fort sec, sain & sans nœuds. Les plus propres à cet objet sont le tilleul, le frêne & l'aune ; au défaut de ceux-ci, on peut se servir du hêtre ; mais il n'est pas aussi bon, en ce qu'il ne se prête pas assez, & ne remplit pas avec la même précision l'œil de la bombe.

Les fusées sont tournées au tour, en forme de cône tronqué. Toutes sont proportionnées au calibre auquel elles sont destinées, afin d'entrer, comme il convient, dans l'œil de la bombe, de l'obus & de la grenade. Le gros bout est évasé en calice, tant pour recevoir la composition que pour contenir les brins de mèche qui lui servent d'amorce. Les fusées sont percées, dans leur axe, d'une ouverture de grandeur déterminée pour chaque diamètre ; cette ouverture se nomme *lumière*.

Autrefois la lumière traversoit la longueur entière des fusées, & obligeoit, pour éviter de les fendre, en battant les premières charges de composition, de diminuer le nombre & la force des coups de maillet ; d'où il résultoit que la composition n'étant pas suffisamment affermie, l'action du feu laissoit trop d'incertitude pour pouvoir espérer que la bombe n'éclatât pas avant d'être arrivée à sa destination. On remédie maintenant à cet inconvénient en ajoutant, à la longueur des fusées, un massif qui permet de battre également la composition dans toute la hauteur. On ôte ce massif, en coupant en sifflet le petit bout de chaque fusée, pour les mettre dans l'œil des bombes lorsqu'on les charge.

La hauteur du massif doit être marquée par une rainure : il y a une autre rainure qui indique la naissance de la coupe en sifflet de chaque fusée.

Il faut, pour charger les fusées, un maillet rond & deux baguettes de cuivre bien polies pour chacun des calibres de 12, 10 & 8 pouces ; la première de 0 mèt. 027 (1 pouce) plus longue que la fusée, & la seconde de la moitié seulement. Les baguettes ont le même diamètre que la lumière de leurs fusées respectives, & une tête pour recevoir les coups de maillet. Il ne faut qu'une baguette pour les fusées des calibres inférieurs.

On introduit le petit bout de la fusée dans un des trous du banc sur lequel on travaille, pour la maintenir d'à plomb & empêcher qu'elle ne fende en battant. On verse ensuite la composition dans la lumière, & on introduit la première baguette sur laquelle on frappe, avec le maillet, quinze coups égaux, de moyenne force & en cinq reprises différentes, ayant soin de relever la baguette à chaque reprise, pour faire tomber la composition. On retire alors la baguette pour mettre une nouvelle charge de composition, qu'on bat comme la précédente, & ainsi de suite jusqu'à ce que la fusée soit à moitié pleine ; après quoi on se sert de la seconde baguette pour continuer de charger jusqu'à 0 mèt. 007 (3 lig.) de la naissance du calice : alors on prend deux brins d'étoupille de 0 mèt. 041 (18 lig.) de longueur, qu'on place en croix dans le haut de la fusée ; on les enfonce avec la baguette ; on verse dessus de la composition qu'on bat avec ménagement, pour ne pas couper la mèche, mais assez fort pour qu'elle soit solidement assujettie, & que la fusée se trouve ainsi chargée, amorcée & remplie jusqu'à la naissance du calice.

On charge les fusées d'obus & de grenades avec les mêmes précautions que celles à bombes ; mais il faut diminuer la force des coups, crainte qu'elles ne se fendent.

On éprouve les fusées en les enfonçant dans la terre à grands coups de masse, ou en les jetant dans l'eau étant attachées à un corps pesant, tel qu'une pierre ; elles ne doivent s'éteindre ni dans l'une, ni dans l'autre épreuve : enfin elles doivent, en brûlant, jeter un feu égal ; & en les fendant, on ne doit trouver aucun vide dans les couches de matière.

Composition : pulvérin 5, salpêtre 3, soufre 2.

Fusées incendiaires, dites *à la Congreve*. Elles ressemblent aux fusées volantes ou de signaux, mais leurs dimensions sont plus fortes & leur cartouche est en tôle laminée au lieu d'être en carton. On en a fait en Angleterre de différens calibres & de diverses espèces, telles que les fusées à carcasses, à bombes, à obus, à grenades, &c. Elles paroissent avoir été inventées dans l'Inde, mais elles ont été perfectionnées en 1805 par le colonel Congreve. Le général Eblé en avoit fait exécuter & tirer en 1804 sous les angles de 15 & 25 degrés. On dit que les Anglais placent maintenant la baguette de direction de façon qu'elle se trouve dans le prolongement de l'axe du cartouche, & qu'il résulte de cette construction beaucoup plus de justesse dans le tir ; mais quelles que soient les modifications que l'on fasse à cette nouvelle arme, il est difficile d'imaginer qu'elle puisse être jamais employée aussi utilement que le canon, l'obusier & le mortier, soit pour la guerre de terre, soit pour la guerre maritime.

Les fusées incendiaires que l'on fait en France sont, comme les fusées de signaux, composées de trois parties : 1°. le corps de la fusée ; 2°. le pot ou chapiteau ; 3°. la baguette de direction.

Le corps de la fusée est un cylindre ou cartouche de tôle laminée, brasé à l'une de ses extrémités avec un culot en cuivre rouge d'une ligne & demie d'épaisseur au moins, & présentant une convexité dont la flèche est le sixème du diamètre intérieur du cylindre : ce culot est percé d'un trou circulaire concentrique à l'axe du cartouche & d'un diamètre égal à celui de la base de la broche : la paroi intérieure du cylindre est revêtue d'une feuille de carton de 0 mèt. 0014 à 0 mèt. 0016 (7 à 8 points) d'épaisseur, collée avec de la colleforte. Le corps de la fusée, dans cet état, se charge avec un mélange dont la composition varie suivant le calibre des fusées : il se compose pour celles de 0 mèt. 081 (3 pouces) de 3 kil. 91 (8 livres) de pulvérin, de 1 kil. 16 (2 liv. 6 onces) de charbon, de 0 kil. 122 (4 onces) de soufre, & de 0 kil. 022 (6 gros) de térébenthine par 0 kil. 48 (1 livre) de composition.

Le chargement se fait à la manière ordinaire avec une broche conique en fer forgé & tourné, & plusieurs baguettes en bois dur & bien sec, cylindriques à l'extérieur & creusées intérieurement d'un trou conique, de façon que la première pouvant recevoir toute la broche, la dernière n'en reçoive que l'extrémité ; on introduit la broche par le trou du culot, en sorte que son axe coïncide avec celui du cartouche.

On engage ce cartouche, muni de sa broche, dans un trou vertical pratiqué dans la base d'un mouton & entre ses montans. On verse dans le cylindre une couche d'argile pulvérisée & tamisée de 0 mèt 02 (9 lig.) d'épaisseur ; on la comprime au moyen de la plus grande baguette & de vingt coups de mouton : on la taille en entonnoir évasé en dedans, pour diminuer son épaisseur autour de l'orifice du culot : on charge alors, couche par couche, avec la composition qu'on introduit avec une lanterne ; on donne à chaque couche soixante coups de mouton qu'on laisse tomber d'abord cinq fois de 0 mèt. 162 (6 pouces) de hauteur, & ensuite de 1 mèt. 62 (5 pieds) : on change de baguette toutes les fois que celle dont on se sert ne comprime pas bien la composition autour de la broche. On continue le chargement jusqu'à ce que la composition s'élève au-dessus de la broche d'une hauteur égale au diamètre du cartouche : cette dernière partie se nomme *massif de la fusée*; l'ame est le vide conique qui reste au milieu.

Le massif battu, on ferme la fusée par le tamponnage, qui consiste à mettre sur le massif une couche d'argile de 0 mèt. 02 (9 lignes) d'épaisseur & fortement battue, à placer au-dessus une rondelle de tôle du diamètre exact du massif, percée en son milieu d'un trou rond de 0 mèt. 009 (4 lignes) de diamètre & retenue par deux clavettes qui s'appliquent sur elles, traversent le cartouche & sont rivées extérieurement. On remplit alors le reste du cylindre de la matière incendiaire qui doit garnir le pot, réservant dans le milieu un vide qui servira à communiquer le feu du massif au pot. On perce avec un vilebrequin de 0 mèt. 009 (4 lig.) la couche d'argile jusqu'à ce qu'on entame le massif. Enfin, on charge ce vide avec la composition vive des fusées à bombe, en la battant avec une baguette en cuivre & un maillet. Le corps de fusée est alors achevé.

Le pot ou chapiteau est un cylindre de tôle d'un diamètre tel que le corps de la fusée ne puisse y entrer qu'avec effort de 0 mèt. 162 (6 pouces) de longueur, plus 0 mèt. 054 (2 pouces) coupés en frange : il est surmonté d'un cône aussi en tôle, dont la hauteur est égale au double du diamètre du cartouche, portant à son sommet une pointe d'acier de 0 mèt. 0406 (18 lignes) de longueur, à arêtes dentelées de l'arrière à l'avant. La partie cylindrique est percée de trois trous & le cône de six; ils ont 0 mèt. 013 à 0 mèt. 015 (6 à 7 lignes) de diamètre.

La charge du pot est de la roche à feu, dont voici la composition :

Soufre, 11 kil. 75 (24 livres); pulvérin, 5 kil. 87 (12 livres); salpêtre, 3 kil. 92 (8 livres); poudre en grain, 1. kil. 96 (4 livres).

Il faut, avant de charger, coller intérieurement un papier sur chaque trou; alors on remplit le pot jusqu'à 0 mèt. 081 (3 pouces) du bord avec de la roche à feu en infusion ; on enfonce dans son milieu, avant qu'elle se fige, une broche en fer cylindrique du diamètre au moins du trou du tampon & enduite d'argile : on enfonce aussi dans chaque trou une broche en fer de 0 mèt. 009 (4 lig.) de diamètre, enduite de suif & allant toucher celle du centre : on les retire toutes quand la roche à feu vient de se figer : on les remplace par des étoupilles communiquant toutes avec celle de l'axe. Le vide qui reste dans les trous doit être rempli avec de la composition lente des lances à feu : on achève de remplir le pot avec de la roche à feu molle & bien tassée.

On joint le pot au cartouche en enfonçant le premier au moyen d'un maillet & d'un chasse-pot, jusqu'à ce que la roche à feu de l'un appuie sur le tampon de l'autre. On perce quatre trous équidistans à hauteur du milieu du tampon, mais sans aller jusqu'au centre : on y introduit quatre vis à bois. On couvre le pot d'un sac de toile, dépassant les franges de 0 mèt. 054 à 0 mèt. 081 (2 ou 3 pouces) : on enduit de poix la partie de cette toile qui est sur les franges; enfin, le pot & le corps de fusée sont fortement assujettis ensemble au moyen d'une forte ficelle, dont on entoure le cylindre jusqu'à 0 mèt. 027 (1 pouce) au-delà des franges.

La baguette de direction est un prisme quadrangulaire en sapin bien droit & sans nœuds, creusé en gorge à l'extrémité, sur une des faces, pour y encastrer le cartouche. On l'y retient par deux ligatures en ficelle, de 0 mèt. 054 (2 pouces) chacune de longueur : la première à 0 mèt. 027 (1 pouce) du culot, la seconde à 0 mèt. 108 (4 pouces) du bout de la baguette : elles sont encastrées dans le bois & enduites de colle-forte.

La longueur des baguettes doit être telle que le centre de gravité de la fusée soit au-dessous de l'œil.

Sous la seconde ligature, & en dessous de la baguette, on fait un trou rond, d'un pouce de profondeur, pour accrocher la fusée, en recevant la cheville en fer plantée à l'extrémité de la bascule d'un chevalet. Ce trou est évidé en talus en arrière pour laisser sortir sans obstacle la cheville lors du départ de la fusée.

La fusée pour être lancée est placée sur une bascule soutenue par deux montans, & munie d'un quart de cercle & d'un fil à plomb; ce qui donne la facilité de la pointer sous l'angle qu'on juge convenable. (*Voyez* BATTERIE DE FUSÉES INCENDIAIRES.)

Fusées volantes ou de signaux. Elles sont employées pour donner le signal d'une attaque méditée, pour prévenir les troupes d'une ville assiégée, qu'on vient à leur secours, ou pour toutes autres opérations militaires, soit sur terre, soit sur mer. Elles portent différentes garnitures, telles que pétards, marrons, étoiles ou serpentaux, &c., qui sont contenus dans le pot, & qu'elles jettent en terminant leur ascension.

Une fusée volante prête à être exécutée, est formée d'un cylindre en carton, qu'on a chargé avec des baguettes percées sur une broche de fer, de forme conique, qui laisse en le retirant, dans le bout de la longueur de la fusée, un trou intérieur de même dimension pour augmenter la surface de la charge.

Les outils en bois doivent être faits avec du bois dur, sain & sans nœuds : les baguettes pour charger doivent être garnies au bout d'une virole en cuivre, pour empêcher qu'elles ne se fendent en frappant dessus; la première baguette doit être percée pour recevoir la longueur entière de la broche ; la seconde pour en recevoir les deux tiers ; la troisième pour en recevoir le tiers seulement ; la quatrième est massive.

Les lanternes pour charger les fusées ont en général pour grosseur le diamètre intérieur de la fusée, & pour longueur trois fois le même diamètre.

Les maillets sont proportionnés au calibre des fusées ; leur tête est cylindrique, & le manche est dimensionné de façon à être facilement tenu dans la main.

Le papier pour les cartouches doit être fort, bien collé, & presque blanc : on fait du carton avec ce papier, en collant trois à quatre feuilles l'une sur l'autre, ayant soin, en les posant, que les feuilles inférieures débordent un peu celles supérieures.

Le cartouche se construit avec ces feuilles de carton ; on les coupe dans le sens de la longueur & suivant la grandeur de la baguette à rouler : on commence par envelopper la baguette avec une feuille simple de papier ; on colle légèrement l'excédant de la feuille & on achève de la rouler en se servant de la varlope. On soulève ensuite l'extrémité de la feuille de papier roulé ; on lui présente l'extrémité du carton que l'on colle légèrement sur toute la surface supérieure ; on le roule en pressant fortement sur la varlope, pour le serrer autant que possible ; on met un deuxième & troisième carton qu'on applique de la même manière que le premier, en continuant ainsi jusqu'à ce que le cartouche ait acquis le diamètre extérieur convenable ; on recouvre le tout d'une feuille simple de papier, & l'on retire le cartouche de dessus la baguette : lorsqu'il est à moitié sec, on l'étrangle à 0 mèt. 020 ou 0 mèt. 023 (9 ou 10 lignes) du bout, en introduisant de chaque côté une baguette à charger, & tirant fortement sur un cordeau dont on a fait deux demi-tours sur le cartouche à l'endroit de la gorge : on tourne le cartouche & l'on continue de serrer jusqu'à ce que l'ouverture soit réduite à moitié du plus grand diamètre de la broche : alors on serre la gorge au moyen de plusieurs demi-nœuds d'artificier : on fait sécher entièrement le cartouche ; on le coupe aux extrémités pour le réduire à ses justes dimensions & le charger avec une composition de 8 parties de salpêtre, 1½ de soufre & 3 de charbon, le tout bien pulvérisé, tamisé & mêlé.

Avant de charger la fusée, il faut s'assurer que la broche est verticale & solidement fixée sur un bloc de bois dur : on place alors le cartouche sur la broche & on l'y enfonce de force, au moyen de la grande baguette & d'un maillet ; on met de la composition jusqu'au tiers de la lanterne, on la verse dans le cartouche, contre lequel on frappe quelques coups de baguette pour faire descendre la composition ; on introduit la baguette ; on donne quelques légers coups de maillet, puis huit volées de trois chacune de force moyenne pour les fusées de 0 mèt 027 (1 pouce) de diamètre intérieur.

(Le nombre des volées augmente avec le calibre des fusées.) On a soin de soulever la baguette en la tournant à chaque volée pour faire retomber la composition qui s'échappe : on met une seconde charge un peu plus forte, qu'on bat comme la première, en augmentant un peu la force des coups ; on continue ainsi avec la première baguette jusqu'au tiers de la broche ; après quoi l'on se sert de la seconde pour battre jusqu'aux deux tiers, & de la troisième pour arriver exactement au sommet de la broche ; enfin, du massif pour battre la composition au-dessus, jusqu'au point où l'on doit cesser d'en mettre.

Le massif des fusées, depuis les plus petites jusques & compris celles de 0 mèt. 034 (15 lignes) de diamètre extérieur, doit avoir pour hauteur au moins le même diamètre. Le massif de toutes les fusées au-dessus ne doit avoir pour hauteur que les deux tiers de leur diamètre extérieur. Ce massif étant battu, on finit la fusée en mettant sur la dernière charge une rondelle de carton du diamètre exact de l'intérieur de la fusée ; l'on rabat dessus la moitié de l'épaisseur du cartouche ; on refoule le tout avec la baguette du massif, en appliquant avec force une vingtaine de coups de maillet ; c'est ce qu'on appelle *tamponner la fusée* : on perce ensuite le tampon de trois à cinq trous, suivant le calibre des fusées ; on ôte le cartouche de dessus la broche & on en rogne ce qui excède le tampon.

Le pot qui contient la garniture des fusées, se fait avec du carton mince de deux ou trois feuilles de papier ; on les roule sur un moule composé de deux parties d'un diamètre différent ; la plus grande pour former le pot, & l'autre la douille destinée à recevoir le haut de la fusée, l'y attacher & la coller. La douille doit avoir un diamètre un peu plus petit que le diamètre extérieur du cartouche de la fusée, parce que l'étranglement la relâche toujours & que la fusée doit y entrer avec frottement. Le pot étant roulé sur son moule, on l'étrangle de suite avec de la ficelle un peu forte.

On communique le feu à la garniture des fusées, en mettant dans le fond du pot une cornée de composition & une de pulvérin, sur lesquelles on arrange les serpentaux, &c. On remplit le haut du pot avec des rognures de papier ou d'étoupes, & on y ajoute un chapiteau conique, aussi en carton, destiné à faciliter le vol de la fusée.

La fusée étant achevée, on l'amorce avec un bout d'étoupille de 0 mèt. 162 à 0 mèt. 189 (6 à 8 pouces) de longueur ; on introduit l'un des bouts dans la gorge & on l'y fixe avec de la pâte d'amorce, ayant soin de ne pas boucher l'ouverture.

Lorsqu'on veut conserver les fusées, on replie le reste de l'étoupille dans l'ouverture de la gorge & on la recouvre avec du papier de soie qu'on colle sur le cartouche ; c'est ce qu'on appelle *bonneter la fusée*.

Les baguettes servent à diriger les fusées ; leur longueur est moins de neuf fois celle du cartouche ;

elles font coniques; leur épaisseur au gros bout eft égale au tiers du diamètre extérieur de la fufée; le petit bout eft réduit au sixième; on les fait ordinairement en sapin bien droit & fans nœuds; on coupe le gros bout en chanfrein dans un sens, & on fait une cannelure au côté oppofé pour y loger la fufée; on fait des coches au-deffus du chanfrein pour l'attacher au-deffous de la ligature du pot, foit avec de la ficelle, foit avec du fil de laiton: on fait d'autres coches correspondantes à la gorge, où on l'attache une feconde fois; mais avant de fixer définitivement la baguette, il faut chercher l'équilibre fur le doigt ou fur une lame de couteau placée à trois diamètres extérieurs de diftance de la gorge pour les fufées jufques & comprifes celles de 0 mèt. 034 (15 lignes); à deux diamètres & demi jufqu'à celles de 0 mèt. 054 (2 pouces), & enfin à deux diamètres pour les fufées au-deffus. (*Voyez*, pour plus de détails, le *Traité d'artifice de guerre*, par M. Bigot, chef de bataillon au corps royal de l'artillerie.)

Fusées d'effieu. Ce font les parties arrondies de l'effieu qu'on fait entrer dans le moyeu des roues.

FUSIL. Arme à feu avec laquelle on atteint de loin; garni d'une baionnette, c'eft à la fois une arme de jet & une arme de main. C'eft l'arme dont l'ufage eft le plus étendu & qui fait la force principale de l'infanterie.

Il y a des fufils de guerre & de chaffe: ceux-ci font fimples ou à deux coups, à percuffion ou à filex, à vent, à canons tournans, &c. (*Voyez* ces articles.) Le mot *fufil* vient de *focile* en italien, du nom de la pierre dont le chien eft armé.

Le fufil de guerre ou de munition eft compofé d'un canon, d'une platine, d'une baguette, d'une baionnette & de pièces de garniture. (*Voyez* les articles Fusil de munition, Fusil de chasse, &c.)

Fusil anglais Le feu de la moufqueterie anglaife eft très-meurtrier, ce que l'on attribue, 1°. à ce que le calibre du fufil de cette nation eft plus fort que celui du fufil français; par exemple, le premier étant pour la balle de feize à la livre, tandis que le fecond n'eft que pour la balle de dix-huit, & qu'on ne l'a tiré pendant la dernière guerre qu'avec la balle de vingt. 2°. Cette arme étant d'un plus grand calibre, elle doit, malgré la moindre longueur du canon, porter plus loin que le fufil français; car fi le raccourciffement de l'ame diminue la viteffe initiale de la balle, ce projectile étant d'un plus gros volume, perd beaucoup moins rapidement fa viteffe, & il conferve plus long-temps, & plus loin, affez de force pour frapper. 3°. Ce fufil étant plus court que le fufil français, fatigue moins le foldat qui le tient dans une pofition horizontale, foit pour coucher en joue, foit pour croifer la baionnette. (*Voyez*, à l'article Fusil d'infanterie, des obfervations a

cet égard.) 4°. L'on n'a jufqu'ici employé en France, pour charger les petites armes, que de la poudre à gros grains, & les Anglais n'ont fait ufage, pour cet objet, que de poudre fine qui s'enflamme plus vite, & doit donner au projectile du fufil une plus grande viteffe initiale, toutes chofes égales d'ailleurs. Nous n'employons plus maintenant que de la poudre à moufquet pour nos petites armes; les balles font fondues & façonnées avec une grande précifion, & les cartouches font faites avec du papier fort & fin, qui, n'augmentant que le moins poffible le diamètre de la cartouche, permettra de donner un peu plus de poids à la balle. (*Voyez* le mot Balles.)

Comme plufieurs perfonnes croient que les pièces du nouveau modèle du fufil anglais font préférables à celles du fufil français, modèle de 1777 corrigé, je vais les comparer.

1°. L'embouchoir, la grenadière & la capucine du fufil français affujettiffent plus folidement le canon fur le fût que les tiroirs fragiles du fufil anglais.

2°. Les trois tenons brafés fur le canon de ce dernier modèle, pour recevoir les tiroirs, nuifent à la folidité du canon & du bois, dans lequel il faut faire des entailles; inconvénient que ne préfentent pas les bagues du fufil français.

3°. La baionnette anglaife eft prefque femblable à celle de nos anciens modèles; elle a une virole à la bafe de la douille, n'a qu'une fente pour le paffage du tenon, & la lame n'eft pas évidée: la nôtre eft préférable.

4°. La baguette eft percée dans l'épaiffeur de fa tête pour recevoir la tige d'un tire-boure, & elle a un renflement vers la partie fupérieure qui l'arrête dans le porte-baguette, & tient lieu du taquet du fufil français, qui eft plus fimple, plus folide, &c.

5°. La platine anglaife n'a pas de pièces extérieures au corps, ce qui eft un grand avantage pour l'entretien de la platine & pour le maniement des armes.

Il n'entre d'autres vis dans le mécanifme de la platine anglaife que celle du chien, toutes les pièces étant affujetties par deux pivots fixes (non compris ceux des refforts), & par cinq goupilles. Ce fyftème doit empêcher la platine de fe détériorer auffi promptement que celle de 1777; car les huit vis qui fixent les pièces de cette dernière au corps de platine, exigent des foins & une attention que des foldats novices ont trop rarement: en effet, il arrive fréquemment qu'en replaçant ces vis, ils les enfoncent mal dans les écrous, & font contre-mordre les filets; quelquefois auffi ils ferrent trop la vis de la batterie & celle de la gâchette, & ils changent par-là la correfpondance des autres pièces, en détruifant leur harmonie. (Ce dernier inconvénient ne peut avoir lieu, il eft vrai, que quand ces vis font taraudées d'un trop grand nombre de filets, ce qui n'arrive pas dans une bonne fabrication.)

Le mécanisme de la platine de 1777 exige que le soldat mette assez fréquemment de l'huile fraîche aux articulations des pièces; cette opération est aussi nécessaire à la platine anglaise; mais si elle étoit négligée, les inconvéniens seroient biens moins graves.

La platine anglaise seroit très-facile à démonter & remonter si l'ajustage de la bride, ou contre-corps de platine, n'offroit des difficultés.

Cette platine ne pèse, étant finie, que 0 kil. 397 (13 onc.); celle française, également finie, pèse 0 kil. 551 (1 liv. 2 onc. 6 gr.) environ.

La platine anglaise a une roulette adaptée au levier, faisant ressort de batterie, & elle est à chaînette; ce qui procure des mouvemens plus lians, plus doux, & diminue les frottemens; mais cette construction est fragile pour une arme de guerre, & présente des difficultés dans les réparations.

Le chien & la noix ne forment qu'une seule pièce difficile à fabriquer; le chien est d'ailleurs moins solide au collet que celui du modèle de 1777.

La noix est creusée dans son épaisseur pour le mouvement de la chaînette; la bouterolle & le rempart sont également creusés pour recevoir le levier à roulette; ce qui contribue à augmenter le prix de la platine anglaise.

Le bassinet est en fer, forgé de la même pièce que le corps de la platine : on est généralement d'avis que le bassinet en cuivre du modèle de 1777 est préférable, parce qu'il s'oxide moins par l'inflammation de la poudre, & que sa construction est plus facile.

Quoique la platine anglaise paroisse beaucoup plus simple que celle de 1777, elle a pourtant le même nombre de pièces, à cause des goupilles, de la chaînette, de la roulette, du crochet à bascule, & du levier servant de ressort.

La bride de la platine anglaise recouvrant toutes les pièces intérieures, la mise en bois de cette platine n'exige pas que le fût soit entaillé pour loger la tête des vis, les ressorts, &c., ce qui est plus solide & moins coûteux qu'au modèle de 1777. Mais cette platine étant en place, laisse, par sa construction, des passages par lesquels l'eau & la poussière peuvent pénétrer dans l'intérieur, rouiller les pièces & en gêner le mouvement.

La platine anglaise se fixe sur le bois par une grande vis, qui passe dans le trou taraudé du pivot du chien, & par un crochet qui est maintenu par une vis fixée dans le bois. Ce moyen paroît présenter moins d'inconvéniens que celui des deux grandes vis qui traversent le corps de la platine de 1777, mais il est moins simple.

Tout considéré, la platine du fusil français est plus solide, plus facile à fabriquer, & coûte un tiers de moins que ne coûteroit celle du fusil anglais.

6°. La sous-garde, de la forme à peu près de celle de notre modèle de 1763, est retenue en place par une vis à bois & deux pivots, dans chacun desquels passe une goupille. L'écusson avec la détente ne forment qu'un même système, comme au nouveau modèle du fusil français, qui est le modèle de 1816.

Il résulte de toutes ces considérations que le fusil anglais dont il s'agit, est en effet inférieur au fusil français, modèle de 1777 corrigé.

Le fusil anglais, nouveau modèle, pèse, étant garni de la baïonnette, 5 kil. 14 (10 liv. 8 onc.). Le canon a 1 mèt. 56 (3 pieds 3 pouc.) de longueur, & son calibre est de 0 mèt. 0186 (8 lig. 3 points).

Le fusil de la même nation, ancien modèle, pèse 5 kil. 17 (10 liv. 9 onc.) avec sa baïonnette. Le canon a 1 mèt. (3 pieds 1 pouc.) de longueur, & son calibre est de 0 mèt. 0188 (8 lig. 4 points); garnitures en cuivre, comme au nouveau modèle; platine ronde dans le genre de celles des fusils de chasse; baguette à tête de clou; monture plus droite qu'au fusil français; baïonnette à fente sans virole.

Nota. Le prix du fusil anglais est, comme on l'a vu à l'article DURÉE DES ARMES PORTATIVES, de deux guinées, ou 52 fr. 50 cent.

FUSIL de chasse à silex. Il y a des fusils de chasse simples & doubles, ou à deux coups. Les fusils simples n'ont qu'un canon & une platine montés sur un fût. Les fusils doubles sont composés de deux canons assemblés, au moyen de plates-bandes, de deux platines, dont l'une se place à droite & l'autre à gauche, & de deux détentes, le tout monté, comme aux fusils simples, sur un bois. Il n'y a dans ces deux espèces de fusils qu'une baguette, une sous-garde, une plaque de couche & une queue, ou pièce de culasse. Les porte-baguettes, les battans & les tiroirs sont également communs à ces deux armes.

Les canons sont d'un plus petit calibre que ceux des fusils de guerre.

La longueur des canons est ordinairement de 0 mèt. 8121 (30 pouc.); mais on en fait de 0 mèt. 7580 & 0 mèt. 8662 (28 & 32 pouc.); leur portée étant à peu près égale. Le calibre est communément de 0 mèt. 0151 (6 lig. 8 points), pour recevoir la balle de 26 à la livre. On charge les canons de 4 gram. 456 (84 grains) de poudre, soit que l'on tire à balle, soit pour tirer avec du plomb en grains, dont le poids est ordinairement le même que celui d'une balle de calibre.

Un fusil double pèse environ 2 kil. 4475 (5 liv.); ce poids est nécessaire pour que l'arme ne repousse pas trop, qu'elle soit moins tourmentée par l'explosion de la poudre, & qu'elle ait de la justesse dans le tir. Ces fusils se portent en bandoulière,

au

au moyen de deux battans analogues à ceux des fusils des troupes, dont l'un est fixé au second porte-baguette, & l'autre vers l'extrémité inférieure de la crosse. Des cordons en soie tiennent ordinairement lieu de bandoulière.

La monture étoit faite autrefois avec du poirier, du cerisier, du menisier & de l'érable; mais en général on adopte maintenant, pour cet usage, le noyer, qui est un bois peu fragile lorsqu'il est de fil, bien veiné, d'un grain très-fin, & qui se polit mieux que les autres.

La couche des fusils de chasse est plus courbe que celle des fusils de guerre, afin qu'ils soient mieux en joue, & le bois, au lieu d'être cintré en dessous de la poignée, comme aux fusils de guerre, a au contraire un renflement convexe en cet endroit, ce que l'on appelle *monture en gigue*.

Fusil à dez. C'est celui dont le canon étoit à dez. (*Voyez* le mot Dez.)

Fusil des élèves des écoles militaires. Modèle de 1816. Canon tordu, long de 1 mèt. 001 (37 pouc.); calibre de 0 mèt. 015 (6 lig. 9 points); épaisseur au tonnerre, 0 mèt. 028 (12 lig. 6 points); platine du pistolet de cavalerie, modèle de l'an XIII; garniture en cuivre; sous-garde comme au modèle de 1763, la pièce de détente étant à ailettes; longueur de l'arme, non comprise celle de la baïonnette, 1 mèt. 29 (4 pieds); longueur de la lame de la baïonnette, 0 mèt. 52 (1 pied); poids total, 2 kil. 93 (6 liv.); poids de la baïonnette, 0 kil. 16 (5 onc. 4 gros); prix total, 41 francs 39 centimes.

Fusil de Montalembert. Ce fusil est très-ingénieux; en voici la description:

Le canon est forgé comme un canon ordinaire; mais il est plus renforcé au tonnerre, & la partie que, dans les autres fusils, on appelle *queue de culasse*, est forgée avec le canon: elle a d'ailleurs la même destination. Le canon est foré de façon que les cercles élémentaires de la partie de l'âme, destinée à recevoir la charge, ont un plus grand diamètre que le surplus de l'intérieur du tube.

Le tonnerre est traversé de part en part & verticalement, pour recevoir un prisme quadrangulaire, dont la base supérieure a une cavité circulaire coïncidente avec celle de l'âme, & celle inférieure a la forme du dessous du canon. Ce prisme, ou *clapet*, a une rainure longitudinale dans laquelle entre une espèce de mentonnet à bascule, fixé au-dessous du bois, du côté de la platine, & qui est destiné à empêcher le clapet de sortir entièrement de son encastrement, soit en dessus, soit en dessous: en sorte que, pour le laisser tomber, il faut faire sortir le mentonnet de la rainure, laquelle est pratiquée du côté de la sous-garde. (On suppose la pièce en place.)

ARTILLERIE.

On sent que le bois est percé suivant la direction de l'orifice.

Le canon est taraudé comme à l'ordinaire, pour recevoir une fausse culasse, dont le bouton fait vis de pression contre le clapet, & dont la partie extérieure, ayant la forme d'un parallélépipède, est percée verticalement d'un trou écroui.

La sous-garde a la forme de celle des fusils de chasse, & elle est à peu près disposée de même; mais le nœud antérieur du pontet a un prolongement cylindrique & taraudé, pour entrer dans le trou du parallélépipède, où il reste fixé. La partie postérieure de ce pontet est brisée & ajustée avec la feuille de derrière, de manière à être mobile: en sorte que le pontet de la sous-garde fait l'effet d'une manivelle, au moyen de laquelle on serre ou desserre, à volonté, le clapet dans son encastrement: on le serre en tournant un peu le pontet de dessus en dessous; c'est le contraire pour le desserrer.

Toute l'action de la platine se fait sur le derrière du corps, qui porte donc les deux ressorts intérieurs, la noix, la bride & la gâchette. Cet arrangement des pièces est précisément celui qui a lieu au fusil tournant. L'épaisseur du canon au tonnerre & son mécanisme en cet endroit, nécessitent cette disposition de la platine, tant pour son ajustage que pour diminuer le moins possible le bois, déjà trop affaibli par le trou du clapet, par celui du nœud postérieur du pontet, &c.

Lorsqu'on veut charger le fusil, on fait descendre le clapet & on place la charge comme aux autres armes de cette espèce. On fait ensuite remonter le clapet, en le poussant avec le doigt, & on le serre par le mouvement dont on a parlé plus haut. Le clapet forme le point d'appui de la charge au fond du canon.

Fusil de munition. C'est celui dont on arme l'infanterie; il y en a trois espèces, qui sont des modèles de 1816, savoir: d'infanterie de ligne, de voltigeur & d'artillerie. La longueur du canon du fusil d'infanterie est de 1 mèt. 136 (42 pouces); son calibre est de 0 mèt. 0175 (7 lig. 9 points); la longueur totale de l'arme est de 1 mèt. 528 (56 pouces 6 lig.), non compris la baïonnette, qui a 0 mèt. 41 (15 pouces) de lame; les garnitures sont en fer. Le poids total de l'arme est d'environ 4 kil. 649 (9 liv. 8 onces), & son prix le plus élevé de 36 fr. Ce prix & celui des autres fusils, du mousqueton & des pistolets de cavalerie, sont ceux alloués à la manufacture royale de Saint-Étienne. (*Voyez*, pour la portée du fusil d'infanterie, l'article TIR DES ARMES A FEU.)

On reproche au fusil, modèle de 1777 corrigé, d'être trop pesant sur le devant, & d'être trop léger à l'arrière ou crosse; de sorte que, quand le soldat tient l'arme à la position de *joue*, le centre de gravité est trop éloigné de son corps, &, s'il est foible, le poids peut faire tirer trop bas. Pour

T

obvier à cet inconvénient, il paroîtroit convenable de diminuer la longueur du canon.

Les canons des fufils de guerre étoient, antérieurement à 1763, plus longs qu'au modèle actuel, parce qu'on croyoit autrefois qu'en diminuant leur longueur, on diminuoit leur portée dans la même proportion (en 1746 & 1754 ils étoient de 1 mèt. 191 (44 pouces); depuis 1763 ils font de 1 mèt. 137 (42 pouces)); mais Euler, Antoni, Robins, &c., ont prouvé, par des expériences réitérées, que, dans ce cas, les portées diminuoient très-peu, à moins que les longueurs ne fuffent entièrement difproportionnées.

M. le lieutenant-général Gaffendi fait obferver (page 1179 de l'Aide-mémoire, 4e. édit.) que le fantaffin eft prefque toujours trop petit pour bien charger fon fufil, & qu'il ne le domine pas affez ; il faudroit, dit-il, diminuer le canon de 0 mèt. 054 (2 pouces) & alonger la bayonnette de la même quantité, afin que le troifième rang puiffe fraifer également le premier. La bayonnette n'avoit alors que 0 mèt. 379 (14 pouces) de longueur, & elle a maintenant 0 mèt. 406 (15 pouces).

On penfe donc qu'il conviendroit de raccourcir le canon de 0 mèt. 054 (2 pouces), comme le propofe ce général, & d'effayer fi la bayonnette actuelle ne feroit pas fuffifamment longue, fon augmentation en longueur devant en produire une très-grande dans le poids, quand cette pièce eft placée au bout du fufil.

Le fufil de voltigeur ne diffère effentiellement de celui d'infanterie que dans la longueur du canon, qui eft moindre de 0 mèt. 108 (4 pouces). Son poids eft de 4 k.l. 435 (9 liv. 1 once). Il coûte 35 fr. 71 c.

Le fufil d'artillerie a un canon de 0 mèt. 92 (54 pouces) de longueur. Son calibre eft de 0 mèt. 017 (7 lig. 7 points). La longueur totale de l'arme eft de 1 mèt. 315 (48 pouces 6 lig.), non compris celle de la bayonnette. Son poids eft de 3 k.l. 793 (7 liv. 12 onces). La bayonnette eft la même que celle des deux modèles précédens. Les garnitures font en cuivre. Il coûte 34 fr. 72 c.

Les pièces qui compofent un fufil de munition font : le canon, fa culaffe & fa vis de culaffe ; le bois ou la monture ; la bayonnette ; la baguette, dont la tête eft en poire & le bout taraudé ; la platine compofée de vingt pièces, qui font :

Le corps de platine ; le baffinet ; la vis du baffinet ; le reffort de batterie ; la vis du reffort de batterie ; la batterie ; la vis de batterie ; la noix ; le chien ; la mâchoire fupérieure du chien ; la vis du chien ; la vis de noix ; le grand reffort ; la vis du grand reffort ; la bride de noix ; la vis de bride de noix ; la gâchette ; la vis de gâchette ; le reffort de gâchette ; la vis du reffort de gâchette.

La garniture, qui fe compofe de la plaque de couche & fes deux vis ; la détente & fa goupille ; la pièce de détente ou l'écuffon, qui, avec le pontet, forme la fous-garde ; la vis de détente ; la grenadière & fon reffort ; le battant de fous-garde & fa goupille ; l'embouchoir & fon reffort ; la capucine & fon reffort ; la contre-platine, auffi nommée *effe* ou *porte-vis* ; les deux grandes vis de platine ; le reffort de baguette & fa goupille.

Les parties du bois font : le fût ou le devant, dans lequel s'encaftre le canon & la baguette ; la croffe, qu'on appuie contre l'épaule en tirant l'arme ; la poignée ; le bufc ; la joue, qui eft un évidement pour placer la joue du tireur, & qui eft fitué du côté du porte-vis ; l'encaftrement pour recevoir la platine, celui pour le paffage de la détente, pour loger l'écuffon, le porte-vis, la culaffe, &c. ; les embafes pour la grenadière & la capucine, &c. (*Voyez* l'article MONTER UN FUSIL.)

Les foldats portent leurs fufils, au moyen d'une bretelle en buffle, qui paffe dans le battant de la grenadière & dans celui de la fous-garde.

Cette bretelle fe compofe d'une bande de buffle, à l'une des extrémités de laquelle eft fixée une boucle en cuivre avec un ardillon mobile, qui eft retenue par une enchapure formée en pliant le buffle.

On recouvre quelquefois la platine d'une pièce en peau de vache corroyée, deftinée à la préferver de l'humidité. Cette pièce s'appelle *couvre-platine*.

FUSIL de chaffe à percuffion. On a vu à l'article ARMES A PERCUSSION, qu'il a été imaginé diverfes efpèces de fufils de chaffe à percuffion fort ingénieux ; ils font recherchés par beaucoup de chaffeurs & rejetés par quelques autres, qui préfèrent le fufil à filex. M. Lepage, arquebufier d'un mérite diftingué, qui en a fabriqué de différens mécanifmes, a propofé d'adapter ce fyftème aux fufils de guerre, en remplaçant le baffinet par un petit mortier, dans lequel on mettroit le grain de poudre d'amorce, & en fubftituant au chien un pifton qui frapperoit fur ce grain ; fans rien changer aux autres pièces de la platine ni à la lumière. Cette idée eft fort fimple, & fon exécution coûteroit peu ; mais elle n'a pas été adoptée, principalement à caufe des inconvéniens que préfentent les poudres muriatiques actuelles, tant dans leur fabrication que dans leur emploi. (*Voyez* l'article précité.)

L'amorce fe met dans le petit mortier au moyen d'une petite poire à poudre, dans laquelle une couliffe règle la quantité de poudre néceffaire qui doit fortir chaque fois : cette quantité étant de un centigramme, il fuffit, pour l'introduction de cette amorce, de découvrir & recouvrir le mortier, en déplaçant un couvre-feu, comme cela fe pratique avec la batterie des fufils à filex.

FUSIL-PIQUE. Il confifte en un fufil ordinaire, modifié de façon à recevoir, dans une partie du fût, une hampe de 1 mèt. 65 (39 pouces), retenue contre le canon par deux douilles. (*Voyez* l'*Art de l'Arquebusier de l'Encyclopédie méthodique.*)

Fusil rayé. On a fait, dans l'origine des armes à feu, des fusils rayés. Il y en a un au Musée de l'artillerie, qui a appartenu à François 1er. On ne raye plus maintenant que les carabines. Le canon est pour cela très-renforcé, & on ne peut guère le tirer qu'avec une balle, ce qui seroit désavantageux pour un fusil de chasse. (*Voyez* l'article Carabine.)

Fusil de rempart. On a fait usage du fusil de rempart dès l'origine des armes à feu portatives : il y en avoit de diverses formes & de divers calibres ; les premiers étoient sans platine. Du temps de Surirey de Saint-Remy, ils étoient du calibre de douze à seize balles à la livre, & la longueur du canon étoit de 2 mèt. 59 (8 pieds). Ces armes sont à peu près restées dans cet état sous le général Gribeauval, sauf la longueur du canon qui étoit moindre : toutefois on ne trouve rien de réglémentaire sur ces armes.

Les fusils de rempart doivent entrer dans l'approvisionnement des places, dans le rapport de soixante par front de fortification, dont vingt sont destinés pour le rechange.

Les conditions essentielles des fusils de rempart doivent être de porter avec justesse les balles à une grande distance, & d'être assez maniables pour être transportés par les soldats.

On pense qu'un fusil qui se chargeroit par le tonnerre, dont la balle seroit au moins de 0 kil. 061 (2 onc.), avec lequel on seroit usage d'une platine à silex, & dont le tir auroit lieu sur une fourchette ou trépied, rempliroit bien les conditions sus-mentionnées.

On a été amené à cette pensée par les considérations suivantes : 1°. l'étendue de portée d'un fusil est relative au poids & au diamètre du projectile; 2°. la justesse du tir ne peut avoir lieu qu'en tirant à balles forcées ou d'un calibre exact; 3°. la difficulté de charger par la bouche un fusil que le soldat ne domineroit pas suffisamment; 4°. enfin, les inconvéniens d'employer des armes rayées en spirale, qu'il faudroit charger au moyen d'un maillet & d'une forte baguette en acier.

On ne se dissimule pas d'ailleurs les inconvéniens qui résultent du chargement par le tonnerre, qui consistent principalement dans le défaut de solidité vers cette partie & dans un jet de feu à l'arrière du canon ; mais ce dernier inconvénient se feroit moins sentir au fusil de rempart qu'à celui de troupes, parce que les défenseurs sont dans les fortifications à une certaine distance les uns des autres.

Les fusils de rempart pouvant être tirés sur un trépied, on peut leur donner de bien plus fortes dimensions qu'à ceux des troupes.

Fusil tournant. C'est un fusil double dont les canons ne sont pas soudés ensemble : l'un est dessus, l'autre est dessous, & chacun peut être alternativement ramené en dessus, par le moyen d'une brisure tournante pratiquée au défaut de la culasse. Lorsqu'on a tiré le premier coup, ce qui a lieu comme à un fusil simple, d'un tour de main, en appuyant sur la sous-garde, on reporte le canon chargé en dessus. La platine est brisée & se compose en quelque sorte de trois parties ; d'un derrière qui est immobile sur le bois, & de deux devans, dont chacun portant un bassinet & une batterie seulement, est fixé sur un canon & tourne avec lui, de façon que la batterie se présente parfaitement en face du chien. Il y a en dessous du canon un crochet de la forme du profil de la batterie, destiné à empêcher le découvrement du bassinet, & par conséquent la perte de la poudre d'amorce. Ce fusil est regardé comme le chef-d'œuvre de l'arquebuserie, à cause des difficultés qu'il présente dans son exécution.

Le mécanisme de la brisure tournante pouvant s'appliquer à deux canons doubles comme à deux canons simples, on a fait des fusils tournans à quatre coups ; il faut alors deux chiens, quatre batteries & quatre bassinets. M. Lepage, arquebusier du Roi, vient de faire des fusils tournans de cette dernière espèce, qui fonctionnent parfaitement bien. L'un de ces fusils, dont la garniture est en platine & présente des allégories de la chasse d'un très-beau dessin, a été vendu 2500 francs. Mais on en fabrique rarement, parce qu'ils sont pesans, coûtent cher, & ne servent guère que pour la chasse des grandes bêtes.

Fusil à quatre coups non tournant. Quoique l'on ne fabrique plus de fusil à quatre coups non tournant, & que l'on ne conserve guère ces sortes d'armes que comme un objet de curiosité, je crois devoir en faire mention. Ces fusils sont composés de quatre canons brasés ensemble, au moyen de quatre plates-bandes. Il y en a deux en dessus & deux en dessous, & ceux-ci sont plus courts que les deux autres, mais ils sont ajustés de façon que les bouches soient de niveau. Il y a quatre platines, dont deux se placent d'un côté de la monture & deux de l'autre. Elles sont des deux côtés placées plus bas que l'autre, & sont disposées de manière à correspondre aux canons de dessus & de dessous. Celles des canons de dessus empiètent un peu sur celles des canons courts pour être plus rapprochées des détentes, & par conséquent plus à portée du tireur. Afin que la platine supérieure ne gêne pas le jeu de la platine inférieure, les ressorts de batterie sont placés intérieurement par rapport au corps de platine. Il y a quatre détentes qui s'adaptent à un seul écusson alongé en conséquence, ainsi que le pontet de la sous-garde qui les couvre toutes les quatre. La baguette se loge dans le vide formé par les deux canons doubles.

ou sur le côté, au moyen des porte-baguettes ordinaires.

Ces fusils sont très-lourds, pesant plus de 4 kil. 895i (10 liv.); ils coûtent cher; leur monture est peu solide & ils sont d'un tir peu sûr, surtout pour les canons de dessous, avec lesquels on ne peut viser.

Il y a au Musée de l'artillerie des fusils & des pistolets à quatre coups non tournans.

FUSIL à vent. C'est un fusil dont le canon se charge d'air à l'aide d'une pompe foulante, & dans lequel l'élasticité de ce fluide fait l'office de la poudre. L'avantage qu'offre cette arme est de pouvoir tirer une grande quantité de coups sans qu'on soit obligé de la recharger, & de frapper sans être entendu, même à une très-petite distance; ce qui est dangereux dans la société & en fait proscrire l'usage.

Ce fusil a été inventé par un nommé Guther, antérieurement à 1570, époque où il fut perfectionné à Nuremberg. On faisait des arquebuses à vent comme on a fait depuis des fusils, dans lesquels l'air est moteur.

La plus ingénieuse & la plus simple de ces armes est une carabine qui est déposée au Musée de l'artillerie. Je vais la décrire, renvoyant pour d'autres mécanisme de ce genre au *Dictionnaire de Physique de l'Encyclopédie méthodique*.

Cette carabine est une arme de guerre qui a servi pendant quelque temps aux tirailleurs autrichiens : sa longueur totale est de 1 mèt. 22 (45 pouc.), & son poids d'environ 3 kilog. 91 (8 liv.). On a proposé en France, en 1807, d'en armer les mineurs du génie.

Le canon a 0 mèt. 81 (30 pouc.) de longueur; il est rayé en spirale, & son calibre est de 0 mèt. 011 (5 lign.); il n'a point de culasse. A l'endroit du tonnerre, le canon est traversé, à angle droit, par un parallélipipède ou *clapet* horizontal percé d'un trou, qui correspond avec le calibre. Le prolongement de ce clapet mobile sert de fond à un tube placé à la droite du canon principal, & ayant 0 mèt. 27 (10 pouc.) de longueur. Ce tube renferme vingt balles qu'on y introduit en levant un couvercle à ressort qu'il porte à son extrémité supérieure. Le clapet, qui a 0 mèt. 081 (3 pouces) de longueur, est contenu dans son mouvement par un ressort qui enveloppe le petit tube. Ce ressort cède quand on pousse le clapet de gauche à droite, & le trou dont cette dernière pièce est percée, passe alors du grand canon dans le tube, y reçoit une balle & revient à sa place par la seule pression du ressort.

Le fût s'étend depuis la crosse jusqu'au milieu de la longueur du canon; il a un canal pour recevoir la baguette destinée à enfoncer une bourre. L'arrière du fût est creusé pour loger la platine, la contre-platine, le repoussoir & son ressort, la détente, la sous-garde, & une grosse pièce en cuivre formant la poignée de l'arme, & percée dans toute sa longueur pour établir la communication entre le canon & la crosse; cette pièce en cuivre est terminée par un petit cylindre qui se visse sur la crosse & donne passage au repoussoir, qui est une tige mobile composée de deux pièces assemblées à charnière.

La crosse est une boîte de forte tôle, en forme de poire, ayant environ 0 mèt. 32 (12 pouces) de longueur; elle est fermée par une pièce de fer taraudée pour recevoir le cylindre dont on vient de parler. Cette boîte est le réservoir où l'on comprime l'air qui sert de moteur au projectile; on emploie à cet effet une pompe dont la vis convient à l'écrou pratiqué à l'entrée de la crosse. Le fond de cet écrou a une petite ouverture fermée par une soupape que maintient un ressort à boudin enveloppé d'un petit tube percé de trous. Ce tube, fixé dans l'intérieur de la crosse, a un fond traversé par une tige mobile qui tient à la soupape & sert à en diriger le mouvement. La crosse est recouverte de peau.

La pompe consiste en un tuyau cylindrique dans lequel se meut un piston qu'on fait jouer à l'aide d'un levier. Le tuyau, ou corps de pompe, se visse dans la crosse, ainsi qu'on l'a fait observer. Vers le haut il est percé dans son épaisseur d'un petit trou latéral, ou *trompille*. En baissant le piston, l'air contenu dans le corps de pompe se trouvant pressé, ouvre la soupape & passe dans la crosse. Lorsqu'ensuite on lève le piston, le vide se fait dans la partie inférieure du corps de pompe, & la soupape se trouve fermée par la pression de son ressort. Le piston, en montant, dépasse la trompille; alors l'air ambiant afflue par cette ouverture, & on le refoule dans le réservoir en abaissant de nouveau le piston. En continuant ce mouvement alternatif, jusqu'à ce que l'air soit suffisamment comprimé, il acquiert assez de force de ressort pour lancer successivement les balles dont la carabine est approvisionnée.

Les pièces de platine sont : le chien, le corps de platine, le grand ressort, la noix & sa bride, la gâchette & son ressort.

Le chien n'est qu'un levier destiné à bander le ressort. La noix est ovale; elle porte d'un côté une bouterolle très-saillante, & à l'opposite une roulette sur laquelle le grand ressort, composé d'une seule branche, agit de bas en haut.

Lorsqu'en pesant sur la détente on détermine l'échappement de la noix; le grand ressort, soulevant la roulette, fait baisser la bouterolle qui, en s'abattant, rencontre la queue du repoussoir & le renvoie en arrière. Le repoussoir, glissant sur un ressort à paillette, va frapper la soupape qui, cédant au choc, s'entr'ouvre, donne issue à une portion de l'air contenu dans le réservoir, puis se referme subitement en obéissant au ressort qui la pousse. Le jet d'air qui vient de s'échapper, développe sa force expansive, & chasse rapidement le projectile.

Fusil de Vincennes. Il prit le nom du château de Vincennes, où l'on avoit établi les ateliers nécessaires à sa construction. Il est très-long, & on l'armoit d'une baïonnette très-longue aussi, pour faire l'office de lance. Le canon étoit brisé. (*Voy. l'Art de l'Arquebusier de l'Encyclopédie méthodique.*)

FUT. Partie du bois d'une arme à feu dans laquelle s'encastrent le canon, la platine, la baguette, les ressorts de garniture, &c.

FUTÉE. C'est une espèce de mastic dont des ouvriers infidèles se servent quelquefois pour remplir & cacher des trous, fentes, nœuds & autres défauts des bois des armes à feu portatives.

G

GABARI. C'est le modèle profilé d'un ouvrage en bois. Les gabaris sont des patrons pour toutes les pièces des constructions de l'artillerie : ils se font sur le tracé en grand, ordinairement en planches de sapin plus ou moins épaisses, suivant la grandeur des gabaris.

GABIONS. Ce sont des espèces de paniers cylindriques sans fond, dont on fait usage dans l'artillerie pour revêtir les batteries. Leur hauteur est communément de 0 mèt. 97 (3 pieds) sur 0 mèt. 48 (18 pouces) de diamètre. Pour les construire, on trace sur le terrain un cercle dont le diamètre est d'environ 0 mèt. 48 (18 pouces); & sur la circonférence, on plante verticalement sept ou neuf piquets, en les espaçant également & en les enfonçant en terre à peu près de 0 mèt. 162 (6 pouc.). Ces piquets ont au moins 0 mèt. 027 (1 pouce) de diamètre; on les entrelace avec des branches flexibles d'environ 0 mèt. 018 (8 lignes) de grosseur, dont on met le gros bout en dedans des gabions, & laissant alternativement un piquet en dehors & un piquet en dedans : à mesure qu'on fait quelques tours, on serre l'entrelacement à coups de maillet. Lorsqu'on est arrivé au niveau du haut des piquets, on lie ensemble trois tours avec quatre petites harts, dont chacune enveloppe une tête de piquet & se rattacher au corps des gabions, qu'on lève alors & qu'on attache de même de l'autre côté. Lorsqu'ils sont placés, ils ont les pointes en haut, pour assujettir les saucissons dont on les couronne ordinairement après les avoir remplis de terre & avivé les pointes, s'il est nécessaire.

GABIONS farcis. Gros gabions dont on se servoit autrefois, au lieu de mantelets, pour couvrir la tête des sapes. Ils avoient 1 mèt. 62 à 1 mèt. 94 (5 à 6 pieds) de hauteur, sur 1 mèt. 29 à 1 mèt. 62 (4 à 5 pieds) de diamètre. On les remplissoit de menus bois & d'autres matières, qui les mettoient à l'épreuve de la balle du fusil.

GACHETTE. C'est, dans la platine, la pièce coudée dont la grande branche ou queue est la partie contre laquelle appuie la détente pour faire partir le coup quand le chien est armé. La petite branche, ou le devant, est celle qui est terminée par un bec pour engrener dans les crans du repos & du bandé de la noix, & qui est percée pour recevoir la vis qui assujettit cette pièce au corps de platine.

GACHETTE-DÉTENTE. On appelle ainsi une pièce d'arme composée d'une gâchette & d'une détente qu'on a proposé d'adopter pour les fusils de guerre. Voici les observations pour & contre cette observation :

Dans les premières platines à rouet, la détente n'agissoit sur la gâchette que par l'intermédiaire d'une seconde détente située à peu près comme l'est la queue de la gâchette par rapport à cette même pièce.

On réduisit ce système à deux pièces par la réunion des deux dernières en une seule, & l'on obtint une nouvelle gâchette dont la forme détermina par la suite celle de la gâchette du modèle actuel.

Après cette première simplification, l'idée se présenta naturellement de remplacer le tout par une seule pièce; mais, soit que le moyen employé alors ne remplît pas l'objet, soit qu'on rencontrât des difficultés de construction, cette idée fut abandonnée. Un contrôleur d'armes regardant ce changement comme avantageux, vient de proposer une gâchette dans laquelle il a changé la forme & la direction de la queue de cette pièce, afin qu'en traversant l'écusson, elle fasse en même temps fonction de détente.

Il résulteroit de ce changement : 1°. que la fabrication de l'arme deviendroit plus simple par la suppression de la détente, & celle des ailettes de l'écusson du nouveau modèle de fusil; 2°. que l'action du départ de l'arme étant immédiate au moyen de ce mécanisme, il n'y aura pas conséquent plus d'ajustage de détente, ce qui est une opération difficile à bien exécuter, & à laquelle l'ouvrier donne souvent beaucoup de soin & beaucoup de temps; 3°. que le prix de la main-d'œuvre fera moindre, à caufe de la fuppreſſion de la détente & des ailettes de l'écuſſon.

On objecte contre l'emploi de cette gâchette que la largeur du trou qu'il faut pratiquer dans le bois pour le paſſage de la queue, l'affoiblit plus qu'il ne l'eſt par le logement de la queue de la gâchette ordinaire & par celui des ailettes; & qu'en outre, pour remettre la platine en place, les parties faillantes de l'intérieur de la platine rencontrant les bords du bois, la maladreſſe des foldats les dégraderoit bientôt.

Enfin, que le bec de gâchette eſt plus fujet dans fon dégagement à rencontrer le cran du repos de la noix que dans la platine ordinaire.

Ces inconvéniens ont fait, avec raifon, rejeter cette idée.

GAFFE. Perche portant à une de fes extrémités une pointe & un crochet, & fervant à diriger une embarcation fur des eaux peu profondes.

GALÈRE. C'eſt un moyen imaginé pour conduire à bras d'hommes les voitures, &c., à de petites diſtances, & de fuppléer au défaut de chevaux ou à la difficulté de s'en fervir. Pour cela, on fixe par fon milieu une prolonge double au timon ou au bras de limonière; on place au travers des leviers qui dépaſſent également les deux côtés de la prolonge, & qui en font embraſſés par le nœud de galère. Trois hommes placés à chaque levier tirent la voiture.

GALET ou JALET. Caillou rond qui fe lançoit avec la fronde ou avec l'arc à jalet.

GAMELLES. Grandes écuelles de bois fervant à contenir des compofitions d'artifices.

GANGUE. Matières terreufes, pierreufes, &c., qui recouvrent le minerai quand on l'extrait de la mine. On enlève la gangue au moyen du bocardage & du lavage. (*Voyez* le mot BOCARD.)

GANSE. Premier élément des nœuds. C'eſt la forme que prend un cordage en rapprochant un brin de l'autre. (*Voyez* le mot NŒUDS.)

GANTELETS. Partie de l'ancienne armure qui couvroit l'avant-bras & les mains. Ils étoient faits de lames de fer, & quelquefois de mailles de ce métal.

GANTS. Les officiers d'artillerie & les contrôleurs, dans les manufactures d'armes, ont des gants lorfqu'ils manient les pièces pour les examiner. L'entrepreneur les fournit fur fon bénéfice de 20 fous 100 en fus du prix des armes.

GARDE. Partie de la monture du fabre, qui fert à garantir la main des coups de l'ennemi. Le fabre d'artillerie n'en a pas. (*Voyez* le mot SABRE.)

GARDE-COLLET. Pièce en fer qui fe trouve fur quelques cuiraſſes anciennes, s'élevant fur chaque épaule pour garantir le cou des coups des armes d'haſt.

GARDE-FEU. C'eſt, dans le baffinet, la partie élevée du bord qui eſt du coté du chien. (*Voyez* l'article PLATINE DES ARMES DE GUERRE.)

GARDES D'ARTILLERIE. Employés d'artillerie dont les fonctions, en temps de paix comme en temps de guerre, font à la fois importantes & laborieufes. On les divife en trois claſſes: ceux de la première font pris parmi les fergens-majors & les maréchaux-des-logis des régimens d'artillerie, du bataillon de pontonniers & des compagnies d'ouvriers: ceux de la feconde font pris parmi les gardes de la troifième claſſe, & ceux de la première parmi ceux de la feconde.

Ils font chargés dans les divers établiſſemens & dans les places, du foin des magafins & de leurs dépendances; & dans les armées, des voitures qui compofent les équipages d'artillerie, foit dans les parcs, foit dans les routes; de la confommation des effets, voitures & attirails d'artillerie; de l'inventaire général & détaillé de ces divers objets; des recettes & dépenfes; des remifes & des confommations.

GARDIENS DE BATTERIE DE CÔTE. Ils font fur les côtes les fonctions de gardes d'artillerie. Ils font pris parmi les canonniers vétérans, ou les fous-officiers ayant leur retraite. Ils doivent favoir lire & écrire; font logés près des batteries, fervent en même temps de gardes des fortifications; font choifis de concert par les directeurs d'artillerie & du génie, & nommés par le miniſtre de la guerre.

GARGOUSSE, autrefois GARGOUCHE ou GARGOUGE. On appelle *gargouſſe* le cylindre creux en papier ou en parchemin, deſtiné à renfermer la charge de poudre d'une pièce de canon; lorfqu'il eſt de ferge, on le nomme *fachet*; quand il eſt joint au boulet, on nomme cette réunion *cartouche à boulet*; il eſt du calibre de la pièce.

On a fubſtitué les gargouſſes à l'ufage peu fûr des *lanternes*, au moyen defquelles on portoit la charge de poudre au fond de l'ame des canons. Le fervice en eſt plus expédiuf & moins dangereux; il exige feulement qu'on bouche bien la lumière, qu'on écouvillonne exactement la pièce, & qu'on dégorge bien la lumière pour que l'amorce puiſſe communiquer à la charge.

Il faut pour la conſtruction des gargouſſes qu'on emploie aux pièces de fiége, du papier fort, à demi blanc, bien collé & de grandeur convenable; celui qu'on emploie ordinairement a 9 mèt.

623 (23 pouces) de hauteur, 8 mèt. 758 (28 pouc.) de largeur. Il peut servir à tous les calibres. Il coûte environ dix-huit francs la rame.

On coupe le papier de grandeur à pouvoir se recouvrir de 0 mèt. 034 à 0 mèt. 041 (15 à 18 lig.) sur le mandrin qui doit servir à le rouler; on entaille de la même quantité la partie qui doit recouvrir le culot; on colle l'un des côtés ainsi que la partie entaillée; on roule le papier sur le mandrin, que l'on redresse ensuite pour avoir la facilité de passer la main sur la partie collée & pouvoir serrer le papier; on place le culot sur le mandrin, & on l'attache au sac en repliant par-dessus la partie du papier entaillée & collée; on ôte le sac de dessus le mandrin pour le faire sécher, en le posant debout sur une table.

Le parchemin a l'inconvénient de laisser au fond du canon des culots qu'il faut retirer avec le tire-bourre, pour éviter des accidens graves.

Les mandrins doivent être percés à leur axe, pour établir l'équilibre entre la pression extérieure de l'air, qui empêcheroit de pouvoir ôter le sac sans le déchirer.

GARGOUSSIER. Boîte ronde en bois, dans laquelle on renferme la gargousse pour l'apporter ou l'entreposer dans une batterie où l'on tire.

GARNISSEUR DE CANONS DE FUSIL. Ouvrier qui met le canon de longueur, le taraude ainsi que la culasse, perce la lumière & place le tenon pour la baïonnette.

GARNITURE DES ARMES A FEU PORTATIVES. Pièces en métal qui lient le canon au bois en fortifiant ce dernier. Dans le fusil, la garniture se compose de l'embouchoir, la grenadière, la capucine, les ressorts de ces trois pièces, le porte-vis, la sous-garde, le battant de sous-garde, la détente, la plaque de couche & le ressort de baguette. (*Voyez* ces mots.)

GARNITURE d'un fourreau de sabre. Elle se compose des pièces nécessaires pour fortifier le fourreau & porter le sabre pendant au côté. Il y a aux sabres de cavalerie un dard & deux bracelets avec leurs pitons & anneaux; aux sabres d'infanterie & d'artillerie, une chape & un bout.

GARNITURES d'artifices. On appelle ainsi les petits artifices dont on remplit les pots des fusées volantes, les pots-à-feu & les ballons de feu de joie; on donne aussi ce nom aux pétards dont on charge le pot des fusées de signaux & des fusées incendiaires. (*Voyez* l'article FUSÉES DE SIGNAUX.)

GATEAU. Masse de matière qui se forme au fond des mortiers des moulins à poudre, lorsque les rechanges ne se font pas au temps prescrit, ou lorsque l'arrosage n'est pas suffisant. Le chef poudrier visite les mortiers toutes les heures pour prévenir cet accident.

GAZONS. On revêt les batteries en gazons lorsqu'on n'a pas de bois pour faire des saucissons. On les dresse par lits horizontaux, ou en assises réglées & de niveau, ainsi qu'il se pratique pour les paremens en maçonnerie. On place ces gazons coupés en rectangles, l'herbe en dessous, les inclinant un peu du dehors au dedans pour suivre la pente donnée au talus.

GÉLIVURES. On appelle ainsi toute fente qui s'étend du centre du tronc d'un arbre à sa circonférence, &, en général, toutes sortes de fentes qui se trouvent dans le bois. Ces fentes, qui proviennent des fortes gelées, s'ouvrant quand les arbres se dessèchent, forment des défauts d'autant plus considérables qu'elles ont plus d'étendue.

GÉLIVURES entrelardées. On nomme ainsi une couronne de faux aubier, qui n'occupe quelquefois que le quart ou la cinquième partie de la circonférence d'un arbre. Assez souvent on trouve morte cette portion de mauvais bois; quelquefois même elle est recouverte d'une écorce également morte. Ce vice, qui est occasionné par l'action du soleil & des gelées, se reconnoît à un cercle blanc ou jaunâtre qui se trouve dans le bout du bois.

GENOUILLÈRES. Parties de l'ancienne armure destinées à garantir les genoux des coups de l'ennemi.

GENOUILLÈRE de batterie. C'est la partie du revêtement comprise depuis le sol jusqu'au commencement de l'embrasure.

GERBE. On appelle ainsi, dans les artifices de réjouissances, un groupe de fusées qui sortent en même temps d'un pot ou d'une caisse, & qui, par leur expansion, représentent une gerbe lumineuse.

GERÇURES DANS LES BOUCHES A FEU. Ce sont des fentes que les battemens violens & fréquens du boulet opèrent dans l'intérieur des canons, vers la tulipe; elles s'ouvrent & s'étendent vers la culasse, à mesure que les battemens approchent de cet endroit.

GÈSE. Nom de la demi-pique gauloise.

GIBERNE. Boîte en bois, recouverte en cuir noir, dans laquelle le soldat doit porter des cartouches, des pierres à feu, un tire-balle & un tournevis.

GIBERNE d'artillerie à pied. Le bois de giberne d'artillerie est percé de deux auges, contenant chacune un paquet de cartouches; la cloison qui les sépare n'est percée que de deux trous à cartouches. Il est cousu derrière la patelette, à la hauteur de l'ouverture de la boîte, un recouvrement en basane noire.

La boîte & la patelette sont d'une seule pièce, en cuir noir de vache étiré, la chair en dehors. Les deux bouts de la boîte sont en cuir semblable, mais en pièces rapportées. Ils sont arrondis par le haut & bordés, tout au pourtour, en cuir de vache ou veau corroyé. Il y a une traverse à la partie supérieure du derrière de la boîte, qui n'est cousue que par les extrémités & le milieu, de manière à laisser deux passans pour les bouts de la banderolle. La martingale, destinée à fixer la giberne sur le vêtement de l'homme, est en buffle & cousue derrière la boîte, sous la traverse du côté gauche; elle traverse la bordure de l'angle du bout de la boîte. Sur le devant extérieur de la boîte est placée une boucle de forme carrée, en basane noire, pour contenir la pièce grasse & les pierres de rechange.

Il y a sous la giberne trois boucles en cuivre, retenues par des enchapures en cuir noir; la boucle du milieu, destinée à recevoir un contre-sanglon fixé au-dessous du milieu de la patelette, a l'ardillon en dehors; celles de côté, destinées à recevoir les contre-sanglons de banderolle, ont les ardillons en dessous.

Les courroies de bonnet sont placées entre ces boucles & les extrémités de la giberne; elles sont cousues à la giberne. Il y a des passans en cuir noir pour recevoir ces courroies.

La banderolle d'artillerie est en buffle blanc, & porte à chaque extrémité un contre-sanglon destiné à l'arrêter dans les boucles placées sous la boîte de giberne.

Le porte-baïonnette est cousu au bord de la banderolle, de manière à se trouver placé au côté droit de l'homme, lorsqu'il est revêtu de cet équipement.

Sur le dessus du coulant est placée une boucle en cuivre, retenue par une enchapure en buffle qui porte un passant. Ils sont destinés à recevoir le contre-sanglon du fourreau de baïonnette.

GIBERNE d'artillerie à cheval. La giberne d'artillerie à cheval est cambrée; le bois est percé de deux auges de longueur différente; celle du côté droit est destinée à recevoir un paquet de cartouches; celle du côté gauche, qui est plus courte, est destinée à recevoir la pièce grasse, les pierres de rechange & le monte-ressort.

La cloison qui sépare les deux auges est percée de deux trous; l'un, par-devant, pour la fiole à l'huile; l'autre, par-derrière, pour le tire-balle.

La boîte se compose de trois pièces, une grande & deux petites; la grande forme le devant, le dessous & le derrière; les petites forment les deux bouts. La partie supérieure de ces petites pièces forme une enchapure pour retenir les demi-anneaux. Les deux bouts de boîte sont bordés en cuir de veau ou de vache corroyé.

La patelette est de deux morceaux, en cuir de vache étiré & noirci sur chair; l'un forme le dessus de la giberne & l'autre le devant. La couture de réunion de ces deux morceaux & celle de jonction de la patelette au derrière de la boîte, contiennent un jonc en veau ou en vache corroyé. Le devant de la patelette a les angles arrondis; elle est bordée en cuir de veau en huile.

Le contre-sanglon, destiné à fermer la giberne, est cousu sous le milieu du devant de la patelette, & s'arrête par une boutonnière, dans un bouton en cuivre placé sous la boîte. La partie supérieure de ce bouton est à vis; la partie inférieure est à gorge & se termine en cul-de-lampe.

Les oreilles de boîte sont en cuir noir étiré; elles sont arrêtées par la couture d'enchapure des demi-anneaux; ces oreilles sont destinées à couvrir le bois de giberne.

Le porte-giberne se compose de deux bandes en buffle, l'une longue & l'autre courte; ces deux bandes s'enchappent, par une de leurs extrémités, par des boutons en cuivre à doubles faces séparées par une traverse.

L'extrémité de la grande bande opposée à celle qui forme l'enchapure du demi-anneau de giberne, est arrondie & ornée d'une plaque en cuivre en demi-cercle, dont le diamètre est découpé de manière à figurer trois dents de feston. Cette plaque, dont les angles sont adoucis, est retenue par trois rivets qui traversent la bande & qui sont assujettis en dessous au moyen d'une demi-plaque en cuivre limé.

La petite bande contient, dans une enchapure pratiquée à l'extrémité opposée à celle qui passe dans le demi-anneau de giberne, une grande boucle en cuivre fondu & limé, à ardillons mobiles en cuivre, destinée à réunir la grande & la petite bande, & à alonger ou raccourcir à volonté le porte-giberne.

GIGUE. Une monture de fusil en gigue est celle où le bois, au lieu d'être cintré au-dessous de la poignée, comme au modèle actuel du fusil de guerre, a au contraire un renfort convexe en cet endroit. Les bois de fusils de chasse sont ordinairement en gigue.

GIRANDE. C'est, dans les feux de joie, un assemblage de plusieurs milliers de fusées volantes de tous calibres, rangées par gradation dans une caisse, c'est-à-dire, les plus petites au premier rang, les moyennes au second, & les plus grosses au milieu. C'est ordinairement par une grande girande qu'on termine les feux d'une certaine somptuosité.

GIRANDOLES. Ce sont, dans les artifices de réjouissance, des cercles garnis de fusées. Il n'y a de de différence entre les girandoles & les soleils tournans, que la position qu'on leur donne pour les tirer; ce qui, en les mettant dans un autre point de vue, paroît en changer l'effet. Ces artifices, placés verticalement, se nomment *soleils*; & girandoles, quand ils sont disposés horizontalement. (*Voyez* l'*Art de l'Artificier* dans l'*Encyclopédie méthodique*.)

GITES. Poutrelles dont on se sert pour la construction des plates-formes des canons de siège & de place. C'est sur ces gites qu'on place les madriers : ils doivent être, autant que faire se peut, en bois de chêne bien sec. Ils ont 4 mèt. 55 (14 pieds) de longueur; 0 mèt. 162 (6 pouc.) d'épaisseur; 0 mèt. 133 (5 pouc.) de largeur. Les poutrelles pour plates formes de mortiers & de pierriers prennent le nom de *lambourdes*.

GLAIVE. Sorte d'épée à lame mince, légère, & pointe aigue. On nommoit aussi *glaive* une lance mince & légère, armée d'une pointe longue & aigue.

GLAND. Balle de plomb pour la fronde, coulée en forme de gland, & empreinte quelquefois de caractères.

GLOBE DE FEU. On appelle ainsi, dans l'artifice de joie, toutes sortes d'artifices sphériques, soit par leur effet, soit par la figure du cartouche.

GLOBE de l'éprouvette. Sphère en bronze, servant à l'épreuve des poudres. Il doit avoir 0 mèt. 189 (7 pouc.) juste de diamètre, & être régulier : par conséquent, tous les grands cercles doivent être égaux. Il y a cependant un sens où cela est beaucoup plus essentiel : l'exactitude du grand cercle qui passe par l'œil est de peu d'importance; mais celle du cercle qui lui est perpendiculaire, est nécessaire. Ce cercle est celui sur le plan duquel tombe perpendiculairement l'axe du mortier, quand le globe est bien placé dedans, & celui qui décide véritablement le *vent*.

Le globe se porte au moyen d'un anneau appelé *poignée*, terminé par un bouton taraudé, se vissant dans l'œil qui est à écrou. On lui substitue un bouchon en fer aussi taraudé, lorsque le globe est placé dans le mortier.

Il y a deux globes identiques pour chaque mortier-éprouvette : il y en avoit précédemment quatre, dont deux avoient 0 mèt. 189 de diamètre, & deux 0 mèt. 190. Les deux premiers, désignés sous le n°. 1, étoient ordinairement marqués de deux P; les deux autres, désignés sous le n°. 2, servoient lorsque le mortier, en s'évasant par le tir, avoit 0 mèt. 191 de calibre.

Le globe de l'éprouvette pèse 29 kil. 370 (60 liv.).

GLOBE. Modèle d'un projectile creux. On distingue dans ce globe :
ARTILLERIE.

1°. L'hémisphère supérieur, qui est percé d'un trou rond au sommet pour recevoir l'arbre ou pivot, & de deux autres trous longs, placés sur une même ligne, passant par le centre, & à égale distance du premier, pour loger les modèles des mentonnets.

2°. L'arbre en fer, ou le pivot, qui surmonte ce demi-globe, auquel il est assujetti par un écrou formé dans la poignée intérieure : le bourrelet de cet arbre, d'une hauteur quelconque, est en forme de cône tronqué dont la plus grande base, qui touche au modèle, doit avoir de diamètre le plus grand diamètre de l'œil; le boulon excédant est à peu près de même grosseur que l'arbre à noyau, & d'une hauteur telle, qu'avec la hauteur de son bourrelet & celle du demi-globe, il fasse le complément de la hauteur du châssis supérieur. (*Voyez* l'article ARBRE DU NOYAU DES PROJECTILES CREUX.)

3°. L'hémisphère inférieur, percé aussi au sommet d'un trou rond, sur les bords duquel sont rivées les parois d'un tube creux, qui fait intérieurement l'office d'une poignée.

4°. Le support du demi-globe inférieur, portant à une extrémité un renflement percé d'un trou longitudinal assez grand pour le passage d'une règle en fer, & à l'autre extrémité un trou plus petit qui reçoit une clavette à ressort.

Lorsque la partie supérieure du globe est moulée, le châssis retourné sur la planche, & qu'il s'agit de mouler l'autre hémisphère, si rien ne retenoit le demi-globe inférieur, quand on soulève la moitié du châssis qui lui correspond, il ne manqueroit pas de se détacher du sable, ce qui dégraderoit le moule; mais au moyen du support qu'on vient de décrire, on peut manœuvrer sans danger : pour cela, avant de placer le demi-globe inférieur dans l'emboîtement de l'autre partie, on introduit, de dehors en dedans, la tige du support; on place dans le petit trou la clavette à ressort, & lorsque le sable est serré dans le châssis, on soulève le support, puis mettant dans le trou du renflement une réglette de fer, portant d'un bout sur un des bords du châssis, on maintient le support dans sa position au moyen d'une des battes en bois posée en travers, & qui fait l'office d'un coin entre l'autre extrémité de la réglette & le bord opposé du châssis.

Le globe, qui est en cuivre ou en étain, est tourné rond, du diamètre moyen entre la grande & la petite lunette de réception; il est légèrement aplati au sommet de chaque hémisphère. (*Voyez* les articles CHASSIS servant au moulage des projectiles creux, & PLANCHE A MOULER.)

GLOIRE. On donne ce nom, dans les artifices de joie, à un soleil fixe d'une grandeur extraordinaire. On en a fait dans les grandes réjouissances qui avoient jusqu'à 19 mèt. 49 (60 pieds) de diamètre.

V

GOBILLES. Balles en bronze de 0 mèt. 009 (4 lig.) environ de diamètre, que l'on met dans des tonneaux pour la pulvérisation des matières qui composent la poudre. On imprime à ces matières une très-grande agitation par la rotation du tonneau : les gobilles se choquent & se frottent sans cesse au milieu d'une atmosphère de particules qui, toutes successivement, se trouvent choquées ou froissées assez fortement pour être réduites à une grande ténuité. On se sert aussi de gobilles pour pulvériser les matières qui entrent dans la composition des artifices de guerre. (*Voyez* l'article POUDRE RONDE.)

GORGE. Moulure concave qui se trouve à la bouche des canons, autour des poulies, &c.

GORGE. On appelle ainsi l'orifice d'une fusée dont le cartouche est étranglé sans être fermé, & dont le trou est précédé par une espèce d'hémisphère concave qui sert à appliquer l'amorce.

GOUDRON POUR LES ARTIFICES DE GUERRE ET POUR LES BATEAUX D'ARTILLERIE. Celui qu'on a employé jusqu'ici venoit de la Hollande en tonnes de 147 kil. (300 liv.); mais le goudron des Landes vaut celui du Nord, quand il est bien préparé. (*Voyez* le *Traité de Chimie* de M. Thénard.)

On peut toujours améliorer celui qui est de mauvaise qualité, dit ce savant chimiste, en le recuisant pour faire vaporiser l'eau & l'acide pyroligneux qui l'altèrent, & le décantant après l'avoir tenu en fusion tranquille, pour le séparer du sable ou des matières terreuses avec lesquelles il est ordinairement mêlé. Dans le cas où il ne seroit pas assez liquide, il suffiroit de le mêler avec un peu d'huile de térébenthine pour lui donner le degré de fluidité convenable.

GOUGE. Ciseau dont le fer est courbé & cylindrique vers le tranchant, pour arrondir des cavités dans le bois. Il y en a de différentes dimensions.

GOUGEON ou **GOUJON.** Petit morceau de bois qui en joint deux autres, en s'encastrant dans tous les deux. Les jantes d'une roue sont unies par des gougeons.

GOUPILLES. Petites chevilles cylindriques en acier trempé, noyées dans le bois, servant à retenir des pièces en fer dans les armes portatives. La sous-garde des fusils n'étant fixée sur le bois que par la vis à bois & par la vis de culasse, ne seroit point suffisamment maintenue, si l'on eût supprimé la goupille du battant, surtout quand l'arme est portée en bandoulière; mais pour remédier, autant que possible, à l'inconvénient qui résulte des goupilles, on a fait celle-ci, dans le modèle de 1816, à tête en goutte de suif, & on a donné à la tige une forme tronc-conique; en sorte que, pour la retirer, le soldat est toujours obligé de pousser l'extrémité de la tige : d'un autre côté, pour éviter la perte de cette goupille, on a logé sa tête dans l'encastrement du corps de platine. (*Voyez* l'article BOITE A TOURNEVIS.)

GOUSSET ou **GOSSET.** Partie de l'ancienne armure, servant à garantir les aisselles, quand le cavalier levoit le bras pour frapper l'ennemi.

GOUSSET. Pièce de bois qui sert à en soutenir une autre dans les râteliers d'armes.

GOUTTIÈRES. Pans creux qui se trouvent sur les faces latérales des lames de sabres de certains modèles, & qui leur donnent le nom de *lames à gouttières*. Les lames de sabres de cavalerie de ligne sont à gouttière.

GOUTTIÈRES. Vices des bois provenant d'une altération des fibres ligneuses qui occasionnent des cicatrices par lesquelles la sève s'épanche & se perd. Cette altération est due à de l'eau qui filtre du haut de l'arbre aux racines.

GOUVERNAIL. Grande & large lame placée à l'arrière-bec d'un bateau, & servant à le diriger dans les manœuvres.

GRACIEUSE. Lance légère dont la lame étoit aigue; elle différoit peu de la lance appelée *glaive*. (*Voyez* ce mot.)

GRAIN-DE-LUMIÈRE POUR LES BOUCHES A FEU. Pièce taraudée en cuivre rosette, dans laquelle on perce la lumière des bouches à feu, & qu'on met à froid après la coulée. Il se tire d'un barreau de cuivre corroyé au martinet, à huit pans, puis tourné & taraudé : il a une partie carrée pour recevoir le tourne-à-gauche, & est terminé par un bout non taraudé, appelé *teton*, qui se place vers l'âme. Les filets du grain & le trou taraudé doivent s'ajuster de façon qu'il ne reste aucun vide entr'eux, & que le teton soit forcé dans son logement. La vis doit entrer sans effort dans l'écrou jusqu'à ce qu'elle soit à quatre tours du fond; & pour lui faire faire les quatre derniers tours avec une force suffisante, on applique quatre ouvriers à un tourne-à-gauche de forte dimension. (*Voyez* la description de cet instrument.)

La lumière doit être forcée dans le centre du grain : on passe 0 mèt. 002 (1 lig.) de variation sur sa position extérieure, & 0 mèt. 003 (18 points) sur la position intérieure. Cette dernière variation ne peut être tolérée que du côté de la volée, & jamais du côté du fond de l'âme. On ne passe dans les obusiers que 0 mèt. 001 (6 points) extérieurement, & 0 mèt. 003 (18 points) intérieurement. On remet un grain-de-lumière s'il y a la moindre chambre dans son canal. Pour reconnoître la position intérieure de la lumière, on introduit dans la pièce un refouloir en bois, tourné selon la figure du fond de l'ame; & quand ce refouloir y est exactement enfoncé, on fait entrer dans la lumière un dégorgeoir de 0 mèt. 0045 (2 lig.) de diamètre, dont l'extrémité est carrée ou plate : on appuie le bout de ce dégorgeoir, qu'on trempe préalablement dans de l'encre, sur le refouloir, pour y marquer le point où la lumière répond; ensuite on appuie une règle sur la tranche du refouloir, & avec un compas on prend la mesure de la distance de la règle à la marque faite sur ce refouloir.

Anciennement, la lumière étoit pratiquée dans le métal des bouches à feu; mais comme elle étoit promptement dégradée, on imagina ensuite de mettre dans les moules, avant de couler, une masse de lumière en cuivre rosette. Ce procédé altérant fréquemment ces masses, & les fondant quelquefois dans les moules, comme on le voyoit par l'examen des buchilles du forage, on en vint à mettre à toutes les bouches à feu les grains à froid, après qu'on l'eut essayé pour les pièces de canon de bataille. (*Voyez* l'article MASSE DE LUMIÈRE.)

Le poids du grain, prêt à être tourné, est pour le 24 de 6 kil. 608 (13 liv. 8 onces), pour le 16 de 6 kil. 129 (12 liv. 8 onces), pour le 8 de 0 kil. 038 (8 liv. 4 onces), pour le 4 de 3 kil. 054 (6 liv. 4 onces); pour les obusiers de 6 pouces & de 8 pouces, de 4 kil. 164 (8 liv. 8 onces).

Le platine étant, pour ainsi dire, inaltérable, on a proposé de faire le grain-de-lumière du mortier-éprouvette avec ce métal, ce qui coûteroit par bouche à feu environ cent francs. Toutefois un grain-de-lumière ordinaire ne coûte guère que six francs, & supporte au moins le tir de mille coups. (*Voyez* le mot EPROUVETTE.)

On fait les grains-de-lumière en cuivre rosette, parce que ce métal résiste plus que le bronze à l'action de la poudre.

GRAIN-DE-LUMIÈRE pour les canons de fusils. C'est un cylindre en fer pour les armes de guerre; en or, en argent ou en platine pour les armes de luxe. Voici le procédé suivi pour mettre un grain en fer. Il est le même pour les autres métaux.

On agrandit la lumière avec un foret dont la plus forte épaisseur doit être un peu moindre que le diamètre de la tige de la vis du chien; on taraude le trou qui en résulte avec deux tarauds, dont le premier doit être à trois pans sur le bout & un peu conique, & le second du même diamètre que celui de cette tige. Après avoir taraudé le grain dans une filière, aussi de même diamètre, on le fait entrer dans son écrou à l'aide d'un étau à main, & on l'y enfonce jusqu'à la paroi intérieure du canon. Ayant coupé la partie supérieure qu'on laisse un peu déborder, on la mate, &c.; on repasse ensuite dans le canon le taraud qui a le pas juste du bouton de culasse, & on perce la lumière.

Si le canon auquel il est nécessaire de mettre un grain en avoit déjà eu un, on feroit partir celui-ci au moyen d'un foret, si la lumière est encore au milieu du grain : dans le cas contraire, on se serviroit d'un ciselet ou d'une broche carrée, & on emploiroit ensuite des tarauds ou des filières d'un diamètre plus fort que ceux dont on auroit déjà fait usage.

Les lumières qui ne sont pas évasées de plus de 0,0008 (4 points), mais qui conservent encore leur forme circulaire, sont susceptibles d'un bon service.

On lit dans l'Aide-mémoire, pag. 589 de la cinquième édition, que ce n'est qu'après avoir tiré 180,441 coups à balles, avec un fusil de 1777, qu'on a été obligé de mettre un grain à la lumière du canon de cette arme. (*Voyez* le mot LUMIÈRE.)

GRAISSE POUR LES ESSIEUX DES VOITURES. Vieux-oing dont on enduit les essieux pour diminuer le frottement. Il en faut une livre pour les essieux en bois tous les deux jours de route; & une livre pour quatre essieux en fer tous les cinq jours de route.

GRAISSER LES ARMES. Les armes portatives ne pouvant être long-temps préservées de la rouille si elles ne sont enduites d'un corps gras, on graisse toutes les pièces en fer de ces armes avec une composition de quatre parties de suif & d'une d'huile d'olive fondues ensemble. L'expérience a fait connoître qu'il ne faut pas employer la graisse toute fraîche, & qu'il convient de la garder environ huit jours avant de s'en servir. On met aux articulations des pièces, particulièrement à celles des platines, de l'huile d'olive purifiée. Si, par inadvertance, on graissoit les pièces en cuivre, elles seroient promptement couvertes de verdet.

On a l'attention, lorsqu'on délivre des armes aux troupes, d'ôter le cambouis que les substances grasses forment & qui empêchent le jeu des pièces. L'huile d'olive, pour graisser les platines, étant rarement assez pure, voici le procédé en usage dans les manufactures d'armes pour la purifier : On verse du plomb liquéfié dans l'huile froide, à peu près dans la proportion de 0 kil. 0245 (8 onces) de plomb sur 0 kilog. 979 (2 liv.) d'huile. Il fait évaporer les parties aqueuses qu'elle peut contenir, & les parties grossières ou les autres substances étrangères qui sont unies s'attachent au plomb; en sorte qu'en répétant deux ou trois fois cette opération, on obtient de l'huile bien purifiée, qui cambouise beaucoup moins que les autres corps gras de cette nature, & qui est très-conservatrice du fer.

: Il faut avoir la précaution de mettre l'huile dans un vase de métal, pour qu'il ne se casse pas lorsqu'on y verse le plomb, & de la laisser déposer après l'opération, en l'exposant pour cet effet au soleil ou à une chaleur artificielle pendant quelques jours.

GRAPPE de raisin. Ancien artifice de guerre, de forme cylindrique, qu'on tiroit avec le canon, & composé de balles rangées par couches autour d'un pivot en bois ou en fer. Ces balles se touchoient entr'elles, & touchoient également le pivot qui étoit encastré & placé perpendiculairement sur le centre d'un plateau de bois, nommé *sabot*, qui avoit, dans le milieu de son épaisseur, une rainure dans laquelle on attachoit, avec de la forte ficelle, la partie inférieure du sac de toile qui devoit contenir les balles; cette rainure servoit aussi à lier le sachet de poudre lorsqu'on l'attachoit à la grappe de raisin. Les grappes de raisin avoient peu de portée & de justesse : on leur a préféré les cartouches ou boîtes de fer-blanc remplies de balles de fer battu.

GRAPPIN. Instrument en fer servant à retirer du four les boulets à rebattre lorsqu'ils sont suffisamment chauds.

GRAPPIN. Ancre à trois bras, ou plus, servant à repêcher les cordages.

GRATTOIR. Instrument pour détacher les crasses de l'intérieur d'un fusil. C'est une verge de fer un peu plus longue que le canon. A un bout sont deux efforts d'environ o mèt. 162 (6 pouc.) de longueur, coudés & tranchans dans la largeur du coude qui est en avant. Le reste du ressort est tranchant dans sa longueur.

GRAVURE des armes portatives. On grave au burin, sur la queue de culasse des armes portatives, la désignation de l'année du modèle, & sur le corps de platine, le nom de la manufacture; mais cette opération se fait plus promptement & plus économiquement au moyen de poinçons portant plusieurs lettres. La gravure sur les lames de sabre se fait au moyen d'un procédé dont les ouvriers ont, jusqu'ici, fait un mystère. Voici en quoi consiste ce procédé.

Les lames étant essuyées après l'aiguisage, le graveur les expose sur un gril à la chaleur d'un brasier de bois de hêtre, pour enlever leur humidité; il les fait chauffer de nouveau, afin d'étendre facilement un vernis qu'il y applique avec du coton; il enduit chaque lame de quatre couches, ayant soin de les faire sécher successivement & avant d'en étendre une nouvelle. Ces couches donnent au vernis une épaisseur suffisante pour que l'empreinte des caractères soit assez forte lorsqu'on se sert du style ou pointe sèche. Ce vernis ne s'écaille point; sa composition est de 2 litres d'huile de lin, o kil. 24 (8 onces) de copal, o kil. 10 (4 onces) de térébenthine, o kil. 24 (8 onces) de poix de Bourgogne. Il l'étend sur la lame, suivant une longueur de o mèt. 32 (1 pied) environ, à partir du talon. Les lames gravées sont plongées dans un mordant dont la composition est de o kil. 12 (4 onces) de vert de gris, o kil. 18 (6 onces) d'alun, o kil. 42 (14 onces) de couperose, o kil. 24 (8 onces) de rouge d'Angleterre, & 8 litres d'eau claire. Cette composition se fait dans des vases en cuivre rosette, qui contiennent cinquante à cent lames. On se sert de ce métal parce qu'il n'est pas attaquable par la composition ci-dessus. Ce n'est que lorsque ce mordant est en ébullition qu'on y met les lames; on les y laisse pendant une heure; elles se trouvent attaquées dans l'endroit gravé, le vernis n'éprouvant aucune altération. Il faut, pour que les lames plongées ne soient pas endommagées, que le vernis qui leur est appliqué dépasse le niveau du mordant de o mèt. 054 (2 pouces) environ. Ce vernis est ensuite enlevé au polissage.

GRAVURE des bouches à feu. Elle consiste à graver au burin deux L enlacées & le nom de la pièce; la première de ces gravures, qui est sur un fond sablé, se fait en avant de la lumière; la seconde est sur la volée. On grave aussi sur le pourtour de la plate-bande de culasse la date de la coulée de la pièce & le nom du fondeur. Les bouches à feu étoient anciennement décorées d'emblèmes & de divers ornemens.

GRENADES. Ce sont des petits boulets creux qu'on charge de poudre & auxquels on met une fusée. Il y en a de deux espèces, les grenades de rempart & les grenades à main.

GRENADES à main. Elles sont du calibre des boulets de 4, on les jette dans le chemin couvert ou dans les tranchées d'une place assiégée. Elles pèsent environ o kil. 979 (2 liv.).

GRENADES de rempart. Elles ont des dimensions plus fortes que celles à main; après avoir mis le feu à la fusée, on les roule du haut du rempart dans le fossé. Elles sont du calibre des boulets de 24 & de 16, & pèsent de 3 kil. 916 à 5 kil. 874 (8 à 12 liv.).

GRENADES d'artifices. Dans les feux de réjouissances, elles font une imitation des grenades de guerre, & consistent en des petits globes de carton qu'on remplit de poudre ou d'autres compositions. On les jette à la main ou avec une fronde à l'instant qu'on y met le feu.

GRENADIÈRE. Anneau ovale qui, comme l'embouchoir, maintient le canon sur le bois.

Elle est placée à une distance déterminée de l'embouchoir, & porte un battant retenu par un clou rivé traversant le pivot qui est sur le milieu du derrière de la boucle où il est ajusté.

GRENAGE. C'est l'art de réduire en grains les matières qui ont été triturées pour former la poudre. Lorsque ces matières ont été battues pendant environ quatorze heures, on les grène. Pour cela, on les retire des mortiers ; on les porte au *grenoir*, dans des *tines*, où elles restent pendant un ou deux jours, afin qu'il s'en évapore une portion d'humidité nuisible au grenage, & on les verse dans de grandes caisses ou *mayes*. De-là, elles sont mises par parties dans un tamis de peau, appelé *guillaume*, que l'on fait mouvoir au moyen d'un mécanisme, sur une barre horizontale, presqu'à fleur de la maye, & dans lequel se trouve un tourteau ou plateau de forme lenticulaire, qui brise les portions de gâteau trop compactes & les force à se tamiser. La poudre, ainsi tamisée, est reprise & passée, à l'aide du tourteau, dans un deuxième tamis, dont les trous sont précisément du même diamètre que la poudre qu'on veut obtenir. Ensuite elle est versée dans un troisième tamis, nommé *égalisoir*, qui laisse passer le poussier & le fin grain, & qui retient la poudre grenée. Mais comme, dans cet état, la poudre contient toujours quelques grains trop gros, ou quelques fragments de matières échappées du grenoir par l'action du tourteau, on les sépare de ces grains ou fragments par un quatrième tamis de dimension convenable. Enfin, le poussier & le grain fin sont rapportés au moulin pour être remis en gâteaux & soumis de nouveau à l'opération du grenage.

Lorsque la poudre que l'on fait est de la poudre de guerre ou de la poudre de mine, on la seche immédiatement après avoir été grenée.

GRENOIR. Atelier où l'on transforme en grains les matières de la poudre apportées des moulins à pilons. Cet atelier doit être commode, avoir vingt mètres de longueur sur huit de largeur ; une porte à deux ventaux à chaque bout & deux croisées à chaque face. Les fenêtres doivent être garnies d'un canevas & non vitrées, crainte que quelque globule dans le verre, faisant l'office de lentille & rassemblant les rayons du soleil, n'opère quelqu'accident. On peut placer trois mayes sur la longueur de l'atelier.

GRENOIR. Nom du deuxième crible qu'on emploie dans le grenage de la poudre. Le diamètre de ses trous est de 0 mèt. 002 pour la poudre de guerre, 0 mèt. 001 pour la poudre fine, & 0 mèt. 0005 pour la poudre superfine.

GRÈVES. Partie de l'ancienne armure qui garantissoit les jambes, & à laquelle les éperons étoient attachés.

GRIFFE. Partie du grand ressort de la platine qui s'appuie sur la partie de la noix qui porte aussi le même nom.

GRILLAGE. Action du feu sur les minerais pour vaporiser l'eau, & sublimer le soufre ou d'autres substances étrangères.

GRILLE. Partie de la visière du heaume, en forme de grille ou de treillis, destinée à garantir les yeux contre les coups de l'ennemi.

GRILLER LA MINE. On grille quelquefois la mine de fer en roche, pour séparer le soufre & l'arsenic du minerai qui en contient. Cette opération a lieu dans des fours destinés à cet usage.

GRILS A ROUGIR LES BOULETS. Ils sont soutenus par trois doubles pieds, qui sont rivés en dessous des barres qui forment les grils.

Pour se servir de ces grils, il faut faire une excavation en terre, de leur hauteur, se terminant à trois de leurs côtés, & laissant le quatrième ouvert du côté du vent, en sorte que l'air passe sous les grils. Sur les trois côtés contigus au sol, on élève de la terre à 0 mèt. 32 (1 pied), & au moyen de quelques morceaux de fer coudé, on fait un petit toit qu'on recouvre de terre, du milieu du gril au côté opposé à l'ouverture ; par ces moyens, on augmente, on concentre la chaleur, & l'air échauffé repassant sur les boulets, les fait rougir plus promptement.

Ces grils sont dangereux & ils chauffent lentement les boulets ; il faudroit en conséquence faire usage de fours à réverbère, imaginés par M. le général du génie Meusnier. Ces fours sont composés d'un fourneau de 0 mèt. 3789 sur 0 mèt 6497 (14 sur 24 pouc.) en carré, où est une grille pour recevoir le bois au-dessus du cendrier, & d'une chausserie qui lui est adjacente & perpendiculaire, où l'on place les boulets ; elle a 0 mèt 8121 (30 pouc.) de largeur, 5 mèt. 2516 (16 pieds 2 pouc.) de longueur ; le sol de cette chausserie, divisé en trois sillons, incliné sous le fourneau, est de niveau avec lui dans la partie la plus basse. Les coulisses sont en barres de fer de 0 mèt. 0338 (15 lig.) de côté, appuyant sur une arête & ayant une pente égale à environ le sixième de leur longueur. Il convient d'abriter ces fours par un toit, afin de prolonger leur durée.

GRIMAUD. Nom donné à la couleur blonde de l'intérieur du silex dont on fabrique les pierres à feu.

GROLES. On appelle ainsi les rebuts des différentes espèces de pierres à fusil.

GRUE. Machine dont on fait quelquefois usage dans l'artillerie pour élever, charger & décharger les grands fardeaux, tels que des pièces de gros calibre, des affûts, &c. C'est ordinairement un long & fort levier ayant une ou deux poulies à une de ses extrémités, servant à élever les fardeaux, & de l'autre un contre-poids; ce levier porte & tourne sur un pivot en maçonnerie. On peut adapter un treuil au bout opposé à celui des poulies. C'est la plus grande des machines qu'on emploie dans les grandes constructions. Son nom lui vient sans doute, comme le fait observer M. Quatremère de Quincy, d'une sorte de ressemblance de sa partie avancée avec le long col de l'oiseau qu'on appelle *grue*. (*Voyez* le *Dictionnaire d'Architecture de l'Encyclopédie méthodique*.)

GRUME. Un bois est en grume quand il a encore son écorce & qu'il n'est pas équarri. Si l'on est long-temps sans enlever l'aubier, le bois s'échauffe, les vers s'y mettent & le pénètrent au cœur.

GUEULARD. Ouverture supérieure d'un haut-fourneau, par laquelle on introduit la charge. (*Voyez* l'article HAUT-FOURNEAU.)

GUEUSE. C'est le premier produit du minerai de fer fondu. La fonte incandescente coulant d'un haut-fourneau, se rend dans un sillon sablonneux creusé dans le sol de la fonderie; elle s'y moule en un long prisme triangulaire qu'on appelle *gueuse*. (*Voyez* le mot FER.)

GUIDON. Petite pièce de métal en forme de grain-d'orge, brasé sur le milieu du haut de la bande inférieure de l'embouchoir; il est en cuivre pour les embouchoirs de fer, & en fer pour ceux de cuivre. Il sert à diriger la ligne de mire. Le guidon du mousqueton, modèle de 1816, est fixé sur le canon: celui des fusils de chasse est ordinairement en argent; on les brase sur la plate-bande de dessus près des bouches des fusils à deux coups.

GUILLAUME. C'est le premier crible par lequel on fait passer la poudre lorsqu'on la grène. Le diamètre de ses trous est de 0 mèt. 005 (2 lig. 3 points) pour la poudre de guerre, & de 0 mèt. 004 (1 lig. 9 points) pour la poudre fine.

GUILLAUME. Rabot dont le fer est sur le côté, comme dans le feuilleret; mais celui-ci a le fer plus petit.

GUIMBARDE. Petit plateau de bois traversé par un ciseau mobile qu'on fixe avec un coin; elle sert à faire les emblèvemens.

GUINDAGES. Ce sont, dans les ponts de bateaux, des poutrelles d'un équarrissage moindre que celui des poutrelles fixées aux bateaux, que l'on met sur les madriers formant le tablier du pont, & qui correspondent aux poutrelles extrêmes qui les soutiennent. Ces poutrelles forment une ligne continue de chaque côté du pont, & retiennent les madriers à leur place; chaque poutrelle croise sur la suivante d'environ 0 mèt. 6497 (2 pieds), en s'appliquant l'une contre l'autre. On les biele entr'elles & avec la poutrelle inférieure, avec une commande de guindage, serrée au moyen d'un billot, ou avec des colliers à la prussienne.

GUINDRELLE. On appeloit ainsi une ancienne épée qui n'avoit rien de particulier.

H

HACHARD. Outil servant, dans les forges, à couper, sous le gros marteau, les bouts d'une barre de fer.

HACHE. Outil de fer tranchant, connu de tout le monde. Celle dont se servent les ouvriers en bois de l'artillerie, est acérée, trempée, & aiguisée à la meule dans toute sa surface. Le poids de l'acier est de 0 kilog. 367 (12 onc.). Cette hache pèse 1 kilog. 8335 (3 liv. 12 onc.), & coûte 3 fr. 66 cent.

HACHE d'armes. Elle étoit composée d'un fer en forme de croissant & tranchant, en hache d'un côté, & en pointe ou marteau de l'autre, monté sur un manche de bois ou de fer. Parmi les différentes espèces de haches d'armes du Musée de l'artillerie, il s'en trouve à pistolets. Les premiers rois de Rome en faisoient porter devant eux, à l'exemple de quelques princes voisins, comme symbole de leur puissance.

HACHE de campement. Petite hache destinée pour la cavalerie. Elle a à peu près la forme de celle des sapeurs; on la porte fixée à un des côtés de la selle. Elle pèse 0 kilog. 89 (1 liv. 14 onc.), & coûte 3 francs 10 cent.

HACHE des sapeurs. Elle est composée d'un fer acéré, large & tranchant, en hache d'un côté, en marteau de l'autre, & monté sur un manche en bois.

Elle est destinée, dans les régimens d'infanterie, à préparer des chemins dans les bois par lesquels les hommes doivent passer.

Elle se met dans un étui en peau; les sapeurs la portent sur l'épaule droite, tenant le manche à la main. Elle pèse environ 4 kilog. 33 (8 liv. 10 onc. 7 gros). Elle coûtoit à la manufacture d'armes de Versailles, en 1800, 42 francs 50 cent.

HACHEREAU. Petite hache d'armes, courte, légère & sans marteau opposé au tranchant; c'est une sorte de serpe d'armes.

HACHOIR. Espèce de pic à deux branches, dont se servent les aiguiseurs des lames de sabres, pour retailler les meules.

HALAGE. C'est la manœuvre employée pour tirer un bateau d'artillerie avec un cordage.

HALLEBARDE. Arme d'hast, faite à peu près comme la pertuisane, mais plus foible & plus petite. Elle est aussi composée d'une lame pointue & tranchante, élargie vers son extrémité inférieure, en forme de hache d'un côté & à pointe ou dard de l'autre, & garnie d'une douille.

HALLECRET. Cuirasse légère. (*Voy.* ALCRET.)

HAMPE. Fût de bois servant de manche & de monture aux armes d'hast. Elle étoit en bois flexible, tels que le frêne, le hêtre & le noyer.

HAMPE. Longue pièce en bois cylindrique, au bout de laquelle on emmanche le refouloir, l'écouvillon & le tire-bourre, qui sont nécessaires au service du canon. Elle est ordinairement en bois de frêne ou de hêtre. Elle s'appeloit autrefois *hante*.

Toutes les hampes ont un même diamètre; il est de 0 mèt. 047 (1 pouc. 9 lign.); mais leur longueur varie suivant les calibres, en sorte qu'étant enfoncées dans l'âme des pièces auxquelles elles sont destinées, il reste en dehors une longueur suffisante pour les manœuvrier.

HAMPE des drapeaux d'artillerie. Elles étoient semées de fleurs de lis: c'étoit une distinction donnée à ce corps sous Louis XIV, pour avoir fait le service des grenadiers au siège de Cambrai, & avoir emporté un ouvrage où les canonniers avoient fait brèche. (*Voyez* Aide-mémoire à l'usage des officiers d'artillerie.)

HANAPIER ou HANEPIER. Partie de l'armure couvrant la poitrine. C'étoit un plastron en fer qui se portoit par les soldats armés à la légère.

HANCHES DE CHÈVRE. Ce sont les deux grands côtés de la chèvre, qui vont en se rapprochant, & ne laissent que l'espace nécessaire aux poulies pour rouler sur leur axe, qui traverse le bout des hanches en cet endroit, où elles sont unies par une serrure nommée *coiffe*.

HAPES À ANNEAU. Espèce de virole en fer, portant une patte arrondie, que l'on applique au bout des essieux en bois, des limonières & des timons des voitures d'artillerie. Il y a aussi des hapes à crochet & des hapes à virole.

HAQUET. Voiture servant à transporter les bateaux & les nacelles, ainsi que les agrès nécessaires aux équipages des ponts militaires.

Les pièces en bois qui composent le haquet sont: deux armons; une petite sellette; une sellette de derrière; une petite sassoire; deux empanons; une fourchette; un lison; un support de devant; deux entretoises de support & de lison; une flèche; un taquet de flèche; deux essieux en bois; un timon; deux volées; deux roues de derrière; deux roues de devant.

Les ferrures sont: quatre équignons; quatre brabans d'équignon; quatre hapes à anneau de bout d'essieu; deux brabans à patte; quatre heurtequins; un braban; quatre étriers de sellette; deux seyes; une coiffe de sellette; une coiffe de lison; une plaque de lunette pour la flèche; un bandeau de flèche; une virole pour le bout de la flèche; deux étriers de fourchette; une pièce d'armons; une coiffe d'armons; un clou rivé pour la tête du timon; une chaîne de timon; une hape à crochet fermé & à virole pour le dessous du timon; une hape à crochet pour le dessus du timon; deux plaques de tétard de timon; deux tirans de volée; onze lamettes de volée; quatre anneaux plats de volée; un grand anneau de volée; une cheville à la romaine; une clavette double d'*idem*; deux rosettes ovales; une chaînette; deux chaînettes, une pour la cheville à la romaine, l'autre pour la double clavette; un boulon de timon; deux rosettes & deux écrous de timon; deux boulons de volée; deux boulons de sassoire; deux rosettes & deux écrous de sassoire; huit boulons de ranchet avec leur rosettes & écrous; un boulon de flèche; deux boulons de fourchette avec leurs deux rosettes & leurs deux écrous; quatre ranchets au haquet à bateau, & trois au haquet à nacelle; quatre plaques d'entretoise de lison & de support; quatre anneaux d'embrelage à piton avec quatre rosettes & quatre écrous; deux arcs-boutans de flèche & de support avec trois boulons & trois écrous; deux rondelles de flèche; un étrier d'empanon, son crampon & sa bande; une cheville ouvrière & sa plaque carrée; trente-cinq rivets; deux esses & deux chaînettes de flèche; deux cents clous d'applicage au haquet à bateau, & cent quatre-vingt-huit au haquet à nacelle.

Ce haquet est celui employé pour transporter les bateaux de Gribeauval, destinés à la construction des ponts à demeure sur les grandes rivières; mais les ponts ayant été remplacés par les bateaux dits *d'avant-garde*, plus légers que les précédens, on a construit, pour ces derniers, un nouveau haquet dont voici la nomenclature :

Pièces en bois : deux flèches de 6 mèt. 821 (21 pieds) de longueur, formant les côtés du haquet; deux échantignolles placées au-dessous des flèches & affleurant le devant; un hiloir percé d'un trou dans son milieu, pour recevoir la cheville ouvrière de l'avant-train, & logé entre les flèches & les échantignolles; une entretoise cintrée, entaillée en dessus pour recevoir le dessous des échantignolles; un support à 0 mèt. 439 (16 pouc. 3 lig.) du bout de devant des flèches; un corps d'essieu assemblé avec la sellette par deux goujons; une sellette; un taquet pour l'appui du trait à enrayer, placé sur le côté intérieur de la flèche gauche & fixé par quatre clous.

Ferrures : deux coiffes de lison; un anneau & son piton pour la chaîne d'embrelage; huit clous rivés; deux heurtequins à pattes pour l'essieu; deux étriers à bouts tarandés embrassant la sellette & le corps d'essieu; deux bandes de renfort pour les échantignolles; une bande de frottement pour l'entretoise cintrée; un boulon à tête fraisée pour le dessous de la bande de frottement; quatre boulons d'échantignolles à tête fraisée; deux boulons d'échantignolles de flèches & de support; deux frettes pour le devant des flèches & des échantignolles; deux viroles pour le derrière des flèches; quatre ranchets; huit boulons de ranchets; quatre rondelles de flèche; quatre esses de flèche & leurs quatre chaînettes; quatre anneaux d'embrelage à piton.

Lorsqu'on veut charger un bateau sur son haquet, on met deux poutrelles en travers sous son fond, à 0 mèt. 216 (8 pouc.) l'une de l'autre, vers la naissance du bec qui posera sur l'avant-train; à l'aide de ces poutrelles, vingt-huit hommes soulèvent le devant du bateau; on fait reculer l'avant-train du haquet jusqu'à ce que les anneaux d'embrelage du bateau correspondent aux ranchets. On soulève ensuite de la même manière l'autre bout du bateau, & l'on place l'arrière-train.

Pour décharger le bateau, on place, entre la flèche & le fond du bateau, deux poutrelles dont l'une touche les roues de derrière; on soulève ces poutrelles, on ôte l'arrière-train & on laisse reposer le bateau sur les chantiers. On dégage l'avant-train en faisant avancer les chevaux.

On peut, dans ces deux manœuvres, remplacer les poutrelles par des crics. On peut aussi, lorsque la rive offre une pente convenable, charger & décharger le bateau en faisant entrer le haquet dans l'eau.

HARNEMENT. Synonyme de bardes. (*Voyez* ce dernier mot.)

HARNOIS. On entendoit autrefois par ce mot, l'armure complète d'un homme d'armes.

HARPINS ou HARPIS. Arme d'hast de 2 mèt. 598 (8 pieds) environ de longueur, dont le fer étoit composé d'une pointe aiguë & d'un crochet.

HARTS. Branches de bois vert, pliantes, qu'on tord & qu'on noue en boucle à un bout, servant à lier les saucissons, les fascines, &c.

HAST. On nomme généralement ainsi tout long fût armé d'un fer tranchant & pointu. (*Voyez* l'article ARMES D'HAST.)

HAUBANS. Gros cordage (ordinairement une double prolonge) dont le milieu embrasse la tête de la chèvre, & dont les extrémités sont fixées à deux forts piquets. Ce moyen d'équiper la chèvre est employé lorsqu'on ne peut pas se servir de son pied pour la soutenir : par exemple, pour retirer une pièce de canon d'un fossé, ou la hisser sur une tour. La chèvre est alors dite *équipée à haubans*.

HAUBERGEON. Diminutif de haubert.

HAUBERT. Cotte de maille ou corselet pour les chevaliers possédant un fief de haubert.

HAUBITZ. Ancien nom de l'obusier. (*Voyez* le mot OBUSIER.)

HAUSSE. C'est une espèce de targette graduée sur une hauteur de 0 mèt. 040 (18 lig.), qui se place à la culasse des canons de campagne. Elle glisse dans une coulisse & s'arrête où l'on veut, au moyen d'une vis de pression. Avec cet instrument on augmente à volonté l'angle de mire, & par conséquent celui de projection, ce qui donne la faculté d'éloigner le but-en-blanc jusqu'à la distance où l'on trouve l'objet à battre, s'il n'est pas hors de portée : ainsi, par le moyen des degrés qu'on lui donne, on peut toujours tirer de but-en-blanc, puisqu'il ne s'agit que d'apprécier la distance pour élever la hausse en conséquence. Le cran de mire ou visière est au milieu de la tête de la hausse.

Les pièces de siège & de place n'ont point de hausse adaptée à leur culasse, attendu qu'elle ne seroit pas assez grande pour indiquer l'inclinaison qu'on est souvent obligé de donner à ces pièces; on la remplace par la hausse de Lombard, qui se compose de deux règles graduées, fixées perpendiculairement sur deux petites traverses placées à leurs extrémités; la traverse inférieure est creusée en dessous en arc de cercle du diamètre de la plate-bande de culasse sur laquelle elle doit poser; un fil-à-plomb, attaché au milieu de la traverse supérieure, sert à placer la hausse dans le plan vertical de l'axe de la pièce. Les règles sont divisées en pouces & lignes; une troisième traverse mobile glisse sur ces deux règles & s'y arrête à frottement

frottement fur la divifion à laquelle on voudra la fixer. Cette hauffe fert auffi pour les obufiers : du refte la manière de pointer eft la même que pour les pièces de campagne.

HAUSSE. Pièce de bois équarrie, placée au-deffus de l'effieu des caiffons, chariots, charrettes & camions, fervant à fixer la flèche en cet endroit pour les caiffons à munitions, & de point d'appui au fond des autres voitures; on y encaftre les talons des effieux.

HAUSSE-COL. Partie de l'armure qui garantiffoit particulièrement le cou, dont la figure diminuée fert aujourd'hui à faire connoître qu'un officier eft de fervice.

HAUT-FOURNEAU. On nomme *haut-fourneau*, un fourneau élevé de 7 à 10 mètres (21 pieds 7 pouc. à 30 pieds 9 pouc.), très-folide, dont les parois intérieures font conftruites en pierres ou en briques réfractaires, & dont le vide intérieur a communément la forme de deux cônes tronqués, oppofés bafe à bafe, ou d'un ellipfoide. Le cône du bas fe termine en une cavité prefque toujours prifmatique, qu'on appelle *creufet*. Celui du haut s'alonge, en fe rétréciffant, jufqu'à l'ouverture fupérieure, qu'on appelle *gueulard*. Les *étalages* font la partie vide qui eft immédiatement après le creufet, & *la dame* eft la plaque de fonte, en talus, qui ferme le devant du creufet.

On charge le haut-fourneau par le gueulard. On le remplit d'abord de charbon de bois ou de coak. Lorfqu'il eft élevé à une très-haute température, on l'entretient toujours plein, en y verfant alternativement une certaine quantité de mine, de charbon, & ordinairement de fondant argileux ou calcaire : argileux fi la mine eft trop calcaire, & calcaire fi la mine eft trop argileufe, ce qui a lieu communément.

L'argile s'appelle *arbue* ou *herbue;* le carbonate de chaux fe nomme *caftine*.

Les proportions dans lefquelles on emploie ces diverfes fubftances varient comme la nature des mines. En opérant fur une mine de fer argileufe, on peut employer celles fuivantes, fuivant M. Thénard : mine de fer, 100 ; caftine, 15 ; charbon, 57. Ces proportions donnent pour les mines d'une richeffe ordinaire 34 de fonte, d'où l'on extrait environ 26 de fer forgé propre aux travaux de l'artillerie.

La matière qui s'affaiffe peu à peu met près de deux jours à defcendre dans le creufet. Elle fe transforme en fonte, en laitier, en produits volatils dus à la combuftion du charbon, à la décompofition du fondant & à la réduction de l'oxide de fer. (*Voy.* les articles FER & MÉTHODE CATALANNE.)

HEAUME. Cafque le plus complet & le plus eftimé, réfervé aux chevaliers.

ARTILLERIE.

HÉLICES. Ce font les cannelures en fpirale des poignées de fabre. On nomme encore ainfi les rayures des carabines.

HÉMATITE. Oxide de fer le plus pur parmi les différens minerais, fervant à donner la couleur d'eau aux canons de fufil des gardes du corps, à ceux de chaffe, &c. (*Voyez* l'article MISE EN COULEUR DES CANONS DES ARMES PORTATIVES.)

HÉRISSON. Longue poutre armée de pointes de fer, dont on fe fervoit autrefois dans les affauts pour éloigner les affaillans, en la faifant rouler fur eux du haut de la brèche. On la garniffoit auffi quelquefois d'artifices, & on la nommoit alors *hériffon foudroyant*.

HÉRISSON. Roue dont les rayons font plantés directement fur la circonférence du cercle, en forte qu'ils ne peuvent s'engager que dans une lanterne dont ils reçoivent le mouvement. On fait ufage des hériffons dans un grand nombre de machines fervant aux travaux de l'artillerie.

HÉRISSON de roue. Lorfqu'on conftruit une roue, & que les rais font fixés dans le moyeu, cette première conftruction s'appelle *hériffon*.

HERMINETTE. C'eft une efpèce de hache dont la largeur du fer, un peu courbe, eft dans un fens oppofé au manche · on s'en fert dans l'artillerie pour creufer & planer le bois.

HEURTEQUIN. Ferrure placée contre l'épaulement des effieux en bois; il embraffe le carré du corps de l'effieu, & fupporte le frottement du moyeu de la roue · il eft placé fur le deffus des fufées, le talon encaftré dans leur épaulement, & la patte dans les fufées.

HEUSES. Souliers en fer de l'ancienne armure, tenant aux jambières. Ils étoient compofés d'une femelle de ce métal & de plufieurs lames à recouvrement. On les appeloit quelquefois *pédieux*.

HOMMES D'ARMES. On nommoit ainfi autrefois un cavalier armé de toutes pièces : ils furent enfuite nommés *gendarmes*. (*Voyez* le Dictionnaire de l'Art militaire de l'Encyclopédie méthodique.)

HOTTE. Partie qui fert d'entrée au tuyau de la cheminée d'une forge.

HOULETTE. Outil en fer du fondeur de canons. Il fert à unir & à parer le fable des moules & des fourneaux.

HOYAU ou PIC-HOYAU. Outil d'artillerie, ayant une pioche d'un côté & une pointe de l'autre, finiffant en grain-d'orge par-deffus. L'acier eft entre deux fers au pic. Il y en a 0 kil. 152 (5

X

onces) au pic, & o kil. 198 (6 onces 4 gros) à la pioche. Le taillant de cette dernière & la pointe du pic font aiguifés à la lime. Le manche a o mèt. 331 (37 pouces) de longueur.

HUILIER Petit vafe en fer, de forme conique, dans lequel les platineurs des manufactures d'armes mettent l'huile dont ils fe fervent pour faire jouer les pièces de la platine.

I

INCENDIAIRES A METTRE DANS LES PROJECTILES CREUX. Lorfqu'il faut incendier des édifices ou des vaiffeaux ennemis, on ajoute à la poudre néceffaire pour faire éclater les bombes & les obus, des matières inflammables, telles que la roche à feu & les mèches incendiaires. (*Voyez* ces articles.)

INSPECTEUR GÉNÉRAL D'ARTILLERIE (premier). Lieutenant-général commandant le corps royal de l'artillerie, préfidant le comité de cette arme. Cette place a été fupprimée en 1815. (*Voyez* l'article NOTICE SUR LE CORPS ROYAL DE L'ARTILLERIE.)

INSPECTEURS généraux d'artillerie. Officiers du grade de lieutenant-général ou de celui de maréchal-de-camp, chargés de l'infpection du perfonnel & du matériel de l'artillerie. Ils compofent le comité fous la préfidence du plus ancien de grade. (*Voyez* l'article NOTICE SUR LE CORPS ROYAL DE L'ARTILLERIE & l'article COMITÉ D'ARTILLERIE.)

INSTRUCTION DES OFFICIERS D'ARTILLERIE. On a vu au mot ARTILLEUR les connoiffances étendues que doivent pofféder les officiers de cette arme, pour bien remplir les devoirs qui leur font impofés dans le fervice du perfonnel & dans les travaux du matériel, foit en temps de paix, foit en temps de guerre.

L'inftruction des jeunes officiers d'artillerie eft conftatée par trois examens qu'ils fubiffent. Le premier, pour entrer à l'école polytechnique; le deuxième, pour paffer à l'école d'application; le troifième, pour fortir de cette dernière école & entrer dans les régimens d'artillerie. L'inftruction des fous-officiers, qui deviennent officiers, eft conftatée par les obfervations journalières faites par leurs fupérieurs, de la façon dont ils s'acquittent de leurs différens fervices, de l'intelligence qu'ils y déploient, & des difpofitions qu'ils ont annoncées en apprenant les premiers élémens des mathématiques, de la fortification, du lever des plans & du deffein linéaire, que leur expliquent les profeffeurs des écoles d'artillerie, dans les falles où on les raffemble à cet effet, principalement pendant l'hiver. Les canonniers ne font inftruits que dans la pratique de leur fervice par les fous-officiers, fous les yeux des officiers; ils favent que, pour devenir fous-officier, il faut favoir lire & écrire. Un affez grand nombre fe livre de lui-même à ce travail, pour qu'on puiffe faire de bons choix parmi eux, lorfque d'ailleurs ils poffèdent bien la pratique de leur fervice.

Il devoit être rédigé en 1812 deux ouvrages élémentaires; le premier, fur le fervice de l'artillerie en général, & que chaque officier, fous-officier d'artillerie devoit porter dans fa poche; le fecond ne devoit être relatif qu'au fervice particulier de l'artillerie fur les côtes.

Le premier ne devoit former qu'un petit volume & comprendre :

1°. Des tables de tir, indiquant les portées de toutes les bouches à feu actuellement en ufage dans l'artillerie françaife, fous les différens angles que l'on peut les tirer, c'eft-à-dire, que les portées des canons & des obufiers devoient être données pour tous les angles, depuis zéro jufqu'à 45°, & que celles des mortiers devoient être données de 35° à 45° feulement. Une colonne particulière, dans les tables de tir des canons & des obufiers, devoit indiquer le nombre de lignes de hauffe qui correfpondent aux différens angles.

2°. On devoit ajouter à l'obfervation de chaque portée, fous les angles où les boulets & les obus ricochent, la diftance de la bouche à feu au point où le premier ricochet a lieu; combien il y a de ricochets & la portée extrême.

3°. Des tables particulières pour le tir du fufil fous les différens angles.

4°. Une réunion de maximes anciennes & modernes fur le tir, & la manière d'en tirer le plus grand avantage dans les différentes circonftances.

5°. Les détails fur l'emplacement, le tracé & la conftruction de toute efpèce de batteries; la manière de difpofer les plates-formes, les pièces, les embrafures & chaque chofe qui concourt au bon fervice de la batterie, les foins à prendre pour en tirer le meilleur parti poffible.

6°. La manière de confectionner toutes les munitions & les principaux artifices de guerre, principalement les étoupilles, fufées à bombes & à obus.

7°. Un précis des exercices des bouches à feu & des manœuvres de force.

8°. Une notion fur l'épreuve des poudres.

Ce manuel devoit fe borner à donner les notions les plus fimples & les plus précifes fur tous les objets du fervice de l'artillerie, qu'il eft le plus indifpenfable à un officier & à un fous-officier de cette arme de bien connoître & d'avoir fans ceffe préfens à l'efprit.

On n'y devoit donner aucun détail fcientifique fur les différens arts qui font employés dans la fabrication des machines, des armes & approvifionnemens de guerre. Le principal objet de cet ouvrage devoit être de bien faire connoître toutes les bouches à feu, leurs formes, leur fervice & les moyens d'en tirer, dans chaque circonftance de la guerre, le parti le plus avantageux.

L'autre ouvrage, destiné pour le fervice de l'artillerie fur les côtes, devoit être un fimple mémoire d'une centaine de pages & comprendre :

1°. Des détails fur l'objet, le placement & la conftruction des batteries de côtes; fur la conftruction des plates-formes, la difpofition à donner aux pièces, le placement du heurtoir & du petit châffis des affûts de côtes.

2°. Le fervice & l'exercice des différentes bouches à feu employées à la défenfe des côtes & montées fur leurs affûts.

3°. La portée, fous les différens angles dont on doit faire ufage de toutes ces bouches à feu.

4°. Les précautions à prendre pour tirer des obus ou boulets creux & des boulets rouges dans les canons.

5°. Les foins à prendre pour la confervation des fufées, des bombes & obus, & la manière de s'en fervir.

6°. Les moyens de conferver les poudres fainement dans les batteries, & un mode d'épreuve pour s'affurer de leur qualité.

INSTRUCTION concernant les manufactures d'armes établies en régies militaires. Le régime des manufactures d'armes à l'entreprife, conçu par le général Gribeauval, eft le véritable mode d'adminiftration qui convient à ces établiffemens; mais il eft utile & avantageux aux intérêts du gouvernement, que l'on fache que l'artillerie a tous les moyens de faire elle-même profpérer ces établiffemens lorfqu'il ne fe préfente pas d'entrepreneurs. Voici le mode que j'avois établi, en 1806, à l'ex-manufacture de Turin, & que l'on fuit maintenant dans les manufactures du royaume qui font établies en régies militaires, conformément à l'approbation du miniftre de la guerre, en date du 2 mai 1816. Ce mode eft bafé fur une fabrication annuelle de vingt-quatre mille grandes armes à feu portatives.

Le réglement concernant les manufactures royales d'armes à l'entreprife, doit être exécuté dans les manufactures établies en régies militaires, fauf quelques modifications, qui d'ailleurs ne peuvent changer les difpofitions qu'il prefcrit.

La comptabilité matières de ces établiffemens eft analogue à ce qui fe pratique dans les arfenaux de conftruction d'artillerie; mais elle eft plus fimple, parce que la régie fait payer à tous les ouvriers, au moyen d'un compte ouvert qu'elle a avec eux, les matières qui leur font néceffaires.

La comptabilité finances eft conforme à celle defdits arfenaux, mais elle fe divife feulement en dix chapitres, & elle a pour objet, indépendamment du compte menfuel, de faire connoître, à la fin de l'année, les prix auxquels les armes font revenues.

Ces dix chapitres font : 1°. achat des fers, cuivres & aciers; 2°. achat de bois pour les montures des armes à feu portatives; 3°. achat de charbon & menus approvifionnemens; 4°. ouvrage aux pièces; 5°. journées de travail des ouvriers; 6°. achat & réparations d'outils & inftrumens; 7°. entretiens d'ufines & bâtimens; 8°. loyers de bâtimens & terrains; 9°. frais d'adminiftration; 10°. dépenfes extraordinaires. (On ne doit porter à ce chapitre que les nouvelles conftructions de bâtimens ordonnées par le miniftre, les réparations des vieilles armes, verfées à la manufacture par ordre de fon excellence; les gratifications accordées aux ouvriers, en vertu du réglement précité, &c.)

Les fonctions de l'infpecteur de la manufacture font de diriger tout, de furveiller tout, de faire la correfpondance, d'ordonner les dépenfes & les paiemens. Il tient, comme les directeurs d'artillerie, un regiftre des fommes touchées du payeur ou provenant des recettes éventuelles, & de celles remifes par lui en à compte au garde-caiffier. Il forme, avec les officiers fous fes ordres, un confeil d'adminiftration de l'établiffement, qui a la même autorité & la même refponfabilité que les confeils des arfenaux.

L'un des capitaines fait les fonctions de régiffeur. (On verra par ce qui fuit que cet officier doit réunir à beaucoup d'intelligence & de zèle, les connoiffances fur toutes les parties de la fabrication.) Les autres officiers, ainfi que les contrôleurs & réviseurs, ont les mêmes devoirs à remplir que dans les manufactures à l'entreprife, ou du moins ces devoirs ne font guère plus multipliés; mais il n'en eft pas ainfi du garde-caiffier & du régiffeur, comme on le verra par les détails fuivans.

Fonctions du capitaine-régiffeur.

Cet officier furveille les magafins, les approvifionnemens, les comptabilités matières & finances, vife & arrête, tous les mois, le compte ouvert avec chaque ouvrier de la manufacture, toutes les pièces de dépenfes, & eft chargé de tout ce qui a trait à l'économie, aux objets de commerce, aux détails de l'établiffement, à la réception & épreuves des matières premières; enfin il affifte, autant que poffible, au paiement des ouvriers.

Fonctions du capitaine chargé de la surveillance de la salle de recette.

Cet officier est chargé de suivre la réception des pièces d'armes & des armes finies, de l'épreuve de canons (quand on ne les éprouve pas à l'usine & qu'il n'y a pas assez d'officiers pour diviser davantage la surveillance), de la police des ateliers, du local de la manufacture, &c. Il remet à l'inspecteur, avant la fin de chaque mois, les élémens des divers états à fournir au ministre & au directeur-général des manufactures ; le capitaine attaché à l'usine lui envoie, à cet effet, les renseignemens dont il a besoin pour les mouvemens des canons, &c. Dans les manufactures où les produits sont un peu considérables, l'officier seul ne peut tenir les registres & faire les écritures nécessaires ; il faut un commis, spécialement pour la salle des recettes. Il est aussi chargé de la tenue des contrôles signalétiques des ouvriers conscrits, & de celui du dénombrement général des ouvriers de la manufacture.

Fonctions du capitaine chargé de la surveillance de l'usine des canons.

L'officier chargé de la surveillance de cet établissement doit prévoir, autant que possible, les accidens qui peuvent en arrêter la marche ; suivre journellement le travail des boutiques ; tenir note des mouvemens ; viser & arrêter, à la fin de chaque semaine seulement, le compte ouvert des ouvriers, & assister au paiement lorsque le régisseur ne peut s'y trouver.

S'il y a un plus grand nombre d'officiers à la manufacture, il faut en charger un, spécialement, de l'épreuve & de la réception des matières premières, des procès-verbaux relatifs à ces opérations, de la visite des ateliers répandus dans les campagnes, & surtout de la surveillance des conscrits, lesquels doivent être tous immatriculés comme ils le sont dans les régimens.

Ces officiers doivent rendre compte à l'inspecteur de la manufacture de tout ce qui peut troubler le bon ordre, des infidélités qui pourroient se commettre, des améliorations à opérer, & en général de tout ce qui peut contribuer à la prospérité de l'établissement.

Fonctions du garde-caissier & des commis.

Garde-caissier. Le garde-caissier est le seul des employés de la régie qui soit comptable envers le conseil d'administration. Il est en conséquence, sous la direction du régisseur, chargé de la comptabilité générale de la manufacture, tant en matières qu'en deniers.

Il établit les remises & les consommations mensuelles de l'usine & du local de la manufacture, de concert avec les employés de ces deux établissemens ; il en dresse ensuite deux états généraux, qui sont certifiés par lui, vérifiés par le régisseur, vus par l'inspecteur & par le sous-intendant militaire.

Il dresse, au moyen de ces deux états & du double de l'existant au premier du mois précédent, celui des matières premières, armes & pièces d'armes existantes au premier du mois courant.

Ces trois derniers états sont adressés au ministre. Il relève, tous les six mois, les remises & consommations du semestre précédent, pour en former un état sommaire, destiné à établir la balance de l'inventaire général, qui doit être adressé au ministre les 1er. janvier & juillet de chaque année.

Il tient des registres de compte ouvert avec les différentes classes d'ouvriers (excepté ceux de l'usine, qu'il vérifie seulement), pour établir leur doit & avoir, & arrêter les menus outils qui reviennent ; déduction faite des matières & autres objets qui ont pu leur être fournis, tels que limes, calibres, &c. (Les ouvriers doivent entretenir les étaux qu'on leur fournit, & payer les menus outils qu'ils sont dans le cas de prendre au magasin, ainsi que les calibres (exceptés ceux qui leur sont délivrés comme modèles). Ils doivent aussi répondre de tous les rebuts jusqu'à la recette définitive des pièces.)

Ces comptes ouverts étant vérifiés servent à relever, à la fin de chaque mois, les consommations des matières, ainsi que les remises en armes & pièces d'armes. Il fait, le premier janvier de chaque année, une vérification générale de l'inventaire, avec procès-verbal constatant les objets existans en plus ou en moins.

Tous les comptes ouverts sont remis, dans les premiers jours de chaque mois, au commis teneur de livres.

Le garde-caissier dresse toutes les pièces de dépenses ou d'achat, suivant les marchés passés au rabais & approuvés par le ministre, & ces pièces, jointes aux relevés des comptes ouverts, forment la base des remises du mois. (Les pièces de dépenses doivent toujours être revêtues du récépissé de l'employé dans les magasins duquel les objets sont entrés, vérifiées par le régisseur, vues par le sous-intendant militaire, ordonnancées par l'inspecteur de la manufacture, & enfin, quittancées par les parties prenantes.)

Il établit mensuellement l'état général des recettes & dépenses, au moyen des pièces dont il vient d'être fait mention, de l'extrait des comptes ouverts qui lui ont été remis par le commis chargé de la tenue des livres, & du certificat du payeur, constatant les sommes qui ont été versées à la caisse. (Les lettres d'avis des ordonnances du ministre sont remises au payeur, qui solde sur le reçu du conseil d'administration.)

Cet état, dressé en triple expédition, est signé

par les membres du conseil d'administration & visé par le sous-intendant militaire.

Il tient, pour sa décharge, un registre des délibérations du conseil d'administration.

Il dresse, dans le mois de janvier de chaque année, le compte général de l'année précédente. Ce compte se compose de trois états, dont le premier présente la comparaison entre l'inventaire du premier janvier expiré & celui de l'année courante, établit la différence du plus ou du moins sur chaque article, indique les prix courans de ces articles & donne les sommes en gain ou en perte.

Le 2e. doit présenter toutes les sommes qui pourroient être dues par des corps ou arsenaux auxquels il auroit été fourni des pièces d'armes pendant l'année, & dont ils n'auroient pas effectué le remboursement. Les arsenaux ne paient pas les pièces de rechange qui leur sont expédiées en vertu des ordres du ministre, mais on en tient compte. Si, dans le courant de l'année, il rentroit à la caisse des fonds pour livraison de pièces faites pendant un exercice antérieur, il en seroit fait mention sur le compte final.

Le 3e. état comprend l'énumération & l'estimation des objets reçus par ordre du ministre & provenant d'autres manufactures ou arsenaux du royaume.

Ces trois états sont précédés d'un tableau qui présente les recettes & les dépenses générales de l'année, les accroissemens & modifications à apporter aux recettes & aux dépenses, &, en résultat, le prix auquel est revenue l'arme pendant l'année.

Le compte final, que rend particulièrement l'inspecteur, est dressé en triple expédition, dont une est adressée au ministre, une au directeur-général des manufactures, & la troisième reste au bureau de la régie ; enfin, le garde-caissier tient des registres pour transcrire l'état des remises de chaque mois, celui des consommations, les inventaires généraux & l'état général des recettes & dépenses. (La transcription de ce dernier état n'a lieu que quand le ministre l'a autorisé & a approuvé les dépenses.) Tous ces états transcrits sont signés comme les expéditions.

Commis de l'usine. Cet employé est comptable, envers le garde-caissier, tant des matières & effets qui lui sont confiés par inventaires, que des deniers qui lui sont remis pour le paiement des ouvriers & les menues dépenses de l'usine.

Il fournit, chaque mois, au garde-caissier un état de remises & un de consommations des matières, outils & autres objets sur lesquels il y a eu mutations pendant le mois. Il transcrit ces deux états sur deux registres destinés à cet objet. Il tient registre des inventaires constatant les objets qui lui sont confiés, & que le garde-caissier vérifie au moins tous les trois mois, indépendamment de la vérification que l'inspecteur & le régisseur de la manufacture doivent faire de temps en temps.

Étant chargé du paiement des ouvriers de l'usine, il tient un registre des comptes ouverts avec chacun d'eux, & ce registre est, comme ceux tenus par le garde-caissier, remis chaque mois au commis tenant de livres. Il tient aussi un registre de recettes & dépenses particulières à cet établissement.

Cet employé est en outre responsable & chargé de la délivraison des matières premières.

Lorsqu'il y a plusieurs usines, il faut un commis pour chacune d'elles, si elles sont un peu éloignées entr'elles ; mais un seul employé ne doit surveiller, au plus, que deux de ces établissemens.

Commis du local de la manufacture. Ce commis est, comme celui de l'usine, comptable envers le garde-caissier de tout ce qui est porté sur les inventaires qui lui ont été remis & qui sont enregistrés.

Il reçoit dans les magasins tout ce qui a été accepté par les officiers & les contrôleurs de la manufacture, & il en donne récépissé aux fournisseurs ou aux ouvriers : ces récépissés étant nécessaires pour se présenter à la caisse.

Il fait les distributions des matières premières & des pièces d'armes, tient registre des entrées & des sorties des magasins, & remet, chaque semaine, ces registres au garde-caissier pour établir les comptes ouverts avec les ouvriers.

Il remet, chaque mois, au garde-caissier, un état de remises & un de consommations des matières, armes, pièces d'armes, &c., consommées pendant le mois, & il transcrit ces deux états sur des registres destinés à cet usage. Le garde-caissier vérifie, au moins tous les trois mois, les magasins & les objets confiés à cet employé. L'inspecteur & le régisseur font aussi cette vérification le plus souvent possible.

Commis aux écritures. Cet employé est chargé de la tenue des livres, c'est-à-dire, de transcrire, sur les registres à ce destinés, les comptes hebdomadaires des ouvriers de la manufacture & de l'usine, d'après les registres qui lui sont remis à cet effet, dans les premiers jours de chaque mois. (Ces comptes faits par mois sont reconnus & signés par les ouvriers, auxquels il est en outre délivré des carnets.) Lorsque ces comptes sont établis, il en fait un extrait qu'il remet au garde-caissier après l'avoir certifié. (Les registres particuliers des commis aux écritures sont tous signés & certifiés par eux & par le capitaine régisseur.).

Il tient le registre signalétique des conscrits, celui du dénombrement général des ouvriers de la manufacture, fait tous les états à fournir au ministre de la guerre, au directeur-général des manufactures, &c.

Nota. Les fonctions des sous-intendans militaires, qui ont la police des manufactures d'armes.

font les mêmes dans ces établissemens que près des arsenaux de construction de l'artillerie. Ainsi, ils vérifient & arrêtent les comptabilités finances & matières, prennent connoissance des ordres d'après lesquels les dépenses & les consommations ont eu lieu, vérifient les registres de comptabilité & s'assurent de la régularité des pièces comptables.

Instrumens & outils nécessaires pour les armuriers des corps de l'armée. Un état de ces objets n'ayant pas encore été fait, & cette pièce pouvant être utile, je la joins ici.

Les calibres & proportions compris dans cet état sont ceux des différens modèles d'armes dont les corps font usage, la nomenclature étant la même pour tous ces modèles. La platine du mousqueton, modèle de 1816, & celle du pistolet de cavalerie étant la même, ainsi que le calibre des canons de ces deux armes, on ne comprendra qu'un seul vérificateur pour ces pièces, dans la collection destinée aux régimens de cavalerie qui sont armés à la fois de mousquetons & de pistolets.

Ces calibres & proportions doivent être tirés de l'une des manufactures royales d'armes.

Calibres & instrumens vérificateurs. Pente de la batterie, une.
Calibre du chien, un.
Idem de la noix, un.
Pente de la culasse, une.
Cylindres vérificateurs du calibre des canons (grands & petits), deux.
Pente de dessus pour la crosse, une.
Idem de dessous, avec les proportions de la poignée, une.
Calibre des bois pour la monture, un.
Outils de forgeur. Forge & son soufflet, une.
Enclume ou bigorne percée, une.
Pelle à charbon, une.
Mouillette, une.
Tisonnier, un.
Marteaux de forge pour le maître & le compagnon, deux.
Tenailles droites, une grande & une petite, deux.
Idem à crochets, une.
Tranches à chaud, une grande & une petite, deux.
Poinçon à main rond, un.
Clouyère pour les vis de culasse & de platine, une.
Outils de platineur et de monteur. Étaux de 12 à 15 kilogrammes pour le maître & le compagnon, deux.
Tenailles en bois pour mettre entre les mâchoires des étaux, *idem*, deux.
Vilebrequin.
Marteaux d'établi pour le maître & le compagnon, deux.
Pousse-goupilles, *idem*, deux.
Pince à goupilles, une.
Tournevis à main, un.

Scie à fendre les têtes de vis, une.
Scie pour la monture, une.
Étau à main, un.
Compas à pointes droites, un.
Idem à pointes courbes, un.
Boîte à foret, une.
Conscience ou plastron, une.
Arçon, un.
Tourne-à-gauche pour culasse, un.
Filière avec ses tarauds pour les vis de platine & de culasse, une.
Idem à coussinets pour le bouton de culasse, une.
Moulin à vis, un.
Rodoir pour les noix, un.
Fraise à bassinet, une.
Mandrin pour relever les enfoncemens des canons, un.
Plane, une.
Ciseaux de 2, 3, 4, 6, 8, 12, 15 & 16 lignes, huit.
Ciseau coudé de 2 lignes, un.
Bec-à-corbin, un.
Bédane pour les détentes & les pivots de batterie, deux.
Gouges assorties, sept.
Foret, un.
Mèches à vis, à gâchette & à baguette, trois.
Rabots plats, deux.
Écouène à canons, une.
Idem à baguettes, une.
Grattoirs pour les bois, deux.
Meule à aiguiser, une.
Pierre à l'huile, une.
Pot à colle, un.
Outils de fourbisseur. Mandrin pour relever les enfoncemens des fourreaux de sabres de cavalerie, un.
Grattoirs, deux.
Brunissoirs, deux.
Limes. Assortiment de limes plates de 1, 2 & 3 au paquet, trois.
Idem demi-rondes de 2, 3 *idem*, deux.
Idem de limes bâtardes plates, de 7 & 5 pouces, deux.
Idem demi-rondes, de 5, 7, 9 & 11 pouces, quatre.
Idem douces, de 7, 9, 11 & 12 pouces, quatre.
Lime carrée de 6 à 7 pouces, une.
Queue de rat de 5, 7 & 9 pouces, trois.
Limes à couteau, deux.
Idem en feuille de sauge, une.
Râpes demi-rondes de 11 pouces, deux.

Nota. Les outils d'éperonnier nécessaires à la réparation de l'équipement du cheval, tels que le mords de la bride, la gourmette, les étriers, &c., sont compris parmi ceux mentionnés ci-dessus, & servent également à l'arquebuserie & à la fourbisserie.

Il seroit à désirer que les bataillons détachés

eussent un armurier & un atelier pourvu de tous les instrumens & outils détaillés ci-dessus.

Instrumens & outils nécessaires pour un atelier de réparations d'armes, composé de cent ouvriers, armuriers & fourbisseurs, répartis ainsi qu'il suit; savoir :

Armuriers & fourbisseurs.

Dix forgeurs, dont un pour les culasses & les tenons à remplacer, & les autres pour les pièces de platine & de garniture.

Un taraudeur, ajusteur de culasse.

Un metteur de grains de lumière & de tenons.

Cinq des forgeurs au moins devroient être de fort bons ouvriers. Dans le cas où quelques-uns d'entr'eux ne seroient pas occupés à la forge, ils pourroient être employés comme rhabilleurs.

Quarante-huit platineurs-rhabilleurs.

Une vingtaine des platineurs-rhabilleurs devront être de bons ouvriers. Il seroit à désirer qu'il y en eût un ou deux qui fussent un peu mécaniciens ; ils seroient fort utiles dans beaucoup de circonstances.

Douze à seize des platineurs-rhabilleurs devroient aussi être exercés à monter, & une douzaine des monteurs savoir rhabiller au besoin ; par ce moyen, jamais l'une des deux professions ne seroit exposée à être en retard sur l'autre, & les deux opérations du rhabillage & du montage pourroient aller toujours de front.

Trente-un monteurs.

Quatre fourbisseurs.

Trois tailleurs de lime.

Deux fondeurs, dont un compagnon.

Outils & instrumens.

Calibres & instrumens vérificateurs. Équipages complets des calibres, mandrins & vérificateurs des proportions des différentes pièces de la platine & de la garniture des fusils d'infanterie & de voltigeurs, mousquetons & pistolets, un pour chaque modèle. (Celui du fusil d'infanterie sert en même temps pour le fusil de voltigeur.)

Filière-modèle avec ses tarauds pour les vis de culasse & de platine des fusils, mousquetons & pistolets de cavalerie, une pour chaque modèle.

Filière-matrice de culasse avec son taraud, une.

Pentes de culasse pour fusil, mousqueton & pistolet de cavalerie, une pour chaque modèle.

Cylindres vérificateurs du calibre des canons, un grand & un petit pour chaque modèle.

Vérificateurs des proportions extérieures des canons, un grand & un petit pour chaque modèle.

Compas à vérifier l'épaisseur des canons, un.

Pente de dessus pour la crosse, une pour chaque modèle.

Pente de dessus, avec les proportions de la poignée, une pour chaque modèle.

Vérificateur des proportions de la baguette, un.

Mandrin vérificateur des proportions intérieures de la douille de la baïonnette, un.

Vérificateur des proportions extérieures de la douille de la baïonnette, un.

Vérificateur des proportions de la lame de la baïonnette, un.

Pied-de-roi étalonné, un.

Les calibres, instrumens, &c., sus-mentionnés, ne devront pas être abandonnés aux ouvriers, & doivent être conservés soigneusement, afin de servir de modèles & de vérificateurs pour ceux nécessaires à l'usage journalier.

Tout ce qui est porté ci-dessus devra être envoyé d'une manufacture d'armes, après y avoir été examiné & vérifié avec le plus grand soin.

Outils nécessaires pour les forgeurs. Chaque forge, grande & petite, doit être outillée ainsi qu'il suit :

Enclume ou bigorne percée, une.

Pelle, une.

Mouillette, une.

Tisonnier, un.

Rabissette, deux.

Marteaux à frapper devant, deux.

Marteaux à main, trois.

Tenailles droites, trois.

Idem à crochets, deux.

Idem à boulons, une.

Tranches à chaud, deux.

Idem à froid, une.

Chasse carrée, une.

Idem ronde, une.

Poinçon à main rond, un.

Idem carré, un.

Idem plat, un.

Idem emmanché rond, un.

Idem carré, un.

Idem plat, un.

(Il faudra de plus pour les forgeurs, les outils & instrumens ci-après désignés.)

Étaux de 25 à 30 kilogrammes, un.

Clouyère pour les vis de plaques & de sous-garde, une.

Idem pour les vis de culasse & de platine, une.

Idem de noix (une pour chaque modèle), quatre.

Contre-clouyères pour les noix, quatre.

Étampe pour les ressorts à bois, une.

Étampe pour les battans de sous-garde & de grenadière, une.

Mâchoire d'étau pour étamper la mâchoire inférieure du chien, une.

Contre-étampe pour la crête du chien, une.

Étampe pour le cul du chien, une.

Broche pour la gorge du chien, une.

Étampe de mâchoire supérieure du chien, une.

Étampe de la vis du chien, une.

Contre-étampe pour la vis du chien, une.
Etampe pour la table de la batterie, une.
Contre-étampe pour *idem*, une.
Etampe de gâchette, une.

Les outils particuliers à la fabrication des pièces d'armes qui sont portés plus haut, ne sont que les plus nécessaires. On pourra toujours fabriquer facilement les autres au moyen des calibres dont on sera en possession.

On pourra prendre aussi pour le mousqueton & pour le pistolet, des outils semblables à ceux portés ci-contre; mais comme leur usage est plus rare, on pourroit attendre, pour les fabriquer, qu'on en eût besoin.

Outils communs aux rhabilleurs de platine & aux monteurs. Etaux d'établi de 12 à 15 kilogrammes, quatre-vingt-sept.
Vilebrequins, quinze.
Marteaux rivoirs, soixante-cinq.
Pinces à goupilles, huit.
Pousse-goupilles, trente-un.
Tournevis à main, soixante-dix-neuf.
Idem de force, huit.
Scies à fendre les têtes des vis, pour platineurs, huit.
Idem pour monteurs, quatre.
Tenailles en bois pour mettre entre les mâchoires des étaux, soixante-dix-neuf.

Outils de platineurs-rhabilleurs. Etaux de 25 à 30 kilogrammes pour enculasser les canons, deux.
Etaux à main, vingt.
Bigornes d'établi, deux.
Pointeaux, dix.
Poinçons de différentes grosseurs, quarante.
Becs-d'âne, vingt.
Ciseaux d'établi, vingt.
Grain-d'orge, vingt.
Consciences, vingt.
Arçons, vingt.
Boîtes à forets, vingt.
Forets pour le fer, cent quatre-vingt-douze.
Broches carrées ou broccard, quarante.
Idem à nœuds, trente-huit.
Compas à pointes droites, deux.
Idem à pointes courbes, deux.
Tourne-à-gauche pour culasser & déculasser les canons, deux.
Ramasses à canons, six.
Forets fendus pour repasser les canons, deux.
Mandrins à canons de différentes grosseurs, quatre.
Filière à coussinet pour les culasses, une.
Jeu de tarauds à quille pour la filière à coussinet, un.
Mandrin à baïonnette, un.
Foret à baïonnette, un.
Fraises pour les trous des vis de plaque, six.
Moulin à vis, dix.

Machine à tarauder les vis à bois, une.
Filières garnies de leurs tarauds, pour fusil, huit.
Idem pour mousqueton, deux.
Idem pour pistolet, deux.
Tenailles à chanfrein, quatre.
Rodoirs pour les noix (un pour chaque modèle), quatre.
Bidets carrés pour les carrés du chien, pointus, dix.
Idem égaux sur toute la longueur & garnis de leur matrice, dix.
Fraises à bassinet (une de chaque calibre), quatre.
Matoirs pour la draperie du bassinet, six.
Pieds-de-biche pour limer les bassinets, quatre.
Pentes & proportions du bassinet, six.
Calibres à calibrer les chiens, six.
Proportions du chien, six.
Pentes & proportions de la batterie, six.
Calibres pour calibrer les bords de la batterie, six.
Vérificateurs des proportions des ressorts de la platine, six.
Calibres à calibrer le pourtour de la noix, six.
Proportion de la noix, une.
Calibres à calibrer la gâchette, quatre.
Proportions de la gâchette, quatre.

Il n'est pas nécessaire d'entrer dans le détail de tous les calibres, mandrins, &c., nécessaires pour limer les différentes pièces de la platine & de la garniture : ceux détaillés plus haut sont les plus essentiels ; on pourra fabriquer les autres au besoin. Mais il faudra avoir des calibres, &c., pour mousqueton & pistolet ; il suffira d'en avoir un de chaque espèce.

Outils des monteurs. Scies à chantourner, quatre.
Valets d'établi, deux.
Planes, trente-une.
Ciseaux de 16, 15, 12, 8, 6, 4, 3 & 2 lignes (28 de chaque espèce), deux cent dix-sept.
Ciseaux coudés de 2 lignes, trente-un.
Becs-à-corbin, trente-un.
Becs-d'âne pour les détentes, trente-un.
Idem pour les pivots de battans, trente-un.
Gouges à lever le premier bois, trente-une.
Idem à canons, trente-une.
Idem à baguette, trente-une.
Idem pour la queue de la culasse, trente-une.
Idem pour le devant du corps de la platine, trente-une.
Idem pour la tête des vis, trente-une.
Idem pour les brides de noix, trente-une.
Forets en bois, trente-un.
Mèches à vis, trente-une.
Idem à gâchette, trente-une.
Idem à baguette pour fusil, trente-une.
Idem idem pour mousqueton, trente-une.
Rabots à canons, seize.

Rabots à baguette, seize.
Idem plats, quatre.
Ecouènes à canons, huit.
Idem à baguette, huit.
Grattoirs pour les bois, quatorze.
Pente du dessus pour la crosse du fusil & du mousqueton, six.
Idem du pistolet, une.
Pente de dessous avec les proportions de la poignée du fusil, six.
Idem du mousqueton, une.
Idem du pistolet, une.
Calibres des bois du fusil, un.
Idem du mousqueton, un.
Idem du pistolet, un.
Tricoises (paires de), deux.
Meules à aiguiser, deux.
Pierres à l'huile, quatre.
Pots à colle, deux.
Outils de fourbisseurs. Cisaille pour couper la tôle ou le cuivre, une.
Mandrins pour relever les enfoncemens des fourreaux de sabres de cavalerie de ligne (un peu plus gros l'un que l'autre), deux.
Idem pour les fourreaux de sabres de cavalerie légère (*idem*), deux.
Mandrins de chapes de fourreaux de sabres d'infanterie, un.
Idem idem d'artillerie, un.
Idem de bout de fourreaux d'infanterie, un.
Idem idem d'artillerie, un.
Idem en cuivre ou en fer coulé pour ployer les gardes de cavalerie de ligne, un.
Idem de cavalerie légère, un.
Grattoirs, quatre.
Brunissoirs, quatre.
Fer à souder à l'étain, un.
Outils de tailleurs de lime. Tas, trois.
Masses (deux petites & deux grosses), quatre.
Ciseaux (ils se font à mesure des besoins).
Outils de fondeurs. On ne pourroit porter ici que des modèles pour mouler les différentes pièces; mais au moyen de quelques vieilles pièces & des tables des dimensions que l'on consultera pour faire les corrections nécessaires, on pourra toujours se procurer des modèles.
Il sera facile de se procurer des creusets & de faire faire les châssis pour mouler, & les instrumens nécessaires pour les fourreaux.
Limes nécessaires pour les cent ouvriers, pendant trois mois d'un travail suivi. Limes dites d'Allemagne, plates, de 1 au paquet, cent quarante-quatre.
Idem idem, de 2 *idem*, cent quarante-quatre.
Idem idem, de 3 *idem*, cent quarante-quatre.
Idem demi-rondes, de 2 *idem*, cent quarante-quatre.
Idem de 3 *idem*, cent quarante-quatre.
Limes bâtardes plates, de 7 pouces, cent quarante-quatre.
ARTILLERIE.

Limes de 5 *idem*, cent quarante-quatre.
Idem demi-rondes, de 11 *idem*, quatre-vingt-dix.
Idem de 9 *idem*, cent quarante-quatre.
Idem de 7 *idem*, cent quarante-quatre.
Idem de 5 *idem*, cent quarante-quatre.
Limes douces, plates, de 11 *idem*, soixante-quinze.
Idem demi-rondes, de 11 *idem*, quatre-vingt-dix.
Idem de 9 *idem*, soixante-quinze.
Idem de 7 *idem*, soixante-quinze.
Limes carrées de 6 à 7 *idem*, cent quarante-quatre.
Queues de rat de 9 *idem*, cent quarante-quatre.
Idem de 7 *idem*, cent quarante-quatre.
Idem de 5 *idem*, cent quarante-quatre.
Limes à couteau de 6 *idem*, deux cent quarante.
Idem en feuilles de sauge pour tailler les noix, cent quarante-quatre.
Râpes demi-rondes de 11 pouces, quatre-vingt-dix.

Approvisionnement & matières premières pour les cent ouvriers pendant trois mois.

Fer, 97 kil. 90 (200 liv.).
Acier d'Allemagne, 34 kil. 27 (70 liv.).
Tôle d'acier de 10 points d'épaisseur pour fourreaux de sabres. Feuilles, dix.
Tôle de 3 à 4 points d'épaisseur pour battes de cuvette. Feuilles, deux.
Fil de fer à lier, 36 kil. 72 (75 liv.).
Idem en acier pour goupilles, 24 kil. 48 (50 liv.).
Cuivre laminé. Feuilles, quatre-vingt-cinq.
Soudure en cuivre, 7 kil. 34 (15 liv.).
Bois de fusil ébauchés (y compris 80 de mousquetons), huit cents.
Grandes entures, quatre cents.
Petites entures, cinq cent cinquante.
Borax, 12 kil. 24 (25 liv.).
Emeri, 153 kil. 22 (313 liv.).
Colle-forte, 73 kil. 42 (150 liv.).
Cuir de vache de Bourgogne pour fourreaux de sabres, cent trente.
Basane pour poignées de fourreaux, six.
Poudre fine, dite *à giboyer*, pour éprouver les canons, 146 kil. 85 (300 liv.).
Idem à gros grains pour les amorces & les traînées, 73 kil. 42 (150 liv.).
Plomb pour balles, 146 kil. 85 (300 liv.).
Idem laminé pour garnir les mâchoires du chien, 14 kil. 69 (30 liv.).
Papier pour bourres. Rame, une.
Pierres à fusil, trois mille cinq cents.
Les pièces de rechange nécessaires étant tirées des manufactures, les fers & aciers portés plus haut sont destinés aux menus travaux & à la réparation des outils.

INSTRUMENS vérificateurs. On a reconnu depuis long-temps la nécessité de donner à chaque établissement d'artillerie la collection d'instrumens vérificateurs dont le service a besoin ; & l'organisation de l'atelier de précision du dépôt central de l'artillerie à Paris offre maintenant les moyens de les fabriquer avec la plus grande précision.

Ces instrumens consistent en étalons, en instrument d'épreuve, de réception & de vérification avec leurs rapporteurs, en modèles & gabaris, en machines & formes, ce qui compose un très-grand nombre d'objets essentiels.

La majeure partie de ces instrumens doit, pour l'exactitude, être fabriquée à l'atelier de précision ; d'autres peuvent être achetés dans le commerce, tels que des balances, baromètres, hygromètres, aréomètres, &c. ; d'autres enfin peuvent être fabriqués dans les arsenaux, les manufactures d'armes, les forges, les fonderies, &c. ; mais le but seroit manqué si la fabrication de ces derniers n'éprouvoit aucune vérification : c'est pourquoi ceux qui exigent quelqu'exactitude doivent être envoyés audit atelier de précision, pour y être vérifiés & étalonnés. Quant à ceux que fournira le commerce, il a paru inutile de les soumettre à une telle épreuve.

Il résulte de cette uniformité de mesures & de modèles, une uniformité de produits, & par conséquent un perfectionnement dans le matériel de l'artillerie.

On trouvera généralement aux articles du matériel de l'artillerie, la désignation des instrumens vérificateurs qui servent à leur réception, sauf ceux qui concernent les armes portatives, pour lesquels on a porté plusieurs articles à cette lettre.

INSTRUMENS vérificateurs des armes portatives, modèles de 1816. Il y a des collections pour les fusils, le mousqueton, les pistolets, les sabres, la lance, &c.

Fusils d'infanterie, de voltigeurs & d'artillerie.

Grande lunette pour les diamètres extérieurs du canon.
Petite lunette pour les diamètres extérieurs du canon.
Rapporteur des diamètres extérieurs du canon.
Cylindre de réception du canon.
Vérificateur du cylindre de réception du canon.
Cylindre de rebut du canon.
Vérificateur du cylindre de rebut du canon.
Vérificateur de la lumière & de son emplacement.
Archet.
Compas.
Chat.
Pente & proportions de la culasse.
Rapporteur de la pente & des proportions de la culasse.
Vérificateur des proportions de la baïonnette.
Vérificateur de la longueur de la baïonnette & de la pente de la lame.
Mandrin de la douille de la baïonnette.
Calibre du corps de platine.
Rapporteur du corps de platine.
Vérificateur du bassinet.
Vérificateur de la batterie.
Calibre du chien.
Rapporteur du calibre du chien.
Mesures & proportions du chien, & calibre de la noix.
Rapporteur des proportions de la platine.
Calibre de la bride de noix.
Calibre de la gâchette.
Vérificateur des proportions de la bride de noix & de la gâchette.
Vérificateur des vis de la platine.
Lunette de la baguette.
Mandrin de la capucine.
Mandrin de la grenadière.
Mandrin du battant de la grenadière.
Mandrin de l'embouchoir.
Vérificateur de l'embouchoir, de la grenadière & de la capucine.
Pente de la plaque de couche.
Rapporteur de la plaque de couche.
Rapporteur du porte-vis.
Mandrin de l'écusson.
Mandrin du pontet de la sous-garde.
Vérificateur des proportions de la sous-garde.
Pente du dessus du fusil.
Rapporteur de la pente du dessus du fusil.
Pente du dessous du fusil avec trois mesures pour la poignée.
Rapporteur de la pente du dessous du fusil.
Equerre de la direction & de la longueur de la queue de culasse.
Vérificateur du taraudage de la baguette.
Un taraud-mère pour les coussinets de culasse.
Un taraud de culasse & son écrou rapporteur.
Une filière & huit tarauds pour la platine.

Mousqueton. Grande lunette pour les diamètres extérieurs du canon.
Petite lunette pour les diamètres extérieurs du canon.
Rapporteur des diamètres extérieurs du canon.
Cylindre de réception du canon.
Vérificateur du cylindre de réception du canon.
Cylindre de rebut du canon.
Vérificateur du cylindre de rebut du canon.
Vérificateur de la lumière & de son emplacement.
Pente & proportions de la culasse.
Rapporteur de la pente & des proportions de la culasse.
Calibre du corps de platine.
Rapporteur du corps de platine.
Vérificateur du bassinet.

Vérificateur de la batterie.
Calibre du chien.
Rapporteur du calibre du chien.
Mesures & proportions du chien, & calibre de la noix.
Rapporteur des proportions de la platine.
Vérificateur des vis de la platine.
Vérificateur de la baguette.
Mandrin & rapporteur de la capucine.
Pente de la plaque de couche.
Rapporteur de la plaque de couche.
Rapporteur du porte-vis.
Mandrin de l'écusson.
Mandrin du pontet de la sous-garde.
Vérificateur de la sous-garde.
Rapporteur & mesures de la tringle.
Pente du dessus de la monture.
Rapporteur de la pente du dessus de la monture.
Pente du dessous de la monture & mesures de la poignée.
Rapporteur de la pente du dessous de la monture & mesures de la poignée.
Un taraud-mère pour les coussinets de la culasse.
Un taraud de culasse & son écrou rapporteur.
Une filière & huit tarauds pour la platine.

Pistolets de cavalerie & de marine. Lunette pour les diamètres extérieurs du canon.
Rapporteur des diamètres extérieurs du canon.
Pente & proportions de la culasse.
Rapporteur de la pente & des proportions de la culasse.
Vérificateur de la baguette.
Mandrin de la capucine.
Mandrin de l'écusson.
Vérificateur des proportions de la sous-garde.
Vérificateur des proportions de la bride & de la calotte.
Pente du dessus de la monture.
Rapporteur de la pente du dessus de la monture.
Pente du dessous de la monture & mesure de la poignée.
Mandrin de la calotte.
La platine du pistolet étant la même que celle du mousqueton, ses instrumens vérificateurs se trouvent dans la collection de ceux du mousqueton; les instrumens servant à la vérification du calibre du canon & du bouton de la culasse se trouvent également dans cette collection.

Pistolets de gendarmerie. Lunette pour les diamètres extérieurs du canon.
Rapporteur des diamètres extérieurs du canon.
Cylindre de réception du canon.
Vérificateur du cylindre de réception du canon.
Cylindre de rebut du canon.
Vérificateur du cylindre de rebut du canon.
Vérificateur de la lumière & de son emplacement.
Pente & proportions de la culasse.

Rapporteur de la pente & des proportions de la culasse.
Calibre du corps de platine.
Rapporteur du corps de platine.
Vérificateur du bassinet.
Vérificateur de la batterie.
Calibre du chien.
Rapporteur du calibre du chien.
Mesures & proportions du chien, & calibre de la noix.
Rapporteur des proportions de la platine.
Calibre de la bride de noix.
Calibre de la gâchette.
Vérificateur des proportions de la bride de noix & de la gâchette.
Vérificateur des vis de la platine.
Vérificateur de la baguette.
Mandrin de la capucine.
Rapporteur du porte-vis.
Mandrin de l'écusson.
Mandrin du pontet.
Vérificateur des proportions de la sous-garde.
Vérificateur des proportions de la bride & de la calotte.
Pente du dessus de la monture.
Rapporteur de la pente de dessus de la monture.
Pente de dessous de la monture & mesures de la poignée.
Mandrin de la calotte.
Un taraud-mère pour les coussinets de culasse.
Un taraud de culasse & son écrou rapporteur.
Une filière & huit tarauds pour la platine.

Nota. Il faut de plus, dans chaque manufacture, une éprouvette pour les poudres, un moule à balle & un pied étalonné.

Sabres, lance & hache de campement pour la cavalerie.

Sabre d'infanterie. Fourreau-calibre pour la lame.
Rapporteur du fourreau-calibre pour la lame.
Vérificateur des proportions de la monture.
Vérificateur de la pente de la poignée.

Sabre d'artillerie. Vérificateur des proportions de la lame.
Vérificateur des proportions de la monture.
Vérificateur des contours de la monture.

Sabre de cavalerie de ligne. Vérificateur des proportions de la lame.
Vérificateur des proportions de la monture.
Vérificateur de la pente de la poignée.
Vérificateur des proportions du fourreau.
Mandrin de la cuvette.

Sabre de cavalerie légère. Fourreau-calibre pour la lame.
Rapporteur du fourreau-calibre pour la lame.

Vérificateur des proportions de la lame.
Vérificateur des proportions de la monture.
Vérificateur de la pente de la poignée.
Vérificateur des proportions du fourreau.
Mandrin pour la cuvette.

Sabre d'abordage. Fourreau-calibre pour la lame.
Rapporteur du fourreau-calibre pour la lame.
Vérificateur des proportions de la lame.
Vérificateur des proportions de la monture.
Vérificateur de la pente de la poignée.

Lance. Vérificateur des contours & des longueurs de la lance & du fabot.
Vérificateur des largeurs & épaisseurs de la lance & du fabot.
Vérificateur des diamètres de la hampe.

Hache de campement. Vérificateur de la hache.

INSTRUMENS vérificateurs des pierres à feu.

Vérificateur des proportions des pierres de fusils d'infanterie & de voltigeurs.
Rapporteur des proportions de la plus grande pierre.
Rapporteur des proportions de la plus petite pierre.
Les vérificateurs & les rapporteurs des pierres du fusil d'artillerie, du mousqueton (servant au pistolet de cavalerie & à celui de marine) & du pistolet de gendarmerie, étant semblables à ceux du fusil d'infanterie, la collection est composée de douze pièces.

INSTRUMENS vérificateurs dont MM. les inspecteurs généraux d'artillerie doivent être pourvus pour la visite des armes portatives.

Gros cylindre vérificateur des calibres pour les fusils neufs d'infanterie & de voltigeurs.
Gros cylindre vérificateur des calibres pour les fusils d'infanterie & de voltigeurs entre les mains des troupes.
Petit cylindre vérificateur des calibres pour les fusils d'infanterie & de voltigeurs.
Gros cylindre vérificateur des calibres pour le fusil d'artillerie, le mousqueton & les pistolets de cavalerie & de marine qui sont neufs.
Gros cylindre vérificateur des calibres pour le fusil d'artillerie, le mousqueton & les pistolets de cavalerie & de marine entre les mains des troupes.
Petit cylindre vérificateur des calibres pour le fusil d'artillerie, le mousqueton & les pistolets de cavalerie & de marine.
Vérificateur des diamètres extérieurs des canons des armes neuves, à la bouche & au tonnerre.
Vérificateur des diamètres extérieurs des canons des armes entre les mains des troupes, à la bouche & au tonnerre.
Vérificateur de la lumière & de son emplacement pour les fusils d'infanterie & de voltigeurs.
Vérificateur de la lumière & de son emplacement pour le fusil d'artillerie.
Vérificateur de la lumière & de son emplacement pour le mousqueton & les pistolets de cavalerie & de marine.

J

JACQUES DE MAILLES. Armure faite de mailles ou annelets de fer, qui couvroit le corps depuis le cou jusqu'aux cuisses.

JALET A LANCER AVEC L'ARC. (*Voyez* le mot GALET.)

JAMBIÈRE. Chaussure de fer, défendant la jambe depuis le soulier jusqu'à la genouillère.

JANTES. Pièces de bois circulaires, jointes ensemble par des goujons, formant le contour extérieur des roues.

Les jantes pour les roues d'affût de place sont en chêne : elles sont communément en orme pour les autres roues, celles surtout de petit échantillon.

On a l'attention de renforcer l'extrémité des jantes de chêne, par deux clous rivés, placés dans le milieu de leur épaisseur & dans la direction des rayons de la roue. Leur tête, à la circonférence extérieure de la roue, est encastrée de 0 mèt. 002 (1 ligne). Ces clous rivés sont placés avant de chausser les jantes. Le diamètre des roues décide la longueur & la courbure des jantes ; mais on emploie les mêmes bois dégrossis pour les jantes de diverses roues.

JAQUEMART. Ancienne épée. (*Voyez* le mot BRAQUEMART.)

JARRETIÈRE. Petit cordage servant aux manœuvres de force.

JAS. Partie de l'ancre. Ce sont deux pièces de chêne exactement jointes ensemble, embrassant le carré de la verge, & réunies par des chevilles ou des frettes. Le jas a dans son milieu quatre fois plus d'épaisseur que la verge, & il va en diminuant vers ses extrémités : sa longueur est égale à celle de la verge, & sa direction croise celle des bras à angle droit.

JAVELINE. Arme offensive ancienne dont on se servoit à pied & à cheval; demi-pique armée d'une pointe comme le javelot.

JAVELLE. Un baril, une tonne de poudre, *tombent en javelle*, quand leurs cercles se cassent, & que les douves & les fonds se séparent.

JAVELOT. Anciennement arme offensive qu'on lançoit à la main ; elle étoit composée d'une hampe en bois de quelques pieds de longueur, & d'une pointe en fer très-aigue. C'étoit particulièrement l'arme que les Romains donnoient aux vélites. Les Gaulois & les François des premiers temps en ont aussi fait usage.

JET. C'est, dans les objets coulés, la matière restée dans le canal servant à la coulée.

JET, armes de jet. Ce sont des machines de guerre qui servent à lancer différens corps contre l'ennemi. C'étoit, avant l'invention de la poudre à canon, la fronde, l'arc, l'arbalète, la baliste, la catapulte, &c. Les armes de jet de nos jours sont le canon, l'obusier, le mortier, le fusil, &c.

JET des bombes. C'est le mouvement des bombes poussées avec violence hors d'un mortier par l'explosion de la poudre. L'art de tirer les bombes consiste à les faire tomber sur un lieu déterminé, & cet art fait partie de la balistique. Galilée est le premier qui ait donné des idées exactes sur le jet des bombes. Il trouva que la courbe que les bombes décrivent en l'air est une parabole, en supposant qu'elles se meuvent dans un milieu non résistant. Newton a démontré que la courbe que décrivent ces projectiles dans un milieu résistant n'est pas une parabole, mais une courbe d'un genre particulier.

L'élasticité de l'air & sa ténacité opposent au mobile une résistance qui n'a pas encore permis de calculer rigoureusement la courbe décrite par les bombes. (*Voyez* les articles TRAJECTOIRE & TIR DES ARMES A FEU.)

JET de feu. On appelle ainsi, dans les feux de réjouissance, des fusées fixes dont les étincelles sont d'un feu clair, comme des gouttes d'eau éclairées par le soleil. On fait des jets de feu de diverses grandeurs.

JOUE. Évidement dans la crosse d'un fusil, servant d'emplacement à la joue du soldat lorsqu'il tire. Elle est placée du côté du porte-vis.

Joues d'embrasures. Revêtement intérieur des embrasures, servant à soutenir les merlons ou demi-merlons. Ces joues forment des surfaces gauches engendrées par une ligne droite, qui se meut parallèlement à elle-même, en s'appuyant sur l'ouverture intérieure & extérieure de l'embrasure.

JUXTA-POSITION. Manière de forger un canon de fusil en rapprochant les bords de la lame sans les faire chevaucher. On dit alors *forger le canon par juxta-position*. (*Voyez* l'article CANON DE FUSIL.)

L

LABORATOIRE D'ARTIFICE. Lieu où l'on confectionne les artifices. Cette dénomination n'est guère usitée : on dit ordinairement *salle d'artifice*. (*Voyez* cet article.)

LABOURER. Se dit d'un boulet qui touche la terre avant d'atteindre à son but. On laboure un rempart en tirant à ricochet sur ce rempart.

LACHEFER. On nomme ainsi, dans les forges, un ringard plus pointu que les autres, servant à percer le bouchage pour donner issue à la fonte destinée à remplir le moule de la gueuse.

LAINE EN BALLOTS. On s'en sert quelquefois pour faire les épaulemens des batteries, quand on manque de terre.

LAISCHES. Plaques ou lames en fer mince, dont les Gaulois garnissoient l'habillement des fantassins, en les plaçant entre l'étoffe & la doublure, pour les garantir des coups de l'ennemi.

LAITIER. Masse de verre opaque, brune, formée de chaux, de silice, d'alumine, d'un peu d'oxide de fer, & quelquefois d'un peu d'oxide de manganèse. Le laitier étant moins pesant que la fonte de fer, la recouvre dans le creuset d'un fourneau, & s'écoule par une ouverture située au bord de ce creuset. Le degré de liquidité du laitier, sa couleur, son adhérence plus ou moins forte au ringard qu'on plonge à la surface du bain, indiquent l'état de la fonte.

LAITON. Alliage de cuivre & de zinc qui entroit autrefois dans le métal des pièces d'artillerie : on s'en sert maintenant, lorsqu'il est laminé ou battu, pour faire les garnitures des fourreaux de sabres d'infanterie, d'artillerie & de baïonnette. (*Voyez* le mot CUIVRE.)

LAMBOURDES. Pièces de bois équarries qui recouvrent les gîtes dans les plates-formes de mortiers, & tiennent lieu de madriers qui feroient trop minces. Il y en a de 1 mèt. 949 (6 pieds) & 2 mèt. 273 (7 pieds) de longueur : les unes & les autres ont o mèt. 216 (8 pouc.) d'équarrissage. (*Voyez* l'article PLATES-FORMES DES MORTIERS.)

LAMES A CANONS. Bandes trapézoïdales de fer, servant à fabriquer les canons des armes à feu portatives. Ces lames ont des dimensions & des poids relatifs au modèle qu'elles doivent produire, & varient dans leur largeur & leur épaisseur, pour former le tonnerre ou la bouche.

Pour fabriquer les lames à canons, on casse du fer d'échantillon en morceaux de longueur prescrite, qu'on nomme *bidons :* on en met deux l'un sur l'autre, on les corroie & l'on obtient une *double maquette* qu'on coupe à froid en deux parties égales, appelées *lames* La longueur de la lame est toujours moindre d'un septième que celle du canon, afin de forcer l'ouvrier à donner plus de chaudes pour l'alonger & la bien souder.

Il est très-essentiel que le poids de la lame soit exact, car si elle manquoit de fer, le canon seroit forgé trop près de la lime, & on ne pourroit atteindre les taches de forge qu'aux dépens des proportions du canon; si, au contraire, la lame a trop de fer, il faudra trop l'émoudre, & par ce travail on enlevera la partie du fer la plus épurée.

Cent kilogrammes de fer en barres donnent environ quatre-vingt-six kilogrammes de fer en lames. Le rapport du prix du quintal métrique de fer en barres au quintal métrique de lames à canons, est à peu près comme cinquante-six francs est à soixante-onze francs cinquante centimes.

Dans les manufactures du nord de la France, les lames sont amincies en biseau des deux côtés de leur longueur, pour être soudées l'une sur l'autre. Ce biseau s'appelle *amorce*. Les canons forgés avec ces lames sont dits *forgés par superposition*. (*Voyez* l'article CANON DE FUSIL.)

Dans une des manufactures du Midi, on ne fait point d'amorce aux lames; pour former le tube, on soude l'un contre l'autre les grands côtés : cette méthode s'appelle *forger par rapprochement* ou *juxta-position*.

Les lames à amorce paroissent plus faciles à forger que les autres.

Les opinions sont partagées sur les différentes méthodes de fabriquer les lames à canons. Quelques personnes préfèrent la lame tirée au bout d'une simple barre, à celle faite avec deux bidons

corroyés ensemble. Elles se fondent sur ce que le fer, qu'elles supposent avoir atteint son maximum de pureté, ne peut que perdre lorsqu'il passe par le feu.

Ceux qui inclinent en faveur de la double maquette, disent que, s'il existe quelques doublures ou quelques défauts d'affinage dans la barre, le fer s'épure, & se purge de ces doublures quand on le corroie ayant le degré de chaleur soudante. Ils observent avec raison que le métal ayant subi l'action du vent & du feu, a acquis un degré de perfection qu'il n'avoit pas; que la façon de corroyer & l'action de ces deux élémens, le purgent de parties hétérogènes qui peuvent n'avoir point été détruites à l'affinage; & elles sont fondées à croire que, dans les lames tirées au bout de la barre, les doublures subsistent, & le fer ne s'affine pas suffisamment. D'autres prétendent que la maquette qui résulteroit de trois bidons doit être réputée la meilleure, parce qu'elle est susceptible de recevoir un plus grand nombre de chaudes, de passer plus souvent par le feu, par le vent & sous le marteau, & par conséquent d'acquérir plus de perfection.

Mais en multipliant les soudures, on peut multiplier aussi les doublures; le succès de cette opération est d'autant moins certain que les surfaces sont souvent soudantes, quand le centre commence seulement à acquérir une certaine chaleur, & que, par conséquent, les parties extérieures peuvent s'étendre sur celles du centre, sans pouvoir s'amalgamer avec elles.

C'est donc la lame provenant de la double maquette faite avec deux bidons, qui est préférable, surtout lorsqu'ils sont bien forgés. Pour cet effet, l'ouvrier doit présenter le fer de champ sous le marteau pour en faire sortir les crasses : cette opération étant faite, & les bidons étant très-bien joints, il doit avoir l'attention de jeter fréquemment de l'argile ou du sable fin sur le fer, jusqu'à ce qu'il ait atteint le degré de chaleur nécessaire pour être soudé.

Cette argile conserve les parties extérieures jusqu'à ce que le centre soit parvenu au degré de chaleur soudante. Elle forme sur la surface une croûte qui l'empêche de se brûler.

Les lames à canons étant destinées à produire des canons qui doivent résister à des épreuves violentes, doivent être fabriquées avec du fer fort, mais liant & facile à souder. Ce fer doit aussi avoir la qualité de bien se soutenir au feu, devant éprouver plusieurs chaudes successives & très-vives.

LAMES de sabres. Elles sont droites ou courbes, selon que les corps qui sont armés de sabres doivent s'en servir pour pointer ou tailler l'ennemi. Les lames des sabres se composent en général : 1°. du talon, qui est la partie renforcée s'appuyant sur la monture du sabre; 2°. de la soie, qui est destinée à fixer la lame dans la poignée ; 3°. de la pointe, qui sert à percer ; 4°. du dos, qui est la partie opposée au tranchant ; 5°. du plat, qui est la partie située entre le dos & le tranchant ; 6°. du faux tranchant ou biseau, qui est à la partie inférieure du dos ; 7°. de la lame proprement dite, qui se compose en trois parties : le talon, qui comprend le tiers le plus près de la garde ; le fort, qui est le tiers qui se trouve entre le foible & le talon ; le foible est le tiers qui fait l'extrémité de la lame. Pour les fabriquer, il faut une nature d'étoffe telle que les lames qui en résultent soient dures, élastiques, & susceptibles de recevoir un tranchant uni & qui ait beaucoup de corps. On obtient cette étoffe au moyen d'une *trousse*. (*Voyez* ce mot.)

On fabrique maintenant, en Angleterre, des lames de sabres avec de l'acier fondu, soudant bien, très-flexible & assez facile à travailler. Cet acier étant homogène dans toutes ses parties, exempt d'impuretés, &c., est sans doute d'un emploi économique, puisqu'il n'exige pas l'opération coûteuse de l'affinage des trousses.

La lame de sabre de ligne est droite, à deux gouttières, longue de 1 mèt. (3 pieds 11 lig. 3 points); celle de cavalerie légère est courbe, ayant o mèt. 024 (11 lig.) de flèche, & longue de 0 mèt. 93 (34 pouc. 3 points); elle n'a point de pans creux, & son dos est en baguette arrondie. La lame de sabre d'infanterie est courbe, ayant 0 mèt. 020 (9 lig.) de flèche, & longue de 0 mèt. 594 (22 pouc.); elle est pleine, & le dos est terminé carrément. Celle du sabre d'artillerie est droite, tranchante des deux côtés, à pans creux, & longue de 0 mèt. 487 (18 pouc.).

On peut diviser en sept parties le travail des lames : 1°. étirer la maquette ; 2°. souder le phion ; 3°. distribuer la matière dans les lames ; 4°. former les pans creux ; 5°. former le tranchant & donner la courbure ; 6°. forger la soie ; 7°. l'examen des lames forgées.

Les instrumens dont on se sert pour fabriquer les lames, font des enclumes contenant des entailles pour y placer des étampes nécessaires pour façonner les lames. A côté de l'enclume est un dressoir dans lequel on place les lames pour les dresser. Des marteaux dont on fait usage ont différentes formes, afin de pouvoir obtenir facilement les cannelures que les lames présentent.

Distribuer la matière, c'est chauffer & forger la maquette, afin de distribuer inégalement l'acier, suivant la proportion convenable à la lame. Il faut, en faisant cette distribution, prévoir ce que les étampages feront perdre & gagner sur chaque partie, afin de ne laisser dans chacune que la matière nécessaire. Cette opération se fait ordinairement en cinq chaudes : dans les premières, vers le talon, il y a peu à réduire; dans les dernières il y a beaucoup à travailler. On chauffe chaque fois au demi-blanc la partie de la maquette que l'on se propose de travailler.

Pour rendre les lames plus légères, on les évide ordinairement en pans creux ou en gouttières, qui se font avec des étampes entre lesquelles la lame est placée. Ces étampes sont de deux sortes ; les unes commencent le pan creux, les autres le terminent : les premières produisent un arrondissement conforme à celui que la lame obtiendra en la présentant de travers à la meule ; les secondes produisent un enfoncement semblable à celui que formerait une meule plus petite, qui ne seroit sur chaque point de sa longueur, qu'un vide d'un quart. Ce travail s'exécute ordinairement en trois séries de deux chaudes au demi-blanc chacune. Il est des sabres dont quelques services exigent jusqu'à quatre chaudes.

Le tranchant se forme en frappant à plat sur le bord de la face de la lame où il doit exister : celle-ci se pose sur une étampe à chanfreiner.

En frappant sur le bord de la lame pour former le tranchant, on amincit & on élargit le bord ; l'élargissement devenant plus considérable du côté où se forme le tranchant, que du côté opposé, il s'ensuit que cette opération contribue naturellement à former une courbure concave du côté du dos, comme celle des sabres de cavalerie & d'infanterie. On aide cette courbure en frappant en même temps à plat sur le dos de la lame, & on la contrarie en frappant également sur le tranchant. Quelquefois on facilite la courbure à l'aide des étampes qu'on appuie plus fortement du côté convexe que du côté concave.

Forger la soie, c'est chauffer & forger le *phion* qu'on a soudé sur le talon des lames.

Il faut, avant de tremper les lames, examiner si elles sont susceptibles d'être terminées : pour cela, on regarde avec soin si la lame n'a ni doublures, ni travers, ni marque de feu ; puis on vérifie les épaisseurs au calibre & la cambrure au fourreau.

La lame est chauffée dans un feu de charbon de bois sur un âtre percé au fond, afin de pouvoir facilement la mouvoir dans le foyer : on la chauffe à la température qui est propre à la nature de l'acier dont elle est formée ; la couleur ordinaire est le rouge cerise. Avant de mettre les lames au feu, on les dresse à froid, en évitant soigneusement qu'elles ne portent à faux. Comme il est extrêmement difficile d'amener toutes les parties de la lame à une température uniforme, en les chauffant dans un foyer dont les dimensions sont plus petites que celles de l'arme, on égalise la température en passant cette lame chaude dans un tas d'écailles de fer mouillées, qu'on amoncèle sur l'âtre de la forge. Par ce passage total ou partiel de la lame, une ou plusieurs fois dans ces écailles, on l'amène à la température propre à la trempe. (*Voyez* l'article TREMPE DES PIÈCES EN FER ET EN ACIER.)

Le travail de l'aiguiserie, tout simple qu'il paroit, se divise cependant en douze opérations, six pour aiguiser, cinq pour polir & une pour brunir.

1°. On aiguise à la grande meule, en travers; on y blanchit la lame sur les deux faces.

2°. On aiguise en travers le chanfrein & le biseau; ce n'est qu'une continuation de la première opération, qui s'exécute en inclinant un peu la lame.

3°. On aiguise le dos en travers & on le blanchit.

4°. On aiguise le tranchant en long : cette opération, qui peut se faire sur une meule cannelée, a pour objet de donner au tranchant la courbure qui lui est propre.

5°. On aiguise les pans creux, ce qui se fait en deux fois; d'abord en longueur sur les meules qui creusent les pans, puis sur de très-petites meules.

6°. On ajuste le tranchant & on égalise le dos : c'est la dernière opération de l'aiguiseur; elle se fait sur une grande meule.

On n'aiguise maintenant les lames qu'à meules humides, & l'on a entièrement abandonné l'usage des meules sèches. (*Voyez* le mot AIGUISER.)

Lorsque l'aiguiseur a marqué de son poinçon la lame qu'il a passée à la meule, on la porte chez le trempeur pour y être redressée, après quoi elle revient au polissage.

7°. On polit les pans creux : pour cela, on fait usage de la roue de bois, de chêne ou de noyer, que l'on couvre d'émeri délayé dans l'huile. Ces roues ont de 0 mèt. 486 à 0 mèt. 811 (18 à 30 pouc.) de diamètre, selon la courbure des pans creux que l'on veut polir. On passe sur ces polissoirs la lame en long, en commençant par la pointe.

8°. On polit de plat le biseau & le chanfrein; ce qui s'exécute en passant la lame en long sur des polissoirs de 0 mèt. 974 (3 pieds) de diamètre, sur 0 mèt. 027 (1 pouc.) d'épaisseur.

9°. On polit le dos : on fait usage, pour ce poli, des polissoirs précédens, sur lesquels la lame est placée en long, & bien parallèlement à la meule.

10°. Enfin, on polit en travers les pans creux & les faces. Ce poli se donne près de la base, dans une étendue de 0 mèt. 054 (2 pouc.) de longueur environ.

11°. On répète les quatre opérations précédentes avec l'émeri plus fin; puis on essuie les lames avec des cendres pour les dégraisser.

12°. Brunir les lames, c'est répéter à sec les quatre opérations du poli, en se servant du même polissoir frotté avec du charbon & des agates.

Les usines dans lesquelles ces opérations s'exécutent, sont ordinairement composées d'une ou deux grosses meules de grès, mues par l'eau. L'arbre de la roue hydraulique met également en mouvement toutes les autres meules de pierre ou de bois, de différens diamètres, qui servent à aiguiser & à polir.

Le contrôleur fait subir aux lames quatre sortes d'épreuves : 1°. celle de la forme & des dimen-sions; 2°. du pli; 3°. du billot; 4°. du choc sur un bloc.

1°. Le contrôle de la forme consiste à présenter au fourreau les lames courbées, & on s'assure avec des calibres si elles ont dans tous les points l'épaisseur & la largeur qu'elles doivent avoir.

2°. Plier les lames, c'est les piquer à terre sur une planche, en les tenant un peu inclinées, & les poussant sans précipitation : on examine si le pli commence bien avec la pointe, & s'il gagne successivement sans discontinuité. On courbe la lame jusqu'à ce que la flèche soit de 0 mèt. 15 (5 pouc. 6 lig.) pour les lames des sabres de cavalerie de ligne, & de 0 mèt. 14 (5 pouc. 3 lig.) pour celles des sabres de cavalerie légère.

Après avoir plié la lame d'un côté, on la plie également de l'autre; si elle est bonne, elle doit redevenir parfaitement droite dans cet essai, & ne se point briser. Pour exécuter cette épreuve, il faut beaucoup d'habitude, parce qu'on doit régler la portée du mouvement, sa vitesse & son uniformité; il faut donc que ce soit un homme exercé qui en soit chargé.

Cette épreuve, à laquelle on ne soumet point les lames des sabres d'infanterie & d'artillerie, a pour objet de faire connoître l'égalité qui existe dans l'élasticité des lames.

3°. On a remplacé par des billots courbes, ceux tronc-coniques sur lesquels on fouettoit précédemment les lames : sur ces derniers l'épreuve n'étoit pas constante, & varioit comme l'angle suivant lequel le contrôleur fouettoit la lame. Les courbes des nouveaux billots sont déterminées par des ordonnées. On frappe fortement le plat de chaque côté de la lame sur le billot qui convient au modèle.

Si la lame a quelques défauts inaperçus, on les découvre par cette épreuve; elle laisse apercevoir les criques ou doublures qu'on auroit voulu cacher; elle fait casser les lames si l'acier est trop sec; elle les fait plier s'il est trop mou.

4°. Enfin, on frappe vigoureusement, deux fois de suite, le dos & le tranchant de la lame sur un bloc de bois dur, pour s'assurer encore qu'elle n'a ni criques ni doublures.

Les lames de sabres pour les officiers de cavalerie ne diffèrent de celles des troupes, qu'en ce qu'elles sont plus légères & d'un poli plus brillant. Elles subissent les mêmes épreuves que ces dernières.

Les lames d'épée pour les officiers-généraux & autres, se fabriquent & s'éprouvent aussi d'une manière analogue aux procédés suivis pour les lames de sabres de cavalerie.

LAMES en tôle d'acier pour fourreaux de sabre. Bandes trapézoïdales, dont la partie la plus large sert à former l'ouverture des fourreaux de sabre, & la plus étroite sert à former le bout. On les plie & on les façonne sur des mandrins

de

de fer, puis on les brafe avec du cuivre & du borax. (*Voyez* le mot Soudure.)

LAMETTES. Pièces en fer appliquées aux volées, aux palonniers & aux perches des foufflets de forges. Les lamettes font faites d'abord en plaques de fer rectangulaires, ayant deux tiges équarries au milieu de deux côtés oppofés : on arrondit enfuite la lamette, & on fonde enfemble ces deux tiges.

LAMINOIR. Machine compofée principalement de deux cylindres en acier, fervant à mettre en feuilles certains métaux qu'on fait paffer entre ces deux cylindres tournant en fens contraire.

LAMPES. Réchauds en fer, portant des tourteaux pour éclairer fur les remparts. On les appelle communément *réchauds de rempart*.

LANCE. Arme offenfive compofée. Hampe portant à fon extrémité fupérieure un fer aigu & tranchant, à trois ou quatre faces. Elle étoit l'arme principale de la cavalerie françaife fous les rois des deux premières dynafties. A la bataille de Tours, gagnée par Charles Martel fur les Sarrazins, en 732, la cavalerie étoit armée de lances. Elle fut enfuite l'arme principale de l'ancienne gendarmerie. On l'a de nouveau introduite dans l'armée françaife en 1807, après un abandon d'environ deux cents ans. Le mot *lance* exprime le mouvement du cavalier contre l'ennemi, fur lequel il lance cette arme de la main droite, tandis qu'il guide fon cheval de la main gauche. (*Voyez* à l'article Lance des lanciers français, la manière dont le cavalier porte fa lance.)

Il y avoit des lances en bois, dont on fe fervoit autrefois dans les caroufels. Il fe trouve une belle collection de l'une & de l'autre efpèce de lances au Mufée de l'artillerie, où l'on voit celles du connétable Anne de Montmorency, de Jeanne d'Arc, &c.

Une partie de la cavalerie fe fert aujourd'hui de la lance; elle porte une flamme appelée *fanon* ou *fanion*, qui eft une imitation de la bannière de l'ancienne chevalerie.

Lances à feu. Ce font des efpèces de fufées d'une compofition lente, deftinée à mettre le feu aux artifices de guerre, & particulièrement aux canons, toutes les fois qu'il eft néceffaire de le tirer avec vivacité.

Pour faire les cartouches des lances, on fe fert de papier blanc bien collé, que l'on coupe en bandes, & d'un mandrin en bois dur, de 0 mèt. 009 (4 lig.) de diamètre fur 0 mèt. 378 (14 pouc.) de longueur, fans le manche. On arrange cinq ou fix bandes de papier l'une fur l'autre, & de manière à ce que chaque bande inférieure dépaffe la ban de fupérieure dans le fens de la longueur; on colle légèrement la partie du papier qui dépaffe les bandes; on pofe le mandrin ou baguette à rouler, deffus, & au tiers de la bande fupérieure; on l'enveloppe d'une révolution, en ferrant fortement le papier pour lui faire prendre le pli fur toute la longueur de la baguette; on achève de rouler à plufieurs reprifes, & toujours dans le même fens, en preffant avec les deux mains, ayant foin que les cartouches foient fans pli; on les ferme à un bout en pliant le papier fur la baguette; on frappe quelques coups deffus pour les applatir, & on les ôte enfuite pour les faire fécher.

Pour charger les lances à feu; on introduit la douille de l'entonnoir dans le haut de la cartouche : on place de même la baguette à charger, traverfant l'entonnoir, dans la cartouche; on met la compofition dans l'entonnoir, & on la refoule à mefure qu'elle tombe en hauffant & baiffant alternativement la baguette fans la faire reffortir, ayant foin de battre uniformément & d'une force convenable pour ne point crever le papier, mais telle que la compofition foit également refoulée dans toute la hauteur.

Lorfque la compofition eft à environ 0 mèt. 027 (1 pouc.) de l'extrémité de la cartouche, on place par-deffus une mèche d'étoupille dont les deux bouts reffortent de la cartouche; puis on recouvre le tout avec de la pâte faite avec du pulvérin & de l'eau-de-vie gommée.

Pour empêcher l'amorce de tomber, on coiffe la lance en collant au bout une petite bande de papier qu'on replie fur l'amorce, & que l'on déchire lorfqu'on veut l'allumer. On met les lances en paquet de dix, enveloppées dans une feuille de papier, & on les conferve en les plaçant dans un endroit fec. (*Voyez*, pour plus de détails, le *Traité d'Artifice*, par M. Bigot, chef de bataillon d'artillerie.) Compofition fèche : pulvérin 4, falpêtre 16, foufre 8, colophane ½. Compofition humectée à l'huile de lin, durant douze minutes : pulvérin 10, falpêtre 12, foufre 6.

Lance des lanciers français, modèle de 1816. La lame eft en acier à deux marques, ayant trois faces évidées; fa longueur eft de 0 mèt. 135 (5 pouc.); la douille & fes branches font en fer, ainfi que le fabot, fes branches & les vis : la hampe eft en bois de frêne noirci avec un acétite de fer; fon plus grand diamètre, qui correfpond à l'extrémité de la grande branche du fabot, eft de 0 mèt. 33 (1 pied 2 lig. 6 points), & fa longueur eft de 2 mèt. 568 (7 pieds 10 pouc. 7 lig.). Le centre de gravité eft placé à 0 mèt. 974 (3 pieds) de l'extrémité inférieure du fabot.

Les branches de la lance & du fabot font en arc de cercle à leur naiffance près des douilles. Le fanon eft fixé fur le haut de la hampe au moyen de trois vis à bouche : les autres vis font à tête fendue.

La longueur totale de cette lance est de 2 mèt. 842 (8 pieds 9 pouc.); son poids est de 2 kil. 049 (4 liv. 3 onc.). Elle coûte 9 fr. 98 cent., non compris le fanon.

On éprouve les branches des lames de lances, en les rapprochant l'une de l'autre, & en les écartant ensuite légèrement. Cette épreuve a pour objet de reconnoître si les branches de la lame sont bien soudées. On éprouve de même les branches du sabot, mais on les écarte moins que celles de la lame.

On s'assure avec la lime si la lame est d'acier, si elle a été trempée comme il convient. On examine aussi si elle n'a pas des criques, principalement sur les côtés, ni des pailles pénétrantes. Il est essentiel que le bois soit sec avant d'être mis en œuvre, sans nœuds nuisibles, & de fil dans toute sa longueur.

La machine à éprouver les lances montées consiste en un plateau de bois dur, portant un appui & un arrêt dans lequel est pratiqué un évidement triangulaire, dont la base est dans le plan de la surface supérieure du plateau. Le devant de l'arrêt & l'extrémité du plateau sont garnis d'une plaque d'acier. L'arrêt & la partie supérieure de l'appui sont aussi en acier.

La hauteur de l'appui est de 0 mèt. 162 (6 pouc.), & les distances du milieu de cette pièce au devant de l'arrêt & à l'extrémité du plateau sont l'une & l'autre de 1 mèt. 14 (3 pieds 6 pouc.).

On engage la lame dans l'évidement pratiqué à l'arrêt, en plaçant la hampe sur l'appui, & on fait effort pour la ployer jusqu'à ce que son extrémité touche l'angle du plateau. Cette épreuve se répète trois fois en différens sens.

La lance est portée dans une botte en cuir noir, de la forme d'un cornet sans fond. Elle est renforcée en haut & en bas par une courroie en cuir, dite *blanchet*, cousue à l'entour de la botte, & assez longue pour qu'elle puisse embrasser la baguette de l'arcade de l'étrier, à laquelle elle est fixée. Il y a vers le milieu de la hampe une courroie dans laquelle passe le bras droit du cavalier, ce qui la maintient par le haut. (*Voyez* le mot LANCE.)

LANCE-GAIE. Lance mince & légère. Presque toutes les peuplades des terres australes en sont armées. La lance proprement dite est, chez les sauvages, une pierre dure, aiguisée & rendue pointue.

LANGUE-DE-CARPE. Outil d'armurier, tirant son nom de sa figure. Il est en acier, tranchant des deux côtés, & du bout qui n'est pas emmanché.

LANGUETTE. Petite pièce en fer plate pour fortifier une pièce de bois, supporter un frottement, &c. On nomme aussi *languettes* des petites verges d'acier dont on forme les trousses pour les lames de sabres.

LANTERNE. C'est une espèce de grande cuiller cylindrique en cuivre, servant à charger les pièces de canon quand on n'a pas de gargousses; mais leur service est lent & dangereux. On ne les emploie qu'aux pièces de siège & de place. Il y en avoit autrefois pour les pièces de campagne.

Les lanternes contiennent la quantité de poudre nécessaire à la charge de chaque bouche à feu, étant dimensionnées en conséquence.

LANTERNES sourdes. On s'en sert pour entrer la nuit dans les magasins à poudre des places. On en place à l'armée dans les caissons d'ustensiles & dans les coffrets des caissons de division.

LARDER DES SAUCISSONS. C'est unir deux saucissons en enfonçant les brins de bois de la tête de l'un dans ceux de la tête de l'autre.

LARDOIRE. On appelle ainsi un éclat de bois de quelques pieds de longueur, qui reste sur la souche, ou qui fait partie d'un arbre qu'on abat, quand le bûcheron n'a pas fait avec sa hache une entaille assez profonde d'un côté pour qu'elle passe par le centre de cet arbre.

LARDON. Petite pièce de fer qu'on fait entrer à queue d'aronde dans la partie extérieure d'un canon de fusil, & qu'on soude ensuite, lorsqu'en le forgeant on y découvre des défauts. Dans les manufactures d'armes, on ne met jamais de lardons aux canons qui ont passé aux usines, parce que cette réparation est alors sans solidité.

LARDONS pour fusées de signaux. Ce sont des serpenteaux de forte dimension; ils se roulent & se chargent de la même manière, mais avant de les amorcer on perce la composition à 0 mèt. 0135 (6 lignes) de profondeur environ, avec un poinçon ou une petite vrille. (*Voyez* le mot SERPENTEAUX.)

LARMIER. Partie de la monture de l'ancien sabre de cavalerie légère. (*Voyez* le mot OREILLON.)

LAVAGE DANS LES FORGES. On dégage le minerai des parties terreuses qu'il contient, en le bocardant, & en faisant passer sous les bocards un courant d'eau. (*Voyez* le mot FER.)

LAVAGE dans les raffineries de salpêtre. C'est l'addition d'une quantité déterminée d'eau froide à celle en ébullition dans une chaudière, pour faciliter quelque manipulation.

LAVOIR ou BAGUETTE a laver. Verge de fer ayant une fente, difpofée comme celle d'une aiguille, à un de fes bouts, où l'on paffe & fixe un linge mouillé fervant à laver un canon de fufil. Le lavoir eft un peu plus long que le canon.

LAVURES. Métal qu'on retire des cendrures, des alléfures & des pouffières d'une fonderie en lavant ces matières.

LAYETTE. Caiffe qui n'a que trois côtés & point de deffus, fervant à paffer dans les rechanges les matières d'un mortier dans un autre, lorfqu'on fabrique des poudres dans les moulins à pilons.

LEVIERS. Ce font des brins de bois arrondis par le bout que l'on tient à la main, & de l'autre entaillés à arête, de manière que l'extrémité foit moins épaiffe. Cette extrémité s'appelle *la pince du levier*. On la préfente aux corps à déplacer ou à foulever, ou contre lefquels on agit d'une façon quelconque. Ces leviers fervent à manœuvrer les canons, obufiers, mortiers, &c., & font également employés dans les manœuvres de force; ils ont 2 mèt. 111 (6 pieds 6 pouces) de longueur totale, & font moins façonnés que les leviers de pointage, qui font arrondis dans toute leur longueur, cette longueur étant de 1 mèt. 785 (5 pieds 6 pouc.). Deux de ces derniers leviers fe logent dans les anneaux fixés fur l'entretoife de lunette des affûts de campagne, lorfqu'on eft *en action*. Ils ont plus d'écartement en dehors que fur l'entretoife, afin que le canonnier puiffe s'en fervir pour diriger la pièce en fe plaçant entre-deux. Sur le cintre des flafques on place encore deux leviers dans les anneaux de manœuvre.

Le levier des pièces de côte, qu'on appelle *levier directeur*, eft le même que celui des pièces de fiége.

LEVIER en galère. Un levier eft dit placé en galère, lorfqu'il eft fixé perpendiculairement à un timon, à un cordage, ou à tout autre objet, pour pouvoir y appliquer des forces.

LÈVRE. Partie d'une lame à canon. (*Voyez* le mot AMORCE.)

LICORNE. Nom donné par les Ruffes à des obufiers de 24 & de 12 qui ont été coulés vers 1771, & dont les anfes ont la forme d'une licorne.

LIEN. C'eft en général, dans l'artillerie, une ferrure qui unit ou fortifie les pièces de bois. Il y a des liens de flafque, de jante, de bras de limonière, de flèche & de rai. Tous ces différens liens font compofés d'une bande de fer percée à chaque extrémité d'un trou; ils fervent à lier folidement des pièces de bois caffées, au moyen d'une chevillette en fer qu'on paffe dans les trous & qu'on rive enfuite. Les liens de peu d'épaiffeur s'appliquent à froid; les autres, plus renforcis en métal, ne peuvent s'appliquer convenablement qu'à chaud. (*Voyez* l'Aide-mémoire.)

LIGNE DE HALAGE. Cordage de 155 mèt. 92 (80 toifes) de longueur, de 0 mèt. 018 (8 lig.) environ de diamètre, & à trois torons, fervant à remonter les bateaux d'artillerie.

LIGNE à tracer. Cordelette empreinte de couleur qu'on fixe des deux bouts pour la tendre, qu'on fouleve & lâche dans fon milieu, pour tracer une ligne droite.

LIGNE de but. On entendoit autrefois par ce mot la diftance à laquelle la bombe va tomber au fortir du mortier; on l'appeloit auffi *étendue du jet*. (*Voyez* l'article AMPLITUDE DE TIR.)

LIGNE de l'axe. L'axe d'une pièce de canon étant la ligne droite que l'on fuppofe paffer par le milieu de l'ame dans toute la longueur du cylindre, la ligne de l'axe eft cette même ligne prolongée indéfiniment.

LIGNE de mire. C'eft le rayon vifuel dirigé le long de la furface fupérieure du canon vers l'objet qu'on veut atteindre.

LIGNE de tir. C'eft la courbe que décrit un projectile lancé hors d'un tube par l'explofion de la poudre.

LIMAILLE. Parcelles de métal qui fe détachent d'une pièce par l'action de la lime. Pour tirer parti de la limaille de fer, on la met en lopin, qu'on chauffe à la forge ordinaire pour l'étirer en barre. Le lopin eft formé de limaille mouillée & mife en boule, pefant 1 kil. 468 (3 liv.). Au bout d'une demi-heure de feu, le fer eft foudant; on l'étire à l'ordinaire, & il donne une barre de 1 kil. 224 (2 liv. 8 onc.): il fournit un fer dont le nerf eft court & noirâtre, qui eft bon pour faire des clous.

LIME. Outil dont la majeure partie des ouvriers d'artillerie fe fert pour donner aux pièces la forme requife. C'eft, en général, une affez longue pièce d'acier trempé très-dur, & dont les furfaces, entaillées en divers fens, préfentent un grand nombre de petites dents, dont chacune, lorfqu'on lime, produit un effet femblable à celui d'un cifeau ou d'un rabot qu'on feroit agir fur un morceau de bois.

Les limes, par rapport à la taille de leurs dents, font, ou *rudes*, ou *bâtardes*, ou *douces*: par rapport à leur groffeur, font *d'un certain nombre au paquet*: par rapport à leur forme, font *plates*, *rondes*, *demi-rondes*, en *tiers-point* & en *queue de rat* : elles sont toutes emmanchées d'un manche de bois garni d'une virole.

Les limes se tiroient autrefois d'Allemagne & d'Angleterre : on en fabrique maintenant en France qui sont d'une très-bonne qualité, & qui soutiennent bien la comparaison avec les limes étrangères. Elles sont toutes faites avec des aciers indigènes.

LIME à fendre les vis. Lime en forme de couteau, servant à faire les fentes de quelques têtes de vis dans les armes à feu portatives.

LIMONIÈRE. Elle remplace le timon dans quelques voitures d'artillerie ; elle a deux bras entre lesquels on attèle un cheval. Lorsque les bras de limonière sont le prolongement des brancards dans une voiture d'artillerie, on les appelle *limons*.

LINGOTIÈRE. Moule en fonte dans lequel on coule l'alliage dont on se sert ensuite pour faire les garnitures des armes à feu & les gardes de sabre. Ce procédé n'est pas en usage dans toutes les manufactures d'armes.

LISOIR Pièce en bois qui, dans les voitures d'artillerie, porte immédiatement sur la sellette de l'avant-train. Le contre-lisoir est aussi une pièce en bois ajoutée à la plate-forme d'affût de place, qui répond au lisoir du châssis.

LISSAGE. La poudre de chasse est soumise à une manipulation de plus que la poudre de guerre ; on la lisse avant de la sécher : du reste, on la fait de la même manière, si ce n'est qu'on emploie un tamis plus fin pour la grener.

Le lissage a pour but de rompre les aspérités du grain, de l'empêcher de se réduire en pulvérin & de salir les mains des chasseurs. Pour lisser la poudre, on l'expose d'abord environ une heure au soleil, sur une toile pendant l'hiver, & entre deux toiles pendant l'été, afin d'enlever une portion d'humidité qui se trouve à la surface & qui nuiroit au lissage ; on l'époussète ensuite pour en ôter le poussier ; puis on la met dans des tonnes tournant horizontalement sur leur axe, au moyen d'un courant d'eau, & contenant quatre liteaux, ou barres carrées, espacés également & parallèles à l'axe, qui s'étendent d'un fond à l'autre, & qui sont destinés à augmenter les frottemens du grain. Les tonnes reçoivent chacune environ 150 kil. de poudre ; on les fait tourner lentement pour éviter de briser le grain : ce n'est qu'au bout de huit heures, & quelquefois de douze, que le lissage est terminé : au reste, on continue l'opération jusqu'à ce que le grain ait pris un lustre mat. Alors on retire la poudre des tonnes, on la fait sécher & on l'époussète ; mais auparavant il faut l'égaliser ou la séparer de quelques croûtes qui se forment pendant le lissage, & qui proviennent de ce qu'une certaine quantité de poussier se fixe aux parois des tonnes, & s'en détache par le mouvement.

LISSOIR. Tonneau traversé d'un axe à manivelle, qu'on roule pour lisser la poudre de chasse & celle destinée aux épreuves des canons des armes portatives. (*Voyez* le mot LISSAGE.)

LISTEL. Petite moulure plate des canons avant & après l'astragale, le collet du bouton, &c.

LIVRET. Petit livre sur lequel on inscrit, dans les manufactures d'armes, les matières premières qui ont été délivrées aux ouvriers, les sommes qu'ils ont reçues, & les pièces contrôlées qu'ils ont versées dans les magasins de l'établissement. Au moyen de quoi on établit facilement & exactement leur décompte à la fin de la semaine.

Chaque maître-ouvrier est pourvu d'un livret, & il ne peut être admis à travailler dans une manufacture d'armes, sans avoir rempli ses engagemens envers l'entrepreneur de la manufacture dans laquelle il travailloit précédemment. Enfin, ce livret est signé par l'entrepreneur ou par son agent, & par l'un des capitaines d'artillerie, adjoint à l'inspecteur de l'établissement.

LOGEMENT DES TOURILLONS. (*Voyez* ENCASTREMENT.)

LONGERONS. Pièces de bois équarries, plus fortes que les poutrelles, & employées au lieu de ces dernières dans les ponts de pilotis.

LOUCHET. Outil pour travailler la terre ; c'est une pelle emmanchée & carrée.

LOUP. Partie d'une platine de sûreté. (*Voyez* le mot RENARD.)

LOUPE. Masse de fer provenant du minerai fondu qu'on porte à l'état pâteux sous le marteau, pour être converti en fer forgé. On réduit la gueuse en pâte, en la chauffant dans un creuset d'affinerie ; on la ramasse, on la broie & pétrit à l'aide de crochets & de ringards ; on la traîne ensuite entre la forge & le marteau, sur une plaque de fonte nommée *refouloir* ; là, on la bat en tous sens avec des marteaux & des masses, ce qui en fait sortir les scories liquides, & lui donne de la consistance. On la transporte alors sur l'enclume, on fait mouvoir lentement le marteau, pour donner à la masse une forme prismatique qui permette de la tenir plus ferme ; puis on fait aller le marteau à coups précipités ; ce qui fait jaillir les scories, rapproche les parties & purifie le fer. Cette opération s'appelle *cingler la loupe* : au moyen d'un ciseau, & sous les coups du même marteau, on coupe la loupe, suivant son volume, en deux, quatre, six ou huit parties, qu'on nomme *lopins* ou *pièces*.

Si la loupe est trop considérable, elle retient du laitier qui se trouve dans sa masse, des gouttes de fonte qui existent vers le centre, & qui, n'ayant pas été assez long-temps en contact avec le charbon, n'ont pas perdu tout leur oxigène, ni par conséquent leur fusibilité; enfin toutes les matières hétérogènes que la percussion du marteau ne peut en exprimer & en chasser. Les loupes que l'on fait pour les fers du commerce, pèsent ordinairement 39 kil. 160 à 48 kil. 950 (80 à 100 liv.); mais celles pour les fers destinés à la fabrication des armes portatives, ne doivent guère excéder 29 kil. 370 (60 liv.), même avec des marteaux ou martinets de 244 kil. 753 à 293 kil. 703 (5 à 600 liv.).

LUMIÈRE. Trou cylindrique pratiqué près de la culasse d'une bouche à feu, vers la plus grande épaisseur du métal, pour communiquer le feu à la charge au moyen d'une étoupille ou de poudre. Elle aboutit à l'ame dans les canons, & à la chambre dans les obusiers & les mortiers. Elle a 0 mèt. 0056 (2 lig. 6 points) de diamètre dans toutes les bouches à feu, excepté au mortier-éprouvette, où ce diamètre n'est que de 0 mèt. 0034 (1 lig. 6 points); enfin, elle est dirigée obliquement vers la bouche dans les canons, faisant un angle de 15 degrés avec la verticale; mais aux mortiers à chambre conique, ainsi qu'aux mortiers-éprouvettes, la direction de la lumière est perpendiculaire aux parois de la chambre, & elle passe par le milieu de la hauteur: aux mortiers à chambre sphérique, la lumière est perpendiculaire à l'axe; l'orifice supérieur est évasé de 0 mèt. 0023 (1 lig.) aux pièces en bronze, & de 0 mèt. 0011 (6 points) aux pièces en fer: le mortier-éprouvette est mis hors de service lorsque la lumière a 0 mèt. 0045 (2 lig.) de diamètre.

Les officiers d'artillerie pensent assez généralement que, pour obtenir la plus prompte inflammation de la poudre, il faut que la lumière porte le feu au centre de la charge. Ce sentiment est aussi celui de Lombard; mais cette disposition donne un recul qui paroît tourmenter davantage les affûts & les pièces.

La distance du fond de l'ame au centre de la lumière est, dans la pièce de 12, de 0 mèt. 0078 (3 lig. 6 points); dans celle de 8, de 0 mèt. 0072 (3 lig. 6 points), & dans celle de 4, de 0 mèt. 0067 (3 lig.). Dans les obusiers de 8, de 6 & de 24, elle est de 0 mèt. 0090 (4 lig.); dans les pièces de 24 elle est de 0 mèt. 0049 (2 lig. 2 points); & dans celles de 16, de 0 mèt. 0041 (10 points).

Les tables des constructions de l'artillerie ne donnent pas cette distance pour les mortiers à chambre conique; mais elles donnent pour les mortiers à chambre cylindrique de 12 pouces, 0 mèt. 0180 (8 lig.); pour ceux de 10 pouces, 0 mèt. 0203 (9 lig.), & pour ceux de 8 pouces, 0 mèt. 0135 (6 lig.).

Dans les armes à feu portatives du modèle de 1816, la lumière est en tronc de cône, dont la base est extérieure au canon, & dont l'axe est un peu en avant du bouton de culasse. Dans les anciens modèles de ces armes, le canal de lumière étoit cylindrique, comme dans les bouches à feu, & il aboutissoit à une encoche pratiquée sur le bouton de culasse. La forme tronc-conique a pour objet de faciliter l'introduction d'une plus grande flamme dans le canon, & de donner moins de ratés; mais il est à craindre que cette forme n'oblige à mettre plus fréquemment des grains de lumière que celle cylindrique.

Il paroît que la position de la lumière n'influe pas sur les portées des bouches à feu & des armes portatives. (*Voyez* les articles GRAIN-DE-LUMIERE POUR LES BOUCHES A FEU & GRAIN-DE-LUMIERE POUR LES CANONS DE FUSIL.)

Dans le canon du fusil, la position de la lumière ne paroît pas avoir d'influence sensible sur la force du recul. On a fait à Paris, en 1811, des expériences pour connoître cette force sur des fusils d'infanterie dont la lumière des canons étoit percée à différentes distances de l'arrière du tonnerre.

On a pris pour ces expériences trois fusils neufs d'infanterie, modèle de 1777 corrigé. On leur a fait tirer à chacun vingt coups de suite, à chaque distance de lumière, avec une charge de 0 kil. 0114 (3 gros) de poudre de guerre, non compris l'amorce, une balle de 20 à 0 kil. 48 (de 20 à la livre) & une bourre de papier dit *joseph*, de 117 centimètres (16 pouc.) de surface sur la poudre, & une autre sur la balle. On s'est assuré de l'exactitude des dimensions des boutons de culasses, de celles des balles, qui toutes ont été coulées dans le même moule, & auxquelles on a ôté à la lime le jet & les coutures. La poudre employée a été prise dans le milieu d'un même baril; enfin, chaque canon a été lavé après avoir tiré vingt coups.

Voici le résultat de ces expériences. La lumière percée à 0 mèt. 0157 (7 lig.), suivant le modèle de 1777, a donné pour terme moyen une force de recul de 16 degrés; à 0 mèt. 0180 (8 lig.), cette force a été de 16 deg. 9; à 0 mèt. 0203 (9 lig.), de 17 deg.; à 0 mèt. 0225 (10 lig.), de 17 deg. 4; à 0 mèt. 0270 (12 lig.), de 17 deg. 4; à 0 mèt. 0337 (15 lig.), de 16 deg. 6; à 0 mèt. 0405 (18 lig.), c'est-à-dire, au milieu de la charge, de 16 deg. 5; à 0 mèt. 0586 (26 lig.), c'est-à-dire, à 0 mèt. 0045 (2 lig.) au-dessous de la partie supérieure de la charge, de 15 deg. 9.

Ces expériences ont eu lieu avec des culasses échancrées, comme il étoit prescrit par le règlement fixant les dimensions des armes à feu portatives; mais on a tiré cent quatre-vingts coups avec des culasses pleines, dont soixante la lumière étant percée à 0 mèt. 027 (12 lig.), & pareil nombre la lumière percée à 0 mèt. 0337 (15 lig.). Les premiers ont donné pour terme moyen 17 deg. 3, & les seconds 16 deg. 9.

On a cru remarquer que l'éloignement de la lumière de l'arrière du tonnerre augmentoit la détonation.

La machine dont on s'est servi pour déterminer le recul des fusils, imaginée par M. Régnier, est analogue au pendule de Benjamin Robins : elle est composée de quatre montans en bois disposés comme les quatre arêtes d'une pyramide quadrangulaire tronquée ; ces arêtes sont fixées au sommet par une planchette & à la base par des entretoises. La base est assez grande pour que tout le système soit solide, & on la charge en outre de poids pour l'assujettir davantage. Tout cet assemblage a de hauteur 2 mèt. 64 (8 pieds 1 pouce 6 lig.). A la partie supérieure de la planchette est fixée une chape en fer, destinée à soutenir l'arbre du pendule qui est aussi en fer.

Au milieu de cet arbre est fixée une tige du même métal de 1 mèt. 64 (5 pieds 1 pouce) de longueur qui forme le pendule, lequel se termine en deux branches à clavettes qui maintiennent le fusil dans la position horizontale du tir.

La crosse est appuyée contre un fort ressort d'acier solidement fixé avec des écrous sur une forte traverse en bois, qui est maintenue aux deux montans de l'arrière par deux crampons en fer. La partie supérieure de ce ressort, sur lequel est appuyée la plaque de couche du fusil, porte un petit cylindre de cuivre destiné à diminuer le frottement.

Cette même partie du ressort porte aussi un arc gradué dont chaque degré équivaut à un effort de 2 kil. 895 (10 liv.); & un petit index en peau, coulant sur un fil de laiton, fait connoître la force du recul de l'arme soumise à l'épreuve.

On maintient le fusil contre le ressort au moyen d'une courroie, afin d'éviter que l'arme ne se porte trop en avant par l'effet du contre-coup. On vérifioit à chaque épreuve la force du ressort au moyen d'une romaine.

On a reconnu qu'il est nécessaire, pour l'exactitude des expériences, de renouveler l'index après trois cents coups tirés.

LUNETTE A CHAUD. La lunette à chaud, servant à la fabrication des balles de fer battu, a ses diamètres de quelques points plus grands que celle qui sert aux réceptions ; elle lui est d'ailleurs parfaitement semblable.

LUNETTES à calibrer les tourillons. Elles sont tournées, aciérées & trempées à l'intérieur, qui doit avoir le diamètre des tourillons, & leur largeur celle des embases. Elles ont 0 mèt. 009 (4 lig.) d'épaisseur. Il en faut une pour chaque calibre.

LUNETTES à calibrer les projectiles. Pièces en fer rondes, avec une poignée, ayant leur diamètre un peu plus grand ou un peu plus petit que les projectiles dont elles servent à vérifier les dimensions. Tous les projectiles sont présentés dans deux espèces de lunettes, l'une grande & l'autre petite : ils doivent passer sans aucune difficulté & dans tous les sens dans la première, & ils ne doivent, au contraire, passer en aucun sens dans la seconde.

On vérifie fréquemment si, par l'usage journalier, leur diamètre n'augmente pas : on fait usage à cet effet de rondelles en fer, qui doivent entrer exactement dans les lunettes de leur calibre. Les rondelles & les lunettes doivent être tournées & bien trempées par cémentation.

Les bombes ne peuvent, à cause des anses, être présentées sous tous les sens dans les lunettes.

LUNETTE d'affût. Cette lunette est la ferrure qui garnit le tour du trou qui est à l'entretoise de lunette, dans lequel on introduit la cheville ouvrière, quand on met l'affût sur l'avant-train ; la lunette garnit ce trou en dessus ; la contre-lunette en dessous de l'entretoise.

M

MACHEFER. Scorie du fer travaillé au feu des forges. On en parsème les chemins des usines & des ateliers des manufactures d'armes qui sont établis dans les campagnes. Il fait une sorte de ciment.

MACHINE A CARRELER LES SABOTS. Cette machine consiste en une pièce de bois percée de quatre trous pour laisser passer les sabots. Ces trous ont quatre pointes, chacune répondant à l'extrémité de deux diamètres perpendiculaires l'un à l'autre. Ces trous, qui sont inégaux, ont les diamètres des sabots des pièces de 12, de 8, de 4 & de 6.

On passe le sabot de force par ces trous, & les quatre pointes y marquent quatre rainures.

Cette machine est entaillée pour recevoir les sabots qui y sont fixés par le moyen d'un coin appelé *clef*. Une rainure qui traverse ces entailles vers les bords, sert à guider un guillaume à joue, qui, en passant, trace sur le sabot la rainure qu'il doit avoir pour recevoir les deux bandelettes de fer-blanc qui l'unissent au sabot.

On se sert de trois guillaumes différens : un pour carreler les sabots de 12 & de 8, un pour ceux de quatre, & le troisième pour carreler ceux de 6.

MACHINE à rayer en spirale les canons des carabines. Quoiqu'on ne raye plus de canons d'armes de guerre, je crois devoir donner ici une description succincte de la machine qui étoit en usage à l'ex-manufacture de Versailles, pour rayer les carabines de luxe, & dont le modèle au douzième de proportion, est déposé au Conservatoire des arts & métiers.

Avec cette machine, inventée & exécutée dans ce temps par M. Jacquet, mécanicien, on peut rayer un canon depuis trente rayures jusqu'à cent quatre-vingt, & les carabines de chasse d'un calibre ordinaire n'ont au plus que cent vingt rayures. (*Voyez* le mot CARABINE.)

Elle est composée de deux parties principales.

La première consiste dans un banc qui porte un va-&-vient formé d'une grande vis & d'une manivelle avec un volant.

La seconde partie, qui est la plus importante, est établie sur un autre banc qui porte le mécanisme inventé par M. Jacquet. Elle se compose :

1°. D'une tringle en acier rond, fortement tendue par un écrou à l'une de ses extrémités, & à l'autre par une clavette. Cette tringle forme une ligne parfaitement droite, d'une grosseur proportionnée à celle du calibre ; vers le milieu de sa longueur on a pratiqué une petite entaille pour recevoir une dent d'échope en acier trempé, qui forme les rayures de la carabine.

2°. D'un cylindre découpé sur sa longueur pour lui ôter de son poids, & qui porte le canon de la carabine, fixé à son centre par quatre vis de pression, ajustées à chaque bout.

3°. D'un chariot de coulisse supporté par deux fortes roulettes en cuivre, qui glisse sur une bande de fer bien dressée, établie sur une poutrelle, fixée au second banc par quatre vis de pression. Ce chariot en cuivre ou en fonte de fer doux, porte deux poupées de même métal, auxquelles sont ajustés deux cônes en acier, qui supportent le cylindre où est renfermé le canon.

4°. D'une plate-forme en cuivre, avec une petite vis sans fin en acier, portant une roue à étoiles, dont le nombre de dents détermine le nombre de rayures que l'on veut donner au canon. Ainsi, il faut plusieurs étoiles différentes lorsqu'on veut avoir des rayures plus ou moins rapprochées.

Le cylindre qui maintient le canon est recouvert par deux bandes de cuivre ou de fer, pareilles entr'elles. Ces bandes laissent un espace qui forme une ligne en spirale prolongée, par où glisse une dent d'acier, qui oblige le canon à tourner sur son axe & à prendre la même ligne en spirale qui forme la rayure.

5°. Une alidade en cuivre, en forme de pince, montée sur la tringle d'acier, sert à remonter le canon sur la même rayure, lorsque l'examen fait apercevoir quelques imperfections qu'il faut corriger.

Vers le milieu du châssis en bois est fixée, par deux écrous, une autre alidade munie de la dent d'acier qui engrène dans la ligne spirale. Cette même alidade fait mouvoir la roue à étoiles, autant de fois que le va-&-vient exécute son mouvement, & par ce moyen on forme successivement la nouvelle rayure qui avoisine celle qui vient d'être faite ; mais comme on n'est pas sûr de toutes les rayures par la première opération, on la répète deux ou trois fois, afin que l'échope puisse porter également partout, sur les parois intérieures du canon.

Enfin, sur la dernière poupée du chariot est une petite lunette à ressort, qui maintient la tringle au centre du canon & l'empêche de fléchir sous la pression de l'échope pendant la rayure.

En faisant tourner le volant par la manivelle, la grande vis sans fin, qui agit sur le banc de forerie, met tout le mécanisme en mouvement, & par l'effet d'une bascule chargée d'une masse de plomb, les engrenages du va-&-vient se succèdent continuellement, sans qu'on soit obligé de changer le mouvement de la manivelle.

Dans l'usage, l'échope qui forme les rayures du canon doit toujours être imbibée d'huile, & pour cet effet on place sur la machine en grand un réservoir, d'où s'échappent de temps en temps quelques gouttes d'huile qui rafraîchissent l'outil, & lui donnent le gras nécessaire pour enlever les petits copeaux de métal qui se détachent.

MACHINE à remettre les grains de lumière aux canons. Il a été imaginé diverses machines pour faire cette opération importante. Monge en a donné une dans son ouvrage sur l'art de fabriquer les canons. Les tables de constructions de l'artillerie, rédigées sous la direction du général Gribeauval, en donnent une autre qui est quelquefois employée. La voici telle qu'elle se trouve dans l'Aide-mémoire.

Une bascule à ferrer le vilebrequin. Les deux branches qui tiennent à la partie plate, sont à huit pans, & y mordent de 0 mèt. 027 (1 pouce). La partie du milieu est percée, sur la surface opposée à l'ouverture du crochet, d'un nombre indéterminé de trous en amorçoirs ; les extrémités des pattes formant la fourche, sont arrondies & percées d'un trou de boulon.

Un boulon servant de tourillon à la bascule & à son écrou, à huit pans.

Un support de la bascule. Le dessous du support est arrondi ; le corps est d'abord équarri, puis à huit pans, & se termine en portion cylindrique, perpendiculaire à sa direction ; cette portion est percée d'un trou. Le pied est percé d'un trou de clavette dans le même sens que celui de la partie cylindrique.

Une clavette de support.

Un écrou en coulisse. Il est percé d'un trou à huit pans ; le bout le plus près de ce trou, est percé d'un trou de clavette ; l'autre bout est percé d'un trou taraudé pour la vis de pression, dans le sens de la largeur. Sur la largeur de l'écrou, au milieu de la partie comprise entre le trou à huit pans & le trou taraudé, est un piton portant une chaînette, où tient une clavette.

Une vis de pression & sa manivelle.

Un arbre portant l'alésoir à couper le teton de la lumière ; un des bouts de l'arbre porte la rosette à alésoir, & l'autre bout est terminé en pointe émoussée.

Une plaque d'appui à fourche pour l'arbre d'alésoir. La partie supérieure de cette plaque est terminée par une fourche qui sert d'appui à la bascule, & qui la contient dans sa direction ; il y a un rouleau placé dans la fourche ; une partie de la plaque est percée de trous, comme la bascule. La partie inférieure se termine en deux branches, faisant une fourche formée par une traverse, au bout de laquelle sont deux chaînes.

Deux tringles pour joindre les chaînes aux crochets de retraite.

Vilebrequin.

Foret de vilebrequin.

Grain-d'orge servant à équarrir la lumière, pour y placer le mandrin d'acier.

Mandrin d'acier, pour dévisser le grain de lumière.

Tourne-à-gauche pour l'arbre.

Écrous à anneau, fixant le bout de l'arbre, les rosettes avec leur alésoir, & empêchant cet alésoir d'attaquer le fond de la pièce de canon, lorsque le teton de la lumière est coupé.

Alésoirs taillés en couteau & leurs rosettes : le dessus des alésoirs a un arrondissement égal à celui du fond de l'ame des canons ; la partie extérieure est taillée en couteau, jusqu'à 0 met. 009 (4 lig.) du dessous ; leurs pattes ont la même courbure & la même hauteur que leur rosette : leur flèche a le même diamètre que leur rosette ; leur rosette a deux entailles à queue d'aronde, d'une profondeur de 0 mèt. 0067 (3 lig), dont l'écartement & les dimensions sont les mêmes qu'aux pattes d'alésoirs qui doivent y être logées.

Alésoirs taillés en lime. Ils n'ont de différence avec les autres que dans la taille.

Rosettes servant à contenir l'arbre dans l'axe de la pièce. Elles ont les mêmes dimensions que les rosettes d'alésoirs, excepté que leur épaisseur est arrondie de 0 mèt. 0023 (1 lig.), pour faciliter son mouvement dans l'ame de la pièce.

Angles formés par l'axe de la lumière & le dessus du premier renfort. Ils sont aux canons de campagne, pour le 12 de 108° ; pour le 8 de 108° 30′ ; pour le 4 de 110° : & aux canons de siège & de place, pour le 24 de 102° ; pour le 16 de 103° ; pour le 12 de 102° ; pour le 8 de 102°.

Manière de se servir de cette machine. On laissera la pièce sur son affût, que l'on posera par terre, après avoir ôté les roues ; on inclinera la pièce jusqu'à ce que l'axe de la lumière soit dans une ligne aplomb ; elle sera alors, avec le dessus du premier renfort, l'angle donné par la table. Cette première opération faite, on placera la bascule, son bout à crochet du côté de la culasse, & son support entre les anses, où il sera arrêté par une clavette.

Avec un foret à vilebrequin (la bascule servant dessus par des poids suspendus au crochet), on agrandira le trou de l'ancienne lumière d'un diamètre déterminé par la largeur du foret. Ce trou ayant la profondeur nécessaire, on ôtera la bascule & son équipage, pour, avec un grain-d'orge, ouvrir la lumière, de façon qu'elle puisse recevoir le carré d'acier qui doit la dévisser, par le moyen d'un grand tourne-à-gauche.

On placera le nouveau grain à l'ordinaire ; il ne restera plus qu'à couper la partie du teton qui excède dans l'ame l'épaisseur de la pièce ; ce que l'on fera, en mettant le canon horizontal, & passant dans l'ame, l'arbre armé de son alésoir, rosette de support & tourne-à-gauche, jusqu'à ce que l'alésoir touche le teton. Pour ensuite manœuvrer cet arbre, on replacera la bascule, mais dans un sens opposé à celui où elle étoit la première fois, c'est-à-dire, le bout à crochet du côté de la volée. On placera la plaque d'appui contre le bout de l'arbre ; elle sera arrêtée dans le bas aux chaînes d'attelage, & par le haut avec la vis de pression de l'écrou en coulisse. Il ne s'agira plus que de manœuvrer sur le tourne-à-gauche, jusqu'à ce que le teton soit coupé ; mais comme cette opération pourroit laisser quelques bavures, on les emportera, en mettant à la place de l'alésoir en couteau, celui en lime qui polira l'intérieur du canon tel qu'il doit être. (*Voyez* l'article GRAIN-DE-LUMIÈRE POUR LES BOUCHES A FEU).

MACHINE de guerre des Anciens. C'étoit, avant l'invention des armes à feu, toutes les machines qui servoient à renverser, à incendier & à ruiner les défenses de l'ennemi. Elles étoient de trois espèces : les premières servoient à lancer des flèches & des traits comme les manubalistes ; à jeter de grosses pierres, comme la baliste, ou des javelots & des traits enflammés, comme la catapulte. Les secondes servoient à battre les murailles

&

& à y faire des brèches, comme le bélier. Les troisièmes enfin, à couvrir les troupes qui s'approchoient des murailles de la ville assiégée, comme les tours de bois mobiles & les tortues.

Les machines dont Archimède se servit pour la défense de Syracuse, ont considérablement contribué à retarder la prise de cette ville, malgré la valeur & l'acharnement des Romains qui l'assiégeoient.

On a encore fait usage dans les armées européennes de quelques machines de guerre des Anciens, même après l'invention de la poudre.

MACHINE infernale. C'est un bâtiment à trois ponts, chargé de poudre au premier pont, de bombes & de carcasses au second, & de barils cerclés de fer & remplis d'artifices au troisième. Son tillac est couvert de vieux canons surchargés. Les Anglais ont lancé autrefois un tel bâtiment contre Saint-Malo, mais l'explosion ayant manqué en partie, ne détruisit que les vitres & les toitures. (*Voyez* le mot BRULOT.)

MACHINES pour accélérer la fabrication des armes portatives. Ces machines sont des étampes qu'on appelle *matrices*, où, sous le choc d'un gros marteau ou du mouton, on dégrossit, façonne & finit successivement un grand nombre de pièces des armes portatives, pour économiser le temps de la fabrication, les matières premières, & obtenir des pièces mieux faites & plus exactes; mais ces avantages ont été jusqu'ici presque tous illusoires. Le défaut de ce mode est que le fer qui n'est pas de première qualité s'aigrit dans l'étampage, par la percussion violente du mouton, lorsqu'au contraire il s'améliore sous les coups redoublés & gradués du marteau de l'ouvrier. On a cru, par ce mode, obtenir non-seulement plus d'exactitude, mais encore l'identité dans les produits, tandis que la détérioration successive & prompte des étampes prouve la différence de dimensions que prennent successivement les pièces que l'on fabrique. (*Voyez* l'article PLATINES IDENTIQUES.)

MACHINE pour tourner les tourillons des pièces de canons en bronze. Elle est destinée à donner à ces tourillons la forme cylindrique qui leur est nécessaire.

Elle se compose de deux supports sur lesquels on pose la pièce. Chacun d'eux est formé par deux poteaux solidement fixés dans le terrain, lesquels se croisent, sont un peu échancrés, & ont un tasseau dans leur milieu. Le tasseau est creux, pour que la pièce puisse s'y adapter facilement, & un collier qui l'enveloppe au-dessus, est destiné à empêcher qu'elle ne se dérange pendant qu'on tourne les tourillons. Deux bancs, dont chacun est composé de deux poteaux fixés dans le terrain d'une manière solide, & par une traverse qui les

ARTILLERIE.

lie dans leur partie supérieure. Ces poteaux sont creusés & sont garnis de petites boîtes de fer, dans lesquelles on introduit, pour qu'il n'ait que les mouvemens horizontal & de rotation, un arbre en fer terminé d'un côté par une poulie, & de l'autre par une vis garnie de son embase.

Les lames s'adaptent sur un outil qui s'ajuste avec l'arbre: il est carré extérieurement & taraudé intérieurement. Il a de plus à la partie opposée à celle des lames, quatre ouvertures latérales, & il est creusé intérieurement pour y recevoir le tourillon & ses embases. Il est terminé par un double plan incliné, & c'est derrière les sommets de ces plans qu'on adapte les lames faites en forme d'équerre, pour qu'elles servent en même temps à tourner les tourillons & les embases.

A la partie carrée de l'outil, s'adapte un moulinet qui sert à tourner l'appareil; un poids est destiné à le pousser constamment contre la pièce. Pour faire usage de cette machine, il faut placer la pièce sur les supports, s'assurer avec une double équerre que l'axe des tourillons est de niveau, & tourner les moulinets, lesquels avanceront avec les appareils par l'effet des poids.

L'outil étant parvenu à la plus grande largeur du renfort, on doit cesser d'agir sur la machine, & achever à la lime la partie qui reste des embases. (*Voyez*, pour plus de détails, l'*Art de fabriquer les canons*, par Monge.)

MACHOIRES DU CHIEN D'UNE PLATINE. Parties élevées du chien, dont la supérieure est mobile & traversée par une vis, servant à fixer entr'elles, en la serrant, la pierre à feu. Cette vis a la tête arrondie, fendue & percée. Les mâchoires du chien doivent recouvrir la feuille de plomb laminé dont le talon de la pierre à feu doit être enveloppé; la partie des mâchoires qui appuie sur la pierre est plate & piquée, pour mieux assujettir la feuille de plomb & la pierre. Le dessus de celle supérieure est arrondi, & le dessous de celle inférieure se raccorde avec la gorge & les reins du corps du chien.

MACHOIRES d'étau. Ce sont les deux parties du haut d'un étau. On appelle aussi *mâchoires d'étau*, les parties en cuivre ou en plomb dont on les garnit pour ne pas offenser les pièces qu'on leur fait serrer pour les limer ou les polir. On garnit quelquefois en liége les mâchoires d'étau.

MADRIERS. Longue pièce de bois plus large qu'épaisse. On fait usage, dans l'artillerie, de madriers pour les plates-formes & pour les ponts militaires.

MADRIERS pour les plates-formes. Pièces de bois ordinairement en chêne, servant à la construction des plates-formes des canons & des obusiers de siége. Il en faut quatorze ayant 3 mèt. 2484

(10 pieds) de longueur, 0 mèt. 3248 (12 pouc.) de largeur, & 0 mèt. 0541 (2 pouc.) d'épaisseur.

MADRIERS pour les ponts militaires. Ils sont en sapin. Il en faut vingt pour les nouveaux bateaux ayant 4 mèt. 8726 (15 pieds) de longueur, 0 mèt. 3248 (12 pouc.) de largeur, & 0 mèt. 0541 (2 pouc.) d'épaisseur.

MAGASINS D'ARTILLERIE. Lieux dans lesquels on renferme les munitions de guerre. Ils doivent être secs pour les poudres, les artifices, les cordages, les fers; ils doivent être frais pour les graisses, les huiles & les poix. En général, ils doivent être placés de façon à ne pas compromettre l'existence des habitans & la défense des places. Ils doivent être bien clos, & avoir des abords & des débouchés faciles. Enfin, ils doivent être à l'épreuve de la bombe.

Les officiers d'artillerie, avant & pendant le siége d'une place, ont grand soin de ne faire connoître la situation des approvisionnemens qu'aux chefs qui doivent en être instruits. (*Voyez* les articles MAGASIN A POUDRE & PARC D'ARTILLERIE.)

MAGASINS à poudre. La poudre confectionnée est pesée & mise dans des barils, & conservée dans des magasins qui doivent être très-secs & isolés : s'ils étoient humides, la poudre seroit bientôt avariée. M. le baron Champy a proposé de les doubler en plomb, & d'en garnir l'entrée de chaux que l'on renouvelleroit de temps en temps, pour que l'air qui pourroit s'y introduire par les variations de la température fût toujours sec. A défaut de ce mode, il faut quelquefois aérer les magasins quand le ciel est serein & l'air sec, en ouvrant la porte & les fenêtres. Il faut aussi arroser de temps en temps le plancher, & le balayer, pour en ôter les pierres, les métaux, & tout ce qui peut produire du feu par le choc.

Personne ne doit entrer dans le magasin s'il n'a des sandales ou s'il n'est déchaussé; les officiers & les soldats doivent laisser en dehors leurs armes & les cannes. (*Voyez* l'article BARILS A POUDRE.)

La largeur la plus usitée des magasins à poudre est de 8 mèt. 1210 (25 pieds), & la longueur de 19 mèt. 4904 (60 pieds).

MAGDALÉON. Morceau de soufre en cylindre ou bâton, tel qu'on le trouve dans le commerce. Ce soufre n'ayant pas ordinairement les qualités convenables pour en faire des artifices de guerre, les artificiers le purifient de la manière suivante :

On le fond dans une chaudière de fer, sur un feu de charbon bien allumé, mais sans flamme; dès qu'il est en fusion, on écume les matières étrangères qui s'élèvent à sa surface. On le retire du feu, on laisse précipiter les substances terreuses qu'il peut contenir. On le passe dans un linge qui retient les crasses & laisse sortir le soufre à l'état de pureté. Ce soufre, avant d'entrer dans le mélange des compositions, est pilé dans un mortier & passé au tamis de soie.

On évite l'inflammation au moyen d'un couvercle dont on recouvre la chaudière quand le soufre menace de s'enflammer. (*Voyez*, pour plus de détails, le mot SOUFRE.)

MAIL ou MAILLET. Marteau d'armes, court, sans pointe opposée au gros bout, dont on frappoit dans les combats.

MAILLE. Tissu d'un vêtement de guerre, formé d'anneaux, de chainettes, entrelacés & accrochés l'un à l'autre.

MAILLES. Sortes de cordages. Il y en a de grandes & de petites; les grandes servent à remonter les bateaux avec des chevaux; les petites servent à remonter les bateaux avec des hommes. Elles doivent être faites de chanvre de bonne qualité.

MAILLET. Petit marteau de bois en usage dans divers travaux de l'artillerie, particulièrement dans la fabrication des armes portatives.

MAILLET chasse-fusée ou chassoir. Petite masse en bois de hêtre, dont les dimensions sont variables comme les diamètres des fusées. Il sert à enfoncer les fusées dans l'œil des projectiles creux : on le pose sur le haut de la fusée & on frappe dessus. Il est façonné pour recevoir le calice des fusées.

MAILLET d'armes. (*Voyez* MAIL.)

MAILLET d'artificiers. Il est fait comme un maillet ordinaire en bois dur.

MAILLOCHE, MAILLOT, MAILLOTIN. Petit marteau d'armes, ayant un manche long, mince, en fer ou en bois recouvert de fer, & dont la tête plate, ronde ou à pointes, est opposée à une longue pointe recourbée en forme de bec.

MAIN. Outil en cuivre laiton, roulé d'un côté & en ellipse de l'autre, servant à retirer la matière de la poudre des mortiers où on la bat. La partie roulée sert à la tenir; la partie opposée, qui a la figure d'une coquille, est amincie en forme de tranchant.

MAITRES ARMURIERS DES RÉGIMENS. Ouvriers qui réparent les armes des soldats. (*Voyez* le mot ARMURIERS.)

MAITRE armurier d'un arsenal d'artillerie. Il est chargé de reconnoître l'état des armes lorsqu'elles entrent en magasin, & lorsqu'on en délivre aux troupes. Il surveille les encaissemens & les transports intérieurs dans l'arsenal, ainsi que le nettoyage & les réparations. Il est aussi chargé de faire, sous les ordres des officiers d'artillerie, les visites des armes des corps quand elles sont ordonnées. Ces places ont été créées en 1815.

Maîtres garçons. Ce sont, dans les poudreries, des sous-chefs qui surveillent les batteries, & décident quand les rechanges doivent se faire. Il y en a un par batterie.

Malléabilité. Propriété qu'ont des métaux de s'étendre sous le marteau & au laminoir, sans se briser ni se déchirer.

Malléoles. C'étoit, chez les Anciens, une sorte de flèche ardente ou un faisceau de roseaux liés avec du fer, dont l'extrémité finissoit en dard, qu'on lançoit sur l'ennemi pour incendier ses machines de guerre. (*Voyez* les articles Falarique & Dard a feu.)

Manchettes des bombardiers. Demi-manches en toile, qui enveloppent l'avant-bras des canonniers qui chargent les mortiers & les obusiers. (*Voyez* l'article Exercice des bouches a feu.)

Mandrins. Cylindres de bois sur lesquels on roule les cartouches de fusils & les gargousses. (*Voyez* ces articles.)

Mandrins. Instrumens de différentes formes, d'acier trempé, servant à la vérification des cavités essentielles de quelques pièces, telles que l'ame du canon, les douilles de baïonnettes, l'embouchoir, la grenadière & la capucine. Les mandrins servant à la vérification des canons de fusils se nomment *cylindres vérificateurs* ou *cylindres-calibres*.

Manganelle, Mangoniau, Mangonneau, Mangonnelle, Mangounelle. On appeloit ainsi des arbalètes très-fortes, dont l'arc avoit jusqu'à 4 mèt. 8726 & 6 mèt. 4968 (15 & 20 peds) de long. Les trébuthk, trébuchet, ribaudequius, &c., n'en étoient que des variétés. (*Voyez* la Panoplie.)

Manœuvres des batteries de campagne. Ce sont celles que l'artillerie exécute, soit isolément, soit avec les autres armes.

L'exercice des bouches à feu étant le même pour l'artillerie à pied & pour l'artillerie à cheval, leurs manœuvres doivent aussi très-peu différer. Ces manœuvres ne sont pas déterminées par un règlement; mais comme elles ont été très-bien rédigées par des officiers de l'artillerie de l'ancienne garde, on va les donner telles qu'elles étoient en usage & se pratiquent encore dans la garde royale.

On a considéré une pièce & son caisson comme formant un seul système, c'est-à-dire, que chaque caisson doit être placé derrière sa pièce.

Quels que soient les efforts de l'artillerie pour perfectionner les manœuvres des batteries de campagne, elle ne peut espérer, disent les officiers que je viens de citer, d'atteindre à la régularité, & surtout à la précision où la tactique moderne à porté celle des autres armes : les divers élémens dont ces batteries sont composées, s'opposeront toujours à cette perfection.

Notions préliminaires & principes généraux.

Une batterie d'artillerie de campagne, composée de six bouches à feu, sera servie par une compagnie d'artillerie à pied ou à cheval.

Six caissons suivront la batterie & manœuvreront avec elle. Le reste de l'approvisionnement formera une réserve sous la conduite d'un garde d'artillerie, ou d'un sous-officier qui en remplira les fonctions.

La batterie sera divisée en trois sections, chacune de deux pièces & de deux caissons. On la divisera aussi en deux demi-batteries, composées de trois pièces & de trois caissons.

Le capitaine commandant la compagnie commandera la batterie.

Trois officiers, ou à leur défaut les sous-officiers les plus anciens, commanderont les sections. La première sera commandée par le plus élevé en grade; la troisième par celui qui suit, & la deuxième par le moins ancien.

Quand on divisera la batterie en demi-batteries, le chef de la première section commandera la première demi-batterie; la seconde sera commandée par le chef de la troisième section : le chef de la seconde section marchera avec la première.

Un sous-officier, brigadier ou caporal, sera attaché à chaque pièce; il en sera le chef, & la guidera dans tous ses mouvemens.

L'officier commandant la compagnie du train attachée à la batterie, commandera la ligne des caissons.

L'artificier désigné pour chaque caisson en dirigera les mouvemens.

Deux sous-officiers ou brigadiers du train seront désignés pour servir de guides & jalonner la ligne de bataille. Leurs fonctions ne servant qu'à donner plus de correction aux manœuvres, ce qui est inutile devant l'ennemi, ils seront dans ce cas autrement utilisés.

Dans l'artillerie à pied, les canonniers marcheront sur deux files de chaque côté de leur pièce, aux postes que leur assigne l'ordonnance.

Dans l'artillerie à cheval, ils formeront un peloton sur deux rangs derrière leur pièce. Le chef de ce peloton les fera compter par quatre; & quand on mettra pied à terre, le nombre trois de chaque rang restera à cheval & tiendra les chevaux de son rang.

La batterie étant en avant en bataille, on numérotera par sa droite les pièces & les caissons qui doivent être, dans tous les mouvemens, désignés par leurs numéros. Ces numéros resteront constamment les mêmes pour chaque pièce ou caisson, &, à moins de cas extraordinaires, leur ordre ne doit point être interverti.

Les sections & demi-batteries se numéroteront aussi de la même manière.

Dans tous les mouvemens, les commandemens à droite ou à gauche seront relatifs à la droite ou à la gauche des soldats du train.

Les alignemens seront pris sur les soldats du train qui conduisent les chevaux du timon.

Dans les parades, on pourra les faire rectifier en alignant entr'eux les essieux de derrière des pièces; dans ce cas, on commandera : *sur (telle) pièce — alignement.*

Ainsi que dans l'infanterie & la cavalerie, le guide sera à gauche quand on aura la droite en tête, & à droite dans le cas contraire.

Il y a deux espèces de mouvement. Le mouvement en avant & le mouvement en retraite. Dans le premier, chaque pièce précède son caisson; dans le second, chaque caisson précède sa pièce. Ce qui s'exécute pour les pièces dans le premier, s'applique aux caissons dans le second.

Les chevaux des caissons seront toujours face du même côté que ceux des pièces.

Le commandement d'avertissement *garde à vous,* fait par le capitaine-commandant, & qui doit précéder tous les autres, ne sera répété par personne.

Les chefs de section feront tous les commandemens particuliers à leurs sections : ils répéteront en outre les commandemens généraux d'exécution quand la batterie sera en colonne.

L'officier du train fera les commandemens particuliers aux caissons.

En colonne, chaque caisson suivra ou précédera sa pièce immédiatement. Dans les manœuvres, il réglera ses mouvemens sur ceux de sa pièce & d'après les commandemens de l'officier du train.

La batterie pour manœuvrer, sera toujours disposée en bataille ou en colonne par section.

L'ordre de colonne par pièce ne sera usité que pour la route, ou pour passer un défilé dans lequel on ne pourroit faire marcher deux voitures de front:

Lorsque les pièces ou caissons devront exécuter un demi-tour, ils le feront ordinairement par la gauche.

Les demi-tours par section étant d'une exécution lente & difficile, ne seront point usités.

Toutes les fois qu'une voiture devra en dépasser une autre, elle la laissera à sa gauche en la doublant.

La manœuvre à la prolonge, étant la seule usitée devant l'ennemi & satisfaisant à tous les cas, on supposera, dans toutes les manœuvres, que la prolonge reste constamment déployée. Cependant, lorsque le commandant de la batterie sera bien assuré qu'il n'a point de feux à exécuter, mais seulement des troupes à suivre dans leurs mouvemens, il pourra faire mettre les pièces sur l'avant-train, afin de ménager les chevaux & les prolonges. Les commandemens restent les mêmes dans les deux cas.

Une pièce à la prolonge & attelée de six chevaux, ayant vingt-sept pas ou dix-huit mètres de longueur; cet intervalle sera conservé d'axe en axe entre les pièces en bataille ou en batterie.

Une pièce de bataille à la prolonge peut converser de deux manières, de pied ferme ou en marchant. Dans le premier cas, ce qu'on appelle *tourner à prolonge lâche*, les chevaux font un peu reculer l'avant-train, entrent dans la nouvelle direction, & faisant tendre la prolonge, font tourner la pièce sur une de ses roues. Dans le second, la prolonge reste tendue & la pièce tourne en avançant.

Formation de la batterie en colonne, en bataille, en batterie et en parade.

Ordre de route ou de colonne par pièce, la droite en tête.

Le capitaine-commandant se tiendra ordinairement à hauteur du centre de la colonne, sur le flanc gauche. L'officier du train à la même hauteur du côté opposé.

Les chefs de section marcheront à hauteur du centre de leurs sections, sur le flanc gauche de la colonne, à quatre pas en dehors, à l'exception du chef de la première section, qui marchera à la tête de la colonne.

Les chefs de pièce ou de caisson à côté du soldat du train qui conduit les premiers chevaux de la pièce ou du caisson.

Les pelotons de canonniers à cheval à un pas de la volée.

Les chevaux des caissons à un pas de ceux des canonniers.

Dans l'artillerie à pied, les chevaux des caissons seront à un pas de la volée de la pièce.

Les guides, l'un à la tête, l'autre à la queue de la colonne. Le premier, à hauteur & à côté du soldat conduisant les chevaux de tête de la première pièce. Le second, à un pas derrière le dernier caisson.

Les tambours & trompettes à six pas en avant de la tête de la colonne.

Les sous-officiers & brigadiers du train seront répartis sur le flanc droit, le long de la ligne.

Ordre de colonne par section, la droite en tête.

Le capitaine-commandant se tiendra où il jugera le plus convenable pour être bien entendu dans ses commandemens & bien voir l'exécution des mouvemens; mais le plus ordinairement à hauteur du centre de la colonne, du côté du guide, huit pas en dehors.

Le commandant des caissons à même hauteur & même distance du flanc opposé.

Le chef de la première section au centre de sa section, à deux pas en avant des chefs de pièce.

Les chefs des autres sections se tiendront également au centre de leurs sections, mais à hauteur des soldats du train qui conduisent les chevaux de devant.

Les chefs de pièce à côté du soldat qui conduit les premiers chevaux.

Les artificiers à côté de ce même soldat du caisson.

Les canonniers à cheval à un pas derrière la volée.

Les guides à la tête de la colonne, à hauteur des chefs des premières pièces, à deux pas en dehors des chevaux. L'un sera chargé de la direction, l'autre de conserver la distance entre les files.

Les tambours & trompettes à six pas en avant du chef de la première section.

Le trompette du train derrière le capitaine-commandant.

Dans l'artillerie à pied, il y aura six pas ou quatre mètres de distance entre chaque voiture.

Dans l'artillerie à cheval, chaque pièce sera à un pas du caisson qui la précède; & celui-ci à un pas du peleton des canonniers.

De cette manière, en supposant les pièces à six chevaux & les caissons à quatre, la colonne aura de cent cinq à cent dix mètres de longueur. (Cette longueur est déterminée pour que la batterie puisse se former en bataille sur le même terrain qu'elle occupe en colonne.)

Lorsqu'on sera en retraite en colonne, les chefs de section & les guides prendront, relativement aux caissons, les mêmes places qu'ils occupent par rapport aux pièces lorsqu'on est en avant.

Observation. Dans l'une ou l'autre colonne, par pièce ou par section, si l'on avoit la gauche en tête, les places désignées précédemment sur le flanc gauche seroient alors sur le flanc droit, & réciproquement.

Ordre en avant en bataille.

Le capitaine-commandant se placera en avant du centre de la batterie, à douze pas des premiers chevaux.

Les chefs de section vis-à-vis le centre de leurs sections, à six pas en avant des mêmes chevaux.

Les chefs de pièce à un pas.

Les pelotons de canonniers à cheval à quatre pas derrière la volée.

Les guides à la droite & à la gauche de la batterie, à hauteur des soldats du train qui conduisent le timon, & à deux pas en dehors des chevaux.

Les caissons seront en ligne derrière les pièces, de manière qu'il y ait quarante-cinq pas ou trente mètres entre la volée des pièces & les premiers chevaux des caissons.

L'officier du train se placera au centre & à dix pas en avant des premiers chevaux.

Les artificiers à un pas devant ces mêmes chevaux.

Les tambours ou trompettes à quatre pas sur la droite & à quatre pas en arrière de la volée des pièces. Les trompettes du train derrière eux, à hauteur des soldats de devant des caissons. Dans l'artillerie à cheval, on les réunira à ceux de la compagnie d'artillerie.

La formation en retraite en bataille est la même que celle en avant en bataille; seulement, dans l'artillerie à cheval, les pelotons de canonniers, au lieu d'être derrière la volée, seront à quatre pas en avant des chefs de pièce.

Ordre en batterie.

Le capitaine-commandant se tiendra où il jugera le plus convenable pour être bien entendu & pour observer le feu, mais ordinairement au centre de la batterie, à hauteur des avant-trains.

Les chefs de section au centre de leurs sections, à hauteur de l'avant-train.

Les chefs de pièce vis-à-vis leur pièce, au milieu de la distance de l'avant-train, aux leviers de pointage.

Les canonniers aux postes que leur assigne l'ordonnance.

Les chevaux des canonniers à cheval, faisant face à l'ennemi, seront placés au milieu de l'intervalle qui sépare les pièces des caissons.

L'officier du train au centre de la ligne des caissons, à six pas en avant des premiers chevaux.

Les artificiers aux caissons pendant les feux.

Les tambours & trompettes seront à quatre pas sur le flanc de la batterie, au milieu de la distance qui sépare les pièces des caissons. Pendant les feux, un trompette suivra le commandant.

Les guides conserveront leur place de bataille.

Revues & parades.

La batterie sera en bataille.

Les pièces sur l'avant-train, & il n'y aura que vingt pas ou treize mètres & demi d'intervalle entr'elles.

Les canonniers à pied & à cheval sur deux rangs, à douze pas derrière la volée des pièces.

Les chefs de pièce à la droite des pelotons de canonniers.

Les officiers, artificiers & guides conserveront leur place de bataille.

Les tambours ou trompettes à quatre pas de la

droite de la batterie, & sur l'alignement des canonniers.

Les trompettes du train derrière eux, à hauteur des premiers chevaux des caissons.

Pour défiler.

Au commandement pour défiler, les canonniers serreront à leur place de bataille ou de colonne : en bataille, les canonniers serreront à quatre pas de la volée des pièces ; la ligne des caissons serrera à vingt-deux pas & demi ou quinze mètres de celle des pièces ; l'officier du train défilera au centre de la ligne des caissons, à six pas en avant des premiers chevaux.

Les trompettes de l'artillerie à cheval & du train se porteront à six pas en avant du commandant, qui, en colonne, marchera à hauteur du chef de la première section.

Les tambours sur le flanc de la batterie du côté opposé au guide.

Si, en défilant par batterie, le terrain ne permet pas de conserver l'intervalle de vingt pas entre les pièces, on pourra resserrer les intervalles jusqu'à faire joindre les pelotons de canonniers qui marcheront alignés. Ceux des ailes régleront leur marche de manière à conserver toujours leur distance de quatre pas à leur pièce, & toute la ligne prendra le guide de la batterie.

ÉCOLE DE BATTERIE.

L'école de batterie est divisée en quatre parties.
La première comprend les mouvemens préparatoires, qui sont :
Premier mouvement. Sortir du parc en colonne par pièce.
Deuxième mouvement. Arrêter la colonne, déployer les prolonges & remettre la colonne en marche.
Troisième mouvement. La colonne étant en marche par pièce, former & rompre les sections.
La deuxième partie comprend la marche en colonne, les changemens de direction, les différentes manières de passer de l'ordre en colonne à l'ordre en bataille ou en batterie, & réciproquement.
La troisième partie, la marche en bataille en avant & en retraite, les changemens de direction, les passages d'obstacles & de défilés en avant & en retraite, arrêter la batterie & l'aligner ; la marche par le flanc pour gagner du terrain à droite ou à gauche ; étant en bataille, se mettre en batterie ; les changemens de front en bataille & en batterie ; la contre-marche.
La quatrième partie renferme les différens feux.

PREMIÈRE PARTIE.

Premier mouvement.

La batterie étant parquée en avant en bataille, la rompre en colonne par pièce.
1°. En avant.
2°. A droite ou à gauche.
3°. Par la droite pour marcher vers la gauche.
4°. En retraite.
1er. cas. Rompre en colonne en avant par la première pièce.
Le capitaine-commandant commande :
1. *Garde à vous.* 2. *Par la première pièce en avant en colonne.* 3. *Marche.*
Au deuxième commandement, le chef de la première section commande :
Première pièce en avant.
Au troisième, répété par le chef de la première section, la première pièce, suivie de son caisson, se porte en avant. Aussitôt que les roues de derrière du premier caisson sont arrivées à hauteur des premiers chevaux de la seconde pièce, cette pièce se met en mouvement au commandement du chef de la section, &, suivie de son caisson, oblique à droite pour entrer dans la colonne. Les autres pièces rompent successivement de la même manière, au commandement du chef de leur section, & arrivent ainsi dans la file, en obliquant le plus possible.
Ce mouvement par la sixième pièce s'exécuteroit par des commandemens & moyens analogues.
2e. cas. Rompre en colonne à droite.
Le capitaine-commandant commande :
1. *Garde à vous.* 2. *Par pièce à droite en colonne.* 3. *Marche.*
Au deuxième commandement, le chef de la première section commande :
Première pièce à droite.
Au troisième, répété par le chef de la première section, la première pièce exécute son à droite en avançant, le caisson vient tourner à la même place & suit sa pièce ; aussitôt que ce caisson a fait la moitié de son à droite, la deuxième pièce commence le sien au commandement du chef de la section, & ainsi de suite.
On romproit à gauche par des moyens semblables.
3e. cas. Rompre en colonne par la droite pour marcher vers la gauche.
Le capitaine-commandant commande :
1. *Garde à vous.* 2. *Par pièce, rompez par la droite pour marcher vers la gauche.* 3. *Marche.*
Au deuxième commandement, le chef de la première section commande :
Première pièce en avant.
Au troisième, répété par le chef de la première section, la première pièce, suivie de son caisson, se porte environ trente pas en avant, fait un à gauche & se prolonge dans la nouvelle direction,

Lorsque les roues de derrière de la première pièce font arrivées vis-à-vis la deuxième, celle-ci se met en mouvement, marche aussi trente pas, exécute son à gauche & prend place dans la colonne. Les autres pièces & caissons rompent de la même manière.

On romproit par la gauche pour marcher vers la droite, par des commandemens & moyens analogues.

4e. cas. Rompre en colonne en retraite par la sixième pièce.

Le capitaine-commandant commande :
1. *Garde à vous.* 2. *Par la sixième pièce en retraite en colonne.* 3. *Marche.*

Au deuxième commandement, l'officier du train commande :
Sixième caisson, demi-tour à gauche.

Le chef de la troisième section commande :
Sixième pièce, demi-tour à gauche.

Au troisième, répété par l'officier du train & le chef de la troisième section, le sixième caisson exécute son demi-tour & marche devant lui ; la sixième pièce le suit immédiatement.

Le cinquième caisson fait un à gauche aussitôt que la sixième pièce l'a dépassé ; il va tourner au même point que la sixième, & se range dans la colonne ; la cinquième pièce suit immédiatement son caisson, en manœuvrant de la même manière.

Les autres caissons & pièces suivent le mouvement.

Les pelotons de canonniers à cheval marchent en avant des chevaux de leur pièce.

Observations. On doit éviter de former la colonne en retraite par la première pièce, parce que les caissons & pièces seroient obligés de faire un demi-tour à droite, & que, d'ailleurs, pour reprendre l'ordre en avant, on auroit la gauche en tête. Si la batterie étoit parquée en retraite, elle exécuteroit, par des moyens analogues, les quatre cas détaillés ci-dessus.

Deuxième mouvement.

La colonne étant en marche & formée par pièce, l'arrêter, déployer les prolonges & se remettre en mouvement.

Le capitaine-commandant commande :
1. *Garde à vous.* 2. *Colonne.* 3. *Halte.* 4. *Otez les avant-trains & déployez les prolonges.*

Au troisième commandement, répété par les chefs de section, chaque pièce & caisson s'arrête.

Le quatrième, aussi répété par les mêmes chefs, sera exécuté conformément à l'ordonnance ; seulement les chefs de pièce feront déboîter à gauche les premiers chevaux de leur pièce.

Dans l'artillerie à cheval, les commandans de peloton commandent : *pied à terre,* & *à cheval*

aussitôt que les prolonges sont déployées. (La prolonge sera toujours doublée, & par conséquent a quatre mètres, à moins qu'on ne donne des ordres contraires.)

Le prolonges étant déployées pour mettre la colonne en mouvement.

Le capitaine-commandant commande :
1. *Garde à vous.* 2. *Colonne en avant.* 3. *Marche.*

Au deuxième commandement, les soldats du train font tendre les traits.

Au troisième, répété par les chefs de section, la colonne se met en mouvement.

Troisième mouvement.

Former & rompre les sections.

1°. La colonne étant formée par pièce, la droite en tête & en marche, pour former les sections.

Le capitaine-commandant commande :
1. *Garde à vous.* 2. *Formez les sections.* 3. *Marche.*

Au deuxième commandement, les chefs de section font à leur pièce impaire (en la désignant par son numéro) le commandement : (*telle*) *pièce en avant ;* & à leur pièce paire, le commandement : (*telle*) *pièce, oblique à gauche.* Dans l'artillerie à cheval, ils ajoutent : *au trot.*

Au troisième, répété par les chefs de section, chaque pièce désignée, conduite par son chef & suivie de son caisson, se porte à hauteur & vingt-sept pas, ou dix-huit mètres, à gauche de la pièce impaire de sa section.

Dans l'artillerie à pied, les pièces paires alongent l'allure, & la tête de la colonne ralentit de manière à donner aux sections la facilité de se former & de serrer à leur distance.

Dans l'artillerie à cheval, la tête de la colonne ne change pas son allure ; les autres sections seroient au trot, au commandement de leur chef.

Les sections étant formées, le guide de la queue de la colonne se porte à la tête de la file de gauche.

On formeroit les sections ayant la gauche en tête, en faisant obliquer à droite les pièces impaires, par des commandemens semblables.

2°. *Rompre les sections.*

Dans l'artillerie à pied, le capitaine-commandant commande :
1. *Garde à vous.* 2. *Rompez les sections.* 3. *Marche.*

Au deuxième commandement, le chef de la première section commande :
Première pièce en avant ; deuxième pièce, oblique à droite.

Dans l'artillerie à cheval, le capitaine-commandant commande :
1. *Garde à vous.* 2. *Rompez les sections ; tête de colonne au trot.* 3. *Marche.*

Au deuxième commandement, le chef de la première section commande :
Première pièce en avant, au trot ; deuxième pièce, oblique à droite.

Au troisième, répété par le chef de la première section, dans l'une & l'autre artillerie, la deuxième pièce fait son oblique à droite pour entrer dans la colonne ; le caisson suit immédiatement sa pièce.

La deuxième section étant arrivée sur le terrain où la première a rompu, son chef la rompt de la même manière par les mêmes commandemens. Il en est de même pour la troisième section.

Dans l'artillerie à pied, la tête de la colonne alonge l'allure.

Dans l'artillerie à cheval, lorsque les sections sont rompues, le capitaine-commandant commande :
1. *Garde à vous.* 2. *Au pas.* 3. *Marche.*

Toute la colonne reprend le pas.

Le guide qui est à la tête de la file de gauche reprend sa place à la queue de la colonne.

On romproit les sections ayant la gauche en tête, en faisant obliquer à gauche les pièces impaires.

DEUXIÈME PARTIE.

Première manœuvre.

Marcher en colonne & changer de direction.

La colonne étant de pied ferme & formée par section, la droite en tête.

1°. Pour la mettre en marche,

Le capitaine-commandant commande :
1. *Garde à vous.* 2. *Colonne en avant, guide à gauche.* 3. *Marche.*

Au troisième commandement, répété par les chefs de section, la colonne se met en mouvement, & est dirigée par le guide indiqué.

2°. Pour changer de direction,

Le capitaine-commandant commande :
Tête de colonne à droite ou *à gauche.*

Aussitôt après ce commandement, le chef de la première section commande :
Tournez à droite ou *à gauche.*

La section exécute son à droite ou son à gauche, la pièce du pivot décrit un arc de cercle, de manière à démasquer le point de conversion.

Dans l'artillerie à pied, cette pièce diminue l'allure.

Dans l'artillerie à cheval, l'aile marchante prend le trot. (Ce principe est général dans toutes les conversions à pivot mobile.)

Lorsque l'*à droite* ou l'*à gauche* est fini, le chef de la première section commande : *en avant ;* & la section reprend la marche directe.

Les chefs des autres sections font successivement tourner leurs sections au même endroit que la première & par les mêmes commandemens.

Deuxième manœuvre.

Former & rompre la batterie.

La colonne étant en marche par section & ayant la droite en tête.

1°. *Pour former la batterie.*

Le capitaine-commandant commande :
1. *Garde à vous.* 2. *Formez la batterie.* 3. *Marche.*

Au deuxième commandement, le chef de la première section commande :
Section en avant.

Les autres chefs de section commandent :
Section, oblique à gauche. Dans l'artillerie à cheval ils ajoutent, *au trot.*

Au troisième, répété par les chefs de section, qui commandent ensuite : *guide à droite,* la première section continue à marcher dans la direction primitive. Les autres sections gagnent leur intervalle vers la gauche, se portent ensuite en avant, au commandement de leur chef, à la hauteur de la première section.

Dans l'artillerie à pied, la tête de la colonne ralentit fortement son allure, & les autres sections alongent le pas. (Ceci est général dans tous les déploiemens.)

Dans l'artillerie à cheval, lorsque les sections sont arrivées en ligne, les chefs de section commandent :
Au pas — marche.

Toutes reprennent l'allure de la première section.

Lorsque la batterie est formée, le capitaine-commandant commande :
Guide à gauche ou *à droite.*

A ce commandement, dans l'artillerie à pied, la première section reprend l'allure ordinaire. Chaque section de caissons suit respectivement celle des pièces ; la première ralentit son allure jusqu'à ce qu'il y ait quarante-cinq pas, ou trente mètres, entre elle & la première section des pièces. Les autres sections de caissons se portent à hauteur & sur l'alignement de la première.

2°. *Pour rompre la batterie.*

Dans l'artillerie à pied, le capitaine-commandant commande :
1. *Garde à vous.* 2. *Par section, rompez la batterie.* 3. *Marche.*

Au

Au deuxième commandement, le chef de la première section commande :
Section en avant.
Les autres chefs de section commandent :
Section oblique à droite.
Dans l'artillerie à cheval, le capitaine-commandant commande :
1. *Garde à vous.* 2. *Par section rompez la batterie — tête de colonne au trot.* 3. *Marche.*
Au deuxième commandement, le chef de la première section commande :
Section en-avant — au trot.
Les autres chefs de section commandent :
Section oblique à droite.
Les canonniers à cheval ferrent à un pas de leur pièce.
Dans l'une & l'autre artillerie, au deuxième commandement, l'officier du train commande :
Caissons en avant, au trot — marche.
A ce commandement, la ligne des caissons ferre sur celle des pièces. (Ce principe de faire ferrer la seconde ligne sur la première est général dans tous les déploiemens en colonne.)
Au troisième, répété par les chefs de section, & qui sera fait lorsque la seconde ligne est arrivée à environ vingt pas de la première, la première section continue à marcher dans la même direction; les deuxième & troisième, conduites par leurs chefs & suivies par leurs caissons, obliquent à droite & se rangent dans la colonne.
Dans l'artillerie à pied, la première section alonge l'allure. (Ceci est général dans tous les déploiemens.)
Dans l'artillerie à cheval, lorsque la batterie est rompue, le capitaine-commandant commande :
Au pas — marche.
Toute la colonne prend le pas de la tête, & chaque voiture serre à sa distance.
Le guide de gauche prend sa place devant la file de gauche de la colonne.
La manœuvre seroit analogue si on avoit la gauche en tête.

Troisième manœuvre.

Se former en avant en bataille ou en batterie.

Étant en colonne par section & en marche, la droite en tête;

1°. *Pour se former en avant en bataille.*

Après avoir placé les deux jalonneurs qui doivent déterminer la ligne de bataille (les jalonneurs sont toujours placés de manière que le mouvement fini, leurs chevaux soient tournés du même côté que ceux du train), & lorsque la tête de la colonne est arrivée à environ quarante pas de ces jalonneurs, un d'eux sera placé au point où doit appuyer l'aile sur laquelle on se forme, & l'autre à vingt-sept pas

ou dix-huit mètres du premier, le capitaine-commandant commande :
1. *Garde à vous.* 2. *En avant en bataille, guide à droite.* 3. *Marche.*
Au deuxième commandement, la direction se prend sur la file de droite;
Le chef de la première section commande :
Section en avant.
Les autres chefs de section commandent :
Section oblique à gauche.
Au troisième, répété par les chefs de section, la première se porte vers les jalonneurs, & s'arrête lorsque les soldats du train du timon sont arrivés à leur hauteur, chaque pièce laissant son jalonneur à droite. (En général, les pièces laissent leur jalonneur du côté de l'alignement.)
Les autres sections obliquent à gauche.
Lorsque la troisième pièce a gagné son intervalle de vingt-sept pas ou de dix-huit mètres qui doit la séparer de la deuxième, le chef de la deuxième section commande :
En avant.
Les soldats de derrière étant arrivés à quatre pas de la ligne, ce même chef fait les commandemens :
Section, halte — à droite, alignement.
Au dernier, chaque chef de pièce se porte à hauteur des jalonneurs & fait aligner sa pièce. (Ceci est général pour les chefs de pièce dans les alignemens.) La troisième section se place de la même manière par rapport à la deuxième.
Les sections de caissons obliquent en même temps & de la même manière que celles de leurs pièces respectives.
La première section de caissons ayant marché environ quinze pas, l'officier du train commande :
Première section, halte — à droite, alignement.
Les autres sections viennent se placer successivement à hauteur de la première, en s'arrêtant quatre pas en avant, & s'alignant ensuite à droite.
La batterie étant formée, le guide de gauche prend sa place de bataille en passant par-derrière la ligne des pièces. (Dans toutes les manœuvres, les guides prennent leurs places, sans commandement, aussitôt que les mouvemens sont terminés.)

2°. *Pour se former en avant en batterie.*

Après avoir placé les deux jalonneurs faisant face à la colonne, & lorsque la tête de cette colonne est arrivée à trente pas d'eux, le capitaine-commandant commande :
1. *Garde à vous.* 2. *En avant en batterie, — guide à droite.* 3. *Marche.*
Au deuxième commandement, la direction se prend sur le guide indiqué;
Le chef de la première section commande :
Section en avant.

Les autres chefs de section commandent :
Section oblique à gauche.

Au troisième, répété par les chefs de section, la première section se porte en avant (chaque pièce laissant son jalonneur à gauche) ; lorsqu'après avoir coupé la ligne de bataille, les premiers chevaux sont arrivés à environ quarante-cinq pas de cette ligne, le chef de la première section commande :
Par pièce, demi-tour à gauche. — Marche.

Le demi-tour achevé, les pièces se portent vers les jalonneurs, & lorsque les soldats du train du timon sont arrivés à leur hauteur, le chef de la première section commande :
Section — halte.

Les autres sections se portent sur la ligne par les mêmes principes que dans la formation en avant en bataille, & après l'avoir dépassée de quarante-cinq pas, font leur demi-tour par pièce, & s'alignent à gauche sur la première section.

Les caissons de la première section marchent environ quinze pas, font leur demi-tour & s'alignent à gauche d'après les commandemens de l'officier du train. Les autres sections de caissons se placent successivement sur la même ligne que la première.

Dans l'artillerie à cheval, les mouvemens pour se mettre en batterie se font au trot. Les pelotons de canonniers s'arrêtent à environ vingt pas de la ligne des jalonneurs, mettent pied à terre, & se portent rapidement à l'endroit où doit arriver leur pièce.

On se formeroit en bataille ou en batterie, la gauche en tête, en appliquant à la troisième section ce qui a été dit ici de la première, & substituant le mot *gauche* à celui *droite*, & réciproquement.

Quatrième manœuvre.

Se former à gauche en bataille ou en batterie.

Etant en colonne par section & de pied ferme, la droite en tête.

1°. *Pour se former à gauche en bataille.*

Le capitaine-commandant commande :
1. *Garde à vous.* 2. *A gauche en bataille.* 3. *Marche.*

Au deuxième commandement, le guide de droite de la colonne se porte rapidement à quinze pas en dehors de la file de gauche & à hauteur de la tête des premiers chevaux de la deuxième pièce, les chefs de section commandent :
Section à gauche.

L'officier du train commande :
Par caisson à droite.

Au troisième commandement, répété par les chefs de section & l'officier du train, chaque section de pièces fait un *à gauche* à pivot fixe, & est arrêtée par son chef qui commande :
Section — halte. A droite — alignement.

Les caissons font *à droite*, démasquent rapidement les pièces & marchent ainsi en trois colonnes séparées & parallèles ; lorsque la tête de chacune a marché environ vingt pas, l'officier du train commande :
Têtes de colonnes à gauche — marche.

Ce mouvement exécuté, & chaque caisson étant arrivé à peu près vis-à-vis sa pièce, l'officier du train commande :
Par caisson à gauche, — marche — halte — à droite — alignement.

A ce dernier commandement, les caissons rectifient leur position en s'éloignant entr'eux & sur leur pièce respective.

2°. *Pour se former à gauche en batterie.*

Après avoir placé les deux jalonneurs à environ quinze pas à gauche de la colonne, faisant face à son flanc & dans une direction parallèle, le premier à hauteur de la tête des chevaux de la première pièce, & le deuxième à hauteur de la volée, le capitaine-commandant commande :
1. *Garde à vous.* 2. *A gauche en batterie.* 3. *Marche.*

Au deuxième commandement, les chefs de section commandent :
Section à gauche.

L'officier du train commande :
Par caisson à droite.

Au troisième, répété par les chefs de section & l'officier du train, chaque section de pièces fait son *à gauche* à pivot fixe, & se porte en avant au commandement de son chef : chaque pièce de la première section laisse son jalonneur à gauche. La tête des premiers chevaux ayant dépassé de quarante-cinq pas la ligne de batterie, les chefs de section commandent :
Par pièce, demi-tour à gauche — marche.
Section, halte. — A gauche — alignement.

Les caissons font *à droite*, démasquent rapidement les pièces, comme pour se mettre à gauche en bataille ; aussitôt que les caissons impairs ont exécuté leur *à droite*, l'officier du train commande :
Tête de colonne à gauche — marche.

Chaque caisson étant arrivé vis-à-vis de sa pièce, il commande :
Par caisson à droite — marche.
Halte. — A gauche — alignement.

Si on avoit la gauche en tête, on se formeroit à droite en bataille ou en batterie par des commandemens ou moyens semblables.

On peut aussi se former à gauche ou à droite en bataille ou en batterie étant en marche. Dans ce cas, les pièces qui doivent servir de-pivot s'arrêtent au troisième commandement du capitaine, &

le reste du mouvement s'exécute comme il vient d'être dit.

Observations. Si les circonstances exigeoient qu'on fît feu à gauche, sans qu'on pût exécuter le demi-tour employé dans la manœuvre précédente, le capitaine-commandant commanderoit :

1. *Garde à vous.* 2. *Par inversion à gauche en batterie.* 3. *Marche.*

Au deuxième commandement, les chefs de section commanderoient :

Section à droite.

L'officier du train commanderoit :

Caissons, oblique à droite — au trot.

Au commandement *marche*, les sections feroient un *à droite* à pivot fixe & s'aligneroient *à gauche*.

Les caissons obliqueroient à droite, doubleroient leurs pièces en les laissant à gauche, & iroient se porter à leur place de batterie.

Dans l'artillerie à cheval, les pelotons de canonniers se porteroient en avant des chevaux de trait de leur pièce, en la laissant à droite.

Ce mouvement intervertissant l'ordre des pièces, la première chose à faire seroit de se remettre en colonne dans l'ordre actuel. A cet effet, le capitaine-commandant commanderoit :

1. *Garde à vous.* 2. *Par section à gauche en colonne.* 3. *Marche.*

Au deuxième commandement, les chefs de section commanderoient :

Section à gauche.

L'officier du train commanderoit :

Caissons impairs à gauche. — Caissons pairs, demi-tour à gauche.

Au troisième commandement, les sections feroient *à gauche*, & se prolongeroient dans la direction nouvelle.

Les sections de caissons, formant trois colonnes séparées, se dirigeroient derrière celles des pièces, où, étant arrivées, l'officier du train commanderoit :

Par caisson, à droite — marche.

Cinquième manœuvre.

Se former sur la droite en bataille ou en batterie.

Etant en colonne par section & en marche, la droite en tête.

1°. *Pour se former sur la droite en bataille.*

Après avoir placé les deux jalonneurs à vingt pas du flanc droit de la colonne, sur une ligne parallèle, le capitaine-commandant commande :

1. *Garde à vous.* 2. *Sur la droite en bataille, guide à droite.* 3. *Marche.*

Au troisième commandement, qui sera fait lorsque la tête de la colonne sera arrivée à hauteur du premier jalonneur, le chef de la première section commande :

Tournez à droite, en — avant.
Section, halte. — A droite — alignement.

A ce dernier commandement, la première section appuie contre les jalonneurs ; l'officier du train commande :

Première section, par caisson à gauche — marche.

Lorsque la tête de la colonne a marché environ quinze pas, il commande :

Tête de colonne à droite — marche. Par caisson à droite — marche. — Halte. — A droite — alignement.

Chaque caisson se place exactement derrière sa pièce. Pendant ce temps, la seconde section, suivie de ses caissons, a continué de marcher en avant ; lorsque la troisième pièce est arrivée à hauteur du point qu'elle doit occuper, le chef de la seconde section commande :

Tournez — à droite.

Cette section se porte sur la ligne comme la première.

La seconde section de caissons manœuvre aussi comme la première, au commandement de l'officier du train, en passant à gauche & contre le deuxième caisson.

2°. *Pour se former sur la droite en batterie.*

Les jalonneurs étant placés à quinze pas du flanc droit de la colonne & y faisant face, le capitaine-commandant commande :

1. *Garde à vous.* 2. *Sur la droite en batterie, guide à droite.* 3. *Marche.*

Les sections se déploient successivement en se conformant à ce qui a été prescrit pour la formation sur la droite en bataille ; elles dépassent de quarante-cinq pas la ligne des jalonneurs ; font leur *demi-tour à gauche*, puis *halte*, *à gauche alignement*, au commandement de leur chef.

Les caissons font aussi successivement les mêmes mouvemens que dans la formation sur la droite en bataille. Aussitôt que les caissons pairs ont exécuté leur *à gauche*, l'officier du train commande :

Tête de colonne à droite — marche. — Par caisson à gauche — marche. — Halte. — A gauche — alignement.

Dans le cas où l'on auroit la gauche en tête, on se formeroit semblablement sur la gauche en bataille.

Observations. Si l'on vouloit faire feu à droite par le mouvement le plus court, sans s'embarrasser de l'ordre dans les numéros des pièces , le capitaine-commandant commanderoit :

1. *Garde à vous.* 2. *Par inversion à droite en batterie.* 3. *Marche.*

Au troisième commandement, les sections des pièces feroient un *à gauche* à pivot fixe.

Les caissons obliqueroient à gauche, en laissant leur pièce droite, & se porteroient ainsi à leur place de batterie.

Le peloton de canonniers à cheval passeroit du côté opposé au caisson.

Pour remettre la colonne dans l'ordre naturel, le capitaine-commandant commanderoit :

1. *Garde à vous*. 2. *Par section à droite en colonne*. 3. *Marche*.

Les sections des pièces feroient *à droite*, les caissons pairs *à droite*, & les caissons impairs *demi-tour à gauche*. Les trois colonnes de caissons viendroient ainsi reprendre leur place derrière leurs pièces, où, étant arrivées, elles feroient *par caisson à gauche*.

Sixième manœuvre.

Se former face en arrière en bataille ou en batterie.

Etant en colonne par section & en marche, la droite en tête.

1°. *Pour se former face en arrière en bataille.*

Un des deux jalonneurs étant placé vis-à-vis la file de droite de la colonne, & l'autre à vingt-sept pas ou dix-huit mètres du premier, lorsque la tête sera arrivée à environ soixante pas de ces jalonneurs, le capitaine-commandant commandera :

1. *Garde à vous*. 2. *Face en arrière en bataille*. 3. *Pièces impaires — alongez*. 4. *Par pièce oblique à droite*. 5. *Marche*.

Au troisième commandement, la file de droite augmente l'allure, celle de gauche la diminue ; & lorsque chaque pièce impaire se trouve à hauteur de la pièce paire de la section précédente, le capitaine-commandant fait son quatrième commandement.

Au cinquième, répété par les chefs de section, toutes les pièces, excepté la première, obliquent à droite, & chacune, suivie de son caisson, se porte par le chemin le plus court au point qu'elle doit occuper sur la ligne de bataille : chaque pièce paire passe pour cela immédiatement derrière le caisson de la pièce impaire de sa section.

Les pièces arrivent ainsi successivement sur la ligne de bataille, la coupent, & lorsque les premiers chevaux l'ont dépassée d'environ quarante-cinq pas, elles font *demi-tour à gauche*, s'arrêtent & s'alignent à droite, au commandement du chef de leur section. Les soldats de derrière des deux premières pièces se placent contre les jalonneurs en les laissant à droite.

Chaque caisson coupe la ligne au même point que sa pièce, dépasse cette ligne d'environ quatre-vingts pas, fait son *demi-tour à gauche*, & s'aligne ensuite à droite.

2°. *Pour se former face en arrière en batterie.*

Les deux jalonneurs étant placés comme dans le cas précédent, mais tournant le dos à la colonne, le capitaine-commandant commande :

1. *Garde à vous*. 2. *Face en arrière en batterie*. 3. *Pièces impaires — alongez*. 4. *Par pièce oblique à droite*. 5. *Marche*.

Le mouvement s'exécute comme il vient d'être détaillé pour la formation face en arrière en bataille : seulement les pièces, au lieu de dépasser la ligne de bataille, s'arrêtent sur cette ligne, & s'alignent à gauche, par les soldats du timon. Les caissons doublent leur pièce en augmentant l'allure, & vont prendre leur place de batterie.

Dans l'artillerie à cheval, les pelotons se portent également *au trot* devant les chevaux de leur pièce ; font ensuite :

Peloton demi-tour à gauche — marche. — Halte. — Pied — à — terre.

Cette formation s'exécuteroit la gauche en tête par les moyens inverses. On placeroit le premier guide vis-à-vis la file de gauche, les pièces paires augmenteroient l'allure, & toutes obliqueroient à gauche.

Observation. Si l'on vouloit faire feu en arrière par le mouvement le plus prompt, le capitaine-commandant commanderoit :

1. *Garde à vous*. 2. *Par inversion face en arrière en batterie*. 3. *Marche*.

Les pièces feroient le même mouvement que dans la formation en avant en bataille ; & lorsque chaque pièce seroit arrivée sur la ligne, les caissons doubleroient *au trot* & iroient prendre leur place de batterie.

Pour se mettre en colonne dans l'ordre naturel, le capitaine-commandant feroit préalablement porter la ligne des pièces en avant de celle des caissons.

Si la colonne marchoit en retraite par la troisième section, on pourroit la déployer des quatre manières qui ont été détaillées, & en employant des moyens analogues. Dans ces divers cas, les chefs de section marchent à la tête des caissons de leur section.

Septième manœuvre.

Rompre en avant en colonne par section.

La batterie étant en bataille, pour la rompre en avant en colonne par la première section, le capitaine-commandant commande :

1. *Garde à vous*. 2. *Par la première section en avant, en colonne*. 3. *Marche*.

Au deuxième commandement, l'officier du train commande :

Caissons en avant — marche.

La ligne des caissons serre sur celle des pièces; le chef de la première section commande :
Section en avant.

Au troisième commandement, répété par le chef de la première section, & qui sera fait lorsque la ligne des caissons sera arrivée à environ vingt pas de celle des pièces (ceci est général toutes les fois qu'on rompt la colonne), la première section se porte en avant, &, suivie de ses caissons, marche dans la direction donnée au guide.

Lorsque les premiers chevaux des caissons sont arrivés à hauteur de ceux des pièces de la deuxième section, le chef de la seconde section commande :
Section oblique à droite — marche.

Cette section se range dans la colonne.

La troisième section exécute le même mouvement, relativement à la seconde.

On romproit par la troisième section avec des commandemens & moyens semblables.

Huitième manœuvre.

Rompre par section à droite en colonne.

La batterie étant en bataille, le capitaine-commandant commande :
1. *Garde à vous.* 2. *Par section à droite en colonne.* 3. *Marche.*

Au deuxième commandement, l'officier du train commande :
Caissons en avant — marche.

Les chefs de section commandent :
Section à droite.

Au troisième, répété par les chefs de section, chaque section de pièces fait son à droite à pivot fixe, & se porte en avant. Les sections des caissons viennent faire leur à droite un peu avant le point où celles des pièces ont fait le leur, & se placent dans la colonne.

On romproit également de la même manière à gauche en colonne.

Neuvième manœuvre.

Rompre par la droite par section pour marcher vers la gauche.

La batterie étant en bataille, le capitaine-commandant commande :
1. *Garde à vous.* 2. *Sections, rompez par la droite pour marcher vers la gauche.* 3. *Marche.*

Au deuxième commandement, l'officier du train commande :
Caissons en avant — marche.

Le chef de la première section commande :
Section en avant.

Au troisième, répété par le chef de la première section, cette section se porte en avant; après avoir marché environ trente pas, *elle tourne à gauche* au commandement de son chef, & marche ensuite dans une direction parallèle à la ligne de bataille. La première section de caissons tourne à la même place que celle des pièces.

Lorsque les roues de derrière des pièces de la première section sont arrivées vis-à-vis le centre de la seconde, celle-ci se met en mouvement au commandement de son chef, marche aussi trente pas, exécute son *à gauche* & se place dans la colonne : les caissons suivent le même mouvement.

La troisième section exécute la même chose relativement à la seconde.

On romproit de même par la gauche pour marcher vers la droite.

Dixième manœuvre.

Rompre en retraite en colonne par section.

La batterie étant en bataille, pour la rompre par la troisième section, par exemple, en retraite en colonne, le capitaine-commandant commande :
1. *Garde à vous.* 2. *Par la troisième section en retraite en colonne.* 3. *Marche.*

Au deuxième commandement, le chef de la troisième section commande :
Par pièce demi-tour à gauche.

L'officier du train commande :
Cinquième & sixième caissons, demi-tour à gauche.

Au troisième, répété par le chef de la troisième section & par l'officier du train, les pièces & caissons font leur *demi-tour*; pendant qu'il s'exécute, le chef de la troisième section se porte aux caissons pour leur faire à temps le commandement *en avant*. Les pièces serrent sur les caissons.

Lorsque le chef de la troisième section commande *en avant*, le chef de la seconde section commande :
Par pièce demi-tour à gauche.

L'officier du train commande :
Troisième & quatrième caissons, demi-tour à gauche.

Et tous deux : *marche.*

Le demi-tour des caissons étant aux trois quarts fait, le chef de la seconde section commande *en avant*, & cette section se place en colonne derrière la troisième; il en est de même de la première qui se place derrière la seconde.

Les pelotons de canonniers à cheval font demi-tour à gauche en même temps que leurs pièces, & marchent dans la colonne, en avant des chevaux de trait.

On formeroit également la colonne par la première section; mais en outre que le mouvement est moins facile, on auroit la gauche en tête.

Observation. Si, au lieu d'être en bataille, on étoit en batterie, & qu'on voulût rompre en colonne d'une des quatre manières qui viennent d'être expliquées, le capitaine-commandant seroit préalablement exécuter un demi-tour à gauche aux pièces & aux caissons, excepté pour rompre en retraite en colonne ; alors la manœuvre rentreroit dans celles détaillées ci-dessus.

TROISIÈME PARTIE.

Onzième manœuvre.

Marcher en bataille en avant & en retraite, & changer de direction.

1°. La batterie étant en bataille de pied ferme, *pour marcher en avant*, le capitaine-commandant commande :
1. *Garde à vous.* 2. *Batterie en avant — guide à droite (ou à gauche).* 3. *Marche.*

Au deuxième commandement, le guide désigné se porte à environ douze pas en avant du chef de la pièce qui est à côté de lui, & faisant face au point de direction qui lui est indiqué.

Au troisième, toute la batterie se met en mouvement : le chef de la pièce de l'aile où se trouve le guide, marche dans la trace de celui-ci en conservant sa distance. Les autres chefs de pièces s'alignent sur le premier, & conservent entr'eux leur intervalle. Les chefs de section marchent aussi alignés entr'eux. La ligne des caissons suit le mouvement de celle des pièces, & se tient constamment à quarante-cinq pas d'elle : chaque caisson marche exactement dans la trace de sa pièce.

Observation. Si le terrain se rétrécissoit de manière à ne pas permettre de marcher en bataille à distance entière, on pourroit faire serrer les intervalles.

Pour cela, le capitaine-commandant commande :
1. *Garde à vous.* 2. *Sur telle pièce (à tant de pas) — serrez les intervalles.* 3. *Marche.*

Au troisième commandement, les pièces obliqueroient du côté de celle indiquée pour serrer à la distance ordonnée.

Le terrain permettant de prendre les intervalles ordinaires, le capitaine-commandant commande :
1. *Garde à vous.* 2. *Sur telle pièce reprenez vos intervalles.* 3. *Marche.*

Au troisième commandement, chaque pièce obliqueroit du côté opposé à celle indiquée pour reprendre la distance qui doit la séparer de sa voisine.

Nota. Si, après avoir serré les distances de telle manière que les pièces & les caissons ne pussent exécuter le *demi-tour*, le capitaine vouloit marcher du côté opposé ; après avoir arrêté la batterie, il commanderoit :
1. *Garde à vous.* 2. *Pièces & caissons pairs en avant.* 3. *Marche.*

Au troisième commandement, les pièces & caissons désignés se porteroient en avant, & lorsque chaque voiture auroit démasqué celles impaires, le capitaine-commandant commanderoit :
Par pièce & par caisson demi-tour à gauche — marche.

Toutes les voitures exécuteroient leur demi-tour, & celles paires reprendroient leur rang.

2°. *Pour marcher en retraite*, le capitaine-commandant commande :
1. *Garde à vous.* 2. *Batterie en retraite.* 3. *Marche.*

Au deuxième commandement, les chefs de section commandent :
Par pièce demi-tour à gauche.
L'officier du train commande :
Par caisson demi-tour à gauche.

Au troisième, répété par les chefs de section & par l'officier du train, les pièces & les caissons exécutent leur mouvement ; le demi-tour étant achevé, les chefs de section & l'officier du train commandent :
En — avant.

Aussitôt après ce commandement, le capitaine-commandant commande :
Guide à gauche (ou à droite).

Le guide indiqué se porte à douze pas en avant du caisson qui est à côté de lui, & la batterie marche en retraite d'après les mêmes principes que dans la marche en avant.

3°. La batterie marchant en bataille en avant, *pour changer de direction*, le capitaine-commandant commande :
1. *Garde à vous.* 2. *Tournez — à droite (ou à gauche).*

Au deuxième commandement, la ligne des pièces exécute son changement de direction, de manière que les distances des pièces se conservent du côté du pivot & l'alignement du côté de l'aile marchante.

Le pivot a soin de démasquer le point de conversion en raccourcissant son allure. L'aile marchante augmente la sienne.

Dans l'artillerie à cheval, cette aile prend le trot. Le mouvement étant achevé, le capitaine-commandant commande :
En — avant.

A ce commandement, toutes les pièces reprennent la marche directe & l'allure ordinaire.

La ligne des caissons vient tourner au même point que celle des pièces, & de la même manière, au commandement de l'officier du train.

Si la batterie marchoit en retraite, la ligne des caissons tourneroit la première.

Douzième manœuvre.

Passage d'obstacle en marchant en bataille, en avant ou en retraite.

1°. La batterie marchant en bataille en avant, *pour passer un obstacle.*

Lorsque la batterie est arrivée près de l'obstacle, le capitaine-commandant avertit :

Telle pièce (ou section) — obstacle.

Si c'est une pièce, le chef de section de la pièce indiquée commande :

Telle pièce à droite (ou à gauche) — marche.

A ce dernier commandement, la pièce fait son *à droite* (ou son *à gauche*), & se porte derrière l'autre pièce de sa section.

Arrivé à l'obstacle, le caisson exécute le même mouvement au commandement de l'officier du train.

Si l'obstacle se trouve devant une section, le chef de la section désignée commande :

Par pièce à droite (ou à gauche) — marche.

Cette section se place derrière celle sur laquelle elle doit doubler, où, étant arrivée, le chef de la section commande :

Par pièce à gauche (ou à droite) — marche.

Les caissons exécutent, au même endroit, les mouvemens semblables.

L'obstacle étant passé, pour former la batterie, le capitaine-commandant avertit :

Telle pièce (ou telle section) — en ligne.

A ce commandement, le chef de la section commande :

Telle pièce (ou telle section) — oblique à gauche (ou à droite) — marche.

La pièce ou la section se porte en ligne en augmentant l'allure.

Dans l'artillerie à cheval, elle prend le trot.

Si l'obstacle se trouve devant la section des ailes, elle se place derrière celle du centre ; si l'obstacle se trouve devant la section du centre, elle se place derrière celle de droite.

La batterie marchant en bataille, en retraite, on exécuteroit les passages d'obstacle, en employant les mêmes moyens que dans le cas où la batterie marche en avant.

Treizième manœuvre.

Passage du défilé en avant.

La batterie marchant en bataille pour passer le défilé en avant.

Si le défilé se trouve vis-à-vis une des ailes, on passera par les moyens déjà indiqués pour rompre la batterie par pièce ou par section.

1er. cas. Si le défilé se trouve vis-à-vis le centre de la batterie, ce qui est plus avantageux pour le déploiement, & qu'on puisse le passer *par section*, le capitaine-commandant commande :

1. *Garde à vous.* 2. *Par la deuxième section, en avant passez le défilé.* 3. *Marche.*

Au deuxième commandement, l'officier du train commande :

Caissons en avant au trot — marche.

Le chef de la deuxième section commande :

Section en avant.

Le chef de la première section commande :

Par pièce à gauche.

Le chef de la troisième section commande :

Par pièce à droite.

Au troisième commandement, qui sera fait lorsque la ligne des caissons sera à quelques pas de celle des pièces, & répété par les chefs de section, la seconde section, suivie de ses caissons, entre dans le défilé. Les autres sections exécutent leur *à gauche* & leur *à droite* ; lorsque la seconde pièce est arrivée vis-à-vis le caisson de la troisième, le chef de la première section commande : *tête de colonne à droite ;* & cette pièce, suivie de son caisson, entre dans la colonne derrière le caisson de la troisième. La première pièce se place de la même manière par rapport à la seconde. La troisième section se place également en file derrière la quatrième pièce.

Les chefs des première & troisième sections marchent chacun sur un flanc de la colonne, à hauteur du centre de leur section.

Observations. Si le défilé se rétrécit de manière à ne laisser passer qu'une voiture de front, on rompra successivement la colonne par pièce à l'avertissement du capitaine-commandant, & de sorte que les pièces d'une même section ne soient point séparées ; ainsi elles devront se trouver dans l'ordre suivant : 3, 4, 2, 1, 5, 6. Aussitôt que le terrain le permettra, on reprendra l'ordre primitif en colonne double.

Déploiement de la double colonne à la sortie du défilé en avant.

Si la batterie doit continuer à marcher en bataille après le passage du défilé, le capitaine-commandant commande :

1. *Garde à vous.* 2. *Sections en ligne.* 3. *Marche.*

Au deuxième commandement, répété par les chefs de première & troisième sections, ces sections se portent en ligne par la marche oblique en augmentant leur allure, prennent leur distance & l'alignement sur celle du centre.

Dans l'artillerie à cheval, les première & troisième sections prennent le trot.

La ligne des caissons se forme de la même manière que celle des pièces, & ralentit l'allure jusqu'à ce qu'elle soit à la distance de quarante-cinq pas.

Si l'on doit se former en bataille ou en batterie, à la sortie du défilé, aussitôt que les caissons de la tête ont débouché, le capitaine-commandant commande :

1 *Garde à vous.* 2. *Sur la deuxième section en avant en bataille (ou en batterie).* 3. *Marche.*

Au deuxième commandement, le chef de la deuxième section commande :

Section en avant.

Les autres chefs de section commandent :
Section en ligne.

Au troisième, qui fera fait à environ quarante pas de la ligne de bataille, la seconde section de pièces se porte sur cette ligne, & se forme *en bataille* ou *en batterie*. La seconde section de caissons marche à environ dix pas, & se conforme au mouvement ultérieur des pièces. Les autres sections se portent sur l'alignement de celle déjà placée. Les caissons s'alignent aussi entr'eux.

Nota. Cette méthode de ployer la batterie en colonne double sur la section du centre, offrant l'avantage de la déployer rapidement, pourra être employée en marchant à l'ennemi; pour cela, le capitaine-commandant commandera :

1. *Garde à vous.* 2. *Par section du centre en avant en colonne.* 3. *Marche.*

Et le mouvement s'exécutera comme il vient d'être dit pour passer le défilé. On se déploiera aussi de la même manière.

2e. cas. Si le défilé se trouvant devant le centre de la batterie (la troisième pièce, par exemple), on ne peut le passer que par pièce, le capitaine-commandant commande :

1. *Garde à vous.* 2. *Par la troisième pièce en avant, passez le défilé.* 3. *Marche.*

Au deuxième commandement, l'officier du train commande :
Caissons en avant, au trot — marche.
Le chef de la deuxième section commande :
Troisième pièce en avant ; quatrième pièce à droite.
Le chef de la première section commande :
Par pièce à gauche.
Le chef de la troisième section commande :
Par pièce à droite.

Au troisième commandement, la troisième pièce, suivie de son caisson, entre dans le défilé; vient ensuite la quatrième pièce, les deuxième, première, cinquième & sixième.

Ayant passé le défilé par pièce, pour déployer la colonne on emploira les mêmes moyens & commandemens que dans le cas précédent; on substituera le mot *pièce* à celui de *section.*

Observation. Si le défilé s'élargit de manière à laisser passer deux voitures de front, on formera successivement la double colonne à l'avertissement du capitaine-commandant, de manière que les pièces se trouvent absolument dans le même ordre que lorsqu'on a passé le défilé par la section du centre.

Quatorzième manœuvre.

Passage du défilé en retraite.

La batterie marchant en retraite en bataille, passer le défilé.

1er. cas. Si une portion de la batterie n'est point obligée de soutenir la retraite pendant que l'autre effectue son passage, il s'exécutera par les mêmes moyens que pour passer le défilé en avant, en appliquant aux caissons ce qui a été dit pour les pièces, & réciproquement.

2e. cas. Si l'on est obligé d'effectuer le passage sous le feu de l'ennemi, le capitaine-commandant arrêtera la batterie à l'entrée du défilé ; & fera commencer le feu.

Dans le cas où le défilé se trouveroit vis-à-vis une des ailes, on le passeroit par l'aile opposée, en se formant en retraite en colonne par les moyens déjà indiqués.

Mais si le défilé se trouve vis-à-vis le centre de la batterie, ce qu'il faudra toujours tâcher d'obtenir, le capitaine-commandant commande :

1. *Garde à vous.* 2. *Par les pièces des ailes, en arrière du centre, passez le défilé.* 3. *Marche.*

Au deuxième commandement, les chefs des première & troisième sections font cesser le feu.
Le chef de la première section commande :
Par la première pièce en retraite en colonne.
Le chef de la troisième section commande :
Par la sixième pièce en retraite en colonne.

Au troisième commandement, répété par les chefs des première & troisième sections, ces sections se forment en retraite en colonne. Les premier & sixième caissons se dirigent à l'entrée du défilé & le passent ensemble. Quand les première & sixième pièces sont arrivées à la sortie du défilé, le chef de la première section commande :
Tournez à gauche.
Le chef de la troisième section commande :
Tournez à droite.

Ils vont faire mettre leurs sections en batterie derrière leur première position, & font commencer le feu s'il y a lieu.

Pendant ce temps, les caissons continuent de marcher sous la conduite de l'officier du train. Quand ceux de la tête ont fait environ cinquante pas, l'officier du train commande :
Caissons à droite & à gauche — marche.
Et chaque caisson va se placer derrière la pièce.

Quand le capitaine-commandant le juge convenable, il commande :
Deuxième section en retraite — marche.

A ce commandement, répété par son chef, cette section se retire & va se placer à hauteur des première & troisième.

Observations. Si le défilé devenoit trop étroit pour qu'on pût y faire marcher deux voitures de front, on romproit successivement la double colonne, de manière que les pièces d'une même section ne soient point séparées ; elles se trouveroient alors dans l'ordre 1, 2, 6, 5, 3 & 4.

Si le capitaine-commandant s'apercevoit que,

dès

dès l'entrée du défilé, on ne peut passer qu'une voiture de front, il romproit par pièce dans l'ordre ci-dessus.

Étant ainsi par pièce, on se remet en batterie de l'autre côté du défilé, de la même manière que précédemment.

Quinzième manœuvre.

Arrêter la batterie marchant en bataille, & l'aligner.

La batterie marchant en avant en bataille, 1°. pour l'arrêter, le capitaine-commandant commande :
1. *Garde à vous.* 2. *Batterie.* 3. *Halte.*

Au dernier commandement, répété seulement par l'officier du train, les pièces & caissons s'arrêtent.

2°. *Pour l'aligner à droite.*

Après avoir fait porter la première section à environ vingt pas en avant, & avoir aligné les soldats du timon sur la direction qu'il veut donner à la batterie, le capitaine-commandant commande :
1. *Garde à vous.* 2. *Par section à droite.* 3. *Alignement.*

Chaque chef de section fait successivement, à sa section, les commandemens :
Section en avant — guide à droite — marche.
La section étant arrivée à quatre pas en arrière de la ligne, le chef commande :
Section — halte — à droite — alignement.

A ce dernier commandement, les chefs de pièces alignent leur pièce sur celle de droite.

L'officier du train, après avoir fait placer la première section de caissons derrière celle des pièces & dans une direction parallèle, commande :
Caissons en avant — guide à droite — marche.
Et ensuite :
Halte. — A droite — alignement.

Seizième manœuvre.

Marcher par le flanc pour gagner du terrain à droite ou à gauche.

La batterie étant en bataille de pied ferme ou en marche, le capitaine-commandant commande :
1. *Garde à vous.* 2. *Par pièce & par caisson à droite (ou à gauche).* 3. *Marche.*

Les deuxième & troisième commandemens sont répétés par l'officier du train.

Au troisième, chaque pièce & caisson exécute son à droite (ou son à gauche).

Les pelotons de canonniers à cheval font aussi le même mouvement.

ARTILLERIE.

Si la batterie étoit de pied ferme, le capitaine-commandant commanderoit :
1. *Colonne en avant.* 2. *Marche.*
Si elle étoit en marche, il commanderoit :
En — avant.

La colonne des pièces marche dans la direction indiquée. Celle des caissons suit une direction parallèle. Les chevaux de devant de chaque caisson marchent à hauteur de l'avant-train de la pièce.

Les pelotons de canonniers à cheval se tiennent à hauteur de la volée, & forment une troisième colonne entre celle des pièces & celle des caissons.

Après avoir gagné du terrain vers un des flancs pour reprendre l'ordre de bataille, le capitaine fait les commandemens inverses.

Dix-septième manœuvre.

Étant en bataille, se mettre en batterie

La batterie étant en marche, le capitaine-commandant commande :
1. *Garde à vous.* 2. *En batterie.* 3. *Marche.*

Au deuxième commandement, les chefs de section commandent :
Par pièce demi-tour à gauche.
L'officier du train commande :
Par caisson demi-tour à gauche.
Dans l'artillerie à cheval, le chef de peloton commandera :
Halte — pied — à terre.

Au troisième commandement, répété par les chefs de section & par l'officier du train, & qui sera fait lorsque la bouche des pièces sera à environ trente pas des pelotons de canonniers, les pièces & caissons exécuteront leur demi-tour, & on commencera le feu.

Observation. Si la batterie étoit de pied ferme, le mouvement s'exécuteroit de la même manière : seulement les chevaux des canonniers se reculeroient à leur place de bataille.

Dix-huitième manœuvre.

Changement de front étant en bataille & en batterie.

Étant en bataille de pied ferme, exécuter les divers changemens de front.

Il a trois cas différens :
1°. Sur la première pièce pour faire face à droite, ou sur la sixième pièce pour faire face à gauche.
2°. Sur la première pièce pour faire face à gauche, ou sur la sixième pièce pour faire face à droite.
3°. Sur une pièce du centre pour faire face à gauche ou à droite.

1er. cas. Changement de front fur la première pièce pour faire face à droite.

Après avoir placé les deux jalonneurs où doivent appuyer les deux pièces de la première fection, le capitaine-commandant commande :
1. Garde à vous. 2. Changement de front fur la première pièce pour faire face à droite. 3. Marche.

Au deuxième commandement, le chef de la première section commande :
Première pièce à droite. — Deuxième pièce oblique à droite.
Les autres chefs de section commandent :
Par pièce oblique à droite.
L'officier du train commande :
Par caisson à gauche.

Au troisième commandement, répété par les chefs de section & par l'officier du train, la première pièce exécute son à droite à pivot fixe. La deuxième pièce vient se placer à côté de son jalonneur.

Les deux autres sections, conduites par leur chef, arrivent sur la ligne de bataille, & s'alignent sur la section déjà placée.

Les caissons, excepté le sixième, font leur à gauche. Ce dernier se porte en avant, & tous les autres viennent tourner à la place que celui-ci occupoit ; ils ont soin de conserver entr'eux la distance de douze pas, ou huit mètres ; chacun étant arrivé à hauteur de sa pièce, l'officier du train commande :
Par caisson à droite. — Marche. — En avant. — Guide à droite. — Halte. — A droite — alignement.

On feroit de la même manière le changement de front sur la sixième pièce pour faire face à gauche, en substituant seulement dans les commandemens le mot gauche à celui droite, & réciproquement.

2e. cas. Changement de front fur la première pièce pour faire face à gauche.
Le capitaine-commandant commande :
1. Garde à vous. 2. Changement de front fur la première pièce pour faire face à gauche. 3. Marche.

Au deuxième commandement, le chef de la première section commande :
Première pièce à gauche. — Deuxième pièce, demi-tour à gauche.
Les autres chefs de section commandent :
Par pièce demi-tour à gauche.
L'officier du train commande :
Par caisson demi-tour à gauche.

Au troisième commandement, répété par les chefs de section & l'officier du train, les pièces & caissons exécutent le mouvement ordonné.
Aussitôt que le demi-tour est achevé, l'officier du train commande :
En — avant. — Guide à gauche.

Le chef de la première section commande :
Deuxième pièce oblique à gauche — marche.
Les autres chefs de section commandent :
Par pièce oblique à gauche — marche.
La seconde pièce, en obliquant, se porte vers son jalonneur ; lorsque les premiers chevaux l'ont dépassé d'environ quarante-cinq pas, cette pièce fait un demi-tour, & le soldat du timon vient se placer contre le jalonneur.
Les autres sections exécutent successivement la même chose.

Lorsque la ligne des caissons s'est portée suffisamment en arrière pour démasquer la nouvelle ligne de bataille (environ quatre-vingts pas), l'officier du train commande :
Par caisson à gauche — marche.

Et lorsque la tête de la colonne a dépassé d'environ soixante pas la nouvelle ligne de bataille déterminée par les jalonneurs, le même officier du train commande :
Tête de colonne à gauche — marche.

Chaque caisson étant à hauteur de sa pièce, il commande :
Par caisson à gauche — marche.
Halte. — A droite — alignement.

On exécuteroit semblablement le changement de front sur la sixième pièce pour faire face à droite. Dans ce cas, la sixième pièce ne feroit son à droite qu'après le demi-tour à gauche de la cinquième.

3e. cas. Changement de front sur une pièce du centre (la deuxième par exemple) pour faire face à gauche.

Les jalonneurs étant placés de manière à déterminer la position de la première section, le capitaine-commandant commande :
1. Garde à vous. 2. Changement de front fur la deuxième pièce pour faire face à gauche. 3. Marche.

Au deuxième commandement, le chef de la première section commande :
Deuxième pièce à gauche — première pièce oblique à gauche.
Le chef de la deuxième section commande :
Par pièce demi-tour à gauche.
Le chef de la troisième section commande :
Par pièce demi-tour à gauche.
L'officier du train commande :
Par caisson demi-tour à gauche.

Au troisième commandement, répété par les chefs de section & par l'officier du train, les pièces & caissons exécutent leur mouvement.
Aussitôt que le demi-tour est achevé, l'officier du train commande :
En avant — guide à gauche.
Les chefs des deuxième & troisième sections commandent :
Par pièce oblique à gauche — marche.
La première pièce se porte vers son jalonneur, & se place contre lui.
Les deuxième & troisième sections se portent

vers la ligne, la dépaſſent, font demi-tour à gau-che, & viennent s'aligner ſur la première ſection.

Lorſque la ligne des caiſſons s'eſt portée ſuffi-ſamment en arrière pour ne pas gêner le mouve-ment de la gauche de la batterie, l'officier du train commande :
Par caiſſon à gauche — marche.
Tête de colonne à gauche — marche.
Par caiſſon à gauche — marche.
Halte — à droite — alignement.

Le changement de front ſur toute autre pièce du centre s'exécuteront par des moyens ſembla-bles ; ſeulement il faut obſerver que quand la diſtance qui exiſte entre les pièces & les caiſſons ſuffit pour placer l'aile de la batterie qui ſe porte en arrière, l'officier du train ne fera pas reculer la ligne des caiſſons : ce cas arrivera toutes les fois qu'on n'aura pas plus de trois pièces qui ſe porteront en arrière.

Etant en batterie, exécuter les divers changemens de front.

Il y a également trois cas :
1º. Sur la première pièce pour faire feu à gauche, ou ſur la ſixième pièce pour faire feu à droite.
2º. Sur la première pièce pour faire feu à droite, ou ſur la ſixième pièce pour faire feu à gauche.
3º. Sur une pièce du centre pour faire feu à droite ou à gauche.

Il eſt facile de voir que ces trois cas différens rentrent, à très-peu de choſe près, dans ceux expliqués ci-deſſus ; ainſi, ſans entrer dans les détails de l'exécution, on ſe bornera à indiquer ici les commandemens à faire.

1er. cas. Changement de front ſur la pre-mière pièce pour faire feu à gauche.
Le capitaine-commandant commande :
1. *Garde à vous.* 2. *Changement de front ſur la première pièce pour faire feu à gauche.* 3. *Marche.*

Au deuxième commandement, le chef de la première ſection commande :
Première pièce à gauche — deuxième pièce oblique à gauche.
Les autres chefs de ſection commandent :
Par pièce oblique à gauche.
L'officier du train commande :
Caiſſon en retraite.
Au troiſième, répété par les chefs de ſection & l'officier du train, l'officier du train commande :
Par caiſſon à gauche — marche.
Tête de colonne à gauche — marche.
Par caiſſon à droite — marche.
Halte. — A gauche — alignement.

2e. cas. Changement de front ſur la première pièce pour faire feu à droite.
Le capitaine-commandant commande :
1. *Garde à vous.* 2. *Changement de front ſur la première pièce pour faire feu à droite.* 3. *Marche.*

Au deuxième commandement, le chef de la première ſection commande :
Première pièce à droite. — Deuxième pièce demi-tour à gauche.
Les autres chefs de ſection commandent :
Par pièce demi-tour à gauche.
L'officier du train commande :
Par caiſſon à droite.

Au troiſième, répété par les chefs de ſection & l'officier du train, les pièces & caiſſons exécutent le mouvement.

Le chef de la première ſection commande
Deuxième pièce oblique à droite — marche.
Demi-tour à gauche — marche.
Les autres chefs de ſection commandent :
Par pièce oblique à droite — marche.
Par pièce demi-tour à gauche — marche.
L'officier du train commande :
Tête de colonne à droite — marche.

Et dirige la tête de la colonne de manière à ce qu'elle ſe prolonge ſur une ligne parallèle à celle des pièces & à quarante pas de diſtance de la tête des chevaux. Chaque caiſſon étant à la hauteur de ſa pièce, l'officier du train commande :
Par caiſſon à gauche — marche.
Halte — à gauche — alignement.

3e. cas. Changement de front ſur une pièce du centre (la quatrième par exemple) pour faire feu à droite.

Le capitaine-commandant commande :
1. *Garde à vous.* 2. *Changement de front ſur la quatrième pièce pour faire feu à droite.* 3. *Marche.*

Au deuxième commandement, le chef de la ſeconde ſection commande :
Quatrième pièce à droite. — Troiſième pièce oblique à droite.
Le chef de la première ſection commande :
Par pièce oblique à droite.
Le chef de la troiſième ſection commande :
Par pièce demi-tour à gauche.
Le troiſième eſt répété & s'exécute.
Le chef de la troiſième ſection commande :
Par pièce oblique à gauche — marche.
Par pièce demi-tour à gauche — marche.
L'officier du train commande :
Par caiſſon à droite — marche.
Tête de colonne à droite.
Par caiſſon à gauche — marche.
Halte — à gauche alignement.
Il dirige la colonne comme dans le cas précédent.

Obſervation. Dans tous les changemens de front en batterie, chaque pièce étant arrivée à la nouvelle poſition & alignée, commence auſſitôt le feu au commandement de ſon chef.

Dix-neuvième manœuvre.

La contre-marche.

La batterie étant en bataille de pied ferme pour faire face du côté opposé en exécutant la contre-marche, le capitaine-commandant commande :

1. *Garde à vous.* 2. *Contre-marche.* 3. *Par pièce à gauche & par caisson à droite.* 4. *Marche.*

Au deuxième commandement, le guide de droite de la batterie se porte à hauteur & contre le soldat du timon du premier caisson. Le guide de gauche se place à côté du sous-verge de derrière de la sixième pièce. Tous deux font face en arrière.

Au quatrième commandement, répété par l'officier du train seulement, chaque pièce & chaque caisson fait à gauche ou à droite. Ce mouvement étant terminé, la tête de la colonne des pièces, conduite par le chef de la troisième section, se porte à environ vingt pas en avant, tourne deux fois à gauche, & marche dans le milieu de l'intervalle des pièces aux caissons. Le chef de la troisième section étant arrivé à hauteur du guide de droite, s'arrête, & commande *halte* aussitôt que les roues de derrière de la sixième pièce sont arrivées à sa hauteur.

La tête de colonne des caissons, conduite par l'officier du train, fait à gauche, se porte à environ vingt pas au-delà de la ligne des pièces, fait un nouvel à gauche, &, marchant parallèlement à cette ligne, se dirige vers le guide de gauche, où étant arrivé, l'officier du train commande :

Halte.

Les caissons ont eu soin de conserver entre eux la distance de douze pas, ou huit mètres.

Les deux colonnes étant arrêtées, le capitaine-commandant commande :

Par pièce à droite & par caisson à gauche — marche — halte — à gauche — alignement.

A ce commandement, les deux guides reprennent leurs places respectives.

Observations. On exécuterait semblablement une contre-marche étant en colonne. Les guides de la première subdivision serviraient de direction au reste de la colonne. Dans l'un ou l'autre cas, que l'on ait la droite ou la gauche en tête, le mouvement se fera toujours par pièce à gauche & par caisson à droite, afin que les têtes de colonne fussent constamment à gauche.

Cette manœuvre régulière & indispensable, lorsqu'on agit avec des troupes, peut, dans quelques cas pressés, être avantageusement remplacée par une autre plus prompte & plus facile, mais moins régulière ; pour cela, le capitaine-commandant commanderait :

1. *Garde à vous.* 2. *Par inversion, contre-marche.* 3. *Par pièce demi-tour à gauche.* 4. *Marche.*

Au troisième commandement, l'officier du train commanderait :

Caissons en avant.

Au quatrième, répété par cet officier seulement, les pièces exécuteraient leur demi-tour & se porteraient à la place de leurs caissons respectifs ; toute la ligne des caissons se porterait en avant, couperait celle qui était occupée par les pièces, ferait ensuite demi-tour, & chaque caisson viendrait prendre la place de sa pièce.

On reprendrait le plutôt possible l'ordre naturel par les mouvements semblables.

QUATRIÈME PARTIE.

Vingtième manœuvre.

Feu de flanc.

Étant en batterie pour exécuter ce feu à droite, le capitaine-commandant commande :

1. *Garde à vous.* 2. *Pour le feu de flanc alongez les prolonges.* 3. *Feu de flanc à droite.* 4. *Commencez le feu.*

Au deuxième commandement, qui sera répété par les chefs de section, les prolonges seront mises à la longueur prescrite par l'ordonnance.

Au troisième commandement, le chef de la troisième section commande :

Cinquième pièce en retraite.

Les autres chefs de section commandent :

Section en retraite.

L'officier du train commande :

Caissons en retraite.

Et prévient en même temps le sixième caisson de ne pas bouger.

Au quatrième commandement, les chefs de section & l'officier du train commandent :

Marche.

Les pièces & caissons indiqués marchent en retraite.

Le chef de la sixième pièce fait reculer l'avant-train, les canonniers rendent les crosses à gauche, & portent la pièce à bras en avant jusqu'à ce que les extrémités des leviers de pointage soient à hauteur du coffret.

Cette pièce, étant démasquée, commence le feu. La cinquième pièce marche en retraite jusqu'à ce que la volée soit à hauteur des premiers chevaux de la sixième, &, comme cette dernière, exécute un feu de flanc à droite.

Les autres pièces se placent de la même manière par rapport à celle qui les précède à gauche.

Les caissons marchent en retraite de la même quantité que leurs pièces respectives.

Observations. On pourroit semblablement exécuter le feu de flanc à gauche, ou par une portion quelconque de la batterie, ou enfin partie à droite, partie à gauche. Si, par exemple, on vouloit que la section de droite fît feu à droite, celle du centre feu en avant, & celle de gauche feu à gauche, le capitaine-commandant commanderoit :

1. *Garde à vous.* 2. *Premières & troisième sections — pour le feu de flanc alongez les prolonges.* 3. *Feu de flanc à droite & à gauche.* 4. *Commencez le feu.*

La section du centre ne bouge, celles des ailes exécutent le feu comme il a été dit ci-dessus.

Après avoir fait cesser le feu, pour former la batterie, le capitaine-commandant commande :
1. *Garde à vous.* 2. *Sur (telle) pièce — alignement.*

A ce commandement, les pièces se portent à la hauteur de celle indiquée ; les caissons s'alignent entr'eux.

Vingt-unième manœuvre.

Feu en retraite par demi-batterie & en échiquier.

La batterie marchant en retraite ;

1°. *Pour exécuter le feu en retraite par demi-batterie.*

Le capitaine-commandant commande :
1. *Garde à vous.* 2. *Feu en retraite par demi-batterie.* 3. *(Telle) demi-batterie, commencez le feu.*

Au troisième commandement, le chef de la demi-batterie désignée commande :
(Telle) demi-batterie — halte. — Commencez le feu.

La demi-batterie de caissons s'arrête au commandement de l'officier du train.

Pendant ce temps, l'autre demi-batterie continue de marcher, arrive à hauteur des caissons de la première, & se dispose à faire feu aussitôt qu'elle sera démasquée. La demi-batterie qui fait feu, voyant l'autre en position, se retire jusqu'à hauteur des caissons de celle-ci, en prenant le guide de ce côté, & ainsi de suite.

L'officier du train marche alternativement avec les caissons qui se retirent.

2°. *Pour exécuter le feu en retraite en échiquier.*

Le capitaine-commandant commande :
1. *Garde à vous.* 2. *Feu en retraite en échiquier.* 3. *Pièces impaires commencez le feu.*

Au troisième commandement, les chefs de section commandent :
Telle pièce — halte. — Commencez le feu.

L'officier du train commande :
Caissons impairs — halte.

Pendant ce temps, les pièces paires continuent de marcher en retraite, & se retirent à hauteur des caissons des pièces impaires, où étant arrivées, on les dispose à faire feu.

Aussitôt que ces dernières sont arrêtées, les pièces impaires commencent leur mouvement rétrograde, au commandement du capitaine ; ces pièces se portent à hauteur des caissons des pièces paires qui commencent le feu aussitôt qu'elles sont démasquées, & ainsi de suite.

Les chefs de section restent avec la pièce de leur section qui fait feu.

L'officier du train marche, comme dans le cas précédent, avec les caissons qui se retirent, pour les diriger & les arrêter.

Dans l'un & l'autre feu pour former la batterie, après avoir fait cesser le feu, le capitaine-commandant commande :
1. *Garde à vous.* 2. *Sur (telle) pièce ou demi-batterie — alignement.*

A ce commandement, les pièces ou demi-batterie s'alignent sur celle indiquée.

Vingt-deuxième manœuvre.

Feu en arrière.

Étant en batterie pour exécuter ce feu,
Le capitaine-commandant commande :
1. *Garde à vous.* 2. *Feu en arrière.* 3. *Commencez le feu.*

Au deuxième commandement, les chefs de section commandent :
Par pièce demi-tour à gauche.
L'officier du train commande :
Par caisson demi-tour à gauche.

Au troisième commandement, les chefs de section & l'officier du train commandent :
Marche.

Aussitôt que les caissons ont achevé leur demi-tour, l'officier du train commande :
Caissons en avant — au trot — marche.

La ligne des caissons traverse celle des pièces & va se porter à sa place de batterie. Les pièces font feu aussitôt que les caissons les ont dépassés.

Le feu en arrière intervertissant l'ordre naturel ; pour reprendre cet ordre, le capitaine-commandant commande :
1. *Garde à vous.* 2. *Par pièce & par caisson, demi-tour à gauche.* 3. *Marche.* 4. *Caissons en avant — au trot.* 5. *Marche.*

L'officier du train répétera les deuxième, troisième, quatrième & cinquième commandemens.

Au cinquième, la ligne des caissons traverse celle des pièces & va reprendre sa première place de batterie.

Observation. Si, après avoir exécuté le feu en arrière, on vouloit porter la batterie en avant, le capitaine-commandant feroit passer la ligne des pièces à travers celle des caissons, & la batterie se trouveroit formée en bataille dans l'ordre naturel.

Rentrée au parc.

Après avoir manœuvré pour rentrer au parc.

Le capitaine-commandant commandera :
1. *Garde à vous.* 2. *Ployez les prolonges & amenez les avant-trains.*

Il fera ensuite rompre en colonne par pièce.

1°. *Si la batterie arrive par-derrière la ligne.*

Le capitaine-commandant commandera :
1. *Garde à vous.* 2. *Pour parquer en avant en bataille.* 3. *Marche.*

Les pièces & caissons se formeront en bataille, en serrant, à la distance qui leur sera ordonnée.

2°. *Si la batterie arrive par un des flancs.*

Le capitaine commandant commandera :
1. *Garde à vous.* 2. *Pour parquer à gauche (ou à droite) — ou sur la droite (ou sur la gauche) — en bataille.* 3. *Marche.*

Il aura en soin de diriger la tête de la colonne en arrière de la ligne, de manière à avoir sur son flanc l'espace nécessaire pour placer les pièces & les caissons.

Évolutions des batteries.

Règles générales.

L'école de batterie renfermant les principes & l'explication de tous les mouvemens que peut faire, dans quelque cas que ce soit, une seule batterie, il reste à faire l'explication de ces principes a une ligne de plusieurs batteries.

On supposera ici une ligne de quatre batteries; mais les règles qui y feront prescrites feront également applicables a tel nombre de batteries que ce soit.

Chacune sera désignée par son numéro, suivant le rang qu'elle occupera dans la ligne. La batterie de droite sera dénommée *première*, celle qui suit *deuxième*, & ainsi de suite jusqu'à la gauche.

Deux batteries formeront une division qui sera commandée par un officier supérieur.

Les divisions seront désignées par leur numéro, suivant leur rang de droite & de gauche.

Les pièces ou sections conserveront toujours leur numéro dans chaque batterie; elles seront en outre désignées par celui de leur batterie.

Règles pour les commandemens.

Le commandant en chef fera les commandemens généraux relatifs au mouvement qu'il voudra exécuter.

Les commandans de division répéteront toujours ces commandemens.

Celui *garde à vous* sera répété aussi par les chefs de batterie, qui feront aussitôt après, ceux relatifs à leur batterie, & sans se régler les uns sur les autres, exécuteront les mouvemens préparatoires qui devront précéder, dans leurs batteries, l'exécution du mouvement général.

Le commandant en chef sera toujours le commandement qui devra déterminer l'exécution du mouvement général. Ce commandement sera répété par les commandans de division, & exécuté séparément par chaque batterie.

Toutes les fois qu'on rompra une ligne en plusieurs colonnes, l'officier le premier, ou le plus ancien en grade de chacune, la commandera, & remplira près de sa colonne les fonctions de commandant en chef.

Dans le cas où un chef de batterie n'ayant pas entendu le commandement général, verroit la batterie immédiatement voisine exécuter un mouvement, il feroit aussitôt exécuter le même mouvement.

Places des officiers, en colonne, en bataille & en batterie.

En bataille ou en batterie, le commandant en chef n'aura pas de place fixe; il pourra se porter partout où il jugera la présence nécessaire.

En colonne, il se tiendra habituellement à la tête, afin de la diriger.

Dans les évolutions, il se portera où il pourra le mieux diriger l'exécution du mouvement général.

En bataille, les commandans de division se placeront en avant du centre de leur division, à trois pas en dehors de l'alignement des chefs de batterie.

En batterie, ils se tiendront également au centre, mais à hauteur de ces mêmes chefs.

En colonne, ils seront sur le flanc, du côté où se prendra la direction, à hauteur du centre de leur division, & à douze pas en dehors des guides.

Les commandans de division veilleront, soit en ligne, soit en colonne, ou dans les divers mouvemens, à l'exécution de tout ce qui sera commandé; ils pourront en conséquence se porter où ils jugeront leur présence nécessaire dans l'étendue de leur division.

En bataille, en batterie, en colonne ou dans les diverses évolutions, l'adjudant-major se tiendra constamment près du commandant en chef.

Les sous-adjudans-majors se tiendront près de leur commandant de division.

Dans toutes les formations, soit en bataille, soit en batterie, le sous-adjudant-major de chaque division sera chargé de l'établissement des guides de la division, & il se conformera pour cela à ce qui a été dit dans l'*École de batterie*. L'adjudant-major sera chargé de la direction générale.

Les places des autres officiers ont été fixées dans l'*École de batterie*.

Formation des batteries en ligne & en colonne.

En bataille ou en batterie, l'intervalle entre chaque batterie sera de cinquante-quatre pas ou trente-six mètres.

En colonne par section, cette distance sera de vingt-sept pas ou de dix-huit mètres.

En colonne par batterie, il y aura seulement vingt-deux pas & demi ou quinze mètres de distance entre chaque subdivision de pièces ou de caissons. Dans cette dernière colonne, les chefs de batterie se tiendront à six pas en avant des chefs de pièce; les chefs de section à hauteur de ces derniers; les officiers du train & les pelotons de canonniers à cheval seront à la place qui leur a été assignée pour défiler en bataille, dans la formation de la batterie.

La profondeur de la colonne par batterie, telle que nous l'avons supposée, sera de trois cent quarante-cinq pas ou deux cent trente mètres.

Revues & parades.

En parade. Le commandant en chef sera placé au centre de la ligne, à hauteur des commandans de division, qui seront eux-mêmes à leur place de bataille.

L'adjudant-major derrière le commandant en chef & sur l'alignement des chefs de batterie.

Les sous-adjudans-majors à même hauteur derrière leur commandant de division.

Pour défiler.

Ce sera, autant qu'on le pourra, en colonne par section ou par batterie.

Le commandant en chef marchera à la tête de la colonne.

Le commandant de la première division marchera à côté du commandant en chef, sur le flanc opposé à la personne devant laquelle on défile.

Les autres commandans de division marcheront à hauteur du chef de leur première batterie, sur le côté du guide.

L'adjudant-major à la droite du chef de la première batterie.

Les sous-adjudans-majors à hauteur de la tête de leur division, sur le flanc opposé au guide.

Les autres officiers marcheront à la place qui leur a été assignée dans l'*École de batterie*.

On suivra dans les évolutions des batteries une division semblable à celle qu'on a suivie dans l'*École de batterie*.

Elles seront divisés en trois parties.

La première comprendra les différentes manières de passer de l'ordre en colonne, par section ou par batterie, à l'ordre en bataille ou en batterie, & réciproquement.

La deuxième, la marche en bataille & tout ce qui y est relatif; la marche par le flanc; les changemens de front.

La troisième comprendra les différens feux.

PREMIÈRE PARTIE.

Première évolution.

Les batteries étant en colonne par section & en marche, la droite en tête, les former en avant en bataille ou en batterie.

Le commandant en chef commande:
1. Garde à vous. 2. En avant en bataille (ou en batterie). 3. Marche.

(Il a été dit précédemment que les commandans de division répètent tous les commandemens du commandant en chef; ainsi on n'en fera pas mention dans les évolutions, ceci devant être sous-entendu.)

Le chef de la première batterie ayant répété ces commandemens, les fera exécuter comme il a été prescrit dans l'*École de batterie*.

Au troisième commandement, les chefs des deuxième, troisième & quatrième batteries commandent:

Tête de colonne à gauche.

Chaque batterie formant ainsi une colonne partielle, se dirigera par une marche diagonale à environ deux cents pas en arrière du point que sa droite doit occuper sur la ligne, où étant arrivée, son chef commande:

Tête de colonne à droite.

Lorsque chacune sera entièrement dans cette nouvelle direction perpendiculaire à la ligne, elle se formera en bataille ou en batterie, comme la première.

On pourroit semblablement se former ayant la gauche en tête, en employant les commandemens & moyens inverses.

Deuxième évolution.

Les batteries étant en colonne par section & de pied ferme, la droite en tête, les former à gauche en bataille (ou en batterie).

Les commandemens indiqués à l'*École de batterie* seront faits ici par le commandant en chef,

& répétés par les chefs de batterie. Le mouvement dans chaque batterie se fera absolument de la même manière.

Troisième évolution.

Les batteries étant en colonne par section & en marche, la droite en tête, les former sur la droite en bataille (ou en batterie).

Le commandant en chef commande :
1. Garde à vous. 2. Sur la droite en bataille (ou en batterie). 3. Marche.

Au troisième commandement, le chef de la première batterie la formera d'après les principes déjà exposés.

Les autres batteries continueront de marcher en avant en prenant le guide à droite, & se formeront successivement au commandement de leur chef respectif.

Quatrième évolution.

Les batteries étant en colonne par section & en marche, la droite en tête, les former face en arrière en bataille (ou en batterie).

Le commandant en chef commande :
1. Garde à vous. 2. Face en arrière en bataille (ou en batterie). 3. Marche.

Au deuxième commandement, le chef de la première batterie fera ceux prescrits pour préparer le mouvement.

Au troisième, la première batterie exécutera son mouvement comme il a été expliqué. Les autres chefs de batterie commanderont :

Tête de colonne à droite.

Chaque batterie, formant ainsi une colonne partielle, se dirigera par une marche diagonale à environ deux cents pas en avant du point que sa droite doit occuper sur la ligne, où étant arrivée, chaque chef commandera :

Tête de colonne à gauche.

Puis formera sa batterie comme il a été dit ci-dessus pour la première.

Observation. On exécuteroit également ces diverses formations si l'on avoit la gauche en tête, en se servant des commandemens & moyens contraires.

Formations qui s'exécutent par la réunion de deux mouvemens.

Cinquième évolution.

Les batteries étant en colonne par section & de pied ferme, la droite en tête, les former en bataille (ou en batterie) sur une subdivision quelconque.

1er cas. Pour se former en avant en bataille (ou en batterie) sur la première section de la deuxième batterie, par exemple,

Le commandant en chef commande :
1. Garde à vous. 2. Sur la première section de la deuxième batterie en avant en bataille (ou en batterie). 3. Marche.

Au deuxième commandement, le chef de la première batterie commande :

Par pièce & par caisson à droite.

Le chef de la deuxième batterie fait le commandement d'avertissement prescrit dans l'*École de batterie*, pour se former en avant en bataille (ou en batterie).

Au troisième commandement, répété par les chefs des première & deuxième batteries, les chefs des troisième & quatrième batteries commandent, & font exécuter ce qui a été détaillé dans la première évolution.

La seconde batterie se forme en avant :

Lorsque la première a marché environ vingt-cinq pas, le chef de cette batterie commande :

Par pièce & par caisson à droite — marche.

Et forme sa batterie en arrière en bataille sur la ligne de la seconde, si l'on doit se former en batterie, & à vingt pas au moins en arrière de cette ligne, si l'on doit se former en bataille.

Dans ce dernier cas, le chef de la première batterie commande :

Par pièce & par caisson — demi-tour à gauche — marche.

Et cette batterie s'aligne sur la deuxième.

2e. cas. Pour se former face en arrière en bataille ou en batterie.

Le commandant en chef commande :
1. Garde à vous. 2. Sur la première section de la deuxième batterie, face en arrière en bataille (ou en batterie). 3. Marche.

Au deuxième commandement, le chef de la deuxième batterie fait ceux d'avertissement prescrits dans l'*École de batterie* pour la formation *face en arrière.*

Au troisième, répété par le chef de la deuxième batterie, le chef de la première batterie commande :

Tête de colonne à gauche.

Les chefs des troisième & quatrième batteries font exécuter ce qui a été expliqué dans la quatrième évolution.

La première batterie étant arrivée toute entière dans la nouvelle direction, se forme *à gauche en bataille* ou *en batterie*, & s'aligne sur la deuxième.

3e cas. La colonne arrivant par-derrière la ligne de bataille & se prolongeant sur cette ligne, si l'on veut la former avant que la totalité soit arrivée sur la nouvelle direction.

Après avoir arrêté la colonne, à l'instant où les deux premières batteries, par exemple, sont entrées

entrées dans la nouvelle direction, le commandant en chef commande :
1. *Garde à vous.* 2. *A gauche & en avant en bataille (ou en batterie).* 3. *Marche.*
Au deuxième commandement, les chefs des première & deuxième batteries commandent :
A gauche en bataille (ou en batterie).
Le chef de la troisième batterie commande.
En avant en bataille — (ou en batterie) — guide à droite.
Au troisième commandement, répété par les chefs des première, deuxième & troisième batteries, le chef de la quatrième batterie commande :
Tête de colonne à gauche.
Les mouvemens s'exécutent comme il a été dit dans les première & deuxième évolutions.
4e. cas. Si la colonne, au lieu d'arriver par-derrière la ligne de bataille, arrivoit par-devant cette ligne, la formation s'exécuteroit de la manière suivante :
Ayant arrêté la colonne comme ci-dessus, le commandant en chef commande :
1. *Garde à vous* 2. *A gauche & face en arrière en bataille (ou en batterie).* 3. *Marche.*
Au deuxième commandement, les chefs des première & deuxième batteries commandent :
A gauche en bataille (ou en batterie.)
Le chef de la troisième batterie commande :
Face en arrière en bataille (ou en batterie).
Au troisième commandement, répété par les chefs des première & deuxième batteries, le chef de la troisième batterie fait tous les commandemens prescrits par l'*Ecole de batterie*.
Le chef de la quatrième batterie commande :
Tête de colonne à droite.
Et le reste s'exécute comme il a été détaillé dans les deuxième & quatrième *évolutions*.
Observation. Toutes ces diverses formations s'exécuteroient d'une manière semblable si l'on avoit la gauche en tête.

Sixième évolution.

Étant en colonne par section & en marche, la droite en tête, former la colonne par batterie.

Le commandant en chef commande :
1. *Garde à vous.* 2. *Formez les batteries.* 3. *Marche.*
Au troisième commandement, le chef de la première batterie la fait former d'après les principes établis dans l'*Ecole de batterie;* la ligne des caissons sera sur celle des pieces jusqu'à quinze mètres.
Les autres batteries continuent de marcher en colonne par section, en alongeant le pas dans l'artillerie à pied, & prenant le trot dans l'artillerie à cheval.

ARTILLERIE.

Lorsque la tête de la deuxième batterie est arrivée à la distance qui doit la séparer de la première, elle reprend l'allure de celle-ci, & aussitôt après se forme au commandement de son chef.
Les troisième & quatrième batteries se forment successivement & de la même manière que la deuxième.
Dans l'artillerie à pied, il faudra observer de ralentir fortement l'allure de la tête, jusqu'à ce que toutes les batteries soient formées & aient serré à leur distance ; ce dont le commandant en chef préviendra le chef de la première batterie.
Si l'on avoit la gauche en tête, la manoeuvre seroit analogue.

Observations. Dans le cas où le commandant en chef voudroit former la colonne par batterie & la faire arrêter, ce qui est plus commode pour l'artillerie à pied, il en enverroit l'ordre au chef de la première batterie, qui, après l'avoir formée, l'arrêteroit & l'aligneroit à gauche.
Les autres batteries se régleroient sur la première, & s'arrêteroient à leur distance respective.

Septième évolution.

Marcher en colonne par batterie & changer de direction.

1°. Les principes de la marche en colonne par batterie sont les mêmes pour chacune que ceux prescrits dans l'*Ecole de batterie* pour la marche en bataille. Seulement le guide de chaque ligne aura soin de marcher exactement dans la trace, & à la distance de celui qui le précède; ils feront tous à la place qui leur a été assignée dans la marche en bataille.

2°. *Pour changer de direction à gauche (par exemple).*

Le commandant en chef commande :
Tête de colonne à gauche.
A ce commandement, qui ne sera point répété, le chef de la première batterie fait exécuter à sa batterie un changement de direction à gauche, en se conformant aux principes détaillés dans l'*Ecole de batterie*.
Les autres batteries viennent successivement tourner au même point que la première.
On changera de direction à droite, d'après les mêmes principes.

3°. *Si l'on veut faire changer la direction de la colonne par batterie, pour faire face au côté opposé à sa marche.*

Après avoir arrêté la colonne, le commandant en chef commande :
1. *Garde à vous.* 2. *Contre-marche.* 3. *Marche.*

D d

Au deuxième commandement, les chefs de batterie font tous ceux préparatoires prescrits dans l'*Ecole de batterie*.

Au troisième, répété par les chefs de batterie, le mouvement s'exécute dans chacune comme il a été expliqué; seulement chaque colonne de pièces fera de suite ses deux changemens de direction à gauche; chaque colonne de caissons viendra passer contre celle des caissons de la batterie précédente.

Huitième évolution.

Etant en colonne par batterie & de pied ferme, la droite en tête, la déployer en avant sur une batterie quelconque.

Si l'on veut déployer sur la deuxième batterie, par exemple, le commandant en chef commande:
1. *Garde à vous.* 2. *Sur la deuxième batterie déployez la colonne.* 3. *Marche.*

Au deuxième commandement, le chef de la première batterie commande:
Par pièce & par caisson à droite.

Le chef de la seconde batterie commande:
Batterie en avant — guide à droite.

Les chefs des troisième & quatrième batteries commandent:
Par pièce & par caisson à gauche.

Au commandement *marche*, répété par les chefs de batterie, les mouvemens s'exécutent, & les batteries gagnent ainsi du terrain vers les flancs.

La gauche de la première batterie étant arrivée vis-à-vis le point qu'elle doit occuper sur la ligne, son chef commande:
Par pièce & par caisson. — à gauche — marche.
Puis: *En — avant — guide à gauche.*

La droite des troisième & quatrième batteries étant aussi arrivée chacune vis-à-vis le point qu'elle doit occuper, les chefs de ces batteries commandent:
Par pièce & par caisson à droite — marche.
Puis: *En — avant. — Guide à gauche.*

Toutes ces batteries arriveront successivement sur la ligne où la deuxième aura été établie, & s'aligneront sur cette dernière.

On aura soin, dans ce déploiement, d'établir la ligne de bataille à vingt pas au moins en avant de la première batterie.

Si l'on avoit la gauche en tête, les commandemens & mouvemens à exécuter seroient semblables, mais en sens contraire.

Les manœuvres seroient également analogues si le déploiement s'effectuoit sur toute autre batterie que la deuxième.

Neuvième évolution.

Etant en colonne par batterie & de pied ferme, la déployer en arrière sur une batterie quelconque.

Le commandant en chef fera exécuter la *contremarche* par batterie, & la manœuvre se réduira alors à un déploiement *en avant* comme dans le cas précédent.

Dixième évolution.

Etant en colonne par batterie & en marche, la droite en tête, se former en bataille sur un des flancs.

1er. cas. Pour se former sur le flanc gauche.
Le commandant en chef commande:
1. *Garde à vous.* 2. *Par la queue de la colonne à gauche en bataille.* 3. *Marche.*

Au deuxième commandement, les chefs des première, deuxième & troisième batteries avertissent leur batterie de continuer de marcher en avant.

Les officiers du train de ces batteries commandent:
Caissons en avant — au trot. — Marche.

Au deuxième commandement, les lignes de caissons serrent sur celles des pièces.

Le chef de la quatrième batterie commande: *batterie*, & *halte* au troisième commandement.

Dès que le chef verra que la troisième batterie a laissé l'espace nécessaire pour tourner, il commande:
Batterie à gauche — marche.
Puis: *Halte — à gauche — alignement.*

Cet *à gauche* à pivot fixe s'exécute comme il a été prescrit dans l'*Ecole de batterie* pour changer de front sur l'aile gauche. Les caissons feront aussi ce qui a été dit relativement à ce changement de front.

Aussitôt que la troisième batterie a laissé derrière elle l'espace nécessaire pour former la quatrième, plus l'intervalle de trente-six mètres qui doit séparer ces deux batteries, le chef de la troisième fait exécuter les mêmes mouvemens que ceux qui viennent d'être expliqués pour la quatrième.

Il en fera de même pour les autres batteries.

2e. cas. Pour se former sur le flanc droit.
Le commandant en chef commande:
1. *Garde à vous.* 2. *Par la queue de la colonne par inversion à droite en bataille.* 3. *Marche.*

Cette manœuvre s'exécute par les mêmes principes que la précédente, mais par les mouvemens contraires.

On reprendra l'ordre naturel, soit en rompant par section à gauche & formant ensuite les batteries, soit en rompant de suite par batterie à gauche & faisant ensuite serrer les distances.

Lorsqu'on aura la gauche en tête, on emploira les moyens analogues.

Observations. On se mettra en batterie pour faire feu des quatre côtés par des moyens absolument semblables à ceux qui viennent d'être expliqués pour se former en bataille, en substituant dans le commandement général le mot *en batterie* à celui *en bataille.*

Dans le déploiement en avant, le commandant en chef commande :
Sur (telle) batterie, pour faire feu, déployez la colonne, &c.

Chaque batterie effectuera son mouvement avec le plus de promptitude possible, &, sans s'embarrasser de celles qui sont à côté, fera feu aussitôt qu'elle sera en ligne.

Onzième évolution.

Etant en bataille ou en batterie, rompre en colonne par section.

1er. cas. Par une des ailes de la ligne. (Comme dans l'*Ecole de batterie.*)

2e. cas. Par l'une des ailes de chaque division, en avant ou en retraite.

Le commandant en chef commande :
1. *Garde à vous.* 2. *Par la première section de chaque division — en avant en colonne.* 3. *Marche.*

Au deuxième commandement, les chefs des première & troisième batteries commandent :
Par première section en avant en colonne.

Les chefs des deuxième & quatrième batteries commandent :
Par section à droite en colonne.

Tous répètent le commandement *marche.*

Si l'on devoit rompre en retraite par la section de gauche de chaque division, par exemple, chaque batterie agiroit comme si elle étoit seule, & les première & troisième viendroient se placer en colonne derrière les deuxième & quatrième.

3e. cas. Par l'une des ailes de chaque batterie, en avant ou en retraite.

Le commandant en chef commande :
1. *Garde à vous.* 2. *Par la première section de chaque batterie en avant en colonne.* 3. *Marche.*

Les chefs de batterie commandent :
Par la première section en avant en colonne — marche.

On romproit de même en retraite comme il a été expliqué dans l'*Ecole de batterie.*

Douzième évolution.

Etant en bataille ou en batterie, ployer la ligne en colonne sur une batterie quelconque (sur la deuxième, par exemple).

La ligne étant en bataille, le commandant en chef commande :
1. *Garde à vous.* 2. *Sur la deuxième batterie, la droite en tête, formez la colonne.* 3. *Marche.*

Au deuxième commandement, la ligne des caissons serre à quinze mètres sur celle des pièces.

Le chef de la première batterie commande :
Par pièce & par caisson à gauche.

Le chef de la seconde batterie la prévient de ne pas bouger.

Les chefs des troisième & quatrième batteries commandent :
Par pièce & par caisson à droite.

Au commandement *marche*, répété par les chefs de batterie, elles exécutent chacune le mouvement ordonné, lequel étant terminé, les chefs de batterie commandent :
En avant.

Le chef de la première batterie, placé à côté de la sixième pièce, la dirige en avant, de manière à entrer dans la colonne à la distance prescrite, & à y suivre une ligne parallèle au front de la seconde batterie. La ligne des caissons marche parallèlement à celle des pièces.

La sixième pièce de la première batterie étant près d'arriver à hauteur de la sixième pièce de la seconde, le chef de la première batterie commande :
Par pièce & par caisson — à droite — marche.
Halte. — A gauche — alignement.

Le chef de la troisième batterie, placé à côté de sa première pièce, la dirige en arrière, & entre dans la colonne de la même manière qu'il a été expliqué pour la première batterie.

Le chef de cette batterie s'arrête au point où doit appuyer sa sixième pièce, & ensuite commande :
Par pièce & par caisson à gauche — marche.
Halte. — A gauche — alignement.

La quatrième batterie se réglera sur la troisième, comme celle-ci s'est réglée sur la seconde.

Le mouvement seroit analogue si l'on formoit la colonne sur toute autre batterie, la droite ou la gauche en tête.

Si l'on étoit en batterie, le commandant en chef feroit préalablement exécuter un demi-tour aux pièces & caissons, & la manœuvre rentreroit dans le cas qui vient d'être détaillé.

Treizième évolution.

Etant en colonne par batterie, rompre en colonne par section.

Le commandant en chef commande :
1. Garde à vous. 2. Par section rompez les batteries. 3. Marche.

Au troisième commandement, le chef de la première batterie la fait rompre comme il a été prescrit dans l'*Ecole de batterie*.

Les autres batteries continuent de marcher en avant, & lorsqu'elles sont arrivées sur le terrain où la première a rompu, elles exécutent successivement leur mouvement, d'après les mêmes commandemens & principes que celle-ci.

Dans l'artillerie à pied, toutes les batteries rompues continueront la double allure jusqu'à ce que la dernière ait terminé son mouvement; alors le commandant en chef préviendra la tête de reprendre l'allure ordinaire.

Dans l'artillerie à cheval, il commande :
Au pas — marche.

DEUXIÈME PARTIE.

Quatorzième évolution.

Marcher en bataille.

Les batteries étant en bataille & correctement alignées, le commandant en chef indiquera au chef de la batterie d'alignement le point sur lequel cette batterie devra se diriger, & commandera :
1. Garde à vous. 2. Batteries en avant. 3. (Telle) batterie — batterie d'alignement. 4. Marche.

Au troisième commandement, le guide de droite de la batterie d'alignement se porte à douze pas en avant, comme il a été dit dans l'*Ecole de batterie* : ce sera le guide de gauche si c'est la batterie de gauche qui doit servir de base d'alignement. L'adjudant-major se placera à côté de ce guide.

Les chefs des autres batteries indiquent le guide du côté de celle d'alignement.

Au quatrième commandement, répété par les chefs de batterie, toute la ligne se porte en avant, & les guides des batteries ont soin de marcher alignés & de conserver leur distance.

Les chefs de pièce regardent du côté du guide & marchent alignés entr'eux.

Quinzième évolution.

Passage d'obstacle.

La ligne marchant en avant en bataille, si l'obstacle se trouve devant une pièce ou section, on le passera d'après les principes de l'*Ecole de batterie*.

S'il se trouve devant une batterie des ailes, elle se placera derrière celle qui est à côté d'elle.

Si l'obstacle se présente devant une batterie du centre, elle se mettra derrière celle de sa division qui reste en ligne.

Dans l'un ou l'autre cas, la batterie qui rencontrera l'obstacle rompra par section à droite ou à gauche pour le mettre en colonne.

L'obstacle étant passé, la pièce, section ou batterie, rentrera en ligne par les moyens indiqués.

Si l'on marchoit en retraite, on passeroit l'obstacle par les mêmes moyens.

Seizième évolution.

Passage du défilé en avant.

1er. cas. Si le défilé se trouve devant une des ailes de la ligne, on la rompra par section d'après les moyens indiqués.

2e. cas. S'il se trouve devant une batterie du centre (la troisième, par exemple), on le passera par la deuxième section de cette batterie, comme dans l'*Ecole de batterie*.

Pour cela, le commandant en chef commande :
1. Garde à vous. 2. Par la deuxième section de la troisième batterie, en avant, passez le défilé. 3. Marche.

La troisième batterie ayant exécuté son mouvement, la deuxième & quatrième se rompront par pièce pour se réunir en colonne double derrière la troisième. La première batterie se ploiera en colonne par section derrière les deux autres.

Pour reformer la ligne à la sortie du défilé.

Le commandant en chef commande :
1. Garde à vous. 2. Sur la deuxième section de la troisième batterie, en bataille (ou en batterie). 3. Marche.

La troisième batterie, qui forme la tête de la colonne, se déploie, comme il a été expliqué dans l'*Ecole de batterie*.

A mesure que les autres batteries débouchent du défilé, les chefs des deuxième & première font changer de direction *à droite*, & forment successivement leur batterie *sur la gauche en bataille* (ou en batterie).

Le chef de la quatrième change de direction à gauche, & se forme sur la droite en bataille (ou en batterie).

Observation. Si l'on avoit assez de terrain en avant du défilé, il seroit préférable de faire avancer suffisamment la tête de la colonne pour former toute la ligne par le mouvement *en avant, en bataille* ou *en batterie*.

Dix-septième évolution.

Passage du défilé en retraite.

1er. cas. Si une portion de la ligne n'est point obligée de soutenir la retraite pendant que l'autre effectue son passage, il s'exécutera comme il a été expliqué dans le cas précédent, avec la seule différence que les caissons précéderont les pièces.

2e. cas. Si l'on est obligé d'effectuer le passage sous le feu de l'ennemi, & que le défilé se trouve en arrière d'une des ailes, on le passera par l'aile opposée, comme il a été expliqué dans l'*Ecole de batterie*.

3e. cas. Mais si le défilé se trouve derrière une batterie du centre (la troisième, par exemple), on pourra toujours faire en sorte qu'il soit derrière le centre de cette batterie.

Dans ce cas, le commandant en chef fera d'abord passer la première batterie en la rompant *par la première section en retraite en colonne*. Puis il fera exécuter successivement le mouvement aux autres batteries par les commandemens prescrits pour passer le défilé en retraite par les deux ailes.

Les deuxième & quatrième rompront *par pièce en retraite*, & viendront se réunir en colonne double derrière la troisième, qui rompra elle-même comme il a été dit dans l'*Ecole de batterie*.

A mesure que chaque batterie sortira du défilé, son chef la dirigera & la formera vis-à-vis la place qu'elle occupoit avant le passage.

Dans le cas particulier qui a été traité ici, la première batterie, en sortant du défilé, fait *un changement de direction à gauche*, marche en retraite en colonne par section jusqu'à la place qu'elle doit occuper dans la ligne, & se met en batterie en faisant par section à droite.

La deuxième fait, par pièce, le mouvement semblable.

Le quatrième *change de direction à droite*, & se met en batterie *à gauche*.

La troisième se déploie comme dans l'*Ecole de batterie*.

Dans toute cette manœuvre, les caissons se font dirigés sur la ligne qu'ils doivent occuper, en se conformant d'ailleurs au mouvement de leurs pièces respectives.

Dix-huitième évolution.

Arrêter la ligne & l'aligner.

Le commandant en chef commande :
1. Garde à vous. 2. Batteries. 3. Halte. 4. Guides sur la ligne. 5. Sur le centre — alignement.

Les chefs de batterie ayant répété les trois premiers commandemens, au troisième les batteries s'arrêtent. Au quatrième, les deux guides de chacune se portent sur la ligne, & y sont assurés par le commandant en chef ou l'adjudant-major, qui aura soin que le prolongement de la ligne ne passe pas en arrière d'aucune des batteries. Les sous-adjudans-majors s'assureront, dans leurs divisions, que les guides ont entr'eux l'intervalle prescrit.

Au cinquième commandement, les batteries se porteront à hauteur de leurs guides; celles de droite s'alignent *à gauche*, & celles de gauche s'alignent *à droite*. Les chefs de batterie se portent sur le flanc de leur batterie, du côté opposé à l'alignement, pour le vérifier.

Dix-neuvième évolution.

Marcher par le flanc pour gagner du terrain à droite ou à gauche.

Même manœuvre que dans l'*Ecole de batterie*.

Vingtième évolution.

La ligne marchant en bataille, se mettre en bataille.

Les commandemens & mouvemens sont les mêmes que dans l'*Ecole de batterie*.

Vingt-unième évolution.

Changement de front en bataille & en batterie.

1er. cas. La ligne étant en bataille de pied ferme, exécuter les divers changemens de front.

Comme dans l'*Ecole de batterie*, il y a également ici trois cas différens, mais ils peuvent être renfermés dans un seul qui va être expliqué.

On suppose qu'on veuille exécuter un changement de front central, sur la droite de la troisième batterie, par exemple, pour faire face à droite; après avoir établi la première section de cette batterie sur la nouvelle direction, le commandant en chef commande :

1. Garde à vous. 2. *Changement de front sur la première section de la troisième batterie, pour faire face à droite*. 3. Marche.

Au deuxième commandement, le chef de la troisième batterie commande :
Changement de front sur la première pièce pour faire face à droite.

Le chef de la deuxième batterie commande :
Par pièce & par caisson, demi-tour à gauche — marche — en avant — guide à droite.

Le chef de la quatrième batterie commande : .
Par première section en avant en colonne.

Le chef de la première batterie commande :
Par première section en retraite en colonne.

Au commandement *marche*, répété par les chefs

de batterie, le mouvement ordonné dans chacune s'exécute.

La troisième se forme sur la ligne par les principes de l'*Ecole de batterie*.

Aussitôt que la seconde s'est mise en mouvement, son chef commande :
Tournez à droite & : *en — avant*.

Lorsque la ligne des caissons a exécuté la conversion, celle des pièces vient tourner à la même place; ces pièces, après avoir dépassé l'alignement de la troisième batterie, reviennent sur cette ligne par les commandemens :
Par pièce & par caisson, demi-tour à gauche — halte. — A gauche — alignement.

La quatrième batterie, après avoir rompu en colonne, se porte en avant jusqu'à ce que la première pièce soit à la hauteur de la place qu'elle doit occuper sur la nouvelle ligne de bataille; puis change de direction à droite; & quand toute la colonne est dans la nouvelle direction, elle exécute les mouvemens qui ont été expliqués dans la première évolution pour se former en avant en bataille.

La première rompt en retraite, & se dirige en arrière de manière à arriver perpendiculairement à la ligne de bataille, au point où doit appuyer sa sixième pièce.

La tête de colonne étant arrivée sur cette ligne, le chef de la première batterie commande :
En retraite en bataille — marche.
Par pièce & par caisson, demi tour à gauche — marche.
Puis : *Halte — à gauche — alignement.*

2ᵉ. cas. Si, au lieu d'être en bataille, on étoit en batterie, il est facile de voir que la manœuvre seroit analogue.

Ce changement de front central est le même, quelle que soit la batterie sur laquelle on l'exécute.

Si, au lieu de changer de front sur le centre, on vouloit faire le mouvement sur une aile, *sur l'aile droite*, par exemple, *pour faire face à droite*, la première exécuteroit ce qui vient d'être dit pour la troisième, & les autres se conformeroient à ce qui a été expliqué pour la quatrième.

Si c'est *pour faire face à gauche*, la première batterie exécutera *un changement de front en arrière*, & les autres se conformeront à ce qui a été détaillé pour la première dans l'exemple précédemment traité.

Observations. On prendra toujours pour base d'alignement, dans les changemens de front de plusieurs batteries, la section de droite ou celle de gauche de l'une d'elles.

Dans le cas d'un changement central, la batterie voisine du pivot exécutera toujours son changement par une conversion en avant ou en arrière, sans jamais rompre en colonne.

Quand on changera de front en batterie dès que les pièces arriveront sur la ligne, elles commanceront le feu.

TROISIÈME PARTIE.

Vingt-deuxième évolution.

Feu de flanc.

Ce feu s'exécutera par l'une ou l'autre des ailes, ou par les deux ailes à la fois; la batterie de droite faisant feu de flanc à droite, & celle de gauche feu de flanc à gauche, par les commandemens prescrits dans l'*Ecole de batterie*, & d'après les ordres du commandant en chef.

Vingt-troisième évolution.

Feu en retraite par batterie.

La ligne marchant en retraite, le commandant en chef commande :
1. *Garde à vous.* 2. *Feu en retraite par batterie.* 3. (*Telles*) *batteries, commencez le feu.*

Chaque batterie désignée se conformera, par rapport à l'autre batterie de sa division, à ce qui a été dit d'une demi-batterie, dans l'*Ecole de batterie*, par rapport à l'autre.

Le commandant en chef formera la ligne, aussi par les mêmes commandemens & moyens que dans l'*Ecole de batterie*.

Vingt-quatrième évolution.

Feu en arrière.

Le feu en arrière s'exécutera par toute la ligne ou par une partie seulement, d'après les commandemens du commandant en chef, qui seront les mêmes que ceux de l'*Ecole de batterie*.

Vingt-cinquième évolution.

Feu en avançant.

Il est souvent utile de faire avancer une partie de la ligne, tandis que l'autre partie, restée à la première position, protège ce mouvement.

Supposant que l'on veuille avancer par la droite de la ligne, le commandant en chef commande :
1. *Garde à vous.* 2. *Feu en avançant par batterie.* 3. *Première batterie, commencez le mouvement.*

A ce commandement, le chef de la première batterie fait cesser le feu, & se porte en avant pour faire feu le plus promptement possible dans la nouvelle position qui sera désignée par le commandant en chef.

Pendant ce mouvement, les autres batteries ont

continué de faire feu, les pièces les plus *à droite* ayant eu soin d'obliquer le leur un peu *à gauche*, afin de ne point incommoder la batterie qui se porte en avant.

Aussitôt que la première batterie est arrivée à sa nouvelle position & a commencé le feu, la deuxième se met en mouvement pour se porter à hauteur de la première, & ainsi de suite. Par ce moyen, la ligne se formera ainsi successivement, & trois batteries feront constamment feu.

On exécuteroit semblablement le feu en avançant par division.

Manœuvres de force. On appelle ainsi, dans l'artillerie, le mécanisme par lequel on enlève ou l'on transporte des fardeaux, tels que des pièces de canon, des affûts, &c. Les moyens qu'on emploie sont, principalement, la chèvre & les leviers. Les hommes nécessaires pour le service d'une pièce de bataille quelconque, suffisent pour décharger une de ces pièces de dessus son affût, ou pour la relever lorsqu'elle est à terre; mais les pièces de gros calibre étant plus longues & plus pesantes, on est obligé d'employer la chèvre pour faire ces manœuvres.

Dans l'exécution des manœuvres de force, le silence doit être rigoureusement observé, & les canonniers doivent donner la plus grande attention. La moindre négligence de leur part peut occasionner de funestes accidens, qu'on n'a pas à redouter lorsqu'on agit avec ordre & précision.

Les manœuvres que l'on va donner ici, sont celles qui étoient en usage dans les écoles militaires, & qui ont été recueillies par M. Hulot, chef de bataillon d'artillerie, sauf quelques modifications.

On trouvera plus de détails dans les *Manœuvres de chèvre & de force*, rédigées par les soins de M. Gerin, colonel d'artillerie; dans le *Manuel de l'Artilleur*, du général Durtubie, & dans le *Traité des manœuvres de l'artillerie*, par Demeuve de Villeparc. Ce dernier ouvrage est accompagné de planches qui aident beaucoup à l'intelligence du texte.

Pour établir dans les manœuvres de force l'uniformité & la régularité dont elles sont susceptibles, il seroit essentiel de rédiger une nouvelle instruction, & de la rendre réglementaire pour toutes les écoles d'artillerie, ainsi qu'on l'a déjà fait observer à l'égard de l'exercice des bouches à feu. Cette instruction contiendroit des détails souvent négligés, & ne laisseroit rien d'indéterminé dans l'exécution des divers mouvemens.

MANŒUVRES DE LA CHÈVRE DE CAMPAGNE.

Ces manœuvres servent journellement dans l'artillerie, pour élever ou descendre des fardeaux considérables. On a vu au mot Chèvre, qu'il y en a deux espèces en usage dans l'artillerie : l'une appelée *chèvre de place*, & l'autre *chèvre de campagne*, & qu'elles sont semblables dans leurs parties principales. On obtient donc le même résultat de ces deux machines.

On équipe la chèvre lorsqu'elle est dressée & soutenue par son pied, ou avant de la dresser, lorsqu'elle est couchée sur le fardeau que l'on veut élever. Cette dernière manière de l'équiper est celle qu'on emploie ordinairement dans une batterie exposée au feu de l'ennemi, quand on est obligé de s'en servir le jour.

Pour l'exécution de la manœuvre de la chèvre, il faut dix hommes, dont un, comme chef, est chargé de surveiller l'appareil & de contenir le fardeau pendant la manœuvre. Ces dix hommes doivent suffire, au besoin, pour transporter la chèvre sur l'emplacement où on doit la manœuvrer; ils se placent à cet effet comme il suit :

Deux hommes saisissent d'une main, de chaque côté, le tenon du premier épars, & de l'autre le pied de la hanche; un troisième, vis-à-vis le milieu de ce premier épars, le saisit des deux mains; deux autres, à hauteur du second épars, le saisissent d'une main par le tenon & soutiennent à la hanche de l'autre; deux autres se placent de même au troisième épars; deux autres, avec un levier, soutiennent la tête de la chèvre; un homme enfin est chargé du pied.

Pour dresser la chèvre, deux hommes en dehors posent, de chaque côté, le pied contre celui de la hanche, pour maintenir la chèvre & l'empêcher de glisser; six autres soulèvent la tête à l'aide de deux autres qui, avec chacun un levier, qu'ils appuient de chaque côté contre la hanche & le tenon du troisième épars, la soutiennent à mesure qu'elle s'élève. Lorsqu'elle est suffisamment élevée, on incline le pied vers la tête pour loger dans son encastrement; alors, pour que la chèvre soit solidement dressée, il faut que le bout du pied de chèvre qui est à terre soit à égale distance des deux pieds des hanches, & qu'il y ait un espace entre le pied de chèvre & le milieu du principal épars, de 2 mèt. 9235 (9 pieds) environ, pour que le fardeau qu'on doit soulever, & la voiture qui le porte, ou doit le porter, puisse y passer aisément.

Manière d'équiper la chèvre lorsqu'elle est dressée & soutenue par son pied, & agrès nécessaires.

On équipe la chèvre depuis un brin ou cordon jusqu'à six. Les agrès nécessaires pour cette dernière quantité de brins sont : un câble, quatre tirants à canon ou jarretières, deux écharpes, un moufle, cinq leviers de manœuvre.

Pour équiper la chèvre à un brin.

On met d'abord un des leviers dans l'une des

mortaifes du treuil, dont on appuie ledit bout à terre, pour donner la facilité de monter au haut de la chèvre, après quoi on ôte le levier; on place enfuite le câble à la gauche du treuil; on paffe un de fes bouts par-deffus, &, allant de gauche à droite, on l'enveloppe de trois tours entiers; le cordage fe touchant fans remonter fur lui-même. Un homme, monté fur le fecond épars, reçoit le bout du câble, le fait paffer dans la poulie de droite & le fait defcendre jufqu'au fardeau. Si ce fardeau eft un canon, on entrelace une jarretière dans les anfes, qu'on arrête par un nœud droit & coulant; on fixe le bout du câble à cette jarretière par un nœud d'allemand.

On peut fe paffer de la jarretière en fixant le bout du câble intérieurement dans les deux anfes, & en l'arrêtant par un nœud d'allemand.

Pour équiper la chèvre à deux brins.

On procède comme pour l'équiper à un; alors, au lieu d'arrêter le câble à la jarretière, on le paffe dans la poulie d'une écharpe qu'on accroche à cette jarretière, & du brin du câble, on en coiffe la chèvre par un nœud d'allemand, en faifant pendre ce brin par la gauche, pour que la chèvre foit uniformément chargée.

Pour équiper la chèvre à trois brins.

On procède comme pour l'équiper à deux; mais, au lieu de coiffer la chèvre avec le brin du câble, on le fait paffer dans la poulie de la gauche & dans le même fens que l'autre brin, c'eft-à-dire, du dehors en dedans, de forte que le brin fe trouve pendant entre la chèvre & fon pied; on attache ce brin à l'anfe du côté du pied de chèvre, par un nœud d'allemand, & l'on accroche l'écharpe à l'autre anfe.

Pour équiper la chèvre à quatre brins.

On procède comme pour l'équiper à trois; mais, au lieu d'arrêter le troifième brin du câble à l'anfe, on le fait paffer dans la poulie d'une écharpe qu'on accroche à l'anfe le plus près du pied & du bout du câble; on en coiffe la chèvre à gauche par un nœud d'allemand.

Si on n'a pas affez d'écharpes pour équiper la chèvre à quatre brins, comme on vient de le dire, on fe fert d'un moufle qu'on accroche à une jarretière entrelacée dans les anfes; mais pour faire ufage du moufle, on l'accroche au deuxième épars en dedans de la chèvre; on confidère les poulies du moufle réunies à celles de la chèvre comme formant un cylindre, que l'on enveloppe avec le câble, ayant l'attention d'occuper les poulies correfpondantes à celles de la chèvre, pour que les troifième & quatrième brins ne croifent pas fur les deux autres.

Pour équiper la chèvre à cinq brins.

On procède comme pour l'équiper à quatre, en employant un moufle; mais comme il n'y a que deux poulies à la tête de la chèvre, on forme une couronne avec un ou deux traits à canon, qu'on place à la tête de la chèvre, à laquelle on fufpend une écharpe; on paffe le bout du câble dans la poulie de cette écharpe, on le fait defcendre pour le fixer à l'anfe du côté du pied de chèvre, par un nœud d'allemand, & on accroche le moufle à l'autre anfe.

Pour équiper la chèvre à fix brins.

On procède comme pour l'équiper à cinq; mais au lieu d'arrêter le cinquième brin, on fait paffer le bout du câble dans une écharpe qu'on accroche à l'anfe du côté du pied de chèvre; on le remonte enfuite pour en coiffer la chèvre. On obferve que pour équiper la chèvre à cinq & à fix brins, il faut que l'écharpe fufpendue à la tête de la chèvre foit entre la hanche de la gauche & le pied de chèvre, & qu'en coiffant la chèvre, le fixième brin fe trouve à droite du pied. Au refte, à tel nombre de brins qu'on équipe la chèvre, il faut qu'ils ne fe croifent point.

On fe fert rarement de la chèvre équipée à plus de quatre brins; cependant un plus grand nombre eft quelquefois néceffaire dans l'armement des batteries de côté, lorfqu'il s'agit de foulever un mortier de douze pouces, coulé fur femelle, c'eft-à-dire, un mortier formant, avec fon affût, une maffe d'un poids très-confidérable.

La chèvre étant équipée d'une des fix manières précédentes, on difpofe les dix hommes qui doivent la manœuvrer ainfi qu'il fuit:

L'un d'eux, fous la dénomination de chef de manœuvre, fe munit d'un levier, qu'il introduit par le gros bout dans l'ame de la pièce. Si c'eft un autre fardeau qu'un canon qu'il s'agit de foulever, il attache un cordage à ce fardeau pour le maintenir & l'empêcher de heurter la chèvre pendant la manœuvre.

Quatre hommes, munis d'un levier chacun, fe placent, deux de chaque côté, à un pas de diftance l'un derrière l'autre; les deux premiers à la hauteur & à 0 mèt. 5248 (1 pied) environ du tenon du premier épars, & y faifant face, tenant leurs leviers vers le milieu; celui de droite de la main droite; celui de gauche de la main gauche, verticalement, la pince en bas & appuyée à terre.

Deux hommes, deftinés à fe porter au fecours des quatre précédens, fe placent, un de chaque côté, en file & à un pas derrière.

Les trois hommes reftans faififfent la partie du câble qu'on nomme *la retraite,* tendent deffus

avec

avec force pendant la manœuvre, pour l'empêcher de glisser sur le treuil.

Chacun étant à son poste, le chef de manœuvre commande : *embarrez*. Les deux hommes les plus près du treuil élèvent leurs leviers verticalement, les saisissent de l'avant-main à 0 mèt. 1624 (6 pouces) de la pince, & portant en même temps, celui de droite, le pied droit, celui de gauche, le pied gauche sur le premier épars, en dedans & à côté de la hanche, ils introduisent leurs leviers dans la mortaise apparente la plus élevée & les enfoncent de l'épaisseur du treuil, reportant la main d'en bas au-dessus de celle qui se trouve placée au milieu du levier. Les deux hommes qui sont en arrière de ceux qui viennent d'embarrer, font un pas en avant pour occuper leurs places, élèvent en même temps leurs leviers, comme il vient d'être dit ; celui de droite commande : *abattez*. Les deux hommes qui sont au treuil abattent leurs leviers, se portent à leurs extrémités & les maintiennent dans une position un peu au-dessous de l'horizontale, ayant le corps droit, les talons joints & les mains un peu éloignées du bout du levier; en même temps les deux autres embarrent de chaque côté dans la seconde mortaise, de la manière prescrite ci-dessus; celui de droite commande : *débarrez*. Les deux hommes dont les leviers sont abattus, sans bouger les pieds ni la main qui est à l'extrémité du levier, glissent l'autre main vers le milieu, débarrent, dressent leurs leviers verticalement, portant la main du petit bout à 0 mèt. 1624 (6 pouces) de la pince, font en même temps un grand pas perpendiculairement en arrière du pied qui est opposé à la chèvre, font un pas de côté de l'autre pied, se reportent aux points qu'ils occupoient, & prennent la position qu'ils avoient avant d'embarrer ; celui de droite commande : *abattez*. Ce commandement est exécuté ainsi qu'il est dit ci-dessus, & on répète cette manœuvre jusqu'à ce que les hommes de secours soient devenus nécessaires; alors, après avoir embarré, l'homme de droite commande : *au secours*. Les deux hommes de secours se portent rapidement en dedans, se tournent le dos, laissant la retraite entr'eux, montent sur l'épars & saisissent le levier des deux mains pour aider à l'abattre.

Si les hommes ainsi placés éprouvoient trop de difficulté pour élever le fardeau, il faudroit alors monter en force, ce qui s'exécute de la manière suivante.

Après avoir embarré, les deux hommes de droite & de gauche portent, chacun de son côté, le pied le plus éloigné de la chèvre sur la partie équarrie du treuil en dehors & contre le levier, & l'autre pied contre le tenon du second épars. Au commandement *abattez*, ils appuient fortement de ce pied, & portant en même temps le poids de leur corps à l'extrémité du levier, ils sautent à bas de la chèvre & prennent la position indiquée ci-dessus.

ARTILLERIE.

Les hommes de secours montent également en force, si cela est nécessaire.

On observe que les hommes montés en force ne doivent s'appuyer sur les leviers, avant le commandement *abattez*, qu'autant qu'il est nécessaire pour maintenir le fardeau ; sans cette précaution ils pourroient se trouver entraînés par le poids de leur corps & tomber sur ceux qui auroient abattu avant eux, & avant que ces derniers aient repris la position qui les met à l'abri de cet accident.

Si, dans l'exécution de la manœuvre, le câble se trouve à l'extrémité de droite de la partie cylindrique du treuil avant que le fardeau soit suffisamment élevé, on le reporte à la gauche de la manière suivante :

L'homme de secours de droite monte sur le treuil, fixe une jarretière par le milieu au deuxième épars près du câble ; il entrelace cette jarretière autour du câble en montant, jusqu'à ce qu'il n'en reste que ce qui est nécessaire pour en arrêter les deux brins par un nœud droit & coulant ; alors les hommes qui sont aux leviers cèdent au poids jusqu'à ce que le câble se trouve arrêté; la partie du câble qui enveloppe le treuil se trouvant libre, on la fait glisser de la droite à la gauche ; on ôte ensuite la jarretière & on continue la manœuvre.

Lorsque le fardeau est suffisamment élevé, on cesse de manœuvrer, & pour pouvoir disposer des hommes, on arrête le câble d'une des deux manières suivantes :

1°. Un des hommes de la droite place son levier en croix entre les hanches de la chèvre & les leviers qui se trouvent alors verticaux; on cède à la retraite sans l'abandonner tout-à-fait, assez seulement pour que ces hommes s'appuient sur celui qui est en croix & celui-ci sur le câble; alors l'homme de secours de droite saisissant le câble des deux mains & résistant au poids de toutes ses forces, croise la retraite sur la partie du câble qui enveloppe le treuil, la fait passer sous le tenon de droite du même épars, la repasse à gauche, en enveloppe l'extrémité du levier qui est en croix, & vient la fixer à droite à l'autre extrémité du même levier par un demi-nœud de batelier.

2°. On place un levier en croix comme il a été dit ci-dessus ; l'homme de secours de droite saisissant le câble des deux mains & résistant fortement au poids, abaisse le câble perpendiculairement & touchant le premier épars ; de la main gauche, l'homme de secours de gauche croise le câble à la hauteur du dessous de l'épars, pour former une boucle qu'il passe en dessous & du dehors en dedans, ayant attention que la partie croisée du câble correspondant à la retraite, soit appuyée au-dessous de l'épars ; il remonte la boucle de dedans en dehors, au-dessus de l'épars ; l'homme de gauche, dont le levier est libre, l'introduit par le gros bout dans cette boucle, lequel

E e

se trouvant appuyé contre le premier épars & contre le treuil, maintient le fardeau.

Le câble étant arrêté, le chef de manœuvre reste à son poste pour contenir le fardeau, tandis que les neuf autres font avancer la voiture dessous la chèvre, & lorsqu'elle y est placée, tous reprennent leurs postes ; les deux hommes de secours détachent le câble avec les mêmes précautions qu'ils ont prises pour l'attacher, & on tend la retraite. L'homme de gauche, dont le levier n'est pas même engagé, embarre horizontalement, & à l'aide de l'homme de secours du même côté, il appuie sur son levier pour qu'on puisse ôter celui qui est en croix ; l'homme auquel appartient ce levier le dégage, embarre horizontalement & fait le commandement *au secours*, qui est exécuté par l'homme de droite chargé de cette fonction ; en même temps les deux hommes dont les leviers se trouvent verticaux, débarrent, font un pas en arrière du pied qui est du côté de la chèvre, & un de côté de l'autre pied, tenant leurs leviers horizontalement pour embarrer aussitôt que, par le mouvement que l'on fait faire au treuil en cédant doucement au poids, la mortaise vide se présente à eux, dès qu'ils ont embarré, celui de droite commande *au secours* : les hommes chargés de cette fonction quittent les leviers d'en haut pour appuyer sur ceux d'en bas ; on continue ainsi de manœuvrer en sens inverse, jusqu'à ce que le fardeau se trouve placé sur la voiture.

On se sert encore de la chèvre équipée à haubans, c'est-à-dire, lorsqu'étant dressée, elle est soutenue par des cordages appelés ainsi ; & en cabestan, lorsque pour la manœuvre on la couche à terre, où on la maintient par des piquets. La première de ces deux manières d'équiper la chèvre est employée lorsqu'il s'agit de monter un fardeau à une grande élévation, tel qu'une pièce de canon, d'un fossé profond sur un rempart ; la seconde, lorsqu'on a un fardeau à faire mouvoir horizontalement.

Equiper la chèvre à haubans.

Il faut, pour cette manœuvre, des agrès & des hommes de plus qu'à la manœuvre ordinaire, surtout si on doit monter la pièce du fond d'un fossé sur un rempart, ou du pied d'une tour sur sa plate-forme.

Il faut trois hommes près de la pièce pour disposer le câble & les poulies aux anses, quatre bons piquets de 1 mèt. 80 (5 pieds 6 pouc.) pour fixer les haubans, une masse pour chasser les piquets, un deuxième câble, lorsque le premier ne suffit pas.

On prendra, pour cette manœuvre, le cas où il s'agit de monter une pièce du fond d'un fossé profond sur un rempart, & en employant deux câbles.

On détermine d'abord, sur le sol où l'on doit placer la chèvre, la position des piquets qui doivent servir à fixer les haubans ; pour cela, on prend une distance de 8 mèt. (24 pieds 7 pouc. 6 lig.) perpendiculairement, du milieu de l'endroit où doivent être placés les pieds des hanches de la chèvre dressée. De ce point & à 4 mèt. (12 pieds 3 pouc. 9 lig.) mesurés par une seconde perpendiculaire, on plante un fort piquet incliné du côté opposé à la chèvre. On plante de même un second piquet, à égale distance, de l'autre côté de la première perpendiculaire. Enfin, on plante deux autres piquets, à 2 mèt. (6 pieds 1 pouc. 10 lig.) de distance, en arrière des deux premiers, & dans la direction de la place des pieds des hanches. On place les pieds des hanches a 0 mèt. 6497 (2 pieds) environ de l'escarpe.

On place le câble en arrière de la tête de la chèvre ; on passe un bout en dessous, pour l'engager dans la gorge de la poulie de droite, & le porter vers le milieu du pied des hanches ; on place le second câble en besace, les brins tombant vers le fossé.

Si on emploie un double hauban, on fait un nœud de batelier au milieu, pour en coiffer la chèvre ; si on n'a que des prolonges simples, on les fixe au même endroit par le nœud d'allemand. Cela fait, deux hommes portent chacun un bout des haubans sur les premiers piquets en arrière de la chèvre, en les enveloppant de deux tours près de terre ; les autres servants dressent la chèvre ; ceux qui sont aux piquets cèdent du cordage autant qu'il est nécessaire pour que la chèvre soit très-peu inclinée du côté du poids à relever, & cela à cause de l'élasticité des cordes lorsqu'elles supportent le poids.

Le chef de manœuvre vérifie ensuite si les haubans sont également tendus ; si les hanches sont bien placées, & s'il y a quelques irrégularités, il les corrige, après quoi il fait arrêter les haubans par des nœuds de batelier, sur les quatre piquets (les seconds piquets ont pour objet de partager l'effort que le poids exerce sur les premiers, & d'empêcher qu'il ne les arrache).

La chèvre dressée & bien assurée, on enveloppe le treuil de trois tours, allant de droite à gauche, avec la retraite du câble qui occupe la poulie de droite ; on attache la poulie mobile à l'autre, pour la descendre près de la pièce ; on y jette aussi les deux bouts du câble qui occupe la poulie de gauche ; les hommes près de la pièce, détachent la poulie & passent dans la gorge le bout du câble de la poulie de la gauche le plus près des hanches, l'unissent au premier par un nœud droit ou de tisserand, ayant soin de ménager à chaque câble un bout de 3 mèt. (9 pieds 2 pouc. 9 lig.) environ, & d'introduire dans la ganse du nœud, un bout de manche d'outil ou autre, pour empêcher qu'il ne se serre trop, & pouvoir le défaire facilement : ces mêmes hommes fixent une prolonge à la volée de la pièce, & un treuil à canon au bouton de culasse; enfin, ils accrochent la poulie & le câble comme pour la manœuvre ordinaire.

Les hommes près de la chèvre accrochent une écharpe au troisième épars, & manœuvrent pour monter la pièce jusqu'à ce que le nœud des deux câbles réunis soit arrêté par la gorge de la poulie de droite de la tête de la chèvre. Alors un homme prend une demi-prolonge, monte sur le troisième épars, fait un nœud de batelier au milieu de son cordage, en coiffe la chèvre, & fait, avec les deux brins pendans au-dessous du nœud & le long des câbles réunis, des demi-nœuds croisés qu'il arrête par un nœud droit, & descend de dessus la chèvre. Les hommes de la manœuvre lâchent au treuil en manœuvrant en sens inverse, pour faire descendre la pièce jusqu'à ce qu'elle soit arrêtée par le cordage placé à la tête de la chèvre; alors le câble est libre au treuil.

Un homme remonte sur le troisième épars, défait le nœud, fait passer les bouts des deux câbles en dessus de la chèvre, refait le nœud & descend. On fait un ou deux abattages au treuil, pour décharger & ôter le cordage qui coiffe la chèvre, & continuer la manœuvre jusqu'à ce que la pièce soit arrivée à hauteur du sol où l'on veut la faire arriver. Alors un homme saisit la prolonge fixée à la volée, donne le bout à un autre qui est monté sur le treuil, pour le passer dans la gorge de la poulie qui est accrochée au troisième épars; on enveloppe le treuil de trois tours avec cette prolonge, dans le même sens & côté du câble de la chèvre, & l'on tient le reste en retraite. On ôte le premier épars; un homme saisit le trait à canon qui est au bouton de culasse, tire dessus pour la faire passer entre les hanches de la chèvre lorsqu'on manœuvre de nouveau; on présente un rouleau sous la culasse; on manœuvre au treuil pour faire supporter la volée par la prolonge qui passe par la poulie accrochée au troisième épars, ayant soin, pour cela, de mouliner le câble de la chèvre en cédant à la retraite. Lorsque la culasse est suffisamment engagée sur le rouleau & que la volée est tout-à-fait supportée par la prolonge, on ôte la poulie & le câble des anses de la pièce, on fait manœuvrer au treuil, & la pièce arrive entièrement, en dirigeant la culasse sur le sol où la chèvre est établie.

Nota. L'on peut, par cette manœuvre, armer des batteries d'une tour bastionnée, à différens étages, en faisant entrer la pièce par la culasse dans chaque embrasure.

Manœuvre de la chèvre disposée en cabestan horizontal.

On manœuvre peu la chèvre en cabestan, à cause de la lenteur du mouvement, qui est le même que celui de la chèvre dressée. On emploie de préférence le vindas; à son défaut, une roue placée à la cheville ouvrière d'un avant-train dont on ôte les roues.

Si des circonstances obligeoient d'en faire usage de cette manière, on la coucheroit sur le dos, les pieds tournés du côté du poids; on place sous les hanches & la tête des bouts de poutrelles ou autres choses équivalentes, pour que le treuil puisse tourner librement; on l'arrête, dans cette situation, par trois bons piquets plantés intérieurement, aux angles que font les épars avec les hanches & à celui de la tête. On attache le bout d'un câble au poids; l'autre sert à envelopper le treuil, & on manœuvre au levier comme à la chèvre dressée.

DIVERSES AUTRES MANŒUVRES DE FORCE.

Ces manœuvres consistent à enlever avec la chèvre une pièce de canon dont les anses sont cassées; à relever une pièce de bataille en la dressant sur la volée; à décharger une pièce de canon de dessus son affût, en la renversant par la culbute, &c.

Enlever avec la chèvre une pièce de canon dont les anses sont cassées.

Il y a deux manières de faire des anses postiches.

La première consiste à faire une boucle assez grande, avec un cordage d'une force proportionnée au poids à enlever, pour envelopper la pièce de chaque côté des tourillons, & de manière à former deux boucles qui entrent l'une dans l'autre, à l'endroit des anses; l'on peut attacher à cet appareil le câble & la poulie.

Par la seconde manière on introduit un morceau de bois rond & assez gros dans l'ame de la pièce; l'on attache les bouts d'un cordage assez fort à ce morceau de bois & au bouton de la pièce, & en le tendant fortement sur la longueur du canon. On enveloppe le cordage avec la pièce de chaque côté des tourillons, & l'on fixe les brins du câble de la chèvre entre les deux enveloppes, à l'endroit des anses.

Dans ces deux manières, lorsque la pièce est élevée, & après avoir amené l'affût pour la recevoir, on met un rouleau dans les encastremens & un bout de poutrelle sur l'affût, pour recevoir la culasse. On descend la pièce sur l'affût ainsi disposé; on introduit un levier dans les anses pour maintenir la pièce, & on ôte les anses postiches ou les enveloppes; on recule l'affût pour que la volée soit au-dessous des poulies de la chèvre; on enveloppe la volée avec un cordage, pour y fixer le crochet de la poulie; manœuvrant ensuite la chèvre, on lève la volée pour ôter le rouleau des encastremens & y placer les tourillons, après quoi on pèse sur la volée pour ôter le bout de poutrelle placé sous la culasse.

Nota. Pour la seconde manière, on peut se dispenser de faire des enveloppes de chaque côté des touillons, & l'on évite la dernière opération; mais le cordage couché sur la pièce s'en dégage par l'effet du poids, & oblige de l'élever davantage pour pouvoir amener l'affût : il y a en outre l'inconvénient que le cordage est bien moins assujetti.

Relever une pièce de bataille en la dressant sur la volée.

Si la pièce est du calibre de 8 ou de 12, on détache la prolonge de l'avant-train, on la fixe par son milieu, & par un nœud de batelier, au bouton de la culasse. On fixe de même au bouton, au moyen de la prolonge ou d'un trait de bricole, un levier de pointage en croix; quatre hommes se placent à ce levier, un cinquième derrière le bouton, un sixième & un septième de chaque côté des tourillons, ayant chacun une main à une anse & l'autre au levier qui est en croix : on fait tendre les bras de la prolonge en avant de la volée, par le reste des hommes de la manœuvre. Tout étant ainsi préparé, le chef de manœuvre commande : *attention — ferme*.

Les hommes font effort ensemble & dressent la pièce verticalement sur sa bouche; quatre hommes ou six au plus, suffisent pour la maintenir droite; les autres amènent l'affût, présentent la tête aux tourillons, lèvent la crosse pour recevoir la pièce qu'on laisse aller avec précaution dans ses encastremens; on pose ensuite la crosse à terre & on remet les sus-bandes.

Nota. La pièce de 12 étant plus longue, plus pesante & plus difficile à dresser que les autres, on facilite cette manœuvre en faisant un trou en terre, sous la volée, de 0 mèt. 50 (18 pouces) environ, ou en levant la culasse par des abattages successifs, & en plaçant dessous des bouts de poutrelles ou de grosses pierres.

Décharger une pièce de canon de dessus son affût, en la renversant par la culbute.

On lève les sus-bandes, on cale ou l'on enraie les roues; on pèse sur la volée pour baisser la femelle & coucher la vis de pointage; on introduit le gros bout d'un levier sous le premier renfort, le plus près possible des tourillons & en travers des deux flasques; on détache la prolonge de l'avant-train pour la fixer par son milieu, & par un nœud de batelier, au bouton de la culasse & la tendre en avant de la volée, faisant en sorte que les deux bras soient également écartés de la direction de l'axe de la pièce. Quatre hommes se portent à la crosse pour la soulever & obliger la pièce à sortir de ses encastremens. Si c'est une pièce de 12, on soutient la crosse élevée par le moyen de deux leviers placés en pointal, le petit bout en bas; un homme à chaque levier, le tient d'une main, & de l'autre le double crochet de crosse; deux hommes, avec chacun un levier, embarrent de chaque côté de la pièce sous le premier renfort; le reste des hommes se partage sur les brins de la prolonge.

Tout étant préparé, le chef de manœuvre commande : *attention — ferme*.

Les servans agissent ensemble avec force, & renversent la pièce en avant de la tête de l'affût; alors les servans, qui étoient embarrés sous le premier renfort, vont aider ceux qui sont à la crosse pour la poser en terre.

Une pièce de canon étant à terre, la remettre sur son affût par le moyen d'un autre qui est sur le sien.

Indépendamment de la prolonge de la pièce, il faut, pour cette manœuvre, deux demi-prolonges sur quatre gros traits à canon.

On pèse sur la volée de la pièce qui est sur son affût, pour baisser la femelle, coucher la vis de pointage & brêler ensuite la culasse, en l'attachant aux flasques : on avance l'affût de la pièce montée, la tête du côté de la volée de celle qu'on veut relever, de manière qu'en levant les crosses, la volée pose & entre sur le derrière des anses; on attache fortement la tulipe aux anses; les servans se portent à la crosse pour abattre; d'autres vont chercher l'affût de la pièce qu'on relève, & tout étant préparé, le chef de manœuvre commande comme ci-dessus. On fait l'abattage en maintenant les crosses à terre; on avance l'affût de la pièce suspendue, en levant les crosses, jusqu'à ce que les encastremens puissent recevoir les tourillons : on laisse aller avec précaution la crosse qui a servi d'abattage, & la pièce se trouve placée sur son affût. On débrêle, on sépare les affûts, & on remet les sus-bandes.

Remonter une pièce de canon sur son affût par l'abattage.

Il faut vingt ou vingt-quatre hommes pour une pièce de 16 ou de 24, & les agrès nécessaires font :

Deux poutrelles de 2 mèt. (6 pieds 1 pouce 11 lig.) de longueur, 0 mèt. 1554 à 0 mèt. 1624 (5 à 6 pouces) d'équarissage, une poutrelle de 4 mèt. (12 pieds 3 pouces 9 lig.). Si c'est une pièce de siège quelconque, une poutrelle de 1 mèt. 50 (4 pieds 6 pouces 5 lig.), une prolonge pour l'abattage, deux demi-prolonges pour brêler la pièce, six gros traits à canons, un rouleau, huit leviers de manœuvre.

On lève la culasse avec des leviers disposés en pince, pour placer une poutrelle sous le premier renfort, en avant & contre la plate-bande de culasse; on place sous la poutrelle, de chaque côté de la pièce, le gros bout d'un levier pour pouvoir paſſer facilement le cordage qu'on poſe d'abord, par le milieu, ſur la lumière ; on enveloppe la poutrelle en paſſant les brins du cordage en deſſous & de chaque côté de la culaſſe ; on les ramène en les croiſant entr'eux, ſur le premier renfort, pour les paſſer dans les anſes, du dedans en dehors ; on les recroiſe de nouveau pour les repaſſer une ſeconde fois, & dans le même tems que la première, en deſſous de la poutrelle, d'où on les reporte encore aux anſes pour les y arrêter par un nœud droit, ayant ſoin de tenir conſtamment le cordage très-ſerré.

Lorſqu'on remonte une pièce de ſiége par cette manœuvre, pour que la pièce ſoit ſolidement attachée à la poutrelle, il faut tenir le cordage très-lâche, le billoter enſuite ſur le premier renfort, avec un manche d'outil a pionnier ou autre, qu'on arrête aux anſes avec un petit trait à canon ; c'eſt ce qu'on nomme *brêler un fardeau*.

Lorſque la pièce eſt fixée à la poutrelle, on amène l'affût, la tête en avant, le milieu des flaſques correſpondant à l'axe de la pièce, & chaque roue touchant la poutrelle, qu'on attache enſemble au moyen d'un trait à canon, en embraſſant une jante & le deſſus du rais adjacent.

Tandis que des hommes préparent la pièce, d'autres placent la poutrelle de 4 mèt. (12 pieds 5 pouces 9 lignes) à la croſſe, en levier d'abattage. Pour cela, on attache le bout de poutrelle de 4 mèt. 50 (4 pieds 7 pouces 5 lig.) en travers & en deſſous du talus des flaſques ; on poſe la poutrelle de 4 mèt. (12 pieds 5 pouces 9 lig.) ſur l'entretoiſe de lunette, le bout portant en deſſous de la traverſe qu'on vient de placer, & on l'attache fortement à ces deux endroits.

On fixe une double prolonge, ou deux ſimples, à l'anneau d'embrelage ; on fait monter les deux brins, en les croiſant, juſqu'à l'extrémité de la poutrelle, où on les arrête par des demi-nœuds de batelier ; on fait paſſer un brin de prolonge en avant de la pièce ; huit hommes ſoulèvent la croſſe de l'affût ; les ſervans qui ne ſont pas occupés ſe partagent pour ſe porter à chaque brin de la prolonge, pour aider à lever & maintenir l'affût verticalement, la croſſe en l'air ; alors deux hommes placent la dernière poutrelle dans les rais les plus élevés des roues, & en deſſous de l'affût, l'appuyant contre les jantes : on fait appuyer l'affût ſur la poutrelle, & on fait repaſſer en arrière la prolonge qui eſt en avant de l'affût pour aider à abattre la croſſe. Deux hommes, munis chacun d'un levier, embarent aux extrémités de la poutrelle qui porte la pièce, & deux autres ſous le devant des roues. Tout étant préparé, le chef de manœuvre fait le commandement : *attention — ferme*.

Les hommes agiſſent avec force & précaution pour abattre la croſſe, en s'en rapprochant pour la ſaiſir lorſqu'elle eſt arrivée à hauteur d'homme, & achever de l'abattre juſqu'à terre.

Lorſque la poutrelle qui porte la culaſſe a quitté terre, les hommes qui y étoient embarés la quittent pour ſe porter avec ceux qui ſont ſous le devant des roues.

Comme la pièce n'arrive ſur ſon affût qu'après avoir fait un deuxième abattage, on cale les roues, on redreſſe l'affût par les mêmes procédés que ci-deſſus, on remonte la poutrelle dans les rais les plus élevés, & on abat de nouveau pour faire arriver les tourillons dans leurs encaſtremens.

Nota. Au deuxième abattage, ſi c'eſt une pièce de ſiége, il faut préſenter un rouleau de moyenne groſſeur, en avant des chevilles à tête plate de la tête de l'affût, pour éviter que les tourillons les rencontrent, ce qui les empêcheroit d'entrer dans leur logement. Dans cette manœuvre, pour une pièce de bataille, la poutrelle d'abattage n'eſt pas néceſſaire.

Relever une pièce de canon par le derrière des flaſques, en faiſant ſervir les roues de treuil.

Il faut vingt-quatre hommes pour relever une pièce de 24 par cette manœuvre. Les agrès néceſſaires ſont : une poutrelle de 2 mèt. (6 pieds 1 pouce 10 lig.) de longueur, trois pointails, une poutrelle d'abattage de 4 mèt. (12 pieds 3 pouces 9 lig.) de longueur, une double prolonge ou deux ſimples, une demi-prolonge, quatre rouleaux, dont un de groſſeur moyenne, deux piquets de 1 mèt. 50 (4 pieds 7 pouc. 5 lig.), une maſſe, dix leviers de manœuvre.

On attache une poutrelle en deſſous du bouton de culaſſe, avec la demi-prolonge, en faiſant paſſer le cordage dans les anſes. On fixe les deux prolonges, une à chaque extrémité, en la faiſant correſpondre au gros bout du moyeu de la roue, qu'on enveloppe de deux tours, portant enſuite le bout en avant de l'affût, pour ſervir de retraite pendant l'exécution. On ſoulève la volée de la pièce, en embarant en pince de chaque côté ; on amène l'affût par la croſſe, pour l'introduire ſous ſa volée, qu'on fait porter ſur un rouleau placé ſur la croſſe. On enfonce deux piquets derrière l'entretoiſe de lunette, un à chaque angle que ce dernier fait avec les croſſes, pour empêcher le recul de l'affût pendant la manœuvre. On fait un abattage à la tête de l'affût, pour placer un pointail ſous la tête de chaque flaſque, & élever les roues de terre d'environ 0 mèt. 1 (3 pouces 8 lig.) : on aſſure l'affût dans cette poſition, en plaçant des étais aux bouts des fuſées de l'eſſieu, avec des bouts de poutrelles.

La pièce & l'affût étant ainſi préparés, deux hommes, ayant chacun un levier, ſe diſpoſent à embarer aux extrémités de la poutrelle, pour aider à diriger la pièce le long des flaſques ; deux autres placent chacun un levier aux anſes de la pièce, pour la maintenir droite ; un autre eſt chargé de disposer & changer les rouleaux de place pendant la manœuvre. Deux autres tiennent chacun un bout de prolonge pour la filer en retraite. Six autres, dont deux pour se porter au secours de ceux qui ont des leviers ; trois de chaque côté du devant des roues, se préparent à embarrer successivement à l'extrémité d'un ras supérieur, appuyant leurs leviers chacun contre une jante, le bout portant sous la tête du flasque de leur côté. Le chef de manœuvre vérifie alors si la poutrelle est perpendiculaire à la pièce, si les prolonges sont également tendues, si tous les servans sont à leur poste, & fait le commandement : *attention — commencez la manœuvre.*

Les servans les plus près du devant des roues embarrent, & celui du côté droit commande : *au secours.* Ceux qui n'ont point de levier se portent pour aider à abattre jusqu'à terre ; les deux autres servans embarrent, & celui de droite commande : *au secours.* Les deux hommes de secours quittent les leviers qu'ils ont aidé à abattre, pour se porter aux derniers embarrés ; aussitôt le servant de droite qui vient d'embarrer, commande : *débarrez.* Les servans qui étoient abattus débarrent, se retirent en arrière pour embarrer de nouveau, & celui de droite commande : *abattez.* On continue la manœuvre en embarrant, débarrant successivement, par les mêmes commandemens faits convenablement, avec la plus grande attention.

Pendant que la pièce monte par le derrière des flasques, si le chef de manœuvre s'apercevoit que la poutrelle se dérange, il feroit arrêter une roue & manœuvrer l'autre seule, pour ramener la poutrelle à la position convenable ; après quoi il feroit continuer la manœuvre.

Lorsque les tourillons de la pièce sont arrivés près de leur logement, on met un petit rouleau dans les encastremens, & de suite, un levier dans la volée, deux autres en croix sous ce dernier, & en dessous de la volée. Les servans se portent en force à ces leviers, pour empêcher la pièce de franchir les chevilles de la tête d'affût, soulever la volée, ôter le rouleau des encastremens & y placer les tourillons, après quoi on remet les susbandes.

Deuxième manière pour remonter la pièce par-derrière les flasques, avec moins de difficultés, & en employant moins d'hommes.

On fixe un avant-train à un piquet ou à un arbre à 8 mètres (24 pieds 7 pouc. 6 lig.) environ en avant de la tête de l'affût ; on met une roue d'un autre avant-train, le gros bout du moyeu en dessous, à la cheville ouvrière du premier ; on attache deux leviers en dessus de la roue, chacun à un rais, les petits bouts opposés entr'eux ; on fixe le bout d'une prolonge à la volée de la pièce ; on fait deux tours avec l'autre bout de la prolonge autour du gros bout du moyeu, & on fait tenir le reste en retraite par un homme de la manœuvre. On place deux hommes avec chacun un levier près de la pièce pour la diriger & la maintenir droite ; deux hommes à chaque levier, attachés à la roue, pour la faire tourner sur la cheville ouvrière & faire monter la pièce : on place un petit rouleau dans les encastremens ; & lorsque les tourillons sont près d'y arriver, on dispose les leviers dans la volée de la pièce & en croix, pour achever de loger les tourillons.

Troisième manière pour remonter une pièce par-derrière les flasques.

Cette manœuvre consiste à fixer la prolonge attachée à la volée, à un arbre ou à un fort piquet de 2 mèt. (6 pieds 1 pouc. 10 lig.) de hauteur, planté en terre de 0 mèt. 50 (1 pied 6 pouc. 5 lig.) environ de profondeur & à 8 mèt. (24 pieds 7 pouc. 5 lig.) en avant de la tête de l'affût : si c'est un piquet, on l'arrêtera par le moyen d'un cordage attaché à sa tête & à un autre piquet planté à 3 ou 4 mèt. (9 pieds 2 pouc. 9 lig. à 12 pieds 3 pouc. 9 lig.) en arrière & incliné dans le sens opposé ; on place ensuite une roue d'avant-train à terre, le gros bout du moyeu en dessous, à hauteur du milieu de la prolonge ; on introduit dans le moyeu le bout d'un levier, qu'on maintient verticalement, ayant soin qu'il ne pose pas à terre. (On peut l'en empêcher en lui attachant une traverse portant sur le petit bout du moyeu.) On forme une boucle avec la prolonge qui enveloppe le levier vertical, & dans laquelle on passe, en même temps, un levier, le plus grand possible, dans le sens horizontal & à hauteur de la tête de l'affût au moins. Un homme place un levier dans les anses, un ou deux suivent la pièce pour la diriger le long des flasques : on a l'attention, en formant la boucle d'enveloppe du levier vertical, que la partie de la prolonge qui vient de la volée, s'enveloppe au-dessus du levier horizontal, & l'autre partie en dessous. Plaçant quatre hommes au plus, deux sur chaque bout du levier horizontal, ils tournent autour de celui qui est dans la roue, & obligent les deux parties de la prolonge à s'envelopper autour du levier vertical & à faire monter la pièce dans ses encastremens ; mais pendant que le levier horizontal tourne, un homme tient la roue fixe le devant, la force, en la traînant, à suivre le levier vertical, pour que ce dernier conserve la même position, quoiqu'en avançant tout le temps nécessaire pour faire monter la pièce dans les encastremens ; on achève de loger les tourillons par le moyen des manœuvres précédentes.

Remonter une pièce de canon sur son affût, ou la décharger par la manœuvre dite en chapelet.

Il faut seize hommes pour une pièce de 16 ou de 24. Les agrès nécessaires sont :

Deux poutrelles de 4 mèt. (12 pieds 3 pouces 9 lignes) & de grosseur convenable, un pointail; à son defaut, de grosses pierres, une double prolonge ou deux simples, huit leviers de manœuvre.

On ôte la roue par un abattage, du côté où l'on doit remonter ou descendre la pièce : pour cela, on place le pointail en avant & près de la tête du flasque de ce côté; on pose une des poutrelles dessus la tête du pointail, le bout appuyant en dessous de la tête du flasque ou dessous le corps de l'essieu près de la fusée. On pèse sur l'extrémité de la poutrelle pour soulever l'affût; on ôte la roue de l'essieu, qu'on pose à terre, le petit bout du moyeu en dessous, le gros bout correspondant à la fusée de l'essieu pour la recevoir & l'y arrêter, en plaçant l'esse dans l'œil.

On place les deux poutrelles, la première, un bout dessus la tête du flasque, en avant & contre la cheville à tête plate, & l'autre bout en dessous de la volée de la pièce.

On place la deuxième poutrelle, un bout derrière l'encastrement, & l'autre en dessous de la culasse de la pièce.

On fait passer les bouts des prolonges dans les rais supérieurs de la roue qui n'est pas démontée; on arrête les autres bouts au petit bout du moyeu; les premiers bouts passant par-dessus les flasques, l'un dirigé vers la culasse & l'autre à la volée; on enveloppe la pièce d'un tour & demi avec la prolonge, le premier renfort & la volée, en passant le cordage en dessous & le ramenant par-dessus pour reporter les bouts du côté de l'affût opposé à la pièce. Alors deux hommes, munis chacun d'un levier, se disposent à suivre le long des poutrelles, avec la pince de leurs leviers, formant un angle avec cette dernière de 45 degrés environ, pour arrêter la pièce au besoin, si on l'échappoit avec les prolonges; les autres servans se partagent pour se porter moitié sur chaque prolonge.

Le chef de manœuvre observe si tout est dans l'ordre, & fait le commandement : *attention — ferme.*

Les servans agissent avec précaution, pour faire monter la pièce le long des poutrelles jusque contre l'affût; là, on la dispose, les tourillons verticalement, les anses en avant, de manière qu'en achevant de la faire tourner, elle tombe dans ses encastrements.

Il suffit, pour cette dernière disposition, d'engager la pince d'un levier dans les anses pour la faire tourner sur elle-même.

On remet la roue dans l'abatage, comme pour l'ôter.

Pour décharger une pièce par la même manœuvre. Après avoir ôté une roue, on pèse sur la volée pour mettre un bout de poutrelle sous la culasse; on lève la volée pour mettre un rouleau dans les encastremens, & le reste s'exécute par les moyens inverses.

Descendre une pièce de dessus son affût par le derrière des flasques.

Il faut seize hommes pour une pièce de 24 ou de 16. Les agrès nécessaires sont : une prolonge & deux traits à canon, quatre rouleaux, dont un petit, huit leviers de manœuvre.

On ôte les sus-bandes & on cale les roues.

On passe la prolonge entre les rais les plus élevés des roues & dans les anses de la pièce; on enveloppe de deux tours, avec chaque bout de la prolonge, les petits bouts des moyeux correspondans; & deux hommes, un à chaque brin, les tiennent en retraite sur le côté & en avant de la tête d'affût. On attache les deux traits à canon à la volée, les faisant embrasser chacun une jante pour maintenir la pièce, pendant son mouvement, dans l'axe de l'affût; un homme à chaque trait, opposé le frottement nécessaire pour que la pièce ne se jette pas de côté. On introduit un levier dans la volée, on fait lever la culasse, pour placer un rouleau en avant de la plate-bande. On met deux ou trois leviers dans la volée & en croix, & on la lève pour introduire un rouleau dans les encastremens; on met la pince d'un levier dans une des anses de la pièce, pour la maintenir droite : un homme se dispose à placer les rouleaux le long des flasques. Tout étant préparé, le chef de manœuvre commande : *attention. — Laissez aller.*

A ce commandement, on soulève la volée pour mettre la pièce en mouvement, & les hommes placés au bout de la prolonge cèdent avec précaution, pour la laisser descendre jusqu'à ce qu'elle soit à terre, en arrière de la crosse.

Lorsque les servans sont chacun à leur place, s'il en manquoit pour lever la volée, le servant qui place les rouleaux, attacheroit le bout d'un trait à canon à une des anses, & de l'autre il envelopperoit le bout du rouleau placé sous la culasse, en formant une boucle pour y passer un petit levier en forme de manivelle, au moyen duquel il obligeroit la pièce à descendre : il ôteroit le cordage & le levier, lorsque le rouleau seroit parvenu sur le talus des flasques.

Autre manière pour descendre une pièce de canon par-derrière les flasques.

On plante un piquet, comme l'indiquent le second & le troisième moyen pour la remonter.

Après avoir fixé un bout de la prolonge à la volée de la pièce, on enveloppe de deux ou trois tours, soit la cheville ouvrière de l'avant-train, soit le piquet placé en avant; on place les rouleaux sous la pièce, un homme mouline la prolonge, & la pièce descend doucement sans avoir rien à redouter.

Relever une pièce de canon versée en cage.

Un canon est dit versé en cage, lorsque l'affût

chargé de la pièce est renversé, & que la pièce se trouve en dessous.

Il faut vingt-quatre hommes pour une pièce de 24 ou de 16.

Les agrès nécessaires sont : une double prolonge ou deux simples, une demi-prolonge pour bréler la pièce, huit leviers de manœuvre.

Si, en versant, la pièce s'est dégagée de ses encastremens, on la soulève pour mettre des chantiers tant sous la volée que sous la culasse, pour faire rentrer les tourillons dans leur logement & replacer les sus-bandes. On brèle ensuite fortement la culasse à l'affût avec la demi-prolonge. Etant placé du côté où l'on veut relever la voiture, si l'on a une double prolonge, on pose le milieu sur le petit bout du moyeu, & on passe les deux bouts, de chaque côté, dans les rais qui se trouvent en dessous; on les prolonge en dessous de la pièce & de l'affût, les faisant ressortir dans les rais inférieurs de la roue opposée; les ramenant ensuite par-dessus le sommet des deux roues & les prolongeant en arrière de toute leur longueur. Quatre hommes, avec chacun un levier, embarrent sous la roue opposée & sous le flasque vers la crosse; le reste des hommes se partage moitié à chaque brin de la prolonge. Si on craint un trop grand choc pour la chute de la roue, on prépare de la paille ou des menus branchages pour la recevoir. Tout étant préparé, le chef de manœuvre commande : *attention — ferme.*

Les hommes agissent ensemble avec force & célérité, pour redresser l'affût & la pièce. Si la manœuvre se fait lentement, la roue inférieure étant chargée de tout le poids & portant à faux, se trouve très-fatiguée tout le temps de l'exécution.

Nota. De tous les moyens qu'on peut employer pour relever une pièce sur son affût, celui qu'indique cette manœuvre est le moins bon, parce qu'il tend à mettre les roues hors de service.

Monter une pièce de canon sur une montagne.

Les chemins pratiqués pour monter au sommet d'une montagne sont ordinairement en zigzag, & ont assez communément un repos à chaque retour.

Pour y monter un canon, on plante un poteau ou un fort piquet fretté à chaque retour, & on y attache une poulie; on fixe un cordage assez grand, au train de la pièce qui est en bas de la montagne; on fait passer l'autre bout dans la gorge de la poulie; on fixe une volée à ce dernier bout pour atteler des chevaux, qu'on fait tirer en descendant, pour monter la pièce au premier repos.

On répète cette manœuvre à chaque repos ou retour, jusqu'à ce que la pièce soit montée à sa destination.

Si on manque de chevaux, on établit une galère pour faire monter la pièce par des hommes.

Si la pièce à monter exige des forces qu'on ne puisse se procurer, on y supplée en augmentant le nombre des poulies & des cordages; on peut même employer des mousles pour cette manœuvre comme à celle de la chèvre.

Descendre une pièce de canon du haut d'une montagne.

Si la descente n'est pas trop rapide, on attèle deux chevaux au timon de la voiture pour la diriger : au cas contraire, on y met quatre hommes avec un levier en croix.

On plante un poteau ou un fort piquet fretté en arrière de la tête de l'affût. On attache un cordage assez long aux crochets de retraite; on enveloppe le poteau de deux ou trois tours de cordage, & un homme le fait mouliner jusqu'à ce que la pièce soit au bas de la montagne.

Cette manœuvre se répète à chaque retour de sinuosités, lorsqu'il y en a.

Une pièce de canon étant sur un chariot porte-corps, la faire passer sur son affût, ou la faire passer d'un affût sur un autre, lorsque le premier est hors de service, ou enfin la faire passer de l'affût sur un chariot.

Douze hommes suffisent pour une pièce de 16 ou de 24.

Les agrès nécessaires sont : deux poutrelles de 4 mèt. (12 pieds 3 pouc. 9 lig.) de longueur, quatre bouts de poutrelles de 0 mèt. 65 (1 pied 11 pou. 8 lig.); à leur défaut, de fortes pierres planes, quatre rouleaux, dont un petit, une demi-prolonge, deux traits à canon, huit leviers de manœuvre.

On lève les taquets des brancards du chariot; on embarre successivement sous la culasse & sous la volée, pour placer deux rouleaux sous la pièce. On attache la prolonge au collet de la pièce, & un trait à canon au bouton de culasse; on amène l'affût, la crosse tournée à l'arrière-train du chariot; on l'introduit en dessous jusqu'à ce que les roues se rencontrent & s'appuient l'une contre l'autre de chaque côté; on cale les roues du train de derrière du chariot & celles de l'affût; on place les bouts de poutrelles sur les corps d'essieu de l'affût & du chariot; on pose dessus ces bouts, de chaque côté des deux trains, les deux grandes poutrelles qu'on appuie d'un bout contre les brancards du chariot, & de l'autre contre chaque flasque correspondant, ayant soin que ceux qui sont sur l'essieu de l'affût soient un peu moins élevés que la partie des flasques derrière les encastremens; & pour que les poutrelles ne se séparent point des flasques & des brancards, on les attache entr'elles en dessous des trains.

Si on redoute que la pièce prenne un mouvement trop précipité, on enveloppe la flèche du chariot

chariot avec le trait à canon attaché au bouton de la culasse, pour lui opposer un frottement & l'empêcher d'aller trop vite.

Un homme se dispose ensuite à placer & rechanger les rouleaux, tant sur les brancards que sur l'affût; un autre met la pince d'un levier dans les anses de la pièce, pour la maintenir droite; deux autres, un de chaque côté, munis chacun d'un levier, suivent la pièce pour embarrer au besoin, soit pour la faire nager par des abattages, soit pour élever la culasse ou la volée.

On place le petit rouleau dans les encastremens. Le reste des servans se porte à la prolonge qui est fixée à la volée.

Tout étant disposé, & les servans aux postes indiqués, le chef de manœuvre commande : *attention — commencez la manœuvre.*

Les servans agissent ensemble avec précaution, jusqu'à ce que les tourillons soient près des encastremens : alors on met des leviers dans la volée & en croix; on achève de faire avancer la pièce pour que les tourillons se trouvent au-dessus de leur logement. On pèse sur la volée pour placer un bout de poutrelle équarri (il doit être équarri, parce qu'un morceau rond feroit prendre à la pièce un mouvement rétrograde nuisible & peut-être dangereux). Sous la culasse, on lève la volée, pour ôter le rouleau des encastremens; on y place les tourillons; & enfin on pèse sur la volée, pour ôter le bout de poutrelle qui est sous la culasse.

Nota. D'après le détail ci-dessus, s'il s'agissoit de faire une pièce de l'affût sur un chariot ou sur un autre affût, les dispositions & l'exécution seroient absolument les mêmes.

On pourroit, à la rigueur, se passer de prolonge à la volée; dans ce cas, trois hommes de chaque côté de la pièce la feroient nager par des abattages successifs.

Retirer par les pans des roues une pièce sur son affût, arrêtée dans une ornière ou un endroit marécageux.

Si les deux roues de l'affût sont engagées dans l'ornière, on les dégage d'abord, autant qu'il est possible, avec des pelles & des pioches. On garnit, s'il est nécessaire, les endroits marécageux qui se trouvent autour de la manœuvre, en y jetant des fascines, pour rendre le terrain solide & éviter de nouveaux obstacles. On attache ensuite une prolonge à la jante la plus basse de chaque roue; & du côté opposé à celui où la pièce doit sortir, on place chaque prolonge sur les bandes de la roue, appuyée sur un levier dont les extrémités sont placées sur le sommet des roues. On tend les prolonges en avant de l'affût, chacune dans la direction de la roue à laquelle elle est attachée. Deux hommes, munis chacun d'un levier, se disposent à embarrer en dessous du derrière des roues, pour

ARTILLERIE.

aider à sortir de l'obstacle : le reste des hommes se partage moitié sur chaque prolonge. Tout étant préparé, le chef de manœuvre commande . *attention — ferme.*

Les hommes font effort ensemble pour retirer la pièce de l'ornière; si elle n'est pas dehors par la première opération, on la maintient pour l'empêcher d'y retomber, & on répète la manœuvre autant de fois qu'il est nécessaire pour l'amener sur un terrain solide.

A défaut d'un nombre d'hommes nécessaire pour cette manœuvre, on peut établir un cabestan, ou prendre un des moyens indiqués pour remonter une pièce par le derrière des flasques.

Emmener une pièce de canon sur un affût auquel il manque une roue.

On fixe un bout de poutrelle de 1 mèt. (3 pieds 11 lig.) environ, avec des traits à canon, en travers des flasques & en dessus de l'entretoise de support : on prend une poutrelle ou un brin d'arbre de 4 mèt. (12 pieds 3 pouc. 1 lig.) de longueur, & de grosseur convenable à la pièce, que l'on passe sous le corps de l'essieu où la roue manque, un bout posant à terre, & l'autre solidement attaché à l'extrémité & en dessus du bout de poutrelle formant traverse à l'entretoise du support. On attache ainsi la poutrelle ou brin d'arbre, à la tête du flasque, pour qu'elle ne s'en sépare pas, & la voiture ainsi disposée peut emmener la pièce.

Si l'essieu étoit cassé, on le remplaceroit par une pièce de bois attachée aux flasques.

MANTELETS. C'étoient de grands boucliers d'osier que des hommes tenoient debout, tandis que les archers tiroient sous leur abri. On appeloit encore ainsi un assemblage circulaire en bois, recouvert extérieurement d'osier ou de tissus de cordes & de crins, porté sur trois roues, servant aussi à garantir les tireurs d'arcs des coups de l'ennemi.

MANTELETS Carrés de bois portant sur deux roues, dont les travailleurs se couvroient dans les sièges. Il n'est plus en usage. Les gabions farcis les remplacent avec avantage.

MANUBALISTE. Machine de guerre des Anciens, servant à lancer des traits pesans sur l'ennemi. Ces traits étoient placés dans un canal; on les faisoit partir au moyen d'un arc d'acier, dont la corde étoit tendue en arrière par un treuil à deux poignées, qu'un seul homme faisoit tourner.

MANUFACTURES ROYALES D'ARMES. C'est la réunion des usines & des ateliers nécessaires à la fabrication d'une grande quantité d'armes. Toutes les armes de guerre portatives, à feu & blanches, destinées pour les troupes, se fabriquent dans ces

F f

établissemens. Il y a en France sept manufactures d'armes, dont cinq pour les armes à feu, qui sont établies à Saint-Etienne, Tulle, Mutzig, Charleville & Maubeuge, & deux pour les armes blanches, qui sont situées à Klingenthal & à Châtellerault.

Les officiers d'artillerie employés dans ces manufactures sont chargés exclusivement de la direction des procédés d'art & de la discipline des ouvriers. Les entrepreneurs fournissent les bâtimens, les matières premières & paient les ouvriers : objets pour lesquels on leur alloue un bénéfice fixe qui est de vingt pour cent en sus des devis de fabrication. Les ouvriers qui exécutent les travaux se divisent en deux classes : ceux de la première, appartenant au service militaire, contractent des engagemens envers le Gouvernement. Ils sont tenus de travailler aux armes de guerre, & ne peuvent se retirer qu'avec un congé du ministre, sous peine d'être traités comme déserteurs. Ces ouvriers vivent sous un régime presque militaire, & s'engagent à consacrer leur industrie aux travaux ordonnés par le Gouvernement, ont droit à ses secours, lorsqu'après de longs services, leur âge & leurs infirmités ne leur permettent plus de gagner leur subsistance : leur travail étant peu payé, il est rare qu'ils économisent de quoi se garantir de la misère pendant leur vieillesse.

On comprend dans la deuxième classe les ouvriers qui ne veulent prendre aucun engagement; ils travaillent pour le Gouvernement, & sous la discipline des officiers d'artillerie; mais ils ne le font qu'autant qu'ils y trouvent leur avantage, & après avoir prévenu quelques mois d'avance, ils peuvent se retirer & employer leur industrie comme bon leur semble. Ils n'offrent en conséquence aucune garantie pour la stabilité des manufactures, & peuvent être considérés comme des ouvriers civils que le Gouvernement emploie momentanément. (*Voyez*, pour plus de détails, l'article OUVRIERS DANS LES MANUFACTURES D'ARMES PORTATIVES.)

Les bâtimens nécessaires à une manufacture d'armes à feu, non compris les usines, dont le nombre & l'étendue doivent être relatifs aux produits de l'établissement, sont :

Un magasin de dépôt pour contenir les bois nécessaires pendant un an après leur coupe, avant d'entrer dans le magasin de distribution, & un cinquième en sus pour les rebuts. Il doit être sec & disposé de manière à ne jamais recevoir les rayons solaires dans son intérieur.

Un *idem* pour contenir les bois nécessaires pour la fabrication des fusils qu'on doit faire en deux ans, & un cinquième en sus pour les rebuts. Ce magasin doit être disposé comme le précédent.

Trois *idem*, dont un pour les fers & aciers reçus, un de dépôt & un pour les rebuts.

Un *idem* pour les pièces d'armes de lime, les cuivre, plomb, &c.

Un *idem* à poudre; il doit être à l'abri de l'humidité, & éloigné de toutes communications avec les forges.

Un *idem* à charbon de bois, isolé, s'il est possible.

Une halle à charbon minéral, isolée comme le magasin à charbon artificiel.

Un champ d'épreuve avec son banc pour cent vingt-huit canons au moins, ayant une salle pour charger les canons, & une pour les sécher.

Une salle de révision destinée à recevoir les canons au retour de l'épreuve, devant contenir le courant des canons à fabriquer.

Une salle d'humidité pour ce même nombre de canons, & un cinquième en sus pour rebuts.

Nota. Il convient, pour la facilité du service, que ces quatre salles soient contiguës ou très-rapprochées.

Une salle de recette pour la révision des canons à la sortie de la salle d'humidité.

Une *idem* pour la réception des platines, des garnitures & des baionnettes.

Une *idem* pour la recette des armes finies, avec des bancs, des étaux, des établis, &c.

Un atelier pour la trempe des pièces d'armes.

Un cabinet pour les modeles d'armes, cahiers, instrumens vérificateurs, &c.

Des bureaux pour l'inspecteur, les capitaines adjoints & les commis aux écritures.

Une salle pour déposer les armes finies & reçues.

Une pièce à portée pour emballer les armes, les charger, bâcher les voitures, &c.

Un petit atelier pour les chefs-d'œuvre des ouvriers.

Les bâtimens & usines nécessaires à une manufacture d'armes blanches, sont à peu près les mêmes que ceux ci-dessus, à l'exception de la salle d'humidité, du magasin à poudre, &c.

MAQUETTE DANS LES FORGES. Lorsque le lopin ou la pièce est encrenée, on la forge à un bout, & elle porte alors le nom de *maquette;* lorsqu'elle est forgée à l'autre bout, on lui donne le nom de *barre* ou *barreau.*

Il faut quatre à cinq cents coups de marteau pour encrener une pièce; trois cent cinquante à quatre cent cinquante coups, pour former la maquette; quatre cent cinquante à cinq cent cinquante pour faire la barre. Dans chacune de ces opérations, la pièce s'alonge de 0 mèt. 6497 à 0 mèt. 9745 (2 à 3 pieds).

MAQUETTE pour les canons de fusil. Deux bidons de mêmes dimensions, étant soudés ensemble dans la longueur, forment une pièce qu'on nomme *paquet,* qu'on corroie & transforme en une autre pièce appelée *double-maquette,* qui, étant divisée par son milieu dans le sens de la largeur, donne deux parties égales qui prennent la dénomination de *maquette simple*, & dont chacune d'elles a la quantité de fer nécessaire pour forger une autre pièce appelée *lame*, de laquelle on tire un canon.

La longueur d'un bidon pour la lame à canon du fusil d'infanterie est de 0 mèt. 3045 (11 pouc. 3 lig.); sa largeur est de 0 mèt. 0677 (2 pouc. 6 lig.); son épaisseur est de 0 mèt. 0316 (1 pouc. 2 lig.); son poids est de 5 kil. 5069 (11 liv. 4 onc.), & celui du paquet de 11 kil. 0139 (22 liv. 8 onc.). La double maquette a de longueur 1 mèt. 1911 (44 pouc.); sa largeur au milieu est de 0 mèt. 1014 (3 pouc. 9 lig.), & aux extrémités de 0 mèt. 0677 (2 pouc. 6 lig.); son épaisseur au milieu est de 0 mèt. 0155 (6 lig.), & aux extrémités de 0 mèt. 0090 (4 lig.); son poids est de 9 kil. 7901 (20 liv.). La lame simple a de longueur 0 mèt. 9745 (36 pouc.); sa largeur au derrière est de 0 mèt. 1354 (5 pouc.), & au-devant de 0 mèt. 0880 (3 pouc. 3 lig.); son épaisseur, au milieu du derrière, est de 0 mèt. 0113 (5 lig.), & au milieu du devant de 0 mèt. 0067 (3 lig.); son poids est de 4 kil. 6503 (9 liv. 8 onc.). Les dimensions des bidons des doubles maquettes & des lames pour les autres modèles de fusils, pour les mousquetons & les pistolets, sont à peu près proportionnelles à celles du fusil d'infanterie.

Maquette pour les lames de sabre. C'est une pièce d'acier d'échantillon d'abord affiné, étiré ensuite au marinet au bout d'une lame, & réduite aux dimensions convenables pour fabriquer une lame de sabre, dont elle a grossièrement la forme.

MAQUETTEUR. Ouvrier qui, dans les manufactures d'armes, fabrique des lames à canons.

MARQUE. Degré d'affinage de l'acier, qui s'estime par le nombre de fois qu'une barre a été redoublée sur elle-même & soudée pour en faire une nouvelle barre. Les lames de sabres de cavalerie sont fabriquées avec de l'acier à trois marques. Celles des sabres d'infanterie, d'artillerie & d'abordage pour la marine, sont faites d'acier à deux marques.

Marques. Dans les fonderies on marque sur les bouches à feu, l'année, le quantième du mois de la fonte & le nom du fondeur. On numérote sur l'un des tourillons, par première, deuxième, troisième, &c., les pièces de canon, obusier, mortier & pierrier de chaque fonte.

MARRONS. Ce sont des cubes en carton de dimensions convenables au pot qu'ils doivent garnir, & remplis de poudre grenée: on les enveloppe de deux couches au moins avec de la ficelle que l'on serre fortement dans tous les sens; on les trempe dans le goudron pour leur donner plus de consistance; on les perce ensuite jusqu'à la poudre, pour les amorcer avec un bout d'étoupille.

MARTEAU d'arme. Arme ancienne offensive, faite d'un côté comme le marteau ordinaire, & de l'autre comme une hache ou une pointe solide. Dans l'origine on l'appeloit *martel*. Le marteau étoit plus gros & plus pesant que la mailloche, le maillot & le maillotin ordinaire. Le roi Charles ayant tué avec cette arme un grand nombre de Sarrazins de sa propre main, on le surnomma *Martel*. (*Voyez* la *Panoplie*, ou *réunion de tout ce qui a trait à la guerre, depuis l'origine de la nation française jusqu'à nos jours.*)

Marteaux. On fait usage de diverses espèces de marteaux dans les travaux de l'artillerie. Ils sont en fer, & leur manche est en bois. Ces marteaux sont: 1°. *D'établi*. C'est un marteau ordinaire, d'ouvriers en bois. 2°. *De devant*. Gros marteau que meut à deux mains le compagnon forgeur, ainsi appelé parce que l'ouvrier qui le tient est placé devant l'enclume pour frapper le fer. 3°. *A main*. Il est moins gros que le précédent; son manche est plus court. Le maître forgeur en frappe le fer qu'il tient de l'autre main. 4°. *A panne fendue*. Sa panne est fendue en travers. 5°. *A panne tranchante*. Il sert à refouler à froid la matière pour le dos des lames de sabres. 6°. *A river*. Il s'appelle *rivoir*. 7°. *A refouler*. Il sert à former l'angle que fait la soie avec le talon d'une lame de sabre; sa forme le rend propre à frapper dans les angles.

Marteau de forge. On appelle ainsi un gros marteau en fer battu, ou en fonte, emmanché à l'extrémité d'une longue solive, & mis en mouvement au moyen d'une roue hydraulique ou d'une machine à vapeur. Il frappe sur une forte enclume qui est également en fer forgé ou en fonte, & qui est enfoncée en partie dans la terre, reposant sur un massif de pierres. Ce marteau, servant à ébaucher les grosses pièces, pèse environ 200 kil.

Marteau de mouleur. C'est un petit marteau ordinaire à panne, servant dans les fonderies à poser les clous des éclisses & du cordage qu'on met sur le trousseau, avant la première couche de terre.

Marteau & enclume à rebattre les boulets. Ces instrumens sont en fonte. Il y a ordinairement deux marteaux mûs ensemble par un seul arbre, dont les cames alternées soulèvent l'un, tandis que l'autre retombe, & *vice versâ*.

Le poids des marteaux est proportionné à chaque calibre, & l'on ne cesse de battre le projectile que lorsque sa surface est bien unie. Le réglement veut qu'il reçoive au moins cent vingt coups.

La concavité du marteau & celle de l'enclume sont pareilles; elles sont, l'une & l'autre, formées sur le rayon du boulet; mais leur profondeur n'est que du tiers de son diamètre.

MARTEL. (*Voyez* MARTEAU D'ARMES.)

MARTINET. Petit marteau de forges, mû par l'eau au moyen d'une grande roue, servant à forger des semelles pour les voitures d'artillerie, des lames à canons, &c. Il doit battre vite : une percussion vive entretient la chaleur du métal, permet de travailler plus long-temps de suite; le fer en est mieux soudé, mieux purgé & mieux paré. Il pèse de 60 à 106 kil.

MARTINEUR. Ouvrier qui affine le fer & l'acier employés dans les travaux de l'artillerie.

MASQUE. Poinçons sur lesquels sont gravées différentes figures dont on forme l'empreinte sur le métal, en frappant un coup de marteau sur la tête du poinçon.

MASQUE. Elévation de terre que les travailleurs, en construisant une batterie, laissent devant eux pour se couvrir du feu de la place, surtout en dégorgeant & revêtant les embrasures. On ôte ce masque lorsque la batterie est finie : le premier coup de canon suffit pour le jeter sur la berme & dans le fossé.

MASSE D'ARMES. Elle avoit la tête en fer, à angles très-aigus, avec un manche de bois ou de fer ; on en faisoit aussi en boules de fer ou de bois, hérissées de pointes, suspendues de très-près à un manche de bois ou de fer. Enfin, il y en avoit dont on remplissoit la tête de plomb. On conserve, au Musée de l'artillerie, la masse d'armes de *Duguesclin*.

MASSE en usage dans la fabrication des balles de fer battu. C'est un marteau dont le manche est fort court pour la commodité de l'ouvrier compagnon, qui, le plus souvent, doit frapper à petits coups précipités.

MASSES de ciseleur de canon. Elles ont la forme d'un marteau à deux têtes : leur longueur est de 0 mèt. 0812 (3 pouces) sur 0 mèt. 0541 (2 pouc.) d'équarrissage; le manche a 0 mèt. 1895 (7 pouces) de longueur, & en bois dur. Ces masses, qui sont aciérées, varient suivant l'ouvrage & la force de l'ouvrier.

MASSE de lumière. C'est un cylindre en cuivre rosette, dans lequel on perce la lumière des bouches à feu ; on la coupe en vis, & on l'adapte aux bouches à feu; alors elle s'appelle *grain mis à froid* : c'est la méthode actuellement en usage. Autrefois les masses se mettoient dans les moules des bouches à feu. On les appelent *masse de lumière mise à chaud*. Elles avoient une forme conique sillonnée sur la surface de leur longueur de trois gorges circulaires de 0 mèt. 0023 (1 lig.) de profondeur, pour donner prise au bronze, & les fixer lorsqu'on couloit les bouches à feu. On a mis, jusqu'en l'an V, des masses de lumière à chaud aux pièces de siége & de place, aux mortiers, aux obusiers & aux pierriers. Plus anciennement, la lumière étoit pratiquée dans le métal même des bouches à feu. (*Voyez*, pour plus de détails, l'article GRAIN-DE-LUMIÈRE POUR LES BOUCHES A FEU.)

MASSE ordinaire. Elle sert à arrêter l'affût, après son recul, quand on tire dans une batterie de siége.

MASSE à frapper & à damer. Outil en bois pour enfoncer des piquets, pour damer des terres. &c. La masse proprement dite est énorme, & le manche est en frêne.

MASSELET. On appelle ainsi, dans les forges, une petite loupe ou lopin.

MASSELOTTE. Masse de fonte ou de bronze que l'on coule à l'extrémité des canons, des affûts à mortier, &c., pour qu'elle exerce une pression & empêche les soufflures.

MASSELOTTE d'affûts à mortiers. Pour éviter les soufflures, on est obligé de couler les flasques de ces affûts avec des masselottes considérables qu'on en détache ensuite, & qu'on porte à l'affinerie ; ce qui contribue à augmenter le prix de ces affûts.

MASSELOTTE des baïonnettes. Partie cubique du fer, d'environ 0 mèt. 0180 (8 lig.), laissée à la douille de la baïonnette, en la forgeant, & servant à souder la douille au coude de la lame. Les ouvriers l'appellent *amour*.

MASSELOTTE des canons. C'est une masse de métal contenue dans le prolongement du moule, du côté par lequel on coule les bouches à feu. Elle a pour objet de comprimer, par son poids, le métal de la bouche à feu, de nourrir la matière du moule, à mesure qu'elle est absorbée par les terres de la chape, & qu'elle diminue de volume en se consolidant; de purifier le métal qui forme la bouche à feu, en attirant les matières étrangères qui peuvent s'y trouver; car on sait que le métal le plus pur se trouve toujours au fond des creusets; & l'alliage du bronze étant plus pesant que toutes les matières étrangères mal fondues, mal combinées, il s'ensuit que celles-ci s'élèveront pendant la fluidité de la fonte dans la masselotte, tandis que le bronze le plus pur descendra, se consolidera au fond du moule, & successivement pour former les parties les plus importantes de la bouche à feu. Cette considération a fait adopter le mode de couler les canons par la volée, & de proportionner la masselotte à la quantité de matières à comprimer ou à épuiser, c'est-à-dire, au calibre de la bouche à feu.

Les masselottes des pièces de canon pèsent, savoir : celle de la pièce de 24, 2496 kil. 95 (5100 liv.); celle de la pièce de 16 pèse 1272 kil. 70 (2600 liv.); celle de la pièce de 12 de bataille, pèse 604 kil. 52 (1235 liv.); celle de la pièce de 8 *idem*, pèse 465 kil. 05 (950 liv.); celle de la pièce de 4 *idem*, pèse 269 kil. 22 (550 liv.).

Les masselottes des mortiers pèsent, savoir : pour celui de 12 pouces, 1566 kil. 40 (3200 liv.); pour celui de 10 pouces, à grande portée, 1566 kil. 40 (3200 liv.); *idem* de 10 pouces, à petite portée, 1027 kil. 95 (2100 liv.); *idem* de 8 pouces, 608 kil. 93 (1244 liv.); *idem* du premier, 1493 kil. 97 (3050 liv.); *idem* de l'éprouvette, 119 kil. 43 (244 liv.).

Les masselottes des obusiers pèsent, savoir : pour celui de 8 pouces, 608 kil. 95 (1244 liv.); pour celui de 6 pouces, 523 kil. 76 (1070 liv.); pour celui de 24, 438 kil. 58 (896 liv.).

MASSUE. Arme simple, la plus ancienne. C'étoit une pièce de bois grosse & lourde par un bout, d'abord unie, puis armée de pointes. On s'en servoit dans les combats, en la tenant par son extrémité foible.

MAT. Grande pièce de bois, ordinairement conique, en sapin, servant à remonter les bateaux d'artillerie & les nacelles. Pour les bateaux, il se loge dans un trou carré, percé au milieu de la semelle intérieure, placée à l'extrémité de l'avant-bec. Pour les nacelles, il se loge dans une mortaise pratiquée entre les deux courbes qui se touchent à l'avant-bec ; il passe aussi dans un trou rond, pratiqué dans un madrier, que l'on pose en travers entre les deux bords de la nacelle, de façon que le trou réponde au logement du pied du mât. Il y a dans les nacelles un second mât, ou fourche, destiné à supporter les cordages d'ancre.

Le mât pour les bateaux à deux taquets, une clavée en fer composée d'un grand & d'un petit anneaux, liés par un boulon rivé.

MATÉRIEL DE L'ARTILLERIE. Il se compose des poudres, des projectiles, des artifices, des bouches à feu, des voitures, des bateaux, &c., nécessaires à la guerre de siège & de campagne. Tous ces objets sont fabriqués suivant des formes, des dimensions & des procédés prescrits par des réglemens. (*Voyez* l'article ÉQUIPAGES D'ARTILLERIE. *Voyez* aussi l'article INSTRUMENS VÉRIFICATEURS.)

MATIÈRES D'ARTIFICES DE GUERRE. Les matières principales de ces artifices sont : la poudre, le salpêtre, le soufre & le charbon.

La poudre s'emploie fréquemment en pulvérin ; pour la réduire à cet état, on la pulvérise au moyen d'un égrugeoir. (*Voyez* l'article ÉCRUGER LA POUDRE.)

Le salpêtre ne s'emploie dans l'artifice qu'en poudre impalpable. Pour l'obtenir ainsi, on le met dans une chaudière de cuivre, où l'on met deux livres d'eau par six livres de salpêtre. On le fait dissoudre à petit feu, puis on le fait bouillir : on y jette un peu d'alun pilé pour faire monter les crasses, qu'on écume à fur & à mesure. Quand il s'épaissit & forme des bouillons, on le remue fortement avec des spatules en fer ; on diminue le feu peu à peu ; on remue le salpêtre, & il se réduit en poudre : on le retire, le laisse refroidir ; on le passe dans un tamis de crin très-serré, & on le place dans un lieu sec.

Le soufre doit être pilé dans un mortier, & passé ensuite au tamis de soie. (*Voyez* le mot MAGDALÉON.)

Le charbon doit provenir de bois de bourdaine ou de peuplier ; on le pile & tamise comme le soufre. (*Voyez* l'art. COMPOSITIONS D'ARTIFICES.)

MATRAS ou MATARAS. Gros trait pour les arbalètes (*Voyez* le mot TRAIT.)

MATRICES. C'est, dans les machines à étamper des pièces d'armes à feu portatives, les moules creux qui servent à donner la forme aux pièces qu'on fait par les moyens accélérés. Elles sont en fer, recouvertes d'une mise d'acier. (*Voyez* l'article MACHINES POUR ACCÉLÉRER LA FABRICATION DES ARMES PORTATIVES.)

MATTER. C'est étendre du fer, de l'acier, du cuivre, &c., sur des objets où il doit y en avoir, ou unir & planer le métal.

MATTOIR. Ciseau ou ciselet qui sert à matter. Il n'est pas tranchant. On se sert de mattoirs dans les fonderies pour planer le métal dans les endroits où on ne peut faire usage des limes, comme autour des anses. Ces mattoirs ont diverses figures : ils sont plats, en biseau ou carrés ; ils ont 0 mèt. 2166 (8 pouces) de longueur, sur 0 mèt. 0203 (9 lig.) d'équarrissage, & ils sont acérés & trempés au bout qui appuie sur la partie du métal qui doit être mattée.

MAYES POUR LA FABRICATION DE LA POUDRE. Grandes caisses de bois de chêne, de forme rectangulaire, portées sur des pieds : elles doivent être très-solidement poliés. Leur longueur, extérieurement prise, doit être de 5 mèt. 6 (17 pieds 2 pouces 10 lig.) ; leur largeur, prise de même, de 1 mèt. 3 (4 pieds) ; leur hauteur en arrière, pieds compris, de 1 mèt. 4 (4 pieds 5 pouc. 8 lig.),

& en avant, pieds compris, de 0 mèt. 90 (2 pieds 9 pouces 3 lig.). C'est sur cette dernière face que se placent les ouvriers. De 2 mètres en 2 mètres (6 pieds 1 pouce 10 lig.), des barres équarries & mobiles, présentant une de leurs arêtes en dessus, traversent la largeur de la maye, & sont solidement encastrées dans des tasseaux. C'est sur ces barres que les ouvriers sont mouvoir leurs cribles.

MÈCHE. Baguette en fer, terminée en forme de gouge, tranchante des deux côtés; le haut est carré, pour pouvoir entrer dans la boîte du vilebrequin. Elle sert à percer la partie recouverte du canal de la baguette du fusil.

MÈCHE. Outil semblable au foret, mais plus long; il sert à polir l'intérieur des canons des armes portatives. On l'appelle aussi *mouche*.

MÈCHE à canon. Sorte de corde dont on se sert pour mettre le feu aux bouches à feu, au moyen de la poudre d'amorce ou d'une étoupille. Elle se fait avec des étoupes de lin ou de chanvre très-doux, pilées avec des maillets, battues avec des baguettes & peignées avec soin, pour être purgées de grosses chenevottes & de bouchons. Elle doit être faite de trois fils, & avoir 0 mèt. 045 (20 lig.) au plus de tour, ou 0 mèt. 0361 (16 lig.) au moins: plus grosse, elle consomme trop de matières; & plus fine, elle s'éteint aisément. Il faut qu'elle soit ferme sans être dure, ni trop serrée; que la lessive ait pénétré jusqu'au centre; la différence de couleur indique le contraire; qu'elle soit bien sèche, sans moisissure ni pourriture, ce que l'on reconnoît aisément à la couleur & à l'odeur. Pour être bonne, la mèche allumée doit conserver le feu, brûler uniformément, sans interruption, même par un temps humide.

MÈCHES des pierres à feu. C'est le biseau qui doit frapper la face de la batterie. Il y a des pierres à deux mèches. (*Voyez* l'article PIERRES A FEU.)

MÈCHES incendiaires. Artifices de guerre. Pour les fabriquer, on prend une certaine quantité de mèches à canon que l'on fait bouillir dans de l'eau salpêtrée, de manière à ce que sur six parties d'eau, il y en ait vingt de salpêtre. Après qu'elles y ont bouilli trois ou quatre minutes, on les retire pour les faire sécher; on les coupe ensuite par morceaux de 0 mèt. 0541 à 0 mèt. 0812 (2 à 3 pouces) de longueur, & on les trempe dans de la roche à feu en fusion.

MÈCHES de vilebrequin. C'est en général une tige d'acier trempé, dont la tête est équarrie pour entrer dans la boîte du vilebrequin, & dont la pointe est façonnée en spirales, pour percer des trous. Il y en a de diverses formes. On appelle aussi *mèche à vilebrequin* une baguette de fer, terminée en forme de gouge tranchante des deux côtés; le haut est carré : elle sert à percer la partie recouverte du canal de la baguette de fusil.

MENTONNETS DES BOMBES. Ce sont les deux parties saillantes des bombes placées du côté de l'œil, & dans lesquelles passent les anneaux en fer forgé; on les appelle aussi *anses*. (*Voyez* le mot BOMBE & l'article MODELES DE MENTONNETS ET ANNEAUX DES BOMBES.)

MENTONNETS des soufflets. Pièce de bois sur laquelle les cames exercent leur action pour soulever & comprimer le volant du soufflet.

MENTONNIÈRE. Partie basse du heaume, passant sous le menton. Les casques modernes ont généralement aussi une mentonnière.

MERLON. C'est l'espace de l'épaulement d'une batterie, ou d'un parapet, compris entre deux embrasures. Le demi-merlon est l'espace compris entre l'embrasure & l'extrémité de l'épaulement ou du parapet.

MERRAINS. Bois de chêne ou de châtaignier, refendu en petites planches minces, dont on fait les douves & les fonds des barils destinés à renfermer la poudre. (*Voyez* l'article BARILS A POUDRE.)

MESURAGE DES BOIS. On évalue en mètres cubes les bois que l'on emploie dans l'artillerie. Lorsqu'on les met en œuvre, on les équarrit d'abord, c'est-à-dire, qu'on leur donne la forme d'un parallélipipède rectangle; & alors on entend, par équarrissage, le carré inscrit au cercle pris pour base, dans un corps d'arbre en grume; mais les arbres diminuant de grosseur en allant du pied vers les branches, on a coutume de considérer la tige d'un arbre comme un cylindre de même longueur que cette tige, & dont le diamètre est égal à celui de la section supposée faite au milieu de cette longueur. On diminue en outre ce diamètre de quelques centimètres, par rapport à l'écorce & à l'aubier, & cette diminution varie selon la nature des bois & le pays où on en fait usage.

MESURES DE CUIVRE. On s'en sert dans l'artillerie pour mesurer la poudre. Elles sont cylindriques, & le diamètre de leur base, ainsi que la hauteur, sont relatifs à la quantité de poudre qu'elles doivent contenir. Celle pour 5 kil. 916 (8 liv.) doit avoir 0 mèt. 1693 (6 pouc. 3 lig. 1 point) de diamètre & 0 mèt. 1841 (6 pouc. 9 lig. 7 points) de hauteur. Celles dont on fait usage pour charger les canons de fusil dans les manufactures d'armes, sont quelquefois tronc-coniques. Elles contiennent, étant arrasées, la quantité de poudre prescrite pour les épreuves.

La densité des poudres n'étant pas toujours la même, & les grains n'étant pas toujours de la même grosseur, il s'ensuit nécessairement des anomalies entre les mesures & les poids des poudres.

MÉTAL. On appeloit ainsi autrefois le bronze servant à la coulée des bouches à feu. (*Voyez* le mot ALLIAGE.)

MÉTHODE CATALANE. Il y a dans les Pyrénées & les contrées voisines, des mines de fer qui sont assez riches & assez fusibles pour pouvoir être immédiatement converties en fer, sans les traiter dans les hauts-fourneaux. La méthode suivie pour cette opération, expéditive & économique, s'appelle *méthode catalane*. Elle consiste à placer la mine dans un fourneau semblable au fourneau d'affinage, à l'entourer de charbon de bois, à élever la température au moyen des soufflets & à enlever, lorsque la matière a été suffisamment chauffée, des loupes que l'on forge comme celles qui proviennent de l'affinage de la fonte. (*Voyez* les Mémoires sur les forges catalanes, par M. Tronçon du Coudray, capitaine d'artillerie.)

METTRE HORS. C'est, dans les forges, éteindre le haut-fourneau & arrêter le travail.

METTRE la pièce hors d'eau. Temps de l'exercice qui consiste à baisser la volée d'une pièce de canon au-dessus de l'horizontale pour empêcher la pluie d'y entrer, ou la faire écouler de suite si le vent l'y poussoit.

MEULES. Dans les manufactures d'armes, on se sert de meules de grès, dont l'axe s'ajuste dans le centre d'une lanterne mue par l'eau au moyen d'une grande-roue, pour émoudre les canons de fusils & les baguettes. Ces meules tournent au-dessus d'une auge pleine d'eau, & y plongent à demi; ce qui les rafraîchit & aide à l'opération. Il faut que les meules soient bien saines, sans fentes, sans gerçures, crainte que le mouvement violent de rotation qu'on leur imprime, les faisant éclater, ne vienne à tuer l'émouleur, s'il n'a pas la précaution de se tenir à côté de la meule, & non en avant, comme cela se pratique encore dans quelques usines.

Les meules pour canons de fusils ont 2 mèt. 2758 à 2 mèt. 5986 (7 à 8 pieds) de diamètre. L'épaisseur s'appelle *champ de la meule*.

Les meules dont les aiguiseurs font usage pour émoudre les lames de sabre & les baïonnettes peuvent être rangées en trois classes. (*Voyez* le mot AIGUISERIE.)

Il faut faire tourner les meules pendant plusieurs heures étant en place, avant d'y faire émoudre. On en a vu une à la manufacture de Mutzig qui, après avoir tourné huit heures, a éclaté à la neuvième & a tué l'ouvrier qui émouloit.

MIRE. Petite pièce de métal ordinairement en argent, de la forme d'un grain d'orge, brasée vers la bouche d'un canon de fusil de chasse, & destinée à viser. La mire d'un fusil de guerre se nomme *guidon*. (*Voyez* ce mot.)

MIROIR. On visite l'ame des canons avec un miroir d'une forme quelconque. Pour cette visite on choisit un jour où il fait soleil, afin de mieux distinguer les défectuosités qui peuvent y exister. Faute de soleil, on fait usage d'une bougie allumée; on n'emploie ce dernier moyen que quand on y est forcé par l'absence du soleil, parce qu'il est insuffisant, principalement pour la visite des canons de petits calibres & pour les pièces qui ne sont pas neuves, c'est-à-dire, dont le métal ne brille pas intérieurement. Le chat & l'étoile mobile sont toujours préférables au miroir pour la visite des canons.

MIROIRS ardens pour incendier les flottes ennemies. Ce moyen, employé avec succès par Archimède contre les vaisseaux de Marcellus, au siége de Syracuse; révoqué en doute par Descartes, Kircher, &c.; rendu moins douteux par les épreuves & l'opinion de Buffon, a été présenté de nouveau en 1810, avec des dispositions particulières pour le même but, mais il n'a pas paru exécutable.

Cet article est extrait de l'Aide-mémoire. (*Voyez* cet ouvrage, pour plus de détails.)

MISE POUR FACE DE BATTERIE. Feuille d'acier que l'on soude sur une pièce en fer. La face de la batterie d'une platine est recouverte d'une mise d'acier qui doit être de dix-huit à 0 kil. 4895 (à la livre) pour le fusil d'infanterie; de vingt à 0 kil. 4895 (à la livre) pour celui d'artillerie; de vingt-huit pour les pistolets de cavalerie, & de trente-six pour le pistolet de gendarmerie.

MISE en couleur des canons des armes portatives. Opération qui consiste à ôter aux canons de ces armes leur brillant métallique en leur donnant une couleur plus ou moins foncée.

On met généralement en couleur les canons des armes de luxe, & on a proposé d'y mettre également ceux des fusils de guerre. (*Voyez* les articles MISE EN COULEUR DES ARMES DE LUXE & MISE EN COULEUR DES CANONS DES FUSILS DE GUERRE.)

MISE en couleur des canons des armes de luxe. On met ordinairement en couleur les canons des armes de luxe, soit en les bronzant avec la sanguine (hématite), soit en leur donnant la couleur gris de cendre, soit en leur donnant celle brun-rouge, soit enfin en leur donnant une nuance bariolée, au moyen d'un acide étendu d'eau.

Pour la première de ces opérations, le canonnier fait chauffer le tube jusqu'à un certain degré. Il le place dans des tenailles en bois assujetties dans les mâchoires d'un étau, & il frotte enfin et un peu fort avec de la sanguine jusqu'à ce que toute la surface du canon ait pris la couleur d'eau.

Pour donner la couleur gris de cendre à un canon, on le polit bien, on le frotte avec de l'huile d'olive épurée, on le saupoudre de cendre & on le met au feu de charbon de bois. Le canon noircit bientôt, mais il reprend ensuite la couleur blanchâtre de la cendre; alors on le retire du feu, on le laisse refroidir, on l'essuie, on l'huile légèrement, & l'opération est finie. Il faut avoir l'attention de se servir de cendre tamisée & provenant de bois neuf.

Pour donner la couleur brun-rouge, on prend un gros de beurre d'antimoine & trois gros d'huile d'olive. On fait chauffer le tout ensemble jusqu'à ce que le mélange soit complet, après quoi on en enduit le canon au moyen d'un linge fin, en frottant légèrement. Au bout de vingt-quatre heures le canon est rouge de rouille; on l'essuie alors fortement après l'avoir huilé & on l'enduit de nouveau avec cette composition, en répétant l'opération jusqu'à ce que la couleur soit unie, égale & bien brune, époque où la composition n'opère plus & où la rouille ne pousse plus. Il faut dix ou douze jours pour donner au canon la couleur brun-rouge. L'opération pendant les temps froids dure plus que pendant les chaleurs.

Pour donner la nuance bariolée, on fait un mélange d'acide nitrique & d'eau assez faible pour pouvoir être supporté sur la langue; on y plonge le canon pendant deux à trois minutes, jusqu'à ce que les spires du fer tordu paroissent bien; on le retire & on l'essuie.

On place ensuite le canon sur un feu de charbon de bois; il prend la couleur bleue foncée presque noire; dès qu'on s'aperçoit que le noir commence à s'éclaircir pour passer au rouge, on retire le canon & on le laisse refroidir jusqu'à ce qu'on puisse le tenir dans la main. On le plonge de nouveau dans l'acide étendu d'eau, on le retire presqu'aussitôt & on l'essuie. Pour favoriser l'action de l'acide, le canon doit être soigneusement dégraissé avant de l'immerger. Enfin, on passe la pièce grasse sur le canon pour arrêter les progrès de l'oxidation.

Il est clair que les orifices du canon doivent être bouchés pendant l'opération, afin de préserver de l'oxidation l'intérieur du tube.

Le bronzage ordinaire du canon paroît préférable à cette mise en couleur, parce qu'il est plus durable & que le canon est moins sujet à la rouille par la suite, le seul avantage que présente ce bariolage est de montrer que le canon est tordu, en rendant apparentes les spires du fer, précaution utile quand les canons ne sont pas faits par des maîtres connus.

Cette dernière méthode de mettre les canons en couleur est maintenant en usage chez plusieurs arquebusiers de Paris. Elle est aussi employée pour les canons des pistolets des officiers de l'armée.

MISE en couleur des canons de fusils de guerre. Les armes à feu portatives sont presque toujours usées par un polissage superflu qui les dégrade & oblige souvent à les remplacer avant le temps prescrit, ce qui est un grand objet de dépense pour le Gouvernement. Le brillant métallique qui résulte de ce polissage trahit d'ailleurs par les scintillations de lumière les embuscades & les mouvemens des troupes. Enfin, il oblige les soldats à nettoyer & à frotter continuellement leurs armes pour enlever l'oxide des pièces en fer & en acier.

Pour remédier à ces graves inconvéniens, il conviendroit de mettre en couleur les canons de ces armes, comme cela se pratique pour les fusils de chasse, & ainsi que cela a été proposé en 1806. (*Voyez* page 112 de mon Mémoire sur la fabrication des armes portatives.)

Cette méthode se pratique en Angleterre depuis quelques années. Voici ce que rapporte à ce sujet M. Charles Dupin dans son ouvrage déjà cité: *Voyages dans la Grande-Bretagne*. On prend 14 grammes d'acide nitrique, autant d'esprit doux de nitre & d'esprit-de-vin, 56 grammes de vitriol bleu, & 28 de teinture d'acier. On mêle ensemble ces matières, le vitriol ayant été d'abord dissous dans une quantité d'eau suffisante pour faire avec les autres ingrédiens un quart du mélange.

Avant de commencer à brunir le canon, il est nécessaire de le bien nettoyer, de mettre dans l'âme un bouchon de bois & de boucher la lumière. On applique ensuite le mélange avec une éponge propre ou un chiffon, ayant soin que toutes les parties du canon soient couvertes de la composition; le canon doit être ensuite exposé à l'air pendant vingt-quatre heures. Après ce temps, on le frotte avec une brosse rude, pour enlever l'oxide qui s'est formé à la surface. Cette opération doit être répétée une seconde & même une troisième fois, s'il est nécessaire, afin que le canon soit d'une couleur parfaitement brune. Alors il faut le frotter & l'essuyer avec soin, le plonger dans une eau bouillante, contenant un peu de matière alcaline, afin que toute action de l'acide sur le canon soit détruite.

Lorsqu'on a retiré le canon de l'eau & qu'il est parfaitement sec, on le frotte doucement avec un brunissoir de bois dur, puis on le chauffe à la température de l'eau bouillante. Alors il est prêt à recevoir un vernis ainsi composé: un décilitre d'esprit-de-vin; trois grammes de poudre de sang de dragon; vingt-huit grammes de laque. Le vernis parfaitement séché sur le canon, on doit le frotter avec un brunissoir, pour lui donner une apparence douce & lustrée.

En Angleterre, c'est d'après les instructions &

aux frais du département de l'ordonnance (forte de ministère concernant l'artillerie & le génie) que les parties métalliques des fusils, mousquetons & pistolets de guerre sont mis en couleur.

MISÉRICORDE. Poignard à lame forte & large à l'extrémité, que l'on portoit à la gorge du combattant renversé, afin qu'il criât *merci* ou *miséricorde*.

MITRAILLES. Expression impropre, pour dire cartouches à balles pour canons. On ne doit l'employer que lorsque la boîte des cartouches ne contient que des morceaux de fer.

MITRAILLES. On nomme ainsi du cuivre provenant principalement de démolitions de vases de ménage, tels que des chaudrons, des cafetières, &c.

MODÈLES. On entend par ce mot, dans l'artillerie, les armes, les pièces d'armes, attirails, &c., auxquels on doit se conformer dans la fabrication courante des objets d'artillerie.

MODÈLES d'armes à feu portatives. Depuis l'époque où s'introduisit, dans l'armée française, l'usage des armes à feu portatives, on a sans cesse fait des essais & des corrections pour les améliorer. Voici les modèles de ces armes qui ont eu lieu à dater de 1746, les renseignemens ne remontant pas au-delà.

Modèle de 1746. Canon à huit pans longs; sa longueur est de 1 mèt. 163 (44 pouces). Platine carrée, bassinet en fer; anneaux de courroie ronds & placés sur le côté du fût; sans ressort de baguette. Baguette en fer, embouchoir très-court; baïonnette à douille fendue. Toutes les têtes des vis sont rondes.

Modèle de 1754. Il diffère du précédent en ce que les anneaux ronds sont placés sur la baguette; les ressorts sont à crochets pour retenir les boucles, & l'embouchoir est plus long d'un tiers. Il pèse 5 kil. 017 (10 liv. 4 onces).

Modèle de 1763. Canon rond, long de 1 mèt. 1366 (42 pouces); platine carrée, bassinet en fer; anneaux de courroie plats, le ressort de baguette attaché à l'embouchoir; baïonnette à virole; baguette d'acier à tête en poire. Le chien a un fanon, & la tête de sa vis est percée. Il pèse 4 kil. 891 (10 liv.).

Modèle de 1766. Canon & platine de même que le précédent, mais canon plus léger; ressort de baguette tenant au tonnerre du canon; baguette d'acier à tête de clou. Baïonnette à ressort. Il pèse 4 kil. 646 (9 liv. 8 onces).

Modèle de 1768. Il diffère du précédent par la baïonnette qui est à virole.

Modèle de 1770. Canon de même, mais plus fort; platine demi-ronde; bassinet en fer; an-

ARTILLERIE.

neaux, boucles, garnitures plus forts; taquet faisant partie de la pièce de détente; ressort de baguette tenant à la capucine. Baïonnette à virole.

Modèle de 1771. Tenon de baïonnette en dessous du canon : canon renforcé, ainsi que les boucles; platine ronde, bassinet en fer; plus de taquet à la pièce de détente; ressort de baguette mis au domino; monture en gigue, hauteur du busc supprimée.

Modèle de 1773. Canon de même; platine, anneaux & garnitures aussi de même. Point de taquet. Ressort de baguette tenant au canon. Il pèse 4 kil. 588 (9 liv. 6 onces).

Modèle de 1774. Canon, platine (hors le retroussis de la batterie, qui est supprimé), anneaux & garnitures de même. Point de taquet. Ressort de baguette tenant à la capucine; ressort à griffe, tenant au canon pour retenir la baïonnette, qui porte un bourrelet; baguette d'acier à tête en poire. Il pèse 4 kil. 891 (10 liv.).

Modèle de 1777. Canon, platine de même, mais bassinet en cuivre; boucles à vis; ressort de baguette à l'embouchoir; taquet à la pièce de détente; pontet à bascule. Toutes les têtes de vis sont plates; la crosse en gigue; la plaque de couche, plane par-dessous, & ployée à angle droit, donne un appui solide à la crosse. Baïonnette à fente, à virole, à lame plus épaisse & moins large; ce qui la rend plus forte. Il pèse 4 kil. 646 (9 liv. 8 onces).

Modèle n°. 1. Il doit avoir le canon, la platine & le bois de 1777, & la garniture de celui de 1763 ou de 1774. C'est un composé que les circonstances ont admis & fait tolérer pendant la révolution.

Modèle dépareillé. C'est celui qui ne se rapporte à aucun des modèles décrits ci-dessus, & qui est composé indistinctement des pièces de ces différens modèles, montés & remis en état dans les ateliers de réparation.

Fusil de dragons, modèle de 1777. Canon long de 1 mètre 082 (40 pouces), ayant 0 mèt. 0175 (7 lig. 9 points) de calibre. Platine du fusil d'infanterie, modèle de 1777. La garniture ne diffère de celle du modèle actuel que par l'embouchoir, qui porte une bouterolle avec sa vis pour maintenir la pièce en place. Baguette & baïonnette aussi comme au modèle de l'an 9. Il pèse 4 kil. 650 (9 liv. 8 onces).

Fusil d'artillerie, modèle de 1777. Canon long de 0 mèt. 92 (2 pieds 10 pouces), ayant cinq pans courts; calibre de 0 mèt. 0175 (7 lig. 9 points); platine du mousqueton, modèle de 1786; garniture en cuivre. (L'embouchoir a une bouterolle & une vis disposées comme au modèle précédent, & pour le même usage.) Baguette d'acier à tête en poire; baïonnette du modèle de 1763. Il pèse 4 kil. 405 (9 liv.).

Mousqueton de cavalerie, *modèle de 1786*. Canon long de 0 mèt. 7037 (2 pieds 2 pouces), ayant cinq pans courts, & son calibre de 0 mèt. 0171 (7 lig. 7 points); platine ronde, bassinet en cuivre, batterie à retroussis. Garniture en cuivre, excepté la grenadière & la tringle qui sont en fer (cette grenadière formant un anneau simple, a ses deux extrémités repliées en rosette, &c., comme au mousqueton de l'an 9, & pour le même usage; la tringle est aussi conforme à celle de ce modèle, & se fixe de la même manière); le prolongement inférieur du derrière de l'embouchoir est logé sous la grenadière. Le bois ne s'étend que jusqu'à 0 mèt. 5924 (1 pied 2 pouc. 6 lig.) de la bouche du canon.

La baguette frappe sur la plaque de couche qui sert de taquet. On ne faisoit pas usage de la baïonnette avec ce mousqueton. Il pèse 3 kilog. 650 (6 liv. 8 onces).

Ce mousqueton a été regretté des troupes, qui le préféroient à celui de l'an 9; mais celui de 1816 leur paroît encore préférable à ce premier modèle.

Pistolet de cavalerie, *modèle de 1763*. Canon rond, long de 0 mèt. 23 (8 pouc. 6 lig.), ayant 0 mèt. 0175 (7 lig. 9 points) de calibre. Platine carrée, bassinet en fer, chien à gorge. Garniture en fer, poignée peu courbe & sans bride. Baguette à tête de clou. Il pèse 1 kil. 101 (2 liv. 4 onc.).

Pistolet à coffre, *modèle de 1777*. Canon rond, long de 0 mèt. 1895 (7 pouc.), ayant 0 mèt. 0171 (7 lig. 7 points) de calibre. Les pièces intérieures de la platine sont disposées comme celles du pistolet à l'écossaise, & le ressort de batterie placé sous le bassinet, dans le sens inverse de ce qui se pratique au modèle actuel: le bassinet est en cuivre, & le chien est rond & à gorge. Garniture en cuivre (le pontet de la sous-garde est fixé par deux vis en fer), crochet de ceinture en acier, bride en fer à la poignée. Le devant du canon dégarni de bois; poignée plus courte & plus courbe qu'au modèle précédent. Baguette d'acier à tête de clou. Il pèse 1 kilog. 407 (2 liv. 14 onc.).

Fusil, *modèle de 1777* corrigé en l'an 9. Canon de 1 mèt. 1366 (42 pouc.) de longueur; il est rond dans toute sa longueur, excepté au tonnerre, où il a cinq pans courts, allant se perdre insensiblement vers la bouche. Un de ces pans ayant 0 mèt. 0135 (6 lig.) de largeur, est du côté de la lumière, pour faciliter l'ajustage du rempart de la platine; un autre qui lui est parallèle & de même largeur, est du côté opposé; entre leur intervalle supérieur sont les trois autres, dont celui du milieu à la largeur de la partie de la culasse, joignant le canon. Calibre intérieur 0 mèt. 175 (7 lig. 9 points). Platine ronde, bassinet en cuivre. Garniture en fer. Baguette d'acier à tête en poire. Baïonnette à fente, à virole, lame d'acier, à dos & évidée, ayant 0 mèt. 4059 (15 pouc. 6 lig.) de longueur, prise depuis le dessus du coude. A 0 mèt. 0406 (18 lig.) au-dessous du bord supérieur de la douille, est réservée une élévation coupée carrément & continuée tout autour pour servir d'embase à la virole: cette douille a trois fentes pour le passage du tenon; la première, verticale, est pratiquée du côté opposé au coude; la seconde, horizontale, commence à l'angle que forme la première entaille, & de droite à gauche; la troisième, verticale, prend de la ligne inférieure de la seconde, & a son extrémité à gauche. Il pèse, non compris la baïonnette, 4 kilog. 375 (8 liv. 12 onc. 6 gros). Le poids de la baïonnette est de 0 kilog. 329 (10 onc. 6 gros).

Ce modèle est celui de toute l'infanterie de ligne.

Fusil de voltigeurs, *modèle de l'an 9*. Canon de 1 mèt. 0285 (38 pouc.) de longueur, mêmes forme & calibre que le précédent. Platine, baïonnette & baguette (hors sa longueur qui est de 0 mèt. 1082 (4 pouc.) de moins), aussi de même qu'au fusil de 1777 corrigé. L'embouchoir, la capucine, le porte-vis & le pontet de la sous-garde sont en cuivre, & le surplus de la garniture en fer. Il pèse 4 kilog. 267 (8 liv. 11 onc. 4 gros), non compris le poids de la baïonnette.

Il sert aux régimens d'infanterie légère & aux compagnies de voltigeurs.

Ce modèle sert aussi à la marine, avec cette seule différence que la grenadière du milieu est remplacée par celle du fusil d'infanterie, qu'on a fait faire en cuivre; mais, afin que cette arme pût servir à la fois à la marine & aux voltigeurs, cette grenadière du milieu étoit placée de façon qu'elle soit arrêtée par le même ressort à bois qui sert à fixer celle des fusils de voltigeurs.

Mousqueton, *modèle de l'an 9*. Canon de 0 mèt. 7577 (28 pouc.) de longueur, à cinq pans disposés comme aux précédens, & ayant 0 mèt. 0171 (7 lig. 7 points) de calibre intérieur. Platine ronde, bassinet en cuivre. L'embouchoir, le porte-vis, le pontet de la sous-garde, l'écusson & la plaque de couche sont en cuivre; la grenadière, la tringle & les battans en fer. Baguette d'acier à tête en cône tronqué renversé. Baïonnette de 0 mèt. 4875 (18 pouc.) de lame: du reste, mêmes dimensions qu'à celle des fusils, & la douille forée au même calibre. Il pèse 3 kilog. 289 (7 liv. 4 onc.), non compris le poids de la baïonnette, qui est de 0 kilog. 336 (11 onc.).

Il sert aux dragons & à la gendarmerie à cheval.

Pistolet de cavalerie, *modèle de l'an 9*. Canon de 0 mèt. 2007 (5 pouc. 7 lig.) de longueur, à cinq pans, &c., ayant même calibre que le mousqueton. Platine ronde, bassinet en cuivre. L'embouchoir, le porte-vis, le pontet de la sous-garde & la calotte sont en cuivre; l'écusson & la bride de poignée en fer. Baguette d'acier à tête de clou. Il pèse 1 kilog. 269 (2 liv. 9 onc. 3 gros).

Ce modèle a été changé en l'an 13 quant à l'embouchoir, auquel on a substitué une capucine fans couliffe, dont le bord inférieur eft placé à 0 mèt. 0917 (3 pouc. 4 lig. 8 points) du derrière du canon, & qui eft tenue par une bride du même métal (en cuivre) : cette bride va jufque fous la tête de la grande vis du devant de la platine. On l'appelle *modele de l'an* 13.

Ce piftolet eft auffi celui de la marine; mais alors il eft garni d'un crochet de ceinture en acier faifant reffort, & tenu par la grande vis du milieu de la platine : en forte que quand on veut le donner à la cavalerie, il fuffit d'ôter le crochet de ceinture & de remplacer la grande vis du milieu de la platine par une autre plus courte.

Il fert à toutes les troupes à cheval.

Piftolet de gendarmerie, modele de l'an 9. Canon de 0 mèt. 1285 (4 pouc. 9 lig.) de longueur, à cinq pans, &c., ayant 0 mèt. 0152 (6 lig. 9 points) de calibre intérieur. Platine ronde, baffinet en cuivre. Baguette d'acier à tête de clou. Garniture en fer. Il pèfe 0 kil. 638 (1 liv. 5 onc. 4 gros).

Il ne fert qu'à cette troupe.

Nota. Voyez, pour les nouveaux modèles d'armes à feu, les articles FUSILS D'INFANTERIE, DE VOLTIGEURS & D'ARTILLERIE, modeles de 1816, MOUSQUETON, modèle de 1816, &c.

MODÈLES de fabres en ufage dans l'armée françaife, antérieurement à ceux adoptés en l'an 11.

Sabre de cavalerie. Lame droite à deux gouttières, ayant 0 mèt. 9742 (36 pouc.) de longueur, & pefant 0 kilogr. 672 (22 onc.); fourreau en cuir de vache, fort & noirci, non fût en bois, ni alaifes, ayant une chape furmontée d'un bouton en demi-olive, & un bout, l'un & l'autre en cuivre laminé. Garde, calotte & virole en cuivre laiton (la garde eft compofée de deux branches, dont l'une eft coulée avec la coquille, & l'autre, ayant la forme d'un S, eft coulée féparément, & tient à la coquille & à la première branche par fes deux extrémités & par deux fleurons, &c.). Poignée en bois, ficelée en fpirale & recouverte d'une bafane qui, indépendamment de la colle forte, y eft encore affujettie par deux fils de laiton tordus enfemble. Poids du fabre complet, 1 kilogr. 704 (3 liv. 11 onc.) environ.

Sabre de dragons. Ce fabre ne diffère de celui de cavalerie que par le fourreau, dont la chape eft en fer, & en ce qu'il a de plus une bélière de même métal. La chape & la bélière ont chacune un piton avec un anneau.

Sabre de carabiniers. Lame droite, non évidée, ayant 0 mèt. 9742 (36 pouc.) de longueur, & pefant 0 kilogr. 703 (23 onc.); fourreau en fort cuir de vache, fans alaifes; chape & bout en cuivre laminé; monture en cuivre rouge; garde formée par trois branches dont la grande s'enchaffe fous la calotte, & les deux autres font arrêtées fur la première; la plus courte au tiers de la longueur,

la plus longue aux deux tiers de cette longueur. Coquille relevée & bombée, convenant la main du cavalier (cette coquille eft ornée des armes de France en relief, & de deux grenades emflammées). Poignée recouverte d'un cuir de veau, fur lequel eft roulé en fpirale un fil de laiton non tordu. Calotte en cuivre & à queue. Virole en cuivre laiton, retenant une boucle en cuir. Seconde virole en forme de calotte au-deffous de la coquille, en cuivre rouge, façonnée & deftinée à recevoir la chape du fourreau. Poids du fabre complet, 1 kilog. 80 (3 liv. 10 onc. 6 gros).

Sabre de chaffeurs à cheval. Lame cambrée de 0 mèt. 0248 (11 lig.) de flèche, à une gouttière, ayant 0 mèt. 8660 (34 pouc.) de longueur & pefant 0 kilog. 703 (23 onc.). Fourreau en cuir de vache, fort & noirci; le bout & les deux bélières en cuivre laminé. Sur les deux bélières font brafés deux pitons dans lefquels paffent deux anneaux mobiles. Garde (elle fe compofe d'une branche principale faifant corps avec la coquille, d'une autre faifant également corps avec la coquille, & d'une troifième allant de la partie fupérieure de la première branche à la partie inférieure de la feconde : ces trois branches font plates & façonnées) & calotte en cuivre. Poignée en bois ficelée en fpirale, & recouverte d'une bafane noire, fur laquelle eft un fil de laiton. Il pèfe 1 kilog. 734 (3 liv. 12 onc.).

Sabre de huffards. Lame cambrée de 0 mèt. 0586 (26 lig.) de flèche, ayant 0 mèt. 7038 (30 pouc.) de longueur, & pefant 0 kilog. 581 (1 liv. 5 onc.). Fourreau en bois, recouvert en cuir noirci; chape & bout très-grands & en cuivre laminé. Sur la chape & fur le bout font brafés deux pitons dans lefquels paffent deux anneaux mobiles, comme au fourreau du fabre de chaffeurs. Garde (elle fe compofe d'une branche ayant deux oreillons difpofés comme au modèle de l'an 11 du fabre de cavalerie légère, & pour le même ufage) & calotte en cuivre laiton. Poignée en bois ficelée & recouverte d'une bafane noire. Poids de ce fabre complet, 1 kil. 773 (3 liv. 10 onc.) environ.

MODÈLE dit *de Montmorency.* C'eft le fabre dont le deuxième régiment de chaffeurs étoit armé. Garde en fer, fourreau en cuir garni en fer & en cuivre, lame courbée de 0 mèt. 0180 (8 lig.) à grandes & à petites gouttières, ayant 0 mèt. 9735 (36 pouces) de longueur & pefant 0 kil. 612 (20 onces). Le poids total du fabre eft environ de 1 kil. 58 (3 liv. 4 onces).

Sabre de royal-allemand. La lame de ce fabre ne diffère guère de celle du deuxième régiment de chaffeurs que par fa cambrure, dont la flèche eft de 0 mèt. 0271 (1 pouce). Elle pèfe 0 kil. 642 (1 liv. 5 onc.). Fourreau de même que celui de ce dernier modèle, aux dimenfions près, lefquelles font relatives à la lame. La monture eft la même que celle du fabre de cavalerie, ancien

Gg 2

modèle, excepté cependant que les dimensions sont plus foibles, & que la garde n'est composée que de deux branches. Poids du sabre complet, 2 kil. 294 (4 liv. 11 onc.).

La monture de l'ancien modèle du sabre de cavalerie est composé, 1°. d'une poignée en bois, garnie d'un double fil de laiton & de deux viroles, dont l'une est à la partie inférieure & l'autre à celle supérieure ; 2°. d'une coquille & de trois branches, dont celle principale est pour ainsi dire le prolongement de cette coquille, & le fixe dans un pommeau rond ; la seconde, ayant la forme d'un S, est brisée par ses extrémités sur la première & sur la coquille ; la troisième va du milieu de la seconde jusqu'au milieu du bord de la coquille, qui, comme les branches, le pommeau & les deux viroles, sont en cuivre laiton.

Sabre de gendarmerie à cheval. Lame droite, non évidée, ayant 0 mèt. 8795 (32 pouc. 6 lig.) de longueur, & pesant 0 kil. 570 (1 liv. 2 onc. 4 gros). Fourreau en cuir de vache, fort & noirci, sans fût en bois ni alaises, ayant une chape & un bout en cuivre laminé, lesquels sont semblables à ceux du sabre de cavalerie. Garde (elle est composée d'une branche principale & de deux autres jointes ensemble par une palmette & des fleurons : le tout coulé du même jet) & calotte en cuivre laiton. (Il est laminé pour cette dernière pièce.) Poignée en bois, recouverte d'un double fil de laiton tors. Poids du sabre complet, environ 1 kil. 162 (2 liv. 6 onc.).

Sabre d'artillerie légère. Lame cambrée de 0 mèt. 0226 (10 lig.), & évidée, ayant 0 mèt. 5953 (22 pouces) de longueur, & pesant 0 kil. 534 (17 onc. 4 gros). La monture est celle du modèle de l'artillerie de la marine, à laquelle est adaptée une branche pour former la garde. Fourreau aussi de même que celui du sabre d'artillerie de la marine. Poids du sabre complet, 1 kil. 437 (2 liv. 15 onc.) environ.

Ce sabre est celui que l'artillerie légère eut lors de sa création ; mais peu de temps après elle fut armée de celui des chasseurs à cheval.

Sabre d'artillerie à pied. Lame à deux tranchans, à soie plate, à pans creux, & terminée en langue de carpe, ayant 0 mèt. 4871 (18 pouces) de longueur, & pesant 0 kil. 581 (1 liv. 3 onc.). Fourreau à alaises & en cuir de vache, noir, ayant une chape & un bout en cuivre laminé. La monture est composée d'une croisée & d'une poignée en cuivre, coulées ensemble. (Cette poignée a la figure d'un cou d'aigle, & la tête de cet oiseau forme en quelque sorte le pommeau.) Poids du sabre complet, environ 1 kil. 162 (2 liv. 6 onc.).

Sabre de grenadier. Lame cambrée de 0 mèt. 0222 (9 lig.), non évidée, ayant 0 mèt. 5953 (22 pouces) de longueur & pesant 0 kil. 551 (1 liv. 2 onc.). Fourreau en cuir de vache, noirci, sans alaises, garni d'un bout & d'une chape en cuivre laminé ; à la chape est fixé un tirant ou courroie pour le même usage qu'au modèle actuel. Monture en cuivre laiton. Elle est composée d'une poignée à grosses hélices & d'une garde dont la partie supérieure de la branche se loge sous le pommeau, & celle inférieure fait angle droit avec la croisée, qui est du même jet. Poids du sabre complet, environ 1 kil. 284 (2 liv. 10 onces).

Sabre d'artillerie de la marine. Il ne diffère de celui de l'artillerie de terre qu'en ce que la lame n'a pas de pans creux, que la poignée représente un cou & une tête de lion, & que le fourreau est sans alaises. Sa pesanteur moyenne est de 0 kil. 346 (2 liv. 12 onc.).

Sabre d'abordage pour la marine. Lame légèrement cambrée, ayant de chaque côté une gouttière qui règne le long du dos ; elle a 0 mèt. 6224 (23 pouces) de longueur, & pèse 0 kil. 581 (1 liv. 3 onc.). Fourreau de même que celui du sabre de grenadier, mais proportionné à la lame. Garde (elle est composée d'une branche principale qui va se loger dans le pommeau, & dont le prolongement inférieur & élargi forme la coquille, & les deux autres branches, de la forme d'un S, sont placées parallèlement en tricles) & poignée (cette poignée est à grosses hélices comme au sabre de cavalerie) en cuivre laiton. Poids du sabre complet, environ 1 kil. 346 (2 liv. 12 onces).

Au modèle actuel du sabre d'abordage, la lame est cambrée & évidée ; elle a de longueur 0 mèt. 7480 (27 pouc. 8 lig.). Monture en fer ; garde formée par une coquille en fer forgé, avec branches portant une pièce de tôle bombée, destinée à couvrir la main du soldat ; poignée en bois, à huit pans, logée dans un étui en tôle ; calotte composée d'une douille en tôle & d'un chapiteau en fer forgé avec bouton & rebord. Fourreau en cuir de vache sans alaises ; chape en cuivre laiton avec bouton double olive ; bout en cuivre avec bouton du même métal. Il pèse 1 kil. 40 (2 liv. 13 onces 6 gros).

Sabre de grosse cavalerie, modèle de l'an 11. Lame droite à deux gouttières. Fourreau en tôle forte avec fût en bois. Garde, calotte & virole en cuivre. Poignée en bois, ficelée & recouverte d'une basane noire, &c. Il pèse 3 kil. 197 (6 liv. 8 onces 4 gros).

Il sert aux carabiniers & aux cuirassiers.

Sabre de dragons, modèle de l'an 11. Il ne diffère du précédent que par le fourreau qui est en cuir fort, & dont la garniture est en cuivre laminé. Il pèse 1 kil. 856 (5 liv. 11 onces 5 gros).

Il n'est plus en usage, le fourreau en cuir ayant été remplacé par un fourreau en tôle.

Sabre de cavalerie légère, modèle de l'an 11. Lame cambrée de 0 mèt. 0519 (1 pouc. 11 lig.) de flèche & évidée. Fourreau en tôle forte avec fût en bois. Garde & calotte en cuivre. Poignée en bois, ficelée & recouverte d'une basane noire, &c. Il pèse 2 kil. 997 (6 liv. 1 once 7 gros).

Il sert à l'artillerie légère, aux chasseurs & aux hussards.

Sabre d'infanterie (dit briquet), *modèle de l'an 11.* Lame cambrée de 0 met. 0203 (9 lig.) de flèche, non évidée. Fourreau en cuir, garni en cuivre laminé. Garde & poignée en cuivre, coulées d'une seule pièce. Il sert à toutes les troupes à pied. Il pèse 1 kil. 340 (2 liv. 11 onces 6 gros).

Nota. Les sabres de l'ex-garde étoient : 1°. Celui des grenadiers à cheval, portant une grenade enflammée entre les mois blanches en S, de la garde; lame à la Montmorency; fourreau recouvert presqu'entièrement en cuivre laminé. 2°. Celui des chasseurs à cheval, dont la lame est presque semblable à celle du modèle de cavalerie légère; monture à croisée, ayant une seule branche; fourreau analogue à celui des grenadiers à cheval. 3°. Le sabre de grenadiers à pied, ayant la lame évidée, longue de 0 mèt. 649 (2 pieds) & cambrée de 0 mèt. 027 (1 pouce) de flèche; fourreau en cuir, bout & chape en cuivre, cette dernière pièce ayant une olive du même métal. 4°. Sabre de sapeurs. Lame légèrement cambrée, évidée, ayant un pan creux dans toute la longueur du dos, qui est taillé en scie. Cette lame a 0 mèt. 724 (2 pieds 3 pouc.) de longueur & 0 mèt. 054 (2 pouces) de largeur au talon. Fourreau en cuir avec fût en bois, garni en cuivre. Poignée en cuivre, surmontée d'une tête de coq à croisière, terminée par des têtes de lion. Il pèse 2 kil. 432 (4 liv. 14 onces 6 gros).

Ces sabres étoient finis & polis avec plus de soin que ceux des troupes de ligne.

Voyez au mot Sabre pour les nouveaux modèles qu'on appelle *modèles de 1816.*

Modèles de mentonnets & anneaux des bombes. Les modèles de mentonnets sont en cuivre & de deux parties réunies par des repères; leurs queues ou tenons, en place, ainsi que les trous du globe qui les reçoivent, ne sont pas dirigés vers son centre, mais ils sont parallèles à l'axe vertical de ce même globe, afin que lorsqu'on enlève le modèle, les mentonnets ne soient pas entraînés avec lui, & restent engagés dans le sable avec les anneaux; chaque partie est ensuite retirée séparément.

Les anneaux en fer devant flotter dans les trous des mentonnets, on enduit de terre délayée la partie droite de chaque anneau, & on les fait bien sécher avant de les employer : en nettoyant la bombe, cette terre desséchée tombe, & l'anneau dégagé a pour lors tout le jeu qui lui est nécessaire.

Modèles de jet des projectiles creux. Il est en bois, de deux pièces; la tige conique est de la hauteur des châssis portant la barrette, & la patte, qui est plate & amincie du côté qui touchera au projectile. Réunies, elles se placent en moulant dans celui des angles du châssis supérieur qui n'a pas de prisme, la patte touchant au globe, & la base du cône de la tige en haut. On conçoit que lorsque ces pièces sont enlevées, leur empreinte laisse dans le sable un vide communiquant d'une part au moule, de l'autre au dessus des châssis, & que c'est par cette ouverture qu'on introduit la matière en fusion.

MONTER un fusil. Cette opération s'exécute, dans quelques manufactures, par deux ouvriers, dont l'un se nomme *monteur*, & l'autre *équipeur.* Quelquefois le même ouvrier fait l'ouvrage de l'équipeur & du monteur; alors il prend le nom d'*équipeur-monteur;* mais, dans les deux cas, la série du travail est toujours la même. On délivre au monteur un bois ébauché, un canon garni de la baïonnette, une baguette, une platine en blanc, c'est-à-dire, qui n'est pas trempée, & toutes les vis, garnitures & ressorts de garniture. La baïonnette est ordinairement ajustée sur le canon par un autre ouvrier, qui la fixe par la virole, & enlève la partie du canon qui déborde, à l'aide d'une fraise, jusqu'à ce que la tranche de la bouche affleure juste la tranche supérieure de la douille. Il commence par calibrer le bois au moyen d'un gabari, & il le dresse sur toutes ses faces. Il le coupe de la longueur convenable, & il fait le logement de la plaque de couche qu'il met en bois, & qu'il fixe au moyen des deux vis.

Il fait le logement du canon avec des rabots & écouênes façonnés pour cet objet, & il place le canon de manière qu'il soit enfoncé dans le bois de la moitié de son diamètre sur toute sa longueur. Il fait le logement de la capucine, dégrossit le devant du bois, de manière à pouvoir mettre la capucine en place; il ajuste ensuite la grenadière, & enfin l'embouchoir. Il fait le logement de la baguette au moyen d'une grande mèche de vilebrequin, qui est ordinairement soudée au bout d'une baguette en acier, dont on a équarri la tête pour la loger dans la monture du vilebrequin.

Il plane la crosse, arrondit la poignée, en se guidant avec les pentes & calibres de poignée. Il fait le logement de la platine au moyen de différens rabots, becs-d'âne, gouges, & de mèches de divers calibres, de manière à loger exactement les différentes parties de cette pièce, sans gêner leur mouvement, & de façon que les têtes de vis portent au fond de leur logement. Il perce les trous des grandes vis, & place le porte-vis.

L'équipeur prend alors le fusil, met en bois l'écusson de la sous-garde; il fait le trou de la vis de culasse, celui du logement de la détente; il perce ou pique la détente, met la goupille en place, règle le jeu de la détente, & fait marcher la platine, puis il met en bois les ressorts de garniture & il rase les vis.

Dans les modèles d'armes de 1816, la détente

faisant système avec l'écusson, l'opération de piquer la détente n'a pas lieu. Le monteur gratte & polit le bois. (*Voyez* le mot SOUS-GARDE.)

L'équipeur donne à tremper la platine & les vis, les polit ensuite, ainsi que le canon & les garnitures, & finit par remonter l'arme & la faire marcher, en mettant toutes les pièces en harmonie. Le fusil est alors fini. (*Voyez* l'article RECETTE DES ARMES A FEU PORTATIVES.)

Le mousqueton se monte absolument de la même manière que le fusil, excepté qu'on ne perce pas de trou pour le logement de la baguette au modèle de 1816, cette baguette étant portée séparément par le cavalier. (*Voyez* l'article MOUSQUETON, modèle de 1816.)

Le pistolet se monte aussi de la même manière, en commençant par mettre en bois la calotte, le canon, la bride de poignée, &c. (*Voyez* l'article PISTOLET DE CAVALERIE, modèle de 1816.)

La monture d'un fusil de luxe demande un peu plus de soins, & l'ordre du travail se modifie de la manière suivante :

On calibre & on dresse le bois, on place le canon (on suppose qu'il s'agit de monter un fusil double) & la pièce de bascule, on perce le trou de la coulisse du tiroir, & on met cette pièce en place. On marque la place des deux détentes; on met en bois la plaque de couche, on ébauche la crosse; on met les platines en bois; on place la pièce de détente, la sous-garde & le porte-baguette; on fait le logement de la baguette; on fait marcher les platines, on rase les vis & on perce les lumières; on les garnit de grains d'or ou de platine, ainsi que les bassinets; on polit les platines & les garnitures, ce qui s'appelle mettre ces pièces *hors de trait*; on grave & on orne les platines, les garnitures & les têtes de vis; on les trempe & on leur laisse ordinairement la couleur de la trempe qui est communément jaspée; mais on polit & lustre l'intérieur des platines, ainsi que les feuilles des détentes.

On fait des ornemens en or ou en argent sur les canons, & on y grave le nom de l'arquebusier; on rase ces métaux; on polit le canon & on le met en couleur. (*Voyez* l'article MISE EN COULEUR DES CANONS DES ARMES PORTATIVES.) On fait la baguette, on sculpte le bois, on quadrille la poignée; on adoucit le bois à la lime; on dégage avec une gouge le tour des platines & de la queue de culasse; on mouille le bois pour en faire sortir les filandriers & les enlever; on le pèle & on le ponce; enfin, on le passe à l'orcanète; on le lustre avec du tripoli, & on remonte entièrement l'arme pour la faire marcher. (*Voyez* l'article FUSIL DE CHASSE.)

Les pistolets de luxe se montent de la même manière que les fusils de chasse.

La couche d'un fusil de guerre se mesure de la tranche du tonnerre au derrière de la plaque de couche; celle d'un fusil de luxe se mesure de la détente au milieu de la longueur & de la largeur de la plaque de couche. La première de ces distances est de 0 mèt. 3812 (14 pouc. 1 lig.). La seconde est de 0 mèt. 3519 à 0 mèt. 3654 (13 pouces à 13 pouces 6 lig.), suivant la taille des chasseurs.

La pente de la couche des fusils de guerre est déterminée par des perpendiculaires à une ligne parallèle à l'axe du canon, & passant par l'extrémité supérieure du logement de la culasse. L'équipeur fait usage d'un gabari profilé en conséquence, ainsi que d'une pente pour le cintre du dessous de la couche. La pente des fusils de chasse se donne aussi au moyen d'un gabari. La courbure de la poignée des pistolets de guerre se détermine par des arcs de cercles raccordés entr'eux, tant pour le dessus que pour le dessous, & l'on profile les gabaris sur cette courbure. La courbure des pistolets de luxe étant plus grande que celle des pistolets de guerre, l'ouvrier fait les gabaris suivant la volonté des particuliers.

MONTER un sabre. On délivre au monteur, dans les manufactures d'armes, la lame, la garde, la poignée, la calotte & le fourreau complet. Il alonge la soie, en arrondit le bout, & lui donne la courbure nécessaire & relative à celle de la poignée. Il ajuste la poignée sur la soie, puis la garde & la calotte. Il monte & met en harmonie la garde, la poignée & la calotte, & il rive la soie sur le pommeau.

Il colle & épingle la chape & le bout aux fourreaux de sabres d'infanterie & d'artillerie. (*Voyez* l'article RECETTE DES ARMES BLANCHES.)

Les sabres de luxe & les épées se montent d'une manière analogue à celle des sabres des troupes, sauf les bouts & les chapes qu'on n'épingle pas, & la rivure de la soie, qui n'est pas ordinairement apparente, étant recouverte par une pièce qui s'ajuste sur le pommeau; toutefois ces armes sont finies avec un grand soin, à cause des métaux précieux & des matières qui les embellissent, tels que la nacre de perle, le lapis-lazuli, &c.

MONTE-RESSORT. Instrument servant à ôter de leur place les ressorts de la platine pour la nettoyer. Il en est de plusieurs formes, mais les moyens sont à peu près les mêmes pour y parvenir. C'est une tige de fer, portant à un bout un mentonnet qui s'appuie sur quelque partie voisine & immobile de la platine, tandis que l'autre est un écrou traversé par une vis de pression qui, comprimant les branches du ressort sur lui-même, l'empêche d'appuyer sur la pièce qu'il doit faire mouvoir, donne le moyen de tirer la vis ou de dégager le pivot qui retient ce ressort en place. Quand la vis porte immédiatement sur le ressort, il se trouve poussé en un seul point & peut casser;

c'est la vis du monte-ressort ordinaire. On a obvié à cet inconvénient dans celui de M. Regnier, en faisant porter la vis sur une branche de fer mobile, traversée & contenue vers son milieu par un pivot qui glisse dans une rainure. Les deux bouts de la branche un peu recourbés, portant sur le ressort, il se trouve pressé en deux points différens & assez éloignés.

Ce monte-ressort est composé d'une pièce principale, de la forme d'un petit crampon, ayant une patte repliée à angle droit pour appuyer sur le ressort, & d'une autre partie aussi repliée à angle droit, percée & taraudée pour recevoir une vis de pression. Dans le milieu du corps de cette pièce principale est pratiquée une mortaise d'une longueur déterminée, dans laquelle joue à coulisse un clou à vis portant une branche transversale destinée à presser les branches mobiles des deux ressorts au moyen de la vis.

Pour démonter le grand ressort, on applique le monte-ressort de manière que la patte recourbée de la pièce principale ait son point d'appui sur la petite branche du ressort, à la hauteur du rempart de la batterie, & que la branche transversale se trouve placée de l'une de ces extrémités sous le derrière du ressort, & de l'autre, terminée par un petit crochet, dans le creux de la griffe. Alors l'on serre ou l'on desserre la vis de pression selon qu'il est nécessaire.

Pour démonter le ressort de batterie, on place l'instrument de façon qu'une coche faite dans la branche transversale corresponde à l'œil de la vis de ce ressort, & l'on fait agir la vis de pression comme pour le grand ressort.

MONTEUR-ÉQUIPEUR. Ouvrier des manufactures d'armes. On l'appelle ordinairement équipeur-monteur. (*Voyez* ce dernier mot.)

MONTURE DE FUSIL. On entend par monture d'un fusil la mise en bois du canon, de la platine, de l'embouchoir, de la capucine, de la grenadière, & en général de toutes les pièces qui composent l'arme.

MONTURE de sabre. Elle se compose de la calotte, de la poignée & de la garde. Dans les sabres d'infanterie & d'artillerie, ces trois parties sont coulées d'une seule pièce.

MORAILLON DES CAISSONS D'ARTILLERIE. Pièce de fer plate & mobile, jointe par une charnière à une autre qui est fixe : le moraillon sert à fermer un caisson, un coffret, &c., au moyen d'un tourniquet qui traverse la partie mobile percée pour le recevoir au côté opposé à la charnière.

MORDACHE. Mâchoires d'étau en bois, unies par une charnière, qu'on met dans un étau ordinaire pour serrer les pièces qu'on veut tenir sans qu'elles soient endommagées par les dents de l'étau ; les équipeurs-monteurs en font particulièrement usage : on l'appelle quelquefois *tenaille d'établi*.

MORION. Casque des gens de pied, aplati des côtés & terminée par un rebord qui s'élève en pointe devant & derrière.

MORTAISE. Entaille qu'on fait dans une pièce de bois pour en recevoir une autre, ou la partie diminuée d'une autre qu'on appelle *tenon*, & assembler les deux pièces par ce moyen ; lorsque l'entaille traverse la pièce en entier, c'est une mortaise, sinon c'est un embrèvement : les entretoises des affûts ne sont qu'embrevés.

MORTIER. C'est une bouche à feu qui se pose sur ses tourillons & la culasse pour la charger, & qu'on pointe ordinairement sous un angle très-ouvert. L'âme du mortier a de longueur à peu près une fois & demie son calibre, & la chambre est ordinairement tronc-conique. Au moyen de cette forme, la bombe qui pourroit se trouver d'un calibre moindre que celui qu'elle doit avoir, touche toujours exactement dans ce mortier les parois intérieures de l'âme, & ne laisse aucun passage au fluide élastique pour s'échapper en pure perte ; la poudre par conséquent agit contre le projectile avec toute la force dont elle est susceptible. Le mortier à chambre tronc-conique s'appelle *mortier à la Gomer*, du nom de M. de Gomer, ancien maréchal-de-camp d'artillerie. (*Voyez* le mot CHAMBRE.)

L'angle sous lequel on pointe le mortier dépend des circonstances où l'on se trouve, & de l'effet que l'on attend du tir. (*Voyez* le mot TRAJECTOIRE.)

C'est en 1634 qu'on a commencé en France à faire usage du mortier, mais les Turcs l'avoient employé au siége de Rhodes dès 1522.

Il y a trois espèces de mortiers ; ceux du diamètre de 12 pouces, ceux de 10 pouces 1 ligne 6 points, & ceux de 8 pouces 3 lignes. La charge des mortiers à chambre pleine est de 1 kil. 6826 (3 liv. 7 onc.) pour le mortier de 12 pouces ainsi que pour celui de 10 pouces. Elle est de 0 kil. 7342 (1 liv. 8 onc.) pour celui de 8 pouces.

Il y a deux mortiers de 10 pouces, les uns à grandes portées, & les autres plus légers, à petites portées, ayant tous deux les mêmes bombes. Dans la chambre du mortier de 10 pouces, destiné pour les grandes portées, on peut mettre 3 kil. 5485 (7 liv. 4 onc.) de poudre.

Le mortier de 12 pouces pèse environ 1327 kil. 2346 (2711 liv.); celui de 10 pouces, pour les grandes portées, 1042 kil. 80 (2150 liv.); celui de 10 pouces, pour les portées moyennes, 792 kil. 99 (1620 liv.), & celui de 8 pouces à peu près 293 kil. 70 (600 liv.).

On trouve les mortiers trop pesans & d'un tir incertain ; celui de 12 pouces est inutile & on l'a supprimé, celui de 10 pouces à grande portée produifant tous les effets dont on a befoin pour l'attaque & la défenfe des places.

On a coulé des mortiers à femelle pour la défenfe des côtes. Ils ont l'inconvénient d'obliger à varier la charge pour obtenir des portées diverfes, fuivant l'éloignement des vaiffeaux fur lefquels on tire. Enfin, on a coulé des mortiers de côte de 12 & 10 pouces à chambre tronc conique, contenant l'un & l'autre 5 kil. 585 (11 liv.) de poudre, ainfi que des mortiers en fer, les uns à femelle & les autres à tourillons, dont la chambre contient environ 9 kil. 790 (20 liv.) de poudre. Ils font du calibre de 12 pouces, & provenoient des fonderies de la marine. On a eu en outre dans les derniers temps quelques mortiers à femelle & à chambre fphérique, contenant 30 livres de poudre.

Les noms des parties d'un mortier de 12 pouces & de 8 pouces, à chambre cylindrique, font : la volée, le renfort, le pourtour du mortier, le cul du mortier en arc de cercle, les tourillons, la lumière, le baffinet, l'anfe, l'ame, la chambre. Les moulures font : le liftel fupérieur de la bouche, le tore de la bouche, le liftel inférieur de la bouche, la gorge de la volée, la gorge du renfort à la volée, le liftel du renfort, la gorge du pourtour de la chambre.

Les noms des parties d'un mortier à grande & à petite portée de 10 pouces, à chambre cylindrique, font : la volée, le renfort, le pourtour de la chambre, le cul du mortier, formé par trois arcs de cercles qui fe raccordent, les tourillons & leurs embafes, la lumière & fon grain, le baffinet, l'anfe, l'ame, la chambre. Les moulures du mortier de 10 pouces à grande portée font : le liftel fupérieur de la bouche, le tore de la bouche, le liftel inférieur de la bouche, la gorge fupérieure & celle inférieure du renfort, la gorge inférieure du renfort. Les moulures du mortier de 10 pouces à petite portée font : le liftel fupérieur de la bouche, le tore de la bouche, le liftel inférieur de la bouche, la gorge de la volée, la doucine fous le renfort.

Les noms des parties des mortiers de 12, 10 & 8 pouces, dits *à la Gomer*, font : la volée, le renfort, le pourtour fous les tourillons, ou cul du mortier terminé en arc, les côtés extérieurs parallèles à ceux de la chambre, les tourillons avec leurs renforts & leurs embafes, l'anfe avec fon cran de mire au milieu; la lumière, qui eft perpendiculaire aux parois de la chambre, & dirigée fur le milieu de la hauteur de la chambre; le baffinet, l'ame, la chambre qui eft tronc-conique. Les moulures du mortier de 12 pouces à la Gomer font : le liftel de la bouche, la plate-bande de la volée, la gorge de la volée, le tore de la volée, la plate-bande du renfort. Les moulures des mortiers de 10 pouces & de 8 pouces à la Gomer font : le liftel fupérieur de la bouche, le tore de la bouche, le liftel inférieur du tore de la bouche, la plate-bande du renfort.

MORTIER à bilboquet. Petit mortier fort léger, propofé pour l'épreuve des poudres de guerre, & qu'on n'a pas admis. (*Voyez* le mot BILBOQUET.)

MORTIERS-COEHORN. Bouches à feu très-légères, en ufage en Hollande, des calibres de 8 & de 16; les premières fe chargent avec 0 kil. 275 (9 onc.) de poudre, & les fecondes avec 0 kil. 398 (13 onc.): leur portée eft de 779 mèt. 61 à 974 mèt. 52 (4 à 500 toifes). On a coulé en France quelques mortiers de cette efpèce à ame tronc-conique, propres à lancer les obus de 24.

MORTIERS à perdreaux. Mortier de 8 pouces de calibre, entouré de treize petits mortiers pouvant lancer chacun une grenade. Cette bouche à feu, propofée vers la fin du dix-feptième fiècle par Petit, Florentin, ne pefoit qu'environ 122 kil. 475 (250 livres). On chargeoit de 0 kil. 245 (8 onc.) feulement le mortier du milieu, & on ne mettoit que très-peu de poudre dans les treize petits mortiers, ayant chacun une lumière qui communiquoit à l'ame du mortier du milieu. La bombe & les grenades partoient enfemble, & n'alloient qu'à 467 mèt. 87 à 584 mèt. 71 (240 à 300 toifes). Les alliés, dans la guerre de 1701, ont fait grand ufage de ces mortiers.

MORTIERS à piler les matières d'artifice. Vaiffeau fervant à contenir les fubftances que l'on veut concaffer ou pulvérifer au moyen du pilon. Il eft en fer, en bronze ou en marbre. Sa forme & fa grandeur varient; le pilon eft de même nature que le mortier, excepté celui du mortier de marbre, qui eft en bois. Il faut que le mortier dont on fe fert foit bien folide, & ne puiffe pas réagir fur la matière à pulvérifer. On fe recouvre ordinairement d'une peau pour contenir cette matière, & l'on fait paffer le pilon à travers cette peau.

MORTIERS des moulins à poudre. Cavités faites dans une forte pièce de bois équarrie, nommée *pile*, en chêne ou en orme, & qui en contient dix à douze. La forme de la cavité de ces mortiers a beaucoup varié : on l'a fait hémifphérique, ovoïde, pyriforme, &c. Le but qu'on doit avoir eft que la matière, que le pilon chaffe en battant, retombe promptement fous lui pour être rebattue de nouveau. Chaque mortier contient 9 kil. 79 (20 liv.) de compofition.

MORTIER-ÉPROUVETTE. Il fert à éprouver les poudres. On l'appelle fimplement *éprouvette*. (*Voyez* l'article ÉPROUVETTE POUR LES POUDRES DE GUERRE.)

Les

Les noms des parties de ce petit mortier font : la femelle ou plaque; la languette, entre le mortier & la femelle; le ventre; la volée; le bassinet; l'anse; l'ame; la chambre; le fond, qui est une portion de cercle dont le centre est à l'orifice; le grain de lumière & la lumière; le globe, sa poignée, son bouchon. Les montures sont : la gorge du pourtour de la chambre, le listel de la gorge, la plate-bande de la partie inférieure de la volée, la gorge inférieure de la volée, la gorge supérieure de la volée, le listel inférieur du tore de la bouche, le tore de la bouche, le listel supérieur du tore de la bouche.

MOUCHE. Outil servant à polir intérieurement les canons de fusils. (*Voyez* le mot MÈCHE.)

MOUCHETTES. On appelle ainsi le rabot dont la forme est concave.

MOUFLE. C'est un système de poulies assemblées dans une même chape, sur le même axe, ou sur des axes particuliers. On emploie en même temps deux moufles; l'un est attaché à un point fixe, & l'autre est lié à la résistance & se meut avec elle : toutes les poulies des deux moufles sont embrassées par un même câble, dont un des bouts est attaché à un des deux moufles, & l'autre est tiré par la puissance.

MOUFLETTE. Extrémité de l'axe de la lanterne d'un banc de forerie, dans laquelle s'engage la tête des forets.

MOUILLETTE. Outil de forgeur, servant à asperger le foyer pour concentrer la chaleur, & empêcher que le combustible ne brûle inutilement à la surface.

MOULAGE. Formation des moules pour couler la fonte.

MOULAGE des projectiles. On moule en sable tous les projectiles creux. On coule les projectiles pleins, en coquille ou en sable. L'usage des coquilles est simple & facile, car quand elles sont en bon état, l'ouvrier le moins adroit peut couler des projectiles bien ronds & d'un calibre exact, sauf les légères variations des fontes; tandis que le moulage en sable exige des soins & de l'intelligence de la part de l'ouvrier. En effet, la moindre variation dans les châssis, un sable trop peu ou inégalement serré, un moule mal réparé, ses parties mal réunies, &c , sont autant de causes de difformités dans ces projectiles. Mais la surface des boulets coulés en sable est moins dure que celle des boulets coulés en coquille; ces boulets se rebattent mieux, & après le rebattage ils sont fort beaux, très-polis, & il est presqu'impossible de reconnoître les traits de la couture; ainsi le moulage en sable des boulets a un grand avantage sur le moulage dans des coquilles.

Le sable propre à mouler les projectiles doit être réfractaire; s'il ne l'est pas, la première surface intérieure du moule se vitrifie par le contact du fer en fusion, il en résulte des gravelures & des loupes à la surface de ces projectiles; il faut qu'il soit un peu argileux, sinon il n'auroit pas assez de consistance : enfin, son grain doit être le plus fin possible.

On est dans l'usage de faire recuire ou calciner le sable avant de le mettre en œuvre : cette opération a pour but de faire évaporer les substances volatiles nuisibles qu'il peut contenir & de le disposer à passer au tamis; on l'humecte ensuite convenablement, ce qu'on connoît lorsqu'après avoir été comprimé dans la main, il conserve la forme que la compression lui a donnée, & qu'il faut un certain effort pour le briser.

Si le sable est trop fort (ou trop gras, suivant l'expression des ouvriers), par la surabondance des parties argileuses, il faut y mélanger un peu de sable de rivière, parce qu'alors il occasionne des soufflures aux projectiles & se durcit tellement, qu'on a beaucoup de peine à rompre les moules.

Le sable légèrement humecté & bien battu, est propre au moulage : lorsqu'il a servi à la coulée précédente, il faut le laisser refroidir jusqu'à ce qu'il soit tiède, avant de l'employer de nouveau; mais il est très-utile de couvrir toujours le modèle de sable neuf, & d'achever ensuite de remplir le châssis avec celui qui a déjà servi.

MOULAGE des projectiles creux. Les bombes, les obus & les boulets creux se moulent de la même manière; mais ces deux dernières espèces de projectiles n'ayant pas d'anses, on supprime à leur égard la partie du travail qui concerne les mentonnets & les anneaux. Les objets nécessaires à cette fabrication sont : des châssis, des globes-modèles, des modèles de mentonnets, des anneaux en fer forgés, des noyaux en terre montés sur un arbre en fer & des modèles de jets. (*Voyez* ces articles.)

Pour mouler une bombe, l'ouvrier pose le demi-globe qui porte l'arbre (*voyez* l'article ARBRE DU NOYAU DES PROJECTILES CREUX), sur une planche bien unie & le châssis supérieur par-dessus, en faisant entrer l'arbre dans la barette; il place ensuite le jet qu'il soutient pendant que deux aides jettent dans le châssis du sable qu'ils battent & serrent à mesure jusqu'à la hauteur du modèle; alors il ajuste les mentonnets avec les anneaux qu'il tient en place jusqu'à ce qu'ils soient contenus & couverts par le sable; puis il achève de remplir le châssis; lorsque le sable est suffisamment comprimé, il rase avec une règle ce qui en excède les bords, forme un entonnoir autour du modèle de jet, & passe plusieurs fois à travers le sable une aiguille de fer au-dessus des mentonnets, & ailleurs jusqu'au globe pour servir d'évents.

Artillerie. H h

Il retourne ensuite sens dessus dessous ce châssis sur un faux fond, met l'autre demi-globe dans son emboîtement & le châssis inférieur dans les repères du premier; puis, après avoir tamisé du poussier de charbon, tant sur le modèle qu'autour, pour empêcher l'adhérence des deux parties, il le remplit de sable qu'il serre fortement & bien également. Cela fait, & le sable excédant rasé, il passe une petite barre de fer dans la mortaise du boulon qui tient au demi-globe, la soulève & l'assure avec une batte, ou autre outil faisant l'office de coin, portant sur deux côtés du châssis; par ce moyen il peut enlever le modèle avec le châssis sans aucun dérangement; alors il met ce dernier sur le côté, dégage le boulon & la barre en ôtant la clavette à ressort, le place de niveau dans la situation où il sera coulé, enlève le modèle, bouche avec du sable le trou qu'a laissé le boulon, & répare les dégradations des bords du moule.

Pour disposer l'autre partie, il met le châssis supérieur renversé sur un support qui permet d'agir dessous librement; il détache le jet, le demi-globe & les modèles de mentonnets, souffle dans l'intérieur pour chasser le sable roulant, répare le moule & place le noyau qu'il descend perpendiculairement dans le trou de la barette, après avoir acquis la certitude qu'il est bien au centre du moule & qu'il touche à la barette; il l'assujettit invariablement par une clavette qui passe dans la grande mortaise en dehors du châssis. Renversant ensuite ce châssis sur l'autre, il les serre ensemble dans la même position où ils se trouvoient lorsque le modèle étoit dans le sable, & alors le moule est prêt à recevoir la fonte.

Supposant actuellement une coupe au châssis par un plan vertical passant par la ligne des mentonnets, on conçoit que la chape en sable donnera la forme exacte de la bombe à l'extérieur; que le vide autour du noyau sera rempli par la matière selon les épaisseurs déterminées, & que le noyau lui-même conservera l'espace nécessaire pour la charge du projectile & pour le trou de la lumière.

On coule à l'ordinaire, sans intervalle & sans secousses; l'aide qui écrème la fonte avec un bâton de bois vert, à mesure que le couleur l'introduit dans le moule, présente à chaque instant son bâton enflammé contre l'arbre du noyau du côté de la rainure, jusqu'à ce qu'il en sorte une petite flamme bleue qui annonce que la communication est établie entre les vapeurs du noyau & l'air extérieur.

Lorsqu'on juge que la matière est consolidée, on casse le jet, on ôte la clavette de l'arbre, on enlève le châssis; on tire l'arbre au moyen d'un tour-à-gauche & l'on a lèse la lumière avec une fraise qui lui donne les dimensions; enfin, on râpe la couture & la place du jet, & on laisse refroidir la bombe.

Aussitôt qu'on peut la manier, on dégage la terre du noyau, on la nettoie bien intérieurement & extérieurement, on cisèle la couture & l'on donne à la lumière quelques coups d'alésoir à froid pour la polir.

Alors la bombe peut être représentée à la réception.

MOULAGE des projectiles pleins. On procède exactement comme pour les projectiles creux; seulement on supprime aux châssis la traverse en fer nommée *barette*, parce qu'on n'a pas alors de noyau à placer.

Pour mouler les boulets pleins & les balles, on se sert de châssis de deux pièces proportionnées à chaque calibre, en observant que la partie supérieure, celle où l'on place le jet, ait de hauteur un peu plus que le diamètre du projectile au moulage duquel il est destiné, afin que la pesanteur de la fonte du jet puisse faire remonter celle qui remplit le moule jusqu'au sommet de la dernière sphère & fournir au retrait.

Le globe qui sert à mouler, & qui représente le boulet que l'on veut couler, ne doit pas être parfaitement rond; lorsque les deux calottes qui le forment sont exactement emboîtées, il doit être un peu aplati aux deux pôles, à cause du retrait qui a lieu avec beaucoup plus de force dans la ligne de l'équateur.

On entend par l'équateur d'un globe à mouler, la ligne circulaire formée par tous les points de la circonférence du grand cercle à l'endroit de l'emboîtement; les pôles sont les deux points également distans de l'équateur & diamétralement opposés.

Le diamètre d'un pôle à l'autre doit être plus petit que celui de l'équateur de quelques points, suivant la nature des fontes. (*Voyez* le mot RETRAIT DES FONTES DE FER.)

On tourne d'abord les globes sphériques de manière qu'ils passent librement dans la grande lunette de réception des projectiles; puis on remet chacun des deux globes sur le tour & on le diminue au pôle, jusqu'à faire toucher partout au calibre tracé comme on va le dire : après avoir tracé une ligne horizontale indéterminée, & coupé cette ligne par une perpendiculaire; du point de section & d'une ouverture de compas égale au rayon de la sphère, on décrit un demi-cercle, & de la même ouverture, descendant une pointe du compas au-dessous de l'horizontale de la quantité dont on veut abaisser le pôle, on trace de l'autre pointe une nouvelle courbe qui est celle sur laquelle il faut découper le calibre.

L'empâtement du jet, c'est-à-dire, sa partie inférieure qui communique au moule, à la jonction des deux pièces du châssis, doit être long, mince, en diminuant par les côtés & les angles un peu rabattus, afin qu'il se détache nettement du boulet sans le gâter.

Le sable doit être fortement & également serré, & l'on pratique des évents à chaque moule; ils ne doivent pas être trop gros : un fil de fer de 0 mèt. 0013 à 0 mèt. 0015 (7 à 8 points) de diamètre, passé d'outre en outre au travers du sable, de dedans en dehors, suffit ordinairement. On le passe plusieurs fois dans les moules des gros calibres. Les boulets de 48 & de 36 se moulent seuls dans un châssis; on peut en mouler ensemble deux de 24 & quatre de chacun des calibres de 12, 8, 6 & 4. Après avoir coulé, lorsqu'on s'aperçoit que le jet est suffisamment consolidé, & que par cette raison sa matière ne fournit plus au retrait de celle du boulet, on retourne le châssis sens dessus dessous, afin d'égaliser autant que possible celui qui a lieu aux deux pôles.

Les projectiles étant refroidis, sont ébarbés & râpés avant d'être introduits dans le four de rebatterie.

Moulage de balles des cartouches à canon. On dispose les moules sur deux lignes parallèles, entre lesquelles on place un maitre jet qui règne dans toute la longueur, & d'où la fonte communique à chacun des vides sphériques par un petit canal latéral.

On fait maintenant ces petits projectiles en fer battu. (*Voyez* l'article BALLES DE FER BATTU.)

Moulage des canons. Il se fait en sable ou en terre. Cette dernière méthode est celle en usage maintenant en France. (*Voyez* l'article BOUCHES A FEU & COULER UNE PIÈCE D'ARTILLERIE.)

Pour mouler en terre, on fait le modèle & le moule des canons en trois parties, qu'on réunit ensuite en les emboîtant; la première comprend le cul-de-lampe & le bouton; la deuxième, le reste de la pièce & une partie de la masselotte; la troisième, le reste de la masselotte.

Première. Pour faire le modèle du cul-de-lampe & du bouton formant la culasse du canon, on forme une couronne de briques du diamètre & de la hauteur de la culasse à mouler, sur un autel cylindrique de maçonnerie, de 0 mèt. 9745 (36 pouces) de hauteur, & de 1 mèt. 2994 (4 pieds) de diamètre, ayant, dans son intérieur, un fourneau & un cendrier, avec quatre soupiraux diamétralement opposés, aboutissant à 0 m-t. 2160 (8 pouces) du bord supérieur de l'autel. Cette couronne doit être concentrique au fourneau.

Deuxième. Pour faire le modèle du corps du canon, on prend son *trousseau*, on le place sur les deux chantiers; on figure sur le trousseau le renflement du bourrelet, au moyen de plusieurs coins en forme de douves, appliqués à l'endroit où finit la volée & commence le bourrelet; on le fixe par des clous aisés à retirer; on garotte ces coins dans toute leur longueur avec des tresses de paille, pour les assujettir fortement, on retire les clous.

On forme avec de pareilles tresses, roulées sur le trousseau, les plates-bandes de culasse & celles des renforts; on enveloppe le reste du trousseau avec des feuilles de papier ficelées, pour que la première couche de terre n'y adhère pas.

Le trousseau, en cet état, a 0 mèt. 0203 (9 lig.) de moins de grosseur que le modèle, qu'il n'imite en conséquence qu'imparfaitement. On place sur les chantiers, dans des encastremens pour cet effet, l'*échantillon* à plat, & au moyen de coins, on l'assujettit plus ou moins près du trousseau, suivant la marche de l'ouvrage.

Un manœuvre fait tourner le trousseau; deux mouleurs appliquent, sur toute sa longueur, une couche de terre à mouler, en remplissant l'intervalle entre l'échantillon & ce trousseau; ils forment par-là des plates-bandes. On allume un feu de bois entre les deux modèles pour sécher cette première couche.

Cette première couche, en séchant, ayant pris du retrait, on en applique une seconde qui, séchant aussi à son tour, mais prenant moins de retrait, restera peu au-dessous de la grosseur du modèle.

On passe plusieurs couches de la deuxième terre à mouler, jusqu'à ce qu'on prévoie que ces couches séchées, & ayant pris leur retrait, le moule ait quelques lignes de grosseur au-dessus du modèle · comme cette deuxième terre est plus liquide, il faut augmenter le feu entre les deux trousseaux, & l'éteindre après que la première couche sera parfaitement sèche.

On applique au modèle, avec précision, les modèles des tourillons & de leurs embases, qui sont en plâtre, & ceux des anses faites de trois parties de résine & une de cire : en hiver seulement, on y ajoute un peu d'huile de lin.

On couvre, au pinceau, le modèle de deux couches légères de cendres de tanneur, tamisées & délayées dans de l'eau. Cette substance terreuse, absorbante & sans hiant, ou d'une adhérence que le moindre feu détruit, empêchera la liaison du modèle avec la chape qu'on va construire sur lui.

Pour faire la chape, on applique sur les couches de cendrée du modèle, trois couches de *potée* très-minces, qui n'aient ensemble, après leur desséchement, que 0 mèt. 0090 à 0 mèt. 0113 (4 à 5 lig.) d'épaisseur; on les laisse sécher lentement à l'ombre l'une après l'autre; on cannèle chacune avec les doigts, avant d'appliquer la suivante pour les mieux lier.

On couvre les couches de potée d'une couche de terre moins fine, plus épaisse, plus chargée de bourre, on la fait sécher au feu successivement: une deuxième, une troisième couche seront ainsi appliquées, jusqu'à ce que la chape ait atteint une épaisseur de 0 mèt. 0676 (2 pouces 6 lig.).

On fortifie la chape avec des barres de fer mises suivant sa longueur, assurées par d'autres qui les entourent. (On suppose faire le moule du canon de 16.) Les barres de fer ont 0 mèt. 1083 (4 pouc.) de largeur, & 0 mèt. 0541 (2 pouc.) d'épaisseur; il y en aura six dans la longueur, espacées de 0 mèt. 1624 (6 pouces), aboutissant d'un côté à 0 mèt. 1895 à 0 mèt. 2166 (7 à 8 pouc.) de la plate-bande de culasse, & de l'autre, de 0 mèt. 0812 à 0 mèt. 1083 (3 à 4 pouces) du bout du moule; deux de ces barres doivent contourner le moule de chaque tourillon pour l'assujettir; elles seront en arc de cercle en cet endroit, ainsi que celles qui passeront sur les anses.

Pour placer ces barres ou bandes, on entoure la chape à 0 mèt. 4331 (16 pouces) de chaque bout, & à son milieu, de plusieurs tours de fil d'archal recuit : on glisse en dessous les bandes, & on tord, avec un crochet de fer, ces fils pour contenir les bandes; on les embrasse ensuite par neuf bandes circulaires, s'ouvrant à charnière dans leur milieu, & se terminant à chaque bout en crochet, & par des fils d'archal tordus, entourant ces crochets; on fixe solidement cet assemblage de bandes, qui doit soutenir la chape contre l'action du feu dans la cuite & recuite du moule, & contre la pression du métal dans la coulée. Or, le moule ayant 4 mèt. 9538 (15 pieds 3 pouces) de hauteur, y compris celui de la masselotte, sa surface intérieure sera de 2 mèt. carrés 1385 (6 pieds 7 pouc. carrés); le métal qui y sera coulé, occupant 2 mèt. 4362 (7 pieds 6 pouces), la pression sera de 107,333 kil. 3495 (219,271 liv.) sur toute cette surface, la pesanteur de l'eau étant à celle du bronze comme 70 : 620.

Si la chape ne résistoit pas à cet effet prodigieux, on ne parviendroit pas au but qu'on se propose, & on seroit exposé aux plus funestes accidens : pour y obvier, on forme un second bandage qui renforce le premier.

A cet effet, on met successivement, en les faisant sécher au feu, trois nouvelles couches de la terre mise sur les couches de potée, en sorte que la chape ait encore 0 mèt. 0676 (2 pouc. 6 lig.) d'épaisseur; en tout 0 mèt. 1354 (5 pouces). On place ensuite, dans la longueur, neuf bandes de fer aboutissant à 0 mèt. 0271 (1 pouce) de chaque extrémité de la chape, & se terminant en crochet courbé en dehors, on entoure la chape de quinze bandes circulaires & à charnières fermées, comme les précédentes; on applique ensuite une dernière couche de terre, en remplissant les vides entre les bandes circulaires & la chape, avec des tuileaux pour les mieux soutenir, & on lisse cette couche comme les autres. Cette couche séchée, on éteint le feu : on ôte les clous qui traversent les moules des tourillons, on dresse les tourillons; on dresse la chape, en coupant ses bouts carrément & perpendiculairement à l'axe du trousseau.

Au moyen d'une espèce de bélier que quatre manœuvres font mouvoir horizontalement, on repousse, par la queue, le trousseau hors de la chape; le trousseau sorti, on retire les tresses de paille qu'on y avoit placées.

Au moyen de treuils & de poulies, on descend, par la culasse, la chape qui est devant le moule verticalement dans la fosse jusqu'à un petit fourneau de 0 mèt. 2166 (8 pouces) de largeur, & de 0 mèt. 2166 (8 à 9 pouces). 2456 (8 à 9 pouces) de hauteur, qui est cylindrique & en briques; on met du bois par la volée; on l'allume; on l'entretient pendant cinq heures au moyen d'un brin de fagot de 0 mèt. 2758 à 2 mèt. 5986 (7 à 8 pieds) de longueur, jeté de minute en minute, ce qui échauffera le moule dans toute sa hauteur.

On laisse refroidir le moule, & avec un outil à manche long, on brise & on fait tomber la croûte en terre mise sur le trousseau, qui, étant fort argileuse, s'est écaillée, fendue, en prenant du retrait par l'action du feu, le crottin qui lui servoit de liaison étant dévoré par le feu.

On observe si la chape ou moule n'est pas endommagé, on déblaye le fourneau des morceaux de la croûte tombée, on rallume le feu, on recuit le moule, durant six heures, au moyen d'un feu entretenu, comme on vient de le faire; on cesse le feu & on couvre d'une plaque de tôle le haut de la chape, pour qu'elle refroidisse lentement, & ne reçoive pas le contact de l'air froid & humide qui la feroit écailler.

Le moule refroidi, on l'enlève de dessus le petit fourneau; on le tient suspendu à 1 mèt. 2994 ou 1 mèt. 6242 (4 ou 5 pieds) du fond de la fosse; on le visite avec soin, s'il n'y a pas de dégradation essentielle; on applique intérieurement, avec un gros pinceau, une couche de cette cendrée, dont on a mis deux couches entre le modèle & la chape, & on donnera par ce moyen du poli à la chape, & on en bouchera les gerçures.

On place sur l'orifice inférieur de la chape une tôle pour le tenir fermé : on jette peu à peu une demi-botte de paille de seigle allumée par le haut de la chape, afin de sécher cette couche de cendrée; c'est l'opération qu'on appelle *flamber*.

On ferme l'orifice extérieur des tourillons avec des bouchons de terre cuite qui s'emboîtent exactement dans les encaissemens pratiqués à cet effet dans la chape : on pose sur ces bouchons des plateaux de fer assujettis par des fils d'archal passant dans les crochets des bandes du dernier bandage.

On descend le moule, pour l'emboîter dans celui de la culasse.

On fait le moule de la masselotte, comme celui du corps du canon, sur un trousseau, en ne lui donnant que 0 mèt. 0812 (3 pouces) d'épaisseur, & ne l'armant que d'un bandage, parce que, formant le haut du moule total, il a moins de métal fluide qui pèse sur lui. On lui donne 1 mèt. 2994 (48 pouces) de hauteur, qui, joints à 0 mèt. 5414 (20 pouces) que le moule du canon a d'excédant, font que la massselotte a 1 mèt. 8408 (68 pouces) de hauteur totale.

En faisant ce moule, on y fixe en plâtre celui de la trompe servant au passage du métal : on les fait aboutir a 0 mèt. 5248 (12 pouces) du bord extérieur ; le moule achevé, on évide le canal que l'on fait en plâtre.

Quand l'enterrage sera fait jusqu'au bord supérieur de la trompe, on fait le canal qui doit conduire le métal du fourneau dans les moules; il doit être fait en briques & avec de la terre à mouler, & avoir 0 mèt. 1624 à 0 mèt. 1893 (6 à 7 pouces) de profondeur & de largeur ; comme on ne coule pas en même temps dans tous les moules, ce canal a plusieurs compartimens, qu'on appelle *échenos*. On garnit le canal de 0 mèt. 0271 (1 pouce) d'argile, jusqu'au niveau de l'orifice des trompes : on la dame ; on enduit les parois de la terre à mouler ; on achève l'enterrage jusqu'à la hauteur du canal ; on remplit de charbon allumé ce canal pour le faire sécher, & on entretient le feu jusqu'à la coulée.

Cet article est extrait de l'Aide-mémoire.

(*Voyez*, pour plus de détails, le *Traité élémentaire sur la fabrication des bouches à feu d'artillerie*, par Dartein, & l'*Art de fabriquer les canons*, par Monge.)

MOULIN A POUDRE. Le mélange des trois matières qui composent la poudre à canon s'opère ordinairement dans des mortiers creusés dans l'épaisseur d'une forte pièce de bois de chêne, qu'on appelle *pile*, à l'aide de pilons qu'on met en mouvement par un courant d'eau, & dont l'extrémité inférieure est garnie d'une boîte pyriforme en bronze L'atelier dans lequel se fait cette opération porte le nom de *moulin à poudre* : ce moulin a ordinairement deux batteries de dix pilons chacune. On y apporte la charge de chaque mortier, qui est de 10 kil. (20 liv. 6 onc. 6 gros 64 grains) dans deux boisseaux ; l'un contenant le nitre & le soufre, & l'autre le charbon.

On met d'abord le charbon dans chaque mortier avec 1 kil. (2 liv. 5 gros 35 grains) d'eau, & on le retourne bien, afin qu'il soit humecté partout également ; ensuite on fait agir les pilons pendant vingt à trente minutes ; au bout de ce temps, on les arrête pour verser le salpêtre & le soufre, on remue le tout avec la main, puis on ajoute une nouvelle quantité d'eau, environ un demi-kil. (1 liv. 2 gros 53 grains) ; on remue de nouveau & on recommence le battage. L'eau a pour objet d'empêcher la volatilisation des matières soumises à l'action des pilons, & de donner la consistance d'une pâte ferme au mélange.

La trituration par les pilons seroit exacte si toute la composition étoit soumise à une action égale de leur part ; mais, malgré la forme avantageuse des mortiers, la trituration ne s'opère pas également sur toutes les parties, ce qui nécessite de fréquens rechanges.

On doit choisir l'emplacement d'un moulin à poudre sur une rivière dont le cours d'eau soit peu variable, afin d'éviter les chômages ; & auprès d'une grande route pour faciliter les approvisionnemens & les évacuations des poudres confectionnées. Le terrain sur lequel on doit l'établir doit être solide, & en général on l'affermit par des pilotis.

Pour remédier autant qu'on le peut aux ravages des explosions, on construit le moulin de façon qu'il ait au moins un côté foible, qu'on fait en charpentes pour déterminer l'effet de l'explosion de ce côté, & que les autres côtés de l'enceinte soient en murs très-forts pour résister à son effort.

La cage du moulin pour deux batteries de dix mortiers (chacun doit avoir, hors d'œuvre, 10 mèt. (30 pieds 9 ponc. 5 lig.) de longueur, 9 mèt. 7 (29 pieds 10 pouc. 3 lig.) de largeur. L'épaisseur des murs doit être de 0 mèt. 8 (2 pieds 5 pouces 7 lignes).

Une roue ayant 5 mèt. 06 (15 pieds 6 pouces 10 lignes) de diamètre hors des courbes, roule sur un axe dont une des extrémités est dans le moulin. Cette extrémité porte un hérisson dont la circonférence est garnie de dents qui engrènent dans les fuseaux de deux lanternes ; dans chacune de ces lanternes est fixé un arbre de levée qui la traverse. Sur la longueur du pourtour de l'arbre sont disposés en spirale un nombre de levées, en sorte que dans un tour de l'arbre, chaque pilon sont soulevé deux fois. En donnant plus ou moins d'eau, on accélère ou on ralentit le mouvement de la roue hydraulique. Les pilons sont maintenus verticalement & jouent dans deux traverses parallèles & horizontales, placées l'une au-dessus de l'autre, & percées de mortaises correspondantes qui reçoivent ces pilons.

Les pilons sont des solives en bois de hêtre, terminées à leur extrémité inférieure par un tenon arrondi qui est reçu dans la boîte de bronze. Le pilon pèse environ 20 kilogrammes (40 liv. 13 onc. 5 gros 55 grains), & la boîte est du même poids.

La roue motrice fait par minute neuf à dix tours ; les lanternes en font vingt-sept à trente dans le même temps. Les pilons frappent cinquante-quatre à soixante coups par minute.

MOUSQUET. Ancienne arme dont le canon avoit 1 mèt. 1911 (44 pouc.) de longueur. Le mousquet à mèche étoit plus court & plus léger que l'arquebuse ; on le tiroit en y mettant le feu au moyen d'une mèche allumée, attachée au serpentin.

MOUSQUETADE. Décharge de mousquets.

MOUSQUETON. Arme à feu plus courte & plus légère que le fusil, servant à la cavalerie.

Ceux de forte dimension se portent au moyen d'un porte-mousqueton & d'une botte ou étui fixé à la selle. Les autres se portent suspendus au porte-mousqueton, & peuvent se tirer d'une main. Il y avoit autrefois en France trois mousquetons différens, savoir : un pour la cavalerie de ligne, un pour les hussards & un pour la gendarmerie.

Le porte-mousqueton se compose : d'une seule bande en buffle : l'extrémité de gauche de cette bande porte une forte boucle en cuivre, fondue d'une seule pièce : le cadre de cette boucle est plat, & les angles sont adoucis; les ardillons sont en cuivre laiton, & retenus par une baguette du même métal fixée à 8 millimètres (3 lig. 6 points) de distance du dessous du cadre de la boucle, afin de laisser un passage au bout de la banderolle. Pour obtenir cette distance entre le cadre de la bande & de la baguette qui porte les ardillons, les deux petits côtés de la boucle ont au milieu une saillie angulaire de 12 millimètres (5 lig. 2 points) de hauteur; la boucle est retenue par une enchapure formée en pliant le bout de la bande fleur contre fleur.

A o mèt. 115 (4 pouc. 2 lig. 8 points) en arrière de la boucle, est fixé un passant en cuivre, qui embrasse la bande, & est retenu par un morceau de buffle appliqué au-dessous de la bande, pour former l'enchapure du passant.

Ce passant est en cuivre fondu & à baguettes plates.

L'extrémité de droite de la bande est arrondie & ornée d'une plaque en cuivre en demi-cercle, dont le diamètre est découpé de manière à figurer trois dents de feston. Cette plaque, dont les angles sont adoucis, est retenue par trois rivets qui traversent le buffle, & qui sont assujettis en dessous au moyen d'une plaque en cuivre mince.

Le porte-mousqueton est en fer forgé & limé; il est suspendu à la bande, le long de laquelle il peut jouer librement, au moyen d'un rouleau en tôle qui entoure la baguette supérieure du cadre, dans lequel passe la bande; la baguette inférieure est renforcée au milieu, & percée verticalement d'un trou, pour le passage de la tige du crochet.

Le crochet a la forme d'une poire alongée : il se compose d'une baguette arrondie extérieurement, & plate intérieurement; il s'ouvre au moyen d'une charnière pratiquée à 20 millimètres (8 lig. 7 points) au-dessous du cadre dans lequel passe la banderolle, & se ferme au moyen d'un ressort tiré à l'intérieur de la baguette opposée.

Le passant du crochet porte une courroie de retrait, destinée à retenir l'arme; à l'extrémité supérieure de cette courroie est adaptée une boucle en cuivre, retenue par une enchapure formée en pliant le buffle chair contre chair. Cette enchapure porte deux passans en buffle : le premier est placé en dessus de l'enchapure, près la baguette de la boucle qui porte l'ardillon; le second est placé dessous l'enchapure, immédiatement derrière le premier : l'un & l'autre sont pris dans le pli d'enchapure. Au moyen de ces passans, la courroie, en entrant dans le passant de dessous, forme un anneau qui embrasse la baguette inférieure du cadre de porte-mousqueton; le passant de dessus est destiné à contenir le bout de la courroie lorsqu'elle est prise dans la boucle.

Mousqueton, modèle de 1816. La longueur du canon est de 0 mèt. 50 (1 pied 6 pouc. 5 lig. 8 points); son calibre est de 0 met. 0171 (7 lig. 7 points); sa longueur totale est de 0 mèt. 8769 (2 pieds 8 pouc. 5 lig. 8 points). Il est sans baïonnette. Ses garnitures sont en cuivre; la baguette est portée séparément au moyen d'une courroie qui passe dans un anneau de cette baguette, & qui s'attache à la bufleterie du cavalier. Le poids de l'arme sans la baguette, est de 2 kilog. 4475 (5 liv.); celui de cette baguette est de 0 kil. 126 (4 onc. 1 gros). Son prix le plus élevé est de 23 fr. 54 cent.

Les pièces qui composent ce mousqueton sont : le canon, qui porte un guidon en cuivre près de la bouche; la platine; la tringle pour fixer le mousqueton au porte-mousqueton; deux anneaux qui glissent dans la tringle; la sous-garde qui est à ailette comme celle des fusils; l'embouchoir, qui remplace l'embouchoir & la capucine de l'ancien mousqueton; la plaque de couche; la baguette qui, comme on l'a dit plus haut, se suspend à la bufleterie.

Mousqueton de poste. Ancienne arme à feu très-lourde, dont la balle pesoit jusqu'à 0 kil. 1529 (5 onc.).

MOUTON A BRAS. Il sert, dans la construction des ponts militaires, à enfoncer de forts piquets & même des pilots.

Les pièces en bois qui le composent sont : le mouton, quatre bras & huit chevilles. Les ferrures sont : quatre tirans, deux frettes, deux boulons rivés, quatre boulons de bras, huit équerres servant de rosettes & quatre écrous.

Mouton à battre les fusées incendiaires dites *à la Congrève*. Ce mouton est composé d'un bloc de bois dur dont la surface supérieure est plane, & sur laquelle sont assemblés verticalement à tenons & mortaises, deux montans d'environ 4 mèt. 5478 (14 pieds) de hauteur. Ces montans sont distans l'un de l'autre d'environ 0 mèt. 2166 (8 pouc.); ils sont assemblés dans leur partie supérieure par un chapiteau de bois de même équarissage. Ils ont une rainure dans laquelle se meut le mouton. Une poulie est attachée au-dessous du chapeau; son axe est porté par deux tasseaux assemblés avec les montans par des entailles faites dans leur face intérieure. Cette poulie reçoit la corde qui fait mouvoir le mouton, & elle doit être disposée de manière à ce que la corde soit toujours verticale.

Tout le fystème doit avoir la plus grande folidité, & il eft effentiel que les montans foient bien verticaux, afin que le mouton puiffe frapper d'à plomb fur la tête des baguettes.

Le mouton eft relié à fes extrémités par des bandes de fer qui le ferrent à volonté par le moyen d'une vis & de deux écrous; fon poids eft de 19 kil. 58 (40 liv.) pour les fufées de 0 mèt. 0541 (2 pouc.), de 29 kil. 37 (60 liv.) pour les fufées de 0 mèt. 0812 (3 pouc.). Il doit être au-deffus pour les fufées de plus grand calibre.

Le bloc du mouton eft creufé entre l'intervalle des deux montans d'un trou carré, au centre duquel en eft pratiqué un autre qui eft deftiné à recevoir le focle de la broche. Le premier trou fert d'encaftrement au pied du moule qui maintient le focle & la cartouche. Ces deux trous ont leurs faces parallèles & bien verticales.

Moutons dans le pont roulant. Ce font des pièces de bois à enfourchement qui s'élèvent verticalement au-deffus du hiou & de la fellette de derrière, & qui fervent à porter les fupports du pont roulant. Ces moutons s'appellent auffi *montans*.

MOYENNE. Nom donné autrefois à la pièce de 4 qui pefoit 636 kilog. 36 (1300 liv.), & avoit 3 mèt. 2484 (10 pieds) de longueur; il y en avoit qui n'avoient que 2 mèt. 3550 (7 pieds 3 pouc.), & qui ne pefoient que 611 kilog. 881 (1250 liv.).

MOYEU. C'eft, dans une roue, une pièce de bois arrondie, façonnée & percée dans fa longueur pour recevoir l'effieu. Les rais font enfoncés à égale diftance autour du moyeu. On a propofé de faire en bronze le moyeu des voitures d'artillerie, mais ce moyen a été rejeté, principalement à caufe de la dépenfe qu'il néceffiteroit. (*Voyez* l'article ROUES A VOUSSOIR.)

MUNITIONS DE GUERRE. Ce terme fe dit de tous les approvifionnemens qui concernent les armes à feu.

N

NACELLE D'ARTILLERIE. Petit bateau fervant à paffer des troupes fur la rive ennemie : on l'emploie auffi pour aider à la conftruction des ponts. Sa longueur totale eft de 9 mèt. 0955 (28 pieds), fa largeur, de 1 mèt. 5430 (4 pieds 9 pouces). Un mât, planté au milieu, fert à porter les cordages d'ancre.

Les pièces en bois qui compofent la nacelle, font : un fond, fait ordinairement de deux planches; quatre bordages, neuf femelles intérieures, feize courbes, deux nez, dix-huit pièces de ceinture, trois hiteaux pour foutenir le madrier traverfé par le mât; un mât, une fourche ou mât pour fupporter les cordages d'ancre. Les pièces en fer font : deux bandeaux de bec, mille petites nayes, fix cent vingt-un clous d'application.

NAYES. Petites plaques en fer, ayant des pointes recourbées, & fervant à couvrir la mouffe dont on remplit les joints d'un bateau. Il y en a de grandes pour couvrir les nœuds des planches des bateaux; des moyennes & des petites pour les coutures plus ou moins larges. Les tringles de calfatage des bateaux en fapin des équipages de campagne font retenues par des agrafes en fil de fer, ayant la forme d'un crameau plat. Les pointes de ces agrafes font en couteau.

NAZEL ou NAZAL. Partie fupérieure du cafque, ou de la grille mouvante dans le heaume, fous la vifière. Il couvroit le nez & joignoit le ventail.

NERF DU FER. On appelle ainfi les fibres que préfente ce métal, lorfqu'il a été bien corroyé. On exige du fer de cette efpèce pour la fabrication des pièces d'armes, & particulièrement pour le canon, pour les mifes des effieux, &c.; tandis qu'il convient d'employer du fer à grain fin pour les bandages des roues. (*Voyez* le mot FER.)

NETTOIEMENT DES ARMES PORTATIVES. C'eft l'action par laquelle on enlève l'oxide & la malpropreté dont les armes peuvent être couvertes.

Lorfque des pièces d'armes font fortement rouillées, on emploie, pour les nettoyer, de l'émeri bien pulvérifé & de l'huile d'olive. On fe fert, pour les frotter, de cuirettes de bois tendre & de broffes rudes. A défaut d'émeri pour enlever les groffes taches, on fe fert de grès pulvérifé, tamifé & humecté d'huile. Quand les armes font légèrement rouillées, on fe fert feulement de brique brûlée, pulvérifée, tamifée, & également humectée d'huile.

Lorfque l'on opère fur le canon, il faut, pour l'empêcher de fe courber fous l'effort qu'on fait, le foutenir intérieurement avec une broche de fon calibre, ou bien, le pofer à plat fur un banc ou fur une table.

On fait usage d'un linge pour essuyer toutes les pièces; mais celles de l'intérieur de la platine doivent conserver un peu d'onctuosité, ainsi que toutes les armes qui sont destinées à rester dans les salles d'armes. Pour que les armes ne puissent graisser les vêtemens des soldats, on doit, dans les corps, essuyer les bois de fusils avec un linge propre avant de les délivrer.

Lorsque l'huile ou la graisse qu'on a mise sur une lame, s'est desséchée sur cette lame dans le fourreau, il ne faut employer, pour l'enlever, que de l'huile nouvelle, qu'on laisse sur les taches pendant quelque temps, après quoi on enlève le tout en frottant avec un linge.

Quand un fourreau en cuir a été mouillé, il faut en retirer la lame, la faire sécher, & la frotter avec un linge légèrement imprégné d'huile, avant de la remettre dans son fourreau.

Si on laissoit rouiller fortement les lames de sabres, elles deviendroient trop minces après quelques dérouillages, & elles seroient, par conséquent, hors de service. Cette observation s'applique aux fourreaux de sabres en tôle d'acier, attendu que cette tôle est mince. Voici l'ordre que l'on suit pour démonter & remonter une arme à feu portative, & la nettoyer à fond.

Ordre suivant lequel on doit démonter un fusil pour le nettoyer à fond. 1. La baïonnette; 2. la baguette; 3. les deux grandes vis; 4. le porte-vis; 5. la platine; 6. la goupille du battant de sous-garde; 7. le battant de sous-garde; 8. le pontet; 9. la goupille de la détente; 10. la détente; 11. l'embouchoir; 12. le ressort de l'embouchoir; 13. la grenadière; 14. le ressort de la grenadière; 15. la capucine; 16. le ressort de la capucine; 17. la vis de culasse; 18. le canon; 19. la culasse; 20. la vis de l'écusson; 21. l'écusson; 22. la goupille du ressort de baguette; 23. le ressort de baguette; 24. les vis de la plaque de couche; 25. la plaque de couche.

On doit remonter le fusil dans un ordre inverse, c'est-à-dire, en commençant par les numéros 25, 24, 23, 22, &c.

Nota. On ne doit déplacer les quatre dernières pièces que quand la rouille ne permet pas de les nettoyer en place. Il doit en être de même du ressort de l'embouchoir & de celui de la grenadière. La culasse ne doit être démontée que par un armurier, parce que les soldats dégradent toujours plus ou moins cette pièce importante. Cette observation s'applique à la vis de la détente du modèle de sous-garde du fusil de 1816.

Ordre suivant lequel on doit démonter la platine avec le monte-ressort actuellement en usage. 1. La vis du grand ressort; 2. le grand ressort (on l'ôte à l'aide d'une pression qu'on fait avec le monte-ressort; on le remet par une opération inverse quand il s'agit de remonter la platine); 3. la vis du ressort de gâchette (avant de la retirer entièrement, on frappe sur le cul du ressort, de manière à faire sortir le pivot de son encaissement); 4. le ressort de gâchette; 5. la vis de gâchette; 6. la gâchette; 7. la vis de bride; 8. la bride; 9. la vis de noix; 10. la noix (il faut la repousser avec un poinçon qui entre facilement dans le trou destiné à recevoir sa vis); 11. le chien (on a dû commencer par abattre cette pièce avant d'ôter la vis du grand ressort); 12. la vis de batterie (on fait avant une pression sur le ressort de la batterie avec le monte-ressort); 13. la batterie; 14. la vis du ressort de la batterie; 15. le ressort de batterie; 16. la vis du bassinet; 17. le bassinet; 18. la vis du chien; 19. la mâchoire supérieure.

On doit remonter la platine dans un ordre inverse, c'est-à-dire, en commençant par les numéros 19, 18, 17, &c.

Nota. Pour reconnoître les vis de la platine, on observera que la vis du chien a la tête percée; celle du bassinet a la tête fraisée; celle de la noix a la tête d'un plus grand diamètre que les autres. Les six autres vis suivent cet ordre de longueur : 1. vis du grand ressort, la plus courte; 2. du ressort de gâchette; 3. de bride; 4 du ressort de batterie, plus grosse que la précédente, à peu près égale en longueur; 5. de gâchette; 6. de batterie.

Les deux grandes vis ne sont pas égales en longueur; celle du milieu est un peu plus longue que l'autre : afin que les soldats ne puissent les confondre & mettre l'une de ces vis à la place de l'autre, la plus grande doit être à l'avenir marquée d'une étoile ayant 0 mèt. 0012 (6 points) de diamètre, laquelle sera appliquée sur la tête avant la trempe, au moyen d'un poinçon en acier.

Avant de replacer les vis, il faut mettre une petite goutte d'huile à chaque trou, ou sur l'extrémité de chaque tige; il faut avoir la même précaution pour les trous qui reçoivent l'axe & le pivot de la noix. Quand la platine est remontée, il faut également mettre un peu d'huile entre les branches mobiles des ressorts & le corps de platine, ainsi que sur la griffe & les crans de la noix. Il faut s'assurer si les vis ne sont pas trop serrées & si les pièces rodent bien, c'est-à-dire, si elles tournent ou se meuvent d'une manière uniforme.

Il faut enfin avoir l'attention, avant de remonter les différentes pièces des armes, de ne pas laisser dans les trous des vis de l'émeri, de la brique ou d'autres substances.

Ordre suivant lequel on doit démonter le mousqueton modèle de 1816. 1. La vis du milieu de la platine (on lève la tringle pour ôter la vis du devant); 2. la vis du devant de la platine; 3. le porte-vis; 4. la platine; 5. l'embouchoir; 6. les deux anneaux; 7. la vis de la tringle; 8. la tringle; 9. la vis du pontet; 10. le pontet; 11. la vis de culasse; 12. le canon; 13. la culasse; 14. la vis de l'écusson; 15. l'écusson; 16. la vis de la détente; 17.

17. la détente; 18. les vis de la plaque de couche; 19. la plaque de couche. (*Voyez*, pour la platine & les précautions à prendre, le démontage du fusil.)

On suivra l'ordre inverse pour remonter ce mousqueton.

Nota. On doit, autant qu'il est possible, s'abstenir de démonter la vis de la tringle & les vis de la plaque de couche. La culasse & la vis de détente ne doivent être démontées que par un armurier.

Le mousqueton modèle de l'an 9 se démonte & se remonte comme le fusil, sauf la tringle qui se déplace & se replace d'une manière analogue à celle du mousqueton modèle de 1816. On ne démonte le battant d'en bas que quand la vis est rouillée.

Ordre suivant lequel on doit démonter le pistolet de cavalerie, modèle de l'an 13. 1. La baguette; 2. les deux grandes vis de la platine (on ôte celle de devant la première); 3. la platine; 4. l'embouchoir; 5. le porte-vis; 6. la vis du pontet; 7. le pontet; 8. la vis de culasse; 9. le canon; 10. la culasse; 11. la vis de l'écusson; 12. la goupille de la détente; 13. la détente; 14. l'écusson; 15. la vis de calotte; 16. la calotte; 17. la bride de la poignée. (*Voyez*, pour la platine & les précautions à prendre, le démontage du fusil.)

On suivra l'ordre inverse pour remonter le pistolet.

(*Voyez* les articles GRAISSER LES ARMES & RÉPARATION DES ARMES.)

NEZ DE L'EMBOUCHOIR DU FUSIL. On nomme ainsi l'ouverture de l'embouchoir dans laquelle passe la baguette.

NEZ des bateaux d'artillerie. Ce sont deux pièces de bois de forme prismatique, placées dans un sens horizontal, & terminant l'avant & l'arrière-bec des bateaux. On les appelle quelquefois *têtières*.

NITRIÈRES ARTIFICIELLES. On recueille le nitrate de potasse dans la nature, où il se forme journellement, principalement dans des lieux habités par les hommes & par les animaux; & l'art d'en produire artificiellement consiste à bien connoître les circonstances de sa formation, & à la favoriser pour la rendre plus prompte & plus abondante. Les lieux où cette opération se fait, s'appellent *nitrières artificielles*. Le salpêtre ne se forme que là où sont réunies les conditions suivantes: concours d'une substance animale, d'une base alcaline, telle que la potasse ou la chaux, de l'humidité & de l'air. (*Voyez* le beau travail déjà cité, sur la fabrication du salpêtre, publié en 1820 par le comité consultatif, institué près de la direction générale du service des poudres & salpêtres.)

ARTILLERIE.

NIVEAU EN BOIS. On s'en sert dans les fonderies pour le moulage. Il est comme celui dont les maçons font usage, mais ses pieds sont arrondis.

NIVEAU en fer. Il sert, au moyen de la double équerre, à la vérification des tourillons du canon. Lorsque le niveau qui, par ses prolongemens, peut porter sur les tourillons, est bien placé, son plomb tombe sur le milieu du diamètre de la pièce, & au moyen de deux autres niveaux bien placés sur la culasse & la tulipe, on trace une ligne qui partage le canon en deux, & sert à placer la lumière comme il est prescrit.

NŒUDS. Extrémités du pontet de la sousgarde. L'un porte, au-dessous de son embase, un crochet de la même longueur & largeur que la fente pratiquée à la pièce de détente pour le recevoir.

NŒUDS. Vices qui se trouvent dans le bois. On rejette avec soin, dans divers travaux de l'artillerie, les bois noueux, principalement ceux de noyer, destinés à la fabrication des armes à feu portatives, parce que les montures de ces armes seroient fragiles.

NŒUDS. Enlacemens de cordages dont on passe les bouts l'un dans l'autre, en les serrant. On fait usage, dans l'artillerie, de plusieurs espèces de nœuds composés, indépendamment du nœud ordinaire que tout le monde fait faire. Ces nœuds sont: le nœud droit, le nœud d'allemand, le nœud d'artificier ou de batelier, le nœud de prolonge ou de tisserand, le nœud de galère simple, le nœud de galère double, le nœud pour attacher les chevaux aux prolonges de campement, le nœud de poupée, le nœud de demi-clefs & le nœud d'ancre. Voici la manière dont on fait ces nœuds.

Nœud droit. Il se fait en formant successivement, avec les mêmes brins, deux nœuds simples l'un sur l'autre, & faisant en sorte que les brins du même côté soient tous deux en dessus, ou tous deux en dessous du brin qui les croise. On forme également ce nœud de la manière suivante: on fait une ganse simple avec un cordage; on passe le brin d'un autre cordage, ou du même, dans cette ganse, en dessus, par exemple; on ramène ce brin du dessous en dessous des deux brins de la ganse en les croisant, puis on repasse ce brin dans la ganse en dessous, & on les ramène en dessus à côté du brin du même cordage; on serre de chaque côté; alors le nœud est fait de manière à ne pouvoir glisser.

Nœud d'allemand. Il se fait en formant une boucle, faisant tourner en entier autour d'un des brins celui qui le croise, en le faisant croiser sur lui-même, & le passant dans la boucle.

Nœud d'artificier ou de batelier. Il se fait en

formant deux boucles l'une près de l'autre, mais en sens contraire, c'est-à-dire, que si l'on des brins croise en dessus de la partie du cordage qui est entre les boucles, il faut que l'autre brin croise en dessous. On met ces boucles l'une sur l'autre, de façon que les brins soient placés intérieurement; & on passe dans les boucles l'objet qu'il faut serrer.

Nœud de prolonge ou de tisserand. Il se fait en disposant la prolonge suivant les longueurs qu'elle doit avoir (on suppose, pour faire ce nœud, qu'on fait face au derrière de l'avant-train). On fait deux boucles entre les deux armons, & en dessous, en faisant croiser les brins de droite & de gauche sur la partie du cordage qui passe dans les pitons; on passe la boucle de gauche dans celle de droite en dessus; on fait passer le brin de la boucle droite en dessus, dans la partie de la boucle gauche qu'on vient de passer; on serre des deux côtés, & le nœud est fait.

Si l'anneau pour raccourcir la prolonge venoit à manquer, on pourroit faire le même nœud, pour former une ganse qui sert à remplacer cet anneau. La partie du cordage qui sépare les deux boucles pour faire le nœud, forme cette ganse.

Nœud de galère simple. Il se fait comme le nœud simple; seulement, au lieu de passer le brin simple dans la boucle, on double ce brin en ganse simple & on le passe dans la boucle : c'est dans cette ganse qu'on passe les leviers.

Nœud de galère double. Il se fait comme le nœud d'allemand; mais, au lieu de passer le brin simple dans la boucle, on double ce brin en ganse simple, & on le passe dans la boucle : c'est dans cette dernière ganse qu'on passe les leviers.

Nœud pour attacher les chevaux aux prolonges de campement. Il se fait en formant une ganse simple de 0 mèt. 1624 à 0 mèt. 2166 (6 à 8 pouces) à l'endroit de la longe du licol où on doit l'attacher, & plaçant cette ganse le long de la prolonge, du restant de la longe on fait cinq à six tours qui embrassent la prolonge & les deux brins de la ganse; enfin, on passe le bout dans le restant de la ganse, & on tire la longe pour l'y serrer.

Nœud de poupée. Pour amarrer le cordage d'ancre à la poupée d'un bateau, on embrasse la poupée d'un tour de cordage, le brin libre en dessus du long brin; on fait un second tour en passant sous le long brin le brin libre, auquel on forme une boucle dont le bout libre est au-dessous; on coiffe la poupée avec cette boucle : on serre, en tirant sur le brin libre. Ce nœud ne diffère du nœud d'artificier ou de batelier qu'en ce que le cordage embrasse la poupée de trois tours.

Nœud de demi-clefs. Pour amarrer un cordage à un piquet par des demi-clefs, on fait autour du piquet deux tours du cordage; on fait passer le brin libre sur le long brin; on embrasse d'un tour de ce brin libre le long brin, en le faisant passer dans la boucle formée par ces brins; on fait une seconde demi-clef, en croisant de nouveau le brin libre sur le long brin & le faisant ressortir de la boucle ainsi formée. Si le cordage est amarré à demeure, on ficèle les deux brins réunis.

Pour amarrer un cordage à un autre déjà tendu, on fait avec le bout du premier cordage un tour de dessus en dessous; on embrasse le second de manière que ce bout passe dans l'angle aigu formé par les deux cordages, lorsqu'ils sont tendus; on fait un second tour; on fait passer ce bout sur l'autre brin du même cordage, & on forme une demi-clef avec ce bout de cordage tendu; on fait une seconde demi-clef & on ficèle les deux brins.

Nœud d'ancre. Pour amarrer le cordage d'ancre à l'anneau de l'ancre, on fait passer le bout du cordage deux fois sous l'organeau, de manière à embrasser cet anneau de deux tours de cordage; on fait une demi-clef qui enveloppe le long bout & le brin formant le second tour; puis une seconde demi-clef, & l'on fixe le bout du petit brin contre le grand, au moyen d'une ficelle.

Nota. Lorsqu'on veut assembler deux cordages sans nœuds, on le fait au moyen d'une épissure qui permet de les faire passer dans une poulie, par exemple.

Pour épisser deux cordages d'égale grosseur, il est nécessaire de les détordre autant l'un que l'autre, & d'une longueur proportionnée à leur force, les engrenant de façon que les cordons de l'un s'alongent sur ceux de l'autre, faisant passer successivement trois fois chacun d'eux dans le cordage sur lequel il entre par des trous ouverts avec un *épissoir*, qui est un instrument de bois dur, de corne ou de fer, pointu, en forme d'un cornet. Enfin, la grosseur de chaque cordon doit se diminuer également chaque fois qu'on les fait encore passer; par ce moyen, celle de l'épissure se perd insensiblement, & sa courbure devient uniforme dans toute sa longueur.

On peut facilement défaire les nœuds des gros cordages au moyen de l'épissoir ou d'un morceau de bois préparé en conséquence, qu'on insinue dans ces nœuds & qu'on agite de différens côtés.

On trouvera les dessins des nœuds en usage dans les ponts militaires, dans le *Guide du Pontonnier* de M. Drieu, & le dessins des autres nœuds dans le *Traité des manœuvres de l'artillerie*, par Demeuve de Villepac, ainsi que dans le *Manuel de l'Artilleur*, par le général Durtubie.

NOIR. On emploie pour la peinture des ferrures des voitures d'artillerie, du noir de fumée & du noir de charbon; celui-ci est pulvérisé avec soin. L'autre s'obtient en brûlant des matières résineuses, du brai sec, par exemple, dans une chambre de planches tapissée de grosses toiles. Le brai se place dans des pots de terre ou dans des marmites en fer; on y met le feu & l'on tient la chambre fermée pendant la combustion. Cette combustion donne lieu à une fumée épaisse, qui se tamise à travers la toile, & dépose dessus le noir que l'on enlève de temps en temps. Ce procédé est suivi dans les landes de Bordeaux. Jadis on tapissoit la chambre de peaux de mouton, qu'on secouoit pour en retirer le noir.

NOIRCIR DES PIÈCES D'ARMES. C'est les frotter, lorsqu'elles sont suffisamment chauffées, avec de la corne, afin de les garantir de la rouille. Ce moyen, proposé depuis long-temps pour les armes qu'on envoyoit dans les Indes orientales, n'a jamais été exécuté. On se contente de bien graisser & de bien encaisser les armes qu'on envoie dans nos colonies.

Suivant les tables des constructions de l'artillerie, il convient de noircir les pelles & les pioches, en les frottant avec de la poix noire après les avoir un peu chauffées. Cette poix les garantit de la rouille; mais cette opération ne doit se faire que quand ces outils ont été examinés & reçus, parce que les ouvriers pourroient, avec cette poix, masquer les défauts. Les haches & les serpes doivent être enduites d'un lait de chaux, qui les préserve long-temps de la rouille.

NOIX. Partie d'une arbalète, placée vers la partie supérieure du fût. C'est une roulette ordinairement en métal, portée par un essieu & ayant deux crans, dont l'un, profond, servoit à retenir le cordage de l'arc bandé; l'autre arrêtoit une détente qui, au moyen d'un ressort qui la pressoit, laissoit échapper la noix. C'est par analogie que ce nom a été donné à une pièce de la platine du fusil.

Noix. C'est la partie sur laquelle roule particulièrement l'action de la platine. Elle a deux pivots diamétralement opposés: l'un, qui se nomme l'*arbre* ou l'*axe*, traverse le corps de platine & l'y fixe; l'autre, nommé simplement *pivot*, traverse la bride. Elle a aussi une griffe évidée pour recevoir celle du grand ressort, & deux crans ou coches, dans lesquels le *bec de gâchette* s'engrène *au repos* & *au bandé*. La noix communique, quand la gâchette s'en dégage, son mouvement au chien, auquel elle est fixée par son carré & sa vis; la bride le maintient parallèlement au corps de platine; sur sa griffe s'appuie celle du grand ressort qui produit le mouvement.

NOTICE HISTORIQUE SUR LE CORPS ROYAL DE L'ARTILLERIE. Les articles ARTILLERIE & CORPS ROYAL D'ARTILLERIE de ce dictionnaire ne renfermant pas tous les détails que l'on peut désirer sur la partie historique de cette arme, je crois utile de donner ici l'essai historique qui a paru jusqu'en 1815 à la tête de l'almanach du corps, en y ajoutant les changemens & la nouvelle organisation qui ont eu lieu depuis cette époque.

L'artillerie formoit en France un corps considérable, même avant l'invention de la poudre. (*Voyez* le mot ARTILLERIE.) Le nom d'artillerie étant affecté aux anciennes machines de guerre, comme il l'est aux nouvelles, on ne doit point être surpris de trouver des maîtres de l'artillerie dès le douzième siècle. Dans l'espace de cent quatre-vingt-cinq ans, avant le règne de Louis XI, on en compte vingt-huit; & ce qui prouve que déjà leur charge étoit importante, c'est qu'on trouve parmi eux des hommes d'un nom connu, tels que Tristan l'Hermite, chevalier, seigneur de Moulins & de Buchet; Hélion de Groing, chevalier, seigneur de la Motte; Louis, sire de Crussol, &c. &c. Les maîtres d'artillerie reçurent sous Louis XI le titre de *maîtres généraux*; & dès-lors, eux & leurs subordonnés étoient ce qu'ont toujours dû être les officiers d'artillerie, des militaires chargés de la construction des machines de leur art, de leur conservation pendant la paix, de leur conduite & de leur exécution pendant la guerre.

Maîtres généraux de l'artillerie.

Guillaume Picard, seigneur de l'Esteland & Boscachar, en 1479.
Jacques Richard Galiot de Genoilhac, chevalier, seigneur de Brussac.
Guy de Luzières, en 1493.
Jean de la Grange, chevalier, seigneur de Vieil-Châtel, en 1495.
Jacques de Silly, seigneur de Longray, en 1501.
Paul de Busserade, seigneur de Cépi, en 1504.
Jacques Galiot de Genoilhac, chevalier, seigneur de Brussac, en 1512.

Le titre de grand-maître de l'artillerie n'a point commencé dans M. Sully. Les ordonnances de François I*er*. & les provisions de leur charge donnent aux chefs de l'artillerie le titre de *grand-maître & capitaine-général*.. Cette charge donnoit aux armées le commandement sur tous les gens de pied, & l'autorité sur tous les travaux militaires, tant pour les sièges que pour les marches & campemens. La grande maîtrise des arbalétriers, qui finit dans Aimar de Prie, fut réunie par François I*er*. à celle de l'artillerie, & tant que le corps des arbalétriers subsista, il fut aux ordres du chef de l'artillerie.

Grands-maîtres de l'artillerie.

Antoine de Lafayette, seigneur de Pongibault, en 1515.
Jean, marquis de Pommereul, chevalier, seigneur du Plessis-Bron, tué d'un coup de canon au siège d'Arone, sur le lac Majeur en Italie.
Jean, seigneur de Taise, en 1546.
Charles de Cossé, comte de Brissac, en 1548.

Jean d'Estrées, baron de Cœuvres, en 1550.
Jean Babou, seigneur de Sagonne, en 1567.
Philibert de la Guiche, en 1576.
François, marquis d'Epinai de Saint - Luc, en 1596.
Antoine d'Estrées, marquis de Cœuvres, en 1597.
Maximilien de Béthune, duc de Sully, pair & maréchal de France, premier ministre de Henri IV, qui érigea en sa faveur la grande maîtrise de l'artillerie en charge de la couronne, comme on l'a vu à l'article CORPS ROYAL D'ARTILLERIE, en 1599.
Maximilien II de Béthune, duc de Sully, pair de France, en 1618.
Henry, comte de Schomberg, maréchal de France, en 1621.
Antoine, marquis d'Effiat, maréchal de France, en 1629.
Charles, duc de la Meilleraye, maréchal de France, en 1634.
Armand - Charles, duc de Mazarin, pair de France, en 1650.
Henry, duc de Lude, en 1669.
Louis, duc d'Humières, maréchal de France, en 1685.
Louis - Auguste de Bourbon, duc du Maine, en 1694.
Louis-Charles de Bourbon, comte d'Eu, en 1710.
Ce prince s'étant démis de cette charge en 1755, Louis XV en remit les fonctions au ministère de la guerre.
Le corps eut ensuite à sa tête un lieutenant-général, sous la dénomination de *premier inspecteur-général*.

Premiers inspecteurs-généraux.

M. Devallière père.
M. Devallière fils.
M. Gribeauval, mort en 1789. La place fut alors supprimée.
Elle fut recréée par un arrêté des consuls du 15 nivôse an 8, & successivement remplie par M. d'Aboville, nommé sénateur en l'an 11.
M. de Marmont, duc de Raguse, passé en l'an 12 au commandement en chef d'une armée, nommé depuis maréchal de France.
M. le comte de Songis, décédé le 27 décembre 1810.
M. le comte de la Riboissière, décédé le 21 décembre 1812.
M. le baron Eblé, décédé le 29 du même mois.
M. le comte Sorbier.
La place a été supprimée en 1815.
Avant qu'on eût en France un corps de troupes affecté à l'artillerie, le canon étoit servi par des maîtres canonniers brevetés du grand-maître. On en formoit des compagnies pendant la guerre; on les licencioit à la paix. Il existoit, pour commander ces canonniers, un corps d'officiers subordonnés au grand-maître, & tenant de lui leurs commissions; ils ne reçurent même que sous Louis XIII des grades d'une dénomination commune à ceux des autres troupes, & les premiers brevets de colonels donnés à des officiers d'artillerie datent de ce temps. Le corps des officiers de l'artillerie fut long-temps ce qu'a été celui des ingénieurs du Roi : n'ayant point de rang parmi les autres troupes, il ne pouvoit commander dans les places; ses fonctions, tout-à-fait différentes de celles de tous les corps militaires, laissoient croire qu'il ne devoit avoir rien de commun avec elles. Cependant, ainsi que les ingénieurs, les anciens artilleurs furent toujours susceptibles d'être élevés aux grades d'officiers-généraux, & un grand nombre d'entre eux y parvint.

La garde de l'artillerie fut toujours confiée aux corps les plus distingués : Charles VIII en chargea les Suisses dans ses guerres d'Italie, & l'on sait qu'ils étoient alors la meilleure & peut-être la seule bonne infanterie de l'Europe. Au retour de la conquête du royaume de Naples, ils s'attelèrent eux-mêmes au canon pour lui faire traverser les Apennins. Les lansquenets succédèrent aux Suisses dans l'honorable & pénible emploi de garder l'artillerie. Ces lansquenets étoient un corps d'infanterie allemande, connu par sa bravoure & sa fermeté, que Louis XII prit à son service, parce qu'alors la principale force de l'armée françoise consistoit dans sa gendarmerie. François Ier., réconcilié avec les Suisses après l'immortelle journée de Marignan, cette journée qu'on nomme le *combat des géans*, leur rendit la garde de l'artillerie, qu'ils conservèrent jusqu'au grand siècle, où toutes les institutions changèrent en France, pour marcher à la perfection. Tel fut l'état de l'artillerie relativement aux troupes qui la gardoient & à celles qui la servoient.

Louis XIV réforma, en 1668, les canonniers entretenus dans les places, & leva six compagnies de canonniers : leur utilité fut si promptement sentie, qu'on en doubla bientôt le nombre.

En 1671, Louis XIV créa le régiment des fusiliers du Roi pour la garde de l'artillerie. Il fut composé de quatre compagnies de cent hommes chacune : première, de canonniers; deuxième, de sapeurs; troisième & quatrième, d'ouvriers, & prit le nom de *fusiliers du Roi*, parce qu'il fut le premier qu'on ait en France armé de fusils : les autres troupes ne l'étoient encore que de carabines & de mousquetons. Ce fut aussi par lui que s'introduisit dans nos armées l'usage de la baïonnette. Les officiers du régiment des fusiliers du Roi furent tirés du régiment du Roi, infanterie. En 1672, le régiment des fusiliers, augmenté de vingt-deux compagnies, fut divisé en deux bataillons de douze compagnies de fusiliers, & d'une de grenadiers chacun. Les bons services qu'il rendit lui firent ajouter, en 1677, quatre nouveaux bataillons de quinze compagnies chacun ; le sixième bataillon fut réformé en 1679.

Avant la formation du régiment des fusiliers du Roi, les travaux dans les arsenaux & les parcs d'artillerie se faisoient par des ouvriers libres & payés à la journée ; quelques chefs d'ateliers étoient seulement entretenus à l'année par le Roi, & dirigeoient les travaux.

On n'avoit alors en France que deux compagnies de bombardiers, étrangères au régiment des fusiliers. Louis XIV, à ces deux compagnies, en joignit dix nouvelles, tirées des régimens des fusiliers du Roi, de Navarre, de Champagne, de Piémont & de la marine. Ainsi fut créé, en 1684, le régiment-royal-des-bombardiers, augmenté ensuite de deux compagnies en 1686.

Six nouvelles compagnies de canonniers furent formées en 1689, & jointes aux six anciennes. Les premiers régimens de France en fournirent les soldats, & celui des fusiliers du Roi les officiers. Quoique ces douze compagnies de canonniers ne fissent point corps avec le régiment des fusiliers du Roi, on les regardoit comme détachées de ce régiment, & on les donnoit à ses plus anciens officiers.

En 1691, Louis XIV rétablit le sixième bataillon du régiment des fusiliers du Roi. Chacun de ces six bataillons étoit composé de treize compagnies de cinquante-cinq hommes. Le premier avoit deux compagnies d'ouvriers ; le deuxième & le troisième n'en avoient qu'une chacun ; elles étoient de cent dix hommes, & faisoient nombre parmi les treize de leur bataillon. La France, à cette époque, entretenoit, pour le service de l'artillerie, six mille quatre cent quatre-vingts soldats.

En 1693, Louis XIV donna au régiment des fusiliers du Roi le nom de *régiment-royal-artillerie*.

En 1695, les douze compagnies de canonniers, détachées, furent incorporées dans le régiment-royal-artillerie, dont les six compagnies de grenadiers devinrent compagnies de canonniers. Ce régiment fut réduit, en 1697, à quatre bataillons : chacun d'eux étoit composé, en 1705, de treize compagnies, dont une d'ouvriers de soixante-quinze hommes, deux de canonniers & dix de fusiliers de quarante-cinq hommes. Un cinquième bataillon, sur le pied des quatre premiers, leur fut ajouté en 1706. Le régiment-royal-des-bombardiers fut, cette même année, augmenté d'un second bataillon composé, ainsi que le premier, de treize compagnies de cinquante hommes chacune.

Le Roi étoit colonel des régimens-royal-artillerie & royal-des-bombardiers ; le grand-maître de l'artillerie en étoit colonel-lieutenant.

Une compagnie franche de canonniers fut levée, en 1702, pour la défense des côtes : elle étoit de deux cents hommes, commandés par six officiers. On la réforma depuis.

Le premier essai connu de l'art des mines fut fait en 1487, par les Génois, au siège de Serrez-

zanella. Le célèbre Pierre de Navarre, qui de simple soldat s'éleva, en France & en Espagne, aux premières dignités, témoin de cet essai grossier qui n'avoit pas même réussi, ayant quitté le service de Gênes pour celui de Charles-Quint, tenta de renouveler une expérience mal faite ; il mina le château de l'Œuf à Naples, & en rendit maître les Espagnols en 1503. Telle est l'origine des mines. Les Anciens en ont eu ; mais elles ne pouvoient ressembler aux nôtres, que la poudre est destinée à faire jouer. Cet art, borné chez eux par sa nature, ne dut point arriver à la perfection à laquelle nous l'avons porté, & n'exigea jamais les talens & la science qui ont immortalisé les de Lorme, les Antoniassy, les Vallière, les Gribeauval. Aucune puissance en Europe n'avoit songé à former un corps destiné à exercer cet art, quand Louis XIV créa, en 1679, la première compagnie de mineurs, laquelle fut d'abord commandée par M. le Goulon, & ensuite par M. Devallière père. Il en forma une seconde en 1695, & deux nouvelles en 1705 & 1706. Les deux premières étoient de quatre-vingts, la troisième de cent vingt & la quatrième de soixante hommes, commandées chacune par cinq officiers.

En récapitulant, on voit que, vers la fin du siècle de Louis XIV, le corps de l'artillerie étoit composé du grand-maître, de soixante lieutenans du grand-maître, ayant le rang d'officiers-généraux, brigadiers ou colonels ; soixante commissaires provinciaux, avec le rang de lieutenans-colonels ; soixante commissaires extraordinaires, ayant rang de capitaines en premier ; & quatre-vingts officiers-pointeurs, ayant rang de lieutenans. Tous ces officiers étoient répartis pendant la paix dans les places de guerre, excepté quelques commissaires extraordinaires & officiers-pointeurs, qu'on employoit dans les écoles d'artillerie ; car il y en avoit déjà d'établies.

Par l'ordonnance de 1720, on incorpora toutes les troupes destinées à servir l'artillerie dans le régiment-royal-artillerie, & l'on créa en même temps une cinquième compagnie de mineurs. Cette incorporation se fit à Vienne en Dauphiné, & royal-artillerie fut composé de cinq bataillons, chacun de huit compagnies de cent hommes, commandées par deux capitaines & deux lieutenans. Le Roi resta colonel, & le grand-maître, colonel-lieutenant du régiment.

Il fut décidé, en 1722, que le lieutenant colonel de chaque bataillon de royal-artillerie auroit le rang de lieutenant du grand-maître ; les deux premiers capitaines, celui de commissaires provinciaux ; les autres capitaines, celui de commissaires ordinaires ; les lieutenans, celui de commissaires extraordinaires. Les différens grades des deux corps ayant été ainsi assimilés, à grade égal, l'ancienneté du brevet donna le commandement.

On recevoit dans chaque compagnie de royal-artillerie deux cadets, qui comptoient pour le complet parmi les soldats, en faisoient le service, & suivoient les écoles de théorie. Tel étoit le fonds dont on tiroit les officiers de royal-artillerie. Le corps de l'artillerie admettoit à la suite de ses écoles des volontaires sans appointemens, qui en suivoient les instructions, & devenoient ensuite officiers-pointeurs.

En 1729, les cinq compagnies de mineurs & les cinq d'ouvriers furent séparées du régiment royal-artillerie ; les premières furent fixées à cinquante hommes, y compris deux cadets, & commandées par un capitaine, deux lieutenans & deux sous-lieutenans ; celles d'ouvriers le furent à quarante hommes, commandées par un capitaine & un lieutenant. Chaque bataillon de royal-artillerie resta formé de huit compagnies de 70 hommes, commandées par deux capitaines, deux lieutenans & deux sous-lieutenans, qui eurent rang d'officiers-pointeurs.

En 1743, les compagnies de royal-artillerie furent augmentées de trente hommes, & portées à cent. Chaque bataillon reçut, en 1747, l'augmentation de deux nouvelles compagnies de cent hommes chacune. En 1748, royal-artillerie étoit de cinq mille soldats & trois cents officiers.

Des vues plus étendues que celles qui jusqu'alors avoient déterminé les différentes formations de l'artillerie, laissèrent croire que le bien du service exigeoit la réunion de trois corps qui avoient entr'eux une très-grande affinité. Il fut donc résolu de réunir, sous le nom de *corps royal de l'artillerie & du génie*, le corps de l'artillerie, celui des ingénieurs du Roi, & le régiment royal-artillerie. Ce dernier n'étoit déjà plus ce qu'il étoit en 1748. Chacun de ses cinq bataillons étoit de dix compagnies de soixante-douze hommes, commandées par six officiers. Les cinq compagnies de mineurs & les cinq d'ouvriers, toujours séparées de ce régiment, étoient, les premières de soixante hommes & six officiers; les secondes de quarante hommes & de trois officiers ; l'état-major de chacun des bataillons étoit de quatre officiers. L'effectif de ce régiment & de ces compagnies étoit donc, en 1755, de quatre mille cent soldats & 365 officiers.

L'ordonnance de la réunion parut le 8 décembre 1755. Les officiers du corps de l'artillerie étoient au nombre de 321.

Ceux du régiment royal-artillerie de 365, & les ingénieurs du Roi de 300.

Ce qui fait un total de 986.

Le corps royal de l'artillerie & du génie ayant été augmenté, en 1756, d'un bataillon, d'une compagnie de mineurs & d'une d'ouvriers, il eut alors six bataillons de seize compagnies de cinquante hommes, commandées par six officiers ; l'état-major de chaque bataillon étoit formé de cinq, & les compagnies de mineurs & d'ouvriers restèrent telles qu'en 1755. Les bataillons eurent donc à cette époque, y compris les mineurs & les ouvriers, 5300 soldats & 651 officiers; le reste de ces derniers fut réparti dans les places au nombre de 320. Ainsi, le total des officiers du corps-royal étoit de 971.

En 1758, on retira les ingénieurs du corps royal pour en former un corps séparé, sous le titre de *corps des ingénieurs*. Cette même année, les six bataillons du corps royal de l'artillerie furent convertis en six brigades de huit compagnies de cent hommes, auxquelles on réunit les ouvriers. Les sapeurs & les mineurs en furent détachés & donnés aux ingénieurs en 1759. Le nombre des soldats du corps royal se trouva réduit alors à 4800, & celui des officiers à 576.

Louis XV créa, en 1758, quatre compagnies de canonniers invalides, pour servir de retraite aux soldats du corps royal.

Les sapeurs furent retirés aux ingénieurs, & rendus, en 1760, au corps royal, qui, par leur rentrée, vit le nombre de ses soldats porté à cinq mille cent soixante, & celui de ses officiers à six cent douze. Les ouvriers furent en même temps détachés des brigades, & leurs six compagnies réduites chacune à six cents hommes, commandées par cinq officiers. Les brigades, ainsi que les anciens bataillons, portèrent le nom de leur commandant.

En 1761, le corps royal fut augmenté de trois brigades, de huit compagnies de cent hommes, destinées à servir l'artillerie de la marine. On tira leurs officiers de la marine & de l'artillerie. Elles firent corps avec les anciennes brigades, de manière que les officiers des unes & des autres pouvoient passer indifféremment des unes aux autres; ils prenoient sur les vaisseaux le rang qui leur étoit attribué dans la marine, en vertu de leurs grades dans le corps royal. Toutes ces brigades étoient sous les ordres des inspecteurs-généraux du corps royal. Les six brigades destinées au service de l'artillerie de terre furent augmentées, au mois de décembre 1761, de deux compagnies de cent hommes, & les mineurs rentrèrent au corps royal, pour servir détachés à la suite de chacune des anciennes brigades.

On créa, en 1762, une nouvelle brigade d'artillerie, de huit compagnies de cent hommes, destinée d'abord au service des colonies, & affectée à celui de terre.

Les compagnies des brigades étoient alors commandées par un capitaine en premier, deux capitaines en second, deux lieutenans en premier, deux lieutenans en second. Chacune des écoles avoit à sa suite seize sous-lieutenans.

L'une des trois brigades du service de mer fut supprimée en 1764, & les huit compagnies de chacune des autres furent réduites à quatre-vingt-deux hommes. Les six compagnies de mineurs quittèrent les brigades du service de terre, & se rassemblèrent à Verdun.

Depuis ce temps, les brigades du service de

mer ont été particulièrement affectées au corps de la marine.

Le corps royal, au commencement de 1765, étoit composé de sept mille cinq cent vingt-sept soldats & de huit cent quatre-vingt-quatre officiers, non compris la compagnie des élèves. Avant de parler de la nouvelle forme qu'on lui donna cette année, on va indiquer ce qu'ont été successivement les sept régimens qui le composèrent. En remontant à la création de royal-artillerie, on dira ce que sont devenus ses cinq bataillons.

Le premier bataillon portoit, en 1720, le nom de *Pijart*; il devint depuis Torpane, Vareis, Saint-Clair, Chabrié, brigade de Loyauté, de Saint-Auban; est devenu le régiment de la Fère.

Le deuxième bataillon étoit, en 1720, Sertamont; il devint ensuite Bréande, Richecourt, Villers, Lamotte, brigade d'Invilliers, de Loyauté; est devenu le régiment de Metz.

Le troisième bataillon étoit, en 1720, Torigny; il devint successivement la Perelle, Villas, la Borie, Fontenay, Soucy, brigade de la Pelleterie, des Combes, des Mazis; est devenu le régiment de Besançon.

Le quatrième bataillon étoit, en 1720, Provify; il devint Valenceau, Godechard, Franfure, Menonville, brigade de Beaufire; est devenu le régiment de Grenoble.

Le cinquième bataillon étoit, en 1720, Romilly; est devenu Marfay, la Bachelerie, Pombec, Bourquefulden, d'Aumale, Loyauté, brigade de Chabrié, de Villepatour; est devenu le régiment de Strasbourg.

Le 1er. janvier 1757, le bataillon de Cosne fut formé; les cinq premiers bataillons lui fournirent chacun cent vingt hommes; il devint brigade de Mouy, de Loyauté, d'Invilliers; & est devenu le régiment d'Auxonne.

En 1762, la brigade de Cosne fut formée comme le précédent; elle devint, en 1755, le régiment de Toul.

Louis XV, par une ordonnance du 13 août 1765, convertit les sept brigades d'artillerie en autant de régimens, qui prirent les noms des villes où leurs écoles étoient établies, & s'appelèrent régimens de la Fère, Metz, Strasbourg, Grenoble, Besançon, Auxonne & Toul. Chaque régiment fut composé de deux bataillons de dix compagnies chacun, & se divisa en cinq brigades de quatre compagnies. Chacune fut commandée par un capitaine, deux lieutenans en premier, un lieutenant en second & un garçon-major. L'état-major de chaque régiment fut composé d'un colonel, d'un lieutenant-colonel, un major, cinq chefs de brigade, un aide-major, deux sous-aides-majors, un quartier-maître, un trésorier, un chirurgien-major, un aumônier, un tambour-major. Cette ordonnance créoit cinq chefs de brigade par régiment, dont le grade équivaloit à celui de major, & un garçon-major par compagnie, lequel devoit être tiré du corps des sergens & fixé dans son emploi. Elle donnoit aux sept plus anciens chefs de brigade le brevet de lieutenant-colonel; aux deux premiers capitaines de chaque régiment celui de major, après six ans de service en temps de paix, & celui de lieutenant-colonel après dix ans. Chaque campagne de guerre comptoit à ces officiers pour deux ans de service.

Les dix premiers lieutenans de chaque régiment furent pourvus du brevet de capitaine, avec le droit d'en porter l'épaulette, & de jouir d'une ration de plus à l'armée que les lieutenans d'artillerie. Onze capitaines en second furent détachés dans les places pour le service.

Trois nouvelles compagnies d'ouvriers furent ajoutées aux six anciennes: toutes furent détachées des régimens, composées de soixante-un hommes, & commandées par un capitaine en premier, un capitaine en second, un lieutenant en premier & deux garçons-majors.

Les mineurs restèrent à six compagnies de soixante-dix hommes, commandées chacune par un capitaine en premier, un capitaine en second, deux lieutenans en premier, un lieutenant en second & un garçon-major; elles formèrent un corps sous le nom de *corps de mineurs*, qui, faisant toujours partie du corps royal, eut un commandant-général, un commandant particulier, & un aide-major chargé de tous les détails d'infanterie de ce corps, pour lequel on établit une école à Verdun: cent soixante-dix-sept officiers, y compris onze capitaines en second de chaque régiment, furent employés dans les places; on leur conserva la prérogative d'y jouir des honneurs & commandemens attribués aux officiers des régimens du corps royal.

L'école & la compagnie des élèves furent non-seulement conservées, mais cette dernière fut portée du nombre de cinquante élèves à celui de soixante. Les sous-lieutenans des anciennes écoles supprimées entrèrent dans les régimens. Le corps royal se trouva donc composé, à la fin de 1765, de sept mille quatre cent seize soldats & de mille quarante-deux officiers, non compris les élèves.

Le nombre des soldats qu'il contenoit l'année précédente fut donc diminué, quoiqu'on attribuât à ce corps des fonctions nouvelles & fort étendues, & celui des officiers augmenté.

Louis XV créa, en 1766, pour le corps royal, quatre nouvelles compagnies de canonniers invalides, dont on destina les places d'officiers à servir de retraite aux garçons-majors de l'artillerie.

Le 23 août 1772, parut une ordonnance qui détruisit presque tout ce qu'avoit établi celle de 1765. Elle laissa subsister les sept régimens d'artillerie, les divisa également chacun en deux bataillons. Le bataillon fut composé de dix compagnies de trente-cinq hommes, & divisé en deux brigades de cinq compagnies: toutes celles qui composèrent le corps royal furent commandées par un capitaine en premier, un capitaine en second, un lieutenant en premier, un lieutenant en second; celles des mineurs & ouvriers furent réduites, les premières à cinquante, les secondes à quarante hommes. Les inspecteurs-généraux reçurent le titre de chefs de départemens; les chefs de brigade, les garçons-majors, un lieutenant en premier par compagnie, l'école & la compagnie des élèves, l'école & l'état-major des mineurs, furent supprimés; les appointemens des plus anciens officiers diminués, les compagnies de mineurs, dispersées & attachées chacune à un régiment, & le parc des mines, à Verdun, fut renversé; on créa une compagnie de mineurs, & un second aide-major par régiment: les neuf premiers lieutenans de chaque régiment, dont la plupart avoient déjà le brevet de capitaine, furent faits capitaines en second.

Le corps royal, à cette époque, fut donc réduit à cinq mille six cent dix-sept soldats & huit cent un officiers.

Une autre ordonnance, du 15 décembre 1772, assujettit le corps royal à faire, pendant l'hiver, dans les places, le service de la garde, dont celle de 1765 l'avoit exempté, priva les officiers d'artillerie du droit d'y commander suivant leur grade lorsqu'ils y étoient détachés. Le service par compagnie fut aboli, celui par détachement remis en vigueur. Pour l'instruction théorique, elle renvoya au réglement de 1720. Le canon de 4 fut rendu à l'infanterie, &c., &c.

Louis XVI, par une ordonnance du 3 octobre 1774, annulant toutes ces décisions de 1772, fit revivre les dispositions de celles de 1765. La seule différence qu'il y eut entre celle-ci & celle de 1774, fut la suppression d'un lieutenant en premier par compagnie dans les régimens, que cette dernière ordonna, & qui avoit d'abord eu lieu en 1772, & l'augmentation du nombre d'officiers employés dans les places, qui, en 1765, étoit de cent soixante dix-sept, & qui, en 1774, fut porté à deux cent cinq. Les mineurs furent rappelés dans leur école rétablie à Verdun, & leur septième compagnie conservée. La compagnie des élèves ne fut point rétablie. Le corps royal étoit surchargé de surnuméraires, & son rétablissement eût été sans utilité comme sans objet. Les dispositions de l'ordonnance du 15 décembre 1772 ne durèrent pas plus que celles de l'ordonnance du 23 août 1772, & furent abrogées ensemble par celle de 1774. L'effectif du corps royal dut donc être alors ce qu'il étoit en 1765, quant au nombre des soldats; celui des officiers fut diminué de cent quarante, par la suppression d'un lieutenant par compagnie. Le second aide-major de chaque régiment fut réformé, & les garçons-majors furent rappelés sous le titre d'*adjudans*.

Le 27 juin 1776, une ordonnance enjoignit aux officiers-généraux divisionnaires, de s'instruire des détails relatifs à l'artillerie, leur donna autorité sur les troupes du corps royal, en ce qui concerne leur police seulement, & voulut que les arsenaux leur fussent ouverts, & qu'on leur fît voir, mais sans les déplacer, ou leur en laisser prendre copie, tous les plans, projets, mémoires, &c., relatifs à cette partie du service militaire.

Cette même ordonnance prescrivit aussi aux intendans des provinces d'autoriser les commissaires des guerres & du corps royal de l'artillerie à procéder aux enchères des travaux qui seroient à faire pour constructions, réparations ou entretien de bâtimens & magasins à l'usage de l'artillerie, en présence du commandant de la place où devoient se faire ces ouvrages, de l'officier y commandant l'artillerie, de celui du génie, & du maire ou de tout autre officier municipal, censé avoir connoissance des prix des matériaux & de la main-d'œuvre du pays.

Par l'ordonnance du 3 novembre 1776, le corps royal est resté composé de sept régimens, qui conservèrent leur ancien nom & leur rang dans l'infanterie; de six compagnies de mineurs, la septième ayant été réformée; de neuf compagnies d'ouvriers, & de cent quatre-vingt-dix-sept officiers employés dans les places. Chaque régiment a été formé de deux bataillons & d'une brigade de bombardiers; chaque bataillon l'a été de sept compagnies de canonniers & d'une de sapeurs. Le régiment se divisoit en cinq brigades de quatre compagnies chacune; deux de ces brigades étoient composées de canonniers; deux autres, chacune de trois compagnies de canonniers & d'une de sapeurs; la cinquième l'étoit de quatre compagnies de bombardiers. Toutes ces compagnies de soixante-onze hommes étoient commandées par un capitaine, un lieutenant en premier, un lieutenant en second & un lieutenant en troisième : dénomination nouvelle, affectée aux anciens garçons-majors ou adjudans, que cette ordonnance conservoit.

L'état-major de chaque régiment fut composé d'un colonel, un lieutenant-colonel, un major, cinq chefs de brigade, un aide-major, un quartier-maître-trésorier, un chirurgien-major, un aumônier, un tambour-major, un armurier.

Les deux sous-aides-majors ont été supprimés. Les six compagnies de mineurs furent portées chacune à quatre-vingt-deux hommes, commandées par deux capitaines, deux lieutenans & un lieutenant en troisième. Le corps des mineurs conserva son état-major & son aide-major. Les compagnies d'ouvriers furent portées à soixante-onze hommes, commandées par deux capitaines, un lieutenant en premier & un lieutenant en troisième. Un conseil d'administration fut établi dans les régimens & compagnies de mineurs & d'ouvriers.

On observe qu'à cette époque le corps de l'artillerie étoit composé au complet, savoir ;

Les

Les régimens, neuf mille neuf cent cinquante-quatre soldats, six cent trente officiers.

Les mineurs, quatre cent quatre-vingt-douze soldats, trente-un officiers.

Les ouvriers, six cent trente-neuf soldats, trente-six officiers.

Dans les places, deux cent douze officiers.

Total, onze mille quatre-vingt-cinq soldats, neuf cent neuf officiers.

On a compris dans la récapitulation précédente les quatorze capitaines en second, créés par l'ordonnance du 8 avril 1779 : on a vu ci-dessus que le nombre de ces capitaines n'étoit que de soixante-dix dans le corps royal. Il fut porté à quatre-vingt-quatre, & on avoit principalement affecté les deux nouveaux capitaines en second, créés dans chaque régiment, à l'instruction des canonniers gardes-côtes.

Le règlement du 1er. mars 1778, concernant les troupes provinciales, affecta au corps de l'artillerie les régimens provinciaux de Châlons, Valence, Verdun, Colmar, Dijon, Autun & Vesoul. Ces régimens, commandés par un colonel, un lieutenant-colonel & un major, étoient composés de deux bataillons de sept cent dix hommes chacun, les sept premiers de tous les régimens & bataillons des troupes provinciales, & particulièrement destinés au service de l'artillerie en campagne, sous la dénomination de :

Régiment provincial d'artillerie : de la Fère, de Grenoble, de Metz, de Strasbourg, de Besançon, d'Auxonne & de Toul.

Les troupes affectées au service de l'artillerie en France se trouvoient donc, au moyen des sept régimens provinciaux d'artillerie attachés au corps royal, monter à vingt-un mille seize hommes, non compris les huit compagnies de canonniers invalides & les compagnies de canonniers de côtes, répandues sur toutes nos frontières maritimes.

On avoit continué, en 1764, de faire faire le service de l'artillerie des colonies par des détachemens tirés du corps royal. Cet arrangement subsista jusqu'en 1770. A cette époque, & successivement, le ministre de la marine créa des compagnies d'artillerie pour les Indes orientales, les Antilles, Cayenne & le Sénégal ; en sorte qu'en 1784, on en entretenoit treize pour ce service. La guerre qui éclata en 1778 ayant ramené la nécessité de demander des secours pour les colonies au corps royal de l'artillerie, on y fit passer successivement douze compagnies du régiment de Metz, cinq du régiment de Besançon, une compagnie d'ouvriers & une de mineurs, tandis que le second bataillon du régiment d'Auxonne étoit à l'armée française réunie à celle des Etats-Unis d'Amérique.

A la paix, le ministre de la marine voulant mettre son département en mesure de se suffire à lui-même, dans les circonstances où une guerre de terre ne lui permettroit pas de lui laisser espé-rer les secours du corps royal, projeta de former un corps d'artillerie destiné aux colonies. Les heureux changemens faits à l'artillerie française l'assuroient assez que ses vues seroient remplies dès qu'il adopteroit un plan qui assimileroit la constitution & le service du corps qu'il vouloit créer, à la constitution & au service du corps royal. Les ministres de la guerre & de la marine s'étant réunis pour opérer les changemens, M. Gribeauval leur adressa un plan de formation auquel le ministre de la marine fit les modifications qu'il jugea convenables. Le résultat du travail de ce général avec les ministres, parut dans une ordonnance composée de huit titres, dont le premier seul fut publié le 24 octobre 1784, sous le titre d'*Ordonnance du Roi*, portant création du corps royal de l'artillerie des colonies.

Ce corps fut composé d'un régiment de vingt compagnies de canonniers-bombardiers & de trois compagnies d'ouvriers. Pour le former, on tira du corps royal cinq cent cinquante-deux hommes, & presque tous les officiers nécessaires. Le régiment des colonies fut divisé en cinq brigades de quatre compagnies de quatre-vingt-huit hommes chacune, dont un sergent-major, un sergent-fourrier-écrivain, cinq sergens, cinq caporaux, cinq appointés, cinq artificiers, cinq premiers canonniers-bombardiers, quarante apprentis & un tambour ; commandées par un capitaine en premier, un capitaine en second, un lieutenant en premier, un lieutenant en second & un lieutenant en troisième : ce dernier, ainsi que la moitié des lieutenans en second, furent tirés de la classe des sergens, & ne pouvoient prétendre qu'aux emplois d'aide-major & de quartier-maître.

L'état-major du corps royal d'artillerie des colonies fut composé d'un inspecteur-général, d'un colonel, de quatre lieutenans-colonels, & faisoit partie du corps sans faire partie du régiment ; de cinq chefs de brigade, un major, trois aides-majors, un quartier-maître-trésorier & un tambour-major.

Chacune des compagnies d'ouvriers fut composée de soixante-treize hommes, commandée par un capitaine en premier, un capitaine en second, un lieutenant en premier & un lieutenant en troisième ; ces deux derniers officiers tirés de la classe des sergens-majors desdites compagnies.

Une école d'artillerie avoit été établie à Douai en 1679. Elle subsista peu de temps, & ce ne fut qu'en 1720 que Louis XV en forma dans toutes les villes des garnisons des troupes de l'artillerie. Strasbourg, Metz, Douai, la Fère, Besançon, Auxonne, Verdun, eurent des écoles d'artillerie ; celle de Grenoble fut supprimée en 1776, transférée à Valence en 1777 ; elle n'y resta que quelques mois, mais elle y fut rétablie en 1783.

Les ordonnances, lorsque le corps royal n'étoit pas complet en officiers, permettoient à dix aspirans par école d'en suivre les exercices, après avoir fait toutefois les preuves exigées pour être admis dans l'artillerie. Ils fortoient de ces écoles pour se rendre à un concours général, où un membre de l'Academie des sciences, nommé par le Roi, les examinoit. Sur le compte qu'il rendoit de leur instruction, ils étoient refusés, ou on les admettoit à l'école des élèves.

L'école & la compagnie des élèves du corps royal, instituées à la Fère en 1756, furent d'abord composées de cinquante sous-lieutenans. Peu de temps après, on ne donna plus aux élèves le brevet d'officiers. Un académicien les examinoit tous les six mois; & sur son rapport, ils passoient aux emplois d'officiers dans les régimens du corps royal, ou étoient rendus à leur famille, si, après deux ans de séjour, ils n'étoient pas jugés capables d'embrasser l'état pour lequel ils s'étoient destinés. La compagnie des élèves fut portée de cinquante au nombre de soixante en 1765, & transférée de la Fère à Bapaume en 1766. Elle étoit, ainsi que l'école, aux ordres d'un colonel, un lieutenant-colonel, un capitaine & un lieutenant du corps royal : le colonel étoit en même temps lieutenant du Roi à Bapaume, & le lieutenant-colonel en étoit major. Ces officiers, parmi les élèves, en nommoient deux pour être chargés, sous leurs ordres, de différens détails relatifs à la compagnie, & on leur donnoit le nom de *majors des élèves*. L'école avoit deux professeurs de mathématiques, deux de dessin, & un beau cabinet de physique. Ce cabinet fut transféré à l'école de Douai, lorsque la compagnie & l'école des élèves furent détruites en 1772.

L'ordonnance du 8 avril 1779 avoit suppléé, par de nouveaux arrangemens, à l'ancien établissement de l'école & de la compagnie des élèves.

Le Roi, par cette ordonnance, établit dans chacune des écoles de l'artillerie six places d'élèves; ils portoient l'uniforme des officiers d'artillerie, mais sans épaulettes; ils étoient sous les ordres du commandant de l'école, qui nommoit & proposoit des officiers pour veiller à leur police & discipline.

L'examen se faisoit toujours dans une des écoles de l'artillerie que le Roi désignoit, ainsi que le temps du concours.

Le service d'élève comptoit pour parvenir aux grades militaires.

La même ordonnance de 1779 portoit une augmentation de deux capitaines en second par chacun des sept régimens d'artillerie, lesquels devoient pourvoir au service des côtes.

Louis XV, en supprimant, en 1757, la charge de contrôleur-général de l'artillerie & les commis-contrôleurs, créa un commissaire-général & onze commissaires des guerres & du corps royal de l'artillerie, qui furent chargés, avec leurs fonctions de commissaires, de celles de contrôleur de l'artillerie.

Le commissaire-général, reconnu inutile, fut bientôt supprimé, & les onze commissaires, portés à quinze en 1765, furent remis à onze en 1772, & reportés à quinze par l'ordonnance de 1774. Le besoin du service ayant exigé, en 1783, de former un département de plus, les commissaires eurent seize départemens. A l'époque de la révolution, ils ont cessé de faire partie du corps de l'artillerie pour faire nombre parmi les commissaires de l'armée.

Le corps royal avoit ses deux trésoriers généraux créés en 1758 en titre d'office; l'un exerçoit l'année paire, l'autre l'année impaire : ils avoient sous eux, dans différentes parties du royaume, beaucoup de trésoriers provinciaux d'artillerie. Leurs charges furent supprimées en 1779, & leur service remis aux trésoriers généraux de la guerre.

Un décret de l'Assemblée nationale, du 2 décembre 1790, sanctionné par le Roi le 15 du même mois, donna au corps de l'artillerie, comme à toutes les autres troupes de terre, une nouvelle organisation. Par le règlement du 1er. avril 1791, ce corps fut composé ainsi qu'il suit :

Sept régimens de canonniers, six compagnies de mineurs, dix d'ouvriers & cent quinze officiers entretenus pour le service des places & établissemens d'artillerie, non compris les neuf inspecteurs généraux qui furent conservés, dont quatre étoient lieutenans-généraux.

La place de premier inspecteur qu'avoit établie l'ordonnance de 1776, fut supprimée.

L'augmentation d'officiers-généraux qui eut lieu dans l'armée, donna à l'artillerie un dixième inspecteur-général du grade de maréchal-de-camp.

Le titre de *commandant d'école* fut changé en celui de *commandant d'artillerie*.

Les directions d'artillerie, qui étoient au nombre de vingt-deux, furent réduites à vingt; & les soixante-deux capitaines, détachés dans les places ou dans les différens établissemens, furent réduits à cinquante-trois, dont onze roulèrent sur tout le corps, pour leur avancement au grade de lieutenant-colonel. Des quarante-deux autres qui furent pris parmi les seconds capitaines, il y en eut deux de troisième classe & quatre de quatrième, attachés à chacun des régimens pour leur avancement.

Le titre & le grade de major furent supprimés, & le major de seconde classe devint second lieutenant-colonel.

Les cinq chefs de brigade qui étoient dans chaque régiment d'artillerie furent supprimés, & remplacés par quatre lieutenans-colonels, à raison d'un par demi-bataillon.

L'aide-major fut réformé & remplacé par deux adjudans-majors, dont un à chaque bataillon.

Les quatre-vingt-quatre capitaines en second qui existoient à raison de douze par chaque régiment, à la suite duquel ils servoient dans les places ou établissemens d'artillerie, furent supprimés, & portés à cent quarante, pour être attachés en qualité de seconds capitaines à chacune des compagnies de canonniers, & fournir le quatrième officier nécessaire pour chacune d'elles, & qui n'y étoit plus, par la suppression du grade de lieutenant en troisième.

Le titre de bas-officier fut supprimé, & on y substitua celui de sous-officier : sous cette dénomination furent compris les sergens-majors, tambours-majors, sergens, caporaux-fourriers & caporaux.

Le corps de l'artillerie conserva dans l'infanterie le rang que lui donnoit son ancienneté, immédiatement après le soixante-deuxième & avant le soixante troisième régiment : mais les sept régimens de ce corps quittèrent les noms qu'ils portoient depuis 1765, & furent désignés entr'eux par leur rang de création, ainsi qu'il suit ; savoir :

Le régiment de la Fère prit le nom de premier régiment d'artillerie ; celui de Metz, deuxième régiment ; celui de Besançon, troisième ; celui de Grenoble, quatrième ; celui de Strasbourg, cinquième ; celui d'Auxonne, sixième, & celui de Toul, septième.

Les compagnies de mineurs prirent entr'elles le rang de leur création, ainsi qu'il suit :

Celle de Catalan, première compagnie de mineurs ; celle de Rugi, deuxième ; celle de Cognon, troisième ; celle de Barberin, quatrième ; celle de Bonvillé, cinquième ; celle de Chazelle, sixième.

Les compagnies d'ouvriers prirent le rang & la dénomination qui leur furent échus par le sort, en présence des inspecteurs-généraux d'artillerie, ainsi qu'il suit :

Celle de Neyremand, le nom de première compagnie d'ouvriers ; celle de Guérin aîné, deuxième ; celle de Rostan, troisième ; celle de Guérin cadet, quatrième ; celle de Croyer, cinquième ; celle de Puyveron, sixième ; celle de Dubuisson, septième ; celle de Gueriot, huitième ; & celle de Dufort, neuvième. Une compagnie créée à la Fère fut la dixième.

Chaque régiment d'artillerie fut formé de deux bataillons & d'un état-major ; chaque bataillon le fut de dix compagnies, qui se séparèrent en deux divisions de cinq compagnies. Chaque compagnie fut composée, au pied de paix, de cinquante-cinq canonniers-bombardiers-sapeurs, sous la seule dénomination de *canonniers*, dont un sergent-major, quatre sergens, un caporal-fourrier, quatre caporaux, quatre appointés, seize premiers canonniers, vingt-quatre seconds canonniers, un tambour ; & commandé par un capitaine-commandant, un second capitaine, un premier lieutenant & un second lieutenant.

Chaque état-major de régiment fut composé d'un colonel, six lieutenans-colonels, un quartier-maître-trésorier, deux adjudans-majors, un aumônier, un chirurgien-major, quatre adjudans, un tambour-major, un caporal-tambour, huit musiciens, dont un chef, un maître tailleur, un maître armurier & un maître cordonnier.

Les compagnies de mineurs continuèrent d'être rassemblées à Verdun, sous les ordres d'un commandant d'artillerie.

Chaque compagnie de mineurs fut composée de soixante-trois hommes, dont un sergent-major, quatre sergens, un caporal-fourrier, huit caporaux, huit appointés, seize premiers mineurs, vingt-quatre seconds, & un tambour ; elle fut commandée par un capitaine-commandant, un second capitaine, un premier lieutenant & deux seconds lieutenans.

Chaque compagnie d'ouvriers fut composée d'un sergent-major, quatre sergens, un caporal-fourrier, quatre caporaux, quatre appointés, douze premiers ouvriers, douze seconds, seize apprentis, un tambour, en tout cinquante-cinq hommes ; & commandée par un capitaine-commandant, un second capitaine, un premier lieutenant & un second lieutenant.

L'école des élèves, qui avoit été détruite en 1772, fut récréée & rétablie à Châlons-sur-Marne. Le nombre de ces élèves fut fixé à quarante-deux, commandés par un colonel, un lieutenant-colonel & deux capitaines.

Un règlement du 28 septembre 1791 porta au complet de guerre le corps de l'artillerie ; ce qui augmenta chaque compagnie de vingt hommes, & les régimens chacun de quatre-cents hommes.

Vers la fin de 1791, on créa deux compagnies d'artillerie à cheval ; elles furent successivement portées au nombre de trente, desquelles on forma neuf régimens d'artillerie à cheval.

En 1792, le régiment d'artillerie & les compagnies d'ouvriers des colonies furent réunis à l'artillerie de terre ; & dès cette époque, le corps de l'artillerie comptoit huit régimens à pied.

Le 2 brumaire an 2, les mineurs quittèrent le corps de l'artillerie pour faire partie de celui du génie.

Par un décret du 18 floréal an 3, le corps d'artillerie reçut une nouvelle augmentation, & fut composé ainsi qu'il suit ; savoir :

Huit régimens à pied, huit régimens à cheval, douze compagnies d'ouvriers, & un corps de pontonniers.

Chaque régiment d'artillerie à pied fut composé d'un état-major & de vingt compagnies, ainsi qu'il suit :

Un capitaine-commandant, un capitaine en second, un lieutenant en premier, deux lieutenans en second, un sergent-major, cinq sergens, un caporal-fourrier, cinq caporaux, trente-cinq premiers canonniers, quarante seconds canonniers & un tambour.

L'état-major conserva sa précédente organisation, excepté l'aumônier, qui fut supprimé.

Les régimens d'artillerie à pied eurent à leur suite douze capitaines pour le service des places & la direction des établissemens.

Chaque régiment d'artillerie à cheval fut composé d'un état-major & de six compagnies, ainsi qu'il suit:

Un capitaine, un lieutenant en premier, deux lieutenans en second, un maréchal-des-logis-chef, quatre maréchaux-des-logis, un brigadier-fourrier, quatre brigadiers, trente premiers canonniers, trente seconds canonniers & deux trompettes.

L'état-major fut composé d'un chef de brigade, un chef d'escadron, un quartier-maître-trésorier, un adjudant-major, un adjudant, un trompette-brigadier, un artiste vétérinaire, un sellier, un bottier, un tailleur.

Six capitaines à la suite de chaque régiment d'artillerie à cheval étoient aussi destinés au service des places.

Le décret du 18 pluviôse, qui avoit dissous les compagnies d'ouvriers, fut rapporté; & ces compagnies, portées au nombre de douze, furent composées ainsi qu'il suit:

Un capitaine-commandant, un second capitaine, un lieutenant en premier, un lieutenant en second, un sergent-major, cinq sergens, un caporal-fourrier, cinq caporaux, vingt premiers ouvriers, vingt seconds ouvriers, trente apprentis & un tambour.

On créa un corps de pontonniers destinés à la formation & entretien des ponts de bateaux à construire sur le Rhin; ce corps fut composé d'un état-major & de huit compagnies, ainsi qu'il suit :

Un capitaine-commandant, un lieutenant, un sergent-major, deux sergens, un caporal-fourrier, quatre caporaux, cinquante-six pontonniers, sept ouvriers, dont deux mailliers, deux calfats, un ouvrier en bois, un ouvrier en fer, un chaudronnier & un tambour.

Un chef de bataillon, un quartier-maître-trésorier, un adjudant, un chef tailleur, un chef cordonnier.

L'inspection & la direction des détails formant le matériel de l'artillerie dans les places & établissement de service furent confiées à deux cent vingt-six officiers; savoir :

Huit généraux de division, douze généraux de brigade, vingt-neuf chefs de brigade, dont vingt-sept directeurs, un commandant de l'école des élèves, un employé au comité central à Paris.

Trente-trois chefs de bataillon, dont trente-un sous-directeurs, un commandant en second de l'école des élèves, un employé au comité central, & cent quarante-quatre capitaines à la suite des régimens.

Une huitième école fut établie à Toulouse.

Chaque école eut un professeur de mathématiques, un répétiteur, un maître de dessin, un artificier, un garde du parc, un conducteur d'artillerie, & fut commandée par un général de brigade.

On forma dans chaque école des dépôts sous la dénomination de *bataillon des cinq cents*, desquels furent tirés les canonniers, tant à pied qu'à cheval, destinés à compléter les régimens employés aux armées.

Le nombre des élèves de l'école de Châlons fut porté à cinquante.

Celui des directions d'artillerie à vingt-sept, dont trois aux colonies.

La défense des côtes s'effectua au moyen d'une levée de quatorze mille canonniers volontaires, qui furent répartis dans les forts & batteries des côtes, tant de l'Océan que de la Méditerranée : ces canonniers furent formés en compagnies & en escouades.

Le 16 brumaire an 6, le ministre de la guerre prit une décision qui donna aux troupes le rang suivant : l'artillerie, les sapeurs, l'infanterie & la cavalerie.

Par un arrêté des consuls, du 13 nivôse an 8, les équipages d'artillerie reçurent un nouveau mode d'organisation. Les charretiers d'artillerie furent organisés en bataillons de cinq compagnies; ces corps portèrent le nom de *bataillons du train d'artillerie*, & les soldats du train d'artillerie furent traités comme les autres soldats de la république.

Sur les cinq compagnies, on en forma une d'élite, qui étoit attachée de préférence au service de l'artillerie à cheval.

Chaque compagnie d'élite fut composée de quatre-vingts hommes, sous-officiers compris, commandée par un maréchal-des-logis-chef, deux maréchaux-des-logis & quatre brigadiers.

Chaque compagnie ordinaire fut composée de soixante hommes, sous-officiers compris, également commandée par un maréchal-des-logis-chef, deux maréchaux-des-logis & quatre brigadiers.

Un trompette fut attaché à chaque compagnie.

Chaque bataillon du train d'artillerie étoit commandé par un capitaine, un lieutenant & un quartier-maître.

Ces bataillons & les officiers qui les commandoient furent sous les ordres des différens commandans d'artillerie.

Les bataillons d'un train d'artillerie d'une même armée étoient sous les ordres d'un inspecteur-général du train d'artillerie, ayant le grade de chef de brigade; d'un major du train d'artillerie, ayant le grade de chef de bataillon ; de deux capitaines-inspecteurs & de deux adjoints-lieutenans.

Un arrêté du même jour 13 nivôse, concernant l'organisation de la garde des consuls, affecta pour ce service une compagnie d'artillerie légère.

Cette compagnie fut composée d'un capitaine-commandant, un capitaine en second, un lieutenant en premier, deux lieutenans en second, un adjudant, un maréchal-des-logis-chef, un fourrier, quatre maréchaux-des-logis, quatre brigadiers, quarante canonniers de première classe, cinquante-deux canonniers de deuxième classe, & deux trompettes : total, cent dix hommes.

Telle étoit la composition du corps d'artillerie au 18 vendémiaire an 10.

Par un arrêté du même jour, il reçut une nouvelle organisation.

Son état-major, faisant partie de l'état-major-général de l'armée, fut composé de :

Huit généraux de division, dont un premier inspecteur.

Douze généraux de brigade, dont six inspecteurs-généraux & six commandans d'école.

Trente-trois chefs de brigade directeurs.

Trente-sept chefs de bataillon sous-directeurs.

Sa force étoit de :

Huit régimens à pied.

Six régimens à cheval.

Deux bataillons de pontonniers.

Huit bataillons du train.

Quinze compagnies d'ouvriers.

Treize compagnies de canonniers vétérans.

Cent trente compagnies de canonniers gardes-côtes.

Trois cent quatre-vingt-dix-neuf employés pour le service du matériel.

Par cette organisation, & par quelques changemens qu'elle éprouva dans le courant de l'an 10, au nombre desquels on compte le licenciement de cent trente compagnies de canonniers gardes-côtes, la force totale du corps étoit (officiers de tous grades & employés compris) de vingt mille huit cent trente-huit hommes pour le pied de paix, & de vingt-neuf mille cent quatre-vingt-dix-sept pour le pied de guerre.

Les écoles d'application d'artillerie & du génie, établies, la première à Châlons-sur-Marne & la deuxième à Metz, furent réunies dans cette dernière place, par arrêté du 12 vendémiaire an 11 : elles ne forment plus qu'une seule école, commune aux deux armes, portant le nom d'*école d'artillerie & du génie*.

Par un arrêté du 20 vendémiaire an 11, l'organisation du corps éprouva quelques légers changemens.

L'état-major fut porté à :

Neuf généraux de division, dont un premier inspecteur.

Douze généraux de brigade, dont six commandans d'école.

Trente-quatre chefs de brigade directeurs.

Quatre *idem* dans la république italienne.

Quatre *idem* pour Saint-Domingue.

Trois *idem* commandans d'école, y compris celui de l'école d'application.

Trente-huit chefs de bataillon sous-directeurs.

Quatre *idem* dans la république italienne.

Ce qui fait un total de cent huit, dont vingt-un généraux, quarante-cinq chefs de brigade & quarante-deux chefs de bataillon.

Les huit régimens à pied, les six à cheval, les deux bataillons de pontonniers & les quinze compagnies d'ouvriers restèrent tel qu'il avoit été réglé par l'organisation du 18 vendémiaire an 10.

La force des huit bataillons du train fut aussi conservée ; on ajouta seulement un maître armurier au petit état-major de chacun.

Mais la nécessité de pourvoir au service des colonies donna lieu aux dispositions de l'arrêté du 10 floréal an 11, qui créa deux nouvelles compagnies par chaque régiment à pied, & porte à sept celle du sixième à cheval ; ce qui fait dix-sept compagnies d'augmentation, qui doivent être réparties de la manière suivante :

Huit compagnies à pied à Saint-Domingue.

Cinq *idem* à la Martinique, la Guadeloupe, Sainte-Lucie, Tabago & Cayenne.

Trois *idem* aux îles de France & de la Réunion, aux Indes & au Sénégal.

La compagnie à cheval est répartie suivant le besoin.

Ces dix-sept compagnies sont composées comme toutes les autres, & doivent être constamment sur le pied de guerre.

Le même arrêté rétablit la dénomination de colonel, réduit les chefs de bataillon à cinq par régiment d'artillerie à pied, & recrée le grade de major, tant dans les régimens à pied que dans ceux à cheval. Cet officier a le commandement du corps en l'absence du colonel.

Le renouvellement de la guerre avec l'Angleterre fit rétablir cent compagnies de canonniers gardes-côtes & vingt-huit de canonniers sédentaires. (*Arrêté du 8 prairial an 11.*)

Les compagnies de canonniers vétérans, qui de treize avoient été portées à quatorze, furent encore augmentées de quatre.

Un arrêté du 4 prairial an 11 créa quatre contrôleurs pour le service des forges.

Un autre du 4 messidor, même année, réduisit le nombre des gardes d'artillerie à deux cent vingt, de deux cent vingt-neuf qu'il étoit, & ils furent divisés en trois classes, dont neuf de la première, quarante de la deuxième, cent soixante-onze de la troisième.

Une compagnie d'armuriers fut créée par arrêté du 4e. jour complémentaire an 11.

Enfin, un décret du 9 vendémiaire an 13 porta le nombre des généraux de brigade à quinze, dont neuf doivent être chargés du commandement des écoles de Douai, la Fère, Metz, Strasbourg, Auxonne, Grenoble, Rennes, Toulouse & Turin. Cette dernière a été depuis transférée à Alexandrie.

Il résulte donc de l'organisation de l'an 11 & des changemens qui viennent d'être indiqués, que la force du corps étoit, au mois de vendémiaire an 13, de quarante-trois mille quatre cents hommes pour le pied de paix, & de cinquante-deux mille sept cent trente-neuf pour le pied de guerre, savoir :

Pour le pied de paix.

Etat-major, y compris les officiers-généraux, cent dix.

Artillerie à pied, douze mille sept cent douze.

Artillerie à cheval, deux mille six cent trente-deux.
Artillerie de l'ex-garde, deux cent seize.
Pontonniers, mille quatre-vingt-douze.
Ouvriers, mille cinq.
Ouvriers de l'ex-garde, dix-neuf.
Canonniers vétérans, mille trois cent quatre-vingt-six.
Armuriers, quatre-vingt-dix-neuf.
Ecoles d'application, quatre-vingt-onze.
Examinateur des élèves, un.
Ecoles des régimens, trente-trois.
Employés, trois cent quatre-vingt-dix-huit.
Employés de l'ex-garde, neuf.
Train d'artillerie, sept mille six cent quarante-huit.
Train d'artillerie de l'ex-garde, quatre cent soixante-un.
Canonniers gardes-côtes, douze mille cent.
Canonniers sédentaires, trois mille trois cent quatre-vingt-huit.

Total, quarante-trois mille quatre cents.

Pour le pied de guerre.

Etat-major, y compris les officiers-généraux, cent dix.
Artillerie à pied, dix-sept mille huit cent quarante.
Artillerie à cheval, trois mille sept cent quatre-vingt-quatre.
Artillerie de l'ex-garde, deux cent seize.
Pontonniers, mille six cent vingt.
Ouvriers, mille cinq cents.
Ouvriers de l'ex-garde, dix-neuf.
Canonniers vétérans, mille trois cent quatre-vingt-six.
Armuriers, quatre-vingt-dix-neuf.
Ecoles d'application, quatre-vingt-onze.
Examinateur des élèves, un.
Ecoles des régimens, trente-trois.
Employés, trois cent quatre-vingt-dix-huit.
Employés de l'ex-garde, neuf.
Train d'artillerie, neuf mille six cent quatre-vingt-quatre.
Train d'artillerie de l'ex-garde, quatre cent soixante-un.
Canonniers gardes-côtes, douze mille cent.
Canonniers sédentaires, trois mille trois cent quatre-vingt-huit.

Total, cinquante-deux mille sept cent trente-neuf.

Depuis l'organisation ci-dessus détaillée, jusqu'à l'époque du 30 mars 1814, le corps de l'artillerie a éprouvé un grand accroissement dans sa force; les guerres continuelles ont nécessité les augmentations & modifications indiquées ci-après:

1°. Une compagnie de dépôt a été créée pour chaque chaque corps de l'arme. (*Décret du 16 mars 1809.*)

2°. La réunion de la Hollande à la France a porté le nombre des régimens à pied à neuf; celui des régimens à cheval à sept (le septième supprimé depuis); celui des compagnies d'ouvriers à dix-huit; celui des compagnies d'armuriers à cinq; celui des bataillons du train à quatorze; celui des compagnies de canonniers vétérans à dix-neuf; & enfin, celui des directeurs à quarante-trois. (*Décrets des 18 août, 15, 19 & 21 septembre 1810.*)

3°. Création de quatre emplois de colonels, de dix de majors, de quinze de chefs de bataillon, & de dix de capitaines à résidence fixe & à vie, à ajouter aux trente créés le 9 septembre 1806, ce qui portoit le nombre de ces derniers à quarante. (*Décret du 30 avril 1811.*)

4°. Augmentation par chaque régiment d'artillerie à pied de quatre compagnies. (*Décret du 21 janvier 1813.*)

5°. Autre augmentation de deux compagnies pour chacun des régimens à pied & d'une pour chacun des régimens à cheval, portant les numéros 1, 2, 3 & 5. (*Décret du 1er. août 1813.*)

6°. Formation d'un troisième bataillon de pontonniers, fort de six compagnies. (*Décret du 18 avril 1813.*)

7°. Le premier bataillon de pontonniers de dix compagnies est porté à quatorze. (*Décret du 18 novembre 1813.*)

8°. Le deuxième bataillon de pontonniers de six compagnies est porté à huit (*décret du 1er. décembre 1813*)

9°. Le nombre des bataillons du train étoit fixé à huit à l'époque du 20 vendémiaire an 11, & il fut porté successivement à dix, par décret du 3 complémentaire an 13; à onze par celui du 12 brumaire an 14; à douze par une décision du 3 novembre 1807; à treize par décret du 22 août 1808, & enfin à quatorze par décret du 18 août 1810.

Ces bataillons pouvoient être dédoublés en temps de guerre, & c'est ce qui eut lieu, excepté à l'égard du quatorzième.

Tous ceux de ces bataillons qui étoient employés aux armées devoient être commandés chacun par un chef d'escadron, & recevoir un accroissement de compagnies; mais dans l'année 1813, les autres bataillons ayant été mis sur le pied de guerre, furent assujettis à la même organisation.

10°. Comme on l'a déjà vu, quinze compagnies d'ouvriers furent conservées dans l'organisation du 20 vendémiaire an 11; par décret du 15 messidor an 13, une seizième fut ajoutée à ce nombre; par autre décret du 18 août 1810, la formation de deux nouvelles compagnies en porta le nombre à dix-huit; enfin, par décret du 10 mars 1812, il en fut créé une dix-neuvième uniquement composée d'Espagnols.

11°. A la compagnie d'armuriers créée par arrêté du 4°. jour complémentaire an 11, il en fut ajouté deux le 10 brumaire an 14; la première fut dédoublée le 10 mars 1806, ce qui en porta le nombre à quatre; une cinquième fut formée le 21 septembre 1811, & enfin une sixième le 25 novembre 1813, sous le numéro 5 bis.

12°. L'organisation du 20 vendémiaire an 11 avoit porté de treize à quatorze le nombre des compagnies de canonniers vétérans; cinq nouvelles compagnies furent ensuite ajoutées aux quatorze, savoir : deux le 21 floréal an 11, deux autres le 3 thermidor de la même année, & enfin une dernière, sous le numéro 19, par la réunion de la Hollande à la France.

13°. On a déjà fait observer que le renouvellement de la guerre avec l'Angleterre avoit engagé à recréer cent compagnies de canonniers gardes-côtes; ce nombre a été porté depuis à cent vingt-cinq & ensuite à cent quarante-cinq.

Indépendamment de ces cent quarante-cinq compagnies de canonniers gardes-côtes, il existoit trente-trois compagnies sous la dénomination de canonniers gardes-côtes sédentaires, créées le 8 prairial an 11.

14°. L'artillerie de la garde des consuls, qui ne consistoit originairement qu'en une seule compagnie à cheval, fut composée, pour l'ex-garde, d'un état-major, officiers quarante-quatre, sous-officiers & employés, vingt-deux.

D'une artillerie à cheval, officiers vingt-quatre, sous-officiers, soldats & employés, six cents.

D'une artillerie à pied (vieille garde), officiers vingt-quatre, sous-officiers, soldats & employés, sept cent vingt.

D'ouvriers pontonniers (vieille garde), officiers quatre, sous-officiers, soldats & employés, cent cinquante.

D'une compagnie de vétérans, officiers deux, sous-officiers, soldats & employés, soixante.

D'une artillerie à pied (jeune garde), officiers cinquante-six, sous-officiers, soldats & employés, mille neuf cent quatre.

D'un état-major du train, officiers vingt-deux, sous-officiers, soldats & employés, vingt-deux.

Troupe du train, officiers quarante-neuf, sous-officiers, soldats & employés, trois mille neuf cent un.

D'employés, sous-officiers & soldats, dix-neuf.

D'après ces innovations, la force du corps étoit, à l'époque du 30 mars 1814, de cent trois mille trois cent trente-six hommes sur le pied de guerre.

La France se trouvant alors en état de paix, il étoit impossible de conserver l'armée sur le pied de guerre; à cet effet le Roi, par une ordonnance du 12 mai 1814, régla la force du corps ainsi qu'il suit.

État-major-général.

Un lieutenant-général, premier inspecteur-général.

Neuf lieutenans généraux, inspecteurs généraux.

Douze maréchaux-de-camp, dont huit commandans d'école; deux membres du comité central de l'artillerie, un commissaire près l'administration des poudres & salpêtres, & un employé extraordinairement.

Trente colonels-directeurs d'arrondissemens, dont huit directeurs des arsenaux de construction dans les arrondissemens.

Un colonel, directeur-général des manufactures d'armes.

Un colonel, directeur-général des fontes.

Un colonel, directeur-général des forges.

Deux colonels, membres du comité central.

Dix majors, sous-directeurs ou inspecteurs d'établissemens.

Quarante chefs de bataillon, idem.

Quarante capitaines en résidence, à vie. — Total, cent quarante-sept.

RÉGIMENS A PIED.

État-major. Un colonel, un major, cinq chefs de bataillon, un quartier-maître, deux adjudans-majors, quatre adjudans-sous-officiers, un artificier en chef, un tambour-major, un caporal-tambour, huit musiciens, un maître tailleur, un maître cordonnier, un maître armurier.—Total, vingt-huit.

Force d'une compagnie. Un capitaine en premier, un capitaine en second, un lieutenant en premier, un lieutenant en second, un sergent-major, quatre sergens, un fourrier, quatre caporaux, quatre artificiers, quatre ouvriers (dont deux en fer & deux en bois), douze canonniers de première classe, trente canonniers de deuxième classe, deux tambours. — Total, soixante-six hommes sur le pied de paix; le pied de guerre n'est pas fixé.

Force d'un régiment sur le pied de paix.

État-major, officiers dix, sous-officiers & canonniers dix-huit.

Vingt-une compagnies, officiers quatre-vingt-quatre, sous-officiers & canonniers mille trois cent deux.

Total pour un régiment à pied, officiers quatre-vingt-quatorze, sous-officiers & canonniers mille trois cent vingt.

Force des huit régimens, officiers sept cent cinquante-deux, sous-officiers & canonniers dix mille cinq cent soixante.

RÉGIMENS A CHEVAL.

État-major. Un colonel, un major, trois chefs d'escadron, un quartier-maître, un adjudant-major, deux adjudans-sous-officiers, un brigadier-trompette, un artiste vétérinaire, un maître tailleur, un maître bottier, un maître sellier, un maître armurier-éperonnier. — Total, quinze en temps de paix.

Force d'une compagnie. Un capitaine en premier, un capitaine en second, un lieutenant en premier, un lieutenant en second, un maréchal-des-logis-chef, quatre maréchaux-des-logis, un fourrier, quatre brigadiers, quatre artificiers, quatre ouvriers (dont deux en fer & deux en bois); douze canonniers de première classe, vingt-neuf canonniers de deuxième classe, un maréchal-ferrant, deux trompettes. — Total, soixante-six hommes sur le pied de paix.

Force d'un régiment sur le pied de paix.

Etat-major, officiers sept, sous-officiers & canonniers huit.

Six compagnies, officiers vingt-quatre, sous-officiers & canonniers trois cent soixante-douze.

Pour un régiment à cheval, total, officiers trente-un, sous-officiers & canonniers trois cent quatre-vingt.

Force des quatre régimens, officiers cent vingt-quatre, sous-officiers & canonniers mille cinq cent vingt.

La moitié seulement des sous-officiers & canonniers sera montée en temps de paix.

PONTONNIERS.

Etat-major. Un major, deux chefs de bataillon (ajoutés par décision du 20 septembre 1814); un quartier-maître, un adjudant-major, un adjudant-sous-officier, un maître constructeur (sergent-major), un caporal-tambour, un maître tailleur, un maître cordonnier, un maître armurier. — Total, onze sur le pied de paix.

Force d'une compagnie. Un capitaine en premier, un capitaine en second, un lieutenant en premier, un lieutenant en second, un sergent-major, quatre sergens, un fourrier, quatre caporaux, quatre maîtres ouvriers, quarante-six pontonniers, deux tambours. — Total, soixante-six hommes en temps de paix.

Force du bataillon de pontonniers sur le pied de paix.

Etat-major, officiers trois, sous-officiers & pontonniers six.

Huit compagnies, officiers trente-deux, sous-officiers & pontonniers quatre cent quatre-vingt-seize.

Force du bataillon, officiers trente-cinq, sous-officiers & pontonniers cinq cent deux.

OUVRIERS.

Force d'une compagnie. Un capitaine en premier, un capitaine en second, un lieutenant en premier, un lieutenant en second, un sergent-major, quatre sergens, un fourrier, quatre caporaux, quatre maîtres ouvriers, huit ouvriers de première classe, seize ouvriers de deuxième classe, vingt-deux apprentis, deux tambours. — Total, soixante-six hommes sur le pied de paix.

Force des compagnies d'ouvriers.

Douze compagnies, quarante-huit officiers, sept cent quarante-quatre sous officiers & ouvriers.

TRAIN D'ARTILLERIE.

Selon l'ordonnance détaillée ici, il ne devoit exister que quatre escadrons du train d'artillerie; mais on a reconnu que ce nombre étoit insuffisant, & on en a ajouté, par ordonnance du 9 septembre 1814, quatre autres sous les n°s. 5, 6, 7 & 8, qui doivent être répartis de même que les quatre premiers dans les écoles régimentaires, & qui doivent avoir la même composition.

Etat-major. Un chef d'escadron, un adjudant-major, un quartier-maître, un adjudant-sous-officier, un artiste vétérinaire, un brigadier-trompette, un maître sellier-bourrelier, un maître tailleur, un maître bottier, un maître culottier, un maître armurier-éperonnier. — Total, onze en temps de paix.

Force d'une compagnie. Un capitaine, un lieutenant, un sous-lieutenant, un maréchal-des-logis-chef, quatre maréchaux-des-logis, un fourrier, quatre brigadiers, douze soldats de première classe, trente-cinq soldats de deuxième classe, deux maréchaux-ferrans, un ouvrier bourrelier, deux trompettes. — Total, soixante-cinq hommes sur le pied de paix.

Force d'un escadron du train sur le pied de paix.

Etat-major, officiers trois, sous-officiers & soldats huit.

Quatre compagnies, officiers douze, sous-officiers & soldats deux cent quarante-huit.

Total pour un escadron, officiers quinze, sous-officiers & soldats deux cent cinquante-six.

Force des huit escadrons du train, officiers cent vingt, sous-officiers & soldats deux mille quarante-huit.

Chaque escadron ne conservera, en temps de paix, que cent vingt chevaux de trait.

Canonniers vétérans.

Un capitaine en premier, un capitaine en second, un lieutenant en premier, un lieutenant en second,

second, un sergent-major, trois sergens, un fourrier, six caporaux, soixante canonniers, deux tambours. — Total, soixante-dix-sept hommes.

Force des dix compagnies.

Quarante officiers & sept cent trente sous-officiers & canonniers.

DIRECTIONS.

Le nombre des directions territoriales est fixé à trente, dont huit arsenaux de construction. Indépendamment de ces établissemens, il en existe trois sous la dénomination de *directions générales des manufactures d'armes, des forges & des fontes*.

ÉCOLES.

Les écoles régimentaires sont au nombre de huit, & sont commandées à poste fixe par des maréchaux-de-camp.

L'école d'application, à Metz, reste telle qu'elle est; il n'y sera fait des changemens que dans le cas où elle ne seroit plus commune aux deux armes de l'artillerie & du génie. Sa composition est ainsi qu'il suit : un colonel-commandant, un major sous-directeur, deux chefs de bataillon, six capitaines, dont quatre de première classe & deux de seconde classe, un officier de santé, un quartier-maître, deux sous-officiers employés auprès du quartier-maître, cinquante élèves pour l'artillerie. — Total, soixante-deux.

EMPLOYÉS D'ARTILLERIE.

Ecole d'application. Un examinateur, un professeur des sciences mathématiques & physiques, un adjoint *idem*, un professeur pour les leveis, le dessin, &c., un adjoint *idem*, un professeur pour l'architecture militaire, un professeur des arts militaires & des fortifications de campagne, un professeur pour les constructions militaires & civiles, un maître d'équitation, un adjoint *idem*, un conservateur de la bibliothèque, un adjoint *idem*, un conservateur de la bibliothèque, un adjoint *idem*, un conservateur du laboratoire de physique & de chimie, un aide au laboratoire, un artiste pour la fabrication & réparation des instrumens.

Ecoles des régimens. Huit professeurs de mathématiques, huit répétiteurs de mathématiques, huit professeurs de dessin, huit conducteurs, huit artificiers.

Manufactures d'armes, forges & fonderies. Neuf contrôleurs de première classe pour les manufactures d'armes, vingt-quatre contrôleurs de deuxième classe *idem*, trente-six réviseurs *idem*, trois contrôleurs des fontes, quatre contrôleurs des forges.

Directions. Huit gardes d'artillerie de première classe, trente *idem* de deuxième classe, cent soixante-six de troisième classe, dont trois employés aux fonderies & quatre aux manufactures d'armes; huit conducteurs pour les arsenaux de construction, huit chefs ouvriers d'état, huit sous-chefs *idem*, quatre-vingts ouvriers d'état. — Total des employés, quatre cent trente-neuf.

En résumant tous les détails qui précèdent, on trouve que la force du corps royal de l'artillerie est de dix-sept mille huit cent soixante-treize hommes sur le pied de paix; savoir :

État-major, officiers cent quarante-sept.

Régimens à pied, officiers sept cent cinquante-deux, sous-officiers & soldats, dix mille cinq cent soixante.

Régimens à cheval, officiers cent vingt-quatre, sous-officiers & soldats, mille cinq cent vingt.

Bataillon de pontonniers, officiers trente-cinq, sous-officiers & soldats, cinq cent deux.

Compagnies d'ouvriers, officiers quarante-huit, sous-officiers & soldats, sept cent quarante-quatre.

Escadron du train, officiers cent vingt, sous-officiers & soldats, deux mille quarante-huit.

Canonniers vétérans, officiers quarante, sous-officiers & soldats, sept cent trente.

Ecole d'application, officiers soixante-deux, sous-officiers & employés, dix-sept. (On a ajouté les deux sous-officiers employés auprès du quartier-maître.)

Ecole des régimens, sous-officiers, soldats & employés, quarante.

Fonderies, forges & manufactures, employés soixante-seize.

Directions, sous-officiers, soldats & employés, trois cent huit. — Total, dix-sept mille huit cent soixante-treize.

Ordonnance du 31 août 1815, sur le licenciement des troupes d'artillerie et sur leur réorganisation.

TITRE PREMIER.

Licenciement des troupes d'artillerie.

Art. 1er. Les officiers, sous-officiers & soldats des régimens d'artillerie à pied & à cheval, du bataillon de pontonniers, des compagnies d'ouvriers & des escadrons du train d'artillerie, seront renvoyés dans leurs foyers, en attendant la réorganisation du corps royal de l'artillerie.

Art. 2. Il sera formé des détachemens des sous-officiers & soldats de tous les corps d'artillerie, pour se rendre dans leurs départemens respectifs, & ces détachemens seront commandés par des officiers, suivant la force de chacun d'eux.

Art. 3. Les officiers qui ne seront pas employés

au commandement de ces détachemens, se rendront directement dans le lieu de leur domicile.

Art. 4. Les chevaux de l'artillerie à cheval & du train d'artillerie seront répartis dans les départemens voisins des lieux où ils se trouvent, & seront placés chez les cultivateurs.

Art. 5. Notre ministre-secrétaire d'état au département de la guerre désignera des inspecteurs-généraux d'artillerie qui se rendront sur-le-champ près des troupes d'artillerie, pour en effectuer le licenciement.

Art. 6. Les inspecteurs-généraux proposeront, pour la solde de retraite, tous les officiers d'artillerie qui, d'après notre ordonnance du 1er. de ce mois, doivent y être admis de droit & sans exception, & feront des propositions d'admission à la retraite pour ceux des officiers qu'ils en jugeront susceptibles d'après l'article 2 de l'ordonnance précitée.

Art. 7. Les inspecteurs-généraux d'artillerie proposeront, pour la solde de retraite, les sous-officiers & soldats qui ont des droits à la pension, & donneront des congés de réforme à tous ceux qui, à raison de leurs infirmités ou foiblesse de constitution, leur paroîtront impropres au service d'artillerie; ils accorderont des congés absolus aux militaires ayant plus de dix ans de service, ou qui seront mariés, & qui demanderont de quitter le service.

Art. 8. Tous les officiers d'artillerie renvoyés dans leurs foyers par suite du licenciement des troupes, ou pour y attendre la solde de retraite, jouiront, les officiers supérieurs, de la demi-solde de leur grade, & les officiers subalternes, des quatre cinquièmes de la solde de la dernière classe de leur grade dans l'arme, jusqu'à ce qu'ils soient rappelés au service, s'ils doivent faire partie du nouveau corps royal de l'artillerie, ou jusqu'à ce qu'ils aient obtenu leur pension de retraite.

TITRE II.

Mesures transitoires avant la réorganisation.

Art. 9. Les sous-officiers & soldats des divers corps d'artillerie renvoyés dans leurs foyers par suite du licenciement des corps dont ils faisoient partie, & ceux qui auront quitté leurs corps avant le licenciement pour rentrer dans leurs foyers, seront assujettis aux dispositions de notre ordonnance du 3 août sur l'organisation des légions départementales, relatives à l'examen, au classement, à l'incorporation & au rappel des hommes qui doivent les composer.

Art. 10. Les canonniers à pied formeront la compagnie d'artillerie attachée à chaque légion, & en cas d'insuffisance, on y incorporera des canonniers à cheval, des pontonniers, des ouvriers & des soldats du train d'artillerie.

Dans les cas où il y auroit un excédant de sous-officiers & soldats de ces divers corps, ces militaires compteront, pour mémoire seulement, à la suite de ces compagnies d'artillerie des légions départementales.

Art. 11. Il sera fait choix dans chaque département, d'un officier supérieur d'artillerie pour tenir le contrôle de tous les militaires de cette arme existans dans le département, & pour en avoir la surveillance.

Art. 12. Cet officier supérieur d'artillerie fera partie du conseil d'examen du département, lorsqu'il s'agira de prononcer sur le sort, l'incorporation & le rappel des militaires de l'arme de l'artillerie.

Art. 13. Le conseil d'administration de chaque corps d'artillerie licencié, ainsi que le quartier-maître & le capitaine d'habillement, seront provisoirement conservés pour la garde des archives, de la caisse & des effets en magasin, pour la reddition des comptes & pour les renseignemens à fournir.

Art. 14. Les sous-officiers & soldats sans domicile seront autorisés à rester près du conseil d'administration de leur ancien corps, en attendant la réorganisation du nouveau corps royal de l'artillerie.

Art. 15. Les compagnies d'artillerie détachées dans les places de guerre seront licenciées par les inspecteurs-généraux d'artillerie, à fur & à mesure de leurs tournées dans ces places, & les sous-officiers & soldats qui composent ces compagnies seront renvoyés dans leurs foyers.

Art. 16. Les officiers supérieurs & particuliers employés au service du matériel de l'arme, dans les écoles, arsenaux, directions, places de guerre, manufactures d'armes, fonderies, forges & poudreries, resteront provisoirement aux postes qu'ils occupent aujourd'hui, pour veiller à la conservation & à l'entretien du matériel de l'artillerie.

TITRE III.

Composition du nouveau corps royal de l'artillerie.

Art. 17. Le corps royal de l'artillerie sera composé de :

Un état-major général pour le service du matériel.

Huit régimens d'artillerie à pied.

Quatre régimens d'artillerie à cheval.

Un bataillon de pontonniers.

Douze compagnies d'ouvriers.

Une compagnie d'artificiers.

Huit escadrons du train d'artillerie.

Art. 18. Chacun des huit régimens d'artillerie à pied sera composé d'un état-major, de seize compagnies & d'un cadre de compagnie comme dépôt.

État-major. Un colonel, un lieutenant-colonel, quatre chefs de bataillon, un major (rang de chef de bataillon), un tréforier, un capitaine d'habillement, deux adjudans-majors, quatre lieutenans, fous-adjudans-majors, un officier payeur, un lieutenant porte-drapeau, un chirurgien-major, deux aides-chirurgiens. — Total des officiers, vingt. Un artificier chef, un tambour-major, deux tambours-maîtres, douze muficiens dont un chef, un maître tailleur, un *idem* cordonnier, un *idem* guêtrier, un *idem* armurier. — Total, vingt.

Compofition d'une compagnie. Un capitaine en premier, un capitaine en fecond, un lieutenant en premier, un lieutenant en fecond. — Total des officiers, quatre. Un fergent-major, quatre fergens, un fourrier, quatre caporaux, quatre artificiers, quatre ouvriers en fer & en bois, douze premiers canonniers, vingt feconds canonniers, deux tambours. — Total, cinquante-deux.

Cadre de la compagnie de dépôt. Un capitaine en premier, un capitaine en fecond, un lieutenant en premier, un lieutenant en fecond. — Total des officiers, quatre. Un fergent-major, quatre fergens, un fourrier, quatre caporaux, deux tambours. — Total, douze.

Ainfi, le complet d'un régiment d'artillerie à pied fera de quatre-vingt-huit officiers, huit cent foixante-quatre fous-officiers & foldats. — Total, neuf cent cinquante-deux hommes.

Art. 19. Chacun des régimens d'artillerie à cheval fera compofé d'un état-major & de fix compagnies.

État-major. Un colonel, un lieutenant-colonel, trois chefs d'efcadron, un major (rang de chef d'efcadron), un tréforier, un capitaine d'habillement, un adjudant-major, deux lieutenans fous-adjudans-majors, un chirurgien-major, un aide-chirurgien. — Total des officiers, treize. Un artificier chef, un brigadier-trompette, un vétérinaire, un maître tailleur, un *idem* bottier, un *idem* fellier, un *idem* armurier-éperonnier. — Total, fept.

Compofition d'une compagnie. Un capitaine en premier, un capitaine en fecond, un lieutenant en premier, un lieutenant en fecond. — Total des officiers, quatre. Un maréchal-des-logis-chef, quatre maréchaux-des-logis, un fourrier, quatre brigadiers, quatre artificiers, quatre ouvriers en bois & en fer, douze premiers canonniers, vingt feconds canonniers dont un maréchal-ferrant, deux trompettes. — Total, cinquante-deux.

Ainfi la force d'un régiment d'artillerie à cheval fera de trente-fept officiers, trois cent dix-neuf fous-officiers & foldats, dont deux cents feulement montés en temps de paix. — Total, trois cent cinquante-fix hommes.

Art. 20. Le bataillon de pontonniers confervé par notre ordonnance du 12 mai 1814, fera réorganifé & fera compofé d'un état-major & de fix compagnies.

État-major. Un lieutenant-colonel commandant, un chef de bataillon, un major (rang de chef de bataillon), un tréforier, un capitaine d'habillement, un adjudant-major, deux lieutenans fous-adjudans-majors, un chirurgien-major, un aide-chirurgien. — Total des officiers, dix. Un maître conftructeur, un tambour-maître, un maître tailleur, un *idem* cordonnier, un *idem* guêtrier, un *idem* armurier. — Total, fix.

Compofition d'une compagnie. Un capitaine en premier, un capitaine en fecond, un lieutenant en premier, un lieutenant en fecond. — Total des officiers, quatre. Un fergent-major, quatre fergens, un fourrier, quatre caporaux, un maître-ouvrier, douze pontonniers de première claffe, vingt-quatre pontonniers de deuxième claffe, deux tambours. — Total, cinquante-deux.

Ainfi le bataillon de pontonniers fera compofé de trente-quatre officiers, trois cent dix-huit fous-officiers & foldats. — Total, trois cent cinquante-deux hommes.

Art. 21. Les douze compagnies d'ouvriers d'artillerie confervées par notre ordonnance du 12 mai 1814 feront réorganifées, & la compofition de chacune d'elles fera comme il fuit : un capitaine commandant, un capitaine en fecond, un lieutenant en premier, un lieutenant en fecond. — Total des officiers, quatre. Un fergent-major, quatre fergens, un fourrier, quatre caporaux, quatre maîtres-ouvriers, huit ouvriers de première claffe, douze *idem* de deuxième claffe, feize apprentis, deux tambours. — Total, cinquante-deux.

Ces compagnies porteront le nom de leurs capitaines, en confervant entr'elles leur rang d'ancienneté, d'après la date de leur formation.

Ainfi la force des douze compagnies d'ouvriers fera de quarante-huit officiers & fix cent vingt-quatre fous-officiers & foldats. — Total, fix cent foixante-douze hommes.

Art. 22. Il fera créé une compagnie d'artificiers chargée fpécialement de la confection des artifices de guerre, & dont la compofition fera comme il fuit : un capitaine commandant, un capitaine en fecond, un lieutenant en premier, un lieutenant en fecond. — Total des officiers, quatre. Un fergent-major, quatre fergens, un fourrier, quatre caporaux, quatre artificiers de première claffe, douze *idem* de deuxième claffe, feize apprentis, quatre ouvriers en bois, quatre *idem* en fer, deux tambours. — Total, cinquante-deux.

Art. 23. Les huit efcadrons du train d'artillerie, créés par nos ordonnances des 12 mai & 2 feptembre 1814, feront réorganifés & compofés chacun d'un état-major & de quatre compagnies.

État-major. Un chef d'efcadron commandant,

un capitaine adjudant-major, un trésorier, un lieutenant d'habillement, deux sous-lieutenans, sous-adjudans-majors, un chirurgien-major. — Total, sept. Un vétérinaire, un brigadier-trompette, un maître sellier-bourrelier, un *idem* tailleur, un *idem* bottier, un *idem* éperonnier. — Total, six.

Composition d'une compagnie. Un capitaine, un lieutenant, un sous-lieutenant. — Total, trois. Un maréchal-des-logis-chef, quatre maréchaux-des-logis, un fourrier, quatre brigadiers, quinze soldats de première classe, deux maréchaux-ferrans, deux bourreliers, deux trompettes. — Total, trente.

Ainsi la force de chaque escadron du train d'artillerie sera de dix-neuf officiers, cent vingt-six sous-officiers & soldats, avec cent vingt chevaux de selle & de trait, en temps de paix. — Total, cent quarante-cinq hommes.

Art. 24. La force du corps royal de l'artillerie sera en conséquence de sept mille six cent seize officiers, sous-officiers & soldats, pour les huit régimens d'artillerie à pied.

De mille quatre cent vingt-quatre officiers, sous-officiers & soldats, pour les quatre régimens d'artillerie à cheval.

Trois cent cinquante-deux officiers, sous-officiers & soldats, pour le bataillon de pontonniers.

Six cent soixante-douze officiers, sous-officiers & soldats, pour les douze compagnies d'ouvriers.

Cinquante-six officiers, sous-officiers & soldats, pour la compagnie d'artificiers.

Onze cent soixante officiers, sous-officiers & soldats, pour les huit escadrons du train.

Total, onze mille deux cent quatre-vingts hommes & mille sept cent soixante chevaux de selle & de trait.

Non compris les enfans de troupes, qui seront tous conservés : mais, à l'avenir, il ne devra y en avoir que deux par compagnie.

Art. 25. Il sera statué par une ordonnance particulière sur l'organisation de l'état-major d'artillerie, basée d'après celle que nous avions approuvée par notre ordonnance du 12 mai 1814.

TITRE IV.

Mode de réorganisation des nouveaux régimens & corps d'artillerie.

Art. 26. Les nouveaux régimens, bataillons, compagnies & escadrons de l'arme de l'artillerie seront successivement organisés, & aux époques que nous indiquerons, dans les huit écoles d'artillerie conservées par notre ordonnance du 12 mai 1814.

Art. 27. Les régimens d'artillerie à pied & à cheval, & les escadrons du train d'artillerie prendront la dénomination des écoles où ils auront été organisés : les compagnies d'ouvriers porteront le nom de leur capitaine.

Art. 28. Il sera fixé des arrondissemens territoriaux pour chacune des huit écoles d'artillerie, où notre ministre de la guerre aura la faculté de faire rejoindre les sous-officiers & soldats des anciens corps d'artillerie, & non libérés du service militaire, pour composer les nouveaux corps d'artillerie.

Art. 29. Le choix des officiers supérieurs destinés à commander les nouveaux corps d'artillerie sera fait par notre ministre-secrétaire d'état au département de la guerre, & soumis à notre approbation.

Art. 30. Les inspecteurs-généraux d'artillerie qui seront chargés de l'organisation des nouveaux régimens, proposeront à notre ministre-secrétaire d'état au département de la guerre, le choix des capitaines & lieutenans qui devront entrer dans les cadres de ces nouveaux régimens.

TITRE V.

Dispositions générales.

Art. 31. L'administration & la comptabilité des nouveaux corps d'artillerie seront établies d'après les bases fixées par les réglemens en vigueur.

Le conseil d'administration sera composé ainsi qu'il est prescrit par notre ordonnance du 20 janvier 1815, ayant en outre le lieutenant-colonel : le major-rapporteur prendra rang après le chef de bataillon, s'il est moins ancien de grade.

Lorsqu'il y aura partage de voix dans les délibérations, celle du président sera prépondérante.

Art. 32. La solde, les indemnités & les masses des nouveaux corps d'artillerie seront les mêmes que celles qui étoient attribuées aux anciens corps de cette arme.

Art. 33. Les fonctions du lieutenant-colonel des régimens seront de commander le régiment sous les ordres du colonel, en sa présence & en son absence, & d'être l'intermédiaire de cet officier supérieur dans toutes les parties du service.

Il aura pour marques distinctives celles qui étoient attribuées au ci-devant major : il en conservera les appointemens & son rang dans le corps.

Art. 34. Le major actuel aura le grade de chef de bataillon, & sera choisi parmi les officiers de ce grade ; il remplira les fonctions dont les anciens majors étoient chargés sous le rapport administratif, en attendant qu'elles soient plus amplement déterminées par un nouveau règlement.

Il jouira des appointemens de son grade & en portera l'épaulette à droite.

Art. 35. Chacun des nouveaux régimens d'artillerie à pied recevra un drapeau, & chacun des nouveaux régimens d'artillerie à cheval recevra un étendard, dont le fond sera blanc, parsemé de fleurs de lis, portant l'écusson de France & la désignation du régiment.

Nous nous réservons de fixer l'époque à laquelle ces drapeaux seront distribués.

Ordonnance du 22 septembre 1815, sur la composition et la réorganisation de l'état-major du corps royal de l'artillerie.

TITRE PREMIER.

Composition de l'état-major du corps royal de l'artillerie.

Art. 1er. L'état-major du corps royal de l'artillerie sera composé, à dater du 1er. octobre prochain, de :

Huit lieutenans-généraux, faisant partie de l'état-major général de l'armée.

Douze maréchaux-de-camp, *idem*.
Trente-six colonels.
Vingt-quatre lieutenans-colonels.
Quatre-vingts chefs de bataillon.
Quarante capitaines de première classe.
Quarante capitaines de deuxième classe.
Soixante capitaines en résidence fixe.
Cinquante élèves sous-lieutenans.
Total, trois cent cinquante.

Art. 2. Les employés militaires & civils attachés au service de l'artillerie dans les écoles, arsenaux, directions & établissemens, se composeront de :

Un examinateur des élèves.
Neuf professeurs de mathématiques.
Huit répétiteurs.
Dix professeurs de dessin.
Douze gardes d'artillerie de première classe.
Trente-six gardes *idem* de deuxième classe.
Deux cents gardes *idem* de troisième classe.
Vingt-deux conducteurs d'artillerie.
Deux mécaniciens attachés au dépôt central.
Huit maîtres artificiers.
Huit chefs d'ouvriers d'état.
Huit sous-chefs *idem*.
Quatre-vingts ouvriers d'état.
Huit contrôleurs d'armes de première classe.
Vingt-quatre *idem* de deuxième classe.
Trente-six réviseurs d'armes.
Trois contrôleurs des fonderies.
Cinq contrôleurs des forges.
Total, quatre cent quatre-vingt.

Art. 3. Les employés d'artillerie seront répartis dans les places & les établissemens, conformément à notre ordonnance du 12 mai 1814, & suivant les besoins du service.

TITRE II.

Fonctions des officiers-généraux supérieurs & particuliers de l'état-major du corps royal de l'artillerie.

Art. 4. Les huit lieutenans-généraux d'artillerie seront inspecteurs-généraux de cette arme pour le service du matériel & du personnel, & composeront le comité central de l'artillerie, sous la présidence du plus ancien de grade.

Art. 5. Des douze maréchaux-de-camp du corps d'artillerie,

Huit seront employés en qualité de commandans des écoles d'artillerie.

Deux seront adjoints au comité central.
Un sera commandant de l'école des élèves.
Un sera commissaire près la régie générale des poudres & salpêtres.
Total, douze.

Art. 6. Les fonctions des trente-six colonels d'artillerie sont ainsi déterminées :
Trente directeurs d'arsenaux ou de places.
Deux adjoints au comité central.
Un directeur-général des manufactures d'armes.
Un *idem* des forges.
Un *idem* des fonderies.
Un *idem* des ponts.
Total, trente-six.

Les arrondissemens des directions d'artillerie restent fixés comme ils étoient au 1er. janvier de la présente année.

Art. 7. Les emplois des vingt-quatre lieutenans-colonels du corps-royal de l'artillerie sont fixés comme il suit :

Huit sous-directeurs des arsenaux de construction.
Huit adjoints aux commandans des écoles d'artillerie.
Six commandans d'artillerie dans les places.
Deux inspecteurs des manufactures d'armes.
Total, vingt-quatre.

Art. 8. Les fonctions des quatre-vingts chefs de bataillon d'artillerie qui font partie de l'état-major de l'arme, se composent de celles ci-après indiquées :

Vingt-deux sous-directeurs dans les directions sans arsenaux.
Quarante-quatre commandans d'artillerie dans les places.
Cinq inspecteurs des manufactures d'armes.
Trois sous-directeurs des fonderies.
Quatre sous-directeurs des forges.
Deux employés à l'école des élèves.
Total, quatre-vingt.

Les sous-directeurs des directions d'artillerie résideront au chef-lieu de la direction, & suppléeront le directeur, en cas d'absence ou de tournée, dans les autres places de sa direction.

Art. 9. Les capitaines de première & de deuxième classe seront pourvus du commandement de l'artillerie dans les places où il ne se trouvera pas d'officier supérieur de cette arme.

Les capitaines de première classe rouleront avec ceux des régimens pour le grade de chef de bataillon, & les capitaines de deuxième classe avec ceux des régimens pour le commandement des compagnies.

Art. 10. Les capitaines en résidence fixe seront employés sous les ordres des officiers supérieurs dans les places ou dans les établissemens de l'artillerie.

Art. 11. Notre ministre-secrétaire d'état au département de la guerre soumettra à notre approbation la répartition, dans les places & établissemens de l'artillerie, des cent quarante officiers supérieurs & des cent quarante capitaines de l'état-major affectés au service du matériel de l'artillerie.

TITRE III.

Mode de nomination & de réorganisation.

Art. 12. Seront admis à concourir aux emplois de l'état-major du corps royal de l'artillerie & des troupes de cette arme,

1°. Les officiers-généraux supérieurs & particuliers qui faisoient partie de ce corps à l'époque du 1er. mars 1815, & à qui les dispositions de notre ordonnance du 1er. août sur les retraites ne sont pas applicables ;

2°. Les officiers qui avoient servi en cette qualité dans le corps royal de l'artillerie avant le 1er. janvier 1792, & qui ont demandé ou demanderont, d'ici au 1er. janvier 1816, à reprendre du service, en tant qu'ils ne seront pas compris dans les dispositions de l'ordonnance précitée sur les retraites.

Art. 13. Notre ministre-secrétaire d'état au département de la guerre soumettra à notre approbation la nomination des officiers-généraux supérieurs & particuliers, dont il aura fait choix pour composer l'état-major du corps royal de l'artillerie.

Art. 14. En attendant les nominations & remplacemens successifs qui auront lieu, les officiers chargés du service des écoles, des arsenaux, des directions, des manufactures d'armes, des forges & des fonderies, resteront à leur poste actuel jusqu'à ce qu'ils aient reçu les ordres de notre ministre-secrétaire d'état au département de la guerre, pour leur admission à la retraite ou pour leur nouvelle destination.

TITRE IV.

Dispositions générales.

Art. 15. L'emploi de premier inspecteur-général de l'artillerie étant & demeurant supprimé, notre ministre-secrétaire d'état au département de la guerre soumettra à notre approbation un règlement sur les attributions à donner au comité central de l'artillerie, composé de huit lieutenans-généraux de cette arme, auxquels il sera adjoint deux maréchaux-de-camp & deux colonels, mais sans voix délibérative.

Art. 16. Le nombre des lieutenans-généraux, maréchaux-de-camp, colonels, lieutenans-colonels & chefs de bataillon sera réduit à celui qui est fixé par la présente ordonnance ; & en cas d'excédant d'officiers de ces grades, notre ministre-secrétaire d'état de la guerre admettra à la retraite ceux qui ont plus de vingt-quatre ans de service, conformément au premier paragraphe de l'article 2 de notre ordonnance du 1er. août, relative aux retraites.

Art. 17. En conséquence de ces dispositions, il n'y aura plus d'alternat pour les emplois des grades supérieurs de notre corps royal de l'artillerie, & il n'y aura aucun officier-général ou supérieur en non-activité à la suite du corps.

Art. 18. Dans le cas où, par l'effet de la réorganisation & de l'admission à la retraite, il se trouveroit quelques emplois vacans, notre ministre-secrétaire d'état de la guerre est autorisé à conserver provisoirement en activité le nombre d'officiers-généraux ou supérieurs nécessaire pour remplir ces emplois vacans, en choisissant les moins âgés parmi ceux admis à la retraite, & jusqu'à ce qu'il en soit autrement ordonné.

Art. 19. Il ne sera point conservé dans notre corps royal de l'artillerie d'officiers étrangers, à moins qu'ils ne se soient fait naturaliser français.

Art. 20. La solde, les appointemens & les indemnités des officiers de l'état-major du corps royal de l'artillerie restent fixés conformément aux réglemens existans.

Une ordonnance du 15 juillet 1818 porte que le service des poudres & salpêtres sera dirigé par l'un des lieutenans-généraux du corps royal de l'artillerie. Cette ordonnance porte aussi qu'il sera formé un comité consultatif, dont les travaux auront exclusivement pour objet le perfectionnement de l'art.

Par ordonnance en date du 19 novembre 1817, M. le comte Ruty, lieutenant-général, a été nommé directeur de ce service.

Une ordonnance du 31 mars 1820 établit un comité spécial & consultatif qui remplace le comité central de l'artillerie qui avoit été établi par les ordonnances des 22 septembre 1815 & 17 décembre 1817. (*Voyez* l'article COMITÉ D'ARTILLERIE.)

Une ordonnance du 31 mars 1820 porte que la surveillance du dépôt central de l'artillerie sera confiée à l'un des officiers-généraux affectés au service de cette arme. Par ordonnance en date du 22 avril 1820, M. le comte Valée, lieutenant-général, a été nommé directeur de ce dépôt.

Par décision du 16 août 1820, le Roi a statué que les régimens d'artillerie à pied & à cheval seroient à l'avenir désignés par les numéros qui leur ont été affectés de la manière suivante, savoir :

Régiment de la Fère, artillerie à pied. 1er. régiment d'artillerie à pied.
    Régiment de Metz, *idem*.......... 2e. *id.*
    —— de Valence, *idem*............ 3e. *id.*
    —— d'Auxonne, *idem*............ 4e. *id.*
    —— de Strasbourg, *idem*......... 5e. *id.*
    —— de Douai, *idem*............. 6e. *id.*
    —— de Toulouse, *idem*.......... 7e. *id.*
    —— de Rennes, *idem*............ 8e. *id.*

Régiment de Metz, artillerie à cheval. 1er. régiment d'artillerie à cheval.
    Régiment de Rennes, *idem*........ 2e. *id.*
    —— de Strasbourg, *idem*......... 3e. *id.*
    —— de Toulouse, *idem*.......... 4e. *id.*

Notice sur une bibliothèque d'artillerie. La science de l'artillerie ayant relation avec presque toutes les sciences & tous les arts, une bibliothèque pour les officiers de cette arme doit se composer de livres de sciences, d'arts, de géographie & d'histoires militaires anciennes & modernes. Indépendamment de ces ouvrages, cette bibliothèque doit encore renfermer des livres de littérature ; les loisirs d'un officier ne pouvant être mieux employés que par la lecture des ouvrages des meilleurs auteurs.

La formation d'une bibliothèque pour les écoles régimentaires d'artillerie ayant été arrêtée en 1820 par le comité central de l'arme, on croit devoir la consigner ici telle qu'elle se trouve divisée & subdivisée.

PREMIÈRE CLASSE. — SCIENCES, ARTS ET HISTOIRE MILITAIRE.

Première division. *Art de la guerre.*

Section A. *Traités généraux & particuliers.*

Robert Valturin (les douze livres de), touchant la discipline militaire, 1 vol. in-fol. 1555.
Onosandre. L'art militaire traduit par de Vignière, 1 vol. in-4. 1605.
Daniel (le Père). Histoire de la milice française, 2 vol. in-4. 1721.
Guignard. L'école de Mars, 2 vol. in-4. 1725.
Folard. Histoire de Polybe, 7 vol. in-4. 1725.
Leblond. Élémens de l'art de la guerre, 3 vol. in-8. 1743.
Végèce. Institutions militaires, 1 vol. 1743.

Turpin de Crissé. Essai sur l'art de la guerre, 3 vol. in-4. 1754.
Comte de Saxe. Les rêveries, 1 vol. in-fol.
Elhen. La milice des Grecs, traduite par de Bussy, 2 vol. in-12. 1757.
Polien & Frontin. Les ruses de guerre, 3 vol. in-12. 1770.
Turpin de Crissé. Commentaires sur les mémoires de Montecuculi, 3 vol. in-4. 1769.
Xénophon. Traduit par de la Luzerne, 2 vol. in-12.
Turpin de Crissé. Commentaires sur les institutions militaires de Végèce, 3 vol. in-4. 1779.
Art militaire. Encyclopédie militaire, 7 vol. in-4.
Frédéric II. Œuvres complètes, édition de Denina, 16 vol. in-4.
Foissac. Traité théorique & pratique de la guerre des retranchemens, 2 vol.
Arrien. Les expéditions d'Alexandre, traduites par Chauffard, 5 vol. 1802.
César (les commentaires de), traduits par Botidoux, 5 vol. in-8. 1809.
De Jomini. Traité des grandes opérations militaires, 3 vol. in-8.
Duhays. Exposition très-abrégée de l'art de la guerre, 1 vol.
Duhesme. Essai sur l'infanterie légère, 1 vol. in-8. 1814.
Guibert (Œuvres militaires), 5 vol. in-8. 1803.
Rogniat. Considérations sur l'art de la guerre, 1 vol. in-8. 1820.
Laroche-Aymon. Introduction à l'étude de l'art de la guerre, 5 vol. in-8.
Turpin de Crissé. Commentaires de César avec notes historiques, 3 vol. in-4.
Lloyd (Œuvres de), 3 vol. in-8. 1813.
Cessac. Guide de l'officier en campagne, troisième édition, 1 vol. in-8. 1816.
Puységur. Art de la guerre, 2 vol. in-fol. 1749.
Bulow. Esprit du système de guerre moderne, traduit par de la Veine. 1801.
Guichard. Mémoires militaires sur les Grecs & les Romains, 2 vol. in-8. 1760.
Léon. Institutions militaires, traduites par Maizeroi, 2 vol. in-8. 1768.
Sainte-Croix. Examen critique des anciens historiens d'Alexandre, 1 vol. in-8. 1810.
Lecomte. Commentaire sur la retraite des Dix-mille, 2 vol. in-12.

Section B. *Tactique & castramétation.*

Menil-Durand. Fragmens de tactique, 2 vol. in-8.
Ducoudray. Discussion de l'ordre profond & de l'ordre mince, 1 vol. in-8. 1776.
Maréchal de Saxe. Esprit des lois de la tactique, 1 vol. in-8. 1762.
Leblond. Élémens de tactique, 1 vol. in-4.

Maizeroi. Cours de tactique théorique & pratique. 1777.

Deuxième division.

Section A. *Artillerie théorique & pratique; pyrotechnie.*

Boïée & Riffaut. Traité de l'art de fabriquer la poudre à canon, 1 vol. in-4. 1811.
Idem. L'art du falpêtrier, 1 vol. in-4. 1812.
Dartein. Traité élémentaire fur les procédés en ufage pour la fabrication des bouches a feu, 1 vol. in-4. 1810.
Saint-Remy. Mémoires, 3 vol. in-4. 1748.
Dulacq. Théorie nouvelle fur le mécanifme de l'artillerie, 1 vol. in-4. 1741.
Belidor. Le bombardier français, 1 vol. in-4. 1781.
Blondel. L'art de jeter les bombes, 4 vol. in-4. 1699.
Monge. L'art de fabriquer les canons, 1 vol. in-4. an 2.
Carié. La panoplie, 1 vol. in-4. an 5.
Scheel. Mémoires d'artillerie, 1 vol. in-4. an 3.
Grobert. Mémoires fur divers objets d'artillerie, 1 vol. an 3.
Vandermonde. Procédés fur la fabrication des armes blanches, 1 vol. in-4. an 2.
Grignon. Mémoire fur l'art de fabriquer le fer & d'en fondre des pièces d'artillerie, 1 vol. in-4. 1775.
Hutton. Nouvelles expériences d'artillerie, traduites par M. de Villantroys, 1 vol. in-4. 1802.
Lamartillière. Recherches fur le meilleur effet à obtenir dans l'artillerie, 2 vol. in-8. 1811.
Dobenheim. La baliftique, 1 vol. in-8. 1814.
Durtubie. Manuel de l'artillerie, 1 vol. in-8. Aide-mémoire. 5e. édition, 2 vol. in-8. 1819.
Texier de Norbec. Recherches fur l'artillerie en général, 2 vol. in-8. 1792.
Dupuget. Effai fur l'ufage de l'artillerie, 1 vol. in-8. 1771.
Coimbert. Tables des parties des canons & caronades.
Ruggieri. La pyrotechnie militaire, 2 vol. in-8. 1812.
Recueil de mémoires fur la formation & la fabrication du falpêtre, 1 vol. in-8. 1786.
Baudreville. Mes conjectures fur le feu, 2 vol. in-8. 1808.
Ducoudray. L'artillerie nouvelle, 1 vol. 1760.
Collection de mémoires préfentés aux maréchaux de France, 1 vol. in-12. 1774.
Saint-Auban. Mémoires fur les nouveaux fyftèmes d'artillerie, 1 vol. in-8. 1774.
Cotty. Mémoires fur la fabrication des armes de guerre, 1 vol. in-8. 1806.
Renaud. Inftruction fur la fabrication de la poudre, 1 vol. in-8. 1811.

Leblond. L'artillerie raifonnée, 1 vol. in-8. 1761.
Lombard. Traité du mouvement des projectiles, 1 vol. in-8. an 5.
Idem. Table du tir des canons & des obufiers, 1 vol. in-8. 1787.
L'Efpinaffe. Effai fur l'organifation de l'arme de l'artillerie, 1 vol. in-8. 1800.
Coffigny. Recherches phyfiques & chimiques fur la poudre, 2 vol. in-8. 1807.
Idem. Supplément aux recherches, 1 vol. in-8. 1808.
Bigot. Traité d'artifices de guerre, 1 vol. in-8. 1809.
Robins. Nouveaux principes commentés par Euler, & traduits par Lombard, 1 vol. in-8. 1783.
Drieu. Le guide du pontonnier, 1 vol. in-8. 1820.
Antoni. De l'ufage des armes à feu, traduit par M. de Saint-Auban, 1 vol. in-8. 1780.
Idem. Du fervice de l'artillerie à la guerre, traduit par Montrozard, 1 vol. in-8. 1780.
Idem. Examen de la poudre, traduit par Flavigny, 1 vol. in-8. 1783.
Belidor. Table pour jeter les bombes avec précifion, 1 vol. in-4. 1731.
Dedon. Tableaux fynoptiques de l'inftruction fpéciale du corps royal de l'artillerie, 1 vol. in-fol. 1814.
Travail de la commiffion mixte, 1 vol. in-4.
Tables de conftructions de l'artillerie, 8 vol. in-fol. 1789.
Montgery. Règles de pointage à bord des vaiffeaux, 1 vol. in-8. 1816.
Grobert. Machine pour mefurer les viteffes initiales, 1 vol. in-12. 1804.
Poumet. Effai fur l'art de pointer, 1 vol. in-12. 1816.
Table des canons pour la marine, 1 vol. in-fol. 1787.
Darcy. Théorie d'artillerie, 1 vol. in-8. 1766.

Section B. *Manœuvres, ordonnances & réglemens d'artillerie.*

Manœuvres de batterie de campagne pour l'artillerie de la garde, 1810.
Petit manuel du canonnier, 1 vol. in-12. 1812.
Exercices & manœuvres du corps de l'artillerie, 1 vol. in-4.
Ordonnance du Roi portant réglement pour le coulage & l'épreuve des canons, &c., pour le fervice de l'artillerie de terre, 1 vol. in-fol. 1732.
Evain. Lois, réglemens & arrêtés fur les différens fervices de l'artillerie, 1 vol. in-12. 1806.
Inftruction fur le tir des armes à feu, 1 vol. in-12. 1816.
Manœuvres de chèvres & de forces, 1 vol. 1815.

Bigot,

Bigot. Manœuvres de forces en usage dans l'artillerie, 1814.
Réglement fixant les principales dimensions des armes portatives. 1 vol. in-fol. 1804.
Hullot. Instruction sur le service de l'artillerie, 1 vol. in-12. 1813.
Rapport & instruction concernant les poudres de guerre, in-4.

Troisième division.

Section A. *Génie militaire, fortification.*

Errard. La fortification démontrée, 1 vol. in-fol.
Deville (la fortification du chevalier), 1 vol. in-fol. 1641.
Pagan (la fortification du comte de), 1 vol. in-fol. 1645.
Coehorn. Nouvelle fortification, 1 vol. in-8. 1711.
Cormontaigne (Mémorial de), 3 vol. in-8.
Vauban. Œuvres militaires, par Foissac, 3 vol. in-8. an 3.
Mandar. De l'architecture des forteresses, 1 vol. in-8. 1801.
Savart. Cours élémentaires de fortification, 2 vol. in-8. 1812.
Bousmard. Essai général de fortification, 4 vol. in-8. 1814.
Carnot. De l'attaque & de la défense des places, 1 vol. in-4.
Belidor. La science des ingénieurs, 1 vol. in-4. 1729.
Gaudi. Instruction adressée aux officiers d'infanterie pour tracer toutes sortes d'ouvrages, 1 vol. in-8. 1768.
Maizeroi. Traité sur l'art des siéges & les machines des Anciens, 1 vol. in-8. 1778.
Bourcet. Mémoires militaires sur les frontières de la France, 1 vol. in-8.
Allent. Histoire du corps du génie, 1 vol. in-8. 1810.
Mémorial de l'officier du génie, 1803.
Noizet de Saint-Paul. Elémens de fortification, 2 vol. in-8. 1811.
Muffet-Pathay. Relation des principaux siéges faits ou soutenus par les armées françaises depuis 1792, 2 vol. in-4. 1806.
Montalanbert. La fortification perpendiculaire, 11 vol. in-4.
Gay de Vernon. Traité élémentaire d'art militaire & de fortification, 2 vol. in-4. 1805.
Foissac. Traité théorique-pratique & élémentaire de la guerre de retranchemens, 2 vol. in-8. 1789.
Séa. Mémoire sur la fortification permanente, 1 vol. in-4. 1811.
Clanac. L'ingénieur de campagne, 1 vol. in-4. 1757.
Cugnot. La fortification de campagne, 1 vol. in-12.

ARTILLERIE.

Section B. *Art des mines.*

Gillot. Traité de fortification souterraine, 1 vol. in-4. 1805.
Gumbeitz. Traité pratique & théorique des mines, 1 vol. in-4. 1805.
Monzé. Traité de fortification souterraine, 1 vol. in-4. 1804.
Lefebure (Œuvres complètes de), 2 vol. in-4. 1778.
Vallière. Traité de la défense des places par les contre-mines, 1 vol. in-8. 1768.

Quatrième division. *Infanterie, manœuvres et exercices.*

Réglement concernant l'exercice & les manœuvres de l'infanterie, 2 vol. in-8. 1791.
Réglement provisoire sur le service intérieur de l'infanterie, 1 vol. in-8.

Cinquième division. *Cavalerie.*

Section A. *Traité de la cavalerie, évolutions, &c.*

Manuel établi pour servir à la confection des équipages de sellerie, 1 vol. in-12. 1814.
Du harnachement pour l'usage des escadrons d'éclaireurs, brochure, 1814.
Porterie. Institutions militaires pour la cavalerie & les dragons, 1 vol. in-8. 1754.
Ordonnance provisoire sur l'exercice & les manœuvres de la cavalerie, 2 vol. in-12. 1813.
Instruction pour le campement des troupes à cheval, in-fol.
De la Balme. Elémens de tactique pour la cavalerie, 1776.
Biézé. Observations historiques & critiques sur les commentaires de Folard & sur la cavalerie, 2 vol. in-8.
Warnery. Remarques sur la cavalerie, 1 vol. in-8. 1781.
Melfort. Traité sur la cavalerie, 2 vol. in-fol. 1776.
Préval. Réglement provisoire sur le service intérieur des troupes à cheval, 1 vol. in-8. 1816.

Section B. *Équitation, hippiatrique.*

Lafosse. Manuel d'hippiatrique, 3e. édit., 1 vol. in-12. 1810.
Guérinière. Ecole de cavalerie, 2 vol. in-12. 1769.
Bourgelat. Elémens de l'art vétérinaire, 6e. édition, 1 vol. in-8. 1808.

Sixième division. *Marine, tactique navale.*

Villehuet. Le manœuvrier, 1 vol. in-8. 1814.
Dubourguet. Traité de navigation, 1 vol. in-4. 1808.
Lescalier. Vocabulaire des termes de marine, 5 vol. in-4. 1777.
Romme. Dictionnaire de la marine française, 1 vol. in-4.
Clairbois. Traité élémentaire de la construction, 2 vol. in-4.

Septième division. *Législation militaire.*

Berriat. Législation militaire, 5 vol. in-8. 1812.
Quillet. Etat actuel de la législation sur l'administration des troupes, 3 vol. in-8. 1811.
Perrier. Le guide des juges militaires, 1 vol. in-8. 1813.
Journal militaire (par abonnement).
Bulletins des lois (par abonnement).
Grimoard. Traité sur le service des états-majors, 1 vol. in-8. 1809.
P. Thiébaud. Manuel général du service des états-majors, 1 vol. 1813.

Huitième division.

Section A. *Histoire militaire ancienne.*

Arrien. (*Voyez* Art de la guerre.)
Ellien. *Idem.*
Polybe. *Idem.*
Quinte-Curce. *Idem.*
César. *Idem.*
Xénophon. *Idem.*
Végèce. *Idem.*
Polyen. *Idem.*
Frontin. *Idem.*
Thucydide. *Idem.* Traduction de M. Gail, 7 vol. in-4.

Section B. *Histoire militaire moderne.*

Campagne du maréchal de Luxembourg en Flandres, 2 vol. in-4. 1783.
Beaurain & Grimoard. Histoire des quatre dernières campagnes du maréchal de Turenne, 2 vol. in-fol. 1782.
Dumont & Rousset. Histoire militaire du prince Eugène de Savoie, 2 vol. in-fol. 1729.
Beaurain. Campagnes du prince de Condé, 1 vol. in-fol. 1774.
Strada. Histoire de la guerre de Flandres, 1 vol. in-fol. 1659.
Beaurain. Histoire militaire de Flandres, de 1650 à 1694, 1 vol. in-fol. 1774.

Guischardin. Histoire des guerres d'Italie, 3 vol. in-4. 1738.
Mémoires de Condé, 6 vol. in-4.
Ramsay. Histoire du vicomte de Turenne, 2 vol. in-4. 1735.
Quincy. Histoire militaire de Louis XIV, 8 vol. in-4. 1726.
Mont-Luc (Commentaires de Blaise de), 4 vol. in-12. 1760.
Berwick (Mémoires du maréchal de), 2 vol. in-12. 1778.
Bourcet. Mémoires historiques sur la guerre que les Français ont soutenue en Allemagne depuis 1757 à 1762, 3 vol. in-8. 1792.
Campagnes des maréchaux de France, Maillebois, Broglie, Belle-Isle, Coigny, Maisin, Tallard, Noailles & Villars, 27 vol. in-12.
Rosière. Campagnes de Créqui, 1 vol. in-12.
Crillon. Mémoires militaires, 1 vol. in-12. 1791.
Dugay-Trouin (Mémoires de), 1 vol. in-12.
Espagnac. Histoire de Maurice, comte de Saxe, 3 vol. in-4. 1775.
Feuquières (Mémoires & lettres de), 3 vol. in-12.
Frédéric II. (*Voyez* Art de la guerre.)
Grimoard. Histoire des conquêtes de Gustave-Adolphe, 4 vol. in-8. 1789.
Berville. Histoire de Bertrand Duguesclin, 2 vol. in-12.
Histoire militaire des Français, depuis Pharamond jusques & y compris le règne de Louis XVI, 3 vol. in-8.
Campagne du duc de Luxembourg en Hollande, 1 vol. in-fol.
Manstein. Mémoires politiques & militaires sur la Russie, 2 vol. in-8. 1772.
Millot. Mémoires politiques & militaires, 6 vol. in-12. 1777.
Lloyd. Histoire de la guerre de sept ans (*voyez* Art militaire), 3 vol. in-8.
Dumas (Mathieu). Précis des événemens militaires depuis le 1er. mars 1799 jusqu'en 1814, 4 vol. in-8.
Grimoard & Servan. Tableau historique de la guerre de la révolution, 3 vol. in-4.
Labaume. Relation circonstanciée de la campagne de Russie, 1 vol. in-8. 1820.
Bataille d'Espinosa, 1 vol. in-4.
Bataille d'Eylau.
Beauchamp. Guerre de la Vendée, 4 vol. in-8. 1820.
Bulow. Histoire de la campagne de 1800, traduite de l'allemand, 1 vol. in-8.
Dedon (aîné). Relation du passage de la Limat, 1 vol in-8. 1808.
Idem. Précis historique des campagnes de l'armée du Rhin & Moselle, 1 vol. in-8. an 6.
Marcillac. Histoire de la guerre entre la France & l'Espagne, 1 vol. in-8. 1808.

Martin. Histoire de l'expédition française en Egypte, 2 vol. in-8. 1815.
Miot. Mémoires pour servir à l'histoire des expéditions d'Egypte, 1 vol. in-8. 1814.
Rocca. Mémoires sur la guerre des Français en Espagne, 1 vol. in-8. 1814.
Campagnes de Russie, 1 vol. in-4.
Conquêtes, victoires & désastres des Français (par abonnement).

DEUXIÈME CLASSE.

Première division. *Mathématiques.*

Section A. *Mathématiques; traités généraux & particuliers.*

Bezout. Cours de mathématiques à l'usage de l'artillerie, 4 vol. in-8. 1797.
Lacroix. Cours de mathématiques élémentaires, 8 vol. in-8.
Lagrange, traité de la résolution des équations numériques, 1 vol. in-4. 1808.
Monge. Géométrie descriptive, 1 vol. in-8.
Poisson. Traité de mécanique, 2 vol. in-8. 1811.
Cagnoli. Traité de trigonométrie, 1 vol. in-4. 1808.
Callet. Tables de logarithmes, 2 vol. in-8. stéréotype.
Carnot. Géométrie de position, 1 vol. in-4.
Euler. Elémens d'algèbre, 2 vol. in-8.
Lacroix. Traité du calcul différentiel & intégral, 3 vol. in-4.
Lagrange. Leçons sur le calcul des fonctions, 1 vol. in-8.
Idem. Mécanique analytique, 2 vol. in-4.
Laplace. Traité de mécanique céleste, 4 vol. in-4.
Legendre. Elémens de géométrie, 1 vol. in-8.
Montucla. Histoire des mathématiques, 4 vol. n-4.
Poinsot. Traité élémentaire de statique, 1 vol. in-8.
Séances des écoles normales, 13 vol. in-8.
Cours de mathématiques à l'usage de l'école de Saint-Cyr, 1 vol. in-8. 1813.
Bossut. Cours de mathématiques, 3 vol. in-8.
Idem. Histoire des mathématiques jusqu'en 1808, 2 vol. in-8. 1810.
Biot. Géométrie analytique appliquée aux courbes & surfaces du second degré, 1 vol. in-8.
Gergonne. Annales de mathématiques (par abonnement).
Lagrange. Mécanique analytique, 2 vol. in-4.

Section B. *Mécanique pratique; théorie des machines.*

Hachette. Traité des machines, 1 vol. in-4. 1811.

Lanz & Bétancourt. Essai sur la composition des machines, 1 vol. in-4.
Coulomb. Théorie des machines simples ayant égard au frottement, 1 vol. in-4.
Gueniveau. Essai sur la science des machines, 1 vol. in-8.
Girard. Recherches sur l'eau & le vent, considérés comme forces motrices, in-4.
Oddi. Recherches mécaniques sur la théorie du tirage des voitures.
D'Antoni. Institutions physico-mécaniques 2 vol. in-8. 1777.

Section C. *Géométrie pratique; arpentage.*

Puissant. Traité de topographie, d'arpentage & de nivellement, 1 vol. in-4.
Idem. Traité de géodésie, 1 vol. in-4.
Servois. Solutions peu connues de différens problèmes de géométrie-pratique, 1 vol. in-8.
Dupuy. Elémens de géométrie-pratique, 2 vol. in-8.
Lespinasse. Traité sur la théorie & la pratique du nivellement, 1 vol. in-4.

Deuxième division. *Physique.*

Section A. *Traités généraux & particuliers; optique & astronomie.*

Biot. Traité de physique expérimentale & mathématique, 4 vol. in-8.
Fischer. Physique mécanique, 1 vol. in-8.
Lacaille. Leçon élémentaire d'optique, 1 vol.
Beudan. Physique, 4 vol. in-8.
Haüy. Traité de physique, 2 vol. in-8.
Biot. Astronomie physique, 2 vol. in-8.
Bailly. Histoire de l'astronomie (abrégée), 2 vol. in-8.
Delambre. Traité complet d'astronomie théorique & pratique, 3 vol. in-4.
Abrégé du même ouvrage.
Lalande. Elémens d'astronomie, 3 vol. in-8.
Bedos. Gnomonique, 1 vol. in-8.
Smith. Cours complet d'optique, 2 vol. in-4.
Libes. Histoire philosophique des progrès de la physique, 4 vol. in-4. 1814.
Buffon. Traité élémentaire de physique, 4 vol. in-8.
Idem. Dictionnaire raisonné de physique, 3 vol.
Delamethrie. Journal de physique (par abonnement).
Chladni. Traité d'acoustique, 1 vol. in-4. 1809.
Euler. Lettres à une princesse d'Allemagne, 2 vol. in-8. 1812.
Laplace. Exposition du système du monde, 1 vol. in-4. 1813.

Section B. *Chimie ; traités généraux & particuliers & arts chimiques.*

Thénard. Traité de chimie théorique & pratique, 4 vol. in-8. 1817.
Chaptal. Chimie appliquée aux arts, 3 vol. in-8. 1807.
Fourcroy. Système de connoissances chimiques, 11 vol. in-8.
Bouillon-Lagrange. Manuel d'un cours de chimie, 3 vol. in-8.
Berthollet. Statique chimique. 2 vol. in-8. 1813.
Annales de chimie (par abonnement).
Lavoisier. Elémens de chimie, 2 vol. in-8.
Bayen & Chailard. Recherches chimiques sur l'étain.
Henry (Williams). Manuel abrégé de chimie, traduit par Bornot, 1 vol. in-12.
Klaproth. Dictionnaire de chimie, 4 vol. in-8.
Chaptal. Elémens de chimie, 2 vol. in-8.

Section C. *Minéralogie, métallurgie, géologie.*

Schreiber. Traité de la science & de l'exploitation des mines, 2 vol. in-4.
Hellot. (De la fonte des mines par Schlutter, traduit par), 2 vol. in-4.
Jars. Voyages métallurgiques, 2 vol. in-4.
Haffenfratz. La sydérotechnie, 4 vol. in-4.
Manson. Traité du fer & de l'acier, 1 vol. in-4. 1804.
Grignon. L'art de forger le fer, 1 vol. in-4. 1775.
Réaumur. L'art de convertir le fer forgé en acier, 1 vol. in-4. 1722.
Héron de Villefosse. De la richesse minérale, 1 vol. in-4.
Perret. Mémoires sur l'acier, 1 vol. in-8. 1779.
Courtivron. Art des forges & des fourneaux. in-fol.
Dietrich. Bouches à feu des Pyrénées, 6 vol. in-4.
Hauy. Traité de minéralogie, 4 vol. in-8. 1801.
Brochant. Traité élémentaire de minéralogie, 2 vol. in-8. 1808.
Journal des mines (par abonnement).
Brogniart. Traité de minéralogie, 2 vol. in-8.

Troisième division. *Histoire naturelle.*

Buffon. Histoire naturelle.
Decandolle. La Flore française, 4 vol. in-8.
Mirbel. Traité élémentaire de botanique, 2 vol. in-8.
Duméril. Elémens d'histoire naturelle, 1 vol. in-4.

Quatrième division. *Architecture civile et arts qui en dépendent.*

Durand. Précis des leçons d'architecture, 2 vol. in-4. 1813.
Rondelet. L'art de bâtir, 4 vol. in-4.
Morisot. Tableaux détaillés des prix de tous les ouvrages de bâtimens, 7 vol. in-8.
Haffenfratz. L'art du charpentier, in-4.
Maynier. Traité expérimental, analytique & pratique de la poussée des terres & murs de revêtement, 1 vol. in-4. 1808.
Girard. Traité de la résistance des solides, 1 vol. in-4. 1798.
Fourneau. Traité de charpente, 1 vol. in-fol.
Frezier. Coupe de pierre, 3 vol. in-4.
Lavit. Traité de perspective, 2 vol. in-4. 1804.

Cinquième division. *Hydraulique ; architecture et constructions hydrauliques.*

Belidor. Architecture hydraulique, 4 vol. in-4. 1782.
Prony. *Idem*, 2 vol. in-4. 1790.
Fabre. Essai sur la manière la plus avantageuse de construire les machines hydrauliques, 1 vol. in-4.
Bossut. Traité d'hydraulique, 2 vol. in-8.
Dubuat. Principes d'hydraulique & de pyrodynamique, 3 vol. in-8. 1816.

Sixième division. *Technologie.*

Section A. *Beaux-arts. Peinture, gravure, sculpture & musique.*

Millin. Dictionnaire des beaux-arts.
Léonard de Vinci. Essai sur la peinture, 1 vol. in-8.
Dalember. Elémens de musique, 1 vol. in-8.
Morel. Principe universel d'acoustique musical, 1 vol. in-8. 1816.
Grétry. Essai de musique, 2 vol. in-8.

Section B. *Dessins & modèles de dessins.*

Lespinasse. Traité du lavis des plans, 1 v. in-8. 1801.
Delagardette. Nouvelles règles pour la pratique du dessin & du lavis de l'architecture civile & militaire, 1 vol. 1803.
Epures de l'école polytechnique, 1 vol. in-fol.

Section C. *Arts mécaniques, métiers.*

Machines de l'Académie, 7 vol. in-4.
Collection des arts & métiers.
Molard. Description des machines, 1 vol. in-4. 1811.
Annales des arts & métiers (par abonnement).
Duhamel. De l'exploitation des bois, 2 vol. in-4.
Idem. Du transport des bois, 1 vol. in-4.

Septième division. *Collection scientifique.*

Encyclopédie méthodique.
Mémoires de l'Académie des sciences.
Collection des Annales de chimie.
Idem. Des arts & métiers.
Collection du journal des mines.
Journal de l'école polytechnique.

TROISIÈME CLASSE.

Première division. *Littérature.*

Section A. *Géographie, cosmographie & topographie.*

Malte-Brun. Précis de la géographie universelle, 3 vol. in-8. 1810 à 1811.
Pinkerton. Abrégé de géographie moderne, 2 vol. in-8. 1811.
Vosgien. Dictionnaire géographique, 1 vol. in-8. 1811.
Lesage. Atlas généalogique, chronologique & géographique, 1 vol. in-fol. 1806.
Mentelle. Géographie comparée, 7 vol. in-8.
Idem. Cosmographie, 3 vol. in-8.
Mémorial topographique & militaire.

Deuxième division.

Section B. *Voyages.*

Saussure. Voyages dans les Alpes, 4 vol. in-4. 1779.
Pallas. Voyages en différentes provinces de la Russie, 4 vol. in-4.
Volney. Voyages en Syrie & en Egypte, 2 v. in-4. 1787.
Idem. Tableau du climat & du sol des Etats-Unis d'Amérique, 1 vol. in-fol.
Aly-Bey. Voyages en Afrique & en Asie, 3 vol. in-8. 1814.
Larochefoucauld. Voyages dans les Etats-Unis d'Amérique en 1795, 1796 & 1797, 8 vol. in-8. an 7.
Pougueville. Voyages en Morée, à Constantinople, &c. 3 vol. in-8.
De Laharpe. Abrégé de l'histoire des voyages, 32 vol. in-8. 1780.
Barthélemy. Voyages du jeune Anacharsis en Grèce, 7 vol. in-8.

Section C. *Cartes & atlas.*

La Pie. Atlas, 1 vol. 1816.
Cassini. La France.
Ferrari. La Belgique.
Carte dite des ponts & chaussées.

Deuxième division. *Économie politique.*

Section A. *Traités généraux & particuliers.*

Smith. De la richesse des nations, traduit par Germain Garnier, 5 vol. in-8. 1802.
Say. Traité d'économie politique, 2 vol. in-8.

Section B. *Statistique, navigation intérieure.*

Peuchet. La statistique de la France, 1 vol. in 8. 1805.
Andréossi. Histoire du canal de Languedoc, 2 vol. in-4.

Troisième division.

Section A. *Histoire ancienne & du moyen âge.*

Sacy. La sainte Bible, 12 vol. in-8. 1805.
Hérodote (les histoires de). Traduit par Larcher, 7 vol. in-8.
Plutarque. La vie des hommes illustres, 26 vol. in-12. 1810.
Rollin. Histoire ancienne, 14 vol. in-12.
Idem. Histoire romaine, 16 vol. in-8.
Crévier. Histoire des empereurs, 12 vol. in-12.
Lebeau. Histoire du Bas-Empire, 27 vol. in-12.
Tacite (histoire de). Traduit par de la Malle, 3 vol. in-8.
Tite-Live. Traduit par de la Malle, 15 vol. in-8.
Suétone. Traduit par de Laharpe.
Salluste. Traduit par Dureau de la Malle.
Gibbon. Histoire de la décadence & de la chute de l'Empire romain, 13 vol. in-8. 1812.
Prideaux. Histoire des Juifs, 6 vol. in-12. 1728.
Joseph. Histoire des Juifs, traduite par Arnaud d'Andilly, 4 vol. in-12.

Section B. *Histoire moderne générale & particulière.*

Vély, Villaret & Garnier. Histoire de France, 30 vol. in-12.
Lacretelle. Histoire de France pendant le dix-huitième siècle, 6 vol. in-8. 1812.
Idem. Pendant les guerres de religion, 4 v. in-8.
Depping. Histoire d'Espagne.
Vertot. Histoire des révolutions de Portugal, 2 vol. in-12.
Idem. De Suède, 2 vol.
Idem. Des chevaliers de Saint-Jean de Jérusalem, 7 vol. in-12.
Robertson. Histoire de Charles-Quint, traduite par Suard, 2 vol. in-4.
Coxe. Histoire de la maison d'Autriche, 5 vol. in-8. 1810.

Sismondi. Histoire des républiques italiennes du moyen âge, 16 vol. in-8. 1820.
Retz (Mémoires du cardinal de), 8 vol. in-12.
Koch. Tableau des révolutions de l'Europe depuis la chute de l'Empire romain jusqu'à nos jours, 4 vol. in-8. 1813.
Michaud. Histoire des croisades, 2 vol. in-8. 1812.
Dubos. Histoire critique de l'établissement de la monarchie française dans les Gaules, 3 v. in-4. 1742.
Le Grand d'Aussi. Histoire de la vie privée des Français, 3 vol in-8. 1782.
Millot. Elémens de l'histoire de France, 3 vol. in-12. 1800.
Lacretelle (jeune). Précis historique de la révolution de France, 5 vol. in-18. 1801.
Mallet. Histoire des Suisses, 4 vol. in-8. 1803.
Millot. Histoire d'Angleterre, 4 vol. in-12. 1810.
Rulhière. Histoire de l'anarchie de Pologne, 4 vol. in-4. 1807.
Mallet. Histoire de Danemarck, 3 vol. in-4. 1758.
Levesque. Histoire de Russie, 8 vol. in-8. 1812.
Salabery. Histoire de l'Empire Ottoman jusqu'en 1792, 4 vol. in-8. 1813.
Raynal. Histoire philosophique des deux Indes, 5 vol. in-4. 1780.
Robertson. Histoire de l'Amérique, 4 vol. in-12.
Saint-Foix. Essai sur Paris, 6 vol. in-12.
Ségur. Tableau politique & historique de l'Europe, 3 vol. in-8. 1810.
Sully (Mémoires de), 7 vol. in-12.

Section C. *Biographie.*

Biographie universelle, par une société de gens de lettres (par abonnement), 1811.
Delandine. Dictionnaire historique, 20 vol. in-8.

Section D. *Chronologie & atlas historiques.*

Schæl. Elémens de chronologie historique, 2 vol. in-12. 1812.

Quatrième division. *Belles-lettres.*

Section A. *Philosophes & orateurs.*

Rollin. De la manière d'enseigner & d'étudier les belles-lettres, 2 vol. in-4. 1740.
Batteux. Principes de littérature, 8 vol.
Condillac. Cours d'études, 13 vol. in-8.
Bossuet. Chefs-d'œuvre oratoires, 6 vol. in-12. 1804.
Fléchier. *Idem.*
Massillon. Le petit carême, 1 vol. in-4. 1789.
Pascal (Œuvres diverses de), 5 vol. in-8. 1779.
Fénélon. 9 vol. in-4. 1787.

Fontenelle. Les mondes, 2 vol, in-12.
Montesquieu. *Idem*, 8 vol. in-8.
Voltaire. Edition de Kehl, 70 vol. in-8.
J.-J. Rousseau (Œuvres complètes de), 33 vol. in-8.
Thomas (Œuvres complètes de), 7 vol. in-8.
Dalembert. Œuvres philosophiques & littéraires. 18 vol. in-8. 1805.
Laharpe. Lycée ou cours de littérature, 19 vol. in-8.
Helvétius (Œuvres complètes de).
Diderot (Œuvres complètes de), 15 vol. in-8.
Ginguené. Histoire littéraire d'Italie.
Ferrant. L'esprit de l'histoire, 4 vol. in-8.
Mably (Œuvres complètes de), 15 vol. in-8.
Locke. Essai sur l'entendement humain, traduit par Coste, 4 vol. in-12.
Destut-Tracy. Traité d'idéologie, 5 vol. in-8.
Duclos. Considérations sur les mœurs, 1 vol. in-12.

Section B. *Poésies & poétique, & art dramatique.*

Homère. L'Iliade & l'Odyssée, traduit par Bitaubé, 12 vol. in-18. 1787.
Virgile. (*Voyez* Delille & Greffet.)
Delille (Œuvres complètes de), 7 vol. in-12.
Le Tasse. La Jérusalem délivrée, traduite par Lebrun, 2 vol. in-12. 1803.
L'Arioste. Traduit par Panckoucke & Framery, 10 vol. in-18. 1787.
Boileau (Œuvres complètes de), 3 vol. in-18. 1809.
Malherbe. Stéréotype.
J.-B. Rousseau. *Idem.*
Corneille. *Idem.*
Racine. *Idem.*
Molière. *Idem.*
Régnard. *Idem.*
Destouches. *Idem.*
Ossian. Traduit par Letourneur, 2 vol. in-18. 1799.
Milton. (*Voyez* Delille.)
Lafontaine. Stéréotype, 2 vol. in-12.
Crébillon (Œuvres de). Stéréotype, 3 vol. in-12.
Greffet (Œuvres de). *Idem*, 2 vol. in-12.
Saint-Lambert. Les saisons, 1 vol. in-12.

Section C. *Philologie, grammaires, dictionnaires.*

Dictionnaire de l'Académie française, 2 v. in 4. 1814.
Dictionnaire français - allemand & allemand-français, 2 vol. in-4.
Alberti. *Idem* français-italien & italien-français, 2 vol. in-4.
Boyer. *Idem* français-anglais & anglais-français, 2 vol. in-4.
Sobrino. *Idem* français-espagnol & espagnol-français, 2 vol. in-4.

Noël. Dictionnaire français-latin & latin-français, 2 vol. in-8.
Planche. Idem français-grec & grec-français, 1 vol. in-8.
Lhomont. Grammaire française revue par C. Lecellier, 1 vol. in-8.
Meidinger. Idem allemande, 1 vol. in-8°.
Cobbett. Idem anglaise, 1 vol. in-8.
Cormon. Idem espagnole, 1 vol. in-8.
Guéroult. Idem latine, 1 vol. in-8.
Biagioli. Idem italienne, 1 vol. in-8.
Burnouf. Idem grecque, 1 vol. in-8.
Sicard. Idem générale, 2 vol. in-8.
Noel. Dictionnaire de la fable, 2 vol. in-8.
Giraud. Synonymes français, 1 vol. in-8.
Dumarsais. Les Tropes, 1 vol. in-8.

Section D. *Bibliographie, journaux littéraires & politiques.*

Journal général de la littérature de France, 1 vol. in-12.
Journal général de la littérature étrangère, 1 vol. in-12.
Bibliothèque universelle des sciences, lettres & arts, 1 vol. in-8.
Le Moniteur.
Bulletins des lois.

Cinquième division. *Mélanges, dissertations, brochures, jurisprudence.*

Rondonneau. Répertoire général de la législation française de 1789 à 1815, 3 vol. in-8.
Les cinq codes, 1 vol. in-12. 1821.
Nota. On trouve presque tous les ouvrages compris dans cette notice, à la librairie de Anselm & Pochard, rue Dauphine, n°. 9, à Paris.

NOTICE sur les ouvrages anciens & modernes qui ont été écrits sur l'artillerie depuis l'invention de la poudre. M. Terquem, bibliothécaire de l'artillerie, ayant bien voulu me communiquer un travail manuscrit qu'il a fait sur cet objet, j'en ai extrait cette notice, renvoyant pour le surplus à l'ouvrage même, qui doit être incessamment imprimé, & qui ne laissera rien à désirer sur cet objet intéressant.
A la suite des ouvrages dont les auteurs sont connus, se trouvent les ouvrages anonymes. Les premiers sont par ordre alphabétique, & les autres par ordre de date.
Quant aux ordonnances, lois & arrêtés concernant le personnel de l'artillerie, on trouve ces objets dans la *Notice sur le corps royal de l'artillerie.*
L'année qui suit le titre est l'année où l'ouvrage a paru, ou celle de sa réimpression.
All. signifie allemand; ang. anglais; hol. hollandais; esp. espagnol; it. italien; port. portugais; pruss. prussien; sax. saxon; suéd. suédois; P. Paris; en lat. en latin.

Ouvrages dont les auteurs sont connus.

Abrahamsohn (all.). Histoire & organisation du corps royal de l'artillerie de Copenhague, 1780.
Adhémar (le comte d'). Mémoire présenté au Roi sur un nouveau procédé pour la fabrication des bouches à feu. Paris, brochure. 1816.
Adye (ang.). Le canonnier & bombardier de poche, 1802. 7e édit., 1 vol. in-18. 1815.
Alberti (it.). Pyrotechnia, in-4. Venise, 1749.
Alfio Graffi. Extrait historique sur la milice romaine & sur la phalange grecque & macédonienne, suivi d'une courte notice sur l'invention de la poudre à canon. Paris, 1815.
Allent (conseiller d'état). De la réunion des deux armes (l'artillerie & le génie), 1800.
Anderson (ang.). Effets de l'artillerie pratique & théorique. Londres, 1674.
Andréossy (le lieutenant-général). De quelques idées relatives à l'artillerie, an 11.
Antoni (it.). Examen de la poudre, 1 vol. in-8. 1765.
Idem. Institutions physico-mécaniques. Turin, 1773.
Idem. Usage des armes à feu. Turin, 1780.
Idem. Du service de l'artillerie à la guerre. Paris, 1780.
Idem. Du maniement des machines d'artillerie. Turin, 1782.
Arcy (le chevalier d'). Essai d'une théorie d'artillerie, 1760 & 1766.
Idem. Observation & expériences sur l'artillerie, 1774.
Idem. Recueil de pièces sur un nouveau fusil, 1777.
Auban (G. Saint-). Mémoires sur les nouveaux systèmes d'artillerie, avec 1 vol. de supplémens, 3 vol. 1774.
Idem. De l'usage des armes à feu, traduit d'Antoni, 1785.
Augustin (all.). Artifices de joie, aériens & de guerre, 1680. Ulm, in-8.
Augoyat (capitaine du génie). Mémoire sur l'effet des feux verticaux. Paris, brochure. 1821.
Avelourt (d'). L'arsenal & le magasin d'artillerie, 1608, 1610, 1619, 1623.
Babington (angl.). Pyrotechnie, 1635. Londres, in-fol.
Baermann. De la juste longueur des bouches à feu, déduite des principes de la mécanique, 1735. Lipt. in-4. (Dissertation.)
Barca ou Bark (Isaac). *De ictu pyrobolico* (en lat.), 1750, in-4.
Bardet de Villeneuve. La science militaire (traité d'artillerie), 11 vol. La Haye, 1742.
Bariffe (aug.). La discipline militaire ou le jeune artilleur, 1739, in-4.

Barthès (all). Application de la haute analyse à la physique & à l'artillerie. Munich, 1772, in-8.
Baudreville (colonel d'artillerie). Conjectures sur le feu, &c., 2 vol. in-8. 1812.
Beker (all.). Compendium arithmetico-geometrico, pyrobolicum. 1767.
Belidor. Nouveau cours de mathématiques à l'usage de l'artillerie & du génie, 1725, 1757.
Idem. Le bombardier français. Paris, 1 vol. 1751.
Idem. Dictionnaire portatif de l'ingénieur & de l'artilleur, 1 vol. 1756, 1768.
Idem. Œuvres diverses sur le génie & l'artillerie, 1754, 1764.
Berenger. Observations sur l'artillerie nouvelle, relativement aux fontes, 1773.
Bernouilli (Jean). Sur la trajectoire dans l'air (dans les Actes des savans, tom. II, pag. 593), 1698.
Idem. De la force de l'air condensé, & du fluide produit par la poudre enflammée, appliqués aux fusils à vent & aux bouches à feu, 1738.
Besoldus. Dissertation sur les mortiers (en lat.), 1720, in-4.
Bigot (chef de bataillon d'artillerie). Essai sur les manœuvres de force, 1 vol. an 13.
Idem. Traité d'artifices de guerre, tant pour l'attaque & la défense des places, que pour le service de campagne, 1 vol. 1809.
Bigot de Morogues. Essai sur l'application des forces centrales aux effets de la poudre, 1 vol. in-8. 1757.
Bining (ang.). Eclaircissement sur l'artillerie, 1689, in-4.
Biringuccio (it.). Pyrotechnie où l'on parle de la fusion des métaux, 1540.
Idem. Recherches & inventions diverses, 1546.
Birnbaum (all.) Instruction pour l'artilleur, en tant qu'il doit réunir la pratique & la théorie, &c. Dresde, 1752.
Bitigheim (all.). Courte instruction à l'usage des canonniers, 1677.
Blondel. L'art de jeter les bombes. Paris, 1 vol. in-4. 1683.
Bohm. Magasin de l'artilleur & de l'ingénieur, en allemand, 11 vol. in-4. Giessen, de 1777 à 1789.
Boilot. Artifices pour l'attaque & la défense. Chaumont, 1598, en allemand & en français. Strasbourg, 1603.
Bolton (ang.). Remarques sur le présent état des armes à feu, montrant le danger que courent ceux qui s'en servent, & l'explication d'une nouvelle lumière autorisée, qui écarte tous ces inconvéniens, 1795.
Bordino (Sebastiano Maurizio), capitaine d'infanterie. Fabrication & usage du fusil d'infanterie. Turin, 1 vol. in-8. 1820.
Boinot (cap d'art.). Manuel abrégé de chimie, contenant les applications à l'artillerie. Traduit de W. Henry, 1 vol. in-12.

Bottée & Riffaut. Traité de la fabrication de la poudre à canon. Paris, 2 vol. in-4. 1811.
Idem. L'art du salpêtrier. Paris, 1813.
Bouin (Williams, ang.). L'art de tirer, 1587.
Brandt. Le parfait bombardier, 1713.
Braun (all., en lat.). Nouvelle base & pratique de l'artillerie sur les moulins à poudre. Dantzick, 1682 & 1687, 2e. édit.
Brechtel (all.). Artillerie & artifices. Nuremberg, 1591.
Bricard. Manœuvre d'une pièce de 4 de campagne, 1792.
Bruk (holl.). Description de l'artillerie, 1681.
Brov (ang.). Mémoire sur l'exploitation du salpêtre, publié par ordre de la société de Virginie & d'Angleterre, 1764.
Buchner (all.). Théorie & pratique de l'artillerie. Diverses méthodes pour couler & visiter les grosses pièces, &c., en italien & en allemand. Hambourg, 1618.
Bunaus (all.). Instruction complète sur l'artillerie & sur les artifices. Halle, 1779.
Bureau de Puzy. De la réunion des mineurs au corps du génie, & de celle du génie à l'artillerie, 1790.
Burger (all.). Règles pour charger, diriger & tirer avec justesse de grosses pièces, en campagne & dans les bois. Strasbourg, 1591.
Busca (it.). Instruction des bombardiers, 1584. Carmagnolle, 1598.
Capo-Bianco (it.). La couronne & la palme de l'artillerie. Venise, 1598, 1602.
Cairé. Panoplie, ou réunion de tout ce qui a trait à la guerre, 1 vol. in-4. an 3.
Cataneo (Giacomo, it.). L'art de faire les armes, fusils, &c., 1577.
Idem. Examen pour faire un bon bombardier, 1582.
Catherinot. Traité sur l'artillerie, 1585.
Cazaux (chef de bataillon au corps royal d'artillerie). Essai sur les effets de la poudre dans les armes à feu & dans les mines. Paris, brochure. 1818.
Idem. Supplément à l'essai. Paris, brochure. 1818.
Cerda (Thomas, esp.). Leçons sur l'artillerie, 1644.
Champy (le baron). Expérience sur les nouveaux magasins à poudre. Paris, 1813.
Chasseloup (le gén. C. Laubat). Essai sur quelques parties de l'artillerie & des fortifications, 1 vol. in-8. 1811.
Idem. Correspondance d'un général français avec un général autrichien, brochure. 1813.
Chevillard. L'œil du canon ou la mire française, 1657.
Christoval-Lechuga (esp.). Discours sur l'artillerie, 1611.

Clavius

Clavius (all.). Artifices & machines..... en allemand & en français, 1603.

Clément (chef de bat. d'art.). Essai sur l'artillerie à cheval, & observations sur les armes à feu portatives. Pavie, 1808.

Cranach (holl.). Inventions militaires, pyrotechnie, 1672.

Coëhorn (holl.). Artillerie & arsenaux, 1669.

Idem. Instruction approfondie de l'artillerie, (traduit du hollandais en allemand) en 1699.

Colbert (sergent au régiment de la Fère). Cahier d'artifice.

Collado (esp.). De l'invention de la poudre, 1641.

Idem. Manuel-pratique d'artillerie. Milan, 1592.

Congrève (ang.). Traité élémentaire sur l'art de monter l'artillerie marine, avec les vrais principes de construction des affûts pour les pièces de toute espèce.

Cornette (docteur en médecine). Mémoire sur la formation du salpêtre & sur les moyens d'augmenter en France la formation de ce sel, 1779.

Cornibert. Manuel du canonnier marin, an 9.

Idem. Tables des portées des canons & caronades en usage dans la marine, 1809.

Cotty (colonel d'artillerie). Mémoire sur la fabrication des armes portatives, 1 v. in-8. 1806.

Idem. Instruction sur les armes à feu & blanches, 1806.

Idem. Instruction pour les ateliers de réparations d'armes portatives de guerre, 1811.

Idem. Tarif pour les réparations des armes à feu portatives, 1er. janvier 1814, 29 mai 1819, 2 février 1819.

Cotty & Marion (col. d'art.). Tables des armes portatives, 1 vol. in-fol. 1804.

Cossigny. Recherches physiques & chimiques sur la poudre à canon, 1 vol. in-8. 1807.

Idem. Supplément aux recherches, &c., 1 vol. in-8. 1808.

Coutelle. Mémoire sur la guerre souterraine, &c. Savone, brochure in-4. 1812.

D'Arcet. Notice sur les fusées à la congrève, extraite du Bulletin de la société d'encouragement, n°. CXX. Paris, 1814.

Dartein. Observations sur les fontes des bouches à feu d'artillerie & sur la manutention des fonderies, 1 vol. in-4. 1806.

Idem. Traité élémentaire sur les procédés en usage dans les fonderies pour la fabrication des bouches à feu. Strasbourg, 1810.

Dauxibon. Nouvelle manière de diriger la bombe. Paris, 1754.

Davisonus (en lat.). Pyrotechnie philosophique, 1640.

Dedon. Tableau synoptique de l'instruction spéciale, pour le service du corps royal de l'artillerie.

Delafontaine. Devoirs des officiers d'artillerie, 1675.

ARTILLERIE.

Demanson (le gén.). Traité du fer & de l'acier, 1 vol. in-4. 1804.

Idem. Tables des constructions, &c. (*Voyez* Gribeauval.)

Demeuve de Villeparc. Manœuvres de force, 1 vol. in-8. 1775.

Dietrick (all.). Discours sur l'artillerie, 1679. Nuremberg.

Dillich. Péribologie (en lat.), in-fol. Francfort, 1689.

Dohenheim. Balistique, indication de quelques expériences propres à compléter la théorie du mouvement des projectiles. Strasbourg, 1 vol. in-8. 1814.

Idem. Exercice sur la fortification à l'usage de l'école de l'artillerie & du génie. (1er. & 2e. cahiers.)

Drieu (cap. d'art.). Mémoire sur les ponts militaires, 1 vol. in-8. 1811.

Idem. Le guide du pontonnier, 1 v. in-8. 1815.

Dulac (colonel au service du roi de Sardaigne). Théorie nouvelle sur le mécanisme de l'artillerie. Paris, 1 vol. in-4. 1741.

Idem. Nouveau système d'artillerie sur mer & sur terre, 1760 & 1763.

Dumoustier. Principes généraux de la construction des bâtimens à l'usage de l'artillerie.

Dupuget. Essai sur l'usage de l'artillerie dans la guerre de siège & celle de campagne, 1 vol. in-8. 1771.

Idem. Réponse de l'auteur de l'essai sur, &c.

Idem. Recueil de quelques petits ouvrages, pour servir de supplément à l'essai sur, &c. 1771.

Dupuy. Traduction de Robins. Grenoble, 1 vol. in-8. 1771.

Durosel. Introduction à la manière de manœuvrer le canon nautique, 1793.

Dutubie. Manuel de l'artillerie, 1 v. in-8. an 3.

Idem. Mémoire sur l'artillerie à cheval, an 3.

Duteil. De l'usage de l'artillerie nouvelle, &c. Metz, 1778.

Idem. Manœuvres de l'infanterie pour résister à la cavalerie, & l'attaquer avec succès. Metz, 1782.

Duffauffoy. Résultats d'expériences faites sur les alliages de cuivre, d'étain, de zinc & de fer, considérés sous le rapport de la fabrication des bouches à feu. Brochure, 1817.

Dupin (Charles, officier supérieur au corps du génie maritime, &c.). Forces militaires de la Grande-Bretagne, 2 vol. in-4. 1820.

Eberhard (all.). Projet pour l'emplacement le plus sûr & le plus commode des magasins à poudre. Halle, 1771.

Edel (all.). Manuel de l'armurier, 1693, in-12. Augsbourg.

Ehrenmalm. Théorie du jet des bombes, 1788.

Ehrenfweid (suéd.). Mémoire sur les charges & les portées des bouches à feu, au sujet des observations de Belidor, 1741.

Idem. Connoissances nécessaires à l'officier d'artillerie. Stockholm, 1757.

Nn

Eugenius (all.). Manuel de l'armurier, 1685.

Euler (Léonard, all.). Traduction des nouveaux principes d'artillerie de Benj Robins, avec éclaircissement, 1745.

Idem. Recherches sur la véritable courbe que décrivent les corps jetés dans l'air, ou dans un autre fluide quelconque (Mém. de l'Acad. de Berlin, tom. 9, 1753).

Evain (le gén.). Collection des lois, arrêtés & réglemens sur l'artillerie, 1 vol. in-4. 1808.

Idem. Prospectus d'un cours d'artillerie. Brochure, Angers, 1804.

Ezoville. Invention nouvelle des éperviers & globes de guerre. Paris, 1610.

Feutry. Mémoire sur un canon de son invention, 1772.

Firnfino (esp.). Le parfait artilleur, 1642.

Flanchon de la Joumarière. Mémoires sur la défense des places par le moyen des pompes refoulantes. Paris, 1685.

Flavigny. Traduction de l'examen de la poudre d'Antoni, 1 vol. in 8. 1783.

Foelker (garde d'artillerie). Table des solidités du bois équarri contenu dans les arbres en grume, prescrites pour les arsenaux d'artillerie. Brochure, Paris, 1814.

Fortius (en lat.) (holl.). Objets militaires.... L'art de préparer les artifices, le parfait canonnier, &c. 1660.

Foucault (le c. de). Mémoire sur un radeau militaire dont les propriétés suppléent à l'insuffisance de tous les moyens employés à la guerre, pour le passage des grands fleuves.

Frezier. Traité des feux d'artifices, 1 vol. in-8. 1741, 1747.

Fridrich (all.). Dissertation sur la trajectoire. Rostock, 1754.

Fronsberg (all.). Des armes & feux d'artifices. Nuremberg, 1557.

Fuchs (all.). Élémens de l'artillerie, 1790.

Fulton. De la machine infernale maritime, ou de la tactique offensive & des feux de la torpille, description de cette machine, traduit de l'anglais par Nunès de Taboada. Paris, 1 vol. in-8. 1812.

Furtembach. Fortifications, feux d'artifices, 1627.

Idem. Nouvelle méthode de fabriquer les armes, 1643.

Gallé. Table de la portée des canons, 1600.

Gamboa (esp.). Mémoires militaires sur le maniement de l'artillerie & la connoissance des métaux, 1671.

Gasperoni (it.). De l'artillerie, 1779.

Gautier. Traité d'artillerie expliquant les portées, les affûts, &c. 1690.

Idem. Instruction pour les gens de guerre, où l'on traite de la manière de jeter les bombes. Paris, 1692.

Gaya. Traité des armes, machines de guerre, artifices, 1673, 1675, 1678.

Gennovici. L'art de la composition des feux d'artifices, 1748.

Gentiliani ou Gentilini (it.). Pratique de l'artillerie, 1641.

Idem. Instruction pour les bombardiers, 1592.

Gesler (all.). Nouvelle étoile de paix & de guerre, 1707.

Idem. Nouvelle artillerie parfaite & curieuse. Dresde, 1718.

Glaubert (all.). Œuvres chimiques, où indique le moyen d'extraire du bois, du vinaigre & du salpêtre, 1658.

Goret. La fortification régulière & irrégulière en sa perfection, suivie d'un discours instructif sur l'artillerie & la mine. Paris, 1674.

Granit (suéd.). Sur les moyens d'augmenter la fabrication du salpêtre, 1771.

Gravenitz (all.). Dissertation académique, pour trouver les trajectoires des projectiles, suivie de tables pratiques pour trouver les portées, 1764.

Gray (ang.). Traité d'artillerie, 1781, in-8.

Gribeauval (le lieut.-gén.). Table des constructions des principaux attirails d'artillerie, 4 vol in-fol. 1789.

Griffiths (ang.). Sur l'usage de la chaux mêlée avec la poudre, pour faire sauter les rochers & les pierres, 1801 (dans le répertoire anglais, pour les manufactures. Cahier de mars & avril 1801).

Grignon. Mémoire de physique sur l'art de fabriquer le fer & d'en forger des canons d'artillerie, 1775.

Giobert. Mémoire sur le moyen de traîner en bataille les pièces de gros calibre. Brochure, an 5.

Idem. Observations sur les affûts & les caissons sans avant-train.

Idem. Machine pour mesurer la vitesse initiale des mobiles des différens calibres projetés sur tous les angles, depuis zéro jusqu'à la huitième partie du cercle. Paris, brochure, 1804.

Grubert (all.). Instruction complète & nouvelle de la fortification & de l'artillerie moderne. Nuremberg, 1700.

Grundel (suéd.). Notions sur l'artillerie, 1705.

Gruner (suisse). Description de la formation du salpêtre, 1764.

Hanzelet. Pyrotechnie. Pont-à-Mousson, 1630.

Haquet (all.). Des pierres à fusil..... Vienne, 1792.

Harsch (le colonel all.). Théorie transcendante de la pyrotechnie. Vienne, 1798.

Hasebanks (all.). Courte & parfaite introduction à l'artillerie, 1710.

Hauksbee (ang.). Expériences sur l'inflammation de la poudre. Trésor de nouveautés curieuses, où l'on trouve l'art de faire croître le salpêtre..... réunis & traduits par Desmarest, en 2 vol. 1686_2 1754.

Hazaro da Illa (port.). Traité d'artillerie, 1642.

Henfius (en lat.). Du mouvement des projectiles, 1747.

Hellot. Des fontes, des mines & des fonderies, 1750.

Henert. Differtation fur la fortification & la portée des bombes, 1795.

Herard. Calcul fait des piles de boulets, obus & grenades, suivi d'un autre fur les cartouches à fusil & à pistolet. Brochure, an 7.

Herbestein (le C... all.). Des machines pour les progrès de l'artillerie. La cyclodiatomie déterminant le mouvement & le temps des projectiles... (en lat.). Prague, 1716.

Herbin de Halle. Des bois propres au service des arfenaux de la marine & de la guerre, 1813.

Hermstadt (all.). Histoire technique des pierres à fufil & de leur fabrication (Mufée de Neuflad, 2e. cahier, 1814).

Hero (en lat.). Des machines de guerre, 1572.

Herteinstein. Cahier de mathématiques à l'ufage des officiers de l'école royale d'artillerie de Strasbourg, 1735.

Holliday (ang.). Introduction à l'artillerie-pratique, ou l'art des manœuvres. Londres, 1758.

Hoyer (fax.). Dictionnaire univerfel de l'artillerie, renfermant l'explication de tous les termes techniques & des principes de l'artillerie, fous les rapports théoriques & pratiques avec l'histoire des principales découvertes, 2 vol. Tubingen, 1804.

Idem. Manuel du pontonnier, 3 vol.

Hulot (c. de bat.). Instruction fur le service de l'artillerie, à l'ufage des élèves de l'école fpéciale militaire, 1 vol. in-8. 1809, 1813.

Hundius (flam.). Description des règles générales de la fortification & de l'artillerie, 1625.

Hutton (ang.). Nouvelles expériences d'artillerie où l'on détermine la force de la poudre, la vitesse initiale des boulets, les portées, &c., traduit par le colonel Villantroys. An 10, 1802.

Idem. Traité fur divers objets de mathématiques & de physique, renfermant les résultats de nombreufes expériences faites fur la force de la poudre à canon, avec leur application à l'artillerie moderne, 1812.

Infante (Joseph, esp.). Recueil d'artillerie pour le service de la marine, 1754.

Ingenhoufs, traduit par Molitor, nouvelle théorie de la poudre à canon.

Izzo. Traité de pyrotechnie & de baliftique. Vienne, 1766.

Jacobi (all.). De l'art de fabriquer les armes, 1603.

Julien (Saint-). Les forges de Vulcain, ou l'appareil des machines de guerre, 1 vol. in-12. 1606, 1710.

Justi (all.). Vérités nouvelles & avantageufes de la physique, on y trouve le moyen de convertir le sel marin en salpêtre, 1755.

Justi (all.). De la formation du salpêtre, 1756.

Karelberg (fuéd.). De la formation du falpêtre, 1756.

Kobel (all.). Differtation fur les artifices de guerre, 1619.

Kochs (all.). Manuel d'artillerie par demandes & par réponses. Francfort, 1770.

Idem. Manuel de l'armurier & de l'artificier, 1765.

Kaftner (all.). Elémens abrégés d'artillerie, 1679.

Knock (all.). La foiblesse du feu précipité du canon & du moufquet prouvé par les faits. Francfort, 1759.

Knutbergs (fuéd.). Projet de moudre la poudre au moyen du cylindre. Stockholm, 1764.

Krebs (danois). De la construction des pontons de cuivre. Copenhague, 1794.

Kruger (en lat.). *De directione tormentorum.* Wilna, 1636.

Idem (en lat.). Méditations chimiques fur l'explosion des canons, 1636.

Labaira (esp.). Traité d'artillerie. Séville, 1756.

Landerbeck (all.). *De trajectoriâ projectorum, corporum resistente medio in ratione duplicata velocitatum.* Upfal, 1771.

Landmann (ang.). Principes d'artillerie par demandes & par réponses.

Lamartillière (le g. d'art.). Réflexions fur la fabrication des bouches à feu, 1 vol. in-8. 1796.

Idem. Recherches fur les meilleurs effets à obtenir dans l'artillerie, 2 vol. in-8. Paris, 1811, 1818.

Idem. Réflexions fur la fabrication en général des bouches à feu, 1 vol. in-8. 1817.

La Sauffaye. Dictionnaire d'artillerie français & hollandais.

Leblanc (Honoré). Mémoire important fur la fabrication des armes de guerre, préfenté à l'affemblée nationale. Brochure, 1790.

Leblond. Elémens de la guerre, 3 vol. Le tom. 1er. est un traité d'artillerie. Traité de l'attaque & de la défense des places, 1743.

Idem. Artillerie raifonnée, 2 vol. 1761.

Lechuga (Chistoval, esp.). Discours fur l'artillerie, 1611.

Legendre. Differtation fur une question de baliftique. Berlin, 1782.

Leonhardi (fax.). Règle pour construire l'échelle des calibres.

Lefpinaffe (gén. d'art.). Essai fur l'organisation de l'arme de l'artillerie, 1799.

Leutmann (en lat.). De la manière de bien tracer les fpirales de carabines & autres expériences relatives aux fufils rayés, 1732.

Liebknecht (all.). Principes de l'artillerie, 1726.

Lipsius. La poliorcétique, ou des machines, pièces & traits. Amsterdam, 1599.

Lloyd (ang.). Mémoires militaires & politiques traduits par un officier français (chap. VI, des avantages & des défauts de l'arme à feu & de l'arme blanche; chap. XII, des armes défensives. 1801).

Lombard. Nouveaux principes d'artillerie de Robins, commentés par Euler, traduits par L., avec notes, 1783.

Idem. Instruction sur le tir & la manœuvre du canon de bataille. Brochure, 1792.

Idem. Tables du tir des canons, &c., 1 vol. in-8. 1787.

Idem. Traité du mouvement des projectiles, 1 vol. in-8. Dijon, an 5.

Lopez (Simon, esp.). Exercice militaire de l'artillerie, 1705.

Luteanus. Sur l'invention de Michel Langrenus, mathématicien du roi d'Espagne, d'une bouche à feu (*trisphaerico*), lançant, par des inflammations successives, trois globes hors du même tube (il est nommé *puteanus* dans quelques ouvrages), 1640.

Madelaine (capitaine d'art.). Notice sur plusieurs soufflets en cuir à vent continus. Brochure, Paris, 1819.

Maffey (all.). Nouvelle expérience très-remarquable pour découvrir la force de la poudre & la quantité d'air qu'elle renferme, 1800.

Magné de Marolles. La chasse au fusil, 1 vol. in-8. 1788, 1800.

Mahmoud-Reis-Effendi. Tableau des nouveaux réglemens de l'Empire ottoman. Les réglemens 5, 6, 7, 8, 9 & 10 concernent l'artillerie.

Maizeroi (Joly de). Traité des armes défensives, 1767.

Idem. Mémoires sur les opinions qui partagent les militaires, suivis du traité des armes défensives, corrigé, &c. Paris, 1773.

Idem. Traité sur l'art des siéges & les machines des Anciens, où l'on trouvera des comparaisons de leurs méthodes avec celles des Modernes, 1778.

Mallet (Manesson). Les travaux de Mars, 3 vol. in-8. Paris, 1685.

Malte. Traité de fortifications & des feux d'artifices, 1629. Instruction sur le fait de l'artillerie, in-4. Paris, 1631, 1633.

Malthus. Pratique de la guerre, 1 vol. in-4. 1650, 1661. Traduit en 1681.

Idem. Le parfait canonnier. Londres, 1661.

Manus (all.). Artillerie & artifices. Dantzick, 1578.

Marés. Quelques idées sur l'artillerie & les devoirs de l'ingénieur. Cologne, an 7.

Marion. (*Voyez* Cotty.).

Marollois. Œuvres mathématiques traitant de la géométrie, de la fortification, de l'artillerie, 1614.

Martena (it.). Mines, artifices. Naples, 1576.

Marteno (it.). Le fouet militaire ou la terreur des combats. Naples, 1687.

Marin (le gén. Saint-). Manœuvres d'artillerie à cheval, an 7.

Idem Observations sur l'artillerie.

Marzagha (it.). Calcul balistique, ou méthode de calculer les portées des bombes horizontales & obliques. Vérone, 1735.

Maffembach (all.). Eclaircissemens sur le bombardier prussien, par Tempelhof, 1785.

Masson (J. G.). Les trois coups d'essai géométriques, accompagnés d'un mémoire sur la meilleure forme qu'on peut donner à la chambre d'un mortier, pour que la portée des bombes soit la plus grande dont la charge est capable. Strasbourg, 1770.

Matsko (all.). Théorie du jet des grands boulets (en lat.), 1761.

Mauvillon. Essai sur l'influence de la poudre à canon, 1 vol. in-8. 1788.

Mediano (esp.). L'artilleur praticien, 1680.

Meister (all.). *De catapultâ polybolâ*, 1768.

Méni-Durand. Suites des fragmens de tactique, contenant le 7e. mémoire sur l'artillerie.

Mercier. Principes instructifs pour les officiers employés dans les manufactures d'armes. Charleville, 1 vol. in-8. 1777.

Mersenne (le Père, minime). Balistique & théorie des armes (en lat.), 1644.

Mestro (all.). Traité physique de l'artillerie, 1679.

Miet (all.). L'artillerie décrite en quatre parties, 1684.

Milliet. L'art de fortifier, de défendre & d'attaquer les places, en allemand. Francfort, 1677.

Monge. Description de l'art de fabriquer les canons, 1 vol. in-4. 1793.

Monnaci (it.). Recueils d'instruction pour les bombardiers, 1640.

Montalembert (le marquis de). L'art défensif rendu supérieur à l'offensif, ou la fortification perpendiculaire, 11 vol. in-4.

Montgery. Règles de pointage à bord des vaisseaux, 1 vol. in-8. 1816.

Montrozard. Service d'artillerie à la guerre, traduit d'Antoni, 1 vol. in-8. 1785.

Moor (ang.). Traité d'artillerie, 1683.

Mora (Domenica, it.). *Tre quesiti in dialogo sopra il fare batterie fortificare una citta, &c.* Venise, 1567.

Morel. Traité des feux d'artifices pour les spectacles & pour la guerre, 1 vol. in-8. 1800.

Moretti (it.). Traité d'artillerie, 1672.

Morasca Placentino (esp.). Sur les dimensions des trois espèces d'artillerie, 1695.

Morla (esp.). Cours complet d'artillerie, à l'usage des écoles des cadets du corps royal d'artillerie. Ségovie, 1784.

Mountains (ang.). Le canonnier marin. Pratique ou introduction à l'artillerie, 1763.

Muller (ang.). Traité d'artillerie renfermant les constructions pour les pièces d'artillerie de bronze & de fer, les affûts des mortiers de terre & de mer, & d'obusiers : le laboratoire d'artifices, & une théorie de la poudre, appliquée aux armes à feu. Londres, 1757, 1768. Appendice à l'ouvrage précédent, contenant les vraies trajectoires, &c.

Munno (esp.). Introduction sur l'usage de l'artillerie, 1642.

Neumann (all.). Leçons publiques sur les quatre objets chimiques, le salpêtre, le soufre, l'antimoine, le fer, 1732.

Northons (ang.). Pratique de l'artillerie, 1681.

Nyes (ang.). L'artillerie, 1664.

Orlandi (it.). Instruction sur l'artillerie & le parfait bombardier, 1602.

Paixhans (chef de bat. d'art.). Considérations sur l'artillerie des places & sur les améliorations dont elle paroît susceptible. Paris, 1815. Imprimé par ordre du ministre de la guerre (il n'en a été tiré que trente exemplaires).

Idem. Nouvelle force maritime, ouvrage qui traite de divers objets d'artillerie.

Perret. Fortifications & artifices.

Pertius. Moyen de multiplier la potasse.

Peyre. Le mouvement inné, considéré principalement dans la charge d'une pièce d'artillerie, précédé de réflexions physiques sur les calculs de M. Robins, &c. Gênes, 1811.

Idem. Réponse à un rapport sur cet ouvrage. Brochure.

Pfaff (all.). Expériences sur l'explosion de la poudre à canon dans différens gaz (2e. cahier du Journal allemand de 1814).

Pfinglen (all.). Description abrégée des objets qui ont trait à la fortification & à l'artillerie, avec une notice de la découverte faite par le célèbre Franciscain Berthold Schwartz, 1750.

Idem. Traité de la partie chimique de l'artillerie, à l'usage des écoles militaires d'Iéna, 1789.

Idem. Almanach où l'on trouve la description détaillée des nitrières prussiennes, 1685.

Pietsche. Mémoire sur la formation du salpêtre. Berlin, 1749.

Ployer. Sur la fabrication des pierres à fusil dans le Tyrol italien, 1800.

Palhem (suéd.). Calculs relatifs aux armes à feu, 1742.

Idem. Observations sur les expériences de la Fère.

Idem. De la vraie forme des mortiers.

Poumet. Essai sur l'art de pointer toute espèce d'arme à feu. Paris, 1 vol. in-12. 1816.

Prébois. Traité des manœuvres du canon à l'usage de l'artillerie du canton de Vaud, 1805.

Preussens (all.). Rang & nom de toutes les troupes; espèce, nom & nombre de toutes les armes renfermées dans un arsenal, de tout poids, calibre, &c., 1530.

Pringles (ang.). Discours sur la théorie de l'artillerie. Londres, 1778.

Proust (membre de l'Acad. des sciences). Neuf mémoires sur la poudre, 1812.

Puteanus. (*Voyez* Luteanus.)

Puteono (all.). Principes de l'artillerie, 1723.

Pyrophile (all.). L'artillerie expliquée, 1703.

Rabe (all.). Guide du jeune officier d'artillerie, pour acquérir un jugement droit dans sa partie, 1785.

Idem. Service de l'artillerie en campagne, à l'usage des capitaines & des sous-officiers, 1785.

Ramelli (it.). De diverses machines ingénieuses, 1588.

Reciento (J. Sanche, esp.). Traité théorique & pratique de l'artillerie, 1733.

Renauld (col. d'art.). Instruction sur la fabrication de la poudre, 1 vol. in-8. 1811.

Remy (Surrey de Saint-). Mémoires d'artillerie en 2 vol. in-4. 1697, 1702, 1707, 1741, en 3 vol. in-4. 1745.

Reveroni. Inventions militaires & fortifiantes, ou essai sur les moyens nouveaux offensifs, &c., an 3.

Rhana ou Rhane. Principes de l'artillerie, 1786.

Riffaut. (*Voyez* Bottée.)

Rivauls de Flurance. Élémens d'artillerie, 1608.

Robins (Benjamin, ang.). Nouveaux principes d'artillerie, 1742. (Traduit en allemand par Euler, avec des notes, 1745. Traduit avec les commentaires d'Euler par Lombard. Dijon, 1 vol. in-8. 1783.)

Roda (all.). Mémoire sur les moyens de prévenir les dommages causés sur les murs des bâtimens par le salpêtre (sujet d'un prix proposé par la société des investigateurs de la nature). Dantzick, 1772.

Rohde (all.). Dissertation sur un problème de la balistique & sur la variation des élémens dans un milieu résistant. Postdam, 1796.

Idem. Sur la déviation des projectiles du plan vertical. Berlin, 1796.

Rollot (ang.). Notice sur l'hôpital royal de l'artillerie à Woolwich, 1801.

Romani Adriani (it.). Pyrotechnie, 1611.

Ruggieri. Pyrotechnie militaire, ou Traité complet des feux de guerre & des bouches à feu, 1 vol. in-8. 1812.

Rugy. Observations sur les mineurs de l'artillerie.

Rumfort (ang., le comte de). Expériences sur la force de la poudre à canon (Annales anglaises de physique, 4e. vol., 1800).

Idem. Sur l'effet des gros canons & des pièces légères à distances égales, 1801.

Sallimbeni (it.). Opuscules de géométrie & de balistique. Vérone, 1780.

Saluces (le comte de). Réflexions sur la matière fluide, élaſtique de la poudre. Berlin, 1769.

Sardi (it.). Sur les machines anciennes & les armes offenſives. Bologne, 1689.

Scharnhorſt (colonel pruſſien). Manuel de l'officier pour les parties pratiques des ſciences militaires. Hanovre (1ère. partie, artillerie), 1806.

Idem. Sur l'effet des armes à feu à l'uſage des écoles militaires de Pruſſe. Berlin, 1814.

Scheel (danois). Mémoires d'artillerie contenant l'artillerie nouvelle ou les changemens faits dans l'artillerie françaiſe en 1765; avec l'expoſé & l'analyſe des objections, &c. Copenhague, 1776. 1 vol. in-4. Paris, an 3.

Schelamer (holl.). Du nitre, avec les commentaires des anciens & le nôtre (en lat.), 1709.

Schmidlap. Des feux d'artifices. Nuremberg, 1561.

Schorn. Idées raiſonnées ſur un ſyſtème général & ſuivi de toutes les connoiſſances militaires. Nuremberg, 1782.

Schreiber (all.). Diſſertation ſur l'art de l'artillier, avec un laboratoire d'artifices, 1656.

Idem. Artifices & introduction à l'artillerie, 1657.

Idem. Sur les armes. Breſlau, 1666.

Schwachius (ſax.). Diſcours ſur l'artillerie, 1624.

Selig (all.). Diſſertation chimique ſur le ſalpêtre, 1774.

Seydel (major pruſſien). Mémoire ſur l'uſage des carabines, ou fuſils rayés. Berlin, 1809.

Idem. Mémoire ſur la conſtruction & l'uſage des armes portatives, 1811.

Siemenovicz (Caſimir, polonais). Ire. partie du grand art de l'artillerie (en lat.). Amſterdam, 1650 (traduit en françois par Noiſet en 1651, & en allemand en 1676).

Simon (J. C., ſaxon). L'art de faire du ſalpêtre & de l'eau-forte, 1771.

Simons (ang.). Le Vade-mecum du canonnier marin, ou nouvelle introduction à l'artillerie pratique. Londres, 1812.

Sincerus (all.). Le ſalpêtrier & l'artificier, 1710.

Smiths (ang.). Traité complet d'artillerie avec des additions, 1627.

Starkley. Pyrotechnie, 1711.

Starrat (ang.). La théorie des projectiles, démontrée & appliquée aux problèmes les plus uſuels de l'artillerie-pratique. Dublin, 1733.

Stahl. Dans les opuſcules en latin chimico-phyſiques, il a traité du ſalpêtre. 1715. Ils ont été traduits en 1734.

Stix (all.). L'artillerie, d'après l'enſeignement de l'artillerie autrichienne, 1816.

Souvſants (all.). Règles claires pour faire les artifices, 1747.

Stromers (ſuéd.). Démonſtration & preuve que les portées ne ſont pas proportionnelles aux charges, 1741.

Struben (van). Réponſe aux objections faites contre la nouvelle méthode de tirer vîte. Copenhague, 1750.

Struenſée. Elémens d'artillerie. Leignitz, 1769.

Sturms (all.). Le nouvel arſenal, 1702.

Sylvius (duc de Wurtemberg). Nouvelles ſortes d'artifices, 1657.

Tarducci (it.). Des machines anciennes & modernes, 1601.

Tartaglia (it.). Traité du canon, de la poudre, des batteries, de l'attaque & de la défenſe des places. (Ses autres ouvrages en latin ont été traduits par Biringuccio. *Voyez* ce nom.) 1538.

Teixera (port.). A traduit Muller, de l'anglais dans ſa langue, 1793.

Tempelhoff (all.). Principes phyſico-mathématiques de l'artillerie, traduits d'Antoni, 1768.

Idem. Hiſtoire de la guerre de ſept ans.

Idem. Le bombardier pruſſien. Berlin, 1781.

Terquem. (*Voyez* Villantroys.)

Texier de Norbec. Recherches ſur l'artillerie en général, & particulièrement ſur celle de la marine, 2 vol. in-8. Paris, 1792.

Thibourel. Recueil de pluſieurs machines militaires, 1620.

Tompſon (ang.). Expériences ſur les balles à fuſil (dans les Tranſactions philoſophiques), 1781.

Tignola (it.). De l'artillerie-pratique pour les écoles royales. Turin, 1774, 1776.

Timaus (all.). Eſſai ſur les fabriques des armes à feu, de la poudre à canon & de chaſſe, 1792.

Toricelli (it.). *De motu gravium & naturaliter projectorum*. Florence, 1644.

Tronçon du Coudray. Artillerie nouvelle ou examen des changemens faits dans l'artillerie françaiſe depuis 1765, 1773.

Idem. Réponſe à l'auteur de l'eſſai dans l'artillerie, dans, &c. 1773.

Idem. Mémoire ſur la meilleure manière d'extraire & de raffiner le ſalpêtre. Upſal, 1774.

Idem. Obſervations ſur le fer, 1775.

Idem. Lettre à M. le marquis de... ſur un paſſage à l'introduction à l'hiſtoire des minéraux de M. de Buffon, relatif à une réduction de boulets qui a eu lieu dans quelques arſenaux. (Extrait du Journal de phyſique de l'abbé Roſier.)

Idem. L'ordre profond & l'ordre mince, conſidérés par rapport aux effets de l'artillerie. Metz, 1776.

Uffano (eſp.). De l'uſage de l'artillerie. Bruxelles, 1613.

Vallière. Traité de la défenſe des places par les contre-mines, avec des réflexions ſur les principes de l'artillerie, 1768.

Idem. Mémoire concernant la ſupériorité des

pièces d'artillerie longues & solides sur les pièces courtes & légères, précédé de son éloge par Fouchy, 1775.

Valtsgott. Dissertation sur l'invention de la poudre & des mortiers, 1710.

Vandermonde. Mémoire sur la fabrication des armes blanches, 1 vol. in-4. 1793.

Vander-Tollen (holl.). La lumière de l'artificier, 1701.

Vauquelin & Trusson. Instruction sur la combustion des végétaux, la fabrication du salin, de la cendre gravelée, &c. Tours, brochure, 1794.

Vega (all.). Règles pratiques pour le jet des bombes. Vienne, 1787.

Villantroys (col. d'ar.). Nouvelles expériences d'artillerie, &c., traduites de Hutton, 1801. (*Voyez* Hutton.) La suite a été traduite par Terquem, bibliothécaire de l'artillerie.

Idem. Observations sur les voitures à deux roues, an 5.

Idem. Observations sur l'essai, sur les effets de la poudre dans les armes à feu, & sur son supplément, par M. de C...

Villeneuve. Cours de sciences militaires. Amsterdam (les tomes 6, 7 & 8 contiennent un traité d'artillerie), 1741.

Vochs (all.). Le guide des dessinateurs d'artillerie, 1778.

Vogel (suisse). Sur l'artillerie, 1714, 1739, 1756.

Wallerius (suéd.). Dissertation sur l'origine & la nature du salpêtre, 1749.

Weber (all.). Mémoire sur le salpêtre, 1779.

Idem. Théorie & pratique complète du salpêtre.

Weikrath (all.). Recueil sur l'artillerie, 1688.

Idem. Pyrologie curieuse & expérimentale, 1689.

Wilhausen (all.). De l'artillerie, 1617.

Wilet. (*Voyez* Adye.)

Winter (all.). De la poudre à canon (en lat.), 1698.

Wolff (all.). Description de la fabrication du salpêtre en Podolie (dans les Transactions philosophiques), 1779.

Zenner (it.). L'artillerie en principe & par raisonnement, 1782.

Zubler (all.). Nouvelle artillerie géométrique.

Ouvrages anonymes.

Artillerie & arsenaux (all.), 1669.

Pyrotechnie (holl.). Rotterdam, 1672.

Manuel des bombardiers, ou recueil d'avertissemens les plus nécessaires pour bien tirer les mortiers, 1672.

Traité d'artillerie. Lyon, 1690.

Traité nouveau de l'usage du compas de proportion & de la bombarderie moderne. Bruges, 1695.

Le parfait artificier, bombardier & artilleur (esp.), 1699.

Invention d'un nouveau moulin à poudre (all.). Ratisbonne, 1710.

Mémoire sur les charges & les portées des bouches à feu, 1740.

Dans les mémoires de l'Académie des sciences de Stockholm, an 1742, sont les trois mémoires suivans : 1er. Calcul relatif aux armes à feu. 2e. Observation sur les expériences de la Fère. 3e. De la vraie forme des mortiers.

Instruction sur la manière de produire le salpêtre par des méthodes artificielles, publiée par ordre du conseil de guerre (suéd.), 1747.

Description abrégée des objets qui ont trait à la fortification & à l'artillerie, avec une notice de la découverte faite par le célèbre Franciscain Berthold Schwartz. Berlin, 1750.

Essai sur les feux d'artifices pour le spectacle & pour la guerre, par P. D. O. (Perrinet-d'Orval), 1re. édition, 1745, 1750.

Recueil d'ordonnances du Roi concernant l'artillerie. Grenoble, 1750.

Exercice abrégé du canon, que chaque chef de pièce doit savoir par cœur. Toulon, 1755.

Mémoire pour servir d'instruction concernant le service aux batteries de côtes. (Imprim. royale), 1756.

Sur l'art de trouver la quantité du salpêtre renfermée dans la poudre, avec des observations sur l'art de faire la poudre. (Mémoires de l'Académie de Stockholm, année 1757, tom. 17.) 1757.

Manuel de l'artificier. Paris, 1757.

Sur la rotation des boulets. (Mémoires de l'Académie des sciences de Paris), 1758.

Idée sur la science de l'officier d'artillerie (all.). Leipsick, 1758.

Instruction portant règlement (du 25 mai), concernant l'encaissement, transport, &c., des fusils, 1762.

Lettre d'un capitaine de grenadiers à M***, ancien officier au corps d'artillerie, sur les changemens de 1765; 1765.

La salpêtrière naturelle si long-temps désirée (all.). Dresde, 1775.

Expérience sur la poudre (Mémoires de l'Académie des sciences, par Nollet), 1767.

De l'échelle d'artillerie, & comment on peut se servir de tables au lieu de l'échelle (all.), 1767.

Cours d'artillerie à l'usage du corps royal-impérial de campagne (all.). Vienne, 1767.

Observations sur l'ouvrage ayant pour titre : Traité de la défense des places par les contre mines, avec des réflexions sur les principes de l'artillerie, 1770.

Lettre en réponse aux observations précédentes (attribuée à Ménil Durand), 1772.

Suite de la lettre précédente, ou procès-verbal des épreuves faites à l'école royale de Douai, sur les portées des pièces de 4 longues & courtes de nouveau modèle, 1772.

Construction d'une échelle balistique (Mémoires de l'Académie de Berlin, Lambert), 1773.

État actuel de la querelle sur l'artillerie. Amsterdam, 1774.

Collection de mémoires authentiques présentés à MM. les maréchaux de France assemblés en comité pour donner leur avis sur les opinions différentes de M. de Gribeauval & de Saint-Auban, au sujet de l'artillerie. A Alethopolis, 1774.

Lettres d'un officier d'artillerie sur les changemens faits dans l'artillerie française depuis 1765 jusqu'en 1770, & sur les derniers arrangemens pris par le ministre relativement à ce service, 1775.

Recueil de mémoires & d'observations sur la formation & la fabrication du salpêtre, par les commissaires nommés par l'Académie, 1776.

Considérations sur la réforme des armes, jugées eu conseil de guerre assemblé en l'hôtel des Invalides, 1777.

Instruction sur l'établissement des nitrières, 1777.

Observations sur le travail des eaux-mères, 1778.

L'art de fabriquer le salin & la potasse, publié par ordre du Roi, 1779.

Lettre sur une arme à feu nouvellement inventée, où l'on apprécie à leur juste valeur & le feu de la mousqueterie & les imitateurs du roi de Prusse. Avignon, 1780.

L'art de composer & de faire les fusées volantes & non volantes, pluies de feu, &c., 1780.

Essai sur le fusil, ou détail de la fabrication des canons, de leur portée, longueur, calibre, charge & règles pour bien tirer. Paris, 1781.

Extrait de l'usage de l'artillerie. Wesel, 1782.

Essai d'une bibliothèque complète d'artillerie. Dresde, 1783.

Expériences sur le salpêtre, 1783.

Instruction générale sur le service de toutes les bouches à feu. Metz, 1786.

Instruction sur la fabrication du salpêtre brut, 1786.

Considérations sur l'artillerie des Provinces-Unies, 1786.

Recueil de mémoires sur le salpêtre, formant le tome 9 de la collection des mémoires des savans étrangers, 1786.

Tables & dessins des canons de fer pour la marine, des bouches à feu de bronze pour les colonies, & des instrumens servant à mesurer leurs dimensions, 1787.

L'artillerie dans l'embarras, ou expédiens mécaniques dans l'usage de l'artillerie de campagne (all.). Dresde, 1787.

Aide-mémoire à l'usage des officiers d'artillerie, 1780, 1798, 1801, 1809 & 1819 (attribué à M. le comte Gassendi, pair de France). Metz & Paris.

Projet d'établissement d'une école d'artillerie & d'un arsenal de construction à Moulins, 1791.

Manœuvres d'une pièce de 4 de campagne avec les manœuvres que chaque canon doit faire, 1792.

Manuel du canonnier, ou service de toutes les bouches à feu, avec figures. Paris, 1792.

De l'usage de la nouvelle artillerie de campagne (all.). Dresde, 1793.

Programme sur les poudres & salpêtres, 1794.

Traité sur les artifices les plus en usage dans l'artillerie, tant pour la défense des places que pour le service de campagne. Lille.

Correspondance militaire, ou recueil de pièces sur la guerre, la fortification & l'artillerie. Berne, 1795.

Instruction pour connoître la qualité du salpêtre fourni par les entrepreneurs. Paris, 1796.

Traité du salpêtre, de son extraction, de son emploi dans la fabrication de la poudre, & art d'extraire les matières résineuses du pin, 1797.

Observations sur quelques points intéressans de l'artillerie, 1797.

Observations sur les platines anglaise & française & sur une nouvelle platine (ang.). Londres, 1799.

Rapport, instruction & arrêté du Directoire exécutif sur l'épreuve des poudres (du 17 germinal an 7), 1799.

Machines de guerre & améliorations des armes à feu, 1800.

Manuel du commissaire des poudres, 1800.

Manière de préparer le charbon pour la poudre, 1800.

Sur l'effet des gros canons, & des pièces légères à distances égales. Leipsick (all.), 1801.

Description du procédé (adopté) pour le raffinage du salpêtre, 1801.

Instruction pour les canonniers gardes-côtes. Cherbourg, 1808.

Projet d'ordonnance provisoire pour l'artillerie, concernant l'école & les manœuvres des batteries de campagne, 1809.

Tarif pour les réparations des armes portatives, 1809.

Manœuvres des batteries de campagne pour l'artillerie de la garde, 1810, 1812, 1814, 1816, 1818, 1819.

Projet d'un réglement concernant les exercices & manœuvres du corps de l'artillerie (1re. partie de

71 pages, exécution des bouches à feu), attribué à M. le comte Ruty, pair de France.

Observations faites par des capitaines d'artillerie sur un ouvrage intitulé : Essai sur quelques parties de l'artillerie & des fortifications, par le G. comte C***, 1811.

Exercice & manœuvre des bouches à feu à bord des vaisseaux de Sa Majesté. Brest, 1811.

Instruction générale sur le service des bouches à feu. Toulon, 1811.

Petit manuel du canonnier, ou instruction générale sur le service de toutes les bouches à feu. Lille, 1811.

L'artillerie à cheval, son organisation, usage & manœuvres, 1812.

Instruction sur le tir à boulets rouges, 1812.

Tarif pour les réparations d'armes, 1814.

Instruction pour la défense & la démolition des ponts, 1814.

Manœuvres de force & de chèvre, 1814.

Manœuvres de force & de chèvre, nouvelle édition. Grenoble, 1815.

Instruction sur le tir des armes à feu. Imprimerie royale, 1816.

Essai sur les manœuvres & les exercices d'artillerie. Douai, 1816.

Projet d'instruction sur le service des bouches à feu, présenté au comité central de l'artillerie par des officiers de l'arme. Metz, 1816.

Projet d'ordonnance portant règlement sur le service & l'instruction du corps royal d'artillerie dans les écoles (22 avril), 1817.

Tarif pour la réparation des armes portatives, 1817.

Observations sur le service des poudres & salpêtres en France, 1818.

Supplément aux observations sur le service des poudres & salpêtres en France.

Tarif pour les réparations d'armes, 1819.

Notice sur l'artillerie en fer forgé E......née t D......ie. Paris.

Sur un écrit anonyme distribué aux chambres contre l'administration actuelle du service des poudres. Paris, 1821.

NOTICE sur la partie du système de l'an XI, qui se rapporte à l'échelle de subdivision des calibres des bouches à feu pour les équipages de campagne & de siége. On a fait mention, dans plusieurs articles de ce Dictionnaire, de bouches à feu du système de l'an XI & de celles de l'ancien système, auquel on est revenu, sauf les modifications que le temps & l'expérience de la guerre ont provoquées, sauf aussi le remplacement de l'obusier de campagne par un obusier plus convenable, &c. Ces objets importans étant présentés d'une manière lumineuse dans des observations faites en décembre 1814 par M. le lieutenant-général comte Ruty, on croit utile de les rapporter ici telles qu'elles ont été écrites par cet officier-général.

ARTILLERIE.

Depuis plusieurs années on sentoit la nécessité de supprimer dans le détail des constructions d'artillerie un grand nombre de variétés qui en compliquoient le système sans utilité réelle, lorsque, vers l'an XI, on s'occupa de mettre cette idée à exécution.

La modification du système d'artillerie, dirigée dans cette vue, c'est-à-dire, appliquée seulement aux détails, offroit évidemment des avantages sans mélanges d'inconvéniens ; puisque simplifier les détails, c'est faciliter le service dont ils forment les élémens. Mais en appliquant ce principe de modification aux bases mêmes du système, c'est-à-dire, à la distinction de calibres admise jusqu'alors pour la guerre, n'étoit-ce pas subordonner l'essentiel à l'accessoire & faire dériver comme conséquence, la chose qui devoit être établie en principe ?

Il paroit en effet que la différence des espèces & calibres de bouches à feu dont on fait usage à la guerre doit se déduire immédiatement & essentiellement de l'objet que l'on se propose dans leur emploi, & que les avantages ou les inconvéniens d'une simplicité ou d'une complication, qui sont également restreintes dans des limites assez étroites, ne forment qu'une considération tout-à-fait secondaire relativement à la première. Supposé qu'une ou deux subdivisions de plus dans l'échelle des calibres à admettre dans des bouches à feu d'un meilleur usage & mieux appropriées à leur destination, on ne sauroit opposer raisonnablement à cet avantage l'inconvénient d'introduire quelque complication de plus dans les détails intérieurs des parcs & des arsenaux : on seroit d'autant moins fondé à le faire, que l'on a vu, dans la dernière guerre, le zèle des officiers d'artillerie vaincre aisément ce genre de difficulté, en des circonstances qui le rendoient beaucoup plus incommode qu'il ne pourroit le devenir par le retour à l'ancienne subdivision de calibres. Si, au contraire, la suppression de quelques calibres intermédiaires ôte à notre artillerie une partie des avantages qu'elle avoit à la guerre, il est évident que la simplification détériore le système au lieu de l'améliorer, & qu'il faut par conséquent la rejeter. C'est sur le champ de bataille & dans leur effet à la guerre qu'il convient surtout de considérer les bouches à feu, lorsqu'il s'agit de prononcer dans une discussion du genre de celle qui s'élève ici, plutôt que dans les détails de parcs & d'arsenaux qui se rapportent à leur service.

Il eût été à désirer qu'une opération aussi importante que celle de changer le système de subdivision des calibres de l'artillerie eût été précédée d'épreuves solennelles, & appuyées sur des résultats incontestables. Mille considérations essentielles sembloient en faire une loi ; & c'est aussi qu'on en avoit usé lorsqu'il fut question de substituer le système de Gribeauval à celui auquel il a succédé.

Les épreuves relatives au changement de calibres adoptés en l'an XI ont été si incomplètes, si exclusivement dirigées dans le sens favorable au nouveau système, qu'il faut les tenir pour non-avenues, & ne regarder comme expérience constatée à l'égard des bouches à feu de ce système, que celle que l'on avoit pu acquérir de leur usage dans les occasions peu fréquentes où, antérieurement a l'an XI, nos armées avoient employé pour leur service quelques équipages d'artillerie ennemie, & celle que nous ont donnée depuis, les campagnes où nos équipages d'artillerie ont été composés selon le nouveau système.

C'est donc en s'appuyant surtout sur cette dernière expérience, que l'on peut discuter la question présentée. Pour l'envisager sous son véritable aspect & la ramener à ses termes les plus positifs, on va faire le parallèle du nouveau système & de l'ancien, sous le double rapport de l'économie dans les moyens & des résultats obtenus dans l'usage. On s'occupera d'abord de l'examen de l'artillerie de campagne, qui fait l'objet essentiel de cette discussion, après quoi on recherchera si la suppression de la pièce de 16 & de l'obusier de 8 pouces dans l'artillerie affectée à la guerre des sièges est utile ou nuisible au genre de service que cette artillerie est destinée à remplir.

ARTILLERIE DE CAMPAGNE.

Parallèle de l'ancien & du nouveau système.

Appliquée à l'artillerie de campagne, la discussion qui fait l'objet de ces notes renferme deux parties bien distinctes; savoir : le parallèle de la combinaison des canons de 8 & de 4 au calibre de 6 qu'on y a substitué, & celui des obusiers 5 pouces 7 lignes 2 points ou de 24, aux obusiers de 6 pouces. On va faire successivement l'un & l'autre de ces parallèles.

Comparaison des canons de 8 & de 4 au canon de 6.

Sans entrer dans des détails trop compliqués, & d'une appréciation toujours équivoque jusqu'à un certain point, on peut estimer assez approximativement le rapport de moyens qu'exige l'emploi des bouches à feu comparées, par les considérations suivantes.

L'emploi d'une pièce de 8 pourvue de son approvisionnement complet en campagne exige trois voitures & douze chevaux; celui d'une pièce de 6 exige deux voitures & demie & dix chevaux; celui d'une pièce de 4 exige deux voitures & huit chevaux.

Ce nombre de voitures & de chevaux donneroit avec une proximation suffisante le rapport cherché, si l'approvisionnement affecté à chaque espèce de bouches à feu étoit du même nombre de coups; mais c'est ce qui n'a point lieu dans l'ordre de choses actuel, où les divers rapports d'approvisionnemens, des pièces dont il s'agit, sont comme il suit : pour la pièce de 8, le nombre de coups par caisson est de quatre-vingt-douze; le poids du chargement du caisson est de 587 kil. 41 (1200 liv.); le nombre de caissons qui lui sont affectés est de deux; le chargement du coffret est pour quinze coups; le nombre total de coups pour la pièce est de cent quatre-vingt-dix-neuf.

Pour la pièce de 6, le nombre de coups par caisson est de cent quarante; le poids du chargement du caisson est de 665 kil. 75 (1360 liv.); le nombre de caissons qui lui sont affectés est de un & demi; le chargement du coffret est pour vingt-un coups; le nombre total de coups pour la pièce est de deux cent trente-un.

Pour la pièce de 4, le nombre de coups par caisson est de cent cinquante; le poids du chargement du caisson est de 489 kil. 51 (1000 liv.); il lui est affecté un caisson; le chargement du coffret est pour dix-huit coups; le nombre total de coups pour la pièce est de cent soixante-huit.

La pièce de 6 paroîtroit au premier coup d'œil avoir un avantage sensible à l'égard des deux autres, sous le rapport de l'approvisionnement; mais en examinant le détail des choses, on trouve que cet avantage n'est que fictif; parce qu'il tient à des moyens qui, appliqués aux calibres de 8 & de 4, mettroient l'approvisionnement de ces bouches à feu en proportion d'égalité avec celui de la pièce de 6. La supériorité d'approvisionnement de la pièce de 6 tient en effet à ces deux causes : augmentation dans le poids total du chargement de son caisson; changemens en conséquence, soit dans les dimensions mêmes du coffre du caisson, soit dans la disposition intérieure de son chargement.

L'excès de poids du chargement du caisson de 6 sur celui des deux autres est de 78 kil. 52 (160 livres) pour le calibre de 8, c'est-à-dire, supérieur au poids de quatorze cartouches de ce calibre; & pour celui de 8, de 176 kil. 22 (360 livres), ou supérieur au poids de soixante-deux cartouches de ce dernier calibre.

Si donc on consent à égaler les poids des trois caissons comparés, ce qu'il faut nécessairement admettre pour rendre le parallèle exact, & ce qu'il est aisé d'obtenir, sans changer sensiblement les conditions du tirage, au moyen de quelques modifications dans les dimensions des coffres; on pourra mettre dans chaque caisson de 8 quatorze, & dans chaque caisson de 8 soixante-deux cartouches de plus qu'il n'y en a actuellement. Alors l'approvisionnement de la pièce de 8 sera porté à deux cent vingt-sept & celui de la pièce de 4 à deux cent trente coups; ce qui ne laissera entre l'approvisionnement de ces calibres & celui du calibre de 6 qu'une différence tout-à-fait insignifiante par rapport à l'objet dont on s'occupe, & que l'on se trouve fondé à négliger.

On voit donc que l'on peut en effet considérer

les proportions ci-dessus indiquées entre les nombres de chevaux & de voitures respectivement affectés aux trois calibres mis en parallèle, comme exprimant le rapport réel des moyens matériels qu'exige leur emploi.

En comparant d'après ces bases les anciens calibres, soit isolément considérés, soit dans les combinaisons dont ils sont susceptibles, au calibre de 6, on trouve :

1°. Que la somme de moyens matériels qu'exige l'emploi de la pièce de 8 est à celle que suppose l'emploi de la pièce de 6, dans le rapport de six à cinq ;

2°. Que le même rapport entre la pièce de 6 & celle de 4 est celui de cinq à quatre;

3°. Que par conséquent, avec le nombre de voitures & de chevaux nécessaires pour mener en campagne dix pièces de 8, on pourra mener douze pièces de 8;

4°. Qu'avec le même nombre de chevaux & de voitures, on aura le moyen de mener en campagne quinze pièces de 4;

5°. Enfin, que la quantité de chevaux & de voitures qui entient dans la composition d'un équipage quelconque de bouches à feu de 6, suffira pour former un équipage d'un pareil nombre de bouches à feu de 8 & de 4. dans lequel ces deux calibres entreront en égale proportion, & dont l'approvisionnement sera le même que dans le premier cas.

Tels sont donc les véritables rapports de moyens matériels qu'exige respectivement l'emploi des calibres comparés. Il est entendu d'ailleurs que la recherche de ces rapports a pour objet, non l'économie absolue, mais l'économie relative, c'est-à-dire, le meilleur emploi des moyens que l'on peut proposer d'affecter à la formation d'un équipage de campagne.

Le personnel qu'exigeroit le service des équipages mis en parallèle se trouve pour les canonniers, dans la proportion du nombre des pièces, & pour les soldats du train, dans celle du nombre de voitures que comporte leur formation. Ainsi, pour un équipage d'un nombre donné de chevaux & de voitures, le nombre de soldats du train étant égal dans tous les cas, on aura les résultats suivans :

1°. A l'équipage de 8, un sixième de canonniers de moins qu'à celui de 6.

2°. A l'équipage de 6, un cinquième de canonniers de moins qu'à celui de 4.

3°. A l'équipage composé, par parties égales, de 8 & de 4, le même nombre de canonniers qu'à celui de 6.

Après avoir ainsi analysé & ramené à ses termes les plus simples le rapport des moyens, tant matériels que personnels, qu'exige l'emploi des calibres dont il est question, on va passer à la comparaison des résultats qui peuvent en être obtenus à la guerre.

Tous les genres d'effets que l'on peut attendre des canons à la guerre dépendent essentiellement de ces trois causes : justesse dans le tir, amplitude de portée, poids des projectiles. Le calibre de 8 ayant sous tous ces rapports un avantage incontestable sur celui de 6, l'utilité d'employer le premier de préférence au second ne pourroit pas être mise en question, si l'on faisoit abstraction de toutes considérations d'économie dans l'emploi des moyens. Si, d'un autre côté, on proposoit de coordonner à ces dernières considérations plutôt qu'aux premières la détermination des calibres de campagne, les partisans de l'ancien système opposeroient au calibre de 6, celui de 4, qui, pour l'économie de moyens matériels, obtient plus d'avantages relativement au calibre intermédiaire, sans essuyer plus d'infériorité dans l'effet, que celui-ci n'en a relativement au calibre de 8. Mais la question envisagée sous l'un ou l'autre seulement de ces aspects, seroit traitée d'une manière incomplète & fausse; pour la saisir sous son véritable point de vue, il faut déterminer d'une manière plus précise les divers genres d'objets que l'emploi du canon peut avoir à remplir dans la guerre de campagne, & examiner ensuite si, pour une somme déterminée de moyens, la combinaison des calibres de 8 & de 4 remplit mieux ces objets que ne peut le faire le calibre intermédiaire de 6 exclusivement employé.

On peut ramener aux trois points suivans les divers genres de destination que reçoit l'artillerie dans la guerre de campagne.

1°. Remplir l'objet auquel étoit précédemment affectée l'artillerie de bataillon, & que remplit toujours, depuis la suppression de cette artillerie, une partie des bouches à feu mise à la suite des divisions, c'est-à-dire, servir dans les affaires de détail d'avant-gardes; dans la première période des batailles; dans les lignes d'infanterie, contre d'autre infanterie ou de l'artillerie de petit calibre, à des distances le plus souvent accessibles au feu même de la mousqueterie; enfin, dans toutes les occasions qui sont d'un intérêt secondaire relativement aux grands événemens de la guerre, & dans lesquels l'artillerie, de quelque manière qu'on la suppose composée, ne sauroit produire aucun résultat bien important.

2°. Former les batteries de position, que l'on engage seulement dans les affaires sérieuses, au moment où se prennent les dispositions d'où dépend leur succès, & qui exercent une influence décisive sur la nature de ce succès.

3°. Appuyer les attaques de postes, dans lesquelles l'artillerie rencontre des obstacles naturels ou factices, tels que murailles, palissades, retranchemens; obstacles souvent appuyés par de l'artillerie d'un fort calibre, & dont la destruction suppose par conséquent une autre intensité d'efforts & d'autres moyens que n'en exige celle des hommes, des chevaux & du matériel, qui sont en rase campagne l'unique but de l'action des batteries.

En considérant ces trois fonctions diverses que

l'artillerie peut avoir à remplir, il est facile de remarquer que la première étant d'un intérêt tout-à-fait secondaire relativement aux deux autres, celles-ci forment l'objet essentiel de cette arme, & constituent le véritable rôle qu'elle doit jouer à la guerre, & ce rôle appartient aux batteries de position, en commun avec celles de réserve.

On en conclura ensuite naturellement qu'une différence fondamentale dans les objets à remplir entraînant une différence correspondante dans les moyens à employer, appliquer une intensité intermédiaire d'efforts à des degrés divers de résistance à vaincre ou d'effets à produire, c'est s'exposer à établir en principe, à l'égard des uns une insuffisance, & à l'égard des autres une surabondance de moyens.

Le calibre de 4, en effet, ne rempliroit-il pas aussi bien que celui de 6 la première des trois fonctions qui viennent d'être considérées, dans laquelle l'artillerie n'a en opposition que de l'infanterie, de la cavalerie ou des pièces légères, à de petites distances, & dans des circonstances où son action, quelle que soit son intensité, est d'un foible intérêt par rapport aux grands résultats de la guerre? Dans les deux autres fonctions, au contraire, où l'artillerie agit ordinairement à de plus grandes distances, contre de plus forts calibres, ou sur des obstacles contre lesquels le calibre de 6 est reconnu insuffisant, & dans des circonstances enfin où l'artillerie exerce dans toute son intensité cette action qui lui appartient sur l'issue des batailles; peut-on regarder le calibre de 6 comme équivalent au calibre de 8, qui lui est aussi incontestablement supérieur pour tous les grands effets d'artillerie que le calibre de 6 l'est lui-même à celui de 4?

Si donc il s'agissoit de former, avec une somme donnée de moyens, un équipage d'artillerie, & que l'on proposât, d'un côté, de le composer exclusivement en canons du calibre de 6, & de l'autre d'y employer les canons de 8 & de 4, dans une proportion telle que leur nombre total étant égal à celui des canons de 6, on pût affecter les pièces de 4 aux batteries de bataillon ou d'avant-garde, & disposer de celles de 8 pour les batteries de position; ne seroit-il pas aussi avantageux que conforme aux principes de préférer le dernier système? ne seroit-ce pas en effet rejeter l'infériorité qu'auroit une partie de nos calibres à l'égard du calibre intermédiaire dont se servent les étrangers, sur les détails & les chances de la guerre qui ont le moins d'importance, & se ménager toute la supériorité qu'assure l'autre partie, pour les occasions qui décident du succès des campagnes & du sort des armées?

Si le raisonnement seul ne suffisoit point pour établir les avantages du calibre de 8 sur celui de 6 dans la formation des batteries de position, il s'appuyeroit sur les souvenirs du passé pour rendre ces avantages incontestables. On ne peut avoir oublié la gloire que l'artillerie française s'est acquise dans les vingt premières années de la dernière guerre, intervalle de temps pendant lequel ses batteries de position, formées de canons de 8, ont eu constamment une supériorité marquée sur celles de l'ennemi. Le calibre de 8 étoit pour ainsi dire le type de ces batteries d'artillerie à cheval, qui alors composoient en grande majorité notre canon de position, & dont la réputation se perpétuera dans le corps de l'artillerie française aussi long-temps qu'il sera sensible au souvenir de sa propre gloire & des services qu'il a rendus à l'État. Vingt ans de succès éclatans l'avoient donc consacré. Personne ne peut être plus disposé qu'un officier d'artillerie à accorder au personnel du corps la portion de mérite qu'il a à réclamer dans ces succès; mais il appartient au même officier d'apprécier jusqu'à quel point peut y avoir contribué la nature de l'arme avec laquelle ils ont été obtenus. Il paroît impossible de nier que la supériorité matérielle & positive d'un calibre plus considérable sur un calibre habituellement plus foible soit entrée pour beaucoup dans celle que l'on a généralement reconnue à nos batteries à cheval, à l'époque de la guerre dont il est question. Cette opinion étoit tellement accréditée, que les canonniers ne se sont décidés en général qu'avec la plus grande peine à renoncer à une arme que tant de motifs d'amour-propre & de confiance leur rendoient précieuse, & qu'ils ont saisi avec empressement l'occasion de la reprendre partout où le calibre de 8 étoit encore admis dans la composition des équipages de campagne en concurrence avec celui de 6, qui n'a pu être introduit que successivement dans nos armées.

Dans les armées où le calibre de 6 avoit été complètement substitué à celui de 8, on sait combien le calibre de 12 étoit nécessaire pour mettre nos batteries en état de lutter sans désavantage contre celles de l'ennemi. Ceci conduit à examiner si l'extension que l'on peut donner à l'emploi du calibre de 12 dans nos armées détruit ou modifie les motifs de préférence allégués plus haut en faveur du calibre de 8, comparé à celui de 6.

La solution de cette dernière question sera négative, si on la cherche dans l'observation de ce qui s'est pratiqué depuis l'introduction des pièces de 6; car cette innovation n'a point fait augmenter le nombre de pièces de 12 dans les équipages d'artillerie. Un corps d'armée de trois divisions avoit une batterie de réserve du calibre de 12 pour trois batteries de 6 à pied & une batterie à cheval de même espèce, ce qui donnent quatre pièces de 12, sur trente bouches à feu. Un corps d'armée de deux divisions avoit le même nombre de pièces de 12 sur vingt-quatre bouches à feu. La proportion moyenne est donc de quatre pièces de 12 sur vingt-sept bouches à feu, ce qui est loin d'excéder celle dans laquelle ces pièces concouroient à la formation des équipages d'artillerie antérieurement à l'an XI.

Si l'on cherche la solution proposée dans la nature même des choses, on verra que le transport de la pièce de 12 étant difficile, son emploi dispendieux & impraticable pour l'artillerie à cheval, son indispensable usage borné à quelques cas seulement ; toutes ces circonstances font autant de motifs d'en restreindre l'emploi. Il vaut donc mieux chercher à donner aux batteries de position un avantage inhérent à leur organisation, que de se mettre dans la nécessité de leur fournir un appui dont l'efficacité n'est jamais infaillible ni aussi immédiate, & dont l'emploi se trouve en opposition avec cette économie de moyens que l'on a établie pour base de tout système raisonnable d'artillerie.

Les pièces de 8 ont en elles-mêmes cet appui dont il vient d'être question ; & partout où on les emploie dans les batteries de position, les pièces de 12 peuvent être réduites à leur véritable destination, qui est de fournir des batteries de réserve. Avec des pièces de 6, au contraire, au lieu de ménager les pièces de 12 pour les réserves, on est obligé de les mettre habituellement & dès le principe en ligne avec les batteries de position ; système sur les inconvéniens duquel il n'est pas besoin d'insister.

Si l'on considère que l'usage des batteries de réserve étant restreint à des cas particuliers, les batteries de position font ce qui fait habituellement fonction d'artillerie, & ce qui constitue essentiellement le service de l'arme à la guerre, il ne paroîtra pas surprenant de voir attacher tant d'importance à leur composition, & tant d'intérêt à leur conserver une supériorité réelle sur celles de l'ennemi. Cette supériorité paroît surtout à réclamer pour les batteries à cheval, dont l'emploi dispendieux doit au moins offrir tous les genres d'avantages que comporte le degré de mobilité qui leur est propre.

Ainsi l'admission du calibre de 12 dans la formation des équipages de campagne laisse subsister dans toute sa force le principe établi de la supériorité du calibre de 8 sur celui de 6 pour l'organisation des batteries de position. En revenant donc à la double hypothèse présentée plus haut de deux équipages, composés avec une somme égale de moyens matériels, l'un exclusivement de pièces de 6, l'autre d'un pareil nombre de bouches à feu, dont moitié seroit du calibre de 8 & moitié de celui de 4 ; il suit de ce qui vient d'être dit que le dernier sera incontestablement préférable ; si le rapport d'égalité entre le nombre des pièces de 8 & celui de pièces de 4, rapport nécessaire pour conserver l'identité hypothétique de moyens prise pour base du parallèle, est aussi celui qui répond le mieux à l'usage que l'on peut faire de ces deux calibres en campagne, c'est-à-dire, qui donne les pièces de 8 & de 4 dans la proportion précise où, d'après les principes posés sur la destination de l'artillerie à la guerre, elles doivent être respectivement employées.

Lorsque l'on attachoit des pièces de 4 aux bataillons de la ligne, ces pièces entroient dans la formation des équipages d'artillerie des armées en plus grande quantité de celles de 8. Depuis la suppression de l'artillerie de bataillon, la proportion a été en sens inverse ; mais il doit être à peu près démontré aux yeux des officiers à qui il appartient d'observer & de raisonner l'emploi de l'artillerie à la guerre, que cette proportion n'est point essentiellement dans la nature des choses, & que par suite de ce luxe de moyens, auquel on s'est aisément laissé entraîner dans une guerre heureuse, presque toujours alimentée aux dépens de l'ennemi, on employoit le calibre de 8 en beaucoup d'occasions où celui de 4 auroit été suffisant.

Il est donc douteux que dans un équipage composé de calibres de 8 & de 4, le premier doive être pris en plus forte proportion que le second. Mais en consentant même à prendre l'habitude contractée à cet égard pour raison, & à admettre dans la formation d'un tel équipage le calibre de 8 en une proportion un peu plus forte que celui de 4, il en résulteroit seulement que, pour rétablir l'équilibre sous le rapport de l'économie de moyens, entre cet équipage & l'analogue du calibre de 6, il suffiroit de retrancher quelques bouches à feu au premier. Cette réduction se trouveroit dans une proportion si foible, relativement au nombre total de bouches à feu de l'un ou de l'autre équipage, que l'inconvénient qui en résulteroit à l'égard du premier ne sauroit entrer en balance avec les avantages qu'il présente sous tous les autres rapports.

Pour un équipage d'environ cent bouches à feu, par exemple, dans lequel on admettroit, suivant les anciennes bases, un cinquième de pièces de 12, & le même nombre d'obusiers, on pourroit, selon que l'on en régleroit le complément d'après l'ancien ou le nouveau système, former à volonté, avec une somme donnée de moyens, les deux équipages suivans.

Ancien système : vingt obusiers, vingt pièces de 12, trente-quatre pièces de 8, vingt-quatre pièces de 4.

Nouveau système : vingt obusiers, vingt pièces de 12, soixante pièces de 6.

Ce qui donne pour l'ancien système un total de quatre-vingt-dix-huit bouches à feu, & pour le nouveau système un total de cent.

Or, si l'on accorde les principes précédemment établis, & par suite les conséquences générales qui en ont été dérivées, il paroît impossible de ne pas convenir de la supériorité très-réelle du premier de ces équipages sur le second ; ou ce qui est la même chose, de celle de cette partie de l'ancien système d'artillerie sur la partie correspondante du système de l'an XI.

Comparaison de l'obusier de 6 pouces avec l'obusier de 24.

Avant d'appliquer à ce nouveau parallèle l'analyfe & les raifonnemens dont le précédent a été l'objet, il eſt indiſpenſable de fixer la nature de la diſcuſſion par deux obſervations importantes.

La première, c'eſt que dans ce qui pourra être dit ci-après ſur les avantages du calibre de 6 pouces relativement à l'obufier de campagne, il ne ſera queſtion que du calibre même & non du ſyſtême entier de la bouche à feu de cette eſpèce que l'on employoit antérieurement à l'an XI. L'obufier de Gribeauval eſt une arme tout-à-fait défectueuſe, ſans portée, ſans ſolidité. Mais l'expérience a prouvé que l'on peut avoir un obuſier alongé de ſix pouces, entièrement aſſimilé à la pièce de 8, ſoit pour le poids total, ſoit pour les conditions du tirage, d'une grande ſolidité, & d'une portée de moitié au moins plus forte que celle de l'ancien. Vingt bouches à feu de cette dernière eſpèce ont été employées avec le plus grand ſuccès pendant deux campagnes à l'armée du midi de l'Eſpagne, où elles ont ſubi avantageuſement ſous les divers rapports indiqués, les plus fortes épreuves auxquelles des bouches à feu de nouvelle conſtruction puiſſent être ſoumiſes.

Dans le parallèle qui va s'établir entre le calibre de 5 pouc. 7 lig. 2 points & celui de 6 pouc. pour l'obuſier de campagne, c'eſt, relativement au dernier calibre. d'un obuſier de l'eſpèce de celle qui vient d'être décrite que l'on entendra parler, ou d'un obuſier du même calibre, conſtruit dans tout autre ſyſtême qui remplirait également les conditions eſſentielles d'offrir un degré de ſolidité, de mobilité & de portée très-rapproché de ce que l'on trouve dans la pièce de 8, avec laquelle il doit être concurremment, & ſi l'on peut s'exprimer ainſi, ſolidairement employé.

La ſeconde choſe à remarquer, c'eſt qu'il eſt ſingulier que l'on ait fondé la détermination d'un changement eſſentiel dans le ſyſtême de l'artillerie de campagne ſur un motif de ſimplification qui ſe rapporte, non à ce ſervice, mais à celui de la guerre des ſiéges, & qu'on l'ait fait, avant même de s'aſſurer ſi le but que l'on établiſſoit ainſi en principe d'une diſpoſition à laquelle il eût dû reſter naturellement ſubordonné, ſeroit atteint. Des expériences poſitives ſemblent prouver en effet que les obus de 24, dont l'emploi que l'on avoit deſſein d'en faire avec les pièces de ce calibre dans la guerre des ſiéges a été un des principaux motifs du changement de calibre de l'obuſier de campagne, ne peuvent, ainſi qu'on l'avoit conjecturé, ſervir à accélérer la formation des brèches, & que cet objet eſt beaucoup mieux rempli par les boulets pleins ordinaires. Quant à l'uſage que l'on peut faire de l'obus pour le tir à ricochet dans les ſiéges, il eſt évident que l'obus de 6 pouces, beaucoup plus peſant que celui de 24, a ſur ce dernier un avantage d'autant plus marqué, que, dans l'eſpèce de tir dont il s'agit, l'effet de l'artillerie eſt à peu près en raiſon directe de la maſſe des projectiles qu'elle emploie.

Ainſi, l'un des principaux objets que l'on avoit en vue en changeant le calibre de l'ancien obuſier de campagne, celui qui ſe rapportoit à la guerre des ſiéges, n'a point été rempli : on va examiner ſi l'innovation a été plus avantageuſe ſous le rapport du ſervice de campagne, auquel elle doit plus naturellement & plus particulièrement le coordonner.

Si l'on cherche le rapport de moyens matériels & perſonnels qu'exige reſpectivement l'emploi des deux obuſiers comparés, on trouve :

1°. Que l'emploi de l'obuſier de 6 pouces exige quatre voitures, ſeize chevaux, & fournit cent ſoixante coups à tirer.

2°. Que celui de l'obuſier de 24 exige trois voitures, douze chevaux, & fournit cent cinquante coups à tirer.

Le poids du chargement des caiſſons étant, à peu de choſe près, égal pour l'un & pour l'autre.

Le rapport de moyens matériels entre l'obuſier de 6 pouces & celui de 24 eſt donc de quatre à trois; c'eſt-à-dire, que le nombre de chevaux & de voitures néceſſaires pour conduire trois obuſiers de 6 pouces en campagne, eſt le même que pour conduire quatre obuſiers de 24; ou qu'en général, à moyens égaux, le nombre d'obuſiers d'un équipage pour lequel on adopteroit le nouveau calibre, ſera d'un quart en ſus plus conſidérable que celui de l'équipage pour lequel on conſerveroit le calibre de 6 pouces.

Quant au rapport de moyens perſonnels entre les deux équipages comparés, on voit que le nombre de ſoldats du train étant reſpectivement égal, celui des canonniers dont ils exigent l'emploi eſt exactement dans la même proportion que celui des bouches à feu qu'ils compoſent.

On va maintenant paſſer au rapport de réſultats; & pour le bien apprécier, déterminer préalablement d'une manière préciſe, quel eſt l'objet de l'emploi de l'obuſier en campagne.

Sous le rapport de l'économie de moyens, de la rapidité dans l'exécution, de la juſteſſe dans le tir, & même en général de l'étendue dans la portée, l'obuſier le cède au canon, ſur lequel, d'un autre côté, il a l'avantage de lancer des projectiles plus lourds & ſuſceptibles d'éclater.

Il ſuit naturellement de cette obſervation que l'uſage de l'obuſier n'eſt préférable à celui du canon que pour les opérations où le poids & les éclats des projectiles contribuent plus puiſſamment à l'effet que l'on ſe propoſe d'obtenir de l'artillerie que ne le ſeroit le génie d'avantages qu'offre l'emploi du canon; & que le contraire a lieu dans tous les autres cas.

L'obuſier eſt excellent pour les attaques de poſtes & retranchemens; parce que les obus, par leur maſſe, agiſſent avec énergie ſur les obſtacles matériels qui leur ſont oppoſés, & que, retenus enſuite par ces mêmes obſtacles, ils éclatent à portée des hommes & des choſes qu'il s'agit de détruire; rempliſſant par ce double effet le but que l'on ſe propoſe dans le genre d'attaque dont il s'agit, mieux que ne pourroient le faire de ſimples boulets. Telle étoit originairement la deſtination principale, peut-être même excluſive, de l'obuſier de la guerre de campagne, & telle eſt encore celle où il préſente le plus d'avantage dans ſon emploi.

En raſe campagne, au contraire, le canon a généralement l'avantage ſur l'obuſier. Cet avantage eſt auſſi prépondérant qu'inconteſtable dans les luttes de batteries à batteries; il ſe fait auſſi remarquer dans l'uſage de l'artillerie contre l'infanterie, & c'eſt avec peu de fondement, peut-être, que l'on ſuppoſe quelquefois le contraire à l'égard de la cavalerie. Mais quoi qu'il en ſoit de ces opinions, qu'il n'eſt pas néceſſaire d'approfondir ici, il ſuffit à l'objet de cette diſcuſſion d'avoir indiqué d'une manière générale les différences caractériſtiques du canon & de l'obuſier dans le genre d'avantages qu'ils préſentent, & la diverſité qui en réſulte dans la deſtination reſpective de ces bouches à feu.

La diminution du calibre de l'obuſier a atténué les avantages & augmenté les inconvéniens propres à cette eſpèce de bouches à feu, au point de rendre les premiers inſuffiſans à beaucoup d'égards dans l'emploi que l'on en fait en campagne, & les ſeconds ſenſiblement nuiſibles à l'effet que l'on peut avoir en vue dans cet emploi.

L'expérience a prouvé:

1°. Que l'obus de 24 a très-peu d'action ſur les obſtacles contre leſquels on l'emploie dans la guerre des poſtes; qu'il ne remue point ſuffiſamment les maſſes de terre; que de très-minces murailles ſuffiſent pour l'arrêter & le plus ſouvent pour le briſer; enfin, que ſes éclats peu multipliés, d'une foible maſſe, animés d'une foible viteſſe, ſont peu dangereux.

2°. Que le même obuſier a peu de juſteſſe dans le tir, & que la déviation de ſon projectile eſt telle qu'elle devient ſenſible à l'œil lorſque le tir a lieu ſous un angle un peu élevé.

3°. Que l'obus ne peut point renfermer de matières incendiaires.

En obſervant que le poids de l'obus de 24 eſt à celui de l'obus de 6 pouces comme treize eſt à vingt-trois, on concevra aiſément combien le premier doit avoir de déſavantage à l'égard du ſecond, ſous tous les rapports conſidérés en premier lieu dans les cas où la maſſe du projectile eſt le principe eſſentiel de l'effet qu'il produit.

On rendra également compte de la grande différence de déviation qu'offrent les trajectoires des deux obus comparés par l'examen du rapport qui réſulte de la conſtruction de chacun d'eux, entre la maſſe & ſon volume extérieur; rapport auquel le degré de déviation d'un projectile dans ſa courſe eſt, en ſuppoſant toutes choſes égales d'ailleurs, eſſentiellement ſubordonné. Dans le cas dont il s'agit, ces rapports ſont tels que les maſſes des deux obus étant entr'elles comme treize eſt à vingt-trois, leurs volumes ſont comme quatre-vingt-ſept eſt à cent treize; d'où il ſuit que la proportion entre le volume & la maſſe eſt beaucoup plus défavorable à l'obus de 24 qu'à celui de 6 pouces.

L'inſuffiſance de l'obuſier de 24 eſt ſi bien conſtatée, que l'on a conſervé le calibre de 6 pouces pour les obuſiers des batteries de réſerve de 12, par la raiſon qu'à la diſtance & dans les circonſtances où agiſſent ordinairement ces batteries, l'obus de 24 eſt de trop peu d'effet. Il y a donc eu dans les dernières campagnes deux calibres d'obuſier au lieu d'un; & l'on a été conduit relativement à cette bouche à feu, à un réſultat inverſe de celui auquel ſembloit tendre le changement de ſyſtème. L'infériorité de l'obuſier de 24 à l'égard de la pièce de 8, quoique beaucoup moins ſenſible que dans le rapport de l'obuſier de 12 à la pièce de 12, eſt toutefois très-réelle. Si donc, d'après les motifs allégués pour établir la ſupériorité de la pièce de 8 ſur celle de 6, on jugeoit convenable de revenir aux canons de campagne de l'ancien ſyſtème, ce ſeroit une raiſon de plus pour reprendre également l'ancien calibre d'obuſier.

Ces motifs que l'on ſe borne à indiquer, & auxquels les obſervations déjà faites dans la comparaiſon des canons de 8 & de 6 diſpenſent de donner un plus long développement, paroiſſent établir d'une manière évidente la ſupériorité du calibre de 6 pouces ſur celui de 5 pouces 7 lignes 2 points pour l'obuſier de campagne; ſupériorité conſtatée, non-ſeulement ſous le rapport de la valeur abſolue, qui ne peut être miſe ſérieuſement en queſtion, mais encore ſous celui de la valeur relative de ces deux bouches à feu, reſpectivement employées dans la proportion que ſuppoſe la condition d'égalité de moyens matériels priſe pour baſe du parallèle.

Concluſion du parallèle des bouches à feu de campagne.

Après avoir ainſi comparé reſpectivement, chacune dans leur eſpèce, les bouches à feu des deux ſyſtèmes, il ne reſte, pour compléter le parallèle, qu'à préſenter deux conſidérations générales qui vont être expoſées.

Premièrement le nouveau ſyſtème permet, à raiſon de l'affoibliſſement des calibres, de multiplier les bouches à feu ſans augmenter la dépenſe de moyens; tandis que le retour à l'ancien ſyſtème, dans le ſens ſelon lequel on le propoſe, tendroit, à l'aide d'une augmentation dans les calibres, à concentrer dans un moindre nombre de bouches à feu, les moyens d'action au moins égaux, & dans pluſieurs cas ſupérieurs à ceux que l'on a à attendre de la multiplication des petits calibres.

La conformité de ce dernier réſultat aux vrais principes ne peut paroître douteuſe aux yeux de quiconque aura été à même d'obferver qu'à la guerre, l'intenfité des effets de l'artillerie eft en raifon de la valeur, & non de la multiplicité des bouches à feu que l'on emploie, & qu'au-delà de certaines limites, cette multiplicité devient plus nuifible qu'utile, parce qu'il n'arrive prefque jamais qu'elle puiffe être employée en totalité dans les batailles, tandis qu'elle agit continuellement fur les opérations d'une campagne de tout le poids & de toutes les difficultés qu'entraîne le tranfport d'un matériel confidérable à la fuite des armées.

L'expérience de la dernière campagne de l'armée françaife en Allemagne n'a que trop démontré cette vérité. On peut pofer pour règle que la proportion de deux bouches à feu par mille hommes donne le maximum d'artillerie que l'on doive conduire à la fuite de l'armée dans les circonftances habituelles de la guerre ; que les cas où il eft avantageux d'en mettre trois font des exceptions, & que tout ce que l'on feroit tenté d'admettre au-delà de ce dernier nombre jette dans cette exagération de moyens dont on a parlé, & dont les réfultats font plus nuifibles qu'utiles aux armées.

Secondement. Ce principe pofé, il s'enfuit qu'en foumettant toujours le parallèle qui fait l'objet de cette difcuffion, à la condition d'une ftricte égalité dans l'emploi des moyens, on a traité la queftion fous l'afpect le plus favorable au nouveau fyftème & le plus défavorable à l'ancien : car le feul avantage réel du calibre intermédiaire étant de multiplier, pour une fomme donnée de moyens, le nombre de bouches à feu dont fe compofe un équipage d'artillerie, s'il eft démontré, comme il l'eft en effet par l'expérience, que cette multiplication devient plus nuifible qu'utile au-delà de certaines limites que l'on avoit toujours la faculté d'atteindre dans l'ancien fyftème, il l'eft également que l'on eût été fondé à faire abftraction de cette économie de moyens, feul rapport où les deux fyftèmes puiffent être mis dans une efpèce d'équilibre, & au défaut duquel le nouveau ne peut fe foutenir un inftant contre l'ancien.

Il faut en conclure que ce qui a été prouvé en faveur de l'ancien fyftème pour le cas le plus défavorable, l'eft à plus forte raifon pour l'état où les confidérations qui viennent d'être expofées établiffent véritablement la queftion. Laiffons donc aux étrangers leur fyftème, & gardons le nôtre, qui, pendant vingt ans, en a prefque conftamment triomphé.

De la fuppreffion du calibre de 16 & de l'obufier de 6 pouces dans la guerre des fiéges.

La difcuffion de cette queftion, fur laquelle les opinions font beaucoup moins partagées qu'à l'égard de la précédente, fe borne à rappeler quelques obfervations où fe fondent les officiers qui ont eu l'occafion d'acquérir l'expérience de la guerre des fiéges, pour regarder la fuppreffion des deux efpèces de bouches à feu dont il s'agit, comme une détérioration manifefte de la partie de notre fyftème d'artillerie qui fe rapporte à cette guerre.

Dans l'attaque des places, les bouches à feu que l'on confidère agiffent de plein fouet ou à ricochet.

Dans le premier cas elles s'emploient à percer & ruiner des parapets, pour détruire le matériel qui eft derrière ; ou à mettre en brèche les efcarpes, foit de maçonnerie, foit de terre, des ouvrages par où l'on cherche à pénétrer dans une place. Dans le fecond elles ont pour objet de renverfer les traverfes des remparts, afin d'atteindre les moyens de défenfe qui agiffent fous leur abri ; de produire le même effet dans les chemins couverts, & de plus, de détruire le paliffadement des parties attaquées. Les obufiers font fpécialement affectés à cette dernière deftination.

On a propofé d'employer les mêmes bouches à feu, dans la défenfe auffi que dans l'attaque, à ricochet comme de plein fouet. Mais les circonftances où l'on peut faire ufage du ricochet dans la défenfe étant peu fréquentes, le tir de plein fouet doit être confidéré comme conftituant proprement les fonctions de l'artillerie dans cette partie de la guerre des fiéges. Affectées à ce dernier ufage, les bouches à feu que l'on confidère ont à agir contre les maffes de terre qui, à raifon de leurs dimenfions & des circonftances de leur conftruction, offrent une réfiftance bien inférieure à celle de la plupart des ouvrages de la fortification permanente.

On fe borne à parler des effets des bouches à feu dont il eft queftion par rapport aux obftacles matériels qui leur font oppofés, parce que, dans la guerre des fiéges, ce point de vue eft celui fous lequel l'action de l'artillerie doit être effentiellement envifagée.

On peut donc ranger en fix claffes principales & diftinctes les divers objets que les canons & obufiers ont à remplir dans la guerre des fiéges ; favoir :

1°. Mettre en brèche les revêtemens, foit en maçonnerie, foit en terre, des maffes de la fortification permanente.

2°. Battre de feux directs les parapets des mêmes maffes, dans la vue de démonter l'artillerie qui eft derrière, ou par des coups d'embrafure, ou après avoir diminué le profil des terres qui les couvrent de manière à le rendre infuffifant.

3°. Ricocher les lignes de fortification, foit fur les remparts, foit dans les chemins couverts, pour détruire l'artillerie & les troupes qui s'y trouvent, & ruiner en même temps les traverfes qui s'oppofent à ce réfultat.

4°. Battre de feux directs & de plein fouet les travaux dont fe compofe l'attaque d'une place, dans la première période de leur conftruction, lorfqu'étant encore imparfaits, ils laiffent à l'artillerie affiégée la poffibilité de les détruire ou du

moins

moins d'en retarder l'achèvement, en chaffant les travailleurs que l'attaquant y emploie & qui n'y trouvent point encore un abri fuffifant.

5°. Lorfque les mêmes travaux font achevés, battre, toujours par des feux directs & de plein fouet, les batteries de l'affiégeant auxquels ils fervent d'appui, afin d'en détruire l'artillerie, ou du moins d'oppofer toutes les difficultés poffibles à fon action.

6°. Enfin, enfiler par des ricochets toutes les parties des travaux de l'affiégeant qui fe trouve en prife à ce genre d'action de l'artillerie.

Dans toutes ces deftinations que les canons & obufiers peuvent avoir à remplir à la guerre des fiéges, & qui fe coordonnent à l'une ou à l'autre des deux manières dont l'artillerie eft fufceptible de s'employer, c'eft-à-dire, au tir de plein fouet ou au tir à ricochet, les bouches à feu agiffent felon des conditions diverfes pour chaque cas. Le raifonnement indique, ici comme dans la guerre de campagne, que pour obtenir des effets différens & vaincre des réfiftances de degrés inégaux, il faut admettre en principe une différence d'action & de moyens : l'expérience & l'ufage déterminent cette différence.

C'eft l'expérience qui a conduit aux réfultats fuivans, que prefque tous les officiers expérimentés regardent comme inconteftables.

1°. Que le calibre de 24 eft celui qui allie le mieux au degré de mobilité requis pour la facilité & la célérité des opérations offenfives de la guerre des fiéges, la force d'action que doit avoir une bouche à feu pour mettre en brèche des revêtemens de fortification permanente, & ruiner les parapets de cette fortification par le tir de plein fouet.

2°. Que le calibre de 16, mélangé avec le précédent, peut très-utilement remplir cette dernière deftination, c'eft-à-dire, que lorfque les boulets de 24 ont commencé à rompre la ténacité des terres dont fe compofent les parapets, trois boulets de 16 produifent plus d'effet que deux de 24; avantage qui va toujours en croiffant pour le calibre de 16, à mefure que l'action des batteries force l'affiégé de fubftituer à des maffes condenfées par le temps, & dont la réfiftance exigeoit l'emploi du calibre de brèche, des moyens d'abri créés à la hâte & d'une bien moindre réfiftance.

Que le calibre de 16 eft en général le plus propre au tir à ricochet, parce qu'il a la force fuffifante pour écrêter les traverfes dont le profil eft néceffairement moins fort que celui des parapets, & mettre hors de fervice les bouches à feu (bronze & affûts) qu'il atteint.

Qu'enfin ce même calibre de 16 eft fuffifant, mais néceffaire, pour produire de l'effet fur les travaux d'une attaque lorfqu'ils font achevés, ainfi que pour inquiéter férieufement les batteries de l'affiégeant, & éteindre ou interrompre leur feu lorfqu'elles font démafquées. C'eft cette pro-

ARTILLERIE.

priété conftatée dans la plus belle & la plus brillante époque de la guerre des fiéges, par mille réfultats reconnus par l'opinion unanime des hommes de l'art, qui avoit accrédité le calibre de 16 pour la défenfe des places, & l'avoit, pendant plus d'un fiècle, conftitué bafe du fyftème d'artillerie applicable à ce genre de guerre, lorfque des conjectures, auxquelles on a même dédaigné de donner l'appui de quelques expériences de polygone, l'ont fait effacer de nos tables de conftructions.

Il eft entendu que ce qui vient d'être dit touchant la valeur du calibre de 16 & fes combinaifons avec celui de 24, eft effentiellement fubordonné au rapport entre les moyens & les réfultats respectivement propres à l'emploi de ces deux calibres. Ce n'eft que dans ce fens qu'un parallèle de la nature de celui dont il s'agit, peut avoir lieu entre un calibre plus fort & un calibre plus foible.

3°. L'expérience a encore prouvé que le calibre de 12 ne peut être employé avantageufement que de l'une ou de l'autre des trois manières fuivantes :

Dans les batteries deftinées à ricocher les chemins couverts, en le mêlant avec le calibre de 16 ou avec les trois obufiers.

Dans les entreprifes de vive force fur les redoutes & ouvrages qui couvrent un front d'attaque, lorfque le peu d'importance de ces ouvrages n'exigeant point l'appareil de travaux réguliers, on veut les emporter d'emblée, & qu'il s'agit en conféquence d'établir à l'improvifte quelques batteries pour en ruiner préalablement les défenfes.

Dans la défenfe des places contre les têtes de fapes & cheminemens, & en général contre toutes les parties des travaux des attaques qui ne font point terminés, & dans l'exécution defquels l'affiégé peut prendre l'affiégeant fur le fait.

Hors de ces cas, le calibre de 12 eft infuffifant, & ne peut fuppléer celui de 16.

4°. Enfin l'expérience, en prouvant, relativement à l'obufier, la néceffité du calibre de 8 pouc. pour la guerre des fiéges, a cependant toujours fait regretter que la bouche à feu de ce calibre dont nous faifons ufage, eût trop peu de portée. On fentira aifément que ce défaut peut fe corriger avec la plus grande facilité, fi l'on obferve qu'il fuffit, pour augmenter convenablement la portée de l'obufier de 8 pouces, d'agrandir fa chambre, en augmentant proportionnément l'épaiffeur du métal. Or, on ne peut faire aucune objection raifonnable contre l'addition de poids qui réfultera de ces difpofitions pour le nouvel obufier, puifque le fyftème entier de cette bouche à feu demeurera toujours beaucoup au-deffous du poids de la pièce de 16, qui lui eft fort inférieure pour tous les effets de ricochet qui jouent un fi grand rôle dans la guerre des fiéges.

Le poids de l'obus de 8 pouces chargé, qui eft de 23 kil. 0067 à 23 kil. 4962 (47 à 48 liv.), avec la viteffe dont il peut être animé, ébranle & remue fortement les maffes de terre qu'il rencontre, brife les paliffades, gabionnades & même les blindages de moyennes dimenfions; met hors de fervice le matériel d'artillerie. Sa charge de poudre, qui peut être portée à plus de 1 kilog. 9580 (4 liv.), fait l'effet d'une fougaffe qui déblaie de grands volumes de terre. Ses éclats, lancés au loin, ont un poids fuffifant pour agir, non-feulement fur les troupes, mais même fur le matériel qui s'y trouve expofé. Tous ces effets que, dans le degré d'intenfité néceffaire pour les rendre éminemment avantageux, l'expérience a prouvé appartenir au calibre de 8 pouces, à l'exclufion des calibres inférieurs, font les motifs qui ont fixé le calibre de l'obufier de fiége à cette dimenfion. L'obus de 6 pouces, dont la charge n'eft que le tiers, & le poids la moitié de celui de l'obus de fiége, ne peut remplir la plupart des mêmes objets qu'imparfaitement, & dans certains cas feulement. L'obufier de 5 pouc. 7 lig. 2 points eft abfolument infuffifant fous tous les rapports. Si donc il s'agiffoit de coordonner enfemble les calibres des équipages de campagne & de fiége, il feroit plus conféquent de conferver au premier un calibre d'obufier qui permet d'en faire un ufage, finon très-avantageux, du moins utile dans le fecond, que de defcendre, ainfi qu'on l'a fait en l'an 11, à un calibre qui rend l'obufier de campagne inadmiffible dans les équipages de fiége.

L'ancien fyftème d'artillerie pour la guerre des fiéges admettoit les calibres de 8 & de 4. La même expérience qui a fait abandonner ces calibres, avoit jufqu'à l'an 11 paru confirmer l'utilité de la pièce de 16 & de l'obufier de 8 pouces, malgré les imperfections de cette dernière bouche à feu, pour les ufages auxquels l'un & l'autre font fpécialement deftinés. Ce n'eft donc point par l'effet d'un aveugle préjugé en faveur d'une pratique ancienne que ces bouches à feu font arrivées jufqu'à nous; cette tranfmiffion eft le réfultat d'une expérience raifonnée & faite avec difcernement. On peut ajouter que, dans les fiéges qui ont eu lieu poftérieurement à l'an 11, les officiers d'artillerie ont en général employé les deux calibres en queftion, toutes les fois qu'ils ont eu la faculté de le faire, avec autant d'empreffement que de fuccès.

On penfe donc qu'il eft indifpenfable de conferver la pièce de 16 & l'obufier de 8 pouces, en perfectionnant ce dernier, dans le fyftème d'artillerie deftiné à la guerre des fiéges.

Conclufion finale.

Dans le nombre des principes pofés pour bafes de la difcuffion à laquelle on vient de fe livrer, les uns, tirés de la nature même des chofes, font inconteftables; les autres, donnés comme les réfultats d'une expérience, quoique dérivant des mêmes faits, n'eft pas toujours la même pour tous, peuvent donner lieu à des objections. Relativement à ces derniers, il faut compter & furtout pefer les voix. L'objet de la differtation qu'on vient de lire eft de provoquer ce recenfement d'opinions.

La conféquence de toutes les obfervations qui ont été faites conduit naturellement au retour de l'ancien fyftème, fons la condition d'admettre, relativement à certaines bouches à feu de ce fyftème, les améliorations que l'on a propofées & que l'on pourroit propofer, dans la vue d'en rendre l'ufage plus avantageux qu'il n'étoit autrefois. Mais la queftion ayant été traitée dans un efprit défavorable au nouveau fyftème, il conviendroit qu'elle fût également envifagée fous l'afpect oppofé, afin que la décifion qui interviendra puiffe s'appuyer fur une connoiffance entière de tous les élémens de la folution cherchée.

On terminera par cette obfervation importante, que la première objection qui fe préfente naturellement contre tout changement de fyftème, celle de la dépenfe qu'entraîne le changement, n'exifte point ici; ou que fi elle a quelque valeur, ce feroit plutôt contre le maintien du nouveau fyftème que contre le retour à l'ancien. En effet, la quantité actuellement exiftante de bouches à feu & de projectiles de campagne de l'ancien fyftème eft plus confidérable que celle des mêmes objets appartenant au fyftème de l'an 11, & la balance penche tout-à-fait en faveur du premier, fi, comme de raifon, l'on fait entrer les intérêts de l'équipage de fiége dans ce parallèle, qui, pour être exact, doit embraffer la totalité du fervice d'artillerie.

NOTICE fur les procédés au moyen defquels on peut donner à du cuivre impur le degré de pureté néceffaire pour l'employer à la fonte des bouches à feu. Des pièces de canon de fiége fondues à Séville en 1786 ayant réfifté fans altération au tir de cinq mille trois cents coups; tandis que les épreuves de Douay de la même année donnent des inquiétudes fondées fur la durée des pièces françaifes du même calibre, toutes chofes égales d'ailleurs, on a recherché les caufes d'une fi grande différence dans les réfultats, & on les a généralement attribuées à ce que les Efpagnols coulent leurs pièces avec des métaux neufs, bien épurés, ou en réduifent à cet état, par le départ, les vieux bronzes qu'ils font dans le cas de refondre.

Les pièces dont il s'agit étoient de 24, femblables en tout aux pièces françaifes du même calibre. Elles avoient été coulées pleines; leur alliage étoit de 5 kil. 3846 (11 livres) d'étain fur 48 kil. 9506 (100 livres) de cuivre. On leur a fait tirer, par jour, de cent à cent vingt coups à la charge de 3 kil. 9160 (8 livres) de poudre, & à boulets roulans.

Ces mêmes pièces ayant été fondues par M. Pe-de-Arios, colonel d'artillerie, directeur de la fonderie de Touloufe, je crois devoir faire connoître les procédés qu'il indique pour affiner le cuivre.

Ces procédés ont pour but de séparer le cuivre de toutes les matières étrangères qu'il tient de la fonte du minerai, c'est-à-dire, de volatiliser les substances volatiles avec lesquelles il peut être mêlé, ou combiné, telles que le soufre, l'arsenic, l'antimoine, &c., & d'oxider & réduire en scories les autres matières, telles que le plomb, le fer, &c., en lui faisant éprouver la moindre réduction possible. A l'égard des petites quantités d'or & d'argent qu'on rencontre dans quelques cuivres, elles ne peuvent nuire en rien à ses qualités essentielles : toutefois on peut l'en dépouiller entièrement.

L'affinage peut se faire à la coupelle ; mais il est beaucoup plus avantageux de le faire dans des fourneaux à réverbère : 1°. parce qu'il y a moins de déchet ; 2°. parce qu'on fait une économie considérable de temps, de main-d'œuvre & de combustible. Ces derniers fourneaux sont très-communs ; ils ne diffèrent de ceux où l'on fond les pièces d'artillerie, qu'en ce qu'ils sont plus petits, & qu'on y adapte un grand soufflet qui établit un courant d'air continuel sur le cuivre fondu pendant un certain période de l'affinage ; qu'enfin leur sole, au lieu d'être stable & de briques, ou de pierres réfractaires, ainsi que le restant de l'intérieur, est faite en brasques & peut être renouvelée en une demi-journée, quand elle est hors de service.

La capacité de ces fourneaux doit être relative à l'emploi qu'on veut faire du cuivre soumis à l'affinage. S'il doit être mis en rosette, pour le réduire ensuite en petits morceaux & l'employer en quantités assujetties à des poids déterminés, la capacité du fourneau ne doit pas passer 2447 kil. 53 (5000 livres); au-delà, la manœuvre devient très-pénible, & les ouvriers, outre la fatigue excessive qu'ils éprouvent par la chaleur, seroient trop long-temps exposés au danger de quelque explosion.

Un fourneau dont le diamètre intérieur est de 1 mèt. 9490 à 2 mèt. 2738 (6 à 7 pieds), a les proportions convenables pour affiner de 1713 kil. 27 à 1958 kil. 02 (3500 à 4000 livres) de cuivre à la fois : ceux dont on se sert à la fonderie de Séville ont ces dimensions, sont circulaires & recouverts d'une voûte sphérique du même diamètre. La voûte peut aussi être ovale, elliptique, ou de toute autre figure semblable, attendu que dans tous ces cas on obtient le même résultat.

La brasque avec laquelle on fait la sole du fourneau est un mélange de terre argileuse & réfractaire, de sable aussi réfractaire, & de charbon en poudre dont les quantités varient suivant les qualités des deux premières substances. Si la terre argileuse, par exemple, est un peu sablonneuse, on doit mettre moins de sable, & vice versâ. La brasque qu'on emploie à Séville est de deux parties de terre argileuse, une de sable & une de charbon en poudre : on mêle ces matières à sec, & on les humecte ensuite de manière à ce qu'elles forment un seul corps en les comprimant avec la main, comme le sable à mouler. Elles doivent être exemptes de toute matière fondante ou végétale non carbonisée, parce que la première seroit fondue la brasque, la seconde feroit fendre & exhausser la sole ; & l'un ou l'autre de ces deux accidens, & principalement le second, pourroit alonger l'opération, ou la faire manquer entièrement.

Le plan ou plate-forme intérieure de maçonnerie du fourneau est recouvert d'une couche de terre argileuse bien damée, de six pouces d'épaisseur environ, qui forme une première sole & qui doit avoir la même inclinaison vers la percée que celle qu'on doit donner à la brasque placée sur elle : on pourroit aussi faire cette première sole avec du sable à mouler.

Quand la brasque est faite avec toutes les précautions prescrites, on l'introduit dans le fourneau : deux ouvriers l'étendent sur la première sole, la foulent avec leurs pieds & la dament bien d'abord avec des pilons en bois à tête arrondie, & ensuite avec des dames en fer plates, pour former ainsi la sole qui doit recevoir immédiatement le cuivre ; elle doit avoir la forme d'un fond de chaudron, avec une inclinaison suffisante vers la percée pour que tout le métal fondu puisse en sortir sans qu'il en reste dans le fourneau. Avant d'y introduire cette brasque, on place dans le canal de la percée un morceau de bois arrondi, de 0 mèt. 04 (1 pouce 6 lig.) de diamètre, avec l'inclinaison nécessaire & dans la direction du point le plus bas de la sole, de manière qu'il forme un vide qui laisse seulement 0 mèt. 0541 (2 pouces) d'épaisseur de brasque en cette partie, qui est le point par où on doit percer le fourneau pour donner sortie au métal fondu. Pour que les ouvriers puissent donner à la sole la capacité & la figure convenables, on leur donne deux patrons en bois sur lesquels ils se règlent : l'un est le profil passant par le centre de la chauffe & de la percée ; l'autre est le profil perpendiculaire au premier, & passant par son centre.

L'épaisseur de la brasque qui forme la sole doit être d'environ 0 mèt. 1354 (5 pouces) ; on doit mettre le plus ra sole à ce qu'elle soit bien comprimée, bien damée, & qu'elle forme un seul corps bien régulier, parce que, dans le cas contraire, la sole se souleveroit après la fusion du cuivre, & l'opération seroit manquée. Pour éviter cet accident, on forme la sole en trois reprises : à la première, on met une couche de brasque d'égale épaisseur sur la première sole, que l'on dame bien ; à la seconde, une autre couche de la première, en formant en même temps le parapet du devant de l'autel jusqu'à sa hauteur ; à la troisième, enfin, on forme un cordon tout autour de la sole, jusqu'à ce que sa hauteur soit au niveau de la porte.

Quand la sole en brasque est faite avec toutes les attentions sus-mentionnées, on charge le fourneau d'une quantité de cuivre proportionnée à sa capacité. Dans cette opération on n'a d'autres précautions à prendre que de placer les premiers lingots sur des morceaux de briques, pour qu'étant un peu élevés, la flamme puisse toucher partout la sole, la sécher & la faire rougir avant que le cuivre commence à se fondre; car si, en tombant en liquéfaction sur la sole, elle ne se trouvoit pas assez échauffée, le métal se coaguleroit & s'agglomèreroit en une seule masse qui seroit difficile à liquéfier, & qui ralentiroit par conséquent l'opération. Il faut aussi que les lingots soient bien placés les uns sur les autres, afin que lorsque ceux inférieurs commencent à se ramollir, ceux placés au dessus ne se précipitent pas sur la sole & ne l'endommagent pas par leur chute. Enfin, on place toute la charge de manière à ce que la flamme puisse circuler autour & communiquer facilement de la bouche du fourneau aux soupiraux, parce qu'autrement le feu n'auroit pas l'activité nécessaire pour fondre le métal.

La charge doit être telle, que quand le cuivre est liquéfié & qu'on en a ôté les scories, le bain se trouve à environ 0,0271 (1 pouc.) au-dessous du bord inférieur de la tuyère : c'est une attention qu'il ne faut pas négliger pour que l'opération ait un cours régulier; car si le cuivre touchoit à la tuyère, il s'y attacheroit, l'obstrueroit & détourneroit la direction du vent. Si le bain se trouvoit trop bas, il se soustrairoit d'autant plus à l'action du vent qu'il seroit moins élevé, au point de rendre son influence nulle & de ne pouvoir faire l'affinage; car, sans un courant d'air qui agite le cuivre avec une force convenable, l'opération est sans succès, ou du moins l'affinage ne peut se faire au degré qu'on exige dans les fonderies de l'artillerie. Une autre attention non moins importante, c'est de charger la sole immédiatement après qu'elle est faite, & de donner le feu au fourneau avant que la basque ait eu le temps de sécher; autrement elle se fendroit & deviendroit inutile, ce qu'on prévient de la manière suivante.

Quand la sole est faite à neuf, on doit chauffer lentement le fourneau dans le commencement, pour qu'elle ait le temps de sécher & de s'échauffer au même degré que le cuivre. S'il arrivoit, après avoir négligé cette précaution, que le métal commençât à se liquéfier avant que la sole eût acquis le degré de chaleur nécessaire pour le maintenir fondu, on y remédieroit en diminuant le feu ou en l'arrêtant même pendant quelque temps, pour le faire reprendre ensuite. On parvient par-là à rétablir convenablement la chaleur entre le métal & la basque. Au surplus, l'uniformité entre la couleur de la charge & celle de la sole est une preuve constante de sa bonne direction à cette première époque de l'affinage, comme leur différence est un indice sûr qu'elle n'est pas bien dirigée.

Lorsque la sole est assez échauffée pour maintenir le métal fondu, on active le feu; ce seroit une erreur de croire qu'en accumulant le combustible dans le foyer, on augmente le feu dans les fourneaux : on n'obtient par-là que beaucoup de fumée. La manière d'accélérer le chauffage d'un fourneau à réverbère est de ne pas mettre dans le foyer plus de combustible qu'il ne peut en consommer : la flamme est à cet égard un indice certain de l'état du fourneau : quand elle remplit sa capacité avec peu de fumée, c'est une preuve qu'on ne lui donne que la quantité de combustible nécessaire; mais quand, au contraire, elle élève beaucoup de fumée, il y a excès de combustible.

Après ces précautions, on continue le feu avec activité jusqu'à ce que le cuivre soit en parfaite fusion & les scories bien liquéfiées, pour qu'elles abandonnent tout le métal qu'elles contiennent. Si elles sont réfractaires, c'est-à-dire, si elles restent toujours entières après leur avoir fait éprouver pendant quelque temps l'action du feu, on en accélère la liquéfaction au moyen d'un fondant. Le meilleur à employer dans ce-cas est une espèce de sable composé de grains siliceux, calcaires & alumineux, que l'on rencontre dans beaucoup de rivières & de torrens. On n'en doit employer qu'une quantité proportionnée à celle des scories, & on ne peut s'en tromper en commençant d'abord par en jeter quelques pelletées, & en augmentant ensuite les doses, selon que les scories sont plus ou moins réfractaires. Quand elles sont bien liquéfiées, on les retire avec un râteau qui doit être de bois & non de fer, parce qu'il est à craindre qu'un peu de ce métal se dissolve dans le cuivre. Cependant, si les scories parviennent à l'état de liquidité qui convient, on ne pourra plus les ôter avec le râteau; mais en y jetant quelques pelletées de brasque humectée, ou de sable, elles s'épaissiront & elles pourront être enlevées facilement. On répétera cette opération toutes les fois qu'il sera nécessaire, & jusqu'à ce que le bain soit entièrement purgé de scories.

Lorsque le cuivre ne produit plus de ces premières scories, qui sont très-distinctes de celles qui se forment dans la suite de l'opération, & qu'il est bien liquéfié, on fait agir le soufflet, dont la tuyère, un peu inclinée sur le bain, y conduit un courant d'air continu jusqu'à la fin de l'affinage. L'objet de ce procédé est de maintenir le bain en agitation & découvert du peu de scories qui surnagent toujours à sa surface; de faciliter la volatilisation des substances volatiles qu'il peut contenir, d'y introduire enfin une portion d'oxigène qui accélère l'oxidation & la scorification des matières étrangères.

Quand le vent du soufflet ne peut maintenir le bain découvert & agité, c'est un indice que le cuivre n'est pas assez chaud, ou qu'il n'est pas assez purgé de scories. Il est important de remédier à cet inconvénient en chauffant davantage le métal, ou en ôtant de nouvelles scories; sans cela, l'affinage n'avanceroit pas. Dès le moment qu'on fait agir le soufflet, le feu doit être maintenu dans un état moyen d'activité, sans l'accélérer ni le retarder.

Lorsqu'on aura exécuté avec précision les opérations qu'on vient d'indiquer, le soufflet produira tout son effet, & la purification du cuivre se fera avec succès. On verra paroître de nouvelles scories très-liquides, & on en nettoiera le bain toutes les fois qu'il sera prêt d'en être couvert, de la manière dont on l'a expliqué plus haut. En continuant ainsi, on arrivera à une époque à laquelle le cuivre aura acquis le degré de pureté nécessaire.

Quand l'opération a été bien dirigée, & quelque temps après que le soufflet a commencé à agir, la volatilisation des matières est si abondante, que le cuivre se met dans un état d'ébullition très-sensible à la vue & à l'ouie. On voit les gouttes de cuivre fondu sauter jusqu'à la voûte du fourneau, & quand la porte en est ouverte, jaillir dehors en forme de pluie fine; si on les reçoit sur une pelle de fer froide, elles s'y coagulent en globules de la grosseur d'un pois; c'est un signe que l'affinage avance, & quand le bouillonnement cesse, il approche de sa fin.

Parmi les différentes manières de connoître l'état de l'affinage du cuivre pendant le cours de l'opération, la plus sûre, la plus facile & la plus expéditive consiste à prendre des échantillons dans le bain, comme cela est indiqué au mot CUIVRE. On se sert ici d'une barre de fer ronde, de 0 mèt. 0135 (6 lig.) de diamètre & de trois pieds de long, un peu plus grosse à ses extrémités; on l'introduit par la tuyère du soufflet sans arrêter l'opération.

On peut se dispenser de prendre des échantillons avant qu'on ait fait agir le soufflet pendant quelque temps, & que son action ait maintenu le bain en mouvement, attendu que le véritable affinage ne commence qu'à cette époque.

Les échantillons que l'on prend après avoir appliqué le soufflet, ont beaucoup d'épaisseur; la surface extérieure en est lisse & unie, & d'un rouge foncé; la surface intérieure est inégale & d'une couleur sale, avec des taches de plomb.

A mesure que l'opération avance, les échantillons deviennent plus minces; la surface extérieure en est plus rude & sa couleur rouge devient plus claire; celle de l'intérieur se nettoie & a une couleur variée, avec des taches de laiton jaunes & argentées.

Dans les échantillons suivans, la couleur devient plus rouge & plus claire; la surface extérieure perd de son aspérité, mais il s'y forme un grand nombre de petits trous; les taches jaunes & argentées existent toujours sur la surface intérieure.

En continuant à prendre des échantillons de demi-heure en demi-heure, on verra que le nombre des trous diminue, que la couleur de la surface extérieure devient brillante, & que les taches jaunes & argentées de la surface intérieure diminuent.

Quand l'échantillon est d'un rouge clair ou obscur, mais brillant à l'extérieur, que la surface en est unie, lisse & mamelonnée, conservant toujours quelques taches jaunes & argentées sur la surface intérieure, le cuivre est affiné au point convenable pour être converti en feuilles & autres ouvrages.

On ne doit pas prendre les échantillons immédiatement après avoir ôté les scories, parce qu'alors ils n'indiqueroient pas exactement le degré de pureté du cuivre, cette opération troublant le bain & suspendant l'affinage, qui ne reprend son cours ordinaire qu'environ un quart d'heure après.

Si on continue à en prendre, on observera que la couleur de la surface extérieure s'obscurcit de plus en plus, & perd de son brillant; que celle de la surface extérieure prend de l'intensité, devient uniforme, & que les taches jaunes & argentées diminuent.

Enfin, il arrive une époque à laquelle les échantillons sont comme ridés & d'une couleur rouge très-foncée à l'extérieur, tandis que la surface intérieure est d'un rouge intense & uniforme, sans aucune des taches que l'on a vues précédemment, ou du moins, s'il y en a, elles sont d'un rouge sanguin très-vif; sa cassure est compacte & d'un rouge obscur.

Alors le cuivre est arrivé à un tel point de pureté, qu'on tenteroit vainement de l'affiner davantage, parce que les restes des matières étrangères qu'il conserve sont en si petites quantités, qu'elles ne peuvent nuire en rien à ses bonnes qualités, quel que soit l'usage auquel on le destine. Il est d'ailleurs impossible de l'en priver entièrement par d'autres moyens qu'en le dissolvant dans des acides & par d'autres procédés purement chimiques, & par conséquent impraticables pour de grandes quantités; enfin, si on continuoit l'opération, il n'en résulteroit autre chose que de faire éprouver au cuivre un déchet aussi inutile que dispendieux.

Quand le cuivre n'est pas très-impur, il donne tous ces indices dans l'ordre qu'on vient de décrire, & dans environ cinq heures depuis le moment où l'on fait agir le soufflet. Ce temps est plus ou moins long, suivant que la quantité de substances étrangères qu'il contient est plus ou moins grande; de sorte que la durée de son affinage est en raison de son impureté. Mais quand le cuivre est surchargé de métaux étrangers, ainsi que cela a lieu dans celui extrait des scories qui proviennent d'autres affinages ou d'un minerai mal traité, comme celui des mines de Rio Tinto & de quelques autres d'Amérique, alors les premiers échantillons ne donnent pas les mêmes caractères que ceux décrits ci-dessus, & il est indispensable de s'en tenir aux derniers échantillons, qu'on ne peut jamais manquer d'obtenir.

Lorsque le cuivre est parvenu au degré de pureté qu'on désire, on lui donne certaines formes, selon les usages auxquels on le destine. La réduction en *rosettes* n'a d'autre but que de le mettre en petits morceaux pour faire les pefées justes, & pouvoir le fondre en petites ou grandes quantités, suivant la nature des objets pour lesquels on l'emploie. A cet effet on perce le fourneau avec un ringard dans la direction du vide que doit laisser le morceau de bois qu'on y a placé à la formation de la sole, de manière que le cuivre coule facilement dans les trois grandes coupelles qui se trouvent devant le fourneau, & qui sont formées avec de la terre fablonneuse bien damée, ou la brasque même qui fert à faire la sole du fourneau. Lorsque la surface du bain commence à se coaguler, on l'arrose avec un peu d'eau, pour qu'elle se refroidisse plus promptement; deux ouvriers la soulèvent enfuite avec deux grands ciseaux en fer; un troisième la reçoit avec un instrument également en fer, ayant la forme d'une fourche à deux pointes, qu'il introduit entre la croûte & le bain, & l'entraîne jusqu'au bord de la coupelle, d'où deux autres ouvriers l'aident à l'enlever avec un levier qu'ils placent en croix par-dessous. Cette croûte est ce qu'on nomme une *rosette*.

Quand la première rosette est enlevée, on en forme de la même manière une seconde, que l'on enlève également. On continue à opérer ainsi jusqu'à ce que tout le cuivre soit réduit en rosettes, à l'exception de la petite quantité qui reste au fond des coupelles, que les ouvriers nomment *le Roi*, & qu'on y laisse refroidir. Les alchimistes croyoient que la matière première des métaux se trouvoit dans le roi, & ils l'employoient en conséquence dans les manipulations de leur grand œuvre, dont l'objet étoit, comme on sait, de faire de l'or.

Si, après avoir enlevé les rosettes de la coupelle, on les plonge dans l'eau, elles acquièrent une belle couleur rouge; & si on les laisse refroidir à l'air libre, elles deviennent d'un rouge foncé: cette différence provient, non de ce qu'il y en a dans le degré d'affinage des deux métaux, mais de ce que, dans le premier cas, le refroidissement subit qu'il éprouve, empêche que la surface ne s'oxide, & le métal conserve sa couleur naturelle, tandis que dans le second, la couche d'oxide qui se forme à sa surface la masque & ne laisse à découvert que la couleur de cet oxide.

On ne sauroit prendre trop de soin & de précaution pour la formation des rosettes. Si les ouvriers les enlèvent avant qu'elles aient assez de consistance, & que l'eau avec laquelle on les arrose soit entièrement évaporée, elles se brisent en morceaux qui, en tombant dans le bain, y introduisent de l'eau. Alors cette eau, réduite trop subitement en vapeur, produit une explosion terrible, & lance avec la plus grande violence les morceaux de rosette encore rouges contre les murs, dans lesquels ils s'incrustent : l'atelier se remplit alors d'une pluie de cuivre fondu, & les assistans courent le danger d'être blessés, & même d'y perdre la vie.

Le premier affinage que l'on fait dans un fourneau dont la sole est neuve, dure douze à quinze heures pour des cuivres de moyenne qualité; mais comme cette première opération l'échauffe, la durée n'est plus que de huit à dix heures pour chacune des charges suivantes.

Quand la brasque est de bonne qualité, que la sole est bien faite & que le cuivre contient peu de matières fondantes, on peut faire six à huit affinages consécutifs sans renouveler la sole; mais si l'une ou l'autre de ces conditions n'a pas lieu, elle doit être renouvelée plus souvent. Dans tous les cas, il faut visiter la sole après chaque affinage, & si l'on voit que quelques-unes de ses parties se soient fendues ou exhaussées, il faut la refaire à neuf, sans risquer une autre opération, crainte que la sole venant à se fendre ou à s'exhausser en totalité, cela n'empêche de continuer l'opération. Les ouvriers doivent être préparés à cet accident, qui arrive quelquefois même dans les fonderies les mieux dirigées. Dans ce cas ils doivent percer le fourneau plus bas que le trou ordinaire, pour donner sortie au cuivre, parce qu'autrement on seroit obligé de le démolir & de faire d'autres dépenses que l'on peut éviter par ce moyen.

Lorsque le premier affinage est fini, on nettoie bien le canal de sortie pour ôter le cuivre qui pourroit s'être attaché aux parois; on le rebouche ensuite avec de la brasque neuve que l'on presse en dehors; enfin, on recharge le fourneau, on y met le feu & on répète toutes les opérations qu'on vient de décrire, jusqu'à ce que le cuivre ait acquis le degré de pureté qu'on desire.

Les scories des deuxième, troisième, &c., affinages faits sur une même sole sont plus abondantes que celles qui proviennent des premières quand celle-ci est neuve; cela vient, non de ce que le cuivre jette une plus grande quantité de matières hétérogènes dans les derniers affinages, puisqu'il s'en dépouille également dans tous les cas, mais bien de ce que, dans les premiers, le fourneau étant propre & la brasque neuve, les matières qui les composent, résistent davantage à la vitrification, ce qui ne peut avoir lieu dans les affinages suivans, à cause de la chaleur qu'elles ont déjà éprouvée & des matières fondantes qui sont incorporées avec elles; d'où il suit que ces scories se composent presqu'entièrement de terres des briques de la voûte du fourneau & de celles de la brasque qui se vitrifient.

On peut, par les procédés qu'on vient de décrire, donner le même degré de pureté à tous les cuivres; il n'y en a aucun, quelqu'impur qu'il soit, qui puisse y résister quand ils sont bien entendus & bien exécutés.

Lorsque, parmi les cuivres que l'on affine, il se trouve quelques lingots de très-mauvaise qualité, il est avantageux de les en séparer; un ou deux d'entr'eux gâteroient toute une charge, & feroient alonger l'opération. Il faut donc les mettre à part & les affiner séparément, quand il y en a une quantité suffisante pour en composer une charge.

Il y a d'ailleurs plus d'économie à traiter ainsi ces lingots, qu'à les répartir dans les autres charges.

NOTICE sur les batteries de côtes. La défense des côtes par les batteries d'artillerie étant d'une haute importance, puisqu'elle a pour objet d'empêcher les descentes de l'ennemi, de protéger le commerce & les habitans, on croit utile de faire mention, dans ce Dictionnaire, d'un mémoire manuscrit du général Gribeauval sur ces batteries ; ce mémoire, sous la date de 1777, est rédigé avec la clarté & la concision qui caractérisent tous les travaux de ce célèbre artilleur.

Nous croyons qu'il convient d'établir des principes qui ne sont pas assez connus sur l'emplacement des batteries de côtes. Les boulets ricochent mieux sur l'eau que sur la terre, & tous les ricochets sous deux ou trois degrés, font perdre fort peu de force aux gros boulets. Ceux de 24, sous l'angle de quatre ou cinq degrés, conservent encore plus de force qu'il n'en faut pour percer le flanc d'un vaisseau, tel fort qu'il soit, à trois cents toises & plus ; ainsi toute batterie qui, par son peu d'élévation, sera exposée à l'égout des ricochets d'un vaisseau, recevra tous les coups traînans qui lui feront encore beaucoup de mal ; & toute batterie qui sera assez élevée pour tirer à bonne portée sur un vaisseau, sous l'angle de quatre ou cinq degrés, lui fera tout le mal possible, puisque les boulets traînans de la batterie vont tous au vaisseau ; mais ceux partant du vaisseau qui est plus bas que la batterie, ne pourront ricocher assez haut pour monter jusqu'à elle, si elle a la hauteur supposée ci-dessous.

Pour trouver la hauteur de la batterie qui aura cet avantage, on observera que les boulets de cette batterie devant toujours toucher l'eau sous l'angle de quatre à cinq degrés, vers cent toises de distance, l'éloignement du vaisseau à la batterie sera le sinus total, & la hauteur de cette batterie sera la tangente de l'angle de quatre à cinq degrés ; elle se trouve de sept à neuf toises. Elevons donc nos batteries de sept à neuf toises, nous ricocherons bien & très-bien, vers cent toises, sur les vaisseaux, si nous les manquons de plein fouet ; au lieu que les ricochets des vaisseaux qui ne partent que d'une, deux ou trois toises d'élévation, ne peuvent monter à la batterie ; alors nous avons tout l'avantage sur les vaisseaux, puisqu'ils ne peuvent nous toucher que par le plein fouet, & que nous aurons pour nous le ricochet & le plein fouet : premier avantage qui tourne à notre profit toutes les maladresses, qui sont bien nombreuses en ce genre.

Comparons à présent les avantages de notre plein fouet sur le leur. Nous avons pour objet tout le corps du vaisseau, & lui ne peut tirer profit que des boulets qui passent à un pied & demi au-dessus de notre épaulement, puisque nos pièces ne se découvrent pas plus, & que la pièce couvre la tête de l'homme qui la pointe, tout le reste du service étant couvert par l'épaulement ; ainsi le vaisseau, sur les trois toises courantes de parapet, n'aura pour objet que la pièce qui ne présente qu'un pied & demi de hauteur sur autant de largeur, ou deux pieds carrés, pendant que nous aurons plus de deux mille sept cents pieds pour nous sur un vaisseau supposé de cent cinquante pieds de quille seulement, sans comprendre les voilures, cordages & mâtures. On voit que ce second avantage est bien plus considérable que le premier. Mais il en est un troisième qui l'est encore bien plus, c'est celui du pointage. Le canonnier du vaisseau, sous voiles, ne voit point son objet, lorsqu'il donne la hauteur, il ne peut le faire que par estimation, & ayant pointé dans le vague de l'air, c'est au moins le hasard de cent contre un, s'il a rencontré la hauteur d'un pied & demi que lui offrent les pièces, & si, dans le mouvement que fait le vaisseau, il conserve ou rencontre cette hauteur, puisqu'une seule ligne de roulis dans le vaisseau la lui fait manquer ; en supposant cependant que le hasard le porte à cette hauteur, il n'y aura encore que le douzième de ses coups qui toucheront, puisque les pièces n'occupent qu'un pied & demi de largeur sur trois toises de longueur du parapet.

Concluons donc que le feu des vaisseaux n'est dangereux que quand, par maladresse, on s'expose aux ricochets de leurs boulets, & qu'il y a plus de cinq cents à parier contre un, que quand on se place assez haut pour ricocher & n'être point ricoché, & qu'on a des affûts élevés qui permettent de tirer au-dessus d'un épaulement de cinq pieds, une batterie de quatre pièces de 16 ou de 24 aura toujours un avantage immense sur un vaisseau de cent pièces, de tel calibre que ce soit.

On croit inutile de dire à des officiers d'artillerie, qu'une batterie que les vaisseaux peuvent approcher à cent toises, ne devant avoir que huit toises d'élévation, si le vaisseau ne doit approcher qu'à deux cents toises, elle peut être élevée de douze à seize toises, sans perdre les avantages du ricochet, & que si le terrain entre la mer & la batterie forme un talus qui puisse relever les ricochets du vaisseau jusqu'à la batterie, il faut couper ce talus en une ou plusieurs banquettes horizontales. Il est encore un préjugé qu'il est essentiel de détruire, parce que, tout faux qu'il est, il répand la terreur sur les côtes ; c'est que des vaisseaux embossés peuvent raser des forts. Cependant le risban de Dunkerque a long-temps embarrassé les Anglais, & leurs vaisseaux ne l'ont point rasé.

Dans le temps, la citadelle du Hâvre & la tour de l'entrée du port ne l'ont point été ; les tours de l'île Tatihou leur déplaisent depuis plusieurs siècles, & ne l'ont pas été non plus que les forts de Saint-Malo, le château du Taureau, ceux de Bertheaume & de Camaret, la petite citadelle du port Louis, celle de Belle-Ifle, &c.

Je crois qu'il feroit effentiel d'engager les gens inftruits à détruire les préjugés qui ont épouvanté bien du monde, & notamment ceux qui ont été chargés de défendre Houat, Hédic & l'île d'Aix, où rien n'a été détruit par le canon des vaiffeaux, & que la peur feule a fait rendre.

On dit que lorfque les vaiffeaux peuvent approcher à la portée du fufil, la moufqueterie des hunes plonge dans les batteries & en arrête le fervice. Le premier remède à cela eft d'élever fur les dernières de la batterie deux ou trois pièces de 12, qui, étant auffi hautes ou plus hautes que les hunes, feroient tirées de près & à groffes cartouches, pour enlever le baftingage des hunes & les hommes qui feroient derrière. Le fecond remède, qui rempliroit auffi beaucoup d'autres objets, puifqu'il empêcheroit tout vaiffeau d'approcher, feroit d'éprouver des compofitions d'artifices que l'on mettroit dans les pièces à la place des cartouches, & qui, jufqu'à la portée du fufil, qui eft de cent cinquante toifes, porteroient le feu jufque dans les voilures, les cordages & mâtures. Il y en a d'indiqués dans le Traité de M. Pérnnet d'Orval, imprimé à la fin de la guerre de 1741 ; on n'a pas été jufqu'ici à même de les éprouver.

Il faudroit encore éprouver les boulets incendiaires de M. Bietrix, médecin à Auxonne. On n'a pu, faute d'emplacement, que les éprouver imparfaitement à Metz, où environ moitié de ces boulets ont porté le feu jufqu'à huit cents toifes. Il faudroit effayer s'ils ne s'éteindroient pas avec des charges plus fortes, ou s'ils porteroient le feu plus loin ; alors on éteindroit bien fes mouillages à peu de frais. Ces boulets ont du poids, & toute la folidité néceffaire pour percer ou au moins fe loger dans le bois des vaiffeaux. Il faudroit encore éprouver l'obufier de 6 pouces. Il fe tranfporte & fe fert comme une pièce de régiment, porte fon obus jufqu'à treize ou quatorze cents toifes. Il faudroit éprouver fi la roche à feu ou autre artifice de peu de volume, mis dans fa charge, ne fe diffoudra pas ou ne fe détruira point par l'inflammation de la charge, avant que d'être jetée au loin. Peut-être pourroit-on couler de la roche à feu dans l'obus même, pour que les éclats en portaffent partout ; en cas de réuffite, ce feroit un des bons moyens de défenfe.

Les batteries qui battent à la mer, pèchent prefque toutes par trop peu d'élévation, & ont encore le vice d'être conftruites en maçonnerie. Il n'eft pas poffible de fe bien défendre derrière un pareil épaulement, parce qu'un feul boulet qui frappe dans l'embrafure ou fur la crête du parapet, chaffe des quantités de pierres dans la batterie, & y fait plus de mal que n'y feroient plufieurs cartouches à la fois. A moins de cas extraordinaires, il ne faut point conferver d'embrafures dès qu'on aura des affûts de côtes ; & comme il faudra élever la genouillère jufqu'à cinq pieds au moins, ce rechauffement doit fe faire avec des terres franches & tenaces. Si elles contiennent des pierres, on les paffera dans une claie très-ferrée, pour les en purger. Tout épaulement doit être recouvert à fon fommet de deux pieds & demi de pareille terre.

Il eft encore un préjugé à détruire : c'eft qu'il y a des vaiffeaux d'affez fort échantillon pour n'être pas percés par le canon. *Voyez*, pour cela, la traduction de Robins, imprimée à Grenoble en 1771, pag. 541 & 544, où, par les épreuves publiques faites à Chattam, un boulet de 18, chaffé par fix livres de poudre, pénètre dans le bois le plus dur, depuis trente-fept jufqu'à quarante-fix pouces. Or, il n'y a point d'échantillon de vaiffeaux de cette force.

NOYAU. Partie folide en cuivre du baffinet à cylindre. (*Voyez* l'article BASSINET DE SURETÉ.)

NOYAU des canons. C'eft une pièce en fer de forme cylindrique, que l'on pofoit le plus exactement poffible au milieu de la chape du moule des canons, afin que le métal fe répandît également fur les côtés & en deffous, ce qui formoit l'épaiffeur des canons. On recouvroit ce noyau d'une pâte de cendre bien fine & recuite au feu comme le moule, arrêtée avec du fil d'archal autour du noyau, & mife couche fur couche, jufqu'à ce qu'il eût le diamètre que devoit avoir l'intérieur de la pièce avant le forage. Il étoit foutenu vers la culaffe par un châffis appelé *chapelet* (*voyez* ce mot). On retiroit le noyau quand la pièce avoit été coulée ; le vide qu'il laiffoit, formoit l'ame, qu'on foroit enfuite pour lui donner le calibre prefcrit.

On ne coule plus maintenant à noyau que les mortiers de grand calibre. Les autres bouches à feu fe coulent maffives. (*Voyez*, pour plus de détails, les articles COULER UNE PIÈCE D'ARTILLERIE & BOUCHES A FEU.)

NOYAU des projectiles creux. Il fert à donner à ces projectiles leur forme intérieure, & il eft fait en terre fur un arbre en fer. (*Voyez* l'article MOULAGE DES PROJECTILES CREUX.)

Pour former le noyau, on place l'arbre horizontalement (*voyez* l'article ARBRE DU NOYAU DES PROJECTILES CREUX) fur une efpèce de tour ; le bout qui porte un enfoncement, contre la pointe d'une vis traverfant une poupée à droite, & la partie cylindrique, dans une crapaudine à gauche, le bourrelet en dedans. Le bout aplati reçoit la manivelle, & un poids à double crochet, pofé fur cet arbre contre la crapaudine, l'affujettit dans cette pofition fans gêner le mouvement de rotation qu'on lui imprime.

L'ouvrier, qui d'abord a paffé un fétu de paille dans la rainure de l'arbre dont on a parlé ci-deffus, un morceau de bois dans la mortaise du milieu & les petites plaques dans celles du bout, saisit la manivelle de la main gauche, & tournant en dedans, il tortille une corde de paille ou de foin autour de l'arbre ; il assujettit cette corde avec de la terre à potier mélangée d'un tiers de crottin de cheval, dont il la couvre entièrement, puis il fait sécher, ensuite il met une seconde couche sur un calibre approchant de la forme que doit avoir le noyau, fait encore sécher, & enfin applique la dernière couche d'après une planche tracée & découpée sur le profil exact du noyau, l'œil compris.

Cette planche est garnie d'une plaque de fer dans son contour & chaufreinée par-dessous ; on l'éloigne du centre de rotation à la distance convenable, & on la fixe dans cette situation en enfonçant deux pointes en arrière sur les jumelles.

On recuit ensuite le noyau jusqu'à rougir dans des charbons ; on bouche le trou de la pointe, ainsi que les crevasses occasionnées par le desséchement ; on le trempe enfin dans une eau où on a délayé du poussier de charbon, & si alors il a le diamètre prescrit, ce dont on s'assure avec une lunette, il est terminé.

Il faut observer que le fétu de paille placé dans la rainure de l'arbre ayant été nécessairement brûlé lors du recuit, il en résulte un vide communiquant au centre du noyau.

NUMÉROTAGE DES ARMES DANS LES RÉGIMENS. Les soldats dégradoient fréquemment leurs armes par la manière dont ils en marquoient les pièces, pour ne pas les confondre ; voici le mode actuellement en usage : tous les fusils d'infanterie sont marqués d'un numéro formant une série, depuis le numéro premier jusqu'au numéro représentant le nombre d'armes existant au corps.

Les fusils de voltigeurs forment une autre série, commençant également par le n°. 1.

Chaque baïonnette est marquée du même numéro que le fusil auquel elle appartient. Les mousquetons, les pistolets, les sabres & les lances sont aussi marqués d'un numéro comme il est prescrit pour les fusils. Les fusils & mousquetons sont marqués sur le plat de la crosse, du côté opposé à la platine ; les chiffres sont placés parallèlement au bord de la plaque & à 0 mèt. 0271 (1 pouce) au-dessus de ce bord. On emploie pour cela des poinçons à froid en acier, tranchans, & dont les chiffres ont 0 mèt. 0090 (4 lignes) de hauteur.

Les pistolets sont marqués dans le sens de la longueur de la vis de culasse, en arrière du porte-vis, & avec des chiffres de 0 mèt. 0067 (3 lignes) de hauteur.

L'empreinte sur la baïonnette est placée sur le coude du côté de la grande fente verticale, & les chiffres ont 0 mèt. 0029 (1 ligne 3 points) de hauteur.

Les sabres de cavalerie sont marqués sur la branche principale du côté opposé à la garde, & vers le milieu de la longueur.

Le sabre d'infanterie est marqué de même, & du côté opposé au pontet de la chape.

Le sabre d'artillerie est marqué sur la plate-bande de la croisière, vers le milieu de la longueur.

Enfin, la lance est marquée sur le sabot ou bout en fer.

Les poinçons pour les sabres & la lance portent des chiffres de 0 mèt. 0029 (1 ligne 3 points) de hauteur.

Les armes des soldats qui ne sont plus nombre passent à ceux qui les remplacent, afin que l'ordre des numéros ne soit pas interverti, & qu'il demeure constamment tel qu'il a été établi dans les corps.

Lorsqu'un corps verse dans les arsenaux des armes réformées, &c., celles qui lui sont délivrées ensuite prennent les numéros vacans dans la série. Il est tenu par l'officier chargé de l'armement un état du numérotage ci-dessus, portant : 1°. la date de réception de chaque arme ; 2°. le numéro appliqué sur l'arme ; 3°. le numéro du registre-matricule du soldat qui a l'arme entre les mains ; 4°. la date de la réforme de l'arme ; 5°. la date de la remise de l'arme dans les magasins du Gouvernement.

Au moyen de ces dispositions simples & faciles, on reconnoît de suite & à chaque instant toutes les mutations qu'a éprouvées une arme, & les noms de tous les soldats entre les mains desquels elle a passé.

Les marques n'étant pas de nature à altérer les pièces, elles peuvent, au besoin, être refaites sur le bois, en appliquant une seconde fois le poinçon sur la première empreinte si elle venoit à s'effacer. Enfin, ce numérotage permet le passage des armes d'une compagnie dans une autre du même corps, sans détruire l'ordre de la série, ce qui ne peut pas avoir lieu dans le numérotage par compagnies.

O

OBUS. Projectile creux différant de la bombe en ce qu'il est sans anses, sans culot, & ordinairement d'un calibre plus petit. Les obus ont moins de portée que les boulets pleins du même calibre, mais ils en ont davantage que ceux du calibre immédiatement inférieur. On a proposé beaucoup de moyens pour augmenter l'effet des projectiles creux, tels que des balles, de petites grenades enfermées dans les obus, des compartimens intérieurs plus ou moins compliqués & diversement chargés, des rainures ménagées dans les parois pour faciliter l'explosion, &c.; mais aucun de ces moyens n'a plus de puissance qu'un obus ordinaire convenablement chargé. L'obus de 8 pouces a 0 mèt. 220 (8 pouc. 1 lig. 6 points) de diamètre, & pèse 20 kil. 56 à 21 kil. 54 (42 à 44 liv.); celui de 6 pouces a 0 mèt. 162 (6 pouc.), & pèse 10 kil. 76 à 11 kil. 75 (22 à 24 liv.); celui de 5 pouces 7 lig. 2 points a 0 mèt. 1483 (5 pouc. 5 lig. 9 points), & pèse 6 kil. 36 à 6 kil. 85 (13 à 14 liv.).

Les dimensions du premier de ces obus sont : diamètre extérieur de la lumière, 0 mèt. 027 (1 pouc.); diamètre intérieur, 0 mèt. 025 (11 lig.); épaisseur aux parois, 0 mèt. 025 (11 lig.). Celles du deuxième sont : diamètre extérieur de la lumière, 0 mèt. 025 (11 lig.); diamètre intérieur, 0 mèt. 0245 (10 lig. 9 points); épaisseur aux parois, 0 mèt. 025 (11 lig.). Celles du troisième sont : diamètre extérieur, 0 mèt. 0226 (10 lig.); diamètre intérieur, 0 mèt. 0203 (9 lig.); épaisseur aux parois, 0 mèt. 169 (7 lig. 6 points).

L'obus de 8 pouces contient 1 kil. 9886 (4 liv. 1 onc.) de poudre; celui de 6 pouces en contient 0 kil. 6750 (1 liv. 6 onc.), & celui de 24 en contient 0 kil. 52 (17 onc.). On charge le premier de 0 kil. 4895 à 0 kil. 6118 (16 à 20 onc.); le second de 0 kil. 3671 à 0 kil. 4895 (12 à 16 onc.); le troisième de 0 kil. 3059 à 0 kil. 52 (10 à 17 onc.). La plus foible de chaque charge est suffisante pour faire éclater l'obus.

On met des matières inflammables dans les obus, quand on se propose d'incendier. (*Voyez* le mot BOMBE.)

Les fusées des obus étant sujettes à sortir de la lumière dans le tir, on a proposé, pour remédier à cet inconvénient grave, de les faire en métal, & de tarauder le dessous du calice, ainsi que la lumière des obus. On a aussi proposé, comme cela se pratique déjà en Angleterre, de tarauder seulement la lumière de ces projectiles & d'enfoncer les fusées de bois en les vissant dedans.

On fait en ce moment des expériences sur cet objet.

Obus à la spartelle. Obus anglais qu'on charge de poudre & de balles. Ils ont intérieurement & suivant l'œil, un rebord qui retient ces balles. Lorsque l'obus éclate, les balles s'éparpillent de toutes parts & blessent les hommes qui sont dans leur direction, mais ces blessures sont ordinairement légères.

Obus-tête-de-mort. Ce sont des obus percés de plusieurs trous par lesquels ces projectiles vomissent des matières d'artifices enflammées, principalement de la roche à feu. Ces obus sont en usage en Prusse.

OBUSIER. C'est une espèce de mortier, plus long que les autres, que l'on monte sur un affût de campagne ressemblant à ceux de bataille, avec cette différence, que la semelle est mobile, pour que, l'ôtant, on puisse pointer à 45 degrés. Il a ses tourillons placés à peu près comme le canon, c'est-à-dire, un peu au-dessus de son centre de gravité; tandis que le mortier les a placés à l'extrémité de sa culasse. Les Hollandais paroissent avoir les premiers fait usage de l'obusier qu'ils appellent *haubitz*. On en prit à la bataille de Nerwinde en 1693. Le premier obusier fondu en France l'a été à Douay en 1749.

Il y a deux sortes d'obusiers, celui de 8 pouces 3 lignes, & celui de 6 pouces 1 ligne 6 points : leur chambre est cylindrique. Les obus ont 0 mèt. 0045 (2 lig.) de moins de diamètre pour le vent.

On pointe les obusiers à 6, 10 & 15 degrés, pour avoir des ricochets : à 30 & 45 degrés, les obus ne ricochent plus.

En campagne on emploie de préférence l'obusier de 6 pouces, que l'on charge avec 0 kil. 52 (17 onc.) de poudre pour projeter l'obus, & 0 kil. 67 (22 onc.) pour tirer à cartouche.

Les obusiers de 8 pouces servent pour les sièges; ceux de 6 pouces sont fort utiles dans la guerre de campagne, quand on leur fait prendre des positions avantageuses. Les obus font l'effet du canon sur la première ligne, & celui de la bombe sur la seconde. On s'en sert aussi pour sommer un château, une redoute, & pour mettre le feu à des magasins. Dans les sièges, l'obusier se tire à ricochet sur les directions des chemins couverts.

La chambre de l'obus de 6 pouces & celle de l'obusier de 8 pouces ont les mêmes dimensions, & peuvent au besoin contenir 0 kil. 8565 (28 onc.) de poudre; mais l'ame de l'obusier de 8 pouces a 0 mèt. 1737 (6 pouces 5 lignes) de profondeur de plus que l'ame de l'obusier de 6 pouces.

L'obusier de 8 pouces, à 45 degrés, porte l'obus jusqu'à 3118 mèt. 42 (1600 toises), & l'obusier de 6 pouces à 2249 mèt. 75 (1193 toises) Ce dernier, pointé à 6 degrés d'élévation, porte l'obus du premier bond à 779 mèt. 61 (400 toises), & du dernier à environ 1169 mèt. 42 (600 toises). Sa portée sous cet angle est d'environ 2338 mèt. 81 (1200 toises).

On peut tirer les obusiers de 6 pouces avec des cartouches à balles, qui font un assez bon effet à 389 mèt. 81 (200 toises). (*Voyez* l'article CARTOUCHES A BALLES.)

L'obusier de 8 pouces pèse 536 kil. 498 (1096 liv.), & l'obusier de 6 pouces 318 kil. 178 (650 livres) environ.

On a aussi un obusier de 4 pouces 7 lig. 2 points, dit de 24, dont l'ame a cinq calibres de longueur, pour lequel il ne faut que deux caissons en campagne, au lieu de trois par obusier. On ensabote son obus & on l'enfonce avec un écouvillon façonné convenablement. Il pèse 293 kil. 70 (600 liv.).

On reproche à l'obusier de 8 pouces d'être de peu d'utilité, à celui de 6 pouces d'être sans justesse & de n'avoir pas assez de portée, à celui de 24 de se dévier dans le tir & d'être de peu d'effet pour l'attaque & la défense des places.

Les obusiers jouant un rôle important dans les guerres actuelles, on fait en ce moment de grandes expériences pour déterminer les calibres, les forces & les dimensions de deux espèces d'obusiers qu'il convient d'admettre pour les batteries de l'artillerie légère & pour les batteries de position, l'attaque & la défense des places.

Les parties qui composent un obusier de 8 pouc. sont : la volée, le renfort, le pourtour de la chambre, le cul-de-lampe & le bouton, la culasse, les tourillons & leurs embases, les anses, le grain de lumière, la lumière, le canal d'amorce, l'ame, la chambre. Les moulures sont : la gorge de la bouche, le listel supérieur de la plate-bande de la volée, la plate-bande de la volée, le listel inférieur de la plate-bande de la volée, la gorge de la volée, la plate-bande de la volée, la doucine du renfort, le listel supérieur du renfort, le listel inférieur du renfort, la doucine du tour de la chambre, le listel du tour de la chambre, la gorge de la culasse, le listel de la culasse, le tore de la culasse, la plate-bande ou plinthe de la culasse, le listel du cul-de-lampe.

Les parties qui composent les obusiers de 6 pouces & de 24 sont les mêmes que celles de l'obusier de 8 pouces, mais les moulures diffèrent : celles de l'obusier de 6 pouces sont : la gorge, le listel supérieur de la plate-bande de la volée, la plate-bande de la volée, le listel inférieur de la plate-bande de la volée, la gorge supérieure de la volée, la gorge inférieure de la volée, le listel du renfort de la volée, le tore du renfort de la volée, le listel inférieur du renfort, la gorge inférieure du renfort, la gorge de la culasse, le listel de la culasse, le tore de la culasse, la plate-bande ou plinthe de la culasse, le listel du cul-de-lampe

ou du bouton. Les moulures de l'obusier de 24 sont : la plate-bande de la volée, la gorge supérieure de la volée, la gorge inférieure de la volée, la gorge inférieure du renfort, la gorge de la culasse, la plate-bande ou plinthe de la culasse.

On a fabriqué des canons-obusiers pour tirer sur des points éloignés. Leurs portées étaient de 4872 mèt. 50 à 5847 mèt. 10 (2500 à 3000 toises), mais il ne peut y avoir de certitude de tir à de telles distances. (*Voyez* dans l'Aide-mémoire, pag. 529 de la 5e. édition, la description du canon-obusier imaginé par M. le lieutenant-général Ruty, & celle d'une semblable bouche à feu de M. le colonel Villantroys.)

ŒIL. C'est en général, dans une pièce de fer, un trou qui n'est pas taraudé. Le trou qui reçoit le manche de la hache, de la pioche, &c., s'appelle *œil.*

ŒIL d'un projectile creux. C'est l'ouverture par laquelle on charge ce projectile en y introduisant, par le moyen d'un entonnoir, la poudre nécessaire pour le faire éclater. Quand les projectiles sont chargés, on bouche l'œil en y faisant entrer de force un fusée qui sert en même temps à mettre le feu. (*Voyez* l'article FUSÉES A BOMBES, A OBUS ET A GRENADES.)

On rebute avec soin les projectiles creux qui ont des soufflures autour de l'œil ; mais si l'on étoit forcé d'en employer qui fussent affectés de ce vice, il faudroit garnir les cavités en cire ou en mastic, afin de préserver la charge de ces projectiles du feu de la fusée & de son étoupille.

L'œil d'un projectile se nomme quelquefois *lumière.* (*Voyez* le mot BOMBE.)

OLLE. On donnoit quelquefois ce nom aux grenades & aux pots à feu.

ONAGRE. Nom que l'on donnoit à la catapulte, principalement lorsqu'elle étoit de foibles dimensions.

ORDONS. Assemblages dans lesquels les marteaux de forge se meuvent.

ORDRE DE SERVICE DU CORPS ROYAL DE L'ARTILLERIE DANS LES PLACES. Cet objet a été déterminé par un règlement du 1er. avril 1792, qu'on croit devoir donner ici, en mettant à la fin des articles, entre parenthèses, les principaux changemens qui ont eu lieu depuis.

Art. 1er. Les sept régimens d'artillerie prendront entr'eux le rang de leur numéro, & le conserveront, quelle que soit l'ancienneté de leur colonel. (Le nombre des régimens d'artillerie a été porté, par ordonnance du 31 août 1815, à douze, dont huit à pied & quatre à cheval, qui conservent entr'eux le rang que leur assigne leur numéro respectif.) (*Voyez* l'article NOTICE HISTORIQUE SUR LE CORPS ROYAL DE L'ARTILLERIE.)

Il en sera de même pour les compagnies d'un même régiment, quelle que soit l'ancienneté de leur capitaine.

Art. 2. La formation d'un régiment en deux bataillons, & celle d'un bataillon en deux divisions (cette subdivision du bataillon n'a plus lieu), établie par le règlement sur la formation du corps de l'artillerie, du 1er. avril 1791, n'aura lieu que pour l'ordre de bataille & les exercices d'infanterie; mais le service de l'artillerie sera toujours fait suivant l'ordre numérique des compagnies.

Ordre du service.

Art. 3. Le service des bouches à feu, soit à la guerre, soit aux instructions, sera fait par des corps aussi entiers que faire se pourra, c'est-à-dire, par compagnies, escouades & demi-escouades, qui seront toujours commandées par leurs officiers & sous-officiers.

Art. 4. Il y aura deux ordres de service, l'un par compagnies, escouades & demi-escouades, l'autre par détachemens pris sur toutes les compagnies.

Art. 5. Chacun de ces ordres de service aura quatre tours différens.

Ceux par compagnies & escouades seront :

1°. Le tour des colonies, qui comprendra les embarquemens sur les vaisseaux de guerre & les détachemens d'outre-mer. (C'est maintenant l'artillerie de la marine qui fait le service des colonies.)

Les îles d'Europe seront regardées comme faisant partie des départemens du royaume.

2°. Le tour de guerre, qui aura deux objets; le premier comprendra le service du canon de campagne, de place & de côte, ainsi que les détachemens pour escortes, fourrages & convois à portée de l'ennemi, pour lesquels il marchera de l'artillerie, & le second, le service des batteries de siège.

3°. Le tour de paix, qui comprendra les détachemens pour les camps de rassemblement, & tous ceux qui seront présumés devoir durer plus de vingt-quatre heures.

4°. Les instructions, exercices & manœuvres relatives à l'artillerie.

Art. 6. Les tours de service pris sur toutes les compagnies du régiment, seront :

1°. Les piquets ou détachemens qui sortiront des barrières sans canon, & qui seront présumés ne devoir durer que vingt-quatre heures.

2°. Les gardes d'honneur & celles des postes confiés à l'artillerie.

3°. Les travaux des arsenaux & autres relatifs aux déplacemens & arrangemens de munitions & attirails d'artillerie.

4°. Les travaux de propreté au quartier & les distributions.

Art. 7. Les officiers commandés pour ces détachemens seront pris par ancienneté dans leur grade, & les soldats le feront de même dans leur classe.

Détachemens par compagnies & escouades.

Art. 8. Le service par compagnies ayant dû être fait depuis l'époque de la dernière formation selon l'ordre de leur numéro, le tour commencé ne sera pas interverti, & celui de la première compagnie reviendra, quelle que soit l'époque de la rentrée au régiment, après que la vingtième aura marché.

Si cette première compagnie n'est pas rentrée quand son tour arrivera, la compagnie n°. 2 marchera à sa place, & le tour de la première sera passé.

Il en sera de même pour toutes les autres compagnies.

Art. 9. Les régimens ou parties de régimens réunies fourniront les détachemens suivant l'ordre des numéros des régimens.

Art. 10. Si le régiment est divisé en parties composées chacune de plusieurs compagnies, & placées à des distances qui ne leur permettent pas de faire le service en commun, chaque partie roulera sur elle-même pour les détachemens qu'elle aura à fournir, selon l'ordre numérique des compagnies, & en suivant les tours commencés.

Art. 11. Si ces parties de régimens, après avoir fait des détachemens en roulant sur elles-mêmes, se réunissent, les compagnies qui n'auront pas marché, seront les premières à partir par ordre de numéro, après leur réunion, & lorsqu'elles auront toutes fait leurs détachemens, ce tour général recommencera.

Art. 12. Le nombre d'hommes demandé pour un détachement sera fourni par compagnies, escouades ou demi-escouades, sans égard aux petites différences qui pourroient résulter de la force des compagnies & escouades.

Art. 13. Une compagnie qui aura fourni une ou plusieurs escouades ne marchera qu'au tour suivant, comme compagnie entière; mais elle achevera son tour de détachement par escouades ou demi-escouades.

Détachemens aux colonies.

Art. 14. S'il est ordonné d'envoyer une compagnie aux colonies, & que celle qui devra y marcher se trouve détachée en tout ou en partie, elle sera relevée; mais si son éloignement ou celui d'une de ses escouades ne permet pas qu'elle arrive au port à l'époque fixée pour l'embarquement, la compagnie suivante marchera, & le tour de la première sera pris.

Art. 15. Dans tous les cas de détachement aux colonies, les officiers & soldats absens par congé ne pourront, sous aucun prétexte, se dispenser de rejoindre; & si le départ de la compagnie est trop pressé, le passage leur sera ensuite accordé le plutôt qu'il sera possible, sur un bâtiment de guerre ou de commerce.

Art. 16. S'il y a des emplois d'officiers vacans dans une compagnie destinée pour les colonies, le commandant de l'artillerie en pressera la nomination, & n'ordonnera aucun remplacement provisoire.

Art. 17. Une compagnie embarquée qui sera sortie de la rade, sera censée avoir fait son détachement, si l'expédition pour laquelle elle étoit destinée ne doit plus avoir lieu.

Détachemens de guerre & de paix en Europe.

Art. 18. Si une compagnie se trouve la première à marcher pour divers tours de détachemens, le tour de guerre aura toujours la préférence, tant que la compagnie ne sera pas sortie des barrières.

Art. 19. A l'armée, les détachemens par escouades ou demi-escouades seront fournis par les compagnies de canonniers qui ne seront pas employées aux divisions d'artillerie.

Art. 20. Quand un régiment d'artillerie recevra l'ordre de quitter une garnison & d'y laisser une ou plusieurs compagnies, elles seront prises au tour de détachement de paix.

Art. 21. Si ces compagnies rejoignent ensuite à l'armée les régimens dont elles font partie, elles ne marcheront qu'au tour de leur numéro.

Art. 22. Une troupe qui sera sortie des barrières d'une place sera censée avoir fait son détachement; il en sera de même de celle qui, à l'armée, aura dépassé les grand'gardes.

Remplacement des officiers & soldats dans une compagnie.

Art. 23. Si des officiers d'une compagnie sont absens, elle marchera avec ceux qui seront présens; mais le commandant de l'artillerie, quand il le croira nécessaire, donnera l'ordre aux officiers absens de rejoindre leur troupe, & en rendra compte sur-le-champ au ministre de la guerre.

Art. 24. Si l'objet d'un détachement de paix ou de guerre exige la présence de tous les officiers, l'emploi vacant sera occupé jusqu'au remplacement par un officier du même grade, & pris dans la compagnie suivante.

S'il en vaquoit deux, le plus ancien officier seroit pris dans la première compagnie, & l'autre dans la seconde.

Art. 25. S'il y a ordre de porter une compagnie du pied de paix au pied de guerre, elle sera complétée par les autres compagnies; la moitié du nombre des hommes nécessaires sera prise parmi les canonniers qui auront au moins deux années de service, & l'autre moitié parmi ceux qui en auront au moins une, en commençant, dans les deux cas, par les moins anciens canonniers.

Si le nombre des hommes à fournir ne peut être égal dans toutes les compagnies, les dernières à marcher en fourniront le plus grand nombre.

Art. 26. Il en sera de même pour les remplacemens à faire dans une compagnie qui devra être complétée.

Art. 27. Si une compagnie a été détachée aux colonies pendant un an ou plus, les hommes qui y auront été incorporés y continueront leur service après la rentrée au régiment; dans tout autre cas, ils reprendront leur rang dans leur ancienne compagnie, & conserveront la haute paye à laquelle ils seront parvenus pendant la durée du détachement : cette augmentation de paye leur sera conservée par supplément jusqu'à ce qu'ils l'aient obtenue par leur ancienneté.

Art. 28. Seront exceptés de cette disposition les hommes incorporés dans une compagnie & qui seront devenus sous-officiers, lesquels continueront d'en faire partie après sa rentrée.

Art. 29. Dans tous les cas de détachemens par escouades, s'il existe entre celles d'une même compagnie une différence de plus de deux hommes, elles seront égalisées avant le départ, en observant de ne déplacer que les derniers canonniers de chaque escouade.

Art. 30. S'il y a ordre de compléter une escouade, elle le sera par celles de la même compagnie présentes à la garnison, en suivant ce qui est prescrit par l'article 25.

Art. 31. Une escouade restée seule de sa compagnie, ne marchera pas s'il lui manque plus de quatre hommes, & son tour sera passé.

Détachemens de mineurs & d'ouvriers.

Art. 32. Les mineurs & les ouvriers ne marcheront qu'en vertu d'un ordre désignant leur nombre & leur espèce. (Les compagnies de mineurs font actuellement partie du corps du génie.)

Art. 33. Les compagnies de mineurs rouleront entr'elles suivant l'ordre de leur numéro, pour les détachemens qu'elles auront à fournir.

Il en sera de même pour les compagnies d'ouvriers.

Art. 34. Lorsqu'une compagnie de mineurs ou d'ouvriers devra fournir un détachement, les officiers assemblés choisiront les hommes les plus propres aux travaux pour lesquels ils seront demandés, en observant, autant que faire se pourra, de ne pas faire marcher les mêmes hommes plusieurs fois de suite.

Force de troupes attribuées à chaque grade d'officiers.

Colonel.

Art. 35. Le colonel ne marchera pas avec moins de dix compagnies; mais si, lors de son tour à marcher, il n'en existoit qu'un plus petit nombre, il marcheroit avec la totalité des compagnies restantes. (Les officiers supérieurs des régimens d'artillerie ne sont plus astreints à ne servir qu'avec des détachemens de leurs régimens : ils sont employés aux armées, selon que le ministre de la guerre le juge convenable au bien du service.)

Art. 36. Avec le colonel marcheront toujours le lieutenant-colonel chargé du détail, le quartier-maître & le plus ancien adjudant-major. (Les régimens laissent, en temps de guerre, leur dépôt dans l'intérieur, & le quartier-maître y reste pour centraliser la comptabilité des divers détachemens.)

Art. 37. Il y aura pour les lieutenans-colonels (les chefs de bataillon remplacent les lieutenans-colonels dont il s'agit. Les fonctions du lieutenant-colonel actuel sont de commander le régiment sous les ordres du colonel, & d'être l'intermédiaire de cet officier supérieur dans toutes les parties du service. *Ordonnance du 31 août 1815.*), comme pour les compagnies, quatre tours de détachemens.

1°. Le tour des colonies.
2°. Le tour de guerre.
3°. Le tour de paix.
4°. Le tour des instructions.

Art. 38. Si le régiment se trouve divisé en deux parties égales, le commandement des dix dernières compagnies à marcher sera dévolu au plus ancien lieutenant-colonel, sans égard à son tour de détachement.

Art. 39. Le lieutenant-colonel chargé du détail du régiment sera dispensé, pendant la durée de ses fonctions, de toute espèce de détachement, à l'exception de ceux qui seroient destinés pour les colonies. (Le major remplace le lieutenant-colonel chargé du détail; il a le grade de chef de bataillon, & il est choisi parmi les officiers de ce grade, conformément à l'ordonnance du 31 août 1815.)

Art. 40. Les autres lieutenans-colonels rouleront entr'eux, & à moins d'ordre particulier, ils ne marcheront qu'avec des détachemens composés au moins de quatre compagnies.

Art. 41. Si un détachement est de plus de sept compagnies, il y sera employé deux lieutenans-colonels, & le moins ancien des adjudans-majors.

Art. 42. Le capitaine-commandant ne marchera qu'avec la moitié au moins de sa compagnie; mais si elle étoit réduite à une escouade, il partiroit avec elle.

Art. 43. Le second capitaine marchera avec la première escouade, si elle est demandée seule; mais s'il part deux escouades à la fois, elles seront commandées par le capitaine-commandant & le premier lieutenant.

Art. 44. Si le détachement est de trois escouades, le commandement de la quatrième sera réservé au second capitaine.

Art. 45. Si les trois premières escouades ayant marché séparément & étant rentrées en tout ou en partie, on demandoit la quatrième, elle partiroit sous les ordres du plus ancien des officiers revenus du détachement.

Art. 46. La première escouade ayant marché, s'il en est détaché deux autres, elles partiront sous les ordres du capitaine-commandant & du premier lieutenant.

Art. 47. Le sergent-major & le tambour marcheront toujours avec le capitaine-commandant, & le caporal-fourrier avec le second capitaine.

Art. 48. Les compagnies de mineurs se conformeront, à l'égard des détachemens par demi-compagnies & escouades, à ce qui est prescrit par les articles 42, 43, 44, 45, 46 & 47, pour celles des régimens.

Art. 49. Les commandans de l'artillerie sont autorisés à employer nominativement les officiers, sous-officiers & soldats, s'ils jugent que le bien du service l'exige; mais ces officiers, sous-officiers & soldats n'en seront pas moins obligés de marcher avec leur compagnie ou escouade, lorsqu'ils seront rentrés de détachement.

Du commandement.

Art. 50. Le commandement appartiendra toujours à l'officier le plus élevé en grade, ou au plus ancien à grade égal; mais si des détachemens de plusieurs régimens, compagnies de mineurs ou d'ouvriers se trouvent réunis, la discipline intérieure & le détail de chaque troupe seront réservés à leurs commandans respectifs.

Art. 51. Les officiers & sous officiers rouleront entr'eux pour le commandement : savoir, les officiers, selon la date de leurs lettres, commissions ou brevets; les sous-officiers, suivant leur ancienneté dans leur grade; & les caporaux des compagnies d'ouvriers, selon la date de leur enrôlement dans ces compagnies.

Art. 52. L'intention de Sa Majesté est que les commandans de l'artillerie décident tous les cas non prévus dans ce réglement, & qu'ils informent sur-le-champ le ministre de la guerre de leur décision & des motifs qui l'auront déterminée.

OREILLÈRE ou OREILLON. Pièce du heaume en forme de coquille d'huître, destinée à défendre les oreilles & les mâchoires.

OREILLON. Ce sont, à la garde de l'ancien modèle de sabre de cavalerie légère, les deux parties en cuivre qui se trouvent sur le fourreau quand il est en place & qui empêchent la poignée de tourner. On les a supprimés dans le modèle de 1816, comme étant fragiles & de peu d'utilité.

ORGANEAU. C'est, dans l'ancre pour les ponts

militaires, un anneau en fer auquel on attache le câble.

ORGUE. On a appelé ainsi, autrefois, plusieurs canons d'arquebuse ou de fusil réunis & fixés parallèlement entr'eux sur un ou deux madriers mobiles, portés sur un pied : on disposoit les lumières de façon que la même traînée de poudre y mît le feu.

ORIN. Cordage fixé d'une part à la bouée, de l'autre à l'anneau de l'encolure de l'ancre, ou à la croisée, si l'ancre n'a pas cet anneau.

ORNEMENS DES ARMES. C'est tout ce qui sert à parer & à embellir les armes. Les armes portatives des troupes de nos jours sont pour ainsi dire sans ornemens. Celles des officiers ont des formes régulières, mais elles sont ornées & dorées; celles de luxe pour les particuliers sont enrichies de métaux précieux & d'ornemens de toutes espèces.

Aux temps de la chevalerie on ajoutoit des cimiers & des lambrequins au heaume qui a passé dans les armoiries, & à ces ornemens ont succédé les panaches dont on ombrageoit les casques, & qu'on mit aussi sur la tête des chevaux de bataille. On orna aussi la cuirasse d'une écharpe qui fut portée en baudrier ou en centuron. Les anciens chevaliers se distinguoient encore par des éperons dorés : les écuyers en portoient argentés.

Les guerriers de l'antiquité étoient sans cesse occupés du soin de perfectionner & d'embellir leurs armes. (*Voyez* le mot ARMES.)

Les officiers portent aujourd'hui un nœud en or à leur épée, & le plumet au chapeau ; le harnachement des chevaux est fort simple, mais relatif aux grades de ceux qui les montent.

Le bâton de maréchal de France, qui est la marque de la dignité de ce grade, est recouvert de velours bleu de roi parsemé de fleurs de lis en or, ayant à chaque bout une virole aussi en or. Il coûte environ 400 fr.

Les bouches à feu n'ont que des moulures qui servent de renfort ; elles étoient dans l'origine ornées de figures allégoriques & de divers desseins.

OUCHER UN CANON. C'est faire des traits à la lime ou au burin sur la surface extérieure d'un canon de fusil, pour indiquer la quantité de fer à enlever. (*Voyez* COMPASSER.)

OUTILS D'ARTILLERIE. Ce sont tous les instrumens dont les soldats d'artillerie se servent pour l'exécution manuelle des travaux. Ils emploient des outils propres à remuer la terre, & des outils tranchans pour travailler les bois, &c.

Les outils dont on se sert pour travailler la terre, dans les sièges, sont : les pics-hoyaux, les pics à boc, les pioches, les pelles, les bêches, &c. Il y a des outils pour les ouvriers en bois & en fer, des outils pour les ouvriers des arsenaux, pour les fondeurs, les artificiers, les poudriers, les armuriers, les pontonniers, &c.

On procède à la réception des outils avant qu'ils soient emmanchés : on examine s'ils sont sans crevasses, surtout si l'intérieur de l'œil de la hache & de la pioche sont bien nets, si l'acier est bien soudé avec le fer, s'ils sont aciérés de la quantité convenable & s'ils ont reçu la trempe qui leur convient, s'ils ont le poids prescrit par les tables des constructions de l'artillerie. Le tranchant de la hache & celui de la serpe s'éprouvent sur du bois de chêne bien sec.

La douille des outils doit être examinée avec attention. Si l'on y voit des crevasses qui communiquent du dedans au dehors, ou dans la plus grande partie de leur épaisseur, les outils doivent être rebutés.

Si la pelle ronde est bien étoffée & si elle a du ressort, elle doit bien se redresser lorsqu'ayant un manche postiche on pèse dessus, le bout appuyé contre terre.

On frappe le pic sur une pierre dure & on examine la jonction de l'acier & du fer, que ce choc fait assez facilement reconnoître. On peut d'ailleurs faire usage d'acide nitreux étendu d'eau. (*Voyez* le mot ÉTOFFE.)

Pour préserver les pelles de la rouille, on les chauffe légèrement & on les enduit de poix noire. On trempe les haches & les serpes dans un lait de chaux qui les garantit pendant long-temps de l'oxidation.

Les prix des outils d'artillerie sont à la manufacture de Klingental, y compris le manche qui est en chêne, en frêne ou en érable, savoir : la hache, 3 fr. 54 cent.; la serpe, 1 fr. 82 cent.; la pelle carrée, 3 fr. 48 c.; la pelle ronde, 2 fr. 14 c.; le pic-hoyau, 3 fr. 74 cent.

OUTRES. Peaux de bouc que l'on enfle & que l'on réunit sous des châssis pour former des radeaux.

OUVRIERS D'ARTILLERIE. On comprend dans les troupes d'artillerie douze compagnies d'ouvriers qui sont toutes les constructions, des affûts, des voitures, des attirails, & en général les grandes machines d'artillerie. Ces troupes sont exercées à toutes les manœuvres de l'artillerie, afin de servir au besoin comme canonniers; elles sont assimilées aux autres troupes de l'artillerie pour l'avancement & les récompenses militaires. Leur manière de servir & l'utilité dont elles ont toujours été en temps de paix, & surtout en temps de guerre, les rendent précieuses à l'État. (*Voyez*, pour plus de détails, les articles NOTICE SUR LE CORPS ROYAL DE L'ARTILLERIE, & PERSONNEL DE L'ARTILLERIE.)

OUVRIERS dans les compagnies des régimens

d'artillerie. Il y a dans chaque compagnie des régimens d'artillerie à pied & à cheval quatre ouvriers, dont deux en bois & deux en fer pour les radoubs des voitures d'artillerie à la guerre.

Ouvriers d'État. Ils aident à conduire les divers ateliers dans les arsenaux, & marquent les bois dans les forêts lorsqu'on approvisionne ces arsenaux. Il y en a quatre-vingt-seize, dont huit chefs & huit sous-chefs. Ils sont répartis dans les places & les établissemens suivant les besoins du service. (*Voyez* l'article Personnel de l'artillerie.)

Ouvriers des fonderies. Ils confectionnent, sous la direction des officiers d'artillerie & des contrôleurs, les bouches à feu des divers calibres. Ils se composent de mouleurs, fondeurs, foreurs, tourneurs, tailleurs de briques, ciseleurs, graveurs, &c.

Ouvriers qui fabriquent les pierres à fusil. Ils s'appellent communément *caillouteurs*. (*Voyez* ce mot.)

Ouvriers des manufactures d'armes. Ils fabriquent toutes les armes portatives à feu & blanches. On les divise, pour les armes à feu, en canonniers, platineurs, monteurs, équipeurs, baguettiers, baïonnettiers, trempeurs, garnisseurs, émouleurs, &c.; pour les armes blanches, en forgeurs de lames, trempeurs, aiguiseurs, monteurs, fourbisseurs, fourreautiers, fondeurs, &c.

Les ouvriers qu'on fait réviseurs doivent savoir lire & écrire, & réunir les qualités nécessaires pour se faire respecter de ceux dont ils contrôlent l'ouvrage.

Il seroit bien à désirer qu'il y eût dans chaque manufacture une caisse d'épargne dans laquelle les ouvriers verseroient tous les mois une légère retenue de leur salaire. Ils s'assureroient par ce moyen des secours pour des temps de maladie, & préviendroient l'extrême misère dans laquelle on les voit alors tomber.

Le caractère généralement imprévoyant des ouvriers se résoudroit difficilement à sacrifier les jouissances du présent à un avenir éloigné & incertain; mais ils apprécieroient facilement les avantages que présente cette mesure, & avec de la patience & de la persévérance, on les décideroit à y consentir. J'y étois parvenu à la manufacture de Turin, en 1806.

(*Voyez*, pour plus de détails, l'article Manufactures royales d'armes.)

Ouvriers des poudreries. Ils fabriquent, sous la direction des officiers & des employés d'artillerie, la poudre nécessaire au service du Gouvernement & celle de chasse que consomment les particuliers.

Ils se composent de poudriers, de raffineurs de salpêtre, de charbonniers, de tonneliers, de charpentiers, &c.

OXIDE de fer. Résultat de combinaison de fer avec une quantité d'oxigène assez grande pour lui faire perdre son état métallique.

P

Paille. Écaille mince d'une pièce, qui ne tient à une pièce en métal que par une base plus ou moins étendue; elle a lieu par défaut de soudure ou par suite de malpropreté dans le métal. Les pièces d'armes portatives affectées de ce vice sont rebutées dans les manufactures royales.

Paille de fer. On appelle ainsi des battitures de fer dont on fait usage dans les manufactures d'armes pour dégraisser les canons de fusils avant de les déposer à la salle d'humidité. (*Voyez* le mot Battiture.)

Paille pour emballer les armes. Elle doit être très-sèche, purgée de poussière & longue. Celle de seigle est préférable à d'autres espèces. (*Voyez* l'article Caisses a tasseaux.)

PALANS. Ce sont des moufles ou plusieurs rouets de poulies réunis par une chape, dont on fait usage dans l'artillerie de la marine. (*Voyez* le *Dictionnaire de la marine de l'Encyclopédie méthodique*.)

PALET. Nom donné par les caillouteurs à la pierre à feu pour fusils de rempart.

PALETTE. Outil. Ce mot est synonyme de *plastron*. (*Voyez* Plastron.)

Palette. Est en usage dans les poudreries. Elle sert avec la balayette, ou petit balai, à ramasser la poudre tombée. Elle est semblable à celle dont les boulangers font usage pour ramasser les chapelures.

PALISSADES. Pièces de bois de forme prismatique: leur coupe, dont le contour est d'environ 0 mèt. 5 (1 pied 6 pouc.), est ordinairement un triangle équilatéral. La longueur d'une palissade fade est de 3 mèt. à 3 mèt. 5 (9 pieds 2 pouc. 10 lig. à 10 pieds 9 pouc. 3 lig.); elle est terminée en pointe par le haut, sur une longueur de 0 mèt. 3 (11 pouc. 1 lig.), & charbonnée au pied pour que la partie enfoncée en terre se conserve plus long-temps.

On plante ordinairement une file de palissades verticales dans le fond du fossé d'un retranchement, & elle se place au pied de l'escarpe ou de la contre-escarpe, ou même au milieu du fossé. On en plante aussi perpendiculairement au talus de la contre-escarpe, sur la berme horizontalement ou inclinées à l'horizon; enfin, on en plante dans le talus extérieur.

Lorsqu'un retranchement est garni de palissades verticales, on dit qu'il est *palissadé*; & lorsque les files de palissades sont inclinées & plantées dans le talus, il est dit *fraisé*. Un retranchement est ordinairement palissadé & fraisé. (*Voyez* le *Dictionnaire d'Art militaire de l'Encyclopédie méthodique*.)

PALONNIERS. Pièces d'un avant-train d'une voiture d'artillerie, sur lesquelles sont assujettis les traits des chevaux. Il y a en France trois numéros de palonniers : 1°. de haquet & chariot à canon & port roulant; 2°. de pièces de 8 & de 12, de chariot à munitions, de caissons d'outils & de forge; 3°. de pièces de 4 & de caissons à munitions.

Les palonniers sont sujets à se casser dans les marches, & même à se perdre. Les Anglais les ont supprimés à leurs voitures d'artillerie.

PANACHE. Ornement du casque, bouquet de plumes placées sur la crête ou le cimier. (*Voyez* le *Dictionnaire de l'Art militaire de l'Encyclopédie méthodique*.)

PANIER. Bouclier très-creux, fait de bois de tremble ou autre bois léger, recouvert de métal ou de cuir; dans ce dernier cas il s'appelle *panne*.

PANIER à pierrier. Il sert à contenir des pierres que dans les sièges on lance contre l'ennemi au moyen du pierrier. Il est en osier; son diamètre & sa hauteur sont de 0 mèt. 3519 (13 pouc.); il pèse 1 kil. 4685 (3 liv.) : il faut un pied cube & demi de pierres pour le remplir. Le pied cube de pierres pesant de 53 kilog. 8457 à 78 kilog. 3209 (110 à 160 liv.), &, pouvant évaluer le vide à un tiers dans les pierres brisées, on a un poids d'environ 39 kil. 1605 à 48 kil. 9506 (80 à 100 liv.) à projeter. (*Voyez* l'article CHARGER UN PIERRIER.)

PANIER de sabre. On appelle ainsi, dans le sabre, l'ensemble de la branche principale & de celles en S de la monture, qui garantissent la main du cavalier.

PANIERS à parapet. Ils servent, à défaut de sacs à terre, à faire des créneaux. Ceux qui forment les côtés des créneaux ont 0 mèt. 2436 à 0 mèt. 2707 (9 à 10 pouc.) en tous sens; ceux qu'ils supportent sont ovales : leur petit diamètre est de 0 mèt. 2436 à 0 mèt. 2707 (9 à 10 pouc.), & le grand diamètre 0 mèt. 4872 à 0 mèt. 5414 (18 à 20 pouc.).

PANIERS pour suppléer les ancres dans l'établissement des ponts militaires. A défaut d'ancres, ou lorsque la nature du lit de la rivière ne permet pas de s'en servir, on emploie des paniers ou des caisses. Les paniers se construisent avec des branches pliantes, & se font comme les paniers ordinaires. Leur forme est communément en poire ou en cône tronqué (*Voyez* le *Guide du pontonnier*, par M. Dieu, capitaine d'artillerie.)

PANNE. Partie plate d'un marteau, dont la partie opposée est la tête.

PANNE. C'est le nom d'un bouclier. (*Voyez* PANIER.)

PAPEGAI. Oiseau en bois ou en carton que les arquebusiers plantent au sommet d'une lance, pour servir de but à l'arc, l'arbalète, l'arquebuse & le fusil.

PAQUET. On nomme ainsi la réunion de deux bidons destinés à forger la double maquette. (*Voyez* le mot MAQUETTE.) C'est aussi une boîte de tôle dans laquelle on a disposé, avec de la suie, des pièces de la platine ou autres de dimensions quelconques destinées à être trempées en *paquet* ou par *cémentation*. (*Voyez* l'article TREMPE DES PIÈCES EN FER ET EN ACIER.)

PARATONNERRE POUR LES MAGASINS A POUDRE. Afin de diminuer, autant qu'il est possible, les accidens qu'occasionnent les poudres dans les places de guerre, on fait usage de paratonnerres sur les magasins.

Si l'on place verticalement sur un bâtiment une verge de fer terminée en pointe aiguë, & qu'on établisse une communication entre cette verge & le sein de la terre, elle peut préserver le bâtiment d'une explosion, en soutirant la matière de la foudre & la dirigeant à côté de l'édifice. Cette idée, qui est due à Francklin, est la théorie des paratonnerres. On a depuis imaginé de terminer la verge de cet instrument par une pointe en platine, ce métal étant très-réfractaire & exempt d'oxidation, ce qui est important, parce qu'une pointe émoussée ou oxidée perd sa propriété attractive.

On emploie pour conducteurs des barres de

fer bien ajuftées, à tenons & à mortaifes, maintenues par des pattes fcellées dans les murs, ou des cordes formées de fil de fer, treffées & enduites d'une couche de vernis gras pour les préferver de la rouille. Les conducteurs fe prolongent jufqu'au fond d'un puits, où ils font attachés à une tige de fer dont l'extrémité inférieure eft plongée dans l'eau. S'il ne fe trouve pas de puits à proximité du magafin à poudre, on y fupplée par un puits perdu, comblé de pierres, fur lefquelles on dirige les eaux pluviales.

La verge de fer doit avoir environ 5 mèt. (15 pieds 4 ponc. 8 lig.) de hauteur; elle doit avoir au moins 0 mèt. 03 (1 ponc. 2 lig.) de diamètre vers le collet de fon empatement. Les cordes métalliques ayant 12 à 13 millimètres (5 lig. à 5 lig. 6 points) de diamètre, peuvent fupporter les plus fortes détonations lorfqu'elles n'ont aucune folution de continuité.

Lorfque l'on veut placer des paratonneries fur des magafins d'une certaine étendue, il eft nécefsaire de les multiplier, car le rayon de leur fphère d'activité ne s'étend qu'à environ 10 mèt. (30 pieds); ainfi il faut une diftance de 20 mèt. (60 pieds) entre deux paratonneries. Si les verges étoient trop rapprochées, elles neutraliferoient leur effet en s'empêchant mutuellement de fournir le fluide électrique.

Toutes les verges communiquent entr'elles & avec le principal conducteur qui aboutit au réfervoir commun.

PARC D'ARTILLERIE. Emplacement qu'on choifit dans un camp pour y affembler toutes les bouches à feu, les voitures d'artillerie, les chevaux & l'équipage de pont, ainfi que les munitions de guerre néceffaires pour une armée qui fait un fiége ou qui fait la guerre de campagne. C'eft dans ces lieux que l'on place les magafins à poudre & ceux des artifices. Il y a ordinairement plufieurs de ces entrepôts dans un fiége ou dans une armée; mais le plus confidérable s'appelle *grand parc* ou *parc général*, & les autres *parc particulier, parc de pont, parc des chevaux*, &c.

Cet article étant important, on croit devoir entrer dans des détails fur les parcs de campagne & fur les parcs de fiége.

PARCS d'artillerie de campagne. Les parcs d'artillerie de campagne fe compofent du grand parc, & de parcs divifionnaires & de réferve.

Chaque divifion d'infanterie doit avoir fon parc indépendamment de celui de l'armée, & chaque réferve de cavalerie doit auffi avoir le fien; enfin il faut auffi avoir un parc pour la guerre dans les montagnes.

Le grand parc doit alimenter tous ces parcs particuliers, & il doit être placé convenablement par rapport à l'armée & aux dépôts en arriere, d'où il doit tirer lui-même fes approvifionnemens.

Il faut en outre au moins un équipage de pont pour pouvoir établir promptement les communications néceffaires à une armée. (*Voyez*, pour plus de détails à ce fujet, l'article ÉQUIPAGE DE PONT.)

Dans les armées confidérables, les dépôts en arriere du grand parc doivent être difpofés en échelons, le dernier s'appuyant fur un arfenal de conftruction, ou fur un grand atelier établi exprès, afin de fournir de proche en proche tous les remplacemens néceffaires. Ces communications d'une armée avec fes premiers magafins font d'autant plus avantageufes, que, dans le cas où cette armée auroit perdu plufieurs affaires de fuite qui auroient épuifé le grand parc & fes dépôts, l'armée auroit encore pour reffource l'artillerie & les approvifionnemens de fes dernières.

Les parcs & les dépôts doivent être attelés : on fe fert des chevaux & des voitures du pays pour entretenir les communications reculées, lorfque les moyens de tranfport de l'artillerie font infuffifans; mais pour les mouvemens rapides il feroit néceffaire d'avoir, ainfi que l'a propofé M. le général Lefpinaffe (*voyez* l'Effai fur l'organifation de l'arme d'artillerie par ce général), un dixième de chevaux haut-le-pied au grand parc & dans les dépôts en arrière pour les atteler au befoin aux voitures du pays & déplacer promptement le parc & fes dépôts, fuivant les chances de la guerre. Enfin l'on peut faire ufage de la pofte dans les occafions décifives. On penfe généralement, 1°. que pour ne pas embarraffer les troupes, il ne faut donner aux divifions que les bouches à feu néceffaires pour battre l'ennemi; 2°. qu'il faut entretenir affez d'autres bouches à feu dans l'armée pour pouvoir remplacer ou renforcer, au befoin, l'artillerie combattante; 3°. qu'il eft important d'organifer l'artillerie qui marche avec les troupes, celle du parc général & celle des dépôts, de manière que les fecours à porter en avant arrivent promptement & fans confufion, & que le même ordre ait lieu fi l'on eft obligé de fe replier fur les dépôts. (*Voyez* l'article EQUIPAGES D'ARTILLERIE.)

Les bouches à feu du grand parc fe mettent en première ligne, calibre par calibre, le plus grand calibre à droite; les caiffons des bouches à feu fur un ou plufieurs rangs, derrière leurs bouches à feu refpectives; les caiffons à cartouches d'infanterie fur l'alignement des bouches à feu & de leurs caiffons; les poudres reftant fur leurs charrettes fur les alignemens des bouches à feu & des caiffons; les chariots d'outils derrière les derniers caiffons.

Quant aux parcs des corps d'armée, ils fe compofoient en raifon de la force de ces corps & des pays où l'on faifoit la guerre. Ils s'approvifionnoient comme les parcs divifionnaires fus-mentionnés, au grand parc, qu'on appeloit alors parc général d'une grande armée.

PARCS d'artillerie de siége. Les parcs d'artillerie de siége se composent ordinairement du grand & du petit parc. Le grand parc est le magasin de l'armée de siége; le petit en est en quelque sorte l'arsenal ou le laboratoire.

On parque les objets d'artillerie par lignes. La première, qui est vers la place, est composée des chariots à canons & d'autres voitures chargées de bouches à feu réunies par calibre. La deuxième ligne est composée d'affûts; chaque affût est placé derrière sa bouche à feu. La troisième ligne est composée des projectiles empilés par calibre derrière les affûts de même espèce, si l'on n'en fait pas un petit parc séparé. La quatrième ligne est composée de plates-formes complètes, placées derrière chaque bouche à feu, & des armemens des pièces, calibre par calibre.

Les deux autres côtés du parc sont formés avec les charrettes à munitions, les caissons & les autres voitures.

Les magasins à poudre sont à 400 ou 600 mèt. (200 ou 300 toises) en arrière du parc; on en met plusieurs sur le même front, à environ 97 mèt. 452 (50 toises) de distance les uns des autres, & un, qui est destiné à servir d'entrepôt, se fait à moitié chemin de ces petits magasins au parc. On entoure les magasins à poudre d'un fossé & on les couvre d'un épaulement s'il est nécessaire.

Les troupes d'artillerie campent sur la droite & sur la gauche des parcs. Le grand corps-de-garde de l'artillerie est en avant de la tête de ces parcs. On met plusieurs sentinelles par magasin.

On doit mettre dans le petit parc les bois de remontage & les autres matières premières pour les travaux des ouvriers en bois & en fer, les outils nécessaires à ces travaux, les ferrures façonnées, les forges, les brouettes, les scivières, les armemens de rechange des différentes bouches à feu, les meules, les cordages, la mèche à canon, les sacs à terre, les fusées des projectiles, les pierres à feu, &c.

Lorsque la place a plusieurs fronts d'attaque, on fait de petits parcs qui s'alimentent au grand parc.

On fait quelquefois aussi un parc séparé du grand ou du petit pour les équipages de pont.

Pour la célérité du service, le parc des chevaux doit être à portée du parc d'artillerie & à portée de l'eau pour sa convenance particulière. (*Voyez* l'article ÉQUIPAGES D'ARTILLERIE.)

PARER LE FER. C'est dresser ses faces en le passant sous la longueur de la panne du marteau.

PARME. Bouclier de moyenne grandeur servant aux piétons: il étoit étroit du haut & large du bas.

PARTEMENT. Les artificiers des feux de réjouissances appellent ainsi des fusées *volantes* d'environ 0 mèt. 0226 (10 lig) de diamètre: celles qui n'ont que 0 mèt. 0180 (8 lig.) de diamètre, se nomment *petit partement*. (*Voyez* l'*Art de l'Artificier de l'Encyclopédie méthodique*.)

PAS DE VIS. Intervalle qui se trouve entre deux révolutions consécutives du filet. Il est constamment le même dans une même vis.

PASSANDEAU. Nom donné autrefois à la pièce de 8, qui pesoit 1213 kil. 27 (3500 liv.).

PASSE-BALLES. Pour calibrer promptement les balles de plomb, on établit deux cribles l'un sur l'autre, dont l'un laisse passer les balles de calibre, & l'autre les retient & ne laisse passer que les plus petites.

Le passe-balles est composé d'un châssis; quatre pieds; deux entretoises; quatre épars; deux caisses pour recevoir les balles; deux cribles ou passe-balles, avec un tourillon dans le milieu de chaque côté (à l'un des cribles, la plaque du fond est percée de trous dans lesquels doit passer la balle; à l'autre, elle l'est de trous qui ont 0 mèt. 0006 (5 points) de moins, & dans lesquels la balle ne doit pas passer); quatre poignées; quatre crapaudines; quatre équerres; quatre bandes de frottement.

PASSE-BOMBES. Lunette à deux poignées pour vérifier le calibre des bombes. (*Voyez* l'article LUNETTES A CALIBRER LES PROJECTILES.)

PASSE-BOULETS. On appeloit ainsi autrefois les instrumens vérificateurs des boulets. (*Voyez* les articles LUNETTES A CALIBRER LES PROJECTILES & CYLINDRES DE RÉCEPTION DES PROJECTILES.)

PASSE-MUR. Nom donné autrefois à la pièce de 16; elle pesoit 2046 kil. 92 (4200 liv.): c'étoit une couleuvrine.

PASSE-PARTOUT. Outil d'ouvriers en bois, servant à débiter de grandes pièces. C'est une grande lame de scie, ayant à chaque bout une poignée en bois perpendiculaire à son épaisseur. Pour les ouvriers pontonniers, il faut que cette lame ait 1 mèt. 9220 (5 pieds 11 pouc.) de longueur; 0 mèt. 2030 (7 pouc. 6 lig.) de largeur avec son couvre-dents.

PATÉS DE GRENADES. On a appelé ainsi des pots, sans doute en fer, qu'on remplissoit de poudre & de grenades, & qu'on lançoit sur les ennemis qui assiégèrent Lille en 1708.

PATOUILLET. Machine de rotation pour laver le minerai. (*Voyez* le *Dictionnaire de Minéralogie de l'Encyclopédie méthodique*.)

PATRON. Modèle en bois dont on se sert dans

les forges pour former les creusets & les étalages en sable.

PATTES D'ANCRE. Morceaux de fer plat de forme à peu près triangulaire, soudés au bout des bras. Deux des angles forment ces oreilles, & le troisième le bec. (*Voyez* le mot ANCRE.)

PATTE de rai. C'est la partie du rai qui entre dans le moyeu d'une roue de voiture. (*Voyez l'Art du charron de l'Encyclopédie méthodique.*)

PAVOIS. Grand bouclier dont les Anciens se servoient principalement dans l'attaque des places, pour se couvrir contre les traits de l'ennemi : il avoit environ 1 mèt. 6242 (5 pieds) de hauteur ; la partie supérieure étoit arrondie & celle inférieure étoit droite, pour la poser sur la terre; la surface extérieure, convexe, étoit recouverte de cuir. Les piétons en faisoient usage & l'appeloient quelquefois *tallevas*.

Ce grand bouclier servoit à l'inauguration des rois : élevés dessus à la vue de toute l'armée, des guerriers le faisoient tourner trois fois autour du camp. Pharamond fut proclamé roi de cette manière en 419 par la colonie des Francs, qui passa le Rhin sous sa conduite.

PEAU DE CHIEN MARIN. Elle sert aux équipeurs-monteurs à polir le bois des armes à feu portatives ; à son défaut ils prennent de la peau de veau ou de mouton, & y fixent du sable fin au moyen de colle.

PEINTURE DES OBJETS D'ARTILLERIE. On peint les canons de côte en fer, pendant la paix, pour les conserver & les garantir de la rouille, surtout l'ame qui est la partie essentielle. On peint toutes les ferrures des affuts & des voitures en noir, & le corps de voitures couleur olive, &c.

La couleur olive se fait avec de l'ocre jaune & du noir de fumée, dans la proportion de 2 kil. 9570 (5 liv.) d'ocre sur 0 kil. 2447. (8 onc.) de noir. Le noir des ferrures se fait avec le noir de fumée, auquel on ajoute un peu d'ocre pour lui donner de la consistance. La couleur rouge qu'on est dans le cas d'employer se fait avec de l'ocre rouge, & la couleur blanche pour les chiffres & les lettres se fait avec le blanc de céruse. Toutes ces couleurs se préparent ordinairement avec de l'huile de lin.

On met deux couches sur tous les objets d'artillerie. La première aux voitures & attirails, se met sur le tout, & on met ensuite une seconde couche noire sur les ferrures : la première couche est toujours plus claire que la seconde.

On mêle du goudron à la couleur noire destinée aux canons de côte ; mais le meilleur moyen consisteroit à enduire l'ame de suif fondu, comme le fait observer M. le général Gassendi, pag. 256 de la 5e. édition de l'Aide-mémoire.

PÉLICAN. Nom donné autrefois à la pièce de 6, qui pesoit 1174 kil. 82 (2400 liv.).

PELLE A CHARBON. Elle est entièrement en fer, & sert aux forgeurs.

PELLE de fer forgé pour la chauffe des fourneaux de fonderie. Elle sert à boucher l'ouverture par où l'on jette le bois ; elle a de longueur & de largeur 0 mèt. 0271 (1 pouc.) de plus que l'ouverture, & 0 mèt. 0180 (8 lig.) d'épaisseur. Son manche, qui a 1 mèt. 6242 (5 pieds) de long, porte sur un rouleau de fer pour faciliter les mouvemens de la pelle.

PELOTER. Se dit des coups de fusil de chasse où le plomb, au lieu de se distribuer également sur toute la surface qu'il doit couvrir, forme un ou plusieurs pelotons de dix, douze ou quinze grains plus ou moins entassés les uns sur les autres, qui percent ensemble & ne font qu'un seul trou, & quelquefois un seul peloton du tiers ou de la moitié de la charge. Il arrive même, mais beaucoup plus rarement, que la totalité de la charge se rassemble ainsi & perce une planche de 0 mèt. 0180 à 0 mèt. 0226 (8 à 10 lignes) d'épaisseur, à la distance de quarante à quarante-cinq pas.

PENDULE. Instrument servant à trouver la vitesse d'une balle qui se meut, à une distance quelconque du canon d'où elle part. C'est une masse prismatique qui est ordinairement en fer, tenant à une verge aussi en fer, fixée perpendiculairement à une piece de bois horizontale, portée par des tourillons qui tournent librement entre deux jambes d'un chevalet à trois pieds, semblable à la chèvre des manœuvres d'artillerie. La masse de fer est recouverte antérieurement d'un épais madrier en bois, contre lequel on tire les balles : un ruban attaché au bas de cette masse & glissant avec un peu de frottement entre deux lames d'acier placées au-dessus d'une traverse qui joint les deux pieds du chevalet au-dessous du pendule, mesure la corde de l'arc qu'il décrit lorsqu'il est frappé. Avant d'opérer il faut connoître le poids du pendule ; celui de Robins est de 27 kil. 5040 (56 liv. 5 onc.) : la distance de son centre de gravité à l'axe est de 1 mèt. 4077 (52 pouces) de suspension de son centre d'oscillation. (*Voyez* les *Nouveaux Principes d'artillerie*, par Benjamin Robins. *Voyez* aussi l'article LUMIÈRE, où l'on a décrit le pendule de M. Regnier.)

PENNES. Plumes dont on garnit le pied des flèches & traits pour que la résistance qu'ils opposent à l'air fasse marcher le fer le premier.

PENNETIÈRE. Pochette ou petit sac dans lequel les frondeurs mettoient leurs jalets & leurs balles en plomb. C'étoit la giberne des Anciens. On l'appeloit aussi *panetiere*.

PENNONS. Ce font, dans le virreton, des lames de cuivre qui font l'office de pennes.

PENTE. Courbure que doit avoir la croffe d'un fufil pour le mettre plus facilement en joue. Elle doit être conforme au règlement; trop droite elle porte trop haut à l'épaule; trop courbe elle porte trop bas, & dans les deux cas, le foldat met mal en joue : avec le premier de ces défauts le fufil repouffe davantage, la courbure de la croffe amortiffant l'effet du recul. (*Voyez* les articles REPOUSSER & MONTER UN FUSIL.)

PENTES. On appelle ainfi des inftrumens vérificateurs de différentes courbures. (*Voyez* l'article INSTRUMENS VÉRIFICATEURS.)

PERCHE À BRASSER. Elle fert, dans un fourneau de fonderie, à divifer les matières lorfqu'elles font en pâte, & à les remuer lorfqu'elles font en fufion. Elle doit être en bois fec & avoir 5 mèt. 8471 à 6 mèt. 4968 (18 à 20 pieds) de longueur.

PERCÉE. Trou qui dans les hauts fourneaux correfpond à la partie inférieure & latérale du creufet.

PERRIÈRE. C'eft une pièce en fer, fufpendue par le moyen d'une chaine, avec laquelle le fondeur pouffe le tampon du fourneau pour en déboncher le trou & faire couler le métal dans les moules des bouches à feu.
La perrière eft conique à un bout, ayant la forme du trou par lequel la matière fort du fourneau.

PERSONNEL DU CORPS ROYAL DE L'ARTILLERIE. Il fe compofe de généraux, d'officiers de tous grades, de troupes à pied & à cheval, de profeffeurs & d'employés de différentes claffes. (*Voyez*, pour les détails, les articles CORPS ROYAL DE L'ARTILLERIE & NOTICE SUR LE CORPS ROYAL DE L'ARTILLERIE.)
Quant au mode d'avancement en ufage dans l'artillerie, cet objet étant déterminé par une ordonnance, je crois devoir tranfcrire ce qui a été inféré à cet égard dans le *Journal militaire*, n°. 2 de janvier 1819, partie officielle.

Extrait de l'ordonnance du Roi, en date du 2 août 1818, fur l'avancement & les nominations dans l'armée, portant inftruction, fur l'exécution des difpofitions réglementaires de ladite ordonnance, en ce qui concerne le corps royal d'artillerie. Journal militaire, partie officielle, janvier 1819.

SECTION PREMIÈRE.

Dispositions relatives aux sous-officiers et soldats.

§. Ier. *Des foldats.*

Art. 1er. (*Art.* 114 *de l'ordonnance.*) Tout enrôlé volontaire & tout homme appelé au fervice dans les troupes du corps royal d'artillerie, fera incorporé,

1°. Comme canonnier de deuxième claffe dans les régimens d'artillerie à pied & à cheval;

2°. Comme pontonnier de deuxième claffe dans le bataillon de pontonniers;

3°. Comme apprenti dans les compagnies d'ouvriers & d'artificiers.

Art. 2. (*Art.* 115 *de l'ord.*) Les canonniers & pontonniers de deuxième claffe pafferont à la première par rang d'ancienneté dans leurs corps refpectifs en temps de paix, & dans leurs compagnies en temps de guerre; mais ils ne pourront être nommés à la première claffe qu'après un an au moins de fervice dans la deuxième claffe.

Art. 3. (*Art.* 116 *de l'ord.*) Les apprentis des compagnies d'ouvriers & d'artificiers ne pourront paffer à la deuxième claffe qu'après un an au moins de fervice comme apprentis.

Art. 4. (*Art.* 117 *de l'ord.*) Les artificiers des régimens d'artillerie à pied & à cheval feront choifis parmi les canonniers de première ou de deuxième claffe ayant au moins un an de fervice.

Art. 5. Pour être nommé artificier, il faudra, de plus,

1°. Savoir lire couramment, & écrire fous la dictée;

2°. Connoître les quatre règles de l'arithmétique;

3°. Connoître les devoirs d'un canonnier dans toutes les circonftances du fervice;

4°. Connoître les différentes manœuvres des bouches à feu.

Art. 6. (*Art.* 119 *de l'ord.*) Les ouvriers & artificiers de deuxième claffe des compagnies d'ouvriers & d'artificiers parviendront à la première claffe par tour d'ancienneté dans leurs compagnies refpectives.

Art. 7. (*Art.* 118 & 120 *de l'ord.*) Les maîtres ouvriers des pontonniers & des compagnies d'ouvriers feront choifis, dans leurs corps refpectifs, parmi les pontonniers de première ou de deuxième claffe, & parmi les ouvriers de première & de deuxième claffe ayant au moins un an de fervice.

Art. 8. (*Art.* 121 *de l'ord.*) Les ouvriers, dans les régimens d'artillerie à pied & à cheval, fuivront leur rang d'ancienneté parmi les canonniers de première & de deuxième claffe, & feront fufceptibles, étant de la première claffe, d'être nommés caporaux ou brigadiers.

§. II. *Des caporaux & brigadiers.*

Art. 9. (*Art.* 121 *de l'ord.*) Les caporaux ou brigadiers des régimens d'artillerie à pied & à cheval feront choifis parmi les artificiers & les canonniers de première claffe, y compris les ouvriers faifant partie de cette claffe.

Les caporaux de pontonniers feront choifis parmi

les maîtres ouvriers & les pontonniers de première classe;

Les caporaux des compagnies d'ouvriers, parmi les maîtres ouvriers & les ouvriers de première classe;

Les caporaux de la compagnie d'artificiers, parmi les artificiers de première classe.

Art. 10. (*Art.* 11 *de l'ord.*) Pour être nommé caporal ou brigadier, il faudra, dans tous les corps ci-dessus désignés,

1°. Être en état d'instruire un homme de recrue;

2°. Connoître les principales dispositions du Code pénal militaire;

3°. Être instruit sur le service des places & des postes, en ce qui concerne les fonctions de caporal & de brigadier.

Et, de plus :

Dans les régimens d'artillerie,

4°. Savoir lire & écrire;

5°. Être particulièrement au fait du pointage;

6°. Connoître la nomenclature des principaux objets d'artillerie, & la confection des gabions & saucissons.

Dans les pontonniers,

4°. Savoir lire & écrire;

5°. Être particulièrement au fait de la navigation des bateaux & trains de bateaux;

6°. Connoître la nomenclature des principaux attirails des ponts, la manœuvre des bouches à feu de campagne, la construction de toute espèce de fascinage, les remuemens de terres & gazonnemens.

Dans les compagnies d'ouvriers,

4°. Savoir lire & écrire;

5°. Être particulièrement au fait du tracé des objets d'artillerie dont la construction est du ressort de leur profession, & avoir une connoissance pratique des diverses espèces de bois, fers & aciers employés dans les arsenaux;

6°. Connoître la manœuvre des bouches à feu, les principales manœuvres de force & les manœuvres de pont.

Dans la compagnie d'artificiers,

4°. Savoir lire & écrire;

5°. Être particulièrement au fait de la confection de toute espèce de munitions & artifices de guerre, du chargement & déchargement des caissons, du calibrage & de l'empilement des projectiles;

6°. Connoître les manœuvres des bouches à feu, & les principales manœuvres de force.

§. III. *Des caporaux-fourriers & brigadiers-fourriers.*

Art. 11. (*Art.* 122 *de l'ord.*) Les caporaux-fourriers & les brigadiers-fourriers seront choisis parmi les artificiers, les caporaux ou brigadiers, dans les régimens d'artillerie, parmi les maîtres ouvriers & les caporaux, dans les pontonniers & les compagnies d'ouvriers; parmi les artificiers de première classe & les caporaux, dans la compagnie d'artificiers.

Art. 12. Pour être nommé caporal-fourrier ou brigadier-fourrier, il faudra, outre les conditions exigées des caporaux & brigadiers par l'article 10 ci-dessus,

1°. Savoir les élémens d'arithmétique;

2°. Connoître les principes de la comptabilité d'une compagnie.

§. IV. *Des sous-officiers.*

Art. 13. (*Art.* 9 *de l'ord.*) Sont compris sous la dénomination de *sous-officiers*, dans le corps de l'artillerie,

Les sergens & maréchaux-des-logis;

Les sergens-majors & maréchaux-des-logis-chefs, & les adjudans.

Art. 14. (*Art.* 125 *de l'ord.*) Les sergens & maréchaux-des-logis seront choisis parmi les caporaux, brigadiers ou fourriers ayant au moins deux ans de service.

Art. 15. (*Art.* 11 *de l'ord.*) Pour être nommé sergent ou maréchal-des-logis, il faudra, dans tous les corps d'artillerie,

1°. Être âgé de vingt ans révolus;

2°. Être en état d'instruire les recrues;

3°. Être en état de commander un peleton;

4°. Connoître suffisamment le service intérieur de police & de discipline, le service des places & celui de campagne, en ce qui concerne les fonctions de sous-officiers.

Et, de plus :

Dans les régimens d'artillerie,

5°. Être en état de commander une section dans les manœuvres d'une batterie de campagne;

6°. Être en état de commander toute espèce de manœuvres de bouches à feu & de force;

7°. Savoir tracer sur le terrain toute espèce de batterie, distribuer & établir les travailleurs, & diriger tous les détails de construction;

8°. Connoître la nomenclature & l'usage des principaux attirails de l'artillerie, & la confection des principaux artifices de guerre;

9°. Connoître les élémens d'arithmétique & ceux de la comptabilité.

Dans les pontonniers,

5°. Être en état de commander toute espèce de manœuvres de détail d'un équipage de pont;

6°. Être en état de commander toute espèce de manœuvres de bouches à feu de campagne;

7°. Être en état de diriger la navigation d'un train de bateaux;

8°. Connoître à fond la nomenclature de tous les agrès d'un équipage de pont, & leur usage;

9°. Connoître les élémens d'arithmétique & ceux de la comptabilité.

Dans les compagnies d'ouvriers,

5º. Être en état de diriger un atelier;

6º. Connoître les manœuvres de détail d'un équipage de pont, les manœuvres de bouches à feu & de force;

7º. Connoître le tracé des objets d'artillerie dont ils doivent surveiller la construction;

8º. Connoître la nomenclature des objets d'artillerie;

9º. Connoître les élémens d'arithmétique & ceux de la comptabilité.

Dans la compagnie d'artificiers,

5º. Connoître toute espèce de travaux pyrotechniques en usage dans l'artillerie;

6º. Être en état de commander toute espèce de manœuvres de bouches à feu & de force;

7º. Être en état de diriger tous les travaux qui s'exécutent dans une salle d'artifices;

8º. Connoître la nomenclature & l'usage des principaux objets d'artillerie;

9º. Connoître les élémens d'arithmétique & ceux de la comptabilité.

Art. 16. *(Art. 124 de l'ord.)* Les sergens-majors & maréchaux-des-logis-chefs seront choisis dans leurs régimens, bataillons & compagnies respectifs, parmi les sergens & maréchaux-des-logis ayant au moins un an de service dans ce dernier grade.

Art. 17. Pour être nommé sergent-major ou maréchal-des-logis-chef, il faudra connoître, outre les conditions exigées des sergens & maréchaux-des-logis par l'article 15 de la présente instruction,

1º. Les élémens de géométrie;

2º. Ceux de fortification;

3º. La comptabilité d'une compagnie.

Art. 18. *(Art. 11 & 125 de l'ord.)* Les emplois d'adjudant seront accordés aux sergens-majors & maréchaux-des-logis-chefs ayant au moins un an de service en cette qualité.

§. V. *Dispositions générales.*

Art. 19. *(Art. 15 de l'ord.)* Les colonels des régimens d'artillerie à pied & à cheval, & le lieutenant-colonel commandant le bataillon de pontonniers, nomment dans l'intérieur de leurs corps respectifs, à tous les emplois jusques & y compris l'emploi d'adjudant.

Art. 20. *(Art. 11 de l'ord.)* En temps de guerre, les remplacemens se feront immédiatement à mesure que les places seront vacantes dans les détachemens du même régiment employés à l'armée.

En temps de paix, les sergens-majors, les maréchaux-des-logis-chefs & les adjudans seulement seront immédiatement remplacés; les autres remplacemens n'auront lieu que tous les semestres, c'est-à-dire, dans le courant des mois de janvier & juillet de chaque année.

Art. 21. *(Art. 12 de l'ord.)* Pour que l'avancement soit toujours accordé aux sujets les plus méritans, il sera dressé, pendant le premier trimestre de l'année, dans chaque régiment d'artillerie à pied & à cheval, & dans le bataillon de pontonniers, un tableau d'avancement, de la manière indiquée ci-après:

Les capitaines commandant les compagnies feront des rapports par écrit, dans lesquels ils désigneront les sujets de leurs compagnies respectives qui leur paroîtront susceptibles d'être nommés aux emplois,

D'artificier dans les régimens, ou de maître ouvrier dans les pontonniers;

De caporal ou de brigadier;

De fourrier;

De sergent ou maréchal-des-logis;

De sergent-major ou maréchal-des-logis-chef.

Les militaires ainsi désignés devront réunir les conditions exigées par la présente instruction, pour chacun de ces emplois; & leur nombre devra, autant que possible, être égal à celui des emplois existans dans chaque compagnie, c'est-à-dire, qu'il sera désigné quatre sujets pour chacun des emplois d'artificier ou de maître ouvrier, de caporal ou brigadier, de sergent ou maréchal-des-logis, & un sujet seulement pour chacun des emplois de fourrier & de sergent-major ou maréchal-des-logis-chef.

Les capitaines indiqueront, dans ces rapports, si les sergens-majors ou maréchaux-des-logis-chefs de leurs compagnies méritent, par leur bonne conduite & leur instruction, d'être proposés pour des emplois de garde d'artillerie ou d'officier.

Les capitaines des régimens d'artillerie à pied & à cheval remettront ces rapports au chef de bataillon ou d'escadron qui aura le commandement supérieur de leurs compagnies respectives, en exécution des articles 77 & 78 de la présente instruction; & les capitaines de pontonniers les remettront au chef de bataillon du corps.

Les chefs de bataillon ou d'escadron des régimens feront sur ces rapports les observations qu'ils croiront convenables, & les remettront au lieutenant-colonel.

Art. 22. *(Art. 13 & 14 de l'ord.)* Le lieutenant-colonel, dans les régimens d'artillerie, & le chef de bataillon, dans les pontonniers, après avoir recueilli ces rapports, les présenteront au chef du corps, en y joignant des notes particulières sur les sous-officiers qu'ils croiront les plus dignes d'avancement.

Le chef du corps, sur ces renseignemens, dressera le tableau pour l'avancement, à l'appui duquel devront être conservés les rapports indiqués ci-dessus. Il y désignera, parmi les sergens-majors ou les maréchaux-des-logis-chefs & les adjudans, ceux qui se seront plus particulièrement distingués, & qu'il croira susceptibles d'être nommés gardes d'artillerie ou bien officiers.

Le tableau annuel sera présenté à l'inspecteur-général, qui le transmettra au ministre de la guerre, avec son avis motivé sur les sergens-majors, maréchaux-des-logis-chefs & adjudans proposés pour obtenir de l'avancement.

Art. 23. *(Art. 15 de l'ord.)* Pour effectuer les remplacemens dans les régimens d'artillerie, les capitaines-commandans désigneront, pour chaque emploi vacant dans leurs compagnies respectives, trois sujets choisis entre ceux déjà portés sur le tableau d'avancement du corps, & en remettront l'état au chef de bataillon ou d'escadron ayant le commandement supérieur de leurs compagnies, qui le transmettra au lieutenant-colonel, avec ses observations; & ce dernier le présentera au colonel, qui désignera celui des trois sujets proposés auquel l'emploi sera conféré.

Dans le bataillon de pontonniers, les capitaines-commandans remettront l'état des sujets qu'ils auront choisis sur le tableau d'avancement, au chef de bataillon du corps, qui le transmettra, avec ses observations, au commandant, qui désignera ceux auxquels les emplois vacans seront conférés.

Les adjudans seront nommés par les chefs de corps, sur la présentation faite par le lieutenant-colonel, dans les régimens d'artillerie, ou par le chef de bataillon, dans les pontonniers.

Art. 24. *(Réglement du 23 janvier 1818.)* L'avancement dans les compagnies d'ouvriers continuera d'avoir lieu ainsi qu'il a été réglé par la décision du 23 janvier 1818. En conséquence il se fera dans chaque compagnie, jusqu'au grade de caporal-fourrier inclusivement, & sur toutes les compagnies, pour les grades de sergent & sergent-major.

Quant à la compagnie d'artificiers, l'avancement aura lieu jusqu'à nouvel ordre, dans la compagnie, jusqu'au grade de sergent-major inclusivement.

Art. 25. La formation du tableau d'avancement étant inutile dans les compagnies d'ouvriers & d'artificiers, les propositions de nomination, faites dans la forme indiquée par l'article 23 ci-dessus, c'est-à-dire, en désignant trois sujets pour chacun des emplois vacans, seront remises, par les capitaines-commandans desdites compagnies, aux inspecteurs-généraux, &, en leur absence, aux directeurs d'artillerie, qui nommeront, conformément à l'article précédent, aux emplois vacans.

Art. 26. Les capitaines commandant les compagnies d'ouvriers remettront, dans le courant du premier trimestre de chaque année, au colonel-directeur d'artillerie sous les ordres duquel ils seront placés, un état dans lequel ils désigneront, dans leurs compagnies respectives,

1°. Les sujets qui réuniront les qualités exigées pour pouvoir remplir les fonctions de sergent & de sergent-major;

2°. Les caporaux & sous-officiers susceptibles de passer à des emplois d'ouvriers d'état dans les arsenaux.

Chaque capitaine-commandant fera connoître en même temps si le sergent-major de sa compagnie mérite, par sa bonne conduite & son instruction, d'être nommé officier, garde d'artillerie, chef ou sous-chef d'ouvriers d'état.

Le colonel fera sur cet état les observations qu'il jugera convenables, & il le présentera ensuite à l'inspecteur-général, qui le transmettra, avec son avis motivé, au ministre de la guerre.

Art. 27. Le capitaine commandant la compagnie d'artificiers remettra, à la même époque, au colonel-directeur d'artillerie, un état comprenant les sous-officiers de ladite compagnie susceptibles de concourir aux emplois de maître artificier dans les écoles, & il fera connoître en même temps si le sergent-major de ladite compagnie paroît mériter d'être nommé garde d'artillerie, ou bien officier.

Le colonel présentera cet état, avec les observations qu'il jugera utile d'y faire, à l'inspecteur-général, qui le transmettra, avec son avis motivé, au ministre de la guerre.

SECTION II.

Des gardes et employés d'artillerie.

Art. 28. *(Art. 127 de l'ord.)* Les emplois d'ouvrier d'état dans les arsenaux seront accordés aux caporaux & aux sous-officiers des compagnies d'ouvriers & du bataillon de pontonniers exerçant des professions utiles au service des arsenaux.

Art. 29. Les sous-chefs d'ouvriers d'état seront choisis parmi les ouvriers d'état & parmi les sous-officiers des compagnies d'ouvriers & ceux du bataillon de pontonniers réunissant les conditions exigées par l'article précédent.

Art. 30. Les chefs d'ouvriers d'état seront choisis parmi les sous-chefs & parmi les sergens-majors des compagnies d'ouvriers.

Art. 31. *(Art. 128 de l'ord.)* Les emplois de maître artificier dans les écoles d'artillerie seront accordés aux chefs artificiers des régimens, & aux sous-officiers de la compagnie d'artificiers.

Art. 32. *(Art. 126 de l'ord.)* Les emplois de garde d'artillerie de troisième classe dans les places, dans les divers établissemens & aux armées, seront accordés aux sergens-majors & aux maréchaux-des-logis-chefs des régimens d'artillerie, du bataillon de pontonniers & des compagnies d'ouvriers.

Art. 33. Les ouvriers d'état qui auront été précédemment sergens-majors ou maréchaux-des-logis-chefs, concourront également aux emplois de garde d'artillerie de troisième classe.

Art. 34. Nul sergent-major ou maréchal-des-logis-chef ne pourra être nommé garde d'artillerie de troisième classe, s'il ne sait écrire très-lisiblement, & s'il n'est en état de tenir très en règle les registres de sa comptabilité.

Art. 35. *(Art. 126 de l'ord.)* Les emplois de garde d'artillerie de deuxième classe seront donnés aux gardes d'artillerie de troisième classe ayant trois

trois ans au moins de service dans cet emploi. Ceux de garde d'artillerie de première classe seront également donnés aux gardes d'artillerie de deuxième classe ayant aussi trois ans de service dans l'emploi de garde de deuxième classe.

Art. 36. Il ne sera nommé aux emplois déterminés par les articles 28, 29, 30, 31, 32, 33 & 35 ci-dessus, que des sujets présentés par le comité des inspecteurs-généraux de l'arme.

SECTION III.

Dispositions relatives aux Officiers.

§. VI. *Des sous-lieutenans.*

Art. 37. (*Art.* 131 *de l'ord.*) Les élèves de l'école d'application qui entreront dans les corps, & les sous-officiers qui seront promus officiers, ne recevront que le brevet de sous-lieutenant, qui datera, pour les premiers, de l'époque de leur nomination d'élève. Les uns & les autres obtiendront le brevet de lieutenant en second à l'expiration des quatre années qui suivront la date de celui de sous-lieutenant dont ils auront été pourvus.

Art. 38. (*Art.* 129 *de l'ord.*) Conformément à la loi du 10 mars 1818, le tiers des emplois de sous-lieutenant dans les régimens d'artillerie à pied & à cheval, dans le bataillon de pontonniers & dans les compagnies d'ouvriers & d'artificiers, sera accordé aux sous-officiers de ces corps, & les deux autres tiers aux élèves de l'école d'application qui auront satisfait aux examens de sortie de ladite école.

Art. 39. (*Art.* 130 *de l'ord.*) Les emplois d'officier accordés aux sous-officiers d'artillerie seront donnés aux adjudans, aux sergens-majors & aux maréchaux-des-logis-chefs ayant au moins quatre ans effectifs de service, dont deux en qualité de sous-officiers.

Art. 40. (*Art.* 25 & 129 *de l'ord.*) L'avancement des sous-officiers d'artillerie au grade d'officier, aura lieu par corps, à l'exception des compagnies d'ouvriers, où il aura lieu sur l'ensemble des douze compagnies.

Art. 41. (Réglemens en vigueur sur l'instruction des sous-officiers & des officiers dans les écoles d'artillerie.)

Nul sous-officier ne pourra être promu au grade d'officier, s'il n'est porté sur le tableau d'avancement du corps, & s'il ne possède, à cet effet, les connoissances ci-après indiquées :

1°. L'instruction théorique & pratique exigée des sergens-majors & maréchaux-des-logis-chefs par la présente instruction;

2°. L'arithmétique;
3°. La géométrie;
4°. Les principes généraux de la fortification;
5°. Les principes du dessin.

Art. 42. Sa Majesté ayant décidé, le 11 novembre 1818, qu'il ne seroit pas nommé à l'emploi d'officier-payeur en temps de paix, le nombre des sous-lieutenans ou lieutenans en second d'un régiment d'artillerie à pied se trouve momentanément réduit à dix-huit, dont six doivent être choisis parmi les sous-officiers, & douze parmi les élèves.

Dans les six emplois de sous-lieutenant accordés aux sous-officiers, se trouve compris celui de porte-drapeau; il en reste donc cinq pour les compagnies : ainsi, sur dix-sept remplacemens successifs, il en reviendra cinq aux sous-officiers & douze aux élèves.

Le nombre des emplois du même grade dans un régiment d'artillerie à cheval & dans le bataillon de pontonniers sera de sept, y compris le porte-étendard ou le porte-drapeau; il en reviendra donc deux un tiers aux sous-officiers, & quatre deux tiers aux élèves : mais l'emploi de porte-drapeau ou de porte-étendard devant toujours compter dans les tiers accordé aux sous-officiers, il ne leur revient donc qu'un & un tiers d'emplois dans les compagnies. Ainsi, sur dix-huit remplacemens successifs dans les compagnies, il devra leur en être accordé quatre, & les quatorze autres aux élèves, indépendamment, pour les sous-officiers d'artillerie à cheval, des emplois de sous-lieutenant qui leur seront accordés dans les escadrons du train d'artillerie, conformément à l'article 146 de l'ordonnance.

Dans les compagnies d'ouvriers, le nombre des sous-lieutenans & lieutenans en second sera de douze. Il en reviendra donc quatre aux sous-officiers & huit aux élèves.

Art. 43. (*Art.* 132 *de l'ord.*) L'organisation du corps royal d'artillerie ne comportant que des lieutenans en premier & en second, les sous-lieutenans rempliront les emplois de ce dernier grade, & ils en recevront la solde. Ces officiers ne pourront néanmoins concourir aux emplois de lieutenant en premier que lorsqu'ils auront été pourvus du brevet de lieutenant en second.

§. VII. *Des lieutenans en second.*

Art. 44. (*Art.* 131 *de l'ord.*) Conformément à ce qui a été réglé par l'article 37 de la présente instruction, les sous-lieutenans qui auront accompli quatre années de service dans leur grade, recevront immédiatement le brevet de lieutenant en second, & concourront, à partir de ladite époque, aux emplois de lieutenant en premier.

§. VIII. *Des lieutenans en premier.*

Art. 45. (*Art.* 134 *de l'ord.*) L'avancement au grade de lieutenant en premier roulera sur toute l'arme entre les lieutenans en second à l'ancienneté.

En conséquence, comme il doit exister dans les corps de l'artillerie autant de lieutenans en premier qu'il y a de compagnies, il sera délivré des brevets de ce grade aux lieutenans, par ordre d'ancienneté, & jusqu'à concurrence du nombre des compagnies.

Néanmoins les lieutenans employés en qualité d'officiers comptables & d'aides-de-camp recevront le brevet de lieutenant en premier, lorsqu'un lieutenant moins ancien qu'eux aura reçu le brevet dudit grade dans une des compagnies du corps de l'artillerie.

Art. 46. *(Art. 133 de l'ord.)* Le grade de lieutenant en premier sera distinct & supérieur à celui de lieutenant en second. Il ne faut néanmoins que quatre ans de service dans le grade de lieutenant en second & en premier pour être susceptible d'être nommé au grade de capitaine en second.

§. IX. *Des capitaines en second.*

Art. 47. *(Art. 135 de l'ord.)* L'avancement au grade de capitaine en second roulera sur toute l'arme, entre les lieutenans en premier, les deux tiers à l'ancienneté, & un tiers au choix, conformément aux dispositions de la loi du 10 mars 1818.

§. X. *Des capitaines en premier.*

Art. 48. *(Art. 136 de l'ord.)* L'avancement au grade de capitaine en premier roulera sur toute l'arme entre les capitaines en second à l'ancienneté, y compris ceux qui feront partie de l'état-major du corps.

Art. 49. Le nombre total des capitaines en premier étant égal à celui des compagnies du corps de l'artillerie, augmenté du nombre des officiers de ce grade qui doivent faire partie de l'état-major de l'arme, il sera délivré des brevets dudit grade aux capitaines, par ordre d'ancienneté, & jusqu'à concurrence de ce nombre total.

Art. 50. *(Art. 274 de l'ord.)* Néanmoins les capitaines qui sont actuellement pourvus de l'emploi de capitaine-commandant & qui ne seroient pas à hauteur, par leur rang d'ancienneté sur le tableau général du corps, d'être pourvus du grade de capitaine en premier, recevront de simples commissions de ce grade pour en exercer les fonctions jusqu'à ce que leur tour d'ancienneté les porte à ce grade. Ces officiers ainsi commissionnés compteront en déduction sur le nombre des capitaines-commandans.

Art. 51. Les capitaines employés en qualité d'aides-de-camp, & ceux qui seront détachés à l'école polytechnique, à l'école militaire spéciale & à l'école d'état-major, recevront le brevet, & prendront le titre de *capitaine-commandant*, lorsqu'un capitaine moins ancien qu'eux sera promu au grade de capitaine en premier dans les troupes, ou à l'état-major de l'artillerie.

Art. 52. Les capitaines qui rempliront les fonctions d'officiers comptables, & auxquels l'ordonnance accorde la faculté d'opter entre lesdites fonctions & celles de commandant de compagnie, lorsqu'ils y sont portés par leur ancienneté, recevront le brevet de capitaine en premier, de la manière indiquée ci-dessus pour les aides-de-camp & autres officiers détachés, lorsqu'ils demanderont à conserver leurs fonctions d'officiers comptables.

Art. 53. *(Art. 133 de l'ord.)* Le grade de capitaine en premier sera distinct & supérieur à celui de capitaine en second. Il ne faudra néanmoins que quatre ans de service en qualité de capitaine en second & de capitaine en premier, pour être susceptible d'être nommé au grade de chef de bataillon ou d'escadron.

Art. 54. *(Art. 139 de l'ord.)* Les capitaines en résidence fixe & permanente seront nommés à ces emplois sur leurs demandes, & seront assimilés aux officiers des compagnies sédentaires. Ils cesseront en conséquence de concourir pour l'avancement dans le corps de l'artillerie.

§. XI. *Des porte-drapeaux & porte-étendards.*

Art. 55. *(Art. 32 & 33 de l'ord.)* A l'avenir, les porte-drapeaux & porte-étendards auront le grade de sous-lieutenant, & seront choisis parmi les sous-officiers portés sur le tableau pour l'avancement, & ayant le temps de service & de grade suffisant pour pouvoir être nommés officiers.

Art. 56. *(Art. 34 de l'ord.)* La nomination à l'emploi de porte-drapeau ou de porte-étendard, élevant un sous-officier au grade d'officier, comptera dans le tiers dévolu à l'avancement des sous-officiers.

Art. 57. *(Art. 132 de l'ord.)* Les porte-drapeaux & porte-étendards recevront la solde de lieutenant en second, & continueront à exercer leurs fonctions jusqu'à l'époque à laquelle ils parviendront au grade de lieutenant en premier : à ladite époque, ils seront placés dans les compagnies avec leur nouveau grade.

Art. 58. *(Art. 276 de l'ord.)* Les lieutenans qui remplissent en ce moment les emplois de porte-drapeau & de porte-étendard, rentreront dans les compagnies au fur & à mesure que leur ancienneté les portera au grade de lieutenant en premier, & ils seront alors remplacés par des sous-lieutenans, conformément à l'article 55 ci-dessus.

Art. 59. Il n'est rien changé aux dispositions des ordonnances qui ont accordé la solde de lieutenant en premier aux porte-drapeaux & porte-étendards actuellement en fonctions; en conséquence, ces officiers continueront à jouir de cette prérogative. Quant aux porte-drapeaux & porte-étendards qui seront nommés à l'avenir, ils n'auront droit qu'à la solde déterminée par l'article 57 de la présente instruction.

§. XII. *Des sous-adjudans-majors.*

Art. 60. *(Art. 275 de l'ord.)* L'ordonnance du 2 août 1818 ayant prononcé la suppression des emplois de sous-adjudans-majors dans le corps de l'artillerie, les officiers qui remplissent en ce moment ces fonctions seront placés dans les compagnies, lorsque leur ancienneté les portera au grade de lieutenant en premier, & ils seront alors remplacés par des adjudans, qui seront nommés conformément aux dispositions des articles 19 & 23 de la présente institution.

§. XIII. *Des adjudans-majors.*

Art. 61. *(Art. 36 & 137 de l'ord.)* Les adjudans-majors seront choisis parmi les lieutenans de première classe, ayant précédemment servi comme adjudans-sous-officiers, sergens-majors ou maréchaux-des-logis-chefs, &, autant que possible, parmi ceux qui, ayant quatre ans de grade de lieutenant, seront susceptibles d'être promus au grade de capitaine en second.

Art. 62. *(Art. 37 de l'ord.)* L'officier ayant quatre ans de grade à l'époque de sa nomination à l'emploi d'adjudant-major, sera en même temps promu au grade de capitaine en second. Il obtiendra ce grade à l'expiration de quatre années de celui de lieutenant, lorsqu'un emploi d'adjudant-major lui aura été conféré avant ce terme.

Art. 63. *(Décision du 5 septembre 1818.)* Les lieutenans-adjudans-majors actuellement en fonctions, qui avoient quatre années révolues de ce grade à l'époque du 2 août 1818, recevront le brevet de capitaine en second, à dater de ladite époque, s'ils sont lieutenans en premier, ou à dater de l'époque à laquelle ils auront obtenu ce dernier grade, s'ils n'en sont pas encore pourvus.

Art. 64. *(Art. 37 de l'ord.)* Lorsque le tour d'ancienneté d'un adjudant-major capitaine en second l'appellera au grade de capitaine-commandant en premier, il prendra le rang & le titre de capitaine-commandant, & il continuera d'exercer les fonctions d'adjudant-major.

§. XIV. *Des officiers comptables.*

Art. 65. *(Art. 40 de l'ord.)* A l'avenir, les officiers-payeurs qui seront nommés en temps de guerre, auront le grade de sous-lieutenant, & seront choisis, dans chaque corps, parmi les sous-lieutenans qui auront été sergens-majors ou maréchaux-des-logis-chefs, ou parmi les sous-officiers ayant exercé pendant deux ans au moins les fonctions de sergent-major ou de maréchal-des-logis-chef.

Art. 66. Les dispositions des articles 56, 57 & 58 ci-dessus, relatives aux porte-drapeaux & porte-étendards, sont applicables aux officiers-payeurs, à l'exception de ce qui concerne le remplacement des porte-drapeaux & porte-étendards actuellement en fonctions, attendu que, conformément à la décision de Sa Majesté, en date du 11 novembre 1818, il ne doit pas être nommé, en temps de paix, aux emplois d'officier-payeur dans les corps de l'artillerie. En conséquence, les officiers pourvus de cet emploi ne seront point remplacés lorsqu'ils passeront dans les compagnies en qualité de lieutenans en premier.

Art. 67. *(Art. 42 & 44 de l'ord.)* Les officiers d'habillement & les trésoriers auront le grade de lieutenant ou celui de capitaine, & seront choisis parmi les officiers qui auront été sergens-majors ou maréchaux-des-logis-chefs.

Art. 68. *(Art. 44 de l'ord.)* Il sera formé dans chaque corps une liste des officiers du grade de sous-lieutenant à celui de capitaine en premier inclusivement, qui seront reconnus les plus propres à remplir les fonctions d'officier comptable, soit en qualité de trésorier, soit comme officier d'habillement, & qui réuniront les qualités exigées par l'article précédent.

Cette liste sera arrêtée par le conseil d'administration, soumise au visa & aux observations du sous-intendant militaire, qui en aura la police, & communiquée par ledit conseil à l'intendant militaire.

A l'époque de la revue annuelle d'inspection, cette liste sera présentée par le conseil d'administration à l'inspecteur-général, qui, après avoir pris l'avis motivé, par écrit, de l'intendant militaire ayant la police supérieure du corps, la transmettra, avec ledit avis & ses notes particulières, au ministre de la guerre.

Art. 69. *(Art. 46 de l'ord.)* Lorsqu'un emploi de trésorier ou d'officier d'habillement deviendra vacant, il sera donné, au choix, à l'un des sujets portés sur la liste générale de l'arme, laquelle sera renouvelée tous les ans.

Art. 70. *(Art. 47 de l'ord.)* Les officiers comptables, du grade de lieutenant en second, recevront le brevet de lieutenant en premier, lorsqu'un lieutenant moins ancien qu'eux sera parvenu à ce grade dans les compagnies, & rouleront alors, pour le tour à l'ancienneté de l'avancement au grade de capitaine en second, avec tous les lieutenans en premier de l'arme.

Lorsque leur ancienneté dans le grade de capitaine en second les portera au grade de capitaine en premier, ils auront l'option, ou de conserver leurs fonctions avec leur grade, ou de passer au commandement d'une compagnie: ce cas échéant, le commandant du corps & l'intendant militaire en informeront le ministre de la guerre, pour que le brevet du nouveau grade soit incessamment expédié, &, que, selon l'option de l'officier comptable, il soit pourvu, s'il y a lieu, à son remplacement.

Art. 71. *(Art. 48 de l'ord.)* Tout officier comptable ainsi promu au commandement d'une compagnie, fera fufceptible, au bout de deux ans dudit commandement, de rentrer dans la ligne des officiers comptables, foit comme capitaine-tréforier, foit comme capitaine d'habillement.

S'il entend profiter de cette faculté, il en fera, par l'intermédiaire du chef du corps, fa déclaration à l'intendant de la divifion militaire, qui en rendra compte au miniftre de la guerre; & alors un des premiers emplois vacans d'officier comptable lui fera dévolu.

Art. 72. *(Art. 49 de l'ord.)* Indépendamment de l'avancement déterminé par l'article 70 de la préfente inftruction, tous les tréforiers & officiers d'habillement du grade de lieutenant en premier concourront enfemble pour l'avancement au grade de capitaine en fecond dans les mêmes fonctions; &, dans ce cas, l'officier ainfi promu n'aura pas la faculté d'opter pour paffer au commandement d'une compagnie, lorfque fon ancienneté le portera au grade de capitaine en premier. Il devra quitter fes fonctions d'officier comptable à ladite époque, à moins d'être autorifé à les conferver par une décifion fpéciale, qui ne pourra être rendue que fur la propofition du confeil d'adminiftration du corps, & appuyée de l'avis de l'intendant militaire.

Art. 73. *(Art. 43 de l'ord.)* L'avancement des officiers comptables entr'eux aura lieu entièrement au choix du Roi, conformément à l'article 28 de la loi du 10 mars 1818.

Art. 74. *(Art. 50 de l'ord.)* Les majors feront pris, au choix du Roi, parmi les capitaines-adjudans-majors, les capitaines-tréforiers & capitaines d'habillement, ayant au moins quatre années de fervice dans leur grade; mais les capitaines-tréforiers & les capitaines d'habillement, pour être fufceptibles de cette promotion, devront avoir commandé une compagnie pendant deux ans au moins.

Art. 75. *(Art. 51 de l'ord.)* Les majors rouleront avec les chefs de bataillon ou d'efcadron, pour l'avancement au grade de lieutenant-colonel.

§. XV. *Des chefs de bataillon & d'efcadron.*

Art. 76. *(Art. 20 de l'ord.)* L'avancement au grade de chef de bataillon ou d'efcadron aura lieu fur toute l'arme, entre les capitaines en premier; les deux tiers à l'ancienneté & l'autre tiers au choix du Roi, conformément aux difpofitions de la loi du 10 mars 1818.

Art. 77. *(Décifion du 1er décembre 1818.)* Chacun des chefs de bataillon employés dans les régimens d'artillerie à pied aura le commandement fupérieur de quatre compagnies: le cadre de la compagnie de dépôt fera réuni aux quatre compagnies placées fous le commandement du plus ancien chef de bataillon. Chaque chef d'efcadron aura de même le commandement fupérieur de deux compagnies dans les régimens d'artillerie à cheval.

Art. 78. *(Même décifion.)* Les chefs de bataillon & d'efcadron furveilleront particulièrement l'inftruction & les détails du fervice intérieur des compagnies qui feront placées fous leurs ordres. Ils rempliront, à cet égard, les fonctions qui font attribuées, par les réglemens de police, aux chefs de bataillon & d'efcadron des autres corps de l'armée, & ils feront refponfables de l'exécution defdits réglemens. Ils concourront, en ce qui les concerne, à la formation du tableau d'avancement, conformément à ce qui a été réglé à ce fujet par l'article 21 de la préfente inftruction.

§. XVI. *Des lieutenans-colonels & colonels.*

Art. 79. *(Art. 20 & 51 de l'ord.)* L'avancement au grade de lieutenant-colonel aura lieu entre tous les chefs de bataillon ou d'efcadron, & les majors de l'arme ayant au moins quatre ans de fervice dans leurs grades, les deux tiers à l'ancienneté & un tiers au choix du Roi.

Art. 80. *(Art. 140 de l'ord.)* L'avancement au grade de colonel aura lieu entièrement au choix du Roi, parmi les lieutenans-colonels de l'arme, ayant au moins quatre ans de fervice dans leur grade.

§. XVII. *Des officiers-généraux.*

Art. 81. *(Art. 141 de l'ord.)* Les emplois d'officier-général fpécialement affectés au fervice de l'artillerie, feront tous donnés au choix du Roi, dans cette arme, & conformément à ce qui eft réglé à cet égard au titre X de l'ordonnance.

Art. 82. *(Art. 53 de l'ord.)* Les maréchaux-de-camp feront choifis parmi les colonels qui fe feront le plus diftingués par leurs fervices & leurs talens militaires, & qui auront au moins quatre ans d'exercice de ce grade; & les lieutenans-généraux, parmi les maréchaux-de-camp ayant également au moins quatre ans d'exercice: le tout conformément aux difpofitions de l'article 12 de l'ordonnance du 22 juillet 1818, fur l'organifation du cadre de l'état-major-général de l'armée.

Art. 83. *(Art. 142 de l'ord.)* Il ne fera nommé aux emplois de maréchal-de-camp que des colonels pris parmi ceux préfentés par le comité des infpecteurs-généraux de l'arme.

Art. 84. *(Art. 145 de l'ord.)* La nomination au grade de lieutenant-général aura lieu fur propofition directe du miniftre-fecrétaire d'Etat de la guerre.

SECTION IV.

Des tours d'avancement à l'ancienneté jufqu'au grade de lieutenant-colonel inclufivement.

Art. 85. *(Art. 20 de l'ord.)* Les deux tiers des emplois de capitaine en fecond, de chef de batailllon ou d'efcadron, & de lieutenant-colonel, devront être donnés à l'ancienneté, & l'autre tiers au choix. Sa Majefté a décidé que, dans le cas de vacance dans les fufdits grades, le premier tour appartiendroit à l'ancienneté, le fecond au choix, le troifième à l'ancienneté. Néanmoins les officiers promus le même jour prendront rang entr'eux d'après leur ancienneté dans le grade précédent.

Art. 86. *(Art. 22 de l'ord.)* Afin que les officiers ne puiffent, en aucun cas, être privés de leurs droits & rang d'ancienneté, il fera établi un tableau par grade des officiers de l'arme, fuivant leur ancienneté de fervice dans leurs grades.

Art. 87. *(Art. 28 de l'ord.)* Ne feront comptés, pour déterminer les droits à l'avancement, que les fervices effectifs dans les corps organifés par les ordonnances du Roi. En conféquence, les officiers ne feront point infcrits fur le tableau formé pour l'avancement à l'ancienneté, à la date de leur brevet, s'ils ont éprouvé des interruptions de fervice, mais feulement à la date à laquelle remonteront leurs fervices légalement reconnus.

Art. 88. *(Art. 26 de l'ord.)* Le rang d'ancienneté, pour les promotions de même date, fera réglé par le numéro d'ordre indiquant le rang des nominations dans ces promotions. Ce numéro fera infcrit fur le brevet.

Art. 89. *(Art. 24 de l'ord.)* Auffitôt qu'il vaquera un emploi dans un corps, le commandant fera tenu d'en rendre compte au miniftre de la guerre.

SECTION V.

De l'avancement au choix du Roi.

Art. 90. *(Art. 29 de l'ord.)* Sa Majefté voulant que fon choix pour les promotions & nominations aux emplois dans l'armée foit toujours un motif d'émulation, a ordonné qu'à l'avenir les officiers dont l'avancement lui feroit propofé, feroient pris parmi ceux défignés dans les rapports des infpecteurs-généraux d'armes.

Art. 91. *(Art. 142 de l'ord.)* Les liftes à former pour la préfentation des officiers d'artillerie qui, par leurs fervices, leurs talens & leur conduite, mériteront d'être défignés pour l'avancement au choix du Roi, feront remifes chaque année au miniftre-fecrétaire d'Etat de la guerre, par le comité des infpecteurs-généraux de l'arme, pour les grades de capitaine en fecond, chef de bataillon ou d'efcadron, lieutenant-colonel, colonel & maréchal-de-camp.

Ces liftes feront dreffées ainfi qu'il va être expliqué ci-après.

Art. 92. Les infpecteurs-généraux remettront au comité l'état des officiers qu'ils auront jugés fufceptibles d'être promus au grade fupérieur à celui qu'ils occupent. Cet état fera connoître, avec des développemens convenables, les droits de ces officiers à la préférence de Sa Majefté.

Art. 93. Le comité fera le dépouillement de ces états, & claffera les candidats par ordre de mérite. Il défignera enfuite pour les nominations au choix :

1°. Quatre colonels, pour être promus au grade de maréchal-de-camp;
2°. Six lieutenans-colonels, pour être promus au grade de colonel;
3°. Huit chefs de bataillon ou d'efcadron, pour être promus au grade de lieutenant-colonel;
4°. Douze capitaines en premier, pour être promus au grade de chef de bataillon ou d'efcadron;
5°. Vingt-quatre lieutenans en premier, pour être promus au grade de capitaine en fecond.

Art. 94. Les liftes de candidats ainfi réduites feront tranfmifes au miniftre de la guerre, avec les rapports des infpecteurs-généraux, avant la fin du mois de décembre de chaque année.

SECTION VI.

Dispositions relatives aux remplacemens dans les emplois d'officiers.

Art. 95. *(Art. 39 & 46 de l'ord.)* En temps de guerre, il fera pourvu au remplacement des officiers auffitôt que les vacances d'emplois feront connues du miniftre de la guerre.

En temps de paix, les adjudans-majors, le tréforier & les officiers d'habillement feront feuls immédiatement remplacés; les autres remplacemens d'officiers n'auront lieu que deux fois par an, dans le courant des mois de janvier & de juillet.

Art. 96. *(Art. 38 de l'ord.)* Pour la nomination aux emplois d'adjudant-major, le commandant du corps où la vacance aura lieu préfentera trois fujets réuniffant les conditions déterminées par l'article 61 de la préfente inftruction. Il remettra l'état des fervices de chacun de ces trois officiers à l'infpecteur-général en tournée, qui, après avoir ajouté fes obfervations à l'état de propofition du commandant du corps, l'adreffera au miniftre de la guerre.

L'un des trois fujets défignés fera nommé à l'emploi vacant.

Lorfqu'il n'y aura point d'infpecteur-général en tournée, l'état dont il eft queftion fera remis par le chef du corps au maréchal-de-camp commandant l'école d'artillerie, qui le tranfmettra directement au miniftre de la guerre, avec fon avis motivé.

Art. 97. *(Art. 19 & 33 de l'ord.)* Lorfqu'il vaquera des emplois de fous-lieutenant appartenant au tour des fous-officiers, les chefs de corps adrefferont au miniftre de la guerre la lifte des sujets qu'ils proposeront pour être nommés aux emplois vacans.

Les candidats feront en nombre triple des emplois vacans, & ils seront choisis sur le tableau de l'avancement des sous-officiers du corps, conformément à l'article 41 de la présente instruction.

Si l'emploi de porte-drapeau ou de porte-étendard se trouve au nombre des emplois vacans, le chef du corps désignera spécialement les trois sujets qu'il proposera pour concourir audit emploi; l'un deux y sera nommé.

Art. 98. En conséquence de ce qui a été déterminé ci-dessus, article 42, relativement à la proportion qui doit exister dans les compagnies entre les sous-lieutenans sortant de la classe des élèves & les sous-lieutenans sortant de la classe des sous-officiers, les remplacemens successifs auront lieu dans l'ordre indiqué ci-après, dans les corps de l'artillerie; savoir:

Dans les régimens d'artillerie à pied,

Les 1re., 14e., 7e., 10e. & 14e. vacances seront accordées aux sous-officiers, & les 2e., 3e., 5e., 6e., 8e., 9e., 11e., 12e., 13e., 15e., 16e. & 17e. aux élèves.

Dans les régimens d'artillerie à cheval & dans le bataillon de pontonniers,

Les 1re., 5e., 9e. & 14e. vacances seront accordées aux sous-officiers, & les 2e., 3e., 4e., 6e., 7e., 8e., 10e., 11e., 12e., 13e., 15e., 16e., 17e. & 18e. aux élèves.

Dans les compagnies d'ouvriers & d'artificiers,

La 1re. vacance sera accordée aux sous-officiers, & les 2e. & 3e. aux élèves.

Art. 99. Lorsque le dix-septième remplacement aura été effectué dans les régimens d'artillerie à pied, le dix-huitième dans les régimens d'artillerie à cheval & dans le bataillon de pontonniers, le troisième dans les compagnies d'ouvriers & d'artificiers, les séries déterminées ci-dessus recommenceront dans le même ordre.

Art. 100. Il sera tenu, dans chacun des régimens d'artillerie à pied & à cheval, & dans le bataillon de pontonniers, un registre où seront inscrits, par ordre de dates, les mutations qui surviendront dans les emplois de sous-lieutenant, & qui contiendra l'indication des tours de remplacement revenant aux sous-officiers & aux élèves.

Le relevé de ces mutations sera fait tous les six mois, & les chefs de corps adresseront au ministre les listes exigées par l'article 97 ci-dessus, de manière qu'elles soient parvenues le 15 juin & le 15 décembre de chaque année au plus tard.

Quant aux compagnies d'ouvriers & d'artificiers, le registre des mutations sera tenu au ministère de la guerre.

Art. 101. La nomination au choix pour tous les autres grades d'officiers, à celui de lieutenant en second jusqu'à celui de maréchal-de-camp inclusivement, auront lieu sur la proposition du comité des inspecteurs-généraux, attendu qu'à compter du premier de ces grades, l'avancement a lieu sur toute l'arme.

Les chefs de corps se borneront à faire connoître les mutations qui surviendront dans les grades ci-dessus indiqués, & il sera pourvu aux remplacemens nécessaires, selon les règles déterminées par la présente instruction.

SECTION VII.

Dispositions transitoires.

Art. 102. *(Art. 262 de l'ord.)* La moitié des emplois qui viendront à vaquer dans les corps de l'artillerie, sera réservée au placement des officiers des différens grades en non-activité; l'autre moitié appartiendra à l'avancement ordinaire.

Art. 103. *(Art. 263 de l'ord.)* Dans aucun cas, le placement des officiers en non-activité ne pourra avoir lieu sur le tiers des emplois de sous-lieutenant réservés à l'avancement des sous-officiers; en conséquence, le placement des lieutenans en second en non-activité ne portera que sur les deux autres tiers.

Art. 104. *(Art. 264 de l'ord.)* Pour l'exécution des deux articles précédens, il sera fait un tableau, par rang d'ancienneté de grade, de tous les officiers qui, d'après l'ordonnance du 20 mai 1818, seront susceptibles d'être rappelés au service.

Art. 105. D'après les modifications apportées par l'article 102 ci-dessus, aux règles d'avancement déterminées par les articles 47, 76 & 79 de la présente instruction, pour les grades de capitaine en second, de chef de bataillon ou d'escadron, & de lieutenant-colonel, les remplacemens successifs dans les emplois qui viendront à vaquer dans lesdits grades, auront lieu, jusqu'à nouvel ordre, dans le rapport indiqué ci-après:

Un demi aux officiers en non-activité;
Un sixième à l'avancement par ancienneté;
Un sixième à l'avancement au choix;
Un sixième à l'avancement par ancienneté.

Art. 106. En conséquence des dispositions des articles 102 & 105 ci-dessus, les emplois qui viendront à vaquer dans les grades de capitaine en second, de chef de bataillon ou d'escadron & de lieutenant-colonel, seront accordés dans l'ordre indiqué ci-après:

Le premier emploi vacant reviendra à un officier desdits grades en non-activité;
Le deuxième, à l'avancement & à l'ancienneté;
Le troisième, à un officier en non-activité;
Le quatrième, à l'avancement au choix;
Le cinquième, à un officier en non-activité;
Le sixième, à l'avancement par ancienneté.

Art. 107. Lorsque le sixième remplacement aura été effectué, la série reprendra dans le même ordre.

PERTUISANE. Arme offensive, composée d'une lame longue, pointue & tranchante des deux côtés, élargie vers son extrémité inférieure, assez communément en forme de hache, à pointe de chaque côté, montée sur une hampe garnie par en bas d'une douille de métal, en pointe ou à bouton. Celle du chevalier Folard est au Musée de l'artillerie.

PESANTEUR spécifique. La pesanteur spécifique d'un corps est le poids de l'unité de volume de ce corps.

Voici les pesanteurs spécifiques des principaux corps que l'on peut être dans le cas d'employer dans les travaux de l'artillerie. (*Extrait de l'Annuaire du bureau des longitudes*, année 1821.)

La pesanteur spécifique de l'eau étant 1 (à 18° centigrades).

Platine laminé	22,0690.
Idem passé à la filière	21,0417.
Idem forgé	20,3366.
Idem purifié	19,5000.
Or forgé	19,3617.
Idem fondu	19,2581.
Tungstein	17,6.
Mercure (à 0°)	13,598.
Plomb fondu	11,5523.
Palladuim	11,3.
Rhodium	11,0.
Argent fondu	10,4743.
Bismuth fondu	9,822.
Cuivre en fil	8,8785.
Cuivre rouge fondu	8,7880.
Molibdène	8,611.
Arsenic	8308.
Nickel fondu	8,279.
Urane	8,1.
Acier non écroui	7,8163.
Cobalt fondu	7,8119.
Fer en barre	7,7880.
Etain fondu	7,2914.
Fer fondu	7,2070.
Zinc fondu	6,861.
Antimoine fondu	6,712.
Tellure	6,115.
Chrôme	5,9.
Iode	4,9480.
Marbre de Paros (chaux carbonatée lamellaire)	2,8376.
Chaux carbonatée cristallisée	2,7182.
Chaux sulfatée cristallisée	2,3117.
Soufre natif	2,0332.
Ivoire	1,9170.
Albâtre	1,8740.
Alun	1,720.
Houille compacte	1,3292
Sodium	0,9726.
Glace	0,930.
Potassium	0.8651.
Bois de hêtre	0,852.
Frêne	0,845.
If	0 807.
Bois d'orme	0,800.
Pommier	0,735.
Bois d'oranger	0,705.
Sapin jaune	0,657.
Tilleul	3,604.
Bois de cyprès	0,598.
Bois de cèdre	0,561.
Peuplier blanc d'Espagne	0,529.
Bois de sassafras	0,482.
Peuplier ordinaire	0,383.
Liège	0,240.

Pour établir une liaison entre les tables de pesanteurs spécifiques qui précèdent, on ajoutera que, d'après les recherches de MM. Biot & Arago, le poids de l'air atmosphérique sec, à la température de la glace fondante & sous la pression de 0 mèt. 76, est, à volume égal, $\frac{1}{770}$ de celui de l'eau distillée.

Par une moyenne entre un grand nombre de pesées, on a trouvé qu'à zéro de température & sous la pression de 0 mèt. 76, le rapport du poids de l'air à celui du mercure est celui de 1 à 10466.

PÉTARD. Sorte de mortier en bronze ayant la forme d'un cône tronqué. Son diamètre extérieur à la bouche est 0 mèt. 2571 (9 pouc. 6 lig.). Sa hauteur extérieure est de 0 mèt. 2166 (8 pouc.). Le fond est en anse de panier. La lumière, qui est percée dans le milieu de ce fond, est taraudée pour recevoir une fusée en bronze également taraudée. On charge le pétard de 4 kilog. 4056 (9 liv.) de poudre, & l'on remplit la fusée d'une composition de deux parties de pulvérin, trois de salpêtre & deux de soufre. Le poids total du pétard prêt à être tiré, est d'environ 41 kil. 6080 (85 liv.).

Il est garni de quatre tourillons pour recevoir des étriers en fer qui l'attachent à un plateau en chêne : ce plateau est renforcé en dessous de deux bandes de fer mises en croix, clouées & encastrées. Il est aussi garni de deux poignées en fer, pour le porter & l'accrocher au tire-fond enfoncé dans l'objet que l'on veut briser. Pour charger le pétard, on bouche la lumière avec un tampon de bois. On le remplit de poudre jusqu'à environ 0 mèt. 0812 (3 pouc.) du bord, en la mettant par lits qu'on refoule sans l'écraser. On couvre le dernier lit d'un feutre ou de quelques doubles de papier gris. On met par-dessus un lit d'étoupe bien refoulé. On achève de remplir le pétard d'un mastic bien chaud, fait d'une partie de poix-résine & de deux parties de briques pilées. On place dans ce mastic encore chaud, & au niveau des bords du pétard, une plaque de fer de son calibre, armée de trois pointes pour entrer dans le plateau. Au milieu du plateau est un encastement dans lequel on loge le pétard. Le pétard étant fixé sur son plateau, on retire le tampon de la lumière, on dégorge & on met la fusée, qui doit porter une étoupille lente.

L'usage du pétard est d'enfoncer les portes ou les barrières des petites villes, & même les murs de peu d'épaisseur. On le suspend par le moyen d'un crochet ou de la poignée fixée au plateau, à un tire-fond que l'on visse dans l'objet que l'on veut enfoncer, & l'on met le feu à la fusée.

L'opération d'attacher le pétard n'a guère lieu que de nuit, à cause des dangers qu'elle présente. Le détachement-destiné pour l'attaque est le plus près possible, afin qu'il puisse entrer aussitôt que le pétard a fait son effet & s'est brisé en éclats.

On peut remplacer le pétard par une bombe de 10 ou de 12 pouces, remplie de poudre, qu'on suspend par les anses au tire-fond.

PÉTRINAL ou POITRINAL. Sorte de pistolet ou de mousqueton à rouet ou à mèche, qu'on tiroit en l'appliquant sur la poitrine. L'extrémité de la monture étoit à cet effet évidée en arc de cercle. On faisoit quelquefois usage d'un coussinet pour n'être pas blessé dans le tir.

PÉTROLE EMPLOYÉ DANS QUELQUES ARTIFICES. C'est une huile de couleur rougeâtre, qu'on obtient par la distillation du bitume pétrole, qui est semblable à celle du naphte. On trouve ce bitume en France, particulièrement près de Clermont en Auvergne; en Suisse, près de Neufchâtel; à Amiano, en Italie; dans l'Inde, &c. Il flotte souvent sur les eaux; la mer en est quelquefois couverte près des îles volcaniques du Cap-Vert. Ce bitume est moins fluide que le bitume naphte, dont il paroît être une altération. On sait que ce dernier est tellement combustible, qu'il prend feu par la présence d'un corps enflammé, placé à peu de distance de lui, ce qui l'avoit probablement fait admettre dans la composition du feu grégeois. (*Voyez* l'article FEUX GRÉGEOIS.)

PIC A ROC. Outil d'artillerie composé d'une pointe en fer recourbée & d'un manche en chêne, dont on se sert dans les terrains pierreux, &c. Il pèse environ 2 kil. 9370 (6 liv.), y compris le poids du manche.

PIC-HOYAU. Outil d'artillerie. (*Voyez* le mot HOYAU.)

PIÈCE. Ce mot est un terme d'artillerie synonyme de *canon* : on dit donc *une pièce de* 12, *une pièce de* 4, pour désigner un canon qui chasse un boulet du poids de 12 ou de 4 livres. On dit aussi *démonter les pièces, rafraîchir les pièces, enclouer les pièces,* &c.

PIÈCE à la suédoise. On appeloit ainsi la pièce de 4 dont les Suédois se sont servis les premiers pour tirer dans les batailles. Dans l'origine, chaque bataillon en avoit une à sa suite en entrant en campagne.

PIÈCES d'alarme. C'étoit autrefois trois pièces de canon placées en avant d'un camp, à cent pas du parc d'artillerie, prêtes à tirer pour donner l'alarme & faire prendre les armes à toutes les troupes en cas d'attaque de la part de l'ennemi.

PIÈCES de campagne. Ce sont des pièces de canon destinées à suivre une armée. Elles sont d'un plus petit calibre & moins pesantes que celles de siége. (*Voyez* le mot ARTILLERIE.)

PIÈCE de détente. Partie de la sous-garde. (*Voyez* le mot ECUSSON.)

PIÈCE folle. Pièce de canon mal forée, & dont la direction du tir est toujours incertaine.

PIÈCE de gros calibre pour quelques batteries de position. Quelques officiers d'artillerie pensent que les batteries de position, dans la guerre de campagne, ne doivent pas toujours être formées seulement de bouches à feu des divisions, parce qu'il est des affaires majeures, des batailles décisives où il est avantageux de mettre en position quelques pièces de gros calibre. Ces pièces sont aussi utiles pour rompre des ponts, détruire des obstacles & réduire promptement de forts ou des postes qui, quoique peu importans en eux-mêmes, pourroient arrêter une armée pendant un ou deux jours.

La pièce de 24 doit être réservée pour la guerre des siéges, parce qu'elle seroit trop embarrassante pour la guerre de campagne, par son poids & celui de ses munitions. La plus forte pièce qui doive être employée pour les batteries de position est donc celle de 16. Il y en avoit six de ce calibre qui marchoient avec le parc de l'armée d'Italie, à l'époque du traité de Campo-Formio.

M. le général Lespinasse voudroit que dans une armée de quatre-vingt-seize mille hommes, il y eût huit pièces de 16, c'est-à-dire, une pièce à raison de douze mille hommes.

PIÈCE de pouce. Ecusson ovale aux armes de France, que l'on met aux fusils des gardes-du-corps, à l'endroit où porte le pouce de la main droite quand on présente les armes.

Il y a ordinairement une pièce de pouce aux fusils de chasse, laquelle est en or ou en argent, & porte le chiffre gravé du chasseur. Cet ornement est quelquefois aussi sur les pistolets de luxe.

PIÈCES brisées. Anciens canons composés de parties qui s'assembloient & se séparoient pour pouvoir les transporter dans les pays montagneux. Il est fait mention de telles pièces dans les mémoires

moires d'artillerie de Surirey de Saint-Remi, édition de 1745.

Pièces de rechange pour armes portatives. Les pièces d'armes nécessaires pour les réparations se tirent des manufactures royales. Elles sont payées aux entrepreneurs de ces établissemens, par les conseils d'administration des corps, d'après une facture basée sur les devis de la manufacture, vérifiée & visée par l'inspecteur de l'établissement. Klingenthal fournit les pièces pour les armes blanches; Saint-Etienne, Tulle, Mutzig. Maubeuge & Charleville, celles pour les armes à feu. (*Voyez*, pour l'assortiment de ces pièces, mon Mémoire sur la fabrication des armes portatives de guerre.)

Pièces de rechange pour les équipages de siége, de campagne & de montagne. Les proportions des pièces de rechange pour ces équipages dépendent nécessairement de leur force, du plus ou du moins d'éloignement des arsenaux, & des ressources que peut présenter le pays où l'on porte la guerre; mais, en général, il faut en rechanges environ un dixième de l'armement & assortiment nécessaires aux bouches à feu. (*Voyez*, pour plus de détails, l'Aide-mémoire à l'usage des officiers d'artillerie.)

PIED DE LA BATTERIE. C'est, dans la platine d'une arme à feu, la partie dans le milieu de laquelle est un trou pour recevoir la vis qui retient la batterie sur le corps de platine.

PIED-DE-BICHE. On appeloit ainsi un crochet servant à bander un arc.

PIED-DE-BICHE. Petit levier en fer de 0 mèt. 3248 (1 pied) de longueur, finissant d'un côté en talus, & ayant une fente en cet endroit, qui va en se rétrécissant. Cet outil sert à arracher les clous lorsqu'on ne peut se servir de tenailles.

PIED-DE-CHÈVRE. Pièce en bois destinée à soutenir les hanches d'une chèvre lorsqu'elle est équipée à l'ordinaire. (*Voyez* le mot CHÈVRE.)

PIED étalonné. Instrument gradué, construit avec une grande précision. Il doit y en avoir un dans chaque établissement d'artillerie, pour servir de régulateur dans la fabrication des calibres de toutes espèces.

PIERRES A FEU. L'usage des armes à feu portatives s'introduisit en France au commencement du 15e. siècle, & ce fut dans les premières années du siècle suivant que l'arquebuse à rouet fut inventée : on faisoit usage, pour produire les étincelles, d'une pyrite martiale qu'on appeloit *pierre de mine brute* ou *pierre d'arquebusade*. (Elle est d'un jaune pâle, dure, compacte, d'un tissu serré, légèrement écailleuse & produisant beaucoup d'étincelles au choc du briquet; c'est la pierre à feu des Anciens.) Lorsqu'en 1680 on substitua au mécanisme du rouet la platine actuelle, on arma le chien de cette dernière pièce d'un silex pyromaque, & l'arquebuse prit le nom de *fusil*, de celui de la pierre à feu (*focile* en italien).

Les ouvriers qui taillent ces pierres sont aussi ceux qui exploitent les carrières de silex, & cette exploitation a lieu au moyen de galeries non étançonnées, dans lesquelles ils cheminent suivant une profondeur d'environ 15 mèt. (46 pieds 2 pouc. 1 lig.). La nature des terres de la carrière & la misérable construction des galeries sont telles qu'ils sont exposés à périr sous les éboulemens, ou à en sortir mutilés, ce qui n'arrive que trop souvent : ils ont en outre à redouter tous les autres inconvéniens des travaux des mines. Lorsque, sortis des carrières, ils se livrent à la fabrication des pierres, ils aspirent continuellement une poussière siliceuse qui résulte du choc du marteau contre le silex, laquelle, composée de cristaux dans un état de volatilisation, se fixe sur les poumons & détermine la pulmonie dont ils périssent tous de vingt-cinq à quarante ans. Tout ce que l'on a fait jusqu'ici pour remédier à ce grave inconvénient, a été sans succès. On a vu à Meusnes, département de Loir & Cher, en vingt ans ces ouvriers se renouveler trois fois; ordinairement c'est deux fois dans cet espace de temps.

Pour fendre les cailloux, les ouvriers les placent d'abord autour du feu, si le temps est humide ou froid, & ils les mettent au soleil s'il fait beau temps, parce que ces cailloux sont trop humides en sortant de la carrière. Ils ont soin, dans tous les cas, de se garantir du vent, quelque foible qu'il soit, au moyen d'une claie qui leur est adossée. L'humidité & le vent nuisent à l'opération de fendre les silex; ils se fendent mal aussi quand ils sont trop secs.

Les caillouteurs étant assis, prennent en main un caillou, le tournent jusqu'à ce qu'ils voient qu'à l'aide d'un coup de marteau donné sur une des faces, ils puissent l'ouvrir en deux. Ce marteau en fer & à tête carrée, est fait en forme de masse. Ils prennent ensuite un autre marteau en acier, à deux pointes, & tenant d'une main un des morceaux du silex qu'ils viennent de fendre, ils appliquent sur un de ses bords, du côté où il a été ouvert, un coup assez léger du second marteau. Ce choc sépare du morceau un éclat qui part du haut en bas & que l'on appelle *copeau*. Les coups de marteau doivent être donnés perpendiculairement à la surface supérieure du caillou.

Les silex étant divisés en copeaux, les caillouteurs les transforment en pierres à fusil de la manière suivante : les ouvriers étant assis près d'un gros billot, prennent un copeau dont ils appuient successivement les bouts à angle droit sur un ciseau d'acier fixé sur ce billot, les frappent à petits coups avec un troisième marteau, appelé *roulette* à cause de sa forme, & façonnent ainsi les flancs, le talon, & régularisent la mèche. Ce travail a ordinairement lieu dans l'intérieur des maisons, vis-à-vis les fenêtres.

Le ciseau, qui est en biseau des deux côtés, doit être élevé au-dessus de la surface du billot d'environ 0 mèt. 094 (3 pouc. 6 lign.) & être incliné de 20 degrés du côté de l'ouvrier.

Le poids des silex est ordinairement de 10 à 15 kilog.; mais il y en a qui pèsent jusqu'à 50 kil. On ne taille guère ceux au-dessous d'un kilogr. Un bon ouvrier prépare mille copeaux en un jour, ou fait cinq cents pierres à fusil. Le gain journalier d'un maître ouvrier, aidé de sa femme & de ses enfans, est d'environ 2 fr. 50 c. dans le temps des fortes commandes, car dans les autres temps, les ouvriers gagnent beaucoup moins.

Le nombre des individus qui se livrent habituellement à l'exploitation des carrières & à la fabrication des pierres à feu, dans les départemens de Loir & Cher & de l'Indre, où s'approvisionne l'artillerie, est d'environ cent quatre-vingt, non compris les femmes & les enfans.

La fabrication des pierres de diverses espèces étoit, durant la guerre, d'environ trente millions par an, dont trois à quatre millions étoient pour le service du Gouvernement; trois millions étoient consommées dans l'intérieur, & le surplus vendu à l'étranger, faisoit entrer en France une somme d'environ 200,000 francs.

Le commerce des pierres à feu se fait librement, sauf le léger droit de douanes de 1 franc par 100 kil. de pierres exportées.

Le Gouvernement se procure les pierres nécessaires à son service, au moyen d'adjudications au rabais, ou au moyen de marchés particuliers faits avec les ouvriers.

Les pierres à feu ont différentes dénominations, suivant leur taille, leur emploi & leur qualité.

1. Fines & fortes. Pierres en usage pour les troupes françaises; elles sont brunes ou blondes, sans taches nuisibles, principalement sur le tranchant.

2. Grandes fines; ce sont les bonnes pierres, plus grandes que celles en usage pour les troupes françaises.

3. Fines ordinaires. Pierres pour les fusils de chasse à un coup.

4. Fines longues. Ce sont des pierres de choix pour fusils de chasse.

5. Fines rondes. Pierres de choix carrées pour fusils de chasse.

6. Palets. Pierres pour fusils de rempart.

7. Palets à deux mèches. Destinés à l'exportation.

8. Boucanières à deux mèches. Pierres de seconde qualité, destinées aussi à l'exportation.

9. Boucanières rondes. . . . *Idem*. . . .

10. Pierres à deux mèches. Elles ont deux mèches taillées sur la même face, aux deux côtés opposés.

11. Pierres à deux coups pour les fusils doubles. Elles sont plus minces que celles pour les fusils simples.

12. Grands pistolets de guerre & de luxe.

13. Petits pistolets de gendarmerie & de poche, dits *à l'écossaise*.

14. Belles-belles. On appelle ainsi toutes les pierres de première qualité, grandes & petites.

15. Grolles. Ce sont les rebuts des différentes espèces de pierres.

Le prix des pierres à feu pour les fusils de guerre est de 9 fr. 30 c. le millier; pour les pistolets de cavalerie, de 8 fr. 25 c. le millier; pour les pistolets de gendarmerie, de 8 fr. 25 c. le millier; les pierres de commerce se vendent depuis 1 fr. 50 c. le millier jusqu'à 18 fr. & même davantage.

Les dimensions des pierres de guerre varient entre deux dimensions calculées sur la correspondance de la platine avec le canon, & la perfection qu'il est possible d'exiger dans la fabrication.

Les dimensions pour les pierres des fusils sont : longueur totale, 0 mèt. 0289 à 0 mèt. 030 (13 à 15 lignes); largeur, 0 mèt. 025 à 0 mèt. 028 (11 à 13 lig.); épaisseur au talon, 0 mèt. 0067 à 0 mèt. 009 (3 à 4 lig.); longueur de la mèche, 0 mèt. 011 à 0 mèt. 013 (5 lig. à 6 lig. 6 points).

Les dimensions des pierres pour les pistolets de cavalerie sont : largeur totale, 0 mèt. 022 à 0 mèt. 024 (10 à 11 lig.); largeur, 0 mèt. 022 à 0 mèt. 024 (10 à 11 lig.); épaisseur au talon, 0 mèt. 004 à 0 mèt. 006 (2 à 3 lig.); longueur de la mèche, 0 mèt. 009 à 0 mèt. 011 (4 à 5 lig.).

Les dimensions des pierres pour les pistolets de gendarmerie sont : longueur totale, 0 mèt. 018 à 0 mèt. 020 (8 à 9 lig.); largeur, 0 mèt. 018 à 0 mèt. 019 (8 lig. à 9 lig. 6 points); épaisseur au talon, 0 mèt. 005 (2 lig. à 2 lig. 6 points); longueur de la mèche, 0 mèt. 006 à 0 mèt. 009 (3 à 4 lig.).

Ces pierres sont rejetées, si elles ont des taches ou des nœuds à la mèche; si les tablettes ne sont pas à peu de chose près parallèles, ou si, étant trop concaves ou trop convexes, elles ne peuvent porter à plein sur les mâchoires du chien.

Dans une pierre opaque, la silice se trouve combinée avec des substances étrangères, elle a peu de dureté & donne peu de feu au choc du briquet. Les taches, surtout celles blanchâtres, sont ordinairement des parties calcaires, trop molles pour détacher de la batterie des particules d'acier que le frottement doit enflammer pour mettre le feu à la poudre.

L'officier d'artillerie en résidence à l'établissement, est présent à toutes les réceptions; il examine ces pierres sous le rapport de la qualité & de la forme, faisant vérifier sous ses yeux leurs dimensions au moyen d'un instrument qui montre le maximum & le minimum des quatre dimensions sus-mentionnées.

Les pierres pour les mousquetons se prennent parmi les plus petites de celles pour fusils, & les plus grosses de celles pour pistolets de cavalerie.

Outre les pierres blondes, brunes & noires lisses, il en est de grises, de blanches, d'opaques & de graineuses, qui paroissent aussi bonnes que les autres : ce sont des pierres du Vivarais.

Une bonne pierre à fusil supporte cinquante coups sans être hors de service; il y en a qui vont jusqu'à cent; mais l'approvisionnement est ordinairement d'une pierre pour vingt coups, à cause des pertes qui ont lieu aux armées.

Les pierres à feu de France, provenant surtout des départemens de Loir & Cher & d'Indre, sont les plus estimées; on en trouve en Italie, en Espagne, en Allemagne & en Angleterre, où elles sont ordinairement noirâtres & très-dures, ce qui détruit trop promptement les faces des batteries.

Les pierres à feu s'expédient dans des barils des mêmes dimensions de ceux à poudre, de 50 kil. (102 liv. 2 onc.); ils en contiennent sept mille pour fusils d'infanterie & quatorze mille pour pistolets de cavalerie. Les premiers de ces barils étant remplis pèsent environ 86 kil. (175 liv. 10 onc.), & les seconds 90 kil. (183 liv. 15 onc.); ces barils sont maniables, tandis que ceux qu'on employoit précédemment, & qui contenoient jusqu'à vingt-cinq mille pierres, se chargeoient & s'emmagasinoient difficilement.

A défaut de pierres à fusil, on pourroit se servir d'autres pierres siliceuses, telles que des agates, cornalines, calcédoines, sardoines, &c.; mais leur dureté détruiroit promptement les faces des batteries.

Le silex pyromaque, en sortant de la carrière, est couvert d'une écorce blanchâtre. Sa masse est communément globulaire. L'aspect intérieur est gras, luisant, d'un grain fin presqu'imperceptible. Sa couleur est d'un jaune brun qui varie jusqu'au brun noirâtre. Il doit avoir une demi-transparence grasse & uniforme : un éclat de 0,0006 (3 points) d'épaisseur, mis sur l'écriture, doit la laisser apercevoir; sa cassure doit être lisse, égale & légèrement concave ou convexe.

Le silex, plus dur que le jaspe, l'est moins que la cornaline, la calcédoine & la sardoine. Le blond est plus fragile que le brun; celui-ci est plus scintillant, mais il détériore davantage les batteries.

Une pierre à fusil sous les armes françaises a cinq parties : la mèche, qui se termine en biseau presque tranchant; les flancs ou bords latéraux, qui sont toujours irréguliers; le talon, qui est opposé à la mèche & a toute l'épaisseur de la pierre; le dessous, qui est uni & un peu convexe; l'assise ou la face supérieure, qui est la partie entre la mèche & le talon; elle est légèrement concave.

Il faut, autant que faire se peut, tenir les pierres à feu dans des lieux frais & fermés, afin qu'elles ne s'altèrent pas à la longue, leur transparence paroissant due à l'eau radicale qu'elles contiennent.

PIERRE à huile ou pierre du Levant. Pierre à grains fins & très-serrés, à la fois dure & douce, servant à émoudre différens outils des équipemens-monteurs, &c.

PIERRES de bois. Elles ont la forme des pierres à fusil, & servent à garnir les chiens des fusils dans les exercices à blanc, afin de ne pas endommager inutilement les batteries.

PIERRIER. C'est une espèce de mortier, mais moins chargé de métal; son calibre est de 0 mèt. 4060 (15 pouces), & sa chambre est en cône tronqué renversé : on s'en sert dans les sièges pour jeter des pierres sur l'ennemi, quand on n'en est éloigné que de 194 mèt. 904 (100 toises) environ. Il pèse environ 734 kil. 256 (1500 liv.). Sa chambre contient environ 1 kil. 4685 (3 liv.) de poudre. La profondeur de l'ame est de 0 mèt. 3383 (18 pouc. 6 lig.). (*Voyez* l'article CHARGER UN PIERRIER.)

Les noms des parties du pierrier sont : la volée, le renfort, le pourtour de la chambre, le cul du pierrier, les tourillons, les embases des tourillons, l'anse, le bassinet, l'ame qui est cylindrique & terminée en demi-sphère, la chambre qui est conique, finissant en demi-sphère, la lumière & son grain.

Les moulures sont : le réglet de la bouche, le quart de rond concave, le filet supérieur du bourrelet, la ceinture du bourrelet, le filet inférieur du bourrelet, la gorge du bourrelet, les trois plates-bandes & leurs trois distances, la gorge supérieure du renfort, la gorge inférieure du renfort.

PIGNON. C'est, en général, la plus petite des deux roues qui engrènent l'une dans l'autre. (*Voyez* le mot ROUE.)

PIGNON. Partie d'un caisson d'artillerie qui soutient le couvert.

PILE. Pièce en bois de chêne, dans laquelle on creuse les mortiers des moulins à poudre. Elle est en partie enterrée. Le fond du mortier est garni d'un tampon en bois dur, sur lequel le pilon bat; sans cette précaution, les fibres longitudinales du bois étant frappées, s'ouvriroient sous le choc.

PILES de boulets, de bombes, &c. Dans les arsenaux & les parcs d'artillerie, on empile les boulets, les bombes, les obus & les grenades; l'emplacement sur lequel on établit ces piles doit être mis de niveau, débarrassé des pierres, & le terrain bien damé.

Il y a trois sortes de piles de projectiles. La

pile carrée qui a la forme d'une pyramide, dont la base est un carré, & dont chaque face est un triangle équilatéral. La pile oblongue, dont la base est un rectangle & les deux faces extrêmes deux triangles; enfin la pile triangulaire, qui n'est qu'une pyramide dont la base & les faces sont des triangles égaux.

Pile carrée. On peut considérer cette pile comme partagée en tranches horizontales d'une hauteur de projectiles, de manière que chacune de ces tranches sera un carré, dont le côté aura un projectile de moins que le côté de la tranche immédiatement inférieure, ou un projectile de plus que le côté de la tranche immédiatement supérieure. La somme de toutes ces tranches est exprimée par $n \frac{(n+1)}{2} \frac{(2n+1)}{3}$, n étant le nombre des projectiles placés sur le côté de la base.

Pile oblongue. Pour trouver le nombre de projectiles que renferme cette pile, on la conçoit partagée en deux parties, dont l'une est une pile carrée, telle que celle dont on vient de parler, & que l'on peut calculer par le même moyen; & la seconde est un prisme dont les arêtes sont égales, & dont la base est une des extrémités de la pile; cette seconde partie pourroit donc être évaluée séparément, & ensuite on réuniroit les deux produits; leur somme est
$$n \frac{(n+1)}{2} \frac{(m+2(n-1))}{3}, n \text{ étant}$$
un des côtés du triangle de l'extrémité de la pile, & m l'arête supérieure.

Pile triangulaire. On peut aussi considérer cette pile comme étant composée de tranches horizontales, chacune ayant une hauteur de projectiles, en sorte que l'on aura à évaluer la somme des tranches triangulaires; cette somme est
$$n \frac{(n+1)}{2} \frac{(n+2)}{3}, n \text{ étant une}$$
des arêtes de la pile.

PILON. Masse faite de bois dur ou d'autres substances dont on se sert pour réduire en poudre les matières destinées à la fabrication des artifices de guerre. (*Voyez* l'article Mortiers a piler les matières d'artifice.)

Pilons. Pièces en bois dont l'extrémité inférieure est garnie d'une boîte en bronze. Ils servent dans les poudreries à réduire en poudre le salpêtre, le charbon & le soufre, ou à mélanger ces matières lorsqu'elles ont été pulvérisées séparément. Ils sont mis en mouvement par un courant d'eau. (*Voyez* les articles Poudre, Moulin a poudre & Mortiers des moulins a poudre.)

PILOTS ou PILOTIS. Fortes pièces de bois dont la longueur est ordinairement de 5 mèt. 8471 à 6 mèt. 4968 (18 à 20 pieds), & le diamètre de 0 mèt. 3248 (1 pied). On les garnit d'un sabot en fer ayant trois branches de 4872 (18 pouces) de longueur, lorsque le fond de la rivière est résistant. Les pilots doivent être enfoncés de 2 mèt. 5987 à 3 mèt. 2484 (8 à 10 pieds) avec des sonnettes; ils servent à former les palées d'un pont de pilotis, & peuvent en outre être employés avec beaucoup d'avantage à l'ancrage des ponts.

PILUM ou PILE. Espèce de javelot long de 2 mèt. 0302 (6 pieds 3 pouces), en usage chez les Romains. Le soldat étoit exercé à lancer cette arme & à s'en servir à la main.

PINCE en usage dans les forges. Cet outil a en petit la forme des pinces à feu à ressort; il en diffère seulement en ce que les extrémités des branches sont aplaties carrément & perpendiculairement au ressort, de manière que les angles de l'aplatissement se trouvent en dedans & en dehors de la pince; c'est par les angles intérieurs que la balle ébauchée est alternativement saisie & abandonnée entre chaque coup de la masse sur l'étampe.

Pinces. Outils en acier, servant aux équipemens-monteurs à tirer les goupilles des fusils de guerre.

Pinces à bec plat & à bec rond. Elles servent aux mouleurs dans les fonderies de canon.

Pinces en bois. Outils d'ouvriers en bois. (*Voy.* Machoires d'étau.)

PIQUE. Arme offensive qui avoit 4 mèt. 2229 (13 pieds) de longueur, le fer large, plat, pointu & tranchant des deux côtés. Elle étoit terminée en bas par une virole conique en fer; celle servoit à l'infanterie. On en a fait de plus longues encore. La demi-pique avoit 2 mèt. 2738 à 2 mèt. 5986 (7 à 8 pieds). Il y a au Musée de l'artillerie des piques à pistolets.

PIQUET pour les ponts militaires. Se compose d'une partie cylindrique en bois, terminée par une pointe, d'un sabot en fer & d'une frette: on s'en sert pour amarrer les culées & les cinqquenelles des ponts.

Piquet pour les plates-formes & les saucissons. Il en faut huit par plate-forme de batterie de canon de siége, & sept par saucisson. (*Voyez* les articles Batterie de siége & Plate-formes.)

PISTOLET. Arme à feu courte & légère que l'on tire d'une seule main, à bras tendu, & qui est composée, comme le fusil, d'un canon, d'une platine, de pièces de garniture, d'un fût dont la poignée est courbe, &c. Le mot *pistolet* vient de Pistoie ou Pistoia en Toscane, où l'on fabriqua les premières de ces armes. Dans l'origine on les appeloit, en France, *pistoles*. Il y a des pistolets de guerre & de luxe.

Pistolet d'arçon. Ce pistolet est composé des mêmes pièces que celui de combat, & il a de plus une capucine semblable à celle du pistolet des officiers. Le canon n'a pas de visière & il n'est pas rayé, à cause de la difficulté que l'on éprouveroit pour le charger étant à cheval. Son calibre est pour la balle de vingt-six à vingt-huit à la livre, & sa charge de poudre est d'environ 0 kil. 0032 (60 grains).

Le pistolet d'arçon étoit autrefois fort long ; on le diminua, & on l'appela *pistolet de demi-arçon*. On ne se sert maintenant que de la dénomination de *pistolet d'arçon*.

Une paire de pistolets de cette espèce, bien établis, coûte environ 250 fr.

Pistolet de cavalerie, modèle de 1816. La longueur du canon est de 0 mèt. 2 (7 pouces 4 lg. 8 points); son calibre est de 0 mèt. 0171 (7 lg. 7 points); sa longueur totale est d'environ 0 mèt. 352 (13 pou.); son poids est de 1 kil. 1854 (2 liv. 6 onces 6 gros); ses garnitures sont en cuivre. Son prix le plus élevé est de 18 fr. 20 c.

Les pièces qui composent ce pistolet sont : le canon, la platine, le porte-vis, la baguette, la sous-garde qui est à ailettes comme celle des fusils; la capucine avec sa bride, qui est retenue par la grande vis de platine, la bride de poignée, la calotte & la vis de poignée.

Pour éviter la perte des pistolets qui a lieu fréquemment dans les charges de cavalerie, on fixoit les pistolets par une couronne attachée, d'une part, à un anneau mobile enchâssé dans un piton à vis, à tête ronde percée, lequel devoit être placé au pommeau de la selle, & d'autre part à un second anneau au battant qui étoit fixé à la crosse des pistolets.

Les deux extrémités de l'anneau étoient aplaties & percées pour recevoir une vis ou une goupille à tête ronde, qui traversoit l'épaisseur du bois à l'extrémité de la crosse. Cette goupille, placée au ras de la calotte, laissoit assez de jeu à l'anneau pour qu'il pût rouler librement sur son axe, & parcourir ainsi circulairement l'étendue de la calotte, depuis la hauteur de la vis de la queue jusqu'à la vis de sous-garde.

Cette mesure ayant présenté des inconvéniens, on a remplacé cet anneau par une vis de calotte à tête percée & portant un anneau, & cette pièce s'adapte aux pistolets dans les manufactures du Gouvernement.

Pistolet à coffre. Ancien pistolet des troupes, qu'on nommoit ainsi parce que les ressorts étoient renfermés en dessous, derrière le canon, dans une espèce de boîte en cuivre.

Pistolet de combat. Le pistolet de combat est composé d'un canon qui porte un tenon ou guidon & une visière, d'une platine qui est à roulette & à chaînette, d'une calotte, d'une sous-garde, d'une baguette en baleine (on n'en met pas toujours à ces pistolets) & d'une monture qui ne s'étend que vers la moitié de la longueur du canon; elle est quadrillée pour que l'arme soit mieux retenue en main. Le canon est fixé sur le bois au moyen d'un tiroir & de sa goupille, comme dans le fusil de chasse, & les deux grandes vis de platine posent sur deux rosettes, comme dans le fusil de chasse à un coup.

Le calibre est ordinairement pour la balle de trente à trente-deux à la livre; la charge de poudre est à peu près de 0 kil. 0019 (36 grains).

Le pistolet de combat est toujours rayé en spirales dites *à cheveux*. Il est aussi à double détente.

Les détentes ordinaires ont, comme on sait, pour objet d'exercer sur la gâchette une pression qui, dégageant le bec de cette pièce du cran du bandé de la noix, fait partir l'arme; cette pression, quelquefois assez considérable, est communiquée par l'index de la main qui tient l'arme; il arrive fréquemment qu'elle nuit à la justesse du tir. Pour remédier à cet inconvénient, on a imaginé la double détente, dont l'effet est si sensible, qu'il suffit de toucher à peine de l'extrémité du doigt la feuille de la détente, pour faire partir le mécanisme.

Pour l'armer, on pousse en avant la feuille de la détente; le bec de la fausse détente s'engage dans le cran d'un déclic qui est soulevé par son ressort, & si l'on vient à appuyer en sens contraire sur la feuille de la détente, elle appuie sur l'extrémité du déclic par le moyen d'un coin, & dégage le cran du déclic du bec de la fausse détente; aussitôt le ressort de la détente produit son effet & lui communique un mouvement brusque qui fait partir la gâchette, & ce départ est d'autant plus prompt & plus vif, que le cran du déclic est moins engagé dans le bec de la fausse détente, ce qui arrive lorsqu'on baisse la vis de rappel jusqu'à ce que ce départ soit aussi sensible qu'on le désire.

On sent que l'usage de cette double détente exige les plus grandes précautions, & que l'on ne peut s'en servir pour les pistolets d'arçon, ni pour les fusils de chasse.

La paire de pistolets de combat est ordinairement renfermée, comme les fusils de prix, dans un nécessaire en bois d'acajou, de noyer, &c., qui contient en outre une poire à poudre à ressort ou à genouillère, un moule à balle, des balles & des calepins, des pierres à feu, une baguette portant une mesure graduée pour les charges de poudre, une seconde baguette servant à enfoncer la balle, un maillet en bois pour le même objet, un tire-balle, un lavoir en fer disposé de manière à recevoir le tire-balle, un marteau en acier, destiné à rafraîchir les pierres, un monte-ressort, un tourne-vis, une épinglette & un huilier.

La couche de ces pistolets est plus courbe que celle des pistolets de guerre, pour être mieux en main & viser plus facilement. Les canons sont à pans dans toute leur longueur en dessus & en dessous; le bois est entaillé en conséquence.

Une paire de pistolets de combat bien établis coûte, avec son nécessaire, environ 500 fr.

PISTOLET de gendarmerie. Il est composé des mêmes pièces que le pistolet de cavalerie, mais il n'a pas de vis à anneau, & les garnitures sont en fer. La longueur du canon est de 0 mèt. 1286 (4 pou. 9 lig.); son calibre est de 0 mèt. 0152 (6 lig. 9 points); sa longueur totale est d'environ 0 mèt. 515 (10 pouc.). Son poids est de 0 kil. 6271 (1 liv. 4 onces 4 gros), & son prix le plus élevé est de 12 fr. 97 c.

Ce pistolet ne sert qu'à la gendarmerie.

PISTOLET de guerre. On appelle ainsi les pistolets dont les troupes font usage. Ce sont les pistolets des officiers de cavalerie, de marine & de gendarmerie. Ceux que l'on fabrique maintenant dans les manufactures royales se nomment *modèles de 1816*; mais les pistolets qui sont entre les mains des cavaliers sont ceux de cavalerie, modèle de l'an 13, & de gendarmerie, modèle de l'an 9.

Le pistolet de cavalerie de 1816 diffère de celui de l'an 13, 1°. en ce que le canon est renfoncé dans toute la partie du tonnerre où se fait la charge; 2°. la crosse est un peu plus courbe; 3°. le bois est légèrement diminué dans ses dimensions & raccourci vers la bouche du canon; 4°. on a substitué à l'embouchoir, qui avoit la forme de celui du fusil, une capucine semblable à celle du mousqueton, modèle de 1816, laquelle est percée pour recevoir la baguette.

Le pistolet de gendarmerie de 1816 diffère de celui de l'an 9 en ce que, 1°. on a diminué de 0 mèt. 0004 (2 points) l'épaisseur du canon à la hauteur du bouton de la culasse, & qu'on a renforcé le métal dans l'endroit où se fait l'effort de la charge; 2°. les bois & toutes les pièces de la garniture ont été légèrement diminués d'épaisseur; 3°. la crosse a été alongée d'environ 0 mèt. 0271 (1 pouce); 4°. on a substitué à l'ancien embouchoir une capucine semblable à celle du pistolet de cavalerie, modèle de 1816.

Les changemens faits aux platines, le système de sous-garde, l'emplacement de la lumière, &c., opérés dans les fusils & le mousqueton de 1816, s'appliquent aux nouveaux modèles de pistolets, eu égard aux formes & aux dimensions de ces dernières armes.

PISTOLET de luxe. On fabrique trois espèces de pistolets de luxe: celui de combat, destiné au tir d'adresse ou à des combats singuliers; celui d'arçon, qui se met dans les fontes d'une selle, & celui de poche, que l'on porte sur soi dans les voyages.

PISTOLET de marine. Ce pistolet est le même que celui de cavalerie, sauf un crochet de ceinture qu'on ajoute à ce dernier. On perce dans le bois un trou pour recevoir une petite taille ou pivot, qui donne à ce crochet un second point d'appui, pour l'empêcher de tourner autour de la vis. Le poids de ce pistolet, avec son crochet, est de 1 kil. 2084 (2 liv. 7 onces 4 gros): ce pistolet ne sert qu'à la marine.

PISTOLET des officiers. Ils sont à canons tordus, du calibre des pistolets de cavalerie. La longueur de ces canons, qui sont en cuivre, est de 0 mèt. 1297 (4 pouc. 9 lig. 6 points). Les platines sont semblables à celles des pistolets de guerre, mais elles sont plus foibles en dimensions. Les garnitures sont faites d'une composition de quatre-vingt-douze parties de cuivre, sept de zinc & une d'étain. Les poignées sont quadrillées & courbes, pour être mieux assujetties dans la main, & la paire coûte 56 fr. dans les manufactures du Gouvernement.

PISTOLET de poche. Le pistolet de poche dit *à l'écossaise*, diffère des deux autres pistolets principalement en ce que la platine est disposée symétriquement, par rapport à l'axe du canon, dans une espèce de coffre formé par le prolongement de cette dernière pièce, derrière le logement de la charge. Cette platine a trois ressorts comme la platine ordinaire, mais ils sont disposés en sens inverse. La noix & sa bride sont supprimées; la partie inférieure du chien en tient lieu en portant les crans & la griffe de la noix. La gâchette a une queue qui remplace la détente. Le bassinet étant placé immédiatement au-dessus du tonnerre, la lumière, qui est placée au fond de la fraisure, se trouve dans une direction verticale. Le canon est brisé; on le démonte au moyen d'une clef pour y mettre la poudre & la balle, qui sort forcée. La poignée seule est en bois, & est fixée au reste de l'arme au moyen de deux vis.

La disposition de la platine s'oppose à ce que l'on puisse viser avec cette arme; aussi elle est réservée à la défense, & on ne s'en sert guère qu'à bout portant.

Cette platine est ordinairement à secret, & le mouvement du chien se trouve arrêté par un verrou placé derrière cette pièce, ou adapté immédiatement au pontet de la sous-garde. Quelquefois aussi cette dernière pièce est supprimée, & la queue de la gâchette, qui est à charnière, se loge dans un encaissement pratiqué à cet effet sous la platine, & ne se remet à la position nécessaire pour faire partir l'arme, que quand on porte le chien au cran du bandé.

Le calibre est communément pour la balle de quarante à la livre, & la charge de 0 kil. 0008 (15 grains) de poudre. En général, cette arme est de très-petite dimension, & il y en a même dont la longueur n'excède pas 0 mèt. 1083 (4 ponces).

Une paire de pistolets de poche coûte, étant bien établis, environ 150 fr.

PISTON. C'est, dans le fusil à vent, une espèce de bouchon qui remplit exactement l'orifice inférieur du canon. (*Voyez* l'article FUSIL A VENT.)

PIVOT. C'est, dans la noix, le petit tourillon qui roule dans l'œil de la bride.

PIVOTS des ressorts. Les pivots sont cylindriques dans le ressort de batterie & le grand ressort ; c'est un petit parallélipipède à côté de la gâchette.

PLANCHE A MOULER DANS LES FONDERIES. Planche sur laquelle on trace & découpe le profil de la bouche à feu qu'on veut mouler. On renforce la partie où est ce profil d'une bande de tôle, retenue par des clous. On place cette planche sur les chevalets du trousseau, à la distance indiquée par l'épaisseur de l'objet à mouler. On l'appelle quelquefois, dans les fonderies, *échantillon* ou *gabari*.

PLANCHE à mouler dans les forges. Cette planche, qu'on appelle aussi *faux-fond*, doit être droite & unie. Elle est renforcée en dessous par deux traverses qui l'élèvent un peu, & donnent la facilité de la saisir pour manier le châssis.
Le châssis renfermant le moule du projectile & disposé pour la coulée, repose sur une planche pareille, mais moins régulière.

PLANCHE de charge. Elle sert, dans les forges, à donner la première forme aux noyaux des projectiles creux. Elle n'est pas garnie en fer comme l'est la planche échantillonnée.

PLANCHE échantillonnée. La planche échantillonnée est profilée sur une coupe exacte du vide intérieur du projectile, compris l'œil ; elle est en outre, à droite & à gauche, des échancrures proportionnées à la forme de la poupée & à celle de la crapaudine, qui, sans cela, l'empêcheroient d'approcher près de la pointe de la vis & du bourrelet de l'arbre ; elle est garnie en dessous d'une bande de fer limée ou tournée, qui suit sa courbure, & chanfreinée en dessus, afin de retenir la terre excédante, l'ouvrier tournant la manivelle en dedans.
Un calibre en fer qui a pour longueur celle de l'œil, plus la hauteur du bourrelet de l'arbre du globe-modèle, sert, en l'appuyant contre le derrière du bourrelet de l'arbre à noyau, à régler la position précise de la planche sur les jumelles du tour ; son écartement ou sa distance au centre de l'arbre est déterminée par la grosseur du noyau, fixée elle-même par une lunette en fer du diamètre de ce dernier, & par un calibre de l'épaisseur que doit avoir le noyau de la lumière.

Lorsque le point précis du placement de la planche a été reconnu juste par la vérification des noyaux secs, deux pointes de fer enfoncées sur les jumelles, qu'elles débordent de 0 mèt. 0133 à 0 mèt. 0180 (6 à 8 lig.), & deux crans correspondans à ces pointes, pratiqués au derrière de la planche sur son épaisseur, rendent sa position invariable.

PLANCHES de cuivre. Ce sont des feuilles de cuivre laminé, ayant ordinairement 1 mèt. 2994 (4 pieds) de longueur, sur 0 mèt. 6497 (2 pieds) de largeur. Elles portent le nom de leur poids ; ainsi le n°. 12 indique que la planche pèse 5 kil. 8740 (12 liv.). Celles que l'on emploie pour les garnitures des fourreaux de sabre d'infanterie & d'artillerie ont, ces garnitures étant limées, 0 mèt. 0009 (5 points) d'épaisseur.

PLANE. Outil d'ouvrier en bois. Lame tranchante, avec un manche à chaque bout dans le sens de sa largeur.

PLAQUE DE COUCHE. Partie de la garniture du fusil qui garantit le bas de la crosse de cette arme. Elle est pliée à angle droit ; la partie qui revient au-dessus est ovale, & l'autre à la forme du bois en cet endroit. La plaque de couche est assujettie par deux vis à bois.

PLASTRON, PALETTE ou CONSCIENCE. Pièce de bois garnie en fer, percée de plusieurs demi-trous analogues aux têtes de forets, servant à l'ouvrier à s'appuyer sur la tête des forets, tandisque leur pointe agit sur les pièces, & à percer au moyen d'un archet qui fait tourner ces forets.

PLASTRON. On appelle ainsi le devant de la cuirasse. (*Voyez* le mot CUIRASSE.)

PLASTRON. Espèce de coussin couvert de peau, dont on se servoit pour soutenir le recul des anciens fusils de fortes dimensions.

PLATEAU A PIERRIER. C'est une sorte de disque en bois qu'on place sur la charge de poudre du pierrier. Son diamètre est de 0 mèt. 4215 (14 pouces 10 lig.) ; l'épaisseur du bois est de 0 mèt. 0451 (1 pouce 8 lig.) ; ses bords sont arrondis en quart de cercle. Il pèse 2 kil. 5698 (5 livres 4 onces).

PLATEAU d'éprouvette. C'est une plate-forme en bois de chêne, ayant dans son milieu un embrèvement où se loge la plaque du mortier-éprouvette. Les parties qui le composent sont : quatre bandes de renfort, quatre boulons d'*idem*, quatre écrous d'*idem*, quatre anneaux à patte coudée (deux à trous carré, deux à trous rond ;

leur patte fert de rofette fous la tête de l'écrou des deux boulons qui traverfent la plate-forme pour les contenir ; il y en a de chaque côté une a trou carré & une à trou rond), deux boulons, deux écrous d'*idem*. Ce plateau pefe environ 58 kil. 7402 (120 liv.).

PLATEAU de mortier à femelle ou à plaque. Il eft fait de trois madriers affemblés par quatre goujons.

PLATEAU de pétard. Madrier fur lequel on attache le pétard. Il a 0 mèt. 0812 à 0 mèt. 1083 (3 à 4 pouces) d'épaiffeur, & renforcé de barres de fer. (*Voyez* le mot PÉTARD.)

PLATE-BANDE. Moulure plate des bouches à feu : le canon en a une au bas de la culaffe, une au premier, & une au deuxième renfort.

PLATE-FORME. C'eft un efpace préparé & folidement planchéié pour manœuvrer plus facilement des pièces d'artillerie que l'on veut mettre en batterie, foit fur les remparts d'une place, foit dans les travaux d'un fiége.

PLATE-FORME de canon de fiége. Pour conftruire une plate-forme de canon de fiége, on place le heurtoir au pied de la chemife de l'épaulement, le touchant dans toute fa longueur fi l'embrafure eft directe, & d'un bout feulement fi elle eft oblique, de manière que fa furface inférieure foit 1 mèt. 20 (44 pouc.) au-deffous du plan de l'embrafure. Le heurtoir doit être, dans tous les cas, perpendiculaire à la directrice, & le milieu placé exactement fur cette ligne : on l'arrête dans cette pofition en plantant un piquet à chacune des extrémités, & en damant de la terre entre lui & le fauciffon.

On fait enfuite trois rigoles pour placer les gîtes, la première fuivant la directrice, inclinée du derrière au devant de 0 mèt. 041 par mètre (3 pouc. par toife). On creufe les rigoles des deux autres poutrelles de la même manière, dans le même plan que la première, à 0 mèt. 812 (2 pieds 6 pouces) de diftance d'un milieu à l'autre, & parallèles entr'elles; on fait ufage, pour cette opération, d'une règle de deux mètres (6 pieds 1 pouc. 10 lignes) & d'un niveau de maçon. On remplit de terre, l'on dame fortement, les intervalles des poutrelles. On place le premier madrier contre le heurtoir, de façon que les deux bouts le dépaffent également de chaque côté ; le fecond madrier fe place contre le premier, & ainfi de fuite, jufqu'au dernier qu'on arrête par des piquets.

Les plates-formes étant finies, on établit des chevalets à gauche & au milieu de l'intervalle des deux pièces voifines, pour y placer les armemens.

PLATE-FORME d'obufier de fiége. La conftruction de cette plate-forme eft la même que pour celle précédente, mais on la fait horizontale.

PLATE-FORME de canon de place. Elle a un contre-hfoir percé au milieu pour recevoir la cheville ouvrière. Il eft entaillé à fes extrémités pour loger les bouts des deux grandes poutrelles extrêmes. La troifième poutrelle aboutit au milieu du contre-hfoir, entre les deux premières : ces poutrelles doivent être dans un même plan incliné de 0 mèt. 135 (5 pouces) vers l'épaulement.

On place le contre-hfoir à 0 mèt. 65 (2 pieds) de l'épaulement, perpendiculairement à la ligne de tir ; il doit être de niveau dans toute fa longueur & dans le plan des poutrelles. On place les poutrelles après avoir arrangé le contre-hfoir, & l'on remplit les intervalles avec de la terre que l'on dame, comme à la plate-forme de fiége.

On n'emploie point de heurtoir ni de madrier à cette plate-forme, mais on place trois poutrelles tranfverfalement fur les trois premières ; la première a 0 mèt. 162 (6 pouces) de largeur, eft cintrée de 0 mèt. 054 (2 pouces) de flèche, & a 2 mèt. (6 pieds) de longueur ; la deuxième 2 mèt. 274 (7 pieds) de longueur, & la troifième 2 mèt. 60 (8 pieds) auffi de longueur.

La première cintrée eft à 0 mèt. 189 (7 pouces) de diftance du contre-hfoir, où elle eft arrêtée, en avant de fes extrémités, par deux piquets ; la deuxième fe place à l'endroit de la plate-forme qui correfpond à l'entretoife du milieu du châffis ; la troifième enfin à 0 mèt. 325 (1 pied) en avant de l'endroit de la plate-forme qui correfpond à l'entretoife de la queue du châffis. On remplit de terre les intervalles des poutrelles; on en met également à la queue de la plate-forme, où on place un bout de madrier, pour fervir de point d'appui aux leviers lorfqu'on donne la direction à la pièce.

PLATE-FORME de canon monté fur affût de côte. La tête du grand châffis porte fur l'entretoife du milieu du petit châffis, placé & arrêté par quatre piquets, au pied de l'épaulement.

On détermine la place des madriers, qui font circulaires & ordinairement au nombre de trois, en traçant, au moyen d'un cordeau & d'un piquet, un arc de cercle qui a pour rayon la diftance du milieu du trou de la cheville ouvrière au milieu de la furface convexe des roulettes du grand châffis, en prenant le centre du cercle fur le terrain, au point correfpondant aux trous de la cheville ouvrière pratiqués au petit châffis.

Le cercle tracé, on fait une rigole égale en largeur & profondeur à celle des madriers : on place en terre dans la rigole, & aux endroits des jonctions des bouts de madriers circulaires, ainfi qu'aux extrémités du demi-cercle, d'autres bouts de madriers pour clouer les premiers lorfqu'ils font joints & mis en place, & on les arrête par des piquets placés de chaque côté des madriers circulaires.

Cette

PLA

Cette plate-forme étant très-sujette à se déranger, si on la faisoit en fonte de fer, elle seroit durable & elle auroit l'avantage de donner au mouvement de la roulette du grand châssis plus de facilité & plus de régularité. Il suffiroit de l'établir sur un terrain convenablement préparé. On pourroit employer quatre circulaires de o mèt. 162 (6 pouces de largeur) sur o mèt. 027 (1 pouce) d'épaisseur, qu'on joindroit bout à bout & qu'on arrêteroit comme les courbes en bois. Ces plaques circulaires peseroient ensemble environ 288 kil. (588 livres 5 onces), & leur prix seroit à celui de la plate-forme ordinaire à peu près dans le rapport de 8 à 3.

PLATES-FORMES des mortiers. Les plates-formes de mortiers à petites portées sont faites avec douze lambourdes de 2 mèt. (6 pieds) de longueur & de o mèt. 217 (8 pouces) d'équarissage. Il faut, pour les mortiers à grandes portées, quatorze lambourdes de 2 mèt. 273 (7 pieds) de longueur sur o mèt. 216 (8 pouces) d'équarissage.

Pour construire ces plates-formes on détermine la directrice qu'on prolonge en arrière, en plaçant, au moyen d'un fil à plomb, deux fiches verticalement, une sur chaque crête de l'épaulement. On creuse une rigole suivant la directrice, & deux autres parallèles à la première, à o mèt. 487 (18 pouces) de distance, & les extrémités à 2 mèt. 273 (7 pieds) de l'épaulement.

On place trois lambourdes dans les rigoles, & les neuf autres en travers des premières, celle de devant à 2 mèt. 273 (7 pieds) de l'épaulement; son milieu sur la directrice & sa longueur perpendiculaire à cette même ligne; on appuie la seconde contre la première, & ainsi de suite jusqu'à la dernière, ayant soin de les ajuster pour que l'une ne dépasse pas l'autre : on arrête ces lambourdes par quatre piquets plantés à la tête & quatre à la queue de la plate-forme. La distance d'une directrice à l'autre ne doit être que de 5 mèt. (15 pieds); celle du devant de la plate-forme à l'épaulement est, en général, égale à la hauteur du même épaulement.

PLATINE POUR LE GRAIN DE LUMIÈRE. On sait que le platine pur n'éprouve aucune altération de la part de l'air, & que le feu seul peut le dénaturer. Il se taraude, se forge, s'écrouit & peut s'allier à presque tous les métaux. Sa dureté & son inaltérabilité le font employer maintenant par tous les arquebusiers pour mettre des grains aux lumières des canons & en garnir la fraisure des bassinets, ce qui coûte environ 12 fr. pour un fusil de chasse à deux coups, l'once de ce métal coûtant de 15 à 18 francs. Ces grains se mettent par le même procédé que celui en usage pour les grains de lumière en fer. (*Voyez* page 152 de mon Mémoire sur la fabrication des armes.)

PLATINES. Ce sont des machines ingénieuses, *ARTILLERIE.*

PLA 337

mais un peu compliquées, dont toutes les pièces concourent ensemble à faire partir une arme à feu portative. Elles sont placées au bas des canons & encastrées dans le bois. (*Voyez* les articles MONTER UN FUSIL & RECETTE DES ARMES PORTATIVES.) Leur jeu produit le feu qui se communique à la charge. Il y a des platines pour les armes de guerre, pour celles de luxe, & des platines à secret.

PLATINES des armes de guerre. Elles sont composées de vingt pièces; ce sont : le corps de platine, le chien, la mâchoire supérieure du chien, la batterie, le bassinet, la bride de noix, la noix, la gâchette, le grand ressort, le ressort de batterie, le ressort de gâchette & neuf vis pour assembler ces pièces sur le corps de platine ou les fixer ensemble.

Le mécanisme des platines de guerre est tel, que si l'une des pièces pèche par les proportions ou par l'ajustage, il en résulte des inconvéniens plus ou moins graves. Son effet dépend principalement de la position des centres de mouvement de la batterie & du chien, qui constitue ce que l'on appelle *le postage,* des forces relatives de ses ressorts & des positions respectives de toutes les autres pièces.

Les pièces des platines se forgent suivant les procédés en usage dans les autres arts, tel que la serrurerie. Toutefois on doit faire observer que, pour ne pas dénaturer la mise d'acier de la face de la batterie, en la forgeant, l'ouvrier a l'attention de la souder entre deux fers. Pour cela il étire en lame mince une partie du fer destiné à former la face, il la replie & il introduit l'acier entre les deux parties. Cette lame ou pellicule de fer est ensuite enlevée à la lime, en sorte que l'acier reste à découvert.

Depuis le commencement du quinzième siècle, époque où l'usage des armes à feu portatives s'introduisit en France, jusqu'au milieu du règne de Louis XIV, on ne connut pour les fusils des troupes que les platines à mèches & celles à rouet. (*Voyez* les articles ARQUEBUSE A MÈCHE & ARQUEBUSE A ROUET.) On inventa ensuite la platine à silex, qui est exempte d'une partie des inconvéniens que présentoient ces deux mécanismes.

Cette platine reçut des corrections & des modifications, principalement en 1732 (les modèles antérieurs du fusil à silex n'existent pas au Musée de l'artillerie, mais il paroit que ce n'est qu'à cette époque que l'on a commencé à fabriquer des armes de formes régulières), 1742, 1754, 1763, 1774, 1777 & en l'an 9; mais plusieurs de ces changemens n'ont pas été heureux; car la platine du modèle de 1777, corrigé en l'an 9, donne plus de ratés que celles des modèles antérieurs. Ce vice provient principalement de ce que, pour faciliter le découvrement du bassinet & donner de la grâce à la platine, on a trop penché la face de la batterie, éloigné du pied de la batterie la directrice de la frisure du bassinet,

Vv

& de ce que l'on a trop incliné le plan des bords latéraux de cette dernière pièce, dans la vue d'augmenter sa capacité & d'empêcher la perte d'une partie de la poudre d'amorce dans l'action d'amorcer. Ces innovations paroissent dater de 1774.

On a en conséquence fait, en 1816, des modifications à la platine, qui avoit été corrigée en l'an 9; mais elles ont donné lieu à des observations importantes qui ont provoqué de nouvelles expériences que l'on fait en ce moment. (*Voyez* l'Aide-mémoire, pag. 101 de la 5e. édit.)

On va examiner successivement les diverses pièces d'une platine de fusil d'infanterie, modèle de 1777; ce que l'on dira de ces pièces s'applique à celles du fusil d'artillerie, du mousqueton ou du pistolet de cavalerie qui leur sont proportionnelles.

La face intérieure du corps de platine doit être parfaitement plane, ainsi que celle extérieure, jusqu'à l'arrondissement de la queue, afin que toutes les pièces qui doivent s'ajuster dessus y soient bien à l'équerre. Tous les trous doivent être percés perpendiculairement, bien cylindriques & bien taraudés. Si, en outre, ils n'étoient pas placés où ils doivent être, & si le corps n'avoit pas l'épaisseur prescrite, la platine ne seroit pas de bon service.

L'encastrement pratiqué au corps de platine pour recevoir le bassinet, doit être assez long & assez profond pour que cette dernière pièce ait une épaisseur suffisante entre cet encastrement & le fond de sa fraisure. Le bassinet doit bien porter & ajuster sur le corps de platine; sa fraisure doit être bien droite, & le plat de ses bords latéraux bien d'équerre avec celui de ce corps. Ils doivent couvrir la lumière pour en arrêter le jet de feu, qui seroit nuisible dans le tir des armes.

L'opération d'ajuster la batterie sur le bassinet est une de celles qui ont lieu le plus fréquemment dans les armes entre les mains des troupes; car il suffit, pour déranger cet ajustage, de fermer brusquement le bassinet, lorsque le ressort de batterie est un peu fort, & qu'il se trouve sur les bords du bassinet quelqu'éclat détaché de la pierre par le choc du chien, &c. On sait que pour faire cette réparation, on lime les bords latéraux du bassinet, afin que la table de la batterie les couvre parfaitement, pour ne pas laisser échapper la poudre d'amorce, & pour empêcher l'humidité de pénétrer dans le bassinet. Dans le modèle de 1777, cette opération peut se faire un grand nombre de fois avec le même bassinet, parce que ses bords latéraux sont élevés des deux côtés au-dessus du corps de platine.

Dans la platine de 1763, le bassinet, qui étoit en fer trempé, étoit beaucoup moins flexible & se dégradoit difficilement. D'ailleurs, suivant Mercier (pag. 56 des *Principes instructifs pour les officiers d'artillerie employés aux manufactures d'armes*), le bassinet doit baisser sur le devant de la 144e.

partie de la longueur du corps de la platine, ce qui donne 0 mèt. 0011 (6 points) pour la platine de 1763.

Si la batterie étoit trop pentée, le chien pourroit être au bout de sa course avant que le découvrement soit opéré; & comme la pierre, lors du choc, ne frotteroit pas sur une longueur suffisante, il en résulteroit peu de feu. Si elle n'étoit pas assez pentée, la pierre la frapperoit trop bas, & le même inconvénient auroit encore lieu. La face doit être d'équerre sur le corps de la platine, c'est-à-dire, qu'elle ne doit pencher d'aucun côté, sans quoi la pierre ne pourroit la râcler qu'en un point. L'entablement doit former, avec le plan du rempart de la platine, un angle droit (le bassinet étant découvert); mais s'il n'étoit pas exactement droit, il seroit moins désavantageux qu'il fût aigu que d'être obtus : dans le premier cas, il est moins facile d'amorcer; dans le second, la batterie éloigne son feu du centre du bassinet. Enfin, si la batterie n'ajustoit pas sur le bassinet, l'amorce pourroit se perdre.

La face doit être recouverte d'une feuille d'acier de 0 mèt. 0023 (1 lign.) d'épaisseur au fusil, & de 0 mèt. 0016 (10 points) au mousqueton; la pièce étant limée, cette épaisseur est la même que celle de ses bords, jusqu'à la naissance de l'arrondissement supérieur du dos, où elle est insensiblement augmentée par le fer.

Le pied de la batterie doit être bien percé dans son milieu. La trousse doit être droite, arrondie par-dessus, & s'appuyer carrément sur le ressort.

Pour que le chien, étant à son repos, se présente bien devant la batterie, il faut que le centre du trou de fron carré soit sur l'axe du trou de la mâchoire inférieure; car s'il est en avant de cette ligne, la mâchoire inférieure s'éloigne de la batterie, & s'il est en arrière, elle s'en approche trop : dans l'un & l'autre cas, le feu n'est pas porté au milieu du bassinet.

La mâchoire supérieure doit être percée de façon que la vis étant en place, cette première pièce soit en plan incliné par rapport à celui de la mâchoire inférieure, afin qu'elle puisse pincer la pierre à son extrémité, & son talon doit bien appuyer contre la crête : ces deux mâchoires doivent être égales en longueur & largeur. La vis du chien doit être perpendiculaire à la mâchoire inférieure, & parallèle à la crête dans toute sa longueur, sans quoi elle pourroit se casser.

Il est bien important que la tige de la noix soit bien juste dans le trou du corps de platine, qu'elle doit déborder un peu, pour éviter le frottement du chien contre ce corps; car si elle ne l'étoit pas, le grand ressort, par la pression qu'il fait continuellement sur la gâche de cette noix, l'attireroit vers la partie inférieure, & y occasionneroit du frottement; le chien, en suivant le mouvement de la noix, frotteroit aussi dans le haut sur le corps de platine : en sorte que la force du grand ressort feroit confidérablement diminuée; enfin, la tige ne portant que par deux points opposés, l'un d'en bas & l'autre d'en haut, deviendroit par le fervice de plus en plus gâté dans ce trou; le frottement de la noix & celui du chien augmenteroient bientôt à un tel point, que la batterie ne découvriroit plus.

Si la griffe eft trop creufée, le grand reffort perd encore de fa force, parce qu'elle ne peut le porter au degré de tenfion néceffaire; il doit s'élever pour cela à la hauteur de l'axe de la noix. Si, au contraire, elle eft trop pleine, elle refouleroit la grande branche fur elle-même, en montant le grand reffort, ce qui pourroit la faire caffer, & rendroit la platine dure dans fes mouvemens.

Si la noix n'a pas affez de circonférence, le bec de gâchette s'approchera trop de l'axe de la tige de cette noix; en forte qu'il faudra appuyer fortement fur la détente, pour que la platine faffe fon effet. Les crans doivent avoir leurs parties rentrantes au repos & bandé fur le même arc de cercle; il doit en être de même pour les parties faillantes. Si la partie faillante du cran de repos dépaffoit cet arc de cercle, le bec de gâchette, en s'échappant de celui du bandé, le rencontreroit, & l'un ou l'autre fe cafferoit, ou le chien ne s'abattroit pas. C'eft pour éviter ce défaut grave, qu'on appelle *rencontrer*, que l'ouvrier difpofe ce cran de façon que fa partie faillante foit, par rapport à celle du cran du bandé, plutôt un peu en dedans qu'en dehors.

Le trou de la vis de noix doit être percé dans le milieu du carré. Pour que la griffe ne foit ni trop courte ni trop longue, il faut qu'en tournant la noix dans fon trou (elle doit être libre pour cela), cette griffe aille jufte à l'extrémité inférieure du corps de platine.

On réferve en deffous de la noix une légère élévation d'environ 0 mèt. 0002 (1 point) à toutes les platines de guerre, pour l'empêcher de frotter dans toute fa furface fur le corps de platine.

Si l'extérieur de la bride, à la hauteur du trou du pivot de la noix, déborde la circonférence de cette noix, le grand reffort, dont la griffe porteroit alors contre, ne pourroit remplir fon objet. Si la largeur de cette pièce au même endroit eft trop foible, elle fe caffera.

Si le trou reçoit le pivot de la noix eft mal percé, ainfi que ceux de la vis de bride, du pivot de la bride & de la vis de gâchette, la bride qui doit foutenir la noix verticalement (la platine étant fur le fufil), la pouffera en fens contraire, & dérangera la marche de la platine par des frottemens confidérables.

La gâchette doit avoir la même épaiffeur que la noix, & on doit réferver autour de l'œil une embafe de même dimenfion, & pour le même ufage qu'à la noix.

Le bec de gâchette devant balancer la force du grand reffort, lorfque le chien eft armé, doit être bien fain & doit bien engrener dans les crans du repos & du bandé de la noix; fans quoi le chien pourroit s'abattre. Son extrémité doit être arrondie; fans cela il pourroit s'arrêter fur l'une ou l'autre des parties faillantes des crans, fi le foldat n'avoit pas eu la précaution de fentir s'il a bien engrené.

Tous les refforts doivent être bien cintrés; c'eft de cette qualité & de celle de l'acier que dépend leur élafticité: le trop d'épaiffeur ôte au jeu fa vivacité.

La petite branche du grand reffort doit bien ajufter fur le corps de platine, & la grande branche doit avoir un jour égal dans toute fa longueur; fi elle éprouve du frottement, la platine eft dure dans fes mouvemens. La patte doit porter contre le rempart de la batterie; cela facilite le démontage de la vis, l'ajuftage du cul du reffort fur le corps de platine, & foulage le pivot. Si elle n'y portoit pas, elle pourroit appuyer contre le baffinet, ce qui le feroit remonter & dérangeroit l'ajuftage de la batterie; le pivot & la vis ne réfifteroient d'ailleurs pas long-temps à la preffion de ce reffort. La grande branche étant libre, fa bande, prife de la partie extérieure du bout de la griffe à la naiffance du corps de platine, doit être à peu près de 0 mèt. 0115 à 0 mèt. 0135 (5 à 6 lig.) à la platine du fufil d'infanterie.

La griffe du grand reffort ne doit être ni trop longue ni trop profonde: le premier de ces défauts ne peut avoir lieu qu'aux dépens de la grande branche, qui, étant raccourcie, perd de fon élafticité; le fecond la feroit toucher contre la bouteille avant que le chien pût arriver à fon bandé, & obligeroit, pour le loger, d'enlever du bois dans la direction de la grande vis: ce qui feroit nuifible au fervice de la platine. Si, au contraire, cette griffe étoit trop courte, il faudroit diminuer celle de la noix, pour qu'elle pût paffer lorfqu'on voudroit la monter au repos ou au bandé; mais entr'autres vices qui pourroient réfulter de cette opération, l'extrémité de la griffe du reffort fe trouveroit à l'extrémité de celle de la noix, & feroit dans le cas de s'échapper lorfque la partie inférieure de cette dernière defcendroit, comme elle le doit, à 0 mèt. 0011 (6 points) environ du corps de platine.

On obfervera enfin, 1°. que l'extrémité de la griffe du grand reffort doit fe trouver exactement fur le prolongement du plan extérieur de la grande branche; 2°. que la diftance qui doit exifter entre l'extrémité de la griffe de la noix & le fond de celle du grand reffort, le chien étant au bandé, doit être à peu près de 0 mèt. 0006 (4 points), pour que le chien ait la *furbande* néceffaire.

Le reffort de batterie doit avoir très-peu de jeu à fa grande branche, & la petite doit bien porter; le cul doit être placé à la naiffance du chanfrein du devant du corps de platine, & assez ouvert pour donner passage à la grande vis.

La grande branche du ressort de gâchette doit bien porter sur le corps de platine, & celle mobile doit avoir un jeu presqu'insensible : si elle est trop courte, la platine est *dure à la détente*, & si elle approche trop de l'œil de la gâchette, le même inconvénient a encore lieu.

Les ressorts s'affoiblissant toujours plus promptement que les autres pièces de la platine, il est essentiel qu'ils soient d'une bonne force ; mais s'ils sont trop forts, la percussion du chien brise les pierres, use promptement la face de batterie, & le jeu de la platine est difficile.

Les tiges des vis doivent être bien cylindriques & bien justes dans les trous destinés à les recevoir ; leurs filets doivent être vifs & assez profonds, les têtes bien dressées par-dessus & par-dessous. les arêtes supérieures un peu arrondies & les têtes bien fendues dans leur milieu ; la fente ne doit aller que jusqu'à la moitié de la hauteur de la tête, qui peut se séparer en démontant la vis, si elle est trop profonde. (*Voyez* l'article ARÊTES VIVES.)

PLATINES des armes de luxe. Ces platines ne different essentiellement de celles des armes de guerre qu'en ce que, pour rendre les mouvemens plus lians & plus doux, on adapte à l'extrémité de la griffe de la noix & à l'extrémité de la griffe du grand ressort une chaînette en acier qui lie ces deux pièces. On adapte également une petite roulette en acier à l'extrémité de la grande branche du ressort de batterie, ou à l'extrémité du pied de la batterie. Le chien est ordinairement sans sous-garde, en sorte que le dessous de la mâchoire inférieure s'appuie sur le garde-feu lorsque la pièce est abattue.

Le bassinet est en fer, garni en or ou en platine. On sait que l'on a fait en cuivre les bassinets des platines des armes de guerre, afin d'éviter l'oxidation qui résultoit de l'inflammation de la poudre d'amorce. On laisse assez ordinairement aux platines des fusils de chasse, la couleur de la trempe & du recuit.

Pour que le corps de ces platines soit plus solide & qu'il se polisse mieux, l'ouvrier le forge ordinairement en étoffe ou en fer bien corroyé, & recouvert d'une feuille d'acier d'environ 0 mèt. 0023 (1 lig.) d'épaisseur.

PLATINES des pistolets de cavalerie, proposées pour être appliquées aux fusils & aux mousquetons. Il a été proposé plusieurs fois de fabriquer les fusils avec la platine du pistolet de cavalerie, en faisant à cet effet quelques modifications indispensables dans les pièces de ces deux armes. Voici mes observations à cet égard.

Le vice essentiel des armes à feu portatives est de rater trop souvent, & il est probable qu'on aggraveroit cet inconvénient en diminuant les dimensions de la platine ; car la face de batterie ayant moins d'étendue & la percussion de la pierre étant moins forte, il doit en résulter un feu moins abondant. On ne peut donc pas espérer d'obtenir de bons résultats, en essayant de substituer la platine des pistolets à celles des fusils, d'autant que par suite de cette substitution, il faudroit percer la lumière plus bas qu'à l'ordinaire, sans cela elle seroit trop au-dessous du fond du bassinet, vu que les canons des fusils étant plus épais au tonnerre que n'est le canon des pistolets, la lumière se trouvant ainsi au-dessous de l'axe du canon & traversant une plus grande épaisseur de fer le canal auroit plus de longueur, ce qui augmenteroit encore le nombre des ratés, par suite de la non-communication du feu de la poudre d'amorce à la charge.

J'ajouterai que la platine du pistolet n'est pas en rapport de solidité avec les pièces du fusil, & que la légère économie qui en résulteroit, ainsi que l'allégement de l'arme, ne me paroissent pas des avantages assez grands pour balancer les inconvéniens que présente cette innovation.

PLATINES demi-rondes. Ce sont celles don le chien & la partie postérieure du corps sont arrondis. Les platines des armes actuelles sont de cette espèce. On les appelle ordinairement *platines rondes*.

PLATINES carrées. On appelle ainsi des platines dont le corps & le chien sont plats. Les fusils antérieurs à ceux de 1777 avoient de telles platines.

PLATINES de sûreté, dites *à secret*. Ce sont des platines de guerre ou de chasse, auxquelles on a adapté un mécanisme destiné à empêcher le chien de partir lorsqu'il est au repos, ou pour rendre son action sans effet. Plusieurs moyens ont été successivement employés pour ne pas exposer les personnes qui peuvent avoir leurs armes constamment chargées, & ils ont été en usage pour les fusils de chasse & pour ceux de quelques troupes. Le plus simple fut un crochet appelé par les ouvriers *loup* ou *renard*, qu'on adapta au corps de platine, & qui maintient le chien sur son repos ; mais, dans l'usage, le bec du crochet s'émousse ou s'égrène, dans ces deux cas il ne sert plus à rien ; d'autres fois il retient le chien à contre-temps, de manière que quand on veut faire feu, le crochet retombant dans le cran du chien, celui-ci se trouve arrêté dans sa chute & manque son effet.

Ces deux inconvéniens firent naître une autre idée, plus compliquée à la vérité, mais bien plus sûre ; on imagina une batterie tournante, mobile sur un pivot : la face, ou pour mieux dire, la feuille d'acier qui fournit le feu au bassinet, se retourne dans une position diamétralement opposée à sa situation naturelle; par ce moyen, si le chien part accidentellement, la pierre ne rencontre pas la batterie, & conséquemment l'arme ne fait point feu.

Cette batterie présente, comme on voit, des effets bien plus assurés que le crochet qui consolide le chien sur son repos; aussi fut-elle adoptée dans le temps pour les fusils des gardes-du-corps du Roi. On s'en servoit aussi pour les fusils de voitures : alors on n'avoit pas à craindre les frottemens, les secousses, en un mot les contre-coups qui peuvent faire partir accidentellement les fusils ordinaires.

Quelqu'ingénieuse que fût cette invention, elle étoit cependant sujette à plusieurs inconvéniens.

1°. Si l'arme partoit sans que la batterie fût établie dans sa vraie position, la pierre ne rencontrant pas la face de la batterie, la chute du chien étoit si forte qu'il se cassoit presque toujours au collet, &, par cet accident, on se trouvoit tout-à-coup désarmé.

2°. Si l'on tournoit la batterie avec trop de précipitation, & si l'on ne faisoit pas attention à la manière de la remettre en place, les doigts se trouvoient pris entre la pierre & la batterie, & on se blessoit.

3°. La malpropreté qui se logeoit entre les petites pièces de ce mécanisme, en paralysoit promptement l'effet.

Ces inconvéniens engagèrent quelques artistes à faire des batteries brisées à charnières, qui se ployoient en avant, sans que la partie inférieure qui couvre le bassinet laissât l'amorce à découvert.

Ce moyen, qu'on pourroit croire meilleur, ne fut pas cependant adopté, soit que cette opération exigeât trop de temps pour rétablir la batterie, soit que sa forme rendît sa construction trop lourde; la batterie tournante fut préférée malgré ses défauts.

On a essayé aussi l'usage d'un crochet en fer ou en acier, appelé *verrou*, fixé dans le corps de platine, derrière le chien, & destiné à entrer soit dans la noix entaillée à cet effet, soit dans l'épaisseur du pied du chien, également entaillé pour cet usage; mais cette construction est difficile, fragile surtout pour les petites armes, & d'un service peu sûr; car la rouille & la malpropreté qui se logent entre les petites pièces de ce mécanisme en détruisent bientôt l'effet. Ce verrou doit d'ailleurs s'égrener bientôt, si l'on ne fait mouvoir avec précaution. Néanmoins le verrou s'adapte quelquefois aux pistolets de poche, comme on le verra à l'article de cette arme.

M. Regnier, ancien conservateur du Musée de l'artillerie, a imaginé le bassinet à cylindre en cuivre, qui se couvre & se découvre à volonté, lequel réunit les avantages suivans : 1°. l'amorce renfermée dans la niche ne peut brûler par l'inflammation d'une quantité de poudre, parsemée dessus & dessous le cylindre; 2°. il préserve l'amorce d'humidité; 3°. il empêche que cette même amorce ne puisse être éclatée par la batterie, ce qui peut prévenir les longs feux; car le cylindre tournant, en faisant son demi-tour, entraîne & range ce qui reste de la manière la plus avantageuse.

Lorsque ce bassinet s'encrasse, on y remédie en ôtant la vis qui fixe l'enveloppe au noyau. Il est adopté pour les fusils des gardes-du-corps du Roi. (*Voyez* l'article BASSINET DE SURETÉ.)

PLATINES en cuivre. Pour abréger le travail de la main-d'œuvre & l'accélérer, on a essayé à diverses époques de faire des platines ayant les pièces principales en cuivre; mais elles ont toujours été abandonnées pour les armes portatives, à cause de la fragilité & du peu de durée de la matière. J'ai déposé au Musée de l'artillerie une platine portugaise, portant le millésime de 1790, dont le corps, le bassinet & le couvre-platine sont en cuivre. Cette platine, qui est dans le genre de celle anglaise, se fabrique depuis plusieurs années entièrement en fer, comme cette dernière.

On sait que la marine fait depuis long-temps usage de platines à corps en cuivre, qu'elle adapte aux pièces d'artillerie. Tessier de Norbec parle de platines à corps en cuivre. (*Voyez* page 357 de son ouvrage, ayant pour titre : *Recherches sur l'artillerie en général, & particulierement sur celle de la marine*.)

PLATINES fabriquées par des procédés mécaniques. Pour fabriquer des platines plus rapidement que par les procédés ordinaires, on fait dans quelques manufactures royales d'armes, des platines à l'imitation de celles dites *identiques*, mais sans prétendre à l'identité parfaite entre toutes les mêmes pièces.

Le platineur forge ces pièces par les moyens ordinaires; mais il ne les finit pas au marteau avec le même soin, excepté cependant le corps de platine & les trois ressorts qui ne s'étampent pas : le corps de platine, parce que son fer doit être parfaitement épuré & doux, pour résister au percement des trous voisins des bords; & les ressorts, parce qu'étant d'acier, ils deviendroient trop secs.

Quand il y a une certaine quantité de pièces ainsi forgées, on les fait rougir au feu de charbon de bois; ensuite on les place l'une après l'autre, dans une *matrice* qu'on change, bien entendu, aussitôt que les pièces d'une même espèce sont étampées. Toutes ces matrices faites de fer, & recouvertes de fortes mises d'acier (on fait en fer le corps de ces étampes, parce que si elles étoient entièrement en acier, elles seroient trop fragiles) & bien trempées, sont successivement assujetties avec solidité sur l'enclume, où la chute du mouton donne aux pièces la forme de leur moule. Si, comme cela arrive souvent, des pièces ont été forgées trop fortes de dimensions, elles forment des bavures qu'on enlève au ciseau; après quoi on les fait rougir de nouveau pour les repasser dans les matrices, dont les deux parties, qui les composent toutes, doivent bien joindre ensemble.

Les pièces étant ainsi étampées, on les recuit au feu de bois blanc, pour en adoucir le fer aigri par l'opération précédente, & on les remet à des limeurs, qui les disposent à entrer dans d'autres moules destinés au percement des trous, auquel on procède de la manière suivante pour chaque pièce.

Corps de platine. On en découpe le rempart & la bouterolle au mouton, pour le placer dans une machine dont les trous servent de conducteurs aux différens poinçons avec lesquels on les perce tous, excepté ceux du rempart & de la bouterolle, qui le percent au foret. Parmi les premiers de ces trous, celui de l'arbre de la noix est le seul qui se forme au mouton; les autres le font au marteau. On taraude tous les trous (hors celui de l'arbre de la noix, qui ne doit pas l'être, non plus que celui des pivots) dans un second moule parfaitement semblable au premier, & on donne le contour au corps de la platine, en le limant entre deux calibres. Il est bon d'observer que le moule dans lequel on découpe le rempart & la bouterolle, n'a pas une profondeur égale à l'épaisseur de ces parties, afin de ne pas endommager le corps de platine en refoulant le fer dans ces endroits-là : le reste de l'opération se fait au ciselet.

Bassinet. Il se fraise, & ses trous se percent par les moyens mécaniques.

Batterie. Tout son contour se lime sur un calibre (quoique les pièces, en sortant du moule, aient presque toujours son empreinte intérieure; cependant, pour plus de régularité, on en lime les contours sur des calibres) qui sert aussi à percer le trou de sa vis, & dont l'épaisseur de la partie inférieure sert de moule & de conducteur au foret : en général, l'épaisseur des moules est suffisante pour servir de conducteur.

Chien. Son contour se lime sur un calibre; le carré & le cœur s'enlèvent au mouton, dans des moules (le cœur doit être ébauché à la forge, & le centre de l'emplacement du carré, percé au foret, avant de passer au mouton, afin de faciliter l'opération des *emporte-pièces*); le trou de la mâchoire inférieure se perce au foret, dans un moule, & se taraude dans un autre; celui de la mâchoire supérieure, dont le contour se forme sur un calibre, se perce de la même façon, mais il ne se taraude pas.

Les chiens se cassant très-souvent à la gorge, il conviendroit, pour obvier à cet inconvénient (plus particulier à ceux étampés), qu'ils fussent forgés *tournés*. Cette opération ajouteroit sans doute à leur solidité, en donnant aux fibres du fer une direction spirale qui, si elle ne coïncidoit pas parfaitement avec la forme de la gorge, empêcheroit du moins le nerf d'être coupé; mais ce procédé exigeroit du fer d'excellente qualité & beaucoup de précautions de la part de l'ouvrier.

Vis du chien. Lorsqu'elle est étampée, on en lime la tête dans un moule, où elle est tournée, ainsi que les embases. On en perce le trou au moyen d'une machine analogue aux autres.

Noix. Elle se rôde au *calibre double*, comme aux autres platines; tout son contour se découpe au mouton, dans un moule, dont la profondeur est moindre que l'épaisseur de la noix, afin d'éviter que le bord inférieur de cette dernière pièce ne s'égrène; le fer qui reste s'enlève au ciselet. Le carré de l'arbre se forme dans un autre moule, on l'enfonce, lorsqu'il est limé, dans un carré de longueur suffisante pour lui donner son exacte épaisseur, puis dans un autre carré pour le couper à sa longueur, & enfin dans un troisième carré pour percer au foret & tarauder le trou de la vis de noix.

Bride de noix. Ses trous se percent au foret sur une machine, & son contour se lime au moyen d'une autre machine ayant sa forme extérieure. Il est de la plus grande importance que les trous de cette pièce correspondent exactement avec ceux du corps de platine, &, en général, si les calibres, moules, &c., ne se rapportent pas parfaitement entr'eux, la fabrication est vicieuse.

Gâchette. Son trou se perce au foret, dans un moule, & son devant se lime sur un calibre.

Ressort. Leurs pivots sont arrondis au moyen d'une *fraise*, qui rend en même temps les dessous d'équerre.

Vis. Elles se fabriquent de même que celle du chien, & on fend à la fois une certaine quantité de têtes de vis.

Toutes les pièces ayant été ainsi préparées, sont remises aux limeurs, qui en composent des platines, en se servant, pendant le travail, de calibres pour les différentes épaisseurs. Les platines achevées sont, comme celles ordinaires, soigneusement examinées par un contrôleur du Gouvernement, puis trempées suivant la méthode indiquée (*voyez* l'article TREMPE DES PIÈCES EN FER ET EN ACIER), & examinées derechef à la recette des armes finies, où elles sont présentées polies.

Si chaque ouvrier ne limoit constamment qu'une même espèce de pièce, & que d'autres ouvriers experts dans le métier montassent les platines avant la trempe, pour leur donner l'harmonie nécessaire, il y auroit économie de temps, & plus de perfection dans l'ouvrage : cela se pratique ainsi à la manufacture de Saint-Etienne.

On examinera maintenant quels sont les avantages & les inconvéniens que cette méthode de fabriquer peut avoir sur celle ordinaire, en se bornant à ne comparer que des résultats; cette manière étant, dans ce cas-ci surtout, la plus sûre pour bien juger.

1°. La platine, par les procédés mécaniques, se forge au moins aussi vite que celle par le travail ordinaire; elle consomme un peu moins de fer, & le limeur peut en limer une par jour, les trous étant percés, il est vrai; tandis que par les moyens ordinaires, il ne peut en limer que deux en trois jours. Mais, malgré ces avantages, on dit qu'elle revient plus cher que l'autre, sans doute à cause des pièces qui cassent assez fréquemment, du recuit qu'on est obligé de leur donner avant la lime, de l'usé considérable de limes, & de l'entretien des machines (on ne sauroit trop le surveiller); motifs qui ont fait accorder, dans un temps, à l'ex-manufacture de Roanne, une prime par platine.

2°. Les pièces, en sortant du moule, sont belles & presque toujours si régulières, que le limeur paroit n'avoir besoin que de les blanchir & de les adoucir; en sorte que l'ouvrier le plus médiocre ne devroit pas faire de mauvais ouvrage en les employant; mais la chute du mouton, en refoulant la matière sur elle-même, répercute les corps étrangers qui peuvent se trouver dans le fer, & d'ailleurs l'aigrit (on obvieroit à ces inconvéniens, du moins en partie, en n'employant pour cette fabrication que du fer très-nerveux & parfaitement corroyé); tandis que le travail ordinaire l'épure au contraire & l'adoucit.

3°. La manière de percer les trous est plus exacte que celle ordinaire, où l'ouvrier applique un calibre sur le corps de platine, par exemple, pour en tracer les trous dessus & les percer ensuite au foret. De bons ouvriers peuvent, il est vrai, travailler par cette dernière méthode avec beaucoup de précision; mais il n'en est pas de même de ceux médiocres: ce qui feroit desirer qu'on employât les moyens mécaniques pour eux seulement, jusqu'à ce qu'ils fussent plus habiles; je dis jusqu'à ce qu'ils fussent plus habiles, parce qu'il seroit nuisible d'abandonner entièrement l'ancienne méthode, attendu qu'il est des circonstances à la guerre où on peut être obligé de faire établir des pièces sans le secours des matrices, & on ne peut pas supposer que des réparations seront bien faites, si on n'admet pas que le *platineur* qui en sera chargé, entende bien l'effet de la platine; ce qu'on ne peut exiger d'un ouvrier qui n'aura jamais travaillé que par les moyens mécaniques.

4°. Le nombre des pièces qu'il faut remplacer aux platines de la mécanique, par suite de défauts découverts à la trempe (dont l'action sur elle est d'autant plus forte que le fer a été vivement comprimé) ou au polissage, entre les mains des monteurs-équipeurs, est toujours double au moins de celui pour une pareille quantité de platines ordinaires, ainsi qu'il est facile de s'en convaincre par le registre du contrôleur de cette partie de l'arme; ce qui doit faire craindre qu'elles ne soient pas d'aussi bon service que les autres: car étant fabriquées avec les mêmes matières, éprouvées & reçues par les préposés du Gouvernement, on ne peut attribuer cette différence qu'aux procédés de la fabrication. (*Voyez* l'article PLATINES IDENTIQUES.)

PLATINES IDENTIQUES. On appeloit ainsi des platines dont toutes les pièces devoient être parfaitement égales, en sorte qu'en démontant un nombre quelconque de ces platines, en mêlant leurs pièces & les reprenant au hasard, on devoit en composer des platines parfaitement ajustées. Les pièces devoient s'obtenir au moyen de fer rougi, mis dans des étampes ou matrices frappées par un mouton; on en limoit les contours & toutes les faces dans des moules, & on en perçoit les trous au moyen de conducteurs dans lesquels ils étoient maintenus. (*Voyez* l'article PLATINES FABRIQUÉES PAR DES PROCÉDÉS MÉCANIQUES.)

Ce procédé de fabrication fut proposé vers 1722, & abandonné après avoir été essayé. On l'essaya de nouveau sous M. Gribeauval, en 1785, & en 1793 il fut établi une fabrique à Roanne. Vers l'an 11 on l'abandonna de nouveau.

Cette idée de faire des platines identiques avoit principalement pour but de remplacer facilement dans les armes des corps, surtout aux armées, les pièces cassées ou hors de service, ce qui eût été un avantage réel pour le service; mais le but n'a pu être atteint, & on n'a pas fabriqué de platines identiques. Celles que l'on soumettoit à l'épreuve des pièces mêlées, & remontées ensuite, produisoient des platines qui ne jouoient pas, & auxquelles il falloit retoucher à la lime pour ôter les frottemens & mettre ces mêmes pièces en harmonie. En effet, les étampes & les emporte-pièces sont altérables intérieurement & extérieurement, & ils s'usent promptement par la percussion violente des moutons; il y avoit nécessairement une différence, quelque légère qu'elle fût, entre la première & la centième pièce qui sort du moule. (*Voyez* l'article MACHINES POUR ACCÉLÉRER LA FABRICATION DES ARMES PORTATIVES.)

PLATINES SIMPLES. Il a été imaginé dans divers temps, & en diverses nations, des platines composées d'un petit nombre de pièces d'un mécanisme simple, & ayant, pour la plupart, les principales pièces à l'extérieur. Il en a été présenté de cette espèce à M. Gribeauval, notamment par le sieur Bonard, ancien contrôleur de la manufacture de Saint-Étienne; mais elles ont toujours été abandonnées, parce que cette simplicité étoit aux dépens de conditions plus essentielles. On peut en voir la collection au Musée de l'artillerie.

Presque toutes les nations de l'Europe ont la platine française, mais elles ont généralement corrigé les vices de construction qu'on lui reproche avec raison, ceux de mal diriger le feu dans le baſſinet. (*Voyez* l'article PLATINES DES ARMES DE GUERRE.)

PLATINEUR. Ouvrier des manufactures d'armes qui fait des platines. Un maître platineur forge ordinairement assez de platines pour alimenter six compagnons limeurs.

PLATINEUR. Ouvrier qui platine le fer, c'est-à-dire, qui le martine pour le réduire en échantillons plus foibles, & propres aux travaux auxquels ils sont destinés.

PLATRAS. Débris des vieux murs construits avec du plâtre, dont on retire du nitrate de potasse par le moyen de lessives, après les avoir pilés & passés à la claie. (*Voyez* le mot SALPÊTRERIE.)

PLI. Endroit où les deux bords d'une lame à canon chevauchent quand elle est roulée. (*Voyez* l'article CANON DE FUSIL.)

PLINTHE ou PLATE-BANDE. Moulure d'une pièce de canon. (*Voyez* le mot CANON.)

PLION. Quantité de fer nécessaire pour former la soie d'une lame de sabre, qu'on plie à la forge en forme de V, pour y insérer la maquette dont on fait cette lame.

PLOMB POUR LES BALLES A FUSIL. On sait que le plomb est à la fois le métal le plus mou & l'un des plus pesans ; qu'il a moins de ténacité que les autres métaux employés dans les travaux de l'artillerie ; que sa cassure, quand il est pur, est d'un blanc bleuâtre un peu plus sombre que celle de l'étain ; qu'il se fond à une foible chaleur, & se couvre d'un oxide gris, si on le tient quelque temps en fusion ; enfin, que sa pesanteur & son prix peu élevé l'ont fait admettre pour les balles des armes portatives.

On a vu à l'article BALLES A FUSIL, que le plomb pesant en raison de son épuration, & la pesanteur de ces projectiles influant sur l'étendue des portées & la justesse dans le tir, il ne faut employer pour cet objet que du plomb bien épuré.

On achète le plomb en saumons pesant de 75 kil. 426 à 244 kil. 733 (150 à 500 liv.). On donne environ deux francs vingt-cinq centimes pour couler un quintal métrique de balles de 18 à 0 kil. 4895 (à la livre), & on passe trois à six pour cent de déchet, suivant que le plomb est neuf ou qu'il provient de démolition. On fournit aux ouvriers les ustensiles qui leur sont nécessaires. Lorsque ce sont les canonniers qui font les balles, on les paie à raison de soixante-quinze centimes environ par quintal métrique.

Un ouvrier coule & façonne un quintal métrique de balles par jour. On fait des ateliers de cinq ouvriers qui coulent cinq quintaux métriques, par journée de onze heures de travail ; un ouvrier coule, deux dégagent les moules & alimentent le feu ; les deux autres coupent les jets & roulent les balles dans le baril à ébarber. Chaque atelier doit être pourvu de quelques moules & d'un ſac ſolide.

On place sous un appentis en plein air un fourneau propre à recevoir deux petites chaudières en fer de 0 mèt. 5248 (1 pied) de diamètre, & d'environ 0 mèt. 2707 (10 pouc.) de profondeur. Trois ateliers peuvent travailler autour de ce fourneau ; les trois couleurs se placent entre le fourneau & leur banc ; les autres ouvriers se placent en dehors. Le plomb doit être en fusion dans une chaudière, où les couleurs puisent, & se tient pendant ce temps dans l'autre chaudière. Ce métal s'oxide moins dans de petites chaudières que dans de grandes. (*Voyez* à l'article BALLE, la manière dont on revivifie le plomb qui peut se trouver dans les craſſes.)

On met les balles confectionnées dans des barils ou des caisses qui en contiennent 100 kilog. (204 liv. 4 onc. 5 gros).

Le plomb en grenailles pour la chaſſe, se prépare avec un peu d'arsenic pour le rendre aigre. (*Voyez* le mot DRAGÉE.)

PLOMB du niveau. Poids ordinairement en plomb, attaché à un fil, servant à faire connoître l'inclinaison de l'objet qu'on nivèle, ou la quantité de degrés dont cet objet est élevé. (*Voyez* l'article QUART DE CERCLE.)

PLOMBÉE. Masse d'arme. Ce mot est synonyme de *bouge*. (*Voyez* ce dernier mot.)

PLONGER. Un coup de canon plonge quand on tire la pièce de haut en bas, comme du cavalier d'un bastion sur le chemin couvert, sur les ouvrages extérieurs, ou sur la campagne qu'il commande. Le talus du parapet, dans son épaisseur supérieure vers la campagne, est disposé pour pouvoir plonger.

PLOYE-RESSORT. Espèce de ciseau qui sert aux platineurs pour achever de ployer les ressorts de la platine ; quand ils le sont presqu'entièrement, on met le ploye-ressort entre les deux branches du ressort, & on frappe dessus jusqu'à ce qu'elles s'y appliquent.

PLUIE DE FEU POUR LES FUSÉES DE SIGNAUX. Cette pluie se fait avec de petites cartouches de 0 mèt. 0541 (2 pouc.) de long, & de 0 mèt. 0068 (2 lig. 6 points) de diamètre, dont on ferme l'un des bouts en pliant le papier, &c. ; on les charge au moyen d'un entonnoir & d'une baguette, avec un mélange de 16 parties de pulvérin & de

6 parties de charbon de chêne; on les amorce ensuite avec un bout d'étoupille ou de la pâte.

On fait une autre pluie de feu qu'on appelle *étincelle*, avec la composition suivante : huit parties de pulvérin, huit de salpêtre, seize de camphre. On la met en pâte très-liquide au moyen d'eau-de-vie gommée; on y mêle o kil. 2447 (8 onc.) d'étoupes hachées, que l'on roule en petites pelotes de la grosseur d'un pois, après les avoir bien imbibées; on les roule ensuite sur du pulvérin sec, & on les fait sécher à l'ombre. (*Voyez*, pour plus de détails, le *Traité d'artifice de guerre*, par M. Bigot, chef de bataillon d'artillerie.)

PLUIE d'or pour les fusées de signaux. Elle se fait, se coupe et s'amorce de la même manière que les étoiles simples, avec une composition de huit parties de pulvérin, d'une demie de salpêtre, d'une & demie de soufre, d'une demie de fleur de suie, d'une demie de noir d'Allemagne & d'une demie de gomme passée.

POCHE A COULER. C'est une grande cuiller en fer, contenant ordinairement 15 à 20 kilogrammes de fonte. Sa queue est une douille qui reçoit un manche de bois. On la torche à chaque coulée, opération qui consiste à l'enduire intérieurement d'argile mélangée avec un peu de crotin, à élever ses bords au moyen de cette même terre, & à lui former un goulot, après quoi on la met sécher & recuire jusqu'au moment de la coulée.

POIDS. Il est nécessaire de connoître le poids de tous les objets d'artillerie, afin de pouvoir régler le prix de leur transport avec l'entrepreneur général chargé de ce service, soit par terre, soit par eau. (*Voyez* l'article TRANSPORT D'ARTILLERIE.) Il est aussi indispensable de connoître le poids des munitions & des attirails d'artillerie pour les charger d'une manière convenable au tirage & à leur nature.

Depuis l'ordonnance de 1732, les fondeurs sont obligés de se conformer pour le poids des pièces d'artillerie, à une quantité de métal déterminée, & ce poids est marqué sur l'un des tourillons de ces pièces.

Le poids des armes portatives est déterminé par un règlement fixant les dimensions des armes des modèles de 1816.

On trouvera le poids des objets d'artillerie aux divers articles de ce Dictionnaire, sauf ceux des affûts, voitures & des bateaux, qu'on transcrit ici d'après l'Aide-mémoire.

Poids des affûts, avant-trains compris, suivant l'Aide-mémoire, pag. 294 & suiv. de la 5ᵉ édition.

L'affût de siége de 24 pèse 2773 liv.; celui de 16, 2374 liv.; celui de l'obusier de 8 pouces, 1840 liv.

L'affût de campagne de 12 pèse 2032 liv.; celui de 8, 1812 liv.; celui de 4, 1550 liv.; celui de l'obusier de 6 pouc., 1862 liv.

L'affût de place de 24 pèse 3352 liv.; celui de de 16, 3103 liv.

L'affût de côte de 24 pèse 3487 liv.; celui de 16, 3347 liv.

L'affût en fer coulé pour les mortiers de 12 & 10 pouc., pèse 2670 liv.; celui de 10 pouc. à petite portée, 1792 liv.; celui de 8 pouc., 861 liv.

Poids des voitures, avant-trains compris.

Le chariot à canons pèse 1859 liv.; à munitions, 1658 liv.

Caissons à munitions pour canons de 12, 1644 liv.; pour canons de 8, 1673 liv.; pour cartouches d'infanterie, 1688 liv.; pour l'obusier de 6 pouc., 1635 liv.; pour canons de 4, 1642 liv.; le même pour cartouches d'infanterie, 1660 liv.

Caisson d'outils, 1734 liv.; le même approvisionné, 5455 liv.

La charrette à munitions pèse 1100 liv.; à boulets, 650 liv.; le camion 967 liv.

La forge avec son soufflet pèse 2088 liv.; la même approvisionnée, 3060 liv.

Le haquet à bateau pèse 2040 liv.; le bateau, 3600 liv.; le haquet à nacelle, 1570 liv.; la nacelle, 1400 liv.

Les avant-trains de montagne pèsent, savoir : celui de siége 595 liv.; ceux de 12 & 8 de campagne, 679 liv.; celui de 4, 589 liv., & celui du caisson, 634 liv.

Le triqueballe ordinaire pèse 1235 liv.; *idem* à roues basses, 670 liv.; triqueballe à vis, 1437 liv.

Poids des attirails.

La chèvre ordinaire, avec son pied, pèse 483 livres; *idem* brisée, 548 livres.
La chevrette pèse 24 liv.

POIGNARD. Arme offensive composée d'une poignée portant une lame courte, aiguë & tranchante. Il y en a de toutes espèces au Musée de l'artillerie, à Paris.

POIGNÉE. C'est la partie par laquelle on tient un sabre ou une épée; elle est en cuivre dans les sabres d'artillerie & d'infanterie, en bois de hêtre recouvert de peau de veau & ficelé dans les sabres de cavalerie.

POIGNÉE du tire-fond du globe d'éprouvette. C'est l'anneau du tire-fond, dans lequel l'on passe la main pour s'en servir.

POINÇONS. Outils d'acier trempé avec lesquels on forme des empreintes sur le bois, le fer ou le cuivre, en les y appliquant & en frappant dessus avec force. On en fait usage dans divers travaux de l'artillerie. Toutes les pièces des armes portatives sont poinçonnées par les contrôleurs, excepté les ressorts des platines & des garnitures, parce que cette opération ne pourroit avoir lieu qu'après la trempe, époque où leur recette définitive se fait, & qu'alors ils ont trop de dureté pour recevoir l'empreinte d'un poinçon.

Poinçons à grain-d'orge. Outils servant à enlever du métal pour l'ajustage d'une pièce. Ils sont en acier & à grain-d'orge à leur extrémité.

Poinçons à piquer. Ils servent à marquer des trous avant de les percer. Il y en a de diverses dimensions.

POINTAL. On appelle ainsi une pièce de bois employée debout pour soutenir un fardeau, dans les manœuvres de force. Quand on a retiré une roue d'un affût, on soutient le bout de l'essieu de ce côté par un pointal. (*Voyez* l'article MANŒUVRES DE FORCE.)

POINTE A TRACER. Petit outil d'acier servant à tracer sur le bois, par exemple, les contours des pièces de fer qu'on veut y appliquer ou encastrer.

POINTER UNE PIÈCE. C'est l'art de la diriger de manière que le boulet puisse frapper le but que l'on veut atteindre. On dirige une pièce de canon, 1°. en la plaçant de manière que l'œil du pointeur & les points les plus élevés de la plate-bande de la culasse & du renflement du bourrelet de la volée, soient dans une même ligne droite avec l'objet que le boulet doit frapper ; 2°. en donnant à la pièce une inclinaison convenable, relative à la situation de la ligne de mire à l'égard de l'axe de la pièce & de la courbe que doit décrire le projectile. (*Voyez* les articles TRAJECTOIRES & TIR DES ARMES A FEU.)

POINTEUR. On donnoit ce nom autrefois à un officier d'artillerie qui étoit chargé de pointer une pièce de canon avant de la tirer ; maintenant ce sont les canonniers qui pointent, & les officiers rectifient le pointage lorsqu'il est nécessaire.

POIRE A POUDRE. Partie de l'équipement d'un chasseur, dans lequel il porte de la poudre pour charger ou amorcer son fusil. (*Voyez* l'article PISTOLETS DE COMBAT.) On appelle quelquefois *poire à poudre* la corne d'amorce. (*Voyez* ce dernier article.)

POIX EMPLOYÉE DANS LES ARTIFICES DE GUERRE. C'est une substance résineuse qui découle naturellement, ou par incision, du pin maritime qui croît dans les landes de Bordeaux. Il y a de la poix noire & de la poix blanche. On fait usage de l'une & de l'autre dans la confection des fascines & des tourteaux goudronnés, dans la composition des carcasses & des balles à feu, &c.

POLE. On nomme ainsi la pièce ovale, en cuivre laminé, servant d'embase au piton du fourreau de l'ancien sabre des dragons. Il y a un pôle à chaque bélière.

POLI. Une pièce d'armes est polie quand sa surface ne paroît avoir aucune inégalité. (*Voyez* les articles ADOUCIR, BOIS A POIR & BUFFLE.)

POLISSEUR ou ADOUCISSEUR. Ouvrier des manufactures d'armes, qui travaille au banc de polisserie, pour achever de polir l'intérieur des canons des armes portatives.

POLISSOIRES POUR LES LAMES DE SABRE. Petites meules en bois de chêne ou de noyer, servant, dans les manufactures d'armes, à polir ces lames. Leur diamètre & les cannelures de leur circonférence sont relatifs aux parties sur lesquelles elles doivent agir.

POLISSOIRES pour les pièces d'armes à feu portatives. On a fait usage, dans quelques manufactures, de polissoires pour polir les différentes pièces de la platine & de garniture. C'étoient des roues en bois, garnies d'émeri sur leur surface, mises en mouvement par des engrenages hydrauliques ou mues à bras d'hommes. On les a supprimées, parce que ce mode détruisoit en partie l'ajustage & l'harmonie des pièces, leur donnoit un aspect de rétusé ; tandis que le polissage au moyen d'un buffle, laisse aux pièces l'intégrité de leurs formes & le beau coup de lime des ouvriers.

POLYGONE. Lieu où les artilleurs s'exercent en temps de paix au tracé & à la construction des batteries, au tir du canon, au jet des bombes, aux manœuvres, &c., en appliquant à ces différens exercices les principes de la théorie.

L'étendue du polygone est fixée de manière qu'elle puisse fournir au besoin une ligne de tir de douze cents mètres, dans le sens de sa longueur, sur une largeur moyenne de six cents mètres.

Il est pourvu des bâtimens & du matériel nécessaires à l'instruction du corps, autant que les localités le permettent ; il est entouré de haies ou de palissades, fermé de barrières & planté d'arbres dans tout son pourtour.

Les manœuvres de ponts, lorsqu'elles ne peuvent avoir lieu au polygone, s'exécutent sur quelques-uns des points les plus à portée de la place & école, dont les localités sont propres aux dispositions particulières qu'elles exigent.

Les manœuvres d'ensemble & les travaux d'instruction s'exécutent selon les dispositions qui sont faites à ce sujet par le commandant d'école, soit séparément, par chaque corps, soit concurremment par les divers corps d'artillerie attachés à l'école. (*Voyez*, pour plus de détails, l'article SERVICE DE L'ARTILLERIE DANS LES ÉCOLES.)

POMMEAU. Partie supérieure de la calotte d'une épée ou d'un sabre sur laquelle la soie de la lame est rivée. (*Voyez* les mots EPÉE & SABRE.)

POMMETTE. On nomme ainsi la calotte des pistolets de poche & d'arçon. Il y en a de différentes formes, ayant ordinairement des oreilles assez longues. Elles sont en or, en argent, en cuivre, &c., & quelquefois enrichies de ciselures.

POMPER. Se dit d'un canon qui ne joint pas exactement sur son bois dans la longueur de son canal, en sorte qu'en appuyant sur ces endroits à pleine main, le bois cède & fait ressort pour se redresser ensuite : c'est un grand défaut dans la monture d'un fusil.

PONDAX. Outil généralement connu sous la dénomination de *bondax*. (*Voyez* ce mot.)

PONTÉE. On appelle ainsi, dans les ponts militaires, l'ensemble d'un corps de support & des objets qui servent à le ponter.

PONTET. Partie de la sous-garde qui préserve la détente des chocs qui pourroient faire partir l'arme inopinément ; le devant a une fente pour recevoir la queue du battant de la sous-garde ; le nœud postérieur porte au-dessous de son embase un crochet de même longueur & largeur que la fente pratiquée à la pièce de détente pour le recevoir. Ce crochet est à bascule.

PONTONNIERS. Soldats d'artillerie spécialement chargés de l'établissement des ponts militaires. Ils doivent être forts, actifs, intelligens, & intrépides dans les occasions périlleuses où ils se trouvent souvent à l'armée. Le service des ponts exige de bons bateliers & de bons ouvriers en bois & en fer.

Jusqu'aux premières guerres de la révolution française, dit M. Drieu (*Guide du Pontonnier*), c'étoient les compagnies d'ouvriers d'artillerie qui construisoient les ponts de pontons & de bateaux. Les manœuvres de ponts n'étoient qu'accessoires à leurs nombreuses occupations. On s'aperçut que l'importance des ponts militaires nécessitoit un corps spécialement chargé de les établir, & l'on créa sur le Rhin des compagnies de bateliers, qui, par décret du 18 floréal an 3, formèrent un corps de pontonniers, à l'imitation de celui des autres puissances. Après l'organisation de l'an 10, on eut un bataillon de pontonniers sur le Rhin, pour le service des armées agissant sur cette frontière, & un second bataillon, indépendant du premier, établi sur le Pô, fournissant aux opérations des armées au-delà des Alpes. L'ordonnance du 31 août 1815 conserve un bataillon de pontonniers. (*Voyez*, pour son organisation, l'article NOTICE HISTORIQUE SUR LE CORPS ROYAL DE D'ARTILLERIE.)

PONTONS. Sorte de bateaux légers, en cuivre, qui se transportoient à la suite d'une armée, sur des haquets, avec les poutrelles & les madriers nécessaires à la construction d'un pont pour le passage des rivières tranquilles, les bateaux proprement dits servant au passage des fleuves & des rivières rapides. Ils étoient composés d'une carcasse à claire-voie, recouverte extérieurement de feuilles de laiton. Les plats-bords étoient parallèles ; l'avant & l'arrière-bec étoient terminés carrément. Ils avoient 5 mèt. 8471 (18 pieds) de longueur, 1 mèt. 5972 (4 pieds 11 pouces) de largeur & 0 mèt. 7580 (2 pieds 4 pouces) de profondeur. Il entroit dans leur construction environ 244 kil. 753 (500 livres) de cuivre, 24 kil. 4753 (50 liv.) de clous, & 55 kil. 2931 (115 liv.) de soudure. Il pesoit 651 kil. 532 (1331 liv.).

Les pontons ont été supprimés par un arrêté du 12 floréal an 11 & remplacés par le bateau d'avant-garde. (*Voyez* les articles PONT DE PONTONS & PONT DE BATEAUX.)

Leur forme & leur construction ne permettoient pas de les employer au passage des troupes, parce qu'ils naviguoient mal.

Il paroît que les Anciens n'ont pas connu ces sortes de bateaux ; que les Hollandais s'en sont servis les premiers en les faisant en fer-blanc, & que les Français les ont imités & modifiés sous le règne de Louis XIV.

PONTS. On appelle *ponts militaires* tous les ponts établis momentanément pour le passage des troupes & de l'artillerie d'une armée. Comme les fleuves ou les rivières que l'on a à traverser sont plus ou moins larges & rapides, on fait usage à la guerre de plusieurs espèces de ponts, savoir : de *ponts de bateaux*, de *pontons*, de *radeaux*, de *chevalets*, de *pilotis*, de *cordage*, de *caisses*, de *tonneaux*, de *ponts-volans*, de *ponts roulans*, &c.

L'histoire des peuples de la plus haute antiquité présente des armées construisant des ponts militaires sur les fleuves qu'elles ont traversés, & transportant même des équipages de bateaux légers. Sémiramis, pour son expédition dans les Indes, avoit des bateaux démembrés dont on assembloit les pièces lorsqu'on vouloit s'en servir. Darius, dans la guerre contre les Scythes, fit jeter des ponts sur le Bosphore & sur le Danube. Xercès en fit tendre un sur l'Hellespont, dont la moindre largeur étoit de 750 mèt. 888 (375 toises). *Voyez* le *Dictionnaire d'Art militaire de l'Encyclopédie méthodique*, l'Aide-mémoire à l'usage des officiers d'artillerie & l'ouvrage de M. le capitaine d'artillerie Dieu, ayant pour titre : *Le Guide du Pontonnier*.

Pont de bateaux. Ce pont est destiné pour les grands fleuves & les rivières larges, rapides & profondes, parce qu'il peut supporter les fardeaux les plus pesans des équipages d'artillerie, & qu'il est à l'abri d'être submergé par les grandes eaux.

Les bateaux se transportent sur des voitures nommées *haquets*; mais, quand il est possible, on les fait aller par eau, en les assemblant par quatre ou par huit, afin d'employer moins d'hommes pour les conduire. Un seul gouvernail suffit pour chaque train, & le bateau peut porter son haquet avec les madriers & les poutrelles qui servent à le couvrir quand il est ponté.

Les bateaux assemblés pour former un pont peuvent être espacés entr'eux de 6 mèt. 1719 à 6 mèt. 4968 (19 à 20 pieds) du milieu d'un bateau au milieu de l'autre, & un pont de bateaux se forme ordinairement tant plein que vide, à moins que l'on n'ait de très-fortes charges à lui faire supporter; alors on augmente sa résistance en rapprochant davantage les bateaux.

Il y a à la suite des ponts de bateaux des nacelles destinées à porter les cordages qui retiennent les ponts, & qui servent à passer les pontonniers sur la rive opposée, &c. (*Voyez* l'article Nacelle d'artillerie.)

A l'entrée & à la sortie d'un pont, pour le rendre plus commode, on fait un établissement qu'on appelle *les culées du pont*. (*Voyez* le mot Culée.)

On établit, autant qu'il est possible, deux ponts à côté l'un de l'autre pour pouvoir passer la rivière sur l'un, la repasser sur l'autre, & éviter par-là les encombremens & les accidens.

L'artillerie est chargée de la construction de tous les ponts momentanés, & les équipages de ponts sont conduits par le train d'artillerie ou par des chevaux de réquisition, quand les chevaux d'artillerie ne suffisent pas au service.

Un pont de bateaux étant établi, on ne laisse passer les voitures que successivement, & à une certaine distance les unes des autres. La cavalerie ne doit défiler que sur deux de front, & les piétons à terre. On veille à ce que les objets charriés par les eaux, & susceptibles d'endommager les ponts, ne puissent arriver jusqu'à eux, & à cet effet on dirige vers les rives les corps flottans dont le choc seroit dangereux. (*Voyez* l'article Emplacement des ponts a la guerre.)

On construit ce pont avec les bateaux des équipages mobiles faits dans les arsenaux de l'artillerie. Lorsqu'on a rassemblé par espèce tous les matériaux nécessaires à la construction du pont & déterminé son emplacement, on procède à la construction, qu'on commence en plaçant *le corps-mort* sur la rive de départ, dans une direction perpendiculaire à celle que le pont doit avoir, & le retenant par de forts piquets. On amène le premier bateau contre la rive, sur l'emplacement destiné au pont; on l'amarre à deux piquets plantés sur le rivage, l'un en amont, l'autre en aval de la culée. On place les *poutrelles* de la première *travée*, une extrémité sur le corps-mort, & l'autre pesant sur le premier bateau & le dépassant. On a soin de les espacer également & de les clamauder fortement au corps-mort. On démarre alors les cordages qui retenoient le bateau, & on l'éloigne de la rive, jusqu'à ce que les poutrelles ne dépassent plus que de o mèt. 325 (1 pied) environ son *plat-bord* extérieur ou le plus éloigné de la rive de départ; on met ce bateau à la hauteur convenable à l'alignement du pont, & on l'amarre à un piquet placé en amont sur la rive : on fixe ensuite chaque poutrelle de la première *travée* au côté extérieur du bateau, avec un *clameau* à deux faces mis en dehors du plat-bord : on pose les *madriers* sur les poutrelles, en leur faisant dépasser également les poutrelles extrêmes. Pendant qu'on forme le *tablier* de la première travée jusqu'à 0 mèt. 325 (1 pied) environ du plat-bord extérieur du premier bateau, on amène le second, qu'on met bord à bord de l'autre bateau; on jette en même temps l'*ancre*, à laquelle il doit être amarré. Les deux bateaux sont joints par deux cordages ou traversières attachées aux avant-becs & aux arrière-becs : on apporte les poutrelles de la deuxième travée, on en fait avancer trois jusqu'à ce qu'elles dépassent de o mèt. 325 (1 pied) environ le plat-bord extérieur du second bateau, on les clamaude à ce plat-bord ; alors deux hommes démarrent les traversières dans le premier bateau, & laissent filer le cordage pendant qu'on éloigne le second bateau, jusqu'à ce que les trois poutrelles ne croisent plus que de o mèt. 325 (1 pied) environ au-delà du plat-bord intérieur du premier bateau. On fait passer les autres poutrelles de la travée au moyen de rouleaux posés sur les trois poutrelles déjà placées : on met le bateau à la hauteur voulue par la direction du pont; on place les poutrelles & on jumelle celles des deux travées en unissant chaque couple avec deux clameaux plats qui convergent l'un vers l'autre (ils correspondent aux plats-bords des bateaux); on achève le tablier comme pour la première travée.

Le troisième bateau, & successivement tous les autres, seront pontés comme on vient de le dire pour les deux premiers.

Aussitôt qu'on a commencé à ponter le troisième bateau, on place les *grandages*, on les met bout à bout & on les lie aux poutrelles extrêmes au moyen d'un cordage nommé *commande*, qu'on brèle avec un billot.

Le nombre des *ancres* est proportionné à la rapidité de la rivière; on mouille aussi des ancres pour assurer le pont contre les vents d'aval : il faut avoir soin d'amarrer les cordages de ces dernières aux bateaux qui sont déjà ancrés en amont.

Quand il n'y a pas assez d'eau pour placer un

bateau à la culée, on le remplace par un chevalet. (*Voyez*, pour plus de détails, le *Guide du Pontonnier*.)

L'emplacement des ponts est déterminé par les opérations de l'armée & la nature du terrain. (*Voyez* l'article précité, EMPLACEMENT DES PONTS A LA GUERRE.)

Les manœuvres des ponts militaires s'exécutent par les troupes de l'artillerie. Elles consistent principalement à établir des ponts sur les fleuves & les rivières, & à les replier. Les pontonniers qui construisent un pont, sont classés en détachemens; chaque détachement ne doit être chargé que des travaux que son chef peut diriger & surveiller. Voici, en les numérotant suivant l'ordre dans lequel ils agissent, les fonctions dont ils sont chargés pour la construction d'un pont de bateaux :

Premier détachement. Préparer les culées, placer les corps-morts, planter sur les rives les piquets auxquels on amarre les premiers & les derniers bateaux, construire la portière (quand le pont doit avoir une coupure), tendre les cinquenelles & placer les cabestans.

Deuxième détachement. Amener les bateaux, placer les chevalets des culées lorsqu'il devra y en avoir.

Troisième détachement. Jeter les ancres.

Quatrième détachement. Porter les poutrelles, aider à pousser au large.

Cinquième détachement. Recevoir les poutrelles, pousser au large, clamauder, fixer les traversières, mettre les bateaux à leur hauteur au moyen du cordage d'ancre, couvrir le tablier.

Sixième détachement. Porter les madriers.

Septième détachement. Guinder le pont, égaliser les madriers.

Un pont de bateaux se construit par bateaux successifs, par portières ou par parties. Quand un pont est construit par portières, on peut, en ouvrant quelques portières, ou seulement en les isolant, donner passage aux corps flottans qui pourroient le rompre. Le pont construit de cette manière exige un plus grand nombre de bateaux.

Une portière est formée ordinairement de deux bateaux, mais on peut la faire de trois. Si elle est composée de deux bateaux, les poutrelles de son tablier, qui sont coupées à la même longueur, croisent sur les bateaux & les dépassent de 0 mèt. 325 (1 pied) environ. On cloue les madriers extrêmes aux poutrelles; ils arrasent leurs bouts. Les guindages ont la longueur des poutrelles.

Si la portière est destinée à former une coupure dans un pont, les poutrelles de la travée qui précède la coupure & celle de la travée qui la suit immédiatement, dépassent de même de 0 mèt. 325 (1 pied) les bateaux voisins de la coupure.

On cloue aux poutrelles des madriers qui arrasent leurs bouts.

Les portières sont composées de deux ou trois bateaux, sur lesquels on établit le tablier d'une ou de deux travées. Chaque partie porte les matériaux destinés à l'unir à celle qui est placée au pont immédiatement après elle. (*Voyez*, pour plus de détails, le *Guide du Pontonnier*.)

Pour replier un pont militaire, on l'amène le long de la rive que l'on doit continuer à occuper. Lorsque cette manœuvre se fait sans être gênée par l'ennemi, elle s'exécute dans l'ordre suivant. On ôte les cinquenelles & les cabestans, on découvre les poutrelles de la culée, on emporte les madriers, on lève les clameaux qui fixent les poutrelles de la culée, ou enlève ces poutrelles, on découvre les poutrelles de la dernière travée, on les déclamaude, on amène le dernier bateau contre l'avant-dernier, on emporte les poutrelles, on conduit le bateau au dépôt, on relève les ancres, & ainsi de suite pour tous les bateaux jusqu'au premier.

Les hommes chargés de replier un pont sont partagés en sept détachemens, dont les fonctions sont celles suivantes :

Premier détachement. Oter les cinquenelles, les cabestans; enlever les piquets, les corps-morts, démolir la portière.

Deuxième détachement. Enlever les guindages.

Troisième détachement. Enlever les madriers.

Quatrième détachement. Déclamauder, agir aux traversières, démarier les cordages d'ancre, découvrir.

Cinquième détachement. Ramener les bateaux; emporter les poutrelles.

Sixième détachement. Relever les ancres.

Septième détachement. Conduire les bateaux au dépôt au-dessous de la culée.

Quand il faut rompre subitement la communication d'une rive à l'autre & conserver les matériaux, on y parvient au moyen d'une manœuvre nommée *quart de conversion*. Il est nécessaire, pour exécuter cette manœuvre, de tendre une cinquenelle sur le derrière des bateaux & de la fixer à chaque bateau; elle doit être amarrée sur la rive en amont de la culée, à un arbre ou à un fort piquet. Avant de commencer le mouvement, on lève les deux culées, on laisse filer le pont sur les cordages d'ancre, qu'on a eu soin d'alonger. On dirige la conversion de manière que le pont reste en ligne droite & pivote autour du piquet auquel on a amarré la cinquenelle. On file doucement ce cordage pour empêcher le premier bateau de heurter contre la rive.

Si la rivière n'est pas très-rapide, on pourra remettre le pont en place par un quart de conversion fait en sens contraire, en halant sur les cordages d'ancre jetés en amont.

Quand on est dans le cas de faire la guerre en Allemagne ou en Flandre, on trouve dans les arsenaux de Strasbourg, Metz & Douay, &c., toutes les ressources nécessaires pour construire des ponts de bateaux; mais il n'en est pas ainsi à l'égard de l'Italie, où l'on ne peut mener un équipage de pont, à cause de la difficulté de lui faire traverser les Alpes. On s'approvisionne seulement d'ancres, de cordages, d'outils, &c., pour construire, en arrivant dans les plaines, des ponts sur les affluens du Pô & sur les rivières secondaires, & l'on s'empare des bateaux & des agrès que l'on trouve sur ces rivières.

Lorsque l'on manque d'ancres, on y supplée au moyen de pilots auxquels on attache les cordages qui soutiennent le pont, de paniers, de caisses remplies de pierres, de blocs de pierres dans lesquels on scelle avec du plomb, des anneaux à pitons en fer, &c.

Les grands bateaux de rivières n'étant pas transportables par terre. on ne s'en sert que dans les lieux où on les trouve, & dans ceux où l'on peut les faire arriver par eau. Si ces bateaux sont d'inégale grandeur, on place les plus grands & les plus solides aux deux culées & au fort du courant, parce que dans ces endroits ils éprouvent le plus grand choc des fardeaux ou des eaux; & pour éviter les ressauts du tablier, on emploie les autres immédiatement par gradation de grandeur. Lorsque les bateaux sont fort inégaux, on place dans chacun un chevalet suivant leur centre de gravité. Tous ces chevalets doivent être égaux & placés dans le sens de la longueur du bateau; leur dessus doit être de 0 mèt. 1624 (6 pouc.) au moins plus haut que le niveau des plats-bords; les pieds des chevalets doivent porter sur deux madriers mis dans le fond du bateau suivant le sens de sa longueur. Lorsque les bateaux sont larges & très-évasés, les côtés étant fort inclinés sur le fond, & que les poutrelles sont courtes, on emploie aussi ces chevalets, mais on ne fait élever le dessus du chapeau que 0 mèt. 0271 (1 pouc.) au-dessus des plats-bords.

Pont de bateaux destiné à remplacer le pont de bateaux d'avant-garde & le pont de bateaux stable. Il paroît décidé (en 1821):

1°. Qu'il n'y aura à la suite des armées qu'un seul équipage de ponts capable de donner passage sur toutes les rivières, à la plus lourde voiture d'artillerie de campagne.

2°. Qu'une pontée sera portée sur deux haquets, savoir: le bateau & ses agrès de navigation & d'ancrage sur l'un; les poutrelles & les madriers sur l'autre.

3°. Que l'équipage devra être assez mobile pour suivre les mouvemens de l'armée aussi facilement que les pièces de bataille; qu'il devra avoir une solidité nécessaire, & que le chargement du bateau sur son haquet sera d'une exécution facile.

4°. Qu'on emploiera, autant qu'il sera possible, pour la construction du haquet, des parties en bois & en fer déjà usitées pour les autres voitures d'artillerie.

Le bateau de ce pont est coupé carrément à l'arrière-bec; l'avant-bec est pointu comme tous les autres bateaux; sa longueur totale est de 9 mèt. 42 (29 pieds); la largeur supérieure du corps est de 1 mèt. 624 (5 pieds); la largeur inférieure du corps est de 1 mèt. 246 (3 pieds 10 pouc.); la hauteur de 0 mèt. 785 (2 pieds 5 pouc.).

L'avant-bec, alongé, fend les eaux sans éprouver trop de résistance, soit lorsque le bateau navigue, soit lorsqu'il est placé sous un pont.

L'arrière-bec est relevé, mais on lui a conservé la plus grande largeur possible; cette forme donne au bateau une capacité plus grande (à longueur égale), que si le bec étoit aussi resserré que celui de devant; le centre de gravité du poids du bateau étant plus rapproché du nez de derrière, on aura un moindre écartement entre les trains du haquet quand on chargera l'arrière-bec du côté du timon.

L'inégalité des becs n'offre que de légers inconvéniens qui ne balancent point les avantages qu'elle procure.

La longueur de 9 mèt. 42 (29 pieds), donnée au bateau, est nécessaire pour que l'on puisse égoutter facilement les bateaux d'un pont dont les madriers ont 4 mèt. 223 (13 pieds); elle n'exige que 4 mèt. 223 (13 pieds) d'écartement entre les trains du haquet.

La largeur du corps est la plus grande que l'on puisse donner à un bateau placé sur un haquet, dont les roues de derrière ne sont pas plus déversées que celles des autres voitures d'artillerie, & dont l'élévation des supports au-dessus du sol est la moindre possible. Il y a un intervalle de 0 mèt. 054 (2 pouc.), du bateau aux jantes des roues.

L'on n'a pas mis de poupée à l'arrière-bec, parce qu'on a voulu se conserver l'important avantage de pouvoir remplacer provisoirement un bateau coulé d'un pont sans relever le tablier. Il y a deux grands anneaux pendans en dehors, auxquels on amarre les cordages d'ancre de retraite & les traversières d'aval.

Le bateau est d'une construction fort simple; il navigue bien, ce qui résulte de la forme de son avant-bec, de l'inclinaison de ses bordages sur le fond, & de la proportion entre sa longueur & sa largeur. Toutes les planches qui entrent dans la construction sont en sapin de 0 mèt. 027 (1 pouc.) d'épaisseur; les courbes sont en chêne.

Les poutrelles de l'équipage ont 7 mèt. 796 (24 pieds) de longueur & 0 mèt. 122 (4 pouc. 6 lig.) d'équarrissage; elles donnent des travées de 5 mèt. 847 (18 pieds), & ont 4 mèt. 223 (13 pieds) de portée. L'écartement des poutrelles extrêmes du tablier du pont est de 3 mèt. 411 (10 pieds 6 pouc.) de milieu en milieu.

Les madriers ont 4 mèt. 223 (13 pieds) de

longueur & o mèt. 041 (18 lignes) d'épaisseur.
La capacité du bateau est de 51 mèt. cubes 82 (254 pieds cubes).

Le poids du bateau est d'environ 700 kilog. (1400 liv.). Il coûte 352 fr. 07 cent.

Il paroît qu'on a également adopté une nacelle semblable, quant à la forme, à la nacelle des tables de construction du général Gribeauval, & qui réunit les avantages suivans :

1°. Elle a la capacité nécessaire pour servir à relever les ancres sans danger ;

2°. Elle est peu élevée, pour pouvoir passer sous le tablier d'un pont construit avec le nouveau bateau ;

3°. Elle navigue facilement ;

4°. Elle peut être chargée sur un haquet à bateau, sans aucune préparation particulière à cette voiture.

Ses dimensions principales sont : longueur totale, 9 mèt. 096 (28 pieds); largeur supérieure, 1 mèt. 480 (4 pieds 6 pouc. 8 lig.); largeur inférieure, 1 mèt. 245 (3 pieds 10 pouc.); le profil en travers, près de la naissance de l'avant-bec, est celui du bateau coupé par un plan horizontal passant à o mèt. 041 (18 pouc.), au-dessus du fond.

Les courbes & les planches qui la composent ont même épaisseur que celles qui forment le bateau. Le poids de la nacelle est de 475 kil. (950 liv.)

Elle coûte 309 fr. 72 cent.

Le haquet est semblable au haquet à flèche de l'équipage d'artillerie; les roues & les essieux sont ceux des caissons. On n'a point augmenté le cintre de l'essieu placé à l'arrière-train; ce qui auroit le grave inconvénient d'exiger deux modèles d'essieux, l'un pour l'avant-train, l'autre pour l'arrière-train d'une même voiture.

Le dessus des supports de bateau n'étant élevé que de 1 mèt. 218 (3 pieds 9 pouc.) au-dessus du sol, on a pu supprimer les deux entretoises de support & de hfoir, qui existent dans le haquet des tables de construction. On a augmenté la longueur des empanons pour rendre la flèche capable de résister à l'effort qu'elle éprouve lorsque la voiture change de direction ou lorsqu'une des roues est enrayée. Les dimensions des pièces en bois ont été diminuées & rendues relatives au poids que doit supporter le nouveau haquet.

On a ajouté aux ferrures une bande de frottement de l'assoire & une chaîne d'enrayage, ainsi que les ferrures nécessaires pour contenir les poutrelles & les madriers. Ce haquet coûte 667 fr. 70 cent.

Un bateau avec son ancre, le cordage d'ancre & les rames & gaffes nécessaires pour le faire naviguer, seront chargés, comme il a été dit plus haut, sur un haquet; le poids du chargement sera : le bateau 685 kilog. 31 (1400 liv.), une ancre 53 kilog. 85 (110 liv.), un cordage d'ancre 51 kil. 40 (105 liv.), cinq rames & trois gaffes environ 48 kilog. 95 (100 liv.); poids total, 839 kil. 50 (1715 liv.).

Les sept poutrelles & les dix-huit madriers de la pontée seront placés sur un haquet semblable à celui du bateau. Le poids du chargement du haquet qui porte les poutrelles & les madriers, sera de 846 kilog. 85 (1730 liv.). L'on voit que le haquet qui porte le bateau & ses agrès de navigation, & celui qui porte les poutrelles & les madriers d'une pontée, sont pour ainsi dire également chargés, & comme le haquet pèse environ 807 kilog. 68 (1650 liv.), on voit encore que le poids d'une voiture de l'équipage & de son chargement ne sera que de 1647 kilog. 19 (3365 liv.) au plus, c'est-à-dire, moindre de 367 kil. 12 (750 liv.) environ que le poids de la pièce de 12 avec affût, coffret & armement.

PONT de caisses. On fait ce pont avec des caisses de 1 mèt. 624 (5 pieds) de longueur & de o mèt. 325 (1 pied) en carré, divisé en quatre compartimens égaux par des planchers. Celle du milieu est plus épaisse que les autres. Les planches des bouts ont o mèt. 027 (1 pouc.) d'épaisseur; celles du dessous & du dessus o mèt. 018 (8 lig.), & celles des côtés o mèt. 014 (6 lig.).

Les planches des bouts ont une espèce de tenon à oreilles, percé pour recevoir une clef de bois.

On met quatre caissons par travée, ne laissant qu'un petit vide entr'elles. On joint ces caisses par deux traverses percées pour recevoir les deux tenons. Ces travées s'assemblent encore de l'une à l'autre par des clefs de bois. Quatre hommes portent une travée.

On pousse en avant la première travée, retenue par un cordage, & ses traverses sont armées de grappins pour s'accrocher sur la rive opposée. (*Voyez* l'Aide-mémoire, 5ᵉ. édit., pag. 1253.)

PONT de châssis. Il est soutenu par des corps creux, comme des tonneaux, des peaux de boucs enflées ou des caisses. Les châssis, faits de pièces de bois de sapin équarries, ont de 4 mèt. 873 à 5 mèt. 197 (15 à 16 pieds) de longueur sur 3 mèt. 248 à 3 mèt. 898 (10 à 12 pieds) de largeur.

Sous les châssis on met, par exemple, plusieurs rangs de caisses goudronnées les unes près des autres. Liées & serrées aux châssis, les caisses qu'on emploie ont 1 mèt. 299 à 1 mèt. 624 (4 à 5 pieds) de longueur, sur o mèt. 650 (2 pieds) de largeur.

On couvre les châssis de planches légères qu'on y cloue; on joint les uns aux autres plusieurs de ces châssis, avec de fortes amarres & des bouts de poutrelles. Chaque châssis doit avoir une paire de mantelets de 2 mèt. 274 à 2 mèt. 599 (7 à 8 pieds) de hauteur, qu'on élève & baisse en manière de pont-levis.

Ces mantelets sont doublés de matelas qui entrent dans l'eau pour garantir les caisses des coups de fusil.

On attache aux extrémités de ces ponts mobiles, des griffes de fer qui, cramponnant la terre, empêcheront que la machine ne soit emportée par les courans. Aux deux côtés du radeau, on met des montans en forme de chevalets, pour y placer des rames. L'on borde le derrière de chaque châssis d'une fascine d'osier de 0 mèt. 162 (6 pouc.) de diamètre.

PONT de chevalets. Il ne s'établit ordinairement que sur des rivières tranquilles, qui n'ont pas plus de 1 mèt. 949 (6 pieds) de profondeur. Il offre l'avantage de pouvoir être construit avec des corps de support qu'on peut se procurer facilement ; mais il est moins solide que les autres ponts, pouvant être culbuté si les eaux devenoient un peu rapides.

Après avoir placé le corps-mort, comme cela se pratique pour les ponts de bateaux, on établit perpendiculairement au courant une suite de gros chevalets sur lesquels posent des poutrelles qui sont recouvertes de madriers. Si le courant est rapide, on amarre quelques chevalets à des ancres jetées en amont.

Lorsqu'on établit un pont de chevalets, on place, comme on vient de le dire, le corps-mort ; on porte dans la rivière un chevalet que l'on place à 3 mèt. 248 (10 pieds) du bord, on dirige son chapeau perpendiculairement à la direction que doit avoir le pont, on pose dessus sept poutrelles parallèlement & distantes entr'elles de 0 mèt. 4331 (16 pouc.), débordant le chapeau de 0 mèt. 108 (4 pouc), & le corps-mort de 0 mèt. 325 (1 pied) ; on les fixe à ce dernier avec des clameaux ; on place alors les madriers jusqu'au-dessus du chapeau. Si la profondeur de la rivière augmente en s'éloignant du bord, on se servira du moyen suivant pour placer les autres chevalets. On prend deux poutrelles d'une longueur double environ de celle du pont ; on les pose sur le tablier parallèlement entr'elles, & éloignées de 3 mèt. 248 (10 pieds) l'une de l'autre ; on les fait avancer jusqu'à 0 mèt. 975 (3 pieds) au-delà de la première travée. On met le chevalet à cheval sur les longues poutrelles, avec lesquelles on le lie & on le pousse au large, en appuyant sur les poutrelles jusqu'à ce qu'il soit à la distance convenable ; on cesse d'appuyer & il tombe d'aplomb sur ses pieds. On fait passer les sept poutrelles de la travée en se servant de celles dont on a fait usage pour placer le chevalet ; on retire alors celles-ci, on unit avec des clameaux les bouts jumellés de poutrelles, on les fixe également avec des clameaux sur le chapeau du premier chevalet. On place successivement, & par le même moyen, les autres chevalets, en ayant soin de ne pas les espacer de plus de 4 mèt. 473 (15 pieds) ; du reste, la construction de ce pont est semblable à celle du pont de bateaux. (*Voyez* l'article CHEVALET DE PONT.)

PONT de cordages. Ce pont est destiné à être tendu sur des ravins profonds & sur des torrens impétueux dont les bords sont très-escarpés, où l'on ne pourroit que difficilement en jeter un autre. Il a l'inconvénient de ne pouvoir supporter que de légers fardeaux ; voici sa construction :

Six cordages d'ancre, égaux en grosseur, de 0 mèt. 027 à 0 mèt. 034 (12 à 15 lignes) de diamètre, sont tendus sur les rives ; ils ont même tension, même élévation : l'écartement des deux extrêmes est de 3 mèt. 575 (11 pieds). Ces cordages ont pour point d'appui sur les rives, près de la crête de l'escarpement, deux supports faisant office de corps-morts, ou les chapeaux de deux chevalets ayant une hauteur telle que le milieu du pont soit toujours élevé au-dessus des plus grandes eaux que l'on doive craindre. Chaque cordage est fixé sur une des rives à un vindas, & sur l'autre à un point de résistance qu'on a pu se procurer dans sa direction. Il y a trois vindas sur chaque rive ; ils sont amarrés de la même manière que les cordages à une traverse de 3 mèt. 898 (12 pieds) de longueur, & de 0 mèt. 081 (3 pouces) d'équarrissage, placés près des supports, perpendiculairement à la direction du pont, & liés avec les cordages. Une seconde traverse est fixée de la même manière sur les six cordages à 3 mèt. 248 (10 pieds) de la première. Sur ces deux traverses l'on pose cinq poutrelles de 3 mèt. 575 (11 pieds) de longueur & de 0 mèt. 081 (3 pouces) d'équarrissage, dont deux correspondent aux cordages voisins des cordages extrêmes ; on les couvre avec des madriers de 2 mèt. 463 (7 pieds 7 pouces), & de 0 mèt. 027 (1 pouc.) d'épaisseur, jusqu'à 0 mèt. 325 (1 pied) environ de la deuxième traverse. On fixe une troisième traverse à 3 mèt. 248 (10 pieds) de la seconde, & sur ces deux dernières on place encore cinq poutrelles, que l'on jumelle aux cinq précédentes, au moyen de boulons à clavettes doubles, passées dans les trous percés à cet effet, à 0 mèt. 162 (6 pouces) de l'extrémité des poutrelles. On couvre jusqu'à 0 mèt. 325 (1 pied) environ de la troisième traverse, & ainsi de suite jusqu'à l'autre rive. Les madriers sont unis par deux *lignes* passées dans des pitons fixés sur les madriers, à 0 mèt. 162 (6 pouces) de leurs bouts. Ces *lignes* sont tendues & unies de distance en distance, avec des menus cordages, aux poutrelles extrêmes du tablier.

Si le pont doit supporter de l'artillerie de campagne, il faut couvrir de poutrelles & de madriers la partie des cordages voisine des supports, & rendre le pont suspendu d'un abord facile. Les circonstances locales peuvent seules indiquer ce qu'il y a de mieux à faire pour arriver à ce but. (*Voyez*, pour plus de détails, *le Guide du Pontonnier*.)

PONT de pilotis. Il se construit sur des torrens ou des fleuves où l'on ne peut conserver les bateaux, à cause de la rapidité des eaux ou des bancs

bancs de fable, qui entraînent avec eux les ancres jetées pour le foutien du pont. Il fert auffi à remplacer les ponts d'équipage, destinés à affurer les communications fur les derrières d'une armée. Lorfqu'on a décidé la conftruction d'un pont de pilotis, il faut fe procurer un certain nombre de pilots de 5 mèt. 847 à 6 mèt. 497 (18 à 20 pieds) de longueur, & de o mèt. 325 (1 pied) de diamètre, autant de chapeaux qu'il y a de *palées*, & quelques fonnettes équipées fur un ou deux bateaux. On commence le pont par les deux extrémités, en enfonçant deux pilots à chaque palée, ou un plus grand nombre, fuivant la folidité qu'on veut donner au pont : on coupe tous les pilots à la même hauteur, en place le chapeau fur leur tête & on le fixe par des clameaux plats ou par des broches, ou bien l'on fait un affemblage à tenon & à mortaife. On difpofe les poutrelles ou longerons fur les chapeaux, & on cloue les madriers par-deffus. Quand on le peut, on remplace les guindages par des garde-fous. On augmente la folidité des palées en plantant en arrière de chacune d'elles un pilot qui ne s'élève que de o mèt. 9745 à 1 mèt. 2994 (3 à 4 pieds) au-deffus de l'eau; une moife horizontale unit ce pilot à ceux de la palée ; une autre moife prend ces pilots en écharpe ; les moifes font fixées aux pilots par des broches.

Ce pont diffère des autres en ce que fa ftabilité eft en raifon directe de la pefanteur du tablier.

C'eft le corps du génie qui eft ordinairement chargé de la conftruction des ponts de pilotis, celui de l'artillerie n'en ayant conftruit que dans quelques cas particuliers.

PONT de pontons en cuivre. Il ne diffère de celui de bateaux, quant à la conftruction, qu'en ce que les poutrelles font fixées aux pontons par des boulons à clavette, & en ce que l'on place de plus qu'au pont de bateaux, des croifières aux pontons de la portière. Pour conftituer un pont de pontons, les travailleurs font partagés en fept détachemens, dont les fonctions font les mêmes qu'au pont de bateaux. On faifoit ufage du ponton pour le paffage des rivières encaiffées, & dont les bords étoient peu élevés au-deffus des eaux.

Le ponton ne peut fervir aux paffages de vive force : il eft trop peu ftable pour former des ponts fur les grands fleuves. Sa capacité n'eft pas fuffifante pour que le pont donne paffage fans danger aux canons de gros calibres, n'étant fufceptible que de fupporter un poids d'environ 2447 kil. 53 (5000 liv.); tandis que le pont de bateaux d'artillerie peut en fupporter au-delà de 3426 kil. 54 (7000 liv.). Cette efpèce de pont n'eft plus en ufage. On a remplacé les *pontons* par des bateaux légers, ce qui eft plus fimple & moins coûteux. (*Voyez* les articles PONTONS & PONT DE BATEAUX, deftinés à remplacer le pont de bateaux d'avant-garde & le pont de bateaux ftable.)

PONT de radeaux. Il ne peut être employé que fur des rivières peu rapides, & on n'en fait ufage qu'à défaut de bateaux. Il fe conftruit avec des bois légers, de 11 mèt. 694 (36 pieds) de longueur, & de o mèt. 525 (1 pied) de diamètre au moins. Le bout que chacun des arbres oppofe au courant doit être coupé en fifflet, & le bec de ce fifflet placé en deffus. Les arbres font efpacés de o mèt. 135 à o mèt. 162 (5 à 6 pouc.) pour laiffer un cours plus libre à l'eau. Ils font réunis par deux ou quatre traverfes, felon la longueur du radeau; de plus, un ou deux madriers en écharpe font fixés entre les traverfes; ces dernières font liées aux arbres avec des bauts, des chevilles ou des broches. Elles font placées de manière que le centre du tablier corresponde au milieu de la diftance qui les fépare. Les fupports des poutrelles du tablier font pofés fur ces traverfes dans le fens de la longueur du radeau, l'un a fon milieu, les deux autres fur les arbres extrêmes. Le milieu du tablier doit correfpondre un peu en arrière du centre de gravité du radeau, afin que l'avant fe trouvant moins chargé que l'arrière, ne foit jamais fubmergé, lors même du paffage des plus lourds fardeaux. Tous les radeaux préfentent un angle faillant en amont, afin de rejeter entr'eux les corps amenés contre le pont.

Les radeaux fe conftruifent dans l'eau & dans l'endroit de la rive où le courant eft le moins rapide. A cet effet on amène le gros bout des arbres à terre pour les couper en fifflet, puis on raffemble les arbres d'un radeau fans laiffer d'intervalle entr'eux; on met auffi quelques madriers en travers les arbres pour faciliter le travail; on marque fur l'arbre du milieu la pofition des traverfes, & on les fixe à cet arbre. Les arbres extrêmes étant alors defcendus d'une longueur égale à la flèche du faillant qu'on veut donner au radeau, on les éloigne de l'arbre du milieu de la quantité voulue par la largeur de ce radeau ; on les fixe aux traverfes, & l'on efpace également les arbres intermédiaires, en plaçant fucceffivement leur tête fur l'alignement marqué par l'arbre du milieu & ceux des extrémités.

Les traverfes doivent être placées avec foin fur eux : fi un arbre eft trop fort, on l'entaille à l'endroit de la traverfe; fi fon diamètre eft trop petit, on y fupplée par une cale.

La manœuvre d'établiffement des ponts de radeaux eft la même que celle des ponts de bateaux ; les radeaux font dirigés par de longs gouvernails placés à l'avant & à l'arrière-bec. On amarre le cordage d'ancre qui retient chaque radeau à la feconde traverfe, s'il y en a quatre, & à la première s'il n'y en a que deux. Les poutrelles de

ARTILLERIE.

deux travées contiguës se croisent sur le support du milieu du radeau ; elles le dépassent d'environ 0 mèt. 325 (1 pied).

Lorsque les radeaux ont une grande longueur, on maintient leur écartement à la tête & à la queue par des pièces de bois d'un foible équarissage, qui doivent être élevées au-dessus de l'eau autant que les poutrelles extrêmes.

PONT roulant. Ce pont sert à passer des rivières peu rapides, dont la profondeur n'excède pas 1 mèt. 787 (5 pieds 6 pouces), & 12 à 15 mèt. (36 à 42 pieds) de largeur. Si la rivière avoit plus de 15 mèt. de largeur, qui égalent le développement d'un pont roulant, on pourroit alonger le pont en faisant usage de quelques supports, tels que des chevalets ou des pilotis couronnés de traverses, sur lesquelles poseroient les poutrelles & les madriers. On pourroit aussi se servir de plusieurs ponts roulans mis en file.

Le pont roulant se compose de deux trains de voitures unis par une flèche, & qu'on charge des agrès nécessaires. Ces deux trains forment en quelque sorte les piles des ponts, & les poutrelles qui se placent sur les piles en forment les travées. Cette espèce de pont est abandonnée, parce qu'on emploie plus avantageusement & plus économiquement le pont de chevalets. On n'en faisoit guère usage que pour les avant-gardes.

PONTS de tonneaux. Ces ponts, faits avec des cordages unissant des tonneaux goudronnés, ne peuvent servir tout au plus que pour le passage des troupes d'infanterie sur des rivières peu larges & peu rapides.

PONTS de tonneaux anglais. Espèce de radeau composé de tonneaux d'une forme particulière, de poutrelles & de madriers.

Chaque tonneau, formé de douves de bois blanc, de 0 mèt. 014 (6 lig.) d'épaisseur, est cylindrique dans une partie de sa longueur, & terminé en pointe à ses deux bouts. La partie cylindrique a 3 mèt. 573 (11 pieds) de longueur, & 0 mèt. 812 (2 pieds 6 pouces) de diamètre ; les pointes ou parties coniques ont 1 mèt. 462 (4 pieds 6 pouces) de longueur ; en sorte que la longueur totale est de 6 mèt. 497 (20 pieds).

Les douves, qui s'étendent sans discontinuité du sommet d'un cône au sommet de l'autre cône, sont assemblées par vingt-trois cercles en fer, que l'on peut serrer à vis, dont neuf sont sur le cylindre & sept sur chaque cône ; ils ont 0 mèt. 054 (2 pouces) de largeur, & 0 mèt. 0034 (1 ligne 6 points) d'épaisseur. Le tonneau contient dix boîtes revêtues de feuilles de cuivre très-minces. Six de ces boîtes remplissent la capacité de la partie cylindrique ; elles sont destinées à soutenir le tonneau lorsque son enveloppe est accidentellement perméable, ou s'il arrive qu'elle soit percée par un projectile. Dans ce dernier cas, les boîtes non frappées soutiendroient le pont, & l'on pourroit différer de remplacer le tonneau. Les tonneaux sont calfatés & goudronnés.

Les radeaux sont composés de deux tonneaux réunis par quatre traverses, dont les extrêmes ont un écartement de 3 mèt. 086 (9 pieds 6 pouc.) ; ces traverses embrassent la demi-circonférence du dessus des tonneaux ; le dessous est embrassé par des demi-cercles en fer, qui se rattachent aux traverses. Il y a 0 mèt. 135 (5 pouces) d'intervalle entre les deux tonneaux.

Des montans de traverse s'assemblent par le haut dans deux supports de poutrelles, sur lesquels sont cloués des taquets, formant des entailles pour le logement des poutrelles du tablier.

Il y a six poutrelles par travée ; elles ont 7 mèt. 146 (22 pieds) de longueur, & 0 mèt. 099 (3 pouces 8 lig.) d'équarrissage. Les madriers ont 3 mèt. 410 (10 pieds 6 pouces) de longueur, & 0 mèt. 027 (1 pouc.) d'épaisseur. Les guindages n'ont que 0 mèt. 054 (2 pouc.) d'équarrissage.

Le haquet à flèche de cet équipage porte les poutrelles & les madriers d'une travée ; le tout est recouvert par le radeau retourné. Quatre chevaux traînent avec facilité ce haquet chargé de ses deux tonneaux, de ses poutrelles & madriers.

Les opérations nécessaires pour établir le pont, se font avec une petite nacelle qui suit l'équipage des tonneaux.

En considérant cet équipage sous le double point de vue de l'établissement des ponts & sous celui de la navigation, des expériences faites en 1819 à Strasbourg, par d'habiles officiers de pontonniers, ont conduit aux conclusions suivantes :

1°. Un pont construit avec des tonneaux anglais ne peut servir qu'au passage de l'artillerie de campagne, & il ne peut être établi sur des fleuves très-rapides, tels que le Rhin, le Rhône & le Danube, ni même sur des rivières peu rapides, mais larges & agitées par les vents : les tonneaux n'ayant que 6 mèt. 497 (20 pieds) de longueur, le pont prendroit un mouvement de tangage qui occasionneroit bientôt sa destruction.

2°. Le tonneau anglais, considéré sous le point de vue de la navigation & employé à exécuter des passages de vive force, ne paroît point être avantageux ; car si, au moyen de deux doubles cylindres, on construit une portière pour effectuer un passage de troupes, elle ne pourra transporter que dix fantassins avec armes & bagages, & dans le cas où l'on opéreroit sur une rivière rapide, si l'on équipoit la portière de quatre rames, la surface entière du tablier seroit nécessaire pour le jeu des rames & du gouvernail. Un grand inconvénient que présente cette portière, est que pendant le trajet, les hommes sont entièrement à découvert, & bien plus exposés au feu de la mousqueterie ennemie qu'ils ne le seroient dans des bateaux d'artillerie.

3°. L'équipage anglais ne dispenseroit donc pas d'avoir des équipages de bateaux pour effectuer les passages de vive force & pour tendre des ponts sur les grands fleuves.

PONT-VOLANT. Il est employé sur les rivières rapides, parce que c'est la force du courant qui le fait passer d'une rive à l'autre. Il se compose ordinairement de deux bateaux réunis, comme une *portière*; lorsque le courant frappe obliquement le côté d'un bateau, sa force se décompose, & la composante horizontale, perpendiculaire à la direction du courant, exprime l'effort exercé contre le bateau pour le passer sur la rive opposée. D'après ce principe, les bateaux doivent être longs, étroits & profonds; les côtés verticaux doivent être aussi droits que possible, & le fond très-peu relevé à chaque extrémité; enfin, la distance entre les deux bateaux doit être la plus grande possible.

Le tablier est formé de poutrelles fixées au bordage par des brides en fer, & de madriers cloués sur les poutrelles; il charge également l'avant & l'arrière, & forme l'avant-pont & l'arrière-pont : ce dernier supporte le treuil auquel est fixé le câble.

La potence est maintenue au moyen d'un sabot placé au pied de chaque montant sur le fond des bateaux, de deux traverses fixées aux plats-bords, d'arcs-boutans & de six cordages mis en haubans : elle est placée vers le tiers de la longueur des bateaux, à partir du nez de devant. L'élévation du *chat* varie de 3 mèt. 898 à 9 mèt. 745 (12 à 30 pieds) au-dessus du tablier, selon la vitesse du courant.

Le câble est retenu par une ancre ou un grappin; il est soutenu par des nacelles; sa longueur doit être d'une fois & demie la largeur de la rivière; il traverse le *chat*, & en cet endroit il est garni de cuir; de là il va s'enrouler sur le treuil. L'ancre est jetée à peu près au milieu de la rivière, lorsque le courant est uniforme; mais s'il est plus fort près d'une rive, il faut la jeter plus près de la rive opposée. On met un gouvernail à l'arrière de chaque bateau, & l'on réunit leurs barres par une traverse qui permet à un seul homme de les manœuvrier.

La traille est une espèce de pont-volant plus simple que le précédent; elle ne peut être employée que sur des rivières de médiocre largeur. Elle se compose d'une portière retenue par un câble tendu en travers de la rivière; sur ce câble roule une poulie simple, au crochet de laquelle on amarre un cordage, que l'on attache par son autre extrémité à l'un des angles de devant de la portière; à l'angle de droite pour passer sur la rive droite, à l'angle de gauche pour passer en sens contraire. Le pont, ainsi retenu, s'incline naturellement par rapport au courant, & donne à passer.

PORTE-BAGUETTE. Nom qu'on donne à la partie de la garniture des fusils de luxe qui retient la baguette dans son canal. Les anciens modèles de fusils de guerre avoient des porte-baguettes.

PORTE-BROCHE ou POTENCE. Instrument qui sert à porter la trousse des forets dans les usines des manufactures d'armes.

PORTE-CORPS. Nom que l'on donne quelquefois au chariot à canon. (*Voyez* ce dernier article.)

PORTÉE DES CANONS. La portée d'une pièce de canon est la distance à laquelle elle peut chasser son boulet. Cette portée varie suivant l'inclinaison de la pièce, le poids de la charge, &c. Tous les résultats des épreuves faites pour estimer les effets des armes à feu par les portées sont vicieux, si l'on ne s'assure préalablement de la force réelle de la poudre qu'on emploie, de l'angle sous lequel le projectile est lancé, des différentes résistances qu'il éprouve, & de ses déviations; & comme ces estimations sont souvent impossibles, les résultats donnés par les portées ne sont pas certains. (*Voyez* l'article VITESSE INITIALE.)

PORTE-ÉPÉE. Petit crochet fait comme le porte-mousqueton, & servant autrefois à suspendre l'épée, au moyen de deux bélières fixées au ceinturon.

PORTE-FEU. Petite chambre cylindrique, pratiquée autrefois au milieu de l'ame des canons de siège pour communiquer le feu à une plus grande partie de la charge à la fois. Elle a été supprimée, parce que ses avantages ne balançoient pas les inconvéniens.

PORTE-LANCE. C'est un cylindre creux en tôle, d'environ 0 mèt. 2820 (10 pouces 5 lig.) de longueur, soudé dans le milieu; ses bouts sont fendus sur les côtés comme un porte-crayon, & il y a, comme à cet instrument, une virole qui sert à rapprocher chaque partie du tuyau : un des bouts du porte-lance est monté sur un bâton, l'autre tient la lance à feu.

PORTE-MÈCHE ou SERPENTIN. Pièce de l'ancienne platine, à l'aide de laquelle on mettoit le feu dans le bassinet des arquebuses à mèche. (*Voyez* l'article ARQUEBUSE A MÈCHE.)

PORTE-MOUSQUETON. Crochet à ressort passé dans une bandoulière, & servant à porter le mousqueton lorsqu'on veut en faire usage. (*Voyez* le mot MOUSQUETON.)

PORTE-RAME. Tige ronde qui entre dans un trou percé dans le plat-bord ou dans le nez de dernière du bateau, & qui est terminée par une fourche, entre les branches de laquelle on place la rame ou le gouvernail. On l'appelle quelquefois *porte-gouvernail*.

PORTE-TARAUD. Manche commun à plusieurs tarauds, dont on fait particulièrement usage dans la fabrication des armes portatives.

PORTE-VIS. Partie d'une arme à feu portative. (*Voyez* CONTRE-PLATINE.)

PORTIÈRE DE PONT. Assemblage de deux ou trois bateaux servant à former la coupure d'un pont. La portière se construit en même temps que le pont. On porte ensemble les bateaux qui doivent la former, on l'amène à l'endroit où l'on veut conserver une coupure, on la place de manière que ses poutrelles joignent bout à bout celles de la partie du pont déjà construite. On amarre ensemble le dernier bateau de cette partie & le premier bateau de la portière. On place entre leurs poutrelles cinq fausses poutrelles, & on achève le tablier. On continue le pont de l'autre côté de la portière, comme on l'a fait pour le premier côté. Chacun des bateaux contigus à la coupure & un des bateaux de la portière doivent être amarrés à des ancres. On place aussi quatre faux guindages, dont le milieu correspond à la jonction de la portière avec les deux autres parties du pont. Pour ouvrir la coupure, on enlève les faux guindages, on ôte cinq à six madriers à l'endroit des jointures, on pousse les fausses poutrelles dans les bateaux fixes, on dégage les bateaux de la portière liés à ceux du pont, & on la laisse aller au courant en filant sur le cordage de son ancre : lorsqu'on est descendu à quelques pieds au-dessous du pont, on la range à droite ou à gauche de la coupure, pour laisser le passage libre ; on la remet en place par une manœuvre inverse de la précédente.

PORTIÈRES d'embrasure. On nomme ainsi des volets en bois de chêne, qu'on met à l'embrasure d'une pièce de canon, quand le feu de la mousqueterie est trop dangereux. On les ferme aussitôt que la pièce a tiré pour la charger de nouveau. Les volets ont chacun 0 mèt. 9745 (3 pieds) de hauteur, sur 0 mèt. 3789 (14 pouces) de largeur, & les deux montans qui les portent ont 1 mèt. 9490 (6 pieds) de hauteur.

POSTAGE. C'est, dans la platine, la position relative du chien & de la batterie, position dont on juge par la distance du centre du trou de la noix au centre de celui de la vis de batterie. La position du bassinet doit être calculée sur la distance que ces deux pièces ont entr'elles, afin que la fraisure reçoive la plus grande quantité possible d'étincelles.

POTASSE. C'est un alcali fixe végétal, formant avec l'acide nitrique le salpêtre ou nitrate de potasse. On appelle *salin* le produit brut de l'évaporation a siccité de la lessive des cendres provenant de la combustion des bois & autres végétaux : la potasse est le salin calciné & débarrassé dans cette opération, par l'action de la chaleur, de son humidité, de la matière colorante & extractive. Voici, suivant M. Renaud, colonel d'artillerie (*Instruction sur la fabrication de la poudre*) l'épreuve au moyen de laquelle on détermine d'une manière absolue la quantité de pur que contient la potasse.

Cette épreuve est fondée sur ce qu'il faut vingt grammes de potasse pure pour saturer complétement l'acide nitrique contenu dans 102 grammes d'une dissolution de nitrate de strontiane, marquant 36 degrés à l'aréomètre de Beaumé.

On a un tube de verre bien calibré, & divisé en cent parties égales, de manière que ces cent parties contiennent 102 grammes de la dissolution ci-dessus. On fait dissoudre séparément 20 grammes de la potasse qu'on veut essayer, & qui, si elle étoit entièrement pure, saturerait les cent parties de la dissolution de nitrate. On verse peu à peu sur la dissolution de potasse, jusqu'à ce qu'il n'y ait plus de précipité, la dissolution de nitrate de strontiane, dont on a rempli les cent divisions du tube : le nombre des parties qui restent dans le tube, lorsque le précipité cesse, indique ce que perd pour cent la potasse mise en épreuve.

La dissolution de potasse peut être, en effet considérée comme composée de cent parties, dont chacune doit saturer une partie correspondante du nitrate de strontiane ; mais la cessation du précipité indiquant que la quantité de nitrate employée a absorbé pour la saturation les vingt grammes de potasse, il en résulte qu'il manque à ces vingt grammes les parties de pur correspondantes aux parties de nitrate qui restent dans le tube, & qu'ainsi ce nombre de parties est ce que perd pour cent la potasse mise en épreuve.

POTÉE. On appelle ainsi un mélange de terre & d'autres matières employées pour le coulage des bouches à feu dans les fonderies ; voici sa composition d'après l'Aide-mémoire : prenez de la pâte qui a servi à faire le modèle, & qui a été dégagée des parties grossières du crottin ; mêlez-y partie égale de sable & partie égale d'argile jaune, qui contient de la terre calcaire ; mêlez & corroyez ces trois substances, en les humectant avec de l'eau commune ; étendez cette pâte en une couche de 0 mèt. 0541 (2 pouces) d'épaisseur ; recouvrez-la d'une couche de bourre bien battue, de 0 mèt.

0271 (1 pouce) d'épaisseur; corroyez de nouveau en l'humectant, pour que la bouillie soit uniformément répandue, & que la consistance du mélange soit à peu près comme de la bouillie.

Le sable empêche l'argile de se contracter.

La bouillie lie les parties de la pâte, & s'oppose aux gerçures de la pâte dans son retrait.

L'argile jaune, par la petite quantité de terre calcaire qu'elle contient, lie fortement, par un commencement de fusion, l'argile au sable, & donne une grande solidité aux premières couches de la chape.

POTÉE d'étain. Oxide d'étain dont on fait quelquefois usage pour donner un poli fin à des pieces en fer & en cuivre. L'étain est le plus fusible des métaux employés dans l'artillerie, & il s'empare de l'oxigène avec la plus grande facilité. Si on le tient en fusion, exposé à l'action de l'air, sa surface se couvre d'une pellicule grise; si on enlève cette pellicule, on découvre l'étain avec tout son brillant, mais il perd bientôt cet éclat, & s'oxide de nouveau : c'est la potée d'étain. Elle use moins les armes que le rouge d'Angleterre, & surtout que l'émeri; mais le brillant qu'elle donne est blanchâtre.

POTENCE. On appelle ainsi, dans les ponts-volans, le système de deux montans liés par deux traverses, entre lesquelles se meut une pièce de bois de la hauteur de 0 mèt. 3248 (1 pied), nommée *chat*, percée d'un trou pour le passage du câble qui retient le pont. Ces montans s'élèvent du milieu des bateaux composant le pont, à un tiers de leur longueur, à partir du nez de devant. Le chat doit jouer librement, en roulant sur deux cercles en cuivre, dans les rainures faites aux traverses, qui sont garnies de bandes de fer.

POT-EN-TÊTE. Ancien casque dont on a donné le nom à celui que portoient les sapeurs, dans les travaux de siège.

POTS-A-FEU. Artifices que l'on jette sur l'ennemi dans la défense ou l'attaque des places. Pour les faire, on prend des pots de terre ordinaires, qu'on remplit de poudre en grains & de grenades chargées, sans fusée; on ajoute quelques morceaux de roche à feu. On les recouvre de parchemin, on attache dessus des mèches préparées, auxquelles on met le feu dans l'instant qu'on veut les jeter.

On remplit aussi ces pots avec une composition de 12 parties de salpêtre, 12 de pulvérin, 4 de soufre & 4 d'antimoine. Ces matières se broyent ensemble, & on en fait une pâte avec de l'huile de pétrole; on en remplit ces pots aux deux tiers, & le surplus avec de la roche à feu.

Les pots-à-feu ne sont plus en usage; on préfère les balles-à-feu & les carcasses. (*Voyez* ces deux derniers articles.)

POTIN. Métal allié de rosette, de laiton & de plomb. Il est rejeté des travaux de l'artillerie, comme étant fragile.

POUDRE. Les ressorts & la force de torsion étoient les principaux moteurs de l'artillerie des Anciens; les projectiles de l'artillerie moderne sont lancés par l'inflammation de la poudre à canon.

La découverte de cette poudre paroît dater de temps très-reculés. On croit généralement que les Chinois en faisoient usage plusieurs siècles avant notre ère. On en attribue l'invention en Europe à un religieux nommé Berthold Schwartz, dans le quatorzieme siècle; mais le traité *de Nullitate Magicæ* de Roger Bacon, qui vivoit dans le treizieme siècle, fait présumer que ce philosophe en avoit eu l'idée avant lui.

La poudre à canon est un mélange exact & en proportions déterminées de salpêtre ou nitrate de potasse, de charbon & de soufre; elle est d'autant meilleure, toutes choses égales d'ailleurs, que le choix de ces trois matières est mieux fait. Le salpêtre doit être parfaitement raffiné, & ne doit point contenir de substances étrangères, surtout de sels deliquescens. Le soufre doit être aussi le plus pur possible, & par cette raison l'on doit donner la préférence à celui qu'on obtient par la distillation. Il faut que le charbon soit récemment fait, qu'il brûle presque sans résidu, qu'il soit sec, sonore, léger, facile à pulvériser & à enflammer : tels sont les charbons de bourdaine, de peuplier, de tilleul, de marronier, de châtaignier, de coudrier, de fusain, & en général de tous les bois tendres & légers. Dans les poudreries françaises on se sert de celui de bourdaine : on le fait avec de jeunes branches ou des parties de branches écorcées & refendues. L'écorce & le vieux bois contiennent une grande quantité de principes terreux.

Après avoir fait choix des matières, on passe le nitrate de potasse à travers un tamis; on pulvérise le soufre sous des bocards, & on le tamise dans un *blutoir*; puis on pèse des quantités convenables de ces deux substances, ainsi que du charbon. (*Voyez*, au mot DOSAGE, les proportions adoptées en France pour les poudres de guerre, de chasse & de mine.)

On a essayé de faire de la poudre avec du salpêtre & du charbon; on a également essayé d'en faire avec du salpêtre & du soufre, & l'on a vu que ces sortes de poudres étoient de mauvaise qualité : le charbon est nécessaire pour produire beaucoup de gaz, & le soufre l'est surtout pour rendre la combustion rapide. Néanmoins cette combustion, quelque rapide, quelque vive qu'elle soit, ne s'opère jamais complétement; un grand nombre de grains sont toujours entraînés sans être brûlés, & tombent à quelque distance de l'arme.

On fait en France de la poudre de guerre anguleuſe & de la poudre ronde ; cette dernière eſt de deux eſpèces de grains : les plus gros forment la poudre à canon, & les autres la poudre à fuſil.

La fabrication de la poudre anguleuſe ou ronde ſe compoſe de trois opérations mécaniques : 1°. de la trituration la plus parfaite poſſible des matières premières ; 2°. de leur mélange intime ; 3°. de la formation du grain. Les deux premières opérations ſont abſolument néceſſaires pour la fabrication de la poudre d'une forme quelconque, & doivent ſe faire par les moyens reconnus les meilleurs, c'eſt-à-dire, en employant les matières réduites ſéparément en poudre très-fine ; ainſi la fabrication de la poudre ronde ne doit différer eſſentiellement de celle de forme anguleuſe, que dans la granulation.

Toutes les poudres de guerre & de chaſſe ſont fabriquées dans les poudreries royales pour le compte du Gouvernement, ſous la direction de l'artillerie, & elles ſont ſoumiſes à des épreuves pour s'aſſurer de leur bonne qualité. (*Voyez* l'article ÉPREUVE DES POUDRES.)

La poudre de guerre a été payée en 1820 par le Gouvernement, 2 fr. 72 c. le kil.

Le ſervice des poudres & ſalpêtres ſe faiſoit antérieurement à 1815, au moyen d'une adminiſtration dont les employés & les ouvriers faiſoient un corps particulier, organiſé de la manière ſuivante ; ſavoir : un colonel d'artillerie, commiſſaire du Gouvernement près l'adminiſtration (cet emploi a été affecté, en 1814, au grade de maréchal-de-camp ; *voy.* l'art. NOTICE HISTORIQUE SUR LE CORPS ROYAL D'ARTILLERIE); trois adminiſtrateurs généraux, un adminiſtrateur adjoint, deux inſpecteurs généraux, trois chefs de bureaux, vingt-ſix commiſſaires pour les poudreries & raffineries de ſalpêtre, dix commiſſaires chargés de la réception du ſalpêtre & vente de poudre, cinq commiſſaires adjoints, deux élèves ſortant de l'Ecole polytechnique, trente-quatre entrepoſeurs pour la vente de poudre dans les départemens, vingt-deux prépoſés aux ventes dans les commiſſariats, cent quatre-vingts garde-magaſins dans les principales villes, quatre mille débitans, ſix cent cinquante-ſix ſalpêtriers patentés, quatre cent ſoixante-quatre ouvriers de toute eſpèce, dans les poudreries & les raffineries ; ce qui fait un total général de cinq mille quatre cent neuf employés & ouvriers.

Les établiſſemens conſiſtoient en ſeize poudreries, qui contenoient neuf cent ſeize pilons, & en quinze raffineries de ſalpêtre. Ces raffineries préparoient tout le ſalpêtre néceſſaire aux travaux des poudreries. Ce ſel leur étoit fourni à environ ſoixante-quinze pour cent de pur, par des ſalpêtriers commiſſionnés. (*Voyez* le mot SALPÊTRE.)

Les fonctions du colonel d'artillerie, commiſſaire du Gouvernement près l'adminiſtration, conſiſtoient : 1°. à aſſiſter aux aſſemblées de cette adminiſtration, mais ſans y avoir voix délibérative ; 2°. a examiner les regiſtres des délibérations, à ſe faire délivrer des expéditions de celles qu'il jugeoit convenable de demander; & à les adreſſer au miniſtre avec ſes obſervations. s'il y avoit lieu ; 3°. à ſe faire donner tous les renſeignemens dont il pouvoit avoir beſoin, à veiller à l'exécution des lois, décrets & ordres, & à faire connoître au miniſtre les améliorations à opérer dans ce ſervice.

L'organiſation du perſonnel & le mode général de ſervice de l'adminiſtration des poudres & ſalpêtres du royaume ſont aſſis par une ordonnance royale du 15 juillet 1818, qui porte :

TITRE PREMIER.

Diſpoſitions générales.

Art. 1er. Le ſervice des poudres & ſalpêtres continue d'être régi pour le compte de l'Etat, & ſous les ordres de notre miniſtre ſecrétaire d'Etat au département de la guerre, par des agens reſponſables, dont l'admiſſion au ſervice, le nombre, la qualité, les fonctions, le traitement & l'uniforme ſe trouvent réglés en les ſuivans.

Art. 2. Il eſt dirigé en chef par un des lieutenans-généraux de notre corps royal de l'artillerie en activité de ſervice, aux termes de notre ordonnance du 19 novembre 1817, & fournis, dans ſes établiſſemens particuliers, à l'inſpection des lieutenans-généraux de la même arme, en tournée.

Art. 3. Les officiers de notre corps royal de l'artillerie actuellement attachés, en qualité d'inſpecteurs, aux établiſſemens de fabrication, pour en ſurveiller le ſervice ſous le rapport de l'art & de la police, conformément à notre ordonnance du 20 novembre 1816, ſeront déſormais chargés d'exercer la même ſurveillance ſur l'adminiſtration & la comptabilité deſdits établiſſemens.

Art. 4. Il ſera formé, près de la direction générale, un comité conſultatif, dont les travaux auront excluſivement pour objet le perfectionnement de l'art.

TITRE II.

Diſtribution, claſſement & arrondiſſemens des établiſſemens de la direction générale des poudres.

Art. 5. Les établiſſemens affectés au ſervice des poudres & ſalpêtres ſe compoſeront de :
La direction générale à Paris ;
Trois commiſſariats de première claſſe ;
Treize commiſſariats de deuxième claſſe ;
Cinq commiſſariats de troiſième claſſe ;
Trois entrepôts pour réception de ſalpêtres.

Le tableau joint à la préſente ordonnance, ſous la lettre A (voici l'extrait de ce tableau.

Poudreries & raffineries : le Ripault, première classe; Colmar, deuxième classe; Toulouse, deuxième classe; Bordeaux & Saint-Médard, deuxième classe. Poudreries : Essoune, première classe; Saint-Jean-d'Angély, deuxième classe; le Pont-de-Buis, deuxième classe; Esquerdes, deuxième classe; Saint-Ponce, deuxième classe; Metz, deuxième classe; Vonges, deuxième classe; Saint-Chamas, deuxième classe; Maromme, deuxième classe. Raffineries : Paris, première classe; Besançon, deuxième classe; Marseille, deuxième classe. (Raffinerie de salpêtre & de soufre); Avignon, troisième classe; Lyon, troisième classe; Dijon, troisième classe; Lille, troisième classe; Nancy, troisième classe. Entrepôts : Châlons (réception de salpêtre dépendant de Paris), Clermont (réception de salpêtre dépendant de Lyon), Montpellier (réception de salpêtre dépendant d'Avignon)), détermine l'emplacement & l'espèce de chaque établissement, la classe dont il fait partie, & l'arrondissement de service qui lui est confié, soit pour la consommation des poudres de commerce, soit pour la récolte du salpêtre indigène.

TITRE III.

Personnel chargé de la gestion, & comité consultatif.

Art. 6. Le personnel chargé de la gestion du service se compose :

D'agens administrateurs, comptables & responsables;

D'employés de diverses classes pour les bureaux de la direction générale;

D'ouvriers de diverses classes & professions, attachés, *à poste fixe*, au service des établissemens;

De salpêtriers commissionnés pour l'exploitation du salpêtre indigène.

Art. 7. Les agens administrateurs & comptables sont :

Le directeur-général résidant à Paris;

Vingt-un commissaires aux poudres & salpêtres, dont :

Trois de première classe;

Treize de deuxième classe;

Cinq de troisième classe;

Deux commissaires-adjoints, placés dans les commissariats à poudrerie & raffinerie où ces établissemens se trouvent séparés;

Deux élèves commissaires, mis à la suite des établissemens où ils peuvent être placés le plus utilement pour le service & pour leur instruction;

Trois entreposeurs pour les entrepôts de réception de salpêtres bruts.

Dans les places où il n'existe point d'établissemens des poudres & salpêtres, le directeur-général pourra désigner des commissionnaires pour être chargés des ventes de salpêtres, moyennant une remise sur leur produit.

Art. 8. Les employés des bureaux de la direction générale sont :

Un chef de correspondance;

Un chef de comptabilité;

Un trésorier;

Et le nombre de sous-chefs, commis principaux & commis expéditionnaires déterminé, sur la proposition du directeur-général, par notre ministre secrétaire d'Etat au département de la guerre, en raison des besoins du service.

Art. 9. Notre ministre de la guerre détermine également, sur la proposition du directeur-général, & d'après les besoins du service, le nombre d'ouvriers à employer *à poste fixe*, dans chaque établissement, ainsi que celui des salpêtriers à commissionner dans chaque arrondissement : il délivre les commissions des salpêtriers.

Art. 10. Le comité consultatif de la direction générale des poudres & salpêtres sera composé :

Du directeur-général, président;

D'un membre de l'Académie royale des sciences;

D'un commissaire des poudres & salpêtres de première classe, résidant à Paris, & spécialement affecté aux travaux du comité.

L'inspecteur de la raffinerie de Paris & le commissaire de première classe, chargés du service de cet établissement, seront membres adjoints du comité consultatif, & y auront voix consultative seulement.

TITRE IV.

Personnel de l'inspection.

Art. 11. Les officiers de notre corps royal de l'artillerie chargés, conformément à l'art. 3 du titre Ier, de l'inspection spéciale & permanente du service des établissemens des poudres & salpêtres, seront :

Trois officiers supérieurs, pour les trois établissemens de première classe;

Dix-huit capitaines pour les établissemens de deuxième ou de troisième classe.

Ces officiers continueront de faire partie du corps royal de l'artillerie, & seront choisis parmi ceux qui composent l'état-major de ce corps.

TITRE V.

Admission & avancement aux divers emplois.

Art. 12. Le directeur-général est nommé par nous, sur la proposition de notre ministre secrétaire d'Etat au département de la guerre, entre les lieutenans-généraux de notre corps royal de l'artillerie, susceptibles, aux termes de l'art. 2 de la présente ordonnance, d'être appelés à cet emploi.

Notredit ministre soumettra à notre approbation la nomination du membre de l'Académie des sciences qui devra faire partie du comité consultatif.

Art. 13. Sont nommés, par notre ministre secrétaire d'Etat au département de la guerre, sur la proposition du directeur-général, les commissaires de diverses classes, & adjoints ci-après désignés; savoir:

Le commissaire de première classe, membre du comité consultatif, entre les commissaires de première & de deuxième classe;

Les commissaires de première classe, entre ceux de deuxième classe;

Les commissaires de deuxième classe, entre les commissaires de troisième classe;

Les commissaires de troisième classe, entre les commissaires-adjoints;

Les commissaires-adjoints, entre les élèves des poudres & salpêtres;

Les élèves des poudres & salpêtres sont tirés de l'Ecole polytechnique, où on les comprendra désormais dans le nombre des élèves destinés au service de notre corps royal de l'artillerie. Pour être reçus élèves des poudres & salpêtres, ils seront tenus de satisfaire aux examens prescrits, & de justifier en outre de leur capacité à fournir, lorsqu'il y aura lieu, les cautionnemens exigés des commissaires des poudres.

La nomination aux emplois de commissaire de première & de deuxième classe aura lieu, pour moitié, à l'ancienneté, & pour l'autre moitié, au choix: les emplois de commissaires de troisième classe & de commissaires-adjoints seront donnés à l'ancienneté.

Art. 14. Sont également nommés par notre ministre de la guerre, sur la proposition du directeur-général,

Les entreposeurs;

Les chefs & employés des bureaux, ainsi que le trésorier de la direction générale;

Les salpêtriers.

Art. 15. Le directeur-général nomme les ouvriers *à poste fixe* dans les établissemens.

Art. 16. Notre ministre secrétaire d'Etat au département de la guerre désigne, sur la présentation du comité central de l'artillerie, les officiers supérieurs & capitaines de notre corps royal de l'artillerie, chargés de l'inspection des établissemens de fabrication.

Art. 17. Les chefs de bureaux, ainsi que le trésorier de la direction générale, lorsqu'ils sont tirés du corps des commissaires des poudres & salpêtres, conservent dans ces fonctions le rang & le titre de commissaires des poudres & salpêtres.

Art. 18. Aucun agent comptable ou employé, aucun ouvrier *à poste fixe*, ou salpêtrier de la direction générale, ne peut être suspendu ou destitué de ses fonctions, sans une décision spéciale & motivée de notre ministre secrétaire d'Etat au département de la guerre.

TITRE VI.

Fonctions & responsabilité des agens de la direction générale.

Art. 19. Le directeur-général est chargé, sous les ordres immédiats de notre ministre secrétaire d'Etat au département de la guerre, de la direction supérieure du service des poudres & salpêtres, & de tous les détails qui s'y rapportent.

Il a toute autorité sur les agens de ce service, ainsi que sur les officiers de notre corps royal de l'artillerie chargés de l'inspection des établissemens de fabrication, pour ce qui concerne les fonctions de cette inspection.

Il propose à notre ministre secrétaire d'Etat au département de la guerre, ou soumet à son approbation, conformément aux règles établies dans le titre précédent, tout avancement & admission dans le personnel de la direction générale.

Il règle selon les convenances du service, & sous l'approbation de notre ministre secrétaire-d'Etat au département de la guerre, la destination spéciale, tant des agens de toutes classes de la direction générale, que des inspecteurs particuliers des établissemens de fabrication.

Il propose à notredit ministre, lorsqu'il y a lieu, les mises en jugement & destitutions que le bien du service rend nécessaires.

Il forme les budgets de recettes & dépenses de chaque exercice, en fait vérifier & en arrête les comptes, pour être fournis, dans les délais prescrits, tant à notre ministre de la guerre, qu'à notre Cour des comptes.

Il poursuit la rentrée des fonds dus par les divers ministères pour raison des fournitures à eux livrées par la direction générale, ainsi que de ceux qui pourroient être dus par les comptables ou par des particuliers, & règle, d'après les besoins du service, la distribution de ces fonds entre les divers établissemens.

Il ordonne, dans les limites du budget de la direction générale, toute espèce de dépenses, d'achats & de ventes, tant pour le service immédiat de la fabrication, que pour la récolte du salpêtre indigène & le versement dans le commerce de la partie surabondante de cette récolte.

Il fournit à notre ministre secrétaire d'Etat au département de la guerre, touchant la situation du service qui lui est confié, tous les comptes & renseignemens qui lui sont demandés.

Il veille à l'exécution des lois, ordonnances & réglemens concernant le service des poudres & salpêtres, & propose toutes les améliorations qu'il juge convenables au bien du service.

Il préside le comité consultatif;

Il n'a aucun maniement personnel de fonds ni de matières : sa gestion est purement d'ordre, & sa responsabilité morale.

Art. 20. Les commissaires dirigent & surveillent, sous l'autorité du directeur-général, le service des établissemens confiés à leurs soins, tant pour la fabrication que pour la police & la comptabilité. Ils donnent tous les ordres relatifs à ces diverses parties de leur service, & n'ont à en recevoir que du directeur-général, ou des inspecteurs-généraux de notre corps royal d'artillerie, en tournée.

Ils ne peuvent s'absenter du lieu de leur résidence sans un congé du directeur-général.

Leurs opérations seront soumises à l'inspection & au contrôle des officiers de notre corps royal de l'artillerie, résidans, en qualité d'inspecteurs, près des établissemens de fabrication.

Aucun détail de service, police ou travail, ne pourra être exempt de la surveillance de ces inspecteurs.

Aucun marché ne pourra être conclu, aucune réception de matières ou fournitures de produits, aucune recette ou dépense en deniers, aucune opération de comptabilité, ne pourront avoir lieu régulièrement, sans l'intervention & l'attache desdits inspecteurs; aucune pièce de comptabilité ne sera admise sans leur vérification & leur *visa*. Les commissaires sont tenus en conséquence de leur fournir tous les renseignemens nécessaires pour les mettre à même d'exercer le contrôle qui leur est confié.

Un réglement particulier fixera les rapports à établir entre les commissaires & les inspecteurs des établissemens de fabrication, en conséquence des dispositions du présent article, & d'après le principe que les premiers étant responsables & comptables, ordonnent tout; & que les seconds, garantissant au Gouvernement la régularité du service & de la gestion, leurs fonctions leur donnent le droit & leur imposent le devoir de tout surveiller.

Les commissaires n'ont aucune subordination entr'eux.

Les commissaires sont responsables de la régularité du service de leur établissement, de toutes les opérations de leur gestion & de l'emploi des matières, ainsi que des fonds qui leur sont confiés.

Les cautionnemens actuels des commissaires resteront fixés sur le pied où ils ont été fournis : ceux des commissaires nommés à l'avenir, seront de quinze mille francs pour les commissaires de première classe, de douze mille francs pour ceux de seconde, & de dix mille francs pour ceux de troisième classe.

En cas d'explosion ou d'incendie dans un établissement de fabrication, le commissaire sera suspendu de ses fonctions, jusqu'à ce qu'il ait suffisamment justifié, & que notre ministre secrétaire d'État au département de la guerre ait prononcé que l'événement ne provient d'aucune négligence de sa part, ni de désordre ou relâchement dans le service de son établissement.

Si, au moment d'une explosion ou incendie, le commissaire se trouve absent, sans permission ou motif de service, du lieu où l'établissement est situé, il sera destitué de ses fonctions.

Art. 21. Les commissaires-adjoints seront employés dans les commissariats de Bordeaux & de Toulouse, & chargés, sur chaque point, de la gestion de la raffinerie.

Ils exerceront cette gestion, dont un réglement particulier déterminera le mode, sous l'autorité immédiate des commissaires de ces arrondissemens : ils compteront de clerc à maître avec lesdits commissaires, qui demeureront chargés de rendre la comptabilité des raffineries, & de la comprendre dans celle de leurs commissariats respectifs.

Ils seront responsables envers les mêmes commissaires de l'exécution des ordres qu'ils reçoivent d'eux, pour tous les détails de service & de comptabilité : ils leur fourniront un cautionnement en immeubles de quatre mille francs.

Art. 22. Les élèves commissaires sont à la disposition des commissaires dans les établissemens desquels ils se trouvent placés, pour être par eux employés de la manière qui sera jugée la plus convenable, soit pour leur instruction, soit pour la direction & la surveillance des détails du service.

Art. 23. Les entreposeurs pour la réception des salpêtres bruts, exercent leur emploi sous l'autorité des commissaires dans l'arrondissement desquels leur entrepôt se trouve situé. Ils sont responsables de l'exécution des dispositions prescrites par les réglemens touchant la réception des salpêtres bruts, ainsi que de celle des ordres qu'ils reçoivent desdits commissaires, tant pour leur service que pour leur comptabilité.

Ils rendent leurs comptes aux mêmes commissaires, pour être compris par eux dans la comptabilité de leurs commissariats respectifs : ils leur fournissent un cautionnement en immeubles de la valeur de six mille francs.

Art. 24. En cas d'incendie dans les établissemens qui leur sont confiés, les commissaires-adjoints & entreposeurs seront soumis aux peines portées en l'article 20 ci-dessus, contre les commissaires, pour les cas semblables.

Art. 25. Les chefs & employés des bureaux de la direction générale, sont à la disposition du directeur-général, pour l'exécution des diverses parties de service dont ils se trouvent respectivement chargés, & de la régularité desquelles ils sont responsables envers lui.

Le trésorier est particulièrement responsable de la conservation des fonds qui lui sont confiés, & de la régularité de ses paiemens : son cautionnement refte fixé à la fomme de cinquante mille francs.

Art. 26. Les cautionnemens actuellement confignés au tréfor par les agens de la direction générale des poudres, de qui il en eft exigé, feront maintenus dans l'efpèce de valeur où ils ont été fournis : les cautionnemens à fournir par la fuite au tréfor, le feront en numéraire, conformément à l'article 97 de la loi du 28 avril 1816.

Art. 27. Les ouvriers & employés fubalternes de diverfes claffes, attachés, *à pofte fixe*, aux établiffemens de la direction générale, font fournis aux commiffaires chargés de la direction de ces établiffemens, non-feulement pour l'exercice de leurs fonctions ou de leurs travaux refpectifs, mais encore pour leur difcipline & police, & pour tout ce qui tient à la régularité du fervice dans les établiffemens ; le tout fous la furveillance des infpecteurs.

Art. 28. Les falpêtriers commiffionnés par notre miniftre de la guerre, continueront d'être chargés exclufivement à tous autres particuliers, de la récolte du falpêtre indigène, aux claufes & conditions établies par les lois, décrets & ordonnances en vigueur fur cette matière.

Art. 29. Le comité confultatif s'occupe exclufivement des recherches, expériences & objets relatifs au perfectionnement de la fabrication des poudres & falpêtres. Le réfultat de fes travaux eft porté par le préfident à la connoiffance de notre miniftre fecrétaire d'Etat au département de la guerre, pour être communiqué, lorfqu'il y a lieu, au comité central de notre corps royal d'artillerie.

Le comité confultatif eft entièrement étranger aux opérations de l'adminiftration & de la comptabilité, dont le directeur-général refte feul refponfable. Néanmoins le commiffaire de première claffe, membre de ce comité, ainfi que les adjoints, peuvent, lorfque le directeur-général le juge convenable, être chargés de vérifications ou opérations relatives à cette partie.

Un réglement particulier déterminera, d'une manière plus fpéciale, les fonctions & le mode de travail du comité confultatif.

TITRE VII.

Fonctions & refponfabilité des infpecteurs.

Art. 30. Les officiers de notre corps royal d'artillerie, chargés de l'infpection fpéciale des établiffemens des poudres & falpêtres, réfideront dans l'intérieur, ou le plus près poffible de ces établiffemens ;

Ils en furveilleront le fervice, tant fous le rapport de la fabrication que tous ceux de leur police & comptabilité.

Ils tiendront la main à la ftricte exécution des lois, décrets, ordonnances & réglemens fur ces diverfes parties, ainfi qu'à celle des ordres donnés par le directeur-général, & requerront, toutes les fois qu'il pourra y avoir lieu, les commiffaires de s'y conformer.

Ils indiqueront aux commiffaires les abus qu'ils pourront remarquer, & les améliorations qu'ils croiront poffible d'apporter, foit fous le rapport de l'économie des dépenfes ou du perfectionnement des produits, foit fous celui de l'ordre & de la police, dans quelque partie que ce foit du fervice de l'établiffement, ainfi que les mefures qu'ils jugeront les plus convenables pour réprimer les abus ou obtenir les améliorations qu'ils ont en vue. Dans le cas où il ne feroit pas fait droit à leurs propofitions, ils en référeront au directeur-général, qui prononcera.

Ils ne donneront directement aucun ordre aux ouvriers & employés fubalternes des établiffemens.

Ils concourront à la difcuffion & conclufion des marchés ; prendront une connoiffance détaillée de la nature, de l'objet & du montant des recettes & dépenfes, des quantités & qualités de matières de toutes efpèces, reçues ou confommées ; entreront dans tous les détails de la comptabilité ; vérifieront & figneront, pour contrôle, tous les comptes, dont aucune partie ne fera admife dans la juftification de la geftion des commiffariats, fi elle n'eft revêtue de leur *vifa*.

Ils exigeront tous les renfeignemens qu'ils jugeront convenables, & les commiffaires feront tenus de leur fournir ces renfeignemens.

Ils rendront, tant au directeur-général qu'aux infpecteurs-généraux d'artillerie en tournée, tous les comptes qui leur feront demandés.

Ils adrefferont régulièrement, à la fin de chaque femeftre, au directeur-général des poudres, un rapport détaillé fur les procédés de fabrication, & les moyens de perfectionnement qu'ils jugeront utiles au fervice. Aux mêmes époques, le directeur-général tranfmettra au comité central de notre corps royal d'artillerie, une expédition des rapports d'infpecteurs, avec les obfervations dont ils lui paroîtront fufceptibles.

Les infpecteurs font refponfables de l'exécution des lois, décrets, ordonnances, réglemens & ordres fupérieurs concernant le fervice des établiffemens : ils le font en particulier de la régularité & de la fidélité de toutes les opérations & pièces de comptabilité admifes par eux, fans que cette refponfabilité, qui eft purement morale, puiffe atténuer celle qui pèfe fur les commiffaires pour les mêmes objets.

TITRE VIII.

Traitemens & indemnités.

Art. 31. Les traitemens des agens & employés principaux de la direction générale des poudres, feront à l'avenir réglés à l'année, en sommes fixes, & payés chaque mois par douzième, conformément au tableau annexé à la présente ordonnance, sous la lettre B. (Voici le contenu de ce tableau : directeur-général (il touche sur les fonds de la guerre, le traitement d'activité de son grade); commissaire de première classe, membre du comité consultatif, 10,000 francs; commissaire de première classe, 7,200 fr.; commissaire de deuxième classe, 6,000 fr.; commissaire de troisième classe, 5,000 fr.; commissaire-adjoint, 2,800 fr.; élève, 1,200 fr.; entreposeur à réception de salpêtre, 1,500 fr; chef de correspondance, 6,600 fr.; chef de comptabilité, 6,600 fr.; trésorier, 6,600 fr.)

Le traitement des ouvriers & agens subalternes sera réglé par notre ministre secrétaire d'État au département de la guerre.

Art. 32. Les indemnités de toute espèce, dues tant aux agens administrateurs & comptables, qu'aux membres du comité consultatif & aux officiers de notre corps royal de l'artillerie, chargés de l'inspection spéciale des établissemens des poudres & salpêtres, seront réglées par notre ministre secrétaire d'État au département de la guerre, en raison de la position de chaque individu ayant droit à des indemnités, ainsi que de la nature des circonstances ou fonctions qui donnent lieu à ces indemnités, & portées aux budgets annuels de la direction générale.

TITRE IX.

Pensions de retraite.

Art. 33. Les agens, employés & ouvriers *à poste fixe*, de toutes classes de la direction générale des poudres, les salpêtriers exceptés, continueront d'avoir droit, en raison de la retenue qui s'exerce sur leurs traitemens, & après un temps déterminé de service, à des pensions de retraite, dont le montant sera fixé, pour chacun d'eux, en raison de la durée de ses services & de la quotité de son traitement, conformément aux règles actuellement établies, & à celles qui pourront l'être ultérieurement pour toutes les administrations.

TITRE X.

Uniforme.

Art. 34. Les commissaires, entreposeurs & ouvriers de la direction générale des poudres & salpêtres continueront d'être distingués par un uniforme particulier.

Art. 35. L'uniforme des commissaires & élèves est fixé comme il suit :

Habit à la française de drap bleu-de-roi, & doublure bleue; culotte de drap pareil à l'habit;

veste blanche; chapeau français uni, avec une ganse retenue par une torsade noire; épée à poignée d'acier.

Les boutons seront recouverts d'une feuille dorée, portant l'empreinte d'une fleur de lis, entourée de l'inscription : *poudres & salpêtres.*

L'habit sera garni d'une broderie en soie couleur de bistre, de quatre centimètres & demi de largeur, conforme au modèle annexé à la présente ordonnance, & appliquée, en raison des grades, comme il suit :

Pour les commissaires de première, deuxième & troisième classe, sur le collet, les poches & les paremens, avec addition d'une baguette simple de même couleur, & de cinq millimètres de large sur les mêmes parties & le reste de l'habit.

Pour les commissaires-adjoints, sur le collet & les paremens seulement, sans baguette.

Pour les élèves-commissaires, sur le collet seulement, sans baguette.

La veste des commissaires sera garnie d'une broderie de soie blanche, de trois centimètres de large seulement; celle des commissaires-adjoints & des élèves sera sans broderie.

Art. 36. Les entreposeurs, maîtres poudriers & maîtres raffineurs, porteront l'uniforme prescrit en l'article précédent, à l'exception des broderies & de l'épée qui seront supprimées, & de la torsade noire du chapeau, qui sera remplacée par une ganse unie de même couleur.

Art. 37. Les ouvriers, *à poste fixe*, des manufactures, porteront un habit-veste & un pantalon large de drap bleu, avec un chapeau rond.

TITRE XI.

Dispositions transitoires & d'exécution.

Art. 38. Les commissaires actuellement pourvus d'emplois, qui se trouvent supprimés par la présente ordonnance, pourront être proposés pour la pension de retraite, s'ils ont le temps de service requis pour l'obtenir : en cas contraire, ils jouiront d'un traitement de non-activité égal à la moitié du traitement fixé pour les commissaires de troisième classe, jusqu'à ce qu'ils puissent être replacés dans les emplois qui viendront à vaquer.

Art. 39. En cas d'insuffisance du fonds de retenue pour acquitter la totalité des pensions qui y sont affectées, il y sera pourvu par notre ministre de la guerre, d'après les principes adoptés pour les autres pensions de même nature qui se trouvent dans le même cas.

Art. 40. Les traitemens des agens & employés de la direction générale des poudres, qui ont été jusqu'ici composés de sommes fixes & de remises variables, dont la base se trouve supprimée par les dispositions de notre ordonnance du 25 mars dernier, seront payés, pour chacun des douze mois de l'exercice courant, sur le pied fixé par le tableau B, annexé à la présente ordonnance. (*Voyez* le contenu de ce tableau à l'art. 31.)

Art. 41. Toutes dispositions de décrets, arrêtés & ordonnances antérieurs, contraires à celles de la présente ordonnance, sont rapportées.

Art. 42. Notre ministre secrétaire d'Etat au département de la guerre est chargé de donner tous ordres, de faire tous réglemens de détail nécessaires pour l'exécution de la présente ordonnance.

Poudre avariée. On nomme ainsi de la poudre qui n'est pas susceptible d'être radoubée, parce qu'elle contient des substances étrangères, ou qu'elle est en état de décomposition. La poudre avariée, livrée aux établissemens de la direction générale des poudres & salpêtres, est soumise à une reconnoissance exacte pour en déterminer la valeur, & pour lui donner avec confiance une destination ultérieure. Il est procédé à cette reconnoissance de la manière prescrite par une instruction de M. le directeur-général, en date du 7 juin 1819. (*Voyez* l'article RADOUBER LES POUDRES AVARIÉES.)

Poudre blanche. On fait de la poudre à tirer blanche, en prenant dix parties de salpêtre, une de soufre & deux de sciure de sureau, ou de ce bois réduit en poudre. On mêle & triture ces matières comme celles destinées à fabriquer la poudre ordinaire. Cette poudre est moins forte que celle en usage.

Poudre blanche fulminante. On appelle ainsi une poudre blanche composée de trois parties de salpêtre, deux parties de tartrite acidule de potasse ou de sel de tartre, & une partie de soufre. Pour fabriquer cette poudre, on pulvérise séparément ces matières, & on les triture ensemble, jusqu'à ce que le mélange soit complet.

Si l'on met de cette poudre dans une cuiller de fer ou d'argent, qu'on l'expose pendant un quart d'heure sur un petit feu, la chaleur l'enflamme, & elle détone avec violence. Suivant M. le colonel d'artillerie Renaud, de qui j'emprunte cet article (*voyez* son ouvrage déjà cité, ayant pour titre : *Instruction sur la fabrication de la poudre*), la quantité de 0 kil. 0038 (1 gros) fait presque le même bruit qu'un coup de canon. Si l'on se servoit pour cette expérience d'une cuiller de cuivre, elle seroit percée par l'explosion.

Poudre cuite. On appelle ainsi de la poudre faite par l'ébullition des matières pulvérisées & mélangées. On trouve dans l'ouvrage de Perinet d'Orval, ayant pour titre : *Essai sur les feux d'artifice pour les spectacles & la guerre*, publié en 1765, page 19 : « Les paysans de la Padolie & de l'Ukraine font de la poudre par ébullition ; ils mettent dans un pot de terre les doses de salpêtre, de soufre & de charbon, passés au tamis de soie, & les font bouillir dans l'eau l'espace de trois heures ; lorsque cette eau est évaporée & que la matière devient éparse, ils la retirent du feu & la mettent dans le grenoir, dès quelle est refroidie. »

Il paroît que la poudre fabriquée par cette méthode a moins de force que celle faite par les procédés ordinaires. Néanmoins, dans la vue d'éviter les accidens auxquels sont sujets les moulins à poudre, M. Coffigny a proposé, en 1793, de faire la poudre par ébullition. (*Voyez* ses *Recherches physiques & chimiques sur la fabrication de la poudre à canon.*)

Poudre de mine. On appelle ainsi la poudre que l'on emploie pour l'exploitation des mines & des carrières. Elle contient moins de nitre que la poudre de guerre, & elle est par conséquent moins forte que cette dernière. Son dosage est de soixante-cinq parties de salpêtre, quinze de charbon & vingt de soufre. Elle coûte, prise chez les débitans, 3 fr. 15 cent. le kil.

Poudre fulminante. La première poudre détonante dont on a fait usage dans les armes dites *à percussion*, étoit de la poudre muriatique ; mais comme l'oxide promptement les pièces en fer & en acier, on la remplace maintenant par des poudres contenant de l'argent fulminant ou du mercure fulminant. Pour former avec l'argent fulminant la poudre d'amorce, on la mêle dans les proportions d'une partie avec trois parties de poussier de poudre ordinaire. On humecte ensuite ce mélange avec environ dix pour cent d'une eau légèrement gommée, & on forme la matière en grains en la faisant passer, à l'aide d'une spatule, à travers un crible percé comme pour la poudre fine. On fait sécher ce grain à l'air ou à une chaleur très-douce, en ayant soin que la dessiccation soit complète.

Cette composition exige beaucoup de précautions dans les manipulations, l'argent fulminant étant de toutes les poudres connues la plus terrible par ses effets ; car le contact d'un corps froid suffit pour le faire détoner, & l'on ne peut opérer que sur une très-petite quantité à la fois.

Le mercure fulminant paroît beaucoup moins dangereux que l'argent fulminant, tant sous le rapport de la chaleur que sous celui du froissement, & en plus grande quantité dans le dosage, il offre les mêmes avantages que l'argent fulminant, suivant les expériences faites par M. Lepage, arquebusier du roi.

Cet artiste fait les grains d'amorce de la grosseur d'une forte tête d'épingle, & il les revêt de deux ou trois couches successives d'un vernis à l'esprit-de-vin, de cire, ou d'une dissolution de kaoutchou dans l'alcool. Des grains de poudre ainsi revêtus restent quelque temps plongés dans l'eau sans perdre leur propriété de s'enflammer par le choc.

Cette poudre s'obtient en dissolvant une partie de mercure dans sept parties & demie d'acide nitrique à trente degrés de l'aréomètre de Beaumé, ajoutant onze parties d'alcool à la dissolution, faisant bouillir cette dissolution pendant deux à trois minutes & l'ôtant de dessus le feu. La poudre se précipite peu à peu par le refroidissement, sous la forme d'aiguilles légèrement aplaties ; elle est d'un blanc gris.

POUDRE fine. Cette poudre se fabrique comme celle de guerre, mais son dosage est de soixante-dix-huit parties de salpêtre, douze de charbon & dix de soufre. On la lisse, & l'on emploie des tamis plus fins pour la grener.

Cette poudre ne s'éprouve pas au mortier-éprouvette comme la poudre de guerre (sauf celle destinée à l'épreuve des canons de fusils dans les manufactures d'armes). On éprouve avec de petites éprouvettes qui ne donnent pas sa force absolue, mais seulement sa force relative : celle qui est le plus en usage est l'éprouvette à peson de M. Regnier. (*Voyez* la description de cette machine à l'article ÉPROUVETTE POUR LA POUDRE DE CHASSE.)

POUDRES muriatiques. On appelle ainsi les poudres dans lesquelles il entre du muriate sur-oxigène de potasse. Elles s'enflamment par la percussion & communiquent rapidement le feu de l'amorce à la charge d'un fusil, au moyen d'un mécanisme particulier. On n'en emploie qu'un grain pour cette amorce, & on ne s'en sert jamais pour la charge des armes, à cause de ses redoutables effets, si la quantité étoit un peu considérable.

Ces sortes de poudres, dont des chasseurs font usage, oxident promptement les pièces en fer des armes, sont d'une manipulation dangereuse & d'un transport peu sûr. On enveloppe maintenant les grains d'amorce de cire molle, afin d'éviter les accidens de l'humidité qui les décompose. (*Voyez* l'article POUDRE FULMINANTE.) Voici une composition de poudre muriatique : 0,450 muriate sur-oxigène de potasse ; 0,250 nitrate de potasse ; 0,150 de soufre ; 0,075 bois de bourdaine râpé & tamisé ; 0,075 de lycopode.

On préfère maintenant aux poudres muriatiques celles fabriquées avec de l'argent fulminant, & surtout celles faites avec du mercure fulminant, parce qu'elles oxident beaucoup moins les armes. (*Voyez* l'article précité.)

POUDRE ronde. Le procédé ordinaire de la fabrication de la poudre anguleuse est long, & présente des dangers qui lui sont inhérens. En effet, l'on obtient sans cesse des résidus qu'il faut remettre dans les mortiers, & l'on a vu plus d'une fois les moulins sauter pendant le battage, le choc d'un pilon de vingt kilogrammes sur un corps étranger, tel qu'une particule de quartz, devant

en faire jaillir une étincelle. Il est un autre procédé plus expéditif, plus économique & en même temps plus sûr, qui a été pratiqué pour la première fois en 1813, par M. le baron Champy. On va en donner une idée sommaire en présentant en même temps les avantages & les inconvéniens qu'il peut avoir, inconvéniens auxquels on remédiera peut-être facilement.

1°. Le nitre, le soufre & le charbon sont d'abord réduits séparément en poudre très-fine. Cette opération se fait dans un tonneau garni intérieurement de liteaux d'un bois très-dur, & contenant une certaine quantité de gobilles ou balles en bronze. On fait tourner le tonneau sur son axe ; on y introduit la matière par petite quantité ; les balles, qui sans cesse sautent, retombent & se choquent, la divisent ; &, par le moyen d'un ventilateur, la partie la plus ténue est portée dans une chambre voisine d'où elle est retirée pour être soumise aux opérations subséquentes. Le tonneau a plusieurs ouvertures, & il est convenablement disposé pour que la pulvérisation s'exécute facilement & sans perte. La vitesse du courant d'air peut être modérée à volonté, car elle dépend du mouvement du ventilateur ; c'est donc de ce mouvement que dépend aussi la finesse des poussières enlevées. Il doit être plus lent pour le charbon que pour le soufre & le salpêtre.

2°. La deuxième opération a pour objet le mélange intime des matières. Elle s'exécute en pesant les quantités qui doivent être mêlées, les mettant dans un tambour avec de la grenaille de plomb, & faisant tourner le tambour pendant environ une heure, lorsque, par exemple, on opère sur 150 kil. (300 livres) de mélange.

3°. Ensuite l'on mouille bien également une certaine quantité du mélange à 10 pour cent d'eau ; on la passe, étant en mottes de différentes grosseurs, à travers un tamis à trous ronds ; puis on la porte dans un tambour, où elle est soumise pendant une demi-heure à un mouvement de rotation. Il en résulte une foule de petits grains ronds, nommés *noyaux*, que l'on sépare du reste de la matière au moyen d'un tamis dont les trous sont eux-mêmes très-petits.

4°. Lorsqu'on s'est procuré une suffisante quantité de noyau, on la met dans un nouveau tambour d'une grandeur convenable, avec une fois & demie son poids de mélange ; le tambour étant en mouvement, on arrose un peu la matière avec de l'eau qui doit être projetée dessus en pluie fine, ce qui a lieu au moyen d'un tube horizontal, armé à sa surface de petits tubes capillaires & d'un robinet extérieur au tambour ; le noyau grossit en se couvrant sans cesse de nouvelles couches, en sorte que, au bout d'un certain temps, le tonneau doit se trouver converti en grains ronds, plus ou moins gros.

La densité que les grains prennent, dépend de la quantité de mélange & du temps pendant lequel il reste en mouvement. L'on peut donc, d'après cela, le faire varier à volonté. Plus ce temps sera long & la quantité de mélange grande, & plus la densité sera considérable.

5°. La poudre étant grenée, on la passe à travers des tamis de diverses grosseurs, & on la partage ainsi en trois espèces de grains : les plus gros forment la poudre à canon; les moyens, la poudre à fusil, & les plus petits servent de noyau pour l'opération suivante.

6°. Enfin, la poudre est séchée à la manière ordinaire & conservée de même. (*Voyez*, à l'article Séchage de la poudre, le procédé ingénieux imaginé par M. Champy.)

Sa force est aussi grande que celle de la poudre faite par l'ancien procédé; elle est parfaitement ronde; elle est moins coûteuse, puisqu'elle exige moins de temps, d'hommes & de machines; mais on a observé, 1°. que les cartouches à fusils faites avec cette poudre n'ont pas la consistance de celles faites avec la poudre anguleuse, & qu'à poids égal elles sont plus longues; 2°. qu'il peut se former dans le second tambour des grains qui, n'ayant pas le noyau pour centre, seroient sans consistance; 3°. que la poudre ronde ayant moins de surface, & n'ayant pas les aspérités de la poudre anguleuse, il est à craindre que son inflammation soit moins instantanée.

Poudre royale. On nomme *poudre royale* celle qui, étant faite avec les meilleurs poussiers provenant de la poudre superfine, est reconnue être de première qualité. Elle se grène avec les mêmes tamis que la poudre superfine, & elle est lissée, séchée & époussetée comme elle. Cette poudre & celle superfine crassent moins les armes que la poudre fine.

Poudre superfine. On appelle ainsi la poudre qu'on obtient des quatrième & cinquième poussiers de la poudre fine. Son grain est beaucoup plus ferme que celui qui provient des compositions, & la poudre est de meilleure qualité. On grène ces poussiers après le battage dans des cribles & des grenoirs dont les trous sont plus petits que ceux de ces instrumens qui servent à grener la poudre fine ordinaire.

On met cette poudre en paquets d'un demi-kilogramme, pour la vendre aux particuliers. Elle se vend aux consommateurs 8 fr. le kilogramme.

POUDRERIES. Lieux où l'on fabrique la poudre. Toutes les poudres de guerre & de chasse qui se font en France sont fabriquées pour le compte du Gouvernement, sous la direction d'un lieutenant-général d'artillerie, dans des établissemens qui appartiennent à l'État. (*Voyez*, au mot Poudre, l'ordonnance sur le service des poudres & salpêtres.)

Ces établissemens se composent de poudreries proprement dites, ou de poudreries & de raffineries de salpêtre réunies. (*Voyez* l'ordonnance précitée & le mot Salpêtrerie.)

Les bâtimens & les terrains nécessaires à l'exploitation d'une poudrerie ayant une raffinerie, sont :

Bâtimens d'habitation.

Du commissaire,
De l'inspecteur,
Du commissaire-adjoint,
De l'élève,
Du chef poudrier,
Du chef raffineur,
Du chef charpentier,
Du chef tonnelier,
Du maître plieur.
Des maîtres garçons & ouvriers,
Du portier.
Tourne-bride.
Caserne ou corps-de-garde des ouvriers.
Caserne ou corps-de-garde militaire.
Infirmerie, &c.

Bâtimens d'exploitation.

Laboratoire.
Magasin à potasse.
Idem à salpêtre brut.
Idem à salpêtre raffiné.
Idem de sel.
Idem d'objets divers.
Hangar des matériaux salpêtrés.
Atelier de lessivage.
Idem d'évaporation.
Idem des chaudières de raffinage.
Atelier de cristallisation.
Idem de lavage.
Idem de séchage.
Idem de charpenterie.
Idem de tonnellerie, &c.
Magasin ou hangar au bois à charbon pour la poudre.
Atelier de carbonisation.
Plate-forme en maçonnerie pour le vannage du charbon.
Atelier de triage & de criblage du charbon.
Magasin à charbon pour la poudre.
Magasin à soufre.
Atelier de pulvérisation de soufre, ensemble les machines qui en dépendent.
Bâtiment dit de composition.
Moulins à pilons, ensemble les machines qui composent l'usine.
Bâtiment des grenoirs.
Magasin de poudre verte.
Sécherie artificielle avec ses appareils.
Bâtiment du lissage.
Idem de l'époussetage.

Bâtiment de l'enfonçage.
Idem du phage.
Magasin à poudre.
Hangar au merrain, cercles, &c.
Hangar pour les bois de rechange.
Magasin pour les pièces de rechange.
Hangar pour le bois à brûler.
Serre.
Remises, écuries, étables, four, buanderie, &c.

Terrains.

Séchoir à l'air.
Champ d'épreuve.
Cours.
Terrains plantés.
Terrains ensemencés.
Jardin du commissaire.
Idem de l'inspecteur.
Idem du commissaire-adjoint.
Idem du maître poudrier.
Idem du maître pileur.
Idem du maître charpentier.
Idem du maître tonnelier.
Idem du portier.
Terrains vagues, &c.

POUDRIERS. Ouvriers qui font la manœuvre des batteries, grènent la poudre & la blutent. Les chefs-ouvriers surveillent ces manipulations. Les maîtres-garçons sont chargés de peter la composition, &c.

POULIE. C'est une roue dont la circonférence est creusée en gorge pour recevoir un câble, & qui est traversée par un axe porté par les branches d'une chape. (*Voyez* le mot MOUFLE.)

POULVERIN ou PULVÉRIN. Poudre pulvérisée & passée au tamis de soie, pour composer les artifices de guerre & de réjouissances. (*Voyez* l'article EGRUGER LA POUDRE.)

POUPÉES. Pièces en bois des bateaux d'artillerie servant à amarrer les cordages. (*Voyez* l'article COURBES DE BATEAUX.)

Poupées de tour. Pièces de bois qui portent les pointes ou les lunettes d'un tour, & qui sont mobiles sur son châssis.

POUSSE-BALLE. Nom qu'on donnoit autrefois à la baguette d'une arme portative. (*Voyez* le mot BAGUETTE.)

POUSSIER. On appelle ainsi les parties pulvérulentes des composans de la poudre, qui n'ont pu être converties en grains par les procédés de la fabrication. Le *poussier vert* est celui qui résulte du grenage; le *poussier sec* est celui que produisent le séchage & le lissage, & qu'on sépare de la poudre par l'époussetage. Ces poussiers ayant les proportions exigées pour la poudre de guerre, il ne s'agit, pour l'obtenir, que de les grener.

Pour cela, on les humecte dans les mayes avec la quantité d'eau convenable, suivant la température de l'air, en sorte que la matière mise dans le mortier ne souffle pas; on les bat une heure & demie, puis on fait un rechange, & on les bat encore une heure & demie, & on les grène.

Les poussiers qui en résultent, & qu'on nomme *seconds poussiers*, se traitent de la même manière.

POUTRELLES. Pièces de bois équarries, servant à supporter les madriers des ponts de bateaux, de radeaux & de chevalets : les pièces analogues dans les ponts de pilotis, se nomment *longerons*. On emploie, pour joindre les poutrelles aux ponts, des poutrelles plus courtes, & d'un équarrissage plus foible que les autres : on les désigne sous le nom de *fausses poutrelles*.

PRÉCAUTIONS A PRENDRE POUR NE PAS DÉ-
GRADER LES ARMES A FEU PORTATIVES. On s'efforceroit en vain de construire de bonnes armes, si l'on ne s'appliquoit à faire connoître aux soldats qui doivent en faire usage, les dispositions de leurs parties, la manière de les ménager & de les entretenir. Le premier soin consiste à démonter & à remonter ces armes avec méthode. L'ordre qu'on a indiqué pour démonter & remonter un fusil, à l'article NETTOIEMENT DES ARMES PORTATIVES, est essentiel à suivre, principalement en ce qui concerne les pièces de la platine, plus susceptibles que les autres parties de l'arme de se détériorer; mais indépendamment de l'observation de cet ordre, il est encore des précautions à prendre, sans lesquelles l'arme entre les mains du soldat se dégraderoit bientôt. Voici les principales :

Pour repousser les goupilles, on doit se servir d'un poinçon cylindrique dont le diamètre soit un peu moindre que celui de ces goupilles. Les soldats font souvent usage d'un clou pour cette opération, ou d'autres instrumens de ce genre qui leur tombent sous la main; par-là ils agrandissent les trous & obligent à mettre des pièces au bois, ce qui est très-nuisible. (*Voyez* l'article BOÎTE A TOURNEVIS.)

Lorsqu'on fait sortir la grenadière & la capucine, il ne faut avoir recours à aucun outil pour les frapper; elles ne doivent être retenues que par leur ressort, & elles doivent céder à l'effort des deux mains, lorsqu'on exerce avec le pouce une pression sur ces ressorts.

Une seule vis trop serrée, celle de batterie, par exemple, change la correspondance de toutes les pièces de la platine, en occasionnant des frottemens qui diminuent l'action des ressorts, de sorte que la platine remplit mal son objet.

Quelquefois les soldats s'imaginent que le grand ressort de la platine est trop fort; ils le font rougir, & lui ôtent par-là l'action de la trempe & du recuit, qui seuls peuvent communiquer à ce moteur de la platine le principe qui le fait réagir avec vivacité; le chien alors ne s'abat plus que lentement, en sorte que la pierre ne frappe plus la batterie avec assez de force pour donner du feu, ou en donner suffisamment; & si le ressort de batterie n'a pas été dégradé comme le grand ressort, il ne se trouve plus en relation de force avec celui-ci; il oppose trop de résistance à la batterie, & le découvrement du bassinet ne peut plus avoir lieu.

Les soldats font souvent usage de la pointe de la baïonnette pour ôter la batterie, au lieu d'employer le monte-ressort; ils mutilent ainsi le bassinet.

D'autres fois ils cassent la baguette en s'en servant pour serrer la vis du chien. Ils doivent éviter de faire plier la baguette, attendu que les opérations de la trempe & du recuit qui lui donnent de l'élasticité, la rendent en même temps fragile.

Enfin, il y en a qui liment ou font limer le canon vers la bouche, pour placer & déplacer plus facilement la baïonnette, ou dans la vue de faire mieux résonner leur fusil.

Ce qu'il est sans doute difficile de croire, c'est que, pendant des années entières. il y ait eu des soldats qui n'ont pas mis d'huile fraîche aux articulations des pièces de la platine. Il est impossible, sans cette précaution si simple & si facile, qu'une arme dont on se sert habituellement, ne soit promptement dégradée.

Les soldats font assez peu d'attention à la manière dont ils placent la pierre entre les mâchoires du chien. Le biseau doit être placé en dessus, & le tranchant être parallèle à la face de la batterie; car s'il étoit incliné par rapport à cette face, on sent que la pierre ne frapperoit que sur une très-petite étendue, & qu'il en résulteroit très-peu de feu, qui, en outre, pourroit n'être pas porté au milieu de la fraisure du bassinet.

Quand la pierre est émoussée, elle ne peut que très-foiblement détacher de la batterie les particules d'acier que le frottement doit enflammer pour mettre le feu à la poudre; il faut, dans ce cas, rétablir le tranchant en frappant sur le bord du biseau supérieur : à défaut d'un marteau ou du tournevis, le dos de la lame d'un couteau serviroit très-bien à cet usage. Il faut avoir l'attention de ne pas frapper trop fort, afin de ne point détacher de gros éclats, car la pierre qui peut communément supporter le tir de quarante coups sans être détruite, feroit bientôt hors de service.

Lorsqu'une pierre est assez usée pour ne dépasser que d'environ 0 mèt. 0067 (3 lig.) les mâchoires du chien, il faut la remplacer, parce que, si l'on continuoit de tirer, la vis du chien pourroit se casser par le choc.

Le plomb qui enveloppe la pierre ne doit jamais déborder les mâchoires du chien, car si la pierre étoit usée, ce plomb pourroit frapper la face de la batterie en même temps que la pierre, ce qui occasionneroit des ratés.

Pour faire sortir les boutons de culasse de leur écrou, quelques soldats novices se servent de marteau, dont les coups restent empreints sur les talons & les queues de culasse; on sent que par-là ces queues perdent leur pente & ne se trouvent plus en bois. En conséquence l'on évitera le plus possible de démonter la culasse, & cette opération ne se fera que pour retirer une balle qui se trouveroit forcée dans le canon, & dans ce cas on se servira d'un étau & d'un tourne-à-gauche. Cette opération ne doit d'ailleurs se faire que par les maîtres armuriers. (*Voyez* le mot ARMURIER.)

On évitera également, autant que possible, de démonter l'écusson, la goupille qui fixe la détente du fusil, modèle de 1777, la goupille du battant de sous-garde & le bassinet.

L'expérience a prouvé qu'après avoir tiré soixante coups, il est nécessaire de laver le canon, sans quoi la balle ne s'enfonceroit que très-difficilement sur la poudre. Pour laver le canon, on prendra une baguette de fer à laquelle on attachera un morceau de chiffon, on la fera entrer dans le tube, qu'on aura rempli d'eau & qu'on frottera jusqu'à ce que l'eau qu'on aura renouvelée en sorte claire, après quoi on passera un linge sec dans ce canon, puis un autre humecté d'huile.

Le poli brillant que l'on exige que le soldat conserve toujours à son arme, demande de fréquens nettoiemens. Cette opération, qui n'est pas toujours faite avec les attentions convenables, fausse souvent, & use presque toujours le canon au point de le mettre hors de service avant le terme de sa durée. Il doit être expressément défendu, après avoir dérouillé les fusils, de les dégraisser avec de la cendre, avec de la craie ou autres matières mordantes; les armes ne pouvant être long-temps préservées de la rouille qu'autant qu'elles sont enduites d'un corps gras.

Les soins qu'on apporte à la fabrication des armes, les dépenses considérables qu'elles exigent, la nécessité de les conserver pendant la paix, pour s'en servir utilement à la guerre, le long service qu'elles doivent faire, la gloire & la sûreté des corps, sont autant de motifs qui imposent aux chefs l'obligation d'apporter à cet objet toute la surveillance que son importance exige.

Cet article est extrait d'une instruction que j'ai été chargé de rédiger en 1820 pour les troupes d'infanterie & de cavalerie. Il a été pris depuis (le 14 septembre 1821) des mesures pour former de bons maîtres armuriers pour les corps, & de

bons

bons contrôleurs pour les établissemens de l'artillerie. Voici les articles réglementaires concernant cet objet important de l'administration militaire.

Art. 1er. A l'effet de former des ouvriers experts dans les diverses branches de la fabrication, parmi lesquels on puisse choisir des réviseurs pour les manufactures d'armes, des contrôleurs pour les directions d'artillerie, & les maîtres armuriers des corps, il y a dans chaque manufacture d'armes des élèves dont les frais d'apprentissage sont faits par le Gouvernement, ainsi qu'il est déterminé ci-après.

Art. 2. Les élèves des manufactures d'armes à feu sont au nombre de vingt; ils sont répartis entre ces établissemens par les ordres du ministre, d'après le nombre & le mérite des sujets que chacun d'eux peut fournir.

Ces élèves sont destinés à remplir les différens genres d'emplois désignés dans l'article précédent.

Art. 3. Il n'est entretenu d'élèves dans les manufactures d'armes blanches, qu'autant qu'il existe, parmi les jeunes ouvriers de la profession de trempeur, quelque sujet qui annonce des moyens distingués qu'il est dans l'intérêt du service d'encourager.

Les élèves des manufactures d'armes blanches ne concourent que pour les emplois de réviseurs dans ces établissemens. Il ne peut, dans aucun cas, y en avoir plus d'un dans chaque manufacture.

Art. 4. Les élèves destinés à devenir contrôleurs dans les directions d'artillerie, & maîtres armuriers dans les corps de troupes à pied, sont pris exclusivement parmi les platineurs.

Cette classe d'ouvriers fournit aussi, autant que possible, les élèves destinés aux emplois de maîtres armuriers dans les corps de troupes à cheval.

Les ouvriers des autres classes peuvent concourir pour cette dernière destination, après avoir appris la profession de platineur.

Tout ouvrier qui désire obtenir un emploi de maître armurier dans un corps de troupes à cheval, doit, pour être admis comme élève, avoir appris préalablement la profession d'éperonnier.

Art. 5. Les élèves sont choisis parmi les ouvriers des manufactures d'armes qui ont une bonne conduite, qui savent lire & écrire, & qui ont fait leur chef-d'œuvre dans leurs professions.

Ils doivent être âgés de dix-huit ans au moins & de vingt-cinq au plus.

Art. 6. L'inspecteur de chaque manufacture présente chaque année à l'inspecteur-général en tournée, la liste des ouvriers qui aspirent à devenir élèves, & qui satisfont aux conditions exigées.

Il lui remet en même temps un état de proposition de ceux qu'il juge les plus dignes d'être admis. Cet état présente un nombre de sujets double de celui des places à donner. L'inspecteur-général, après y avoir fait telle modification qu'il juge convenable, l'adresse avec son avis au ministre de la guerre, qui désigne ceux à admettre.

Art. 7. Afin de faciliter aux élèves les moyens de faire leur apprentissage dans les professions différentes de la leur, & dont la connoissance est exigée d'eux, suivant les emplois auxquels ils sont destinés, il leur est accordé, ainsi qu'aux maîtres qui les instruisent, des indemnités & gratifications fixées par le tableau n°. 1, joint au présent règlement. (On trouvera ce tableau dans le nouveau règlement sur les manufactures royales d'armes, qui doit être incessamment imprimé.)

Les ouvriers qui se présentent après avoir appris la profession d'éperonnier, reçoivent, lorsqu'ils sont admis au nombre des élèves, l'indemnité allouée pour cette espèce d'apprentissage, & portée au même tableau.

Art. 8. Les élèves reçoivent, pour pourvoir à leur subsistance pendant la partie du temps de leur apprentissage, durant laquelle ils ne peuvent rien gagner, une paye de 1 fr. 25 cent. par jour, à compte sur l'indemnité indiquée ci-dessus.

Le surplus est mis en réserve & leur est donné en deux portions égales; la première, lorsqu'ils commencent à mériter un salaire; la seconde, lorsqu'ils ont fait leurs chefs-d'œuvre ou subi leurs examens.

Art. 9. Les indemnités accordées aux maîtres sont proportionnées aux soins qu'ils sont obligés de donner aux élèves sans tirer profit de leur travail, & à la valeur des matières que ceux-ci peuvent perdre; elles ne leur sont payées que lorsque l'élève a fini son apprentissage.

Art. 10. Les maîtres & les élèves reçoivent les gratifications portées au tableau, lorsque les apprentissages sont terminés avant le temps fixé pour leur durée.

Art. 11. Tout ouvrier admis comme élève, souscrit préalablement devant l'inspecteur de la manufacture un engagement par lequel il s'oblige à servir le Gouvernement pendant huit ans, soit dans un des emplois auquel il peut être appelé, soit comme ouvrier dans la manufacture, à défaut d'emplois vacans. Cet engagement commence à courir du jour où il subit son dernier examen.

Art. 12. Les contrôleurs & réviseurs dirigent l'instruction pratique des élèves dans les parties de la fabrication qu'ils surveillent. Ils leur donnent tous les conseils & renseignemens qui peuvent leur être utiles.

Les officiers d'artillerie apportent tous leurs soins à ce que cette instruction soit convenablement dirigée.

Art. 13. Le sous-inspecteur de la manufacture exerce une surveillance spéciale sur les élèves & sur tout ce qui est relatif à leur instruction; il rend compte chaque mois à l'inspecteur, de leur conduite & des progrès qu'ils ont faits. Celui-ci fait tous les trois mois un rapport sur le même objet. au directeur des manufactures d'armes, qui réunit ceux de toutes les manufactures pour en rendre un compte général au ministre.

Art. 14. Si quelqu'élève a donné de graves sujets de mécontentement, l'inspecteur peut lui retenir provisoirement l'indemnité qui lui est accordée, en informant de cette mesure le directeur-général des manufactures d'armes, qui en rend compte au ministre.

L'élève auquel on retient l'indemnité est libre de se livrer à la première profession.

Art. 15. L'inspecteur de la manufacture remet chaque année à l'inspecteur-général en tournée, une liste nominative portant des renseignemens précis sur l'aptitude, le degré d'instruction & la conduite de chaque élève. Il lui fait présenter des pièces de différentes espèces fabriquées par les élèves. Il lui rend compte des retenues provisoires d'indemnités qu'il auroit pu faire à quelques-uns d'entr'eux, & il lui signale ceux qu'il croiroit convenable d'exclure du nombre des élèves.

L'inspecteur-général prononce définitivement sur les retenues, & propose au ministre l'exclusion des élèves qu'il juge avoir mérité cette punition.

Art. 16. Pour être admis aux divers emplois auxquels ils sont destinés, les élèves doivent être ouvriers consommés dans certaines parties de la fabrication, avoir dans d'autres parties les connoissances indispensables; enfin, satisfaire aux conditions imposées par le programme joint au présent règlement (n°. 2). (*Voyez* l'observation qui est à la suite de l'article 7.)

Art. 17. L'instruction des élèves est constatée par des chefs-d'œuvre pour les parties de la fabrication qu'ils doivent connoître à fond, & pour les autres par des examens dans lesquels on leur fait seulement exécuter les opérations dont la connoissance leur est nécessaire.

Art. 18. Lorsqu'un élève commence à travailler d'une manière satisfaisante dans une partie de la fabrication, le contrôleur en rend compte à l'officier sous les ordres duquel il se trouve.

Celui-ci, après s'être assuré que l'élève a droit à la première moitié de la retenue faite sur son indemnité, en rend compte au sous-inspecteur, qui propose à l'inspecteur de lui en faire remettre le montant.

Lorsqu'un élève est jugé assez instruit dans une profession, le sous-inspecteur à qui le rapport en est fait, prend les ordres de l'inspecteur pour lui faire faire son chef-d'œuvre ou subir son examen.

Art. 19. Le sous-inspecteur prend toutes les précautions qui peuvent être nécessaires pour s'assurer que l'élève ne se fait aider par qui que ce soit pour l'exécution de son chef-d'œuvre.

Art. 20. Le sous-inspecteur, l'officier d'artillerie & les contrôleurs & réviseurs attachés à la partie de la fabrication dans laquelle l'élève vient de s'exercer, sont chargés de l'examen, qui a pour objet de juger de son chef-d'œuvre ou du degré d'instruction qu'il a acquis.

Tous les chefs-d'œuvre doivent être des pièces d'armes bien soignées & susceptibles d'un bon service; mais on tient à ce que ceux des élèves destinés à concourir pour les emplois de réviseurs dans les manufactures d'armes soient faits avec une grande perfection.

Art. 21. Le sous-inspecteur rend compte à l'inspecteur du résultat de l'examen. S'il est satisfaisant, celui-ci fait remettre à l'élève la deuxième moitié de la retenue faite sur son indemnité, & le fait passer à une autre partie de la fabrication.

Dans le cas contraire, il fixe le temps pendant lequel l'élève continuera à travailler dans la même partie, temps après lequel il devra faire un nouveau chef-d'œuvre.

Art. 22. A l'époque des inspections générales annuelles, l'inspecteur de la manufacture rend compte à l'inspecteur-général en tournée, du nombre d'élèves qui ont complété l'instruction exigée pour le genre de service auquel chacun d'eux est destiné.

L'inspecteur-général, après s'être assuré que ces élèves ont satisfait à toutes les conditions imposées par le programme, en informe le ministre, qui donne des ordres pour qu'ils soient portés sur la liste des sujets capables de remplir les emplois qui viendroient à vaquer.

Art. 23. Les inspecteurs-généraux désignent également au ministre les élèves qui, étant destinés à devenir maîtres armuriers dans les corps de troupes à cheval, ou contrôleurs aux directions, ont acquis dans les manufactures d'armes à feu toute l'instruction qu'ils peuvent y recevoir. Ces élèves passent, par l'ordre du ministre, dans les manufactures d'armes blanches, afin d'y acquérir les autres connoissances qui leur sont nécessaires, & qui sont détaillées au programme.

Art. 24. Ils reçoivent pendant tout le temps qu'ils passent dans une manufacture d'armes blanches, une indemnité de 1 fr. 50 cent. par jour de présence, dont un sixième ne leur est payé qu'à la fin de leur apprentissage dans chaque profession, c'est-à-dire, lorsqu'ils sont reconnus y avoir acquis le degré d'instruction nécessaire.

PRÉLART ou PRÉLAT. On nomme ainsi une couverture en toile peinte ou cirée, destinée à garantir de l'eau le chargement des voitures d'artillerie. Il doit avoir 4 mèt. 5478 (14 pieds) de longueur, sur 1 mèt. 7866 (5 pieds 6 pouces) de largeur, & être fait avec une toile de trois quarts d'aune de largeur; on en met deux largeurs. On les peint de deux couches de couleur à l'huile. (*Voyez* l'article PEINTURE.)

On peut le faire encore avec huit aunes de toile cirée, doublée de grosse toile.

PRESSES A POUDRE. On essaie l'emploi des presses pour former des galettes, avec lesquelles on fait de la poudre anguleuse, ou de la poudre ronde. Ces galettes sont dures; on les brise, on les laisse sécher pendant quelques heures, & on les soumet ensuite à l'opération du grenage.

L'usage des presses feroit disparoître les nombreux dangers produits par la percussion des pilons.

PRIX. La valeur de tous les objets du matériel de l'artillerie se fixe par des devis faits avec soin par les officiers & les employés de cette arme, soumis à l'approbation du ministre par les chefs des divers services, & servant de bases pour les paiements des fournisseurs ou des entrepreneurs. Les travaux qui s'exécutent dans les arsenaux par les compagnies d'ouvriers d'artillerie font exception à cette règle, quant aux prix de la main-d'œuvre; mais on connoît, comme on le verra plus loin, les dépenses que nécessitent les constructions des affûts, voitures, bateaux & attirails de l'artillerie.

On trouvera les prix des objets d'artillerie aux divers articles de ce Dictionnaire, sauf ceux des bouches à feu, des voitures, des bateaux, de quelques attirails & des fers, qu'on croit devoir donner ici, d'après le *Manuel de l'Artilleur* & l'*Aide-Mémoire*. Les prix du premier de ces ouvrages sont ceux de 1792; & ceux du second sont, pour les années 1807 & 1808, comme on le verra ci-après.

On doit faire observer que les équipages sortant des arsenaux de l'artillerie ont une solidité & une perfection qu'on espéreroit vainement trouver dans les ateliers des particuliers, non plus que cette uniformité si avantageuse pour les rechanges pendant la guerre. (*Voyez* l'article OUVRIERS D'ARTILLERIE.)

Prix des pièces d'artillerie à Douai, en 1792, suivant le Manuel de l'artilleur, 5e. édition.

Canons de siége & de place, de 24, 8773 livres 5 sous; de 16, 6625 livres 15 sous.

Canons de campagne de 12, 2925 livres; de 8, 2036 livres 5 sous; de 4, 1125 livres.

Mortiers à chambre cylindrique, de 12 pouces, 5352 livres 10 sous; de 10 pouces, à grande portée, 3395 livres; de 10 pouces, à petite portée, 2645 livres; de 8 pouces, 1087 livres 10 sous.

Mortiers à chambre conique, de 12 pouces, 4241 livres 4 sous; de 10 pouces, 5250 livres; de 8 pouces, 1087 livres 10 sous.

Obusiers de 8 pouces, 1927 livres 5 sous; de 6 pouces, 1034 livres 5 sous.

Pierriers, 2700 livres.

Éprouvettes, 405 livres 10 sous; son globe coûte 111 livres.

Pétards, 105 livres 10 sous.

Prix des affûts (non compris ceux des avant-trains).

Affûts de siége, de 24, 1020 livres 12 sous; de 16, 900 livres 16 sous.

Affûts d'obusiers de 8 pouces, 644 liv. 6 sous.

Affûts de campagne, de 12, 849 livres 10 sous; de 8, 730 livres 4 sous; de 4, 565 livres 1 sou; d'obusiers de 6 pouces, 728 livres 7 sous.

Avant-trains de siége, 252 livres 1 sou.

Avant-trains de campagne, de 12, de 8 & d'obusier de 6 pouces, 400 livres 6 sous; de 4, 350 livres 3 sous.

Affûts de place, de 24, 547 livres 12 sous; de 16, 519 livres 11 sous.

Grands châssis d'affûts de place, de 24 & de 16, 110 livres 12 sous.

Petits châssis de transport, 42 livres 10 sous.

Affûts de côte, de 24, 299 livres 13 sous; de 16, 286 livres 12 sous.

Grand châssis pour affût de côte, 188 liv.; petit châssis, 21 liv. 10 sous.

Affûts en fer coulé pour mortiers de 12 pouc. & 10 pouc., à grande portée, 530 liv. 18 sous; de 10 pouc., à petite portée, & pour le premier, 402 liv. 10 sous; de 8 pouc., 211 liv. 15 sous.

Prix des voitures (compris ceux des avant-trains).

Chariot à canons, 715 liv. 6 sous; chariot à munitions, 727 liv. 3 sous; caisson à munitions, 658 liv. 5 sous; caisson d'outils, 873 liv.

Charrettes à munitions, 422 liv. 4 sous; à boulets, 401 liv. 9 sous; camion, 404 liv. 9 sous.

Haquet à ponton, 1262 liv. 4 sous; à nacelle, 638 liv. 4 sous.

Forge de campagne, y compris le soufflet, 1236 liv. 1 sou; forge de montagne, avec avant-train, 1089 liv. 5 sous.

Triqueballe ordinaire, 488 liv.; à vis, 580 liv. 5 sous.

Prix des attirails.

Chèvre ordinaire, 260 liv.; brisée, 310 liv. 10 sous; chevrette, 22 liv. 15 sous.

Tire-fusées de 12 & 10 pouc., 30 liv.; de 8 & 6 pouc., 28 liv.

Prix de façon des pièces d'artillerie, à Strasbourg & à Douai, suivant l'Aide-mémoire, 5e. édit.

Canons de siége & de place, de 24, 648 fr.; de 16, 574 fr. 56 cent.

Canons de campagne, de 12, 347 fr. 76 cent.; de 8, 277 fr. 56 cent.; de 4, 199 fr. 80 cent.

Mortiers à chambre cylindrique, de 12 pouc.,

384 fr. 48 cent.; de 10 pouc., à grande portée, 378 fr.; de 10 pouc., à petite portée, 378 fr.; de 8 pouc., 185 fr. 76 cent.

Mortiers à la Gomer, de 12 pouc., 475 fr. 20 cent.; de 8 pouc., 216 fr.; de 6 pouc. & 5 pouc. 7 lig., 84 fr. 55 cent.

Obusiers de 8 pouc., 302 fr. 40 cent.; de 6 pouc., 291 fr. 60 cent.; de 5 pouc. 7 lig. 2 points, 76 fr. 095 cent.

Pierrier, 388 fr. 80 cent.

Eprouvette, 172 fr. 80 cent. : son globe coûte 45 fr. 20 cent.

Nota. Les prix de façon des affûts & voitures ne se trouvent pas dans l'Aide-mémoire, sauf le résultat des matières nécessaires à la construction d'un affût de 4 de montagne, d'un affût d'obusier de 6 pouc., de montagne ou affût-traîneau, & d'une limonière de 8 & de 12 pour les montagnes.

Prix du millier de livres des fers rendus à l'arsenal de Douai, en 1792, suivant le Manuel de l'artilleur.

Fers doublés, première qualité, méplat, depuis 30 lig. de largeur sur 5 lig. d'épaisseur & au-dessus, 253 liv.

Fers platinés, doublés, première qualité, au-dessous de 30 lig. de largeur & de 5 lig. d'épaisseur, 294 liv.

Fers ébauchés, 309 liv.

Fers coulés. Ces fers coûtoient, pris aux forges, 90 liv., plus 22 liv. 10 sous pour le transport.

Prix du millier de kilogrammes des fers rendus à l'arsenal de Metz, en 1807, suivant l'Aide-mémoire.

Bombes & boulets, 260 fr.
Balles de fer battu, 628 fr. 79 cent.
Affûts à mortiers, 344 fr. 19 cent.
Essieux, 1149 fr. 12 cent.
Tôle, 1125 fr.

Les fers ébauchés, redoublés & de bandage, avoient été divisés en cinq classes, dont les prix étoient de 561 fr., 604 fr., 621 fr., 634 fr., 669 fr.

Il faut ajouter à ces prix, 10 fr. par quintal métrique, que le Gouvernement paie pour le transport des forges d'Hayanges à l'arsenal de Metz.

PROCÉDÉS A SUIVRE POUR LA DÉSINFECTION DES OBJETS EMPREINTS DU VIRUS MORVEUX. La morve est, comme tout le monde sait, une maladie qui occasionne souvent des pertes dans les chevaux, & qui est d'autant plus grave, qu'elle est regardée jusqu'à présent comme étant incurable & contagieuse. On ne sauroit donc prendre trop de précautions & employer trop de moyens pour mettre les chevaux d'artillerie à l'abri de cette funeste maladie.

Voici l'instruction qui a été publiée à ce sujet dans le *Journal militaire,* année 1818, mois de juillet.

En admettant que les émanations qui s'élèvent d'un cheval atteint de morve puissent être des matières virulentes capables de donner la maladie, tous les objets qui ont été exposés à ces émanations doivent être regardés comme imprégnés du virus, & par conséquent être soumis aux opérations désinfectantes.

Ainsi les précautions prescrites pour détruire les principes contagieux de la morve, s'étendront aux habitations, aux ustensiles & meubles d'écurie, aux divers effets de harnachement & de pansage, enfin, aux vêtemens des hommes qui ont étrillé & soigné les animaux infectés.

Désinfection des écuries.

Elle s'opérera à l'aide de deux grands agens; savoir : le lavage & la fumigation de chlore.

Le lavage, qui se fera à grande eau, aura pour résultat d'entraîner les ordures, de contribuer à la propreté des écuries, & surtout de les débarrasser des substances animales plus ou moins malfaisantes & délétères.

En se mettant en contact avec les émanations virulentes, suspendues dans l'air de l'écurie, ou attachées aux surfaces, les fumigations produiront la décomposition de ces matières, & en détruiront toutes les qualités contagieuses. Ces fumigations seront dégagées par le mélange de quatre parties de soude, ou sel marin égrugé, deux parties d'acide sulfurique concentré, deux parties d'eau commune & une partie d'oxide de manganèse bien pulvérisé : en prenant pour exemple une écurie de quinze mètres huit décimètres (quarante-quatre pieds) de longueur, sur six mètres cinq décimètres (dix-huit pieds) de largeur, & trois mètres neuf décimètres (onze pieds) de hauteur, les proportions seront de trente-six décagrammes (douze onces) de sel de cuisine, dix-huit décagrammes (six onces) d'acide sulfurique, dix-huit décagrammes (six onces) d'eau & neuf décagrammes (trois onces) d'oxide de manganèse; le tout sera mis dans une capsule de terre cuite dure, que l'on placera sur un fourneau, & qu'on chauffera très-lentement. Le vase employé aura une capacité plus que double de celle que nécessitera le contenu, afin que la matière, en se boursouflant, ne s'échappe pas au dehors. Cette opération, qui n'est avantageuse qu'autant qu'elle est bien exécutée, exige, avant tout, le mélange, 1°. de l'acide avec l'eau; ainsi, on mettra d'abord dans la capsule les deux premières substances, & on remuera jusqu'à ce que le mélange soit complet; on versera sur l'acide sulfurique la quantité déterminée d'eau; on agitera, & cette liqueur ne sera employée à la fumigation qu'après le refroidiffement. Sans ces diverses précautions, l'opération fournit plus ou moins d'acide muriatique, qui s'annonce par les vapeurs blanches qui s'échappent du vase; cela a lieu surtout lorsqu'on ne met pas d'eau, ou qu'on oublie de la mélanger avec l'acide sulfurique, qui possède dans ce cas plus de force qu'il ne convient.

Ainsi, pour parvenir à la désinfection de toute écurie qui aura recélé des chevaux morveux, on commencera par déménager le local & le débarrasser de tout ce qui peut être transporté dehors, comme les animaux, les meubles & ustensiles divers; on enlevera aussi les fumiers, & on ouvrira toutes les portes & fenêtres. Après ces premiers soins, on avisera aux moyens de bien nettoyer & approprier l'habitation; on balaiera d'abord le plafond & les fenêtres, afin de faire tomber toutes les ordures; on lavera ensuite, avec des bouchons de paille & des brosses, les murs, les râteliers & les mangeoires, jusqu'à ce qu'on ait enlevé toute la malpropreté; on terminera le lavage par jeter sur le sol une quantité suffisante d'eau, pour que les matières animales puissent être toutes entraînées & portées hors de l'écurie. Si le sol est raboteux, s'il présente de grands creux, on le repiquera & on le rétablira suivant les préceptes hygiéniques; mais lorsqu'il est pavé, ou seulement formé d'un terrain dur, inchne & uniforme, il devient inutile d'y porter l'instrument; le lavage peut suffire à sa purification.

Ces diverses précautions étant bien exécutées, on procédera à l'emploi de la fumigation, qui doit être considérée comme le principal agent de la désinfection. A cet effet, l'écurie complétement évacuée, les portes & les fenêtres en étant exactement fermées, on mettra en activité l'appareil fumigatoire qui a été décrit, & on aura soin de se retirer immédiatement; on rentrera dans l'écurie pour changer de place le réchaud, qu'on transportera successivement dans toutes les parties de l'habitation, afin que les vapeurs se répandent partout.

Au bout de vingt-quatre & même de douze heures, la fumigation est terminée; alors on ouvre les portes & les croisées pour que l'air puisse se renouveler & faire disparoître l'odeur que laisse toujours l'opération.

Dès le lendemain même de la désinfection, l'écurie peut être occupée par des chevaux sains, à moins qu'elle n'offre des recoins où l'air ne puisse pas se renouveler, & où l'humidité soit en quelque sorte permanente. Dans ces cas, il convient de corriger & changer cette humidité par des feux allumés ou par des brasiers faits sur un réchaud; & pour éviter tout accident, il seroit plus avantageux de ne pas mettre de chevaux dans ces parties de l'écurie, où il devient impossible d'établir une circulation d'air.

Désinfection des ustensiles & meubles d'écuries.

La purification des objets considérés comme mobiliers d'écuries, tels que barres, coffres a avoine, fourches, pelles, lits, soupentes, cordes & longes diverses, seaux, baquets, augets & tinettes, doit varier suivant la matière & la composition de ces mêmes objets. Tous ceux qui sont uniquement de bois seront lavés à grande eau, & ensuite soumis à la fumigation des écuries.

Une dissolution composée d'une partie de potasse du commerce, sur quinze parties d'eau commune, servira pour lessiver tous les ustensiles qui portent des ferremens, comme les baquets, seaux, augets & tinettes dans lesquels on aura fait boire les chevaux morveux. Ce lessivage terminé, on lavera lesdits effets, & on les fera sécher, pour ensuite les faire reservir.

Les longes de cuir, les cordes & tous les tissus de laine, seront d'abord nettoyés & brossés avec une dissolution de savon vert, dont une partie sur quinze d'eau, & ils seront ensuite lavés à l'eau pure.

Désinfection des effets de harnachement & de pansage.

Ces effets très-nombreux comprennent la selle garnie, la housse, la schabraque, la couverture, la bride, le bridon, le filet, les musettes, les étrilles, les brosses, les peignes, les éponges, les époussettes. La purification de ces objets peut avoir lieu sans rien détériorer ni détruire; on se bornera à enlever les panneaux & les coussinets de la selle; on en épluchera le crin, qu'on fera ensuite bouillir avec les toiles dans une forte lessive de cendre, après quoi on les lavera & on les séchera, pour ensuite les livrer à un nouvel usage.

Les objets de métal, qu'on pourra démonter sans rien détruire, tels que les mors & les étriers, seront bien lavés & brossés, d'abord avec la dissolution de savon vert, & en dernier lieu à l'eau pure; ceux de ces objets qui resteront fixés en place, seront purifiés par le même procédé, qui aura lieu aussi tant pour les peaux que pour les tissus de laine.

Quant aux objets de cuir, de corne & de chanvre, ils seront plongés, ou fortement lavés & brossés dans la dissolution de potasse, & puis dans l'eau commune.

Désinfection des vêtemens.

Les effets d'habillement que portent les hommes, pour soigner les chevaux morveux, les étriller, les brosser & les épousseter, sont assurément les objets qui doivent se charger d'une plus grande quantité de matière virulente, & exciter par conséquent une attention plus particulière.

Tous les effets de toile seront fortement lessivés

& lavés; les tissus en laine & les cuirs seront lavés & brossés, tant dans la dissolution de savon vert que dans l'eau pure.

PROFESSEURS DES ÉCOLES RÉGIMENTAIRES D'ARTILLERIE. Employés civils attachés à ces établissemens. Il y a dans chacune de ces écoles un professeur de mathématiques, un répétiteur de mathématiques & un professeur de dessin.

Le professeur de mathématiques est chargé de donner, dans les salles de théorie des officiers du corps de l'artillerie, des leçons sur l'application des sciences mathématiques, physiques & chimiques, aux diverses branches du service de l'artillerie, ou aux arts qui intéressent ce service, & de diriger les opérations trigonométriques qui ont lieu sur le terrain, pour l'instruction desdits officiers. Il assiste aux conférences des capitaines, & peut, selon la nature des questions que l'on y traite, concourir à la rédaction des procès-verbaux dont elle est l'objet. Il remplit les fonctions de conservateur de la bibliothèque, du laboratoire de chimie & du cabinet de physique & de minéralogie.

Le répétiteur supplée le professeur de mathématiques, lorsque ce dernier ne peut vaquer à ses fonctions. Il donne les leçons du cours de mathématiques élémentaires à l'usage des officiers qui n'ont pas passé à l'École polytechnique & à celle d'application établie à Metz. Il seconde le professeur dans les soins & les détails auxquels donne lieu le service des établissemens qui lui sont confiés.

Le professeur de dessin est chargé de faire les leçons du cours de fortification à l'usage des officiers d'artillerie, & de leur enseigner, soit à la salle de dessin, soit sur le terrain, tous les genres de dessin dont la connoissance est exigée de ces officiers. Il dirige les opérations géométriques relatives aux levers des bâtimens & usines, ainsi que celles qui ont pour objet l'étude de la fortification sur le terrain. Il remplit les fonctions de conservateur des salles de modèles & de dessin, ainsi que du dépôt des plans & cartes de l'École.

Les appointemens des professeurs de mathématiques sont de 3000 fr., ceux des répétiteurs de 1200 fr., & ceux des professeurs de dessin de 2000 fr.

Une ordonnance du 25 février 1816 porte:

Art. 1er. Les instituteurs, professeurs & répétiteurs des écoles d'artillerie & du génie supporteront la retenue de trois pour cent sur leur traitement fixe pour le fonds de retraite. Toutes retenues autres que celles réglées par les budgets, sur les traitemens d'activité, cesseront de leur être faites, à dater de ce jour.

Art. 2. Ces instituteurs, professeurs & répétiteurs ne pourront obtenir de pension avant vingt années de services en cette qualité, & leur activité dans lesdites écoles ne comptera que de l'âge de vingt ans. Tous autres services publics seront ensuite admis pour l'accroissement de la pension.

L'admission à la retraite n'aura lieu que sur un mémoire de proposition accompagné de pièces justificatives de services, & d'après la demande des généraux inspecteurs d'artillerie & du génie.

Art. 3. La pension se réglera sur le taux moyen du traitement fixe dont ils auront joui pendant les trois dernières années de leur activité.

Ils obtiendront, à vingt ans de services effectifs, le *minimum* de la pension, qui sera du tiers de l'année moyenne du traitement; à trente ans, la moitié du même traitement; & à quarante ans, le *maximum* déterminé aux deux tiers de ce traitement.

Art. 4. Il sera accordé des annuités pour le temps au-delà de trente ans, jusqu'au terme fixé pour le *maximum*. La même disposition s'étendra à ceux qui, ayant droit au *minimum*, auroient quelques années au-delà du temps exigé pour l'obtenir.

Ces annuités seront réglées uniformément à un soixantième du traitement moyen.

Art. 5. Ceux qui n'auroient pas vingt ans de services, obtiendront le remboursement des retenues qui leur auroient été faites pour la pension, s'ils n'ont pas cessé leur activité par démission ou par destitution.

Dans le cas où ils seroient forcés de quitter leur emploi par suite d'infirmités ou d'accidens résultant de leur service avant d'avoir atteint les vingt ans, il en sera rendu un compte particulier au ministre secrétaire d'État de la guerre, afin qu'il juge s'il y a lieu de leur accorder une pension par exception, dont le montant ne pourra toutefois dépasser la moitié du *minimum* fixé pour vingt ans de services.

Art. 6. Les veuves des instituteurs, professeurs & répétiteurs décédés en activité ou en retraite, pourront obtenir des pensions réglées à la moitié de celles auxquelles leurs maris avoient droit, si, au moment du décès de ces derniers, elles sont âgées de cinquante ans, ou ont des enfans au-dessous de l'âge de 18 ans.

Elles n'auront que le quart de cette même pension, si elles ne se trouvent pas dans cette position; elles devront, dans tous les cas, n'avoir point divorcé; & celles qui n'auroient pas d'enfans, devront justifier de cinq ans de mariage.

Art. 7. Les orphelins recevront jusqu'à leur dix-huitième année révolue, à titre de secours annuel, les deux tiers de la pension à laquelle leur mère auroit eu droit.

Art. 8. Les veuves & orphelins qui n'auroient pas droit à la pension, pourront obtenir, à titre de secours, une somme une fois payée, prélevée sur le fonds de retraite, & dont la quotité ne pourra excéder la moitié de l'année de la pension dont ils auroient été susceptibles, aux termes des articles 6 & 7.

Art. 9. Les instituteurs, professeurs & répétiteurs qui auroient obtenu une solde de retraite, ne pourront les cumuler avec la pension; ils devront opter entre l'une ou l'autre de ces récompenses. Les pensionnaires seront tenus, à chaque époque de paiement, de faire la déclaration qu'ils ne jouissent d'aucun traitement d'activité soldé par le trésor.

Art. 10. Il ne sera apporté aucun changement au taux des pensions accordées antérieurement à la présente ordonnance.

Art. 11. Le fonds de retraite des instituteurs, professeurs & répétiteurs, se trouvant en ce moment insuffisant pour le paiement des pensions dont la liquidation va avoir lieu, elles seront payées provisoirement sur les fonds du trésor royal.

PROFIL. On appelle ainsi, dans l'artillerie, une pièce en bois ou en fer, taillée de façon à représenter le contour extérieur d'un objet. Le profil de la culasse d'une pièce de canon sert à vérifier le cul-de-lampe du canon suivant lequel on l'a découpé. Il est en fer battu d'une épaisseur suffisante. Le profil d'une face de batterie sert à s'assurer de la pente de cette pièce de platine. Il est en acier trempé.

PROJECTILES. On entend par ce mot les boulets, bombes, les obus, les balles, &c. La théorie du mouvement des projectiles est le fondement de la balistique. (*Voyez* la Balistique de M. d'Obenheim, imprimée en 1814.)

PROLONGE. On donne quelquefois ce nom au chariot à munitions.

PROLONGES. On appelle ainsi des cordages servant dans les manœuvres de l'artillerie. Il y a des prolonges doubles & des prolonges simples.

On se sert des premières pour équiper la chèvre à haubans, & en place de câble de chèvre, dans les manœuvres du cabestan, du vindas, &c. Elles doivent avoir 23 mèt. 3885 (72 pieds) de longueur, o mèt. 0294 (1 pouc. 1 lig.) de diamètre, quatre brins, quatre-vingts fils, & peser environ 9 kil. 3007 (19 liv.).

On se sert des secondes pour les manœuvres des canons de campagne. Elles doivent avoir 8 mèt. 4479 (44 pieds) de longueur, o mèt. 0248 (11 lig.) de diamètre, quatre brins, cinquante-six fils, & peser environ 4 kilog. 6503 (9 liv. 8 onc.). Ces prolonges s'arrêtent à des anneaux posés à cet effet derrière la sellette, & servent pour les feux de retraite. Pour attacher une prolonge à la sellette, on passe le bout de la prolonge dans l'anneau de la gauche, puis dans celui de la droite, & on l'assujettit en dessous, par un nœud de prolonge : on fait ensuite deux ganses à ladite prolonge; la première, le plus près possible des armons, & la seconde dans le milieu de la prolonge. Lorsque la prolonge ne sert pas, on l'enveloppe autour des armons, où elle est retenue par des crochets à patte, placés à leurs bouts pour l'empêcher de glisser. La longueur de cette prolonge a été portée jusqu'à 17 mèt. 8662 (55 pieds); on paroît être dans l'intention de la réduire à 8 mèt. 9330 (27 pieds 6 pouc.). (*Voyez*, pour la nature du chanvre à employer dans la confection des prolonges, le mot CORDAGES.)

PROLONGES pour les chevaux. Dans les parcs aux chevaux on tend des prolonges & on y attache les chevaux du train d'artillerie sur deux rangs, se regardant, ou sur de simples lignes, en les tournant tous du même côté, les faisant regarder au nord ou au soleil levant, afin qu'ils eussent le moins de temps possible le soleil dans les yeux. Cette dernière disposition exige un terrain plus étendu que l'autre.

Les tentes des soldats du train se placent ordinairement aux extrémités des prolonges. (*Voyez* les articles PARCS D'ARTILLERIE DE CAMPAGNE & PARCS D'ARTILLERIE DE SIÉGE.)

PROLONGEMENT. Le tracé d'une batterie s'exécute, devant une place que l'on assiège, sur une perpendiculaire au prolongement de la face de l'ouvrage à battre, ou sur une parallèle à cette face. (*Voyez* l'article BATTERIES DE SIÉGE.)

Pour prendre le prolongement extérieur d'une face d'ouvrage, il faut saisir le point précis où, tourné vers l'autre face, on cesse d'apercevoir la première; alors on plante un piquet dans la position de l'observateur, & un second sur le même alignement ou dans le même plan vertical; la droite menée par le milieu de ces deux piquets, est le prolongement cherché. Cette opération, quoique simple, demande de l'habitude pour être bien faite. Les guérites, placées autrefois sur les angles flanqués & sur les épaules des bastions, la facilitoient beaucoup; mais elles sont supprimées dans les nouveaux tracés de fortification. Il faut, pour y suppléer, s'aligner sur les arbres du rempart, saisir le moment où l'une des faces est éclairée par le soleil & l'autre dans l'ombre, & s'aider du plan de la place. L'officier d'artillerie ne doit négliger aucun moyen pour être certain de l'exactitude des prolongemens sur lesquels les batteries à ricochet ou de plein fouet doivent être établies.

PUISOIR. Vaisseau en cuivre dont se servent les salpêtriers pour retirer le salpêtre de la chaudière où on le cuit & où on l'affine.

PYROTECHNIE. C'est l'art de gouverner & de se servir du feu. Mais ce terme est, dans l'artillerie, particulièrement appliqué à l'art de faire la poudre, les artifices de guerre & les bouches à feu, travaux qui doivent s'éclairer de la chimie, de la physique, des mathématiques, &c. (*Voyez* le mot ARTILLEUR.)

Q

Quart de canon. On nommoit ainsi, dans le seizième siècle, des canons qui avoient dix-sept calibres de longueur, pesoient 1125 kil. 86 (2300 liv.), dont le boulet étoit de 5 kil. 87 (12 liv.), & la charge de 3 kil. 91 (8 liv.) de poudre. Ces pièces sont désignées quelquefois sous le nom de *vérat*.

Quart de cercle. C'est un instrument ordinairement en bois, servant à donner l'élévation convenable aux mortiers. Il se compose d'un plateau rectangulaire en bois; un quart de cercle dont le centre est sur l'un des angles de ce plan, est divisé en 90 degrés; un fil à plomb est fixé à ce centre. On applique un côté du plateau sur la tranche du mortier, qu'on élève ou abaisse au moyen de leviers, jusqu'à ce que le fil à plomb se trouve sur le degré convenable : on fixe alors le mortier dans cette position au moyen de coins d'arrêt. Le quart de cercle a été inventé par Tartalea.

La manière de se servir du quart de cercle pour pointer le mortier, peut influer, dit Lombard, sur la direction des bombes & produire des erreurs : si l'instrument qu'on emploie porte un fil à plomb pour indiquer le plan vertical du mortier, il est clair qu'une erreur quelconque dans le parallélisme entre le fil & ce plan occasionnera dans celui-ci une déviation dont le rapport à la portée sera le même que celui du défaut de parallélisme à la longueur du fil. Si, en outre, cet instrument est garni d'une alidade à travers laquelle il faut viser pour diriger le plan vertical du mortier sur l'objet qu'on veut battre, il pourra se faire que le rayon visuel, passant par la fente de la pinnule, ne la partage point en deux également; d'où, à raison de l'épaisseur de l'alidade, il résultera une erreur qui influera dans le même rapport sur la direction de la bombe.

Quart de coulevrine. On appeloit ainsi autrefois une pièce de canon qui pesoit depuis 1025 kil. 76 (2500 liv.), jusqu'à 1395 kil. 08 (2850 liv.), & qui avoit 4 mèt. 21 (13 pieds) de longueur; elle chassoit un boulet d'environ 2 kil. 44 (5 liv.). On la désignoit ordinairement sous le nom de *sacre* ou *sacret*.

Quenouillettes. Outils en fer, servant dans les fonderies à détourner les crasses qui surnagent le métal que l'on coule, par des rigoles dans les moules des pièces d'artillerie.

Queue d'aronde ou d'ironde. On appelle ainsi une espèce de tenon qui est plus large par le bout que par le collet, & qui a la forme d'une queue d'hirondelle. On donne le même nom à une manière d'entailler le bois ou de limer une pièce de métal, pour l'appliquer contre une autre pièce, & en former un assemblage qui est très-fort. Il y a de tels assemblages dans les coffrets des affûts de canons de campagne, dans la forge de campagne, &c.

Queue de bassinet. Partie qui fixe cette pièce sur le corps de platine, au moyen d'une vis à tête noyée. (*Voyez* le mot Bassinet.)

Queue d'un convoi d'artillerie. C'est la dernière file de voitures qui terminent le convoi. (*Voyez* l'article Convoi d'artillerie.)

Queue de gâchette. Partie de la gâchette contre laquelle appuie la détente pour faire partir une arme à feu portative. (*Voyez* le mot Gachette.)

Queue d'un parc d'artillerie. C'est la ligne de voitures qui termine du côté opposé à l'ennemi, ou a une place qu'on assiège. (*Voyez* l'article Parc d'artillerie.)

Queue-de-rat. Petite lime ronde, dont les ouvriers des manufactures d'armes font fréquemment usage pour arrondir des trous, &c.

Quille. On appelle ainsi le prolongement conique du premier taraud employé pour faire la boîte de la culasse, & servant à maintenir cet outil dans la direction de l'axe du canon.

Quillon. C'est le prolongement inférieur & arrondi à son extrémité de la branche de la garde du sabre d'infanterie. Il y a au sabre de cavalerie légère, modèle de 1816, un quillon qui se raccorde avec la coquille.

RABOT.

R

RABOT. Lime montée sur un manche à deux poignées, servant à finir extérieurement les canons de fusil. On s'en sert aussi pour finir les lames de baïonnettes, lorsqu'on ne peut employer pour cette opération les meules en bois appelées *polissoires*.

RABOT à canon. Outil servant aux équipeurs-monteurs à faire le logement du canon des armes à feu portatives.

RABOUGRI. On appelle *bois rabougri*, dans l'artillerie, celui de mauvaise venue, dont le tronc est court, raboteux, plein de nœuds, & qui ne pousse guère de branches. Ce bois n'est pas propre aux constructions de l'artillerie.

RACLER. C'est l'action que produit la pierre à fusil sur la face de la batterie, lorsqu'on abat le chien pour enflammer la poudre d'amorce contenue dans le bassinet d'une platine à silex.

RACLOIRE. Petit instrument de fer qui servoit autrefois à nettoyer l'ame & la chambre d'un mortier. On fait maintenant usage d'une *curette*. (*Voyez* ce mot.)

RADEAU. C'est un assemblage de pièces de bois formant un plancher, dont on se sert à l'armée pour faire passer des troupes sur de petites rivières, ou sur des inondations. Le radeau est une espèce de pont flottant. (*Voyez* l'article PONT DE RADEAUX.)

RADOUBER. C'est mettre en réparation, réparer les attirails d'artillerie. On radoube les bateaux pour les mettre en état de service.

RADOUBER des poudres avariées. C'est leur restituer le salpêtre qu'elles ont perdu en les rebattant, afin qu'elles puissent être employées pour le service. Comme on est souvent dans le cas de radouber des poudres à l'armée, voici le moyen qu'on emploie pour faire cette opération :

On juge les poudres avariées susceptibles d'être radoubées, lorsqu'elles ne sont pas mélangées avec des graviers, ou d'autres corps étrangers dont la trituration pourroit occasionner des accidens, & quand en même temps elles ne sont pas privées d'une trop grande partie de leur salpêtre. Si au contraire elles contiennent des substances étrangères ou qu'elles soient en décomposition, il n'y a d'autre parti à en tirer que d'en extraire le salpêtre qui peut leur rester.

Quand la poudre n'a éprouvé qu'un peu d'humidité, il suffit de l'étendre au soleil sur des toiles, de la remuer pour la faire sécher également, & de la remettre en baril après l'avoir éprouvée. On n'exige qu'une portée de 210 mèt. pour ces sortes de poudre.

Si la dessiccation ne rend pas à la poudre une force suffisante, qu'on aperçoive sur les grains de petits cristaux brillans qui annoncent que le mélange intime n'existe plus, ou si une partie des grains s'est agglomérée & mise en roche, la poudre doit être radoubée dans les moulins où l'on rétablit son dosage, sa granulation & son séchage, comme pour la composition de la poudre neuve. (*Voyez* l'article POUDRE AVARIÉE.)

RAFFINAGE DU SALPÊTRE. Le salpêtre brut contient environ 75 pour 100 de nitrate de potasse & 25 centièmes de substances étrangères, qui se composent d'une grande quantité de sel marin ou chlorure de sodium, d'un peu de chlorure de potassium & de sels déliquescens. L'opération qui a pour objet la séparation des substances étrangères, se nomme *raffinage du salpêtre*. Avant de procéder au raffinage, on détermine la richesse du salpêtre brut en le traitant à froid, par une dissolution saturée de nitrate de potasse pur, qui ne peut dissoudre aucune portion de ce nitrate, mais qui peut dissoudre les substances étrangères. (*Voyez* le mot SALPÊTRE.)

RAFFINER. Se dit d'une pierre à fusil dont on régularise le tranchant de la mèche au moyen d'un marteau & d'un ciseau fixé sur un billot. (*Voyez* l'article PIERRES A FEU.)

RAFFINERIE DE SALPÊTRE. Bâtiment servant au raffinage du salpêtre, & contenant ordinairement, 1°. un magasin pour le salpêtre brut livré par les salpêtriers; 2°. un atelier garni de chaudières en cuivre, placées sur des fourneaux pour l'évaporation & la concentration des eaux de cuite; l'eau nécessaire doit arriver facilement à ces chaudières; 3°. un emplacement où l'on met cristalliser le salpêtre dans des bassines en cuivre; 4°. un local communiquant au précédent, où l'on fait égoutter les bassines dans des recettes, après avoir décanté l'eau mère qui n'a pu se cristalliser; 5°. un dernier atelier appelé *séchoir*, où l'on fait sécher le salpêtre, & où on le met dans des tonnes.

RAFRAICHIR. On rafraîchit avec de l'eau les canons de fusil pendant le forage & le polissage, pour empêcher les forets & les mèches de se détremper.

RAFRAÎCHIR. Afin d'éviter les accidens, on est obligé de rafraîchir le canon de bataille dans fon exécution. Pour cet effet, après chaque coup tiré, on trempe l'écouvillon dans le feau de manœuvre, & on l'introduit à plusieurs reprises dans l'intérieur de la pièce. Autrefois on rafraîchissoit les canons de siége avec de l'eau & du vinaigre; maintenant on fe contente de ralentir le feu quand la pièce s'échauffe trop.

RAGOTS. Pièces en fer à crochet, placées fur les limonières des voitures, fervant à opérer le recul de ces voitures.

RAINURE. La ligne droite tracée fur la largeur de la partie la plus élevée de la plate-bande de culasse d'un canon, se nomme *rainure*. Elle fert, avec le bouton de mire, à diriger le rayon visuel du pointeur. L'ordonnance de 1732 l'avoit supprimée, ainsi que le bouton du mire. L'ordonnance de 1765 les a rétablis.

RAIS. On appelle ainsi les rayons d'une roue. La patte du rais est la partie qui entre dans le moyeu; la broche est la partie qui entre dans la jante; le reste se nomme *corps du rais*.
Les rais doivent être empatés avec force; la patte ne doit toucher ni aux fufées d'essieu en bois, ni aux boîtes de cuivre des essieux en fer. Sans cette précaution, les contre-coups feroient ressortir les rais des mortaises du moyeu pendant la marche.

RALONGER UN CANON DE FUSIL. Lorsqu'un canon, après avoir passé aux usines, ne se trouve plus avoir les dimensions prescrites, on le rend au canonnier, qui foude au tonnerre un bout de canon assez long pour que son canon usiné de nouveau puisse avoir l'épaisseur nécessaire dans toute sa longueur. On ne tolère de ralonger les canons de fusil & de mousqueton qu'une seule fois, & cette opération n'a pas lieu pour les canons de pistolet.

RAMASSE. Verge d'acier ronde, fur laquelle on a fait des dents, servant aux équipeurs-monteurs pour élargir le canal de la baguette d'une arme à feu portative. C'est aussi une verge de fer fixée horizontalement par un bout, & ayant à l'autre un renflement cylindrique de quelques pouces, fendu, taillé en spirale & un peu au-dessous du calibre du canon de fusil. En promenant un canon fur la ramasse, on le nettoie, &c.

RAMASSE. C'est un vieux foret dont la taille est ufée, & qui ne fert qu'à passer dans les canons pour les décraffer après qu'ils ont été recuits & qu'on va procéder au dressage.

RAME. Longue pièce de bois dont une des extrémités, qui entre dans l'eau, est aplatie, & dont l'autre partie, qui est dans la main des pontonniers, est arrondie : on pose la rame fur le bord du bateau pour le manœuvrer.

RANCHETS. Espèces d'étriers en fer, arrondis & fixés fur les côtés du charriot à munitions, fervant à porter les timons ou les flèches de rechange. Il y en a deux de chaque côté du charriot. Dans le haquet à bateau, les ranchets font des pièces en fer qui fervent à contenir le bateau fur fon haquet. Ils font placés aux extrémités du support du devant & de la fellette de derrière. (*Voyez* le mot HAQUET.)

RAND. Nom donné à la couleur brune de l'intérieur du filex destiné à faire les pierres à fufil. La couleur blonde s'appelle *grimaud*. (*Voy.* l'article PIERRES A FEU.)

RAPE. Lime taillée à grain-d'orge. Il y en a pour le fer & pour le bois. On fait ufage des unes & des autres dans divers travaux de l'artillerie.

RAPE à chaud. Entre la râpe & fon manche, dont on fait ufage dans les forges, est enfilée une plaque de tôle pour préserver la main du râpeur de la chaleur excessive à laquelle elle est exposée.

RAPE à froid. La râpe à froid en ufage dans les forges est en fonte. L'ébarbeur la promène en frottant à deux mains fur toutes les faces de la bombe ou de l'obus, jusqu'à ce qu'elles foient bien nettes.

RAPIÈRE. Épée longue, étroite & tranchante des deux côtés de la lame. Elle étoit en ufage autrefois. Ce mot fert maintenant à désigner une épée vieille & longue.

RAPPROCHEMENT. Forger un canon par rapprochement ou juxtà-position, s'est fouder le tube fans faire croifer les bords de la lame, qui, à cet effet, ne font pas rabattus en bifeau. (*Voyez* l'article CANON DE FUSIL.)

RAPPUROIR. Vaisseau de cuivre dont se fervent les falpêtriers pour y mettre le falpêtre de première cuite.

RAQUETTES. Nom donné aux fufées à la congrève, qui paroissent proposées fous le nom de *fouquettes* dans les Elémens de fortification de Belair, imprimés en 1792. (*Voyez* l'article FUSÉES INCENDIAIRES.)

RATELIER D'ARMES. Assemblage de charpente fervant à placer en ordre les armes qu'on conferve dans des falles difposées à cet effet.

Ratelier d'établi. Il sert à placer verticalement & autour de l'établi, les outils à manches dont les ouvriers se servent habituellement.

RATER. Ce mot se dit d'une arme à feu portative qui ne part pas, lorsqu'étant amorcée, la pierre a frappé la batterie.

Indépendamment des causes nombreuses qui peuvent faire rater ces armes par suite des défauts de la platine ou du mauvais ajustage de cette dernière pièce avec le canon & avec le bois, il en est d'autres qui dépendent seulement du canon.

Lorsqu'on a tiré un certain nombre de coups avec les fusils de 1777, la poudre tombe en écaille au fond du canon, surtout dans les temps chauds, & elle remplit l'échancrure pratiquée dans le bouton de la culasse, pour communiquer le feu à la charge; en sorte que c'est souvent en vain que le soldat passe plusieurs fois de suite son épinglette dans la lumière, pour empêcher son fusil de rater. Cet inconvénient grave n'existe plus aux armes des modèles de 1816. On a supprimé l'encoche & on a fait arriver le canal de la lumière au-dessus du plan du bouton de la culasse, de manière qu'il reste un espace suffisant pour loger la crasse, & que par ce moyen le feu de la lumière communique directement dans la charge.

RAYER les canons de carabine. C'est, au moyen d'une machine, creuser dans un canon d'arme à feu un nombre quelconque de raies, afin qu'elle porte plus loin & plus juste. Autrefois on les faisait droites & quelquefois en hélices; maintenant on ne les fait qu'en hélices. (*Voyez* le mot CARABINE.)

RAYURES a cheveux ou merveilleuses. Les rayures d'un canon de carabine sont ainsi nommées quand elles sont extrêmement rapprochées & aussi fines que des cheveux.

Rayures à colonnes. Rayure des canons formant des espèces de tourelles. C'est la rayure des carabines de guerre.

Rayures à étoiles. Rayures des canons de carabine. Elles forment comme des redans.

Rayures à rochet. Rayures des canons de carabines formant une crémaillère.

REBOURS. Un bois est *rebours* quand il est dur & fin, & que ses fibres, quoique dirigées en différens sens, sont fortes & vigoureuses. On ne peut travailler facilement un bois de cette espèce, mais il résiste bien au fardeau quand il est mis en œuvre.

RÉCEPTION. On procède à la réception des objets d'artillerie en les visitant & en admettant pour le service ceux qui ont les qualités requises. Ce mot s'applique particulièrement aux produits des forges, des fonderies & aux matières premières destinées à la fabrication des armes portatives.

Réception des matières premières dans les manufactures d'armes. A l'effet de reconnoître si les matières sont de bonne qualité, l'entrepreneur est tenu d'instruire l'inspecteur de tous les convois qui lui arrivent, afin que celui-ci en ordonne l'essai qui se fait par les classes d'ouvriers qui doivent en faire usage, en présence des contrôleurs & réviseurs, & de l'inspecteur ou d'un officier employé à la manufacture.

Cet essai a lieu, pour l'acier & pour les fers destinés à la fabrication des pièces de la platine, au moyen de la trempe à la volée qu'on donne à un échantillon de chacun de ces fers ou aciers.

Indépendamment de cet essai, on forge avec le fer à platine un certain nombre de pièces qui sont également trempées & cassées. On ne juge pas de la qualité du fer par la cassure de la crête du chien, mais bien par celle du corps de cette pièce.

Toutes les barres de fer & d'acier sont cassées en deux, pour s'assurer davantage de leur bonne qualité; le poinçon du contrôleur ou réviseur chargé de cette partie, est appliqué sur les extrémités de chaque morceau.

On s'assure que les feuilles de tôle d'acier sont bien d'égale épaisseur & des dimensions convenables. On examine si elles n'ont pas de pailles pénétrantes ou des cendrures qui les dépareroient trop. On coupe un morceau de quelques-unes d'elles, pour reconnoître si la tôle n'a pas de doublures & si elle est flexible à froid. On trempe quelques-uns de ces morceaux pour juger de la qualité de la matière, on rejette les feuilles défectueuses; celles reconnues bonnes sont marquées du poinçon du contrôleur chargé de cette partie.

Les lames à canons sont examinées sous le rapport du poids & des dimensions, après quoi on en délivre un certain nombre aux canonniers, qui en forgent des canons qui sont terminés & éprouvés pour en constater la bonne qualité.

Si les fers, aciers & tôles sont de mauvaise qualité, on défend de les délivrer pour le service; mais s'il y a contestation, on les fait éprouver une seconde fois par d'autres ouvriers des mêmes classes, & alors l'inspecteur décide d'après le nouvel essai.

Tous les fers, aciers, tôles, &c., qui sont mis au rebut, sont pesés, portés sur un état & placés dans un local de la manufacture, fermé à deux clefs, dont l'une pour l'inspecteur & l'autre pour l'entrepreneur. Les matières rebutées ne peuvent en être tirées pour aucune partie du service, & lorsque l'entrepreneur veut en prendre, soit pour vendre, soit pour les employer à des réparations aux bâtimens, il prévient l'inspecteur, qui ne peut s'y oppofer, & l'on en fait l'infcription fur le même état, pour conftater la quantité fortie & en indiquer les motifs.

Les entrepreneurs traitent directement avec les maîtres de forge pour le prix des matières premières; ils paffent le marché & prennent tous les arrangemens propres à en affurer le paiement fans l'intervention des infpecteurs, qui s'en tiennent à l'exécution du réglement pour la réception defdites matières.

Dans les manufactures en régie militaire, les marchés font, comme dans les arfenaux, paffés par les directeurs & approuvés par le miniftre. Toutefois les épreuves ont toujours lieu de la même manière que dans les manufactures à l'entreprife.

RÉCEPTION des fers pour les arfenaux. Les fers ébauchés ayant tous de fortes dimenfions, on les fabrique ordinairement dans les forges, comme on l'a vu au mot FER, au moyen des gros marteaux & des martinets, qui permettent de bien étirer, redoubler & corroyer ce métal. Comme en fabrique prefque toujours deux pièces enfemble, on les fépare dans les arfenaux avec la tranche à froid, & on voit à la caffure fi la pièce a été bien forgée & fi le fer eft d'une bonne qualité.

Les fers platinés ou d'un petit échantillon, lorfqu'ils font de bonne qualité, font d'une contexture fibreufe qu'on appelle *nerf*, & d'une couleur gris-plombé. Les fers d'un gros échantillon, foit plats, foit ronds, ne montrent à la caffure que peu ou point de nerf; mais quand ils font de bonne qualité, ils ont un grain fin & d'un gris terne.

Les fers carrés font éprouvés par le taraudage, & pliés enfuite à coups de marteau, fur la partie taraudée. Les fers qui doivent être foudés font éprouvés par le foudage. On s'affure que les fers à talons font bien foudés vers ces talons. On éprouve les fers de bandage en y perçant des trous. (*Voyez*, pour plus de détails, le mot FER.) Enfin, toute efpèce de fer pour les arfenaux s'éprouve encore en le changeant d'échantillon & en caffant à froid un certain nombre de barres, pour juger à la caffure fi le fer eft recevable. On a l'attention de caffer ces barres à la longueur convenable aux ferrures pour lefquelles elles font deftinées.

La longueur des fers d'arfenaux eft indéterminée; mais leur largeur & leur épaiffeur font déterminées par des réglemens, ainfi que les tolérances à accorder dans la réception de cet approvifionnement.

RÉCEPTION des projectiles. On fait précéder cette réception de la vérification des inftrumens qui doivent fervir à cet objet.

On préfente la grande lunette fur tous les boulets, dans plufieurs fens, & on les refufe s'ils n'y paffent pas. On préfente de même la petite lunette fur tous les boulets, & on les refufe s'ils paffent dans un fens quelconque. La différence des diamètres de la grande & de la petite lunette eft de 0 mèt. 0017 (9 points) pour les boulets, & de 0 mèt. 0025 (1 lig.) pour les bombes & les obus. (*Voy*. l'article LUNETTES A CALIBRER LES PROJECTILES.)

On fait paffer tous les boulets dans le cylindre de réception, & on les refufe s'ils n'y entrent pas, s'ils s'y arrêtent ou s'ils gliffent au lieu de rouler. (*Voyez* l'article CYLINDRE DE RÉCEPTION DES PROJECTILES.)

On pèfe une vingtaine de boulets reçus, pris au hafard, pour reconnoître s'ils ont le poids prefcrit, fauf les tolérances. Les boulets trop légers dénoteroient, ayant les dimenfions prefcrites, une fonte de mauvaife qualité ou l'exiftence de chambres intérieures, ce qui les mettroit dans le cas d'être rebutés.

Si un vingtième des boulets fe trouvent d'un diamètre un peu foible, mais bien conditionné d'ailleurs, on tolère de faire chauffer ce vingtième & de les laiffer refroidir dans du fafil, pour leur donner un peu plus de groffeur: on ne tolère cette opération que deux fois au plus fur chaque boulet.

Indépendamment de ces opérations, les boulets font encore rebutés s'ils ont des cavités ou des foufflures de plus de 0 mèt. 0045 (2 lig.) de profondeur, s'ils ont des bavures & des inégalités.

Les bombes préfentées à la réception doivent être ébarbées, c'eft à-dire, avoir le jet & la couture effacés, être vidées & dégagées de tout le fable qui les environnoit, tant intérieurement qu'extérieurement. On s'affure qu'elles n'ont pas de foufflures au dehors & qu'elles ne font pas graveleufes: en les frappant avec un marteau, on reconnoît fi elles ne font pas fendues intérieurement. On vérifie avec les deux lunettes le diamètre des bombes: elles doivent paffer dans la grande & ne pas entrer dans la petite. On examine fi les mentonnets font bien placés, fi les diamètres intérieur & extérieur de l'œil ont la grandeur prefcrite, s'il n'y a ni fente, ni foufflure à l'œil. (*Voy*. l'article ŒIL D'UN PROJECTILE CREUX.) On martèle le tour de l'œil des bombes pour faire ouvrir les fentes & découvrir les chambres s'il y en a, car il s'en trouve quelquefois en cet endroit. Enfin on vérifie la ténacité du métal en effayant de faire éclater quelques bombes avec la charge fixée à cet effet: trop de réfiftance ou de fragilité dans fa fonte font des défauts.

On termine la réception par la pefée d'un vingtième des bombes qu'on vérifie, en les prenant au hafard & fe pefant par dix à la fois, pour s'affurer que chaque projectile eft dans la limite prefcrite des poids.

Ce que l'on vient de dire pour la réception des bombes, s'applique à la réception des obus, fauf les mentonnets qu'ils n'ont pas; mais on les fait rouler dans un cylindre comme les boulets.

On doit ajouter, 1°. que les bombes de 12 & de 10 pouc. font rebutées fi elles ont des foufflures de plus de 0 mèt. 0045 (2 lig.) de profondeur, ou fi elles ont des cavités mafquées ; 2°. que les bombes de 8 pouc. & les obus font rebutés s'ils ont des chambres d'un peu moins de 0 mèt. 0045 (2 lig.) de profondeur ou des cavités mafquées; 3°. que les bombes de 12 & de 10 pouc. font rebutées fi elles ont 0 mèt. 0045 (2 lig.) en plus ou en moins, aux parois; 4°. que les bombes de 8 pouc. & les obus font rebutés s'ils ont 0 mèt. 0023 (1 lig.) d'épaiffeur en plus ou en moins aux parois; 5°. que les bombes & les obus font rebutés s'ils ont plus de 0 mèt. 0006 (3 points) en deffus ou en deffous des dimenfions de l'œil.

Toutes ces réceptions fe font dans les forges; mais les vérifications fe font dans les arfenaux, & les rebuts font renvoyés dans les premiers de ces établiffemens, aux frais des entrepreneurs.

RÉCEPTION des bouches à feu. Les canons, les obufiers, les mortiers & les pierriers font examinés trois fois & éprouvés avant d'être reçus pour le compte du Gouvernement. Ils font tournés & finis extérieurement avant d'être préfentés à l'examen des officiers d'artillerie; mais ils confervent l'excédant du bouton de culaffe, où fe loge le pivot de la machine quand on les tourne; on ne coupe cet excédant qu'après la réception définitive. Les canons & les obufiers font placés fur deux chantiers; ils y font inclinés de façon que la bouche fe trouve à environ 0 mèt. 9745 (5 pieds) de terre. Les mortiers font placés verticalement.

Dans la première vifite des canons, on regarde s'il n'y a pas dans l'ame quelques taches d'étain ou des chambres dont on s'affure de la profondeur & de la largeur au moyen d'un crochet de fer recouvert de cire. Cette vifite fe fait au foleil, avec le miroir; & fi le temps eft obfcur, on emploie une bougie allumée. (*Voyez* le mot MIROIR.) On vifite la furface extérieure pour reconnoître s'il n'exifte pas de chambres. On les place fur des affûts de leur calibre & on les éprouve. (*Voyez* l'article BOUCHES A FEU.) On tolère, avant l'épreuve, 0 mèt. 0043 (1 lig. 11 points) de profondeur dans l'ame, & 0 mèt. 0045 (2 lig.) à la furface. Le diamètre intérieur doit être, avant l'épreuve, de 0 mèt. 0019 (10 points) plus petit que le calibre exact. On tolère 0 mèt. 0004 ou 0 mèt. 0005 (2 ou 3 points) en deffus, & autant en deffous.

A la feconde vifite, on bouche la lumière avec une cheville graiffée; on remplit d'eau l'ame du canon, on la preffe avec un écouvillon garni d'un fac à terre, &c. (*Voyez* l'article précité.) Si l'eau tranfpire autour du grain de lumière, le fondeur en met un autre, & le canon fubit une nouvelle épreuve. Si le canon fait eau dans quelqu'autre endroit de fa longueur, il eft rebuté. On examine l'ame comme dans la première vifite, & on recherche les chambres avec le *chat*; fi les chambres ont plus de 0 mèt. 0043 (1 lig. 11 points), le canon eft rebuté.

La troifième vifite a lieu après que l'ame du canon a été mife à fon diamètre exact; on le calibre au moyen de l'étoile mobile; on en vérifie les longueurs intérieures & extérieures avec une verge de fer à croix; on mefure la longueur des renforts, & les moulures extérieures avec un gabari; on mefure la diftance du devant des tourillons à l'extrémité de la plate-bande de culaffe, au moyen de la règle à anneau carré; on examine fi les tourillons font bien placés, s'ils ont le diamètre prefcrit, & s'ils font perpendiculaires au plan vertical qui paffe par la lumière; on vérifie fi la lumière aboutit au point prefcrit par le réglement. (*Voyez* les articles LUMIÈRE & GRAIN DE LUMIÈRE POUR LES BOUCHES A FEU.) On tolère 0 mèt. 0006 (3 points) en deffus & rien en deffous pour le calibre, & 0 mèt. 0067 (3 lig.) en deffus & autant en deffous pour la longueur totale. On ne tolère rien fur l'emplacement des tourillons. (*Voy.* pour plus de détails, les réglemens concernant les fonderies.)

La réception des obufiers fe fait d'une manière analogue à celle des canons. Le diamètre de la chambre doit avoir, avant l'épreuve, 0 mèt. 0011 (6 points) de moins que leur calibre, & l'ame 0 mèt. 0035 (18 points). On ne tolère pas les chambres qui ont plus de 0 mèt. 0056 (2 lig. 6 points) de profondeur dans l'ame & à la furface, & 0 mèt. 0035 (18 points) de profondeur dans la chambre. On tolère 0 mèt. 0045 (2 lig.) en deffus, & 0 mèt. 0045 (2 lig.) en deffous dans les longueurs extérieures des obufiers. (*Voyez* le réglement concernant les fonderies.)

La réception des mortiers & des pierriers fe fait auffi d'une manière analogue à celle des canons. Le diamètre & la longueur de la chambre des mortiers doivent être, avant l'épreuve, de 0 mèt. 0017 (9 points) de moins que leur calibre, & celui de l'ame de 0 mèt. 0035 (18 points). On les tire fur de forts chantiers ou fur des affûts conftruits pour cet ufage. Ils font enfuite lavés & examinés pour vérifier les défauts reconnus à la première vifite. On les calibre avec l'inftrument deftiné à cet ufage, & on examine les enfoncemens qui pourroient s'être formés dans l'ame. On paffe au diamètre de l'ame & à celui de la chambre, 0 mèt. 0011 (6 points) de plus que le calibre, mais on ne tolère aucun enfoncement. On mefure la longueur & les diamètres extérieurs de ces bouches à feu, de la même manière que ceux des canons & des obufiers, c'eft-à-dire, avec un gabari, un compas à branches courbes & une règle fur laquelle les diamètres font marqués par des crans. (*Voyez*, pour plus de détails, le réglement fur les fonderies. *Voyez* auffi les articles LUMIÈRE & BOUCHES A FEU.)

Nota. Les procès-verbaux de tous les objets que l'on reçoit dans l'artillerie font dreffés par le fous-intendant militaire, certifiés par l'officier chargé des détails des établiffemens, & vifés par le directeur d'artillerie; c'est sur ces procès-verbaux, joints aux récépissés des gardes d'artillerie, que le ministre ordonne les paiemens, d'après les prix fixés préalablement par des marchés ou des traités.

RECETTE DES ARMES PORTATIVES. Lorsque les armes portatives sont finies & que chaque pièce a été examinée & éprouvée séparément, on procède à leur recette définitive de la manière mentionnée aux articles RECETTE DES ARMES A FEU PORTATIVES & RECETTE DES ARMES BLANCHES.

RECETTE des armes à feu portatives. On calibre le canon conformément à la collection des cylindres-calibres. Un cylindre de 0 mèt. 0175 (7 lig. 9 points) doit entrer dans les canons de fusil d'infanterie & de voltigeur, & un cylindre de 0 mèt. 0180 (8 lig.) ne doit pas y entrer. Un cylindre de 0 mèt. 017 (7 lig. 7 points) doit entrer dans les canons du fusil d'artillerie, du mousqueton & du pistolet de cavalerie, & un cylindre de 0 mèt. 0177 (7 lig. 10 points) ne doit pas y entrer. Tous ces cylindres doivent avoir 0 mèt. 0812 (3 pouc.) de longueur. (*Voyez* à l'article DURÉE DES ARMES PORTATIVES, les dimensions des cylindres dont on fait usage pour l'examen des armes entre les mains des troupes.) Le canon doit être encastré dans le bois de la moitié de son diamètre, bien porter sur ce bois dans toute sa longueur, surtout à la culasse; on passe une épinglette dans la lumière. La culasse doit bien joindre sur le canon, n'être pas cassée ni fendue au trou de la vis, & cette vis doit être perpendiculaire au plan de la queue. L'âme du canon doit être bien nettoyée, polie & brillante. On met la baguette dans le canon; elle doit sortir de 0 mèt. 009 (4 lig.) au fusil d'infanterie, & cet excédant doit être taraudé; on la fait jouer dans le canon en raclant l'intérieur pour sentir s'il n'est pas rouillé; on la fait jouer aussi plusieurs fois dans son canal, pour s'assurer qu'elle ne tient ni trop ni trop peu dans son logement (on observera qu'elle doit tenir plus fortement dans le mousqueton & dans les pistolets que dans le fusil); qu'elle porte bien sur son taquet, afin que, placée, elle ne déborde pas la bouche du canon; affleure les bords de son canal dans la partie apparente creusée convenablement dans le milieu de la largeur du bois, & que la partie cachée entre la capucine & la sous-garde soit bien dans le milieu du bois qui reste après le logement du canon. En dirigeant l'œil le long du canon, on observe s'il est bien monté, si l'embouchoir est placé bien droit, & si le guidon se trouve bien dans la ligne de mire.

La douille de la baïonnette doit affleurer du bas l'embouchoir & le bois, du haut elle doit arraser la bouche du canon; on fait tourner la virole pour vérifier qu'elle n'est pas gênée par la baguette dans ses mouvemens; qu'elle pose bien sur son embase; que la vis serre bien son écrou; que le pivot d'arrêt est solidement placé. La lame doit, en allant vers sa pointe, diverger un peu de l'axe. On ôte la baïonnette, on observe si la douille n'est pas rouillée intérieurement, si la lame est bien trempée, si le coude est assez fort, sans criques, travers ou pailles. Les fourreaux doivent être en bon cuir de vache, bien cousus du côté opposé à l'arête, assez longs & assez larges pour contenir la lame en entier & pour qu'elle en soit retirée facilement. Le tenon pour la baïonnette doit être brasé solidement.

On fait tomber le chien sur la batterie pour voir s'il a assez de chasse pour la bien faire découvrir; s'il porte son feu au fond du bassinet. Si la batterie ne découvre pas, le grand ressort est trop foible; si elle découvre & revient, le grand ressort est trop fort ou celui de la batterie trop foible, & la percussion brise promptement les pierres. Il faut remettre les ressorts en harmonie. On fait passer plusieurs fois le chien de la chute au repos & au bandé, pour vérifier la solidité & l'harmonie des autres pièces de la platine, & s'assurer, 1°. que les ressorts intérieurs ne frottent pas sur le bois; 2°. qu'entre le corps de platine & le chien, il y a un jour égal de 0 mèt. 0006 (3 points) environ, pour qu'il ne frotte pas sur ce corps, & qu'à cet effet l'arbre de la noix déborde un peu le corps de platine; 3°. que le chien ne part pas au repos quand on presse fortement sur la détente; 4°. que le cran du bandé n'est ni trop ni trop peu profond; 5°. que la gâchette ne rencontre pas le cran du repos en passant du bandé à la chute; 6°. que la détente n'a aucune espèce de jeu, soit au repos, soit au bandé; mais le chien étant abattu, la détente doit être libre; 7°. que le ressort de batterie a peu de jeu à sa grande branche, & que la petite porte bien; 8°. que le chien a assez de chute, & qu'étant au repos, la pierre ne touche pas la batterie; 9°. que le chien tombe uniformément & sans secousse.

On examine si le chien n'est pas cassé à son carré, au trou de la vis, à la sous-gorge; si la tête de la vis du chien est assez haute pour que son trou soit toujours au-dessus de l'extrémité de la crête, quelqu'enfoncée que puisse être la vis. On fait jouer la batterie; elle doit ajuster parfaitement sur le bassinet & contre le canon sans frottement. Sa vis étant serrée autant que possible, elle doit bien rôder & découvrir facilement. La vis doit être juste à son trou, & ce trou doit être sans crique ni travers.

La grande vis du devant de la platine doit passer entre les branches du ressort de batterie sans les faire lever. L'extrémité de l'autre grande vis de platine doit se mouvoir librement entre la bouterolle & la bride de noix.

La platine étant ajustée au canon, la lumière doit se trouver au milieu de la largeur de la frasure du bassinet. On ôte la platine de dessus le bois, & on examine, 1°. si elle est propre dans l'intérieur; 2°. si la gâchette tourne librement après avoir serré la vis le plus possible, & si elle engrène bien dans les crans de la noix; 3°. si la bride n'est pas fendue ou cassée près des trous du pivot de la noix & des vis de bride & de gâchette; 4°. si les ressorts sont bien cintrés, bien étoffés, sans l'être trop; si leurs petites branches ajustent bien; si les grandes ne frottent point, en ne laissant cependant ent'elles & le corps que le jeu nécessaire à leur effet; au ressort de gâchette, c'est la petite branche qui est libre; 5°. si le bec de gâchette est suffisamment fort; 6°. si les fentes de vis ne sont point défectueuses; 7°. si l'arbre ou la tige de noix est bien juste dans son trou, ainsi que le pivot dans le trou de la bride; 8°. si la grisse de noix ne déborde pas le bord inférieur du corps de platine lorsque le grand ressort n'est plus retenu; 9°. si la noix est bien ajustée & rôde bien.

On observe le logement de la platine. Il faut, 1°. que toutes les arêtes en soient bien vives; 2°. que l'encastrement des têtes de vis de gâchette & de bride ne perce pas le bois jusqu'à la détente ni jusqu'à la culasse; que celui pour la tête de vis du grand ressort ne perce pas jusqu'au canon; 3°. que le fond du logement du grand ressort ne fasse pas découvrir le canon; 4°. que le trou de la queue de gâchette soit le plus étroit possible; que la profondeur ne déborde que de 0 mèt. 0011 (6 points) la mortaise de la détente du côté le plus éloigné de la platine; 5°. que les goupilles soient justes à leurs trous, sans forcer, & que celle de détente ne soit pas trop près du trou qui reçoit la queue de la gâchette; 6°. que la platine ajustant parfaitement au canon, ses bords portent bien sur le bois en dessus du corps; que le bois réservé en dehors autour de la platine ait au moins 0 mèt. 0045 (2 lig.) d'épaisseur, & qu'il soit très-peu entaillé à l'endroit où l'espalet du chien porte sur le corps de platine; 7°. enfin que toutes les pièces soient sans bavures.

Le devant de la détente doit former à peu près un angle droit avec le plan extérieur de l'écusson; la fente qui la reçoit doit être juste à sa dimension, pour que la détente n'ait de mouvement que dans un seul plan perpendiculaire à l'axe de la goupille; le taquet doit porter exactement dans son logement; l'écusson doit être sans pailles nuisibles à la fente & à ses trous de vis, ainsi que le pontet vers ses nœuds. Il est essentiel, dans le modèle de 1816 surtout, que l'écusson porte bien sur le bois dans toute sa longueur, car si l'on pouvoit le faire enfoncer plus qu'il ne doit être, en forçant la vis de culasse, cela donneroit trop de fer à la détente, & nuiroit beaucoup à la marche de la platine.

La plaque de couche doit appuyer sur le bois; partout elle doit être débordée dans son pourtour par le bois, de 0 mèt. 0011 (6 points); les trous de ses vis doivent être sains, & le dessous bien dressé du cul-de-poule à l'autre bout arrondi.

L'embouchoir, la grenadière, la capucine, doivent ajuster convenablement sur le bois & sur le canon, pour les maintenir solidement ensemble; mais on doit pouvoir les ôter & les remettre en place avec la main & sans le secours d'instrumens.

Les ressorts de garniture ne doivent pas trop plonger dans le bois; leur logement ne doit point paroître dans celui du canon, & ils doivent bien revenir sur la boucle quand on cesse de presser leur tête.

En général, les vis doivent avoir leur tige cylindrique, bien droite, les filets vifs & assez profonds; leur logement être exact à leur diamètre; les têtes ne doivent être ni trop ni trop peu fendues, bien rasées à leur fraisure, sauf celle de culasse qui doit être saillante. Toutes les arêtes vives de celles qui ne sont pas encastrées dans le bois, doivent être abattues à la lime : il doit en être de même à l'égard des pièces de la garniture.

On s'assure de la bonne pente du fusil au moyen du calibre qui sert à la vérifier. La crosse trop droite fait tirer trop haut & repousser; la crosse trop courbée nuit à la solidité de la monture. Enfin on s'assure que le fusil a la résonnance prescrite.

Ce qu'on vient de dire concernant le fusil, s'applique au mousqueton & au pistolet, ayant égard d'ailleurs à leurs différentes formes, destinations & dimensions.

RECETTE des armes blanches. A la visite des sabres, on s'assure, 1°. que les pièces en fer & celles en cuivre n'ont ni soufflures, ni gerçures, ni travers nuisibles à leur solidité; 2°. que les montures & les garnitures sont limées & polies convenablement, ainsi que les fourreaux en tôle; 3°. que les battes des cuvettes des sabres de cavalerie sont bien ressort, pour qu'elles retiennent convenablement les lames dans les fourreaux sans endommager ces lames; 4°. que les rivets de la poignée du sabre d'artillerie sont bien ajustés, & qu'ils entrent exactement & même de force dans les trous de la soie; que les logemens de ces rivets dans la poignée sont légèrement fraisés à l'intérieur, afin que le métal ne soit pas endommagé; que la rivure de la soie ne soit faite qu'après celle des rivets; que la lame de ce sabre est bien retenue dans son fourreau au moyen de la pièce en buffle qui est adaptée intérieurement à la chape; 5°. que les fourreaux en cuir sont solidement cousus, les bouts & les chapes bien ajustés, collés & épinglés; 6°. que la distance entre les bracelets des sabres de cavalerie est exacte, pour que la position de ces sabres ne soit pas gênante; 7°. que les coquilles portent bien sur les épaulemens du talon des lames, & que les cuvettes s'ajustent bien sur les fourreaux; 8°. que le trou carré de la soie fur la coquille a les mêmes dimensions que la foie près du talon; s'il étoit plus large ou plus long, on seroit obligé de mettre des éclisses pour que rien ne puisse ballotter dans la monture : il en résulteroit moins de solidité; 9°. que les foies font rivées sur les boutons des pommeaux ou calottes, de façon que leurs extrémités soient rabattues en forme de goutte de suif, pour retenir solidement sur elles toutes les pièces qu'elles enfilent; 10°. enfin que toutes les pièces ont la solidité & les proportions des modèles.

RECETTES. Demi-cuviers servant à la fabrication du salpêtre. (*Voyez* le mot SALPÊTRERIE.)

RECHANGE DANS LES MOULINS A POUDRE. Opération qui consiste à faire passer les matières qui composent la poudre d'un mortier dans un autre, pour éviter leur tassement & les mieux triturer. Cette opération a lieu après une demi-heure de battage de ces matières. Les pilons étant arrêtés, deux ouvriers avec des curettes en cuivre appelées *mains*, enlèvent la poudre du premier mortier, & la déposent dans une espèce de caisse appelée *layette*; ils ont soin surtout de rompre le culot ou faux cul, qui se forme au fond du mortier, là où tombe le pilon, & de détacher, en grattant, toutes les parties qui pourroient être adhérentes. Lorsque le premier mortier est bien nettoyé, ils y mettent la poudre du second; puis ils mettent successivement celle du troisième dans le deuxième, celle du quatrième dans le troisième, & enfin celle du premier ou de la layette dans le dernier. On fait ainsi douze rechanges, en mettant une heure d'intervalle entr'eux, & arrosant de temps en temps le mélange, surtout dans l'été, après quoi l'on fait encore mouvoir les pilons pendant deux heures, & le battage est terminé.

RECHANGES. On entend par ce mot les pièces en bois & en fer nécessaires, soit pour les réparations des objets d'artillerie, soit pour remplacer à l'armée ceux qui auroient été mis hors de service par le feu de l'ennemi ou d'autres causes. (*Voyez* l'article PIÈCES DE RECHANGE POUR LES ÉQUIPAGES DE SIÉGE, DE CAMPAGNE ET DE MONTAGNE.)

RÉCHAUD DE REMPART. Ustensile en fer de la forme d'une lanterne à jour, qu'on garnit de tourteaux pour éclairer pendant la nuit, en temps de siége d'une place, le rempart ou les ouvrages où l'on craint une attaque de la part de l'ennemi. Les parties qui le composent sont : un cul-de-lampe, deux branches placées en sautoir, un cercle supérieur, une tige à pointe, une clavette à pointe, une fourche à douille pour suspendre le réchaud, un pied logé sur un plateau en bois, pour fixer le réchaud à terre.

RECONNOISSANCES MILITAIRES. On entend par *reconnoissances militaires*, les recherches que l'on fait sur la forme & la propriété des terrains, considérés militairement; sur les ressources que présentent les lieux qui peuvent être le théâtre de la guerre, sur l'esprit des habitans, &c.

On construit ou l'on vérifie les cartes nécessaires pour pouvoir, par leur secours, se représenter les pays dans lesquels les opérations doivent avoir lieu. On discute dans des mémoires les propriétés des terrains, tant par rapport aux marches & actions, que par rapport à l'existence des troupes, afin qu'étant aidé de ces connoissances préliminaires, un général puisse faire des dispositions conformes à la nature des choses.

Il est essentiel que les officiers d'artillerie sachent bien faire les reconnoissances militaires, & qu'ils sachent bien choisir les positions pour l'emplacement des batteries de campagne; car le succès des combats, la conservation des hommes, des bouches à feu & des chevaux, dépendent souvent de ce choix.

On considère dans le choix des positions, le sol des batteries, l'espace qui se trouve en avant, & celui par lequel on peut se retirer. Un terrain oblique rend les coups incertains; un sol pierreux expose les hommes & les chevaux à être blessés par les pierres que rencontrent les projectiles de l'ennemi; une terre sablonneuse, grasse & raboteuse, rend les manœuvres pénibles. Pour qu'une position soit bonne, il faut qu'elle commande toute l'étendue du tir, que l'ennemi ne puisse manœuvrer à couvert dans ce champ de tir, & que l'infanterie, favorisée par un abri quelconque, ne puisse en approcher à la portée du fusil. Mais l'officier d'artillerie n'est pas toujours maître de choisir une telle position; un ordre précis & provoqué par l'intérêt majeur de l'armée peut le forcer de combattre dans des lieux désavantageux, où sa perte seroit inévitable s'il ne trouvoit son salut dans sa prudence & son courage.

RECUIT. C'est l'opération par laquelle on rend à des pièces en fer ou en acier, une partie de la malléabilité qu'elles ont perdue par la trempe ou par une autre opération, comme le forage, le taraudage, &c. (*Voyez* l'article TREMPE DES PIÈCES EN FER ET EN ACIER.)

RECUL. Mouvement rétrograde que fait une arme à feu lorsqu'on la tire; plus la charge est forte, toutes choses égales d'ailleurs, plus le recul est considérable. C'est l'action de la poudre qui est la cause du recul; en s'enflammant, elle agit d'abord sur toutes les parties intérieures de l'espace qu'elle occupe, ce qui tend à déterminer un léger mouvement de l'arme en tous sens : mais comme la résistance des côtés dirige l'action de la poudre suivant l'axe du canon, lorsqu'elle agit pour chasser le projectile en avant, elle agit en même temps vers la partie opposée à la bouche, c'est-à-dire, c'est-à-dire, vers la culasse, à laquelle elle imprime le mouvement en arriere, qu'on nomme *recul.*

REDHIBITOIRES (cas). On donne ce nom, dans les marchés d'achats de chevaux, à certains vices qui, ignorés de l'acheteur, & reconnus dans un temps (déterminé par la jurisprudence vétérinaire), annullent l'achat du cheval qui en est atteint, & forcent le vendeur à le reprendre. Cet espace de temps, fixé pour la rescision des marchés, constitue la durée de l'action redhibitoire, ou de la garantie d'usage. Ces vices & la durée de l'action redhibitoire sont variables en France, & ont été établis par la coutume dans ses différentes provinces; & les départemens ont suivi ces différentes coutumes.

En général, les cas redhibitoires sont: la morve, la pousse & la courbature.

Il faut excepter pour la courbature, non reconnue pour cas redhibitoire: les départemens du Nord, de Meuse, de Moselle, Meurthe, des Vosges, de Maine & Loire (Anjou), les Landes, le Gers, les Hautes-Pyrénées, l'Ariége (Gascogne), les Basses-Pyrénées (Béarn), les Pyrénées-Orientales.

On ajoute le cornage ou sifflage dans les départemens de Seine, Seine & Oise, de l'Oise, de l'Aisne, de Seine & Marne (Isle-de-France), du Pas-de-Calais, du Calvados, de l'Eure, de l'Orne, de la Manche, de la Seine-Inférieure (Normandie), du Rhône & de la Loire (Lyonnais), du Puy-de-Dôme, du Cantal.

On y ajoute le farcin dans les départemens du Finistère, des Côtes-du-Nord, d'Ille & Vilaine, du Morbihan, de la Loire-Inférieure (Bretagne).

On y ajoute le tic dans les départemens de Maine & Loire (Anjou), du Gers, & à Paris le tic (non-apercevable à l'usure des dents, si on réclame dans les 24 heures).

Mais en général les *tics* ne sont cas redhibitoires que quand la garantie en a été expressément stipulée dans le marché.

On y ajoute la fluxion périodique dans les départemens des Landes, du Gers, des Hautes-Pyrénées, de l'Ariége (Gascogne & Bigorre), Basses-Pyrénées (Béarn), l'Hérault, l'Aude, le Tarn, Haute-Garonne, Lozère, Ardèche, Haute-Loire (Languedoc), Pyrénées-Orientales.

On y ajoute l'épilepsie dans la plus grande partie du département de l'Ain (la Bresse).

Par arrêt du 1er. février 1769, *le boitage par vieux mal* est vice redhibitoire.

Enfin, l'usage a placé dans les cas redhibitoires l'immobilité & l'épilepsie.

Et enfin dans le Bourbonnais, la corbe ou courbe, maladie externe du jarret.

La garantie est de huit jours dans les départemens de la Bourgogne & du Bourbonnais.

Elle est de neuf jours dans les départemens de l'Isle-de-France, de la Champagne, du Berry, de la Marche, du Maine, de l'Anjou, du Lyonnais, de la Bresse, du Périgord, du Béarn, du Dauphiné, de la Provence, du Bigorre (pour la pousse).

Elle est de quinze jours dans les départemens de l'Artois, de Bretagne.

Elle est de trente jours dans les départemens de la Normandie, du Bigorre (pour fluxion périodique).

Enfin, la garantie est de quarante jours dans les départemens du Cambrésis, de la Lorraine, de l'Orléanais, de l'Auvergne, de la Gascogne, du Bigorre (pour morve & courbature), de l'Armagnac, du Languedoc, du Roussillon, du comtat Venaissin, de la Franche-Comté.

Voyez le *Code civil*, art. 1641 & suivans, pour intenter l'action redhibitoire.

En général, les trois vices redhibitoires sont:

La *morve*, dont les symptômes variables dans les individus & les trois époques de la maladie, mais existans presque toujours à la fois, sont l'écoulement par les naseaux d'une humeur plus ou moins épaisse..... L'engorgement des glandes situées sous la ganache... Les chancres sous la membrane intérieure du nez.

La *pousse*, dont les symptômes sont l'irrégularité très-sensible du mouvement du flanc, surtout dans l'expiration, qui s'exécute en deux temps très-marqués, à laquelle se joint presque toujours l'excavation & la rétraction du flanc, est une toux plus ou moins forte.

La *courbature*, qui est une maladie catarrhale inflammatoire, presque toujours accompagnée de fièvre. L'animal qui en est atteint s'ébroue ou éternue fréquemment; une humeur très-fluide & limpide découle par les naseaux & par les yeux, qui, ainsi que la membrane pituitaire, sont très-enflammés; enfin, une chaleur extraordinaire se fait sentir sur toutes les parties de la tête & dans l'intérieur de la bouche.

Quant au *sifflage*, au *cornage* ou *haller*, qui est un râlement ou un sifflement que fait entendre le cheval dans l'inspiration & l'expiration, ce vice est redhibitoire en Normandie, parce qu'un arrêt du Parlement du 25 janvier 1781, imprimé & affiché, le décide ainsi. Cet arrêt fut cassé au conseil du Roi, & l'affaire évoquée par arrêt du 8 janvier 1782 ne fut pas terminée.

M. Huzard pense que ce n'est pas un cas redhibitoire, parce que ce n'est pas un vice caché & qu'on peut le guérir.

L'action que l'acheteur a pour les cas redhibitoires, consiste dans le paiement de la part du vendeur.

Dans la moins value de l'animal.

Dans la restitution du prix en entier, ou avec dommages & intérêts. (Extrait de l'Aide-Mémoire, 5e. édition.)

REFENDRE. C'est diviser des pièces de bois

en plusieurs parties, dans le sens de leur longueur, en se servant de la scie.

REFOULER. On refoule la poudre dans une pièce d'artillerie, en la bourrant à plusieurs reprises avec le refouloir, quand elle a été introduite dans l'ame. (*Voyez* le mot BOURRER, & les articles CHARGER UNE PIÈCE DE CANON DE SIÉGE, DE PLACE, DE CÔTE, &c.)

REFOULER la matière. C'est battre le fer en tous sens lorsqu'il sort de la forge, pour en réunir les molécules. (*Voyez* le mot ÉTOQULR.)

REFOULOIR. C'est un instrument en bois, servant à enfoncer & à refouler la charge dans une pièce d'artillerie : il se compose d'une hampe en bois de frêne ou de chêne, & d'une tête cylindrique d'un diamètre un peu moins grand que le calibre de la pièce. L'écouvillon du canon de 4 tient lieu de refouloir. Les clous & viroles qui garnissent le refouloir sont en cuivre. (*Voyez* le mot ÉCOUVILLON.)

RÉGIMENT D'ARTILLERIE. Corps de troupes composé de plusieurs compagnies, commandé par un colonel. Il y a dans l'artillerie française des régimens à pied & à cheval. (*Voyez* les articles CORPS ROYAL DE L'ARTILLERIE & NOTICE HISTORIQUE SUR LE CORPS ROYAL DE L'ARTILLERIE.)

REGISTRE. Ouverture faite aux fourneaux de réverbère pour varier les courans d'air. (*Voyez* le *Dictionnaire des Mines & Minéralogie de l'Encyclopédie méthodique.*)

RÈGLE A ANNEAU CARRÉ. Elle sert à mesurer la distance du devant des tourillons d'une pièce de canon, à l'extrémité de la plate-bande de culasse.

RÈGLE à raser. Elle est appelée ainsi parce qu'elle sert à enlever le sable qui excède, dans le moulage des projectiles, l'affleurement des bords du chassis, & à l'unir, afin que sa surface, de niveau, porte bien partout sur la planche.

RÈGLE en bois. Elle sert aux équipeurs-monteurs & n'a rien de particulier.

RÈGLE en fer pour les fonderies. Il en faut une pour chaque espèce de canon ; elle doit être bien droite, bien limée, de la longueur du canon, & proportionnée à son calibre par ses dimensions ; celle de 0 mèt. 0541 à 0 mèt. 0608 (24 à 27 lig.) de largeur, & 0 mèt. 0135 (6 lig.) d'épaisseur, sert à vérifier si la pièce est bien droite de la lumière à l'astragale du collet.

RÉGLEMENS. Les différens services du personnel & du matériel du corps royal de l'artillerie sont fixés par des réglemens & des ordonnances ; mais plusieurs des anciens réglemens sont susceptibles d'être modifiés, & d'autres doivent être entièrement refaits : tels sont ceux concernant les manufactures d'armes, les forges, les fonderies & les poudres. C'est pourquoi on ne trouvera pas ces derniers réglemens dans ce Dictionnaire. (*Voyez*, pour les autres objets, les articles NOTICE SUR LE CORPS ROYAL DE L'ARTILLERIE; Ordre de service du corps royal de l'artillerie dans les places; Personnel du corps royal de l'artillerie; Service du corps royal de l'artillerie en campagne, dans les siéges, dans les places, dans les écoles régimentaires, dans les arsenaux de construction, train d'artillerie; *voyez* enfin la Collection des lois, arrêtés & réglemens sur les différens services de l'artillerie.)

RÉGULE. Métal fondu, débarrassé de sa gangue, de son minéralisateur, & de toute matière étrangère. (*Voyez* le *Dictionnaire de Minéralogie de l'Encyclopédie méthodique.*)

REIN ou DOS. Partie du chien qui est opposée à la sous-gorge, & qui, avec elle, forme le cœur.

RELIEN. Poudre à demi écrasée qu'on emploie ainsi dans les artifices, afin qu'elle ait moins de vivacité. (*Voyez* l'*Art de l'artificier de l'Encyclopédie méthodique.*)

REMPART DE BASSINET. Partie saillante du corps de platine dans laquelle passe la grande vis du milieu. Elle sert à ajuster la platine contre le canon. (*Voyez* l'article CORPS DE PLATINE.)

REMPART de batterie. Partie saillante du corps de platine dans laquelle passe la vis de batterie. (*Voyez* l'article CORPS DE PLATINE.)

RENARD ou LOUP. C'est un crochet dont le bec, entrant à volonté dans un cran fait à l'arrière du chien, l'empêche de s'abattre, & constitue ce qu'on appelle *une platine de sûreté.* (*Voyez* l'article PLATINE DE SURETÉ.)

RENARD ou LOUPE. Fonte affinée dans le creuset des hauts fourneaux.

RENARDIÈRE. Fourneau d'affinerie dans lequel on fond la gueuse & où l'on chauffe à la fois les lopins. (*Voyez* le *Dictionnaire des Mines & Minéralogie de l'Encyclopédie méthodique.*)

RENCONTRER. C'est le vice qui a lieu dans la platine lorsque le bec de gâchette, en s'échappant du cran du bandé, heurte la partie saillante du cran du repos. Cette partie où le bec risque alors de se casser, ou le chien ne s'abat pas. (*Voyez* l'article PLATINES DES ARMES DE GUERRE.)

RENFLEMENT DU BOULET D'UNE PIÈCE DE

CANON. Partie arrondie qui termine le canon du côté de la bouche.

RENFORT. On appelle ainsi une augmentation d'épaisseur de métal dans une bouche à feu aux endroits qui fatiguent le plus par l'explosion de la poudre. Il y a deux renforts dans une pièce de canon; le premier est depuis la culasse jusqu'à la plate-bande en arrière des tourillons; le second s'étend depuis cette plate-bande jusqu'à celle qui est en avant des tourillons. C'est au premier renfort que se trouve la plus grande épaisseur de la pièce.

RÉPARATION DES ARMES PORTATIVES. Opération qui consiste à remettre en état des pièces dégradées, & qu'on appelle *rhabillage*. (*Voyez* ce mot.)

REPASSER UN CANON DE FUSIL. C'est battre le fer à petits coups lorsqu'il est chaud, pour en resserrer les pores & lui donner plus de résistance.

REPOUSSER. Dans toutes les armes à feu, l'explosion de la charge ne peut se faire sans y occasionner un mouvement rétrograde: c'est ce qu'on appelle *recul* dans les pièces d'artillerie. Dans le fusil, lorsque ce mouvement se fait sentir à l'épaule, on dit que le fusil *repousse*, ce qui peut provenir de plusieurs causes. Un canon fort léger aura nécessairement plus de recul, toutes choses égales d'ailleurs, qu'un canon fort en dimensions. Un canon monté sur une couche trop droite repousse davantage que celui qui est monté sur une couche fort courbée, parce que la courbure amortit & divise l'effet du recul. Quelquefois aussi un fusil peut repousser par la faute du tireur, qui *épaule* mal, ce qui a lieu lorsque la crosse ne porte pas en plein sur l'épaule. Alors l'effort de la charge n'ayant qu'un faux point d'appui, le tireur est blessé par la partie saillante du haut de la plaque de couche, qui porte sur le milieu de l'épaule, au lieu de la partie évidée de cette même pièce qui, dans le fusil de chasse, devroit l'embrasser. On attribue quelquefois le trop de recul à la position plus ou moins avancée de la lumière par rapport au bouton de la culasse, & beaucoup d'arquebusiers pensent que cette lumière doit toujours être percée à fleur du bouton de culasse; mais on a vu au mot LUMIÈRE que dans les canons de fusil, sa position ne paroît pas avoir d'influence sensible sur le recul.

REPOUSSOIR. Cheville en fer, quelquefois emmanchée, servant à faire sortir de leur logement, à l'aide d'un marteau, les boulons, les chevilles, les goupilles & les clous.

RÉSERVE D'ARTILLERIE. C'est, à l'armée, une ou plusieurs batteries de canons destinées à se porter avec promptitude sur un point d'attaque, afin de le renforcer & de repousser l'ennemi.

RÉSISTANCE DES BOIS. C'est la propriété qu'ils ont de résister aux poids des fardeaux dont on les charge, aux chocs ou aux efforts que l'on fait en s'en servant comme leviers.

La résistance des bois équarris, posés horizontalement & chargés dans leur milieu, est raison composée de la directe du carré de leur hauteur par leur largeur, & de l'inverse de leur longueur. Une pièce de bois qui a supporté un grand fardeau pendant quelque temps, perd de sa force & se rompt, sans donner d'indices & sans éclater. Le bois a un ressort qui se rétablit à un certain point; mais si ce ressort est bandé autant qu'il est possible sans rompre, il ne se rétablit qu'imparfaitement. Les pièces de bois non scellées perdent un tiers de la résistance qu'elles offriroient si elles étoient arrêtées & scellées par les bouts. Sur une même grosseur, une pièce de bois qui a moitié moins de longueur, porte plus du double. Sur une même longueur, une pièce de bois double en grosseur porte plus du double.

La force du bois, selon Buffon, est proportionnelle à sa pesanteur: de deux pièces de même grosseur & de même longueur, la plus pesante est la plus forte, à peu près dans la même proportion qu'elle pèse davantage. Cet auteur assure qu'une pièce de bois chargée des deux tiers du poids capable de la faire rompre, ne rompt pas d'abord, mais elle rompt au bout d'un certain temps. Si cette assertion est exacte, il en résulte qu'il ne faut charger les bois que de la moitié tout au plus de la charge qui peut les faire rompre.

RÉSONNANCE. Bruit produit par le jeu qu'on laisse à la baguette du fusil lorsqu'elle est placée dans son logement.

Pour donner la résonnance aux fusils modèles de 1816, on a élargi le canal de la baguette, en le diminuant toutefois depuis le haut du logement de cette pièce jusqu'au-dessous de la grenadière, & on a forgé la partie inférieure du nez de l'embouchoir de manière à isoler cette même partie du fût, tandis qu'elle s'y appliquoit dans le fusil de 1777 corrigé. La baguette serrée du bas, retenue par son ressort, mais libre du haut, produit par ses vibrations le cliquetis désiré dans le maniement des fusils. En élargissant le canal de la baguette des fusils de 1777 & en limant un peu l'extérieur du nez de l'embouchoir, on obtiendroit une résonnance suffisante.

RESSORTS DE BAGUETTE. La baguette du fusil de guerre est pressée dans la partie inférieure de son canal par un ressort à feuille de sauge ou cuilleron, incrusté dans le bois sous le tonnerre du canon & retenue par une goupille.

RESSORTS de garniture. Ce sont trois petits

ressorts d'acier noyés dans le bois du fusil, où ils sont fixés par un bout à crochet & à goupille, & se terminant de l'autre en un pivot saillant qui, entrant dans un petit trou fait à l'embouchoir, retiennent cette pièce en place, ou bien se terminant de l'autre en un petit talon ou épaulement, & qui, placés au-dessus de la grenadière & de la capucine, fixent ces pièces dans leur position respective, en les empêchant de glisser vers le bout du fusil. Ces ressorts s'appellent quelquefois *ressorts à bois*. (*Voyez* l'article Recette des armes portatives.)

Ressorts de platine. Ils sont au nombre de trois · le grand ressort, le ressort de batterie & le ressort de gâchette. Ce sont 'es bandes d'acier placées & assujetties au corps de platine, chacune par une vis & un pivot. La grande branche du grand ressort est recourbée en forme de grifle, qui engrène dans celle de la noix; la petite branche est terminée par une pate percée pour recevoir la vis. Quand la grande branche est tendue, elle agit fortement sur la noix, & la force à revenir d'où elle est partie lorsqu'on a armé le chien, aussitôt qu'on fait sortir la gâchette du cran du bandé. Au ressort de gâchette, la vis est placée à l'extrémité de la grande branche, & l'extrémité de la petite est plate ; ce ressort force la gâchette à rester engrenée dans les crans de la noix.

La grande branche du ressort de batterie est plate comme celle de la gâchette ; la petite, percée pour recevoir la vis, est terminée par une pate. Ce ressort est destiné à maintenir la batterie & à donner de l'élasticité à ses mouvemens.

RESSUYER. Évaporation spontanée d'une portion de l'humidité que contient la matière. La poudre se grène mieux quand elle est ressuyée que quand elle est trop humide.

RETARD. Sorte de petite fusée chargée d'une composition dont la durée est calculée pour retarder l'explosion d'un artifice de joie. La fusée d'une bombe est une sorte de retard.

RETOUR. Un arbre est sur le retour quand il est suranné & qu'il dépérit sensiblement; sa tête se couronne, c'est-à-dire, que les branches de la cime forment une tête arrondie & meurent; le corps se dessèche, l'écorce se détache du bois, la sève s'écoule par des gerçures & il se couvre de plantes parasites; enfin, il est altéré au cœur & souvent creux, ce que l'on reconnoît à l'ouïe, en frappant sur le tronc avec un marteau.

RETRAIT. Les métaux incandescens, en se refroidissant, prennent du retrait, tandis qu'ils se dilatent au contraire par la chaleur; les bois, en se séchant, prennent aussi du retrait. (*Voyez* ci-après les articles Retrait des bois & Retrait des fontes de fer.)

On ne peut donner le tableau du retrait qu'éprouvent diverses substances, mais on croit devoir donner celui des dilatations qu'elles éprouvent depuis le terme de la congélation de l'eau jusqu'à celui de son ébullition. D'après MM. Lavoisier & Laplace, voici les noms de ces substances & leurs dilatations en fractions décimales & en fractions vulgaires.

Acier non trempé............	0,0010791	$\frac{1}{92}$
Argent de coupelle..........	0,0019097	$\frac{1}{523}$
Cuivre rouge...............	0,0017175	$\frac{1}{582}$
Cuivre jaune ou laiton......	0,0018782	$\frac{1}{533}$
Etain de Falmouth..........	0,0021730	$\frac{1}{460}$
Fer doux forgé.............	0,0012205	
Fer rond passé à la filière....	0,0012350	$\frac{1}{810}$
Flint-glass anglais..........	0,0008117	$\frac{1}{1231}$
Or de départ..............	0,0014661	$\frac{1}{682}$
Or au titre de Paris.........	0,0015515	$\frac{1}{644}$
Platine...................	0,0008565	$\frac{1}{1167}$
Plomb....................	0,0028484	$\frac{1}{351}$
Verre de Saint-Gobain.......	0,0008909	$\frac{1}{1122}$
Le mercure se dilate, en volume, depuis 0 jusqu'à l'eau bouillante, de..................	0,018018	$\frac{100}{5550}$
L'eau de..................	0,0433	$\frac{1}{23}$
L'alcool de................	0,1100	
Tous les gaz de.............	0,3750	$\frac{100}{267}$

Retrait des bois. On sait que les bois, en se desséchant, perdent de leur poids & de leur volume ; c'est ce qu'on appelle dans l'artillerie *le retrait des bois*. Ils ne prennent ordinairement du retrait que sur une seule dimension, c'est-à-dire, que leur hauteur demeurant à peu près la même, c'est seulement par le rapprochement de leurs fibres parallèles à l'axe des arbres, que leur volume diminue. Si leur desséchement s'opère à l'ombre & d'une manière insensible, & leur grain est égal, s'il y a naturellement beaucoup d'adhérence entre les fibres, le retrait a lieu sans fentes, ou avec beaucoup moins de fentes que quand on hâte brusquement la dessiccation au grand air, au soleil, ou par quelque artifice. De quelque manière que cette dessiccation ait été faite, qu'elle soit prompte ou tardive, dès qu'elle est achevée, le retrait se trouve être à peu près le même.

Il y a des bois de bonne qualité, tels que le hêtre & le tilleul, qui diminuent d'un quart en se desséchant.

Retrait des fontes de fer. Toutes les fontes prennent du retrait ; mais elles en prennent plus ou moins, suivant leur nature. Si l'on coule dans les mêmes coquilles de la fonte grise & ensuite de la fonte blanche, cette dernière prendra plus de consistance que l'autre. Le retrait, dans le sens du diamètre vertical, est toujours moins considérable que celui du diamètre horizontal.

Les modèles en cuivre pour couler les bombes & les obus, doivent donc avoir de plus grands diamètres que ceux exacts de ces projectiles ; & ces diamètres doivent être relatifs à l'espece de fonte que l'on doit employer. Ainsi, on ne peut déterminer par la théorie les dimensions des modèles en cuivre ; mais en laissant depuis 0 mèt. 0006 jusqu'à 0 mèt. 0018 (3 jusqu'à 9 points) de plus, moulant trois ou quatre fois pour les essayer, & faisant chaque fois passer les globes sur le tout, on obtient facilement des modèles justes, par rapport à la nature des fontes.

RETRAITE. C'est, dans les manœuvres de force, la partie du cordage qui reste après l'avoir tourné sur le treuil, & à laquelle on applique une puissance pour faire équilibre au poids à élever.

RÉVEILLE-MATIN. On appeloit ainsi autrefois une pièce de canon du calibre de 96. On l'a appelé aussi *double-canon* & *brise-mur*.

REVÊTEMENT D'UNE BATTERIE DE CANON. C'est un soutenement en saucissons que l'on élève pour soutenir intérieurement les terres d'une batterie & les empêcher de s'ébouler. A défaut de saucissons on fait usage de gabions, de claies, de sacs à terre, &c. Le revêtement s'appelle quelquefois *chemise*. (*Voyez* l'article BATTERIE DE SIÉGE.)

RÉVISEURS D'ARMES. Employés d'artillerie chargés, dans les manufactures royales, de seconder les contrôleurs dans la visite, l'épreuve & la réception des armes portatives. Ils sont choisis parmi les chefs ouvriers de ces établissemens, sachant lire, écrire, & réunissant aux connoissances de leur art, les qualités nécessaires pour se faire respecter de ceux dont ils contrôlent l'ouvrage.

L'ordonnance du 22 septembre 1815 fixe à soixante-huit le nombre des contrôleurs & réviseurs des manufactures royales d'armes, dont huit contrôleurs de première classe, vingt-quatre de deuxième classe, & trente-six réviseurs.

Ces employés sont répartis dans ces manufactures de façon que chacune d'elles en ait le nombre nécessaire au service.

Une décision du ministre de la guerre en date du 26 mai 1807, porte :

1°. Que ceux des contrôleurs de deuxième classe qui pourront parvenir aux places de première classe, devront avoir fait leur chef-d'œuvre de maître équipeur-monteur & de maître platineur, & avoir d'ailleurs pris des connoissances sur les autres parties de l'arme pendant le temps qu'ils auront rempli les fonctions de réviseur & de contrôleur en second aux manufactures.

2°. Que les contrôleurs en second devant être pris parmi les réviseurs, lorsqu'il s'en trouve qui ont les talens analogues aux places vacantes, il ne sera admis à celle de réviseur que des ouvriers habiles.

3°. Que le réviseur adjoint au contrôleur des canons devra savoir forger & dresser les canons, & avoir pris, pendant le temps qu'il exercera les fonctions de réviseur, des connoissances sur les autres parties de travail qui concernent le canon, afin d'être susceptible de remplir un emploi de contrôleur de canons.

4°. Que le réviseur adjoint au premier contrôleur chargé de recevoir l'arme finie, devra être maître équipeur-monteur & maître platineur, & avoir acquis, pendant le temps qu'il aura exercé les fonctions de réviseur & de contrôleur en second, des connoissances sur toutes les parties de l'arme, pour pouvoir être nommé premier contrôleur.

5°. Que le réviseur adjoint au contrôleur des platines devra être maître platineur & forgeur de garnitures, pour avoir droit à être placé comme contrôleur en second chargé de la platine, & que s'il n'est pas équipeur-monteur, il ne pourra parvenir à une place de premier contrôleur.

Les appointemens des contrôleurs & réviseurs sont, conformément au décret du 30 thermidor an 13, pour les contrôleurs de première classe, de 2400 fr. par an ; pour ceux de deuxième classe, de 1800 fr. ; pour les réviseurs, de 1500 fr.

Une ordonnance du 25 février 1816 porte :

Art. 1er. Que les contrôleurs & les réviseurs d'armes pourront obtenir des pensions, ainsi qu'il est déterminé ci-après :

Ils auront, à vingt-cinq ans de service dans les établissemens d'artillerie, le *minimum* de la pension, fixé au tiers du taux moyen du traitement fixe dont ils auront joui pendant les trois dernières années de leur activité ; à trente-cinq ans, la moitié du même traitement, & à quarante-cinq le *maximum*, déterminé aux deux tiers de ce traitement.

Il leur sera accordé des annuités réglées au soixantième du traitement moyen pour les années au-delà de vingt-cinq & trente-cinq ans de service.

Art. 2. Que leurs services dans les manufactures royales ne courront que de l'âge de vingt ans ; & le temps durant lequel ils auront été occupés comme ouvriers de ces manufactures, leur sera compté lorsqu'ils auront exercé pendant dix ans au moins les fonctions de contrôleur ou de réviseur.

Tout autre service salarié par le trésor pourra être ensuite admis pour l'accroissement de la pension.

Art. 3. Que toutes les autres dispositions de l'ordonnance du même jour, en faveur des instituteurs, professeurs & répétiteurs des écoles d'artillerie & du génie, notamment celles sur la quotité des retenues à exercer pour le fonds de retraite, sur les droits des veuves & des orphelins à des pensions ou secours ; sur les formes de proposition à la retraite & le mode de paiement de cette récompense, sont entièrement applicables aux contrôleurs & réviseurs d'armes, sauf les modifications pour la durée des services désignés dans les articles 1 & 2 de cette présente ordonnance.

RÉVISION. C'est le nouvel examen des canons des armes portatives, qu'on fait après l'épreuve & après la sortie de la salle d'humidité. Il y a une salle de révision dans les manufactures d'armes. (*Voy* l'article MANUFACTURES ROYALES D'ARMES.)

RHABILLAGE. Réparations qu'on fait à des armes portatives pour les remettre en état de service.

Les officiers chargés de surveiller ces réparations dans les régimens, ne peuvent y donner trop de soin. Ils doivent empêcher de faire celles proscrites par les réglemens, telles que *rapporter un talon à la batterie, mettre un pivot à la noix, braser un carré au chien, braser une queue de culasse*, &c. Ces réparations, dictées par une fausse économie, ne font jamais de bon service ; souvent des armuriers dégradent de bonnes pièces pour les coordonner à des pièces défectueuses.

On a vu couper des canons à la bouche parce qu'on les trouvoit trop longs pour les hommes qui devoient s'en servir, ou parce que la baguette ayant été cassée, étoit trop courte pour bourrer.

Pour ajuster une nouvelle platine sur un canon, les armuriers font assez ordinairement dans l'usage de limer pour cet effet le pan de la lumière, au lieu de faire cette opération sur le rempart de la batterie, où cela est moins facile, il est vrai, lorsque la platine est trempée. On ne doit toucher au canon avec la lime, à cette pièce si importante, que quand les environs de la lumière sont tellement piqués de rouille, qu'il soit nécessaire de dresser le pan.

Lorsqu'on fait mettre un tenon pour la baïonnette, l'armurier doit avoir l'attention de ne pas trop entailler le canon à cet endroit, qui est très-foible, & de prendre garde que le fer ne soit pas refoulé en dedans, en se servant du cylindre-calibre pour le faire passer dans le tube après l'opération.

Lorsqu'on remplace un corps de platine, il faut, pour que la platine soit bien sur le bois, s'il est conservé, abattre le rempart & la bouterolle du corps défectueux, s'en servir comme d'un calibre & d'un conducteur pour le contour & les trous à percer à la nouvelle pièce, dont, à cet effet, on dégrossit une des faces.

L'ajustage du chien exige communément qu'on rafraîchisse son carré pour le coordonner à une nouvelle noix, qu'on lime le dessus de l'épaulet pour qu'il porte entièrement sur l'extrémité supérieure du corps de platine, & qu'on le dispose de manière qu'il y ait un jour égal entre sa face intérieure & le corps de platine.

L'objet de l'ajustage de la mâchoire supérieure du chien est de donner à son encastrement & à son trou les dimensions nécessaires pour recevoir la crête & la vis du chien ; si la crête ou la vis étoient trop fortes, il faudroit limer ces pièces.

L'ajustage du batteret consiste ordinairement à disposer le plan des bords latéraux de cette pièce, de façon que l'assise de la batterie puisse s'y appliquer parfaitement, en conservant néanmoins l'inclinaison de ce plan.

Quand des platines ont beaucoup servi, il faut recuire les batteries, en redresser la face à la lime, les retremper par cémentation & recuire le pied ; mais si la face étoit usée, il faudroit y mettre une feuille de bon acier, bien fin & d'un grain bien égal : il faut, autant que possible, remplacer la batterie par une neuve.

L'ajustage de la noix consiste ordinairement à refaire le carré & à retailler les crans, si la circonférence de cette pièce le permet. On ne doit jamais diminuer l'épaisseur de la noix.

Pour ajuster la bride de noix, il faut diminuer en dessous l'épaisseur du corps de cette pièce, ou limer son pied suivant qu'elle est trop forte ou trop foible par rapport à la noix.

Dans l'ajustage de la gâchette on règle principalement les dimensions du bec de cette pièce, & sa courbure d'après les crans & le contour de la noix.

L'opération de retailler la noix & la gâchette exige qu'on fasse recuire ces pièces ; on les trempe ensuite par cémentation.

Pour ajuster les ressorts de platine, il faut disposer leur pivot & leur patte de manière à ce qu'ils se rapportent aux trous auxquels ils doivent être adaptés, & ôter les frottemens de ces moteurs de la platine.

Il faut avoir soin, dans l'ajustage des vis, que leurs tiges remplissent exactement les trous destinés à les recevoir ; que les filets soient vifs, &c.

Pour le remplacement des pièces de la platine, on doit se servir de pièces de forge ou de pièces de lime de dimensions un peu fortes, afin de pouvoir les limer de manière à les ajuster facilement.

Les armuriers ne pouvant pas retremper les baguettes que les soldats auroient détrempées en les faisant recuire, il convient de les remplacer par des neuves.

Les détentes qui ne s'ajustent pas bien dans la mortaise de l'écusson, ou auxquelles il manque du fer sous la queue de gâchette, doivent être remplacées.

Le soldat a l'habitude de diminuer le bois sous l'embouchoir, la grenadière & la capucine, & d'élargir le canal de la baguette pour faire résonner le fusil.

Lorsque cette dégradation n'aura pas été pousfée au point de vue essentiellement à la solidité de la monture, il sera inutile d'y remédier. (*Voy.* le mot RESONANCE.)

On avoit l'habitude de tenir l'embouchoir, la capucine & la grenadière tellement serrés sur le bois, que le soldat ne pouvoit les en détacher qu'en frappant dessus, ce qui en abattoit les arêtes & les dégradoit promptement. On a donné l'ordre de les ajuster de manière que, sans avoir de jeu, ils pussent entrer & sortir facilement. On doit avoir la même attention dans les réparations d'armes. (*Voyez*, pour les réparations des fûts des armes à feu portatives, le mot ENTURES, & pour celles des lumières des canons, l'article GRAIN DE LUMIÈRE POUR LES CANONS DE FUSIL.)

Lorsque des sabres ont été réparés & remontés par les armuriers des régimens, on s'assure que les pièces en fer & en cuivre n'ont ni soufflures, ni gerçures, ni travers nuisibles à leur solidité.

Lorsqu'on remonte des sabres d'artillerie, on doit soigner l'ajustage des rivets, de manière à ce qu'ils entrent juste & même de force dans les trous de la soie. (*Voyez* le mot RECETTE DES ARMES BLANCHES.)

Quand le quillon du sabre d'infanterie ou celui du sabre de cavalerie légère aura été cassé, il faudra, autant que possible, remplacer la monture, l'opération de braser cette pièce étant mauvaise.

Il est fort important d'empêcher les soldats de faire aiguiser leurs lames de sabre par des rémouleurs ambulans, qui les dégradent ordinairement en faisant cette opération; le fil ne devant d'ailleurs être donné aux lames que d'après un ordre spécial.

Lorsqu'on remplace la hampe d'une lance, il faut avoir soin de n'employer que du bois sec, sans nœuds nuisibles, & de fil dans toute sa longueur. Cette hampe sera, autant que possible, en frêne, & à défaut de ce bois on fait usage de celui de noyer.

On peut donner à la hampe, lorsque le bois aura été poli, une couleur noirâtre qu'on obtient au moyen de limaille de fer ou d'acier, qu'on laisse plusieurs jours dans le vinaigre. (*Voyez* l'article LANCE DES LANCIERS FRANÇAIS.)

RIBADOQUIN. On appelle ainsi une ancienne pièce de canon dont la longueur étoit de trente-six calibres, dont le boulet pesoit 0 kil. 8546 (1 liv. 12 onc.), & que l'on tiroit avec une quantité de poudre égale à ce poids.

RIBAUDEQUIN. On appeloit ainsi un grand arbalète dont l'arc avoit 3 mèt. 8981 à 4 mèt. 8726 (12 à 15 pieds) de longueur, fixé sur un *arbre* long à proportion, large de 0 mèt. 3248 (1 pied), & creusé d'un canal pour recevoir un dard de 1 mèt. 6242 à 1 mèt. 9490 (5 à 6 pieds) de longueur, ferré & empenné de cornes minces ou de bois léger, pour le tenir en équilibre. Ces arbalètes se plaçoient sur les murs des forteresses, où deux ou quatre hommes les manœuvroient à l'aide d'une machine. Cette manœuvre consistoit à bander ce grand arc & à lancer le trait sur l'ennemi.

RIBLONS. On appelle ainsi des morceaux de fer qui n'ont plus les dimensions nécessaires pour être employés dans les travaux de l'artillerie. On les vend ou on en fait des lopins qu'on étire au martinet.

RICOCHETS. Bonds que fait le boulet lorsque l'on tire le canon à petites charges & sous un angle peu élevé au-dessus de l'horizon. L'art de tirer à ricochets dans les siéges, consiste à imprimer la force nécessaire au projectile pour atteindre un but, & que de-là il puisse faire différens bonds, & pénétrer dans des lieux qu'il ne pouvoit frapper directement. Le maréchal de Vauban employa le premier cette façon de tirer au siége d'Ath, en 1697.

Le ricochet n'est pas entièrement restreint à une charge & à un angle déterminé: l'une & l'autre varient suivant l'éloignement & la différence des niveaux des objets qu'on veut frapper, & particulièrement de celui sur lequel on veut former le premier bond; mais moins l'angle aura d'élévation, plus le projectile aura d'effet & d'action, parce que dans les terrains mous il s'enfoncera moins & vaincra plus facilement la ténacité des terres ou des autres obstacles qui peuvent nuire à son objet. L'angle de projection sur des remparts peu élevés au-dessus du niveau de la batterie, doit être de huit à dix degrés. Si les ouvrages ont une hauteur considérable, il faut les placer, s'il est possible, de manière à pouvoir tirer sous ces angles, ou tout au plus sous celui de quinze degrés.

Les batteries à ricochets sont directes, & les plates-formes sont horizontales, parce que les buts à battre sont en ligne droite, & que les charges étant foibles, les pièces ont peu de recul.

Les pièces de campagne tirées sous les angles de six, sept & huit degrés, élèvent peu le projectile, & fournissent des ricochets qui s'étendent sur un terrain uni jusqu'à la distance de 779 mèt. 61 à 974 mèt. 52 (4 à 500 toises).

Les boulets tirés sous les angles de quatre à cinq degrés ricochent bien sur l'eau.

RIDELLES. Ce sont des pièces de bois qui forment le haut des côtés du chariot à munitions, de la charrette à munitions & de la charrette à boulets; elles sont parallèles aux brancards dans la première de ces voitures, & aux timons dans les autres. C'est dans les ridelles qu'entre le haut des rouleurs.

RIFFLARD. Rabot ou demi-varlope servant

aux équipeurs-monteurs pour dresser le bois des armes à feu portatives, &c.

RIFFLOIR. Lime courbe par le bout, pour agir dans les sinuosités d'une pièce en bois ou en métal.

RINGARD. Espèce de levier ou barreau en fer. C'est le principal outil du fondeur dans les forges; il l'introduit souvent dans l'ouvrage pour dégager les scories & la mine en demi-fusion, qui, s'attachant aux parois, occasionneroient des embarras dans le fourneau. Il y a des ringards de diverses grandeurs; il y en aussi dont l'extrémité est un peu recourbée. (*Voyez* les articles CROARD & LACHETER.)

RINGARD du chio. Petit ringard servant, dans les forges, à donner écoulement au laitier.

RIQUETTE. Rognure que le canonnier détache au tonnerre d'un canon, quand la lame contient plus de fer qu'il n'en faut pour le forger, ce qui arrive rarement, cette lame devant avoir les dimensions prescrites. (*Voyez* l'article LAMES A CANONS.)

RIVER. C'est plier & aplatir une pointe de clou pour mieux le fixer. On rive la soie d'une lame de sabre sur le pommeau de ce sabre.

RIVET. C'est une petite broche de fer ou de cuivre qu'on rive des deux bouts.

RIVOIR. Marteau à river dont on fait usage dans divers travaux de l'artillerie, notamment dans la fabrication des armes blanches.

ROCHE A FEU. C'est une composition solide qui se consume lentement; sa manipulation exige des soins.

On fait fondre, sur un feu de braise, le soufre dans une chaudière ou dans un vase de terre vernissé, ensuite on y jette le salpêtre & successivement les autres matières que l'on incorpore ensemble le plus exactement possible. Le mélange étant bien fondu, on le retire de dessus le feu, on le laisse un peu refroidir, & on y jette la poudre & le pulvérin; on verse ensuite la composition sur un corps froid, où elle se fige; pour s'en servir, on la casse en petits morceaux. Sa composition ordinaire est de : poudre en grain 3. pulvérin 4, salpêtre 4, soufre 16. (*Voyez*, pour diverses autres compositions de roche à feu, le *Traité d'artifices de guerre*, par M. Bigot, chef de bataillon d'artillerie.)

ROCHET. Mode de rayer les carabines. (*Voyez* l'article RAYURES A ROCHET.)

RODER. On dit qu'une pièce rôde bien, la noix d'une platine, par exemple, quand elle tourne d'une manière uniforme sur le corps de platine. On appelle aussi *rôder*, l'action de tourner la noix de platine & les vis, dans des machines disposées à cet effet, & nommées *rôdoirs*.

RODOIRS. Outils servant à rôder. Il y a des rôdoirs à main & d'autres qu'on fait mouvoir avec une manivelle; ils sont en acier ou en fer recouvert d'une feuille d'acier; ils ont ordinairement la forme d'un parallélipipède.

RÔDOIR à coussinet. C'est le rôdoir double qu'on a modifié en détachant du reste de la machine les rôdoirs proprement dits, pour pouvoir les renouveler à volonté lorsqu'ils sont hors de service, sans faire la dépense des autres parties.

RÔDOIR double ou à calibre double. Machine composée de deux rôdoirs simples, dont l'un est destiné, par exemple, pour le dessus de la noix d'une platine & sa tige, tandis que l'autre sert pour le dessous & l'arbre de cette noix. Ce dernier est terminé à ses extrémités par deux montans qui servent d'appui au premier, entaillé pour recevoir ces montans; deux vis de pression, traversant les rôdoirs, servent à maintenir les noix entre leurs surfaces parallèles. Le rôdage s'opère en fixant entre les mâchoires d'un étau l'arbre de la noix, & faisant tourner le rôdoir à l'aide d'un manche adapté au milieu de l'un des montans.

RÔDOIR simple. Machine destinée à limer d'une manière régulière les surfaces des pièces en fer; il est à cet effet entaillé de dents faisant l'office de lime.

RÔDOIR pour les vis. Il sert à unir le dessus de la tête des vis.

RONDACHE ou RONDELLE. Bouclier rond, convexe en dehors, concave en dedans, tenant au bras par des courroies. Il étoit en métal ou en bois revêtu de peau, ou formé de nattes, de nerfs tressés, &c.

RONDELLE A CHAUD DE L'ŒIL DES PROJECTILES CREUX. Elle est pourvue d'une tige fort longue, qui permet à l'ouvrier d'en faire usage sans trop souffrir de la chaleur. Elle est un peu plus grande que les diamètres moyens de l'œil, à cause du retrait qu'éprouve cette partie par le refroidissement.

RONDELLE de vérification pour les coquilles des projectiles pleins. C'est une plaque de fer battu, percée & tournée extérieurement du diamètre juste de la grande lunette de réception, dans laquelle elle doit passer avec frottement. Elle porte

porte fur fon plat deux raies fur la même ligne, paffant par le centre du cercle & le coupant en deux parties égales; le bord extérieur eft chanfreiné ou arrondi en deffous.

Rondelles des voitures d'artillerie. Pièces en fer fervant à préferver les pièces en bois contre lefquelles on les applique. Ce font des plaques percées pour donner paffage à d'autres pièces. Il y a des rondelles à oreilles, des rondelles ouvertes & des rondelles en talus.

ROSEAU. On fait ufage de rofeau pour les fufées d'amorce. C'eft le rofeau plumeux des marais qu'on coupe pendant l'hiver dans les fonds abrités des vents, & que l'on conferve dans des endroits fecs, après les avoir épluchés. On les paffe dans un calibre qui a 0 mèt. 0004 (2 points) de moins que le diamètre de la lumière des bouches à feu. (*Voyez* l'article Fusées d'amorce dites étoupilles.)

ROSETTE. On appelle fouvent ainfi le cuivre rouge pur qui entre dans l'alliage des bouches à feu. Il eft d'une couleur rougeâtre & affez brillante. Les rofettes font des maffes que l'on obtient en refroidiffant la furface du cuivre fondu en bain. Ce cuivre refroidi fubitement fe durcit à fa furface & forme une galette qu'on enlève. La caffure des rofettes du commerce préfente du grain, & le métal n'a fouvent pas toute la pureté dont il eft fufceptible. (*Voyez* l'article Notice sur les procédés au moyen defquels on peut donner à du cuivre impur le degré de pureté néceffaire pour l'employer à la fonte des bouches à feu.)

Rosettes dans les armes portatives. Extrémité rondes, aplaties, repliées en dehors & percées pour recevoir une vis dans la virole de bayonnette, les battans de grenadière & de fousgarde.

Rosettes dans les voitures d'artillerie. Plaques rondes ou ovales de fer, chanfreinées, qu'on met fous les écrous des voitures d'artillerie pour en conferver le bois.

ROUE. On fait que c'eft une machine fort fimple, confiftant en une pièce ronde qui tourne autour d'un axe; elle eft une des principales puiffances employées dans la mécanique. Elle entre dans la plupart des machines qui fervent à la fabrication des armes.

Les roues dentées font celles dont la circonférence eft partagée en dents, afin qu'elles puiffent s'appliquer les unes fur les autres & fe combiner. On donne le nom de *pignons* aux petites roues qui engrènent dans les grandes.

Roue à aube. Elle eft armée fur la circonférence de plans que l'eau choque pour la faire mouvoir.

Roue à feu. C'eft, dans les feux de réjouiffance, un affemblage de jets attachés fur une roue à pans, qui, étant allumés, font tourner la roue très-vite & forment un cercle de feu. (*Voyez* le mot Girandoles.)

Roues des voitures d'artillerie. Elles font compofées, 1°. du moyeu, qui a trois parties, favoir, le gros & le petit bout, qui font entourés de deux cercles de fer appelés *frettes*, & le bouge, fur les bords duquel font appliqués deux autres cercles de fer qu'on nomme *cordons* : il y a de chaque côté du bouge une efpèce de collet concave qu'on appelle *écoiffage*; 2°. des jantes fur lefquelles font placées les bandes de roues, retenues par des clous; ces jantes font traverfées par des boulons à écrou; 3°. des rais qui font à pattes; 4°. d'une boîte qui eft en fer pour les effieux en bois, & en cuivre pour les effieux en fer.

Une roue exige de l'art dans fa conftruction; la faillie que l'on donne en dehors s'appelle *écuanteur*; elle fe règle fur la hauteur de la roue. Cette faillie fert à en donner aux flancs de la voiture, à la rendre moins verfante, à jeter prefque toutes les éclabouffures en dehors, à donner plus de folidité à la roue, qui, dans toutes les obliquités que lui font faire les chemins, rend l'effet du rais fuivant la perpendiculaire, par conféquent fuivant la plus grande force; mais trop d'écuanteur affoibliroit une roue.

Les roues doivent avoir une folidité en raifon compofée du fardeau dont on veut les charger, de la qualité des chemins où elles doivent paffer, & du tourment qu'ont à effuyer, dans le tir, celles deftinées pour les affûts.

Il y a aux roues des voitures garnies d'une chaîne à enrayer, des équerres pour l'appui de cette chaîne; elles font mifes intérieurement dans l'angle du rais & de la jante. On en met deux diamétralement oppofées à chaque roue qui doit fupporter l'enrayage, de façon que le milieu d'une des bandes de la roue touche à terre.

Les roues des voitures d'artillerie ont cinq, fix ou fept bandes, fuivant les voitures auxquelles elles font deftinées. Les roues ferrées à cercle ont plus de folidité que celles à bandes, parce que les jantes ne font pas affoiblies par les clous, & n'ont pas de mouvement, tout faifant fyftême; elles offrent de plus une économie de la moitié du temps pour la main-d'œuvre; mais il faut, pour conftruire ces roues, des bois très-fecs, & comme on en manque fouvent à la guerre, cet inconvénient a empêché jufqu'ici d'adopter les roues à cercles.

Roues à vouffoir. On appelle *roues à vouffoir*, des roues dont les pattes des rais font contenues par deux plaques de fer ou de cuivre unies par des boulons à vis, & tiennent lieu de moyeu; ces plaques font percées pour laiffer paffer les fufées de l'essieu, & les pattes des rais font assemblées, fe touchant & formant par leur coupe une espèce de voûte autour de la fufée. Les roues à vouffoir ne font pas en ufage dans l'artillerie : on en voit à des voitures de luxe. (*Voyez* le mot Voussoirier.)

ROUET. Petite roue d'acier appliquée dans la fraifure du baffinet de l'arquebufe, contre le pan de la lumière du canon. Cette roue a un arbre auquel eft attachée une chaînette qui fe roule fur lui quand on le fait tourner à l'aide d'une clef, pour bander le reffort auquel cette chaînette eft également attachée. Quand le chien s'abat, en preffant le doigt fur la détente, le baffinet fe découvre, la pierre appuie fur le rouet, & par le mouvement rapide de rotation de cette dernière pièce, on produit des étincelles qui enflamment la poudre d'amorce. (*Voyez* l'Art de l'arquebufier de l'*Encyclopédie méthodique*.)

ROULÉ. Un arbre eft roulé quand il a dans l'intérieur des cercles qui ne font pas adhérens les uns aux autres. Ce vice fe manifefte furtout quand le bois fe deffèche, & on voit alors une couronne de bois vif qui entoure un noyau qu'on peut quelquefois faire fortir fans efforts. Les grands vents agitant violemment les forêts, occafionnent dans le temps de la fève la roulure des arbres.

ROULEAUX. Pièces de bois de forme cylindrique, dont les extrémités, garnies de frettes en fer, ont des mortaifes deftinées à recevoir le bout des leviers. Ces rouleaux dont on fait quelquefois ufage dans les manœuvres de force, fe mettent fous de gros fardeaux pour les transporter d'un endroit à un autre. On fait quelquefois ufage de rouleaux fans mortaifes.

ROULETTES D'AFFUT ET DE CHASSIS. Elles font en fer coulé; leur effieu eft en fer battu & adhérent aux roulettes. Il n'y a qu'un modèle pour l'affût de place & pour le châffis d'affût de côte. On n'admet pas pour le fervice les roulettes dont l'effieu ne fait pas angle droit avec leur plan.

ROULETTE. C'eft, dans la platine des fufils de chaffe, une petite roulette d'acier qu'on adapte à l'extrémité de la petite branche du reffort de batterie, ou à l'extrémité du pied de la batterie, à laquelle elle donne un mouvement plus doux. On a propofé plufieurs fois de l'adopter pour les platines de guerre; mais ce mécanifme eft fragile & fujet à s'encraffer. (*Voyez* l'article PLATINES DES ARMES DE LUXE.)

ROULONS. On appelle ainfi de petites pièces de bois qui garniffent les côtés du chariot à munitions, de la charrette à munitions & de la charrette à boulets. Ils font logés, par leurs extrémités, dans les ridelles & les brancards, ou dans les ridelles & les limons.

ROUVERAIN. Défaut des fers qui fe brifent en les forgeant, lorfqu'ils font chauds. (*Voyez* le *Dictionnaire des Mines & Minéralogie de l'Encyclopédie méthodique*.)

RUBAN. C'eft une lame préparée & étirée de fer de la meilleure qualité, ou de fer & d'acier choifis, pour former un canon d'arme de luxe. (*Voyez* l'article CANON A RUBAN.)

S

SABLON. Sable très-menu. Il ne vaut rien pour dérouiller les armes portatives, parce qu'il laiffe une empreinte fur les pièces. (*Voy.* l'article NETTOIEMENT DES ARMES PORTATIVES.)

SABOT. Pointe de fer dont on arme les pilots par le bas, lorfque le fond de la rivière eft réfiftant. (*Voyez* l'article PILOTS ou PILOTIS.)

SABOT à boulet. Pièce cylindrique en bois de tilleul, d'orme, de frêne ou d'aune, dont la furface de la bafe fupérieure eft creufée d'une quantité égale au quart du boulet; fa bafe inférieure eft un peu arrondie, afin d'entrer plus facilement dans le fachet. A environ 0 mèt. 0541 (2 pouces) de cette bafe, on pratique une rainure pour l'étranglement du fachet.

Le boulet fe fixe dans le fabot par une croix de deux bandelettes de fer-blanc, de 0 mèt 009 (4 lig.) de largeur, & d'une longueur telle que leurs extrémités foient fixées, chacune par deux petits clous à la partie inférieure du fabot & au-deffous de la rainure : l'une d'elles eft fendue au milieu dans le fens de la longueur pour y paffer la feconde en croix.

Les fabots font en ufage dans l'artillerie françaife depuis 1772. Toutes les pièces de bataille font tirées avec des boulets enfabotés. Cette méthode conferve les pièces, car le boulet avec le fabot forme un cylindre qui gliffe le long de l'ame,

& ne pouvant avoir un mouvement de rotation, il ne fait pas éprouver à cette ame les battemens violens qui ont lieu avec les boulets roulans, & qui détruisent promptement les pièces.

On ensabote les boulets, les cartouches à balles & les obus. Les sabots pour l'obusier de 6 pouces sont hémisphériques, & ceux pour l'obusier de 24 sont cylindrques comme ceux pour les canons.

Sabot de lance. Fer tronc-conique qui embrasse le bout de la hampe de la lance & qui est opposé à la lame. (*Voyez* l'article LANCE.)

SABRE. Arme offensive composée comme l'épée, d'une lame en acier, qui est courte ou longue, droite ou courbe, plate ou évidée, tranchante des deux côtés ou d'un seul, d'un fourreau en cuir ou en fer, d'une poignée, d'une garde & d'une calotte sur laquelle la soie est rivée. Presque toutes les troupes sont armées d'un sabre ; l'infanterie le porte au moyen d'un baudrier, & la cavalerie avec un ceinturon. Il y a diverses espèces de sabre pour les troupes françaises. (*Voy.* les articles ci-après.)

SABRE des officiers d'infanterie. Lame dite à la Montmorency, mais n'ayant que 0 mèt. 7580 (28 pouces) de longueur & 0 mèt. 0203 (9 lig.) de flèche ; fourreau en cuir garni d'une chape & d'un bout en cuivre doré ; garde & calotte en cuivre doré & ciselée (la garde est formée d'une petite coquille, d'une branche principale & d'une autre branche s'ajustant sur la première vers le milieu de la longueur de celle-ci) ; poignée en bois, recouverte de veau chagriné & garnie d'un filigrane d'argent doré. Le poids total du sabre est de 1 kil. (2 liv. 6 gros), & son prix d'environ 31 francs.

Quoique les modèles des armes d'officiers aient toujours été déterminés par des ordres ministériels, il n'a jamais existé, dans l'armée, une parfaite uniformité à cet égard. Outre les défauts que présentoient les différens modèles successivement adoptés ou tolérés, les armes étoient en général de mauvaise qualité, soit parce que les officiers qui les achetoient y mettoient une économie illusoire, soit parce que les marchands qui les fournissoient ne présentoient pas toujours une garantie suffisante de leur bonne fabrication.

Des recherches suivies ont été faites sur la forme & les dimensions les plus avantageuses à donner aux armes blanches des soldats ; l'autorité a pensé qu'il étoit nécessaire de s'occuper également des armes des officiers, afin de les rendre solides, commodes & d'un service sur lequel on puisse compter dans toutes les circonstances.

Le but qu'on s'est proposé ne seroit pas atteint, si les officiers pouvoient acheter chez les fabricans des armes semblables aux modèles, par la forme, sans avoir aucun moyen de s'assurer de leur bonne qualité ; d'un autre côté on n'a pas voulu obliger les officiers à tirer exclusivement leurs armes des manufactures du Gouvernement, pour ne pas porter préjudice aux armuriers du commerce. On a cru en conséquence qu'il suffisoit d'exiger que toutes les lames d'armes blanches d'officiers fussent fabriquées à la manufacture de Klingenthal, d'où les fourbisseurs peuvent les tirer. Ces lames subissent toutes les épreuves nécessaires & portent le contrôle de la manufacture. Il est d'ailleurs fabriqué à Klingenthal des sabres & épées d'officiers pour les corps qui désirent les tirer directement de cet établissement, dont le dépôt est à Paris, chez M. Manceaux, rue Lenoir-Saint-Honoré, n° 3. (*Voyez*, pour les prix des sabres & des épées, les articles SABRES DES OFFICIERS DE CAVALERIE, ÉPÉES DES OFFICIERS GÉNÉRAUX ET D'ÉTAT-MAJOR, ÉPÉES DES OFFICIERS DE TROUPE.)

SABRES des officiers de cavalerie. Les lames de ces sabres sont les mêmes que celles des sabres de troupes, mais elles sont un peu plus légères & d'un poli plus brillant ; les montures sont en cuivre ciselé & doré ; leur forme est la même que pour les soldats, sauf les ornemens qui les embellissent. Les poignées sont en bois de frêne ou de hêtre recouvert en cuir de veau chagriné, noirci & entouré d'un filigrane en argent doré. Les fourreaux sont en tôle d'acier ; leur garniture est en fer, à l'exception des battes de cuvettes qui sont en acier.

Le sabre d'officier de cavalerie de ligne coûte 50 francs, pèse 2 kil. 1721 (4 liv. 7 onc.). Sa longueur totale est de 1 mèt. 1865 (43 pou. 10 lig.).

Le sabre d'officier de cavalerie légère coûte 60 francs, pèse 1 kil. 5101 (3 liv. 11 onc. 7 gr.). Sa longueur est de 1 mèt. 1053 (40 pouc. 10 lig.).

SABRES des troupes françaises. Il y a cinq modèles de sabres pour l'armée française, savoir :

1°. *Le sabre d'infanterie, modèle de* 1816. La lame est cintrée de 0 mèt. 02 (9 lig.) de flèche, non évidée ; sa longueur est de 0 mèt. 596 (22 pouces) ; fourreau en cuir garni en cuivre laminé ; garde & poignée en cuivre, coulées d'une seule pièce. Il coûte (en 1820) 8 f. 60 c. & pèse 1 kil. 340 (2 liv. 11 onc. 6 gros) ; longueur totale avec le fourreau mesuré en ligne droite, 0 mèt. 769 (28 po. 5 lig.).

Le sabre d'infanterie sert aux troupes d'infanterie de ligne, d'infanterie légère & aux vétérans. Il se porte au moyen d'un baudrier en buffle : à l'extrémité de la partie de la bande qui passe derrière le corps de l'homme, est enté, au moyen d'une couture, le coulant de sabre formé d'un morceau de buffle ployé chair contre chair. L'extrémité inférieure du coulant est taillée en sifflet ; la partie la plus longue est opposée à la couture.

A la partie supérieure du dessus du passant est pratiquée une enchapure en buffle pour retenir une grande boucle en cuivre à deux ardillons mobiles, destinée à recevoir & fixer le bout de la bande qui passe devant le corps de l'homme.

Sur le dessus du coulant, & à o mèt. o35 (15 lig. 6 points) du bord de l'ouverture, est placée une petite boucle en cuivre avec ardillon : elle est fixée au moyen d'une enchapure en buffle; cette enchapure porte un passant en buffle. Cette boucle & ce passant sont destinés à recevoir le contre-sanglon de la chape du fourreau de sabre.

2°. *Le sabre d'artillerie, modèle de* 1816. La lame de ce sabre est à deux tranchans, à soie plate, à pans creux & terminée en langue de carpe, ayant de longueur o mèt. 487 (18 pouces); fourreau en cuir fort garni en cuivre laminé; la monture est composée d'une croisée & d'une poignée en cuivre, coulées ensemble; la poignée a un pommeau symétrique des deux côtés, de manière à pouvoir s'en servir avec une égale commodité dans le sens des deux tranchans de la lame. Il coûte 10 fr. 65 & pèse 1 kil. 518 (2 liv. 11 on. 1 gros). Longueur totale, o mèt. 630 (2 pieds).

Le sabre d'artillerie sert aux troupes d'artillerie à pied, aux troupes du génie & à celles du train de ces deux armes.

Le baudrier de ce sabre est le même que celui du sabre d'infanterie; mais le sabre du train se porte au moyen d'un ceinturon qui est en buffle : il se compose de cinq pièces, la grande bande, le passant du sabre, la bande d'entre-deux, la bande d'assemblage & la petite bande.

La grande bande porte sur le devant une boucle à plaque en cuivre uni; semblable à celle décrite à l'article du ceinturon de cavalerie de ligne.

Le passant du sabre est enté obliquement à l'extrémité de gauche de la grande bande; il est d'un seul morceau de buffle plié chair contre chair; son extrémité inférieure est coupée en sifflet, de manière à ce que la partie alongée soit opposée à la couture de jonction avec la grande bande; le dessous du passant doit être de o mèt. 010 (4 lig. 4 points) plus long que le dessus, pour dépasser dans cette proportion la couture de jonction : sur le milieu du dessus du passant, doit être fixée une boucle en cuivre pour retenir le contre-sanglon du fourreau de sabre; cette boucle est tenue par une enchapure en buffle, qui est recouverte par un passant également en buffle.

La bande d'entre-deux est fixée par son extrémité inférieure dans l'ouverture supérieure du passant de sabre; l'autre extrémité de cette bande forme l'enchapure de l'anneau.

La petite bande fait suite à la bande d'entre-deux, dont elle n'est séparée que par l'anneau qu'elles contiennent, au moyen des enchapures formées en pliant leurs extrémités chair contre chair. Les angles des enchapures sont coupés obliquement, pour faciliter le jeu de la petite bande; l'extrémité de cette bande opposée à l'anneau contient un passant en cuivre, avec un tenon saillant; ce passant est fixé par une enchapure formée en pliant l'extrémité de la bande chair contre chair.

La bande d'assemblage est fixée horizontalement sous la bande d'entre-deux & sous la grande bande, à la hauteur du dessous de l'anneau, dans l'enchapure duquel elle est prise; sa longueur est telle qu'en fermant l'équerre que figurent la grande bande & la bande d'entre-deux, les deux bouts servent de doublure à ces deux bandes.

Contre la bande d'assemblage on fixe un passant sous la grande bande, pour en recevoir l'extrémité lorsque le ceinturon du baudrier est porté en ceinture.

3°. *Le sabre de cavalerie de ligne, modèle de* 1816. La lame est droite & à deux gouttières; elle a o mèt. 999 (36 pouc. 11 lig. 3 points) de longueur; fourreau en tôle d'acier, sans fût en bois, la cuvette faisant ressort sur la lame pour l'assujetir dans le fourreau; garde & calotte en cuivre; poignée en bois, ficelée & recouverte de peau de veau noircie, garnie de filigrane en laiton. Il coûte (en 1821) 25 fr. 57 cent., & pèse 2 kilog. 4775 (5 liv.); longueur totale 1 mèt. 187 (43 pouc. 10 lig.).

Le sabre de cavalerie de ligne sert aux carabiniers, aux cuirassiers & aux dragons. Le ceinturon de ce sabre est en buffle; il se compose de trois bandes, une longue & deux courtes; ces deux dernières sont successivement placées à l'une des extrémités de la grande bande, de manière à ce que la petite bande intermédiaire se trouve sur le côté de l'homme, & l'autre sur le devant. Ces bandes sont réunies par deux grands anneaux en cuivre, retenus dans des enchapures circulaires formées aux extrémités de chaque bande, en pliant ces mêmes extrémités chair contre chair. Pour faciliter la circulation des anneaux dans les enchapures, les angles de ces dernières sont coupés obliquement; ces enchapures sont retenues par une double couture; l'anneau de jonction des deux bandes courtes porte le crochet en cuivre destiné à tenir le sabre relevé lorsque la cavalerie est à pied.

A l'extrémité, à droite de la grande bande, est pratiquée une boutonnière horizontale de vingt-cinq millimètres, dans laquelle est placé un bouton en cuivre à double face, pour alonger ou diminuer cette bande lorsque le ceinturon ne se porte pas en baudrier.

Chacun des grands anneaux porte une bélière en buffle, dont l'extrémité supérieure, pliée chair contre chair, embrasse la baguette de l'anneau, & est retenue par un bouton en cuivre à double face, dont la tige traverse les deux parties de buffle.

L'extrémité inférieure de chaque bélière porte une boucle plate en cuivre, à ardillon mobile en laiton; cette boucle est retenue par une enchapure formée en pliant l'extrémité de la bélière chair contre chair; la boucle enchâsse le buffle de manière à ce que la bélière puisse s'alonger & se raccourcir à volonté.

Le bout de la bande courte formant l'extrémité de gauche du ceinturon, porte un passant d'agrasse en cuivre, retenu par une enchapure a double couture, formée en pliant l'extrémité de la bande chair contre chair; ce passant a un tenon d'agrasse saillant.

La grande bande porte une plaque à pointes & à crochet, destinée à fixer le ceinturon sur le devant du corps de l'homme : la plaque a les angles équarris; elle est unie & cambrée.

Le pontet destiné à servir de passant au bout de la grande bande, est soudé par ses extrémités au côté droit de la plaque; il porte un ardillon mobile en laiton. Le crochet est soudé sous le milieu de la plaque, à 0 mèt. 010 (4 lig. 4 points) de son bord de gauche; il est courbé de manière à se diriger vers le pontet.

Les boucles & la plaque sont en cuivre fondu & limé : les ardillons sont en laiton.

4°. *Le sabre de cavalerie légère, modèle de* 1816. La lame est courbe, ayant 0 mèt. 025 (11 lig.) de flèche; elle est sans évidement, & le dos est une baguette arrondie; sa longueur est de 0 mèt. 929 (34 pouc. 4 lig. 3 points); fourreau en tôle d'acier sans fût, avec une cuvette faisant ressort, semblable à celle du sabre de cavalerie de ligne; garde & calotte en cuivre; poignée comme celle des modèles précédens. Il coûte 21 fr. 84 cent., & pèse 2 kilog. 180 (4 liv. 7 onc. 2 gros); longueur totale 1 mèt. 105 (40 pouc. 10 lig.).

Le sabre de cavalerie légère sert aux chasseurs & à l'artillerie à cheval. Le ceinturon de ce sabre est, comme celui de la cavalerie de ligne, composé de trois bandes, dont une longue & deux courtes, réunies par deux anneaux qui portent deux bélières, le tout en buffle; l'anneau de gauche porte le crochet de trousse-sabre.

Le ceinturon de chasseurs & d'artillerie à cheval diffère de celui de cavalerie de ligne par la largeur des bandes & des anneaux, par la boucle & par le crochet destinés à le fixer par devant, & par les boucleteaux ajoutés aux bélières.

L'extrémité de la petite bande de gauche opposée à l'anneau, retient un tenon en cuivre, pris dans une enchapure formée en pliant le buffle chair contre chair; ce tenon a, au milieu de la baguette opposée à l'enchapure, un œillet saillant pour retenir le crochet d'attache.

L'extrémité de la grande bande opposée à l'anneau de jonction, porte une boucle à baguette aplatie, dont les carrés sont adoucis : cette boucle est retenue par l'une de ses branches dans une enchapure formée en pliant le buffle chair contre chair.

La baguette opposée à l'enchapure à laiton, porte un ardillon mobile en laiton; l'enchapure porte un passant en buffle, dont les extré-

mités sont prises dans la couture d'enchapure; le passant couvre la partie du buffle pliée en dessous de la bande pour fermer l'enchapure de manière à ce que la bande pliée sur elle-même, chair contre chair, puisse circuler, dans ce passant, pour alonger & raccourcir à volonté le ceinturon, au moyen de la boucle.

L'anneau que forme la bande, lorsqu'elle est dans le coulant, contient un tenon à œillet, semblable à celui fixé au bout de la petite bande de gauche : cet œillet contient le crochet d'attache en laiton, figurant un 8 non fermé par la partie inférieure, & destiné à s'arrêter dans l'œillet du tenon de la bande de gauche.

Les boucleteaux de la bélière sont des courroies en buffle destinées à retenir les anneaux de fourreau de sabre; elles portent à leur extrémité supérieure une boucle en rectangle à baguette aplatie, qui est retenue dans une enchapure formée en pliant le buffle fleur contre fleur : cette enchapure porte un passant en buffle, dont les extrémités sont prises dans la couture d'enchapure. Ce passant couvre la partie de la courroie pliée pour fermer l'enchapure; ce passant est destiné à recevoir, 1°. l'extrémité inférieure de la courroie, lorsqu'elle a passé dans la boucle pour former un anneau; 2°. l'extrémité de la bélière, lorsqu'elle a également passé dans la boucle pour joindre le boucleteau à la bélière.

Toutes ces boucles & anneaux sont en cuivre fondu & limé; les ardillons & crochets sont en laiton.

5°. *Le sabre des hussards.* Cette troupe conserve provisoirement le sabre de cavalerie légère, modèle de l'an 11, dont elle est actuellement armée. (*Voyez* l'article MODÈLES DE SABRES en usage dans l'armée française, antérieurement à ceux adoptés en 1816.)

Le sabre des hussards ne sert qu'à cette troupe. Le ceinturon de ce sabre diffère de celui des chasseurs en ce que la bande intérieure du ceinturon de cette dernière arme, qui est prise dans les deux grands anneaux, est, pour les hussards, divisée en deux morceaux égaux, réunis au milieu par un grand anneau semblable à ceux dans lesquels sont prises les extrémités de cette bande. Les bouts qui se réunissent à l'anneau du milieu y sont fixés par des enchapures semblables à celles décrites pour les bandes prises dans les anneaux de ceinturon de cavalerie de ligne. Ainsi, le ceinturon de hussard a trois grands anneaux destinés à contenir chacun une des courroies de la fabretache.

SABRES *des troupes de la marine.* Ils se composent du sabre d'abordage & de celui d'artillerie de la marine. (*Voyez*, pour la description de ces armes, l'article MODÈLES DE SABRES en usage dans l'armée française antérieurement à ceux adoptés en 1816.) Indépendamment du sabre d'abordage mentionné à cet article, il y avoit encore un sabre de troupe de la marine, qui ne différoit de celui d'infanterie que par la longueur de la lame, qui avoit 0 mèt. 054 (2 pouc.) de plus, & qui étoit marquée d'une ancre de chaque côté du plat du talon ; mais il paroît abandonné, car les sabres fournis pour cette troupe dans ces derniers temps ont été des sabres d'infanterie, modèle de l'an 11.

Les armes fabriquées dans les manufactures royales pour le compte de la marine, sont, comme l'on sait, payées par ce ministère, & les prix sont arrêtés par lui ; en sorte que les fonctions des officiers d'artillerie de terre se bornent ici à la surveillance de la fabrication, de la réception & de l'expédition. Les derniers sabres d'abordage fabriqués au Klingenthal, seul établissement où on les fait, l'ont été en 1816.

SAC A CHARGES OU A CARTOUCHES. Il est de peau de veau & fait pour le service & la manœuvre des pièces de campagne. Les parties qui le composent sont le sac proprement dit, le couvert & la banderole. Il y a deux espèces de sac à cartouches ; celui pour la pièce de 12, qui a 0 mèt. 8120 (30 pouces) de développement, & celui pour les autres calibres, qui n'a que 0 mèt. 6497 (24 pouces) de développement. Le premier pèse 1 kil. 4685 (3 livres), & l'autre environ 1 kil. 1625 (2 liv. 6 onces); l'un & l'autre coûtent à peu près 7 francs.

SAC à étoupilles. Il est fait en peau de veau souple & de moyenne épaisseur, servant à renfermer les étoupilles destinées à amorcer les bouches à feu. Il se compose du sac proprement dit, du couvert & de la ceinture. Il pèse environ 0 kil. 4283 (14 onces), & coûte environ 4 francs.

SAC à laine. C'est un sac de toile que l'on remplit de laine ou de bourre, & dont on se sert à défaut de terre pour garnir les parapets, les embrasures des batteries, &c.

SACHETS. Les sachets sont des sacs de serge employés pour renfermer la charge des bouches à feu en campagne. La serge ne charbonne pas comme le parchemin, ce qui donne moins de risques pour le feu ; mais elle a l'inconvénient de tamiser quand elle n'est pas bien serrée.

On préfère la serge à droit fil à la serge croisée, parce que la première ne s'étend pas. Quand on ne trouve pas de la serge à droit fil, on prend la largeur des sacs dans la longueur de l'étoffe.

Pour former les sachets, on fait de chaque côté un rempli ; on assemble les deux côtés par une couture jusqu'à 0 mèt. 0541 (2 pouces) de leur extrémité supérieure, où on les arrête solidement. On fait de même un rempli au culot & à la partie inférieure du sachet, & on les joint par une autre couture ; on retourne ensuite le sachet & on y fait entrer de force le mandrin, sur lequel on rabat les coutures.

SACRE ou SACRET. On appeloit ainsi une ancienne pièce de canon. (*Voyez* l'article QUART DE COULEVRINE.)

SACS A POUDRE. Ils sont faits de toile forte & serrée, ayant 1 mèt. 29 (44 pouces) de tour & 0 mèt. 97 (36 pouces) de hauteur. Lorsque les barils à poudre de 50 kil. (100 livres) ne sont pas encharpés, on les garnit intérieurement d'un sac de cette espèce. (*Voyez* l'article BARILS A POUDRE.)

Sacs à poudre. Artifice de guerre. On les jette à la main ; ils mettent le feu à tout ce qu'ils rencontrent & intimident beaucoup les troupes qui montent à l'assaut d'une place assiégée. On fait ces sacs avec de forte toile ; leur longueur & grosseur ne sont point déterminées ; il suffit qu'on puisse les jeter facilement. Pour les charger, on lie un des bouts avec de la ficelle, puis après l'avoir retourné de façon que la ligature soit en dedans, on y fait entrer de la poudre qu'on refoule à chaque lit, avec un mandrin proportionné au sac, jusqu'à ce qu'il soit plein ; alors on ferme le haut du sac en y fixant une fusée à bombe, le gros bout en dedans, qu'on lie avec le sac aussi fortement qu'il est possible ; après quoi on goudronne le sac extérieurement.

Sacs à terre. On en fait usage lorsque l'on est obligé de construire des batteries avec du sable ou lorsqu'il faut aller chercher des terres au loin. Ils doivent avoir 0 mèt. 3248 (1 pied) de diamètre & 0 mèt. 8120 (30 pouces) de longueur ou de hauteur. On en fait aussi de 0 mèt. 2707 (10 pouces) de diamètre sur 0 mèt. 3414 (20 pouc.) de longueur.

SAETTE, SAGETTE, SAJETTE. Noms de diverses espèces de flèche qu'on tiroit avec l'arc.

SAIGNER DU NEZ. On dit qu'une pièce de canon saigne du nez, lorsqu'étant montée sur son affût, sa volée l'emporte, par son poids, sur la culasse, ce qui peut arriver quand on tire de haut en bas. On dit aussi qu'une pièce de canon saigne du nez, quand le métal se trouve trop échauffé par le tir, la volée devient courbe, ce qui fait baisser le bourlet & dérange la justesse des coups. Une pièce qui contiendroit trop d'étain, se ramolliroit dans le tir précipité & se recouvreroit plus promptement qu'une autre. On rafraîchit les pièces de bataille pour empêcher la volée de se courber, & l'on ralentit le tir de celles de siége pour prévenir cet accident grave. (*Voyez* l'article RAFRAICHIR UNE PIÈCE DE CANON.)

SAIGNER la cartouche. Lorsqu'à défaut de cartouche pour les mousquetons, on délivre à l'armée des cartouches de fusils d'infanterie aux cavaliers pour tirer avec leurs mousquetons ou leurs pistolets, ils jettent de la poudre à terre après avoir déchiré la cartouche dont la charge seroit trop forte. Cette opération s'appelle *saigner la cartouche*. (*Voyez* l'article CARTOUCHES A FUSILS.)

SAILLIE DES EMBASES. Elle sert à contenir le canon entre les flasques sans balotement.

SALADE. Casque de fer à visière. Cette visière étoit ordinairement faite en petit grillage, se baissant & se relevant à volonté. La salade étoit un heaume sans crête & peu chargé d'ornemens.

SALADIN. Dans l'origine on appela ainsi la cotte d'armes, parce que les Chrétiens qui firent la conquête de la Palestine, la prirent à l'imitation des Turcs, dont le chef étoit alors Saladin.

SALIN. C'est la potasse que l'on obtient sous une forme concrète & blanche, en faisant évaporer jusqu'à siccité l'eau dont on a abreuvé la cendre de bois & des autres végétaux. (*Voyez* le mot POTASSE.)

SALLES D'ARMES. Lieux où l'on dépose les armes pour être conservées en magasin. Elles doivent être sèches, saines & bien aérées au besoin. Il y a plusieurs râteliers dans une salle d'armes; chacun de ceux que l'on construit maintenant (en 1820) contient dix-sept cent cinquante-deux fusils, quarante-huit mousquetons & trente paires de pistolets.

Les pièces en bois qui les composent, sont : trois patins fixés sur le plancher au moyen de forts boulons, trois montans principaux, six contre-fiches maintenant les montans principaux, trois supports assemblés dans les montans, & portant les deux premiers rangs de porte-crosses; dix-huit grands supports également assemblés dans les montans, & portant les porte-crosses & les porte-canons; trente-six liens; dix-huit porte-crosses à quatre rangs, formés de deux planches assemblées à rainure & languette avec clefs, & fixés sur les supports par des boulons; soixante-douze porte-canons fixés aussi sur les supports par des boulons; vingt-quatre petits supports en forme de T, soulageant les porte-crosses; deux montans du râtelier pour les mousquetons & pistolets; sept porte-canons des mousquetons, sept porte-crosses des mousquetons, cinq tringles en bois dans lesquelles sont fixés les crochets recevant les pistolets; cinq tringles servant à empêcher les pistolets de vaciller.

Les pièces en fer sont : quarante-huit crochets plats, liant ensemble les deux rangs de porte-canons; seize crochets ronds, liant les porte-canons aux porte-crosses, afin d'empêcher les premiers de ployer; quatre tringles, à crochet de chaque bout, liant entr'eux les deux derniers rangs de porte-canons; ces tringles remplissent le même objet que les crochets, & sont placées comme eux en biais, afin de ne pas gêner les fusils; soixante crochets à vis pour suspendre les pistolets.

Les râteliers que l'on faisoit précédemment contenoient huit cent quarante fusils; ceux pour les mousquetons en contenoient quarante-huit, & un pareil nombre de paires de pistolets. Ces derniers étoient ordinairement appliqués sur le bout du râtelier des fusils.

Il y a des salles d'armes qui contiennent cinquante-deux râteliers de cette espèce, & qui renferment quarante-trois mille six cent quatre-vingts fusils, deux mille quatre cent quatre-vingt-seize mousquetons & deux mille quatre cent quatre-vingt-seize paires de pistolets. Une salle d'armes de cette espèce doit avoir environ 87 mèt. 7065 (45 toises) de longueur, sur 17 mèt. 5413 (9 toises) de largeur; elle doit être divisée dans la longueur par une allée de 2 mèt. 5988 (8 pieds); à droite & à gauche de cette allée sont les cinquante-deux râteliers de fusils & les cinquante-deux de mousquetons & de pistolets.

Si l'on n'a point de râteliers dans les salles d'armes & qu'on n'ait que peu de bois, on y supplée en partie par des râteliers construits à peu de frais.

Sur le milieu des semelles en bois de 0 mèt. 1083 (4 pouc.) d'équarrissage & de 1 mèt. 2994 (4 pieds) de longueur, on mortaise des montans de 0 mèt. 9745 (3 pieds) de hauteur & de 0 mèt. 1083 (4 pouc.) d'équarrissage, au bout desquels on fixe, par le moyen d'une mortaise, des traverses parallèles aux semelles de 1 mèt. 2994 (4 pieds) de longueur & de 0 mèt. 0541 (2 pouc.) d'équarrissage. Sur ces traverses on place de chaque côté, en les entaillant à demi-bois, trois rangs de porte-canons parallèles entr'eux; le premier à 0 mèt. 0812 (3 pouc.) du bout, & les autres distans de 0 mèt. 0812 (3 pouc.) de celui qui précède : on entaille les porte-canons pour recevoir le fusil comme à ceux des autres râteliers, de 0 mèt. 0947 en 0 mèt. 0947 (3 pouc. 6 lig. en 3 pouc. 6 lig.). On met en longueur sur les semelles, deux ou trois madriers, à commencer du poteau, ayant 0 mèt. 0271 (1 pouc.) d'épaisseur, & occupant 0 mèt. 4872 (18 pouc.), qui servent à porter les crosses & à préserver les fusils de l'humidité du sol. Les semelles se posent de 2 mèt. 9233 (9 en 9 pieds); on place par ce moyen quatre-vingt-seize fusils de chaque côté, ou cent quatre-vingt-douze fusils par 2 mèt. 9233 (9 pieds) sur les deux faces.

Ce moyen est préférable à celui de mettre les fusils horizontalement sur des traverses perpendiculaires aux poteaux.

Les salles d'armes, dans les manufactures, sont les lieux où l'on dépose les armes quand elles sont reçues & éprouvées par les préposés du Gouvernement, en attendant que le ministre donne l'ordre de les expédier sur les arsenaux de l'artillerie. Ces falles font peu confidérables, attendu que les produits de ces établiffemens s'expédient ordinairement tous les mois.

Salle d'artifices. Local deftiné à la confection des artifices de guerre. Il doit être en bois autant que poffible, & garanti des voifinages dangereux pour les matières combuftibles. Une grande pièce doit contenir des tables, des bancs pour le travail des artificiers, des buffets pour y dépofer les outillages, &c. Une petite pièce deftinée au maître artificier, fert à pefer les matières, à faire les compofitions, à les diftribuer & à enregiftrer les remifes & les confommations.

La petite pièce ne doit contenir que les matières néceffaires au travail de deux jours au plus, & tous les artifices préparés doivent être journellement remis dans les magafins.

On travaille fous la tente à l'armée, & on met les artifices confectionnés dans des barils ou dans les caiffons du parc. (*Voyez* l'article Ustensiles d'artifices.)

Salle d'épreuve. C'eft celle où l'on charge les canons avant de les difpofer fur le banc d'épreuve qui doit y être contigu.

Salle d'humidité. Salle baffe à l'abri de tout courant d'air & du foleil, où l'on dépofe, pendant un mois, les canons de fufils éprouvés, afin que les travers & les évents, s'il en exifte, foient découverts par la rouille qui s'y introduit.

On a foin de dégraiffer les canons avant de les mettre à la falle d'humidité, parce que les corps gras font ifolateurs de l'oxigène fur le fer. Il ne faut pas que cette falle foit trop humide, parce que l'humidité rouille la furface des canons & ne manifefte pas bien les défauts dont ils peuvent être affectés.

Salle de recette. Salle, dans les manufactures d'armes, où les ouvriers préfentent à la vifite des contrôleurs, les armes & pièces d'armes qu'ils ont confectionnées.

SALPÊTRE. Le falpêtre ou nitrate de potaffe eft le réfultat de la combinaifon de l'acide nitrique & de la potaffe. Il eft blanc, fes criftaux font demi-tranfparens, fa faveur eft fraîche, falée & un peu amère; fa denfité eft à peu près deux fois plus grande que celle de l'eau. Il ne s'altère pas à l'air, à moins qu'il n'y ait une grande humidité : dans ce cas il attire cette humidité & tombe en déliquefcence. Il fe fond à la température d'environ 350 degrés centigrades ; à une chaleur rouge il fe décompofe, & donne pour produits de la potaffe, de l'oxigène & de l'azote. Il a pour caractère diftinctif de produire des fcintillations très-vives ou de fufer quand on le projette fur des charbons ardens. La folubilité de ce fel eft très-grande, furtout à mefure que la température s'élève ; auffi l'eau qui en eft faturée à chaud fe prend-elle prefqu'en maffe par le refroidiffement. Le falpêtre criftallifé artificiellement eft en prifmes à fix pans, terminés par des pyramides à fix faces, mais plus ordinairement en prifmes ou en aiguilles profondément cannelées : celui que l'on trouve dans la nature, à la furface du fol ou des habitations, eft fous la forme d'effloreſcences compofées de petits criftaux très-déliés; il entre dans la poudre de guerre pour les trois quarts de fon poids.

L'art de fe procurer le nitrate de potaffe n'eft pas le même dans tous les pays. Lorfque ce fel eft en très-grande quantité dans une terre, il fuffit de la leffiver & d'en concentrer la leffive convenablement pour l'obtenir criftallifée ; tel eft le procédé que l'on peut fuivre dans quelques contrées de l'Efpagne, de l'Egypte, de la Perfe, & furtout dans les Grandes-Indes, où les terres font très-riches en falpêtre qui effleurit fur le fol après les pluies. Quand les terres ne contiennent, au contraire, qu'une petite quantité de nitrate de potaffe, comme en France, & qu'elles renferment d'ailleurs des quantités confidérables de nitrate de chaux & de magnéfie, on transforme ceux-ci en nitrate de potaffe, en ajoutant aux diffolutions de la potaffe du commerce qui s'empare de l'acide nitrique de ces deux fels.

Voyez le beau travail fur la fabrication du falpêtre, publié en 1820 par le Comité confultatif inftitué près la direction générale du fervice des poudres & falpêtres. Prefque tout le falpêtre qui fe récoltoit en France provenoit des fouilles que les falpêtriers étoient autorifés à faire chez les particuliers ; mais la loi du 10 mars 1819 a preſcrit d'autres difpofitions. Voici les articles de cette loi :

Art. 1er. Le falpêtre exotique paiera, à fon entrée dans le royaume, fur chaque quintal de matière brute, quel que foit fon degré de pur, un droit de 72 fr. 50 cent. par navire français, & 78 fr. 50 cent. par navire étranger. Il ne fera perçu aucun droit particulier à raifon du fel marin qui pourroit s'y trouver contenu.

Au moyen de ce droit, l'importation dudit falpêtre fera libre & permife par tous les ports ouverts aux marchandifes qui paient 20 fr. & plus par quintal métrique.

Art. 2. La fouille, provifoirement maintenue par l'article 4 de la loi du 13 fructidor an 5, ceffera d'avoir lieu, fi ce n'eft en traitant de gré à gré avec le propriétaire.

Art. 3. La fabrication du falpêtre indigène, par tous les procédés qui n'exigeront point l'emploi des matériaux de démolition réfervés à l'Etat par la loi, fera libre, & les falpêtres provenant de ladite fabrication pourront être librement verfés dans le commerce.

Art. 4. La fabrication du falpêtre, même avec les

les matériaux de démolition que la loi réferve à l'Etat, fera permife en traitant de gré à gré avec les propriétaires, dans tous les lieux fitués hors de la circonfcription des falpêtrières royales, telle qu'elle fera déterminée par une ordonnance du Roi, inférée au *Bulletin des lois*.

Seulement les fabricans qui voudront ufer de ladite faculté, feront tenus de fe munir d'une licence qui leur fera délivrée moyennant un droit fixe de 20 fr., qui difpenfera de la patente.

Art. 5. La fabrication du falpêtre avec les matériaux de démolition, continuera d'avoir lieu dans les circonfcriptions de falpêtrières royales, foit au compte de l'Etat, foit par entreprife, en vertu d'une commiffion de falpêtrier donnée par le Roi, & fous la condition de livrer à la direction générale des poudres, le produit brut & intégral de ladite fabrication, jufqu'à ce que chaque falpêtrier commiffionné ait entièrement rempli les demandes qui lui auront été faites par le Gouvernement.

La commiffion royale déterminera, en outre, l'arrondiffement dans lequel le falpêtrier qui en fera porteur pourra exercer le privilége de l'Etat, le temps de ladite conceffion, les limites dans lefquelles il fera tenu de tenir la fabrication, le prix du falpêtre ou le mode fuivant lequel ce prix fera établi.

Art. 6. Dans tout ce qui n'eft pas contraire à la préfente loi, l'exercice dudit privilége continuera d'avoir lieu, fous les reftrictions & de la manière déterminée par les lois antérieures.

Néanmoins, & lorfque les propriétaires auront, conformément à l'article 2 de la loi du 13 fructidor an 5, fait à leur municipalité la déclaration de leur intention de démolir, ils pourront difpofer librement de leurs matériaux de démolition, fi, dans les dix jours de la démolition commencée, les falpêtriers commiffionnés ne fe font pas préfentés pour en faire l'enlèvement & ufer du droit qui leur eft réfervé.

Art. 7. Les fabricans libres ou par licence, & les falpêtriers commiffionnés, feront tenus, fous les peines de droit, d'acquitter l'impôt établi fur le fel marin, jufqu'à concurrence des quantités dudit fel contenu dans le falpêtre de leur fabrication, & de fouffrir les exercices prefcrits par les lois pour affurer la perception dudit impôt.

Lefdites quantités feront déterminées par expertife ou par abonnement avec la régie des contributions indirectes, fans néanmoins que ladite régie puiffe exiger au-delà de deux & demi pour cent du falpêtre brut que les falpêtriers commiffionnés livreront en cet état à la direction générale des poudres, ni de quinze pour cent du falpêtre brut que fabriqueront les falpêtriers libres ou par licence, moyennant quoi lefdits fabricans pourront opérer le raffinage dudit falpêtre, fans être foumis à aucun nouveau droit.

ARTILLERIE,

Art. 8. Les fabriques au compte de l'Etat acquitteront l'impôt du fel dans les proportions ci-deffus déterminées, & pourront s'en libérer moyennant remife à la régie des contributions indirectes du fel marin provenant de leur fabrication, ou fubmerfion dudit fel en préfence des agens de la régie.

Art. 9. Il fera accordé, à la fortie des acides fulfuriques & nitriques, une prime d'exportation équivalente à l'augmentation que produit, fur le prix de fabrication de ces acides, le droit dont l'importation du falpêtre étranger eft frappée en vertu de la préfente loi.

Les droits impofés à l'entrée fur les produits étrangers, feront augmentés dans la proportion dans laquelle le falpêtre eft employé dans ces produits, & dans celle de l'augmentation des droits fur les falpêtres exotiques réfultant de la préfente loi.

SALPÊTRIÈRE. Atelier dans lequel fe fait l'extraction du falpêtre.

Il doit être clos & d'une grandeur convenable pour avoir, 1°. une place propre à raffembler les terres & plâtras à leffiver; 2°. un lieu convenable pour les paffer à la claie avant de les porter dans les cuviers pour être leffivés; 3°. un local où l'on établit fur des chantiers trois ou quatre rangées parallèles de cuviers, élevés de 0 mèt. 486 (18 pouc.), dans lefquels on met les terres deftinées à être leffivées. Chaque rangée, dans les grandes falpêtreries, contient douze cuviers; à l'extrémité de chacune font des demi-cuviers appelés *recettes*, enfoncés dans la terre & dans lefquels coule, par un auget, la leffive des cuviers. D'autres cuviers plus grands doivent être auffi difpofés pour recevoir la liqueur des recettes & de la cuite; 4°. un emplacement pour mettre les terres après le leffivage, & pour les arrofer avec des eaux mères, afin de hâter la reproduction du falpêtre; 5°. enfin, une pompe dans l'intérieur pour fournir l'eau néceffaire aux leffives. (*Voyez* les articles NITRIÈRES ARTIFICIELLES & RAFFINAGE DU SALPÊTRE.)

SALPÊTRIERS. Ouvriers qui fabriquent le falpêtre. Ils étoient en France, en 1814, au nombre d'environ quinze cents. (*Voyez* le mot POUDRE.)

SALUT. C'eft une marque de foumiffion & de refpect que les troupes rendent au fouverain, aux princes & aux généraux de l'armée. A l'entrée & à la fortie d'une place de guerre, le Roi eft falué par des falves de toute l'artillerie de la place. (*Voyez* le *Dictionnaire d'Art militaire de l'Encyclopédie méthodique.*) Le falut de mer eft une marque de déférence que les vaiffeaux fe rendent les uns aux autres, & aux fortereffes devant lefquelles ils paffent. (*Voyez* cet article dans le

Dictionnaire de la Marine de l'Encyclopédie méthodique.)

SALVE. Coups de canon tirés ensemble, soit à l'armée, soit dans un fête.

SAMBUQUE. C'étoit, chez les Anciens, une échelle longue & large, terminée par une plate-forme pouvant contenir vingt hommes. Les côtés de cette échelle & la plate-forme étoient bastingués : elle étoit portée sur un chariot où on pouvoit la dresser ou l'appuyer sur un chapeau porté par deux montans.

La sambuque servoit à escalader les murailles. Celle destinée à l'attaque des villes maritimes était portée sur une galère d'une construction particulière.

SANGUINE (hématite.) Pierre dure servant aux arquebusiers à brunir les canons de fusils de chasse. (*Voyez* l'article Mise en couleur des canons des armes portatives.)

SARBACANE. Tube en métal ou en bois, dans lequel on mettoit des flèches ; le souffle de la bouche les poussoit avec assez de force pour blesser à une certaine distance : on s'en sert encore contre les oiseaux, en y mettant des balles de terre au lieu de flèches.

SARISSE. Lance des Macédoniens. La lance-gaie est un diminutif de la sarisse.

SARRE. On a appelé ainsi, dans l'origine de l'artillerie, un canon long & moins gros que la bombarde.

SARROTS. On en fait quelquefois usage dans les arsenaux pour les travailleurs.

SASSOIRE. C'est une pièce de bois qui, dans les avant-trains, contient l'écartement des armons. La grande sassoire est celle qui porte la cheville ouvrière ou en est traversée. Les autres sont de petites sassoires.

SAUCISSON. C'est un long faisceau de bois, cylindrique, composé de branches droites autant que possible, sans feuilles, & de 0 mèt. 0271 (1 pou.) environ de diamètre à leur gros bout : ils servent au revêtement des batteries. Leur longueur est de 5 mèt. 8471 à 6 mèt. 4968 (18 à 20 pieds), sur 0 mèt. 2707 à 0 mèt. 3248 (10 à 12 pou.) de diamètre. Pour les construire, on établit sur un même alignement un certain nombre de chevalets dont la distance est déterminée par la longueur des branchages qu'on a rassemblés ; lorsque le bois est long, ils peuvent être espacés de 1 mèt. 4618 (4 pieds 6 pou.) les uns des autres ; alors quatre de ces chevalets forment un atelier. On taille le bout des branches en sifflet & on couche alternativement un brin de bois à chaque bout du rang des chevalets, les sifflets tournés du côté de l'axe des saucissons & placés de manière à former une tranche verticale. On place les harts lorsqu'on juge que le faisceau est suffisamment gros : pour cela, on l'entoure avec un cordage que l'on croise & qui porte à chaque bout une boucle dans laquelle on fait entrer un levier ; on pèse sur ces leviers en appuyant la pince contre le dessous du faisceau qui prend la forme cylindrique ; on vérifie avec une corde s'il a le diamètre convenable, & on attache la hart : on en place d'abord une à 0 mèt. 1624 (6 pou.) de chacune des extrémités du saucisson ; les autres sont espacées de 0 mèt. 2166 à 0 mèt. 2707 (8 à 10 pou.) & ont toutes leur nœud du même côté.

SAUCISSONS volans. C'est une sorte de pétard alongé & étranglé à la moitié de sa longueur, dont une partie est remplie d'une composition pour le faire pirouetter en l'air, & l'autre de poudre grenée pour le faire finir par un bruit éclatant. (*Voy.* l'article de l'*Artificier de l'Encyclopédie méthodique.*)

SAUMON. Le plomb coulé se vend en masses-prismatiques qu'on appelle *saumons*. (*Voyez* l'article Plomb pour les balles de fusil.)

La fonte de fer en prisme pesant plusieurs quintaux métriques, s'appelle aussi quelquefois *saumon*, mais plus ordinairement *gueuse*.

SAUTERELLE ou FAUSSE EQUERRE. C'est une équerre en fer ou en bois, à charnière, servant à mesurer les angles & à les rapporter dans les différentes constructions.

SCIE. Outil connu, dont les équipeurs-monteurs se servent pour mettre les bois de fusils de la longueur prescrite.

Scie à couper la masselotte des grains de lumière quand ils sont en place. C'est un morceau de ressort de pendule taillé en scie, fixé aux deux bouts d'une monture de fer en arc, ayant d'un côté un manche en bois, & de l'autre une vis pour tendre la lame.

Scie à couper la masselotte des pièces, lorsqu'elles ne peuvent l'être sur le tour, & les carrés des boutons de culasse. Lame d'acier trempé, d'acier & de fer pétris ensemble, forgée & trempée comme les faux, ayant 0 mèt. 9745 à 1 mèt. 2994 (3 à 4 pieds) de longueur, sur 0 mèt. 0947 (3 pouc. 6 lig.) de large, 0 mèt. 0034 (18 points) d'épaisseur, à la partie taillée en dents, & 0 mèt. 0011 (6 points) à la partie opposée ; elles sont montées sur un arc en fer de 0 mèt. 0338 (15 lig.) de diamètre ; il faut quatre hommes pour faire agir une de ces scies.

SCORIES. Substances vitrifiées qui nagent comme une écume à la surface des métaux fondus. Elles donnent des indications sur les fontes de fer & l'état des fourneaux.

SCORPION. Arme portative ancienne. (*Voyez* l'article FOUET D'ARMES.)

SCORPION. Ancienne pièce de canon dont les anses représentoient la figure d'un scorpion. (*Voyez*, pour plus de détails, le mot ARTILLERIE.)

SCORPION. Machine de guerre des Anciens, qui avoit la forme d'une grande arbalète, & dont ils se servoient pour lancer des flèches & des javelots. C'étoit une espèce de manubaliste. (*Voyez* le mot MANUBALISTE.)

SEAU D'AFFUT. Il est destiné à contenir l'eau servant à rafraîchir l'écouvillon dans le tir des pièces de campagne. Il est le même pour tous les calibres & il se place du même côté que l'écouvillon. Les parties en bois qui le composent sont : les douves, les fonds & le tampon ; celles en fer sont : l'anse, les pattes, les cercles, la poignée du tampon & les clous d'applicage.

SEAU de forge de campagne & autres. Ils ne diffèrent pas des seaux ordinaires, & ils servent pour refroidir les outils trop échauffés, activer le feu, &c., au moyen de l'eau qu'ils contiennent.

SEBILLE. Jatte de bois qui sert à transporter la poudre d'un baril dans un autre.

SÉCHAGE DE LA POUDRE. L'on fait sécher la poudre en plein air, en l'étendant en couches minces sur des tables garnies de toile ; mais il en résulte de graves inconvéniens : on ne peut opérer que lorsque le soleil est sur l'horizon, que l'air est calme & sec ; souvent on est obligé de suspendre la dessication : dans les plus beaux jours même elle dure dix à douze heures.

M. le baron Champy a obvié à tous ces inconvéniens par un procédé très-avantageux. Ce procédé consiste à faire arriver de l'air dans une chambre dont la température est de 50 à 60°, & à le faire passer de cette chambre à travers des toiles sur lesquelles on a étendu une couche de poudre d'une certaine épaisseur. Par ce moyen, on parvient à dessécher de très-grandes quantités de poudre dans toutes les saisons de l'année, en peu de temps & à peu de frais. Toutefois, quelques soins qu'on prenne dans le séchage, & de quelque manière qu'on le fasse, il se forme toujours une petite quantité de poussier qu'il faut séparer pour avoir un grain net ; on fait à cet effet une opération qu'on appelle *époussetage*. (*Voyez* ce mot.)

SÉCHOIR ou SÉCHERIE. Lieux où l'on fait sécher la poudre. Ils doivent être exposés au midi, & abrités par des murs. (*Voyez* le mot SÉCHAGE.) Les poudres séchées sont portées à l'atelier de l'époussetage.

SECTEUR D'EXPLOSION. Il se forme au moment de l'explosion d'une bouche à feu, une espèce de secteur sphérique de feu devant la bouche du canon, dont l'extrémité s'appuie sur le fond de l'ame, & dont toute la partie extérieure à la pièce se termine dans l'air que ce secteur comprime & chasse en tous sens ; cet air lui servant d'appui, le secteur réagit de toute sa force sur le fond de l'ame, & cause le recul de la pièce. Lorsqu'on tire dans des embrasures, ce secteur, en s'appuyant inégalement sur les joues, ou sur le fond de l'embrasure, dévie le boulet du côté opposé, ou le relève ; d'où il arrive, dans ce dernier cas, que le boulet donne toujours plus haut que l'indiquent les tables fondées sur des théories. (*Voy.* l'Aide-mémoire, 5e. édition.)

SELLETTE. C'est, dans les voitures d'artillerie, une pièce de bois qui est immédiatement au-dessus de l'essieu du corps d'essieu en bois, & qui lui est unie par diverses ferrures.

SEMELLE. Nom générique de diverses pièces de bois employées dans les constructions de l'artillerie. Leurs formes & leurs usages varient suivant les affûts & les voitures auxquels elles sont destinées.

SEMELLE d'affût. C'est une pièce de bois servant à supporter la pièce vers la culasse.

Dans l'affût de siége, la semelle est fixe & porte par ses bouts sur les entretoises de couche & de mire, en sorte que la vis de pointage est verticale quand l'affût est sur la plate-forme.

Dans l'affût de campagne, la semelle est mobile ; elle est fixée par une charnière à l'entretoise de volée, par un bout, & de l'autre elle appuie sur la tête de la vis de pointage.

La semelle d'affût d'obusier de 6 & de 8 pouces est fixe comme celles d'affût de siége.

La semelle d'affût de place est placée dans le dessous du derrière de l'affût & est encastrée dans les flasques ; elle sert à contenir les flasques & à assembler les supports.

Les semelles de châssis de plate-forme d'affûts de place sont les deux pièces de bois sur lesquelles portent les roues de l'affût. Dans l'auge du châssis de plate-forme pour l'affût de place, la partie qui supporte la roulette s'appelle aussi *semelle*.

SEMELLES de bateau. Il y a dans un bateau des semelles intérieures & des semelles extérieures. Les premières sont en chêne ; les secondes sont des madriers de sapin placés sous le fond du bateau, suivant sa longueur, pour le garantir des frottemens.

SEMELLE d'éprouvette. On appelle ainsi le madrier dans lequel on encastre la plaque de cette bouche à feu. (*Voyez* l'article PLATEAU D'ÉPROUVETTE.) On donne quelquefois à cette semelle le nom de *plate-forme;* mais cette dénomination ne devroit s'appliquer qu'à la plate-forme établie sur un massif de maçonnerie servant aux épreuves des poudres. (*Voyez* l'article ÉPROUVETTE POUR LA POUDRE DE GUERRE.)

SEMELLE de mortier. C'est, pour les mortiers à plaque, un assemblage de trois madriers de 0 mèt. 1895 à 0 mèt. 2166 (7 à 8 pouces) d'épaisseur, réunis par des goujons en bois, & sur lequel on place ces mortiers pour les mettre en batterie. Cette semelle s'appelle aussi *plateau*.

SEMEUR. Nom qu'on donnoit autrefois aux compasseurs des canons de fusil.

SÉPÉ. On appelle ainsi, dans les manufactures d'armes du nord de la France, le chariot d'un banc de forerie. (*Voyez* le mot CHARIOT.)

SERGENT. C'est une grande barre de fer terminée par un crochet, & garnie d'un crochet mobile qui glisse le long de cette barre. Les ouvriers en bois s'en servent pour assembler des pièces de bois qu'ils veulent cheviller & pour fermer les caisses d'armes.

SERPE D'ARMES. Arme en usage du temps de la chevalerie. Elle étoit peu usitée. (*Voyez* le mot HACHEREAU.)

SERPENTEAUX POUR FUSÉES DE SIGNAUX. Pour faire les serpenteaux, on roule des cartes à jouer, dans le sens de leur longueur, sur un mandrin de 0 mèt. 0067 (3 lig.) de diamètre; on les recouvre de trois révolutions de papier, en collant la dernière pour l'assujettir. On laisse sécher ces cartouches & on les étrangle à l'un des bouts, sans fermer entièrement l'ouverture; on les charge jusqu'aux deux tiers avec un mélange de 16 parties de pulvérin, 2 de soufre, 3 de salpêtre, ½ de charbon; on comprime cette charge avec un maillet & une baguette en cuivre un peu moins grosse que le diamètre intérieur du cartouche; on étrangle à moitié ce dernier au-dessus de la composition; on remplit l'excédant de poudre fine qu'on refoule pour former le pétard; après quoi on étrangle exactement ce second bout. On amorce en ouvrant avec un poinçon le premier étranglement, & en y introduisant un peu de pâte d'amorce trempée dans du pulvérin. On place les serpenteaux dans le pot, l'amorce en bas. Les serpenteaux à étoiles ne s'étranglent qu'à un bout & au milieu : quand on les a chargés avec la composition ordinaire jusqu'à moitié du cartouche, on l'étrangle & on achève de le remplir avec un mélange de 5 parties de pulvérin, 16 de salpêtre, 8 de soufre & 2 d'antimoine.

SERPENTIN. Nom donné au chien de l'arquebuse à mèche, à cause de sa configuration. (*Voyez* l'article ARQUEBUSE A MÈCHE.)

SERPENTIN. On appeloit ainsi autrefois une pièce de canon qui chassoit un boulet de 24, & dont les anses représentoient la figure d'un serpent.

SERVANT. Des soldats qui exécutent un canon, deux seulement s'appellent canonniers; tous les autres se nomment servans. Dans la manœuvre des mortiers & obusiers, les canonniers prennent le nom de *bombardiers*. (*Voyez* le mot BOMBARDIERS.)

SERVANTES. Hampes en bois, garnies à chaque bout d'une douille en fer, l'une à pointe, l'autre à anneau; celle-ci sert à l'attacher par un piton à côté de la voiture. Les servantes servent à soutenir la voiture dans la position du tirage, lorsqu'elle est arrêtée. Il y en a quatre au pont roulant.

SERVICE DU CORPS ROYAL DE L'ARTILLERIE en campagne, dans les sièges, dans les places, dans les écoles régimentaires, &c.

Tous ces articles importans étant déterminés par des réglemens, on croit devoir les donner ici avec les notes de M. le général Eyam, sauf quelques modifications qui ont eu lieu depuis l'impression de la collection des lois, arrêtés & réglemens recueillis par ce général, en septembre 1808.

Service du corps royal de l'artillerie en campagne. Ce service est déterminé par les réglemens du 1er. avril 1792, portant :

Art. 1er. L'artillerie de campagne sera distinguée en canon de réserve & en canon de régiment. (Le canon de régiment ayant été supprimé, cette distinction n'a plus lieu.) L'artillerie de réserve sera composée de canons de 12, de 8 & de 4, & d'obusiers de 6 pouces : le canon de régiment sera du calibre de 4.

Art. 2. Ces bouches à feu seront formées en divisions. (Les divisions sont actuellement formées par batteries de six bouches à feu chacune) de 8 canons ou obusiers du même calibre, & chaque division sera servie par une compagnie de canonniers. Les compagnies attachées au canon de réserve, seront renforcées par des soldats auxiliaires pris dans l'infanterie. (On ne prend plus de soldats auxiliaires dans l'infanterie.)

Art. 3. Les divisions de canons de 12, de 8, & les obusiers seront partagés sur le front de l'armée & derrière la seconde ligne, en trois ou quatre réserves, composées chacune de différens calibres. (Les divisions d'artillerie sont actuellement attachées aux divisions de l'armée, & en suivent les mouvemens.)

Art. 4. Il sera attaché à chaque réserve des ouvriers de compagnies pour les radoubs de l'artillerie, des forges, des rechanges, & un dépôt de munitions pour fournir à la partie de l'armée à laquelle elle est attachée.

Art. 5. Les canons de régimens suivront toujours l'infanterie : il y aura une division de huit canons par brigade, à raison de deux par bataillon.

Art. 6. Outre les réserves, il y aura un dépôt général de munitions & de rechanges, appelé *grand parc.*

Art. 7. Ce parc sera placé derrière le centre de l'armée, à même hauteur que les réserves, pour être à portée de leur fournir les remplacemens nécessaires.

Art. 8. Les divisions d'artillerie qui ne seront pas employées aux réserves, & particulièrement celles du canon de 4, destinées à remplacer les pertes de l'infanterie, resteront en dépôt au grand parc. Ces canons seront formés en divisions de huit, comme les autres, & servis comme elles par une compagnie de canonniers.

Art. 9. Les pontons, lorsqu'ils ne seront pas employés, seront mis à la suite du parc; mais en cas d'action, ils seront laissés ou renvoyés sur les derrières de l'armée.

Art. 10. Les dépenses relatives à l'artillerie seront réglées & arrêtées par un conseil d'administration, présidé par le directeur du parc, & composé du sous-directeur, des deux plus anciens officiers d'ouvriers présens, & du commissaire des guerres.

Personnel.

Art. 11. Un équipage d'artillerie de campagne sera commandé & surveillé par un grand état-major, composé d'un général, commandant en chef; d'un nombre de commandans en second, proportionné à la force de l'équipage, & nommés parmi les officiers-généraux du corps de l'artillerie; d'un chef de l'état-major d'artillerie, colonel, & de plusieurs adjudans-majors d'artillerie, lieutenans-colonels; d'un directeur du parc, colonel, & d'un sous-directeur, lieutenant-colonel.

On pourra aussi, si on le juge nécessaire, attacher au grand état-major quelques-uns des capitaines détachés dans les places.

Art. 12. Il sera employé à la suite du grand état-major un commissaire des guerres, un garde d'artillerie, un maître artificier, un conducteur général de charrois, le nombre de conducteurs particuliers & d'ouvriers d'état proportionné à la force de l'équipage, un aumônier & un chirurgien-major.

Fonctions des officiers du grand état-major.

Art. 13. Le général de l'artillerie, d'après les ordres de celui de l'armée, ordonnera de tout ce qui aura rapport au service de l'artillerie.

Art. 14. Si on marche à l'ennemi, le général d'artillerie accompagnera celui de l'armée pour reconnaître le champ de bataille, & y choisir les principaux emplacemens de canons.

Art. 15. Les jours d'action, le général d'artillerie se tiendra auprès du général de l'armée pour recevoir ses ordres.

Art. 16. Lorsque le général d'artillerie fera la visite des postes, en qualité d'officier-général de jour, il sera accompagné, dans sa tournée, par le chef de l'état-major de l'artillerie.

Art. 17. Le premier des commandans en second commandera à la réserve de la droite, le second celle de la gauche, ainsi de suite.

Art. 18. Les jours d'action, les commandans des réserves veilleront à l'exécution des ordres donnés par le général de l'artillerie & par l'officier-général de l'armée qui commande à l'aile à laquelle leur réserve sera attachée; ils se tiendront à portée de ce général pour être informés d'avance du mouvement des troupes, & avoir le temps de choisir les positions de canons les plus avantageuses.

Ils seront les maîtres, avec l'agrément du général de l'armée aux ordres duquel ils seront, de déplacer leur canon pendant l'action, & d'en disposer relativement aux manœuvres de l'ennemi.

Art. 19. Dans les marches, les commandans des réserves décideront de l'ordre dans lequel devront marcher les divisions dont elles seront composées.

Art. 20. Lorsque les commandans en second feront la visite des postes en qualité d'officiers-généraux du jour, ils seront accompagnés par un adjudant-major d'artillerie.

Art. 21. Le chef de l'état-major sera toujours logé ou campé près du général de l'artillerie.

Art. 22. Les jours d'action, le chef de l'état-major se tiendra auprès du général de l'artillerie, pour être à portée de recevoir ses ordres.

Art. 23. Les jours de marche, ce chef, accompagné d'un adjudant-major d'artillerie, d'un officier-major du grand parc, d'un de chaque réserve & du conducteur général de charrois, suivra au campement le maréchal-de-camp de jour, qui lui indiquera l'emplacement du parc & celui des réserves, qui doivent toujours se trouver le plus à portée de l'eau qu'il est possible.

Chacun des officiers-majors rejoindra ensuite la colonne d'artillerie à laquelle il sera attaché, & lui servira de guide.

Art. 24 Conformément à ce qui s'est toujours pratiqué à l'égard du major-général de l'artillerie,

& qui a été confirmé par Louis XV, au siége d'Ypres, en 1744, le chef de l'état-major de l'artillerie continuera à prendre l'ordre chez le Roi, & en son absence, chez le général de l'armée, en présence du maréchal-de-camp de jour.

En l'absence du chef de l'état-major de l'artillerie, le premier adjudant-major d'artillerie jouira de la même prérogative.

Art. 25. Il sera journellement fourni au chef de l'état-major de l'artillerie un sous-officier d'ordonnance du grand parc & un de chaque réserve.

Art. 26. Un des adjudans-majors d'artillerie sera chargé du détail des subsistances & fournitures à faire aux officiers du grand état-major & aux employés : il en tiendra un registre journalier, en formera un état général à la fin de chaque campagne, & en arrêtera les décomptes avec les fournisseurs.

Art. 27. Les adjudans-majors d'artillerie, détachés aux réserves, feront délivrer, sur leurs reçus, les subsistances & fournitures attribuées aux officiers & employés du grand état-major d'artillerie chargé de ce détail.

Art. 28. Lorsqu'un adjudant-major d'artillerie ne pourra pas se trouver aux distributions, il enverra son reçu aux fournisseurs par un conducteur de charrois, qui accompagnera l'adjudant-major chargé des distributions de la troupe.

Art. 29. Le premier adjudant-major d'artillerie ira tous les jours chez le chef de l'état-major de l'armée, pour y prendre les détails de l'ordre donné aux troupes; il les apportera au chef de l'état-major de l'artillerie chez lequel se trouveront les officiers-majors du grand parc & des réserves, qui écriront sous sa dictée, le mot de l'ordre, ainsi que les ordres donnés tant par le général de l'armée que par celui de l'artillerie.

Art. 30. Un adjudant-major de l'artillerie attaché à une réserve, campera ou logera auprès de l'officier supérieur qui la commandera, & le jour d'action, il se tiendra à portée de lui pour recevoir ses ordres.

Il lui portera tous les jours l'ordre & le mot, & le donnera ensuite à l'adjudant-major de la troupe.

Art. 31. Lorsqu'il n'y aura que deux adjudans-majors d'artillerie à l'équipage, ils resteront avec le chef de l'état-major, & camperont ou logeront à portée de lui.

Les jours d'action, ils se tiendront auprès de ce chef pour porter les ordres du général de l'artillerie.

Les aides-majors de régimens, lorsqu'il n'y aura pas assez d'adjudans-majors d'artillerie pour en fournir un à chaque réserve, les suppléeront; & si ces derniers ne suffisent pas, il sera nommé, par le commandant de la division, dans les compagnies qui y seront attachées, un second capitaine pour en faire les fonctions.

Art. 32. Le directeur du parc commandera dans le parc, y fera placer les gardes & sentinelles qu'il croira nécessaires, & y campera.

Art. 33. Il dressera, en entrant en campagne, un état détaillé des munitions & attirails d'artillerie de l'équipage, rendra compte des consommations au général de l'artillerie; & d'après ses ordres, il pourvoira à leur remplacement.

Art. 34. Il aura toute autorité sur les employés, & veillera à ce que chacun d'eux remplisse ses fonctions avec exactitude.

Art. 35. Le jour d'une action, le directeur tiendra attelées, pendant le combat, toutes les voitures du parc, afin qu'elles soient prêtes à marcher au premier ordre, & il placera des gardes pour contenir tout le monde à son poste.

Art. 36. Si l'armée fait un mouvement en avant, il s'en approchera sans perdre son parc de vue, afin de reconnoître les points où le feu ayant été le plus vif, il devra diriger des munitions pour remplacer celles qui seront consommées.

Art. 37. En cas de retraite, il s'assurera d'avance des débouchés, & les fera débarrasser s'ils sont engorgés par les équipages des troupes.

Art. 38. Si les mouvemens de l'armée lui font croire que le parc pourroit gêner sa retraite, il fera mettre les voitures en file pour les parquer plus en arrière, & il attendra, dans cette position, les ordres ultérieurs du général de l'artillerie ou de celui de l'armée.

Art. 39. Dans les marches, le directeur réglera l'ordre à établir entre les voitures du parc, & il distribuera les avant & arrière-gardes, ainsi que les pelotons répandus dans la colonne de l'artillerie.

Art. 40. Il veillera à ce qu'il ne soit souffert sur les affûts & voitures, ni tentes, ni bagages autres que les sacs des charretiers & ceux des servans du canon, lesquels sacs ne devront peser au plus que quinze livres, & seront répartis également sur les voitures.

Art. 41. En entrant en campagne, le directeur remettra au commissaire des guerres une copie de l'inventaire des munitions & attirails de l'équipage, au chef de l'état-major de l'artillerie, un état abrégé contenant les bouches à feu & les principales munitions.

Art. 42. Le directeur du parc décidera des jours que devra se tenir le conseil d'administration.

Art. 43. Le sous-directeur du parc aidera le directeur dans ses fonctions, le suppléera au besoin, & le remplacera en cas d'absence.

Art. 44. Les capitaines tirés des places pourront être employés, soit au grand parc, soit au parc des réserves, pour y être chargés des fonctions qui leur seront attribuées par le directeur du parc.

Service des régimens d'artillerie à l'armée.

Art. 45. S'il n'y a qu'un régiment à l'armée, la première moitié des compagnies, par ordre de numéro, servira le canon de réserve, & l'autre moitié celui de régiment. (Les compagnies des divers régimens sont réparties dans les divisions & corps d'armée, d'après les ordres du commandant en chef de l'artillerie.)

Art. 46. Les premières de celles qui feront attachées au canon de réserve seront à l'aile droite de l'armée, & les autres à l'aile gauche.

Art. 47. S'il y a plus de compagnies que de divisions d'artillerie, celles qui n'y feront pas attachées resteront en dépôt au grand parc, & fourniront les détachemens qui feront demandés.

Art. 48. La campagne suivante, le service des compagnies du même régiment se fera dans l'ordre inverse, c'est-à-dire, que la première moitié des compagnies fera attachée au canon d'infanterie, & la seconde moitié au canon de réserve.

Art. 49. S'il y a deux régimens à l'armée, le premier servira l'artillerie de réserve & celle de régiment de l'aile droite, & le second les deux artilleries de l'aile gauche.

Art. 50. S'il y a à l'armée un régiment & des compagnies d'un autre, ces troupes serviront l'artillerie de la ligne proportionnellement à leur force, le régiment à l'aile droite, & les compagnies détachées à l'aile gauche : l'excédant des deux troupes restera au grand parc.

Art. 51. Il sera attaché, en entrant en campagne, à chaque régiment d'artillerie, cinq à six cents hommes d'infanterie en qualité d'auxiliaires ; une partie de ces hommes sera distribuée aux divisions de canons de réserve, à raison de huit par canon de 12, six par canon de 8 & par obusier de 6 pouces, & quatre par canon de 4.

Art. 52. Sa Majesté veut que lesdites troupes exécutent ce qui leur sera ordonné pour le service par les commandans de division avec lesquels ils se trouveront.

Art. 53. Les huit canons d'une division d'artillerie seront numérotés sur le côté de leur affût.

La première escouade sera attachée aux numéros 1 & 2, la seconde aux numéros 3 & 4 ; ainsi de suite.

En marche, les deux premiers numéros auront la droite ; les deux derniers auront la gauche.

Art. 54. Les divisions de canons de réserve seront réparties aux compagnies suivant l'ancienneté des capitaines-commandans ; en affectant les plus forts calibres à celles des plus anciens capitaines de chaque aile.

Art. 55. La première des compagnies destinées au service du canon d'infanterie, sera attachée à la brigade dont le plus ancien régiment d'infanterie fera partie ; ainsi de suite.

Art. 56. Les compagnies attachées à des divisions de canons de réserve du même calibre, lorsqu'elles seront réunies, rouleront entr'elles pour les détachemens à fournir durant la campagne, & ce retour à marcher finira en entrant en quartier d'hiver.

Art. 57. Les réserves & les divisions seront toujours gardées par les troupes du corps de l'artillerie ou par celles de l'infanterie qui leur seront attachées.

Art. 58. Le grand parc sera gardé par les compagnies de canonniers qui y seront en dépôt, par les compagnies de mineurs & les troupes auxiliaires ; mais ces dernières feront employées de préférence à fournir la garde des officiers supérieurs à qui il en sera dû.

Art. 59. Les compagnies de canonniers qui serviront le canon de l'infanterie, indépendamment de la sentinelle tirée du régiment d'infanterie, fourniront dans les camps un homme sans armes pour la garde des pièces ; les caporaux & les appointés feront exempts de ce service.

Art. 60. Les compagnies de canonniers & celles de mineurs fourniront de préférence la garde du général de l'artillerie ; & si elles ne sont pas suffisantes, elles seront suppléées par les troupes auxiliaires.

Art. 61. Les compagnies de canonniers & celles d'infanterie, affectées au service de l'artillerie, camperont à portée des réserves auxquelles elles seront destinées.

Celles qui ne seront pas attachées aux divisions d'artillerie camperont au grand parc.

Fonctions des officiers des régimens d'artillerie.

Art. 62. Les colonels dont les régimens seront employés à l'armée, seront compris dans le nombre des commandans en second du grand état-major de l'équipage.

Art. 63. Le lieutenant-colonel chargé du détail du régiment fera pendant la campagne les fonctions de major de brigade, & les jours d'action, il commandera, sous les ordres du directeur, les troupes d'artillerie & d'infanterie attachées au grand parc.

Art. 64. Il sera nommé dans chacun des régimens employés à l'armée, un lieutenant-colonel pour faire, pendant la campagne, les fonctions d'adjudant-major d'artillerie du grand état-major de l'équipage ; les autres adjudans-majors d'artillerie seront pris parmi les sous-directeurs.

Art. 65. Les quatre autres lieutenans-colonels seront attachés aux réserves ; le plus ancien le sera à celle de la droite, & le dernier à celle de la gauche.

Art. 66. Un lieutenant-colonel employé à une réserve, continuera d'y être attaché jusqu'à la rentrée de l'armée en quartier d'hiver.

Art. 67. Les capitaines-commandans devant donner toute leur attention à l'entretien des bouches à feu, munitions, attirails & chevaux de leur division, seront exempts de monter la garde & du commandement des travailleurs; mais ils ne seront pas dispensés des escortes, fourrages armés & autres services de guerre.

Art. 68. Les capitaines-commandans, quoique chargés du commandement de leur division, seront particulièrement attachés à la première escouade de leur compagnie; le second capitaine commandera la seconde, & les lieutenans les deux dernières.

Art. 69. Les capitaines dont les compagnies serviront le canon du régiment, auront soin de lui faire suivre les mouvemens des troupes auxquelles ils seront attachés; ils auront attention que le caporal-fourrier & les artificiers contiennent pendant l'action les atelages à portée du canon & à couvert, si cela est possible, du feu de l'ennemi, sans gêner les manœuvres de l'infanterie.

Art. 70. Les officiers dont les compagnies serviront le canon de réserve, s'appliqueront à prévenir la confusion dans les manœuvres, & à exécuter avec célérité les déplacemens de canons qu'elles entraîneront.

Art. 71. Les commandans des escouades dirigeront leur canon, en examineront les effets & prescriront aux canonniers le degré de hausse relatif à la distance de l'ennemi.

Art. 72. Il sera fourni journellement au général de l'armée, un officier d'ordonnance pour porter les ordres qu'il aura à donner relativement à l'artillerie. Cet officier sera commandé parmi les seconds capitaines des compagnies en dépôt au parc, & sera relevé toutes les vingt-quatre heures. S'il n'y avoit pas au parc un nombre suffisant de compagnies, cet officier seroit pris, à tour de rôle, dans celles qui seront employées aux réserves.

Art. 73. Tous les officiers des compagnies attachées au parc & aux réserves, à l'exception des capitaines-commandans & des officiers d'ouvriers, monteront la garde & rouleront pour ce service avec ceux de l'infanterie attachés à l'artillerie.

Art. 74. Le plus ancien adjudant-major du régiment suivra le sort du colonel, & le second sera attaché au premier lieutenant-colonel.

Art. 75. Il y aura un adjudant attaché à chaque réserve & un au grand parc.

Fonctions des sous-officiers, appointés & artificiers.

Art. 76. Le sergent-major sera toujours attaché à la première escouade, & en bataille il en prendra le commandement lorsque le capitaine se portera aux autres escouades de sa compagnie.

Art. 77. Les sergens commanderont chacun une escouade; ils veilleront à l'entretien des ustensiles & armemens du canon, & rendront compte à l'officier de l'escouade des réparations & remplacemens qu'il pourroit y avoir à faire; celui-ci en donnera avis au capitaine-commandant, qui en fera la demande à l'officier chargé du détail du parc.

Art. 78. Le caporal-fourrier, aidé des artificiers, sera, en bataille, chargé de veiller à la sûreté des caissons à munitions.

Art. 79. Les caporaux & appointés seront chefs de pièce, & ces fonctions exigeant de leur part une attention journalière, ils seront dispensés des gardes, ordonnances & corvées.

Ils veilleront à ce qu'il ne soit mis dans les caissons à munitions d'autres effets que ceux qui sont nécessaires au service du canon. Ils en répondront au sergent, qui aura soin d'en faire la visite au moment de marcher, & qui en sera responsable au commandant de l'escouade.

Art. 80. Dans le parc, les artificiers seront tenus de travailler, sans supplément de solde, sous la direction du maître artificier de l'équipage, aux artifices de guerre & à la construction des cartouches à fusil & à canon. Pendant qu'ils seront employés à ces travaux, ils seront dispensés de tout autre service.

Art. 81. Les artificiers, pendant l'action, se tiendront aux avant-trains pour distribuer les munitions aux pourvoyeurs, & auront soin d'entretenir les coffrets toujours approvisionnés.

Art. 82. Les clefs des caissons & coffrets seront confiées aux artificiers en marche & pendant l'action; mais dans les camps, elles seront déposées chez l'officier qui commandera la division ou l'escouade, & resteront toujours suspendues au mât de la tente.

Art. 83. Les caporaux & les appointés des régimens d'artillerie étant dispensés de monter la garde, les huit premiers canonniers en feront les fonctions, & rouleront, pour ce service, avec les caporaux & appointés des troupes d'infanterie attachées à l'artillerie.

Service des compagnies de mineurs.

Art. 84. Les compagnies de mineurs camperont toujours au grand parc; en marche, elles en feront l'avant-garde.

Art. 85. Les mineurs seront employés, au besoin, à l'ouverture des marches, & à rendre praticables les chemins de l'artillerie, sans supplément de solde.

Art. 86. Lorsque les mineurs travailleront à la construction des ponts, ils recevront le même supplément de solde que les ouvriers de compagnie.

Art. 87. Si les mineurs sont employés en qualité de piqueurs, ils recevront un quart de paye de plus que les travailleurs de l'atelier dont ils auront la conduite,

Art. 88. Les fergens de mineurs auront, dans tous les cas, environ un tiers de supplément de folde de plus que les mineurs.

Art. 89. Lorsque les compagnies de mineurs ne seront pas employées au service des mines ou à la construction des retranchemens, elles fourniront aux gardes, manœuvres & autres services du parc dans la même proportion que les compagnies de canonniers.

Service des compagnies d'ouvriers.

Art. 90. Il y aura des compagnies d'ouvriers destinées à la construction des ponts, & d'autres attachées au grand parc & aux parcs des réserves. (Il a été créé depuis 1792 un corps de pontonniers spécialement chargé du service des ponts aux armées; cependant les compagnies d'ouvriers continuent à faire ce service à défaut de pontonniers ou conjointement avec eux. (*Voyez* l'article NOTICE HISTORIQUE SUR LE CORPS ROYAL DE L'ARTILLERIE.)

Art. 91. Les travaux que les ouvriers feront pendant le jour dans les parcs, leur seront payés sur le même pied que dans les arsenaux.

Art. 92. Ils ne recevront aucun supplément de folde pour les réparations qu'ils feront à l'artillerie dans les marches, ni pour l'entretien des ponts lorsqu'ils seront établis, à moins qu'ils ne soient obligés de passer des nuits à ces travaux, auquel cas il leur sera accordé pour chaque nuit un supplément double de celui qu'on leur donne pendant l'été dans les arsenaux de construction.

Art. 93. S'il est détaché moins de cinq ouvriers ensemble, ils recevront pendant tout le temps de leur détachement, le même supplément de folde qui leur est accordé lorsqu'ils travaillent.

Art. 94. Les ouvriers des régimens seront chargés, sans supplément de folde, des petits radoubs de leur division : les grosses réparations seront faites au grand parc ou aux parcs des réserves.

Art. 95. Si les besoins du service exigent qu'on emploie des ouvriers de régimens à la journée, ils jouiront du même supplément de folde que les ouvriers de compagnies : dans tous les cas, les uns & les autres ne seront payés que les jours qu'ils travailleront.

Art. 96. Les capitaines commandant les divisions d'artillerie, lorsqu'ils emploiront les ouvriers de régiment, feront tenir un état de leurs journées de travail par un officier de la compagnie; cet état sera signé par ledit officier, certifié par le capitaine, & visé par le commandant de la réserve.

Le capitaine adressera cet état au directeur du parc, qui le fera acquitter par le garde d'artillerie.

Art. 97. Le plus ancien des capitaines-commandans des compagnies attachées au service des parcs, restera au grand parc pour y être chargé des détails sous les ordres des directeur & sous-directeur. Les autres officiers de ces compagnies seront attachés aux parcs des réserves, le plus ancien à la droite, le second à la gauche, ainsi de suite.

Art. 98. Les officiers chargés des détails du parc des réserves correspondront avec le directeur du parc, & l'informeront des consommations qui seront faites, afin qu'il soit pourvu à leur remplacement.

Ces officiers, au jour d'action, se conduiront comme il a été dit aux fonctions du directeur du parc, *art*. 32.

Conducteurs de charroi.

Art. 99. Le conducteur-général de charroi sera nommé parmi les seconds lieutenans des régimens tirés du corps des fergens, &, autant que faire se pourra, parmi ceux qui auront été conducteurs.

Art. 100. Ce conducteur-général sera attaché au grand parc, & spécialement chargé de veiller à la subsistance des chevaux ou mulets, ainsi que de reconnoître & faire réparer les chemins.

Art. 101. Toutes les fois qu'il sera détaché des chevaux d'artillerie, ce chef des conducteurs sera tenu d'en rendre compte au commissaire des guerres, pour que celui-ci puisse constater journellement le nombre qu'il en restera à nourrir.

Art. 102. Les conducteurs de charroi seront nommés de préférence parmi les anciens fergens du corps de l'artillerie, &, à leur défaut, parmi les fergens des régimens destinés à servir à l'armée, en observant qu'il ne pourra en être nommé qu'un par compagnie, qui sera remplacé sur-le-champ.

Art. 103. Après la guerre, ceux des fergens qui n'auront pas été placés gardes d'artillerie ou employés conducteurs dans une école, rentreront à leur régiment, & resteront surnuméraires à la suite de leur compagnie, jusqu'à ce qu'ils y soient remplacés.

Art. 104. Le nombre de conducteurs de charroi employés dans une armée, sera égal à celui de la totalité des divisions d'artillerie dont l'équipage sera composé, en comptant une division d'obusiers pour deux.

Art. 105. Les conducteurs de charroi seront répartis, savoir : un à chaque division de canons de réserve, deux à celle d'obusiers, quand elle sera partagée; un à chaque équipage de vingt-cinq à trente pontons, un à chaque réserve pour y faire les fonctions de sous-garde; le reste sera au grand parc.

Les caporaux-fourriers feront les fonctions de conducteurs aux divisions d'infanterie.

Art. 106. Les conducteurs de charroi veilleront, chacun dans leur division, à la tenue & à le subsistance des chevaux ; ils reconnoîtront d'avance les chemins que devra tenir l'artillerie à laquelle ils seront attachés, & exécuteront tout ce qui leur sera ordonné par les officiers d'artillerie avec lesquels ils se trouveront, & par le conducteur-général.

Art. 107. Il sera fourni à chaque conducteur de charroi un des chevaux de l'équipage ; & dans les marches, il lui sera permis de placer sa tente, avec un porte-manteau de trente livres au plus, sur le chariot d'outils ou sur l'affût de rechange de la division.

Fonctions du garde d'artillerie.

Art. 108. Le garde d'un équipage d'artillerie fera dans le parc les mêmes fonctions que les gardes d'artillerie dans les places, & il fera en outre celles de caissier.

Art. 109. Le garde d'artillerie sera chargé de la conservation & de la distribution des effets, munitions & attirails d'artillerie, dont il sera tenu de rendre compte, particulièrement au directeur du parc.

Art. 110 Il se chargera, en entrant en campagne, de toutes les bouches à feu, munitions & attirails d'artillerie de l'équipage, d'après l'inventaire qui en sera constaté par le commissaire des guerres, en présence des directeur & sous-directeur du parc.

Art. 111. Le garde aura deux registres, cotés & paraphés par le commissaire des guerres : le premier contiendra l'état des bouches à feu, voitures, munitions & attirails d'artillerie ; l'autre servira à enregistrer les remises & consommations journalières, dont il formera tous les mois un état vérifié par le commissaire des guerres, certifié par le directeur, & en son absence par le sous-directeur, & visé par le général d'artillerie, qui l'adressera au ministre de la guerre.

Art. 112. Le garde ne fera aucune livraison sans un ordre par écrit du directeur ou du sous-directeur, ou autre officier chargé des détails du parc, & sans exiger un reçu ; Sa Majesté permet néanmoins qu'il délivre les munitions qui lui seront demandées dans des cas pressés, mais elle lui enjoint de se procurer le plutôt possible l'ordre nécessaire à sa décharge.

Art. 113. Le garde sera tenu de produire au commissaire des guerres tous les reçus des parties prenantes à l'appui des consommations, & à défaut de reçus, il lui présentera les ordres qui lui auront été donnés, soit par le directeur, soit par un des officiers chargés des détails du parc.

Art. 114. Le garde aura aussi un registre sur lequel il inscrira les sommes qu'il aura reçues du payeur-général & celles qu'il aura dépensées.

Art. 115. Les fonds destinés pour les dépenses journalières du parc seront délivrés par à-compte au garde d'artillerie, par le payeur-général de la guerre, d'après les bons du directeur, visés par le général de l'artillerie qui en fixera le montant.

L'emploi de ces fonds ne pourra être fait que sur les ordres par écrit du directeur, qui en tiendra note pour en rendre compte au conseil d'administration.

Art. 116. Les sommes dues pour les dépenses faites en conséquence d'un marché, ne pourront être délivrées par le payeur-général, qu'autant que l'état détaillé des effets qui auront été fournis, sera signé par le garde, certifié par le directeur du parc, vérifié par le commissaire des guerres, visé par le général de l'artillerie & quittancé par le fournisseur.

Art. 117. Le supplément de solde pour journées d'ouvriers sera délivré tous les quinze jours au garde par le payeur-général, sur un état certifié par le plus ancien officier d'ouvriers présent au parc, visé par le directeur, vérifié par le commissaire des guerres & quittancé par le chef des ouvriers d'état, à qui l'argent sera remis par le garde.

Art. 118. Le garde fournira tous les mois au conseil d'administration un état détaillé des dépenses qu'il aura faites pendant ce temps ; & cet état, après avoir été vérifié par le commissaire des guerres, sera signé par tous les membres du conseil.

Art. 119. Le garde, à la fin de la campagne, présentera ses registres au conseil d'administration, après qu'ils auront été vérifiés par le commissaire des guerres, qui en signera ensuite l'arrêté avec les autres membres dudit conseil.

Art. 120. Il dressera aussi à cette époque, un état général des dépenses qu'il aura faites pendant la campagne ; cet état sera arrêté par tous les membres du conseil, visé par le général d'artillerie.

Art. 121. Il sera fait cinq copies de cet état : l'une sera adressée au ministre de la guerre, par le général d'artillerie ; la seconde sera pour le directeur ; la troisième pour le commissaire des guerres ; la quatrième pour le garde, & la cinquième, après qu'elle aura été ordonnancée par le commissaire-général des guerres de l'armée, sera remise au payeur, accompagnée des pièces justificatives qui doivent rester à l'appui de son compte ; Sa Majesté voulant qu'aucune dépense ne puisse être allouée dans le compte du payeur qu'autant qu'elle sera revêtue de ces formalités.

Art. 122. En entrant en quartier d'hiver, le garde dressera un état général des remises & consommations qui auront été faites pendant la campagne. Cet état sera d'abord vérifié par le commissaire des guerres, d'après les reçus & pièces justificatives que le garde sera tenu de lui produire, certifié par le sous-directeur du parc, visé par le directeur & approuvé par le général d'artillerie.

Art. 123. Il sera remis par le garde du parc, à chacun des conducteurs de chariot faisant les fonctions de sous-garde, deux registres, sur l'un desquels ils inscriront les remises & consommations des munitions qui se feront à la réserve à laquelle ils seront attachés, & sur l'autre, la recette & la dépense des sommes qu'ils recevront du garde de l'artillerie.

Art. 124. Tous les quinze jours, chaque sous-garde arrêtera les journées d'ouvriers qui seront dues : l'état en sera certifié par le plus ancien sergent d'ouvriers présent, visé par l'officier chargé des détails du parc, & approuvé par le commandant d'artillerie de la réserve. Le sous-garde adressera cet état ainsi arrêté, au garde d'artillerie qui lui en fera payer le montant.

Art. 125. Le garde d'artillerie remettra aux sous-gardes, d'après leur reçu, une somme d'avance, proportionnée aux dépenses journalières & indispensables qu'il y aura à faire, en observant que tous les menus approvisionnemens devront être tirés du grand parc, autant que faire se pourra.

Art. 126. Ces dépenses ne seront faites par les sous-gardes, que d'après les ordres de l'officier chargé des détails du parc, & sur l'approuvé du commandant d'artillerie de la réserve, & ne seront allouées aux sous-gardes qu'autant que leur état de dépense sera arrêté par l'officier chargé du détail & visé par le commandant.

Fonctions du commissaire des guerres.

Art. 127. Les troupes du corps d'artillerie de l'armée, ainsi que les officiers du grand état-major, les employés & les ouvriers d'état attachés à l'équipage, ne pourront être payés de leurs appointemens, traitemens & solde, que sur les extraits de revue que le commissaire remettra au payeur & aux munitionnaires ou fournisseurs. Il adressera un de ces extraits au ministre de la guerre & un au commissaire-général des guerres de l'armée.

Art. 128. La réception & la marque des chevaux ou mulets d'artillerie sera faite en présence du général de l'artillerie, du chef de l'état-major & du directeur du parc, par le commissaire des guerres qui en dressera procès-verbal.

Art. 129. Lorsque, dans le courant de la campagne, le commissaire s'apercevra que la marque des chevaux commence à s'effacer, il prendra les ordres du général de l'artillerie pour la faire renouveler, ce qui sera exécuté en présence d'un commandant en second, du chef de l'état-major de l'artillerie & du directeur du parc.

Art. 130. Il passera en revue tous les mois, les charretiers, les chevaux ou mulets, en présence des mêmes officiers, & remettra un extrait de cette revue, signé par eux, aux entrepreneurs des chevaux ou mulets, pour servir à leur payement.

Art. 131. Il dressera les procès-verbaux des chevaux tués à la guerre ou pris par l'ennemi, étant attelés pour le service, ou au tonnage, dans l'enceinte de la chaîne, après avoir fait constater ces pertes par un certificat des officiers qui se seront trouvés dans le cas de l'attester, visé par le général de l'artillerie.

Art. 132. Le commissaire veillera à ce que le garde enregistre exactement les remises & consommations des munitions & attirails d'artillerie qui se feront au parc ; il en adressera tous les mois au ministre de la guerre, un état revêtu des formalités prescrites par l'article 111 du présent règlement. Il vérifiera si toutes les dépenses que ce garde aura faites ont été autorisées par un officier du parc.

Art. 133. Il passera, en présence d'un des commandans d'artillerie & du directeur du parc, les marchés des différentes fournitures dont il sera nécessaire de l'approvisionner.

Le commandant & le directeur en certifieront la qualité, & le commissaire sera seulement tenu d'en constater le quantité.

Art. 134. Pour que le commissaire soit à portée de remplir les fonctions qui lui sont prescrites par les articles précédens, il sera tenu de camper au parc, sans que, sous aucun prétexte, il puisse s'en dispenser.

Dépôts.

Art. 135. Il sera établi à portée de l'armée, des dépôts d'artillerie pour remplacer les munitions & attirails qui se consommeront.

Le général de l'armée décidera du nombre de troupes du corps de l'artillerie qu'il sera convenable de placer dans ces dépôts, tant pour les manœuvres que pour fournir aux détachemens qui devront escorter les convois de munitions qu'on en tirera.

Art. 136. Il sera aussi désigné une place pour y rassembler & exercer les recrues des régimens d'artillerie avant de les faire passer à l'armée ; l'intention de Sa Majesté étant qu'il n'y soit envoyé aucun homme qui n'ait été préalablement assez exercé pour pouvoir être employé au service de l'artillerie en arrivant.

Art. 137. Les officiers du corps de l'artillerie qui commanderont dans le lieu du dépôt, s'occuperont essentiellement à former les recrues aux manœuvres des bouches à feu de campagne ; ils rendront compte au général de l'artillerie des progrès de leur instruction, afin que ce chef puisse prendre les ordres du général de l'armée, pour tirer successivement les remplacemens nécessaires aux régimens qui seront à ses ordres.

Art. 138. Les officiers chargés de ces dépôts ne pourront être pris que parmi ceux dont les compagnies ne seront pas employées à l'armée, ou parmi les capitaines de résidence ; Sa Majesté autorisant le général de l'artillerie à proposer au ministre de la guerre ceux qu'il aura choisis pour y être employés.

Escortes & convois d'artillerie.

Dans les convois d'artillerie escortés par des troupes de ligne, le commandement appartiendra à l'officier le plus élevé en grade, ou au plus ancien à grade égal, de quelque corps qu'il soit; & si 'eur ancienneté est égale, à celui du plus ancien régiment.

Art. 139. Si ce n'est pas l'officier d'artillerie qui commande, ce sera toujours lui qui décidera de l'heure du départ, des haltes & de leur durée, qui disposera le parc, & qui y placera les sentinelles nécessaires pour la sûreté des munitions.

Il lui sera fourni une ordonnance de la troupe de l'escorte, quelque grade qu'il ait, & s'il est colonel, on lui donnera de plus une sentinelle.

Service du corps royal de l'artillerie dans les sièges. Ce service est déterminé par le réglement du 1er. avril 1792, portant :

Art. 1er. Le service de l'artillerie dans les sièges sera commandé supérieurement par un grand état-major, composé d'un général d'artillerie; de plusieurs commandans en second, officiers-généraux ou colonels; d'un chef de l'état-major, colonel; de plusieurs adjudans-majors d'artillerie, lieutenans-colonels; d'un directeur du parc, colonel; d'un sous-directeur du parc, lieutenant-colonel.

Art. 2. Il sera employé à la suite du grand état-major, un commissaire des guerres, un commis du payeur-général de l'armée, un garde d'artillerie, un maître artificier, un conducteur-général de charroi, le nombre des conducteurs particuliers & d'ouvriers d'état proportionné à la force de l'équipage, un aumônier & un chirurgien-major.

Art. 3. Le régiment destiné au service du siège sera renforcé des compagnies attachées aux brigades d'infanterie qui devront faire le siège (le canon de l'infanterie étant supprimé, il n'y a plus de compagnies d'artillerie attachées aux brigades), & de celles de l'artillerie de parc qui ne seront pas nécessaires à l'armée d'observation.

Les unes & les autres de ces compagnies se réuniront au parc avec le régiment, & y déposeront leur canon.

Art. 4. Les canonniers n'étant pas en assez grand nombre pour suffire au service des batteries, il leur sera joint des auxiliaires tirés de l'infanterie à raison d'une compagnie au complet de guerre, par compagnie d'artillerie.

Art. 5. Le siège ne pourra être commencé qu'après l'arrivée des deux tiers des munitions jugées nécessaires à la prise de la place, & quand on sera assuré que le reste ne peut éprouver aucun retard.

Art. 6. Le ministre ou le général de l'armée ayant confié au général de l'artillerie le nom de la place qu'on se propose d'attaquer, celui-ci règlera le nombre des bouches à feu & les approvisionnemens nécessaires à l'importance & à la durée présumée du siège.

Il se procurera les inventaires des places à portée de l'armée, pour désigner celles d'où l'on devra tirer l'artillerie & les munitions.

Il indiquera le lieu où l'équipage devra être assemblé.

Il règlera le service que les officiers & employés à ses ordres auront à faire pour les préparatifs du siège.

Art. 7. Le général de l'artillerie fera la reconnoissance de la place, & se concertera avec le général du corps du génie, pour décider du front ou des fronts d'attaque. Leur projet sera soumis au général de l'armée, avec lequel ils arrêteront la disposition des tranchées & l'emplacement des batteries. Dans le cas d'avis opposés, le général de l'armée prononcera.

Art. 8. Il sera remis par le général de l'armée, aux chefs des deux corps, une copie du plan d'attaque, signée d'eux & du général de l'armée : ces deux chefs seront tenus de s'y conformer ; & dans tous les cas où il sera ensuite question de l'avancement de la tranchée ou d'un nouvel emplacement de batteries, ils se rendront chez le général de l'armée pour en arrêter le plan, qu'ils signeront avec ce général.

Art. 9. Lorsque le front d'attaque sera déterminé, le général de l'artillerie proposera à celui de l'armée l'emplacement du parc, ainsi que celui des entrepôts de munitions qu'il croira devoir établir à portée de la place.

Art. 10. Dès que la tranchée sera ouverte, le général de la parcourra, accompagné d'un ou plusieurs commandans en second, & du chef de l'état-major, pour reconnoître la position des batteries & en marquer l'emplacement, qu'il aura soin de faire arrêter par des piquets, afin que les commandans en second puissent le désigner exactement aux capitaines qui devront les construire.

Le chef de l'état-major inscrira, sous la dictée du général, l'objet des batteries, ainsi que l'espèce & le nombre des bouches à feu dont chacune devra être composée.

Art. 11. Pendant le siège, le général de l'artillerie rendra compte journellement de l'effet des batteries au général de l'armée, & recevra ses ordres.

Art. 12. Ce général rendra compte au ministre de la guerre, & lui fera connoître par des plans, l'emplacement des batteries & la direction des feux.

Art. 13. Les commandans en second aideront le général dans ses fonctions, & le suppléeront au besoin. Un d'eux sera nommé journellement pour visiter les batteries & en rendra compte à ce général.

Art. 14. Indépendamment des détails relatifs aux subsistances, & de ce qui leur est prescrit par le réglement du service de campagne, le chef de l'état-major de l'artillerie & les adjudans-majors d'artillerie seront chargés de fonctions particulières au service des siéges, ainsi qu'il va être expliqué.

Art. 15. Le chef de l'état-major de l'artillerie, sous l'autorité du général, régleia la distribution des batteries aux compagnies d'artillerie. Il déterminera le service des troupes d'infanterie attachées à l'artillerie; il choisira, de concert avec le chef de l'état-major de l'armée, le lieu du dépôt des fascines qui devront servir à la construction des saucissons, & lui en demandera la quantité nécessaire.

Il déterminera le nombre de canonniers & de soldats auxiliaires qui devront y être journellement employés, & veillera à ce qu'il en soit tenu un état exact par un adjudant-major d'artillerie.

Art. 16. Il tiendra aussi un état, par batterie, du nombre & de l'espèce des bouches à feu dont chacune sera composée; les visitera le plus souvent qu'il sera possible, surtout les premiers jours de leur établissement, afin de s'assurer de leur effet, dont il rendra compte au général de l'artillerie.

Art. 17. Il enverra journellement l'état des morts & des blessés au chef de l'état-major de l'armée, ainsi qu'au général d'artillerie; il donnera un soin particulier aux officiers blessés ou malades; il présidera à l'inventaire des effets des morts; il en répondra à leurs parens, & en rendra compte au général de l'artillerie, qui en informera le ministre de la guerre.

Art. 18. Si les canonniers & les auxiliaires ne suffisent pas pour le service de l'artillerie, le chef de l'état-major s'adressera à celui de l'infanterie, qui fera fournir par les bataillons de la ligne, le nombre d'hommes jugé nécessaire.

Art. 19. Un des adjudans-majors d'artillerie ira tous les matins à la tranchée pour s'informer des événemens de la nuit, & prendra les ordres du commandant en second de tranchée, qu'il accompagnera dans la première tournée que ce chef devra faire en arrivant à la tranchée.

Cet adjudant, en parcourant les batteries, prendra l'état des blessés & celui des munitions dont les batteries auront besoin; il rendra compte au chef de l'état-major de ce qui aura rapport aux travailleurs, & préviendra le directeur du parc des principaux approvisionnemens qu'il y aura à y faire passer, afin qu'il se prépare à les fournir aux canonniers qui monteront la tranchée.

Art. 20. Un des adjudans-majors d'artillerie tiendra un journal des travailleurs employés au service de l'artillerie pendant le siége, en désignant ceux que chaque troupe aura fournis, la nature de l'ouvrage auquel ils auront été employés, & en distinguant les travaux du jour de ceux de nuit; il en remettra au chef de l'état-major un état vérifié par lui sur le vu des certificats donnés par les officiers qui les auront employés. Cet état fera mention de leur nombre, ainsi que du temps qu'ils auront travaillé, & servira à leur paiement après qu'il aura été revêtu de ces formalités.

Art. 21. A la fin du siége, cet adjudant-major d'artillerie dressera un état sommaire des journées de travailleurs employés au service de l'artillerie. Cet état sera signé par lui, certifié par le chef de l'état-major, visé par le général de l'artillerie, vérifié par le commissaire des guerres & ordonnancé par le commissaire-général de l'armée.

Art. 22. Le directeur, d'après les ordres qu'il aura reçus du général de l'artillerie, disposera de l'arrangement du parc & de l'emplacement des magasins à poudre, rendra compte journellement à ce général des remises & consommations, & le préviendra à temps des remplacemens qu'il y aura à faire.

Il ordonnera aussi du service des compagnies d'ouvriers, dont les officiers seront toujours affectés à celui du parc.

Art. 23. Le directeur du parc prendra son jour de tranchée avec les officiers supérieurs de son grade, lorsque ses détails particuliers lui en laisseront le temps, & qu'il en aura obtenu la permission du général de l'artillerie.

Art. 24. Le sous-directeur du parc aidera le directeur & le suppléera au besoin.

Il fera son jour de tranchée comme les lieutenans-colonels de régimens, quand ses fonctions le lui permettront, en observant qu'il ne pourra pas être de service en même temps que le directeur du parc.

Art. 25. Les colonels des régimens d'artillerie employés aux siéges, feront le même service que les commandans en second du grand état-major, & prendront rang avec eux.

Art. 26. Les lieutenans-colonels des régimens rouleront entr'eux pour le service, & pendant les vingt-quatre heures qu'ils seront à la tranchée, ils donneront tous les ordres provisoires que les circonstances exigeront, & en rendront compte ensuite au général de l'artillerie.

Le général de l'artillerie pourra, quand il le croira nécessaire, en faire commander plusieurs le même jour.

Art. 27. Les aides-majors (les aides-majors sont remplacés par les adjudans-majors des régimens) de régimens, indépendamment des fonctions qui leur sont attribuées, relativement à la troupe, rouleront entr'eux pour faire la tournée des batteries & prendre les ordres des officiers supérieurs de l'artillerie qui seront de tranchée. Lorsque le colonel du régiment sera de service, ils feront auprès de lui les mêmes fonctions que les adjudans-majors d'artillerie auprès des autres commandans.

Les tournées de ces adjudans seront faites, d'après les ordres du colonel, à des heures différentes de celles des adjudans-majors de l'artillerie.

Le tour de service des batteries de siége commencera au premier siége qui se fera en entrant en campagne, & ne finira qu'à la paix.

Art. 28. Les batteries seront construites & servies par compagnies, suivant l'ordre des numéros. Celle qui portera le numéro 1er. aura la première batterie de la droite; celle qui aura le numéro 2, la première batterie de la gauche, & ainsi de suite, en se rapprochant du centre.

Art. 29. S'il y a deux régimens au siége, la première des compagnies du premier régiment servira la première batterie de la droite, & ainsi de suite en s'étendant vers le centre; & la première à marcher des compagnies du second régiment, construira la première batterie de la gauche; les autres suivront en s'étendant vers la droite.

Art. 30. S'il y a un régiment & partie d'un autre, le régiment construira les batteries de la droite, & les compagnies détachées construiront celles de la gauche.

Art. 31. S'il y a deux attaques, & que les compagnies détachées puissent fournir à une des attaques, elles en seront chargées; & si elles ne sont pas suffisantes, on y joindra des compagnies du régiment. Dans tous les cas, le régiment aura la principale attaque.

Art. 32. Lorsque toutes les compagnies auront fait leur batterie & qu'il faudra en établir de nouvelles, le tour à marcher appartiendra à la compagnie dont la batterie aura été la première éteinte, ou à la première à marcher, si plusieurs ont été éteintes à la fois.

Art. 33. Lors de la construction des batteries, chaque escouade d'artillerie fournira quatre hommes qui seront relevés toutes les vingt-quatre heures.

Art. 34. Chaque escouade fournira aussi quatre hommes pour le service journalier d'un canon, & trois seulement pour celui d'un mortier ou obusier.

Art. 35. Le caporal, l'appointé & les deux plus anciens canonniers de première classe rouleront entr'eux, afin que l'un des quatre soit toujours chef de la partie de l'escouade qui sera employée; les autres servans seront pris dans les auxiliaires.

Art. 36. Tous les officiers de la compagnie & deux des sergens assisteront au tracé de la batterie, & y resteront durant les premières vingt-quatre heures de sa construction.

Art. 37. Le capitaine-commandant étant responsable de la prompte exécution & de la solidité de la batterie, il présidera à sa construction, & ne la quittera que lorsqu'il sera assuré que le travail ne pourra pas souffrir de son absence.

Art. 38. Pendant la construction de la batterie, le capitaine-commandant aura avec lui un des officiers de la compagnie, qui sera relevé toutes les vingt-quatre heures.

Il y aura aussi un des officiers d'infanterie attaché à l'artillerie, qui sera aussi relevé toutes les vingt-quatre heures.

Art. 39. Lorsqu'on mettra le canon en batterie, le capitaine-commandant s'y trouvera avec tous les officiers de sa compagnie; mais, dès qu'on commencera à tirer, il suffira qu'il y ait journellement un officier de service : le capitaine-commandant ne marchera plus qu'à son tour.

Art. 40. Le sergent-major ne servira aux batteries que lorsqu'il manquera un officier; ce sous-officier étant destiné à le remplacer.

Art. 41. Si une batterie a besoin de communication avec la tranchée, cette communication sera dirigée par les officiers de la batterie, & exécutée par les travailleurs payés sur les fonds de l'artillerie.

Art. 42. Si l'on est forcé d'établir une batterie dans la tranchée, le général de l'artillerie, après s'être concerté avec celui du génie, fera travailler à l'instant sur le derrière de la batterie à une communication qui tiendra lieu de la partie de tranchée occupée par la batterie.

Art. 43. Tous les jours, le commandant de chaque batterie enverra un canonnier intelligent porter au directeur du parc l'état de ses besoins, & le fera partir assez à temps pour que le nouveau détachement puisse être chargé des menus approvisionnemens demandés : le même homme servira de guide à la troupe qui devra relever celle qui sera de service à la batterie. Quant à la poudre & aux fers coulés, ils seront renouvelés par des convois que l'on fera partir à l'entrée de la nuit.

Art. 44. Les batteries seront relevées deux heures avant la fin du jour, afin que les officiers aient le temps d'en examiner l'objet & l'effet, & que les chefs de pièces puissent, d'après la consigne qu'ils recevront de l'ancien détachement, reconnoître les ouvrages contre lesquels la batterie sera dirigée.

Art. 45. Les détachemens destinés à relever ceux qui seront aux batteries se rassembleront au parc; un des adjudans-majors d'artillerie s'y rendra à l'heure indiquée; il les formera par batterie & leur fera connoître leur destination; le directeur du parc pourvoira à ce qui sera nécessaire à chaque batterie, & fera délivrer aux détachemens les effets qu'ils pourront emporter avec eux.

Art. 46. Le nouveau commandant, en arrivant à la batterie, prendra connoissance de son approvisionnement, & profitera du retour du détachement qu'il aura relevé pour faire passer l'état de ses besoins au directeur du parc, qui y pourvoira, soit, sur-le-champ, par un ou plusieurs canonniers d'ordonnance, soit par les convois de l'entrée de la nuit.

État de supplément de solde accordé aux sergens, canonniers & soldats d'infanterie employés à un siége pour les travaux d'artillerie.

SAVOIR :

Pendant le jour.

A chaque sergent de canonniers, quarante sous pour le jour.	2 liv.	» s.
A chaque canonnier, vingt sous pour le jour.	1	»
A chaque sergent d'infanterie, trente sous.	1	10
A chaque travailleur d'infanterie, quinze sous.	»	15
A chaque caporal-fourrier employé à l'artifice.	»	15.
Au même employé comme sergent aux batteries.	2	»
A chaque artificier.	»	10

Pendant la nuit.

A chaque sergent de canonniers, cinquante sous pour la nuit.	2	10
A chaque canonnier.	1	5
A chaque sergent d'infanterie.	2	»
A chaque travailleur d'infanterie.	1	»
A chaque caporal-fourrier employé à l'artifice.	»	»
Au même employé comme sergent aux batteries.	2	10
A chaque artificier.	»	»

Art. 47. Les caporaux-fourriers & les artificiers devant être employés au parc pour la fabrication des artifices, ne feront pas de service dans les batteries ni à la sape.

Sapeurs.

(Comme il a été créé depuis 1792 des bataillons de sapeurs faisant partie de l'arme du génie, l'artillerie ne fournit plus de canonniers pour les travaux de la sape.)

Art. 48. Le service de la sape devant être fait dorénavant par toutes les compagnies des régimens du corps de l'artillerie, il sera tiré pour ce service, de chacune des compagnies présentes au siège, quatre canonniers, dont deux de première & deux de seconde classe.

Art. 49. Les premiers canonniers étant dans le cas de monter journellement au grade d'appointé, & les derniers étant trop peu expérimentés pour ce genre de service, les sapeurs ne pourront être pris ni à la tête de la première classe, ni à la queue de la seconde; en conséquence on nommera au premier tour les 15e. & 16e. de la première classe, & les deux premiers de la seconde.

Art. 50. Le tour des officiers, sous-officiers & canonniers qui auront fait le service de la sape à un siége, sera passé dès que la place sera rendue ou le siège levé.

Art. 51. Si l'on a à former un second corps de sapeurs pour la continuation du même siége ou pour en commencer un nouveau, ce corps sera composé suivant le même principe, mais en dispensant nominativement ceux qui auront été employés au premier tour. Les arrangemens de gré à gré entre les canonniers de même classe seront permis.

Art. 52. Les canonniers tirés des compagnies pour le service de la sape, seront réunis en escouades de huit hommes chacune. Ceux de la première & de la seconde compagnie formeront la première escouade ; ceux de la troisième & ceux de la quatrième formeront la seconde escouade, & ainsi de suite.

Art. 53. Chaque escouade de sapeurs sera commandée par un sergent & un caporal : le sergent sera tiré de la première des compagnies qui aura fourni les hommes de l'escouade, & le caporal sera tiré de la seconde.

Art. 54. Dans le cas de la formation d'un second corps de sapeurs, les caporaux seront pris dans les premières compagnies qui fourniront les escouades, & les sergens dans les secondes.

Art. 55. Les sapeurs seront formés en divisions de quatre ou cinq escouades chacune, suivant le nombre des compagnies présentes au siège.

Chaque division sera commandée par un second capitaine & un lieutenant, qui y resteront attachés pendant toute la durée du siège.

Le plus ancien capitaine & le plus ancien lieutenant auront le commandement des escouades de la première moitié des compagnies ; les deux autres officiers commanderont l'autre moitié.

Art. 56. Les officiers attachés aux divisions de sapeurs seront pris par ancienneté dans leur grade & remplacés de même, s'ils sont mis hors de service, ou promus à un nouveau grade.

Art. 57. Les capitaines-commandans, étant personnellement chargés de la construction des batteries, ne seront pas employés au service de la sape.

Art. 58. Les sapeurs seront aux ordres du général du corps du génie, sitôt que la tranchée sera ouverte, & camperont à portée du dépôt avec les volontaires de la ligne qui leur seront réunis.

Art. 59. Un sergent de chaque division sera chargé de pourvoir à la subsistance des divisions de sapeurs.

Art. 60. Il y en aura un qui ira tous les jours prendre l'ordre chez l'officier chargé du détail du corps du génie ; les officiers iront alternativement recevoir ceux du commandant du corps.

Tarif du supplément de la solde des sapeurs.

Art. 61. Il sera payé aux sapeurs, par toise courante dans la seconde parallèle & ses communications avec la troisième, deux livres. . . . 2 liv. » s.
Dans la troisième parallèle & dans les communications jusqu'au pied du glacis. 10 10
   Sur le plat du glacis. . . . . . 3 »
   Sur le haut du chemin couvert. . 3 10
   Dans le chemin couvert. . . . . 5 »
   Pour le passage d'un fossé sec. . 10 »
   Pour le passage des fossés pleins d'eau. . . . . 20 »
   S'il est double. . . . . 40 »
Sur les brèches, le prix sera réglé par le général de l'armée.

Mineurs.

Art. 62. Dès que les mineurs commenceront à travailler aux préparatifs des mines, ils cesseront de fournir à la garde & aux travaux de l'artillerie.

Art. 63. Les outils, bois & autres approvisionnemens nécessaires à la construction des mines, seront fournis du parc d'artillerie.

Art. 64. Les capitaines des mineurs seront chargés, sous les ordres du général de l'artillerie, de la conduite des mines exécutées par leur compagnie.

Ces capitaines proposeront à ce général les projets d'attaque, & lui rendront compte journellement de leurs opérations.

Art. 65. Le général de l'artillerie & celui du génie se réuniront pour discuter les projets que les capitaines de mineurs présenteront, & signeront avec eux le plan qui en sera arrêté.

Art. 66. Un officier de mineurs ira tous les jours chez l'officier chargé du détail du corps du génie, pour faire porter sur l'état des travailleurs à demander à la ligne, ceux qui seront nécessaires au service de la mine, & les capitaines rendront compte au commandant de ce corps du progrès des travaux.

Art. 67. Les supplémens de solde des mineurs aux siéges sera proportionné à la distance du lieu de leur travail à la place.

Art. 68. Le mineur sera payé par douze heures de travail, & le sergent, par vingt-quatre heures.

Tarif des supplémens de solde des mineurs.

Au bas du glacis, au couronnement du chemin couvert,
Au bas de la contrescarpe, & dans les descentes de fossés,
Au chef d'atelier. . . . . 3 liv. 10 s.
Au mineur. 2 10
Au sergent. . . . . 5 »

Dans les attaques de vive force, comme celle du chemin couvert, & dans un assaut où les mineurs marchent avec les grenadiers pour arracher les saucissons des contre-mines dans la vue d'en empêcher l'effet, ils seront taxés particulièrement; & dans toutes les autres circonstances, leur salaire sera proportionné aux difficultés & aux dangers.

Les mineurs ne pourront être payés de leurs travaux que sur un état certifié par les officiers qui les auront employés.

Art. 69. Les servans fournis par l'infanterie seront, de même que les mineurs, payés sur les certificats des officiers qui les auront employés. Le prix de leur travail sera réglé par les capitaines-commandans de mineurs, certifié par l'officier chargé du détail du corps du génie, & sera le même que celui des mineurs.

Ouvriers.

Art. 70. Les ouvriers des compagnies qui, à l'occasion de l'attaque d'un chemin couvert ou d'un ouvrage, auront été employés à couper des palissades ou des barrières, seront récompensés par une gratification proportionnée au danger qu'ils auront couru.

Fonctions du commissaire des guerres.

Art. 71. Le commissaire des guerres attaché à l'équipage, y remplira les mêmes fonctions que celles qui lui sont prescrites par le réglement de service de campagne, articles 127, 128, 129, 130, 131, 132, 133, 134 & 135.

Art. 72. Quand la place sera rendue, le commandant d'artillerie proposera au général de l'armée les officiers qu'il destinera à recevoir des mains des assiégés, & à mettre en ordre les magasins & tout ce qui concerne l'artillerie de la place.

Art. 73. Les officiers & le commissaire des guerres destinés à cette vérification, seront installés par l'officier supérieur du corps de l'artillerie chargé d'y présider.

Art. 74. Le chef de l'état-major de l'artillerie, de concert avec cet officier supérieur, traitera du rachat des cloches qui se trouveront dans la place, ainsi que cela s'est pratiqué jusqu'à présent. (*Voyez* le mot CLOCHES.)

Le produit de ce rachat sera remis entre les mains du payeur de l'équipage, pour être ensuite distribué, d'après les ordres du Roi, aux officiers & employés de l'artillerie qui auront assisté au siége, ou qui auront fait des convois pour son approvisionnement.

Art. 75. Le commissaire des guerres procédera sur-le-champ, conjointement avec les officiers du corps de l'artillerie & ceux de la place, à la reconnoissance & à l'inventaire provisoire des effets de munitions d'artillerie qui s'y trouveront, & dont le garde d'artillerie se chargera.

Cet inventaire doit être fait avec beaucoup d'exactitude, & certifié par les préposés des assiégés, pour servir, en cas de remise de la place, à constater ce qu'ils y auront laissé d'artillerie.

Il sera fait ensuite un second inventaire à loisir, pour servir à l'installation du garde, & dans lequel on observera toutes les formalités prescrites à ce sujet dans le réglement du service des places.

Art. 76. L'officier supérieur du corps de l'artillerie sous lequel s'exécuteront les arrangemens relatifs à l'ordre à mettre dans l'artillerie de la place, y restera jusqu'à la clôture de l'inventaire.

Il sera fait trois copies de cet inventaire ; le général de l'artillerie en adressera une au ministre de la guerre, & en gardera une pour lui : la troisième restera au commissaire des guerres.

Service du corps royal d'artillerie dans les places.
Ce service est déterminé par un réglement du 1er. avril 1792, portant :

TITRE PREMIER.

Service d'infanterie.

Art. 1er. Les troupes du corps de l'artillerie fourniront la garde du parc, celle de leur quartier, de leur caisse, de l'arsenal & celle des officiers supérieurs de ce corps.

Art. 2. Les régimens ou parties de régimens du corps de l'artillerie ne fourniront au plus que la moitié de ce qui sera fourni dans la même garnison par les troupes de même force ; & si la garde des postes affectés audit corps en exige davantage, les autres troupes y suppléeront.

Art. 3. Les canonniers seront dispensés, d'après la demande du commandant du régiment à celui de la place, de toutes gardes, dans les cas où ils seroient trop occupés pour le service de l'artillerie.

Art. 4. Les officiers supérieurs des régimens d'artillerie continueront à rouler, pour le service de la place, avec ceux des autres troupes de la garnison. Quant au service intérieur des régimens, les lieutenans-colonels rouleront entre eux par semaine.

Art. 5. Le lieutenant-colonel chargé du détail du régiment sera dispensé de faire sa semaine, & ne sera tenu de prendre les armes avec le régiment que les jours de revue. (Cette dispense concerne le major qui remplit actuellement les fonctions du lieutenant-colonel chargé du détail.)

Art. 6. Les capitaines-commandans étant obligés de remplir journellement des fonctions relatives au service de l'artillerie, seront dispensés de tout le service de place & de corvées.

Art. 7. Les seconds capitaines & les lieutenans étant obligés de suivre habituellement les instructions de théorie & de pratique de l'artillerie, seront aussi dispensés de tout service de place, à moins que des circonstances impérieuses ne forcent le commandant des troupes à donner des ordres contraires : dans ce cas, le commandant de l'artillerie sera tenu d'en rendre compte sur-le-champ au ministre de la guerre.

Art. 8. Les officiers du corps de l'artillerie, détachés dans les places, vu leurs fonctions journalières, seront dispensés de tout service de place, à l'exception des jurys militaires (& des conseils de guerre).

Art. 9. Les compagnies de mineurs & d'ouvriers étant journellement employés à leurs travaux respectifs, seront exemptes de tout service d'infanterie dans les places.

Art. 10. Lorsque l'inspecteur sera présent, l'ordre lui sera porté journellement par le lieutenant-colonel chargé des détails du régiment, &, à son défaut, par un adjudant-major. Cet adjudant portera aussi tous les jours, à l'inspecteur & au commandant d'artillerie, l'état de situation du régiment, & lui rendra compte en même temps de ce qui aura été ordonné pour le service de la place.

Art. 11. Dans les écoles, l'ordre sera porté journellement par un adjudant-major au commandant d'artillerie, à celui du régiment & au directeur ; il sera porté par un adjudant aux lieutenans-colonels & au sous-directeur, & par les sergens-majors aux capitaines-commandans.

À l'égard des seconds capitaines & lieutenans, l'ordre leur sera porté par les sergens, mais dans le seul cas où ils seront commandés de service.

Art. 12. Lorsque l'ordre contiendra quelques dispositions relatives aux officiers employés dans les places ou aux professeurs, il leur sera porté par le sergent de semaine du régiment.

Art. 13. S'il n'y a dans une place qu'un détachement d'une ou deux compagnies du corps de l'artillerie, l'ordre sera porté par un sergent-major à celui qui commandera, & aux autres officiers, comme il vient d'être dit.

Art. 14. Dans le cas où il n'y auroit ni régiment ni détachement de ce corps, l'ordre sera porté par un sergent de la garnison à l'officier qui commandera l'artillerie dans la place.

Art. 15. Indépendamment de ce qui vient d'être prescrit, le sergent de semaine du régiment ira tous les jours prendre les ordres du directeur de l'arsenal ou de l'officier chargé des détails de la place, sur le nombre des travailleurs qu'il y aura à fournir pour les mouvemens à faire dans l'arsenal ou dans les magasins d'artillerie.

TITRE II.

Places des officiers & sous-officiers de compagnies dans l'ordre de bataille.

Art. 1er. Le capitaine-commandant sera placé à la droite de sa compagnie, au premier rang, ayant derrière lui au troisième rang le premier sergent;

Le deuxième sergent derrière la gauche de la seconde section, ayant à sa droite le second capitaine;

Le troisième sergent derrière la gauche de la première section, ayant à sa droite le caporal-fourrier, lorsque celui-ci ne sera pas employé à la garde du drapeau de son bataillon;

Le quatrième sergent derrière la droite de la première section, ayant à sa gauche le premier lieutenant;

Le sergent-major derrière la droite de la seconde section, ayant à sa gauche le second lieutenant.

Tous les officiers & sous-officiers en serre-file seront à deux pas du dernier rang, & distans entre eux de manière à ce qu'ils soient répartis également derrière chaque compagnie ou peloton.

Dans les évolutions, l'aile gauche de chaque bataillon sera fermée par le deuxième sergent, ayant derrière lui un caporal à la troisième rang.

Les caporaux seront placés à la droite & à la gauche de leur peloton, suivant leur taille, & de préférence au premier & au troisième rang.

Le remplacement des officiers & sous-officiers se fera de grade en grade dans chaque compagnie; mais le commandant du régiment pourra faire passer un capitaine ou un lieutenant d'une autre compagnie pour commander, pendant la manœuvre, celle où il manquera des officiers.

Places des officiers supérieurs, adjudans-majors & adjudans.

Art. 2. Le colonel & les lieutenans-colonels seront à cheval : les adjudans-majors & adjudans seront à pied.

Le colonel sera placé à trente pas en arrière du rang des serre-files, vis-à-vis le milieu de l'intervalle qui sépare les deux bataillons du régiment.

Les deux lieutenans-colonels chefs de bataillon seront placés chacun vis-à-vis le centre de leur bataillon, à vingt pas en arrière du rang des serre-files.

Les quatre lieutenans-colonels chefs de division seront placés chacun vis-à-vis le centre de leur division, sur l'alignement des lieutenans-colonels chefs de bataillon.

L'adjudant-major de chaque bataillon, vis-à-vis le centre de son bataillon, à douze pas en arrière du rang des serre-files.

Les quatre adjudans chacun vis-à-vis le centre de leur division, à huit pas en arrière du rang des serre-files.

Les tambours seront placés à quinze pas derrière le cinquième peloton de leur bataillon.

Le tambour-major sera à la tête de ceux du second bataillon; les musiciens seront placés à deux pas derrière les tambours du premier bataillon.

On se conformera pour la garde des drapeaux, & l'ordre à observer dans la marche du détachement qui ira les chercher, à ce qui est prescrit par le réglement concernant l'exercice des manœuvres d'infanterie, du premier août 1791.

Quant aux honneurs à rendre aux drapeaux à leur arrivée au régiment, ils seront les mêmes que ceux prescrits par ledit réglement, avec la seule différence que les chefs de division de chaque bataillon se placeront à deux pas de distance à droite & à gauche de leur chef de bataillon, sur le même alignement, & qu'ils salueront le drapeau de leur bataillon avec le chef de bataillon.

Ordre dans lequel les régimens d'artillerie devront défiler.

Art. 3. Le régiment, pour défiler, se rompra par pelotons & portera l'arme au bras jusqu'à cinquante pas de la personne à qui l'on rendra les honneurs; pour lors la musique commencera à jouer, les chefs de peloton défileront à deux pas devant le centre de leur peloton, le colonel, les commandans de bataillon & les chefs de division à quatre pas en avant du chef de la première subdivision des bataillons ou divisions.

Le chef de bataillon & celui de la première division du premier bataillon seront à la gauche du colonel, quand la personne devant laquelle on défilera sera à la droite de la colonne, & si elle est à gauche, ces deux chefs se placeront à la droite du colonel.

L'adjudant-major de chaque bataillon défilera sur le flanc de la colonne à environ six pas du côté opposé à la personne à qui l'on rendra les honneurs, & à la hauteur de la première subdivision de son bataillon.

Les adjudans défileront à la hauteur de la dernière subdivision de leur division, à la même distance de la colonne & du même côté que les adjudans-majors.

Tous les autres officiers & sous-officiers marcheront aux places qui leur sont fixées dans la marche en colonne par le réglement du premier août 1791.

Les porte-drapeaux resteront dans le rang en défilant.

TITRE III.

Travailleurs.

Art. 1er. Lorsqu'il y aura quelques manœuvres à faire dans les arsenaux, le commandant de l'artillerie s'adressera à celui de la place, qui lui fera fournir par la garnison les détachemens nécessaires pour l'exécution de ces manœuvres.

Art. 2. S'il y a dans la place un régiment ou des détachemens d'artillerie suffisans pour fournir ces travailleurs, ils y seront employés de préférence, d'après les ordres du commandant de l'artillerie; & dans le cas où ils ne seroient pas assez nombreux, ils fourniront en proportion de leurs forces avec la garnison.

Art. 3. Les travailleurs commandés se rendront au lieu indiqué, conduits par des officiers ou sous-officiers, qui feront exécuter les travaux qui leur seront ordonnés par les officiers d'artillerie.

Art. 4. La durée du travail sera fixée pour les manœuvres ordinaires pendant l'été, à trois heures le matin & trois heures l'après-midi, & pendant l'hiver à deux heures seulement le matin & autant l'après-midi.

Art. 5. Si les besoins du service exigent un travail de plus longue durée ou continu, le détachement sera relevé par un autre, après avoir travaillé le temps fixé ci-dessus.

Art. 6. Ces détachemens ne pourront quitter le travail qu'après avoir reçu la permission de l'officier d'artillerie qui le dirigera, & ils seront ramenés dans leur quartier dans le même ordre qu'ils seront arrivés.

Art. 7. Sa Majesté comprend, tant pour les canonniers que pour les soldats d'infanterie dans les travaux à exécuter pour le service de l'artillerie, & sans aucune augmentation de solde, les transports, pesées, déplacemens, arrangemens, chargemens & déchargemens de tous attirails & matériaux à l'usage de l'artillerie dans les fonderies, arsenaux, magasins, parcs & ouvrages de fortifications.

Ils seront de plus tenus de s'employer aux différentes manœuvres qu'il y aura à faire pour entretenir la propreté tant dans l'intérieur qu'à l'extérieur des bâtimens de l'artillerie, & de travailler au remuement des terres pour la construction des batteries de la place.

Art. 8. Quant aux canonniers, ils seront obligés de travailler, sans augmentation de solde, à la construction des cartouches à canon & à fusils, à tout ce qui a rapport à la formation & au chargement des équipages d'artillerie; dans les écoles, aux travaux du polygone, & enfin à tous ceux relatifs au service & à l'instruction des officiers & soldats, ainsi qu'à l'entretien, bonne tenue & propreté intérieure du polygone.

Les caporaux, lorsqu'ils se trouveront commandans de détachemens, seront dispensés de travailler.

Art. 9. Lorsque les mineurs ne seront pas occupés aux travaux des mines, ils seront tenus, au moyen de leur solde, d'aider les canonniers dans les arsenaux & dans les parcs aux différentes manœuvres d'artillerie, d'ouvrir à l'armée les marches & débouchés dont l'artillerie aura besoin, & de travailler dans leur école à tout ce qui au a rapport à leur instruction.

Art. 10. Les compagnies d'ouvriers devant le tiers de leur travail à l'Etat, sans augmentation de solde, seront néanmoins payées en totalité lorsqu'elles seront commandées pour travailler en entier, comme il est dit dans le règlement de ce jour, concernant les arsenaux de construction.

Art. 11. Si les travaux ont été considérables, Sa Majesté permet aux inspecteurs-généraux de proposer au ministre de la guerre des dédommagemens pour les travailleurs, s'ils ont été employés plus de temps que ce qui est réglé ci-dessus ou a des travaux extraordinaires. (En cas d'absence des inspecteurs-généraux, les directeurs peuvent en faire la proposition directe au ministre.)

TITRE IV.

Service d'artillerie dans les places.

Art. 1er. Le service de l'artillerie dans les places sera fait par les directeurs & les sous-directeurs, par les capitaines (& lieutenans) de résidence & par les seconds capitaines tirés des régimens, & inspecté par les officiers-généraux de ce corps.

Art. 2. Ces officiers-généraux seront chargés d'inspecter les directions d'artillerie, les arsenaux, les manufactures d'armes, les fonderies & forges de leur département, & ils jouiront des mêmes traitemens & prérogatives que les officiers-généraux employés de leur grade.

Ils auront toute autorité sur les officiers employés & les troupes d'artillerie comprises dans leur département.

Art. 3. Ils feront tous les ans la tournée des places soumises à leur inspection, & se feront rendre compte dans le courant de l'année, par les officiers à leurs ordres, de tout ce qui aura rapport au service de l'artillerie.

Art. 4. Les inspecteurs, dans leur tournée, se feront représenter les états des dépenses ordonnées pour l'année courante & exécutées; ils arrêteront en même temps les projets pour l'année suivante.

Art. 5. Ils se feront représenter aussi les registres des directeurs & des gardes; & dans le cas où ils remarqueroient quelques négligences, ils leur donneront des ordres en conséquence, & en rendront compte au ministre de la guerre.

Art. 6. Ils se conformeront en outre à ce qui leur sera prescrit dans l'instruction que le ministre de la guerre leur adressera relativement à leur inspection, ainsi qu'aux différens réglemens de service dans lesquels leurs fonctions sont déterminées.

Art. 7. Après leur inspection, ils rassembleront les comptes qui leur seront rendus par les directeurs, & les adresseront, avant le premier novembre de chaque année, ainsi que les états de projets de dépenses & d'approvisionnemens qu'ils auront jugés nécessaires dans les places de leur département.

Art. 8. Les directeurs auront la surveillance de l'artillerie des places de leur direction, & se conformeront à ce qui est prescrit dans le présent règlement ; ils feront tous les ans, dans le courant du mois de septembre, la tournée des places de leur direction, pour voir l'exécution des ouvrages faits pendant l'année & arrêter les projets à faire l'année suivante.

Si l'inspecteur le juge nécessaire, les directeurs l'accompagneront dans toutes les places de leur direction.

Les sous-directeurs suppléeront les directeurs, & leur rendront compte, même durant leur absence.

Art. 9. Le directeur d'un arsenal de construction se conformera au règlement de ce jour concernant le service, ainsi qu'aux ordres qui lui seront donnés par l'inspecteur-général.

Il sera en même temps chargé de la surveillance de l'artillerie des places de sa direction & de la fonderie.

Dans les places où il y aura des fonderies, le lieutenant-colonel qui y sera employé fera les fonctions de sous-directeur de l'arsenal de construction.

Art. 10. Si le directeur & le sous-directeur sont absens, ils seront suppléés pour le service de l'arsenal, par le capitaine d'ouvriers, & à la fonderie, par le plus ancien des capitaines qui y seront employés, chacun se renfermant dans ses fonctions particulières : le plus ancien de ces deux officiers aura le commandement supérieur de l'artillerie de la place.

Dans les villes où il n'y aura pas de fonderie, ce sera le plus ancien capitaine d'ouvriers, ou détaché à la suite de l'arsenal, qui suppléera le sous-directeur pour le service de la place; l'officier d'ouvriers restant toujours chargé du détail des constructions.

Art. 11. Les capitaines détachés dans les places se conformeront à ce qui est prescrit par le présent règlement, & à ce qui leur sera ordonné par le directeur ou sous-directeur.

Art. 12. Lorsque le directeur d'un arsenal de construction recevra des ordres du ministre, relatifs à des dispositions majeures, il sera tenu, si l'inspecteur est absent, de lui en rendre compte, & s'il est présent, il prendra ses ordres sur les dépenses, travaux & mouvemens à faire. (Les inspecteurs-généraux ne conservent la surveillance & la direction du service de l'artillerie que pendant leur tournée d'inspection.)

Art. 13. Le directeur des manufactures d'armes à feu en fera tous les ans la tournée, & résidera au moins un mois dans chacune, maintiendra l'uniformité dans la fabrication des armes, & veillera à ce qu'elles soient en tout conformes aux modèles arrêtés.

Art. 14. Ce directeur, indépendamment des comptes qu'il rendra au ministre de la guerre, correspondra & recevra les ordres des inspecteurs-généraux dans le département desquels les manufactures se trouveront.

Art. 15. Le directeur des forges affectées à l'artillerie en fera tous les ans la tournée, veillera à l'exactitude des dimensions & à la bonne qualité des fers coulés & en barres, & en rendra compte aux inspecteurs-généraux dans le département desquels les forges seront situées.

Art. 16. Les sous-directeurs des manufactures d'armes à feu & ceux des forges rendront compte, à leur directeur respectif, des ordres qu'ils recevront tant du ministre de la guerre que de l'inspecteur-général.

Art. 17. Le sous-directeur de la manufacture d'armes blanches, établie dans le département du Bas-Rhin, rendra compte au directeur de l'artillerie de ce département, auquel le ministre de la guerre adressera tous les ordres relatifs à ladite manufacture. (La manufacture d'armes blanches établie à Klingenthal n'est plus sous l'inspection du directeur d'artillerie de Strasbourg ; elle est, comme celles d'armes à feu, sous l'inspection du directeur des manufactures d'armes.)

Art. 18. Toutes les demandes relatives au personnel des officiers & employés attachés aux manufactures & forges, ainsi que les changemens jugés nécessaires dans la fabrication, ne pourront parvenir au ministre de la guerre que par la voie de l'inspecteur-général dans le département duquel l'établissement se trouvera. (Pendant le temps des tournées seulement, & lorsque le ministre l'aura prescrit dans ses instructions.)

Art. 19. Il sera nommé tous les ans, dans chaque régiment, un certain nombre de seconds capitaines pour le service des places, arsenaux, manufactures, forges & fonderies qui se trouveront dans l'étendue du département de l'inspecteur dudit régiment. (La totalité des capitaines en second est employée au service du matériel & des établissemens d'artillerie, soit dans l'intérieur, soit aux armées.)

Il en sera aussi détaché deux de chaque régiment à l'école des mineurs. (On n'en détache plus à l'école des mineurs.)

Art. 20. La liste des uns & des autres sera arrêtée, avant le départ des semestriers, par un comité composé du commandant d'artillerie & de tous les officiers supérieurs du régiment. Cette liste sera remise ou adressée à l'inspecteur-général, & celui-ci, s'il l'approuve, l'adressera au ministre de la guerre, qui donnera ses ordres en conséquence.

Ces officiers se rendront à leur destination respective à l'époque du retour des semestriers. (Ce choix n'a plus lieu, tous les capitaines en second étant destinés à ce service.)

Art. 21. Le séjour des officiers dans les places sera réglé d'après les travaux qu'il y aura à exécuter, & sur la demande que les directeurs en feront au commandant d'artillerie, qui en rendra compte à l'inspecteur-général.

Art. 22. Les capitaines employés dans les arsenaux de construction seront attachés aux compagnies d'ouvriers, & rouleront avec les officiers de ces compagnies pour le service de l'arsenal; ils seront, comme eux, responsables de l'exactitude des ouvrages exécutés par la compagnie à laquelle ils seront attachés.

Art. 23. Les capitaines qui seront détachés dans les manufactures, forges & fonderies, y resteront deux ans, & il n'en sera remplacé que la moitié chaque année, autant que faire se pourra. (Les capitaines en second sont détachés de leurs régimens pour le service des établissemens & du matériel de l'artillerie, jusqu'à ce que leur ancienneté les porte à l'emploi de capitaines en premier, commandant une compagnie.)

Ceux qui seront à l'école des mineurs feront relevés tous les ans; ils s'y instruiront sous les ordres du commandant d'artillerie de tout ce qui a rapport au service des mines.

Art. 24. Ceux des capitaines qui, au premier octobre, auront fini leur service dans une place ou dans un établissement d'artillerie, retourneront à leur régiment, ou profiteront de leur semestre, s'ils en ont le droit; mais ils ne pourront le quitter sans la permission du commandant de l'artillerie de l'école de leur régiment.

Art. 25. Après la rentrée des seconds capitaines qui auront été détachés, il sera formé par le comité d'instruction de leur régiment, en conséquence du témoignage de l'officier supérieur aux ordres duquel ils se seront trouvés, un état où il sera fait mention du genre de service auquel chacun d'eux aura été employé pendant le temps de son détachement. Cet état sera adressé par le commandant d'artillerie à l'inspecteur-général, & par celui-ci au ministre de la guerre, pour être communiqué au comité d'artillerie lors de son assemblée.

Art. 26. Chaque second capitaine sera tenu de donner au comité d'instruction de son régiment, dans le mois qui suivra sa rentrée, un mémoire détaillé de toutes les opérations qu'il aura suivies dans les places, arsenaux, manufactures, forges, fonderies & écoles de mines. Ces mémoires seront lus aux conférences des officiers du régiment & déposés à la bibliothèque de l'école, si leur utilité a été reconnue.

Art. 27. Lorsqu'un second capitaine détaché des régimens & employé dans une place aura droit au semestre, & que le service pourra souffrir de son absence, le directeur du département dans lequel il sera employé, en rendra compte à l'inspecteur-général, qui le fera remplacer par un capitaine de résidence de la même direction ou par un second capitaine tiré du régiment.

Art. 28 Tous les officiers détachés d'un régiment, lorsqu'il entrera en campagne, recevront ordre de se rendre à l'armée; ils seront remplacés dans les établissemens d'artillerie par des officiers tirés des régimens qui ne seront pas employés à la guerre, &, à leur défaut, par les capitaines de résidence. (Les capitaines en second des divers régimens sont employés indistinctement dans l'intérieur ou aux armées.)

Service des officiers détachés dans les places.

Art. 29. Un officier d'artillerie, lorsqu'il sera détaché dans une place, informera de son arrivée le directeur du département, & celui-ci sera tenu d'en rendre compte à l'inspecteur-général & au ministre de la guerre.

Art. 30. Cet officier, en arrivant, vérifiera, d'après l'inventaire qui lui en sera remis par le garde, si l'artillerie de la place est en bon ordre & bien soignée.

Il examinera si l'approvisionnement de la place est proportionné à sa force, & au temps qu'elle pourra tenir en cas de siège, ce dont il ne sera bien assuré qu'après avoir étudié l'attaque & la défense.

Il donnera à cet examen la plus grande attention, & communiquera ensuite au directeur le plan & le mémoire qui résulteront de son travail: il en adressera aussi une copie à l'inspecteur-général du département.

Art. 31. Les officiers employés dans les places seront tenus d'entretenir complète la collection des plans des bâtimens & établissemens à l'usage de l'artillerie, & fourniront au directeur une copie des plans qu'ils auront été dans le cas d'y ajouter.

Art. 32. Ces officiers rendront compte au directeur de tous les détails dont ils seront chargés, ainsi que des ordres qui pourroient leur être donnés par les officiers-généraux commandant les divisions militaires, ou par ceux des places.

Art. 33. Les officiers d'artillerie employés dans les places ne pourront s'absenter du lieu de leur résidence sans un congé de Sa Majesté ou sans la permission du directeur, &, en son absence, du sous-directeur; ces officiers ne pourront la leur accorder que pour trois jours seulement, & avec l'agrément du commandant de la place à laquelle l'officier sera attaché.

Art. 34. Sa Majesté autorise les inspecteurs-généraux, sur la demande des directeurs, à faire passer un officier d'une place dans une autre; mais lorsqu'ils ordonneront ces déplacemens, ils en rendront compte sur-le-champ au ministre de la guerre & à l'inspecteur.

Art. 35. Un officier d'artillerie qui changera de destination ou qui aura obtenu un congé, ne pourra quitter le lieu de sa résidence sans en prévenir le commandant de la place.

Quant à ceux des officiers dont les fonctions s'étendent hors du lieu de leur résidence ordinaire, il suffira qu'ils informent le commandant de leur départ, si ce commandant est plus ancien que l'officier d'artillerie, sans être tenus de s'expliquer sur les motifs & la durée de leur absence.

Art. 36. Lorsqu'un officier d'artillerie se trouvera dans le cas de quitter une résidence pour passer à une autre destination, il laissera à son successeur les papiers de la place, & ils en dresseront, de concert, un inventaire dont il sera fait quatre copies qu'ils signeront : deux de ces états seront envoyés au directeur, qui en adressera un au ministre de la guerre ; le troisième restera entre les mains de l'officier remplacé, pour lui servir de décharge ; le quatrième sera joint aux papiers de la place.

Dans le cas où un officier d'artillerie se trouverait seul dans une place & obligé d'en partir avant d'avoir été remplacé, il en déposera les papiers entre les mains du garde d'artillerie, sur son reçu, après les avoir renfermés sous un scellé, qui ne pourra être levé que par le successeur dudit officier, ou par l'un des officiers supérieurs de la direction.

Art. 37. Lors du décès d'un officier d'artillerie dans une place, le scellé sera apposé sur les papiers qui concerneront le service, par le commissaire des guerres & le juge de paix, en présence d'un officier nommé par le commandant de la place & de ceux du corps de l'artillerie qui y seront employés. Ce scellé ne pourra être levé qu'en leur présence.

L'officier qui commandera l'artillerie dans la place, au défaut du commissaire des guerres, requerra la municipalité d'y faire assister un de ses membres pour le suppléer.

Il sera dressé par le commissaire ou l'officier municipal, de concert avec les officiers du corps de l'artillerie, un inventaire de ces papiers ; l'officier d'artillerie en enverra deux copies au directeur du département, qui en adressera une au ministre de la guerre.

Art. 38. S'il ne se trouve pas d'officier de ce corps dans la place, le commandant nommera un officier de la garnison pour le remplacer, & le commissaire sera tenu d'en avertir sur-le-champ le directeur ou le sous-directeur du département, qui enverra retirer les papiers par un officier, en présence duquel le scellé sera levé.

Art. 39. Quant au scellé & à l'inventaire des papiers de famille & des effets mobiliers, il y sera procédé conformément à ce qui est prescrit pour les officiers des autres troupes.

Art. 40. Les officiers d'artillerie employés dans les places ne pourront s'absenter par congé ou pour changer de destination, avant d'avoir arrêté la comptabilité dont ils seront chargés, & en avoir remis les états à ceux qui les remplaceront, & , à leur défaut, au directeur du département.

Art. 41. Il est défendu à tous les officiers d'artillerie de communiquer les plans & mémoires concernant les places de guerre, qu'aux officiers-généraux commandant en chef dans les départemens, sans un ordre exprès du ministre de la guerre, & cette communication se fera sans déplacer les papiers.

Art. 42. Il sera adressé tous les ans par le ministre de la guerre aux directeurs de l'artillerie, l'ordre de faire délivrer aux régimens d'infanterie & de cavalerie, la poudre & les balles qu'il est d'usage de leur fournir pour les exercices à feu, & ces directeurs autoriseront les officiers à leurs ordres de faire distribuer ces munitions.

Les directeurs en feront part à l'officier-général commandant les troupes, qui en donnera avis à tous les régimens de sa division.

TITRE V.

Comptabilité.

Art. 1er. Chaque directeur adressera, dans le courant d'octobre, à l'inspecteur-général, les projets des différens ouvrages & des réparations à faire aux attirails & aux bâtimens de l'artillerie des places de sa direction ; il y joindra les plans, profils, élévation & devis nécessaires pour l'intelligence de ces projets. Cet inspecteur, après avoir rassemblé les états & projets de son département, les adressera au ministre de la guerre. (Ces états & projets doivent être remis à l'inspecteur-général lors de sa tournée d'inspection.)

Tous ces états seront écrits sur du papier de 0 mèt. 58 (14 pouc.) de hauteur, & 0 mèt. 24 (9 pouc.) de largeur.

Art. 2. Toutes dépenses ordonnées pour travaux de construction, entretien & réparation de bâtimens, ainsi que celles qui devront s'exécuter en conséquence d'un marché passé, seront faites par entreprise & d'après une adjudication au rabais.

Art. 3. Les constructions d'affûts & attirails d'artillerie qui se font dans les arsenaux par les ouvriers des compagnies, continueront à être exécutées à la journée.

Ces dépenses seront surveillées par un conseil d'administration, conformément au règlement de ce jour concernant le service des arsenaux de construction.

Art. 4. Les adjudications contiendront tous les détails des prix affectés à chaque nature d'ouvrages & de matériaux qui devront être employés, ainsi que les conditions à remplir par l'entrepreneur, tant relativement à la construction qu'à l'époque exigée pour la confection des ouvrages. (Les adjudicataires doivent de plus présenter une personne reconnue solvable pour être caution &

garante de l'exécution des clauses de l'adjudication.)

Art. 5. Les projets adressés au ministre de la guerre par les inspecteurs du corps de l'artillerie, s'ils sont approuvés par le Roi, seront renvoyés au commissaire-ordonnateur des guerres du département, qui donnera ordre au commissaire chargé de la police de la place; de procéder à leur adjudication. (Ces projets approuvés sont renvoyés au directeur d'artillerie, qui se concerte avec le commissaire des guerres pour l'adjudication.)

Ce commissaire en informera les officiers municipaux de la place où l'ouvrage devra être exécuté, &, de concert avec eux, il fera poser dans la place & dans les lieux circonvoisins, des affiches ou seront expliquées les conditions à remplir dans l'exécution des ouvrages.

Art. 6. L'adjudication sera faite & le marché passé chez le commissaire des guerres, en présence des membres du corps administratif & des officiers d'artillerie de la place, après que l'adjudicataire aura justifié de sa solvabilité.

Tous les frais dépendans de l'adjudication, seront bornés à ceux de publication d'affiches, & seront supportés par l'adjudicataire.

Le commissaire adressera deux copies du marché au ministre de la guerre, qui en enverra une avec son approbation à l'inspecteur-général de l'artillerie du département.

Art. 7. L'inspecteur fera passer à chacun des directeurs de son département, l'état des ouvrages à exécuter dans leur direction, & ceux-ci les communiqueront aux officiers employés sous leurs ordres, en leur adressant les marchés approuvés par le Roi.

Art. 8. Les officiers d'artillerie, pendant que les travaux s'exécuteront, en feront de temps en temps des toisés partiels pour servir à procurer des à-comptes aux entrepreneurs à mesure de l'avancement des ouvrages. Ces toisés seront faits en présence de l'entrepreneur ou d'un commis avoué par lui, qui les signera. L'officier chargé de la direction des travaux les certifiera, & l'officier supérieur d'artillerie qui en aura l'inspection les visera.

Art. 9. Les officiers d'artillerie adresseront tous les mois l'état de situation des ouvrages au directeur de leur département. Ce chef, après avoir rassemblé ceux de toutes les places de sa direction, en adressera l'état général au ministre de la guerre, & en informera en même temps l'inspecteur par un état sommaire.

Art. 10. Les à-comptes ne pourront être accordés à l'entrepreneur par le ministre de la guerre, que d'après le certificat de l'officier d'artillerie chargé de la direction des ouvrages, & la totalité desdits à-comptes n'excédera jamais les trois quarts de la valeur des travaux entrepris.

Art. 11. Les toisés définitifs des ouvrages seront signés, certifiés & visés comme il vient d'être dit, & ensuite remis au commissaire des guerres pour en vérifier les calculs.

Ces toisés devront aussi être visés par les membres du corps administratif par-devant lesquels le marché aura été passé.

Art. 12. Les parfaits paiemens ne seront exigibles par l'entrepreneur qu'autant que les conditions prescrites dans les articles 6 & 7 du présent titre auront été remplies, & trois mois après la confection du toisé général.

Art. 13. Sa Majesté défend aux officiers du corps de l'artillerie d'employer à d'autres usages qu'à leur destination, les fonds accordés pour les travaux d'artillerie, ni d'outrepasser les dépenses qu'elle aura arrêtées.

Art. 14. Si, par des événemens imprévus, comme ouragans ou autres intempéries, il étoit indispensable de ne pas différer les réparations des dégâts survenus aux magasins, Sa Majesté permet d'y faire travailler sans perte de temps, par l'entrepreneur ordinaire, & aux prix réglés pour lesdits ouvrages; mais elle entend que le directeur de l'artillerie en rende compte sur-le-champ au ministre de la guerre, pour avoir son autorisation.

Art. 15. Lorsque les ouvrages ordonnés seront achevés, l'officier qui en aura dirigé l'exécution en fera, en présence des entrepreneurs, le toisé définitif, en se conformant à ce qui est prescrit par les articles 8 & 11 du présent titre; il en adressera trois copies au directeur, dont une pour le ministre de la guerre & une pour l'inspecteur-général.

Art. 16. Les approvisionnemens de bois & de fer pour les affûts & attirails à construire dans les arsenaux seront fournis par les entrepreneurs, d'après les marchés passés par le conseil d'administration de l'arsenal de construction, conformément au règlement concernant les travaux de ces arsenaux; mais l'état de ces approvisionnemens ne pouvant être exactement déterminé, & variant nécessairement selon les besoins, il suffira qu'ils soient faits par approximation.

Art. 17. Les dépenses journalières seront payées aux fournisseurs par le caissier, sur un bon du directeur.

Art. 18. Le nombre des bouches à feu à fondre, les approvisionnemens en fer coulé & en armes de toute espèce, seront arrêtés tous les ans par le ministre de la guerre, d'après des marchés passés aux entrepreneurs, avec les formalités prescrites par la loi.

TITRE VI.

Administration des dépenses dans les directions.

Art. 1er. Il sera formé dans le chef-lieu de chaque direction ou sous-direction, un conseil d'administration présidé par le directeur ou sous-directeur, & composé de tous les officiers en résidence dans la place, du commandant de chacune des compagnies d'artillerie qui y seront détachées, s'il y en a, & du commissaire ordinaire des guerres qui aura la police de la place. Le garde d'artillerie y sera admis comme secrétaire du conseil, mais sans voix délibérative.

Art. 2. Les fonds pour les dépenses des directions seront accordés sur les états de projets adressés par l'inspecteur-général au ministre de la guerre, ainsi qu'il est dit titre V, article premier.

Art. 3. Le payeur-général du département, d'après l'état qui lui sera remis par le directeur, des dépenses ordonnées pour chaque place de sa direction, prendra les moyens convenables pour les faire acquitter, en fixant à ses préposés la totalité des fonds qu'ils auront à délivrer.

Art. 4. Les préposés du payeur-général n'acquitteront les états qui leur seront présentés qu'autant qu'ils seront signés par le fournisseur ou par l'ouvrier à qui il sera dû, certifiés par le garde d'artillerie, vérifiés par le commissaire des guerres & visés par le directeur ou le sous-directeur & par le capitaine de résidence dans les places où il n'y aura pas de chef. (Le payeur solde actuellement le montant des ordonnances que délivre les ministre pour le service de l'artillerie.)

Art. 5. Le garde, ou tout autre employé d'artillerie dans la place, au choix du directeur, sera chargé d'acquitter les dépenses journalières, d'après les ordres de l'officier qui commandera l'artillerie, & les mandats qu'il lui donnera sur le préposé du payeur-général, lesquels ne pourront jamais excéder la somme de trois cents livres. Ces mandats, avant d'être acquittés par le payeur, devront être visés par le commissaire des guerres qui aura la police de la place.

Art. 6. Les gardes d'artillerie auront un registre-journal, coté & paraphé par le commissaire des guerres, sur lequel ils inscriront les sommes qu'ils auront reçues & celles qu'ils auront payées.

Art. 7. Tous les mois, les gardes rendront compte au conseil d'administration des recettes & des dépenses qu'ils auront faites.

Art. 8. Lorsqu'il y aura des dépenses à faire dans une place autre que celle de la résidence du directeur ou sous-directeur, l'officier qui y sera employé en rendra compte au directeur, &, en son absence, au sous-directeur, en lui adressant un état détaillé des objets de ces dépenses. Le directeur, après en avoir vérifié la nécessité, l'autorisera à donner au garde d'artillerie des mandats sur le préposé du payeur-général, proportionnés aux dépenses journalières qu'il y aura à faire dans la place.

Le garde donnera au préposé un reçu des sommes qu'il touchera, & sera responsable de leur emploi.

Art. 9. L'officier de résidence & le commissaire des guerres arrêteront tous les mois les comptes du garde, & signeront sur son registre.

Art. 10. L'officier qui commandera l'artillerie dans une place, adressera tous les mois au directeur l'état des dépenses qui auront eu lieu pendant le mois, & lui feront connoître la situation des ouvrages ou autres objets pour lesquels elles auront été faites.

Art. 11. Le directeur tiendra un registre à trois colonnes, l'une des fonds accordés pour les dépenses de la direction.

La seconde, des mandats qu'il aura donnés sur le payeur-général, soit aux fournisseurs, soit aux gardes d'artillerie.

La troisième, les sommes dues aux fournisseurs, de manière à ce que ce registre présente toujours la situation de la comptabilité de la direction, par le seul arrêté des sommes ordonnées, payées & dues.

Art. 12. Dans le courant du mois de décembre, le directeur dressera un état général des dépenses faites pendant l'année dans la direction, auquel seront joints les états particuliers des sommes comprises dans l'état général.

Tous ces états seront signés par le fournisseur ou l'ouvrier à qui les sommes auront été payées on seront dues, certifiés par le garde d'artillerie, visés par l'officier de résidence, approuvés par le directeur ou sous-directeur, s'il est présent, & vérifiés par le commissaire des guerres.

Art. 13. Il sera fait quatre expéditions des états particuliers; il y en aura une copie de chacun pour le ministre de la guerre, une pour le directeur, une pour le commissaire des guerres; la quatrième restera dans les papiers de la place.

Art. 14. Il sera fait six copies de l'état-général; quatre auront la même destination que les états particuliers; la cinquième sera pour l'inspecteur, & la sixième, qui devra être ordonnancée par le commissaire-ordonnateur du département, sera remise au payeur-général pour rester à l'appui de ses comptes. (Le règlement sur la comptabilité des finances du 1er. brumaire an 14, prescrit le mode actuellement suivi pour la reddition des comptes & la classification des dépenses en fixes & variables.)

TITRE VII.

Fonctions des gardes d'artillerie.

Art. 1er. Les gardes d'artillerie exécuteront tout ce qui leur sera ordonné pour le service, par les officiers qui commanderont l'artillerie dans les places, & se conformeront, tant pour la tenue des registres & papiers, que pour tout ce qui peut avoir rapport à la comptabilité, à ce qui leur sera prescrit par les commissaires des guerres.

Art. 2. Les gardes ne feront aucune consommation sans ordre de l'officier d'artillerie commandant

mandant dans la place, ou par ceux des officiers-généraux commandant dans les départemens; mais les ordres de ces derniers ne seront valables, pour le déchaige des gardes, qu'autant qu'ils seront visés par l'officier d'artillerie.

S'il n'y a pas d'officiers d'artillerie dans la place, les gardes délivreront les munitions qui leur seront demandées, sur l'ordre par écrit de l'officier-général qui commandera la division, & ils en rendront compte sur-le-champ au directeur.

Art. 3. Les gardes étant responsables des effets d'artillerie de la place, ils auront seuls les clefs des magasins, à l'exception cependant de celles des magasins à poudre, dont les portes seront garnies de trois serrures différentes, pour rendre nécessaire le concours de trois personnes toutes les fois qu'il faudra les ouvrir.

Art. 4. Ces trois clefs seront confiées, l'une au commandant de la place, la seconde à celui de l'artillerie, & la troisième au garde. Si l'officier d'artillerie, par son ancienneté, se trouvoit commandant dans la place, une des clefs seroit remise au plus ancien officier de la garnison après ce commandant.

Dans le cas où il n'y auroit pas d'officier d'artillerie employé dans la place, les deux premières clefs seroient déposées dans les mains des deux plus anciens officiers de la garnison, & s'il n'y avoit pas de garnison, l'une des clefs seroit remise au maire, & l'autre au juge de paix.

Art. 5. Les gardes d'artillerie auront deux registres cotés & paraphés par le commissaire. Dans l'un, ils transcriront l'inventaire détaillé des effets & munitions d'artillerie de la place, & l'autre leur servira à inscrire journellement les effets qui leur seront remis & ceux qu'ils délivreront.

Art. 6. Tous les ans, au premier janvier, ils renouvelleront l'inventaire, & en feront quatre copies qu'ils signeront, & qui seront certifiées par le commandant de l'artillerie de la place, vérifiées par le commissaire des guerres & visées par le directeur ou le sous-directeur, s'ils sont présens. Il y en aura une pour le ministre, que le directeur lui adressera dans les premiers jours de janvier; la seconde sera pour le directeur, la troisième pour le commandant de l'artillerie dans la place, & la quatrième pour le commissaire des guerres.

Art. 7. Les gardes seront aussi tenus de remettre un état de l'artillerie & des principales munitions à l'officier-général qui commandera dans le département, lorsqu'il l'exigera.

Art. 8. Chaque garde dressera tous les mois un état détaillé des remises & consommations qui auront été faites, & à la fin de chaque année il en formera un état abrégé. Il fera de chacun de ces états quatre expéditions signées, certifiées, vérifiées & visées comme il est dit à l'article 6 du présent titre, & elles auront les mêmes destinations. (Voir l'Instruction du 15 décembre 1806 pour la rédaction des états.)

Art. 9. Chaque directeur formera, d'après les inventaires des places de sa direction, un état général des bouches à feu, affûts & principales munitions, qu'il adressera à l'inspecteur-général du département.

Art. 10. A la mort d'un garde, l'officier d'artillerie de résidence & le commissaire des guerres mettront le scellé sur ses papiers, à la réserve des registres qui seront remis au commandant de l'artillerie, après que le nombre de feuilles en aura été vérifié.

Les clefs des magasins seront déposées chez le commandant de la place; & lorsqu'il sera nécessaire d'y entrer, il nommera un officier de la garnison pour s'y trouver avec l'officier d'artillerie qui en sera chargé; s'il y a sur les lieux des héritiers du garde, ils pourront aussi nommer quelqu'un de leur part pour y assister: chacun d'eux tiendra un état de ce qui entrera ou sortira des magasins.

Art. 11. S'il n'y a pas d'officier d'artillerie dans la place, le commandant en nommera un de la garnison, qui, de concert avec le commissaire des guerres, fera ce qui est prescrit par le précédent article, relativement au scellé & aux clefs, lors de la sortie ou de la rentrée des effets. Cet officier fera l'ouverture des magasins, & tiendra note de ce qui sera délivré ou remis, dont il signera l'état avec le préposé du garde défunt, & les clefs des magasins seront toujours rapportées chez le commandant de la place.

Art. 12. A la mort d'un garde d'artillerie d'arsenal de construction, on prendra les précautions prescrites ci-dessus pour les magasins dans lesquels on n'est pas obligé d'entrer journellement. Quant à ceux qui doivent rester ouverts pour fournir aux consommations journalières des travaux, le commandant de la place nommera quelqu'un pour être témoin avec l'officier d'artillerie, de la sortie & de l'entrée des munitions.

Ces deux officiers & l'avoué des héritiers du garde signeront l'état qui en sera tenu par un écrivain préposé à cet effet par le commandant.

Ces formalités auront lieu jusqu'à l'installation du nouveau garde.

Art. 13. Lorsqu'il aura été nommé à une place de garde d'artillerie, il sera fait par le commissaire des guerres & par l'officier d'artillerie chargé d'installer le nouveau garde, la vérification des effets qui se trouveront dans les magasins. Le garde signera au bas de cet inventaire une reconnoissance desdits effets, & en deviendra responsable. Cet inventaire sera constaté par le commissaire, certifié par l'officier d'artillerie, & visé par un des officiers supérieurs de la direction, s'il est présent.

Hhh

TITRE VIII.

Fonctions des commissaires des guerres.

Art. 1er. Il sera préposé dans chaque place un commissaire des guerres pour avoir la police du corps de l'artillerie, & vérifier toutes les dépenses relatives aux approvisionnemens, aux constructions & réparations d'attirails & de magasins, ainsi qu'il est expliqué dans le présent réglement.

Art. 2. Ce commissaire fera la revue des troupes du corps de l'artillerie, des officiers, ouvriers & employés dudit corps. (Les revues sont actuellement passées par les inspecteurs aux revues.)

La revue des officiers détachés & des employés se fera dans l'arsenal.

Art. 3. Le commissaire cotera & paraphera les registres des gardes d'artillerie, il vérifiera les pièces servant à justifier les remises & consommations qu'ils feront, & s'assurera de l'exactitude des inventaires.

Art. 4. Il assistera aux adjudications de tous les approvisionnemens d'artillerie, conformément aux articles 4, 5 & 6 du titre V.

Il sera chargé, de concert avec les officiers d'artillerie, de la vérification des magasins, lorsqu'elle sera ordonnée par le ministre de la guerre, & il en dressera les procès-verbaux qui constateront la quantité des effets.

Il sera fait cinq copies de ces procès-verbaux, l'une pour être adressée par le directeur au ministre de la guerre, l'autre à l'inspecteur, la troisième sera pour le directeur, la quatrième sera jointe aux papiers de la place, & la cinquième restera entre les mains du commissaire.

Art. 5. Lorsqu'il sera remis par les fournisseurs des munitions dans les magasins de l'artillerie, le directeur en fera prévenir le commissaire, qui en constatera la quantité par un procès-verbal signé par l'officier d'artillerie présent à ladite remise, vérifié par le commissaire & visé par le directeur, pour servir au paiement des fournisseurs.

Le commissaire ne fera pas mention dans le procès-verbal, des effets & munitions que les officiers d'artillerie n'auront pas jugés conformes au marché.

Art. 6. Lorsqu'il sera question de construire ou de réparer des effets & attirails, le commissaire en sera averti par le directeur, & se rendra dans le lieu du travail pour vérifier toutes les pièces de dépenses en deniers & en effets.

Celles en deniers ne pourront être allouées dans les comptes du payeur-général, qu'autant qu'elles feront signées par le garde, certifiées par le commandant de l'artillerie de la place, vérifiées par le commissaire des guerres, & ordonnancées par le commissaire-ordonnateur du département.

Celles en effets ne pourront servir à la décharge du garde, qu'autant qu'elles auront été certifiées par l'officier commandant l'artillerie dans la place, & vérifiées par le commissaire des guerres.

Art. 7. L'épreuve des poudres aura lieu dans la place où s'en fera la remise. (L'épreuve se fait aussi à la poudrerie avant l'enlèvement des poudres.)

Art. 8. Lorsqu'il y aura des poudres à recevoir, il sera donné avis par le directeur au commissaire des guerres du jour que l'épreuve devra en être faite, afin qu'il s'y trouve pour en constater les portées conjointement avec l'officier chargé de cette réception. Ce commissaire en dressera procès-verbal, & en délivrera une copie signée de lui & de l'officier d'artillerie présent à l'épreuve, au préposé des régisseurs des poudres.

Art. 9. Dans les fonderies, le commissaire des guerres tiendra, de concert avec les officiers d'artillerie qui y seront employés, un état des métaux qui entreront dans la charge des fourneaux, en distinguant les métaux neufs des vieux.

Il assistera aussi aux visites & épreuves des bouches à feu, & en dressera les procès-verbaux.

Art. 10. Tous les ans, le commissaire assistera à la vérification faite par le contrôleur de la fonderie, de la quantité & de l'état des outils & ustensiles fournis aux frais de l'Etat, & dont le commissaire des fontes est chargé.

Art. 11. Le commissaire des guerres se conformera, pour ce qui regarde un arsenal de-construction, à ce qui est prescrit relativement à ses fonctions, dans le réglement de ce jour, concernant le service de ces arsenaux.

TITRE IX.

Service des mineurs & des ouvriers.

Art. 1er. Lorsqu'il s'agira de préparer la défense d'une place par les contre-mines, ou d'exécuter des mines de démolition, le commandant du génie remettra à celui des mineurs, sur son reçu, un extrait du plan directeur de la place, & les profils dont il aura besoin pour l'exécution du projet.

Art. 2. Le commandant dressera un devis des travaux à faire, & après l'avoir signé, il le remettra au commandant du génie, pour servir à passer le marché des fournitures, qui le fera conformément à ce qui est prescrit par les articles 4, 5 & 6 du titre V.

Art. 3. S'il est question de contre-miner une place, le commandant du génie, celui de l'artillerie & celui des mineurs conviendront du choix des parties de la fortification à contre-miner, & en communiquera le plan à leurs directeurs respectifs, qui l'adresseront au ministre de la guerre.

Art. 4. Le front étant terminé, le commandant des mineurs, sous les ordres du commandant de l'artillerie de la direction, dirigera les opérations

& répondra de leur exécution ; il en rendra compte audit commandant & au ministre de la guerre, en leur adressant les mémoires & les plans qui y seront relatifs.

Art. 5. Lorsque les mineurs auront à exécuter des travaux de fortification autres que ceux de contre-mines, comme coupures, poternes ou autres souterrains, le commandant du génie en marquera la position, & en remettra les dessins à l'officier des mineurs, qui sera tenu de s'y conformer.

L'officier du génie suivra ces travaux, autant qu'il le jugera nécessaire, pour le mettre en état d'en faire le toisé.

Art. 6. La poudre, les outils & ustensiles dont les mineurs auront besoin, seront fournis des magasins de l'artillerie (les outils & ustensiles sont maintenant fournis des magasins du génie), sur le reçu de l'officier des mineurs, qui, après que les travaux seront finis, les remettra au garde d'artillerie, en y joignant un état des effets qui auront été consommés, ainsi que de ceux qui auront été remis dans les magasins à la fin des travaux, & dont l'officier de mineurs aura soin de retirer un récépissé du garde d'artillerie.

Art. 7. Les travaux des mines étant achevés, l'officier du génie, en présence de celui des mineurs, du commissaire des guerres & de l'entrepreneur, en fera le toisé, en se conformant aux formalités prescrites par l'article 8 du titre V.

Art. 8. Les plans & profils relatifs au toisé & attachemens généraux des ouvrages des mines, seront inscrits dans le livre *in-folio* du commandant du génie, & signé par celui des mineurs.

Art. 9. Il est expressément défendu aux officiers de mineurs de laisser prendre ou de conserver aucune copie des plans qui leur auront été communiqués par les officiers du génie, ainsi que ceux des contre-mines qu'ils auront exécutés : ces officiers seront tenus, après que les travaux seront finis, de les remettre au commandant du génie, en rejetant leur reçu.

Art. 10. Lorsqu'un capitaine de mineurs établira une contre-mine, il se fera toujours accompagner & aider par les officiers de sa compagnie, auxquels il en expliquera l'objet & l'utilité.

Il confiera à ceux qui en feront chargés, les plans & devis dont ils auront besoin pour l'exécution des travaux, & il les retirera ensuite.

Art. 11. Sa Majesté défend expressément de laisser entrer dans les ouvrages de contre-mines d'autres personnes que les officiers & ouvriers nécessaires à leur exécution, à moins d'un ordre par écrit de l'officier-général commandant en chef les troupes dans le département, ou d'une permission du directeur du génie.

Art. 12. Tous les travaux d'instruction seront, pour les mineurs, un service d'obligation, ainsi que celui de toutes les autres troupes ; mais lorsqu'ils seront employés extraordinairement, ils recevront un supplément de solde.

Art. 13. Ce supplément, en temps de paix, sera de vingt sous pour les mineurs, & de trente sous pour les sergens qui, dans tous les cas, auront environ un tiers de plus que le soldat.

Art. 14. Lorsque les mineurs seront détachés pour exécuter ou suivre les travaux de bâtisse, tant d'artillerie que de fortification, ils recevront un supplément de solde ; savoir : le sergent, vingt sous, & le mineur quinze sous.

Dans les démolitions, ils seront payés sur les dépenses des fortifications, à un prix fixé par toise courante de galerie ou de rameau, de manière que le mineur gagne trente sous, & le sergent quarante sous.

Ces prix pourront être augmentés selon les circonstances, ce dont les chefs décideront.

Aux colonies, les mineurs recevront un supplément de solde de trois livres pour le mineur, & quatre livres pour le sergent.

Art. 15. Le supplément accordé aux mineurs pour les travaux de siège & de campagne est déterminé dans le règlement de ces différens services.

Art. 16. Les dix (le nombre en est porté à douze) compagnies d'ouvriers seront distribuées, pendant la paix, dans les arsenaux de construction. Ces compagnies seront subordonnées aux directeurs & sous-directeurs pour leur service, police & discipline. Les officiers desdites compagnies feront partie de ceux des directions.

Leur service & le supplément de solde accordé aux ouvriers lorsqu'ils travailleront, sont fixés par le règlement de ce jour concernant les arsenaux de construction.

Art. 17. Les ouvriers commandés pendant la paix pour l'escorte d'un convoi, lorsqu'ils n'excéderont pas le nombre de quatre & qu'ils ne marcheront pas par étape, auront une paye extraordinaire ; savoir, les sergens, trente sous par jour, & les ouvriers vingt sous, mais ils n'auront rien à prétendre pour leur travail. S'ils marchent par étape, il ne leur sera donné que le supplément de solde qu'ils reçoivent dans les arsenaux pour une journée de dix heures, & s'ils sont en plus grand nombre, ils ne recevront cette dernière solde que les jours qu'ils travailleront.

Art. 18. Dans les détachemens sur les côtes pour le service des batteries, les directeurs seront autorisés à faire payer aux ouvriers un dédommagement qui n'excédera jamais le double du supplément de solde qu'ils reçoivent dans les arsenaux lorsqu'ils travaillent.

Service du corps royal de l'artillerie dans les écoles. Ce service est déterminé par un règlement du 1er. avril 1792, portant : (Ce règlement étant incomplet & insuffisant, il a été rédigé en 1817 un projet d'ordonnance portant règlement sur le service & l'instruction du corps royal de d'artillerie dans les écoles. On en fait l'essai dans ce moment, afin de le modifier, s'il y a lieu.)

Art. 1er. Les écoles du corps d'artillerie seront chacune aux ordres d'un commandant d'artillerie, qui, en absence, sera remplacé par le commandant du régiment. (L'arrêté du Gouvernement, du 3 thermidor an XI, sur le mode d'instruction dans les écoles d'artillerie, change ou modifie quelques dispositions de ce réglement. *Voyez* la collection des lois, arrêtés & réglemens concernant l'artillerie.)

Art. 2. Il sera formé pour chaque école un comité d'instruction, présidé par le commandant d'artillerie, & composé de tous les officiers supérieurs du régiment. (Ce comité d'instruction n'a plus lieu d'après l'arrêté précité.)

Art. 3. Avant le départ des semestriers, le commandant d'artillerie & le colonel nommeront, pour présider aux instructions, conformément à ce qui aura été réglé par le comité, un lieutenant-colonel autre que celui qui sera chargé des détails du régiment.

Art. 4. Il sera choisi par le comité un sergent du régiment pour en être le secrétaire, & chaque année il lui sera accordé une gratification sur les fonds de l'école. Ce sergent sera, en outre, exempt de tout service d'infanterie, de corvée & de détachement.

Art. 5. Le comité dirigera toutes les instructions de théorie & de pratique, & aura l'administration des fonds destinés aux dépenses de l'école.

Art. 6. Le comité s'assemblera tous les samedis, & plus souvent si le commandant d'artillerie le juge nécessaire.

Il réglera les instructions qui devront avoir lieu pendant la semaine suivante, & il en sera fait note sur un registre, signé à chaque séance par tous les membres du comité.

Art. 7. Le lieutenant-colonel, chargé des détails relatifs à l'instruction, transmettra les ordres du comité aux officiers & aux professeurs, qui devront les exécuter.

Toutes les fois que le comité s'assemblera, il sera fait mention sur le registre, à la suite des ordres donnés antérieurement, de ce qui aura été exécuté pendant la semaine.

Art. 8. Tous les ans, après le retour des semestriers, le comité nommera (le directeur du parc doit être choisi parmi les capitaines en second, & le sous-directeur parmi les lieutenans) un premier & un second capitaine, l'un pour faire les fonctions de directeur du parc, & l'autre celles de sous-directeur.

Il sera aussi nommé deux lieutenans pour aider les directeur & sous-directeur dans leurs fonctions.

Ces derniers seront choisis parmi ceux qui ne sont pas obligés de se trouver aux salles de théorie & de dessin.

Ces quatre officiers seront dispensés de tout autre service que celui d'exercer leur compagnie.

Art. 9. Étant nécessaire que le directeur ou le sous-directeur soit présent au corps au premier janvier, pour rendre compte des dépenses ainsi que des remises & consommations qui auront eu lieu pendant l'année, un de ces officiers sera choisi parmi ceux qui n'auront pas droit au semestre ou qui y renonceront.

Fonctions des officiers employés aux écoles d'artillerie.

Art. 10. Le commandant d'artillerie & le colonel du régiment se trouveront le plus souvent qu'il leur sera possible aux instructions de théorie & de pratique.

Art. 11. Les lieutenans-colonels qui ne seront pas chargés des détails de l'école & de ceux du régiment, rouleront entre eux par semaine, pour surveiller les instructions de théorie & les exercices de pratique, & en rendront compte au commandant d'artillerie.

Art. 12. Les capitaines-commandans rouleront entre eux par semaine pour présider les salles de théorie, & ne seront tenus à aucun autre service pendant cette semaine.

Art. 13. Il y aura dans chaque école une salle où l'on rassemblera,

1°. Les modèles de toutes les bouches à feu, affûts & attirails d'artillerie, ainsi que ceux des machines destinées à leur exécution & vérification.

2°. Un exemplaire du réglement qui fixe les dimensions de toutes les constructions d'artillerie, auquel il sera ajouté successivement les changemens approuvés par le ministre de la guerre.

3°. Un exemplaire de chacun des réglemens sur les manufactures d'armes à feu, armes blanches, forges & fonderies, avec un modèle des différentes armes adoptées pour les troupes.

4°. Des modèles des principales pièces de charpente, & de ce qu'il y a de plus essentiel dans la coupe des pierres.

Art. 14. On ajoutera à cette collection tous les modèles des machines tant anciennes que modernes, qui pourront être de quelqu'utilité pour l'instruction des officiers.

Art. 15. Les dessins des machines, ainsi que les mémoires qui devront y être joints, seront numérotés, rangés par ordre & déposés dans des armoires ou tiroirs de la salle des modèles.

Art. 16. Tout officier sera admis à proposer l'épreuve d'une machine qu'il aura imaginée; son projet sera examiné par le comité d'instruction, & proposé à l'inspecteur-général, qui demandera au ministre de la guerre la permission de la faire construire, si son exécution doit donner lieu à une dépense considérable; autrement l'inspecteur pourra en autoriser la construction dans l'arsenal.

Art. 17. Le dessin des machines & le procès-verbal de leur épreuve, ainsi que ceux des expériences qui auront réussi, seront adressés aux écoles, afin de rendre communes à tout le corps les découvertes qui se feront dorénavant.

Art. 18. Les commandans d'artillerie se communiqueront aussi les détails sur les machines & les expériences qui n'auront pas réussi ; les procès-verbaux ou notes & les dessins en seront déposés dans la salle des modèles, afin que, dans toutes les écoles, on soit précautionné contre ces projets qui, quoique rejetés toutes les fois qu'ils auront été présentés, reparoissent au bout d'un certain temps.

Art. 19. Le professeur de mathématiques ou le répétiteur sera chargé de tenir quatre registres ; le premier servira à inscrire l'inventaire de toutes les machines & dessins déposés dans les salles, & dont il sera personnellement responsable.

Le second registre servira pour les procès-verbaux que l'on fera toujours de l'objet, des avantages & du résultat de l'épreuve de chaque machine.

Le troisième sera destiné pour les procès-verbaux des expériences qui auront eu lieu à l'école, & dont le comité d'instruction aura constaté le succès.

Le quatrième registre contiendra les procès-verbaux qui seront adressés par les autres écoles.

Art. 20. La bibliothèque sera établie dans une salle particulière, où l'on entretiendra du feu pendant l'hiver, afin que les officiers puissent s'y rassembler, & faire usage des livres sans les emporter.

Il y aura aussi un laboratoire de chimie & un cabinet de physique & de métallurgie.

La bibliothèque, le laboratoire de chimie & le cabinet de physique seront successivement pourvus de tout ce qu'il y a d'essentiel pour l'instruction des officiers.

Le comité veillera à la conservation de ces effets.

Art. 21. Il sera dressé un inventaire des livres & instrumens déposés dans la bibliothèque & les laboratoires.

Le professeur de mathématiques, le répétiteur & le maître de dessin en partageront la garde, & en répondront.

Cet inventaire sera renouvelé tous les ans, en présence du directeur ou du sous-directeur du parc, par le professeur ou répétiteur qui en sera chargé.

Instruction des officiers.

Art. 22. Il sera formé dans chaque école des conférences présidées par le commandant d'artillerie & composées des officiers supérieurs & des capitaines du régiment, de ceux employés dans la place, & du professeur de mathématiques.

Art. 23. Ces conférences auront lieu une fois par semaine, & plus souvent si le comité le juge nécessaire.

On y lira les mémoires & les procès-verbaux qui concerneront les machines éprouvées & les expériences qui auront été faites, afin que chaque officier puisse les connoître & les appliquer selon les circonstances.

Le règlement qui sera fait sur l'instruction des écoles indiquera l'ordre à suivre dans les objets à traiter successivement, tant aux conférences d'artillerie qu'aux salles d'instruction.

Art. 24. Les conférences fourniront au professeur l'occasion de faire aux salles des lieutenans des applications de la théorie aux différentes parties de la pratique de l'artillerie ; & après leur admission dans les régimens, compagnies de mineurs ou d'ouvriers, les lieutenans ne seront plus examinés que sur ces applications.

Art. 25. Le comité nommera un capitaine pour rédiger tout ce qui sera traité aux conférences, & faire l'extrait des mémoires qui y auront été lus. A la fin de la campagne, ce rédacteur fera un résumé des objets d'instruction dont on se sera occupé.

Le commandant d'artillerie adressera ce résumé à l'inspecteur-général, & celui-ci au ministre de la guerre, qui, après l'avoir communiqué au comité d'artillerie & avoir pris son avis, fera connoître au Roi les officiers qui se seront distingués par leur application & leurs connoissances.

Art. 26. L'hiver, les salles de théorie seront d'obligation deux jours de la semaine, & elles auront lieu plus souvent, si le comité d'instruction le trouve nécessaire.

En été, les salles de théorie ne seront d'obligation que les jours que le comité indiquera, d'après le plan général d'instruction qu'il aura réglé.

Art. 27. Les lieutenans seront divisés en deux classes relativement à leur degré d'instruction, & pourront, d'après ce qui aura été réglé par le comité, être réunis selon les circonstances.

L'instruction durera une heure & demie pour chaque classe, & dans ces deux séances on traitera principalement des applications des mathématiques à la pratique de l'artillerie.

Art. 28. Les lieutenans qui devront assister à ces instructions, s'y rendront régulièrement.

Il y aura dans les salles un tableau des officiers des différentes classes, signé du commandant d'artillerie.

Art. 29. Un des adjudans portera, les jours d'instruction, au capitaine qui devra y présider, l'état des lieutenans de service & de ceux qui, par des raisons légitimes, ne pourront pas s'y trouver, & ce capitaine en rendra compte au lieutenant-colonel de semaine.

Art. 30. Les lieutenans-colonels qui auront surveillé pendant la semaine les instructions de théorie, feront des notes sur le degré d'application de chaque lieutenant, d'après les comptes qui leur seront rendus par les capitaines, & les remettront au commandant d'artillerie qui les enregiftrera fur un contrôle nominatif de ces officiers.

Art. 31. Le commandant d'artillerie aura de même un contrôle nominatif des capitaines, fur lequel il inscrira les notes réfultant des comptes que les officiers fupérieurs lui rendront de ceux qui auront été employés fous leurs ordres : ces deux regiftres feront préfentés à l'infpecteur, lors de la revue.

Art. 32. Quinze jours après le retour des femeftriels, le commandant d'artillerie interrogera, en préfence du comité, les lieutenans du régiment fur les inftructions pratiques traitées l'année précédente, pour qu'on puiffe régler celles de la campagne fuivante.

Le réfultat de cet examen & les difpofitions adoptées par le comité pour le cours d'inftruction de la campagne, feront adreffées à l'infpecteur-général par le commandant d'artillerie.

Art. 33. Comme il eft effentiel que les officiers foient appréciés, & que l'opinion d'un feul chef, qui n'a pas toujours occafion de les connoître parfaitement, pourroit laiffer de l'incertitude fur leur mérite & leur degré de connoiffances, le commandant d'artillerie, lors de la revue d'infpection, raffemblera les officiers fupérieurs du régiment, qui feront tenus de donner leur avis fur les mœurs, conduite, application, talens & exactitude des officiers, & d'en figner le réfumé.

Ils formeront auffi un état particulier, figné d'eux, des capitaines qu'ils jugeront fufceptibles d'être avancés par préférence aux autres.

Il fera fait trois copies de ces réfumés qui feront fignées par tous les officiers fupérieurs, par le commandant d'artillerie & par l'infpecteur. La première reftera entre les mains du commandant d'artillerie, & chaque officier pourra y lire fa note.

Art. 34. En hiver, les lieutenans, les jours d'école de théorie, deffineront pendant deux heures de l'après-midi fous la direction du maître de deffin, qui leur diftribuera les modèles que chacun d'eux devra fuivre. Le commandant d'artillerie en difpenfera ceux qui auront ce talent.

Pour accélérer cette inftruction, il y aura, pendant l'été, falle de deffin les après-midis des jours qui ne feront pas employés à la pratique.

Le comité réglera le genre & la collection de deffins que chaque lieutenant fera tenu de faire, & nul ne pourra être difpenfé des falles avant d'avoir fini cette collection.

La falle de deffin reftera ouverte pour ceux qui voudront travailler plus que le temps qui fera ordonné.

Art. 35. Le maître de deffin fera particulièrement chargé des modèles fervant à l'inftruction des officiers, ainfi que des cartons, règles, papiers, couleurs, pinceaux & autres objets payés avec les fonds de l'école. Quant aux compas, crayons, plumes & inftrumens de mathématiques, les officiers feront tenus de s'en pourvoir.

Art. 36. Le maître de deffin fera refponfable de tous les effets qui lui feront confiés, & fe conformera, au fujet des états de remifes & de confommations de ces objets, à ce qui eft prefcrit au garde du parc pour tout ce qui eft à fa charge.

Art. 37. Les directeur & fous-directeur du parc veilleront aux remifes & confommations des approvifionnemens de la falle de deffin, & en fourniront des états au comité d'inftruction.

Art. 38. Sa Majefté défend expreffément aux maîtres de deffin de communiquer à d'autres qu'à des officiers d'artillerie les deffins des bouches à feu & de leurs attirails, & elle enjoint à ces officiers de tenir la main à l'exécution de ces ordres.

Service du parc.

Art. 39. Le directeur fera chargé de pourvoir le parc de l'école de tout ce qui y fera néceffaire, & de veiller à l'entretien des attirails & des magafins deftinés à les renfermer. Il veillera auffi à la fûreté du parc; il aura autorité fur les officiers, gardes, artificiers qui y feront employés, & rendra compte au commandant d'artillerie de tout ce qui aura rapport à fa direction.

Art. 40. Le fous-directeur du parc fuppléera le directeur dans toutes fes fonctions.

Art. 41. Les aides du parc fe conformeront à ce qui leur fera prefcrit par le directeur & fous-directeur, & conduiront les travaux fous leurs ordres : il y aura tous les jours d'école un de ces deux officiers de fervice.

Art. 42. Le conducteur de charroi attaché à l'école fera les fonctions de garde du parc. Toutes les bouches à feu, attirails & munitions d'artillerie raffemblés au parc de l'école, pour l'inftruction du régiment, feront en conféquence à fa charge.

Art. 43. Il dreffera de tous ces effets, en préfence du directeur & du fous-directeur, un inventaire, qu'il tranfcrira fur un regiftre coté & paraphé par le commiffaire des guerres, & fur lequel il portera les remifes & confommations d'effets & munitions qui fe feront au parc.

Lors d'un changement de garde, il fera fait une vérification des effets exiftans au parc, & un inventaire à la charge du nouveau garde.

Art. 44. Ce garde ne fera aucune livraifon de tout ce qui fera à fa charge, fans un ordre par écrit du directeur, ou du fous-directeur en l'abfence du premier.

Tous les trois mois, il dreffera un état des remifes & confommations qui feront faites au parc.

Art. 45. Les inventaires & les états de remifes & de confommations feront fignés par le garde, certifiés par le fous-directeur & le directeur du parc, vérifiés par le commiffaire des guerres, & approuvés par le commandant de l'artillerie.

Le garde fera trois copies de ces états; il en remettra deux au commandant de l'artillerie, dont une pour être adressée au ministre de la guerre; la troisième fera pour le directeur du parc, & en son absence pour le sous-directeur.

Art. 46. Les écoles de pratique commenceront dans les premiers jours de mai & finiront dans le mois d'octobre, lorsque la mauvaise saison obligera à les discontinuer.

Il sera destiné au moins trois jours par semaine pour les écoles de pratique; les autres le seront aux instructions de détails & aux applications de théorie à la pratique.

Art. 47. Le parc de l'école sera pourvu de tous les instrumens nécessaires à l'instruction de l'officier & du canonnier; il y aura,

1°. Un mortier à éprouver la poudre, avec deux globes;

2°. Tous les instrumens servant à la vérification des bouches à feu;

3°. Des lunettes, compas, courbes & mesures pour vérifier les dimensions des bombes;

4°. Des cylindres & des lunettes pour vérifier les boulets de tous les calibres.

Exercices de pratique.

Art. 48. Il y aura par semaine la moitié des compagnies du régiment employées aux exercices de pratique; les autres feront le service de la place, celui de l'arsenal, & feront exercées aux détails.

Art. 49. L'école de pratique aura lieu tous les jours où il n'y aura pas de marchés, pendant lesquels le tir du canon pourroit nuire au concours des habitans.

Art. 50. Il sera destiné de temps en temps un jour de la semaine où il n'y aura pas d'école de pratique pour les grands exercices d'infanterie: les dimanches & les jours de fêtes seront choisis de préférence pour les revues & les inspections générales du régiment.

Art. 51. Le comité d'instruction sera autorisé à employer les jours d'école au jet de bombes, lorsqu'il le croira nécessaire à l'instruction de la troupe.

Art. 52. Le tir du canon de siége de plein fouet & à ricochet, celui du canon de place, de côte & de campagne, celui des obusiers, mortiers & pierriers étant les principaux objets de l'instruction des canonniers, on fera passer successivement les compagnies à ces différens exercices.

Art. 53. Il sera en conséquence mis en batterie six canons de gros calibre, montés sur des affûts de siége, quatre sur des affûts de place, & deux sur des affûts de côte.

Art. 54. Il y aura aussi une batterie à ricochet, composée de deux canons de gros calibre, montés sur des affûts de siége, & deux obusiers de huit pouces. Ces bouches à feu auront pour but deux ou trois affûts hors de service, rangés à côté l'un de l'autre, & couverts par un parapet : à défaut d'affûts, on y placera, pour servir de but, des profils d'affûts en planches.

Art. 55. Il sera mis en batterie douze mortiers, dont six de gros calibres, six de huit pouces & deux pierriers.

Art. 56. On disposera en bataille, à quatre ou cinq cents toises de la butte, douze canons de campagne, dont deux de douze, deux de huit, huit de quatre, & deux obusiers de six pouces.

Art. 57. Il y aura pour les manœuvres de force un canon de vingt-quatre, un gros mortier, un affût de siége avec son avant-train, un chariot à canon, une chèvre équipée, un triqueballe, des crics, des poutrelles de sept à huit pouces d'équarissage, des rouleaux, des leviers, des prolonges, des traits à canon & autres cordages nécessaires.

Art. 58. Il sera aussi fourni au parc de l'école un mortier à éprouver les poudres, avec deux globes pour pouvoir faire l'essai de la force de celle qui sera employée à l'école, & servir en même temps à donner aux officiers ce genre d'instruction, en se conformant à ce qui est prescrit dans le réglement de réception des poudres.

Art. 59. Il sera ouvert plusieurs boyaux de sape pour l'instruction de sapeurs. Si ce travail n'est pas poussé jusqu'au couronnement du chemin couvert pendant la campagne, on le laissera subsister, & il sera continué la campagne suivante, afin qu'on puisse juger de l'ensemble de l'attaque.

Art. 60. On travaillera pendant une partie de la campagne à des batteries, à la construction desquelles assistera la plus grande partie des officiers. Ce travail sera fait de suite, autant que faire se pourra, & on n'y emploira que le temps qu'on y met aux siéges, c'est-à-dire, deux nuits & un jour, pour accoutumer les cannoniers à ce genre d'ouvrage dans l'obscurité.

En construisant ces batteries, on observera toutes les précautions qui les rendent solides; on fera la tranchée aux batteries par les communications en usage dans les siéges; on aura soin que l'entrée des magasins à poudre soit défilée de la place; on prendra enfin toutes les mesures auxquelles on est assujetti en présence de l'ennemi.

Les détachemens destinés à la construction de ces batteries seront composés de demi-compagnies, qui seront relevées toutes les six heures pendant le jour. Le détachement qui relevera à l'entrée de la nuit, sera remplacé à porte-ouvrante.

Art. 61. Ce travail sera précédé d'une instruction donnée par le comité aux officiers qui devront en être chargés, sur le nombre d'hommes nécessaire par embrasure, sur la quantité de saucissons, piquets, &c., que chaque batterie exigera, sur le tracé & l'établissement des plates-formes, & enfin sur les moyens d'ouvrir les embrasures sans trop exposer les canonniers.

Art. 62. Il sera aussi établi une batterie de deux ou trois pièces, contre laquelle on fera tirer un certain nombre de bouches à feu pour faire connoître aux officiers & aux canonniers l'effet des bombes & des boulets sur ces sortes d'ouvrages. Il sera ensuite commandé des compagnies pour les réparer, en prenant toutes les précautions tendant à préserver les canonniers du feu de l'ennemi & en observant que ces réparations soient faites avec célérité & solidité.

Cette batterie sera placée de manière que les boulets qui ne resteront pas dans son épaulement soient arrêtés par la butte.

Art. 63. Il sera placé de temps en temps des canons à différentes distances de la butte, afin d'accoutumer les canonniers à pointer au-dessus & au-dessous du but en blanc, selon qu'ils se trouveront plus ou moins éloignés de l'objet.

Art. 64. On variera aussi dans ces différentes positions les charges de poudre, soit qu'on tire de plein fouet ou à ricochet, en commençant par les moindres charges.

Art. 65. Pour déterminer les charges & la hauteur de la hausse en proportion des distances, il sera utile de connoître le degré de force de la poudre. Le comité nommera en conséquence des officiers pour en faire l'épreuve.

On tirera aussi de temps en temps à boulets rouges, en y employant tous les moyens connus pour cette manière de servir le canon.

Art. 66. Il sera nommé au commencement de chaque campagne, des officiers pour faire la visite de toutes les bouches à feu de l'école, en se conformant à ce qui est prescrit à ce sujet dans le règlement des fonderies.

Ces officiers dresseront un procès-verbal de l'état où les pièces se trouveront à cette époque; ils en feront aussi la visite à la fin de chaque campagne, & en dresseront un nouveau procès-verbal pour constater leur dépérissement.

Art. 67. Il sera nommé un officier du parc pour être spécialement chargé, pendant la campagne, de tenir un état du nombre de coups que chaque bouche à feu tirera, & à la fin de l'été il en fera un relevé signé de lui, qui restera entre les mains du directeur du parc, & dont il sera donné copie au commandant d'artillerie.

Art. 68. Les bouches à feu jugées hors de service, après que leur mauvais état aura été constaté & avant d'être transportées dans les fonderies, seront employées, sur l'ordre du ministre de la guerre, à servir à l'instruction des officiers. On pourra faire des épreuves, soit sur la manière de les enclouer & désenclouer, soit en employant tous les moyens connus de les mettre hors de service, en observant de préférer ceux qui peuvent être mis en usage à la guerre.

Art. 69. Le comité pourra aussi faire employer un certain nombre de bombes de différens calibres, soit comme pétards, soit pour constater la charge de poudre nécessaire pour les faire éclater avec le plus grand effet possible, soit à la destruction des affûts dans les formes, soit enfin en les tirant avec des canons.

Art. 70. Il sera donné aux sergens d'artillerie les instructions sur l'emplement des boulets & des bombes, & sur le calcul des piles de toute espèce.

On leur fera aussi calibrer, & il sera, en conséquence, fourni au parc de l'école, des cylindres, lunettes, compas & autres instrumens nécessaires pour la vérification des fers coulés, en se conformant à ce qui est prescrit à ce sujet dans le règlement des forges.

Le comité nommera des officiers pour être présens à cette instruction.

Art. 71. Il sera établi sur des bastions ou autre ouvrage de la place, une batterie de six mortiers de différens calibres, où l'on puisse tirer des bombes sans danger dans la campagne & dans des terrains vagues, dont Sa Majesté autorise le comité à payer le loyer, si cela est nécessaire, sur les fonds de l'école.

Art. 72. Cette instruction de détail devant être uniforme, elle sera commandée habituellement, & pendant le temps fixé par le comité, par un premier & un second capitaine & deux lieutenans; elle aura lieu tous les après-midis des jours où il y aura école de pratique, & plus souvent si le comité le croit utile.

On choisira six sergens pour aider les officiers dans cette instruction : un de ces sergens aura la garde des effets de cette batterie.

Il sera fourni du parc de l'école, sur la demande du capitaine-commandant, les armemens, ustensiles & munitions nécessaires pour le service des mortiers, ainsi que les instrumens à calibrer les bombes.

Art. 73. On commencera par exercer les sergens-majors, & ensuite les sergens & les caporaux; & lorsque ces sous-officiers seront bien instruits, on fera passer successivement toutes les compagnies à cet exercice.

Art. 74. Un jour ou deux par semaine, cette instruction ne commencera qu'à l'entrée de la nuit, pour accoutumer le soldat à tirer dans l'obscurité avec la même précision que pendant le jour.

Toutes les fois que cette instruction aura lieu la nuit, les bombes seront tirées avec des fusées, & elles seront chargées d'une quantité de poudre suffisante pour chasser la fusée sans risquer de faire éclater la bombe.

Art. 75. Les affûts, caissons, chèvres, armemens des bouches à feu, fusées à bombes, tire-fusées, leviers, bois pour plates-formes à canons & à mortiers, pontielles, rouleaux, &c., nécessaires pour les écoles, continueront à être fournis

des

des arsenaux par le directeur de l'arsenal de construction, sur la demande du directeur du parc, autorisée par le comité d'instruction.

Art. 76. Pour exécuter le service des bouches à feu, il sera employé le nombre d'hommes ci-après; savoir :

Pour un canon de siége, huit hommes.
Pour *idem* de places & de côtes, cinq hommes.
Pour un gros mortier, cinq hommes.
Pour un mortier de 8 pouces ou un pierrier, trois hommes.
Pour un obusier de 8 pouces, cinq hommes.
Pour *idem* de 6 pouces, treize hommes.
Pour un canon de campagne de 12, quinze hommes.
Pour *idem* de 8, treize hommes.
Pour *idem* de quatre, huit hommes.

Art. 77. (Distribution des compagnies de service à l'école de pratique.) A la batterie de six canons de siége, deux compagnies.

Aux canons de places & de côtes, une compagnie.

A la batterie à ricochet, une compagnie.

Aux douze mortiers, aux pierriers & à l'artifice, deux compagnies.

Il sera ajouté pour le service des mortiers & pierriers, vingt artificiers tirés des autres compagnies. Une partie sera destinée à porter à quatorze ceux des deux compagnies, afin qu'il y en ait un par mortier ou pierrier. Le reste travaillera à l'artifice.

A la manœuvre de force, une compagnie.

A la sape, aux batteries d'instruction & à la construction des batteries, saucissons & gabions, trois compagnies.

Art. 78. Les sapeurs seront divisés par ateliers de huit hommes, comme ils le sont à la guerre.

L'excédant des hommes qui ne seront pas employés au service des bouches à feu, à la sape ou aux manœuvres de force, formera le détachement d'avant-garde pour faire les préparatifs de l'exercice, & ensuite la recherche des bombes. Ce détachement, commandé par les deux derniers sergens, partira du quartier une heure avant la troupe, pour faire, sous les ordres des officiers employés au parc, les préparatifs & dispositions relatives à l'instruction du régiment. il tirera le coup de canon d'avertissement une demi-heure avant l'exercice à feu.

Art. 79. Les batteries de gros canons & de mortiers seront distinguées en quatre espèces relativement à leur manœuvre.

La première sera formée du canon de siége;
La seconde, de celui de la place & de côte;
La troisième, de celui à ricochet;
La quatrième, des mortiers & pierriers.

Art. 80. L'exercice sera commandé à chacune de ces batteries par un officier qui y sera attaché. Le lieutenant-colonel présidera cette école, & donnera l'ordre de commander le feu; lorsqu'il y aura des décharges générales, elles seront commandées par le plus ancien capitaine.

Art. 81. Les cinq compagnies qui auront servi le canon de siége, de place, de côte & à ricochet, & celle qui aura été employée aux manœuvres de force & à la sape, ainsi que les servans des pierriers, après avoir fait six décharges, passeront au canon de campagne. On tirera ces bouches à feu en les rapprochant successivement de la butte, pour accoutumer les canonniers à pointer à différentes distances.

Il sera fait trois ou quatre décharges par canon ou obusier à chaque station.

Art. 82. Le tir des mortiers, l'artifice & la construction des batteries continueront jusqu'à la fin de l'école.

Art. 83. On tirera d'abord autant de bombes qu'il sera fait de décharges de gros canon; mais pendant l'exercice de bataille, elles seront tirées à volonté, & leur nombre en sera indéterminé.

Art. 84. Les seconds lieutenans tirés des élèves seront employés au service des différentes bouches à feu; il y aura à cet effet dans la batterie un canon de 8 long & un mortier de 8 pouces, qui seront servis par ces officiers; il sera attaché au canon de 8 deux canonniers pour remplir les fonctions de premiers servans.

Art. 85. Lorsque le mauvais temps aura empêché l'école d'avoir lieu le matin des jours fixés pour cette instruction, on la fera l'après-midi des mêmes jours, ou bien le lendemain si le temps le permet, & que le service n'en soit pas interrompu.

Art. 86. Pour les différentes applications de la théorie à la pratique, le comité d'instruction distribuera les officiers en divisions. Chacune de ces divisions sera chargée d'une suite d'opérations, & d'en faire un mémoire détaillé, accompagné des dessins qui y seront relatifs. Ce travail sera remis au comité, qui, après l'avoir examiné, le fera lire aux conférences d'artillerie, & il sera ensuite déposé dans la salle des modèles.

Art. 87. Tous les officiers marcheront avec leur compagnie aux exercices de pratique.

Les détachemens pour les travaux du polygone & de l'arsenal ne seront commandés que par des lieutenans ou des sous-officiers.

Art. 88. Dans la vue d'exciter l'émulation des canonniers, il leur sera assigné sur les fonds de l'école, savoir :

Pour un blanc touché. . . . . . . 1 liv. 4 s.
Pour une bombe tombée dans le cercle de 24 pieds de diamètre, tracé au pied de la perche servant de but.   1   »
Pour une bombe tombée dans le cercle de 12 pieds de diamètre. . . . 1   10
Pour une bombe qui abattra le tonneau placé au bout de la perche, ou la perche elle-même. . . . 5   »

Pour une nuit passée à la construction des batteries, à chaque canonnier seulement . . . . » liv. 10 s.

Art. 89. Les compagnies de semaine à l'école de pratique seront exercées, les jours où il n'y aura pas de manœuvre d'artillerie, à celles d'infanterie & au maniement du fusil. Cette instruction, qui ne sera que partielle pendant la semaine, deviendra générale de temps en temps.

Art. 90. L'intention de Sa Majesté étant que les canonniers soient essentiellement instruits du service des bouches à feu, elle laisse aux commandans d'artillerie à régler le degré d'instruction à leur donner sur les évolutions d'infanterie relatives aux différentes positions du canon du régiment en bataille, & leur enjoint de se restreindre à ce qui est nécessaire pour l'intelligence & l'accord des deux armes.

Art. 91. Un régiment, lorsqu'il s'exercera en entier, ne fera jamais qu'avec quatre canons de quatre, afin d'accoutumer les canonniers aux évolutions d'infanterie combinées avec celles de l'artillerie.

Ces canons seront placés aux ailes du régiment, & servis par des hommes d'une même compagnie à chaque exercice.

Lorsque le régiment sera suffisamment instruit, on lui fera faire l'exercice à feu.

Art. 92. Les canonniers seront aussi exercés à tirer à la cible pendant les mois de septembre & d'octobre. Il leur sera payé sur les fonds de l'école douze sous, toutes les fois qu'ils atteindront, à cent toises de distance, le cercle de dix-huit pouces tracé dans le milieu de la cible ; cette somme sera payée par le garde du parc, d'après le certificat de l'officier qui aura présidé à cet exercice.

Art. 93. La poudre employée aux manœuvres d'infanterie sera passée en consommation sur les états du garde du parc de l'école.

La poudre & les balles destinées à la cible seront fournies aux régimens d'artillerie comme aux autres troupes, des magasins de la place, sur un ordre particulier du ministre de la guerre.

Art. 94. On profitera du temps où les compagnies d'ouvriers s'exerceront à la construction des ponts, pour en instruire les officiers des régimens.

Art. 95. Les officiers du corps de l'artillerie employés dans les places où il y aura une fonderie, ainsi que ceux du régiment, seront invités par le directeur à se trouver aux visites & épreuves de réception des bouches à feu.

Art. 96. Sa Majesté accorde pour chacune des huit écoles d'artillerie, y compris celle des mineurs, une somme de 3,500 liv., par an, pour les frais d'instruction (les fonds pour le service de chaque école sont fixés annuellement), & elle permet qu'il soit joint à cette somme le produit du fourrage surabondant au service des pièces qui pourra se récolter dans l'enceinte du parc & du polygone.

Art. 97. Ces fonds seront employés, d'après les ordres du comité d'instruction, aux dépenses des salles de théorie & de dessin, du laboratoire de chimie, des expériences de physique, & autres frais relatifs à l'instruction de l'officier & du soldat.

Art. 98. Les dépenses occasionnées par les exercices de pratique seront payées par le garde du parc, sur les ordres du directeur, & au moyen des à-comptes qui lui seront remis par le payeur-général, sur les mandats du directeur du parc, visés par le président du comité d'instruction.

Art. 99. Si, à la fin de l'année, la somme accordée n'avoit pas été dépensée en entier pour les instructions, Sa Majesté permet que l'excédant soit employé par le comité à l'achat des livres & instrumens relatifs aux connoissances qu'on exige des officiers d'artillerie. (Après avoir obtenu l'autorisation du ministre de la guerre.)

Le prix de ces livres & instrumens sera porté sur l'état de dépense arrêté à la fin de chaque année, & ces nouvelles acquisitions seront ajoutées à l'inventaire de l'école.

Art. 100. Il sera arrêté à la même époque un état des dépenses qui auront été faites sur les fonds de l'école & sur le produit du fourrage. Cet état sera adressé & signé par le garde du parc, certifié par les sous-directeur & directeur, & par le lieutenant-colonel chargé des détails de l'instruction, vérifié par le commissaire des guerres, & approuvé par le commandant d'artillerie qui en adressera une copie à l'inspecteur-général, & une au ministre de la guerre.

Service du corps royal de l'artillerie dans les arsenaux de construction. Ce service est déterminé par un réglement du 1er. avril 1792, portant :

TITRE PREMIER.

Dispositions générales.

Art. 1er. Les affûts, voitures & attirails continueront à être construits dans les cinq arsenaux de Strasbourg, Metz, Auxonne, Douai & la Fère. (Le nombre des arsenaux de construction a été porté à huit ; les trois autres sont à Grenoble, Rennes & Toulouse.)

Art. 2. Chaque arsenal sera commandé par un directeur-colonel & un sous-directeur lieutenant-colonel.

Art. 3. Les travaux seront exécutés par les compagnies d'ouvriers de l'artillerie & par les ouvriers d'état attachés à chaque arsenal. Il leur sera joint, quand les circonstances l'exigeront, des ouvriers de régiment & des ouvriers externes.

Art. 4. Il sera attaché à chacune des compagnies d'ouvriers employées dans un arsenal, deux seconds capitaines (cette disposition n'a plus lieu : les capitaines en second, employés aux arsenaux, ne font pas attachés aux compagnies d'ouvriers, mais ils remplissent les fonctions qui leur sont assignées par ce réglement.) détachés des régimens d'artillerie, qui rouleront pour le service avec les officiers des compagnies d'ouvriers, seront comme eux responsables de l'exactitude des ouvrages, & pourront être également chargés par le directeur, des détails relatifs à l'emménagement & la conservation des munitions ou effets.

Le directeur les fera reconnoître à la tête de la compagnie à laquelle ils seront attachées, & ils y passeront les revues avec les officiers de ces compagnies.

Art. 5. Le directeur ordonnera supérieurement tous les travaux, commandera les compagnies d'ouvriers & tous les officiers & employés attachés à l'arsenal; il réglera toutes les dépenses a faire en conséquence des ordres qu'il recevra de l'inspecteur-général du département & du ministre de la guerre.

Art. 6. Le directeur veillera à l'instruction des officiers & ouvriers employés à l'arsenal, tant relativement aux constructions d'artillerie qu'à l'établissement des ponts.

Il leur procurera des connoissances sur la formation des équipages, & fera pour leur instruction approvisionner des caissons & chariots, tant des divisions d'artillerie que du grand parc.

Art. 7. Il indiquera aussi un jour de chaque semaine destiné à exercer les ouvriers au tracé des affûts & voitures d'artillerie, sous la direction de leurs sergens & d'un des officiers de la compagnie.

Art. 8. Il ordonnera que les ouvriers en bois, quand il n'y aura pas de travaux pressés, soient employés avec les forgeurs pour s'exercer à frapper devant, lorsqu'ils seront détachés avec des ouvriers en fer.

Art. 9. Les ouvriers seront aussi exercés, sur-tout pendant l'été, après leur souper, aux manœuvres de force, au remplacement des essieux, à la manière d'attacher un faux essieu cassé, & enfin à tout ce qu'ils feront dans le cas d'exécuter à la guerre.

Art. 10. Le sous-directeur suppléera le directeur; lui rendra compte durant ses absences, & exécutera ses ordres.

Art. 11. Le plus ancien officier d'ouvriers sera chargé, sous l'autorité du directeur, de conduire les travaux, d'en mener l'ensemble, de tracer ou faire tracer par les officiers & par le chef des ouvriers d'état, les échantillons ou pièces à construire; il surveillera aussi l'arrangement & la conservation des ouvrages finis, ainsi que celle de tous les effets relatifs aux approvisionnemens d'artillerie.

Art. 12. Les officiers d'ouvriers & les seconds capitaines attachés à l'arsenal seront chargés collectivement de la réception des bois, fers ou aciers & menus approvisionnemens; mais le directeur affectera particulièrement un d'eux à la surveillance de chacun de ces objets.

Art. 13. L'officier chargé des bois s'occupera, de concert avec le chef des ouvriers d'état, & d'après les ordres du directeur, de leur approvisionnement, débit, emménagement & consommation. Il se tiendra toujours en état d'en rendre compte, & remettra tous les mois au directeur un état détaillé de leur quantité, de ceux qui auront été mis en magasin, de leur destination & de leur emplacement dans l'arsenal.

Art. 14. L'officier chargé des fers se tiendra de même toujours en état de rendre compte de la situation du magasin au fer, & avertira le directeur des échantillons dont il sera nécessaire de se pourvoir de préférence.

Il surveillera à la fabrication de la clouterie, & aura soin de faire rassembler les vieux fers dans un magasin destiné à cet usage.

Tous les mois il remettra au directeur un état détaillé de ces objets.

Art. 15. L'officier chargé des menus approvisionnemens les surveillera avec soin, & en remettra tous les mois l'état de situation au directeur, avec ses observations sur les consommations qui auront été faites, & les remplacemens qui seront devenus nécessaires.

Chacun de ces officiers sera aidé dans ses fonctions par un des ouvriers d'état de première classe.

Art. 16. Le chef des ouvriers d'état, sous les ordres de l'officier, sera chargé de veiller sur l'approvisionnement des bois, d'en suivre le débit, l'emploi & l'arrangement dans les magasins.

Il fera de fréquentes visites dans les ateliers, veillera sur tous les travaux, & aura attention à ce que rien ne s'égare & que tout soit mis à profit.

Art. 17. Les ouvriers d'état de première classe, indépendamment de leurs fonctions journalières, seront gardes des outils & en répondront; ils seront chargés d'en faire la distribution dans les ateliers & de les retirer; ils dirigeront les détachemens de canonniers de service à l'arsenal, dans les manœuvres & les travaux qu'ils auront à exécuter.

Art. 18. Les ouvriers d'état de seconde classe aideront & suppléeront les premiers ouvriers dans leurs fonctions; les uns & les autres travailleront dans les ateliers quand le service ne les appellera pas ailleurs.

TITRE II.

Ordre à tenir dans les magasins des matières & outils.

Art. 1er. Le garde d'artillerie d'un arsenal de construction sera chargé des clefs des magasins; il les tiendra dans une armoire garnie de clous étiquetés du numéro des clefs qui y seront attachées.

Lorsqu'il fera obligé de s'abfenter, il confiera la clef de cette armoire à un ouvrier d'état.

Art. 2. Les bois feront rangés dans les magafins par efpèces, & feront numérotés de l'année de leur entrée, afin que les plus anciens foient employés les premiers.

Il en fera fait un inventaire alphabétique conforme au modèle numéro 1 (*voyez*, pour ce modèle & ceux mentionnés ci-après, la collection des lois, arrêtés & réglemens concernant l'artillerie, (fur lequel on les infcrira à mefure qu'ils feront débités & entrés dans les magafins. L'ouvrier chargé d'en faire la diftribution, joindra leur reçu, qu'il retirera des chefs d'ateliers, en délivrant les bois, à un journal fur lequel il indiquera la place d'où ils auront été tirés, afin qu'on puiffe les porter fur l'état conforme au numéro 2, dont l'objet eft de faire connoître dans tous les temps la fituation des magafins.

Art. 3. Le reftant des bois fortis des magafins qui fe trouveront dans les ateliers, ainfi que ceux qui auront été débités & qui n'auront pas encore été emmagafinés, feront portés fur le nouvel inventaire qui en fera fait au premier janvier de chaque année.

Art. 4. Les fers feront rangés par échantillons dans des cafes qui feront étiquetées de la lettre de chaque efpèce.

Art. 5. Tous les trois mois il fera fait par le garde d'artillerie, en préfence des officiers d'ouvriers, fur les feuilles du mois & fur le relevé des états du garde, une vérification de la conformation des fers, & on en portera le réfultat fur l'état de fituation dont le modèle eft au numéro 3.

Art. 6. Les journaux des ouvriers d'état chargés de la diftribution du bois & du fer, ainfi que ceux des chefs d'ateliers, feront tenus conformes aux modèles numéros 4 & 5, en obfervant de diftinguer les bois & les fers par efpèces.

Le plus ancien des officiers d'ouvriers en fera le relevé conformément aux états numéros 6 & 7.

Art. 7. Le bois, le fer, l'huile, la chandelle, le vieux-oing & autres menus approvifionnemens ne feront délivrés que fur des reçus imprimés conformes aux modèles numéros 8 & 9, remis aux gardes particuliers qui en feront chargés, par chacun des chefs d'ateliers, qui en rendra compte en même temps au fergent, lequel en tiendra note fur fon livret.

Art. 8. Avant d'arrêter l'état de confommation, l'officier qui en fera chargé confrontera celui du fergent-major avec le livret des fergens, qu'il fe fera repréfenter.

Art. 9. Le fergent-major, à la fin de chaque femaine, dreffera un état des remifes & confommations faites par la compagnie, & le remettra à l'officier qui la commandera.

Art. 10. Il fera établi dans chaque forge deux coffres doublés de tôle, pour y raffembler à la fin de chaque journée, dans l'un, des riblons de rebut, & dans l'autre, les rognures de fervice.

Un des fergens de forgeurs aura les clefs de ces coffres, & ces fers feront délivrés au garde d'artillerie lorfqu'il fera fa vérification de quinzaine, dont il fera parlé ci-après.

Art. 11. Les menus approvifionnemens de toute efpèce, ainfi que les outils que l'on pourroit acheter en détail, ne feront jamais diftribués aux ouvriers qu'après qu'ils auront été repréfentés au garde d'artillerie & enregiftrés par lui.

Art. 12. Il fera établi un petit magafin pour les outils; l'ouvrier d'état de première claffe qui en fera chargé, en qualité de garde des outils, en donnera fon reçu au garde d'artillerie, & ne les délivrera qu'aux chefs d'ateliers qui en figneront le reçu & en répondront.

Les chefs ne les diftribueront aux ouvriers qu'en préfence des fous-chefs, & les raffembleront tous les foirs, après en avoir fait la vérification en leur préfence.

Art. 13. S'il manque un outil, il fera payé par l'ouvrier à qui il aura été remis; le chef de l'atelier en avertira le garde des outils, en demandant le remplacement de celui qui fe trouvera perdu. Ce garde en rendra compte au chef des ouvriers d'état, qui enregiftrera fur fon journal le nom de l'ouvrier & celui de l'outil; le chef de l'atelier en conferera auffi la note.

La valeur de ces outils fera retenue aux ouvriers fur leur fupplément de folde.

Art. 14. S'il fe caffe un outil, il fera porté par le chef de l'atelier au garde des outils, qui le remplacera & le fera raccommoder; & fi l'outil fe trouve hors de fervice, il le gardera dans fon magafin pour le repréfenter au garde d'artillerie.

Art. 15. Il y aura dans les ateliers, pour renfermer les outils tous les jours après le travail, des armoires dont les clefs feront remifes aux chefs d'ateliers.

On donnera auffi un tiroir à chaque ferrurier pour renfermer les outils qui lui auront été remis par le chef d'atelier. Ce chef fera chargé de ceux qui doivent paffer des mains d'un ouvrier dans celles d'un autre, comme les filières, &c., & il y aura pour ces outils une armoire particulière.

Art. 16. Lorfque les compagnies travailleront par tiers, les fergens qui fortiront de femaine feront à ceux qui entreront la remife des outils, & l'état en fera figné par chacun d'eux.

Art. 17. Le garde des outils fera, à la fin de la femaine, une vérification des outils de chaque atelier, en préfence du chef & du fous-chef. S'il en manque, & que le fous-chef ne l'ait pas déclaré pendant la femaine, la retenue lui en fera faite; le chef de l'atelier en prendra note, & le garde des outils en rendra compte au chef des ouvriers d'état.

Art. 18. Le garde des outils fera de fréquentes

visites dans les ateliers, & changera au besoin, ou fera réparer ceux qui en seront susceptibles.

Il renouvellera sans difficulté les limes des serruriers toutes les fois que leurs chefs demanderont qu'elles soient remplacées ; & s'il se commettoit des abus à ce sujet, il en rendroit compte au chef des ouvriers d'état.

Art. 19. Tous les trois mois il sera fait, par le garde d'artillerie, en présence d'un officier nommé par le directeur & du commissaire des guerres, une vérification des outils.

Si, lors de cette vérification, il en manquoit, & que le garde des outils ne pût pas dire le nom de ceux qui les auroient perdus ou cassés, la retenue en seroit faite sur ses appointemens.

A cette époque les outils jugés hors de service seront cassés & mis dans les magasins de la serraille.

Art. 20. Lorsque cette vérification sera faite, le garde d'artillerie dressera du magasin un état de situation certifié par l'officier qui aura été présent, visé par le commissaire des guerres, & il en fera remis une copie au directeur.

Art. 21. Ce sera principalement à cette époque qu'on achetera les outils nécessaires pour le remplacement de ceux qui auront été consommés.

TITRE III.

Service de ouvriers dans l'arsenal.

Art. 1er. Les jours de travail il y aura par compagnie un officier de service, qui, le matin, entrera au travail avec les ouvriers, & le soir n'en sortira qu'avec eux.

Art. 2. Le capitaine-commandant ne roulera pas avec les autres officiers de sa compagnie pour le service journalier de l'arsenal, à moins d'un ordre particulier du directeur.

Art. 3. Le sergent-major sera habituellement de service à l'arsenal, si la compagnie travaille au complet ; mais si elle ne travaille que par tiers, le directeur pourra régler le service de manière qu'il ne soit pas tenu à la même assiduité.

Art. 4. L'officier ou un des officiers de service ira prendre les ouvriers le matin, & les conduira en ordre à l'arsenal.

L'après-midi ce sera le sergent-major, &, à son défaut, le plus ancien sergent de la compagnie qui les conduira ; mais le soir, ce sera toujours un des officiers de service qui les ramènera à leur quartier.

Art. 5. Il sera sonné une cloche pour marquer l'instant où les ouvriers devront entrer aux ateliers.

Un quart d'heure après qu'elle aura cessé de sonner, le sergent de semaine fera l'appel des sergens & ouvriers de sa compagnie.

Le chef des ouvriers d'état, & en son absence celui des ouvriers d'état de première classe à qui il aura remis le contrôle, fera l'appel des ouvriers d'état & des ouvriers externes.

L'un & l'autre en rendront compte à l'officier de service, qui visitera les ateliers plusieurs fois dans le jour, pour s'assurer que chacun est à son poste.

Art. 6. S'il y a dans le même arsenal plusieurs compagnies ou détachemens, le directeur décidera des objets de construction dont chaque compagnie ou détachement devra être chargé.

Art. 7. Deux des quatre sergens de chaque compagnie d'ouvriers dirigeront le travail des forgeurs ou serruriers, & les deux autres, l'atelier des charrons & celui des charpentiers.

Ces sergens feront les fonctions de maître d'ateliers, & travailleront eux-mêmes autant qu'ils le pourront, sans cesser de veiller à l'exécution des ouvrages & à l'instruction de ouvriers.

Art. 8. Les caporaux, appointés & premiers ouvriers qui feront les fonctions de chefs d'ateliers, feront, de même que les sergens, responsables de l'exactitude & de la précision des ouvrages, ainsi que de l'assiduité des ouvriers dont ils dirigeront le travail.

Art. 9. Lorsque le caporal-fourrier ne sera pas occupé des écritures de la compagnie, il roulera avec les chefs d'ateliers pour en faire les fonctions, à moins que le directeur ne juge nécessaire de l'employer au bureau de la direction : dans l'un & dans l'autre cas, il recevra le supplément de solde de sergent.

Art. 10. Les forgeurs seront divisés par deux, trois ou quatre à chaque feu, suivant l'espèce d'ouvrage qu'ils auront à faire.

Art. 11. Les charrons formeront deux ateliers, à la tête desquels seront les caporaux & les appointés, qui seront tous surveillés par le sergent de l'escouade.

Art. 12. Ces ateliers une fois formés, les ouvriers y resteront fixés jusqu'à ce qu'une augmentation de grade les mette dans le cas de le quitter, à moins qu'il ne devienne indispensable d'égaliser les ateliers.

Art. 13. Les charpentiers ne formeront plusieurs ateliers que lorsque les circonstances l'exigeront, & la force de ces ateliers dépendra de la nature des ouvrages.

Art. 14. Les journées seront de dix heures de travail depuis le premier mars jusqu'au premier novembre, & de neuf heures au plus depuis le premier novembre jusqu'au premier mars.

Art. 15. Il sera pris, pendant la durée de la journée, deux heures pour le dîner dans les grands jours, & une heure le reste de l'année.

Art. 16. Les ouvriers devant le tiers de leur travail à l'Etat, s'il n'est employé dans l'arsenal que le tiers de la compagnie, les ouvriers ne recevront aucun supplément de solde ; s'il en est employé au-delà du tiers, le surplus de ce tiers aura un supplément de solde de 10 sous par journée de travail de dix heures, & de 8 sous par journée de travail d'une moindre durée.

Art. 17. Lorsqu'une compagnie sera employée en entier aux travaux, chaque sergent, autre que le sergent-major, recevra un supplément de solde de quinze sous par journée de travail de dix heures, & lorsque les journées seront de moins de dix heures, les sergens ne recevront que douze sous.

Art. 18. Les ouvriers employés nominativement à raison de quelque talent particulier, recevront, quand la compagnie ne travaillera que par tiers, un supplément de solde de quinze sous par journée.

Art. 19. Les enfans d'ouvriers en état de travailler, lorsqu'ils seront employés à l'arsenal, jouiront depuis l'âge de dix ans, & jusqu'à l'époque où ils pourront contracter un engagement, du supplément de solde accordé aux ouvriers des compagnies. Quand ils auront atteint l'âge de seize ans, s'ils refusoient de s'engager ou s'ils n'en étoient pas jugés susceptibles, ils cesseroient d'être compris dans l'état des ouvriers employés à l'arsenal.

Art. 20. Chaque ouvrier d'état recevra en sus de sa paye, & sur les dépenses de l'arsenal, six sous par chacun des jours qu'il travaillera ou sera employé à la conduite des travaux. (Le supplément de solde accordé aux ouvriers vétérans, par journée de travail, a été porté à 75 cent.)

Art. 21. Il sera accordé le même traitement aux bateliers de l'artillerie attachés à l'arsenal de Strasbourg pour la navigation du Rhin, les jours qu'ils seront occupés dans l'arsenal. (Ces travaux s'exécutent maintenant par le bataillon de pontonniers.)

Lorsque les bateliers travailleront à la construction ou radoub des bateaux, il sera accordé un supplément de solde de douze sous à chaque batelier, & de vingt sous au sergent.

Art. 22. Quand les circonstances obligeront à prendre des ouvriers externes, on employera de préférence les ouvriers des régimens d'artillerie qui seront commandés à la réquisition du directeur.

Ce service sera fait par tour de compagnie, sans que jamais les ouvriers puissent se remplacer entr'eux. Les ouvriers recevront un supplément de solde égal à celui des ouvriers de compagnie, & seront dispensés de tout service à leur régiment pendant le temps qu'ils seront employés à l'arsenal.

Art. 23. S'il falloit un plus grand nombre d'ouvriers externes, ils seroient pris parmi les citoyens ou les soldats de la garnison, & payés à raison de leurs talens.

Art. 24. Ces ouvriers seront répartis pendant quelque temps dans les ateliers des ouvriers de compagnie. On choisira ensuite parmi ceux en bois, des chefs ou sous-chefs d'ateliers; & parmi ceux en fer, des maîtres en état de diriger les forgeurs : on en formera des ateliers particuliers dont on donnera la surveillance à des ouvriers d'état, ou à des ouvriers de compagnie capables de les conduire.

Art. 25. Un ouvrier qui manquera aux appels, ou qui s'absentera d'un atelier sans permission, sera privé de la moitié de son supplément de solde, & un ouvrier externe perdra le quart de sa journée.

Si l'absence dure plus d'une heure, ou se réitère dans la même journée, l'ouvrier de compagnie perdra son supplément de solde en entier, & l'ouvrier externe la moitié de sa journée.

Art. 26. Les chefs d'ateliers informeront de ces absences les officiers de service lorsqu'ils seront leurs tournées, ou subiront une peine double de celle qu'ils auroient encourue s'ils s'étoient absentés eux-mêmes.

Art. 27. Il sera permis au sergent-major, le jour de la distribution du pain, de prendre, en prévenant l'officier de service, le nombre d'ouvriers nécessaire pour aller le recevoir; mais ce pain ne sera donné aux ouvriers que dans les chambres, & jamais dans l'arsenal, aucune distribution ne devant être faite pendant les heures du travail.

Art. 28. Il y aura dans le cabinet des officiers un contrôle général, pareil à celui numéro 10, des ouvriers d'état, de ceux des compagnies & des externes. Ce contrôle sera rempli tous les jours par le chef des ouvriers d'état, sous les yeux de l'officier de service, quand il aura constaté la présence ou l'absence de chaque ouvrier, d'après les comptes qui lui auront été rendus par les sergens & les chefs d'ateliers.

C'est d'après le contrôle que le plus ancien commandant des compagnies d'ouvriers vérifiera à la fin de chaque mois l'état qui devra servir au paiement des journées, & qui sera conforme à celui numéro 11; cet officier étant tenu de le certifier.

Art. 29. Le chef des ouvriers d'état tiendra un registre des journées des ouvriers employés à l'arsenal, conforme au contrôle n°. 10. Il y sera fait mention de ceux qui se seront absentés & du temps de leur absence, ce dont il seront informés par les sergens & les chefs d'ateliers.

S'ils y manquoient, ils subiroient la punition prescrite par l'article 26 du présent titre.

Art. 30. Le chef des ouvriers d'état informa sur ce registre, d'après le compte qui lui sera rendu par le garde des outils, les noms des ouvriers qui en auront perdu, afin que la retenue leur en soit faite sur le supplément de solde, ainsi qu'il est dit ci-après.

Art. 31. A la fin de chaque mois, le chef des ouvriers dressera un état des journées d'ouvriers, conforme à celui n°. 11, dans lequel il détaillera le nombre & le prix des journées des ouvriers d'état, des sergens, des ouvriers de compagnies & des externes; le nombre des journées à retenir, ainsi que le prix & le nom des outils perdus qui devront être payés par les ouvriers.

Cet état, signé par ce chef, sera certifié par le plus ancien des officiers d'ouvriers, visé par le directeur, & vérifié par le commissaire des guerres.

Le chef des ouvriers le portera ensuite au caissier qui lui en paiera le montant. Il en sera remis une expédition à chacun des commandans des compagnies d'ouvriers, une au directeur, une au sous-directeur & une au commissaire des guerres.

Art. 32. Le chef des ouvriers d'état remettra au sergent-major le supplément de solde dû à sa compagnie. Celui-ci donnera à chaque sergent ce qui reviendra à son escouade, & ce dernier en fera la distribution aux ouvriers dans les chambrées.

A l'égard des ouvriers externes, le chef des ouvriers leur en fera la distribution par ateliers, en présence de leur chef.

Art. 33. Etant nécessaire que les officiers d'ouvriers puissent maintenir la discipline parmi leurs soldats sans que le service en souffre, ce qui arrive lorsqu'on met un ouvrier en prison, Sa Majesté les autorise, ainsi que les directeurs & sous directeurs, à punir les ouvriers en les faisant travailler sans supplément de solde pendant un nombre de jours proportionné à leur faute.

Art. 34. Le chef des ouvriers aura soin, à la fin du mois, de demander aux commandans des compagnies s'il a été ordonné quelque retenue, afin de la diminuer sur les états des journées.

Ces retenues seront déduites de la somme des journées, sans qu'il puisse leur être donné une autre destination.

Art. 35. A la fin de chaque mois, le chef des ouvriers dressera un état conforme à celui n°. 12, contenant le résultat du travail du mois. Cet état, signé de lui, sera certifié par le plus ancien capitaine d'ouvriers, visé par le directeur, & vérifié par le commissaire des guerres.

Il en sera remis une expédition au garde d'artillerie, une au commandant des compagnies d'ouvriers, une au directeur, une au sous-directeur & une au commissaire des guerres.

Ce commissaire vérifiera si le garde a porté en remise les constructions inscrites dans la colonne des ouvrages finis, & si les consommations de bois & de fer portées sur son registre sont conformes à l'état dressé par le chef des ouvriers.

Art. 36. Vers la fin de la journée, un des ouvriers d'état fera ramasser dans les ateliers ceux des copeaux qui pourront servir au chauffage du four à réverbère & à l'embatage des roues ; ils seront déposés dans un magasin dont la clef restera entre les mains du chef des ouvriers d'état, qui en sera responsable à l'officier chargé de la surveillance des bois. (Le surplus des copeaux non employés pour le service doit être vendu publi-

quement à la fin de chaque trimestre, & le produit de la vente être versé à la caisse d'amortissement.)

Art. 37. Tous les quinze jours, le garde-magasin prendra le samedi soir une note des bois & des fers qui auront été consommés pendant la quinzaine, ainsi que des ouvrages neufs qui auront été construits, en observant de ne faire mention que de ceux desdits ouvrages qui seront finis à l'époque de l'enregistrement des remises & des consommations.

Art. 38. Tous les samedis, vers la fin du travail, les officiers d'ouvriers feront la réception des ouvrages construits durant la semaine par les ouvriers de leur compagnie ; ils vérifieront les dimensions de chaque pièce avant qu'elles soient sorties des mains des chefs d'ateliers qui doivent en répondre, & remettront au directeur une note des ouvrages finis.

Le chef des ouvriers fera de même, en présence d'un officier d'ouvriers, la réception du travail des ouvriers d'état & externes, dont les ateliers seront séparés de ceux des compagnies, & en remettra l'état au directeur tous les dimanches, après qu'il aura été signé par l'officier présent à la visite.

Art. 39. Les ouvrages finis & reçus seront marqués sur le fer & sur le bois, du nom de l'arsenal, de l'année de leur construction, du numéro de la compagnie qui les aura faits, & de la première & dernière lettre du nom du capitaine-commandant.

Ces marques seront appliquées en présence du directeur, du sous-directeur, des officiers d'ouvriers & du chef des ouvriers d'état : tous répondront de la solidité & de la précision des ouvrages.

TITRE IV.

Administration des dépenses à faire dans les arsenaux de construction.

Art. 1er. Il sera établi dans chacun des cinq arsenaux de construction, un conseil d'administration présidé par le directeur, & composé du sous-directeur, des trois plus anciens officiers d'ouvriers, du plus ancien des seconds capitaines du régiment attachés aux compagnies d'ouvriers & du commissaire des guerres : le sous-directeur présidera en l'absence du directeur.

Art. 2. Le conseil s'assemblera tous les mois, & plus souvent si le président le juge nécessaire, pour arrêter les états de recette & de dépense qui auront eu lieu depuis le dernier conseil.

Art. 3. Ce conseil arrêtera tous les marchés à passer, relatifs aux approvisionnemens de l'arsenal. Le directeur les adressera à l'inspecteur-général du département, & celui-ci les fera passer au ministre, qui donnera ses ordres en conséquence. (Le règlement du premier brumaire an XIV, concernant la comptabilité-finances des arsenaux & directions d'artillerie, présent le mode à suivre à cet égard. *Voyez* la collection des lois, arrêtés & réglemens concernant l'artillerie.)

Art. 4. Il y aura toujours deux membres du conseil & un des capitaines en second du régiment attaché à l'arsenal, nommé pour se trouver aux enchères & adjudications qui se feront relativement aux marchés qu'il aura été ordonné de passer.

Lors de l'exécution des marchés, ils vérifieront si les fournitures sont conformes aux soumissions des entrepreneurs.

Art. 5. Toutes les dépenses pour achats & main-d'œuvre concernant les constructions d'artillerie qui s'exécuteront dans l'arsenal, ainsi que toutes les dépenses qui se feront dans les places de la direction dans laquelle l'arsenal de construction se trouvera compris, seront faites avec toutes les formalités prescrites dans le *règlement de ce jour concernant le service des places*, & ensuite arrêtées par le conseil : celles qui auront lieu dans la place où sera l'arsenal, seront acquittées par le caissier.

Art. 6. Les fonds affectés aux travaux des arsenaux seront accordés, d'après les états de projets arrêtés par le conseil d'administration, sur la demande faite par l'inspecteur-général au ministre de la guerre. Ceux destinés pour les autres dépenses de la direction, le seront d'après les états de projets, ainsi qu'il est dit dans le règlement du service des places.

Art. 7. Les fonds pour les travaux de l'arsenal, ainsi que ceux accordés pour les dépenses de la direction qui se feront dans la place, seront remis au caissier, qui aura un registre-journal sur lequel il inscrira les sommes qu'il aura reçues & celles qu'il aura payées.

Art. 8. Les états des dépenses acquittées par le caissier de l'arsenal, seront sur des à-comptes qui lui seront remis par le payeur-général, d'après les mandats du directeur.

Art. 9. Le conseil n'allouera les sommes acquittées par le caissier, qu'autant que les états en seront signés par le fournisseur, certifiés par l'officier qui aura été chargé de la réception des fournitures ou de la surveillance des travaux, visés par le directeur, ou le sous-directeur en l'absence du premier.

Les états des dépenses faites par l'arsenal de construction seront signés par le chef des ouvriers d'état, certifiés & visés comme il vient d'être dit.

Art. 10. A chaque conseil on réglera les nouveaux à-comptes à remettre au caissier, tant pour solder ce qui restera à payer, que pour satisfaire aux dépenses courantes.

Art. 11. Les bons acquittés par le caissier pendant le courant de l'année, seront mis en liasse & déposés dans la caisse après que le caissier en aura dressé un état général, & que cet état aura été vérifié par le commissaire & signé par tous les membres du conseil.

Il sera fait cinq copies de cet état : l'une sera pour le ministre de la guerre, les quatre autres seront pour le directeur, le commissaire des guerres, le payeur-général & le caissier.

Art. 12. Le directeur, pour être en état de se rendre compte journellement de la situation des finances de son département, aura un registre sur lequel il inscrira,

1°. Les à-comptes ordonnés par le ministre;
2°. Les mandats qu'il délivrera au caissier.

Art. 13. A chaque séance, le directeur fera connoître au conseil, par un bordereau, les mandats qu'il aura donnés au caissier : ces bordereaux seront déposés dans la caisse, & brûlés à la fin de l'année.

Art. 14. Tous les mois, le directeur comprendra dans un état conforme au n°. 13 (cet état doit être rédigé conformément au modèle annexé au réglement du 1er. brumaire an XIV), les dépenses qui auront été faites dans sa direction & les sommes dues aux fournisseurs. Il adressera cet état tous les mois au ministre de la guerre, afin qu'il puisse être réglé un nouvel à-compte pour le service du mois suivant.

Art. 15. Lorsqu'il sera question d'approvisionnemens ou autres dépenses à proposer, ou qu'il faudra arrêter les états de celles qui auront été faites pendant l'année, le conseil d'administration s'assemblera extraordinairement pour y procéder, & chacun des membres ne pourra se dispenser de s'y trouver.

Ces dépenses ne pourront être proposées au ministre que par l'inspecteur-général, auquel le directeur adressera l'état signé des membres du conseil. (Lorsqu'il n'est pas fait d'inspection générale, le directeur adressera cet état au ministre de la guerre.)

Art. 16. Le commissaire des guerres cotera & paraphera le registre servant au garde à l'enregistrement des fonds qu'il aura reçus & payés. Il vérifiera les pièces justificatives de la dépense que le caissier aura faite, avant qu'il les présente au conseil; il veillera à l'exactitude de sa comptabilité & à la forme des états de dépense.

Art. 17. Le commissaire des guerres, d'après la vérification qui sera faite au conseil de la recette & de la dépense qui aura eu lieu pendant le mois, en arrêtera l'état sur le registre du caissier, & le président le visera.

Art. 18. L'inspecteur-général pourra assister au conseil toutes les fois qu'il le croira nécessaire, & exiger qu'il lui soit rendu compte de l'exécution des différens ordres qui auront été adressés au directeur, par lui ou par le ministre de la guerre.

Art. 19. Le directeur, lors de la revue d'inspection, remettra à l'inspecteur un état de situation signé de tous les membres du conseil, dans lequel seront compris les différens objets de recette & de dépense.

Cet

Cet inspecteur arrêtera aussi les registres des délibérations & de comptabilité du conseil, ainsi que le registre-journal du caissier.

Art. 20. Il sera fait du présent règlement un extrait de tout ce qui concerne les devoirs des sous-officiers & ouvriers. Cet extrait sera affiché dans les chambrées des ouvriers & dans les ateliers de l'arsenal.

SEYE. C'est une espèce de cheville en fer à tête & à pointe perdues, qui, dans les avant-trains, sert à réunir la sellette, les armons & l'essieu ou le corps de l'essieu. Il y en a de deux numéros, 1°. d'avant-train de siège, de baquet à bateau & de chariot à canon; 2°. de baquet à nacelle.

SIDÉRITE ou PHOSPHATE DE FER. Poudre blanche qui se précipite de la dissolution du fer cassant à froid dans l'acide sulfurique. Les fers de bonne qualité n'en contiennent pas. (*Voyez* le *Dictionnaire de Minéralogie de l'Encyclopédie méthodique.*)

SIFFLET DANS LES BOUCHES A FEU. C'est la réunion de parties d'étain qui sont visibles lorsque le bronze ne les recouvre pas. Cette réunion provient de ce que la matière est mal brassée & mal alliée lorsqu'on la coule. Les sifflets proviennent aussi des soufflures qui se trouvent dans les bouches à feu; car lorsque la coulée est faite, le métal se tasse, la chaleur diminue; & pendant quelque temps l'étain encore fluide, pressé par le cuivre, qui l'est alors moins que lui, s'infiltre par les pores de ce dernier métal & se réunit dans les soufflures qu'il rencontre. Les gros mortiers sont surtout sujets à ce vice vers le devant des tourillons, parce qu'étant coulés, la volée en bas, la masse des tourillons empêche l'affaissement libre & régulier de la matière.

SOIE. Partie en fer de la lame d'un sabre qui passe dans la poignée & est rivée sur la calotte.

SOLDE DES TROUPES ET DES EMPLOYÉS D'ARTILLERIE. L'origine & la fixation de la solde des troupes de l'artillerie remonte, comme celles des autres troupes françaises, à des temps éloignés. (*Voyez* le *Dictionnaire de l'Art militaire de l'Encyclopédie méthodique.*)

On croit devoir la donner ici telle qu'elle a été fixée par les tarifs du 2 février 1818, en faisant mention des allocations relatives à la position des officiers d'artillerie & aux différentes fonctions qu'ils peuvent être dans le cas de remplir, lesquelles se composent des indemnités de logement, d'ameublement & de fourrages, des frais de bureau, de représentation & des traitemens supplémentaires.

ARTILLERIE.

ARTILLERIE DE LA GARDE ROYALE.

D'après les dispositions de l'ordonnance du premier septembre 1815, la solde des troupes de la garde royale est de moitié en sus de celle des troupes de la ligne, pour les capitaines & les officiers inférieurs, ainsi que pour les sous-officiers & soldats; du quart en sus pour les officiers supérieurs & les officiers-généraux, & du tiers en sus pour les employés.

Les uns & les autres reçoivent en outre le supplément accordé à la garnison de Paris, mais ce supplément est calculé sur la solde ordinaire de l'armée.

Les indemnités de logement, d'ameublement & de fourrages sont allouées sur le même pied que dans l'artillerie de la ligne.

ÉTAT-MAJOR.

	par an
Maréchal-de-camp commandant en chef	12,500 f.
Plus 8,000 f. de frais de bureau.	
Colonel-directeur du matériel.	7,812
Plus 5,600 f. de frais de bureau.	
Lieutenant-colonel chef d'état-major.	6,625
Plus, 1,800 f. de frais de bureau.	
Chef de bataillon sous-directeur du matériel.	5,625
Capitaine en premier, aide-de-camp.	3,750
Garde d'artillerie de 2ᵉ. classe.	2,250
Maître artificier.	2,100
Chef ouvrier d'état.	2,100
Conducteur d'artillerie.	1,800

Nota. Il est accordé une indemnité représentative de fourrage, laquelle est de quatre rations pour le maréchal-de-camp, de trois rations pour le colonel directeur du matériel, ainsi que pour le lieutenant-colonel chef-d'état major & pour le capitaine aide-de-camp, & de deux rations pour le chef de bataillon sous-directeur du matériel.

TROUPES.

Régiment d'artillerie à pied.

	par an
Colonel commandant.	7,812 f.
Plus, 1,800 f. de frais de représentation.	
Lieutenant-colonel.	6,625
Chef de bataillon.	5,625
Major.	5,625
Adjudant-major. Il a la solde & les indemnités de son grade.	
Trésorier, *idem.*	
Officier d'habillement, *idem.*	
Porte-drapeau, *idem.*	
Aumônier.	2,700
Chirurgien-major. Il est payé selon sa classe.	

	par an.
Capitaine en premier.	3,750 f.
Capitaine en second.	3,000
Lieutenant en premier.	2,250
Lieutenant en second.	1,950

	par jour
Adjudant sous-officier.	4 f. 08,0 c.
Tambour-major.	1 72,5
Tambour-maître.	1 56,5
Musicien.	1 02,0
Maître armurier.	1 27,5
Maître tailleur.	0 63,0
Maître guêtrier.	id.
Maître cordonnier.	id.
Sergent-major.	2 31,0
Sergent & fourrier.	1 62,0
Caporal.	1 21,5
Premier canonnier.	0 91,0
Second canonnier.	0 77,0
Tambour.	0 91,0
Enfant de troupe.	0 32,7

Nota. Il est accordé une indemnité représentative de fourrage de trois rations au colonel & au lieutenant-colonel, de deux rations aux chefs de bataillon, au major & aux capitaines, & d'une ration aux lieutenans.

Régiment d'artillerie à cheval.

	par an
Colonel commandant.	8,437 f.

Plus, 1,500 f. de frais de représentation.

Lieutenant-colonel.	7,125
Chef d'escadron & major.	6,125

Adjudant-major. Il a la solde & les indemnités de son grade.

Trésorier, *idem*.
Officier d'habillement, *idem*.
Porte-étendard, *idem*.

Aumônier.	3,450

Chirurgien-major. Il est payé selon sa classe.

Capitaine en premier.	4,200
Capitaine en second.	3,450
Lieutenant en premier.	2,550
Lieutenant en second.	2,250

	par jour.
Adjudant sous-officier.	4 f. 23.0 c.
Trompette maréchal-des-logis.	2 10 0
Brigadier-trompette.	1 65,0

Maréchaux vétérinaires. Selon leur classe.

Maître sellier.	1 50,0
Maître armurier-éperonnier.	1 50,0
Maître tailleur.	0 72,0
Maître bottier.	0 72,0
Maréchal-des-logis chef.	2 46,0
Maréchal-des-logis & fourrier.	1 77,0
Brigadier.	1 36,5

	par jour.
Premier canonnier.	1 f. 03,0 c.
Second canonnier.	0 94,0
Trompette.	1 20,0
Enfant de troupe.	0 40,2

Nota. Il est accordé quatre rations de fourrage en nature au colonel & au lieutenant-colonel, trois rations aux chefs d'escadron, au major & aux capitaines, & deux rations aux lieutenans.

Régiment du train d'artillerie.

	par an.
Lieutenant-colonel commandant.	6,625 f.

Plus, 1,500 f. de frais de représentation.

Major.	5,625

Adjudant-major. Il a la solde & les indemnités de son grade.

Trésorier, *idem*.
Officier d'habillement, *idem*.
Porte-étendard, *idem*.

Aumônier.	3,450

Chirurgien-major. Il est payé selon sa classe.

Capitaine.	3,750
Lieutenant.	2,250
Sous-lieutenant.	1,875

	par jour
Adjudant sous-officier.	4 f. 08,0 c.

Maréchal vétérinaire. Selon sa classe.

Brigadier-trompette.	1 60 0
Maître sellier-bourrelier.	1 45 0
Maître tailleur.	0 67,0
Maître bottier, *idem*.	
Maréchal-des-logis chef.	2 41,0
Maréchal-des-logis & fourrier.	1 72,0
Brigadier.	1 31,5
Soldat de 1re. classe.	0 98,0
Idem de 2e. classe.	0 89,0
Trompette.	1 15,0
Enfant de troupe.	0 37,5

Nota. Il est accordé quatre rations de fourrage en nature au lieutenant-colonel & au major, trois rations aux capitaines, & deux rations aux lieutenans & aux sous-lieutenans.

Artillerie de la ligne.

État-major.

	par an
Lieutenant-général.	15,000 f.
Maréchal-de-camp.	10,000
Colonel.	6,250

Les colonels directeurs des arsenaux, des manufactures d'armes, des forges & des fonderies, ont de plus une indemnité de 2,400 f. pour frais de bureau; cette indemnité est de 1,800 f. pour les colonels directeurs d'artillerie dans les places où il n'existe pas d'arsenal.

	par an.
Lieutenant-colonel.	5,300 f.
Chef de bataillon.	4,500
Capitaine en premier.	2,500
Idem en second.	2,000
Idem en résidence fixe.	2,100
Elève sous-lieutenant.	1,100
Garde d'artillerie de 1re. classe.	1,800
Idem de 2e. classe.	1,500
Idem de 3e. classe.	1,100
Conducteur d'artillerie.	1,200
Maître artificier.	1,400
Chef ouvrier d'état.	1,400
Sous-chef ouvrier d'état.	1,100
Ouvrier d'état.	0,540

Nota. Il est accordé une indemnité représentative de fourrage de six rations aux lieutenans-généraux, quatre rations aux maréchaux-de-camp, deux rations aux colonels & d'une ration aux chefs de bataillon, ainsi qu'aux capitaines employés dans les forges, fonderies & manufactures d'armes.

TROUPES.

Régimens d'artillerie à pied.

	par an.
Colonel.	6,250 f.
Plus, 1,800 f. de frais de représentation.	
Lieutenant-colonel.	5,300
Chef de bataillon & major.	4,500
Adjudant-major. Il a la solde de son grade.	
Trésorier, *idem*.	
Officier d'habillement, *idem*.	
Porte-drapeau, *idem*.	
Aumônier.	1,800
Chirurgiens. Ils sont payés selon leur classe.	
Capitaine en premier.	2,500
Idem en second.	2,000
Lieutenant en premier.	1,500
Idem en second.	1,300

	par jour.
Adjudant.	2 f. 77,0 c.
Artificier chef.	1 59,0
Tambour-major.	1 20,0
Tambour-maître.	0 96,0
Musicien.	0 73,0
Maître armurier.	0 90,0
Maître tailleur, cordonnier & guêtrier.	0 47,0
Sergent-major.	1 59,0
Sergent & fourrier.	1 13,0
Caporal.	0 86,0
Artificier.	0 66,0
Premier canonnier.	0 61,0
Deuxième canonnier.	0 52,0 c.
Tambour.	0 61,0
Enfant de troupe.	0 23,5

Nota. Il est accordé une indemnité représentative de fourrage de deux rations aux colonels & lieutenans-colonels, & d'une ration aux chefs de bataillon & majors.

Régimens d'artillerie à cheval.

	par an
Colonel.	6,730 f.
Plus, 1,500 f. de frais de représentation.	
Lieutenant-colonel.	5,700
Chef-d'escadron & major.	4,900
Adjudant-major. Il a la solde de son grade.	
Trésorier, *idem*.	
Officier d'habillement, *idem*.	
Porte-étendard, *idem*.	
Aumônier.	2,300
Chirurgiens. Ils sont payés selon leur classe.	
Capitaine en premier.	2,800
Idem en second.	2,300
Lieutenant en premier.	1,700
Idem en second.	1,500

	par jour.
Adjudant.	2 f. 87,0 c.
Chef artificier.	1 69 0
Brigadier-trompette.	1 15,0
Vétérinaires. Selon leur classe.	
Maître sellier & armurier-éperonnier.	1 05,0
Maître tailleur & bottier.	0 53,0
Maréchal-des-logis chef.	1 69,0
Maréchal-des-logis & fourrier.	1 23,0
Brigadier.	0 96,0
Artificier.	0 76,0
Premier canonnier.	0 71,0
Second canonnier.	0 62,0
Trompette.	0 85 0
Enfant de troupe.	0 28,5

Bataillon de pontonniers.

	par an
Lieutenant-colonel commandant.	5,300 f.
Plus, 600 f. de frais de représentation.	
Chef de bataillon & major.	4,500
Adjudant-major. Il a la solde de son grade.	
Trésorier, *idem*.	
Officier d'habillement, *idem*.	
Porte-drapeau, *idem*.	
Chirurgiens. Ils sont payés selon leur classe.	
Capitaine en premier.	2,500
Idem en second.	2,000

	par an
Lieutenant en premier.	1,500 f.
Idem en second.	1,500

	par jour.
Adjudant sous-officier.	2 f. 77,0 c.
Maître constructeur.	1 59,0
Tambour-maître.	0 96,0
Maître armurier.	0 90,0
Maître tailleur, cordonnier & guêtrier.	0 47,0
Sergent-major.	1 59,0
Sergent & fourrier.	1 13,0
Caporal.	1 03,0
Maître ouvrier.	0 88,0
Pontonnier de 1re. classe.	0 69,0
Idem de 2e. classe.	0 60,0
Tambour.	0 61,0
Enfant de troupe.	0 29,0

Nota. Il est accordé une indemnité représentative de fourrage de deux rations au lieutenant-colonel, & d'une ration au chef de bataillon & au major.

Compagnies d'ouvriers.

	par an.
Capitaine en premier.	2,500 f.
Idem en second.	2,000
Lieutenant en premier.	1,500
Idem en second.	1,300

	par jour.
Sergent-major.	1 f. 94 0 c.
Sergent & fourrier.	1 13,0
Caporal.	1 03,0
Maître ouvrier.	0 98,0
Ouvrier de 1re. classe.	0 88,0
Idem de 2e. classe.	0 73,0
Apprenti.	0 63,0
Tambour.	0 61 0
Enfant de troupe.	0 29,0

Compagnie d'artificiers.

	par an
Capitaine en premier.	2,500 f.
Idem en second.	2,000
Lieutenant en premier.	1,500
Idem en second.	1,300

	par jour
Sergent-major.	1 f. 94,0 c.
Sergent & fourrier.	1 13,0
Caporal.	1 03,0
Artificier de 1re. classe.	0 98,0
Idem de 2e. classe.	0 73,0
Ouvrier en bois ou en fer.	0 88 0
Apprenti.	0 63,0
Tambour.	0 61,0
Enfant de troupe.	0 29,0

Escadrons du train d'artillerie.

	par an.
Chef d'escadron.	4,500 f.

Plus, 600 f. de frais de représentation.

Adjudant-major. Il a la solde de son grade.

Trésorier, *idem.*

Officier d'habillement, *idem.*

Chirurgiens. Ils sont payés selon leur classe.

Capitaine.	2,500
Lieutenant.	1,500
Sous-lieutenant.	1,250

	par jour
Adjudant sous-officier.	2 f. 72,0 c.

Vétérinaires. Ils sont payés selon leur classe.

Brigadier-trompette.	1 00,0
Maître sellier, bourrelier & éperonnier.	0 90,0
Maître tailleur & bottier.	0 88,0
Maréchal-des-logis chef.	1 54,0
Maréchal-des-logis & fourrier.	1 08,0
Brigadier.	0 81,0
Soldat de 1re. classe.	0 56,0
Idem de 2e. classe.	0 50,0
Trompette.	0 70,0
Enfant de troupe.	0 50,0

Nota. Il est accordé trois rations de fourrage en nature aux chefs d'escadron, deux rations aux capitaines, & une ration aux lieutenans & sous-lieutenans.

Compagnies de canonniers sédentaires.

	par an
Capitaine en premier.	1,800 f.
Idem en second.	1,500
Lieutenant en premier.	1,200
Idem en second.	1,000

	par jour.
Sergent-major.	1 f. 49,0 c.
Sergent & fourrier.	1 03,0
Caporal.	0 76,0
Canonnier.	0 51,0
Tambour.	0 61,0
Enfant de troupe.	0 28,0

SOLEIL. C'est, dans les artifices de réjouissances, la pièce la plus éclatante. Elle se compose d'une grande quantité de jets brillans ou de fusées à aigrettes rangées en forme de rayons autour d'un centre par une des extrémités, & fixées par l'autre bout sur la circonférence d'un grand cercle. (*Voyez* l'*Art de l'artificier de l'Encyclopédie méthodique.*)

SONDE. Instrument vérificateur pour l'éprouvette. C'est une tige en fer qui se termine par un bouton cylindrique en acier, servant à la vérification de la lumière.

SONDE pour les bateaux. Elle sert à reconnoître la profondeur de l'eau, pour conduire les bateaux & jeter les ancres.

SONDE pour les projectiles creux. Verge de fer servant à mesurer la cavité des projectiles creux.

SONNETTE. Machine composée d'un bloc de bois ou de métal prismatique, pouvant s'élever & s'abaisser aisément entre deux coulisses verticales, au moyen de cordages & de poulies : servant à enfoncer des pilots, &c. Cette machine doit faire partie d'un équipage d'agrès destiné à fournir les moyens de construire ou de réparer des ponts stables sur la ligne de communication de l'armée. Il y a des sonnettes plus ou moins compliquées. La plus simple est celle qu'il convient de transporter : elle est composée d'un mouton, ses deux tenons, son anneau, ses deux frettes ; deux clavettes en bois pour les mortaises des tenons ; deux montans formant coulisse, coiffés d'un chapeau, accouplés sur les côtés par deux bras ou liens, & en arrière par un rancher traversé par des chevilles ; une sole assemblant le bas des montans & des bras ; une fourchette qui assemble la sole & le bas du rancher ; une roue logée entre les montans au-dessous du chapeau ; son boulon ; une poulie sur le côté d'un des montans pour dresser les pilots, son boulon ; le câble ; les triandes. (*Voyez* le *Dictionnaire d'Architecture de l'Encyclopédie méthodique*.)

SOTEREAU. C'étoit autrefois une pièce de canon sans renfort, & dont l'épaisseur du métal à la culasse étoit égale à celle de la volée.

SOUDER LE FER. C'est unir deux pièces de fer ou d'acier en les chauffant fortement & les martelant. Souder le cuivre, c'est unir deux parties de ce métal au moyen d'une composition métallique qui s'y unit fortement & qu'on nomme *soudure*.

La soudure des pièces en cuivre se fait avec du borax (borate de soude) & du cuivre contenant plus de zinc que le cuivre laiton, & réduit en très-petits morceaux. Par cette augmentation de zinc nécessaire pour rendre la matière plus fusible, le cuivre devient cassant ; en sorte que les soudures, même celles bien faites, sont rarement de bon service. D'ailleurs, par cette opération, les parties voisines de l'endroit de la soudure entrent presqu'en fusion, & par-là deviennent elles-mêmes très-cassantes. C'est pour ces causes que, dans les manufactures royales, elles sont proscrites aux parties d'armes qui doivent être coulées d'une seule pièce.

Le borax sert, lorsqu'il est en fusion, à étendre le cuivre sur les parties qu'on veut braser, à aider la fusion de l'alliage, & à entretenir la surface des pièces dans un état de ramollissement qui facilite l'opération. Quand ce sel est purifié comme il convient, il est blanc, transparent, & il a un coup d'œil graisseux à sa cassure. A défaut de borax, on pourroit faire usage de verre pulvérisé ; mais il est extrêmement dur sous la lime.

On emploie pour braser les tourteaux en tôle d'acier, du fil de laiton d'environ 0 mèt. 0025 (1 lig.) de diamètre, & du borax réduit en poudre & humecté.

L'ouvrier doit se servir de charbon de bois pour toutes les soudures & les brasures.

M. Lucas, conservateur du cabinet du Musée d'histoire naturelle, a eu depuis long-temps l'idée d'employer la soudure d'argent pour assembler les canons doubles de chasse, au lieu de la soudure de cuivre dont on faisoit généralement usage pour cette opération : on s'est aussi servi d'une soudure d'étain & de zinc.

La soudure d'argent, quoique n'ayant pas la même ténacité que celle du cuivre, en a cependant une bien supérieure à celle de l'étain : cette dernière s'emploie souvent dans les canons de prix. M. Lucas avoit prévu, & M. Dombret, fabricant de canons de fusils à Paris, a constaté par des expériences que la soudure d'argent n'exige que le degré de chaleur du rouge cerise, tandis que la soudure de cuivre a besoin d'être chauffée au rouge blanc. Il en résulte un grand avantage, parce que la fusion de la soudure d'argent étant plus prompte, les canons restent moins long-temps au feu & ne sont pas sujets à s'oxider, ni à se déformer dans l'opération qui se fait communément au charbon de terre.

SOUDURE. Endroit où deux pièces en fer ou en cuivre ont été unies, soit par le moyen du feu & des marteaux, soit par l'interposition d'un métal étranger. (*Voyez* l'article SOUDER LE FER.)

SOUFFLE, SOUFFLER. Dans les moulins à poudre, lorsque les matières pour la fabrication ne sont pas assez humectées, elles sortent en poussière des mortiers sous les coups du pilon ; on dit alors que le mortier ou la matière *souffle* : on y remédie en l'humectant & en la pétrissant quelques momens à la main ; si elle étoit trop humide, le pilon battroit sur le fond du mortier, comme il le fait lorsque la matière est trop sèche, ce qui est un inconvénient dans les deux cas.

SOUFFLE d'une pièce de canon. C'est la compression de l'air occasionée par le mouvement rapide du boulet au sortir de la pièce. Ce souffle est si violent, qu'il détruit assez promptement le revêtement en saucissons des embrasures d'une batterie de siège.

SOUFFLERIE. On appelle ainsi, dans les forges, l'équipage complet d'un soufflet.

SOUFFLET. Ustensile qui attire l'air par le moyen d'une soupape, le comprime & le fait sortir avec violence par une tuyère. On nomme *soufflet à double vent* celui qui aspire le double d'air par le moyen d'une planche qu'on y met de plus & d'un ressort qu'on y ajoute. On ne fait guère usage, dans les manufactures d'armes & dans les ateliers particuliers de l'artillerie, que de soufflets en cuir à double vent. L'intensité de chaleur qu'on obtient avec des soufflets de ce genre, varie entre des limites éloignées : ils servent à forger depuis les plus petits clous jusqu'aux plus grosses enclumes. Quoiqu'on augmente leur puissance en leur donnant de plus grandes dimensions, cependant on peut les modifier de manière qu'ils produisent un grand effet sous un moindre volume, que la chaufferie soit meilleure, & qu'il y ait économie de temps & de combustible. (*Voyez* l'article FORGE DE CAMPAGNE.)

SOUFFLURES. Cavités dans les métaux coulés, qui s'annoncent ordinairement par un renflement de métal. On les attribue aux substances étrangères qui se trouvent dans les métaux mal épurés, ou qui font partie des matières composant les moules, & dont quelques fragmens peuvent se détacher dans la coulée.

SOUFRE POUR LES POUDRES ET LES ARTIFICES DE GUERRE. Le soufre est un des principes constituans de la poudre & des artifices de guerre; il entre pour douze & demi pour cent dans la composition de la poudre de guerre; cette proportion n'est pas la même pour les autres espèces de poudres. Il sert à rendre la combustion plus rapide : il est solide, jaune citron, très-friable & très-combustible. Un petit choc suffit pour le briser. Lorsqu'on le serre dans la main ou qu'on l'échauffe un peu, il craque & souvent se rompt; sa cassure est luisante. Le soufre est très-répandu dans la nature; il existe à l'état natif & à l'état de combinaison. On l'extrait des terres avec lesquelles il se trouve mêlé aux environs des volcans, ou des composés qu'il forme avec le fer & avec le cuivre. Le soufre obtenu d'une première opération est connu sous le nom de *soufre brut*; il contient environ un douzième de son poids de matières terreuses.

Le procédé qu'on emploie actuellement pour purifier celui dont on se sert dans la confection des munitions de guerre, repose sur la propriété qu'il a de se volatiliser à une haute température; propriété que n'ont point les matières étrangères avec lesquelles il se trouve mêlé. On renferme le soufre brut dans une chaudière de fonte recouverte d'une voûte & montée sur un fourneau. Cette voûte a une ouverture qui communique dans une chambre voisine; cette chambre a une autre ouverture d'un quart de mètre carré (9 pouc.) environ, qui est fermée par une soupape s'ouvrant de dedans en dehors; la porte ferme hermétiquement. On allume le fourneau ; le soufre se fond, se convertit en vapeurs, passe dans la chambre, échauffe son atmosphère; celle-ci se dilate, ouvre la soupape & se répand en dehors; la soupape se referme par son propre poids, le soufre continue de s'introduire dans la chambre, se répand sur les parois, où il se condense, retombe en pluie sur le sol & y forme un étang de soufre liquide. On continue cette opération pendant six à sept jours; on laisse ensuite tomber le feu, la chambre se refroidit & le soufre se fige. Après trois ou quatre jours d'interruption de travail, on ouvre la chambre, on casse le soufre avec des masses & on l'expédie sous la forme de gros fragmens dans les diverses poudreries, où, avant de l'employer à la fabrication de la poudre, on le pulvérise & on le passe au blutoir.

Quand, pour la fabrication des artifices de guerre, on n'a besoin que d'une petite quantité de soufre, ou qu'on n'a pas à sa disposition les moyens de le purifier par la distillation, on le fait fondre dans une chaudière de fer, on enlève les écumes & on décante toute la partie qui surnage au-dessus du dépôt qui se forme au fond. Le soufre qu'on obtient ainsi est moins pur que celui qui est donné par la sublimation, mais il l'est suffisamment pour être employé à cet usage. La raffinerie de soufre pour le service de l'artillerie est établie à Marseille.

SOUPAPE D'UN SOUFFLET. Diaphragme mobile qui permet par son mouvement l'entrée ou la sortie de l'air.

SOUS-BANDE. C'est une forte bande de fer, pliée conformément au tourillon d'une bouche à feu : elle couvre l'entaille du flasque, & on y fait entrer le tourillon de cette bouche à feu qui doit pouvoir y tourner aisément, sans qu'il y ait trop de jeu.

SOUS-GARDE. C'est, dans les armes à feu portatives, l'assemblage de l'écusson ou pièce de détente & du pontet. La pièce de détente est celle qui, prolongée, sert de derrière au pontet. Le pontet est la pièce qui s'ajuste sur l'écusson & qui est destinée à garantir la détente & à prévenir des accidens. (*Voyez* les mots ECUSSON & PONTET.)

Dans les modèles de 1816, la détente est fixée sur l'écusson au moyen de deux ailettes & d'une petite vis qui traverse ces trois pièces. Cette construction, qui est analogue à ce qui se pratique pour les fusils anglais & autrichiens, a permis de supprimer la goupille de la détente. Par-là on conserve davantage le bois, qui se détérioroient par les mauvais moyens qu'employoient les soldats pour démonter leurs armes. On donne à cette détente un mouvement plus libre & plus indépendant des effets hygrométriques du bois; enfin, on pare à l'inconvénient qui résultoit souvent de l'élargissement du trou de cette goupille : ce trou, augmenté par les démontages successifs, n'offroit plus le point d'appui qui doit résister à la pression qu'on exerce sur la détente pour faire partir l'arme.

SOUS-GORGE. Partie du chien d'une platine qui est au-dessous de la mâchoire inférieure.

SPATULE. Cet instrument sert à enfoncer les éclisses dans les mortiers & les obusiers lorsque l'on charge ces bouches à feu.

Il se compose d'une palette, d'un corps à huit pans, & d'un bout équarri.

SPINGOLE. Arme à feu portative. (*Voyez* le mot TROMBLON.)

SPONTON. Arme d'hast. (*Voyez* le mot ESPONTON.)

STILET. Arme courte & très-aiguë. C'est le plus dangereux & le plus petit des poignards. Il y a au Musée de l'artillerie des stilets de toutes espèces.

STOCK. C'est, dans les forges, un bloc de bois de chêne de 2 mèt. 2738 à 2 met. 9235 (7 à 9 pieds) de longueur & de 0 met. 9745 (3 pieds) de diamètre au moins, posé debout pour supporter l'enclume sur laquelle frappent les gros marteaux.

SUFFISANTE. On appeloit ainsi autrefois une pièce de 48, dont la longueur étoit de dix-huit calibres.

SUPERPOSITION, Forger un canon de fusil par superposition, c'est souder les deux grands côtés de la lame en les faisant chevaucher l'un sur l'autre. Pour forger par cette méthode, ces deux côtés de la lame doivent être façonnés en biseau.

SUPPORT. Pièce de bois fixée sur un établi, servant à l'équipeur-monteur à soutenir le bout du fusil, lorsque le canon est serré dans l'étau.

SUPPORT. On appelle ainsi diverses pièces en bois employées dans les constructions des affûts & des voitures d'artillerie, lesquelles sont différentes par leur forme, leur emplacement & leurs usages.

SUPPORT, ESPALET ou COUDE. Partie du chien, dans la platine, qui sert à l'arrêter dans son mouvement & à empêcher qu'il ne tombe jusque sur le bassinet. Il y a des fusils de chasse où le chien n'a pas d'espalet, mais une gorge arrondie comme le garde-feu du bassinet sur lequel elle vient s'appuyer.

SUPPORT. Morceau de bois qui sert à l'aiguisage des lames de sabre. On le tient à deux mains, ainsi que la lame qui s'y applique par une de ses faces, tandis que l'autre est sur la meule.

SUPPORT d'essieu porte-roue. C'est, dans les caissons, une espèce d'entretoise qui assemble les brancards à leur extrémité de derrière; l'essieu porte-roue de rechange est fixé dans le milieu de ce support.

SUPPORT dans les voitures d'artillerie. On donne ce nom à diverses pièces de bois différentes par leurs formes, leurs emplacemens & leurs usages.

Dans l'affût de place, les supports de roulette sont deux pièces de bois assemblées verticalement au-dessous de la semelle de l'affût, qui servent à porter l'essieu de la roulette.

Dans le chariot à canon, le support est une espèce d'entretoise qui assemble & fortifie les brancards à l'endroit où portent les tourillons de la pièce; il pose sur la flèche quand le chariot est chargé, & a 0 mèt. 0067 (3 lignes) de jeu quand le chariot ne l'est pas.

Dans le baquet à bateau & à nacelle, le support est la pièce de bois la plus élevée du train de devant, & sur laquelle porte le bateau ou la nacelle; elle est assemblée par deux entretoises avec le bloir qui est en dessous.

Dans le pont roulant, les supports sont deux pièces de bois percées de huit trous; on les place dans l'enfourchement des montans, & c'est sur elles que portent les pontelles du pont.

SURBANDE. C'est le chemin que le chien d'une platine peut encore faire en arrière, quand il est armé.

SUSBANDE. Forte pièce de fer pliée conformément à la grosseur du tourillon d'une bouche à feu, & le couvrant dans sa partie supérieure, comme la sous-bande dans la partie inférieure, pour assujettir cette bouche à feu sur les flasques. La sous-bande est retenue à une de ses extrémités par un mentonnet, & à l'autre par une clavette.

SUWALOFF. Espèce d'obusier russe dont la bouche est évasée comme celle des espingoles.

SYSTÈME D'ARTILLERIE. C'est l'assemblage du matériel de l'artillerie dont les parties sont liées entr'elles, en sorte qu'elles se suivent & dépendent, pour ainsi dire, les unes des autres. C'est au général Devalière qu'on doit en France le premier système d'artillerie. On est redevable au général Gribeauval du système actuel, qui a été adopté en 1765. On a fait en 1802 (artillerie de l'an XI) des changemens considérables à ce système; mais ils ont été presque tous abandonnés, à cause des inconvéniens qu'ils présentoient, & l'on est revenu à l'artillerie du général Gribeauval, à laquelle on s'occupe de faire les modifications que le temps & l'expérience ont provoquées,

Parmi les divers systèmes d'artillerie des puissances de l'Europe, on remarque principalement celui de campagne des Anglais, qui paroit avoir sur le nôtre les avantages suivans. 1°. une grande simplicité dans les rechanges ; 2°. une grande facilité pour se mettre promptement en batterie, & pour remettre l'affût sur l'avant-train ; 3°. un roulage plus facile ; 4°. chaque voiture de ce système peut servir de nuit ; 5°. une grande facilité pour l'emmagasinement des munitions ; 6°. un beau mode d'attelage qui permet de passer à volonté de l'attelage à deux chevaux de front à celui par file & à limonière. (*Voyez* pag. 143 de l'ouvrage déjà cité de M. Charles Dupin, sur la force militaire de la Grande-Bretagne. *Voyez* aussi l'Aide-mémoire à l'usage des officiers d'artillerie.)

Il n'y a pas en France de système d'artillerie de montagne. On s'est servi en Italie de pièces de 4, de 8, de 12, d'obusiers de 6 pouces & de mortiers de 8 pouces ; mais on a bientôt été obligé d'y renoncer, à cause de la difficulté de les conduire & de les manœuvrier. On a ensuite employé des pièces piémontaises du calibre de 3, qui étoient de différentes dimensions. Les plus courtes avoient 0 mèt. 3248 (1 pied) de moins que nos pièces de 4, & ne pesoient qu'environ 78 kilog. 3209 (160 liv.). Ces pièces si courtes & si légères tourmentent trop leurs affûts ; on leur a préféré celles d'une longueur moyenne, dont la portée ne diffère guère que de 97 mèt. 452 (50 toises) des pièces de 4, ce qui est bien suffisant pour la guerre de montagne.

La pièce de 3 dont il s'agit, a deux affûts, l'un à traineau & l'autre à roulettes : le dernier est préférable à l'autre, parce que, dans l'action du tir, il ne culbute pas comme l'affût-traineau.

L'obusier de 24 est préférable à celui de 6 pouc., parce qu'il est plus aisé à transporter dans les montagnes, & que l'obus pèse moins. On se serviroit pour cette arme d'un affût-traineau avec avant-train à limonière, & on s'arrangeroit pour que l'affût soit tel qu'en ôtant les roulettes, on puisse se servir de l'obusier en guise de mortier.

Il faudroit une forge de montagne pour six bouches à feu d'artillerie, c'est-à-dire . pour quatre pièces de canon & deux obusiers. (*Voyez*, dans l'Aide-mémoire, divers renseignemens sur les pièces , affûts & attirails de l'artillerie de montagne.)

T

TABLE. C'est la partie de la batterie d'une platine, recouvrant le bassinet pour retenir l'amorce. La poudre, en brûlant dans le bassinet, forme une crasse en dessous de la table, qui, en séchant, tombe en écailles sur les amorces ultérieures & les empêche de s'enflammer, ce à quoi on remédie en essuyant fréquemment le dessous de la table.

TABLES de tir. Ce sont des tables indiquant les degrés qu'il faut donner à la hausse d'une pièce de canon pour que le boulet aille frapper un but de position connue. (*Voyez* les Tables du tir des canons & des obusiers, par Lombard.)

TABLIER. On nomme ainsi l'assemblage des poutrelles & madriers servant à former le plancher d'un pont militaire.

TALON. C'est la partie de la batterie d'une platine à silex qui porte sur le ressort de cette pièce, & est opposée à la face.

TALON. C'est la partie échancrée de la culasse d'une arme à feu portative dans laquelle passe la grande vis de la platine. (*Voy.* le mot CULASSE)

TALON. On nomme ainsi la partie renforcée d'une lame de sabre. C'est le premier tiers de la lame, à partir de la monture.

TALONS. Ce sont, dans un essieu en fer, deux parties saillantes sur la face supérieure du corps de cette pièce. Elles servent à le maintenir dans son logement & à empêcher qu'il ne prenne de mouvement dans le sens de sa longueur.

TALUS D'UNE BATTERIE. C'est l'inclinaison du coffre d'une batterie résultant de la diminution de son épaisseur vers le haut. Le talus extérieur est ordinairement à terre coulante ; le talus intérieur est toujours revêtu en gazonnement, en clayonnage ou en faucissons. (*Voyez*, à l'article BATTERIE DE SIÉGE, la manière dont on place les faucissons pour obtenir le talus nécessaire pour retenir les terres.)

TALVAS. C'est un grand bouclier semblable à celui nommé *pavois*. (*Voyez* ce mot.)

TAMBOUR POUR LES ARTIFICES DE GUERRE. C'est un tamis composé de deux parties qui s'emboîtent ;

boîtent; celle de dessous est le tamis, celle de dessus empêche la volatilisation des matières.

TAMIS POUR LES ARTIFICES DE GUERRE. Il sert à passer toutes les matières qu'on réduit en poudre & qui servent dans la composition des artifices.

TAMPON. C'est un petit cylindre de bois avec lequel on bouche le canon des fusils dans les salles d'armes, afin de les préserver de l'humidité & de la poussière.

TAMPON dans les fonderies. C'est une pièce en fer forgé, d'une forme conique, servant à boucher hermétiquement le trou d'un fourneau à réverbère. (*Voyez* l'article BOUCHON POUR FERMER LES FOURNEAUX DES FONDERIES.)

TAMPON de pétard. C'est, dans les artifices de réjouissance, une pièce en bois dont on bouche les pétards, les boîtes, &c., & que l'on y enfonce au moyen d'un maillet.

TAMPON pour les bouches à feu. C'est un plateau rond ayant au moins 0 mèt. 0812 (3 pouc.) d'épaisseur, qu'on met sur l'orifice d'une bouche à feu, pour empêcher l'eau d'y entrer. Il se compose de deux plateaux circulaires, inégaux, fixés l'un sur l'autre; le plus petit est du calibre de la bouche à feu, & se loge à l'entrée de l'ame; le plus grand, qui le déborde de 0 mèt. 0812 (3 pouc.) tout autour, a une anse en dehors, & s'appuie sur la tranche de la bouche.

TAMPON pour seau d'affût. C'est une pièce de bois ronde qui sert à fermer ce seau, & qui y est renfermée sans en pouvoir sortir, pour éviter qu'elle ne se perde. (*Voy.* l'article SEAU D'AFFUT.)

TAMPONNAGE. C'est l'opération qui consiste à fixer une rondelle de bois dur ou de tôle sur une couche d'argile qui recouvre le massif du haut d'une fusée incendiaire, pour empêcher le feu qui donne l'ascension à la fusée, de s'échapper par ce bout. La rondelle est retenue par deux clavettes qui s'appliquent sur elle, traversent le cartouche & sont rivées extérieurement.

TANGAGE. C'est le balancement d'un pont de bateaux dans le sens de la longueur des bateaux. Ce mouvement est occasionné par le courant de la rivière, lorsque l'équipage de pont est trop léger. (*Voyez* l'article PONT DE TONNEAUX ANGLAIS. *Voyez* aussi le *Dictionnaire de Marine de l'Encyclopédie méthodique*.)

TARAUD. Outil servant à faire le logement des filets d'une vis dans un trou déjà ébauché.

ARTILLERIE.

TARAUD à quille. C'est un outil du garnisseur de canons dans les manufactures d'armes. (*Voyez* le mot QUILLE.)

TARAUDS pour les lumières des canons. Ces tarauds, en fer & trempés au paquet, sont au nombre de quatre. Les filets ont de profondeur & d'écartement 0 mèt. 0069 (3 lig. 1 point). Le premier de ces tarauds a les trois premiers filets abattus à la lime, afin de pouvoir le placer dans une direction verticale; c'est le seul dont les filets soient ainsi coupés; les autres n'en diffèrent d'ailleurs que par leur diamètre au commencement des filets & au bout.

Ils se manœuvrent avec un grand tourne-à-gauche à quatre branches. Ces branches sont à huit pans & garnies d'un manche en bois.

Pour ouvrir & tarauder l'écrou qui doit recevoir le grain de lumière, on passe successivement des forets dans l'ordre de leurs numéros; on en fait de même pour les tarauds. (*Voy.* les articles FORETS POUR METTRE LES GRAINS DE LUMIÈRE AUX PIÈCES D'ARTILLERIE, & MACHINE A REMETTRE LES GRAINS DE LUMIÈRE AUX CANONS.)

TARGE. C'est un bouclier long, ovale ou en losange, qui servoit à l'infanterie gauloise. (*Voy. l'Art de l'armurier de l'Encyclopédie méthodique*.)

TARIÈRE. C'est un outil qui sert aux ouvriers en bois pour faire de grands trous.

TARIF DES RÉPARATIONS DES ARMES PORTATIVES. Les armes portatives ne devant être réparées que lorsque la dépense à faire pour les remettre en bon état n'excède pas une somme déterminée, on dresse des tarifs qui indiquent le prix de toutes les réparations qui peuvent se présenter, tant dans les armes à feu que dans les armes blanches. Ils servent à faire le devis de ces réparations, qui ne sont mises à exécution qu'après avoir été approuvées par le ministre de la guerre.

TAS. C'est une petite enclume traversée horizontalement par un mandrin un peu conique qui y est fixé. Le tas est communément placé à côté & sur le même billot que l'enclume ordinaire.

TASSEAUX. Ce sont de petites tringles de bois échancrées qui servent à l'encaissement des armes portatives.

TASSETTES. Ce sont des pièces de l'ancienne armure qui étoient au bas & au défaut de la cuirasse. Elles ne faisoient pas partie de toutes les armures, dont les espèces étoient d'ailleurs très-variées.

TÉ. C'est un petit instrument en acier, qui a en effet la forme d'un T; il sert dans le moulage des

Lll

bombes & obus à mesurer l'épaisseur moyenne des parois de ces projectiles. Avant de fixer l'arbre du noyau introduit dans la barette, on s'assure qu'il est bien au centre de la chape, en présentant le té entre les bords de cette même chape, & le noyau dans trois points au moins de la circonférence; la grande branche sert de poignée, & la petite sert de mesure. Si le noyau n'est pas au milieu de la chape, on le redresse avec des pointes de fer qu'on glisse par-dehors du côté convenable, entre la queue de l'arbre & les parois du trou de la barette; puis on l'assujettit au moyen d'un clavette passée dans la grande mortaise de l'arbre à noyau & serrant contre la barette. (*Voyez* les articles MOULAGE DES PROJECTILES CREUX & ARBRE DU NOYAU DES PROJECTILES CREUX.)

TÉMOINS. Ce sont des points de repère dans le moulage des pièces en cuivre.

TÉMOINS. Ce sont des taches de forge qui restent aux pièces limées lorsqu'elles ont été mises à leurs dimensions.

TÉNACITÉ. C'est la propriété qu'ont plus ou moins le fer, l'acier non trempé, le cuivre, &c., de soutenir une pression, une percussion & un tiraillement considérable sans se rompre.

TENAILLE A CHANFREIN. C'est un outil qui sert aux platineurs à tenir le corps de platine en plan incliné dans leur étau, afin d'en limer plus facilement les bords chanfreinés. Elle est exactement faite comme celle des serruriers.

TENAILLE de forge. C'est un instrument dont se servent les forgeurs pour tenir ou pour retirer de la forge les pièces de métal qu'ils travaillent. Il y en a de différentes espèces; elles varient de forme & de nom, suivant l'usage qu'on en fait. Il y a des tenailles à crochet, à boulons, à boucle, à bouton, à rouleau, &c.

TENAILLE du rebatteur. Celle dont on fait usage dans les forges est remarquable par la manière dont elle est employée. Au devant & très-près de l'enclume à rebattre, est implanté, sur la chabotte, un morceau de fer qui doit servir d'appui à la tenaille; le rebatteur, assis en face du marteau, tient à chaque main une des branches de la tenaille, soutenue près du nœud par l'appui à peu près au niveau du projectile soumis au rebattage, & dans cette position il saisit le boulet avec les pointes recourbées de son instrument, & le tourne & retourne dans tous les sens sous le marteau.

TENON. On nomme ainsi un petit parallélipipède en fer, ajusté à queue d'aronde & brasé au-dessous du bout du canon du fusil, pour retenir la baïonnette sur l'arme.

TENON. On appelle ainsi, dans les constructions de l'artillerie, le bout d'une pièce de bois diminuée carrément pour entrer dans une mortaise. Les embases du tenon se nomment *épaulemens*. (*Voyez l'Art du charpentier de l'Encyclopédie méthodique.*)

TENONS. Ce sont de petits mentonnets en fer, brasés de distance en distance en dessous d'un canon. Ils sont percés dans leur milieu pour recevoir des tiroirs; ils entrent dans de petites mortaises pratiquées dans le logement du canon. On en faisoit usage dans les anciens modèles de fusils de guerre, & cela se pratique encore pour les fusils de chasse.

TÉTARD. C'est le bout équarri d'un timon, qui se loge entre les armons. Dans une limonière, la partie analogue qui s'assemble dans le milieu de l'entretoise, réunissant les deux bras de la limonière, s'appelle aussi *tétard*.

TÊTE D'AFFUT. C'est une bande forte de fer, recouvrant la tête des flasques d'un affût. Les bords, les bouts & les trous sont limés; le reste est brut.

TÊTE d'écouvillon. C'est la partie cylindrique de l'écouvillon garnie de soie de porc, servant à nettoyer l'ame des bouches à feu. (*Voyez* le mot ÉCOUVILLON.)

TÊTE de refouloir. C'est une masse cylindrique en bois qui se trouve à l'un des bouts de la hampe du refouloir, & qui sert à conduire & à presser la charge d'une bouche à feu jusqu'au fond de l'ame. (*Voyez* le mot REFOULOIR.)

TÊTE de pont. C'est la partie d'un pont qui touche à la rive où l'on veut aborder. (*Voyez* au *Dictionnaire de l'Art militaire de l'Encyclopédie méthodique*, les ouvrages que l'on construit pour la défense des ponts, & qu'on appelle *têtes de pont*.)

TÊTE d'un convoi d'artillerie. C'est à l'armée le premier rang des pièces de canon ou des voitures d'un convoi qui fait face à l'ennemi. La tête d'un parc d'artillerie de siège est la partie la plus avancée vers la place assiégée.

TÊTE-PERDUE. On donne ce nom aux têtes des vis, des boulons & des clous qui n'excèdent pas les pièces sur lesquelles on les fixe.

TÊTIÈRE DE SOUFFLET. C'est la masse carrée qui termine le fût d'un soufflet à l'endroit où se trouve le centre d'oscillation.

TÊTIÈRE de bateau. Ce sont les pièces prismatiques des nez, la plus en avant & la plus en arrière du bateau. Leurs faces intérieures & extérieures font verticales.

TETON. C'est le bout arrondi non taraudé du grain de lumière qui pénètre dans l'ame d'une bouche à feu, & qui est coupé ensuite au moyen d'un alléfoir. (*Voyez* l'article MACHINE A REMETTRE LES GRAINS DE LUMIÈRE AUX CANONS.)

THALWEG. On appelle ainsi le chemin navigable, ou la trace que doit suivre un bateau qui descend une rivière.

TIERS-POINT. C'est une lime de la forme d'une pyramide triangulaire, dont les angles au sommet sont très-aigus.

TIMBALLES. Ce sont des instrumens de musique en airain & d'une forme hémisphérique. Elles sont recouvertes d'une peau comme les tambours, & s'exécutent à peu près de même. L'artillerie en avoit autrefois qui marchoient à la tête de ses équipages.

TIMBRE. Partie ronde du casque qui emboîte le sommet de la tête, & se trouve ordinairement partagée par une crête. (*Voyez* l'*Art de l'armurier de l'Encyclopédie méthodique*.)

TIMON. C'est une pièce en bois longue & arrondie, à laquelle sont attachées les chaînes d'attelage.

TINES. Ce sont des baquets qui servent à transporter la matière de la poudre, des mortiers au grenoir, après le battage. Chacune contient 58 kil. 74 (120 liv.); elles ont deux mains pour les saisir.

TINES d'enfonçage. Elles sont à peu près semblables aux précédentes; mais dans le haut, au lieu de mains, il y a des trous où l'on passe un levier pour transporter les poudres à l'atelier de l'embarillage.

TIR. On nomme ainsi un lieu où l'on s'exerce à tirer à la cible. Les arquebusiers de Paris ont ordinairement un tel établissement. (*Voyez* le mot ARBALÉTRIER.)

TIR à boulet rouge. Les grils qu'on employe pour chauffer les boulets sont dangereux, chauffent lentement & imparfaitement : il faut, autant que faire se peut, construire des fours à réverbère à proximité de la batterie. (*Voyez* dans l'Aide-mémoire la description de ces fours.) On doit tirer à petites charges pour que les boulets se logent mieux dans le bois & l'incendient ; se servir de boulets de calibre, la dilatation n'étant pas assez considérable pour les empêcher d'entrer dans les pièces de leur calibre. C'est surtout dans les batteries de côte où le tir à boulet rouge est le plus redoutable à l'ennemi.

On fait chauffer les boulets jusqu'au rouge cerise, & pendant ce temps on met la poudre dans le canon, en plaçant dessus d'abord un bouchon sec, puis après une pelote de terre argileuse pour l'enfoncer & la refouler; on pointe la pièce, ou l'amorce, après quoi deux canonniers, avec une cuiller à deux manches, prennent le boulet, le portent à la volée, l'introduisent dans la pièce, mettent du gazon ou un bouchon mouillé par-dessus & l'enfoncent légèrement, se retirent pour qu'on puisse mettre le feu promptement & éviter le refroidissement du boulet.

Ce qui vient d'être dit suppose que la batterie n'a pas d'épaulement. Dans le cas où elle en auroit un, on chargera à boulet rouge comme à boulet froid, sans avoir à redouter d'inconvénient, en faisant usage d'argile, & en s'assurant scrupuleusement que les sacs qui contiennent la poudre ne tamisent pas dans la longueur de l'ame de la pièce en la chargeant.

Il convient pour cette manœuvre, que la pièce soit amorcée lorsqu'on apporte le boulet, & que les canonniers soient prêts à mettre promptement en batterie, pointer & faire feu. Il faut avoir l'attention de passer souvent le tire-bourre dans la pièce, surtout si l'on fait usage de gargousses en parchemin, & d'employer des bouchons mouillés qui remplissent bien l'ame du canon.

Quand on fait usage d'argile pour bouchon, il faut l'employer en pelotes du volume du boulet, & avoir attention qu'elle soit grasse, sans gravier, bien pétrie, ni trop sèche ni trop humide; trop sèche, elle laisse des interstices dangereux, trop humide, elle encrasse le canon & le réduit à peu de chose.

C'est au siége de Stralsund, en 1675, qu'on employa pour la première fois, en Europe, le tir à boulet rouge avec succès. (*Voyez*, à l'article EQUIPAGES D'ARTILLERIE, les ustensiles pour tirer à boulets rouges.)

TIR à ricochets. On tire à ricochets lorsqu'on fait arriver le projectile sur les points les plus près de l'objet qu'on veut battre, & qu'il parcourt ensuite en bondissant & renversant tout ce qu'il rencontre à des points plus éloignés. La charge pour le tir à ricochets doit être moins forte que quand on tire à toute volée ou de plein fouet. Cette manière de tirer le canon a été imaginée par le célèbre Vauban.

TIR des armes à feu. C'est l'art de les diriger & de les décharger de manière qu'un projectile puisse frapper l'objet que l'on veut atteindre.

On considère deux espèces de lignes dans le tir des armes à feu : la ligne de mire qui est le rayon visuel dirigé le long de la surface supérieure du canon vers l'objet qu'on veut atteindre, & la ligne de tir qui est la courbe que décrit le projectile lorsqu'il est lancé hors du tube par l'explosion de la poudre : cette courbe seroit une parabole, si l'élasticité & la ténacité de l'air n'oppoſoient de la résistance au mobile. Galilée prouve, dans son Dialogue sur le mouvement, que la ligne que parcourt un projectile quelconque est une parabole, à moins qu'il ne soit détourné par la résistance de l'air ou par une autre cauſe. Robins, qui a démontré d'une manière suffisante pour le calcul, la résistance que l'air oppose à un projectile, fait connoître combien cette résistance diminue l'amplitude des courbes décrites par les boulets & les bombes. Ce dernier auteur avance que les amplitudes varient suivant la vitesse & la densité des bombes. (*Voyez* ces nouveaux principes d'artillerie.)

Par la construction des canons, en général, la ligne de tir & celle de mire forment entr'elles, au-delà de la bouche, un angle plus ou moins ouvert, suivant l'épaisseur à la culasse & celle à l'extrémité opposée. Le projectile, à sa sortie du cylindre, coupe d'abord à peu de distance de la bouche, la ligne de mire, passe au-dessus d'elle, & forcé par l'action de la pesanteur, il se rapproche de cette ligne, la recoupe une seconde fois, & achève de décrire sa courbe jusqu'à sa chute. Ce second point d'intersection est ce qu'on appelle le *but-en-blanc* ; il est plus ou moins éloigné de l'extrémité du canon, selon le nombre des degrés de l'angle sous lequel on tire. Ainsi, 1°. pour frapper un but qui seroit entre le bout du canon & la première intersection, il faudroit pointer au-dessus; 2°. si le but étoit entre les deux intersections, il faudroit viser au-dessous; 3°. si le but étoit à une des deux intersections, il faudroit y viser directement pour l'atteindre; 4°. enfin, s'il étoit au-delà de la seconde intersection, il faudroit pointer au-dessus.

Le fusil est l'unique arme de l'infanterie de ligne, parce qu'il réunit le double avantage d'être à la fois une arme à feu & une arme blanche. Pour en tirer tout le service dont il est susceptible, on ne sauroit trop exercer les troupes sous ce double rapport.

La valeur du soldat français a rendu la baïonnette redoutable entre ses mains. Il a montré que lorsque l'infanterie est bien pénétrée du sentiment de sa force, elle peut non-seulement résister au choc de la cavalerie, mais encore l'attaquer avec succès. Mais si la baïonnette a été employée d'une manière si brillante, il n'en a pas toujours été ainsi du feu du fusil. Cependant les armes à feu de l'armée française sont, sans contredit, bien supérieures à celles des autres nations, & l'on sait que l'adresse naturelle est une des qualités distinctives des Français. Si le feu de l'infanterie n'a pas généralement produit un plus grand effet, c'est donc au défaut d'instruction qu'il faut l'attribuer ; c'est

à cet usage si nuisible de multiplier le nombre des décharges, & de les faire avec rapidité, au lieu de les exécuter avec justesse & précision; c'est à cette fausse idée dans laquelle sont presque tous les soldats, qu'à quelque distance qu'ils se trouvent de l'ennemi, ils doivent toujours viser vers le milieu du corps. Il est donc nécessaire de leur rappeler la théorie du tir des armes à feu; car c'est de cette science que dépend essentiellement leur utilité.

On peut conclure des observations sur le tir du canon, qu'on doit élever ou baisser cette arme en raison des distances. Mais si ce principe est applicable au canon de fusil isolément, il ne l'est pas quand le canon est monté sur son bois. En effet, dans cet état, l'épaisseur du fer au tonnerre, prise de la paroi à la partie supérieure, étant moindre que la distance de cette même paroi prise de la bouche jusqu'au sommet du guidon, la ligne de mire passant par ces deux points, ne peut rencontrer l'axe du canon au-delà de la bouche, ni par conséquent la courbe décrite par la balle; le fusil, comme l'obusier, n'a donc pas de but-en-blanc, & on doit, dans tous les cas du tir horizontal, pointer au-dessus du but. En effet, l'épaisseur du canon du fusil d'infanterie, modèle de 1777, est au tonnerre de 0 mèt. 0316 (14 lig.); le calibre est de 0 mèt. 0175 (7 lig. 9 points); il reste pour les épaisseurs du fer, 0 mèt. 0141 (6 lig. 3 points), dont la moitié donne pour chaque épaisseur 0 mèt. 0069 (3 lig. 1 point ½); d'un autre côté, l'épaisseur du canon à la hauteur de l'embouchoir (comme à la bouche), est de 0 mèt. 0215 (9 lig. 6 points), le calibre de 0 mèt. 0175 (7 lig. 9 points). Il reste pour les épaisseurs du fer, 0 mèt. 0041 (1 lig. 9 points), dont la moitié est de 0 mèt. 0020 (10 points ½); l'épaisseur de l'embouchoir est de 0 mèt. 0023 (1 lig.); (l'épaisseur de cette pièce est réduite à 0 mèt. 0018 (9 points) en cet endroit pour le modèle de 1816), plus la hauteur du guidon, qui est de 0 mèt. 0045 (2 lig.), ce qui donne 0 mèt. 0087 (3 lig. 10 points ½), c'est-à-dire, 0 mèt. 0018 (9 points) de plus qu'au tonnerre. Cependant Lombard donne un but-en-blanc au même fusil de 1777, dans son *Traité du mouvement des projectiles*.

La portée horizontale du fusil d'infanterie avec la charge ordinaire, est à peu près de 233 mèt. 884 (120 toises), & sous les angles de 25 à 30 degrés (la plus grande amplitude des mobiles lancés par les armes à feu), environ de 974 mèt. 518 (500 toises); mais au-delà de 233 mèt. 884 (120 toises), tous les coups sont incertains, & c'est à 136 mèt. 432 (70 toises environ), que le feu de l'infanterie est le plus formidable. Tous les coups tirés au-delà de 233 mèt. 884 (120 toises), & surtout à des distances plus grandes encore, sont de très-peu d'effet, & produisent en pure perte la consommation d'un approvisionnement précieux, & rendent nos armées moins redoutables à l'ennemi. Il est donc de la plus haute importance, pour éviter des inconvéniens aussi graves, d'exercer les soldats à tirer à la cible ; & pour remplir le but qu'on se propose, on doit y faire tirer à des distances différentes, en visant selon ces distances à la hauteur du milieu du corps, des épaules, de la tête, & au-dessus de celle-ci, afin de frapper toujours l'ennemi à la poitrine.

On doit viser depuis la plus petite distance jusqu'à 97 mèt. 451 (50 toises), directement au milieu du corps ; depuis 97 mèt. 451 (50 toises) jusqu'à 136 mèt. 432 (70 toises), à la hauteur des épaules ; de 136 mèt. 432 (70 toises) à 194 mèt. 903 (100 toises), à la hauteur de la tête ; & de 194 mèt. 903 (100 toises) à 233 mèt. 884 (120 toises), de 0 mèt. 3248 à 0 mèt. 6496 (1 à 2 pieds), au-dessus de la tête.

Pour apprendre aux soldats à tirer avec justesse, on fera faire des cibles. Chaque cible sera un carré long, en planche de 1 mèt. 786 (5 pieds 6 pouc.) de hauteur au-dessus du sol, & 0 mèt. 5684 (21 pouc.) de largeur ; le milieu sera marqué par une bande noire de 0 mèt. 0811 (3 pouc.) de largeur, tracée horizontalement ; l'extrémité supérieure sera marquée par une bande semblable. L'intervalle compris entre les deux bandes sera partagé en deux parties égales par une troisième bande pareille aux deux autres.

A 97 mèt. 451 (50 toises), ils viseront à la bande inférieure ; de 97 mèt. 451 (50 toises) à 136 mèt. 432 (70 toises), ils viseront à la deuxième bande ; de 136 mèt. 432 (70 toises) à 194 mèt. 903 (100 toises), ils viseront à la bande supérieure ; & au-delà de 194 mèt. 903 (100 toises) jusqu'à 233 mèt. 884 (120 toises), ils viseront au-dessus de la cible, en élevant l'arme jusqu'à 0 mèt. 6497 (2 pieds), selon que la distance augmentera.

Ce qu'on a dit du tir à diverses distances, s'applique indistinctement aux feux directs ou obliques sur un terrain horizontal.

Quant au tir sur un terrain inégal, il faut observer que, lorsqu'il a lieu de bas en haut, on doit, pour la même distance que sur un terrain horizontal, viser davantage au-dessus du but, & d'autant plus que le but est plus élevé ; au contraire, lorsqu'on tire de haut en bas, il faut viser moins au-dessus du but que dans le tir horizontal.

Les officiers ne sauraient trop s'habituer à estimer à l'œil les distances, pour n'employer le feu qu'à des portées convenables & d'une manière efficace.

On recommandera aux soldats de bien appuyer la crosse contre l'épaule droite, dans la position de *joue* ; de bien soutenir l'arme de la main gauche, & d'aligner promptement le tonnerre du canon & le sommet du guidon sur la bande à laquelle ils devront viser. On leur fera quelquefois le commandement de *redressez vos armes* après celui de *joue*, afin qu'ils acquièrent de la facilité à tomber en joue dans la direction du but & à ajuster promptement.

On leur recommandera aussi de bien appuyer le doigt sur la détente au commandement de *feu*, sans remuer la tête ni déranger la direction de l'arme, & pour mieux faire observer ces temps, on fera rester les hommes dans la position de *joue*, après avoir tiré, & jusqu'au commandement de *chargez*.

Tous les caporaux, grenadiers & fusiliers passeront chaque année à cette école, & on y affectera la majeure partie des munitions destinées aux exercices. On notera dans chaque compagnie les meilleurs tireurs.

Les recrues de chaque année seront instruits à tirer à la cible après qu'ils auront été exercés à tirer en blanc & à poudre.

On aura soin de faire ramasser les balles que l'on pourra retrouver, afin de les faire refondre.

Les troupes à cheval doivent être exercées à tirer à pied & à cheval les armes dont elles sont pourvues.

Cet article du tir des armes à feu est extrait d'une instruction que j'ai été chargé de rédiger pour les troupes.

TIR *des bombes avec des pièces de canon*. Pour ce tir, il faut placer les pièces de canon, la culasse en terre, arrêtée à son recul par un chantier de bois incliné de façon que l'axe de la pièce lui soit perpendiculaire. Sous la naissance de la volée, on soutient la pièce par plusieurs chantiers empilés & fortement arrêtés par des piquets, en sorte que la pièce soit pointée à quarante ou quarante-cinq degrés. On met autour du collet du canon une espèce de cravate en cordage, dans laquelle on passe un anneau en fer ; on arrête à cet anneau, qu'on place en dessus de la pièce, le menu cordage qu'on attache de l'autre bout à l'anneau de la bombe placée sur la tranche de la bouche du canon. Il faut que ce menu cordage soit dans le plan vertical qui passe par l'axe de la pièce & qu'on s'applique bien exactement sur l'orifice de la bouche du canon, afin d'obtenir une plus grande justesse dans la direction du tir.

On peut aussi tirer des bombes avec des mortiers d'un calibre supérieur à celui de ces bombes, soit en remplissant de terre le vide qui existe autour de la bombe, soit en fixant la bombe avec des coins. Ces coins doivent être des demi-segmens de plateaux de sapin de 0 mèt. 0113 à 0 mèt. 0135 (5 à 6 lig.) d'épaisseur, ayant pour rayon, le rayon de l'âme du mortier dont on se sert, & pour flèche, la moitié de la différence qui se trouve entre les calibres de ce même mortier & celui pour lequel la bombe est faite.

Si l'on se sert du mortier de 12 pouces pour lancer des bombes de 8 pouces, la flèche du segment aura 0 mèt. 0254 (11 lig. 3 points) ; & pour lancer des bombes de 10 pouces, cette flèche sera de 0 mèt. 031 (1 pouc. 10 lig. 6 points).

Si l'on se sert du mortier de 10 pouces pour lancer des bombes de 8 pouces, la flèche sera de 0 mèt. 0242 (10 lig. 3 points). Le mortier de 12 pouces pour lancer des bombes de 8 pouces à 116 mèt. 94 (60 toises) doit être chargé de 0 kil. 7342 (1 liv. 8 onces) de poudre, & à 389 mèt. 81 (200 toises), de 1 kil. 1014 (2 liv. 4 onces).

Le même mortier pour lancer les bombes de 10 pouces sera chargé, à 116 mèt. 94 (60 toises), de 0 kil. 7342 (1 liv. 8 onces); à 194 mèt. 90 (100 toises), de 0 kil. 9790 (2 liv.); à 292 mèt. 556 (150 toises), de 1 kil. 5909 (3 liv. 4 onces). (*Voyez* l'Aide-mémoire, page 860 de la 5e. édition, & les Tables de Lombard, page 163.)

TIR du canon. On entend par ces mots la ligne que décrit le boulet au sortir du canon, ou la balle d'un fusil en sortant du tube. Lorsqu'il s'agit d'une bombe, on se sert quelquefois du mot *jet*. On tire un canon, de but-en-blanc, à toute volée, de plein fouet, &c. (*Voyez* les articles TRAJECTOIRE & TIR DES ARMES A FEU.)

TIRANT. C'est une petite lanière de buffle, cousue sur le pontet, à la chape d'un fourreau de sabre d'artillerie & d'infanterie, servant à le fixer au baudrier. La patte du fourreau de baïonnette s'appelle aussi *tirant*.

TIRANT des voitures. La force motrice d'une voiture peut être décomposée en deux, l'une destinée à vaincre les frottemens & l'inertie de la machine, & l'autre à produire le mouvement. La première de ces deux forces est ce qu'on appelle *le tirant d'une voiture*.

TIRANS de volée. Ce sont deux verges de fer qui, dans les avant-trains, servent à affermir l'assemblage de la volée de derrière.

TIRE-BALLE ou TIRE-BOURRE pour les armes à feu portatives. C'est une pièce en acier, destinée à décharger les armes à feu. Le même modèle sert aux fusils, mousquetons & pistolets : il est à trois branches, dont deux sont roulées en hélices, & la troisième, qui est au centre, est droite & à filets un peu alongés. La tête est percée dans le milieu & taraudée pour recevoir le petit bout de la baguette.

TIRE-BOURRE pour les canons. Il se compose de deux branches d'acier trempé & recuit, roulées en hélices cylindriques & montées sur une hampe comme les autres armemens des bouches à feu. Il sert à décharger les canons.

TIRE-BOURRES sur la tête des écouvillons. Ils étoient destinés à retirer les culots du fond de l'ame des pièces, en écouvillonnant. On les a abandonnés dans l'artillerie de terre; la marine les a conservés.

TIRE-FOND. C'est une espèce de clef à main qui sert à placer le globe de l'éprouvette dans l'ame de cette bouche à feu. On remplit l'écrou dans lequel il se visse avec un petit boulon taraudé, nommé *bouchon*. (*Voyez* l'article BOUCHON DU GLOBE D'ÉPROUVETTE.)

TIRE-FUSÉES. Instrument servant à retirer les fusées des projectiles creux qui sont chargés.

Les anciens tire-fusées sont de différentes dimensions, suivant le calibre des projectiles auxquels ils sont destinés ; les parties qui les composent, sont : une tenaille, une maille & un châssis.

Les mords de la tenaille sont concaves & évidés à leur réunion, pour y saisir la tête des fusées; on donne à la portion de cercle qui embrasse la fusée, un talus vif du dedans au dehors, afin que la fusée soit saisie sans être coupée. Le bout des branches est à talon replié extérieurement; ces talons servent d'appui à la maille qui contient l'écartement des branches de la tenaille.

La maille est à mentonnets plats, pour donner prise à la pince des deux petits leviers dont on se sert pour arracher les fusées.

Le cercle supérieur du châssis fournit des points d'appui aux leviers, qui ne sont ordinairement que des manches d'outils. Il est assemblé par quatre montans sur le cercle inférieur. Les cercles sont de diamètres différens, mais tels que l'un d'eux puisse embrasser environ un tiers de la bombe ou obus dont il doit servir à arracher la fusée, tandis que l'autre sert de point d'appui aux leviers dont on fait usage; ils sont évasés de manière à poser exactement sur la surface du projectile.

Les montans sont à pattes, & ces pattes sont formées en entaillant le côté intérieur pour y former un épaulement sur lequel le cercle doit s'appuyer. Ils sont également espacés autour des cercles, avec lesquels ils sont assemblés par huit rivets qui traversent les cercles & les pattes.

Si les fusées sont difficiles à retirer & si les ouvriers sont peu exercés, on les retire, pour éviter les accidens, en tenant plongés dans l'eau les projectiles. On en retire ensuite la poudre qu'on fait égoutter & sécher.

Ces tire-fusées sont peu commodes, & l'on se sert maintenant des deux suivans, imaginés par M. le chef de bataillon d'artillerie Parisot.

TIRE-FUSÉES de campagne. Il se compose de diverses pièces en fer & en cuivre : la première est un châssis composé de deux branches parallèles, le fond du châssis ou mords fixe ; la traverse du devant qui porte la vis de serrage; elle est ajustée à tenons & à rivets dans un mords mobile qui glisse dans des mortaises pratiquées dans les branches parallèles. Sur les branches parallèles s'élèvent deux petites joues qui embraffent deux leviers d'abattage de 0 mèt. 4331 (16 pouces) de longueur; un des bouts est percé de deux trous ronds : le premier est à l'extrémité & dans le milieu de l'épaiffeur du levier; le second est au milieu d'un talon enlevé fur le côté du levier & à 0 mèt. 0744 (2 pouces 9 lignes) du premier. Un demi-cercle d'appui, garni d'une lame de cuivre en deffous, a fes deux extrémités arrondies & formant tenons avec le pointail qui unit le demi-cercle au levier; le pointail eft percé de deux trous, l'un qui forme nœud au bout inférieur, l'autre qui eft au centre d'une fourchette pratiquée à l'autre extrémité. Cette fourchette embraffe le talon enlevé fur le côté du levier & lui fert de point d'appui. Ce tire-fufée convient à tous les calibres; il eft fupérieur aux tire-fufées de campagne employés précédemment. Il a été réduit aux dimenfions néceffaires pour entrer facilement dans le caiffon d'obufier.

TIRE-FUSÉES de place. Son but eft non-feulement d'enlever les fufées dont le bois eft plus altéré, mais encore de mettre à l'abri de l'explofion, fi elle avoit lieu, les canonniers employés à cette opération.

Ce tire-fufées confifte en une petite cuve cylindrique creufée dans un billot de chêne, terminé par un tronc de cône propre à recevoir les projectiles creux de tout calibre, & qu'on peut remplir d'eau jufqu'au-deffus de la fufée du projectile.

Le mécanifme du tire-fufées eft compofé d'une tenaille brifée qui faifit la fufée, la ferre & la foulève au moyen d'une vis en fer, maintenue dans une douille pratiquée dans un fort levier en fer, foutenu horizontalement fur un fupport qui s'appuie fur le projectile par une calotte fphérique en cuivre; on tourne-à-gauche à crémaillère difpofé fur un écrou traverfé par la vis, & dont les bras ont chacun 0 mèt. 4872 (1 pied 6 pouces) de longueur, fert à faire monter & defcendre la vis. Le levier horizontal eft terminé à l'une de fes extrémités par un crochet auquel on fixe un poids qui doit être fupérieur à l'effort à produire pour enlever la fufée; ce poids maintient fixement le projectile & le fupport. Une bombe de 10 pouces fuffit pour cet objet. L'autre extrémité du levier eft affemblée à charnière avec un montant en fer, difpofé fur le côté de la cuve, & qui a la faculté de gliffer dans des anneaux qui le retiennent & s'élèvent ou s'abaiffent pour pouvoir placer la tenaille à la hauteur convenable au calibre du projectile à décharger.

Pour introduire le projectile dans la cuve, on dégage l'ouverture en foulevant tout le mécanifme à l'aide du levier horizontal, en le faifant tourner autour de la charnière du montant. Le projectile placé, on rabat le mécanifme, on accroche le poids néceffaire à l'extrémité du levier, on faifit la fufée avec la tenaille, on remplit la cuve d'eau & l'on fait monter la vis à l'aide du tourne-à-gauche.

Tout ce fyftème peut être établi dans une tourelle ayant 1 mèt. 9490 (6 pieds) de diamètre, & après avoir difpofé les mâchoires de la tenaille & le poids au bout du levier, on peut attacher une corde à chaque extrémité du tourne-à-gauche, faire paffer ces deux cordes dans deux petits créneaux pratiqués dans les murs de la tourelle & fe placer enfuite au dehors, pour tirer alternativement fur chaque bout de cordage. On parvient ainfi, fans le moindre danger, à faire monter la vis & à enlever la fufée.

TIRER A MITRAILLE. L'ufage des cartouches à mitraille eft très-ancien; dans tous les temps, on en a tiré avec le canon. L'on employoit à cet objet de la vieille ferraille, des lingots de fer ou des boulets caffés que l'on mettoit dans des boîtes, & c'eft ce qui s'appeloit *tirer à mitraille*. L'on faifoit également ufage de balles de plomb de différens calibres, que l'on enfermoit dans des boîtes ou fimplement dans des facs. C'eft à ces deux efpèces de cartouches que l'on a fubftitué dans les avant-dernières guerres d'Allemagne, les *grappes de raifin*, & enfin les cartouches à balles.

TIRER à toute volée. C'eft tirer le canon fous le plus grand angle qu'on puiffe lui donner, lorfqu'il eft monté fur fon affût.

TIRER le mortier à deux feux. On a quelquefois chargé un mortier en mettant d'abord le papier de la gargouffe fur la poudre, puis de la terre fine fur le bouchon, en forte que la bombe fe trouvoit appuyée deffus dans le fond de l'âme. On en mettoit autour de la bombe, & on la refouloit avec la fpatule. On mettoit le feu à la fufée de la bombe & enfuite à la lumière du mortier, ce qui s'appeloit *tirer le mortier à deux feux*. Par cette méthode, la portée de la bombe augmente confidérablement; mais fi, par accident, l'amorce ne prenoit pas feu affez promptement & que la fufée achevât de brûler avant qu'on parvînt à mettre le feu au mortier, la bombe éclateroit & pourroit caufer de grands accidens. (*Voyez* l'article CHARGER UN MORTIER.)

TIROIR. On nomme ainfi une petite pièce plate en fer, fervant à fixer les canons de fufil fur les bois, au moyen des tenons qui y font fixés, & qu'elle traverfe ainfi que le bois. Ces pièces fe retirent à volonté, & leur mouvement eft borné par une goupille noyée dans le bois. On en faifoit ufage autrefois pour les fufils de guerre, mais on ne les emploie maintenant que pour les fufils de chaffe. Toutefois les fufils des troupes anglaifes font à tiroirs.

TISONNIER. C'eft un outil en fer fervant à

nettoyer la forge & à arranger le feu. Un forgeur en a deux, l'un droit & l'autre à crochet.

TOILES SOUFRÉES. Ce font des toiles enduites de foufre qu'on emploie dans la compofition de quelques artifices incendiaires.

TOISÉ. C'eft l'art de mefurer les furfaces & les folides. Voici la méthode en ufage dans les arfenaux de l'artillerie pour trouver la folidité du bois équarri contenu dans un arbre en grume. On mefure avec un cordeau la circonférence de l'arbre à l'un & à l'autre bout, au-deffus toutefois de la naiffance des racines, quand elles ne font pas fciées, & au-deffous de celles des branches. On ajoute ces deux longueurs; on en prend la moitié, qui eft la circonférence moyenne de l'arbre; on prend le cinquième de cette circonférence, on le multiplie par lui-même & on multiplie enfin ce produit par la longueur totale de l'arbre; ce dernier produit eft l'expreffion de la folidité du bois équarri que l'on tirera de l'arbre en grume.

TOLE EMPLOYÉE DANS LES TRAVAUX DE L'ARTILLERIE. Le fer réduit en feuilles plus ou moins minces par l'action des marteaux ou des laminoirs, prend le nom de *tôle*, qui reçoit elle-même différentes dénominations dans le commerce, felon les dimenfions qu'on lui donne & les ufages auxquels on la deftine. (*Voyez* la *Sydérotechnie* d'Haffenfratz, tome III, page 261.)

Pour obtenir de la tôle, on fait choix d'un fer de très-bonne qualité, doux, nerveux & que l'on puiffe facilement travailler à chaud & à froid. La tôle laminée eft d'une épaiffeur plus égale & plus uniforme que la tôle battue, mais celle-ci a plus de confiftance que l'autre. La tôle travaillée au marteau & finie aux cylindres réuniroit fans doute ces deux avantages.

On fabrique maintenant en France de la tôle d'acier, que l'on préfère à celle qui provenoit d'Allemagne & d'Angleterre. Toute celle dont on fait ufage pour les fourreaux de fabre de cavalerie vient des forges de Bèze, département de la Côte-d'Or. C'eft au talent & au zèle de M. Sirodot, ancien officier fupérieur d'artillerie, que la France doit cette nouvelle branche d'induftrie. (*Voyez* les mots CUIRASSE & FOURREAU.)

TOLÉNO. Machine de guerre des Anciens. C'étoit un long levier fufpendu à une pièce de bois verticale, plus élevée que le rempart d'une ville affiégée. A un bout du levier étoit fixé une efpèce de coffre pouvant contenir jufqu'à vingt hommes: en manœuvrant à l'autre bout du levier, on portoit ces hommes au niveau des créneaux pour tirer fur les affiégés & même defcendre fur le rempart.

TOLÉRANCES. Ce font des limites en plus & en moins, dans les dimenfions des armes, des projectiles & autres objets de l'artillerie, lefquelles ne doivent pas être dépaffées dans les recettes. On ne peut déterminer d'une manière précife les tolérances à accorder pour la réception des armes portatives. La plupart des pièces qui les compofent ont des formes peu étendues, font très-rapprochées & doivent agir enfemble; il arriveroit fouvent, fi on fixoit les tolérances, qu'une pièce étant à fon maximum & une autre étant à fon minimum, elles n'auroient entr'elles aucune harmonie.

TOLLET. C'eft une cheville ronde, dont une partie, d'un moindre diamètre que le haut du tollet, entre dans un trou percé dans le plat-bord du bateau. Le tollet eft coiffé de l'eftrope qui affujettit la rame.

TOMBEREAU A BRAS. C'eft une voiture employée dans l'intérieur des arfenaux pour tranfporter des terres. Elle diffère de la charrette à bras, en ce que fon fond & fes côtés font pleins.

Les pièces en bois qui compofent cette voiture, font deux brancards, une hauffe, quatre épars de fond, huit épars montans, deux ridelles & trois planches, dont une au fond & une de chaque côté, deux hayons (compofés d'une trésaille, une traverfe, deux épars & une planche), une flèche, un effieu, deux roues.

Les ferrures font deux équignons, deux brabans d'équignons, deux happes à anneau pour bout d'effieu, deux heurtequins, deux étriers d'effieu, un boulon de flèche, une virole pour le petit bout de la flèche, une effe de flèche & fa chaînette, quatre clous rivés de trésaille avec leurs quatre chaînettes, quatre arrêtoirs de hayons.

TONNEAU. On emploie quelquefois des tonneaux ordinaires pour empêcher les radeaux de s'enfoncer trop avant dans l'eau. (*Voyez* l'article PONT DE RADEAUX.)

TONNERRE. C'eft la partie renforcée qui contient la charge dans un canon de fufil.

TONNES A POUDRE. Tonneaux dans lefquels on conferve les poudres en magafin, & dans lefquels on fait voyager. (*Voyez* l'article BARIL A POUDRE.)

TORCHES. Préparation d'artifices qui, à l'armée, fert à éclairer les troupes pendant la nuit. (*Voyez* le mot FLAMBEAUX.)

TORCHETTE. C'eft un inftrument employé dans les forges. Avec la torchette chargée d'argile molle, on rétrécit au diamètre convenable l'ouverture de la tuyère agrandie par l'effet continuel du feu & par l'action du crochet.

TORE.

TORE. C'est une moulure de la culasse des canons; son profil est un demi-cercle.

TORPÉDO ou TORPILLE. Machine infernale maritime, inventée en 1805 par Robert Fulton, pour faire sauter & détruire les vaisseaux. L'effet considérable que produit une petite quantité de poudre employée dans les mines, les pétards & les projectiles creux, a sans doute suggéré l'idée du torpédo; mais cette invention paroît être abandonnée, principalement à cause de la difficulté d'aller l'attacher au vaisseau ennemi, & des dangers qu'il présente pour ceux mêmes qui les emploient défensivement à l'entrée des passes ou détroits qu'on veut fermer.

Cette machine se compose d'un cylindre creux en cuivre, terminé par deux calottes sphériques: son axe a environ 0 mèt. 6497 (2 pieds) & son diamètre 0 mèt. 3248 (1 pied); elle peut contenir 48 kil. 95 (100 liv.) de poudre; elle est unie à une caisse en sapin contenant une quantité de liège suffisante pour donner à la machine entière une pesanteur spécifique moindre de 7 kil. 3426 à 9 kil. 7092 (15 à 20 liv.) que celle de l'eau. Une boîte en cuivre enfermant une platine & un petit canon de pistolet est exactement appliquée sur le cylindre, au moyen de plusieurs vis; la platine est bandée par un levier qui est fourchu, afin d'être plus aisément touché. Au moindre contact la platine se débande, met le feu à la charge du petit canon, d'où il se communique à la poudre renfermée dans le cylindre. La torpille est tenue à environ 6 mèt. 4968 (20 pieds) sous l'eau, au moyen d'une corde attachée par un bout du côté du cylindre opposé à celui où est appliquée la platine, & fixée par l'autre bout à un poids de 24 kil. 4753 à 29 kil. 3703 (50 à 60 liv.), qui doit poser au fond de la mer. On dispose plusieurs de ces torpilles dans les parages où l'on craint la présence des flottes ennemies; & lorsqu'un vaisseau touche le levier fourchu de l'une de ces machines, l'explosion a lieu.

Lorsque la torpille est destinée à l'attaque d'un vaisseau à l'ancre ou sous voiles, elle éprouve quelques modifications: on applique au cylindre un coussinet en liège, percé de quinze à vingt trous, de manière que la pesanteur spécifique de la machine soit de 0 kil. 9790 ou 1 kil. 4685 (2 ou 3 liv.) plus grande que celle de l'eau de mer. La boîte qui contient la platine & le canon de pistolet renferme aussi un mouvement d'horlogerie, lequel étant monté & réglé, ne permettra à la platine de faire feu qu'après un temps déterminé. Une caisse de sapin, garnie de liège, tient la torpille suspendue par une corde égale en longueur au tirant d'eau du vaisseau qu'on veut faire sauter; à la torpille & à la caisse en sapin sont attachés deux minces cordages de 6 mèt. 4968 (20 pieds) de long, chacun se réunissant au bout d'un troisième cordage, dont la longueur est de 16 mèt. 242 (50 pieds) au plus, & dont l'autre bout est épissé sur un harpon en arrière

ARTILLERIE.

de ses dents. Ce harpon est une pièce de fer cylindrique de 0 mèt. 0135 (6 lig.) de diamètre & longue de 0 mèt. 6497 (2 pieds). Une de ses extrémités est une pointe barbue qui a 0 mèt. 1624 (6 pouc.) de long; l'autre extrémité est un petit cylindre de 0 mèt. 0271 (1 pouc.) de diamètre. Un petit anneau, en glissant sur le cordage & le fût du harpon lorsqu'il est en mouvement, maintient l'un & l'autre dans une position parallèle. On se sert, pour lancer ce harpon, d'une espingole de 0 mèt. 0271 (1 pouc.) de calibre, fixée sur un pivot.

Une chaloupe arrangée en plate-forme & chargée de tout cet attirail, s'avance à 77 mèt. 961 (40 toises) du vaisseau qu'on veut attaquer. On lance le harpon dans la hanche du navire, la chaloupe s'éloigne & retire une goupille qui tenoit le mouvement d'horlogerie en repos. La torpille tombe dans l'eau, & au moyen des cordages qu'on avoit disposés, elle sera amenée sous le fond du vaisseau, près du point central, par le courant ou le mouvement même du navire, s'il est sous voiles. A l'expiration du temps, pour lequel la pièce d'horlogerie avoit été montée, l'explosion a lieu & doit détruire le vaisseau.

M. Parisot, chef de bataillon d'artillerie, avoit imaginé un torpédo stagnant dont le mécanisme étoit tel qu'il ne pouvoit agir que sous une pression égale à celle d'un grand bâtiment, & qu'on pouvoit aller à marée basse mettre la platine au bandé ou au repos. Ce torpédo ayant aussi la propriété de s'enfoncer à volonté sous la surface de l'eau, son emplacement n'eût été connu de l'ennemi qu'au moment même de l'explosion. Le modèle de cette machine a été déposé au Musée de l'artillerie. (*Voyez* le *Mémoire sur les mines flottantes*, &c., par M. Montgery, officier de marine.

TORTUE. C'étoit une galerie en charpente sous laquelle les Anciens faisoient jouer le bélier. Ils faisoient aussi usage d'un tour en bois pour cette opération.

On appeloit encore *tortue* la manière dont les Anciens arrangeoient leurs boucliers pour s'en couvrir, quand ils vouloient escalader une place. (*Voy.* le *Dictionnaire d'art militaire de l'Encyclopédie méthodique.*)

TOUILLOIR. C'est un bâton recourbé de 0 mèt. 8 (2 pieds 5 pouc. 6 lig.), servant dans les moulins à poudre à pilons, à faire le premier mélange des matières qu'on met dans les mortiers, en les humectant, pour empêcher leur volatilisation: on les retourne d'abord deux fois pour les humecter également; c'est ce qu'on appelle *touiller*.

TOURS A CANONS. Les tours à canons sont des machines au moyen desquelles on façonne extérieurement les canons des armes à feu portatives de guerre. Ils sont mis en mouvement par un courant d'eau ou par un autre moteur. Le système de ces machines ingénieuses, inventées par le sieur Javelle, contrôleur d'armes, peut s'appliquer à la fabrication des fusils de luxe. On pourrait en construire où le moteur serait une roue qu'on ferait tourner au moyen d'une manivelle, ainsi que l'inventeur l'a indiqué dans son premier modèle. (Voyez *Archives des découvertes*, année 1818.)

Le moteur des tours à canons est, à la manufacture de Tulle, une roue hydraulique du genre de celles qu'on appelle *mixtes*, parce qu'elles sont mises à la fois par le choc & par le poids de l'eau. Cette roue porte à l'une des extrémités de son arbre un hérisson armé de quarante-huit dents, qui engrène avec un rouet horizontal de quarante-deux dents. Ce rouet met en mouvement un arbre vertical sur lequel il est adapté, & qui porte à un étage au-dessus un second rouet horizontal de quarante-huit dents. Ce dernier rouet engrène à la fois avec huit lanternons de huit fuseaux chacun. Les arbres de ces lanternons peuvent communiquer, au moyen d'une manette d'échappement, un mouvement de rotation à huit machines différentes; savoir :

1°. Un tour à compasser, c'est-à-dire, à tourner les compassures ou coches.

2°. Une fraise à casser ou faire les pans du canon de soldat.

3°. Une *idem* pour ceux du canon de mousqueton & de pistolet.

4°. Un tour à canon de fusil d'infanterie & de voltigeur.

5°. Un *idem* à canon de mousqueton.

6°. Un *idem* à canon de pistolet.

7°. Un foret carré à douilles de baïonnettes.

8°. Un autre foret à huit pans pour finir les douilles.

La marche simultanée de ces huit machines exige une dépense d'eau de 262 litres par seconde, & une chute de 3 mètres. La roue à eau fait vingt-cinq tours par minute, & par conséquent l'arbre de chaque lanterne 171 ⅔ dans le même temps.

Telle est la vitesse de rotation avec laquelle chacune des machines ci-dessus est mise en mouvement.

Banc à tourner les compassures. Ce banc est composé de deux jumelles horizontales liées par trois boulons & soutenues par quatre pieds. Au milieu est une forte clef en bois pour tenir ces jumelles de niveau.

Le burin à compasser est un burin ordinaire à tourner le fer. Comme le canon est compassé en trois endroits différens, il y a trois supports correspondans qui servent à soutenir le burin.

On a placé au milieu du banc une lunette pour fixer le canon & l'empêcher de fouetter dans le mouvement de rotation. Aux deux extrémités de ce même banc sont deux poupées, l'une fixe, l'autre mobile. La poupée fixe a deux coussinets & deux vis de pression pour détruire autant que possible l'effet des saccades communiquées à l'arbre du lanteron par la nature des engrenages de la machine.

Quant à la deuxième poupée, qui est traversée par une vis qui entre dans la bouche du canon, & sur laquelle il tourne pendant l'opération, elle est mobile à volonté, afin de pouvoir avancer ou reculer le second point d'appui du canon, suivant la longueur de ce dernier. Cette poupée est ensuite fixée au banc au moyen d'un boulon vertical qui la traverse & dont la tête presse sur une rondelle en fer qui s'appuie à la fois sur les deux jumelles. Le mouvement de rotation pour ce banc, ainsi que pour tous les autres, peut s'arrêter ou se communiquer à volonté au moyen d'un échappement.

Banc à casser ou à faire les pans. Ce banc est composé d'un madrier de dix centimètres d'épaisseur, soutenu par quatre pieds fixes liés au madrier par deux boulons. Dans ce banc, comme dans le précédent, il y a une poupée fixe qui a le même objet. Le canon est fixé par une broche taraudée à l'une de ses extrémités pour recevoir un écrou à main, afin que la pression de la fraise ne puisse lui communiquer aucun mouvement de translation. L'inclinaison de la broche est celle du pan, c'est-à-dire, la différence entre les diamètres de la tranche du derrière & de celle de la bouche.

La broche est également fixée sur un chariot mobile entre six aiguilles, & porté sur deux plaques de fer verticales, parallèles entre elles. Ces deux plaques peuvent prendre un mouvement ascensionnel entre quatre montans en fer ajustés dans le madrier du banc. Le chariot se meut au moyen d'une vis qui lui fait parcourir un espace égal à la longueur du pan. Ce dernier mouvement a lieu pendant que la fraise tourne. Cela posé, il est évident que, pour l'exécution des autres pans, il s'agit seulement de diviser la circonférence du canon en huit parties égales : à cet effet, on a pratiqué à l'extrémité de la broche une partie saillante de forme cylindrique, qu'on a divisée en huit parties égales entre huit trous circulaires également espacés.

Une petite broche à manche traverse à la fois deux de ces trous & deux chevilles à tête plate & percées, ajustées sur le chariot.

Lorsqu'un pan est achevé, au moyen de la broche ci-dessus, on fait tourner la grande broche d'un trou. Le canon fixé sur cette broche tourne proportionnellement de la même quantité, c'est-à-dire, du huitième de sa circonférence. On remarquera aussi que la petite broche à manche dont nous venons de parler, sert en même temps à fixer la grande broche qui traverse le canon & qui tend sans cesse à prendre un mouvement de translation par l'effet du mouvement de la fraise.

Lorsque la fraise est usée, on la retaille; mais son diamètre diminue; il faut donc pouvoir rapprocher le chariot du centre de la nouvelle fraise. Cette opération s'exécute au moyen de deux vis qu'on nomme pour cela vis d'élévation; elles traversent le madrier du banc & soulèvent le chariot par-dessous. Le chariot dans son mouvement ascensionnel entraîne les deux plaques de fer verticales sur lesquelles il se meut.

Tour à canon de fusil d'infanterie & de voltigeur. Le banc de ce tour se compose d'un madrier supporté par deux traverses auxquelles sont ajustés quatre pieds portant chacun une roulette en fonte de fer; précaution nécessaire pour faire mouvoir ce banc, dont le poids s'élève à peu près à trois quintaux métriques.

Les deux pièces principales de ce tour sont deux jumelles ou barres de fer battu. L'une des deux est tout simplement un parallélipipède rectangle; l'autre, qui porte l'anneau en fer ou poupée coulante, sur laquelle est adapté le burin, est terminé latéralement par deux surfaces gauches engendrées par le mouvement d'une droite toujours verticale & qui s'appuie à la fois sur deux courbes semblables & parallèles. Ces courbes sont la section du canon fini par un plan passant par l'axe.

Les deux jumelles sont réunies par deux barres de fer dites *têtes de tours*, & soutenues par quatre montans en fer écroués sous le madrier.

Le burin est fixé dans la poupée au moyen d'une vis de pression. Au dedans de cette poupée sont deux plaques en cuivre, l'une verticale, l'autre horizontale, destinées à frotter contre les deux faces consécutives de la jumelle du côté opposé au burin, & retenues chacune par quatre vis de pression qui traversent la poupée. Par ce moyen, la poupée coulante ne peut éprouver de balottement & doit suivre exactement la surface gauche dont nous avons décrit la génération. En conséquence, la ligne tracée par l'extrémité du burin est nécessairement parallèle à la courbure extérieure du canon fini. Le mouvement de translation est communiqué à la poupée coulante au moyen d'une crémaillère fixée à la poupée par un boulon. Cette crémaillère est mise en mouvement par un engrenage en forme de cric double. Le canon est fixé par une broche qui traverse les deux têtes de tour & la mavette d'échappement. Cette broche est filetée à l'une de ses extrémités, en sorte qu'on peut, au moyen d'un écrou, régler sa longueur à volonté.

Trois lunettes de support, dites *lunetes brisées*, soutiennent le canon & l'empêchent de fouetter dans son mouvement de rotation. La quatrième lunette n'est employée que pour soutenir la broche, dans le cas où l'on tourneroit des canons de voltigeur. Quoique les jumelles en fer soient d'un fort équarrissage, elles ne sont pas dépourvues néanmoins d'un certain mouvement d'élasticité. Pour annuler ce dernier mouvement, on se sert d'une bride en fer qui embrasse les deux jumelles & qui empêche leur écartement au moyen d'une vis de pression.

Tour à canon de mousqueton. Il y a deux jumelles qui ne diffèrent des précédentes que par leur longueur. Une seule lunette de support suffit & est placée au milieu du canon. La bride tendant à empêcher l'écartement des jumelles est évidemment inutile, vu le peu de longueur de ces jumelles relativement à leur équarrissage, qui reste le même que dans le tour pour canons de fusil.

La poupée coulante marche comme celle du tour à canon du pistolet, au moyen d'une vis à filets carrés, portant une boîte écrouée, liée à la poupée coulante par un pivot libre.

On fait ordinairement passer à la meule les canons de fusil & de mousqueton qui ont été tournés, afin de faire disparoître les traits que les tours ont occasionnés; mais on achève au tour les canons de pistolet, comme on le verra à l'article suivant.

Tour à canon de pistolet. Le tour à canon de pistolet diffère du précédent;
1°. Par la suppression de la lunette de support qui est inutile.
2°. Par la forme des jumelles, qui sont deux parallélipipèdes rectangles, le canon de pistolet étant sans courbure extérieure.

Il y a à Tulle deux tours à canon de pistolet, l'un pour dégrossir, l'autre pour finir; ils ne diffèrent que par la forme du burin.

La construction d'un tour à canon pour fusil revient à environ 2400 francs.

Tour à noyaux. Celui dont on fait usage dans les forges est composé, 1°. de deux jumelles assemblées par des entretoises, & supportées horizontalement à 0 mèt. 9745 (3 pieds) de hauteur, d'un bout par des trous pratiqués dans l'un des murs de l'atelier, de l'autre sur deux montans solides; 2°. d'une poupée en bois dont le tenon pénètre de haut en bas la jumelle de droite contre laquelle elle est assujettie par une clef, & traversée elle-même horizontalement par une vis en fer à manivelle droite; 3°. d'une crapaudine en fonte ou en cuivre, logée dans une coche pratiquée dans la jumelle de gauche, le centre de son entaille demi-circulaire répondant à la pointe de la vis; 4°. d'une manivelle coudée, percée à son carré d'un trou proportionné à la grosseur de la queue de l'arbre; 5°. enfin d'un poids quelconque en fonte de fer, ordinairement hémisphérique, surmonté d'une branche recourbée en fer battu, propre à retenir l'arbre à noyau dans l'entaille de la crapaudine, pendant qu'on lui donne un mouvement de rotation.

Pour mettre l'arbre sur le tour, en position de recevoir la terre qui formera le noyau, on le saisit de la main gauche par la queue, puis, plaçant dans l'entaille de la crapaudine le collet tourné proche du bourlet (cette dernière partie en dedans), & présentant vis-à-vis la pointe de la vis, l'enfoncement conique de sa tige; de la main droite on fait agir la manivelle de cette vis pour

Mmm 2

la faire avancer jufqu'à ce que l'arbre foit maintenu & fuffifamment ferré entre fa pointe & la crapaudine ; enfin, on met la manivelle coudée à l'extrémité aplatie de la queue de l'arbre, & le poids à crochet fur ce dernier, le plus près qu'il eft poffible de la face extérieure de la jumelle de gauche.

TOURBILLON DE FEU. C'eft un artifice de réjouiffance compofé de deux fufées directement oppofées, & formant une croix, que l'on attache fur les tenons d'un tourniquet en bois. On met le feu au bout des deux fufées, ce qui produit l'effet d'une girandole.

TOURILLONS. Parties faillantes & cylindriques qui font aux deux côtés d'une pièce de canon, & qui fervent à la foutenir fur l'affût où elles font encaftrées. Ils doivent être exactement d'équerre avec l'axe de la pièce, & leur axe doit être perpendiculaire à un plan vertical qui, paffant par la lumière, partageroit la pièce en deux parties égales. L'axe des tourillons, dans les pièces de campagne, doit être placé un douzième du diamètre du boulet au-deffous de celui de la pièce, & dans les pièces de fiége, cet axe doit être au-deffous de celui de la pièce d'un demi-calibre.

Les obufiers, les mortiers & les pierriers ont des tourillons qui font à embafe comme ceux des canons.

Les mortiers à chambre conique ont en outre des renforts qui confolident les tourillons fur le corps du mortier.

TOURILLONS d'ancre. Ce font deux oreilles de fer dont l'épaiffeur eft égale à un tiers de celle de la culaffe d'une ancre ; elles font foudées fur le carré de la verge, & encaftrées dans les flafques du jas. Elles font foudées fur les mêmes faces de la culaffe où eft le trou de l'organeau.

TOURMENTE. C'eft la commotion qu'éprouve l'affût d'une pièce de canon par l'effet de la détonation de la poudre.

TOURNANT DES VOITURES. C'eft la facilité plus ou moins grande avec laquelle les voitures peuvent changer de direction. Les voitures peuvent tourner d'autant plus court que les trains font plus rapprochés, que le corps de la voiture eft plus étroit, que la voie eft plus grande, que les roues de devant font plus baffes, que les brancards font plus élevés, &c.

TOURNE-A-GAUCHE. C'eft un levier en fer percé dans fon milieu, avec lequel on fait tourner les taraads.

TOURNE-A-GAUCHE dans les forges. C'eft un outil deftiné à ébranler & à retirer l'arbre à noyau de l'intérieur des projectiles, après la coulée. Cet outil devant opérer fur un corps rond, n'auroit aucune prife fur lui, fans la difpofition particuliere que voici : en outre du trou qui eft au milieu pour le paffage de la queue de l'arbre, ce tourne-à-gauche a encore une rainure longitudinale très-profonde qui règne fur chaque côté du trou. Pour en faire ufage, l'ouvrier, après avoir ôté la clavette & enlevé le châffis fupérieur, introduit l'arbre dans le trou du tourne-à-gauche jufqu'au-deffous de la mortaife, la rainure fe trouvant par-deffus ; alors mettant dans cette même mortaife la clavette qui foutenoit le noyau, & remontant le tourne-à-gauche jufqu'à ce qu'elle entre bien à fond dans fa rainure, il trouve un point d'appui qui lui permet d'agir avec avantage.

TOURNER AU GRAS. On dit, dans les raffineries de falpêtre, que le nitrate de potaffe tourne au gras, lorfque la cuite s'épaiffit, devient pâteufe & ne fe criftallife pas.

TOURNEVIS. C'eft, dans les manufactures d'armes, une pièce d'acier trempée & recuite, emmanchée dans une poignée de bois ordinairement à buit pans, pour qu'elle ne tourne pas dans la main. La poignée a une virole deftinée à l'empêcher de fe fendre lorfqu'on y enfonce le tournevis. Celui dont on faifoit ufage dans les régimens avoit trois branches d'acier fe réuniffant au même centre ; deux à bifeau fervant de tournevis, & la troifième cylindrique, fervant à ferrer ou defferrer la vis du chien pour mettre & ôter la pierre. Celui en ufage aujourd'hui dans les troupes, eft renfermé dans une efpèce d'étui contenant différens uftenfiles néceffaires à l'entretien des armes. (*Voyez* l'article BOÎTE A TOURNEVIS.)

TOURTEAU. C'eft, dans les poudreries, un difque de bois de gaïac, de cormier ou de chêne vert, de forme lenticulaire, qu'on place fur la matière de la poudre mife dans les cribles pour la grener. Le mouvement qu'on imprime aux cribles fait promener le tourteau fur la matière, qu'il fait paffer à travers les trous de ces cribles.

TOURTEAUX goudronnés. Ce font des pièces d'artifice qu'on place dans des réchauds portatifs, pour éclairer pendant la nuit le paffage des rivières ou des défilés. On les emploie auffi pour brûler les gabions & les fafcines au paffage du foffé d'une place affiégée.

Les tourteaux fe font avec de vieilles cordes ou des mèches que l'on coupe en morceaux pour en former une efpèce de couronne, ayant foin de laiffer un trou au milieu pour le paffage de la pointe du réchaud. On les jette dans une fufion de goudron, où on les laiffe bouillir ; on les retire pour les faire refroidir, puis on les goudronne une feconde fois ; on les jette enfuite dans un baquet d'eau froide, pour leur donner avec les mains la forme circulaire; enfin, on les saupoudre de soufre & on les fait sécher.

Composition du goudron pour les tourteaux : poix noire 24 parties, poix blanche 12, résine 6, suif de mouton 4, huile de lin 1, térébenthine 1.

TRACER UNE BATTERIE. C'est déterminer sur le terrain, toutes les dimensions du sol où elle doit être établie. (*Voyez* l'article BATTERIE DE SIÉGE.)

TRAILLE. C'est une espèce de pont-volant dont le cordage est tendu en travers de la rivière, perpendiculairement à la direction du courant. (*Voy.* l'article PONT-VOLANT.)

TRAIN D'ARTILLERIE. Cette expression est synonyme de *convoi d'artillerie*. (*Voyez* cet article.)

TRAIN d'artillerie. On a vu à l'article BATAILLON DU TRAIN D'ARTILLERIE, que c'est un corps destiné à conduire l'artillerie dans les siéges & dans les batailles. Voici l'arrêté du 16 thermidore an 9, relatif à sa composition & à son administration en temps de paix & en temps de guerre. On trouvera, à l'article NOTICE SUR LE CORPS ROYAL DE L'ARTILLERIE, sa composition actuelle.

TITRE PREMIER.

Art. 1er. Le corps du train d'artillerie sera composé de huit bataillons. (Ce nombre avoit été porté à douze.)

Art. 2. Chaque bataillon sera composé de six compagnies.

Art. 3. Chaque compagnie sera commandée par un lieutenant, un sous-lieutenant, & composée ainsi qu'il suit :
Un maréchal-des-logis chef.
Quatre maréchaux-des-logis.
Un brigadier-fourrier.
Cinq brigadiers.
Cinquante-neuf soldats.
Deux maréchaux-ferrans.
Deux bourreliers ou bâtiers.
Deux trompettes.
Soixante-seize hommes, sous-officiers compris.

Art. 4. L'état-major de chaque bataillon sera composé ainsi qu'il suit :
Un capitaine-commandant de bataillon.
Un lieutenant adjudant-major.
Un sous-lieutenant quartier-maître.
Un adjudant sous-officier.
Un artiste vétérinaire.
Un trompette maître.
Un maître sellier, bourrelier & bâtier.
Un maître cordonnier-bottier.
Un maître tailleur. (On y ajouté un maître armurier.)

Art. 5. Les officiers & sous-officiers du train qui, par l'article 26 de l'arrêté du 29 germinal an 9, sont chargés de tenir les registres & de connoître la demeure des individus auxquels il a été donné des chevaux du train, seront pris parmi les officiers & sous-officiers des huit bataillons. Ces officiers, une fois chargés de ce service, ne pourront être relevés que par les ordres du ministre de la guerre.

Art. 6. A l'avenir, le mode d'avancement à suivre dans ce corps sera déterminé par un des titres du règlement relatif à l'avancement de l'artillerie. (Voir à cet égard *le titre IV de l'arrêté du 2 germinal an 11.*)

Art. 7. Les bataillons du train seront placés dans les huit écoles d'artillerie.
Il sera affecté à chacun d'eux, cent soixante chevaux de trait & vingt chevaux de selle, pour le service des écoles & arsenaux.

Art. 8. Les chevaux seront confiés alternativement à chaque compagnie pour le service de l'instruction.

Art. 9. Les compagnies du train qui n'auront pas de chevaux, seront dans les places le même service que l'artillerie à pied, & feront exercées aux manœuvres de l'artillerie, & spécialement aux manœuvres de force.

TITRE II.

Habillement & armement.

Art. 10. L'uniforme des soldats du train demeure fixé ainsi qu'il suit :
Habit-veste de drap gris-de-fer, boutonnant jusqu'à la ceinture, avec revers & parement bleu, les basques retroussées & attachées par une agrafe, boutons de métal blanc au modèle adopté pour l'artillerie.
Gilet à manches de drap gris-de-fer.
Sur-culotte de drap gris-de-fer, garnie en basane noire, avec des bandes de drap bleu.
Bottes de cavalier, éperons en fer bruni, chapeau à trois cornes, plumet bleu, pompon comme les troupes d'artillerie.
Le bonnet de police de drap gris-de-fer, liséré bleu.
Capote large, de drap gris-de-fer, liséré bleu.

Art. 11. Le petit équipement sera le même que pour l'artillerie à cheval.

Art. 12. L'équipement des chevaux du train demeure ainsi fixé :

Chevaux de trait.

Colliers & harnois dits *à l'allemande*, disposés de manière à pouvoir servir à la françaife.
Bride.

Selle dite de *dragon*, par deux chevaux.
Schabraque de peau de mouton.

Chevaux de selle.

Selle & bride de *dragon*.
Schabraque de peau de mouton.

Art. 13. Les officiers porteront, pour marques distinctives, des épaulettes en argent, suivant leurs grades, & conformément à celles des autres troupes ; les maréchaux-des-logis, des galons d'argent ; les brigadiers, des galons de fil blanc.

Art. 14. Chaque soldat sera armé d'un fusil du modèle de ceux d'artillerie, qu'il portera à la dragone lorsqu'il sera monté. Il aura en outre un pistolet dans une fonte placée à gauche.

TITRE III.

Solde & administration.

Art. 15. Chaque bataillon sera administré par un conseil d'administration, composé comme il suit :
Le capitaine-commandant.
L'adjudant-major.
Les deux plus anciens lieutenans.
Le plus ancien maréchal-des-logis chef.
Le quartier-maître trésorier, faisant les fonctions de secrétaire.

Art. 16. La solde, en temps de paix, sera fixée conformément au tableau ci-annexé. (*Voy.* les tarifs de la solde des différens corps de l'armée.)

Art. 17. Les masses d'habillement & d'entretien pour les soldats du train d'artillerie, brigadiers & maréchaux-des-logis, seront conformes à celles de l'artillerie à cheval.

La retenue pour la masse du linge & chaussure sera de six centimes.

Art. 18. Les troupes du train d'artillerie seront assujetties, pour l'administration du personnel & la comptabilité, aux mêmes lois & réglemens que les autres troupes.

La partie de la comptabilité relative au matériel & aux chevaux, sera soumise à la vérification du conseil d'administration de la direction où les bataillons & compagnies seront employés.

Art. 19. Il sera accordé une somme de cinq francs (cette masse a été fixée à quarante-huit fr. par décision du 18 février 1808) par mois par cheval, pour l'entretien & le renouvellement des harnois, le ferrage des chevaux & médicamens.

Art. 20. Il sera établi une masse pour le remplacement des chevaux de chaque bataillon ; cette masse est fixée à soixante francs par cheval & par an.

TITRE IV.

Composition du train en temps de guerre.

Art. 21. Il sera formé dans chaque armée un état-major général du train, composé ainsi qu'il suit :

Un chef de bataillon ou d'escadron d'artillerie, sous-directeur des parcs, inspecteur-général du train ;

Deux, trois ou quatre capitaines, suivant la force de l'armée & l'étendue du pays qu'elle occupera, pris de préférence parmi ceux à la suite de l'artillerie à cheval, chargés de l'inspection du train ;

Un major du train, avec rang de chef de bataillon : il sera pris parmi les capitaines commandant les bataillons du train, nommé par le premier consul, sur la présentation du ministre de la guerre.

Cet officier sera remplacé de suite dans son bataillon ; à la paix il reprendra la première place de capitaine-commandant, & conservera les distinctions & les appointemens du chef de bataillon.

Quatre sous-lieutenans, dont deux attachés à l'inspecteur-général, deux au major ; ils seront pris dans les compagnies, remplacés de la même manière, & rentreront à la paix aux premières compagnies vacantes.

Un artiste vétérinaire en chef.

Art. 22. Chacun des huit bataillons, lorsqu'il en aura reçu l'ordre du ministre, formera, par le dédoublement de ses six compagnies, un bataillon supplémentaire portant le même numéro ; à cet effet, les officiers & sous-officiers détachés dans les départemens rejoindront leurs bataillons & reprendront leur place dans leur compagnie.

Art. 23. L'état-major des bataillons supplémentaires sera composé de la même manière que celui des huit bataillons, & sera formé ainsi qu'il suit :

Art. 24. Les adjudans-majors des huit bataillons seront nommés capitaines commandant les bataillons supplémentaires. Les adjudans-majors de chaque bataillon, &, dans les bataillons supplémentaires, les quartiers-maîtres trésoriers, seront nommés suivant le mode d'avancement.

L'adjudant sous-officier de chaque bataillon supplémentaire sera choisi par le capitaine commandant ce bataillon, & les cinq chefs d'ouvriers par le conseil d'administration.

Art. 25. Chaque bataillon supplémentaire sera composé de six compagnies, formées des six doublées du bataillon dont il est lui-même formé.

Pour exécuter ce dédoublement, chaque compagnie des huit bataillons fournira, pour la compagnie qu'elle doit former :
Un sous-lieutenant.
Deux maréchaux-des-logis de ses cinq.
Trois brigadiers de ses six.
Trente soldats.
Un maréchal-ferrant.
Un sellier.
Un trompette.

Art. 26. Chaque compagnie du train, pour être portée au pied de guerre, recevra, suivant le mode de recrutement général de l'armée, soixante recrues, dont un maréchal-ferrant, un sellier & un trompette.

Art. 27. Il sera nommé, suivant le mode d'avancement, aux places vacantes dans chaque bataillon, pour porter chaque compagnie au pied de guerre, savoir : deux brigadiers par compagnie dans tous les bataillons du train, & un maréchal-des-logis dans chaque compagnie des bataillons supplémentaires.

Art. 28. Ainsi, chaque compagnie de chaque bataillon, en temps de guerre, sera commandée par un lieutenant ou sous-lieutenant, & composée de :
Un maréchal-des-logis chef.
Deux maréchaux-des-logis.
Un brigadier-fourrier.
Quatre brigadiers.
Quatre-vingt-quatre soldats.
Deux maréchaux-ferrans.
Deux selliers ou Bâtiers.
Deux trompettes.
Quatre vingt-dix-huit hommes, sous-officiers compris.

Art. 29. Lorsque les bataillons du train d'artillerie seront mis sur le pied de paix, les bataillons supplémentaires rentreront dans le cadre de ceux dont ils ont été formés.

Les officiers & les sous-officiers de ces bataillons supplémentaires seront nommés aux premières places vacantes, suivant leur rang d'ancienneté.

Art. 30. Chaque soldat du train d'artillerie aura soin de deux chevaux.

Art. 31. Il sera formé en temps de guerre, & placé à la suite du parc de l'armée, une compagnie d'ouvriers du train, composée ainsi qu'il suit :
Un sous-lieutenant.
Un maréchal-des-logis.
Un brigadier-fourrier.
Une escouade de bourreliers, à raison de trois par bataillon.
Un maître bourrelier maréchal-des-logis ordinaire.
Une escouade de bâtiers.
Un maître bâtier maréchal-des-logis ordinaire.
Bâtiers à raison de deux par bataillon.
Une escouade de maréchaux, à raison de quatre par bataillon.
Un maréchal-expert, maréchal-des-logis.

Cette compagnie sera chargée de la confection & des grandes réparations des harnois & des bâts, & de la fabrication des fers & parties en fer des harnois.

Les mêmes réparations & le ferrage des chevaux se feront dans les bataillons & compagnies, par les ouvriers qui y sont attachés.

Art. 32. La solde de la compagnie du train est fixée ainsi qu'il est prescrit dans le tableau ci-annexé. (Voyez le *Tarif pour la solde des différens corps de l'armée.*)

TITRE V.

De l'administration & de la solde en temps de guerre.

Art. 33. L'administration du personnel est, en temps de guerre comme en temps de paix, attribuée au conseil d'administration des bataillons.

Art. 34. L'administration de l'équipage de chaque armée sera confiée au conseil d'administration du grand parc d'artillerie; il sera chargé de pourvoir à l'entretien des chevaux & harnois, & à leur remplacement.

Les conseils d'administration des bataillons du train d'artillerie auront, sous l'autorité du conseil d'administration du parc, la surveillance des équipages, & seront chargés des détails de l'entretien.

Art. 35. La masse destinée à l'entretien des chevaux restera la même que celle fixée en temps de paix.

Art. 36. Le Gouvernement pourvoira, par des fonds particuliers & spéciaux, au remplacement des chevaux d'artillerie morts ou tués, & aux augmentations qui pourroient être jugées nécessaires.

Art. 37. Il sera accordé, en temps de guerre, les supplémens de solde portés dans le tableau ci-joint. (Voyez les *Tarifs sur la solde des différens corps de l'armée.*)

TITRE VI.

Du rang.

Art. 38. Les troupes du train faisant partie de l'artillerie prendront rang dans l'armée immédiatement après les autres troupes de cette arme.

Art. 39. Les bataillons & les officiers qui les commandent, seront sous les ordres des officiers commandant l'artillerie, quel que soit leur grade.

Art. 40. Les troupes du train d'artillerie seront traitées pour les récompenses nationales, pensions de retraite & réformes, comme les autres troupes de l'armée.

TITRE VII.

Dispositions générales.

Art. 41. Tous les bataillons actuellement existans concourront à la formation des huit bataillons du train.

Art. 42. Les officiers du train, de quelque grade qu'ils soient, seront nommés par le premier conful, fur la propofition du miniftre de la guerre & fur la préfentation des généraux d'artillerie chargés de l'organifation.

Art. 43. Les généraux d'artillerie choifiront les fous-officiers & foldats du train, & acheveront l'organifation.

Art. 44. Les fous-officiers reftans recevront leur congé, & les foldats feront incorporés dans les armes pour lefquelles ils feront les plus propres.

Art. 45. L'arrêté du 29 germinal an 9 recevra fon exécution dans tout ce qui n'eft pas contraire au préfent arrêté.

TRAIN de bateaux. C'eft une fuite de bateaux attachés l'un derrière l'autre.

TRAINEAU ORDINAIRE. C'eft une efpèce de voiture pour transporter des fardeaux ou munitions d'un lieu à un autre. On en fait ufage dans les fiéges, pour conduire, par des chemins couverts ou étroits, des canons & autres objets d'artillerie. Les parties en bois qui le compofent font : deux côtés & cinq épars.

Les parties en fer font : deux boulons d'affemblage & quatre crochets d'attelage.

TRAÎNEAU dans les fonderies. Il fert à conduire les moules des bouches à feu à la foffe d'un fourneau. Il eft à roulettes.

TRAÎNEAU de montagne. Il fert à transporter les pièces de canon dans les montagnes, lorfque les chemins font impraticables pour les voitures.

Les parties en bois font : deux côtés & trois entretoifes.

Les parties en fer font : quatre crochets de retraite & d'attelage, trois boulons d'affemblage, deux rofettes, trois écrous, quatre clous rivés, deux bandes de renfort, quatre brides, quatre chevilles à tête plate, huit plaques carrées de chevilles à tête plate, deux fus-bandes, quatre clavettes de fus-bandes & feize clous d'applicage.

TRAÎNEAU de poterne. Il fert à monter les rampes étroites des fortifications. Il eft à rouleau.

Les parties en bois font : deux côtés, trois entretoifes & deux rouleaux.

Les parties en fer font : quatre crochets de retraite & d'attelage, trois boulons d'afiemblage, deux rofettes, trois écrous, quatre chevilles à tête plate, quatre rofettes d'*idem*, quatre écrous d'*idem*, deux fus-bandes, quatre clavettes d'*idem* & leurs chaînettes, quatre étriers de rouleaux, huit boulons d'*idem*, huit rofettes & huit écrous d'*idem*, huit frettes de rouleaux & quatre viroles d'*idem*.

TRAINEMENT DU BOULET. C'eft la trace que le boulet laiffe fur la paroi intérieure de l'ame d'une pièce de canon, lorfqu'après un *battement*, l'action du fluide élaftique de la poudre l'empêchant de fe relever, le force par fon frottement à fillonner l'ame.

TRAIT. C'eft une forte de flèche qui fe lançoit avec l'arbalète ou la balifte, & dont par conféquent les dimenfions varioient comme celle de la machine qui fervoit à le lancer. Il étoit ordinairement armé d'un fer en pointe aiguë & alongée.

On appelle *arme de trait* ou *de jet*, toute arme offenfive qui fe lance avec la main ou par un autre moyen.

TRAIT à canon. C'eft un cordage à boucle dont la longueur eft ordinairement de 2 mèt. 5387 (8 pieds), mais qu'on peut alonger ou raccourcir à volonté, en augmentant ou en diminuant la boucle. Il fert pour brêler les canons fur leurs chariots & pour l'attelage de toutes les groffes voitures.

TRAIT de foret. On nomme ainfi une marque faite par un foret dans l'intérieur d'un canon de fufil, & qu'on ne peut quelquefois atteindre fans donner à ce canon le calibre de rebut. Les traits de foret trop marqués font rebuter les canons affectés de ce vice.

TRAIT de manœuvre. C'eft un cordage dont on fait ufage dans les manœuvres de chèvre, pour lever avec une poulie double ou fimple, une pièce de canon par les deux anfes; pour fixer des poulies à la tête de la chèvre, lorfqu'on l'équipe à plus de quatre brins, & pour arrêter le câble au fecond épars lorfqu'il fe trouve roulé trop près des extrémités du treuil. Ils fert également à brêler les fardeaux dans les autres manœuvres. Il a une boucle de 0 mèt. 1083 (4 pouc.) à l'une de fes extrémités.

TRAIT de payfan. C'eft un cordage qui fert pour brêler les petits fardeaux & pour l'attelage des voitures légères. Il porte, comme le trait à canon, une boucle au moyen de laquelle on peut le raccourcir ou l'alonger à volonté.

TRAJECTOIRE. C'eft, en général, la ligne décrite par un projectile : Newton paroît avoir été le premier qui ait fait ufage de ce terme.

Quelle eft la route que fait dans les airs un corps pefant qui a reçu, d'une force extérieure, une impreffion inftantanée, déterminée en grandeur & en direction? Telle eft la queftion de mécanique dont la folution eft la bafe principale de l'art ou fcience pratique du tir des projectiles.

Les Anciens, qui avoient auffi leurs armes de jet, telles que baliftes, catapultes, &c., eurent befoin de s'occuper de la queftion, & ils le firent fans doute : mais il ne nous refte aucune trace remarquable de leurs recherches à cet égard. Pour rencontrer quelques points fixes auxquels on puiffe rattacher

rattacher le fil de l'histoire de cet important problème, il faut descendre jusqu'après l'invention de l'agent principal de la balistique moderne : on trouve en effet dès-lors quelques époques où le problème dont il s'agit, difficile de sa nature, arrête plus particulièrement l'attention des savans, change de face & semble céder à l'application de nouvelles méthodes ou de nouvelles découvertes : quelques détails historiques à ce sujet ne seront point déplacés dans un Dictionnaire raisonné d'artillerie.

Première époque de l'histoire du problème balistique. Le premier ouvrage où la question de la trajectoire des projectiles soit traitée *ex professo*, est celui que Tartaglia publia en 1537, sous le titre de *Sciencia nuova* (Venise). Les lois du mouvement composé & celles de la chute des graves n'étoient pas encore assez connues dans ce temps-là, pour que Tartaglia, qui d'ailleurs s'est acquis dans les sciences mathématiques une juste célébrité, pût assigner aux projectiles leur vraie trajectoire. Il la représente, comme on l'a fait encore long-temps après lui, par deux droites & une courbe intermédiaire : la première droite est le prolongement de l'axe de la bouche à feu, la seconde est une verticale, & la courbe de raccordement est un arc de cercle touché par les deux droites.

Mais Tartaglia, trop éclairé pour croire que ce système hétérogène fût la vraie trajectoire, a bien soin d'avertir que la trajectoire de la nature est courbe dans toutes ses parties, même les plus petites, & qu'il ne donne le système dont il s'agit que pour fixer les idées & aider à résoudre le problème des portées, le seul qu'on osât se proposer alors. Comme la portée est nulle, non-seulement dans le tir vertical, mais aussi dans le tir exactement horizontal, Tartaglia conclut avec raison qu'il y a un tir incliné entre l'horizon & le zénith qui donne une portée maximum.

Cette inclinaison remarquable est fixée par lui à la sixième division de son équerre, instrument qu'il avoit inventé pour pointer les bouches à feu; ce qui revient, d'après l'ancienne division du cercle, à l'angle de 45 deg. Mais les raisonnemens d'après lesquels cette détermination est établie, sont loin d'avoir la rigueur géométrique, comme l'auteur le confesse lui-même avec beaucoup de candeur. Au surplus, on ne trouve pas dans cet ouvrage une règle que Tartaglia avoit annoncée ailleurs, pour calculer les portées d'après un coup d'épreuve, soit qu'il ne lui ait pas été permis de la publier, comme il le dit quelque part, soit que le respect pour le public ait empêché la mise au jour de cette règle, jugée encore trop défectueuse.

Dix ans après parut l'*Artillerie géométrique*, de Rivius (Nuremberg, 1547; c'est le 2e. liv. d'un traité, en allemand, d'architecture militaire).

ARTILLERIE.

Sous ce titre ambitieux, l'auteur traite les mêmes questions que Tartaglia, en confessant toutefois dans sa préface, qu'il a profité de la lecture des ouvrages de celui-ci & de beaucoup d'autres auteurs : mais ce qu'il ne dit pas & ce qu'on n'a reconnu que long-temps après, c'est que son travail n'est qu'une traduction allemande de la *Sciencia nuova* & de quelques parties des *Quesiti ed inventi* de Tartaglia.

Une bonne règle pour calculer d'avance les portées, ne pouvoit être alors que le résultat d'expériences nombreuses & bien faites. On reconnoît avec plaisir que cette idée dirigea Collado, ingénieur espagnol, dans la *Pratique manuelle d'artillerie* (Venise, 1586), & l'Anglais William Bourn, dans son *Art de tirer la grosse artillerie* (Londres, 1587). On doit remarquer parmi les expériences de Collado, celle qu'il fit avec un fauconneau de 1 kil. 4685 (3 liv. de balles), pointé successivement sous les divisions de l'équerre de Tartaglia, c'est-à-dire, sous une série d'angles dont la différence constante est de 7° 30'. Voici le tableau des portées qu'il obtint.

Numéros d'ordre.	Angles.	Portées.	Différences.
0.	0°	368 pas.	226.
1.	7° 30'	594	226.
2.	15°	794	200.
3.	22° 30'	954	160.
4.	30°	1010	56.
5.	37° 30'	1040	30.
6.	45°	1053	13.

Collado ne donne point les portées sous les angles au-dessus de 45°. Il se contente de faire observer que :

Sous 52° 30', la portée est moindre que celle du n°. 6.

Sous 60° 30', la portée est entre celles des n°s. 2 & 3.

Sous 67° 30', la portée est entre celles des n°s. 1 & 2.

Sous 75° 30', le projectile tombe fort près de la pièce.

Ces résultats fournissoient déjà la preuve que les portées ne sont pas égales sous des angles également éloignés de 45°, & par conséquent que le maximum de portée n'est pas donné par la projection sous cet angle. Cette vérité devoit rester encore long-temps enveloppée d'épaisses ténèbres : elle étoit bien certainement ignorée de David Rivault de Florence, qui publia les *Elémens d'artillerie* (Paris, 1605). En effet, on trouve dans ce livre une mauvaise théorie, de laquelle il résulte que les portées croissent comme les co-sinus des angles d'élévation de la pièce, & par conséquent qu'il n'y a pas même de maximum de portée.

Au reste, Rivault, d'ailleurs savant, mais absolument étranger à l'art dont il prétend donner la théorie élémentaire, avoit emprunté cette doctrine d'un géomètre hollandais, Daniel Sant Bech,

Nnn

autre favant de cabinet & auteur de *Problèmes astronomiques & géométriques* (Bâle, 1561).

On n'eſt guère plus satisfait en parcourant le *Traité de l'artillerie & de-ſon uſage* (Bruxelles, 1613), par Diego Uffano, capitaine d'artillerie au ſervice d'Eſpagne. en effet, l'auteur y enſeigne avec Tartaglia que les portées ſous des angles également éloignés de 45°, ſont égales; mais n'alant plus loin, il fait croitre au-deſſous du maximum les portées d'après une loi compliquée qu'il ſeroit inutile de rappeler, car elle ne s'accorde pas même dans ſes réſultats avec la théorie des projectiles dans le vide; & d'ailleurs elle n'eſt appuyée ſur aucune preuve de théorie ou de pratique. On chercheroit inutilement dans les autres écrivains de la fin du 16e. & du commencement du 17e. ſiècle qui ſe ſont occupés de l'artillerie, tels que Cataneo (1582), Buſca (1598), Davelourt (1610), &c., quelque fait ou quelque vue d'un certain intérêt pour l'hiſtoire du problème.

Deuxième époque. Galilée découvre les lois de la chute des graves & les communique au monde ſavant dans ſes fameux *Dialogues ſur deux nouvelles ſciences* (Leyde, 1638). On ſe crut dès-lors en poſſeſſion de la ſolution complète du problème baliſtique.

En effet, d'après les lois de Galilée, & en ne conſidérant que l'action de la peſanteur ſur le corps projeté, la trajectoire eſt une parabole apollonienne, tracée dans le plan vertical qui paſſe par la ligne de tir, & les propriétés géométriques de cette courbe fourniſſent une relation fort ſimple entre les quatre quantités ſuivantes : 1°. la viteſſe initiale; 2°. l'angle de projection; 3°. la diſtance du point de projection au but, cette diſtance étant rapportée à l'horizon du point de projection; 4°. la hauteur verticale du but au-deſſus du même horizon : relation par le moyen de laquelle trois de ces élémens étant donnés, on obtient facilement le quatrième. De plus on a le moyen d'aſſigner l'angle que fait à chacun de ſes points la courbe avec l'horizon, ainſi que la viteſſe qu'y conſerve le projectile & le temps qu'a employé pour y parvenir : de ſorte que rien ne paroit manquer pour diſcuter complètement *à priori* toutes les circonſtances du mouvement des projectiles.

Quand on ne conſidère en particulier que les portées horizontales qu'on appelle auſſi *amplitudes* de la trajectoire, cette théorie donne ſur-le-champ les théorèmes ſuivans.

1°. Les amplitudes ſont égales ſous des angles de projection également éloignés de 45°, & ſous cet angle, l'amplitude eſt la plus grande.

2°. Avec la même viteſſe initiale, ou en d'autres termes, ſous les mêmes charges, les amplitudes ſont entr'elles comme les ſinus d'angles doubles de ceux de projection. D'où il ſuit qu'à charges égales, une amplitude eſt à la plus grande comme le ſinus du double de l'angle de projection pour la première eſt au ſinus total.

3°. La plus grande élévation du projectile, ou la hauteur du jet, correſpond verticalement au milieu de l'amplitude ; & a charges égales, les hauteurs de jet ſont entr'elles comme les carrés du ſinus des angles de projection.

4°. La viteſſe finale eſt la même que la viteſſe initiale. La hauteur due à la viteſſe initiale eſt à cette hauteur diminuée de la hauteur d'un point quelconque de la trajectoire, comme le carré de la viteſſe initiale eſt au carré de la viteſſe en ce point.

5°. Sous des angles égaux de projection, les viteſſes initiales ſont entr'elles comme les racines carrées des amplitudes.

6°. L'angle de chute eſt le ſupplément à deux angles droits de l'angle de projection ; à hauteurs égales, les angles de la courbe avec l'horizon dans la branche aſcendante & dans la branche deſcendante, ſont ſupplément l'un de l'autre.

7°. En temps égaux, le projectile parcourt des eſpaces qui, rapportés à l'horizon, ſont égaux : à charges égales, les durées des trajets ſont entr'eux comme les ſinus des angles de projection.

La théorie de Galilée fut parfaitement accueillie par les artilleurs inſtruits, & de toutes parts on s'empreſſa d'en faire l'application au tir du canon, du mortier & autres bouches à feu. En France, Blondel; en Angleterre, Halley; en Allemagne, Heberſtein, &c., ſe diſtinguèrent dans cette carrière, & l'ouvrage de Blondel, *l'Art de jeter les bombes* (Paris, 1683), devint claſſique preſque pour toute l'Europe.

Cependant on apperçut de bonne heure que l'air pouvoit oppoſer aux projectiles une réſiſtance qu'il n'étoit pas permis de négliger dans tous les cas : & même dans la ſérie d'expériences inſtituées à différentes époques pour déterminer le coefficient de la peſanteur, c'eſt-à-dire l'eſpace parcouru par un grave dans une ſeconde de temps, on fut obligé de recourir à cette réſiſtance pour expliquer les anomalies fréquentes qui ſe préſentèrent : c'eſt ce que nous apprenons du Père Dechales, entr'autres, dans ſon *Monde mathématique* (Lyon, 1690). Mais c'eſt à Newton qu'on doit d'avoir mis en évidence la grande influence exercée par la réſiſtance de l'air ſur les réſultats de la loi de Galilée. Il fit à cet égard, en 1710, des expériences déciſives: voici les réſultats des deux plus remarquables : un globe de verre abandonné à la peſanteur mit 8 ſecondes ½ à tomber de 85 mèt. 7571 (256 pieds) de hauteur (256 pieds) ; dans le même temps il auroit parcouru 329 mèt. 7121 (1015 pieds) ſuivant la loi de Galilée. Une veſſie gonflée deſcendit de la même hauteur 85 mèt. 7571 (256 pieds) en 21 ſecondes ½, & pendant ce temps elle ſeroit tombée dans le vide de la hauteur de 2188 mèt. 3473 (6737 pieds). Quelque temps auparavant, vers 1700, à Peterſbourg, un canon pointé verticalement n'avoit fait monter ſon boulet qu'à 2545 mèt. 7690 (7819 pieds), tandis que dans le vide, il ſe fût élevé à la hauteur de 19084 mèt. 2914 (58,750 pieds). Benjamin Robins ensuite attaqua avec plus de succès les applications de la théorie de Galilée à l'artillerie. Une de ses propositions dans son livre intitulé : *Nouveaux Principes d'artillerie* (Londres, 1742), est celle-ci : *La trajectoire des projectiles n'est point une parabole ; elle n'en approche même pas.* Parmi les preuves, nous ne citerons que les deux suivantes.

La portée, sous l'angle de 45°, d'une balle ayant 552 mèt. 2198 (1700 pieds) de vitesse initiale estimée d'après l'expérience du pendule, se trouva n'être que la trente-quatrième partie de ce qu'elle eût été dans le vide.

La portée d'une balle chassée sous l'angle de 19°, avec une vitesse initiale de 129 mèt. 94 (400 pieds), mesurée au pendule, n'a été que le quart de la portée parabolique.

On connut les effets de la résistance des milieux long-temps avant qu'on sût les calculer : en effet, on ne s'accorda pas d'abord sur la mesure de cette force. Wallis, qui le premier pensa à la soumettre au calcul, l'a fait, toutes choses d'ailleurs égales, proportionnelle à la simple vitesse (*Arithmétique des infinis*, Londres, 1655). Newton trouva plus conforme à la nature des choses de la supposer proportionnelle au carré de la vitesse : cette hypothèse appliquée à la chute verticale, & en particulier aux expériences de 1710, donna des résultats très-propres à lui concilier une pleine confiance. Il s'agissoit d'en faire l'application aux cas de projection sous des angles plus ou moins ouverts : le problème n'étoit pas sans difficulté, puisque le célèbre Newton, qui l'avoit attaqué le premier & qui avoit si bien réussi, dans l'hypothèse de Wallis, ne put d'abord le résoudre.

Troisième époque. En 1719, Keill, géomètre anglais, proposa à Jean Bernouilli la question de déterminer les circonstances du mouvement d'un globe pesant dans un milieu de densité uniforme, résistant comme le carré de la vitesse.

Cette proposition, ou plutôt ce défi suggéré par l'animosité qui régnoit alors entre les géomètres anglais & ceux du continent, fut accepté par Jean Bernouilli, qui parvint à une solution même plus générale qu'on ne la demandoit, en très-peu de temps : mais le géomètre bâlois, soupçonnant que son adversaire pourroit bien n'avoir pas le mot de sa propre énigme, déposa en main tierce sa solution, en fixant au provocateur un terme pour la publication de la sienne : malheureusement pour Keill, la conjecture de Bernouilli se changea en certitude, & celui-ci eut toute la gloire d'avoir le premier résolu complètement le problème balistique dans l'hypothèse de résistance la plus probable. Cette solution, présentée avec des développemens étendus par le célèbre Euler dans sa *Mécanique* (Pétersbourg, 1736), a passé dans tous les traités de mécanique un peu plus qu'élémentaires, publiés depuis cette époque.

Cependant Robins prétendit que la loi de résistance, comme le carré de la vitesse, ne pouvoit convenir à tous les cas du tir des projectiles d'artillerie, & qu'on devoit conclure de ses expériences entr'autres choses, que pour une vitesse de 552 mèt. 2198 (1700 pieds) par seconde, la résistance est triple de ce qu'elle seroit étant calculée d'après la loi de Newton. En conséquence il proposa une formule particulière de résistance, qui entr'autres inconvéniens offre celui de n'être plus applicable aux vitesses qui excédent 552 mèt. 2198 (1700 pieds).

Euler, dans ses savans Commentaires sur Robins (Berlin, 1745), arrive à une autre formule qui fait la résistance proportionnelle au carré augmenté d'un multiple de la quatrième puissance de la vitesse. Mais quoiqu'il lui ait semblé alors que cette formule renfermoit toutes les circonstances qui influent sur la résistance, & qu'elle eût reçu « ce degré de certitude qui caractérise l'expression d'une loi de la nature, » il la trouva si peu commode, qu'il l'abandonna par la suite pour s'en tenir à la loi ordinaire.

Lambert fit voir, dans ses *Recherches sur la force de la poudre & sur la résistance de l'air* (Dresde, 1766), que les expériences de Robins n'infirmoient point la loi newtonienne, & qu'en rectifiant les erreurs qui s'étoient glissées dans le calcul de ces mêmes expériences, on pouvoit les ramener à la loi commune. Quoi qu'il en soit, le problème vraiment important pour la balistique, celui qui mérite encore toute l'attention des géomètres, est celui de Keill : réduit à ses termes précis, il consiste à déterminer les circonstances du mouvement d'un projectile dans l'air, en supposant :

1°. Que le projectile est parfaitement sphérique.

2°. Que la densité est telle que son centre de gravité coincide avec son centre de figure.

3°. Que l'air traversé par le projectile est d'une densité uniforme.

4°. Que la résistance absolue de l'air est exprimée par le carré de la vitesse, divisé par le produit du diamètre du projectile multiplié par sa densité, évaluée d'après celle de l'air pris pour unité ; résultat qui doit être multiplié par un coëfficient constant, sur lequel on n'est pas parfaitement d'accord.

Ce coëfficient de la résistance est égal à $\frac{2}{3}$ suivant Newton : Euler le fait un plus grand : Tempelhoff l'estime comme Newton, & le trouve d'accord avec l'expérience : Lombard le diminue beaucoup en le réduisant à $\frac{9}{40}$: l'expérience peut seule décider quelle est la valeur définitive de ce coëfficient, comme à elle seule appartient d'infirmer la loi newtonienne ou de l'affranchir entièrement des doutes qui planent autour d'elle : mais pour parvenir à ce terme, il faudroit que le problème fût résolu, en y conservant le coëfficient comme une indéterminée, de telle manière que les résultats du calcul devinssent commodément comparables à ceux de l'expérience. C'est désormais de ce côté qu'on va voir les géomètres diriger leurs efforts.

Quatrième époque. En 1753, Euler reprend le problème dans les *Mémoires de Berlin*, d'après l'énoncé précis qu'on vient de lire.

Les propriétés de la trajectoire connues à cette époque d'après les solutions de Bernouilli, Herman, Euler, &c., étoient en substance les suivantes :

1°. La trajectoire est une courbe plane, située dans le plan vertical passant par la ligne de tir.

2°. Bien différente de la trajectoire parabolique, elle a ses deux branches, l'ascendante & la descendante, dissemblables : c'est-à-dire que la courbure & la vitesse pour un point de la branche ascendante & pour un point de la branche descendante, lorsque ces points terminent des arcs également inclinés sur l'horizon, ne sont point les mêmes, ces deux élémens étant constamment plus grands dans la branche descendante.

3°. La courbe a deux asymptotes : l'une, qui appartient à la branche ascendante, est inclinée à l'horizon sous un angle d'autant plus aigu, que l'angle de projection est plus petit, que la vitesse imprimée est plus grande & que la densité du milieu est plus considérable relativement à celle du projectile. Dans le vide, cette asymptote devient verticale & placée à une distance infinie de l'origine ou du point de projection. L'autre asymptote, celle de la branche descendante, est verticale & située à une distance finie du point de départ du projectile.

4°. La vitesse du projectile diminue en allant vers le sommet, mais n'est pas la plus petite en ce point comme dans le vide ; c'est un peu au-delà que ce minimum a lieu. La vitesse dans la branche descendante a pour terme de ses accroissemens un maximum fini dont elle approche rapidement, sans cependant l'atteindre qu'à l'infini : ce maximum est la vitesse dont il faudroit que le projectile fût animé pour éprouver une résistance égale à son poids.

5°. Les amplitudes également éloignées de 45° ne sont pas égales, & la plus grande amplitude est toujours au-dessous de 45°, & d'autant plus au-dessous que la vitesse du projectile est plus grande, la densité du projectile plus petite, & celle du milieu plus grande.

6°. Deux trajectoires sont semblables, quand, sous des angles de projection égaux, les hauteurs dues aux vitesses initiales sont entr'elles comme les diamètres des projectiles.

7°. Les équations du mouvement conduisent à une équation, en termes finis, de la courbe, entre deux coordonnées, dont l'une est l'arc parcouru depuis l'origine, & l'autre, l'angle que fait avec l'horizon la tangente à l'extrémité de cet arc. Si on compare entr'elles, cette courbe & celle que décriroit le projectile dans le vide, toutes choses d'ailleurs égales, on trouve pour les arcs terminés à des tangentes également inclinées, qu'un certain multiple constant de l'arc dans l'air est le logarithme népérien du même multiple de l'arc dans le vide augmenté de l'unité ; ce qui établit entre les deux courbes une correspondance très-remarquable.

Mais il étoit trop difficile de descendre de ces généralités aux déterminations de calcul qu'exige une confrontation suivie de la théorie avec la pratique : pour attaquer cette difficulté avec quelqu'espérance de succès, Euler se plaça dans un nouveau point de vue : c'est ainsi qu'il raconte lui-même comment il s'en empare.

« Comme l'hypothèse de Galilée ne demande » que l'élévation du mortier avec la vitesse ini-» tiale, il n'a pas été difficile de calculer des » tables qui marquent pour tous les arcs possibles, » tant la hauteur à laquelle la bombe arrive, que » le point où elle doit retomber à terre : mais si » l'on vouloit faire de pareilles tables (dans l'hy-» pothèse newtonienne de résistance), il faudroit, » outre les deux élémens cités, avoir encore » égard tant au diamètre de la bombe qu'à son » poids ; & partant on seroit dans la nécessité de » calculer de pareilles tables pour chaque dia-» mètre & pour tous les poids ; ce qui sans doute » rendroit impraticable l'exécution d'un tel ou-» vrage.

» Cependant, ayant bien pesé toutes ces diffi-» cultés, je ne les trouvai pas tout-à-fait insur-» montables, car j'ai remarqué qu'une infinité de » cas qui semblent différens, peuvent être compris » dans une même table ; & quoique malgré cela le » nombre de ces cas ne laisse pas d'être encore » infini, comme ils tiennent un certain ordre » entr'eux, il suffira d'en calculer un certain » nombre pour en pouvoir ensuite tirer tous les » autres par la voie de l'interpolation. Tout l'ou-» vrage sera donc réduit à un certain nombre de » tables calculées-& à une instruction qui en en-» seigne l'usage, & cela suffira pour calculer » tous les cas qui peuvent se présenter dans l'ar-» tillerie, presqu'aussi promptement que dans » l'hypothèse de Galilée. »

D'après cet ingénieux aperçu, Euler divise toutes les trajectoires en espèces, déduisant le caractère spécifique de l'inclinaison de l'asymptote de la branche ascendante, par rapport à l'horizon : & pour ne pas avoir un nombre infini d'espèces, il attache particulièrement ce caractère aux angles des asymptotes pris de cinq en cinq degrés de 0° à 90°, ce qui fournit dix-huit espèces de trajectoires : il expose ensuite à l'usage de ceux qui voudront calculer ces trajectoires spécifiques, la méthode la plus simple pour y réussir, & la forme la plus commode des tables qui doivent présenter les résultats.

La méthode de calcul se réduit en substance à

imaginer la trajectoire divisée en portions qu'on puisse sensiblement regarder comme des droites : Euler pense qu'en général les arcs partiels terminés par des tangentes dont les inclinaisons sur l'horizon différeront de 5°, ou moins, pourront être considérés comme de petites droites, ayant sur l'horizon une inclinaison moyenne entre les deux inclinaisons extrêmes des arcs : dès-lors après avoir établi d'abord, séparément pour les deux branches, cette distribution en arcs partiels en partant du sommet où l'inclinaison est nulle, on pourra aisément, d'après l'équation finie dont nous venons de parler, entre l'arc & les angles d'inclinaison de ses extrémités, calculer les longueurs de ces arcs; puis en les multipliant successivement par les co-sinus & les sinus des inclinaisons moyennes, obtenir respectivement leurs projections orthogonales sur l'ordonnée verticale : ensuite, par la formule des vitesses qui est très-simple, calculer les vitesses pour le commencement & la fin de chaque arc : enfin, diviser la longueur de chaque arc par la moyenne des vitesses initiales & finales, ce qui donnera le temps par l'arc. Ces résultats obtenus formeront deux tables partielles, l'une pour la branche ascendante, l'autre pour la branche descendante, contenant essentiellement six colonnes, savoir : 1°. celle des inclinaisons successives des extrémités des arcs partiels; 2°. celle des longueurs des arcs; 3°. celle des projections horizontales; 4°. celle des projections verticales; 5°. celle des vitesses finales; 6°. celle des temps.

Euler se contente à la fin de son mémoire, de présenter comme modèle les tables qui appartiennent à la 12e. espèce, & d'en expliquer l'usage par un exemple.

L'appel fait aux géomètres dans ce fameux mémoire qui changea réellement la face du problème balistique, fut entendu : le premier qui eut assez de patience & de dévouement pour y répondre, fut le malheureux Jacobi, officier distingué de l'artillerie prussienne : son travail, où il avoit calculé un nombre d'espèces double de celui du programme eulerien, s'est perdu, il est vrai mais la justice exige qu'on en fasse mention dans l'histoire du problème. En effet, pendant que l'ouvrage s'égaroit au secrétariat de l'Académie de Berlin, un destin trop rigoureux tranchoit le fil des jours de l'auteur au siége d'Olmutz. Le jeune comte de Gaewenitz exécuta ensuite ces calculs sous la direction du célèbre Karsten, & le public accueillit avec reconnoissance les dix-sept tables qui lui furent offertes dans une dissertation académique sur la trajectoire des projectiles d'artillerie (Rostock, 1764). C'est d'après ces tables, qui ne sont pas exactement conformes au programme d'Euler, quoiqu'elles renferment tout ce qui est nécessaire pour les explications les plus usuelles, que Lambert construisit des échelles balistiques (Mémoire de Berlin, 1773) & fournit ainsi à l'artillerie pratique, un instrument d'un usage plus prompt & plus facile. En Angleterre, Brown se conforma plus exactement au programme & calcula les tables avec plus d'étendue & de précision, y ajouta des résumés contenant simplement les amplitudes & les temps, avec des considérations tendant à faciliter le calcul des plus grandes amplitudes : ce travail précieux fut publié en 1777, à la suite d'une traduction anglaise des commentaires d'Euler sur Robins & du mémoire de 1753. Lombard, savant professeur aux écoles d'artillerie de France, avantageusement connu par sa traduction française de Robins & d'Euler sur Robins, avec des notes sur l'un & sur l'autre, s'est contenté dans son *Traité du mouvement des projectiles* (Dijon, 1791) de renouveler le programme eulerien, qu'il restreint d'ailleurs aux cas des tirs élevés & foiblement tendus, en invitant les officiers d'artillerie à le remplir, & en leur promettant qu'ils seront sûrs de trouver dans les résultats des réponses satisfaisantes à toutes les questions qu'on peut proposer au sujet des bombes. Il ajoute, en passant, que si l'on vouloit avoir des tables qui s'étendissent à tous les cas, il faudroit multiplier les espèces de trajectoire en les espaçant de degré en degré, ou peut-être même par intervalles moindres, au moins pour les premiers angles asymptotiques. On trouve une remarque toute semblable à la tête des tables de Brown. M. Legendre a depuis, dans ses *Exercices de calcul intégral* (Paris, 1811), donné une méthode pour porter aussi loin qu'on peut le désirer l'approximation dans les calculs du procédé eulerien.

Cinquième époque. Etat actuel du problème balistique.

1°. Des hommes d'ailleurs très-éclairés disent assez souvent avec une forte d'humeur : à quoi bon cette balistique scientifique? A-t-on le temps & la volonté de consulter des tables, d'appliquer des formules, dans des batteries de siége ou un jour de bataille? A cela on répond qu'il en est de l'artillerie comme des autres arts. Le praticien, obligé de rendre dans un temps donné le plus grand nombre de résultats achevés, doit être entièrement dégagé des lisières de la théorie & s'abandonner à la facilité que l'habitude a pu lui procurer : mais pour acquérir cette habitude, il a dû s'aider, dans ses premiers pas, des secours de la théorie, s'il a voulu être quelque chose de plus qu'un esclave de la routine : aussi laissons-nous la science balistique dans les écoles d'artillerie, où elle est à sa place, & où elle peut rendre d'importans services.

Ils ajoutent, avec plus d'apparence de raison : de quel usage seroit, même dans les écoles, une solution rigoureuse du problème, & qu'y feroit-on de tables volumineuses & péniblement calculées, s'il est vrai que la pratique soit dans un tel état d'imperfection qu'elle ne puisse ni fournir à la théorie les données qu'elle réclame, ni vérifier les réfultats qu'elle affigne *à priori*? En effet, on ignore à peu près complétement les relations qui doivent exifter entre la vitelfe initiale d'une part & la charge de poudre, le poids du projectile, la longueur de la pièce, le vent & la lumière. D'autre part, ces projectiles que vous fuppofez parfaitement homogènes & fphériques, ne font prefque jamais ni l'un ni l'autre : cette trajectoire, que vous faites une combe plane, eft prefque toujours une courbe à double courbure. L'angle de projection n'eft prefque jamais fans quelqu'incertitude : l'angle de chute ne peut être mefuré; il en eft à peu près de même du temps du trajet, &c. On adreffoit une objection toute femblable aux aftronomes-géomètres qui tentoient les premiers de calculer les phénomènes céleftes d'après les principes de la gravitation univerfelle : l'aftronomie pratique répondit en portant fes inftrumens à un tel degré de perfection, que l'art d'obferver rivalife aujourd'hui de précifion avec les calculs de la *mécanique célefte*. Il faut efpérer que l'artillerie pratique imitera cet exemple, & que fes efforts feront enfin couronnés par d'auffi heureux fuccès. Cette confiance eft infpirée par la tendance qui fe manifefte dans toutes les parties du fervice vers le perfectionnement, & qui préfente déjà dans tous les genres de fabrication, de poudre, de projectiles, de bouches à feu, &c., des réfultats très-fatisfaifans.

2°. Quelques artilleurs croient encore à l'utilité pratique de la théorie des projectiles d'après la feule loi de Galilée. Bélidor, dans fa préface du *Bombardier français* (Paris, 1731), difoit que l'expérience ayoit folennellement vérifié l'exactitude de fes tables, qui ne font calculées que d'après la parabole. Si le fait étoit vrai, il faudroit l'expliquer par une compenfation d'erreurs qui n'auroit rien de bien extraordinaire eu égard au coup d'épreuve fous 15 degrés, qui fournit la vitelfe initiale dont on fait ufage; ou bien, il faudroit convenir que pour les projections avec une vitelfe initiale peu confidérable, relativement au poids du projectile, ce qui eft le cas ordinaire du tir de la bombe, la réfiftance a des effets bien moins fenfibles, furtout quand la conformité de l'expérience avec la théorie n'eft jugée que d'après des portées moyennes prifes fur un nombre arbitraire. Scharnhoft, à qui l'artillerie doit une reconnoiffance éternelle pour les importans renfeignemens théoriques & pratiques qu'il lui a légués, affirme, dans fon *Opufcule fur les effets des armes à feu* (Berlin, 1813), que la théorie parabolique peut fervir tant que la charge de poudre eft au-deffous de $\frac{1}{42}$ du poids du projectile. On admettra volontiers ce réfultat, fans trop s'inquiéter des expériences de Vega, que Scharnhoft fait péniblement revenir à fon opinion, en prenant les portées moyennes fur dix au lieu de les prendre fur quatre.

3°. On divife affez ordinairement le problème en confidérant à part les tirs fous des angles moindres que 20 degrés; on trouve alors pour trajectoire, une logarithmique qui n'eft pas trop rebelle, & les queftions de tir à ricochet en particulier fe réfolvent avec affez de facilité, foit par le calcul, foit par des conftructions graphiques. Pour ce dernier cas, M. Dobenheim, favant profeffeur aux écoles d'artillerie, a rendu public un inftrument fort ingénieux, fous le titre de *Planchette du canonnier* (Strasbourg, 1817). Au refte, la fimplification de la théorie pour les tirs peu élevés, n'a été omife par aucun des géomètres qui fe font occupés du problème, & on trouve à cet égard une riche variété de moyens dans leurs ouvrages.

4°. Depuis long-temps on avoit penfé à déterminer par expérience la forme de la trajectoire, & on poffède un Mémoire manufcrit du célèbre Valhère (le fils), dans lequel il propofe plufieurs moyens de *lever géométriquement* la courbe décrite par les bombes. Des moyens analogues viennent d'être préfentés par un de nos profeffeurs aux écoles d'artillerie; mais pour leur application il eft requis que le mouvement du projectile foit affez lent pour qu'on puiffe le fuivre de l'œil dans tout fon trajet. La méthode que propofe M. Dobenheim dans fa *Baliftique* (Strasbourg, 1816), eft plus générale, & donneroit par points la trajectoire, quelle que fût la célérité du mouvement du projectile. Il fera fans doute important de s'occuper de la trajectoire fous ce point de vue, & on le pourroit faire avec fuccès dans nos écoles d'artillerie. C'eft là auffi, furtout pendant les loifirs d'une longue paix, qu'il conviendroit de reprendre *à pofteriori*, c'eft-à-dire, par la voie des épreuves, la queftion fi utile pour la pratique, de la longueur des portées pour les calibres de guerre. Hutton avoit déduit de fes expériences faites à Wolwick vers 1786, que la pièce & l'angle de projection reftant les mêmes, les portées font à peu près comme les racines carrées des vitelfes initiales, celles-ci étant comme les racines carrées des poids des charges (au moins tant que les longueurs des charges font très-petites par rapport à la longueur de la pièce). (*Voyez* l'article VITESSE INITIALE.) Ces lois font affez importantes pour que l'on cherche à les vérifier par expérience; & comme elles ne font qu'empiriques, on ne peut les admettre fur parole, furtout quand on fait attention que le matériel d'artillerie dont fe fervoit Hutton, n'eft pas identique avec le nôtre.

5°. Plufieurs artilleurs, pleins de confiance dans les progrès que l'analyfe a faits depuis quelque temps, fe flattent encore de l'efpérance de trouver une folution plus fimple & plus applicable à la pratique, en confervant au problème toute fa généralité. Leurs généreux efforts font dignes d'applaudiffemens, & pour les engager à y donner fuite, ou achevera de nommer les ouvrages où la question a été le plus profondément attaquée, où, par conséquent, l'on peut aller puiser des méthodes, des aperçus, des artifices d'analyse, dont la combinaison pourra procurer de nouvelles solutions, & où du moins l'on verra ce qu'il n'est pas nécessaire de faire une seconde fois.

On a du célèbre Lambert un Mémoire *de la résistance des fluides, avec la solution du problème balistique* (Mémoire de Berlin, 1765), dans lequel on trouve pour la première fois l'équation de la trajectoire exprimée en abscisses horizontales & en ordonnées verticales, sous la forme de *suite infinie*, il est vrai. Borda s'est aussi occupé de la question (Mémoire de Paris, 1769), en s'attachant principalement à des approximations qui permissent la comparaison de la théorie avec l'expérience.

L'Académie de Berlin ayant proposé pour sujet de concours, en 1782, la question balistique, couronna la pièce envoyée par M. Legendre : ce beau travail, qui est devenu fort rare, se trouve fondu dans un Mémoire de Moreau, qui fait partie du 11e. cahier de l'Ecole polytechnique.

Tempelhoff a enrichi la Collection de Berlin (année 1786) de deux savans Mémoires, où il prétend avoir réduit le problème à des suites convergentes.

Il avoit déjà présenté une ébauche de ce travail dans son *Bombardier prussien* (Berlin, 1781).

Dans le Mémoire de Pétersbourg (1780), on trouve un Mémoire de Krafft, où il propose une approximation qui revient à la seconde méthode que Bezout emploie dans son *Cours à l'usage de l'artillerie* (Paris, 1771), à la solution du problème. Le même recueil (1793) présente un savant Mémoire du même auteur sur la question des plus grandes portées.

Dans des *Dissertations sur la fortification & la portée des bombes* (Utrecht, 1793), Hennert donne une méthode d'approximation qui lui est propre. Rhode traite de nouveau la question dans deux écrits (Potsdam, 1797 & 1799); ce sont des approximations anciennes & nouvelles, particulièrement adaptées aux tirs peu élevés. C'est dans le dernier, qui est à la suite d'une *Traduction libre des fonctions analytiques de Lagrange*, qu'on trouve pour la première fois une table peu connue en France, quoique fort utile, pour faciliter l'application du calcul aux cas des portées horizontales; elle est aussi dans le dernier volume du *Cours de Vega*, à l'usage d'artillerie autrichienne (Vienne, 1802).

On ajoutera, en terminant cette notice & cet article, que tous ceux qui voudront voir le problème attaqué avec toutes les forces réunies de l'analyse, en y comprenant celles que peut fournir la nouvelle analyse des *Dérivations d'Arbogast*, doivent se procurer au secrétariat de l'Institut de France, la lecture d'un Mémoire sur la question balistique présentée en 1805 par feu Français, savant professeur aux écoles d'artillerie.

(Cet article est de M. Servois, conservateur du Musée de l'artillerie, auteur de plusieurs savans Mémoires.)

TRANCHE. C'est un outil en fer bien acéré, servant à couper le fer à froid & à chaud. Celles qui servent à couper le fer à froid ont le tranchant plus gros que les autres.

Tranche de la bouche. C'est la section qui termine une bouche à feu à l'extrémité par laquelle on y introduit la charge.

TRANSPORTS d'artillerie. Ils consistent à faire transporter dans toute l'étendue du royaume, tant par terre que par eau, tous les objets dépendans du service de l'artillerie.

Ces transports se font par un entrepreneur-général, qui a des agens près des établissemens de l'artillerie, & qui fournit un cautionnement de cinquante mille francs. Les ordres lui sont donnés par le ministre, ou, en cas d'urgence, par les directeurs & les commandans d'artillerie, en se conformant aux articles d'un traité & d'une instruction qu'on leur envoie à cet effet.

Le ministre se réserve la faculté de faire faire par le train d'artillerie & par les pontonniers, les transports qu'il juge convenable; par des marchés particuliers les transports dans l'intérieur des places & sur les côtes, pour l'armement & le désarmement des batteries, mais seulement quand la distance à parcourir n'est que de 12 kilomètres, & au-dessous.

TRAVÉE. C'est, dans un pont militaire, la partie du tablier comprise entre les milieux de deux supports voisins.

TRAVERS. C'est, dans le canon d'une arme portative, une crevasse transversale, provenant d'un défaut du fer ou de chaudes trop vives. On rebute avec soin les canons affectés de ce grave inconvénient. Les lames de sabres peuvent aussi être affectées de travers sur le tranchant ou sur le dos, vices qui les font rejeter.

TRAVERSES. Ce sont, dans les bateaux, deux pièces de bois mobiles destinées à soulager les poupées; elles sont à huit pans, & placées dans l'intervalle des deux premières courbes des becs. On fait faire plusieurs tours sur la traverse, au cordage amarré à la poupée, lorsqu'il doit soutenir un grand effort.

TRAVERSIÈRES. On nomme ainsi les cordages qui servent à maintenir l'écartement des bateaux dans la construction des ponts. Une traverfière va de l'avant-bec d'un bateau à l'avant-bec du bateau fuivant, & les deux arrière-becs font fixés de la même manière.

Dans les ponts de radeaux, les traverfières font des pièces de bois d'un foible équarriffage, qui fervent auffi à maintenir l'écartement de deux radeaux confécutifs. Dans ce dernier cas, on les nomme quelquefois *anguilles*.

TREMPES DES PIÈCES EN FER ET EN ACIER. La trempe a pour objet, foit de convertir des furfaces du fer en acier, foit de communiquer une plus grande dureté à l'acier.

Le fer a la propriété d'acquérir de la dureté, lorfqu'ayant été mis en contact avec un cément, & ayant éprouvé un grand degré de chaleur, on le plonge fubitement dans l'eau froide; c'eft ce qu'on appelle *trempe par cémentation ou en paquet*. L'acier a la même propriété, lorfqu'ayant été rougi au feu, on le refroidit auffi fubitement; c'eft ce qu'on nomme *trempe à la volée*.

Le degré de dureté que ces métaux acquièrent, dépend, pour le fer, du temps pendant lequel il a été cémenté, & pour l'acier, de la quantité relative de charbon qui eft entrée dans fa combinaifon avec le fer qui en eft la bafe, c'eft-à-dire, qu'il devient d'autant plus dur dans cette opération, qu'il eft plus aciéré.

Cette dureté croît auffi avec la différence entre la température chaude qu'ils avoient éprouvée, & la température froide à laquelle on les a expofés, & avec la rapidité du paffage de l'un à l'autre.

En acquérant de la dureté par la trempe, le fer & l'acier prennent un peu plus de volume qu'ils n'en avoient; ils gardent des dimenfions approchant de celles que la chaleur leur avoit données, & que le refroidiffement fubit les a empêchés de perdre. Il fuit de-là, comme le fait le démontre, qu'une pièce d'acier furtout doit tendre à fe tourmenter, à fe déformer, même à fe brifer à la trempe, dans les circonftances fuivantes:

1°. Lorfque fes parties ne font pas précifement du même acier, ou du moins des mêmes aciers femblablement diftribués, ce qui a lieu lorfque l'affinage n'en a pas été bien fait.

2°. Lorfqu'elles n'ont pas éprouvé toutes également le même degré de chaleur au feu, & le même refroidiffement dans l'eau, ou du moins lorfque ces degrés n'ont pas été les mêmes pour les parties femblables & femblablement pofées; car les efforts inégaux de chaque partie pour changer de volume, tendent à changer la pofition refpective des parties.

On recuit l'acier après la trempe, c'eft-à-dire, qu'on lui donne un degré de chaleur qui ne peut le faire rougir, afin de détruire l'état de contraction où la trempe l'a mis, & qui l'expoferoit à rompre au premier effort. On arrête le recuit au degré où on le veut, en retirant la pièce du feu & en la plongeant dans l'eau. Elle conferve d'autant plus de dureté, qu'on l'a retirée moins chaude du foyer.

Toutes les pièces de la platine, excepté les refforts, fe trempent par la cémentation, ainfi que la détente & les vis à bois. Pour cette opération, on fe fert ordinairement d'une boîte de forte tôle, au fond de laquelle on fait un lit d'une certaine épaiffeur de fuie dure & bien écrafée, fur lequel on commence à ranger de petites pièces de la même efpèce, ayant la précaution qu'elles foient féparées entr'elles par de la fuie, & qu'elles ne touchent pas aux parois de la boîte; on recouvre cette couche d'un lit de fuie, fur lequel on place encore des pièces plus fortes, & dans le même ordre. On continue ainfi jufqu'aux corps de platines, qu'on recouvre de fuie jufqu'au-deffus de la boîte, & qu'on preffe bien. On met fur le tout un couvercle de la même tôle, qu'on lute avec de l'argile bien pétrie, afin que les pièces foient exactement défendues du contact de l'air extérieur: fans cela elles ne prendroient pas la trempe. On difpofe enfuite cette boîte ainfi remplie & qu'on appelle alors *paquet*, de manière à pouvoir allumer tout autour, & en commençant par la partie fupérieure, un feu de charbon de bois. A cet effet on conftruit un mur de briques pofées à fec, qui forme autour du paquet une cavité qui puiffe le contenir environné d'une quantité fuffifante de charbon. Le feu doit être alimenté pendant environ quatre heures pour la groffe trempe, & pendant trois heures pour la petite, qui fe fait particulièrement pour les détentes & les vis de platines, les vis à bois & de culaffe. Lorfque l'ouvrier juge que fa trempe eft au degré neceffaire, après avoir laiffé amortir le feu, il démolit le mur de briques, en commençant par la partie fupérieure, & il retire les pièces de la boîte pour les jeter dans l'eau froide avec célérité.

On trempe de cette manière jufqu'à trente platines à la fois; mais il eft préférable de n'en tremper qu'un moins grand nombre.

Pour que les pièces foient bien trempées, la lime ne doit pas mordre deffus, & elles doivent faire feu avec la pierre à fufil. Si, après leur trempe, il ne fe découvre pas de défauts qui puiffent les faire rebuter, on les blanchit avec de l'émeri, & on recuit la noix, la bride, la gâchette & la vis du chien. Pour cela, on les met fur une feuille de tôle placée fur un feu de charbon de bois, où elles doivent refter jufqu'à ce qu'elles aient partout la couleur bleue. On recuit le pied de la batterie, au moyen d'une tenaille de fer qu'on fait rougir, & entre les mords de laquelle on le ferre: ou bien, ce qui eft plus économique, en le tenant pendant une minute au moins dans du plomb fondu. Le recuit de cette pièce doit être couleur de paille.

On recuit les pièces de la petite trempe de la même manière que celles de la groffe.

Pour

Pour tremper les ressorts de platine, on les chauffe également dans toutes leurs parties, & lorsqu'ils ont acquis le degré qui leur donne la couleur cerise, on les plonge dans l'eau froide, où ils doivent rester d'autant moins de temps que l'acier est plus pur, parce qu'alors ils reçoivent plus facilement l'impression du fluide. Ces ressorts ainsi trempés sont très-fragiles. Afin de leur donner l'élasticité qui leur est nécessaire, on les frotte d'huile en tous sens, & on les met sur un feu doux, jusqu'à ce que l'huile étant entièrement consumée, on les plonge une seconde fois dans l'eau, en les retirant presqu'aussitôt si l'acier est de bonne qualité.

Les tire-bourres & les ressorts de garniture se trempent & se recuisent comme les ressorts de platines.

Pour tremper la baïonnette, l'ouvrier commence par dresser à froid les bords de la lame, s'ils en ont besoin. Si l'acier est tel qu'il convient, la chaleur à donner à la lame est celle du rouge cerise, comme pour les ressorts de platines; c'est celle que donne le trempeur à la pièce par laquelle il le commence. Il la présente au feu la douille en haut, & la tenant ainsi au moyen d'une pince, il donne à la pièce des mouvemens d'avant & d'arrière, pour que la chaleur se répande également sur toute la lame. Quand elle est à son point de chaleur, il la retire; il passe deux fois l'arête du dos de la lame, d'un bout à l'autre, dans le résidu mouillé d'écailles de fer qui est amoncelé à cet effet sur une planche placée en travers des bords de l'auge (cette opération a lieu afin d'éviter les criques qui résulteroient d'un refroidissement trop prompt), & il la plonge dans l'eau dans cette même position, c'est-à-dire, l'arête du dos en bas, en commençant par la pointe, & en tirant à lui en inclinant à mesure qu'il enfonce. En la retirant, il examine si l'acier *découvre bien*; si cela est, il recuit cette lame jusqu'à la couleur bleuâtre.

Si cela n'étoit pas, il ne la recuiroit que jusqu'au jaunâtre couleur de paille; mais comme cela indiqueroit un acier foible, il chaufferoit la pièce suivante un peu davantage, & ainsi de suite jusqu'à ce qu'il eût atteint le degré qui met la pièce dans le cas de bien découvrir à la trempe, & c'est à ce degré qu'il se fixera pour toutes les autres pièces, qu'il faudra recuire alors jusqu'au bleuâtre. Lorsqu'en retirant la lame du feu, elle lui paroît plus chaude qu'il ne faut, il passe l'arête du dos dans le résidu mouillé d'écailles de fer, trois fois au lieu de deux. Si elle lui paroît au contraire moins chaude, il ne la passe qu'une fois.

Pour recuire la baïonnette, on ne passe la lame que sur le charbon allumé, & non au travers du foyer. Le trempeur la retire lorsque la couleur qu'elle a prise lui paroît celle qui convient : s'il se trouvoit que la chaleur du recuit eût été trop forte, il faudroit chauffer au rouge, & tremper de nouveau. Si la chaleur, au contraire, a été trop foible, il repasse la lame sur les charbons. Si la couleur indique la chaleur convenable, ce qui arrive presque toujours, il ne reste plus qu'à redresser la lame, si elle en a besoin. C'est ce qu'on fait en portant la pièce aussitôt sur l'enclume, en la plaçant dans la cannelure qui lui convient, en frappant des coups gradués avec la tête ou avec la panne du marteau, sur toutes les élévations qui se présentent lorsqu'on donne à la lame des mouvemens d'avant & d'arrière, ou enfin en se servant, s'il est nécessaire, du *dressoir fixe* & du *dressoir à main*.

Aussitôt que la lame est droite, il la plonge dans l'eau, l'acier trempé ne se prêteroit pas à froid aux coups de marteau; mais une foible chaleur lui suffit pour les supporter.

D'après ce qui vient d'être dit sur la trempe des baïonnettes, il reste peu de chose à dire sur celle des lames de sabres.

Il faut, pour tremper toutes les lames cambrées, le fourreau qui convient à chacune d'elles, afin de s'assurer si la trempe ne les a pas déjetées, pour les redresser s'il est nécessaire.

On doit remarquer encore ici que pour donner à l'ouvrier la facilité de chauffer les longues lames également d'un bout à l'autre, on a percé au fond de l'âtre un trou qui permet à la lame de passer derrière la forge.

Avant de remettre les lames au feu, le trempeur a soin de les dresser à froid, soit avec le dressoir, soit en les appliquant à plat sur l'enclume, & frappant sur la face qui est en dessus, mais en évitant soigneusement tout porte-à-faux.

Lorsque la lame lui paroît au point de chaleur convenable, il lui fait traverser le résidu mouillé d'écailles de fer, dont il a été parlé. Il la fait passer à travers, une première fois par la pointe jusqu'à 0 mèt. 1083 ou 0 mèt. 1354 (4 ou 5 pouc.) de la base. Il la retire ensuite à lui dans la même position, & ne la fort que par la pointe. Comme le tranchant & le biseau de la lame sont fort sujets à se déjeter à la trempe, s'ils sont trempés très-chauds, il fait passer dans le résidu, une fois le biseau & une fois le chanfrein du bout de la lame. Toute cette opération doit se faire très-lestement, pour que le refroidissement ne pénètre pas jusqu'au cœur de la lame.

Si la chaleur a paru foible au sortir du feu, au lieu de l'aller & du retour qu'on vient de décrire, le trempeur ne fait que l'aller & point de retour; si elle lui a paru un peu trop forte, il fait deux allers & un retour.

Pour tremper, il plonge les lames par le dos, & c'est toujours le talon de la lame qu'il plonge le premier.

Le recuit, sur les lames longues, ne se donne qu'en deux fois. Si l'on chauffoit d'un bout à l'autre, la lame seroit froide avant qu'on eût le temps de la dresser. Il ne faut pas dresser à coups de marteau au premier recuit, on risqueroit de faire briser la lame. La couleur du recuit doit être bleue.

Il faut éviter que le second recuit n'enjambe sur le premier. Il vaut mieux qu'il y ait un intervalle qui n'ait pas eu le contact du feu, & qui n'ait reçu la chaleur que par communication.

On fait tout cela assez promptement pour que la première moitié ait encore assez de chaleur pour être dressée à coups de marteau, s'il le faut.

On chauffe, on trempe, on recuit & on redresse les baguettes de fusils comme les lames de sabres. Il n'y a aucune remarque particulière à faire à ce sujet, sauf que l'emploi du résidu mouillé d'écailles de fer pour les lames n'est pas ordinairement d'usage.

On se sert de charbon de bois au lieu de charbon minéral pour la trempe & le recuit des baguettes de fusils, des lames de sabres & pour les baïonnettes, & surtout pour ces deux dernières pièces, parce que le charbon de terre est sujet, par la chaleur qu'il donne, à brûler les surfaces des pièces, & parce qu'il contient des matières qui, en se combinant avec l'acier, peuvent le dénaturer.

Il faut visiter toutes les pièces avant de les tremper, & rejeter celles qui sont défectueuses.

La trempe des lames en damas s'opère de même que celle des lames ordinaires, mais étant formées d'une étoffe, on les chauffe un peu plus que celles-ci. Leur recuit doit être pourpre ou violet, & rarement bleu.

Les limes en fer se trempent dans des vaisseaux clos, avec du charbon de bois pulvérisé & tamisé ; quelques trempeurs ajoutent à ce cément du sel marin, de l'ail, de la corne, des substances calcaires ou d'autres ingrédiens dont ils font mystère ; mais cela est inutile, sauf la corne ou des substances calcaires, qui facilitent la cémentation en décapant le fer & l'acier. Quelquefois on ajoute encore de la suie au charbon pulvérisé. (*Voyez*, à l'article ARMES TRANCHANTES EN CUIVRE, l'espèce de trempe que ce métal est susceptible de prendre.)

Lorsqu'on recuit une pièce trempée & blanchie, on observe les gradations de la chaleur par les changemens de couleur à sa surface, qui passe successivement au jaune paille, à l'orangé, au pourpre, au violet & au bleu ; ces nuances sont les mêmes sur l'acier poli, mais elles se distinguent mieux. L'acier qui n'a été blanchi ni à la meule, ni à la lime, prend successivement, en s'échauffant, des couleurs parmi lesquelles on distingue les trois nuances suivantes : le jaune paille, le bleuâtre & le grisâtre-cendré.

Indépendamment de la couleur bleue qui indique si le recuit est tel qu'il convient, on peut encore connoître si le degré de chaleur donné pour cette opération est suffisant, en appliquant le bout de la corne d'une plume sur une pièce recuite. Il doit seulement s'y attacher de façon à enlever une petite vis, & la pièce seroit trop recuite si la plume brûloit trop vite.

Le fer, avant de se brûler, prend les différentes nuances de couleur suivantes : jaune paille, orange, pourpre, violet, bleu, petit rouge, gros rouge ou couleur de cerise, rouge-blanc, blanc fondant, qui annonce que le fer est presqu'en fusion, &c. Ces nuances sont, à très-peu de chose près, celles par lesquelles passe l'acier avant de se décomposer.

TRÉPIED. C'est un ustensile dont on fait usage dans les forges, & qui est composé d'un cercle en fer, supporté par trois pieds du même métal. Il sert à supporter & à maintenir la bombe ou l'obus dans une position favorable à l'ouvrier qui en doit râper le jet & la couture.

TRÉSAILLE. C'est la partie supérieure du hayon quand il est placé.

Cette pièce de bois est percée, à ses extrémités, d'un trou dans lequel se loge le bout arrondi de la ridelle.

TREUIL. C'est un gros cylindre faisant partie des machines d'artillerie destinées à enlever ou à traîner des fardeaux considérables. Le cordage tourne & se dévide autour du treuil, au moyen d'une roue ou de leviers qui servent à la manœuvre. (*Voyez* les mots CHÈVRE & CABESTAN.)

TRICOISE. C'est une sorte de tenaille qui sert à arracher des clous.

TRIDENT. C'est une arme ancienne à trois dents, dont la pointe du milieu est beaucoup plus longue que les deux autres. Les tridents qu'on voit au Musée de l'artillerie sont faits comme ceux des peintures qui représentent Neptune.

TRINGLE. C'est une pièce en fer du mousqueton, qui est placée du côté de la contre-platine, & dans laquelle passe un anneau servant à suspendre l'arme au porte-mousqueton. Il y a deux anneaux dans celle du mousqueton modèle de 1816.

TRIPOLI. C'est une terre argileuse & ferrugineuse, qui sert à polir les pièces d'armes en cuivre. Elle est un peu rude au toucher, grise, blanche ou jaunâtre. Le meilleur est tendre, dégagé de grains de sable & facile à pulvériser.

TRIQUEBALLE. Ce n'est, à proprement parler, qu'un avant-train à timon, dont les roues ont 2 mèt. 2738 (7 pieds) de hauteur, & le timon 4 mèt. 5478 à 4 mèt. 8728 (14 à 15 pieds) de long. Il forme un levier du premier genre, d'autant plus avantageux que le bras de la puissance est fort long & que celui du poids est très-court ; car son point d'appui, que forment le points réunis des roues tangentes à terre, peut être considéré comme au bas d'un pointal placé sous le milieu ou sous le centre de gravité de l'essieu. Le poids suspendu derrière la sellette se trouve très-proche, & la puissance à l'extrémité de la flèche se trouve très-éloignée. La hauteur des roues donne une très-grande facilité pour traîner les fardeaux, pourvu que l'on donne à la flèche une longueur telle que l'angle qu'elle fait avec le pointal supposé ou le rayon vertical des roues, un angle le plus approchant possible d'un angle droit.

Il y a à l'extrémité de la flèche, une lunette destinée à recevoir la cheville ouvrière d'un avant-train de siége.

On s'en sert dans les places pour transporter les grosses bouches à feu & autres pesans fardeaux.

Les pièces en bois qui composent cette voiture sont: une flèche, deux empanons, un essieu en bois, une sellette & deux roues.

Les parties en fer sont: un clou rivé pour la tête de la flèche, une bande de renfort, sept clous rivés d'*idem*, une contre-lunette attachée sur la tête de la flèche, une lunette, un clou rivé pour leurs bouts arrondis, trois anneaux d'embrelage, deux équignons, deux heurtequins d'essieu en bois, deux happes à anneau de bout d'essieu, deux brabans d'*idem*, deux boulons de sellette, deux rosettes, deux étriers d'essieu & de sellette, deux boulons d'assemblage pour les empanons, deux rosettes d'*idem*, deux frettes d'empanons & quarante-neuf clous d'applicage.

TRIQUEBALLE à roues de charrette. Cette voiture sert aussi dans les places; sa voie est de 1 mèt. 2181 (3 pieds 9 pouc.); la longueur de l'essieu est de 1 mèt. 7599 (5 pieds 5 pouc.); la flèche a 3 mèt. 2484 (10 pieds), & en général il est absolument semblable au triqueballe ordinaire, aux dimensions près.

TRIQUEBALLE à vis. Il ne diffère du triqueballe ordinaire que par un mécanisme adapté à la sellette pour enlever les fardeaux sans être obligé de faire un abattage. Les parties qui le composent sont les mêmes que celles du triqueballe ordinaire; il faut seulement y ajouter les suivantes:

Une vis placée verticalement sur la derrière de la sellette, un écrou en cuivre, un boulon, une rosette & un écrou, deux crémaillères percées de cinq trous chacune pour le passage des chevilles à piton destinées à supporter les charges & à soulager la vis; un collet pour l'assemblage des crémaillères, embrassant l'écrou de cuivre; deux bandes de frottement, quatre heurtequins, une plaque porte-écrou; deux boulons, deux rosettes & deux écrous; un support d'écrou & son petit boulon, une virole de cuivre placée sur l'embase de la vis, une manivelle de vis, son écrou à deux branches, une clef fixée sur l'écrou à deux branches, liée par une chaînette à un piton à tête plate, rivée sur une des branches de l'écrou; deux chevilles à piton, deux plaques d'appui d'*idem*, deux crampons, un boulon porte-manivelle, sa rosette & son écrou; soixante-neuf clous d'applicage.

TROMBLON ou ESPINGOLE. C'est une espèce de fusil court, dont le canon est évasé en trompe, & qu'on charge de plusieurs petites balles ou chevrotines. Il y en a de diverses formes, & quelquefois le canon est en cuivre. Cette arme sert particulièrement pour mettre dans les voitures de voyage. Elle se charge plus facilement que les autres, à cause de la forme du canon, mais elle repousse beaucoup, ce que l'on attribue à l'évasement de la bouche.

La charge de poudre est d'environ 0 kil. 0048 (90 grains), & de dix à douze chevrotines pesant ensemble à peu près 0 kil. 0229 (6 gros).

On ne fabrique presque plus de ces armes, mais on fabrique quelquefois des pistolets dont les canons sont aussi en trompe.

Un tromblon, lorsqu'il est bien soigné, coûte environ 150 fr.

TROMPE. C'est, dans les artifices de réjouissance, un assemblage de plusieurs pots à feu, placés les uns au-dessus des autres & qui partent successivement, de manière que le premier, en jetant sa garniture, communique le feu à la composition lente du porte-feu du second, & ainsi de suite. On fait usage des trompes pour les feux sur l'eau. (*Voyez* l'*Art de l'Artificier de l'Encyclopédie méthodique*.)

TROMPES. Ce sont des machines simples & passives, destinées à alimenter d'air le feu des hauts fourneaux & des forges d'affineries par le moyen de l'eau. Elles sont généralement en usage dans les usines répandues dans les Alpes & les Pyrénées. On s'en servoit à la manufacture d'armes de Turin pour les forges des canonniers.

Les trompes ne sont pas sujettes à se déranger; elles ne nécessitent pendant un grand nombre d'années aucune réparation considérable. Elles ne donnent lieu à aucune interruption dans le travail; enfin, leur usage est moins coûteux que celui des soufflets. Mais elles exigent une chute d'eau plus grande de plus d'un tiers que celle nécessaire pour faire mouvoir les soufflets. Le volume d'eau doit aussi être beaucoup plus considérable, & on objecte à leur égard qu'elles donnent un vent humide. Toutefois, en supposant que ce vent soit plus humide que celui de l'atmosphère en temps de pluie, il ne peut nuire au fer ni à l'action du charbon, que les ouvriers font ordinairement dans l'usage d'arroser plus ou moins abondamment.

La trompe est formée par un arbre creux qui

repose sur une cuve, laquelle plonge dans l'eau par ses bords. On fait tomber dans cet arbre un courant d'eau qui se précipite sur une pierre qui s'élève au milieu de la cuve. L'air se dégage, & est obligé d'enfiler une ouverture latérale qui, par le moyen d'un conduit appelé *porte-vent*, se dirige au bas du fourneau. Cet air est fourni par celui que l'eau entraîne avec elle, & par un courant qui s'établit par les ouvertures qu'on pratique à 1 mèt. 949 (6 pieds) du sommet de l'arbre. Ces ouvertures s'appellent *trompilles*.

Les dimensions qui paroissent les plus avantageuses pour les trompes sont celles suivantes :

Longueur totale de l'arbre, 8 mèt. 013 (24 pieds 8 pouc.), dont 1 mèt. 949 (6 pieds) depuis le sommet jusqu'aux trompilles, 5 mèt. 847 (18 pieds) depuis les trompilles jusqu'à la cuve, o mèt. 217 (8 pouc.) d'entrée dans cette cuve.

Hauteur de la cuve, 1 mèt. 624 (5 pieds).

Diamètre de la cuve, 1 mèt. 462 (4 pieds 6 pouc.)

L'intérieur de la partie de l'arbre au-dessus des trompilles, forme un cône tronqué renversé, dont l'ouverture supérieure est de o mèt. 487 (1 pied 6 pouc.), & celle inférieure de o mèt. 135 (5 pouc.).

Le diamètre de la cavité de l'arbre au-dessous des trompilles est de o mèt. 217 (8 pouc.).

Le diamètre des trompilles est de o mèt. 162 (6 pouc.).

La pierre sur laquelle l'eau se précipite, a o mèt. 487 (1 pied 6 pouc.) de diamètre.

La cuve a une ou plusieurs ouvertures dans le bas, pour que l'eau puisse s'échapper ; & à une certaine distance il y a un contre-bord, afin qu'elle soit toujours remplie jusqu'au tiers de sa hauteur.

Les cuves sont construites en maçonnerie ou en bois convenables pour cet objet.

Le porte-vent doit être le plus court & le plus droit possible ; sa longueur est de 1 mèt. 191 (3 pieds 8 pouc.) environ.

Le diamètre de l'ouverture qui pénètre dans la cuve, doit être de o mèt. 217 (8 pouc.) environ, & celui de l'autre extrémité de o mèt. 068 (2 pouc. 6 lig.) environ.

Les trompes des forges catalanes n'ont ordinairement que 5 mèt. 898 (12 pieds) de hauteur. Celles de la manufacture d'armes de Turin n'ont pas davantage.

Dans une trompe trop élevée, l'eau ne se débite pas également, ne se précipite pas d'une manière uniforme, parce qu'elle est sujette à faire rétrograder le vent par le tuyau de descente, & par-là elle arrête l'eau & la fait refouler.

Il y a des trompes au-dessus desquelles on établit un réservoir de 1 mèt. 949 (6 pieds) environ de hauteur, & d'une largeur égale. Par ce moyen, l'eau supérieure pressant celle inférieure, il s'en précipite davantage dans un temps donné ; la vitesse est augmentée, & le vent ne peut rétrograder. En élevant l'entonnoir au-dessus du réservoir de pression, & le perforant au-dessous du niveau de l'eau, cet entonnoir sert lui-même de trompille.

La chute d'eau pour les trompes à réservoir de pression peut être infiniment moindre que celle nécessaire aux trompes ordinaires, & les prises d'eau peuvent être beaucoup plus près que pour ces dernières.

TROPHÉE D'ARMES. C'est un amas d'armes, de drapeaux & d'instrumens guerriers qu'on élève & lie en faisceaux à une lance ou à une colonne. (*Voyez*, au Musée d'artillerie à Paris, des trophées d'armes de diverses espèces.)

TROUPES D'ARTILLERIE. Ce sont les soldats du corps royal de l'artillerie réunis sous le commandement des officiers de cette arme, des différens grades. Elles se distinguent en troupes à pied & à cheval, en pontonniers, en ouvriers, en artificiers & en soldats du train d'artillerie. (*Voyez* l'article CORPS ROYAL DE L'ARTILLERIE.)

Les mineurs ont fait partie des troupes de l'artillerie jusqu'en 1793 ; ils sont maintenant partie de celles du génie. On défendit & attaqua ces changemens dans le temps ; l'artillerie considère les mines comme des bouches à feu, & le génie comme des tranchées & des cheminemens vers la place assiégée.

Les sapeurs ont également fait partie de l'artillerie, & ils ne sont attachés au génie que depuis 1793 ; mais quel que soit celui des deux corps auquel les mineurs & les sapeurs appartiennent, ils serviront toujours utilement & avec gloire.

TROUSSE. On appelle ainsi le paquet de lamettes ou de petites barres d'acier qu'on fait pour le raffiner & pour forger ensuite les lames de sabres. L'acier nerveux se met au milieu de la trousse, & l'acier sec autour de celui-ci. (*Voyez* le mot AFFINAGE.)

TROUSSE de batterie. C'est, dans la batterie d'une platine à silex, la partie droite qui s'appuie carrément sur le ressort.

TROUSSE de forets. C'est la collection des forets nécessaires pour aléser un canon de fusil.

TROUSSEAU. On nomme ainsi une pièce en bois léger, bien droite, servant à faire le moule des canons. Il en faut deux par canon, l'un pour le moulage depuis la tranche de la bouche jusqu'à la plate-bande de culasse inclusivement, l'autre pour mouler la masselotte ; le cul-de-lampe est moulé séparément.

Le trousseau pour le corps du canon est un tronc-conique ; le diamètre du petit bout est égal à la moitié du grand, qui est égal à peu près à celui de la plate-bande de culasse. Le trousseau a environ o mèt. 9745 (3 pieds) de plus de longueur que le canon pour celui de siége, & o mèt. 6497 (2 pieds) pour celui de campagne.

Comme l'énoncé de quelques dimensions peut servir à faire mieux comprendre les formes dont on va parler, & que ces dimensions varient à raison du calibre, celles qu'on donnera sont relatives au canon de 16.

Pour former la tête du trousseau, on prend o mèt. 5414 (1 pied 8 pouces) de longueur au gros bout de la pièce de bois; la première partie de la tête au bout, est cylindrique sur o mèt. 3789 (1 pied 4 pouces), & percée pour recevoir deux leviers en croix servant à la manœuvre du trousseau; la seconde partie est formée en gorge tronc-conique. On prend environ o mèt. 5414 (1 pied 8 pouces) au petit bout pour former la queue du trousseau; on la rend cylindrique & on l'emboîte à o mèt. 3248 (1 pied) de son extrémité dans un cercle de fer de o mèt. 2166 (8 pouces) de longueur & de o mèt. 0135 (6 lignes) d'épaisseur. Le corps du trousseau qui est le restant de la pièce en bois, est taillé pour figurer grossièrement les renforts & la volée du canon.

Sur deux chantiers parallèles ayant 1 mèt. 7866 (5 pieds 6 pouces) de longueur & o mèt. 1083 (4 pouces) sur o mèt. 1759 (6 pouc. 6 lig.) d'équarrissage, élevés de o mèt. 8121 (2 pieds 6 pouces) au-dessus du sol, par des pieds ou montans, on place deux trousseaux pour le même calibre, mais en sens contraire, afin de pouvoir manœuvrer les leviers. Ces chantiers ont deux encastremens vers chaque bout, l'un tronc-conique, l'autre cylindrique, où se logent la gorge tronc-conique de la tête du trousseau & la boîte cylindrique de sa queue. On fait, autant que l'on peut, deux modèles du même canon sur les deux chantiers, parce que ces modèles devant sécher au feu en les tournant, le même feu qu'on place entre les deux suffit pour les sécher à la fois, ce qui est plus économique. (Extrait de l'Aide mémoire, 5e édition.)

TRUSQUIN. C'est un outil formé par un gros réglet terminé par une pointe. Il entre dans un carré de bois, où il est mobile & où il se serre avec un coin. On l'emploie pour marquer l'emplacement des tenons, des mortaises, &c. Il sert aux canonniers, aux équipeurs-monteurs, &c.

TULIPE. C'est la partie qui termine une pièce de canon vers la bouche, & dont la figure est à peu près celle de cette fleur, à cause du renflement, nommé *bourlet*, qu'on donne au métal. Ce surcroît d'épaisseur a pour objet de fortifier la pièce contre les battemens du boulet, lesquels sont d'autant plus forts qu'ils sont plus loin de leur point de départ, & en même temps de rendre la ligne de mire moins divergente de l'axe de la pièce.

TUYÈRE. C'est, dans un soufflet, un canal ordinairement en fer forgé, servant à conduire le vent dans le foyer de la forge.

U

UNIFORME. Marque distinctive des troupes des différens corps d'une armée. Chaque nation a toujours eu une espèce d'uniforme, soit dans les armes, soit dans les vêtemens de guerre. Il consiste principalement, pour les armées modernes, dans la couleur des vêtemens.

Les soldats romains avoient pour habillement de guerre des cottes d'armes en cuir, renforcées de lames de métal qui étoient si justes au corps, qu'elles y paroissoient moulées. Le sayon de peau fut l'uniforme des Gaulois jusqu'au cinquième siècle, qu'ils s'armèrent à la romaine. Les Français conservèrent cette mode jusqu'au règne de Charlemagne, qu'ils reprirent leur ancien sayon, auquel ils ajoutèrent le haubert, autre sayon composé de mailles de fer, qu'ils mirent sur le premier. L'uniforme d'un guerrier français consistoit donc alors en un habit complet en mailles de fer. On le quitta sous Charles VI, pour prendre l'armure de fer battu, & l'on adopta pour l'uniforme des troupes deux écharpes de couleurs différentes, l'une, pour la livrée de la nation, & l'autre pour la distinction particulière des troupes.

Les gens de guerre conservèrent l'écharpe d'ordonnance jusqu'à ce que l'uniforme fût établi, & même après cette époque.

C'est sous Louis XIV que les premiers uniformes des officiers & des soldats de toutes les troupes ont commencé à être portés régulièrement. Les officiers, par une ordonnance de 1717, sont obligés de porter l'habit uniforme pendant le temps qu'ils sont au corps, comme étant le plus convenable pour les faire connoître & respecter des soldats.

Par l'ordonnance du 22 mai 1722, l'habillement du régiment royal artillerie étoit de drap bleu, doublure rouge, avec des boutons de cuivre, & la veste rouge. (L'ordonnance ne parle pas de la culotte, qui devoit également être rouge.) Son armement consistoit en fusils avec baïonnettes & en sabres.

Une compagnie de canonniers des côtes de l'Océan, formée du temps de Mgr. le duc du Maine, grand-maître de l'artillerie, étoit habillée de drap bleu, la doublure & les paremens écarlates, avec des brandebourgs au or & les aiguilletes de même couleur ; les fusils étoient garnis en cuivre. L'uniforme des officiers & des sergens de cette compagnie étoit en drap bleu, la doublure & les paremens écarlates, la veste écarlate & les brandebourgs brodés en or.

Les officiers-généraux d'artillerie ont, comme ceux des autres corps de l'armée, un grand & un petit uniforme : le grand uniforme est brodé au collet, aux paremens & au bas de la taille ; le petit uniforme est uni, sans broderie, & il se porte avec des épaulettes.

L'écharpe, qui est le signe de service des officiers-généraux, se porte toutes les fois qu'ils sont avec les troupes & dans les cérémonies.

Il y a un modele d'épée pour les officiers-généraux, un autre modele pour les officiers supérieurs, & un troisième pour les capitaines, les lieutenans & les sous-lieutenans. (*Voyez* les articles ÉPÉE DES OFFICIERS-GÉNÉRAUX ET D'ÉTAT-MAJOR, & ÉPÉE DES OFFICIERS DE TROUPES.)

Les épaulettes des officiers de tous les corps d'artillerie sont en or, excepté celles des officiers du train, qui sont en argent.

L'uniforme des troupes d'artillerie est fixé comme il suit :

Régiment d'artillerie à pied : habit bleu, collet bleu ; passe-poil écarlate ; épaulettes en laines, à franges ; doublures & liseré bleus ; brides bleues ; liseré écarlate ; revers bleus ; passe-poil écarlate ; paremens écarlates, passe-poil bleu ; pattes de paremens bleues, passe-poil écarlate ; doublures, partie supérieure du corps, en toile blanche, taille & basques, écarlates ; passe-poil figurant des poches, écarlate ; retroussis écarlate, passe-poils bleus ; ornemens, grenade & fleur de lys, bleus ; gilet bleu, collet bleu ; paremens écarlates, pantalon de tricot, bleu ; boutons jaunes, empreinte, numéro (indépendamment du numéro du régiment, le bouton porte deux canons en sautoir, une fleur de lys & une grenade enflammées) ; capote, fond & collet, bleus ; galons de distinction des sous-officiers, en or ; ceux des caporaux sont jaunes, ceux d'ancienneté sont écarlates rouges ; caleçon & pantalon en toile.

Les soldats sont armés d'un fusil léger & d'un sabre particulier. (*Voyez* les articles FUSIL D'ARTILLERIE & SABRE D'ARTILLERIE.)

Bataillons de pontonniers : l'uniforme est le même que celui du régiment d'artillerie à pied, sauf la patte du parement de l'habit qui est rouge ; le bouton porte un P, au lieu du numéro de régiment.

Les pontonniers sont armés comme les canonniers de l'artillerie à pied.

Compagnies d'ouvriers d'artillerie. Leur uniforme ne diffère en rien du précédent, si ce n'est que leur bouton porte un numéro au lieu d'un P.

Les ouvriers d'artillerie sont armés comme les canonniers de l'artillerie à pied.

Le collet de l'habit, celui du gilet & celui de la capote de toutes les troupes de l'artillerie, sont échancrés par-devant.

Les troupes d'artillerie à pied peuvent porter des boutons en métal sur les capotes des sous-officiers, caporaux & soldats ; les sous-officiers ont la faculté d'avoir la capote à taille ; les sous-officiers & caporaux sont autorisés à porter les galons de grade sur la capote, & les caporaux à porter ces mêmes galons sur la veste.

Les corps d'artillerie à pied ont le schakos en tissu de coton, suivant la forme & les dimensions prescrites pour l'infanterie. La plaque est la même, à la seule exception des empreintes d'écussons, qui restent telles qu'elles sont en usage dans les différens corps de l'arme de l'artillerie à pied. Ces corps conservent le galon écarlate à la partie supérieure du schakos.

Le bonnet de police de cette arme est semblable à celui affecté à l'infanterie.

Compagnie d'artificiers. Leur uniforme est le même que celui du régiment d'artillerie à pied, à l'exception pourtant que le collet & les paremens de leur habit sont bleu de ciel.

Les artificiers sont armés comme les canonniers de l'artillerie à pied.

Compagnies de canonniers vétérans. Leur uniforme est le même que celui ci-dessus décrit, excepté que leurs épaulettes sont bleues, la doublure & liseré, écarlates ; leur capote & le collet, beige.

Les canonniers vétérans sont armés du fusil & du sabre d'infanterie.

Régimens d'artillerie à cheval : habit bleu, collet bleu, passe-poil écarlate ; revers bleus, passe-poil écarlate ; paremens écarlates, passe-poil bleu ; épaulettes en laine rouge à franges ; doublure & liseré, bleus ; passe-poil figurant des poches, écarlate ; retroussis écarlates, passe-poil bleu ; ornemens, grenade & fleur de lys, bleus ; doublure, partie supérieure du corps, en toile, taille & basques en cadis écarlate ; gilet en drap bleu ; veste d'écurie en drap ; fond, collet, paremens, & épaulette, bleus ; pantalon en drap croisé bleu, tresles écarlates ; pantalon de cheval en drap bleu ; boutons demi-ronds, jaunes ; manteau en drap bleu ; galons de distinction des sous-officiers, en or ; *idem* des brigadiers, jaunes ; galons d'ancienneté, écarlates ; porte-manteau en drap bleu ; ornemens, grenades écarlates.

Les régimens d'artillerie à cheval sont armés d'un pistolet & du sabre de cavalerie légère, modèle de l'an 11. (*Voyez* l'article SABRE DES HUSSARDS.)

Escadrons du train d'artillerie : habit gris de fer; collet bleu, passe-poil gris de fer; revers bleus; passe-poil gris de fer; paremens bleus, passe-poil gris de fer; pattes des paremens, gris de fer; passe-poil bleu; épaulettes gris de fer; doublure & liseré bleus, passe-poil figurant les poches, bleu, retroussis bleu; passe-poil gris de fer; ornemens, fleur de lys, gris de fer; doublure, partie supérieure du corps, en toile; taille & basques en cadis bleu; gilet en drap gris de fer; veste d'écurie en drap gris de fer; collet bleu; paremens gris de fer; épaulettes gris de fer; pantalon en drap croisé, gris de fer; pantalon de cheval en drap gris de fer; boutons blancs; manteau en drap gris de fer; galons de distinction des sous-officiers, en argent; *idem* des brigadiers, en fil blanc; galons d'ancienneté, écarlates; porte-manteau en drap gris de fer; ornemens, fleurs de lys, bleus.

Les soldats du train d'artillerie sont armés du sabre d'artillerie & d'un pistolet de cavalerie.

L'uniforme des différens employés de l'artillerie est déterminé comme il suit :

Professeurs, répétiteurs de mathématiques & professeurs de dessin : habit français, noir ; veste culotte & bas noirs; chapeau à trois cornes avec ganse d'acier; souliers à boucles; épée à poignée d'acier.

Gardes & conducteurs d'artillerie : frac en drap bleu, avec neuf gros boutons d'artillerie à pied; doublure & retroussis écarlates; grenades & fleurs de lys en drap bleu; collet montant; paremens & pattes en drap bleu de ciel; pantalon & gilet rond en drap bleu; bottes, chapeau & épée comme les officiers.

Les classes sont distinguées de la manière suivante :

Première classe, trois boutonnières en galons d'or, appliquées sur le collet, ayant 0 mèt. 08 de longueur & 0 mèt. 02 de largeur.

Deuxième classe, deux boutonnières.

Troisième classe, une boutonnière.

Les conducteurs, comme les gardes de troisième classe.

Maîtres artificiers des écoles; même uniforme & armement que les gardes d'artillerie de deuxième classe, à l'exception que le parement du frac est écarlate & la patte bleu de ciel.

Chefs, sous-chefs & ouvriers d'état; même uniforme que les gardes, à l'exception de la patte du parement qui est écarlate.

Le chef d'ouvriers d'état a deux boutonnières au collet.

Le sous chef, une seule boutonnière.

L'ouvrier, le collet uni.

Les chefs & sous-chefs portent l'épée d'officier; l'ouvrier, le sabre d'artillerie.

Ce dernier porte le chapeau d'officier, mais avec une ganse en laine jaune.

Contrôleurs & réviseurs d'armes, contrôleurs des forges & contrôleurs des torderies : frac en drap bleu, avec neuf gros boutons d'artillerie à pied ; doublure, retroussis, paremens & pattes en drap bleu; collet montant en drap bleu de ciel; grenades & fleurs de lys en drap écarlate; pantalon & gilet rond en drap bleu; bottes, chapeau & épée comme les officiers.

Les distinctions sont :

Pour les contrôleurs de première classe des manufactures d'armes, trois boutonnières, comme les gardes d'artillerie de première classe.

Les contrôleurs de deuxième classe des manufactures, les contrôleurs des fonderies & des forges, deux boutonnières.

Les réviseurs d'armes, une boutonnière.

Les commissaires, entreposeurs & ouvriers de la direction générale des poudres & salpêtres sont aussi distingués par un uniforme particulier. (*Voyez* le mot POUDRE.)

USAGE DES ARMES PORTATIVES ENTRE LES MAINS DES ARTILLEURS. Il est nécessaire que les troupes à pied de l'artillerie aient une arme à feu portative : 1°. parce que cette arme est indispensable pour les discipliner, les former & les habituer au service militaire; 2°. parce que les canonniers sont le plus souvent chargés, à la guerre, d'escorter les parcs d'artillerie & de les défendre au besoin.

Le fusil des voltigeurs, qui a servi précédemment à l'armement de l'artillerie à pied, est trop lourd & trop embarrassant pour pouvoir être porté par les canonniers en même temps qu'ils font le service de la pièce. On a substitué à ce fusil, le fusil d'artillerie modèle de 1816, qui a la même longueur que l'ancien fusil de cette arme, mais il est plus léger. La seule observation à faire contre ce fusil, c'est qu'il sera difficile aux canonniers de manœuvrer les bouches à feu en le portant en bandoulière, principalement en campagne. (*Voyez* l'article FUSIL DE MUNITION & MODÈLES D'ARMES A FEU PORTATIVES). Ce qu'on vient de dire du fusil du canonnier, relativement au fer service, s'applique également au pontonnier, dont les manœuvres exigent également une arme à feu courte & très-portative.

Indépendamment d'une arme à feu, les canonniers doivent avoir une arme blanche qui réunisse aux conditions ordinaires, celles de pouvoir servir d'outil, qui fasse qu'on ait des travailleurs partout où l'on a des canonniers. Le sabre d'infanterie ne remplit point cette dernière condition; il est trop foible & un peu trop long pour servir comme une serpe, & l'on a reconnu que l'ancien sabre d'artillerie à pied avoit été très-bien calculé & motivé dans toutes ses parties. On l'a en conséquence repris en y faisant les modifications suivantes : l'ancienne poignée a été remplacée par une poignée à pommeau symétrique, afin de pouvoir se servir avec une égale commodité de la lame dans le sens de ses deux tranchans, ce qui n'avoit point lieu avec la poignée à tête d'aigle. On a adopté un petit pontet fur la chape pour que le fabre du canonnier foit porté comme celui de l'infanterie, l'ancienne manière de fixer le triant ayant été reconnue vicieufe; on a alongé le bout en cuivre du fourreau de manière à ce que ce fourreau foit mieux enveloppé à fon extrémité; ce bout eft affujetti par un double épinglage, indépendamment du collage qui avoit lieu à l'ancien modèle; enfin, l'extrémité de la chape & du bout font terminés carrément par un rebord ou bourelet qui rend ces parties plus folides & plus commodes. Toutefois il feroit à defirer que la lame eût un peu plus de longueur, parce que le poids de la poignée tend à la faire fortir du fourreau dans les mouvemens que les canonniers font pendant les travaux & les diverfes manœuvres. (*Voyez* l'article SABRES DES TROUPES A PIED.)

L'artillerie à cheval étant particulièrement expofée aux efcarmouches de la cavalerie ennemie, il convient que cette troupe ait le même fabre que la cavalerie légère. Il faudroit également que l'artilleur à cheval pût, pour plus de facilité dans l'exercice du canon, remonter fon fabre & le porter d'une manière plus commode. Le canonnier à cheval eft en outre armé d'un piftolet & d'un outil qu'il porte à l'arçon de fa felle.

USTENSILES. On fait ufage, pour les travaux de l'artillerie, de divers-outils, inftrumens & meubles compris fous la dénomination d'*uftenfiles*. Il y a des uftenfiles à boulets rouges, à couler des balles de plomb, pour les artifices de guerre, pour les fourneaux à réverbères, &c.

USTENSILES à couler des balles de plomb. Ces uftenfiles confiftent en un fourneau conftruit en briques, des marmites de fer de 0 mèt. 3248 (1 pied) de diamètre fur 0 mèt. 2166 à 0 mèt. 2707 (8 à 10 pouc.) de profondeur; un banc folidement établi, des moules en cuivre, des tenailles à couper les jets & un baril à ébarber les balles. Il faut deux chaudières, deux tenailles & cinq à fix moules pour un atelier de cinq hommes.

USTENSILES à rougir les boulets. On rougit les boulets fur des grils ou dans des fours à réverbère, au moyen d'uftenfiles qui font compris dans la compofition d'un équipage d'artillerie de fiége. (*Voyez* les articles GRILS A ROUGIR LES BOULETS, ÉQUIPAGES D'ARTILLERIE DE SIÉGE.)

USTENSILES d'artifices. Les outils néceffaires pour la conftruction des différens artifices en ufage dans l'artillerie, fe compofent de ceux indiqués ci-après:

Quelques grandes tables pour rouler les gargouffes à canon & les cartouches à fufil.

Une table pour égruger la poudre, laquelle fert à mêler les compofitions fi l'on a des facs pour écrafer la poudre.

Quatre égrugeoirs de bois dur de 0 mèt. 1354 à 0 mèt. 1624 (5 à 6 pouc.) de diamètre.

Un mortier en bronze avec fon pilon.

Deux chaudières, l'une de cuivre, l'autre de fer, d'environ 0 mèt. 2707 (10 pouces) de hauteur fur 0 mèt. 4872 (1 pied 6 pouc.) de diamètre, la première pour raffiner le falpêtre, la feconde pour faire fondre la poix.

Deux trépieds proportionnés aux chaudières pour le diamètre, & de 0 mèt. 1895 à 0 mèt. 2166 (7 à 8 pouc.) de hauteur.

Une petite marmite pour faire la colle.

Une écumoire de cuivre & deux fpatules de fer pour remuer le falpêtre.

Trois tamis avec leurs tambours, l'un de gaze de foie pour les pouffières fines, un autre de crin fin pour le même objet, & le troifième de crin moins fin pour les matières qui ne doivent pas être broyées fi ténues.

Deux balais à main, deux broffes pour nettoyer les tables, & fix pinceaux à coller les gargouffes.

Plufieurs gamelles de bois ou de fer-blanc grandes & petites, pour contenir les différentes compofitions; il en faut environ fix grandes & douze petites.

Une balance en cuivre, avec une collection de poids également en cuivre.

Deux baguettes de bois pour rouler les lances à feu, & fix autres de fer pour les battre.

Deux broches de fer pour fufées de fignaux, huit baguettes de bois, tant pour rouler les cartouches de ces fufées que pour les charger.

Vingt maillets de bois de différentes grandeurs, pour battre les fufées de fignaux & les fufées à bombes.

Douze petites lanternes pour charger les différentes fufées.

Seize paires de baguettes de fer, pour battre les fufées à bombes, à obus & à grenades.

Différens entonnoirs, tant pour charger les lances à feu que pour remplir les bombes & les gargouffes.

Huit chaffoirs pour enfoncer les fufées dans les bombes & obus.

Une grande varlope pour rouler les cartouches de fufées de fignaux.

Des mandrins pour gargouffes à canon de différens calibres, & cent mandrins pour rouler les cartouches à fufils.

Douze petits marteaux pour enfaboter les boulets, & autant de petits poinçons pour *idem*; fix cifeaux à froid pour percer le milieu des bandes de fer-blanc qui enveloppent les boulets.

Un fac de cuir pour écrafer la poudre & le charbon.

Deux maffes pour battre la poudre & le charbon dans le fac; quatre blocs, dont un pour *idem*,

& les trois autres pour charger les fusées de signaux.

Différentes mesures à poudre, de cuivre, depuis o kil. 500 jusqu'à 3 kilog., & cinquante mesures de quatre-vingt au kilogramme, pour charger les cartouches à fusils.

Des couteaux à papier, des canifs à couper les roseaux, des ciseaux à tôle & une paire de cisailles pour couper les bandes de fer-blanc.

Deux barils à bourse.

Un cadre pour sécher les étoupilles.

Quatre boîtes pour charger les étoupilles ou fusées d'amorce; six queues de rat pour nettoyer les roseaux, dix aiguilles pour les percer.

Quelques haches à main, quelques serpes, des vrilles de différentes grosseurs, quelques pierres à repasser les canifs & les couteaux.

Deux tire-fusées pour arracher les fusées des bombes & obus.

Nota. A la guerre, tous les ustensiles d'artifices sont placés & arrangés dans un seul caisson, & les matières avec les pièces d'artifices se placent dans deux autres caissons. Ces trois voitures font partie du grand parc de l'équipage d'artillerie, & par leur moyen on peut établir un atelier d'artificier partout où l'on se trouve.

USTENSILES pour le service des bouches à feu. Le service d'une bouche à feu, montée sur son affût, ne peut se faire qu'à l'aide de divers instrumens auxquels on a donné le nom d'*armemens*. Leur nombre & leur espèce varient suivant l'espèce de la bouche à feu & suivant les convenances du service auquel elle est spécialement destinée : les uns sont indispensables à l'exécution proprement dite de la pièce, tandis que d'autres ne servent qu'à en faciliter & accélérer le service; ces derniers forment ce qu'on appelle les *assortimens des bouches à feu*. Ainsi, les Tables de constructions de Gribeauval classent dans les armemens ce qu'on appeloit autrefois les *armes des pièces*, comme l'écouvillon, le dégorgeoir, le boute-feu, &c.; dans les assortimens, elles mettent les sacs à charges, à étoupilles, &c. Cette distinction, quoique réelle, est quelquefois embarrassante, & n'apporte pas d'avantages sensibles dans les détails du service; aussi paroît-on l'avoir abandonnée, & dans les inventaires on comprend généralement tous ces objets sous le nom d'*armemens*.

Les auteurs qui ont écrit sur l'artillerie, se sont presque toujours contentés, tout en reconnoissant l'importance des armemens, d'en donner une nomenclature plus ou moins complète, accompagnée des quelques figures ou de quelques dimensions : les Tables de constructions en contiennent, il est vrai, la majeure partie; mais elles ne sont pas entre les mains de tout le monde, & l'auteur de l'Aide-mémoire a fait remarquer à ce sujet qu'il seroit très-utile de réunir dans un volume portatif, tout ce qui concerne les armemens & assortimens des bouches à feu. M. Doisy, chef de bataillon d'artillerie, a traité cet objet dans un ouvrage qu'il se propose de faire imprimer, & qui ne laissera rien à désirer à cet égard.

Voici la nomenclature, par ordre alphabétique, des armemens & assortimens :

Amorçoir ou corne d'amorce; boute-feu; bricole; chapiteau; chasse-fusée; coffret d'affût de batterie; coin d'arrêt, d'entrée de châssis, de mire, de recul; coussinet de mortier de place; crochet à bombes, à délétouper; curette; dame; dégorgeoir ordinaire, à vrille; doigtier; éclisse; écouvillon sans refouloir, avec refouloir, à hampe recourbée; étui à lances; fiches pour mortier; fil à plomb; gargoussier; hausse, lanterne à charger; levier ordinaire, directeur, ferré pour affût de place, de mortier & de bataille; maillet chasse-fusée; manchette de bombardier; masse de batterie; mèche à dégorger; mesures à poudre; panier à pierrier, porte-aimement des mortiers; pince pour mortier à plaque; plateau à pierrier; porte-lance; prolonge; quart de cercle; refouloir; sac à charges, à étoupilles; seau d'affût; spatule; tampon; tire-bourre; tire-fusée. (*Voyez* tous ces mots pour leur signification.)

V

VALET. C'est un bouchon de cordage dont on fait usage dans la marine pour charger les canons. Le valet est quelquefois appelé *étoupin*.

VALET d'établi. C'est un outil en fer qui sert aux ouvriers en bois pour retenir sur l'établi la pièce en bois que l'on travaille. Il a deux branches réunies sous un angle moindre que 90° : l'une des branches est ronde & entre dans un trou de l'établi; l'autre est plate & s'appuie sur la pièce qu'elle retient.

VALET pyrobolique. On appeloit ainsi un cylindre de bois rempli de poudre & percé de plusieurs trous, dans lesquels on mettoit des balles & des pétards. On le descendoit au moyen d'un cordage dans les fossés d'une place où l'ennemi vouloit pénétrer. Cet artifice, qu'on garnissoit d'une mèche, a été peu en usage.

VANNES. Ce sont de gros ventaux de bois de chêne qui se haussent & se baissent dans des coulisses pour lâcher ou pour retenir l'eau qui alimente les usines des manufactures d'armes, les manéges des fonderies, &c.

VARLOPE. C'est un rabot alongé dont se servent les équipemens-monteurs pour dresser les bois de fusil avant de les mettre en œuvre.

VARLOPE. On nomme ainsi un outil d'artificier composé d'une planche en chêne ayant une poignée sur une de ses faces, & servant à rouler les cartouches des fusées volantes.

VEINE DANS LE BOIS. C'est une variété qui fait la beauté des bois durs destinés pour le placage, mais c'est un défaut dans les bois d'assemblage pour les constructions de l'artillerie, parce que les veines sont une marque de bois tendre ou d'aubier.

VENT. C'est l'espace qui se trouve entre un projectile & la partie supérieure de la paroi de l'ame d'une bouche à feu. Il est égal à la différence entre le diamètre de ce projectile & celui de l'ame de la pièce.

Le vent des bouches à feu de campagne est fixé à 0 mèt. 0023 (1 lig.), & celui des pièces de siége & de place à 0 mèt. 0034 (1 lig. 6 points). Le vent, dans les pièces d'artillerie, s'appeloit jadis *évent*.

Avant 1792 on employoit, pour le fusil d'infanterie, la balle de 18 à la livre, c'est-à-dire, de 0 mèt. 0163 (7 lig. 4 points) de diamètre. Comme le calibre de ce fusil est de 0 mèt. 0166 (7 lig. 9 points), cette différence, qui donnoit un vent de 5 points, étoit regardée comme suffisante pour obvier à la difficulté que pouvoit présenter l'introduction de la cartouche, soit à cause de l'emploi d'un papier trop épais, soit à cause de l'encrassement du fusil.

Mais, pendant les premières guerres de la révolution, la fabrication des armes à feu fut tellement accélérée & par conséquent négligée sous le rapport de la précision, que souvent les balles de 18 ne pouvoient entrer dans les canons, & que l'on fut obligé d'adopter la balle de 20 à la livre, dont le calibre est de 0 mèt. 0160 (7 lignes 1 point). Cette balle est encore celle qui est en usage, quoique les motifs qui l'on fait adopter aient depuis long-temps cessé d'exister.

Le calibre des fusils reçus dans les manufactures, pouvant varier jusqu'à 0 mèt. 0177 (7 lig. 11 points) environ, & les fusils n'étant rebutés entre les mains des troupes & dans les magasins de l'artillerie que lorsque le calibre se trouve agrandi jusqu'à 0 mèt. 0183 (8 lignes 2 points), il en résulte que le vent de la balle peut être de 0 mèt. 0017 (10 points) pour les armes neuves, & de 0 mèt. 0024 (13 points) pour les armes en service.

Un vent aussi considérable étant très-nuisible à l'étendue de la portée, ainsi qu'à la justesse du tir du fusil d'infanterie, il fut proposé, en 1818, de ne plus employer à l'avenir que la balle de 18 à la livre, comme avant la révolution. Mais on remarqua qu'il étoit plus convenable de désigner les balles par leur diamètre que par leur poids, & le ministre ordonna de faire des expériences pour déterminer les objets ci-après :

1°. Le diamètre des plus grosses balles que l'on peut employer dans la fabrication des cartouches pour les armes à feu portatives.

2°. L'espèce de papier à adopter pour la confection des cartouches.

3°. La disposition la plus convenable à donner aux moules & aux instrumens nécessaires pour la confection des balles.

Ces expériences ayant été faites au dépôt central de l'artillerie, & contrôlées par d'autres expériences faites dans quatre écoles d'artillerie, le ministre a ordonné, d'après leurs résultats, qu'à l'avenir,

1°. Les balles pour les armes portatives auront 7 lignes 3 points de diamètre.

2°. Les balles seront coulées dans des moules à deux rings, contenant seize coquilles & pesant au plus 10 kilogrammes.

L'exactitude des moules sera préalablement constatée, en vérifiant avec la lunette de 0 mèt. 0164 (7 lignes 3 points) quelques balles sorties de ces moules lorsqu'ils sont suffisamment échauffés. Les balles seront vérifiées dans le cours de la fabrication, à fin de constater que les moules n'éprouvent pas d'altération.

3°. Les jets des balles seront coupés sphériquement avec une cisaille à charnière.

4°. Les balles seront passées dans un crible dont le diamètre des ouvertures sera de 0 mèt. 0164 (7 lignes 3 points), sans tolérance en dessus. Celles qui n'y passeront pas, seront passées dans un sac de toile, puis présentées de nouveau au crible.

5°. Le papier employé à la confection des cartouches sera celui ordinaire des arsenaux, présentant de la résistance & ayant un grain doux; son épaisseur par rame de 500 feuilles sera de 0 mèt. 058 à 0 mèt. 060 (26 à 30 lig.), mesurée par dem-rame, entre deux planches horizontales, sous la pression de quatre poids de 25 kil. placés sur les angles de la planche supérieure. Les autres dimensions seront, 0 mèt. 4329 (16 pouces) de largeur, sur 0 mèt. 3518 (13 pouc.) de hauteur, ou 0 mèt. 5210 (19 pouc. 3 lig.) de largeur, sur 0 mèt. 4329 (16 pouc.) de hauteur.

6°. Les cartouches seront faites au moyen de *dés,* en employant le procédé suivant : rouler le papier sur le mandrin, le plier sur la balle, comme à l'ordinaire, dresser le mandrin de manière que la balle soit en haut & que l'extrémité arrondie du mandrin porte sur la table; coiffer alors la cartouche avec le dé, soulever le tout & frapper le mandrin deux coups sur la table, en appuyant sur le dé; ôter le dé & ensuite le mandrin. Par ce moyen on évite de calibrer les cartouches après les avoir remplies.

VENTAIL. Partie de la grille du heaume la plus proche du menton, & par laquelle on respire. Le *nasal* de ce casque est immédiatement au-dessus du ventail.

VENTE D'OBJETS D'ARTILLERIE. Les établissemens d'artillerie ne font aucune recette effective en numéraire autres que celles provenant des ordonnances ministérielles, & tous les produits des ventes & cessions, de quelque nature qu'ils soient, sont versés dans les caisses publiques. Une circulaire ministérielle du 30 mars 1822, indique la destination régulière à donner aux fonds provenant de recettes extraordinaires & accidentelles; cette circulaire porte en substance :

Une ordonnance en date du 24 septembre 1817 a prescrit le mode à suivre pour la vente des effets hors de service.

On divise en trois classes les autres opérations qui ont donné lieu, jusqu'à ce jour, à des recettes extraordinaires dans les divers établissemens de l'artillerie.

1re. classe. *Cessions faites aux douanes, aux administrations civiles ou à des armateurs.* Les objets cédés étant neufs ou de service, leur évaluation est basée sur les devis, tarifs & inventaires estimatifs, ou enfin elle est convenue de gré à gré. Ces cessions sont constatées par des procès-verbaux, factures ou états portant décompte, & signés contradictoirement. Le montant en est immédiatement versé dans la caisse d'un receveur des finances, qui en délivre un récépissé motivé, en duplicata.

2°. classe. *Remboursemens par les corps ou par les comptables.* Les remboursemens que font les corps pour cessions de pièces d'armes, armes perdues, ou pour valeur de munitions, dont l'emploi n'est pas justifié, sont supprimés à l'égard des arsenaux, des directions & des manufactures d'armes en régie. Ces débets sont constatés par des procès-verbaux, factures ou états dont une expédition est adressée au ministre, avec l'état trimestriel de comptabilité, afin qu'on puisse en faire faire l'imputation aux corps sur leurs masses.

Les pièces d'armes fournies aux corps par les manufactures en entrepôt, sont acquittées par les corps aux entrepreneurs.

Quant aux débets des comptables, ils sont précomptés sur leurs traitemens. En conséquence, pour les comptables qui sont payés sur les fonds de la solde, les chefs des services de l'artillerie en donnent avis au sous-intendant militaire, chargé de dresser les revues, pour qu'il fasse faire l'imputation dont il s'agit. Un état des imputations opérées directement par ces officiers ou par les soins du sous-intendant militaire, est annexé à l'état trimestriel de comptabilité.

3e. classe. *Échanges.* Les cessions que l'artillerie fait à la marine, étant remboursées en objets propres à son service, sont considérées comme échanges. La balance s'en établit dans les bureaux d'artillerie. Il suffit en conséquence d'adresser, lors de chaque échange, les procès-verbaux signés contradictoirement, tant pour les objets cédés à la marine que pour ceux reçus de cette administration.

Les pièces d'armes & autres objets, tant neufs que vieux, cédés aux entrepreneurs qui ont un compte ouvert au ministère, sont considérés également comme échanges; mais l'imputation devant leur en être faite dans leur compte courant, il suffit également d'adresser les procès-verbaux, factures ou états portant décompte & signés contradictoirement.

Quant aux échanges d'effets vieux contre des effets neufs, effectués dans des établissemens d'artillerie administrés ou régis pour le compte du Gouvernement, avec des particuliers qui n'ont point de compte ouvert au ministère de la guerre, la valeur des uns & des autres est constatée par des procès-verbaux qui sont adressés au ministère, attendu qu'ils doivent figurer dans les comptes généraux, savoir : en dépense pour le montant des effets neufs, & en imputations sous le titre de *valeurs étrangères aux crédits législatifs*, pour le montant des effets vieux.

Les duplicata des récépissés de versemens de fonds qui sont délivrés, soit par les préposés des domaines, soit par les receveurs des finances, sont adressés au ministère avec les procès-verbaux qui en constatent l'objet, en même temps que les états trimestriels de comptabilité.

Les ventes d'objets hors de service, les cessions & les échanges, ne peuvent avoir lieu que d'après l'autorisation du ministre.

Les frais qui se rattachent aux ventes, cessions & échanges, sont prélevés sur les produits de ces opérations.

Voici un règlement de comptabilité de l'artillerie, approuvé par le ministre, le 23 février 1822.

Art. 1er. Les autorisations & approbations de dépenses, auront lieu comme par le passé.

Art. 2. Les devis, cahiers des charges, adjudications, marchés, procès-verbaux de réception & états spéciaux de dépenses, seront adressés dorénavant au ministre, en triple expédition, & porteront tous pour suscription en tête & d'une manière apparente : *première expédition, seconde expédition, troisième expédition.*

Art. 3. Les premières expéditions resteront déposées dans les cartons du bureau de l'artillerie. Les deux autres expéditions seront renvoyées avec avis d'approbation & timbre du ministère, aux directeurs d'artillerie ou chefs des autres établissemens de cette arme, pour en faire l'usage qui sera indiqué ci-après (*art.* 9 & 14).

Art. 4. Les chefs des établissemens de l'artillerie pourront acquitter, sans autorisation préalable, toutes les dépenses isolées au-dessous de cent francs.

Art. 5. Ces dépenses continueront à être portées sur un bordereau mensuel qui sera adressé au ministre en trois expéditions, ainsi qu'il est expliqué en l'article 2.

Art. 6. Les réparations urgentes de bâtimens, par suite d'ouragans ou autres circonstances de force majeure, pourront être exécutées de suite : les procès-verbaux d'urgence tiendront lieu d'autorisation de principe : le surplus de la dépense sera justifié dans la forme ordinaire.

Art. 7. Les états de dépenses seront formés par trimestre, & ne devront présenter que les dépenses acquittées en vertu d'autorisations définitives.

Art. 8. Ils seront adressés au ministre en double expédition, dans les dix premiers jours du second mois qui suivra le trimestre.

Art. 9. L'un de ces états sera appuyé de pièces justificatives; savoir : pour les traitemens & journées d'ouvriers, par des états émargés, dont un double restera à l'établissement;

Pour les loyers de bâtimens, par une copie des baux & les quittances des propriétaires (la copie des baux ne sera fournie qu'une fois);

Pour les constructions & réparations de bâtimens, par la seconde expédition des devis, cahiers des charges, procès-verbaux de réception & quittances;

Pour les fournitures à l'entreprise, par la deuxième expédition des marchés, procès-verbaux de réception & quittances.

Pour les travaux exécutés par économie, par la deuxième expédition des états spéciaux, ou procès-verbaux de réception & quittances, &c.

Art. 10. Toutes les dépenses au-dessous de cent francs seront justifiées pour la seconde expédition du bordereau mensuel de ces sortes de dépenses, qui aura été renvoyée approuvée, sans qu'il soit nécessaire de produire d'autres pièces, à moins qu'on ne juge convenable de les demander.

Art. 11. Les pièces comptables seront classées dans des dossiers numérotés. Le numéro du dossier sera rappelé sur l'état de dépenses, en regard de l'article de dépense qui s'y rattache, pour en faciliter la vérification.

Art. 12. Pour les paiemens d'à-comptes, il suffira de citer la date des autorisations. Les pièces seront produites à l'appui du paiement pour solde, en ayant soin d'établir le décompte sur l'état trimestriel qui comprendra ce solde.

Art. 13. Les sommes à déduire ou à ajouter par suite du résultat de la liquidation d'un état trimestriel de dépenses, seront déduites ou ajoutées, après la totalisation des dépenses, sur l'état du trimestre qui suivra la notification de la liquidation, ou sur

un état spécial pour les réductions ou additions faites sur le dernier état de l'exercice.

Art. 14. La seconde expédition de l'état trimestriel de dépense sera renvoyée aux chefs des établissemens de l'artillerie, après liquidation, pour être réunie à la troisième expédition des cahiers des charges, devis, marchés, procès-verbaux de réception, états spéciaux, bordereaux de dépenses au-dessous de cent francs & autres pièces restées à l'établissement, tels qu'états émargés, &c.

Art. 15. L'état & les pièces indiquées à l'article précédent resteront déposés aux archives de l'établissement, pour pouvoir être mis sous les yeux de MM. les inspecteurs-généraux de l'arme, afin qu'ils soient à même de procéder à leur inspection & d'arrêter les registres de comptabilité comme par le passé.

Art. 16. Toutes les pièces justificatives de dépenses qui n'émaneroient pas ou ne seroient pas visées par un membre de l'intendance militaire, ne seront pas admises en liquidation.

Art. 17. Les relevés sommaires & mensuels des recettes & dépenses continueront à être adressés le 5 de chaque mois, pour le mois précédent, & conformément au nouveau modèle.

Art. 18. Les présentes dispositions sont applicables à tous les établissemens d'artillerie administrés ou régis pour le compte du Gouvernement, & seront exécutées à compter de l'exercice 1822.

Nota. Les premières expéditions des devis, cahiers des charges, adjudications, marchés, états spéciaux de dépenses & bordereaux au-dessous de cent francs, sont destinées à rester au bureau de l'artillerie, à l'appui de la correspondance administrative, & pour servir en outre à contrôler la comptabilité du matériel;

Les secondes expéditions doivent seules être considérées comme pièces comptables, après avoir été quittancées ou appuyées de quittances détachées, pour être annexées aux états trimestriels de comptabilité & suivre la marche des liquidations, c'est-à-dire être soumises, soit aux chambres, soit à la cour des comptes;

Enfin, les troisièmes expéditions doivent rester aux archives des établissemens, non-seulement pour servir de renseignemens au directeur de l'établissement, mais encore pour être mises sous les yeux de l'inspecteur-général, & le mettre à même de les comparer avec les travaux exécutés, & d'arrêter le registre de comptabilité.

VENTILATEUR. C'est un appareil servant à conduire de l'air dans un endroit donné. On s'en sert pour introduire de l'air chaud dans le séchoir à poudre inventé par M. le baron Champy. (*Voy.* le mot SÉCHAGE.)

VENTOUSE. Ce sont des ouvertures qu'on laisse dans le massif des hauts fourneaux pour en laisser sortir l'air & l'humidité.

VENTRE. C'est, vers la culasse d'un mortier, la partie qui s'appuie sur le coussinet de l'affût de ce mortier.

VERGE. On appeloit ainsi autrefois une épée à lame mince & déliée.

VERGE d'ancre. C'est le barreau de fer qui forme la longueur de l'ancre ; elle a son *fort* ou son *gros rond* & son *foible*. La circonférence de la verge, à son fort ou collet, près des aisselles, est égal au cinquieme de sa longueur : la circonférence de la verge, à son foible, est les deux tiers de la grosseur au fort.

VÉRIFICATION. La vérification des dimensions des armes & pièces d'armes se fait par les contrôleurs en présence des officiers d'artillerie, au moyen d'instrumens vérificateurs destinés à cet usage. Il en est de même à l'égard des pièces d'artillerie.

Il a été ordonné en 1821 une vérification générale de toutes les bouches à feu du royaume. Cette vérification a pour objet de constater la situation de l'artillerie, sous le rapport de la valeur individuelle de chaque bouche à feu. Une opération à laquelle se rattachent les grands intérêts de la défense de l'Etat, ne peut être faite avec trop de soin & doit être exécutée dans le même esprit, pour qu'on puisse en obtenir des résultats comparables. C'est le but que s'est proposé le ministre de la guerre en la confiant à huit commissions d'officiers choisis, qui ont reçu la même instruction. On a fait précéder cette instruction des explications suivantes sur la manière dont on doit envisager l'opération en elle-même.

Les formes des différentes bouches à feu, déterminées par le tracé des tables de construction, sont des résultats de théorie & de pratique qui constituent une pièce d'artillerie quelconque. Ces formes doivent être aussi rigoureusement exactes que possible, pour que la bouche à feu puisse satisfaire à la résistance par l'épaisseur de ses différentes parties ; à la justesse du tir par la précision de son calibre ; & enfin à la condition que le même affût puisse servir à la pièce du même calibre par l'exactitude de ses dimensions extérieures.

S'assurer que les bouches à feu satisfont à ces différentes conditions, est l'objet des visites & des épreuves qu'on leur fait subir dans les fonderies ; mais le tir les altere tant intérieurement qu'extérieurement, le détruit, & peut même les mettre assez promptement hors de service : il est donc très-important de constater, surtout après une longue guerre, l'état où cette guerre a laissé l'artillerie, pour pouvoir rejeter hors de l'armement les pièces qui sont défectueuses.

Les formes extérieures des pièces se détériorent peu par l'usage ; les dimensions, les épaisseurs de leurs différentes parties sont peu susceptibles de s'altérer ; seulement les tourillons peuvent avoir fléchi, principalement aux mortiers Gribeauval (défectuosité qui se manifeste à la suite d'un tir prolongé). Mais comme, par l'effet des circonstances, la réception des bouches à feu peut ne pas avoir été faite avec toute l'exactitude prescrite par les réglemens, il convient, dans une vérification générale, de relever les dimensions qui établissent principalement le rapport du service d'une pièce & de son affût, telles que le diamètre des tourillons & celui de la pièce derrière les embases.

Les formes intérieures des bouches à feu éprouvent des dégradations par l'effet du tir ; à mesure que le tir se prolonge, ces dégradations augmentent & deviennent telles que la pièce, perdant alors toute direction, se trouve hors de service. Deux causes principales concourent à produire les dégradations : l'inflammation de la poudre & les battemens des projectiles. Ces deux causes agissent sur toutes les espèces de bouches à feu : canons, obusiers & mortiers. Il n'y a de différence que dans l'intensité de leurs effets destructeurs, qui varient selon le poids de la charge, celui du projectile, la forme & la longueur de l'ame de la bouche à feu ; il est en outre constaté, par un grand nombre de procès-verbaux d'épreuve, que chacune de ces causes ayant son effet dans le champ de son action, les dégradations qui en suivirent, affectent un caractère différent qui dépend du différent mode d'action de la poudre & du projectile contre les parois de l'ame ; ainsi, dans chaque bouche à feu, quels que soient son espèce & son calibre, toute la partie de l'ame, située en avant du diamètre du projectile qui forme son champ de tir, éprouve un logement de boulet, des battemens, des éraflemens, &c. Toute la partie de l'ame située en arrière du diamètre du projectile, éprouve les dégradations dues à la haute température & à la force élastique des gaz de la poudre, telles que refoulemens, compression de métal, égrènement, crevasses, affouillemens, chambres, fusion, &c.

Ces effets se manifestent dans les mortiers, en avant de la bombe, par un logement & des battemens ; en arrière, par l'égrènement de l'arête de contact du cylindre de la chambre avec la partie sphérique de l'ame, par le refoulement des grains de lumière, par un approfondissement de la chambre, par son élargissement plus grand au fond qu'à l'orifice, par des crevasses qui commencent à se former autour du grain de lumière, s'étendent dans tous les sens & gagnent, en s'élargissant & s'approfondissant, la partie sphérique de l'ame. C'est surtout dans les mortiers, & particulièrement dans les mortiers de gros calibre, que la poudre exerce ses ravages. On conçoit, en effet, qu'une quantité de 2 kilog. 94 (6 liv.) de poudre renfermée dans un logement ou chambre, ne pouvant se dilater avant d'avoir soulevé un poids de 73 kilog. 42 (150 liv.), doit agir contre les parois de la chambre avec une force proportionnelle au poids qu'elle doit déplacer. En général, les effets destructeurs de la poudre augmentent avec le calibre, quelle que soit l'espèce de la bouche à feu.

Dans les canons, ces effets se manifestent en arrière du boulet par des crevasses, des cavités & des chambres, & ils sont d'autant plus considérables, d'autant plus prompts que le calibre est plus grand. Ils se manifestent ou avant par un logement & des battemens ; le logement produit les battemens qui ont lieu généralement, le premier dans la partie supérieure de l'ame, un peu en avant des tourillons ; le second dans la partie inférieure, en avant de celui-ci, & le troisième à la partie supérieure de la bouche. Comme les longueurs d'ame qui restent en avant du boulet varient suivant les calibres, les différentes distances de ces battemens au logement du boulet varient aussi, mais elles restent symétriques. A mesure que le logement d'un boulet devient plus profond, les battemens s'approfondissent aussi en se rapprochant du fond de l'ame. La grande longueur d'ame des canons laisse au boulet un champ d'action bien plus étendu que l'ame courte des mortiers ; aussi est-ce particulièrement par les dégradations occasionnées dans cette partie de l'ame, par les chocs répétés du boulet, que les canons sont mis hors de service. Cet effet est d'autant plus prompt que le calibre est plus fort.

Le même système de dégradation se présente dans l'obusier avec les modifications que sa charge, le poids de son projectile & ses formes doivent y apporter.

On a d'abord percé la lumière des bouches à feu dans le bronze ; cet alliage étant trop fusible, la lumière étoit trop promptement détruite ; on a eu recours alors aux masses de lumière en cuivre rosette, métal pur, beaucoup moins fusible que l'alliage des pièces. La masse présentoit encore les inconvéniens de laisser souvent des défauts de fonte, tels que des manques d'adhérence, des soufflures, & surtout de ne pouvoir être remplacées. On a depuis substitué avec avantage les grains aux masses, d'abord aux canons, ensuite aux mortiers. Il peut se trouver dans nos places de guerre des bouches à feu dont la lumière soit percée dans le bronze ; il s'en trouve encore beaucoup avec des masses. Les premières, si elles sont de bon service, doivent être désignées pour recevoir des grains. Celles qui ont des masses, laissent souvent voir des soufflures autour de ces masses, & leur téton détaché du métal. La lumière d'une bouche à feu, percée dans une masse ou dans un grain, s'évase, se refoule par le tir ; des chambres, des cavités se forment dans son canal : ces dégradations, dues particulièrement à l'action corrosive & à la haute température des gaz de la poudre, sont d'autant plus fortes que le cuivre du grain est moins pur & que la bouche à feu est d'un calibre plus grand.

Ces circonstances bien observées, il ne s'agit plus que d'en faire connoître les effets & de les exprimer d'une manière uniforme ; mais un travail aussi vaste devant nécessairement être confié à différentes commissions, il a paru convenable de déterminer préalablement le sens dans lequel ces commissions emploieront certains mots techniques, dont la signification n'est pas bien arrêtée. Les définitions qui se trouvent employées dans différens ouvrages & procès-verbaux qui font autorité, sont exactes ; mais, quand même elles ne le seroient pas rigoureusement, il n'en résulte pas moins l'avantage que toutes les commissions, attachant aux mêmes mots la même signification, leur travail peut plus facilement être examiné, & est plus susceptible de former un ensemble.

On désigne donc par *refoulement* tout accroissement de diamètre de l'ame, dû à l'action du calorique & à la pression des gaz de la poudre.

Egrenement. Effet produit par l'action des gaz, particulièrement sur les parties de foibles dimensions, telles que les arêtes. Ces parties de métal s'échauffent plus que les autres, se brûlent, & se détachent par le moindre effort.

Crevasses. Ruptures de l'adhérence des fibres du métal, dues à un effort violent. Elles s'étendent suivant la direction des fibres.

Affouillemens, cavités, chambres. Effets dus à l'action physique & chimique des gaz de la poudre qui s'introduit dans les crevasses, brûle le métal, détermine la fusion, & forme des cavités & des chambres.

Logement. Compression de métal produite sur la partie inférieure de l'ame par le projectile à son emplacement de charge.

Bourrelet. Grosseur de métal qui se forme en avant du logement du projectile. Elle s'augmente par les progrès du tir, en avançant toujours vers la bouche.

Battemens. Compression de métal produite, dans l'ame de la bouche à feu, par les chocs du projectile, en avant de son logement.

Etaussement. Effet produit dans l'ame d'une bouche à feu par le choc d'un projectile qui s'y casse.

Traînement de boulet. Traces laissées par le boulet sur les parois de l'ame d'une pièce, dans le sens de sa longueur.

Evasement. Accroissement du diamètre des orifices, soit de la bouche de la pièce, soit de sa chambre ou de sa lumière, dû au refoulement du métal.

Egueulement. Enfoncement au cercle de la bouche, produit par le choc du projectile à sa sortie.

Bavures. Saillies du métal, hors la tranche de la bouche, produites par le choc du projectile à la sortie.

Gerçures. Fentes qui se manifestent à la surface extérieure des bouches à feu ; elles sont produites par une très-forte compression intérieure du métal; dans les canons, elles se manifestent à la surface au-dessus des points de percussion, sans que la partie intérieure de l'ame, qui reçoit le coup, soit ouverte.

On n'a pas cru devoir employer le mot *dilatation*, quoique d'un usage fréquent, mais abusif, en ce qu'en lui faisant exprimer un accroissement permanent de diamètre dans une bouche à feu, accroissement produit par l'effet du tir, on altère sa signification principale. La dilatation d'un corps métallique est un accroissement de toutes ses dimensions, dû à une élévation de température; cette élévation cessant, toutes les parties du corps reviennent à leurs dimensions premières sans que les formes soient altérées.

On a exposé les différentes causes qui agissent pour ruiner une bouche à feu, quels que soient son espèce & son calibre, leurs différens modes d'action & les différens effets qui en résultent. Maintenant il reste à indiquer la marche à suivre dans l'examen des dégradations, les moyens de les vérifier, & l'établissement du tableau où sont inscrits les résultats des visites & les observations auxquelles elles ont donné lieu.

L'examen à faire par les commissions comprend toutes les bouches à feu, françaises & étrangères, en bronze, qui composent les équipages de campagne, de siège & de place qui existent dans l'arrondissement affecté à chacune d'elles.

Elles en exceptent les bouches à feu étrangères, de formes & calibres différens de ceux de l'artillerie française. Toutes ces bouches à feu doivent être refondues; elles sont néanmoins portées sur le tableau avec leur signalement seulement.

Les canons de siège fondus avant 1763 avoient généralement une petite chambre dite *porte-feu*, qui ne présentoit pas d'inconvénient lorsqu'on chargeoit la pièce avec la cuiller; mais, depuis qu'on le sert de gargousses, on a eu plusieurs exemples d'accidens causés par le papier embalé resté dans la petite chambre qu'on ne peut écouvillonner. Il est essentiel de noter tous les canons de siège qui ont encore cette chambre, pour la faire disparoître, en refoulant la pièce jusqu'au fond de cette chambre, si d'ailleurs elle est reconnue de bon service.

Les bouches à feu fondues de 1792 à 1796 (de l'an 2 à l'an 4), les canons fondus à Turin pendant les années 11, 12 & 13, du n°. 1 au n°. 44, laissant des doutes sur la bonté de leur alliage & sur l'authenticité de leurs premières épreuves, sont, en outre de la vérification, soumises de nouveau aux épreuves ordonnées par les réglemens sur la réception des bouches à feu. Le ministre donne des ordres qu'il juge convenables pour que cette disposition soit exécutée successivement & dans les lieux qu'il désigne. Les commissions ne s'occupent point de ces épreuves; elles font seulement connoître les causes qu'elles reconnoissent pouvoir les rendre nécessaires.

Les conditions d'après lesquelles une bouche à feu est jugée hors de service, n'étant pas déterminées d'une manière fixe & précise par les réglemens, le ministre se réserve de prononcer sur leur réforme définitive. Les commissions se bornent à constater, avec le soin le plus scrupuleux, l'emplacement, la nature & l'espèce de la dégradation de chaque bouche à feu, & à l'exprimer exactement dans le tableau de vérification : indiquant dans la colonne d'observations leur opinion particulière, comme résultat de l'opération relative à chaque bouche à feu.

Visite extérieure. On visite la surface extérieure; on voit s'il ne s'y trouve pas des gerçures, des coups de boulets profonds; on visite ensuite les anses, le bouton, les tourillons. On prend le diamètre des pièces derrière les tourillons, le diamètre & la longueur des tourillons; on s'assure s'ils n'ont pas ployé, particulièrement aux mortiers Gribeauval.

Visite intérieure. On examine d'abord l'ame des canons avec un miroir ou une bougie, après s'être assuré qu'ils ne sont pas chargés. On observe, par ce moyen, l'emplacement & particulièrement le caractère des dégradations de l'ame : l'opération de la visite à l'œil ayant pour but de diriger plus sûrement la reconnoissance précise de la pièce par l'emploi des instrumens vérificateurs.

On emploie ensuite l'étoile mobile. Au moyen de cet instrument, on reconnoît exactement tous les accroissemens de diamètre de l'ame à l'emplacement de la poudre, au logement du boulet, & aux trois emplacemens principaux des battemens. Le relevé de ces dégradations s'indique au moyen de trois points; le premier à la naissance de l'enfoncement; le deuxième à sa plus grande profondeur, & le troisième au point où il finit. Lorsque, dans la même région de l'ame d'un canon, il se trouve plusieurs battemens, on se contente de relever le plus profond.

L'étoile ne pouvant tout au plus que faire découvrir les chambres, les cavités, les crevasses, & indiquer leur emplacement, on emploie le chat pour les reconnoître exactement. Cet instrument est promené sur toute la surface de l'ame de la pièce; on s'arrête particulièrement à l'emplacement de la charge, où cette espèce de dégradation a ordinairement lieu. S'il ne marque que des cavités peu profondes, on se contente des indications qu'il donne; mais, dans le cas où il paroîtroit exister des crevasses ou des chambres, alors on emploie le godet à hampe. Cet instrument, au moyen de la cire qu'il contient, peut rapporter l'empreinte des chambres & des cavités.

On visite ensuite les grains de lumière. On s'assure s'ils ne sont pas refoulés ou ébranlés. On passe un fil d'archal dans le canal de la lumière pour y découvrir les cavités & les chambres qui peuvent s'y être formées. On indique les diamètres en haut & en bas.

Les gerçures qui se trouvent sur la surface extérieure de la bouche à feu sont rapportées à l'indication de la dégradation intérieure de l'ame qui les a produites.

Les premières colonnes du tableau donnent le signalement des bouches à feu. Ce tableau est établi sur le principe que, quelle que soit l'espèce de la bouche à feu, les causes qui les détérioient sont les mêmes; en conséquence, les colonnes d'indication servent également aux canons, aux obusiers, aux mortiers & aux pierriers.

Il partage les dégradations en deux grandes divisions : dégradations extérieures & dégradations intérieures. Les dégradations intérieures en deux subdivisions : celles dues à la poudre, qui sont reconnues à son emplacement, à celui du bouchon, & immédiatement en arrière & au-dessus du projectile; celles dues au projectile, qui sont son logement, ses battemens & autres accidens qui en résultent. Le logement & les battemens sont relevés par trois points : le premier & le troisième établissent la longueur ; le deuxième, la profondeur : c'est de ce point qu'on mesure la distance à la tranche de la bouche.

On fait suivre chacune de ces subdivisions d'une colonne d'observations, parce que ces deux parties étant sujettes à une grande variété d'accidens, qui ne sont pas tous susceptibles d'être relevés avec précision, il convient de pouvoir les signaler avec détail.

Les observations générales sont établies sur les dégradations extérieures de la bouche à feu, & particulièrement sur l'opinion que l'on a dû se former de l'état où elle se trouve pour le service par l'examen rigoureux de toutes ses parties.

On se conforme à l'ordre suivant dans le classement des bouches à feu sur le tableau :

Bouches à feu en bronze, françaises, étrangères ; canons de siége & de place ; de campagne; dans l'ordre naturel des calibres : obusiers, dans l'ordre des calibres : mortiers & pierriers, dans l'ordre des calibres.

Les commissions chargées d'exécuter la vérification générale ont été pourvues des instrumens ci-après indiqués :

1°. Un pied étalonné.
2°. Un pied à biseau.
3°. Une étoile mobile pour tous les calibres, y compris les obusiers & mortiers.
4°. Un chat.
5°. Une règle à coulisses, pour mesurer l'écartement des embases, le diamètre des tourillons, & leur direction & position relativement à l'axe de la pièce.
6°. Un grand compas à branches courbes, servant de compas d'épaisseur & d'intérieur.

7°. Lunettes pour la vérification des tourillons & embases.
8°. Un étalon à coulisse & à fourche pour vérifier la distance des tourillons à la plate-bande de culasse.
9°. Un refouloir de chaque calibre pour prendre l'emplacement de la lumière dans l'intérieur de la bouche à feu.
10°. Des sondes de vérification pour les lumières (réception & rebut) & des crochets d'acier pour en vérifier l'intérieur.
11°. Un godet à hampe, coudé & à douille, pour prendre avec de la cire à sceller l'empreinte des chambres, cavités, &c., dans l'ame des bouches à feu.

VERROU. C'est un arrêt en fer ou en acier, fixé dans le corps d'une platine derrière le chien, & destiné à entrer, soit dans la noix entaillée à cet effet, soit dans l'épaisseur du pied du chien, également entaillée pour cet usage. Il sert pour arrêter le jeu de la platine & éviter les départs qui pourroient arriver par accident. (*Voyez* l'article PLATINES DE SURETÉ.)

VERSER EN CAGE. Un canon est versé en cage, lorsque l'affût chargé de la pièce est renversé, & que la pièce se trouve en dessous. (*Voyez* à l'article MANŒUVRES DE FORCE, celui : RELEVER UNE PIÈCE DE CANON VERSÉE EN CAGE.)

VÉTILLE. On appelle ainsi de petits serpenteaux dont le diamètre est d'environ 0 mèt. 0067 (3 lig.).

VIEUX-OING. C'est de la graisse de porc qu'on laisse vieillir pour qu'elle devienne plus molle, & que l'on pile alors pour la rendre propre à graisser les essieux & les boîtes de roues des voitures de l'artillerie.

VIGNE. C'étoit une sorte de cabane portée sur quatre roues, dont le toit & les côtés étoient faits en claies redoublées. Elle servoit à établir, dans les siéges, des communications abritées entre les tours, les tortues & autres machines de guerre des Anciens.

On a encore appelé *vigne* une galerie en treillis de planches & de solives, recouverte d'un toit de peaux mouillées, servant jadis aux archers pour tirer à couvert.

VILLEBREQUIN. C'est un outil composé d'une mèche en acier & d'une manivelle, destiné à faire des trous dans des pièces en bois & en métal.

VINDAS. C'est un cabestan dont l'axe du treuil est vertical. Sa manœuvre pour tendre les cordages est moins lente que celle qu'on fait avec le cabestan, & quoiqu'il soit plus compliqué que celui-ci, on doit le préférer pour le service des ponts militaires. (*Voyez* le mot CABESTAN.)

Les pièces en bois qui le composent, sont : un châssis formé de deux côtés, deux épars, quatre clavettes d'*idem* ; une semelle, deux montans, deux arcs-boutans de montans, une entretoise pour le collet du treuil, deux clavettes d'*idem* ; un treuil, sa tête, son collet, son corps, son tourillon, ses deux mortaises ; deux leviers ; un rouleau, ses tourillons.

Les serrures sont : douze clous rivés, douze contre-rivures, une cheville à piton, deux rosettes, un écrou, une cravate, un clou rivé, une cheville à tête plate, deux rosettes d'*idem*, un écrou d'*idem*, une clavette d'*idem*, une chaînette d'*idem*, deux frettes de montans, deux frettes de treuil, deux crampons servant de sus-bandes aux tourillons du rouleau.

VIRETON. C'est le nom qu'on donnoit à une flèche armée d'un fer pyramidal ayant des pennons croisés, en cuivre, qui la faisoient virer & tournoyer en l'air.

VIROLE. On donne en général ce nom à une pièce ronde en fer ou en cuivre, qui sert à garnir l'extrémité d'une pièce de bois, pour la renforcer & l'empêcher de se fendre. Il y a des viroles de bout, d'essieu, de flèche, de levier, de pied-de-chèvre, &c.

VIROLE de baïonnette. Elle sert à assujettir la baïonnette sur un canon du fusil. (*Voyez* l'article BAGUE DE BAÏONNETTE.)

VIROLE de poignée de sabre. C'étoit la pièce en cuivre placée à l'extrémité inférieure de la poignée du sabre des dragons & de celui de cavalerie de ligne des anciens modèles.

VIS. C'est une pièce de fer taraudée en filets pour être contenue dans un trou également taraudé, qu'on nomme *écrou*. Quand la tête ne déborde pas le trou, on la nomme *vis à tête noyée* ; quand la tête est bombée, on la nomme *vis en goutte de suif* ; quand elle est vissée dans du bois, elle prend le nom de *vis à bois* ; & quand le dessous de la tête est en cône tronqué pour être noyée dans la pièce où on l'applique, on l'appelle *vis à tête fraisée*.

VIS à anneau. On nomme ainsi la vis de calotte du pistolet de cavalerie, modèle de 1816. Cette vis est à tête percée & porte un anneau pour suspendre au besoin ce pistolet. (*Voyez* l'article PISTOLET DE CAVALERIE, MODÈLE DE 1816.)

VIS de bassinet. C'est, dans la platine, celle qui sert à fixer le bassinet sur le corps. C'est la seule dont la tête soit fraisée.

ARTILLERIE.

VIS de culasse. C'est, dans une arme à feu portative, la vis qui traverse la queue de la culasse & se visse dans l'écusson pour retenir le canon dans son logement. Sa tête est saillante, mais l'arête en est abattue.

VIS de noix. C'est, dans la platine, celle qui retient le chien & le fixe sur le carré de l'arbre de la noix. Sa tête s'appuie sur le pied du chien, & sa tige est vissée dans l'arbre de la noix. Elle ne peut être confondue avec les autres vis de la platine, à cause de sa tête, dont le diamètre est plus grand que celui de toutes les autres.

C'est improprement que, dans les ateliers, on appelle quelquefois cette vis *clou de chien*.

VIS de platine. On nomme ainsi deux grandes vis qui font partie de la garniture des armes à feu portatives & qui servent à fixer la platine sur le bois ; leur tête est portée sur la contre-platine, puis traversant l'épaisseur du bois, elles se vissent sur le corps de la platine.

Pour éviter que les soldats ne puissent les confondre, en mettant l'une à la place de l'autre, la plus grande, c'est-à-dire celle du derrière, la platine étant sur son fût, est marquée dans les armes qu'on fabrique maintenant, avant la trempe, d'une étoile ayant 0 mèt. 0012 (6 points) de diamètre, & qui s'applique sur la tête au moyen d'un poinçon en acier.

Les autres vis de la platine se distinguent par leur longueur ; voici leur ordre, en commençant par la plus courte : vis de grand ressort, de ressort de gâchette, de bride de noix, de gâchette, de ressort de batterie (plus grosse que celle de bride, égales à peu près en longueur), de batterie.

Toutes ces vis fixent sur la platine les pièces dont elles portent le nom ; elles doivent avoir les tiges cylindriques, les filets vifs & assez profonds ; leurs têtes doivent être bien fendues dans le milieu, la fente n'ayant de profondeur que la moitié de l'épaisseur de la tête, & être bien dressées par-dessus & par-dessous. Toutes ces vis sont trempées & recuites, en sorte que la lime ne mord pas sur leur tête.

VIS de poignée & de plaque. Ces vis sont des vis à bois, & servent, la première à fixer l'extrémité inférieure de la sous-garde, & les deux autres à fixer la plaque d'un fusil sur le bois.

VIS de pointage. Elle sert à élever ou à baisser la culasse d'une pièce d'artillerie pour pointer cette pièce ; elle est en fer forgé & à filets carrés ; elle tourne dans un écrou en cuivre placé dans un affût, sous la culasse. On a adapté une vis de pointage à tous les affûts, sauf à ceux de mortier, pour lesquels cette mesure n'a pas encore eu lieu.

Qqq

VISIÈRE de casque. C'est la partie saillante du casque qui se met ordinairement sur deux pivots, & qui a, pour les yeux, des ouvertures qui s'appellent *vues*.

VISIÈRE de la carabine. C'est une élévation mobile qui s'adapte sur le tonnerre des canons de carabine, pour changer l'inclinaison de la ligne de mire. On en met deux & quelquefois trois, dont les hauteurs sont calculées pour tirer aux distances de 97 mèt. 452, 194 mèt. 904 & 292 mèt. 356 (50, 100 & 150 toises).

VISITE des armes. C'est l'examen qu'on fait des armes portatives. Les inspecteurs-généraux qui sont chargés de l'inspection des armes entre les mains des troupes, ont sous leurs ordres un officier d'artillerie & un contrôleur d'armes, qui font démonter ces armes & les examinent, pour juger si elles sont bien entretenues, & si quelques-unes d'elles ont besoin d'être remplacées.

L'officier d'artillerie chargé de passer l'inspection des armes des troupes, est accompagné d'un contrôleur d'armes ; il reçoit de la direction d'artillerie, qui lui est désignée, la collection des instrumens vérificateurs. (*Voyez* l'article INSTRUMENS VÉRIFICATEURS dont les inspecteurs-généraux d'artillerie doivent être pourvus pour la visite des armes portatives.)

L'officier d'artillerie passe successivement l'inspection des armes en service & de celles en magasin.

L'inspection des armes en service a lieu par compagnie, dans un local convenable.

Les armes à feu sont visitées deux fois : la première fois démontées ; c'est-à-dire, le canon & la platine étant détachés du bois ; & la seconde fois remontées.

Lorsqu'une compagnie se présente à la visite, le sergent-major remet à l'officier d'artillerie une feuille certifiée par son capitaine, & comprenant tous les hommes de la compagnie tant présens qu'absens.

Pour la première visite, les armes sont démontées à l'avance.

Chaque soldat est appelé à son tour, suivant l'ordre de la feuille ; & lorsque la visite des différentes parties de son arme est terminée, il sort de la salle de visite & va la remonter.

Quand la visite de détail est finie, les armes remontées & ayant leurs chiens garnis de bonnes pierres, sont présentées une seconde fois dans le même ordre.

Afin d'éviter tout retard, le sergent-major a soin que cinq ou six soldats soient toujours à la fois dans la salle de visite, & que celui qui sort soit tout immédiatement remplacé par un autre.

L'officier d'artillerie veille continuellement à ce que le contrôleur fasse sa visite avec toute l'attention convenable, & il dirige les opérations.

Il fait noter sur la feuille de compagnie toutes les observations qui peuvent lui être nécessaires pour établir le procès-verbal de visite, & fait son rapport au ministre.

Si une arme est dans le cas d'être rebutée pour un défaut de fabrication, il prend une note particulière de la manufacture & de l'année où elle a été fabriquée.

Si une arme à feu, sans être dans le cas d'être classée comme hors de service, avoit besoin de réparations telles qu'elles ne pussent être convenablement exécutées que dans un atelier pourvu de machines que le maître armurier ne peut avoir, on proposeroit l'échange de cette arme, & l'évaluation de la retenue à exercer pour les réparations nécessaires seroit faite par le contrôleur, & devroit être approuvée par l'officier d'artillerie ainsi que par l'officier d'armement. En cas de contestation, il en seroit référé au major, &, s'il y avoit lieu, à l'inspecteur-général qui prononceroit.

L'examen des armes remontées étant achevé pour une compagnie, l'officier d'artillerie, d'après les notes portées sur la feuille, arrête le classement des armes. Après quoi, cette feuille, signée par lui & par l'officier d'armement, est remise au fourrier pour qu'il en fasse une copie. Cette copie est rapportée à l'officier d'artillerie avec l'original ; il la collationne, la garde pour lui, & rend la minute au fourrier.

Un article de l'instruction du 18 mars 1819 sur l'armement des troupes, indique les causes qui doivent déterminer à mettre une arme hors de service. L'officier d'artillerie s'y conforme, & dans les cas extraordinaires, il prend les ordres du ministre. (*Voyez* l'article DURÉE DES ARMES PORTATIVES.)

L'officier d'armement fournit pour les armes en magasin une feuille semblable à celles des compagnies, à l'exception qu'elle est divisée en deux parties, dont la première, comprenant les armes des hommes absens, est vérifiée par les feuilles des compagnies, & dont la seconde présente celles que le corps possède en excédant de son effectif en hommes. On se conforme du reste à tout ce qui a été prescrit pour les compagnies.

Chaque espèce d'armes donne lieu à une visite particulière qui se fait d'une manière analogue à ce qui a été indiqué ci-dessus, & pour laquelle il est fourni des feuilles semblables à celles dont on vient de parler.

En rassemblant les feuilles des compagnies & celles du magasin, l'officier d'artillerie obtient le total des armes existant au corps, avec distinction des modèles & de l'état dans lequel elles se trouvent.

Il relève sur ces feuilles toutes les observations qu'il y a fait consigner.

Il s'en sert aussi pour vérifier si le numérotage prescrit est bien observé. (*Voyez* l'article NUMÉROTAGE DES ARMES DANS LES RÉGIMENS.)

VIS

Le regiſtre des réparations tenu par l'officier d'armement lui fournit le moyen de connoître le montant de celles qui ont été exécutées dans le courant de l'année, ſoit au compte de l'abonnement, ſoit au compte des ſoldats.

Le regiſtre où ſont portés menſuellement les relevés des pièces au remplacement deſquelles les réparations ont donné lieu, lui préſente le total de celles qui ont dû être conſommées pendant l'année.

Il le compare avec ce que le maître armurier en a reçu des magaſins du corps, & juge par-là s'il n'en a pas employé d'autres que celles qui lui ont été délivrées. Lorſqu'au moyen de ces renſeignemens, l'officier d'artillerie s'eſt parfaitement rendu compte de tout ce qui eſt relatif à l'armement, il rédige le procès-verbal de la viſite.

Il conſigne, à la ſuite de la copie de ce procès-verbal, ſur un regiſtre qui reſte au corps, ſon opinion ſur le travail & la capacité du maître armurier, ainſi que les obſervations & renſeignemens qui peuvent être de quelqu'utilité pour la viſite de l'année ſuivante, & il expoſe ſes vues d'amélioration & de perfectionnement ſur tout ce qui a rapport à l'entretien & à la conſervation des armes dans les corps.

Le procès-verbal eſt accompagné : 1º. d'un état des armes hors de ſervice ; 2º. d'un état des armes à réparer, dont les réparations ſeroient jugées de nature à ne pas être exécutées par le maître armurier, & dont on propoſeroit l'échange.

L'officier d'artillerie remet à l'inſpecteur-général une copie du procès-verbal, ainſi que de ſes obſervations ſur le maître armurier, &c.

Il adreſſe au miniſtre les mêmes pièces, & de plus il lui rend compte du nombre de pièces d'armes employées pour les réparations pendant le courant de l'année. Il lui déſigne, s'il y a lieu, les manufactures d'où proviennent les armes hors de ſervice, pour défauts graves de fabrication, ainſi que les armes où elles ont été fabriquées, afin qu'elles puiſſent être renvoyées à ces manufactures.

Le contrôleur qui accompagne l'officier d'artillerie, eſt chargé de viſiter les armes dans le plus grand détail, ſous la direction & la ſurveillance de l'officier d'artillerie. Il eſt aidé dans cette opération par le maître armurier du corps.

Le ſoldat employé au bureau de l'officier d'armément tient note, ſous la dictée du contrôleur, des dégradations des armes, ou des réparations dont elles ont beſoin.

Il doit y avoir, dans la chambre où ſe fait la viſite, un établi garni d'un étau, une ramaſſe ou grattoir pour nettoyer l'intérieur des canons, quelques limes & tous les outils néceſſaires pour démonter & remonter une arme.

Dans la viſite des armes à feu démontées, le contrôleur reçoit ſucceſſivement des mains de chaque ſoldat le canon garni de ſa bayonnette & dans lequel il a mis la baguette, le bois avec toutes ſes garnitures & la vis de culaſſe engagée dans ſon écrou, puis la platine garnie de ſes deux grandes vis & du porte-vis ſuſpendu ſeulement à la vis de devant.

Il viſite ces différentes parties de l'arme, en examinant ſoigneuſement chaque pièce pour s'aſſurer ſi elle ne doit pas donner lieu à quelques-unes des réparations prévues par le tarif, & il fait noter de ſuite ſur la feuille celles qu'il juge néceſſaires.

Il vérifie la longueur de la baguette & ſon taraudage. Il s'aſſure de ſon élaſticité en la faiſant ployer, ainſi qu'il eſt preſcrit par le règlement.

Il vérifie également la longueur de la bayonnette, & ſon ajuſtage avec le canon ; il viſite ſon fourreau.

Il préſente le gros cylindre à la bouche du canon, & fait gliſſer le petit juſqu'au fond de l'ame. Il vérifie ſa longueur & ſes diamètres extérieurs à la bouche & au tonnerre. Il le viſite avec ſoin ſur toute ſa longueur pour reconnoître s'il n'a pas des évents, des travers, ou quelques autres défauts. Il s'aſſure s'il eſt bien droit, il fait effort ſur la culaſſe pour la déviſſer ; il examine la lumière, & ſi l'on a mis un grain au canon, il vérifie l'emplacement & la direction du canal de lumière.

Les canons qui ont des évents, des travers ou d'autres défauts graves, quoique peu apparens, ſont marqués de ſuite de deux forts coups de lime au-deſſus & au-deſſous du défaut.

Après l'examen des canons, le contrôleur paſſe à celui des bois ; il viſite avec ſoin l'intérieur du logement de la platine ; il fait une attention particulière aux trous des goupilles, il preſſe avec le pouce contre l'oreille pour s'aſſurer qu'elle n'eſt pas fendue au trou de la grande vis de platine, & ſi la monture a été faite par le maître armurier, il en vérifie la pente & les dimenſions, s'aſſure de la qualité du bois, & voit ſi le logement du grand reſſort, celui de la baguette & les queues des reſſorts de garniture ne percent pas dans le canal du canon.

Il examine chaque pièce de la garniture, s'aſſure ſi les reſſorts reviennent bien, & ſi la vis de culaſſe tient ſolidement dans ſon écrou.

Le contrôleur s'occupe enſuite de la viſite de la platine. Il reconnoît ſi les reſſorts ſont ſuffiſamment étoffés ſans l'être trop, ſi leurs branches fixes ajuſtent bien ſur le corps de platine, & ſi leurs branches mobiles n'y ont pas de frottement, non plus que la noix, la gâchette & le chien ; ſi le trou de la grande vis de platine paſſe bien entre les branches du reſſort de batterie, ſi les fentes des vis ſont en bon état.

Il cherche à s'aſſurer de l'état des pivots des reſſorts & de la bride de noix, qui ſont aſſez ſouvent uſés ou briſés.

Qqq 2

Il voit si la griffe de noix ne déborde pas le corps de platine, lorsque le chien est abattu, & si son pivot & son arbre sont bien justes dans leurs trous. Il examine les crans de la noix, & il fait une attention particulière au bec de la gâchette, auquel une légère épaisseur de fer conservée à l'extérieur donne quelquefois l'apparence d'être parfaitement intact, quoiqu'il soit presqu'entièrement usé.

Il s'assure si la batterie ajuste bien sur le bassinet, si elle rôde bien, & si son pied n'est pas usé ; si le chien, étant au repos, le devant des mâchoires n'est pas trop rapproché de la batterie ; si les mâchoires serrent bien la pierre, & si le chien ne balotte pas dans son carré.

Il fait déculasser les canons auxquels il soupçonne quelques défauts intérieurs, & dont il croit les culasses trop libres, ainsi que ceux dont le maître armurier a remplacé les culasses, afin de s'assurer de la bonté de leur taraudage ; il faut aussi démonter quelques platines prises parmi celles qui sont les plus dégradées, afin de mieux juger de l'état des pièces & des filets des vis.

Dans la visite des armes remontées, le contrôleur s'assure si la virole de la baïonnette n'est pas gênée dans ses mouvemens par la baguette ; il fait aller & venir la baguette dans son canal, pour reconnoître si elle ne tient ni trop ni trop peu, & si elle porte bien sur son taquet.

Il fait jouer plusieurs fois la platine, pour s'assurer si la batterie découvre bien, si elle ne revient pas, si elle porte bien son feu ; si les ressorts sont d'une force convenable & bien en harmonie, s'ils ne frottent pas sur le bois dans l'intérieur du logement de la platine ; si le chien ne part pas au repos, si son mouvement n'est pas gêné par le bout de la grande vis de platine. si le bec de gâchette ne rencontre pas le cran du repos, si le fusil n'est pas trop dur au départ ; si la détente n'a ni trop, ni trop peu de fer ; si la batterie ne frotte pas contre le canon, & si la lumière est bien placée par rapport à la fraisure du bassinet. Enfin il voit s'il n'y a pas de jour autour du corps de platine, & si toutes les pièces ajustent bien sur le bois.

Lorsqu'à cette visite l'officier d'artillerie reconnoît quelque défaut à une arme, il consulte la feuille pour savoir s'il a déjà été noté : s'il ne l'a pas été, on en fait mention de la suite de ce qui a déjà rapport à la même arme.

Après la visite des armes remontées, suivant qu'une arme est bonne à réparer ou hors de service, le contrôleur fait mettre, devant le nom de l'homme à qui elle appartient, un trait dans la colonne dont l'en-tête se rapporte à l'état de cette arme, puis il fait faire le total de chaque colonne.

Dans la visite des sabres, le contrôleur s'assure si les longueurs des lames ne sont pas au-dessous des limites tolérées, si elles n'ont pas des entailles trop profondes au tranchant ou des criques nuisibles. Il les fait ployer pour reconnoître si elles ne font pas faussantes, ou si, ayant conservé leur élasticité, elles n'ont plus assez de roideur.

Le contrôleur s'assure encore si les lames ne balottent pas dans leurs montures, si les soies ajustent bien dans le carré des coquilles, si elles sont solidement rivées ; en un mot, il s'attache à ne laisser échapper aucun des défauts qui peuvent exister aux lames, aux montures, aux fourreaux & aux garnitures, & il indique les réparations qu'ils peuvent nécessiter.

Dans la visite des lances, le contrôleur vérifie aussi la longueur de la lame ; il reconnoît si cette lame, ainsi que le sabot, sont solidement fixés sur sur la hampe, & si celle-ci a été remplacée par le maître armurier ; il s'assure de la bonne qualité du bois.

Dans le cours de la visite de l'armement, lorsqu'une arme est à réformer, l'officier d'artillerie fait noter sur la feuille, le défaut qui la met hors de service, & la cause de ce défaut.

Toute pièce défectueuse, qui donne lieu à la mise hors de service d'une arme, est marquée de l'R de rebut. (*Voyez* l'article RECETTE DES ARMES PORTATIVES.)

Les visites des armes portatives ayant pour objet la conservation & l'entretien de ces armes, on joint ici le nouveau règlement sur cet objet important.

Réglement sur les réparations, l'entretien et la conservation des armes portatives dans les corps.

TITRE PREMIER.

Réparations.

Art. 1er. Les réparations des armes, entre les mains des troupes, sont, suivant les causes qui les ont rendues nécessaires, à la charge du corps, ou à la charge des soldats.

Art. 2. Ces réparations sont faites dans l'intérieur des corps, par les maîtres armuriers, aidés du nombre d'ouvriers nécessaire.

Art. 5. Les maîtres armuriers sont choisis parmi les élèves armuriers formés pour cette destination, dans les manufactures royales d'armes.

Art. 4. Les maîtres armuriers actuels, les ouvriers armuriers des corps & les armuriers du commerce, pourront néanmoins concourir pour les emplois de maîtres armuriers, jusqu'à ce qu'il en soit autrement ordonné, ou lorsque le nombre des sujets fournis par les manufactures ne sera pas suffisant pour remplir tous les emplois vacans.

Art 5. Les élèves formés dans les manufactures sont examinés & jugés admissibles dans les corps, en qualité de maîtres armuriers, d'après les formes établies par le règlement sur le service général des manufactures.

Art. 6. Les ouvriers des corps, les maîtres armuriers actuels & les armuriers du commerce sont examinés, sur l'ordre du ministre de la guerre, par les soins des directeurs d'artillerie ou des inspecteurs des manufactures royales d'armes. L'objet de cet examen est de reconnoître s'ils possèdent toutes les connoissances exigées, & s'ils satisfont à toutes les conditions imposées par le programme.

Art. 7. Les demandes des maîtres armuriers actuels & des ouvriers des corps, qui desirent se présenter à cet examen, sont transmises au ministre de la guerre par les chefs de corps. Les ouvriers du commerce adressent directement au ministre leurs demandes pour le même objet.

Art. 8. Lorsque les résultats de ces examens sont satisfaisans, les sujets reconnus capables d'occuper l'emploi de maître armurier reçoivent leur nomination du ministre de la guerre, & passent leur engagement avec les conseils d'administration.

Art. 9. Le maître armurier a, dans tous les corps de troupes à pied ou de troupes à cheval, le grade de sergent ou de maréchal-des-logis ; il en reçoit la solde avec les accessoires, & il en porte les marques distinctives.

Il ne peut pas prétendre à l'avancement, mais il a droit à la retraite de son grade, & le temps qu'il a passé dans les manufactures d'armes lui est compté.

Art. 10. Un soldat par bataillon ou escadron, désigné par le chef du corps, & choisi parmi ceux qui ont été ouvriers en fer, est instruit par le maître armurier, & mis en état de l'aider en cas de besoin, & de réparer les armes du bataillon ou de l'escadron, lorsqu'il est détaché.

Art. 11. Les réparations au compte du corps sont données au maître armurier par abonnement.

Art. 12. Le prix de l'abonnement est fixé, par an, ainsi qu'il suit :

Pour chaque fusil d'infanterie, de dragon, de voltigeur ou d'artillerie. . . . . 1 f. 20
Paire de pistolets 1   »
Mousqueton. 1   »
Sabre de cavalerie & lance. 0 25
Sabre d'infanterie ou d'artillerie. . . 0 15

Art. 13. L'abonnement ne comprend que les réparations rendues nécessaires par le service ordinaire des armes, & le remplacement des pièces usées ou cassées par l'effet de leur usage naturel.

Art. 14. Le maître armurier n'est pas tenu de remplacer, à ses frais, les pièces que le soldat perd ou brise par mauvaise volonté ou par négligence. Les réparations nécessitées par ces dernières dégradations, continuent à être payées par les soldats, sur la masse de linge & chaussure, d'après le tarif arrêté par le ministre de la guerre.

Ce tarif, calculé sur les plus bas prix des manufactures, est le même pour toutes les garnisons de France.

Art. 15. Il est défendu au maître armurier d'acheter des pièces d'armes ou de les fabriquer lui-même.

Les pièces doivent être tirées des manufactures d'armes. Le maître armurier doit seulement les finir & les mettre en place.

Art. 16. Le conseil d'administration achète les pièces d'armes brutes, dans la manufacture la plus voisine ; il les remet à l'armurier, au fur & à mesure de ses besoins, & lui en fait retenir le montant, au prix de facture, sur ce qui lui est alloué d'après l'abonnement.

Ce prix doit être établi d'après le devis de la manufacture.

Art. 17. Quel que soit le prix des pièces dans la manufacture d'où elles sont tirées, l'armurier est tenu d'accepter, pour son compte . celles qui lui sont remises par le conseil d'administration, sur la présentation de la facture.

Art. 18. Les frais d'emballage & de transport ne sont pas à la charge du maître armurier ; ils sont portés en dépense à la masse d'entretien, sur pièces justificatives, par le conseil d'administration.

Art. 19. Le maître armurier est tenu d'exécuter, dans le plus bref delai, toutes les réparations reconnues nécessaires, soit au compte de l'abonnement, soit au compte des soldats. Lorsqu'il met du retard ou de la négligence dans l'exécution de ces réparations, il éprouve des retenues sur ce qui lui est alloué. Le conseil d'administration règle ces retenues.

Si les reproches mérités par le maître armurier sont d'une nature trop grave, le conseil d'administration demande sa destitution à l'inspecteur-général, qui la propose au ministre, dans le cas où cette mesure de rigueur lui paroît convenable.

Art. 20. Les ouvriers formés par le maître armurier sont payés par lui, lorsqu'ils sont en état de travailler & qu'il les emploie.

Le prix de la journée est réglé par le conseil d'administration & le maître armurier.

Il varie suivant le travail & le degré de capacité des ouvriers, mais il ne peut, dans aucun cas, être moindre de 0 f. 75, ni excéder 1 f. 50.

Art. 21. Dans chaque caserne, un local convenable pour servir d'atelier, est mis à la disposition du maître armurier. Ce local est garni d'une forge avec son soufflet & d'une enclume.

Le maître armurier doit être muni de tous les autres outils & instrumens nécessaires à la réparation des armes. (*Voy.* l'article INSTRUMENS ET OUTILS NÉCESSAIRES POUR LES ARMURIERS DES CORPS DE L'ARMÉE.)

Il doit se procurer également le charbon & les autres matières nécessaires.

Art. 22. Dans les corps de troupes à cheval, les réparations qui concernent les éperons & les mois de bride, sont payées au maître armurier sur le même taux & de la même manière que par le passé.

Art. 23. Tous les corps qui sont trop peu nombreux pour avoir un maître armurier, administrent eux-mêmes leur abonnement, au moyen duquel ils doivent toujours tenir leur armement en bon état.

Art. 24. Il en est de même des bataillons, escadrons, compagnies ou portions de corps qui, par la nature & la durée de leur détachement, peuvent être assimilés aux corps désignés dans l'article précédent.

Art. 25. Dans ce cas, la portion d'abonnement administrée par le détachement est proportionnée au nombre d'armes & au temps pendant lequel il reste séparé du corps.

Art. 26. Dans chaque corps, un lieutenant est spécialement chargé des détails relatifs à l'armement, sous la direction du capitaine d'habillement.

Un des soldats employés au bureau du capitaine d'habillement est mis à sa disposition, pour la tenue des écritures & le service du magasin.

Art. 27. Le lieutenant d'armement est désigné par l'inspecteur-général, sur la présentation du chef du corps.

Art. 28. Il est exempt de tout autre service, & il peut être continué dans cet emploi pendant plusieurs années.

Art. 29. Dans chaque bataillon ou escadron, un sous-lieutenant est adjoint au lieutenant chargé de l'armement.

Art. 30. Les sous-lieutenans adjoints ne sont pas exempts de service; ils sont pris à tour de rôle, & ils sont remplacés tous les six mois.

Art. 31. Lorsqu'un bataillon ou escadron est détaché, le chef du corps désigne dans ce bataillon ou escadron, pour remplir les fonctions d'armement, pendant la durée du détachement, le lieutenant qui est le plus propre à ces fonctions. Les sous-lieutenans continuent à rouler entr'eux, pour le service d'adjoints, conformément à ce qui est prescrit par les articles précédens.

Art. 32. Le major exerce une surveillance générale sur tout ce qui a rapport aux réparations de l'armement.

Les contestations qui peuvent s'élever relativement à l'imputation d'une réparation sur l'abonnement, ou au compte du soldat, lui sont remises.

Ces contestations sont jugées, en dernier ressort, par le conseil d'administration.

Art. 33. Les réparations des armes des compagnies sont faites sur des bons visés par l'officier de la subdivision & approuvés par le capitaine, qui indique sur le compte de qui la réparation doit être imputée.

Art. 34. Ces bons sont portés, avec l'arme à réparer, par le sous-officier de semaine, au sous-lieutenant d'armement du bataillon ou escadron, qui les vise également, après avoir reconnu si la réparation est bien indiquée; en cas de doute sur l'imputation, il en réfère au lieutenant d'armement, qui soumet la question au major lorsque l'imputation lui paroît mal faite.

Art. 35. Après la réparation, l'arme est présentée, par le maître armurier, au lieutenant d'armement, qui vérifie si elle est bien faite, & alors vise le bon de nouveau. Ce second visa est nécessaire pour que l'armurier soit payé des réparations au compte du soldat, & dans tous les cas pour que l'arme puisse rentrer dans la compagnie à laquelle elle appartient.

Art. 36. Le lieutenant d'armement tient un registre sur lequel il inscrit les réparations exécutées, en ayant soin d'indiquer, pour chaque arme réparée, à quelle compagnie elle appartient, ou si elle appartient au magasin.

Il marque la date de la réparation & le n°. de l'arme; il détaille ensuite la réparation & il en fait ressortir le montant dans deux colonnes, l'une, pour celles au compte de l'abonnement, & l'autre pour celles au compte du soldat; il fait faire chaque mois, sur ce registre, le dépouillement des pièces employées pour les réparations, & il en porte le résultat sur un autre registre, divisé en autant de colonnes qu'il y a de pièces dans l'arme, en réunissant toutefois dans une même colonne toutes les petites vis & toutes les petites pièces d'une même nature.

Art. 37. Dans la visite des armes réparées, les officiers d'armement se conforment à ce qui est prescrit par le chapitre de l'instruction sur les armes portatives, relatif à cette opération.

Art. 38. Les sous-lieutenans adjoints au lieutenant d'armement suivent entr'eux un tour de semaine pour assister avec le lieutenant d'armement à la visite journalière des armes réparées, autant que les autres devoirs du service ne s'y opposent pas.

TITRE II.

Entretien & conservation.

Art. 39. Il est établi dans chaque régiment une école théorique & pratique, dans laquelle on enseigne les procédés & les précautions à observer pour ne pas dégrader les armes, conformément à ce qui est détaillé dans l'instruction sur les armes portatives.

Art. 40. Cette école est sous la surveillance du lieutenant-colonel. Elle est dirigée par des officiers choisis par le colonel, de préférence parmi ceux qui ont rempli les fonctions d'officier d'armement.

Les officiers, sous-officiers & soldats y passent successivement, d'après le mode prescrit par le règlement sur le service intérieur des troupes.

Art. 41. Les soldats sont particulièrement instruits & exercés sur la nomenclature & la manière de démonter & de remonter leurs armes.

Art. 42. Chaque soldat reçoit, comme objet de première mise, un tournevis & les autres instrumens conformes aux modèles.

Art. 43. Ces objets sont partie du petit équipement. Les remplacemens ont lieu, au compte du soldat, sur la masse de linge & chauffure.

Art. 44. Chaque escouade a un monte-ressort également conforme au modèle, & dont le caporal est dépositaire.

Chaque corps reçoit un nombre de ces monte-ressorts proportionné à son effectif.

Le remplacement de ceux qui sont mis hors de service par l'effet de leur usage naturel, a lieu sur la masse d'entretien.

Ceux qui sont perdus ou brisés par négligence ou mauvaise volonté, sont remplacés au compte du soldat qui a fait la faute, ou au compte de l'ordinaire, s'il n'est pas connu.

Art. 45. Les monte-ressorts, tournevis & autres instrumens sont fabriqués dans les manufactures d'armes : les corps tirent de ces établissemens ceux dont ils ont besoin pour les remplacemens.

Art. 46. Tous les fusils d'infanterie sont marqués d'un numéro appartenant à une série continue, depuis le n°. 1 jusqu'au dernier numéro, représentant le nombre d'armes de cette espèce existant au corps.

Les fusils de voltigeur forment une autre série déterminée de la même manière. Chaque baïonnette est marquée du même numéro que le fusil auquel elle appartient.

Les mousquetons, les pistolets, les sabres & les lances sont marqués de la même manière ; leurs numéros ne forment qu'une seule série, par espèce, dans chaque corps. (*Voyez* l'article NUMÉROTAGE DES ARMES DANS LES RÉGIMENS.)

Art. 47. Les armes des soldats qui ne font plus partie de l'effectif sont remises à ceux qui les remplacent, & les hommes passant d'une compagnie dans une autre, emportent leurs armes.

Art. 48. Un certain nombre de fusils réformés est conservé, par les corps, pour armer provisoirement les hommes de recrue.

Ils sont exercés sur ces fusils au démontage & nettoiement de l'arme. Lorsqu'ils ont acquis cette première instruction, ils reçoivent en échange les fusils, en bon état, des hommes qu'ils ont remplacés, ou des fusils neufs.

Art. 49. Les soldats ne doivent pas faire usage, pour démonter & remonter leurs fusils, d'aucun autre instrument que ceux qui leur sont fournis conformes aux modèles.

Art. 50. Les soldats ne doivent jamais démonter les pièces de la platine, ni ôter la sous-garde, que sur l'ordre d'un officier, qui fait exécuter cette opération, lorsqu'il la juge nécessaire.

Art. 51. Les armes des hommes absens par congé, ou aux hôpitaux, sont déposées dans un magasin, sous la surveillance du lieutenant d'armement. L'armurier est chargé de leur entretien & de leur conservation.

Art. 52. Le magasin dans lequel sont déposées les armes, est, autant que possible, séparé du magasin d'habillement, afin que les armes n'y soient pas exposées à des mouvemens fréquens & aux atteintes de la poussière.

Art. 53. Toutes les fois que les officiers de compagnies passent l'inspection des armes, ils portent principalement leur attention sur les qualités essentielles à leur bon service, plutôt que sur la propreté extérieure ou le brillant.

Art. 54. Outre les inspections qui ont lieu dans les rangs, ils sont de fréquentes visites dans les chambrées, & ils voient, au moins une fois par mois, toutes les armes, le canon & la platine étant détachés du bois.

Art. 55. Ils s'attachent à faire remarquer aux soldats les réparations dont leurs armes peuvent avoir besoin, afin de leur apprendre à les signaler eux-mêmes.

Art. 56. Ils veillent à ce que les soldats observent toutes les précautions indiquées par l'instruction sur les armes portatives.

Art. 57. Ils passent la revue des tournevis, monte-ressorts & autres instrumens dont les soldats doivent être munis, en même temps que celle des effets de linge & chauffure.

Art. 58. Les sous-lieutenans adjoints au lieutenant d'armement, assistent aux visites mensuelles, pour les compagnies de leur bataillon ou escadron.

Art. 59. Outre ces visites particulières, une visite générale & détaillée de l'armement du corps entier a lieu deux fois par an, pour s'assurer de son état, & y faire les réparations reconnues utiles.

Cette visite est faite successivement, pour chaque compagnie, par le maître armurier, en présence des officiers d'armement.

Les réparations reconnues nécessaires sont exécutées immédiatement, &, autant que cela est possible, avant la visite de la compagnie suivante, sans que cependant l'intervalle entre les visites de deux compagnies qui se suivent, puisse dépasser une semaine.

Art. 60. Les armes des hommes absens du corps par congé, aux hôpitaux, &c., sont présentées au lieutenant d'armement, qui les fait visiter par le maître armurier, & réparer, s'il y a lieu, avant de les faire entrer en magasin.

Art. 61. Il veille à ce que l'armurier entretienne avec soin les armes qui sont en magasin.

Art. 62. Lorsque les circonstances le permettent, il sait faire par le maître armurier une visite détaillée de l'armement des détachemens, au moment où ils se séparent du corps.

Une visite semblable a toujours lieu au moment de la rentrée du détachement.

Art. 63. Tout commandant de compagnie ou de détachement est responsable, envers le chef du corps, de l'état de l'armement des hommes sous son commandement.

Art. 64. Le lieutenant-colonel est particulièrement chargé de veiller à l'entretien des armes; il dirige cette branche du service & détermine, par la voie de l'ordre, les jours & heures auxquels les visites & inspections d'armes ont lieu.

Art. 65. Les officiers supérieurs de semaine tiennent la main à l'exécution de toutes les mesures ordonnées pour assurer l'entretien des armes, & ils rendent au lieutenant-colonel un compte particulier de l'état de l'armement des compagnies.

Art. 66. Le chef de corps est personnellement responsable de l'état de l'armement. Il veille particulièrement à ce que, sous quelque prétexte que ce soit, les formes ou les dimensions des armes ne soient altérées par des mutilations, &, en général, il assure le bien du service en tout ce qui a rapport à l'armement, par l'intérêt qu'il témoigne y prendre.

TITRE III.

Inspections relatives à l'armement.

Art. 67. Avant l'époque des inspections générales, des officiers d'artillerie nommés par le ministre de la guerre & accompagnés de contrôleurs d'armes, font la visite de l'armement de tous les corps.

Il est désigné un officier & un contrôleur pour chaque division militaire.

Art. 68. Ces officiers suivent, dans cette inspection d'armes, les dispositions prescrites par l'instruction particulière qui leur est envoyée en même temps que l'ordre qui les charge de cette opération.

Art. 69. Cette inspection est faite dans chaque corps par compagnie, en présence de l'officier d'armement, du capitaine de la compagnie dont on visite les armes, & d'un officier supérieur qui fait prendre toutes les dispositions nécessaires.

Art. 70. Les registres & le livret d'armement des corps sont communiqués à l'officier d'artillerie, ainsi que tous les autres documens qui peuvent lui être utiles.

Le soldat employé au bureau du capitaine d'habillement & chargé des écritures relatives à l'armement, est mis pour ce même service à la disposition de l'officier d'artillerie pendant les opérations de l'inspection de l'armement.

Art. 71. L'officier d'artillerie fait examiner & constate si on donne, dans le corps, tous les soins convenables à la conservation & aux réparations des armes. Il indique aux officiers chargés de l'armement les améliorations que cette partie du service lui paroît susceptible de recevoir.

Art. 72. L'officier d'artillerie rédige le procès-verbal de visite de l'armement du corps, conformément au modèle n°. 3 (il indique le nombre des fusils, bons, à réparer par le maître armurier, à échanger, & hors de service); il y joint les états n°. 4 (il indique le nombre des armes reconnues hors de service ou dont on propose l'échange) & n°. 5 (il indique le nombre des armes à réparer jugées dans le cas d'être échangées, leurs réparations n'étant pas de nature à pouvoir être exécutées par le maître armurier du corps) qui font suite à son travail, & qui sont, ainsi que le procès-verbal, signés par l'officier d'armement & par lui, visés par le conseil d'administration, & inscrits sur un registre tenu à cet effet.

Il consigne à la suite du procès-verbal & de l'inscription qui en est faite sur le registre, les observations & propositions auxquelles la visite des armes a pu donner lieu, ainsi que son opinion sur le travail & la capacité du maître armurier.

Art. 73. Ces inspections préliminaires d'armes dans chaque corps, doivent être terminées avant l'arrivée de l'inspecteur-général.

L'officier d'artillerie doit les régler de manière à pouvoir se trouver dans chaque garnison en même temps que l'inspecteur-général, afin de lui remettre les procès-verbaux qu'il a dressés, de l'accompagner, & de lui faire connoître ses observations sur l'armement.

Art. 74. L'inspecteur-général se fait représenter le registre mentionné dans l'article 72; il prescrit, s'il le trouve convenable, les dispositions proposées par l'officier d'artillerie, & il s'assure si celles ordonnées à l'inspection précédente ont été exécutées.

Art. 75. L'inspecteur-général apporte à l'examen de ce qui concerne l'armement des corps l'attention la plus particulière, & il encourage le zèle des officiers qui sont chargés de ce service, en sollicitant pour eux des récompenses, s'il y a lieu.

Voici le programme mentionné à l'article 6 de ce règlement.

Les armuriers des corps de l'armée doivent savoir:

1°. Lire & écrire.

2°. Forger toutes les pièces composant une platine.

3°. Limer & ajuster une platine complète.

4°. Monter & équiper complétement un fusil, un mousqueton ou un pistolet.

5°. Tremper en paquet ou à la volée les pièces susceptibles de l'une ou de l'autre de ces opérations.

6°. Recuire convenablement les pièces trempées d'une arme à feu.

7°. Redresser un canon faussé & relever les enfoncemens d'un canon mutilé.

8°.

8°. Mettre un grain à la lumière d'un canon.

9°. Retirer une culasse cassée dans le canon, en forger & ajuster une au re.

10°. Ajuster une baionnette sur le canon & biaser un tenon pour la baionnette.

11°. Ralonger & souder une soie à une lame de sabre & remonter cette lame sur sa garde.

Les armuriers des corps de troupes à pied doivent en outre savoir souder un pontet à la chape d'un fourreau, faire un bout & une chape, & fixer ces pièces sur un fourreau en cuir.

Les armuriers des corps de troupes à cheval, indépendamment des opérations à faire aux armes à feu & aux lames de sabres, doivent être en état de faire les réparations suivantes.

1°. Braser un fourreau en tôle d'acier, le mandriner & en relever les enfoncemens.

2°. Faire & braser un dard, un bracelet & une cuvette.

3°. Ressouder une branche d'une garde.

4°. Réparer les pièces en fer qui font partie de l'équipement du cheval, telles que le mors de la bride, la gourmette, les étriers, &c.

VISITE des ponts. C'est l'examen que les officiers d'artillerie font des ponts militaires. Quand ces ponts doivent rester long-temps construits, il faut souvent visiter les bateaux & les agrès, & retirer de temps en temps les ancres qui, s'enterrant peu à peu, finiroient par ne pouvoir plus être retirées. Il faut, pour tous les ponts, des ouvriers sans cesse occupés à égaliser, avec des masses, les madriers dérangés par le passage, & des bateliers pour les égoutter, retendre les traversières, resserrer les guindages, &c.

VITESSE INITIALE. C'est l'espace que parcourroit uniformément, en ligne droite, pendant l'unité de temps, un projectile au sortir d'une bouche à feu, si tout-à-coup les causes de l'altération de son mouvement venoient à cesser.

La question de la vitesse des projectiles, plus intéressante pour l'artillerie pratique que celle de la *trajectoire*, mais plus difficile encore, a beaucoup exercé les savans. On doit rendre ici un compte sommaire des efforts qu'ils ont faits pour la résoudre. Leurs tentatives sont de deux sortes, *à priori* & *à posteriori*. Par les premières, ils ont essayé de déduire de la force de la poudre, la vitesse que peut communiquer une charge donnée dans une bouche à feu connue, à un projectile déterminé; par les secondes, ils ont voulu mesurer plus ou moins immédiatement la vitesse effective imprimée au projectile par la charge, quelle que soit d'ailleurs la cause de l'action de celle-ci sur le premier.

1°. *Recherche de la vitesse initiale par la force de la poudre.* La force de la poudre enflammée est due à l'élasticité d'un fluide qui se dégage rapidement au moment de la combustion de la poudre.

Le dégagement d'un fluide élastique permanent est un fait prouvé par les belles expériences de Hauksbée, du comte de Saluces, de Papacino d'Antony, &c.; mais quelle est la quantité du fluide dégagé d'une quantité donnée de poudre? Ici les opinions varient : Robins trouve qu'un pouce cube de poudre donne deux cent quarante-quatre pouces cubes de fluide élastique, à la même densité que l'air atmosphérique; Hauksbée n'en trouve que deux cent trente-deux; Hales seulement cent quatre-vingt. D'autre part, de Saluces porte cette quantité à deux cent soixante-six pouces cubes; Ingenhouz & Fontana, à cinq cent soixante-neuf; enfin, Priestley à quatorze cent vingt-deux. Il est vrai que ces trois derniers physiciens n'ont pas, comme les autres, traité immédiatement le fluide dégagé dans l'acte de la détonation; mais les résultats qu'ils présentent sont conclus de la combinaison des fluides recueillis séparément des trois ingrédiens, de la poudre, du nitre, du soufre & du charbon.

Les anciens physiciens, Hales, Hauksbée, Boyle, &c., pensoient que le fluide permanent de la poudre enflammée étoit simplement de l'air atmosphérique. Les anciens chimistes, Stahl, Maquer, &c., ont cru que c'étoit l'eau du nitre vaporisée. Les chimistes modernes trouvent dans la poudre les élémens d'un grand nombre de gaz tous très-élastiques, mais ils n'ont pas encore pu déterminer précisément la nature du gaz composé, produit dans la déflagration de la poudre, & on n'en sera pas surpris, si l'on fait attention à la difficulté de faire à cet égard des expériences décisives.

Quoi qu'il en soit, ce fluide préexiste dans la poudre à un état de condensation très-grand, condensation qui est la raison de l'énergie initiale qu'il exerce en tout sens au moment où les liens qui le retenoient sont détruits par l'application du feu. Ainsi, en admettant que ce fluide suit, dans sa condensation, la même loi que l'air atmosphérique, c'est-à-dire, la loi de Mariotte ou celle des densités en raison inverse des espaces occupés, cette force, d'après Robins, exerceroit, sur l'unité de surface, une pression deux cent quarante fois plus grande que la pression de l'air atmosphérique, ou que la pression d'une colonne de mercure de 0 mèt. 76 de hauteur. Mais tous les physiciens conviennent que cette force initiale est considérablement augmentée par la chaleur qui se développe dans la détonation. Suivant Robins, cette chaleur, qui n'est pas moindre que celle du fer rouge, quadruple la force élastique du fluide, de manière qu'elle équivaut initialement à environ mille pressions atmosphériques ou à mille atmosphères (expression de convention dans cette matière). Cette évaluation paroît trop faible à la plupart des physiciens. De Saluces & Ingenhouz la font double; Daniel Bernouilli & Lombard l'estiment environ dix fois plus grande; de sorte que, suivant eux, l'énergie initiale de la poudre feroit équivalente à dix mille atmosphères; d'autres la croient encore bien plus grande, & le comte de Rumfort a prétendu prouver qu'au moment de l'explosion, la force de la poudre vaut plus de cinquante mille fois la pression moyenne de l'atmosphère. On lira sans doute avec intérêt quelques détails sur la manière dont ce savant est parvenu à cet étonnant résultat. Ils sont extraits du compte rendu des expériences qu'il fit à Munich en 1792, *sur la force de la poudre à canon*, dans la *Bibliothèque britannique*, 10e. volume.

L'appareil servant aux expériences, étoit ordonné comme il suit : un petit canon de fer forgé, placé verticalement, étoit porté par un support de fonte, lequel reposoit lui-même sur une rondelle de fer forgé; le tout établi sur un bloc de pierre. L'orifice du canon étoit recouvert d'un hémisphère d'acier trempé, convexe en dessus, débordant l'orifice de tous côtés. L'ame du petit canon étoit d'abord cylindrique, & terminée en bas par une espèce d'appendice conique fort étroit & fermé, présentant en dehors une espèce de queue destinée à entrer dans un orifice de même dimension, pratiqué dans un boulet qu'on faisoit rougir & qu'on mettoit en place pour allumer la poudre à l'intérieur par l'effet de la chaleur transmise au travers du métal. Entre l'hémisphère & la charge de poudre, étoit mise une rondelle de cuir fort, imprégnée de suif & chassée avec force; l'hémisphère étoit pressé contre l'orifice par le poids d'une pièce de 24 placée verticalement, & retenue dans cette position par un échafaudage particulier.

La manière générale de procéder étoit celle-ci : on employoit de la poudre de chasse de la meilleure qualité, d'un grain très-fin, soigneusement desséchée, & toujours tenue dans un lieu fort sec. Toutes les charges étoient pesées exactement; les expériences étoient faites en plein air, avec la note météorologique du temps de l'expérience. On apportoit toujours la plus grande attention à placer l'axe du petit canon dans la même verticale que le centre de gravité du poids comprimant, qui pouvoit être augmenté par l'addition de boulets mis dans l'ame de la pièce. Lorsqu'on appliquoit le boulet rouge sous le petit canon, l'explosion ne tardoit pas à s'ensuivre.

Le petit canon, dont il importe de connoître les dimensions, & qui fut le second de ceux qu'on mit en expérience, avoit o mèt. 086 (2 pouc. 9 lig.) de longueur extérieure, autant de diamètre extérieur, mais l'ame n'avoit que o mèt. 0064 (3 lig.), c'est-à-dire, environ la grosseur d'une plume d'oie; la longueur de l'ame avoit o mèt. 0318 (1 pouc. 3 lig.), ou cinq fois le diamètre de l'ame. L'hémisphère étoit chargé de la pièce de 24, pesant 3670 kilog. (8000 liv.) environ.

Une première expérience faite avec o kil. 0053 (10 grains) de poudre, l'ame entière pouvant en contenir o kil. 00149 (28 grains), donna pour résultat un petit bruit semblable à celui de la cassure d'un tube de verre, annonce de la détonation intérieure, qui échauffa considérablement le petit canon. Le poids comprimant ne fut pas même ébranlé; après cinq ou six minutes on souleva le canon, & le fluide élastique retenu jusqu'alors, s'échappa en sifflant tout au plus comme l'explosion ordinaire d'un coup de fusil à vent. Après nombre d'épreuves, où la charge fut variée, on se décida à mettre dans l'éprouvette o kilog. 00158 (26 grains) ($\frac{1}{10}$ de pouce cube environ) de poudre, moins qu'il n'en faudroit pour un petit pistolet de poche, ou à peine un dixième de la charge d'un mousquet. A l'explosion, l'éprouvette éclata, avec un bruit épouvantable, en deux morceaux lancés en directions contraires. « Les assistans, dit le comte de Rumfort, » qui avoient jugé presque puérile la précaution » prise dans les précédentes expériences, pour » maîtriser une si petite quantité de poudre, pâ- » lirent de frayeur à celle-ci. »

Passons à la mesure de la force qui a produit cette rupture. Quand il est question de l'adhésion absolue, on sait que les poids qui chargent des substances à peu près inflexibles, sont entr'eux comme les surfaces de rupture. On sait de plus, par les expériences du même comte de Rumfort, que 50 kil. 464 (119 liv.) sont suffisans pour rompre un cylindre de bon fer forgé donnant $\frac{3}{1600}$ de pouce carré de surface de rupture. Ainsi il faut pour une surface d'un pouce carré de section transversale, 28834 kilog. (63466 liv.). Or, la surface de rupture du petit canon fut trouvée de 4194 millimètres carrés (6 pouc. $\frac{1}{2}$ carrés). Si ce fer étoit égal en ténacité à celui dont on vient de parler, la force qui a fait casser l'éprouvette a été de 187420 kil. (412529 liv.). Si on compare la force déployée dans ce cas, avec la pression de l'atmosphère, on réfléchira que la surface d'une des sections de l'ame de l'éprouvette s'est trouvée précisément de 323 millimètres ($\frac{1}{2}$ pouce carré); que l'atmosphère exerce sur 645 millimètres (1 pouc. carré) une pression moyenne de 6 kil. 814 (15 liv.), & par conséquent de 3 kil. 407 (7 liv. 8 onc.) sur $\frac{1}{2}$ pouce carré : or, si on divise 412,529 liv. par 7 liv. 8 onc., on aura 55004 pour quotient, c'est-à-dire, qu'il a fallu contre les parois de l'ame, un effort égal à 55004 fois la pression de l'atmosphère pour produire cette rupture.

On peut voir dans l'ouvrage cité, les détails relatifs à la suite de ces expériences, la loi analytique par laquelle le comte de Rumfort prétend lier leurs résultats, la cause qu'il leur assigne, &c. Nous ferons seulement observer en passant, qu'il est à regretter qu'en évaluant la force qui a pu briser en éclats son éprouvette, le comte de Rumfort n'ait pas pu ou n'ait pas voulu faire entrer en considération la haute température à laquelle sans doute se trouvoit l'éprouvette au moment de l'explosion. Quoi qu'il en soit, la force absolue de la poudre est prodigieuse, & on doit s'empresser de prévenir une conséquence qui semble naître bien naturellement de cette vérité, mais qui cependant seroit mal fondée. Comment, dira-t-on, si la force de la poudre est si énergique, se fait-il que les armes d'usage, qui n'ont jamais au-delà d'un calibre d'épaisseur à la culasse, résistent cependant au tir de plusieurs centaines de coups ? Il faut bien distinguer la détonation qui se passe dans une capacité invariable ne présentant aucune issue, de la détonation qui a lieu dans un espace variable, qui cède dans une partie de sa surface, sous l'application d'une force assez foible; le premier cas est celui des expériences du comte de Rumfort; le second est celui des armes à feu. La grande différence entre ces deux cas, dérive principalement de la non-instantanéité de l'inflammation de la poudre. En effet, quoi qu'en ait pu dire Robins, qui a fait de l'instantanéité de l'inflammation, la base de sa théorie, il est de fait que la poudre s'enflamme successivement, & la proposition est vraie, non-seulement pour un amas de poudre, mais encore pour chaque grain en particulier. Par conséquent, dans l'arme à feu où le projectile très-mobile est le seul obstacle qui s'oppose à l'agrandissement de la capacité qui renferme le fluide, si celui-ci est produit successivement par parties, on conçoit très-bien que la première partie seule exerce son énergie sur les parois de la capacité primitive de la charge; la seconde partie agissant dans cette capacité accrue par l'effet de la première partie sur le projectile, la troisième partie agissant dans une capacité plus grande encore, & ainsi de suite, tandis que dans l'éprouvette du comte de Rumfort, les actions, quoique successives, des différentes portions de fluide, finissent par se réunir toutes contre le même obstacle.

On ne connoît point les lois de l'inflammabilité de la poudre; la durée de l'explosion complète d'une charge donnée dépend de la forme de la charge, de la forme des grains, de leur arrangement intérieur quand ils sont de formes diverses, de la densité du grain, soit à la surface, soit dans son intérieur, de la présence ou de l'absence de l'humidité, de la manière dont est pratiquée l'application du feu, &c. &c., d'où il suit qu'il est extrêmement difficile de soumettre la force de la poudre au calcul, dans l'hypothèse de l'inflammation successive, & par conséquent d'attaquer *à priori* les importans problèmes de la vitesse communiquée par une charge donnée, de la plus forte charge dans un tube donné, &c. C'est dans le Commentaire d'Euler, sur *les nouveaux Principes d'artillerie*, qu'il faut aller chercher ce qu'on a pu faire de mieux en ce genre. On ne verra pas sans admiration les efforts que ce savant fait surtout dans ses *remarques sur la onzième proposition du chapitre* 1er, pour triompher de toutes les difficultés de la matière; mais il y a dans ces recherches, trop d'hypothèses, trop de constantes à déterminer par l'expérience pour que l'artillerie pratique puisse en retirer quelqu'utilité. Quant aux formules de vitesse initiale, déduites *à priori* dans l'hypothèse de l'instantanéité de l'inflammation, par Robins & autres, comme elles sont basées sur le développement subit, d'après la loi de Mariotte, d'un fluide condensé, on voit qu'elles ne peuvent servir rigoureusement qu'à donner la vitesse initiale des projectiles dans les carabines à vent & autres armes semblables.

On consultera encore, si l'on veut, sur la détermination *à priori* des vitesses initiales, quelques ouvrages récens, tels que : *la nouvelle Expérience pour découvrir la force de la poudre & la quantité d'air qu'elle renferme*, par Massey, Vienne, 1800; *le Mouvement igné, considéré principalement dans la charge d'une pièce d'artillerie*, par M. Peyre, Gênes, 1811, & *l'Essai sur les effets de la poudre dans les armes à feu*, par M. Cazeaux, chef de bataillon d'artillerie, Paris, 1818.

2°. *Recherche des vitesses initiales par les portées.* On peut calculer la vitesse initiale d'un projectile d'après les circonstances de ce qu'on peut appeler *sa portée verticale*. Si on a pu mesurer l'espace de la montée d'un projectile, ce qui ne paroit pas impraticable, eu égard aux secours qu'on peut tirer de certains appareils convenables pour observer la hauteur à laquelle le projectile reste un instant stationnaire; si, de plus, on a pu mesurer le temps de l'ascension, on obtiendra la vitesse initiale par les formules de Newton, pour déterminer les circonstances du mouvement dans la verticale, & cela de deux manières, par le temps seul & par la hauteur seule à laquelle le projectile est parvenu. Ces deux déterminations se vérifieront mutuellement. On peut aussi parvenir à la vitesse initiale, si on a pu observer l'intervalle de temps entre le départ du projectile & l'instant où il frappe le sol en retombant, c'est-à-dire, la somme des temps de l'ascension & de la chute consécutives; ce qui dispense de connoître la hauteur à laquelle le projectile s'est élevé. Cette méthode des portées verticales a été proposée & pratiquée par Daniel Bernoulli. (*Voy.* son *Hydrodinamique*, Strasbourg, 1738.) Comme les formules dont il faut faire usage supposent que l'air est uniformément dense dans toute la hauteur que le projectile a parcourue, & que la résistance de ce milieu suit la loi que Newton a trouvée la plus probable, les résultats ne peuvent être plus exempts d'incertitude que les deux élémens de calcul dont il s'agit; c'est assez dire qu'ils ne peuvent être pleinement satisfaisans, car l'hypothèse d'une densité uniforme s'écartera d'autant plus de la vérité, que le projectile se sera élevé plus haut, c'est-à-dire, d'autant plus qu'il aura reçu une plus grande vitesse initiale, & c'est précisément dans ce cas que la loi newtonienne de la résistance devient plus suspecte.

On fait aussi servir les portées horizontales à la détermination des vitesses initiales : d'abord par le moyen des formules que fournit le problème balistique pour calculer les amplitudes quand on connoît l'angle de projection, le poids & les dimensions du projectile avec la vitesse initiale : car, en effet, en considérant celle-ci comme inconnue, & l'amplitude comme connue, c'est une pure affaire d'analyse que d'obtenir la vitesse en fonction de quantités toutes connues, & tel est le procédé qu'a employé Bezout dans son *Cours de mathématiques à l'usage de l'artillerie*, 4e. volume, Paris, 1772. Les portées sont employées d'une toute autre manière par Lombard. (*Voyez* les *Tables de tir* & son *Traité du mouvement des projectiles*, deux ouvrages classiques dans l'artillerie française.) Ce savant professeur commence par s'assurer de l'angle de départ d'une manière fort simple, en supposant toutefois le tir à peu près horizontal, & cet angle n'est point précisément celui de l'axe de la pièce avec l'horizon, mais bien celui de la ligne de tir ou trajectoire à son origine avec le même plan. Il reconnoît ensuite d'une manière précise, le point de chute ; ainsi, au moyen d'un nivellement scrupuleux, il ne lui est point difficile de reconnoître de quelle hauteur s'est abaissé, dans son cours, le projectile au-dessous de sa première direction. Or, il est visible que si un corps grave descendoit librement d'une hauteur égale à cet abaissement, qui est effectivement pour le projectile le résultat de l'action de la gravité, il emploîroit un temps égal à celui que le projectile a mis à parcourir sa trajectoire. Cette réflexion le conduit à déterminer, à l'aide d'un calcul très-simple, le temps de la portée ; après quoi, regardant cette portée comme une ligne droite parcourue dans l'air, résistant au mouvement suivant la loi newtonienne, ou à peu près, il conclut, à l'aide d'une formule assez simple, la vitesse initiale dont le projectile a dû être animé pour parcourir cet espace connu dans un temps aussi connu. On retrouve encore ici la loi de résistance, & par conséquent les incertitudes qu'elle entraîne avec elle ; mais, de plus, on n'est pas absolument d'accord sur la vérité du principe d'après lequel Lombard calcule le temps de la portée. Quoi qu'il en soit, on doit faire observer que les deux méthodes présentent d'assez grandes disparates dans leurs résultats. Bezout trouve, par son procédé appliqué à la série d'expériences faites à la Fère en 1771, dans le but de fournir matière à vérifier ses calculs, que la vitesse initiale du boulet de 24, à la charge de 8 liv. 8 onc. de poudre, étoit de 1262 pieds par seconde, résultat moyen déduit des portées obtenues sous les angles de 5 & 10 degrés. D'autre part, Lombard, dans ses *Tables de tir*, Dijon 1787, assigne dans la colonne qu'il appelle *des vitesses d'expérience*, au boulet de 24 sous la charge de huit livres seulement, une vitesse initiale de 1425 pieds, beaucoup plus forte que la précédente, quoiqu'elle résulte d'une charge moindre & d'un tir moins élevé. Nous ajouterons que M. Legendre ayant eu la patience de calculer les vitesses déduites des portées consignées au tableau des épreuves de la Fère, que nous venons de citer, d'après la loi ordinaire des résistances, trouva entre les résultats une discordance choquante qu'il ne parvint à atténuer un peu qu'en diminuant la mesure de la résistance. (*Voyez* sa *Pièce sur le problème de balistique couronnée par l'Académie de Berlin en 1782.*) Mais il faut lire, dans le discours préliminaire que le colonel Villantroys a mis à la tête de sa traduction des *Nouvelles expériences d'artillerie de Hutton*, Paris, 1802, les argumens qu'il oppose à la méthode des portées, & qu'il résume comme il suit : « 1°. Les expériences de » Hutton entr'autres, concourent toutes à prouver » que quelques précautions que l'on prenne pour » rendre tout égal, soit dans la quantité de » poudre, soit dans la manière de l'employer, on » ne peut parvenir à donner à ses effets une » constance parfaite ; 2°. les expériences de Lombard prouvent que l'angle de départ n'est jamais » connu, à moins qu'on n'emploie, pour le mesurer, la méthode qu'il prescrit, ce qu'on ne fait » pas ordinairement ; 3°. la résistance directe que » l'air oppose au mouvement n'est point connue ; » 4°. une autre cause de variation dans les portées, » est celle des déviations des boulets. Ces différentes causes peuvent tantôt se réunir pour produire un effet commun, tantôt se détruire en » se contrariant les unes les autres, tantôt se réunir ou ne se contrarier qu'en partie. Comme il » est impossible de rien savoir de tout cela, » nous voyons que *tout est incertitude* dans la méthode de mesurer les effets des bouches à feu » par les portées. »

3°. *Recherche des vitesses initiales par le pendule balistique*. La question des vitesses initiales changea de face & subit la plus heureuse révolution, quand Robins imagina de tirer des balles contre un plateau attaché au bas d'une verge solide, assujettie à tourner autour d'un axe fixe (c'est cet appareil fort simple qu'on appelle *pendule balistique*), de mesurer l'arc d'oscillation, & de calculer en conséquence d'après les principes de la dynamique, la vitesse avec laquelle la balle a frappé le pendule. (*Voyez* la *neuvième proposition du chapitre premier des nouveaux Principes d'artillerie*, Londres, 1742.) Les expériences faites par Robins sont d'un assez mince intérêt pour la solution générale du problème, car il ne fit en expérience que des projectiles de petites dimensions, telles que des balles de fusil du poids d'une once au plus. Mais Robins n'en a pas moins obtenu la gloire d'avoir produit une grande idée, dont d'autres ont su tirer parti.

pour faire faire à la science de l'artillerie un très-grand pas.

Dès 1775, Hutton avoit appliqué la méthode de Robins à des projectiles pesant jusqu'à trois livres, & animés de vitesses de sept à huit cents pieds par seconde. Dans la suite de ses expériences, qui l'occupèrent pendant les années 1783, 1784, 1785 & 1786, il s'est borné à des boulets d'une livre, mais il leur a donné toutes les vitesses qu'ils étoient susceptibles de recevoir. En 1788, il reprit les boulets de trois livres de balles, & en 1791 il alla jusqu'à soumettre à l'expérience des boulets de 6 livres. Mais en 1815, MM. Mugge & Gregory construisirent un appareil assez fort pour leur permettre de tirer des boulets, non-seulement de 6 livres, mais même de 24 livres. On ne lira pas sans intérêt quelques détails descriptifs sur cette étonnante construction. Ils sont tirés du *Voyage en Angleterre par M. Charles Dupin, de l'Académie des sciences de Paris.*

« Le colonel Muller a fait exécuter un nou-
» veau pendule plus grand & beaucoup plus par-
» fait que ceux employés jusqu'alors dans les
» expériences balistiques. Cette construction pré-
» sentoit de nombreuses difficultés. Il falloit, 1°.
» suspendre au bout d'un long bras de levier une
» masse de 3354 kilogrammes; 2°. faciliter à tel
» point le mouvement de l'axe, que les os-
» cillations n'éprouvassent, pour ainsi dire,
» aucune résistance; 3°. donner à tout le système
» une telle solidité, que les mouvemens ne pus-
» sent produire ni secousses, ni tremblemens, ni
» enfin d'irrégularités d'aucun genre. Ces diffi-
» cultés n'avoient pu être vaincues dans les expé-
» riences faites précédemment. Les pendules em-
» ployés par le docteur-Hutton étoient soutenus
» par des espèces de chèvres en bois & à trois
» pieds. Ce système, peu stable, éprouvoit les
» commotions les plus violentes à chaque nouveau
» tir des boulets sur le pendule, ce qui jetoit
» toujours plus ou moins d'incertitude sur les ob-
» servations.

» Dans l'endroit choisi pour les expériences, on
» a bâti deux murs parallèles, éloignés l'un de l'au-
» tre d'environ 2 mèt. 75, ayant 6 mèt. de haut & 5
» mèt. 50 de long. On a réuni la partie supérieure
» de ces murs par un encadrement en charpente,
» soutenu latéralement & inférieurement par de
» solides jambes de force. C'est cet encadrement
» qui porte deux traverses en bois, où sont fixés
» les supports en fer sur lesquels s'appuie l'axe du
» pendule. Les deux supports de l'axe sont en fer
» coulé : le dessus de chacun est terminé par un
» creux formé par deux plans inclinés qui ont une
» même pente, mais en sens contraire, afin de
» s'opposer à tout écart dans les allées & venues
» du pendule. L'axe est terminé par deux couteaux
» qui ne sont pas absolument tranchans, parce
» qu'avec cette forme, ils se fussent promptement
» émoussés, mais qui sont arrondis suivant une
» courbure circulaire d'un très-petit rayon, &
» formés d'un acier parfaitement dur. »

- Hutton avoit soumis à une critique minutieuse toutes les causes qui pouvoient amener de l'erreur dans les résultats de ses expériences, & il étoit parvenu à prouver que le frottement de l'axe, la résistance de l'air au mouvement du pendule & le temps de l'enfoncement du boulet, ne peuvent produire aucune erreur sensible; mais il n'a point parlé des secousses dont il vient d'être fait mention, soit qu'il n'y ait pas pensé, soit qu'il n'ait effectivement rien observé de semblable dans la suite de ses nombreuses expériences. Il n'a rien dit non plus de la difficulté relevée par M. Grégory de déterminer exactement le centre de l'impression du boulet sur le pendule, difficulté que les nouveaux expérimentateurs ont presqu'entièrement levée en couvrant leur plateau ou bloc d'une feuille de plomb, où le boulet, en entrant, découpe exactement la surface de son grand cercle. Quoi qu'il en soit, on va consigner ici un extrait, relatif aux vitesses initiales, du résumé que Hutton a fait de ses expériences à la fin de son ouvrage traduit par Villantroys & cité plus haut; & cela avec d'autant plus de confiance, que ces conséquences n'ont point été infirmées par les expériences subséquentes.

« 1°. Le rapport établi précédemment entre la
» charge & la vitesse du boulet se trouve confirmé,
» savoir : que la vitesse est comme la racine carrée
» du poids de la poudre jusqu'à la charge de huit
» onces (qui est la moitié du poids des projectiles),
» & ce même rapport existeroit pour toutes les
» charges, si les pièces étoient d'une longueur indé-
» finie. Mais ce rapport diminue à mesure que la
» charge augmente, occupe un espace qui se
» trouve dans un plus grand rapport avec la lon-
» gueur totale du canon. 2°. La charge de plus
» grande vitesse est d'autant plus forte que le
» canon est plus long; elle n'augmente cependant
» pas dans la même proportion que la longueur
» du canon. La portion de l'âme remplie par la
» charge *maximum* est moindre par rapport à la
» longueur totale dans les pièces longues que dans
» les pièces courtes; la portion remplie étant à peu
» près en raison réciproque de la racine carrée
» de la longueur de la portion qui reste vide en
» avant de la charge. 3°. La vitesse augmente
» continuellement à mesure que la longueur du
» canon augmente, mais elle ne suit pas le rapport
» de cette augmentation. On trouve que les vitesses
» sont entr'elles dans un rapport un peu moindre
» que celui des racines carrées des longueurs
» d'âme, & un peu plus grand que celui de leurs
» racines cubiques; il paroît tenir le milieu entre
» ces deux rapports. 4°. On ne voit aucune diffé-
» rence naître, dans la vitesse, des variations du
» poids du canon, ni de l'usage de bouchons,
» ni des différens degrés de force des refoule-
» mens, ni des différens points de la charge où on
» peut mettre le feu. 5°. Mais une petite augmen-

» tation dans le vent du boulet, cause au con-
» traire une très-grande perte de vitesse. »

On attribue assez généralement à Robins l'invention de la méthode de déterminer les vitesses par le pendule; cependant il pourroit trouver une indication, grossière à la vérité, de ce procédé dans un article de l'*Histoire de l'Académie des sciences de Paris*, année 1707, article dont on présente ici l'extrait, d'autant plus volontiers qu'il contient sur les effets des armes à feu quelques résultats curieux.

« M. Cassini, le fils, fit une espèce de machine
» où il y avoit une pièce de bois, armée à l'une
» de ses extrémités d'une plaque de tôle assez
» épaisse, qui devoit recevoir tous les coups d'un
» même fusil tiré toujours de même distance. Cette
» pièce étoit mobile & devoit céder au coup, plus
» ou moins, selon qu'il avoit plus ou moins de
» force, & en même temps marquer, par la cons-
» truction de la machine, combien elle avoit cédé.
» Les expériences de M. Cassini font voir: 1°.
» que lorsqu'on met de la bourre entre la poudre
» & la balle, l'effet en est plus grand; 2°. que
» tout le reste étant égal, les balles de calibre font
» plus d'effet; 3°. que lorsqu'on bourre la poudre
» avec violence, l'effet n'est pas plus grand; qu'au
» contraire il paroît un peu moindre que lorsqu'on
» se contente de la presser; 4°. que la poudre que
» l'on met par-dessus la balle en diminue l'effet;
» 5°. que cependant cette poudre, contraire à
» l'effet de la balle, en augmente le bruit; 6°. que
» le feu de la poudre sous la balle communique
» avec celle qui est dessus, même quoique la balle
» soit de calibre & entre deux bourres; 7°. qu'en
» pressant une balle qui ne soit point de calibre,
» en mettant un peu de poudre dessous & beau-
» coup par-dessus, on peut tirer avec un très-grand
» bruit & sans aucun effet sensible. Ceux à qui on
» a vendu des secrets pour être invulnérables ou
» *durs*, & qui ont eu la précaution d'en vouloir
» voir des épreuves, ont apparemment été trom-
» pés par ce tour de main, dont ils ne se font pas
» aperçus. »

4°. *Recherche des vitesses initiales par le recul.* Robins avoit indiqué & même essayé la détermination de la vitesse d'un projectile par le recul de la pièce. D'Arcy s'empara de cette idée, d'après laquelle il construisit un instrument destiné aux épreuves des poudres, & connu sous le nom d'*éprouvette de d'Arcy*. Benjamin Thompson institua d'après le même principe une belle suite d'expériences sur les balles du fusil. Mais Hutton surtout tira un grand parti de cette méthode dans ses expériences des années 1783, 1784 & 1785. Les pièces dont il se servoit pour tirer contre son pendule étoient toutes suspendues elles-mêmes, & formoient la lentille d'un second pendule dont il mesuroit les oscillations aussi exactement que celles du premier. Voici comment il s'exprime sur cette méthode, dans l'ouvrage cité, après avoir donné le tableau de comparaison des vitesses calculées par le recul & par le pendule.

« Il paroît, dit-il, par cette comparaison, qu'en
» général les vitesses déterminées des deux ma-
» nières ne s'accordent point ensemble, & que par
» conséquent la méthode par le recul du canon
» n'est point générale, comme l'avoient imaginé
» Robins & Thompson. Il résulte de-là que l'effet
» de la poudre enflammée pour faire reculer le
» canon n'est pas le même lorsqu'on tire avec ou
» sans boulet (supposition que Hutton avoit reçue
» de confiance de Robins & autres); la différence
» que l'on remarque paroît n'observer aucune
» règle, ni par rapport à la même charge em-
» ployée dans différentes pièces de canon, ni par
» rapport au même canon, avec différentes char-
» ges. Avec de petites charges, la vitesse calculée
» par le recul se trouve plus grande que celle
» donnée par le pendule; mais cette dernière
» approche de plus en plus de l'égalité à laquelle
» elle arrive bientôt; elle l'emporte ensuite de
» plus en plus à mesure que la charge augmente.
» La charge particulière avec laquelle les deux
» vitesses sont égales, est différente dans les diffé-
» rentes pièces de canon, & plus la pièce est
» longue, plus les deux vitesses parviennent
» promptement à l'égalité. »

On voit par-là que la méthode des vitesses initiales déterminées par le recul, méthode que le célèbre Lagrange recommandoit, n'est pas encore aussi parfaite qu'on pourroit le désirer. Ce qui doit engager les artilleurs à la prendre pour objet de leurs recherches en génie de perfectionnement, c'est, d'abord, qu'elle est évidemment applicable aux projectiles de tous les calibres, en faisant varier convenablement les appareils; ensuite, comme on connoît toujours exactement le centre d'impression de la force qui produit le recul, il paroît possible de disposer l'appareil de suspension de manière que le centre d'oscillation du système entier qui doit être mis en mouvement, coïncide au moins à peu près avec le centre d'impression; on obtiendroit par-là cet avantage considérable, de n'avoir point à redouter les ébranlemens, ni les secousses à la région de l'axe de suspension, qui deviendroit alors un axe libre de rotation, avantage auquel le pendule balistique ordinaire est loin de participer; car ce n'est que fortuitement & pour quelques coups non prévus que la percussion du projectile peut se faire au centre d'oscillation.

5°. *Recherche de la vitesse initiale par les enfoncemens dans des corps plus ou moins pénétrables.* Par cette méthode, on cherche d'abord un but grand, homogène & pénétrable; si on ne le trouve point, on en forme un de terre choisie, tamisée, disposée par couches ou lits damés avec force & uniformité, puis on tire les canons placés près de ce but, avec l'attention que les enfoncemens aient lieu dans des endroits assez éloignés les uns des autres pour que l'ébranlement de la terre produit par un des boulets, ne facilite pas l'entrée d'un autre. On mesure exactement tous les enfoncemens & on obtient les rapports de toutes les vitesses entr'elles par ce principe fort simple : que les vitesses sont entr'elles en raison directe des racines carrées des enfoncemens & en raison inverse composée du calibre du boulet & de sa pesanteur spécifique. Enfin, connoissant la vitesse initiale d'un des projectiles par un des moyens précédemment indiqués ou tout autre, on a sur-le-champ toutes les autres.

Cette méthode, qui est d'autant plus précieuse qu'elle est presque la seule praticable pour apprendre à connoître les vitesses finales, ou les vitesses qui restent à une grande distance de la bouche à feu, est recommandée par d'Antony dans son *Examen de la poudre, traduit par de Flavigny*, Paris, 1773. La loi des vitesses entr'elles dans le rapport des racines carrées des enfoncemens s'est trouvée conforme aux expériences qu'a faites à cet égard Hutton en l'année 1785. (*Voyez* la traduction déjà citée de ses expériences.)

Comme la connoissance des enfoncemens des projectiles dans différentes matières, terre, sable, maçonnerie, bois, &c., est un élément dont on a fréquemment besoin pour beaucoup de combinaisons militaires, on trouvera à peu près rassemblé tout ce que l'expérience a appris sur ce sujet dans les tables qui sont à la fin de l'excellent *Manuel de l'officier d'artillerie, par Scharnhorst*, tome 3e.

6°. *Recherche des vitesses initiales par les machines de Mathey, Grobert, &c.* D'Antony, dans son *Examen de la poudre*, déjà cité, nous apprend que M. Mathey, machiniste du roi de Sardaigne, est l'inventeur d'une machine propre à mesurer la vitesse avec laquelle un projectile parcourt un espace d'une certaine longueur pris sur sa route très-près de son point de départ, vitesse qu'on peut, sans erreur sensible, prendre pour la vitesse initiale. Voici, à peu près, le dispositif & l'usage de cette machine.

La pièce principale est une roue horizontale maintenue telle par un axe vertical, qu'on fait tourner avec rapidité, au moyen d'un appareil de poids & de contre-poids qu'on peut d'ailleurs ordonner comme on le voudra, pourvu qu'il procure à la roue un mouvement uniforme & rapide. On élève sur le plan de la roue & dans tout son pourtour une bande de papier ou carton très-mince de quelques pouces de hauteur. On assujettit le canon qui doit servir aux expériences d'une manière solide, à la distance de trois à quatre mètres de la machine, en lui donnant une direction horizontale, telle qu'elle soit dans un plan vertical passant par l'axe de rotation, mais assez élevée pour traverser la bande de la pièce dont on vient de parler. Enfin, de l'autre côté de la machine, on établit un but solide en bois d'orme, dans lequel se fiche la balle en donnant un trou assez régulier. Cela étant, il faut déterminer le temps qu'emploie la roue à faire une révolution. Pour cela, on peut imaginer différens moyens ; celui de l'inventeur est fort ingénieux : il consiste dans le jeu d'une petite roue excentrique adaptée à l'axe de rotation, laquelle est constamment pressée à sa circonférence par une languette de bois horizontale & flexible. Celle-ci est obligée, dans une révolution, de décrire par son extrémité libre un petit arc près lequel on établit un pendule simple qu'on alonge ou raccourcit jusqu'à ce que les vibrations soient isochrones avec le mouvement alternatif de la languette : dès lors, en comparant la longueur du pendule à celle du pendule à secondes, on a le temps en secondes d'une révolution de la roue.

Enfin, on tire le canon, & après avoir arrêté la roue, on reconnoît aisément les deux trous de la bande, celui d'entrée & celui de sortie ; une petite bavure saillant autour des trous, en dedans ou en dehors, indique respectivement le premier & le dernier. Puis on tend un fil de la bouche du canon au trou d'enfoncement de la balle dans le but de bois d'orme ; on ramène sous ce fil le trou d'entrée & on mesure à quelle distance du fil est le trou de sortie : cette distance est le chemin qu'a parcouru un point de la bande de papier pendant que la balle parcourt le diamètre de la roue, & on en déduit, par un calcul fort simple, la vitesse de la balle. En effet, divisant, par cette distance, la circonférence entière de la roue qui met à faire un tour un nombre connu de secondes, on a le temps qu'a employé la balle à parcourir le diamètre ; divisant ensuite le diamètre par ce temps, on a la vitesse initiale, en supposant toutefois qu'à travers la roue, la balle s'est mue uniformément, ce qui est sensiblement vrai. On peut voir dans l'ouvrage cité, les résultats intéressans de plusieurs expériences sur les balles de fusils, exécutées à l'aide de cette machine.

Le colonel Grobert partant du même principe, au lieu de tirer perpendiculairement à l'axe de rotation, fait tirer parallèlement, non sur la face convexe d'un cylindre, mais sur le plan & vers les bords de deux disques de très-grands rayons, espacés sur l'axe à une distance assez grande pour que le projectile emploie à passer de l'un à l'autre un temps commensurable par comparaison avec la vitesse de rotation qu'on peut imprimer aux disques. L'avantage qu'on trouve dans ce nouveau dispositif est que l'on peut explorer les vitesses initiales de tous les projectiles, quels que soient les angles sous lesquels ils soient tirés. Il faut voir, pour les détails, le mémoire intitulé · *Machine pour mesurer la vitesse initiale des mobiles de différens calibres projetés sous tous les angles*, Paris, 1804, auquel est annexé un rapport très-favorable fait à la classe de mathématiques de l'Institut, par M. de Prony.

Dans l'esprit de cette méthode, il s'agit simplement de mesurer le temps qu'emploie le projectile à parcourir une partie de la trajectoire, entre deux limites connues, prises assez près de la bouche à feu. Outre les moyens cités, on en a proposé d'autres, & on peut en imaginer encore de nouveaux. D'Antony nous apprend quel fut le procédé proposé à cette fin par le sous-lieutenant de Butet en 1764. A une roue tournée par un principe d'action quelconque, uniformément & rapidement, il s'agit d'adapter un poinçon communiquant par des fils à la bouche de la pièce qui est une des limites, & au but qu'on a placé pour représenter l'autre limite.

Le premier fil bande un ressort qui, en se débandant, fait appuyer le poinçon sur la roue. Le deuxième fil tend un second ressort qui, en se débandant, chasse le poinçon hors du champ de la roue. On tire, le premier fil est brisé, & le poinçon sillonne la circonférence de la roue ; le projectile arrive au but, casse le second fil, & le poinçon est mis de côté & sa trace est terminée. Or, par le moyen de ces trois élémens, le temps de la révolution de la roue, la longueur de l'arc décrit par le poinçon & la distance de la bouche du canon au but, il est facile de trouver comme ci-dessus la vitesse du projectile.

L'ingénieux chronographe que vient de présenter à l'Académie des sciences M. Rieussec, horloger du Roi à Paris (*Annales de physique & de chimie, décembre 1821*), paroît très-propre, au moyen de quelques légères modifications que l'inventeur, mieux que personne, auroit bientôt imaginées, à faire des expériences de ce genre, & l'on conçoit fort bien qu'il seroit plus facile encore d'obtenir les résultats désirés en employant deux de ces instrumens, bien isochrones, placés respectivement aux limites qui déterminent l'espace pour lequel on veut avoir le temps correspondant. C'est ici le lieu de rappeler qu'il y a pour le canon, tiré avec de fortes charges, un *minimum* de vitesse initiale dont on peut avoir besoin, & qui peut à plusieurs égards tenir lieu de la vitesse vraie qu'on ne connoît pas : ce *minimum* est donné par le quotient de la longueur de la portée depuis la bouche jusqu'à un but assez éloigné, divisé par le temps du trajet, c'est-à-dire, la vitesse initiale qu'auroit effectivement le boulet s'il alloit directement & uniformément à son but. On a proposé, pour mesurer le temps du trajet, l'ingénieux procédé d'observation de la coïncidence du bruit du coup de canon & de l'enfoncement dans le but, perçus à la fois, le premier par l'oreille, le second par les yeux ; procédé qui suppose toutefois qu'on connoisse exactement la vitesse du son. On a fait usage de pendules à secondes ; mais le nouveau chronographe obtiendra sans contredit la préférence sur tous ces moyens.

On doit faire observer, en terminant cet article, que si l'on veut résoudre, pour le plus grand bien de l'artillerie françaises, l'important problème des vitesses initiales, il reste beaucoup à faire ; mais nulle part on n'a autant de moyens de bien faire.

Dans les écoles d'artillerie, on peut répéter les procédés, en essayer de nouveaux, les comparer & vérifier les résultats des uns par ceux des autres. Mais, avant tout, il faut tâcher de simplifier le problème, en diminuant, s'il est possible, par le perfectionnement de toutes les parties du matériel qui sert au tir, le trop grand nombre de causes qui influent sur les vitesses initiales, ou du moins essayer de reconnoître & de mesurer la part que chacune des causes, qu'on ne peut écarter, apporte dans la production des phénomènes. On a précédemment signalé quelques-unes des causes qui étoient soupçonnées d'altérer les vitesses, mais peut-être à tort, & d'autres qui ont sur ces mêmes vitesses une influence marquée. On va résumer ici l'énumération de ces causes, en supposant que déjà la poudre est amenée par le dosage, le grenage, le lissage, &c., à un état uniforme & constant qui bannisse la crainte de ces étranges anomalies d'effet que présentent quelquefois des charges égales à tous autres égards : que la précision des constructions permette de compter sur l'identité des causes qui en dérivent dans le tir des bouches à feu d'un même calibre, & que la solidité des matériaux ou celle de leur combinaison dans les constructions ne fasse pas craindre que tout soit changé dès le premier coup. Parmi les premières, sont : les formes des chambres à poudre, la liberté du recul, le refoulement de la charge & la position de la lumière. Parmi les dernières on compte : la grandeur de la lumière, le vent, l'évasement des pièces, les battemens du projectile dans l'ame, le vide laissé entre la charge & le projectile, l'échauffement de la bouche à feu, peut-être aussi son état plus ou moins élastique, l'état sec ou humide de la poudre, l'état hygrométrique & thermométrique de l'air. Pour infirmer définitivement ou constater l'influence de chacune de ces causes, il faut, dans les programmes d'épreuves, les isoler chacune en particulier pour les faire varier seules, tout le reste demeurant constant, ce qui pourra présenter de grandes difficultés ; puis déterminer pour chaque cause influente les vitesses correspondantes dans chacun de nos calibres d'usage. Cet aperçu de travail effraye l'imagination, mais il est loin d'écarter l'espérance du succès, quand on fait réflexion qu'on a un temps indéfini à donner à l'opération, & que ce temps appartient à une période où les connoissances élevées & les arts d'industrie sont cultivés avec un zèle & des moyens qui vont toujours croissans.

(Cet article est de M. Servois, auteur de plusieurs savans Mémoires & de l'article TRAJECTOIRE de ce Dictionnaire.)

VOIE DES VOITURES. C'est la trace que laissent les roues d'une voiture sur le chemin parcouru. Elle se prend du dedans d'une jante au dehors de l'autre, mesure prise en dessous. La voie commune des

des voitures de l'artillerie est de 1 mèt. 53 (4 pieds 8 pouc. 6 lig.). Le poids dont ces voitures font ordinairement chargées, leur donne les 0 mèt. 0135 (6 lig.) qu'elles ont de moins.

Aux affûts de place, la voie se prend en dedans des jantes & dans le bas; on leur donne 0 mèt. 0067 (3 lig.) de voie de moins qu'au châssis, parce que la pièce écarte les roues dans le bas. Cette voie n'est que de 1 mèt. 23 (3 pieds 9 pouc. 6 lig.), pour ne pas donner trop d'écartement au châssis. En général, toutes les voitures destinées spécialement aux places, ont cette même voie de 1 mèt. 23 (3 pieds 9 pouc. 6 lig.); celle du chariot à canon à roulettes n'est même que de 1 mèt. 04 (3 pieds 6 pouc.).

VOILURE DE L'ACIER. On nomme ainsi la courbure que prend quelquefois ce métal à la trempe. Cet accident a lieu plus fréquemment dans les pièces minces & de grandes dimensions, que dans les autres pièces.

VOITURES DE L'ARTILLERIE. Il y a dans l'artillerie des voitures particulières pour porter les bouches à feu, les bateaux, les munitions, &c. Les voitures de campagne sont les caissons à munitions, le caisson de parc, le chariot à munitions, la forge & le haquet. Les voitures pour le service des places & des siéges sont les charrettes, le camion, le triqueballe, le chariot à munitions, &c. (*Voyez* ces articles.)

Les voitures de l'artillerie de campagne française ayant été perfectionées en 1789, par le général Gribeauval, la supériorité que ces changemens procurèrent au système entier de notre artillerie, sur ceux des autres nations, engagèrent ces dernières à faire des efforts pour perfectionner également leurs constructions. Les Anglais paroissent avoir eu le plus de succès dans ces améliorations, & l'extrait suivant d'un Mémoire de M. le baron Tulet, lieutenant-général d'artillerie, donne une idée des avantages qu'ils ont obtenus dans ces objets importans.

Toutes les voitures qui entrent dans la composition des batteries anglaises, consistent en deux trains réunis de la manière la plus simple. Un crochet en fer, en remplacement de la cheville ouvrière de l'artillerie française, est fixé derrière l'essieu de chaque avant-train. Dans ce crochet, on place un anneau fixé à l'extrémité de la flèche de l'arrière-train, & cet anneau remplace l'entretoise de lunette des affûts français.

Il n'y a dans l'artillerie anglaise qu'un seul avant-train, un seul essieu & une seule espèce de roue pour toutes les voitures, tandis que, dans notre artillerie, même avec les simplifications introduites depuis quelques années, on compte encore trois avant-trains, trois roues & deux essieux.

Deux demi-flasques assemblés sur une pièce de bois qu'on peut appeler *flèche*, composent

ARTILLERIE.

l'affût anglais. Il n'y a qu'un encastrement, point de coffret dans les flasques; les ferrures sont légères & peu nombreuses.

Il résulte de la manière simple d'unir les deux trains des voitures d'artillerie, une grande facilité pour remettre la pièce sur son avant-train, tandis que, dans les affûts français, ce n'est que par un tâtonnement pénible qu'on parvient à faire entrer la cheville ouvrière dans l'entretoise de lunette; la crainte d'approcher de la sasson & des roues, la pesanteur des crosses, que les canonniers saisissent difficilement, tout cela concourt à rendre cette manœuvre lente & même dangereuse. Dans l'artillerie anglaise, deux hommes mettent en un instant la pièce sur l'avant-train; deux mains de fer fixées à la crosse, leur servent à soulever la flèche. Cette manœuvre est si prompte, qu'ils peuvent généralement se passer de prolonge, ce qui leur donne l'avantage de pouvoir se retirer avec les avant-trains, à l'approche d'une charge de cavalerie. Les pièces restent, & lorsque la charge a été repoussée, ils reviennent continuer leur feu. Ils ont employé avec succès cette manœuvre dans plusieurs circonstances.

La construction simple de l'affût anglais le rend beaucoup moins lourd que l'affût de Gribeauval; l'essieu est plus léger que celui de notre affût de 8, auquel correspond celui anglais de 9; cependant il paroît d'une résistance suffisante.

Les caissons qui suivent les pièces sont composés d'un avant-train & d'un arrière-train à flèche. L'avant-train porte deux petits coffrets ou caisses contenant chacun seize coups. Il est à limonière, & permet cependant d'atteler les chevaux de front ou en file, par un déplacement facile de la limonière. L'arrière-train à flèche, qui s'accroche à l'avant-train de la même manière que l'affût, porte deux coffrets ou caisses, doubles chacun de l'un de ceux de l'avant-train. Ces deux coffrets contiennent soixante-quatre coups, & le caisson entier quatre-vingt-seize. L'approvisionnement est donc de cent vingt-huit coups par pièce.

Les coffrets sont fixés par le moyen de courroies, & le dessus est rembourré pour servir de wurst aux canonniers.

Ce caisson a beaucoup d'avantages sur le caisson Gribeauval; il est moins versant, les munitions se conservent parfaitement dans les coffrets, il tourne mieux, le chargement se fait avec célérité, parce que les caisses se chargent dans les magasins & se transportent ensuite très-facilement sur les voitures.

Un autre avantage non moins essentiel, c'est que ce caisson peut se démonter avec la plus grande facilité pour les embarquemens, le passage des montagnes & les emmagasinemens. La limonière n'a pas les inconvéniens de celle abandonnée en 1765. Dans celle-ci, les chevaux étoient attelés en file, ce qui alongeoit les colonnes; le cheval limonier étoit bientôt ruiné, parce qu'il supportoit non-seulement un certain poids de la voiture, mais encore l'effort du trait des chevaux de devant : on ne pouvoit ni trotter, ni galoper. La limonière anglaise évite tous ces inconvéniens ; on attèle deux chevaux de front, en plaçant un des bras de la limonière au centre de la voiture, & l'autre à l'extrémité de la fusée de l'essieu. Le poids étant réparti également sur les deux trains, il fatigue beaucoup moins le limonier, qui ne porte que les brancards presqu'en équilibre, ce qui ne l'empêche pas de trotter. Les chevaux en avant de lui sont attelés, non pas à la limonière, mais aux traits des chevaux de derrière, & par ce moyen ces derniers ne sont pas plus fatigués que s'ils étoient attelés à un timon. Ils peuvent descendre au trot les pentes les plus rapides, ce qui n'arrive pas ordinairement sans accident avec des timons toujours vacillans.

Les harnois anglais sont également remarquables par leur légèreté & leur bonne disposition. Les attelles en bois de notre collier à l'allemande sont remplacées par deux arcs en fer, reliés par le bas avec une chaîne & un crochet, & par le haut avec une lanière & une boucle. Le collier est couvert par une forte toile en coutil, peinte a l'huile. Chaque sous-verge porte une sellette sur laquelle on fixe le porte-manteau en cuir du soldat du train, ce qui allège la charge du porteur.

Les boucles sont légères & disposées de manière à ne point blesser les chevaux. Toutes les bandes & courroies composant les avalons, les croupières, la dossière sous-ventrière, les sellettes, &c., sont en cuir noir bien travaillé.

Les traits des chevaux sont garnis en cuir dans toute la portion qui touche le cheval ; les extrémités sont terminées par des mailles de fer pour les fixer au collier & les atteler.

La même bride sert à tous les chevaux ; le mors en est aussi léger que celui des chevaux de luxe.

Les huit canonniers d'une pièce étant portés sur les six coffrets de la pièce & du caisson, comme on le verra au mot WURST, peuvent suivre la batterie, quelle que soit la célérité de sa marche, & ils arrivent frais & dispos sur le champ de bataille, tandis que les canonniers français de l'artillerie à pied y arrivent fatigués par la charge de leurs sacs, fusils, sabres & buffleterie.

Le haquet à ponton du nouveau pont anglais est composé de deux trains réunis par une flèche ; les pièces de bois qui servent de plats-bords, s'appuient sur les ranchers du lisoir & de la sellette, & font les fonctions de brancards. Les deux ranchers sont inclinés ; des pièces de bois entaillées, remplissent les angles formés par ces ranchers, la sellette & le lisoir, ce qui procure des espaces convenables pour recevoir les poutrelles & les madriers de la travée. (*Voyez* l'article PONT DE TONNEAUX ANGLAIS.)

VOLÉE. C'est le nombre de coups que les pontonniers frappent de suite avec la sonnette sur des pilots destinés à la construction des ponts militaires. Chaque pilot est ordinairement frappé jusqu'à refus du mouton.

VOLÉE. On appelle *tirer à toute volée,* lorsqu'on pointe une pièce d'artillerie sous le plus grand angle qu'on puisse lui donner.

VOLÉE de canons. On appelle ainsi une décharge de plusieurs pièces faite en même temps.

VOLÉE des voitures. C'est une pièce de bois qu'on attache au bout des timons ou qu'on fixe sur le devant des avant-trains, & aux extrémités de laquelle on attache les palonniers.

VOLÉE du canon. C'est la partie d'un canon comprise depuis le second renfort jusqu'à la bouche.

VOUSSOIRIER. C'est une machine destinée à couper exactement, & telle qu'elle doit être, la patte des rais des roues à voussoir. Cette machine ingénieuse a été inventée par M. le comte d'Aboville, pair de France. (*Voyez* l'article ROUES A VOUSSOIR.)

VRILLER. C'est, en terme de pyrotechnie, l'action d'un artifice qui pirouette ou l'air suivant un mouvement hélicoïdal. Lorsque des fusées volantes vrillent dans leur mouvement d'ascension, c'est un défaut qui provient de ce que la baguette de direction n'est pas droite ou qu'elle est trop légère.

VRILLES. Ce sont des outils en acier servant à faire des trous dans le bois. Les ouvriers les graissent & les dégorgent fréquemment pour ne pas fendre les bois qu'ils percent.

VUE. On appelle ainsi une ouverture pratiquée dans le heaume, vis-à-vis des yeux, qui sont garantis des coups de l'ennemi par la visière.

W

WURST. C'étoit un caisson, plus petit & plus léger que le caisson à munitions ordinaire, destiné à transporter promptement l'approvisionnement des bouches à feu & les canonniers nécessaires au service de ces pièces. Le corps du caisson étoit suspendu pour ne pas secouer les munitions & éviter leur dégradation ; le dessus étoit arrondi & couvert de cuir pour y placer huit hommes ; deux tablettes de chaque côté de la longueur du wurst, leur servoient d'étriers. Ce caisson a été abandonné lors de la création de l'artillerie à cheval, en 1792.

Dans le nouveau système d'artillerie de campagne des Anglais, une pièce & son caisson portent huit hommes sur des espèces de wursts ; savoir : deux qui sont placés sur l'avant-train de la pièce, quatre sur le caisson proprement dit, & les deux autres sur l'avant-train de ce caisson.

Il y avoit des wursts pour le canon de 8 & l'obusier de campagne. *Voyez* ci-après le nombre des coups qu'ils contenoient & la manière dont ils étoient divisés.

WURST de 8. Il étoit partagé en travers en quatre grandes divisions. Chaque division étoit partagée en trois séparations dans le sens de la longueur du caisson. Chaque séparation étoit divisée en cases carrées ; la première & la quatrième contenoient chacune quinze cases. La deuxième & la troisième contenoient chacune dix-huit cases, ce qui faisoit des cases pour soixante-six coups. Les armemens se plaçoient en dedans & en dessus des munitions.

WURST d'obusier. Il étoit partagé en travers par quatre grandes divisions. Chaque division étoit partagée en deux séparations dans le sens de la longueur de la voiture. Chacune de ces divisions étoit séparée en cases carrées. La première & la quatrième contenoient chacune six cases. La deuxième, à commencer du devant, contenoit dix cases, & la troisième en contenoit huit, ce qui faisoit des cases pour trente coups.

La première, la troisième & la quatrième divisions étoient recouvertes par des volets, comme un caisson d'infanterie ; le reste du chargement & l'assortiment se plaçoient sur ces volets.

La nomenclature des pièces en bois & en fer qui composoient le wurst, est analogue à celle des autres caissons à munitions.

Y

YATAYAN. On appelle ainsi un poignard turc, à lame droite ou courbe, pointue, tranchante des deux cotés, & fortifiée vers le milieu par une arête qui règne dans la longueur, & sans évidement. Cette lame est ordinairement en damas. La poignée & le fourreau sont, comme ceux des peuples de l'Orient, enrichis de pierreries & d'ornemens.

Z

ZAGAIE. C'est une espèce de lance en usage chez quelques peuples d'Afrique, & particulièrement chez les Maures, qui s'en servent en combattant à cheval. Ils la lancent comme le javelot. La zagaie est aussi en usage parmi les sauvages de la Nouvelle Hollande. Elle consiste, chez ces sauvages, en une hampe armée d'une pierre dure, aiguë & rendue tranchante, fixée à l'une des extrémités par le moyen de cordes à boyau : (*Voyez* l'ouvrage de Péron, ayant pour titre : *Voyage de découvertes aux Terres australes.*)

ZINC. Ce métal étoit employé autrefois dans la fonte des bouches à feu, où il entroit dans la proportion d'un dixième. Il en eſt rejeté maintenant. (*Voyez* l'article BOUCHES A FEU.) On l'admet dans la fonte des pièces de garniture des armes portatives, où il entre dans la proportion de dix-ſept parties pour cent, ce qui, comme on ſait, augmente la denſité du cuivre & le rend moins oxidable. Le zinc étant ſuſceptible de s'étendre en feuilles minces & flexibles par la preſſion égale & graduée du laminoir, on a eſſayé ſon emploi pour couvrir les caiſſons d'artillerie. (*Voyez* le mot CAISSONS.) Réduit en lames très-minces, le zinc prend feu à la flamme d'une bougie, & brûle en donnant une couleur d'un bleu mêlé de vert : cette facilité de s'enflammer l'a fait admettre dans les artifices de réjouiſſance, où il produit, étant combiné avec d'autres ſubſtances, des étoiles blanches & brillantes.

FIN.

www.ingramcontent.com/pod-product-compliance
Lightning Source LLC
Chambersburg PA
CBHW071613230426
43669CB00012B/1929